KLASSIKER DES HISTORISCHEN ROMANS
Herausgegeben von Edgar Bracht

MAX EYTH

Der Schneider VON ULM

HISTORISCHER ROMAN UM DEN MANN, DER VOM FLIEGEN TRÄUMTE

Neu durchgesehen, mit Anmerkungen und
einem Nachwort versehen von Nikolaus Gatter

BASTEI-LÜBBE-TASCHENBUCH
Band 13 880

Erste Auflage: Oktober 1997

© 1997 by Bastei-Verlag Gustav H. Lübbe GmbH & Co.,
Bergisch Gladbach
All rights reserved
Titelbild: Archiv für Kunst und Geschichte
Umschlaggestaltung: Karl Kochlowski, Köln
Satz: KCS GmbH, Buchholz/Hamburg
Druck und Verarbeitung: Elsnerdruck, Berlin
Printed in Germany
ISBN 3-404-13880-5

INHALT DES ERSTEN BANDES

Einleitung: Der wahre Schneider 7

Erster Teil: Brechtle 19
1. Wolken und Vögel 21
2. Brechtles Unvorsichtigkeit in der Wahl
   seiner Eltern 37
3. Im Grollen der Weltgeschichte 52
4. Eine untergehende Reichsstadt 69
5. Der Pestilenziarius 89
6. Auf hoher Warte 104

Zweiter Teil: Klosterschüler 127
7. Ikarus im Landexamen 129
8. Der Wahlspruch 148
9. Ein Lichtblick 166
10. Bubenstreiche 181
11. Geister 206
12. Ein Ende mit Schrecken 232

Dritter Teil: Schneiderlehrling 263
13. Herunter 265
14. Aller Anfang ist schwer 284
15. Im Hühnerstall 309
16. Musiö François 336
17. Harte Lehren 360
18. Kein Ende 384

Inhalt des zweiten Bandes

Vierter Teil: Auf der Wanderschaft 405
19. Das Bügeleisen 407
20. Ein gefährliches Asyl 429
21. Wandernd 451

22. Die Feuermaschine 482
23. Wilde Liebe 508
24. Ein Vorläufer 533

Fünfter Teil: Die Erfinder 563
25. Im alten Nest 565
26. Ein Ulmer Fischerstechen 590
27. Nachtstücke 614
28. Die Zunft 636
29. Harte Tage 660
30. Der Türmer 681

Sechster Teil: Am Ziel 705
31. Umschwung 707
32. Dem Ziele nah 734
33. Im Flug 762
34. Ernüchterung 789
35. Ein Erwachen 805
36. Excelsior 832

»Wir sind nicht auf der Welt, um nach rückwärts zu leben.«
Nachwort von Nikolaus Gatter

Literaturhinweise 891

Wort- und Sacherklärungen 899

Historische Namen 941

EINLEITUNG

Der wahre Schneider

Zum drittenmal und etwas ungeduldig zog ich am Klingelgriff neben dem schmucklosen, aber festverschlossenen Tor der städtischen Bibliothek. Es war allerdings nicht die übliche Besuchsstunde: ein grauer Morgen in dichtem Donaunebel; allein der Mann, der in einer Mauernische des altertümlichen, völlig stillosen Baues neben dem herrlichen Münster mit einer Katze auf der Schulter und dem Ulmer Tagblatt in der Hand Äpfel verkauft, hatte mir gesagt, daß der Herr Professor schon seit Tagesanbruch oben sei, und so war ich entschlossen, entweder den Herrn Bibliothekar oder den städtischen Glockenzug herunterzuholen. Jetzt endlich hörte man ein krachendes Geräusch auf der Treppe. Ein Schlüssel drehte sich von innen in dem halbverrosteten Schloß, und das freundliche Gesicht des alten Herrn erschien in der vorsichtig sich öffnenden Spalte. Aber ein merklicher Schatten flog darüber, als er mich sah.

»Bedaure wirklich, Sie gestört zu haben, Herr Professor!« sagte ich im Ton lebhaftester Entschuldigung, obgleich ich seit zehn Minuten bemüht gewesen war, dies zu tun. »Kann der Bibliotheksdiener nicht öffnen oder haben Sie noch immer kein Zuggestänge an Ihrem wohlverwahrten Burgtor?«

»Mein Diener macht meist Ausgänge für den Herrn Ratsschreiber drüben«, erklärte der gefälligste aller Bibliothekare, wieder ganz Freundlichkeit. »Dagegen habe ich die Genugtuung zu wissen, daß der Türzug vom Magistrat bewilligt wurde. Leider aber ist der Antrag bei den Herren Stadtverordneten auf Widerspruch gestoßen, und zweifellos: es ist geboten, die städtischen Auslagen in möglichst engen Grenzen zu halten. So muß ich das Tor vorläufig noch selbst öffnen, wenn jemand außer den bestimmten Stunden anläutet: Montag und Donnerstag von zehn bis zwölf Uhr, Herr Geheimer Hofrat! Mein Vorgänger, der alte Veesenmeyer, hatte es auch nicht besser, und eine kleine Bewegung hier und da ist bei sitzender Lebensart eine wahre Wohltat. Bitte, fallen Sie nicht!«

Er war in sichtlicher Verlegenheit, wie er mich zuerst durch die Tür gehen lassen könnte, da er schon drinnen war. Die Ulmer sind in dieser Hinsicht Muster der Höflichkeit. Schweigend stiegen wir die steile Treppe hinan, die in überraschender Weise unmittelbar hinter der Torschwelle beginnt, und traten in das unregelmäßige, saalartige Gemach, dessen Wände aus Büchern von ehrwürdigem Alter aufgebaut und dessen Bücher von nicht weniger ehrwürdigem Staub bedeckt schienen. Nur da und dort verriet ein einfacher, aber noch glänzender Einband das Dasein eines Werkes neuerer Zeit. In einer der vielen Ecken standen ein mächtiger Erd- und ein kleiner Himmelsglobus aus dem achtzehnten Jahrhundert, und von den freistehenden Holzpfeilern, die die Decke tragen halfen, hingen Fahnen, mit altdeutschen Adlern geschmückt, die, obgleich meist nur aus der Sturmzeit der Vierziger des vorigen Jahrhunderts stammend, den Altertumsforscher an siegreiche Kämpfe der alten Reichsstadt mit Franzosen, Bayern und Österreichern erinnern mochten. Mahnte doch mancher mottenzerfressene Band in gebräuntem Schweinsleder an die Geisteskämpfe, die in der Reformationszeit auch im Weichbild der guten Stadt Ulm ausgefochten worden waren. Beides blieb heute von uns unbeachtet. Der Bibliothekar führte mich in sein schlicht ausgestattetes Arbeitszimmer, das ebenfalls aus Bänden verschiedener Gattung hergestellt schien, und bat mich, auf etlichen zwölf Büchern Platz zu nehmen, die seine drei Stühle bedeckten.

»Ich komme, Herr Professor, um –« begann ich.

»Sie kommen, um Ihr Manuskript zu holen«, unterbrach er mich im Drang seiner zuvorkommenden Herzensgüte. »Sehen Sie, hier liegt es schon, sorgfältig eingepackt. Ich hätte es Ihnen heute zugesandt – ja – ja; ich hätte es Ihnen heute schon zugeschickt, wenn der Bibliotheksdiener nicht Ausgänge für den Herrn Ratsschreiber machen müßte.«

»Und wie hat es Ihnen gefallen?« fragte ich aufmunternd, denn er sprach mit einemmal sehr langsam und nachdenklich. »Ich darf doch annehmen, daß Sie es durchgeblättert haben.«

»Na – natürlich; das dürfen Sie. Gefallen? Ich bin expreß heute zwei Stunden früher auf die Bibliothek gekommen, dermaßen hat es mich interessiert. Die Wendungen, die Sie der Geschichte geben! – die – die – der Spielraum, den Sie der Phantasie gestatten! Es hat mich zwei Tage gekostet, so neugierig war ich, zu erfahren, wo Sie mit dem Berblinger hinauswollen. – Gefallen? – Wissen Sie was: ich bin eine Art Büchersybarite, ein Mensch, der nicht kritisiert, sondern nur genießen will. Sehen Sie, all das an den Wänden herum kritisiere ich nicht; ich genieße es. Wenn mir nur der gütige Himmel einen Weg zeigen wollte, meine Genüsse zu katalogisieren. Zum drittenmal nehme ich einen Anlauf, sehe aber voraus, daß es wieder nichts wird. Da schenken uns vorigen Monat die Schad von Mittelbiberachschen Erben die Bibliothek ihres Großvaters mit der Bestimmung, daß die Bücher beisammen bleiben müssen! Das ist der sechste Fall ähnlicher Art seit dem Dreißigjährigen Krieg. Ich bitte Sie, wie kann da eine Ordnung in das Ganze kommen? Es wird immer toller. Ich auch.«

»Zweifellos eine unmögliche Aufgabe«, gab ich zu, indem ich mein Manuskript liebevoll zwischen den Händen rieb. »Aber aufrichtig! Wie hat Ihnen die Geschichte gefallen?«

»Die Geschichte? Sie meinen Ihre Geschichte vom Schneider von Ulm? Darf ich – soll ich ehrlich sein?«

»Welche Frage, mein bester Herr Professor! Sie sind es doch gewöhnlich im bürgerlichen Leben, darüber besteht in Ulm nicht der geringste Zweifel.«

Er lächelte verlegen. Dann fuhr er fort:

»Ja, mit der Ehrlichkeit, das ist so eine Sache. Es gibt vielerlei Ehrlichkeiten. Die einen sind unbedingt notwendig; bei anderen ist es unbedingt notwendig, ihnen vorsichtig aus dem Weg zu gehen.«

»Machen Sie doch nicht so viel Federlesens, Verehrtester«, bat ich etwas ungeduldig. »Ich bin ein hartgesottener Sünder und kann die Wahrheit ertragen. Die Geschichte hat Ihnen nicht gefallen. Mir gefällt sie auch nicht.«

»Das freut mich! Das freut mich ganz ungewöhnlich!« rief der gute Herr, mir lebhaft die Hand schüttelnd. Dann fuhr er, plötzlich ernst werdend, fort: »Aber Sie können kaum wissen, wie sehr Sie mich betrübt haben. ›Geärgert‹ ist nicht das richtige Wort. Ich würde eine Unwahrheit aussprechen, wenn ich sagte: geärgert. So ganz unerwartet! Es hieß in der Stadt, Sie seien bei Schneidermeister Glöckle in der Herrenkellergasse förmlich in die Lehre gegangen, um das sogenannte Milieu richtig schildern zu können. Erst gestern sagte unsere Magd meiner Tochter, es sei zweifellos richtig. Man habe den Herrn Geheimen Hofrat drei Wochen lang in Hemdsärmeln auf dem Schneidertisch sitzen sehen; wissen Sie, aus Schuster Schempps Haus, vis-à-vis. Und bei dieser Gewissenhaftigkeit müssen Sie mir das antun!«

»Aber was denn, mein bester Herr Bibliothekar? Was habe ich Ihnen angetan?«

»Was?! – Habe ich Ihnen nicht alles zusammengesucht, was die Bibliothek über den Berblinger besitzt: Zeitungsnotizen, Spottgedichte, sehr genaue Skizzen seines lächerlichen Flugapparats, handschriftliche Aufzeichnungen über seine Geburt, sein Herkommen, seinen Lebenslauf, sein trauriges Ende. Es ist nicht viel, aber genug, um ein annähernd wahrheitsgetreues Bild des närrischen Kerls festzulegen. Ich will nun einmal ehrlich sein, wenn Sie es durchaus haben wollen: das alles haben Sie verschoben und verdreht, übermalt und ausgeschmückt, daß selbst ich meine städtischen Dokumente nicht mehr erkenne. Nehmen sie mir's nicht übel, aber wir wollen wenigstens ein Beispiel zitieren und gleich mit dem Anfang beginnen. Der Schneider, der wahre Ludwig Albrecht Berblinger, den man nach damaligem Sprachgebrauch wahrscheinlich Luile hieß und nicht Brechtle, wofür sich nicht der geringste Anhalt finden läßt, ist am 28. September 1771 zu Ulm geboren, und keineswegs im Mai. Sie geben zwar vorsichtigerweise keine Jahreszahl an, aber nach allem, was sich aus den von Ihnen erdichteten Nebenumständen herausrechnen läßt, müßte er zehn oder zwölf Jahre später, und zwar ganz woanders auf die Welt gekommen sein. Eine Art Wiedergeburt könnte man's heißen, wenn man über solche Dinge spaßen dürfte.«

»Eine Art Wiedergeburt habe ich allerdings mit dem Mann vorgenommen«, gestand ich kleinlaut.

»Nur keine geistreichelnden Doppelsinnigkeiten, wenn es sich um geschichtliche Tatsachen handelt! Mit der guten Stadt Ulm und ihren Verhältnissen sind Sie allerdings etwas vorsichtiger umgegangen. Manches stimmt auffallend. Aber ich bitte Sie, wie kommen Sie zu den tollen Familiennamen, von denen das Buch wimmelt? Was mach' ich aus den Schwarzmanns, Bockelhardts, Krummachers, Knöppels, die in keiner Ulmer Chronik zu finden sind und die ganze ehrwürdige Geschichte der alten Reichsstadt in die bodenloseste Verwirrung stürzen?«

»Darüber habe ich mich auch nicht wenig geärgert«, entgegnete ich mit freudiger Zustimmung, »aber was blieb mir übrig? Es gehört ins Kapitel der Ehrlichkeiten, denen man aus dem Weg gehen muß. Die meisten Familien, von denen ich erzähle, leben und blühen heute noch in der guten Stadt Ulm. Wenn ich nun aber einen Esel in meiner Geschichte brauchte – dieses Bedürfnis hat ein Poet nicht selten – und den Urgroßvater meines Freundes, Herrn von Kolb, dazu gemacht hätte: wer weiß, ob dann die neueste Geschichte der guten Stadt Ulm nicht in noch größere Verwirrung geraten wäre! Glauben Sie mir, es war ein Akt peinlicher Entsagung, die Namen der hervorragendsten Persönlichkeiten in dieser nur allzu wahren Geschichte ein wenig zu verschleiern. Auch die besten Großväter waren nicht durchweg Heldengestalten und Muster von Tugend und Weisheit, und unsere gute Stadt glänzte in jener jammervollen Zeit zu Anfang des neunzehnten Jahrhunderts wie andere deutsche Städte in sehr bescheidener Weise. Das werden Sie wohl zugeben.«

Mein erregter Freund gab nichts zu. Mißmutig fuhr er fort:

»Allerdings – um auf die Hauptsache zurückzukommen – einem Herrn Schriftsteller, der von Leuten zu erzählen weiß, die zweihundert Jahre vor ihrer Zeit geboren sind, ist es ein kleines, sie fünfzehn Jahre nach ihrer Geburt in die Welt zu setzen. Aber das geht nicht, das geht nicht! Der Berblinger ist entweder im Jahr 1771 geboren, oder er ist überhaupt nicht geboren. Was seinen Geburtsort betrifft – ich kann wirklich schwer Worte finden, die einen Akt richtig bezeichnen, der einen geborenen Ulmer mindestens sechs Wegstunden von seinem allerdings unbekannten Geburtshaus entfernt das Licht des Tages erblicken läßt. Wozu haben Sie mich eigentlich um all die Dokumente gebeten, die ich Ihnen nicht ohne beträchtliche Mühe zusammengesucht habe? Unverzeihlich, einfach unverzeihlich!«

Der wackere Professor hatte sich in eine Hitze geredet, die ich nie zuvor bei ihm bemerkt hatte, und stockte plötzlich. Nach einer Pause fuhr er gefaßter und ganz leise fort:

»Ja, wenn das das einzige wäre! Aber – aber – wo soll ich anfangen? Wie steht es mit der Episode in Blaubeuren? Was wissen wir von seinen Wanderjahren in Schlesien und in Wien? Wie kommen Sie zu der unglückseligen Liebesgeschichte mit dem Fräulein von Baldinger, wie Sie sie zu nennen belieben; ein Verhältnis, das bei den damaligen Verhältnissen nach meinem Dafürhalten völlig inkorrekt, ja unmöglich gewesen wäre? Wie – doch wo soll ich aufhören?«

Er brach ab und wandte sich nach dem nächsten Büchergestell, als ob er einen Band zu suchen hätte, der hoffnungslos verstellt und verloren war. Drei Minuten lang ließ ich ihn suchen; dann begann ich, wie wenn auch ich in aller Ruhe für mich selbst Betrachtungen anstellte:

»Wenn in diesem Augenblick unter dem Zauberstab einer wohltätigen Fee alles aus Ihren ehrwürdigen Regalen verschwände, was sich nicht wirklich zugetragen hat; wenn alles, was nicht der wahren Wahrheit im Leben von Geist- und Körperwelt entspricht, mit einem Schlag verduftete: Druckerschwärze, Papier und Einbände –, wie leer, glauben Sie wohl, daß diese Wände aussehen würden?«

Der Bibliothekar tat, als ob er mich nicht gehört hätte, nahm einen wohlerhaltenen Band des Livius aus der Bücherei des alten Schad von Mittelbiberach herunter und begann eifrig darin zu blättern. Das kam mir gerade recht.

»Wir haben den würdigen Livius von Kindesbeinen an gläubig gelesen, Herr Professor«, fuhr ich fort. »Wie viel glauben Sie, daß von ihm übrigbliebe, wenn meine Fee der geschichtlichen Wahrheit den dicken Band berührte? Die Deckel vielleicht, die Deckel, Herr Professor! Dort unten sehe ich ein anderes kostbares Buch: die erste Ausgabe von Schillers Tell. Würde eine Zeile von diesem Machwerk des irregeleiteten Poeten bestehen können, wenn es auf seine tatsächliche Wahrheit geprüft würde? Himmlische Mächte! Der Tell selbst hat vielleicht gar nicht existiert und ist nur eine vergessene nordische oder indische Mythe, die in der Schweiz sich wieder ihrer selbst erinnerte. Dabei hat dieser Tell, fast seitdem wir lesen können, uns erhoben und begeistert, wurde eine Wahrheit für uns, aus der wir Freiheitslust und Mannesmut schöpften. Denn es lag Wahrheit in dem, was der Dichter aus ihm gemacht hat: die Wahrheit von Schillers großer und freier Seele. Die ist mehr wert als all der historische Kleinkram der Altertümler und Bibliothekare, den sie um sich her aufhäufen und der zumeist doch nichts weiter ist als eine große, unentwirrbare Lüge. Sollen wir die verrosteten Ketten durch all unser Denken und Fühlen schleppen, weil sie anderen ehrwürdig erscheinen? Freiheit, die ich meine! – Übrigens trösten Sie sich. Wir haben uns ja beide über das Buch geärgert, ich mehr und länger als sie, weil ich nicht den Mut gehabt habe, diese Fesseln ganz zum alten Eisen zu werfen und dadurch, vielleicht auch aus anderen Gründen, nicht das zustande gekommen ist, was ich geträumt und erhofft habe.«

Dies rührte meinen gutherzigen Freund, denn er sah, daß mir's ernst war.

»Natürlich«, sagte er knurrend. »Man kann die Sache auch so auffassen; aber Sie dürfen mir nicht zumuten, dies zu tun. Der Schneider von Ulm ist eine historische Persönlichkeit. Er hat gelebt, hat geschneidert, ist geflogen.«

»Das erzähle ich ja!« rief ich ärgerlich.

»Daran aber soll man nicht deuteln! Mit Ihrer ›Freiheit, die ich meine‹! ›Komm mit deinem Scheine‹, heißt's, glaube ich, in dem unklaren, verschwommenen Gedicht weiter. Scheine! Scheine! Wo wir Tatsachen brauchen, Tatsachen haben. Bleiben Sie mir mit Ihren poetischen Lizenzen zehn Schritt vom Leib! Sie verlangten ein ehrliches Wort. Da haben Sie's und Ihr Manuskript dazu. Wenn Sie einen Verleger dafür finden – na, dem Mann wünsche ich Glück. Eine Bibliothek, die sich selbst respektiert, kann das Buch jedenfalls nicht kaufen.«

Er sagte dies freundlich lachend, doch war es auch ihm bitterer Ernst.

Ruhiger fuhr er dann fort:

»Ich bin von Natur ein mutiger Mann, obgleich man es mir nicht ansieht, Herr Hofrat. Haben Sie gestern im Tagblatt von den zwei Pferden gelesen, die in der Heerdbruckerstraße durchgegangen sind? Das war ein Trubel.

16

Im Galopp kamen die rasenden Bestien vom Rathaus herunter. Alles schrie, lief, rannte wie von Sinnen. Sie sollten den Herrn Oberbürgermeister gesehen haben – diese Behendigkeit! Ich allein blieb gefaßt und stellte mich in die nächste Haustürnische, bis der Sturm vorüber war. Selbst der Doktor Wacker sagte am Abend in der ›Ofengabel‹, er begreife nicht, wo ich die Geistesgegenwart her habe. Nein, Herr Eyth, einen Feigling hat mich noch niemand genannt; aber ich wage nicht daran zu denken, was die Ulmer dazu sagen werden, wenn Ihre Geschichte je gedruckt werden sollte – die Magistratssitzung, der Obermeister der ehrsamen Schifferzunft –«

»Aber was kann ich dafür?« versetzte ich kleinlaut. »Es war eine Jammerzeit in ganz Deutschland. So waren die Leute damals, jetzt sind sie natürlich ganz anders. Ich könnte dies ja da und dort hinzusetzen.«

»Hilft nichts!« sagte der Bibliothekar mit Entschiedenheit. »Man glaubt Ihnen ja doch nichts mehr nach diesen Vorgängen.«

Wir schwiegen beide. Hierauf dankte ich ihm herzlich für seine Unterstützung, wozu er den Kopf schüttelte, legte die vergilbten Blätter und Blättchen, die er mir geliehen hatte, auf den Tisch und nahm mein Manuskript unter den Arm. Dann trennten wir uns, schon halb versöhnt, noch halb verstimmt. Ganz wohl wurde mir erst wieder, als ich die Bibliothek hinter mir hatte und den Michelsberg hinaufstieg, meinem provisorischen Athos entgegen. Dort hatte ich blauen Himmel über mir und Sonnenschein um mich, während die Stadt noch in grauem, dichtem Nebel lag. Nur die Hälfte des schlanken Münsterturms und der First des Münsterdachs, auf dem der weltberühmte Ulmer Spatz sitzt, ragte aus dem Dunst empor: Ernst und Scherz, hoch über dem grauen Meer des Alltagslebens. War dies nicht auch eine Wahrheit?

Überdies war ich mehr als je überzeugt, daß ich trotz aller Mängel, die ihr anhaften, die wahre Geschichte des

Schneiders von Ulm geschrieben hatte, so wie er gefühlt, gedacht und gelebt haben müßte, wenn alles mit rechten Dingen zugegangen wäre.

ERSTER TEIL

Brechtle

1
Wolken und Vögel

Hinter dem Schulhaus zu Ochsenwang auf der Rauhen Alb, das früher eine Scheuer des herzoglich württembergischen Kammerschreibereiamtes Neidlingen gewesen war, hatte der Schulmeister Berblinger in einem Bretterschuppen, der noch vor wenigen Jahren als Holzstall gedient hatte, sein Allerheiligstes eingerichtet. Das Holz lag jetzt sorgfältig aufgebeugt unter dem vorstehenden Strohdach der nicht unfreundlichen, wenn auch halb zerfallenen Wohnung, welche in dem Hauptraum der Scheuer die etwas düstere Schulstube barg. Schule und Schulmeister auf der Rauhen Alb hausten in der zweiten Hälfte des achtzehnten Jahrhunderts nicht in Palästen, und die pausbackigen, strohköpfigen Buben und Mädchen, die dem Jahrhundert der Aufklärung ihr Dasein und ihr Wissen verdankten, hatten sich mit einer Kubikmenge Luft zu begnügen, in der ein Fisch unserer Tage aus Sauerstoffmangel eingegangen wäre. Sie hielten's aus; aber ein Wunder war es nicht, daß sich Berblinger in seinen Schuppen flüchtete, sobald die Schulstunden vorüber waren, um dort in einer anderen Luft und in einer anderen Welt weiterzuleben.

Selbst für eine solche sah es hier wunderlich genug aus. Luft drang allerdings genügend durch die Spalten der halbverfaulten Bretterwände, und die Nachmittagssonne eines milden Frühlings schien warm genug durch zwei Fensteröffnungen, welche die fehlenden Glasscheiben kaum vermissen ließen. Aber an Raum war auch hier kein Überfluß. In der Mitte des Gemaches stand eine alte, übel zugerichtete Hobelbank, in einer Ecke eine halbfertige Drehbank, die sichtlich der Schulmeister selbst zu bauen versucht hatte. An den Wänden waren in Tischhöhe schmale ungehobelte Bretter angebracht, auf welchen ein erschreckendes Gewirr von Werkzeugen, Nägeln, Stanzen und Brettchen lag, zwischen denen sich Papierrollen und drei oder vier Bücher umhertrieben. Eines war aufgeschlagen: ein lateinischer Aufsatz von Leibniz in einem Band der fast hundert Jahre alten Zeitschrift der *Acta eruditorum*. Neben demselben stand ein kleines, aufgespanntes Reißbrett, das die ziemlich rohe und völlig unverständliche Zeichnung einer Maschine zeigte, vor der, den Kopf in beiden Händen, das spärliche, wirre Haar von Zeit zu Zeit nach oben streichend, der Schulmeister auf einem Kistchen saß. In der entgegengesetzten Ecke hantierte ein kleiner, dem Aussehen nach sechsjähriger blondlockiger Junge in Hemdsärmeln und Lederhöschen vor einem wohlzerhackten Holzblock und war eifrig und zielbewußt beschäftigt, mit der einen Hand ein altes Brettstück in Späne zu verwandeln, mit der anderen ein großes Stück mit Butter und Honig bestrichenes Schwarzbrot ins Mäulchen zu stecken. Butter und Honig hatten ihre Bedeutung. Es war heute Brechtles achter Geburtstag.

Die tiefeingeschnittene Gedankenfalte auf der Stirn des Schulmeisters und die etwas abgehärmten Züge seines noch jugendlichen Gesichtes wollten nicht recht zu der Umgebung stimmen, auf der trotz aller Ärmlichkeit der Sonnenschein des Sonntagnachmittags und der tiefe Friede eines weltverlorenen Dörfchens lag. In dem Gärtchen zwischen Haus und Schuppen blühten, wohl etwas später als anderwärts, in niedlichen, geradlinig ausgelegten Beeten Blumen, die auf der Alb anderwärts kaum zu finden waren. Der bunte Fleck bildete einen auffallenden Gegensatz zu der Einförmigkeit des ärmlichen Dörfchens, das in der öden Mulde der Hochebene versteckt lag. Zwischen den Blumen stand eine noch junge, halb städtisch gekleidete Frau, richtete dort eine Knospe in die Höhe, brach hier ein welkes Blatt von einem überhängenden Zweig. Unter den fast noch kahlen Obstbäumen hinter dem Gärtchen prangte ein Grasteppich in frischem Grün.

Von jenseits der kleinen Wiese hörte man das Summen der Bienen, die in geschäftiger Erregung zwei Strohkörbe unter einem rohgezimmerten Holzdach umschwärmten. Hinter der dichten Hecke, die das kleine Anwesen abschloß, ragte das Dach eines kleinen Bauernhofes hervor. Von dorther schallte das unablässige, triumphierende Gackern einer Henne, das einzige laute Geräusch, das mit Brechtles kindlichen Beilschlägen wetteiferte.

»Vater, ich baue ein Schiff«, sagte der Kleine, dem die Stille zu lange gedauert hatte, denn er war gewohnt, seinem Vater ›zu helfen‹, wie er es nannte, und ihn dabei über alles in Himmel und Erde auszufragen. Es war der einzige Unterricht, den er zur Zeit erhielt. Des Schulehaltens war der müde Mann satt, wenn die Dorfkinder davongestürmt waren. Dabei lernte Brechtle manches, das die wilde Schar ihr Leben lang nicht erfuhr.

»Vater, ich baue ein Donauschiff«, begann er wieder. »Ein Ordinarischiff für den Onkel Schwarzmann. Damit kann ich nach Wien fahren und weiter, weiter in die weite Welt. Über den Hohenstaufen hinaus, wo alles blau ist, wie der Himmel. Aber ich nehm' euch mit. Alle, dich und die Mutter und den Aßor. Nur die toten Schwesterlein müssen wir hier lassen. Aber des Stadelbauers Fritzle kann mitfahren. Der wird Augen machen, wenn wir nach Wien kommen. Und auf den Ulmer Münsterturm steigen wir auch.«

Dabei schlug Brechtle in seinem Eifer dermaßen auf das Brett los, daß es in zwei Stücke sprang. Etwas erschreckt über die unerwartete Wirkung seiner Tätigkeit sah er sich nach dem Vater um, faßte sich aber rasch und meinte: »Jetzt gibt es zwei Schiffe. Dafür zeigt mir Onkel Schwarzmann, wie man steuert, denn« – er näherte sich hierbei mit wichtiger Miene seinem Vater – »das kannst du mir nicht zeigen. Wir haben kein Wasser. Im Randecker Maar ist nur Dreck.«

In diesem Augenblick wurde die Tür des Schuppens

aufgerissen. Die Schulmeisterin, sichtlich erregt, streckte ihren blonden Kopf herein und rief hastig: »Franz! Franz! Ich glaube, der Pfarrer von Neidlingen kommt. Er ist am Pfarrhaus vorbei, ohne hinaufzusehen. Und wir haben schon Kaffee getrunken!«

Der Mann raffte sich auf. Man sah an der Art, wie er aufstand, daß er aus einer andern Welt zurückkkam.

»Der Fischer!« sagte er dann, sich besinnend. »Ungeschickt, aber – um so besser. Es wird mir guttun. So mach noch einmal Kaffee. Du brauchst dich nicht zu schämen, Rosel. Sie wissen in Neidlingen auch, was Eichelkaffee ist.«

»Das will ich meinen!« lachte es hinter dem Rücken der Schulmeisterin. Der Pfarrer von Neidlingen mußte auf den Zehen stehen, um über die Schultern der stattlichen Frau hinweg seinen Freund begrüßen zu können. Er war ein kleines rotwangiges Männchen, dem man's ansah, daß er mit Gott und der Welt auf dem besten Fuß stand, auf so gutem Fuß, daß er sogar beim Predigen seine Witzchen nicht lassen konnte. Schon zweimal hatte er sich deshalb eine ernstliche Rüge eines hohen Consistorii zugezogen, eine dritte, ernsthaftere wegen übereilten Kopulierens eines nicht mit den gesetzlich vorgeschriebenen Papieren versehenen, überdies nicht zuständigen Brautpaares, obgleich bei besagtem Brautpaar eine dringende Notwendigkeit, in den heiligen Stand der Ehe zu treten, nicht nachweislich gewesen. Diese drei Dokumente bewahrte er in einer Mappe mit der Überschrift: ›Anerkennungen, ehrenvolle Erwähnungen, Ehrenzeichen respektive -gaben‹, die im übrigen leer war.

Mit einem Jubelschrei warf Brechtle sein Beil weg.

»Der Döte!* Hurra, der Döte!« rief er und schlang beide Ärmchen leidenschaftlich um den linken Oberschenkel seines ›besten Freundes‹. In dem kleinen Gesichtchen aber

---

* Schwäbisch, für Pate.

tauchte eine stürmische Frage auf, die er trotz des strafenden Blicks der Mutter nicht zu unterdrücken vermochte. »Was hast du mir mitgebracht? Heute ist mein Geburtstag, Döte!«

»Schon wieder!« sagte dieser lachend. »Büble! Büble! pressier nicht so!« Dabei zog er eine Pfeife aus der Rocktasche, die er auf dem Weg von Neidlingen nach Ochsenwang aus einer Weidengerte fabriziert und aufs Geratewohl mit zwei Löchern versehen hatte, so daß sie neben dem Grundton eine entsetzlich falsche Terze und Quinte von sich gab. Hochbeglückt und laut musizierend zog Brechtle in den Garten hinaus.

Den Kaffee lehnte der Pfarrer ab. Er habe ihn schon bei seinem Kollegen in Schopfloch getrunken, dem er einen Taufschein habe bringen müssen, da noch immer kein Postbote nach Schopfloch gehe. Das sei ja auch eines der unbilligen Verlangen dieser umstürzlerischen, aufgeregten Neuzeit. Bei dem herrlichen Frühlingsabend sei ihm der kleine Umweg in die Füße gefahren; auch habe er schon längst nach seinen lieben Gevattersleuten in Ochsenwang sehen wollen. Das könne er in keiner besseren Weise tun, als wenn er eine Zeitlang auf der Hobelbank Platz nehme. Ein bequemeres Sofa nach einem guten Marsch habe er sich nie gewünscht.

Damit setzte er sich, ließ das linke Bein in der Luft baumeln, schraubte das rechte zur Probe zwischen die Backen der Bank fest und sah seinem Freund vergnügt lachend ins Gesicht.

Nachdem die Frau Schulmeisterin sich angelegentlich nach den sechs Kindern des Pfarrers und nach dem Keuchhusten des Kleinsten erkundigt, dann trotz aller Abwehr einen Krug Apfelmost, Butter und Brot und einen Teller mit Nüssen herbeigebracht hatte, ließ sie die Männer allein. »Aufs Wohl aller Ulmerinnen!« rief ihr der Pfarrer nach und tat einen kräftigen Zug aus seinem Glas. Dann wandte er sich an den Schulmeister.

»Na, wie steht's, alter Freund? An einem solchen Nachmittag solltest du nicht in deiner Bude sitzen! Dein Breitenstein und die ganze Welt liegt dir vor der Nase. Ich wollte, ich wohnte hier oben. Du siehst bleich aus.«

»Ich bin's auch!« versetzte der andere, indem er sich dem Pfarrer gegenüber auf den Tisch setzte.

»Ich bin's auch und kein Wunder. Es geht noch immer nicht.«

Er wies mit dem Daumen über die Schulter nach der Ecke des Schuppens, wo ein wunderliches Machwerk aus Stäbchen, Gabeln, Schwarzwälder Uhrketten, Rädchen aus Holz, kleinen Schöpfkübeln aus Pappe und einer reichlichen Menge von Siegellack stand.

»Das also ist das neueste Perpetuum mobile«, lachte der Pfarrer, gleichzeitig die Stirne runzelnd, was dem freundlichen Gesicht ein überaus komisches Aussehen gab. »Das vorige ging drei Stunden lang.«

»Ja. Dann aber erfand ich eine Verbesserung, die – ich hätte Gift darauf genommen –, die mich zum Ziel führen mußte. Es hat zwei Monate gekostet, die Änderungen auszuführen. Mit meinen Werkzeugen richtige Zahnräder zu schnitzen, hol der Kuckuck! Vorigen Mittwoch habe ich das Ganze wieder zusammengestellt, und nun geht's gar nicht mehr; steht still wie ein Stock.«

Der Pfarrer sprang auf.

»Du bist ein großer Erfinder, Berblinger! Ein echtes Kind deiner verrückten Zeit! Schon in Tübingen prophezeite ich – einer gegen alle Stimmen im ganzen stimmberechtigten Stift –, aus dir werde noch etwas werden. Aber komm heraus aus deinem Loch! Draußen läuft ein Perpetuum mobile seit sechstausend Jahren oder länger, das unser Herrgott alle Jahre aufzieht, man weiß nicht wie. Er ist gerade dran. Sehen wir uns die Geschichte an!«

»Man sieht, du hast keine Ahnung von dem Grundbegriff der Sache«, lachte der Schulmeister gezwungen. »So seid ihr Pfarrer. Predigt über alles, das ihr nicht versteht.

Müßt es ja, von Amts wegen. Aufziehen! Das ist's ja gerade, was nicht nötig sein sollte.«

»Es ist's auch nicht«, versetzte der Pfarrer, ohne eine Spur von Empfindlichkeit zu zeigen. »Ich sprach in Gleichnissen, um deines Unverstandes willen. Komm heraus! Du hast keinen Begriff mehr von unserer Gotteswelt, mit der Nase unter deinen Rädchen. Ich muß heim zu meinem Kinderpack. Das ist auch ein Perpetuum mobile, das kein Aufziehen braucht und vom Morgen bis in die späte Nacht läuft und rasselt und vor Vergnügen kreischt, daß dir der Kopf wirbelt. Dann legt sich die Bande ein paar Stunden aufs Ohr und ist wieder aufgezogen, daß sie keine Bremse und kein Radschuh zum Stehen bringt. Ganz von selbst und trotz aller Reibung, an der es bei mir zu Haus auch nicht fehlt. Komm, Alter! Du begleitest mich bis übers Randecker Maar.«

Sie gingen durchs Dorf, der Schulmeister schweigend, mit gesenktem Kopf, der Pfarrer munter plaudernd, selbst von der Not der Zeit, die etwas leichter zu werden beginne, seitdem der Herzog von den Kanzeln herunter seine Sünden habe bekennen lassen und in seiner Karlsakademie ein regelrechter Schulmeister geworden sei. – »Du siehst, Berblinger, das passiert auch besseren Leuten als dir!« – Dabei helfe mit, daß die schöne Franziska zu Hohenheim das Regiment im Lande führe und das Gottesgericht in Frankreich hereingebrochen sei. Es möge zwar beides nicht ganz korrekt sein, aber auch hierfür müsse man einer gütigen Vorsehung dankbar sein, schloß der Pfarrer.

Fast mußte man ihm recht geben. War es nicht zwischen den niederen strohgedeckten Häuschen so friedlich wie im Paradies? Selbst die mächtigen Düngerhaufen, den Stolz der Bauern auf diesem armen Boden, vergoldete die Frühlingssonne. Am Ende eines Seitengäßchens schlich ein gebücktes Weibchen über den Weg. Zwei Kinder standen unter einer Haustür. Das Mädchen kam heran, um dem

Schulmeister die Hand zu geben. Der Junge steckte die Finger in den Mund und sah der Begrüßung mit großen Augen zu. Er war nicht schulpflichtig und trotzte noch dem Verhängnis. Auch eine Geiß lief herbei und beschnupperte die Rocktaschen des Pfarrers, bis Brechtle, der in des Dötes Fußstapfen gefolgt war wie ein Hündchen und mit mehr als kindlicher Aufmerksamkeit auf das Gespräch der Männer horchte, ihr mit seiner Pfeife auf den Kopf schlug.

Sie hatten jetzt das letzte Haus des in einer sanften Einsenkung gelegenen Dörfchens hinter sich. Stiller noch als dieses und fast schattenlos dehnte sich die hügelige Hochebene vor ihnen, deren helles Gelbbraun da und dort unter dem jungen Grün der Saat verschwand, die sich nicht allzu üppig zwischen den zahllosen Steinchen des seichten Bodens emporrang. Die Rauhe Alb war nie ein Paradies für die armen Bauern gewesen, die der mageren Scholle mühsam ihr tägliches Brot abrangen. Doch spannte sich auch über dieses Stückchen Erde zeitweise ein blauer Himmel, und ein frischer, kraftbringender Luftzug strich über die Kante des Horizonts, welchen die dunkle Linie eines da und dort unterbrochenen Waldsaumes bildete. Wo am Rand der sanft ansteigenden Fläche die dunkle Linie fehlte, verlor sich das Auge im weißlichen Dunst einer unabsehbaren Ferne.

»Du solltest den alten Hahn in Echterdingen besuchen, Berblinger!« begann der Pfarrer wieder, nachdem er eine Zeitlang schweigend durch eine dieser Lichtungen gesehen und dabei behaglich die frische Albluft eingesogen hatte. »Das ist ein Pfarrherr nach deinem Herzen, der unserem Herrgott scharf auf die Finger sieht und ihm – es heißt: mit Erfolg – sein astronomisches Uhrwerk abgeguckt hat. Damit tröstet er sich, wenn ihn das Konsistorium mit seiner Dogmatik ärgert, wie dich deine Schulmeisterei. Wen ärgert sein tägliches Brot nicht, wenn's ihm der Herr nicht umsonst gibt? Frag deine Bauern. Da begann der Hahn seine Studierstube mit Planetenuhren zu füllen und archimedische Wasserschrauben anzufertigen und ist seitdem ein glücklicher Mann. Es gibt halt allerhand Manieren, glücklich zu sein, wie auch verschiedene Wege, selig zu werden, obgleich dies unserem Consistorio heute noch nicht einleuchten will.«

»Hat er sich auch schon an das Problem aller Probleme gemacht – der Hahn?« fragte der Schulmeister mit erwachender Neugier.

»An dein verdammtes – verzeih, Berblinger – Perpetuum mobile?« Dabei wackelte des Pfarrers niedliches Zöpfchen heftig hin und her. »Solch ein Esel ist der Hahn nicht. Er will unserem Herrgott nicht ins Handwerk pfuschen und sich dabei die Finger verbrennen. Seitdem du diese Geschichte aufgegriffen hast, bist du ein unglücklicher Mensch, der nirgends Ruhe findet, nicht ißt, nicht schläft wie ein vernünftiges Wesen, sein Weib vernachlässigt, seinen Jungen vergißt. Von seinem bescheidenen Amt will ich nicht reden. Wie lange her ist's wohl schon?«

»Du weißt, in Tübingen hat mich der Gedanke gepackt«, versetzte der Schulmeister düster. »Ein Stiftler braucht sich nicht zu schämen, ein Problem zu verfolgen, das einem Leonardo da Vinci zu schaffen gemacht hat. Ich bin außerstande, einzusehen, weshalb von Unmöglichkeit die Rede sein kann, bloß weil noch niemand die Aufgabe gelöst hat. Die französische Akademie hat nicht umsonst einen Preis von einer halben Million für ihre Lösung geboten. Sie wäre das Zehnfache wert.«

»Und ihr Ochsenwanger wißt noch nicht, daß deine famose Akademie die Prämie schon seit etlichen Jahren zurückgezogen hat?« rief der Pfarrer entrüstet.

»Wahr?« fragte Berblinger gleichgültig. »Um so besser. Nun werden uns wenigstens die Geldschwindler in Ruhe lassen.« Dann fuhr er wie aufflammend fort: »Ich glaubte damals, im Stift in Tübingen, das Prinzip in der Tasche zu haben. Bedenke nur, Fischer, was daraus werden müßte, wenn es gelänge: Selbstbewegung! Du begreifst natürlich nicht, was das heißen will. Eine unversiegliche Kraftquelle, wo immer der Mensch sie schaffen und gebrauchen wollte!«

»*Eritis sicut deus!*« spottete Fischer. »Ich ließe mir's gefallen, wenn du beim Dampf geblieben wärest, an dem du dir damals doch nur die Nase verbrannt hast. Damit kann man wenigstens etwas kochen, wie dein seliger Freund Papinius entdeckt haben soll, und ich lese in der Zeitung: sie bauen jetzt Feuermaschinen, die Wasser schöpfen, wie das liebe Vieh in einem Tretrad. Erstaunlich, was der Mensch in diesen Tagen nicht alles fertigbringt: schlägt der geheiligten Person eines Königs mit einer Maschine den Kopf ab und läßt das Feuer mit einer anderen Wasser pumpen, zum Segen der Menschheit. Wer weiß, sie pumpen dir die Lindach noch vom Fuß der Alb herauf in dein verdurstetes Dörflein, so daß Mensch und Getier hier oben aus meinem Flüßchen drunten saufen, das Gott den Neidlingern allein zur Nutznießung geschaffen hat! Ich hab's aufgegeben, den Menschen eine Grenze zu ziehen.«

»Siehst du! Warum willst du sie mir ziehen?« fragte Berblinger.

»Weil ich nicht an den Turm zu Babel glaube. Weil du zufrieden und glücklich sein könntest, wenn du wolltest. Es ist wahr, die Schulmeisterei dauert länger, als wir dachten. Du hast den Karren eben gründlich verfahren. Aber du hast ein Dach über dem Kopf, einen Gemüsegarten hinter dem Haus, Most im Keller, gelegentlich ein Stück Fleisch auf dem Tisch; dabei ein braves Weib, die dich glücklich machen würde, wenn du genügend Verstand hättest, und einen prächtigen kleinen Buben, dem du die tollste Erziehung gibst, die mir je vorgekommen ist. Ich glaube, das Bürschchen weiß noch nichts von *mensa* und zimmert dir einen vierbeinigen Tisch im Handumdrehen. Lang kann es so nicht weitergehen.«

Sichtlich hörte Berblinger seinem wohlmeinenden

Freund nur halb zu und blieb plötzlich stehen. Sie durchquerten soeben die Versenkung, in der das sogenannte Randecker Maar liegt. Über demselben entspringen drei kleine Quellen, welche dem eine Viertelstunde entfernten Ochsenwang das nötige Trinkwasser liefern müssen. In einem Graben neben dem Feldweg, auf dem sie hinschritten, rieselte ein kristallheller Bach, der etwas weiter unten ein kleines Rädchen trieb. Brechtle hatte seine Pfeife weggeworfen und war schon eifrig mit dem Bau eines neuen Steindamms beschäftigt, der seinem Rädchen eine vorteilhaftere Verwendung der Wasserkraft sichern sollte.

»Siehst du, Fischer«, begann der Schulmeister nachdenklich, »hier ist eigentlich alles, was wir suchen. Der kleine Bach, der einzige in der Gegend, läuft Tag und Nacht, Sommer und Winter und ist noch nie versiegt. Ehe er das Dorf erreicht, dort bei den zwei Apfelbäumen, verschwindet er in einem Erdtrichter und kommt vermutlich unten am Fuß der Alb wieder zum Vorschein. Dort verdampft das Wasser, das nicht dem Meer zufließt, kommt als Regen auf unsere durstigen Felder und speist wieder das Bächlein. Das geht so fort, trotz aller Reibung oder was sonst an Hindernissen im Weg liegt; jahraus, jahrein, bis an der Welt Ende, wie man so sagt, und ist so verzweifelt einfach. Das sollte ich in irgendwelcher Form wirklich nicht nachmachen können?«

»Du kannst es auch, Vater«, rief der Kleine, sich plötzlich aufrichtend, mit unerschütterlicher Zuversicht in Stimme und Gebärde, »wenn du das Wasser verdampfst.«

»Bravo, Berblinger *secundus*!« sagte sein Pate, ihm wohlwollend auf den Kopf klopfend. »Du hast's erraten. Mit dem Dampf geht nächstens alles. Fange nur auch an, dein Perpetuum mobile zu bauen.«

»Das tut die liebe Sonne für uns, das Verdampfen. Du hast mir's selbst gesagt. Tut's für nichts, ganz umsonst!« fuhr Brechtle eifrig fort, die zwei Alten belehrend.

»Bravo, noch einmal!« rief der Pfarrer. »Da hast du's,

Berblinger. Ein Chirurg aus Marbach, ein gewisser Schiller, von dem sie neuerdings viel Aufhebens machen, soll kürzlich irgendwo gesagt haben: Was kein Verstand der Verständigen sieht, das ahnet in Einfalt ein kindlich Gemüt. Die Sonne macht's. Natürlich; alle Kraft, der wir in diesem Jammertal begegnen, kommt von oben. Laß dir das gesagt sein, Schulmeister. Ich bin nicht umsonst Pfarrer in Neidlingen.«

»Etwas Wahres liegt drin«, murmelte Berblinger in tiefem Nachdenken. »Schon die alten Perser verehrten den Vater des Lichtes, den Spender aller Kraft.«

»Mit unterlaufenden Mißverständnissen«, versetzte Fischer, etwas scharf. »Komm, komm! für einen Perser bist du mir noch zu gut! Du mußt deinen Gedanken gelegentlich eine andere Richtung geben. Es bewegt sich zur Zeit mancherlei in der Welt außer deinem Perpetuum mobile, das einen vernünftigen Menschen interessieren sollte. Ihr habt natürlich keine Zeitung in eurem Ochsenwang, und auch ich lebe von den Brosamen, die vom Kirchheimer Dekanatstisch fallen. Weißt du, wie es drüben bei den Franzosen aussieht? Zum reinen Tollwerden. Und ob unser gutes altes Deutsches Reich die verrückte Neuzeit wieder einrenken wird, ist mehr als fraglich. Sie sind zwar ausgezogen mit Schwertern und Stangen, sind aber, teilweise ohne die Mordwerkzeuge, wieder nach Hause gekommen, sehr magenkrank und ohne etwas ausgerichtet zu haben. Und nun scheint's, als ob die drüben den Stiel umdrehen wollten. Wer weiß, was wir noch erleben müssen. Das kommt daher, daß auch bei uns die Unbotmäßigkeit überhandnimmt und die Leute keinen Respekt mehr haben vor der Obrigkeit, die Gewalt über sie hat. Ein Wunder ist's nicht, aber es straft sich an Gerechten und Ungerechten. Ich will nicht davon reden, was der Pfarrer von Neidlingen von seinem Consistorio denkt. Aber grausig, einfach grausig ist, wie sich die zwei Ältesten meines Schulzen in der Kinderlehre aufführen. Die reinsten Jakobiner. Sie verlangen Aufklärung, die frechen Bengel. Ich habe sie aufgeklärt, daß ihnen die Ohren brummen, aber geholfen hat's nichts. Du wirst sehen, Berblinger, die Franzosen kommen uns über den Hals in einer Kürze. Der Herzog war schlimm genug in seinen jungen Jahren; aber dann gnade uns Gott! Man hat die Pfalz noch nicht vergessen. Mit deinem Perpetuum mobile! Ich wollt', wir hätten Ruhe in diesem Jammertal *in perpetuo*. Es ist mir und meinen Neidlingern wohl genug auch ohne die ewige weltgeschichtliche Mobilität, wenn auch unser gnädigster Landesfürst noch jetzt viel zu wünschen übrigläßt. Es ist in eurer freien Reichsstadt Ulm auch nicht besser. Im Himmel sind wir alle noch nicht. Übrigens geht's hier den Berg hinunter. Weiter darfst du mich nicht begleiten, deiner Frau und deines Nachtessens wegen. Leb wohl, Berblinger! Tu mir den einzigen Gefallen und schlag dein Perpetuum mobile kurz und klein. Halte Schule, so gut du kannst. Vielleicht schenkt dir Gott doch noch eine Pfarrei. Dann magst du ja wieder von vorn anfangen und als zweiter Hahn mit mir vereint das Konsistorium ärgern. So würde die Sache doch noch zu einem guten Ende führen können. Adieu! Adieu Brechtle! Grüß deine Mutter und pfeif ihr die Ohren nicht zu voll. Adieu!«

Sie trennten sich unter den ersten Bäumen des Buchenwaldes, von wo der Weg dachsteil ins Tal hinabführt. Das letzte Adieu des Pfarrers kam schon aus dem dichten Buschwerk, hinter dem er verschwunden war. Langsam und schweigend drehte sich Berblinger um. Der fröhlich sprudelnde Redestrom seines Freundes hatte ihn von jeher schweigsam gemacht. Er nahm Brechtle bei der Hand und schlug einen am Waldsaum hinlaufenden Seitenpfad ein, der, sich sanft nach oben ziehend, zu einem jener dem Rand der Schwäbischen Alb eignen vorspringenden Felsen führte, von dem aus ein überwältigendes Bild voll lieblicher Einzelzüge das entzückte Auge überrascht.

Rechts und links, nah und fern stürzten die bewaldeten

Berghänge von der scharfgezeichneten, fast waagerechten Kante des Gebirgsstocks zu Tal. Noch waren die Buchen kahl und nur da und dort zitterte ein lichtgrüner Schimmer durch die fast violette Färbung der gewaltigen, geradlinig abfallenden Halden. Weißgraue Felszacken überragten an vielen Stellen das Meer von Baumgipfeln. Da und dort krönte eine stolze Burgruine oder ein einsamer Wachtturm die Felsengruppe, die über die waagerechte Schichtung des Gebirges hervorsprang. Der Hohe Neuffen und die Teck erhoben in nächster Nähe ihre kecken Häupter. In weiter dämmernder Ferne schloß gegen Südwesten der Hohenzollern die Reihe der stolzen Berge. Nach rechts, gegen Osten hin, war der Gebirgsabsturz zerklüfteter und bog sich in großem Bogen nach Norden, von tief einschneidenden Seitentälern durchbrochen. Dort, scharf getrennt von der kompakten Masse des Gebirgszuges, erhob sich über einem lieblichen Hügelland einsam und kahl, aber noch immer der alte stolze Kaiserberg, der Hohenstaufen, hinter dem der burggekrönte Rechberg aufstieg; der Große, welchen die gewaltigen Stürme der Vergangenheit jedes Schmuckes beraubt, der Kleine, über den sie achtlos hinweggeblasen hatten. Unten, über die Hügel und Tälchen des Vorlandes hin zerstreut lagen in bläulichem Grün gebettet zahllose Dörfchen und Städtchen, freundlich heraufschielend mit dem Weiß ihrer Häuschen und dem lustigen Rot von Ziegeldächern, die das braungelbe Stroh zu ersetzen begannen. Um den Fuß der Berge aber, im nahen Neidlinger und Lenninger Tal wogte ein schneeweißes Blütenmeer. Soweit das Auge reichte, bedeckte die Sohle der Täler und Tälchen, die in den Gebirgsstock einschnitten, ein Garten von Kirschbäumen. Sie schienen dem Sommer entgegenzujauchzen, dessen warmer Hauch, Leben und Liebe weckend, über das wundervolle Bild hinzog. Die Sonne war dem Untergehen nahe und tauchte scheidend den Gipfel der Achalm in einen Heiligenschein von Purpur und Gold.

Vater und Sohn setzten sich auf den weit vorspringenden Felsen und blickten schweigend in die Ferne. Es liegt in der Natur des Schwaben, daß ihn ein solches Bild, das andere zu lauter Freude stimmt, mit stiller Sehnsucht und Wehmut erfüllt. So packte es auch die beiden Berblinger, ohne daß sie sich dessen klar bewußt wurden, selbst den Kleinen, der aufgehört hatte, auf des Dötes Pfeife greulich klingende Molltöne in die Luft zu blasen. Grund genug war dazu da. Über dem goldstrahlenden Bild lag düstern Elends genug. Nicht das des Perpetuum mobile, das sich nicht rühren wollte, oder der Schulmeisterei, welche Berblinger mit jedem Tag unerträglicher fand, nicht die kleine Not der einzelnen. Es war der stumme Jammer eines in tiefer, selbstgeschaffener Not erkrankten Volkes, die dumpfe Erinnerung an die qualvollen Zeiten eines versinkenden Jahrhunderts, das Vorgefühl des Untergangs eines Vaterlands, dessen herrlichste Zeiten gerade auf diesen Bergen ihren Anfang genommen hatten. ›Fort! Hinaus in die blaue Ferne!‹ Berblinger der Ältere dachte es nicht, aber sein ganzes Wesen durchdrang diese Empfindung, und Berblinger des Jüngeren kleines Herz schlug unwillkürlich im Einklang mit der Stimmung seines Vaters und der traumverlorenen Umgebung. Kinder sind ja weit mehr ein Stück Natur als wir Alten. Schweigend saßen sie da. Die Sonne war jetzt untergegangen; noch aber schwebten im dunkelnden Blau des Himmels rosige Wölkchen. Unter sich sahen sie einen Weih ruhig über dem Tal hängen, das ein gespenstisches Weiß angenommen hatte, und in nächster Nähe ein paar Waldtauben, die ihrem Nest zuflogen. Der Kleine fand jetzt wieder Worte.

»Vater, ich möchte fort«, sagte er, »weit fort, über den Staufen hinaus, ins Blaue.«

»Ich auch!« seufzte der Vater, kaum als Antwort auf Brechtles Geplauder. »Hinaus aus dieser kleinen Welt. Siehst du, wie die Wölkchen dort oben ziehen? Mit denen möchtest du wohl fliegen?«

»Sie fliegen, wohin sie der Wind treibt«, sagte Brechtle sehr nachdenklich. »Ich möchte fliegen, wohin ich will, wie der Weih dort drüben. Siehst du, er kommt näher; er steigt und regt die Flügel kaum. So möchte ich fliegen können.«

»Wer weiß, ob wir's nicht dazu bringen, wenn einmal ein Perpetuum mobile läuft, das die Kraft in sich selbst trägt«, sagte der Vater, der die nicht empfehlenswerte Gewohnheit hatte, seine Selbstgespräche an das Kind zu richten. »Nur wollen muß man, wollen! Und wie der Weih, ohne die Flügel zu rühren, wird's nicht gehen, Brechtle!«

»Warum geht es nicht?« fragte der Kleine unzufrieden.

»Die Engel haben Flügel, bei denen geht's. Jedermann kann es in der Mutter Bilderbibel sehen, und sie sagt, in der Bibel stehen keine Märchen. Es geht ganz gut.«

»Ja, bei den Engeln!« rief der Vater und sprang auf. »Komm, Brechtle, wir müssen heimfliegen. Der Weih ist auch schon fort und die Mutter wartet mit dem Essen.«

2
Brechtles Unvorsichtigkeit in der Wahl seiner Eltern

Damals, vor rund hundertundfünfzig Jahren, war dieser Witz noch fast neu. Ich zögere deshalb nicht, ihn zur Überschrift eines Kapitels zu benutzen, teils um meiner Geschichte jene Patina zu geben, die von Sachverständigen auf anderen Gebieten der Kunst so hoch geschätzt wird, teils um den ärgerlichen Leser darauf vorzubereiten, daß er in diesem Buch keine neuen sensationellen Paradoxen, sondern nur schlichte altbewährte, wenn auch oft versteckte Wahrheiten zu suchen hat.

Man brauchte in jenen Tagen nicht wie heute Dampf und Elektrizität und die halbe Erdkugel dazu, während eines mäßig bewegten Lebens in einem halben Dutzend fremder Länder, Fürstentümer und Herrschaften aufs abenteuerlichste umhergeschleudert zu werden. Ein rüstiger Fußgänger brachte dies unter Umständen ohne Anstrengung in ein paar Tagen fertig. Es ist deshalb auch nichts Außerordentliches, daß der Lebensweg von Berblinger senior über die Landesgrenzen innerhalb des heiligen römischen Reiches deutscher Nation in wunderlichen Rösselsprüngen hin und her hüpfte. Die Sache ließ sich schon vor seiner Geburt etwas bedenklich an. Niemand wußte mit Bestimmtheit, am wenigsten er selbst, wes Landes Kind er war, obgleich er zweifellos als das vierte Söhnchen des früheren Zeughausknechtes, späteren Zeughausverwalters Berblinger zu Ulm das Licht der Welt erblickt hatte. Seine Mutter aber stammte aus der Gegend von Kempten und liebte ihr bergiges Bayerland und ihren Kurfürsten dermaßen, daß dies die Ursache häufiger Meinungsverschiedenheiten zwischen den Ehegatten wurde. Denn auch ihr Mann fühlte sich als freier Bürger eines reichsunmittelbaren Gemeinwesens nicht wenig, namentlich seitdem ihm infolge von Verbesserungen an gewissen Feldgeschützen der Stadt vom Kleinen Rat der Titel eines Zeughausunterverwalters verliehen worden war. Eine gewisse Verschärfung erfuhr das harmlose Zerwürfnis aber erst nach Fränzchens Geburt. Die Mutter erklärte nämlich kurz und bündig: die drei ersten Buben mögen sein, was sie wollen, der jüngste aber, der schon um anderthalb Pfund schwerer auf die Welt gekommen war als die anderen, sei ein echter Bayer und zwar aus Gründen, die damit zusammenhingen, daß die Stadt Ulm Ihrer Majestät der Kaiserin Maria Theresia drei nach Berblingers System verbesserte Haubitzen alleruntertänigst zu Füßen gelegt hatte. Dies geschah bei Gelegenheit eines feierlichen Friedensfestes, vornehmlich um den üblen Eindruck zu verwischen, welchen die Zuneigung der Reichsstadt für den großen Preußenkönig während des Siebenjährigen Krieges gemacht hatte. Nun wollte es aber die unerforschliche Vorsehung, daß besagte Feldstücke auf ihrem Weg von Ulm nach Wien schon bei der Brücke von Lauingen auf bayrischem Gebiet Schiffbruch erleiden mußten und für verloren erachtet worden waren. Berblinger erklärte jedoch, seine Feldstücke retten zu können. Dies gab Veranlassung zu einem mehrmonatigen Aufenthalt der Familie Berblinger in der gutbayrischen Stadt Lauingen, kurz vor dem freudigen Ereignis, das fast gleichzeitig mit der Hebung der Haubitzen eintrat. Zwar war es Frau Berblinger gelungen, ihr eigenes Heim noch rechtzeitig zu erreichen, sie wußte jedoch zu wohl, wie gut ihr in den letzten Monaten die frische Luft und das bayrische Bier zu Lauingen bekommen waren; auch zeigte sich in der Tat bald, daß der kleine Franz ein anderes Kerlchen war als seine Brüder, schlank, stark, zwar etwas stiller als sie, aber mit großen blauen, aufgeweckten Augen, kurz, ein echter Oberbayer; darauf bestand die Mutter.

Der Familienzwist nahm übrigens ein trauriges Ende. Der Zeughausunterverwalter hatte sich bei der Bergung der wertvollen Feldstücke eine schwere Erkältung zugezogen, die schließlich in Lungenschwindsucht ausartete. Auf diese Weise verlor Fränzchen seinen Vater, ehe er das dritte Lebensjahr erreicht hatte. Da die Familie arm war und der städtischen Verwaltung zur Last zu fallen drohte, war diese froh, als sich ein entfernter Vetter des Zeughausverwalters, ein Pfarrer zu Jebenhausen bei Göppingen, oder vielmehr dessen Frau erbot, das niedliche Bürschchen mitzunehmen, um ein bisher kinderloses schwäbisches Pfarrhaus wenigstens einigermaßen zu beleben. So änderte Berblinger senior schon in seinem vierten Jahr sein ›Nationale‹ zum drittenmal und wurde Württemberger.

Es würde zu weit führen, den Lebensweg des Jungen als Pflegesohn der wackeren Pfarrleute im einzelnen zu verfolgen. Das stille, fast allzu gesetzte Wesen des großen blauäugigen Lockenkopfes wurde zwar von der Frau Pfarrerin stets rühmend anerkannt, der Pfarrherr aber erlebte nicht viel Freude an seinem Pflegesohn, der eine unnatürliche Abneigung gegen die Humaniora in irgendwelcher Form an den Tag legte, dagegen häufig, anstatt ernsten Studien obzuliegen, die Bänke der Lateinschule zu Göppingen zerschnitzte und anstatt lateinische und griechische ›Vokabeln zu memorieren‹, sich auf dem Weg zwischen Jebenhausen und Göppingen mit kindischen Wasserbauten beschäftige, die übrigens selbst der gestrenge Schultyrann heimlich bewunderte. Trotzdem, allerdings nicht ohne vorangegangene Anwendung ernster Gewaltmaßregeln, finden wir ihn vierzehn Jahre später im ›Stift‹ zu Tübingen, wo er sich naturgemäß der Theologie ergeben sollte.

Die Freiheiten, welche zu jener Zeit die angehende Geistlichkeit genoß, waren engbegrenzt, doch genügten sie Berblinger, seiner Abneigung auch gegen diese Disziplin einen unzweideutigen Ausdruck zu geben. Durch die philosophischen Jahre kam er nicht unrühmlich; dann aber geriet er nach Ansicht seiner verantwortlichen Lehrer auf bedauerliche Abwege. Seine Predigtübungen verirrten sich, wenn er nicht steckenblieb, regelmäßig auf das Gebiet der Naturwissenschaften, vornehmlich der Physik, in der er Gott zu erkennen glaubte, sei es in den Gesetzen der Planetenbewegung, sei es in denen des Hebels; sein liebster Aufenthalt war eine halbdunkle Dachkammer, ›Kabinett‹ genannt, in der sich eine zerbrochene Luftpumpe im Staub wälzte und einige Vorrichtungen zur Erzeugung von Galvanismus und Elektrizität aufbewahrt waren, mit denen selbst der für sie verantwortliche Magister der Philosophie nichts anzufangen wußte: ein Geschenk Seiner Durchlaucht des Herzogs Karl, der sie aus demselben Grund aus seiner Akademie zu Stuttgart hatte entfernen lassen. Hier hantierte Berblinger stillvergnügt mit Glasplatten, Schellack, Katzenpelzen und Fuchsschwänzen, anstatt sich mit den Kirchenvätern zu beschäftigen oder heimlichen Kneipgelagen beizuwohnen. Seine Studiengenossen hielten ihn für einen harmlosen Sonderling, den zu stören sich kaum lohnte, und nur ein gewisser Fischer, ein stets heiteres, nur allzu witziges Männchen, der wußte, daß auch seine gewagtesten und ordnungswidrigsten Betrachtungen über Gott und Welt bei Berblinger wohl aufgehoben waren, bewahrte dem großen Kind eine schützende, fast mütterliche Freundschaft. Dabei glaubte er halb und halb an Berblingers Forschungen und förderte sie dadurch, daß er die geistigen Abfälle seiner eigenen schriftlichen Arbeiten zu einem Ragout für seinen Freund verarbeitete, das dieser ohne die geringste Gewissensregung den Universitätsbehörden vorsetzte. Die Folgen dieses schwer entschuldbaren Verhältnisses blieben nicht aus. Von Algebra und Analysis, von Differential- und Integralrechnung, die Berblinger fleißig studiert hatte und leidlich beherrschte, von seiner Dissertation über das Verhältnis des noch zu erfindenden Perpetuum mobile zur göttlichen Weltordnung wollten die Herren Examinatoren am Schluß seines achten Semesters nichts wissen und so schloß er seine theologische Laufbahn, ehe sie eigentlich begonnen hatte, mit einem kläglichen Durchfall.

Man riet ihm wohlwollend, sich dem Lehrfach zuzuwenden, aber auch dort war Latein, Griechisch, Hebräisch, ›etwas‹ Geschichte und noch weniger Geographie der einzige Maßstab, an dem die Brauchbarkeit eines jungen Mannes gemessen wurde. Doch was tut der Mensch nicht, wenn er muß. Es folgten mehrere Jahre unruhiger Irrfahrten an den verschiedenen Lateinschulen und Seminarien des Herzogtums, in denen ihn sein Freund Fischer, der bereits eine ständige Pfarrverweserei innehatte, mit einem menschgewordenen Perpetuum mobile verglich und dringend bat, den Wert und Nutzen seiner Lieblingsidee doch ja am eigenen Leib beobachten zu wollen. Aber auch hierzu ließ ihm das Schicksal nicht die genügende Zeit. Sein Landesherr hatte wieder einmal ein paar Regimenter an Frankreich zu liefern, um die Kosten der glänzenden Hoffeste, für die Stuttgart seit Jahrzehnten berühmt war, zu decken. Da wollte es der Zufall, daß der große, stattliche Hilfslehrer der Lateinschule zu Göppingen in tiefgedrückter Stimmung den Abend mit einem liebenswürdigen und trinkfesten Werbeoffizier des Herzogs zubrachte und fast getröstet nach Hause ging. Am folgenden Morgen jedoch wurde er unsanft geweckt und benachrichtigt, daß er angeworben sei und sich bereit zu halten habe, gegen Mittag mit anderen sechs Mann, einem Flickschneider, drei Tagelöhnern und zwei böhmischen Mausefallenhändlern nach Stuttgart abzumarschieren. Wie es ihm gelang, noch am Vormittag mit Zurücklassung von Hab und Gut, seinen wissenschaftlichen Schriften und mehreren Modellen seines Perpetuums nach Geislingen zu entkommen, blieb ihm selbst fast ein Rätsel. Dort auf Ulmer Gebiet war er für den Augenblick einer militärischen Laufbahn entronnen. Die Ulmer aber freuten sich, einen württembergischen Deserteur unter ihre Fittiche nehmen zu können, erstlich, weil sich derselbe als ihr eigener verloren gegangener Landsmann entpuppte, und zweitens, weil ihnen die Württemberger erst vor kurzem ihren Konzertmeister und Poeten Schubart aufs schmählichste über die Grenze gelockt und weggeschnappt hatten. Doppelt glücklich aber durfte sich Berblinger preisen, als er in dem hochangesehenen Pastor und Mathematikus Matthias Faulhaber einen alten Freund und Gönner seines Vaters fand und durch dessen angelegentliche Vermittlung am *Gymnasio academico* der freien Reichsstadt die neugeschaffene Stelle eines Lehrers der Algebra, der höheren Geometrie und des Zeichnens erhielt, mit der Verpflichtung, im Fall der Erkrankung der ständigen Professoren auch Unterricht in Latein, Griechisch und Hebräisch zu erteilen. Mit den besten Wünschen für die dauernde Gesundheit seiner neuen Kollegen trat er sein Amt an und begann unverzüglich, die in Göppingen begonnenen Modelle durch neue verbesserte Schöpfungen seines ruhelosen Geistes zu ersetzen.

Hier aber ereilte ihn die Katastrophe seines Lebens. Schiffahrt und Schiffbau auf der oberen Donau standen damals noch in voller Blüte. Erst spätere Zeiten erfanden für die stattlichen Flachboote, die in Ulm gebaut wurden und lustig bewimpelt in die weite Welt fuhren, aber selten zurückkehrten – denn sie wurden in Wien und Pest als vortreffliches Bau- und Brennholz verkauft –, die ehrenrührige Bezeichnung ›Ulmer Schachteln‹. Eine hochangesehene Schifferzunft pflegte das Gewerbe und ihre sozialdemokratischen Einrichtungen mit Eifer, Gewissenhaftigkeit und zuweilen auch nicht ohne engherzige Strenge. Allwöchentlich segelte, richtiger gesagt ruderte, noch richtiger trieb ein ›Ordinarischiff‹ vom Landungsplatz am Gänstor die Donau hinab auf dem Weg nach Wien, dem zwei, drei, fünf Boote folgten, je nach der Geschäftslage im Osten Europas. Auch wußte die Chronika der Zunft von Armeen zu erzählen, die in Kriegszeiten für das Reich wie für seine Feinde auf ihren Zillen

befördert worden waren. Immer aber bildete die Schifferzunft ein reges Bindemittel zwischen dem enger werdenden Gesichtskreis der alternden Reichsstadt und der übrigen Welt und hielt Erinnerungen an die Zeit aufrecht, in
der das süddeutsche Städtewesen ein bedeutsames Element des Wohlstandes und der Kultur im Leben des Volkes gebildet hatte. Ein Dutzend alter Ulmer Familien, die
Heilbronner, Käßbohrer, Molfenter, Scheiffele und wie sie
alle hießen, vererbten seit Jahrhunderten die Wohlfahrt,
die Traditionen und den Stolz des Gewerbes von
Geschlecht zu Geschlecht, und keine andere Zunft genoß
in der Stadt und weit über ihre Grenzen hinaus das Ansehen und die Popularität der Ulmer Schiffer.

An ihrer Spitze stand zur Zeit als Zunftmeister der alte
Anton Schwarzmann, der jüngste Bruder des verstorbenen Karl Friedrich Schwarzmann, den der Kaiser im Jahre
1766 geadelt hatte, der aber in seinem Bürgerstolz klug
genug war, einige Jahre später auf die Ehre zu verzichten,
nachdem ihm die Patrizier des Kleinen Rats klar gemacht
hatten, daß sich seine neue Würde nicht mit einem blühenden Fisch- und Schneckenhandel vertrage, den schon sein
Urgroßvater betrieben hatte. Der ›junge‹, übrigens 65 Jahre
alte Schwarzmann, der jetzige Zunftmeister, ein ehrgeizi-
ges Luder, wie ihn der Kleine Rat in geheimer Sitzung und
seine Zunftgenossen öffentlich nannten (denn dem Ulmer
Deutsch fehlte es nie an der wünschenswerten Deutlich-
keit), sah die Sache anders an und hätte alle Fische und
Schnecken des reichsunmittelbaren Gebietes darum gegeben, wenn sein Bruder nicht so verrückt gewesen wäre, die
Ehre und den Glanz der Familie den Schnecken zu opfern,
die ohnehin im Rückgang begriffen waren. So war ihr voraussichtlich für Zeit und Ewigkeit Sitz und Stimme in der
›Oberen Stube‹ verlorengegangen. Seit etlichen Jahren
allerdings hoffte er wieder. Sein einziges Töchterlein war
zu einer Jungfrau herangewachsen, auf die Ulm, wo es an
schönen und stattlichen Frauen nicht fehlte, stolz zu wer-

den begann, und der letzte Sproß des altpatrizischen Geschlechtes derer von Wespach war, obgleich schon ein Mann in reiferen Jahren, ein Freund seines ältesten Sohnes Fritz. Beide hatten seinerzeit lustige Tage zu Wien verlebt, wo der junge Schwarzmann nach dem Verkauf von drei Zillen seines Vaters Geld, der ältere von Wespach wie gewöhnlich nichts in der Tasche hatte. Dieses Verhältnis setzte sich später in Ulm fort. Hier wurde Herr von Wespach überdies von einer brennenden Leidenschaft für die schöne Schifferin ergriffen. Die Schwarzmann, Vater und Sohn, hätten die Verbindung mit dem alten Patrizierhaus sehr gern gesehen, obgleich Wespach als verlebter Taugenichts bekannt war, allein Fräulein Rosalie schien die Gefühle ihres Anbeters nicht zu teilen und wenig geneigt zu sein, ihre Schönheit zu opfern, um den Glanz eines vertrocknenden Geschlechts aufzufrischen. Überdies wollte es das Unglück, daß sie zu Ehren eines Neffen der feierlichen Preisverteilung im Gymnasium beizuwohnen hatte und neben den schlanken, blonden Hilfslehrer der Mathematik zu stehen kam. Dabei trat einer jener rätselhaften Fälle ein, deren Mysterium auch im Zeitalter der Elektrizität und des Magnetismus noch keine psychologische Untersuchung enthüllt hat. Nachdem Berblingers hervorragendster Schüler nicht ohne Nachhilfe seines Lehrers den pythagoreischen Lehrsatz zur Befriedigung sämtlicher geladener Gäste bewiesen hatte, fühlte Rosalie Schwarzmann in stürmischer Aufwallung ihres Innersten, daß sie ohne den ruhigen, stattlichen Mathematikus nicht leben könne. Aber auch bei ihm regte sich zum erstenmal, während ihm der Neffe die errötende Tante vorstellte, infolge der geheimnisvollen Wechselwirkung, die ins Kapitel der Induktionsströme gehört, jenes Perpetuum mobile, das die Menschheit in der lieblichsten Weise der Welt und ohne alle Berechnung nicht zur Ruhe kommen läßt. Ein Ball auf der ›Unteren Stube‹, dem Gesellschaftshause der Bürgerlichkeit, eine Begegnung im ›Ruhetal‹

während eines Gewitters und die notgedrungene Heimkehr unter einem gemeinsamen Regenschirm steigerte das Unheil dermaßen, daß der sonst so gesetzte Mathematiker und außerordentliche Hilfslehrer den Boden unter den Füßen zu verlieren begann. Dazu kam gleichzeitig ein unerwartetes Drängen der Familien Schwarzmann und von Wespach und schließlich die gewaltsame Festsetzung des gefürchteten Verlobungstages.

Dies war zuviel für die beiden Liebenden. So wenigstens erklärte Fräulein Rosalie unter reichlichen Tränen ihrem geliebten Franz in dem Wäldchen hinter der Adlerbastei, nur von einer einsamen Schildwache beobachtet, nachdem sie die drohende Gefahr vierundzwanzig bange Stunden lang allein beweint hatte. Berblinger konnte die ihm noch unbekannten Frauentränen nicht ertragen und war zum Äußersten bereit. Er schrieb an seinen Freund Fischer, der zu Asch bei Blaubeuren im Württembergischen seines geistlichen Amtes waltete, mietete einen Einspänner und fuhr drei Tage später in der Abenddämmerung mit seiner Braut, die ihm vor dem Söflinger Tor in unauffälliger Weise begegnet war, über die Landesgrenze, auf derselben Straße, die der Dichter und Musikus Schubart wenige Jahre zuvor leichteren Herzens eingeschlagen hatte, um einem schwereren Schicksal entgegenzugehen. Armes Pärchen! Es war eine unvergeßliche, prachtvolle Mondnacht, in der das waldige Albtal förmlich erstrahlte, und noch vor Mitternacht hatten sie drei fremde Landesoberhoheiten zwischen ihr Glück und die bereits alarmierte Reichsstadt geschoben: das reichsunmittelbare Stift und Kloster Söflingen, das reichsritterschaftliche Gebiet von Herrlingen und das dem Deutschritterorden unterstehende Arnegg. In der Goldenen Gans zu Asch auf herzoglich württembergischem Boden, warm und witzig, wenn auch etwas verlegen begrüßt von dem noch immer unverheirateten Pfarramtsverweser Fischer, waren sie vor jeder Verfolgung vorläufig sicher. Dagegen hielt es Berblingers treuer Freund für seine heilige Pflicht, ihnen am folgenden Morgen in aller Stille vor dem Altar des Dorfkirchleins das bindende Ja abzunehmen und bewegten Herzens seinem Freund und dessen schon halbgetrösteten jungen Braut den erforderlichen geistigen Segen zu erteilen.

Sie hatten alle darauf gerechnet, daß sich vor einer so entscheidenden Tatsache die Wolken, die das junge Glück bedrohten, verteilen müßten, aber sie hatten sich schwer verrechnet. Der Pfarramtsverweser erhielt von seinem Dekanat und ein halbes Jahr später vom hohen Consistorio einen ernsten Verweis wegen unberechtigter Amtshandlung, und der rührende Brief der jungen Frau Berblinger an ihren Papa blieb unbeantwortet. Um so deutlicher war das Handschreiben ihres Bruders, der ihr riet, sich in Ulm nie mehr blicken zu lassen. Er habe mit eigenen Augen und mit großer Genugtuung gesehen, wie der Vater ihren Namen aus der Bibel gestrichen und mit zitternder Hand das Tintenfaß über das ganze Familienregister ausgeschüttet habe. Was geschehen sei, werde in diesem irdischen Leben nicht mehr auszuwischen sein. Tinte sei Tinte. Sie möge sich dementsprechend mit dem verdammten Duckmäuser, der sie und die Aussichten der Familie ruiniert habe, einrichten, so gut sie könne. Vielleicht das Mißlichste dieser leidvollen Flitterwochen war, daß die Schuldeputation im Einverständnis mit dem Kleinen Rat der freien Stadt Ulm den außerordentlichen Hilfslehrer Magister Franz Berblinger seines Amtes enthob und ihm anheimstellte, sich die ihm zustehende restierende Remuneration in Ulm selbst abzuholen, sich dagegen vorbehielt, diejenigen Maßregeln gegen ihn zu ergreifen, die sein pflichtvergessenes und öffentliches Ärgernis erregendes Entweichen mit der unverehelichten Jungfer Rosalie Schwarzmann geeignet erscheinen ließen. Dies klang so bedenklich, daß die drei beschlossen – der Pfarramtsverweser blieb nämlich in diesen schweren Tagen der treueste Freund und Ratgeber des Pärchens, das allerdings wesentlich durch seine Mitschuld ein solches geworden war –, lieber achtzehn Gulden und vierundzwanzig Kreuzer Ulmer Münz im Stich zu lassen, als sich der Gefahr auszusetzen, zur Hälfte den größeren Teil der Flitterwochen in Ulm hinter Schloß und Riegel zubringen zu müssen.

Nun aber brach der bittere Ernst des Lebens mit Macht über die verirrten Liebenden herein, die das Verbrechen begangen hatten, einen langen Liebesroman in einem einzigen Kapitel abmachen zu wollen. Die schöne Rosalie war zwar trotz aller vorübergehend angelesener Romantik klug genug gewesen, vor der Flucht ihr Beutelchen mit erspartem Haushaltungsgeld, das sie natürlich nach erworbenem Wohlstand mit Zinsen zurückzugeben gedachte, bis zum Platzen zu füllen. Aber schon nach zwei Monaten hatte es die Goldene Gans zu Asch völlig entleert. Weitere drei Monate, welche sie in der Hoffnung verlebten, daß die Mißstimmung in Ulm mit der Zeit ihre Schärfe verlieren werde, überzeugten sie, daß es unverantwortlich wäre, den guten Fischer, der selbst heiraten wollte, länger für ihr leibliches Wohl sorgen zu lassen. Als dieser die Pfarrei in Neidlingen erhielt, schien die Not ihren Gipfel erreicht zu haben. Bei seinem Abzug lieh Fischer dem Freund die Hälfte seiner Vierteljahrsbesoldung, die dieser mit bebender Hand und einer Träne im Auge annahm. Was tut ein Mann nicht, den eine junge Frau und werdende Mutter, die er nachgerade herzlich lieb hatte, ins Elend gestürzt hat.

Fischer war aber damit nicht zufrieden. Er fand in Neidlingen, daß die Stelle eines Schulmeisters im benachbarten Ochsenwang erledigt war, reiste selbst nach Stuttgart, um die Sache zu betreiben, erhielt seinen Verweis zum zweitenmal mündlich, aber doch auch die Erklärung, daß der Bewerbung seines Freundes um besagte Stelle kein prinzipielles Hindernis im Wege stehe. Das war eine halbe Zusage und erklärlich genug, wenn man wußte, daß niemand bei gesundem Menschenverstand Schullehrer von

Ochsenwang sein wollte. Dann schrieb er an Berblinger einen verlegenen Brief: Für den Augenblick sei es wenigstens besser als nichts, ein Dach über seinem Kopf, Wasser und Brot und frisches Gemüse so viel Gott wachsen ließ auf seinem Tisch; das übrige müsse eben die Liebe machen, und lange könne es ja nicht dauern. Berblinger, den die Not des Lebens wunderbar mürbe gemacht hatte, griff mit beiden Händen zu, denn er sah voraus, daß er zu Ochsenwang ruhig über sein Perpetuum mobile werde nachdenken können, und war vier Wochen später wohlbestallter Dorfschulmeister auf der Rauhen Alb.

Nur in einem Punkt hatte sich sein Freund verrechnet: Es dauerte länger, als die schwärzesten Befürchtungen voraussehen ließen. Der pflichttreue Oberamtmann zu Kirchheim u. T., in dessen Gebiet Ochsenwang liegt, entdeckte nach wenigen Monaten, daß der neue Schulmeister den Behörden des Herzogtums nicht unbekannt war. War es nicht derselbe Berblinger, der sich vor wenigen Jahren seinen kurz zuvor eingegangenen Verpflichtungen in Göppingen durch die Flucht entzogen, sein dortiges Amt als Hilfslehrer an der Lateinschule im Stich gelassen und dadurch den herzoglich württembergischen Schulbehörden namhafte Kosten verursacht hatte? Das Durchbrennen schien eine Spezialität dieses unruhigen Kopfes zu sein. Die Entdeckung hätte die mißlichsten Folgen haben können, wenn nicht der Pfarrer durch einen schleunigst unternommenen Besuch des an sich gutherzigen Amtmannes und durch eine bewegliche Darstellung der Verhältnisse, die er dessen Frau gab, weiteres Vorgehen in der Sache hintertrieben hätte. Dagegen schien eine Beförderung des armen Mathematikus in herzoglichen Diensten nunmehr ausgeschlossen. Leise Winke Fischers an zuständiger Stelle wurden mit der Mahnung beantwortet, Berblinger möge Gott danken, wenn man ihn in seinem Albdörfchen ungeschoren lasse. Er sei noch immer ein schöner, großer Mann und könne jederzeit daran erinnert werden, was er

seinem Landesherrn schuldig sei, der in Bälde wieder dreitausend Mann an die Holländer zu liefern habe, so
schmerzlich dies seinem neuerdings reumütigen landesväterlichen Herzen ankomme. Es blieb dem wackeren
Seelsorger nichts übrig, als den Freund gelegentlich an seinen quasi Leidensgenossen, den Poeten Schubart, zu erinnern, der noch immer wohlverwahrt und fast vergessen
auf dem Asperg saß, und ihm zum Trost dessen rührendes
Lied: ›Auf, auf ihr Brüder, und seid stark‹ vorzudeklamie-
ren. Ochsenwang war immerhin erträglicher als der
Asperg oder ›das heiße Afrika‹.

Dabei blieb's. Es waren harte Zeiten im reichsstädtischen Ulm, wo die Schwarzmann vergessen zu haben
schienen, daß sie einmal ein liebliches Töchterlein besessen hatten, wie im Herzogtum Württemberg, wo man
nichts vergaß. Doch teilte Berblinger die glückliche Fähig-
keit der meisten nach innen gekehrten Menschen, sich an
das Unangenehmste zu gewöhnen, und nachdem einmal
der Rausch der Romantik verflogen war, zeigte sich, daß
seine Rosel eine praktische Hausfrau von echtem Ulmer
Schrot und Korn war, wie er sie mehr als ein anderer brauchen konnte. Auch fand sich nur zu bald, daß in Ochsenwang so gut als anderwärts stillstehende Modelle von Per-
petuis mobilibus gebaut werden konnten. Damit war
Berblinger nun seit vierzehn Jahren wieder in voller, unge-
störter Tätigkeit. Seine Schule blühte dabei nicht allzu
üppig; um so besser blühte die Jugend des Dörfchens, die
von dem gutherzigen, geistesabwesenden Mann nicht
überbürdet wurde. Eine Schulvisitation hatte sich noch nie
von Neidlingen heraufgewagt, da sie der dortige Pfarrer
wahrheitsgetreu versicherte, daß der Weg einfach halsbre-
cherisch sei. Nur Frau Berblinger klagte dem Pfarrer
manchmal flüsternd, daß das verwünschte Pepetulum –
die phonetisch verbesserte Bezeichnung war die Erfindung Brechtles – die Liebe ihres Mannes von ihr abziehe
und sie manchmal schmerzlich an die schönen Zeiten in

Asch zurückdenke, wo sie sich alles in allem gewesen seien. Fischer suchte auch sie zu trösten: Seine Frau sage genau dasselbe bezüglich der ersten Kirschblütenzeit, die sie in Neidlingen erlebt hätten, und er habe nie ein Perpetuum mobile gebaut.

Auch in anderer Richtung blieb der wackeren Schulmeisterin das Leid des Menschenloses nicht erspart. Zwei hübsche kleine Mädchen, mit denen sie beabsichtigt hatte, in einigen Jahren das steinharte Herz des Großvaters in Ulm zu rühren, erkrankten plötzlich an Halsbräune. Ein Arzt war seit Menschengedenken in Ochsenwang nicht gesehen worden; die Eingeborenen hielten es für selbstverständlich, ohne ärztlichen Beistand zur Welt zu kommen und aus dem Leben zu scheiden. Aber auch der Schäfer im benachbarten Gutenberg, den man trotz des Einspruchs des gefühllosen Vaters hatte holen lassen, wußte nicht zu helfen, und die armen Kleinen starben fast gleichzeitig und wurden an einem Tag in ein und dasselbe kleine Grab gebettet. Nur der dreijährige Brechtle blieb übrig, beneidete seine Schwesterchen wegen der zu erwartenden Flügel und versprach, der Trost seiner tiefgebeugten Mutter zu werden. Seitdem er aber die ersten Höschen trug und sich als Mann fühlte, verließ er die mütterliche Schürze, trippelte mit seinen noch krummen Beinchen – sie wuchsen sich erst später gerade – in den Holzstall zum Vater hinüber, um Schiffe und Wasserrädchen zu bauen, und die gute Frau sah mit Schmerzen, daß sie sich auch in ihm verrechnet hatte. Es war nichts mit den Männern, groß und klein! Wäre der Pfarrer von Neidlingen nicht gewesen, sie hätte dem ganzen Geschlecht den Laufpaß gegeben.

Das Verhältnis wurde schlimmer mit den Jahren. Mann und Frau gingen scheinbar gleichgültig nebeneinander her. Manchmal, wenn sie allein war, brach sie in bittere Klagen aus. Was hatte sie nicht alles für ihn geopfert! Was war er ihr jetzt? Und drüben in seinem Schuppen saß er, den müden Kopf in den Händen und seufzte. ›Es‹ – das jüngste Perpetuum mobile, das so vielversprechend begonnen hatte – ging nämlich wieder nicht länger als zwei Tage! Auch ihm hätte ein freundliches Wort, eine teilnehmende Berührung wohlgetan. Sein ganzes, allzu weiches Herz sehnte sich nach diesem Laut, nach dieser Hand, denn unter seinen Stangen und Rädchen, hinter seinem Sinnen und Hoffen lebte eine gute Seele, die keine Worte fand und sich nicht zu helfen wußte. Sie verstanden sich nicht mehr.

»Wie kann man sich verstehen ohne Worte?« fragte sie bitter.

Und doch liebte sie ihren Mann in aller Stille und von Herzen, ja, bis in den Tod – wie wir sehen werden.

Brechtle aber merkte von all dem nichts, baute seine Schiffchen und Rädchen eine glückliche Kindheit lang und sah den Lerchen nach, wie sie über den steinigen, frischgeackerten Feldern der Rauhen Alb jubelnd im Blau des Himmels verschwanden. Wie gut, daß Kinder dies noch sehen – noch und immer wieder.

3
Im Grollen der Weltgeschichte

Zwei lange Winter waren wieder vorübergegangen. Brechtle war jetzt zehn Jahre alt und sah aus, als ob er ›schon acht‹ wäre, wie die Jungen im Pfarrhaus zu Neidlingen sagten, die etwas vom väterlichen Witz geerbt zu haben glaubten. Aber seine zwei hellen blauen Augen schauten altkluger in die Welt hinaus als die zwölf der Neidlinger Kinder, und sein Pate, der Pfarrer, hatte öfter Gelegenheit, sich im stillen über die Bemerkungen des Bürschchens zu wundern, der einen Verstand zeigte, welcher weit über seine zehn Jahre hinausging, und der überdies sein kleines Herz am rechten Fleck zu haben schien.

Äußerlich hatte sich in Ochsenwang nichts geändert. Der Frühling war mit gewohnter Unregelmäßigkeit gekommen, hatte dieselbe Mühe wie alljährlich, über den Winter Herr zu werden und den steinigen Albboden mit dem nötigen Grün zu bekleiden, und fand die gleiche Zahl von Strohdächern an der alten Stelle. Ein paar barfüßige Bübchen und Mädchen mehr wackelten zögernd zur Schule, ein paar ältere warfen ihre zwei Schulbücher freudig in die Ecke und begannen hinter des Vaters Pflug herzulaufen. Die Anzahl der runden Flachsköpfchen blieb ungefähr die gleiche, und der Schulmeister waltete seines Amtes wohlwollend, gleichgültig und geistesabwesend wie seit nunmehr vierzehn Jahren.

Die Kleinen merkten natürlich nicht, daß eine große Veränderung mit ihm vor sich ging, die Größeren ahnten etwas davon. Sie waren seit Sommersanfang schon dreimal zu einem Nachmittagsspaziergang aufgefordert worden, hatten mit dem Lehrer den nahen Reußenstein, die Teck und den Hohen Neuffen besucht und mit stummem Staunen vernommen, daß die ganze Herrlichkeit da unten, Saatfelder, Kirschbäume, Dörfer und Städtchen, ihr Vaterland sei und daß es Frühling werden wolle. War's doch eigentlich schon voller Sommer. Nur Brechtle, der mitlaufen durfte, soweit ihn seine kleinen Beine trugen, horchte dabei mit ganzer Seele, obgleich er nicht viel mehr davon verstand als die anderen, denn sein Vater hatte sich noch immer nicht abgewöhnt, in Monologen zu sprechen und darauf zu verzichten, daß ihm jemand zuhörte.

Die Schulmeisterin dagegen beobachtete die gehobene Stimmung ihres Mannes mit schüchterner Freude, wenn sie auch ebensowenig begriff, wem sie sie verdankte. Was kümmerte sie's in Ochsenwang, daß die Franzosen in weiter Ferne die neuerfundene Freiheit und Brüderlichkeit dazu benutzten, sich die Hälse mit Maschinen abzuschneiden! Gediehen ihre Rettiche und ihr Schnittlauch üppiger, seitdem die gottlose Bande überm Rhein einen König abgeschlachtet, überstand Brechtle seine roten Flecken glücklicher, weil sie drüben die rote Fahne aufgepflanzt hatten? »Das alles hatte keinen Wert.« Dankbar aber war sie der französischen Revolution dafür, daß nun fast seit einem Jahr das Perpetulum unberührt und unbeweglich in seinem Schuppen stand und ihr Franz jeden Montag nach Neidlingen hinunterpilgerte, um aus der ›Zeitung‹, wie man kurzweg das Stuttgarter Wochen- und Intelligenzblatt nannte, das Neueste drei Tage früher zu erfahren, als es sonst möglich gewesen wäre. Denn auch der Neidlinger Schulmeister und der Schultheiß hatten ihre Ansprüche auf das kostbare Exemplar, das der Dekan zu Kirchheim dem Pfarrer Fischer nach einem Rundlauf durch sechs Kirchheimer Honoratiorenfamilien zusandte. Die Nachrichten waren deshalb nicht mehr ganz neu, neuerdings aber wieder aufregend genug, selbst für die halbschlummernden Dörfchen auf der Rauhen Alb, so daß Berblinger gewöhnlich mit geröteten Wangen und mitteilsamer als in seinen besten Jahren zu Rosel zurückkam und voll heimlicher Hoffnungsfreudigkeit zu sein schien, für die sie keine Ursache zu finden vermochte.

So saß das seltene Paar, der Pfarrer und der Schulmeister, wieder einmal in der mit blühendem Jasmin bedeckten Laube des Neidlinger Pfarrgartens. Die Kinder spielten mit Brechtle wilde Räuberspiele um die benachbarten Scheunen, bei denen das vierjährige Schwesterchen der Gegenstand heftiger Kämpfe und Überfälle, Gefangennahmen und Befreiungen war, die regelmäßig mit dem leidenschaftlichen Geschrei der unterliegenden Partei: »Das gilt nicht! Das gilt nicht!« endeten. Mit bekümmerter Miene und der großen Familienkaffeekanne ging die Pfarrerin ab und zu und bat um Verzeihung, daß die Herren genötigt waren, Holzlöffelchen zu gebrauchen. Sie habe schon am frühen Morgen ihr gesamtes Silberzeug unter einem Kirschbaum im Garten vergraben, wobei ihr Mann sie mit unpassender Heiterkeit unterstützt und mehrere Nachbarn ängstlich zugesehen hätten. Schon seit zehn Tagen sei keine Zeitung mehr nach Neidlingen gekommen. Niemand wisse, wie es in Stuttgart stehe, seitdem die Franzosen den Kniebis erstürmt und über den Schwarzwald hereingebrochen seien, denn auf die Berichte, welche Hausierer und Metzgerknechte das Tal heraufbrächten, könne sich doch niemand verlassen. Es heiße, der Feind wüte schon in Herrenberg wie die Vandalen; die Österreicher und das ganze schwäbische Reichskontingent seien in vollem Rückzug, niemand wisse wohin. Der Herzog habe vergeblich versucht, für sein Land Frieden oder wenigstens einen Waffenstillstand zu schließen. Jedenfalls sei der Pfarrer vom benachbarten Owen schon gestern mit Sack und Pack nach Oberschwaben abgereist, habe Amt und Gemeinde Gott befohlen und seinem Vikar überlassen. Der, ein leichtsinniger junger Mensch, fordere die Bauern auf, sich mit Sensen und Dreschflegeln zu bewaffnen. Es wolle aber keiner. Sie meinen, es könne nicht schlechter werden, als es schon sei. –

Trotz alldem saßen sich Berblinger und der Pfarrer behaglich gegenüber, während die Pfarrerin den Kaffee einschenkte und erregt die Dorfgerüchte wiedergab. Beide hatten, wie es seit einiger Zeit schon Brauch geworden war, nach alter Studentenweise drei Fuß lange Tabakspfeifen im Mund und dampften gewaltig drauflos, ohne ein Wort zu sagen, bis die Hausfrau durch das mörderische Geschrei ihres Töchterchens, das Gefahr lief, von den feindlichen Raubritterbanden in Stücke gerissen zu werden, gezwungen war, dem Kampfplatz der Jugend zuzueilen und die Alten sich selbst zu überlassen.

»Da haben wir's, Berblinger!« sagte der Pfarrer, nachdem er mit der Pfeife zwischen den Zähnen bedächtig Feuer geschlagen und einen neuen Zunder auf den Tabak in dem Pfeifenkopf gedrückt hatte, den er kaum zu erreichen vermochte. »Da hast du's jetzt mit deinen Freiheitshelden! Keine Zeitung seit zehn Tagen; der Kollege von Owen auf der Flucht, der Herzog vermutlich außer Landes! Dafür Mord und Brand und, wer weiß, unser schönes Württemberg eine zweite Pfalz! Dieser Moreau, heißt es, sei ein Wüterich nach altem Rezept und ein feiner Soldat. Was die Reichstruppen wert sind, wissen wir.«

»Und das Reich dazu!« murrte Berblinger, zornig Rauchwolken in die Luft blasend. »Sie haben recht, die Bauern von Owen: Schlimmer kann's nicht werden.«

»Das solltest du nicht sagen, Schulmeister!« unterbrach ihn Fischer mit Wärme. »In den letzten Jahren des Herzogs Karl, seitdem wir sein eigenes durchlauchtigstes Sündenbekenntnis von den Kanzeln verlesen durften, war's erträglich genug, und der neue, unser allergnädigster Herzog Eugen Friedrich, meint es zum mindesten so gut als ein anderer. Er ist schon zu dick, um viel Böses zu tun.«

»Wenn er bestraft würde für das, was andere vor ihm gesündigt haben, ging's ihm nicht schlimmer als dem

Franzosenkönig. Das gebe ich zu. Es ist unglaublich, wie kurz das Gedächtnis der Leute ist, sonderlich der Pastoren. Hast du's auch schon vergessen, wie der gute, bußfertige Herzog Karl gegen sein eigenes Volk gewütet hat; wie er das Land bis zum Verbluten schröpfte, wie er das alte Recht der Landschaft verdrehte zum Nichtwiedererkennen, wie er seine Landeskinder verschacherte an Franzosen und Holländer. Vergessen Moser und Schubart! ›Auf, auf, ihr Brüder, und seid stark!‹ auch schon vergessen! Habe ich selbst nicht laufen müssen wie ein gehetzter Hase?«

»Das steckt dir noch in den Gliedern, Berblinger. Es hat dir übrigens nichts geschadet, und ein christlicher Schulmeister sollte im Verzeihen nicht zu faul sein.«

»Ich spreche nicht vom Einzelnen«, fuhr Berblinger bitter fort. »Das sind Kleinigkeiten in dieser Welt voll Prunk und Elend. Das große Ganze ist verrottet und verfault von oben bis unten, sonderlich von oben, und ihr Pastoren gebt euch vergeblich Mühe, mit dem Mantel der christlichen Liebe zuzudecken, was bis zum Himmel stinkt. Verfault und verrottet! Dahin ist's gekommen im deutschen Reich, das kein Reich mehr ist, sondern eine zersetzte Leiche, in der sich die Würmer mästen.«

»Werde mir nur nicht poetisch! Denk an den Schubart. Es führt zu nichts Gutem –«

»Die Zeiten sind vorbei, seitdem sie drüben die Bastille gebrochen haben und mit ihren blutigen Fäusten an unsere Tür klopfen.«

»Naß von Königsblut; von heiligem Königsblut!« rief Fischer, jetzt auch zornig. »Das geht über meinen Witz. Sakrilegium! – Glaubst du noch an deinen Katechismus? Seid untertan der Obrigkeit –«

»Die Gewalt über euch hat«, unterbrach ihn der Schulmeister. »Paß mal auf! Vielleicht dauert es keine sechs Wochen mehr, so haben die Franzosen Gewalt über dich und mich, und das alte, bresthafte, vergrämte Reich stürzt zusammen, an dem wir seit Urväterzeiten gehangen haben.«

»Unmöglich! Mit seinen tausend Jahren, die es aufbauten!«

»Das dachten die Royalisten in Paris auch, und an ihren tausend Jahren sind sie zugrunde gegangen. Die Welt bewegt sich, Fischer, seitdem sie Gott geschaffen hat. Das Alte stirbt, in Ehren oder in Schande, aber es stirbt.«

»Und deine Jungen geben uns neues Leben! O Berblinger! Deine Sanskulottes und Jakobiner, dein Robespierre, der allen voran schon zur Hölle gefahren ist, deine Vernunftanbeter! Sie seien ja schon in Stuttgart. Wir werden sie kennenlernen, besser als uns lieb ist.«

»Und es wird Tag werden auch bei uns!« rief der Schulmeister. »Die Eulen und Fledermäuse und all das nächtliche Raubzeug, das dem Volk das Blut aussaugt, solange es schläft, wird noch eine Zeitlang kreischen zum Verzweifeln. Aber es wird zugrundegehen, wenn es Tag wird. Unser Herrgott braucht Geißeln und Skorpionen von wunderlicher Form, wenn er einmal zornig wird: einen Geiserich für das verrottete Rom, einen Moreau und Joubert mit ihren Sanskulottes für das verfaulte Reich. Die Menschheit geht nicht unter, Fischer; auch bei uns noch nicht. Nur was krank ist und vergiftet und halb tot, muß weg; mit dem Messer, wenn's nicht anders geht; selbst wenn es uns die Franzosen leihen müßten.«

»Du bist, kurz und bündig gesagt, ein Landesverräter«, rief der Pfarrer, »und kannst doppelt froh sein, dich in Ochsenwang verstecken zu können!«

»Die Zeit wird kommen, wo wir uns nicht verstecken werden, Fischer, wo sie uns holen werden, das Vaterland wieder aufzubauen. Ich weiß nicht, was mit mir heute ist, aber ich habe noch nie so deutlich gefühlt, daß ich ein Prophet bin; in aller Bescheidenheit sei dir's gesagt!«

»Gut, daß du nicht vergißt, die Bescheidenheit zu

erwähnen. Du setzt mich übrigens nicht in Erstaunen. Ich sagt' es ja immer: Du bist ein großer Erfinder, Berblinger, und die Erfinder eurer gottvergessenen Neuzeit sind wohl Propheten. Wenn ich nur an dein Perpetuum mobile denke!«

»Sei mir still davon! Seit etlicher Zeit hört man selbst in Neidlingen die Räder der Weltgeschichte krachen, fern und dumpf, aber deutlich genug. Da hast du ein Perpetuum mobile, das man nicht zu erfinden braucht. Und selbst wenn es uns zermalmt – was tut's? Es bewegt sich; es bewegt sich vorwärts und nach oben.«

»So Gott will!« sagte der Pfarrer und dampfte etwas langsamer, was immer geschah, wenn ihm zu ernst zumut wurde.

»Berblinger«, fuhr er nach einer Pause fort, »du bist ein großes Kind, und ich vergesse den alten frommen Spruch nicht: Kinder und Narren sagen die Wahrheit. Wir wollen hoffen, daß uns unser Herrgott in Gnaden von deinen Weltbefreiern verschonen möge. Wenn sie aber kommen sollten, dann denk an mich. Ich bin auch so etwas wie ein Prophet, von Amts wegen, wenn auch einer von den kleinsten. Denk an mich und denk an Weib und Kind. Wie geht's der Frau Rosel?«

Sie sprachen ruhiger weiter, von häuslichen Dingen, von Hoffnungen und Sorgen, an denen es auch in Neidlingen nicht fehlte, der Pfarrer in seiner gewohnten christlichen Sperlingsstimmung, wie er es nannte, die auch in den gewagtesten Streichen seiner fünf Jungen den guten Kern herausfand oder wenigstens eine Zulassung des Herrn erkannte, Berblinger, wieder stiller werdend, mit ungewohnter Weichheit. Er erzählte, wie tapfer seine Frau sich durch die Not des letzten Winters hindurchgekämpft habe, der diesmal besonders hart und lang gewesen war, und wie er sich danach sehne, das Eis schmelzen zu sehen, das sich seit Jahren immer höher und kälter zwischen die beiden Eheleute geschoben habe.

»Dummheiten!« rief der Pfarrer. »Du nimmst das Maul voll genug, wenn du von deinen französischen Freiheitshelden perorierst. Kannst du nicht auch vor deine Frau hinstehen und den Mund auftun? Das ist alles, was ihr braucht. Du bist eben ein Schwab! Ein Demosthenes, wenn niemand um den Weg ist, stumm wie ein Fisch, wo du reden solltest. Geh hinauf nach deinem Ochsenwang, bilde dir ein, sie sei die Göttin der Vernunft –«

»Das ist nicht möglich«, seufzte Berblinger.

»Unsinn! Du bildest dir Unmöglicheres genug ein! – Sink vor ihr auf die Knie, wie vor vierzehn Jahren zu Ulm hinter der Adlerbastei – du kannst meinethalben auch stehen bleiben – und spreche also: Liebe Rosel, der Pfarrer von Neidlingen versichert mir, daß wir große Narren seien; ich der größere, wie sich's für deinen Eheherrn geziemt. Wir sind und bleiben arm; aber wir könnten glücklich sein. Merkst du noch immer nicht, daß ich es so gerne sein möchte? Dann stehst du auf – oder –«

Fischer stockte. Ein ungewohntes Geräusch unterbrach die Stille im Pfarrgarten: Hufschläge eines Pferdes, das in wildem Galopp die Dorfstraße heraufjagte. Auch hörte man vom fernen Ende des Dorfes einzelne Rufe.

»Das gehört nicht ins Programm«, sagte der Pfarrer unruhig, seine Pfeife weglegend.

»Ein durchgegangenes Pferd«, meinte Berblinger aufspringend.

»Ein Feuerreiter!« rief der Pfarrer und eilte nach dem Haus. Man hörte in der Tat den Schreckensruf: Feuerjo! zwei-, dreimal entlang der Dorfstraße.

Die Pfarrerin stand schon vorn unter der Haustür, bleich und sichtlich zitternd.

»Sagt' ich's doch!« flüsterte sie ihrem Mann zu. »Wären wir der Pfarrerin von Owen gefolgt! Die sind jetzt in Sicherheit. – Um Gottes willen, wo sind die Kinder?«

Sieben Mann hoch standen sie, das Mädchen voran, schon auf der anderen Seite des Weges, wo vor dem Haus des Schulzen ein Bauernbursche von seinem schweren ungesattelten Ackerpferd abgesprungen war. Man suchte den würdigen Amtsvorsteher, der Kirschen pflückend auf einem Baum saß und fluchend herunterkam. Von allen Seiten liefen jetzt die Leute zusammen; Weiber laut jammernd, ehe sie wußten, warum; junges Volk schon halb vergnügt über die willkommene Aufregung, sobald es sah, daß nirgends ein Strohdach aufflammte: Was gibt's? Des Schulzen Peter von Weilheim! Wo brennt's? Was bringt er?

Das verwirrte Fragen brachte nichts Vernünftiges aus dem halbwüchsigen Menschen heraus, der mit offenem Mund dastand und sich den Schweiß von der Stirn trocknete. Nun nahm ihn der Pfarrer ins Gebet. Erst aber nachdem man ihm einen Krug Apfelmost gebracht hatte, kam langsam und stoßweise heraus, weshalb er hier sei und nach Münsingen weiterreiten müsse, so schnell ihn der Gaul trage. Der nächste Weg durchs Lenninger Tal sei schon verlegt.

In Stuttgart wimmle es von fünftausend oder fünfzigtausend Franzosen; genau wisse er das nicht mehr. Der Moreau habe die Stadt schon seit Freitag in der Gewalt und verlange fünfzigtausend oder fünftausend Gulden – genau wisse er auch das nicht mehr –, sonst lasse er seine Soldaten plündern. »Sie nehmen einem das Bett unter dem Leib weg«, erklärte der Bursche den Weibern, die ihn von hinten bedrängten. Vorgestern sei eine mörderische Schlacht bei Cannstatt geschlagen worden. Auf der Neckarbrücke. Unsere Freunde, die Österreicher, hätten sich gewehrt wie die Löwen; aber es habe nichts geholfen. Die Franzosen seien wie Teufel, nicht wie Christenmenschen drauflosgegangen und hätten den Unsern keine Zeit zum Laden gelassen. Gestern seien sie in Eilmärschen das Neckartal heraufgekommen. Das Hauptkorps stehe bei Plochingen. Einzelne Trüpplein seien aber auch schon in Kirchheim und weiter herauf gesehen worden; man sei nirgends mehr seines Lebens sicher. Man glaube, sie wollen über die Alb nach der Donau, wo vom Schwarzwald und Tuttlingen her eine andere französische Armee vordringe. Er sei beauftragt, den Amtmann von Münsingen und den von Blaubeuren zu warnen, wenn die Franzosen nicht vor ihm ankämen. Die Herren sollen die Kameralamtskassen salvieren, was auch in Kirchheim noch rechtzeitig gelungen sei.

Damit kletterte er wieder auf sein Pferd, schob es im Schritt durch den Haufen der entsetzt gaffenden Bauern und trabte davon.

Der Pfarrer und Berblinger sahen sich an, während sie nach dem Haus zurückgingen.

»Nun hast du deine Volksbeglücker hier«, sagte der erstere, nicht ohne eine gewisse Bitterkeit.

»Ich bin nur froh, daß das Silberzeug vergraben ist«, seufzte die Pfarrerin.

»Dafür haben ich und meine Rosel nicht zu sorgen«, lachte der Schulmeister, den die Erregung heiter gestimmt hatte. »Warten wir's ab, Fischer. Natürlich: es gibt zerschlagene Eier, wenn man Pfannkuchen backt. Aber die Schulmeisterei zu Ochsenwang wird demnächst am Nagel hängen.«

»So Gott will!« rief der Pfarrer. »Mach jetzt, daß du heimkommst und deine Siebensachen zusammenpackst, ehe sich deine neuen Brüder drein teilen.«

»Auf Wiedersehen also, an einem ruhigeren Tag!«

»So Gott will, so Gott will!« sagte der Pfarrer noch einmal. »Vergiß deine Pfeife nicht!«

Damit trennten sie sich. Brechtle, der sehr aufgeregt war, hatte sich fast ängstlich an seinen Vater geschmiegt, nahm jetzt seine Hand und zog ihn förmlich vorwärts, obgleich Berblinger tüchtig ausschritt. Er war still und achtete kaum auf das Geplauder des Kleinen, der mit wunderlichen Kreuz- und Querfragen dem Rätsel auf den Grund zu kommen suchte: wie die Feinde auch unsere Freunde sein könnten. Etwas wirr gingen auch seinem Vater die Gedanken durch den Kopf: Es war nicht seine Sache, der Weltgeschichte in die Speichen zu greifen, die jetzt so furchtbar nahe an ihnen vorüberbrauste. Mit Rosel aber und ihm sollte es anders werden. Harte Zeiten standen vermutlich vor der Tür. Er wollte sie durchkämpfen, den Kopf hoch, die Augen offen, den Arm um sein Weib und seinen Jungen. Wie ein Mann, nicht wie ein Träumer. Dann, was auch sonst kommen mochte, würden sie auch ihm Freiheit und einen Teil von dem Glück bringen, auf das die Welt wartete und das ihr Gott im Himmel so lange vorenthalten hatte. Die neue Zeit regte sich in deutschen Köpfen anders als in den tollen, blutlechzenden Haufen der ›enfants de la patrie‹, die über den Rhein geströmt kamen.

Schon nach einer kleinen Stunde hatten sie die Kante des Gebirges erreicht. Noch einmal warf Berblinger einen Blick über die herrliche Landschaft, die sich unter ihnen ausbreitete: die Dörfchen im grünen Hügelland, so weit das Auge reichte, die stolzen, felsgekrönten Spitzen in nächster Nähe, das weite deutsche Land, über das der kaiserliche Staufen sein ernstes kahles Haupt erhob.

»Brechtle!« sagte der Vater nach einer langen Pause, »du brauchst es noch nicht zu verstehen. Dein und mein Feind sind sie nicht, die Franzosen, wenn sie uns heute auch an den Kragen gehen. Aber vergiß nie: was wir da unten sehen und dort drüben und so weit das Auge reicht: das ist deutsches Land und soll es bleiben in Zeit und Ewigkeit.«

»Amen!« sagte Brechtle, der wußte, daß ein Schulgebet mit ›Zeit und Ewigkeit‹ aufhört und daß man dann ›Amen‹ zu sagen hatte. Dann gingen sie weiter, dem Dorf zu.

Kaum hatten sie den Waldsaum hinter sich, als ihnen die alte Kätter mit ihrer Tochter begegnete, die der Huppelbauer heiraten sollte, beide keuchend unter zwei großen Bündeln, welche aus Betten und verschiedenem Hausgerät zu bestehen schienen. Die alte Kätter heulte laut, als sie den Schulmeister sah. »Sie sind da! Sie sind da!« schrie sie ihm entgegen. »Wir gehen nach Neidlingen, wenn wir nicht im Wald liegen bleiben. Alles ist besser als die Franzosen, davon weiß ein altes Weib zu erzählen. Wenigstens haben wir Berbeles neues Bett gerettet. Lauf, Berbele, lauf!« Damit verschwand das Paar im Buschwerk.

Dann kam der Aldinger Jakob, schwerfällig hinkend, wie immer, und trieb eine Kuh vor sich her. »Beim Stadelbauer haben sie schon den Stall ausgeleert«, berichtete er, stotternd vor Angst. »Willst laufen, Rindvieh, verfluchtiges!« Dabei schlug er mit aller Macht auf das magere Tier los, das plötzlich stillstand, wie aus Holz, und laut zu brüllen begann.

»Wieviel sind's?« fragte Berblinger.

»An die dreißig, schätz' ich. Reiter. Sind alle abgestiegen, laufen von Stall zu Stall. Willst laufen, Sakermentsvieh, dummes! merkst nicht, daß der Franzos hinter dir her ist?«

Berblinger lief jetzt auch. Vom Bühl herunter sahen sie drei Knechte mit Gabeln und Dreschflegeln ebenfalls dem Dorf zu rennen. Die waren wenigstens noch nicht auf der Flucht. Jetzt rannte auch der Lehrer, daß ihm Brechtle kaum folgen konnte.

Vor dem Pfarrhaus standen vier gesattelte Pferde, mit Gegenständen aller Art wunderlich behängt. Hinter der Scheuer des Stadelbauers hörte er unverständliches Rufen und Fluchen. Eine unheimliche Angst hatte ihn gepackt. In Sprüngen lief er am Ziehbrunnen vorbei, neben dem des Stadelbauers Knecht auf dem Boden lag, ohne sich zu rühren. Jetzt war er um die Ecke. Die Tür des Schulhauses stand offen. Hinein! In der Wohnstube fand er niemand; aber es waren Leute dagewesen. Auf dem Tisch standen vier halbgefüllte Gläser; ein fünftes und der Krug lagen zerbrochen auf der Diele. Hier hatten sie gezecht. Aber wo war sie? Wo war seine Frau? Er starrte entsetzt ins Leere. Da hörte er einen Schrei und jetzt noch einen. Im Gärtchen. Hinaus! Mitten im Blumenbeet vor dem Holzschuppen standen drei Soldaten in zerlumpter Uniform, die eher entsprungenen Zuchthäuslern glichen, höhnisch einem vierten Mut zurufend. Dieser, ein großer Bengel mit braunrotem Gesicht und einem gewaltigen Schnurrbart, hielt Rosel mit beiden Händen an den Armen und drückte sie gegen die Wand des Schuppens.

»Franz!« schrie die Frau. Es war ein Jubelschrei.

Er hörte nichts weiter. Mit einem Satz war er über die Beete weg. Im Sprung hatte er den Pfahl eines Rosenstocks ausgerissen, und ein krachender Schlag sauste auf den Schädel des Soldaten. Sein Tschako kollerte auf die Erde, ein Teil des Pfahls flog durch die Luft. Der Mann taumelte und wandte sich wie trunken gegen seinen Gegner. Ein Blutstrom schoß ihm über ein Auge und die rechte Wange, aber mit einem ›Mille tonnerres‹ riß er den Säbel aus der Scheide, stürzte sich wie eine Katze auf Berblinger und schlug ihm den erhobenen Pfahlstumpf aus der Hand. Ehe er jedoch zum zweiten Hieb ausholen konnte, hatte ihn Berblinger an der Kehle. Sie taumelten ringend hin und her, die Blumenbeete zerstampfend. Das Gesicht des Franzosen wurde blau, seine Augen schienen aus dem Kopf zu treten. Einen Augenblick noch und er mußte zusammenbrechen. Aber auch Berblinger fühlte seine Rippen krachen, und wie von Sinnen schrie Rosel um Hilfe. Und Hilfe kam. Vier, fünf Bauernburschen, mit Sensen und Dreschflegeln bewaffnet, suchten durch die dichte Gartenhecke zu brechen, die sie vom Kampfplatz trennte. Es war keine Zeit für den Umweg durchs Haus, und der erste Schreck war vorüber. Das Raufen Mann gegen Mann war den Leuten nichts Entsetzliches. »Donnerwetter! Ein Schwab ist so gut als ein Franzos!« schrie einer. Das wirkte. Die Hecke gab nach. »Haut sie! Haut sie!«

Da knallte ein Schuß.

Den Knall hörte Berblinger nicht. Dagegen hörte er, wie das Herz des Franzosen gegen seine eigene Brust klopfte. Sie hatten sich eine halbe Minute lang, alle Muskeln angespannt, in wütender Umklammerung fast regungslos gegenüber gestanden. Er fühlte den heißen Atem des Erstickenden in seinem Gesicht und das warme blutige Naß an seinen Fingern, mit der wilden Freude des Siegers und einem tollen Gedankenblitz: »Brüderlichkeit!« Gleichzeitig fühlte er einen scharfen Stich im Rücken und dann einen erstickenden Schmerz in der Brust. Seine Hände verloren ihren Halt. Er warf die Arme nach oben und stürzte rückwärts zu Boden, der Soldat schwer und hilflos über ihn.

Mit einem Kampfgeheul, halb Schrecken, halb Wut, wie es die alten Deutschen ausgestoßen haben mögen, wenn sie sich auf einen Römer warfen, hatten im selben Augenblick die Bauernburschen den Gartenzaun durchbrochen. Eine Minute lang war alles ein häßlicher Knäuel: wildes Fluchen, keuchendes Stöhnen, dumpfe, unsichere Schläge. Dann entwirrte sich die Masse. Die Burschen sahen sich an, in dummer Wut, bereit, alles zu zerschlagen, was sich ihnen in den Weg stellte. Allein nichts stand ihnen im Weg. Einer hatte eine furchtbare Beule über der Stirne, ein anderer untersuchte seinen blutenden Arm. Die Franzosen waren verschwunden; wie weggeblasen. Einige Augenblicke später hörte man den Galopp ihrer Pferde die Dorfstraße hinunter.

Auf dem Boden lag Berblinger mit zurückgesunkenem Kopf, die Augen weit offen, regungslos. Über seine Brust hatte sich Brechtle geworfen, laut schluchzend, seine kleinen Hände verzweifelnd auf die Wunde drückend, aus der sich unter dem zerfetzten Hemd stoßweise ein rieselnder Strom von Blut ergoß. Die Kugel, aus nächster Nähe abgeschossen, hatte den starken Körper völlig durchbohrt. Helft, helft! schluchzte das Kind und drückte mit aller Macht auf die klaffende Schußwunde. Berblinger zuckte noch einmal, bewegte den Arm, wie wenn er nach einer Hand suchte. Aber er fand sie nicht mehr.

Rosel, die während des Handgemenges stillgestanden war wie im Traum, unfähig ein Glied zu rühren, hatte die Bewegung bemerkt, stürzte auf den Daliegenden, warf sich auf die Knie, faßte die Hand und küßte sie in wildem Schmerz. Mußten sie sich so wiederfinden? Das Perpetuum mobile hinter der Schuppenwand, gegen die sie ihn jetzt lehnten, stand still für immer. Aber auch er war tot.

Schon am frühen Morgen des folgenden Tages kam Fischer von Neidlingen herauf. Der achtzigjährige Pfarrer von Ochsenwang lag krank zu Bett. Der gestrige Tag war auch für ihn zu viel gewesen. Fischer sorgte für die Beerdigung seines Freundes, der in dem schlichtesten Sarg, welcher selbst zu Ochsenwang je gezimmert worden war, schon am Nachmittag begraben wurde. Man mußte sich beeilen, denn man erwartete stündlich neue Banden französischer Soldaten, vielleicht gar eine Strafexpedition gegen das Dorf, in dem den vier Marodeuren übel mitgespielt worden war. Überall rüsteten sich denn auch die Leute zur Flucht, sie wußten nicht wohin; zunächst in die Wälder und Felslöcher an den Bergabhängen der Alb, deren Zugänglichkeit und Bewohnbarkeit für Menschen und Vieh eifrig besprochen wurde. Es war unnötig. Der Hauptteil der französischen Armee zog durchs Lenninger Tal und dachte nicht an Ochsenwang, und die guten Ochsenwanger, die keine Gnade vom Feind erwarteten, ahnten nicht, daß sie nur von vier verkommenen Schnapphähnen erschreckt worden waren, die im Gefolge der damaligen Kriegsheere wie von jeher ihr häßliches Räuberhandwerk trieben.

Brechtle mußte mit Gewalt vom Grab seines Vaters weggeschleppt werden. Der Neidlinger Pfarrer hatte mit Müh und Not einen Bauern aus seinem eigenen Ort mitgebracht, wo sie ihm um einen Kronentaler durch Feuer und Wasser gingen, der bereit war, die Frau Schulmeisterin und den Jungen in der Nacht nach Blaubeuren zu führen. Von dort konnten sie wohl ohne Schwierigkeit nach Ulm kommen. Frau Berblinger war damit einverstanden, weil ihr für den Augenblick gleichgültig war, was mit ihr geschah. Fischer hätte sie am liebsten selbst begleitet, wenn er in solchen Tagen seine Familie und seine Pfarrei hätte verlassen können. So tat er, was ein treuer Freund dem Toten schuldig war, half der Frau ein paar Habseligkeiten auf das Wägelchen packen und wünschte ihr in der Abenddämmerung des Tages, der wie ein Traum an ihr vorübergegangen war, Gottes Schutz auf ihrer Flucht nach der alten Vaterstadt.

Weinend saßen die beiden, Mutter und Kind, auf dem kleinen offenen Fuhrwerk, das durch die mondhelle Sommernacht über die fast kahle, schweigende Hochebene hinschlich, bis Brechtle auf dem Strohbündel, auf dem sie saßen, in tiefen Schlaf versank. Dann blickte seine Mutter, lauter schluchzend, zu den Sternen empor, die ruhig und freundlich wie immer auf das Elend der Menschen herabsahen. »Über den Sternen!« flüsterte sie wer weiß wie oft in jener langen Nacht, und wie leiser Trost zog es durch ihr wundes Herz. Sie glaubten damals noch, trotz allem Jammer, der hinter ihnen lag, trotz allem Elend, dem sie entgegengingen, und zweifelten nicht.

Als Brechtle in der Morgendämmerung vom Knirschen des gesperrten Rades erwachte, während sie die Steige bei Blaubeuren hinabfuhren, war alles um ihn her fremd und neu. Ein dumpfes Leid, eine schwere Last lag auf seinem kleinen Herzen, die er nie zuvor empfunden hatte, ein Druck von etwas unsäglich Traurigem. Erst dachte er an seinen Vater, der nun im Himmel war bei den Schwesterchen und wohl nicht lange auf seine Flügel warten werde.

Doch das war's nicht. Dann glaubte er, es sei Hunger. Er wußte natürlich noch nicht, daß die glückliche Zeit seiner Kindheit, die glücklichste seines Lebens, gestern begraben worden war. Das war's.

4
Eine untergehende Reichsstadt

Tief eingebettet zwischen den jäh abstürzenden Bergen ruhte das Städtchen Blaubeuren mit seinem altertümlichen Klosterbau in gewohntem Morgenschlummer, während der Sonnenschein an den waldigen Berghalden herabschlich und bereits die etwas krumme Turmspitze der Klosterkirche vergoldete. Die Berblinger, Mutter und Sohn, der Bauer und sein müder Gaul standen schon seit zehn Minuten geduldig vor dem verschlossenen Stadttor, das sich endlich langsam in den rostigen Angeln drehte. Träumend musterte der hinkende Torwart die Ankömmlinge, die ihn zu ›nachtschlafender‹ Zeit aus seiner Morgenruhe aufgeschreckt hatten. Als aber der gutherzige Alte sah, daß es nur eine Frau und ein Kind, ein Bauer und ein müder Gaul waren, wurde er freundlicher: »Böse Zeiten, böse Zeiten!« murmelte er in sich hinein und gähnte. »Ihr seid schon die dritten seit vorgestern. Böse Zeiten!«

Im Innern war das Städtchen wach genug. Als das Fuhrwerk vor dem Schwarzen Adler stillstand, sahen seine Insassen um einen mit einer Bläue überspannten Wagen eine Gruppe Leute stehen, die sich so lebhaft unterhielten, daß die neuen Ankömmlinge unbeachtet blieben und ruhig eine Zeitlang dem Streit zuhören konnten. Es war der Ulmer Bote, der zweimal wöchentlich nach der Reichsstadt zu fahren pflegte und sich besann, ob er seine gewohnte Fahrt antreten oder wieder ausspannen sollte. Der Wirt vom Schwarzen Adler, des Wirts Sohn, der Hausknecht und drei halbangekleidete Nachbarn hatten jeder seine eigene Ansicht über das gewagte Unternehmen, denn es schien toll herzugehen draußen in der Welt. Vorgestern, erzählten sie sich, sei der Pfarrer von Owen sieben Köpfe stark in einer gelben Kutsche die Steige heruntergekommen und habe ein Hinterrad gebrochen, so daß die

Flüchtlinge vierundzwanzig Stunden lang aufgehalten wurden und die Frau Pfarrerin fast ›verzwatzelt‹ sei. Gestern noch, spät in der Nacht, seien fünfzehn Ochsen für die Reichsarmee mit zwei Juden und vier kaiserlichen Grenadieren durchs Städtchen gezogen, und zwar in solcher Eile, daß man kein vernünftiges Wort mit ihnen habe wechseln können. Nicht einmal eingekehrt seien sie! Und heute früh – kaum mache man die Augen auf – stehe schon wieder eine Partie da. Damit wandten sie sich einmütig dem Wägelchen zu und machten sich daran, Frau Berblinger herabzuhelfen. »Alles auf der Flucht, alles in wilder Flucht!« jammerte der größte der sechs Männer. Da könne es dem Ulmer Boten niemand verargen, wenn er einmal zu Hause bleibe der Sicherheit wegen. Man wisse sowieso nicht, ob die Reichsstadt nicht schon in Flammen stehe. Stuttgart sei bereits abgebrannt, hätten die zwei Juden hinterlassen. Zu tun sei ja doch nichts in solchen Zeitläuften.

Frau Berblinger und ihre zwei Kisten gaben der Sache eine andere Wendung. Der Wirt nahm den Boten auf die Seite und flüsterte ihm zu, daß er glaube, die Frau zu erkennen. Das übrige taten die zwölf Kreuzer, welche sie für die Befrachtung ihrer Kisten geben wollte, in deren einer sich das Perpetuum mobile befand. Sie hatte es noch gestern mit ihren Tränen fast in Bewegung gesetzt und wollte sich nicht mehr von ihm trennen. So kann der Tod in wenigen Stunden Leben und Lieben ändern und uns die reumütige Frage aufdrängen, wie es doch gekommen sei, daß wir so blind gewesen.

Eine kleine Stunde genügte, um Hab und Gut der Flüchtlinge von einem Wagen auf den anderen überzuladen und mit Stricken und Ketten wieder zu befestigen. Dann fuhren sie in bedächtigem Trab das grüne Tal hinunter, der Blau entlang. Wer wollte es Brechtle verargen, der wieder ganz munter geworden war, daß er seine Tränen getrocknet hatte und die Augen weit aufriß, um die neue Welt einzusaugen, die ihm entgegentrat. Bei Gerhausen sprang ein Hirsch über den Weg. Wenn die Straße das Flüßchen mit seinem klaren blaugrünen Wasser berührte, sah man Weißlinge aufschnellen oder Forellen in der Sonne spiegeln, und mitten aus dem Waldesdickicht ragten graue, wunderlich gestaltete Felsgruppen empor wie Riesen. Sie hatten kaum das Rusenschloß hinter sich, das eine der höchsten Klippen des Blautals krönt, als ihnen die Fenster des neuerbauten Schlößchens von Klingenstein entgegenblitzten, über dem sich die Ruine der alten Burg erhob. Dann ging's durch das muntere Herrlingen und vorüber an der grünen Mündung des Lautertals. Dazu die Erwartung, was heute noch kommen mußte! Ulm, das Münster, die Donau, Schiffe, wirkliche Schiffe! Wie viele seiner Kinderträume spielten um diese Worte, die Vater und Mutter so oft gebraucht und in die er alles Erdenkliche hineingelegt hatte. Heute sollte er sehen, was sie wirklich bedeuteten: ein Paradies voll Wunder und Freuden und Überraschungen.

Nur wenn er mit einer kindlichen Frage in das Gesicht seiner Mutter blickte, krampfte plötzlich ein Schluchzen seine Brust zusammen. Das kam noch von gestern, und für Frau Berblinger wollte es nach der schlaflosen Nacht nicht heute werden. Sie dachte an die Zeit vor vierzehn Jahren, an die Mondnacht, in der sie mit ihrem Verlobten dasselbe Tal heraufgefahren war, etwas bang, aber doch voll Vertrauen und voll kommenden Glücks. Damals lag das Mondlicht auf Wiesen und Berghalden, und lautlos schlichen die Nebel am Waldsaum hin. Aber sie achtete nicht darauf. Sie fuhr ja dem sonnigsten Frühling entgegen. Heute strahlte alles im fröhlichsten Sommersonnenschein. Drüben über dem Flüßchen schnitten sie schon das Öhmd. Wie sah das alles anders aus durch strömende Tränen!

Bei Söflingen öffnete sich das Tal. Brechtle stieß einen Schrei des Entzückens aus. Man sah noch nichts von der Stadt, aber der stumpfe, halbfertige Turm und die gewaltige Masse des Münsters ragten blau und fern über die

Obstbäume empor, welche die niedrigen Hügel und letzten Ausläufer der Alb bedeckten. Seiner Mutter Herz zog sich zusammen, als ob es stillstehen wollte. –

Auf dem Weg bis hierher war ihnen nichts Ungewöhnliches begegnet. Der Bote hatte sie gefragt, ob sie einen Paß aus dem Württembergischen bei sich führe, da es in diesen unruhigen Zeiten nicht so leicht gehen werde, ohne Ausweis in die Stadt zu kommen. Sie hatte nichts dergleichen und lachte im stillen über die Frage. ›Die Tochter des alten Schwarzmann, die schöne Fischerin von damals, die schon hundertmal durch das Blaubeurer Tor ein und aus gegangen war, wird wohl auch diesmal mit einem Grüß Gott an der wohlbekannten Torwache vorbeikommen‹, dachte sie.

Brechtles Aufregung stieg. Es war nicht mehr möglich, ihn auf seinem Sitz zurückzuhalten. Man sah jetzt die Türme auf der Ringmauer und an den Stadttoren, die grauen und schwarzbraunen Giebeldächer hervorragender Gebäude. Das war etwas anderes als Neidlingen, selbst als Kirchheim, wohin ihn der Vater einmal mitgenommen hatte. Nur die Donau fehlte noch. »Wo ist die Donau, Mutter, wo ist die Donau?« fragte er immer fast atemlos. Doch die Donau wollte sich vorläufig nicht zeigen. Er bekam sie später zu sehen, mehr als ihm lieb war.

Erst als der Botenwagen zwischen den Bastionen Scharfeck und Cavallier unter dem Neuen Tor stillstand, zeigten sich Spuren der drohenden Kriegszeiten. Die Torwache schien ausschließlich der energischen Frau des städtischen Torwarts anvertraut zu sein, die den Blaubeurer Boten in erregten Worten anwies, zuzufahren. Heute sei doch alles gleich. Die Österreicher seien gestern ab- und die Stadtmiliz noch nicht aufgezogen. Alles, auch ihr Mann, sei aufs Zeughaus gelaufen, das man auf Befehl des Erzherzogs ausleere, damit es nicht in die Hände der Franzosen falle. Unter dem Gänstor würfen sie die Kanonenkugeln und das Pulver wagenweise in die Donau. Das seien Männer! Manche schwitzen vor Eifer, habe ihr Mann erzählt. »Sie werden Blut schwitzen, wenn die Franzosen einmal da sind!« brach die lebhafte Frau los. Daß sie das erleben müsse! Das Zeughaus ausgeleert, das sie jeden Dienstag nach dem Schwörtag schon mit ihrer Großmutter besucht habe, um die greulichen Mordwaffen anzustaunen, mit denen sich vor Zeiten die Altvorderen der Feinde erwehrten. »Patrioten heißen sich die Kerle und helfen mit, ihr eigenes Pulver in die Donau zu werfen, wenn auch ein paar alte Herren dazu mit den Fäusten auf die Tische schlagen. Fahrt nur zu, Stadler, mit Eurer Frau und dem Büble. Heute wird nichts visitiert und nichts verzollt. Kreuztürkenelement, es ist doch alles hin!«

So kamen sie ohne Schwierigkeiten über die drei Brücken in die Stadt. Waren das Häuser mit ihren doppelten Giebeln, waren das Straßen und Gassen, Brechtle, kühl und schattig, weil oben die Dächer fast zusammenstießen! Unten im Halbdunkel gab es Kaufläden und Warenhallen, und wenn man durch die halboffenen Türen hineinsehen konnte, im Innern Höfe und Gärten, manchmal auch hoch oben zwischen den Giebeln ein Stückchen vom Münsterturm, daß es einem schwindelte vom Hinaufsehen! Durch die Dreikönigsgasse und die Herrenkellergasse und das Hafenbad, wo sie warten mußten, weil zwei Kompanien weißröckiger Österreicher vorbeizogen und Brechtle wirkliches Trommeln zum erstenmal hörte, daß ihm die Ohren brummten, ging's auf den Kornmarkt, wo im Pflug, gegenüber dem riesigen Kornhaus, das wie eine Noahsarche aussieht, der Blaubeurer Bote einstellte. Es ging Brechtle wie ein lustiges Mühlrad im Kopf herum, als sie ausstiegen. Nur manchmal blieb das Mühlrad plötzlich stehen, und Schmerz und Trauer drückte auf das kleine Herz wie ein sinnloser, zentnerschwerer Mühlstein.

Mittag war schon vorüber, als sie ankamen. Auch der Pflugwirt war nach dem Zeughaus gelaufen, um zu sehen, was dort vorging, so daß Frau Berblinger zu ihrer Beruhigung unerkannt blieb. Wer weiß, ob der Mann in der vergrämten Frau die schöne Fischerin von damals erkannt hätte. Die aufgeregte Magd – alles war heute außer Rand und Band – machte aus den noch dastehenden Resten des Mittagessens eine Suppe für die Ankömmlinge zurecht. Dann nahm Frau Berblinger Brechtle bei der Hand, um ihr väterliches Haus in der Herbelgasse aufzusuchen.

Wie sie alles anheimelte: die engen Straßen, die überhängenden Häuser, deren Vorderseite schief gegen die Straße liegt und die deshalb stufenförmig eines hinter das andere zurücktreten: eine uralte Bauweise, die mit der Verteidigung der Stadt, auch wenn der Feind schon in die Straßen eingedrungen sein sollte, zusammenhängt. An jeder Ecke, um die sie bog, grüßte sie eine Erinnerung aus der Kinder- und Mädchenzeit. Dann kam das düstere, zweigiebelige Haus der Schwarzmanns in Sicht, wo jedes Fenster, jede Dachluke von einem Geschichtchen zu erzählen wußte, das sie einmal glücklich oder traurig gemacht hatte. Und doch war alles so fremd geworden, so abweisend. Wahrhaftig: Die Levkojen und Reseden standen noch auf dem grünen Fensterbrett ihrer alten Wohnstube. Aber sie wußte, daß der weiße Kopf ihres Vaters hinter den Scheiben nicht mehr erscheinen würde. Drinnen war wohl alles anders geworden.

Schüchtern bewegte sie den altertümlichen Klopfer an der schwarzbraunen reichgeschnitzten Tür. Es war noch immer der abgegriffene schuppenlose Fisch, der sich in den Schwanz biß. Fast gleichzeitig wurde die Tür heftig aufgerissen. Ein zufälliges Zusammentreffen: Ihr Bruder stand vor ihr. Zehn Sekunden lang starrte er sie an, ohne sie zu erkennen. Auch sie erkannte ihn kaum; wie hatte auch er sich verändert! Sie hatte ihn als einen derben jungen Mann verlassen, der gerne zeigte, daß er in Wien gelernt hatte, wie sich ein reicher junger Schiffsherr betragen und kleiden, vor allem kleiden sollte. Ein rundes rotes Vollmondgesicht kämpfte beständig mit dem Drang, über alles laut zu lachen, und dem Bestreben, sich in würdevolle Falten zu legen. Die Falten hatten gesiegt. Er war schon damals ein großer stattlicher Bursche gewesen. Jetzt schien er noch größer geworden zu sein. Ein schwarzer wohlgepflegter Bart umgab das unfreundliche, hochmütige Gesicht. Seine Kleidung war gewählter, als es der Schifferstand erfordert hätte: eine lange Weste bedeckte den beträchtlichen Umfang seines Leibes, und eine große silberne Doppelkette hing protzig über seinen Bauch herab. In der Hand hielt er einen schweren Spazierstock mit goldenem Knopf, den er ein paarmal auf die ausgetretene Türschwelle stieß, während ein ärgerlicher Schatten über sein Gesicht flog, bis er endlich seine Schwester mit einem »Rosel! Türkensapperment, wo kommst du her?« begrüßte.

Brechtle starrte den Onkel an; er hatte sich ihn anders vorgestellt. Seine Mutter schritt rasch an ihrem Bruder vorüber und zog den Kleinen in den dunklen Hausflur.

»Ich komme in meines Vater Haus«, sagte sie.

»Du kommst in das meine«, versetzte der Bruder scharf. »Es ist mein Haus seit bald drei Jahren. – Überhaupt! – Grüß' dich Gott trotzdem. Bringst du die Franzosen mit?«

»Nichts bring' ich mit, nichts als meinen Brechtle. Alles haben mir deine Franzosen genommen.«

»Meine Franzosen! Schwatz keinen Unsinn. Wir sind heute noch kaiserlich. Deshalb leeren sie uns auch das Zeughaus aus. Aber wir sind kaiserlich, wie's die Schwarzmanns von jeher gewesen sind. Komm herauf! Laß dich ansehen!«

Sie gingen die dunkle, aber geräumige Treppe hinauf und traten in das große Wohnzimmer, wo sich Frau Berblinger weinend in einen Stuhl warf.

»Das war mein Stuhl!« schluchzte sie.

»Komm, komm!« sagte der Bruder etwas verlegen.

»Dein Bub – das ist doch der Kleine – braucht nicht alles zu hören, was wir uns zu sagen haben.«

Er führte seine Schwester durch eine Seitentür, die er heftig hinter sich zuschlug. Brechtle blieb in der großen Stube allein zurück und sah sich erst scheu, dann mit kindlicher Neugier in dem altertümlichen Gemach um, das mit dem behäbigen Luxus früherer Zeiten ausgestattet war. Die Schwarzmanns gehörten zu den wohlhabenden Familien der Stadt und hatten sich über die Mauern hinaus in der Welt umgesehen. In einem Glasschrank, auf Tischchen und an den Wänden entdeckte der Kleine hochinteressante Dinge: eine Kokosnuß, zwei Riesenmuscheln, einen Mohren aus Porzellan, ein Schiffsmodell, an der Wand zwei reichverzierte Türkensäbel mit einem Roßschweif darüber. Das merkwürdigste aber war eine Standuhr, in der sich eine Schäferin schaukelte, wie wenn sie fliegen wollte. ›Sie kommt auch nicht weiter‹, dachte Brechtle. ›Alles will fliegen, und niemand kann's!‹ Dabei überhörte er fast die Stimmen im Nebenzimmer, die bald lauter und zornig, bald eindringlich und leiser klangen, ohne daß er ein Wort verstehen konnte. Dann trat er ans Fenster und sah in die Herbelgasse hinunter. War das ein Leben! Acht, zehn Leute auf einmal! Und jetzt donnerte etwas vom Rathaus her den Hügel herunter, betäubend, erschütternd, daß die Fensterscheiben klirrten. Vier Kanonen wurden in scharfem Trab dem Herbeltor zugeführt. Da und dort rissen Leute die Fenster auf. Es war auch für Ulm kein alltägliches Schauspiel, und unter den Haustüren schimpften alte Männer und Weiber auf die Kaiserlichen, die die Stadt im Stich ließen und ihr die Kanonen stahlen. All das mit Augen und Ohren verschlingend, hatte Brechtle nicht bemerkt, daß neben ihm eine bleiche kleine Frau stand, seine Tante, die lautlos zur Tür hereingekommen war. Erst als ihn ein großer Junge beim Hals packte, vom Fenster wegzog und mit einem: »Wer ist denn der da?« begrüßte, erwachte er wieder. Es war sein Vetter Hans, ein eckiger, hochaufgeschossener Junge von zwölf Jahren, der sichtlich die Gewohnheit hatte, den Herrn im Haus zu spielen, wenn der Vater nicht um den Weg war.

Als dieser mit Frau Berblinger wieder aus dem Nebenzimmer heraustrat, hatte er einen hochroten Kopf, seine Schwester verweintere Augen als je. Es war drinnen zu einer Familienszene gekommen, an deren Schluß Herr Schwarzmann das Testament seines Vaters auf den Tisch warf und Frau Berblinger sich überzeugte, daß ihr vom väterlichen Erbe nichts zustand als die Standuhr mit der fliegenden Schäferin, die sie als Kind leidenschaftlich geliebt hatte. Beide, namentlich aber der Bruder, schienen die Sache jetzt als abgemacht betrachten zu wollen und bereit zu sein, sich anderen Dingen zuzuwenden. Herr Schwarzmann, seit drei Jahren Meister der Schiffer- und Fischerzunft von Ulm, seit einem Jahr Mitglied des Großen Rats der Stadt, wie es sein Vater gewesen war, hatte Eile. Er wurde auf dem Rathaus erwartet. Es war ja ein Umtrieb gegenwärtig, daß einem der Kopf brummte. Überhaupt, die Herren von den Geschlechtern, die alten Patrizier, ließen alles laufen, wie es eben lief. Stündlich kamen reitende Boten von der Alb, von Geislingen, das Donautal herunter. Kein Mensch konnte sagen, ob man morgen französisch sein werde oder türkisch. Das eben seien vermutlich die letzten Kanonen gewesen, die im Zeughaus gestanden hätten.

Rasch machte er seine Frau mit der Schwester bekannt. Sie bleibe vorläufig im Hause, und der Bub – wie heißt der Schulmeistersbub? – Brechtle? Dummheit! Für den Albrecht könne das alte Kanapee in Hansens Stübchen gestellt werden. Die Buben würden sich schon selbst verhauen, bis sie aneinander gewöhnt seien. Wenn das Wiener Ordinarischiff* noch heute nachmittag fortkomme, sei er zum Nachtessen jedenfalls wieder hier.

---

* Wöchentlich einmal ging zu jener Zeit regelmäßig ein Boot nach Wien ab, das man das ›Ordinarischiff‹ nannte.

Damit seine Haltung plötzlich ändernd – er ging nämlich anders als Ratsherr, anders, wenn er nach seinen Schiffen und Schiffern sah –, stolzierte er feierlich zur Tür hinaus und langsam die krachende Treppe hinunter.

»Aber wo ist denn die Donau?« fragte Brechtle schüchtern, dessen leitender Gedanke mit schwäbischer Zähigkeit alle Eindrücke überwand, die auf ihn einstürmten. Herablassend versprach Hans, sie dem Vetterchen zu zeigen, während die beiden Frauen sich ineinander zu schicken und die grüne Stube einzurichten begannen, in der auch am hellen Nachmittag tiefe Dämmerung herrschte. Sie rührte vom Nachbarhaus her, dessen staubige, fensterlose Riegelwand man unschwer mit der ausgestreckten Hand berühren konnte. Keine Frage: Ulm war eine prächtige und ehrwürdige Stadt und die Heimat der Familie seit dreihundert Jahren, wie der alte Schwarzmann nicht oft genug versichern konnte. Luft und Licht im Gärtchen auf der Alb hatten aber doch auch ihre Vorteile, dachte heute seine entartete und schwer bestrafte Tochter und seufzte.

Gegen Abend des für alle ereignisvollen Tages sammelte sich die Familie wieder im großen Wohnzimmer, wo auf einem mächtigen Eichentisch für zehn Personen gedeckt war. Hans hatte in der Tat seinem kleinen Vetter in nicht unfreundlicher Weise die Donau gezeigt, mit dem häufigen Hinweis darauf, daß sie eigentlich ihm und seinem Vater gehöre. Dann hatten sie drüben am anderen Ufer den Schiffsbauplatz besichtigt und weiter unten den ›Schwall‹, wo die Zillen beladen wurden und das Wiener Ordinarischiff, zur Abfahrt bereit, schon die Ulmer schwarzweiße und die österreichische schwarzgelbe Flagge aufgezogen hatte. Zum erstenmal in seinem Leben sah Brechtle so viel Wasser beisammen, daß es wirklich Schiffe tragen konnte, und Hans ergötzte sich mit der Überlegenheit des Stadtjungen herablassend an den hundert Fragen seines Schützlings. Doch ließ sich Brechtle nicht ganz unterkriegen. Er wußte auch, daß all das Wasser nach Wien fließe und dann durchs Ungarland in die Türkei und dann – das wußte Hans nicht, für den die Welt bei Peterwardein aufhörte –, dann ins Schwarze Meer, wo es wahrscheinlich ein türkischer Hexenmeister in Tinte verwandelte.

Dies war ein Witz Brechtles, den Hans ernst nahm.

»Wie der alte Lombard auf dem Münsterturm«, meinte er etwas kleinlaut. »Der ist auch ein Hexenmeister, sagt unsere Gret.«

»Es gibt keine Hexenmeister«, versetzte Brechtle eifrig und froh, seinen großen Vetter belehren zu können. »Das ist nur so eine türkische Geschichte. Man braucht auch keine mehr, sagte mein Vater, sobald sein Perpetulum in Gang komme. Und beinahe habe man's jetzt schon so weit gebracht, seitdem die Engländer Feuermaschinen bauen.«

Nun aber fühlte Hans keinen Grund und Boden mehr unter den Füßen. Er schlug deshalb vor, nach dem Zeughaus zu laufen und die Kanonen zu sehen. Sie liefen, kamen aber zu spät. Das Hoftor war offen, wie alle Türen und Tore in dem düsteren Gebäude, die Räume waren fast leer. Da und dort hing noch eine vergessene Flinte oder eine Gruppe hundertjähriger Spieße und Hellebarden. Im Hof lagen Haufen von Kugeln; die Kanonen aber waren verschwunden. Auch war es hohe Zeit, ans Abendessen zu denken.

Sie erreichten das Haus, als eben der Vater mit schweren Schritten die Treppe hinaufstieg, begleitet von zwei Männern, die ihm ehrerbietig folgten. Der eine war ein Schiffermeister, der für Schwarzmann Zillen nach Wien geführt hatte und soeben nach sechswöchiger Reise zurückgekehrt war, der andere ein österreichischer Armeelieferant, der fünftausend Paar Stiefel auf der Donau nach Wien bringen wollte und dem der Angstschweiß auf der Stirne stand, sooft man von den herannahenden Franzosen und ihrem bereits weltbekannten Mangel an Stiefeln sprach. Das ganze Land, erzählten die Gäste, sei voll Krieg und Kriegsgeschrei, aber man sei guten Mutes drunten in der Kaiserstadt. Das Reich werde sich doch von dem Lumpenpack von Republikanern nicht ins Bockshorn jagen lassen! Sie sollten nur fest hinstehen in Schwaben, mit ihrem Reichsbanner, und die tapferen Reichsstädte Ulm, Augsburg, Memmingen, Regensburg und wie sie alle hießen, seien auch noch da.

»Ja, ja«, meinte der Rat, »wir sind noch da. Wenn uns aber ihr Österreicher die Kanonen nehmt und mit dem ganzen Kriegszeug der Stadt retirieret – Kreuzschwerenot! – womit sollen wir schießen? Ich bin gut reichsdeutsch, solang es geht, und laß dem Kaiser nichts geschehen. Aber – Herr Gott von Peterwardein! – womit sollen wie schießen? Morgen soll die ganze Stadtmiliz wieder antreten, meine Schiffer auf dem Weinhof. Ihr könnt gleich mittun, Molfenter, und Euer Wiener Feuer losbrennen.«

»Ist doch immer besser, als wenn die Franzosen die Kanonen holten und euch mit dem eignen Geschütz zusetzten«, sagte der Lieferant.

»Das schon, das schon!« gab Schwarzmann höflich zu. »Wir müssen halt sehen, wie wir's treiben. Die Schiffer sollen ans Glöckler Tor kommen und das Lauseck besetzen. Wir sind's zufrieden. Wenn sie kommen, die roten Banditen, werden sie vorerst am Neutor anklopfen. Das hält die erste Kompagnie: die Weber und die Kaufmannszunft. Geschieht den Kerls recht. Tragen immer die Nase so hoch als seien sie die Herren der Stadt, die Krämer! Nun können sie's zeigen.«

Man war im Begriff, sich zu setzen, als ein Männchen zur Tür hereinschlüpfte, das Brechtle fast erschrocken anstarrte. Der kleine Herr hatte ein abgeschabtes, aber sauberes schwarzes Röckchen an mit langen Schößen und gewaltigen Aufschlägen, wie sie vor fünfzig Jahren Mode waren. Sein Haar war gepudert, und ein steifes Zöpfchen, keck nach oben gedreht, hing ihm im Nacken. Sein Gesicht war häßlich wie die Nacht: große graue Fischaugen, eine kaum sichtbare Stumpfnase, eine hervortretende Unterlippe und ein gewaltig großer Mund. In der Hand hielt er einen Dreispitz, der ihm half, eine zierliche Verbeugung gegen Frau Berblinger und ihre Schwägerin zu machen. Dann nahm er seinen Platz am unteren Ende des Tisches ein, sprang aber sogleich wieder auf und sprach mit näselnder Stimme das Tischgebet. Hans benutzte den Augenblick dazu, seinem Vetter das neben dessen Teller liegende Brot wegzustibitzen, was die Mutter mit einem hilflosen Blick bestrafte, während sie Brechtle, der feuerrot geworden war, ihr eigenes Brot hinüberreichte.

Man aß in tiefem Schweigen. Nur der Herr Rat unterbrach es gelegentlich mit einer kurzen Bemerkung und war sichtlich erstaunt, wenn jemand darauf erwiderte. Feierlich legte er schließlich Messer und Gabel weg und begann, sich behaglich zurücklehnend, in etwas gesprächigerem Ton:

»Prosit Mahlzeit, Herr von Schnabelkern! Hoffe, die schwäbischen Würste und das bayrische Kraut vertragen sich in Ihrem Innern. Wir sind gut deutsch hier, wir Ulmer, wie es einer freien Stadt ansteht. Das können Sie den Wienern versichern, wenn Sie mit Ihren Stiefeln wieder glücklich zu Hause sind. Was sagt man dazu, Herr Pestilenziarius?«

Der Wiener sah verwundert auf; der Rat lachte.

»Pestilenziarii habt ihr wohl nicht in eurer Kaiserstadt«, fuhr er fort. »Ja, sehen Sie, wir haben doch noch manches voraus in und um Ulm. Eigentlich haben wir auch keine mehr. Mein Herr Vetter ist sozusagen ein Überbleibsel aus der guten alten Zeit, in der man noch an unsern Herrgott glaubte und gegen die Pestilenz beten ließ, von Amts wegen, wie sich's Christen geziemt. Sie haben's auch hier schon seit vierzig Jahren abgeschafft, zahlen aber meinem Vetter, dem Magister Balthasar Krummacher dahier, eine nicht unerkleckliche Pension für seine Bemühungen in der Vorzeit und respektieren ihn bis an sein Lebensende dementsprechend.«

Alle betrachteten jetzt den Pestilenziarius aufmerksam, der unruhig auf seinem Stuhl hin und her rückte.

»Da fällt mir ein«, begann der Rat wieder, sich an das kleine Männchen wendend. »Das ist etwas für Sie! Sie haben die Rosel als kleines Mädel gekannt und müssen den Berblinger gekannt haben, den Hilfslehrer. Auch so ein verrückter Kerl, obgleich er mit des Kuckucks Hilfe mein Schwager geworden ist. Da haben wir jetzt die Folgen, den Brechtle, wie sie ihn heißen. Ehrlicher Leute Kind, aber trotzdem eine dumme Geschichte, Rosel, eine ganz dumme Geschichte, wie du nachgerade selbst einsiehst. Na, Herr Pestilenziarius, den Brechtle könnten Sie mir in die Hand nehmen. Man soll nicht sagen, der Rat Schwarzmann lasse seiner Schwester Buben aufwachsen wie eine Kaulquappe. Der Köter sollte in die Lateinschule. Er sei zehn Jahre alt, meint seine Mutter, die's wissen muß. Ins Gymnasium mit dem Kerlchen. Lernt er was, kann man weiter sehen; lernt er nichts: auch gut. Dann nageln wir ihn in ein Faß und lassen ihn die Donau hinuntertreiben. Das ist alter Ulmer Brauch. Der Herr Pestilenziarius wird's besorgen, Brechtle.«

Schwarzmann lachte laut über seinen Witz, die beiden Gäste etwas leiser. Brechtle sah entsetzt nach seiner Mutter, als ihn auch der Pestilenziarius anstarrte, wie wenn er schon für das Faß Maß nehmen wollte. Und doch: Unter der entsetzlichen Grimasse, die er schnitt, blitzte etwas wie Wohlwollen, wie Mitleid auf, halb mit sich, halb mit dem Kleinen. Dieser fühlte, was niemand am Tisch zu sehen vermochte, eine gute Seele unter der abstoßendsten aller Masken. Ohne Zaudern ging er, dem Wink seiner Mutter gehorchend, auf den häßlichen kleinen Mann zu, nachdem dieser das Dankgebet gesprochen hatte, und küßte ihm die Hand. Der Pestilenziarius legte sie ihm auf das blonde

Köpfchen, ohne ein Wort zu sagen, und durch Frau Berblingers Mutterherz zog's wie ein leiser Trost. Sie hatte ihn ja auch gekannt, den kleinen Magister, und über ihn gelacht und gespottet in ihren Mädchenjahren. Es war doch noch nicht alles kalt und roh und fremd geworden in der alten Heimat.

Bei einem großen Krug Söflinger Wein, den der Wiener Gast todesmutig lobte, ließ man die Männer allein. Es war spät geworden; fast neun Uhr! Die Jungen wurden zu Bett geschickt, und Brechtle versank schon halb schlafend in den Federkissen, mit denen ein kleines krachendes Kanapee in ein Bett umgewandelt worden war. Er hörte noch, wie sie unten ein Vivat auf Stadt und Reich ausbrachten. Gleich darauf rollte ein Wagen durch die Herdbrucker Gasse: erst ein leises fernes Donnern, das lauter und lauter anschwoll und dann wieder in tiefer nächtlicher Stille versank. Später rief mitten in seinen Träumen hinein ein Nachtwächter: »Hört, ihr Leute, laßt euch sagen, die Glock hat zehne g'schlagen; nehmt Feuer jetzt und Licht in acht, dieweil der Herr die Stadt bewacht«, ein Sang, dem ein heulender, langgezogener Klagelaut folgte, alles Töne, die nie zuvor sein Ohr berührt hatten und ihn jetzt wie in ein Zaubermärchen einwiegten, in welchem alles Leid des Lebens unterging.

Und doch war eine wilde Nacht angebrochen, von der sich die Ulmer noch Jahrzehnte später erzählten, trotz aller Stürme, die in der nächsten Zukunft über die Stadt hereinbrechen sollten.

Kurz vor zwei Uhr klopfte es scharf an der Haustür. Fenster öffneten sich. Stimmen fragten, wo es brenne. Brechtle erwachte. Hans saß schon aufrecht im Bett und zitterte. Sie hörten von da und dort den alten gefürchteten Ruf »Feuerjo!«, aber in einem unsicheren, fragenden Ton, und dann war es wieder minutenlang still, schrecklich still. Durch die Türspalte drang jetzt Licht. Hans sprang aus dem Bett und öffnete die Tür, wurde aber von seinem Vater, der in Schlafrock und Zipfelmütze im Nebenzimmer stand und nach seiner Uniform schrie, mit einem derben Klaps zurückgeschickt. Jetzt tönten rasche durchdringende Glockenschläge vom nahen Münsterturm. »Sie schlagen Sturm«, flüsterte Hans mit klappernden Zähnen. Sein Vater rief heftiger nach seiner Uniform, nach seinen Stiefeln, nach seinem Degen. Die Tante, die Mägde, alles war in Bewegung. Das Sturmläuten hatte aufgehört. Von der Straße herauf hörte man jetzt das rennende Trampeln von Einzelnen, dann von ganzen Trüpplein, die sich zuriefen. Nein; es brannte nicht. Die Franzosen standen vor den Toren. Das Sturmläuten begann nach kurzer Zeit aufs neue. Nun hörte man den Onkel mit einem eigentümlichen Klirren hastig die Treppe hinabgehen und die Haustür dröhnend hinter sich zuschlagen. Immer lauter wurde es auf den Straßen, in denen Laternen ohne Zweck und Ziel hin und her zu irren schienen. Da und dort wurden Fenster beleuchtet und warfen ein mattes Licht auf das Nachbarhaus. Die Herdbrucker Gasse hatte noch keine Straßenbeleuchtung, und die Jungen, die die Schlafzimmertür von außen verschlossen fanden, konnten aus ihrem Dachfenster nicht sehen, was unten vorging. Dagegen sahen sie das Wächterhäuschen auf der Plattform des Münsterturms. Dort hingen an einem weit herausragenden Gestänge zwei Pechfackeln und funkelten wie Sterne. »Das«, sagte Hans, »bedeutet: Bürgermiliz heraus. Wenn es brennt, zündet der Turmwart nur eine Fackel an. Ich weiß das von damals, als der Weinhof abbrannte.«

»Ans Gänstor die Metzger!« rief eine dröhnende Baßstimme unten. »Die Schneider und Schuster auf die Adlerbastei. Dort sind sie am sichersten.«

Ein schallendes Gelächter folgte. Dann schrie plötzlich eine gellende Stimme. »Es sind die Franzosen! Vivat die Franzosen! Vivat die Republikaner!«

»Nieder mit dem Kerl! Schlagt ihn tot, den Hund!«
brüllte eine dritte Stimme, und einem lauten, gutmütigen
Lachen folgten etliche dumpfe Schläge.

Dann wurde es stiller unten. Die Leute schienen sich
verlaufen zu haben, das Sturmläuten hatte abermals aufgehört. Erst nach einer Stunde hörte man das Volk in größeren Haufen wieder vorüberkommen, lachend und plaudernd. Auch lautes Schimpfen mischte sich ein. Doch hatte
sich die Aufregung sichtlich gelegt.

»Geht zu Bett, Buben«, sagte die Tante, die die Schlafzimmertür aufschloß und den Kopf hereinstreckte. »Es ist
vorbei.«

»Was ist vorbei?« fragte Hans unwirsch. Er hatte es sehr
übel vermerkt, daß sie eingeschlossen gewesen waren.

»Ich weiß nicht, aber es ist vorbei«, antwortete seine
Mutter. »Der Vater ist auf dem Rathaus, und alle Leute
gehen wieder zu Bett. Macht, daß ihr selbst in die Federn
kommt. 's ist nichts mehr zu sehen.«

Die Jungen gehorchten zögernd, und Brechtle lag bald
wieder in tiefem Schlaf. Am folgenden Morgen war ihm,
als habe er nach einem wundervollen Tag einen häßlichen
Traum geträumt. Aber es war doch wieder etwas zu sehen,
als er in das Wohnzimmer trat, wo in einer mächtigen
Kanne der Morgenkaffee auf dem Tisch dampfte. In einer
Fensternische stand der Onkel, etwas bleich und über-
wacht dreinsehend, in der Majorsuniform der Stadtmiliz
und neben ihm ein vornehmer Offizier in weißgelben Reit-
hosen, mit goldenen Epauletten auf dem blauen Frack. Die
Herren unterhielten sich in einem wunderlichen Kauderwelsch. Der Fremde war einer von den ersten Franzosen,
vom ersten Feind, der seit fast hundert Jahren in die
Reichsstadt eingedrungen war. Damals – die Geschichte
war fast vergessen – hatten sich die Bayern durchs Gänsetor eingeschlichen. Doch gab's blutige Köpfe, und man
hatte sich ein paar Stunden lang gegen Übermacht und
Hinterlist gewehrt. Diesmal kamen sie durchs Neutor

und – Gott sei's geklagt – es ging leichter. Gestern nacht hielten drei Schwadronen Chasseurs vor der Zugbrücke und begehrten stürmisch Einlaß, drohten auch, ohne Verzug Kanonen aufzufahren, die sie nicht hatten, um das Tor zusammenzuschießen und alles massakrieren zu lassen. Die Stadtwache sollte dort erst heute mittag aufziehen. Der Torwart, von seiner Frau tatkräftig unterstützt, weigerte sich mutig, die Brücke herabzulassen, schon weil er nicht verstand, womit die Leute drohten. Der Steuereinnehmer, den er rasch geweckt hatte, lief aufs Rathaus, und schon nach einer Stunde schlug der Wächter auf dem Münsterturm Sturm. Zum erstenmal seit Menschengedenken wurde eine schlechtbesuchte Sitzung des Kleinen Rats nachts um ein Uhr abgehalten, um zu erörtern, was unter sotanen dringenden und gefährlichen Umständen zu tun sei. Der Bürgermeister, Herr von Besserer, stimmte dem alten Herrn von Baldinger zu, der in wohlgesetzter Rede – der alte Herr verlor nie den Kopf, was allgemein anerkannt wurde – darlegte, daß, nachdem die verbündeten Österreicher das Zeughaus ausgeleert und das meiste Pulver in die Donau geworfen, eine Verteidigung der Stadt mit Waffengewalt nicht rätlich, da dieselbe zweifellos zur Verschlimmerung der ohnehin mißlichen Lage führen müßte. Es seien demnach unter Protest die Tore zu öffnen, in der Hoffnung, daß die siegreiche Kriegsmacht Seiner Kaiserlichen Majestät die getreue Reichsstadt baldigst aus gegenwärtiger Notlage mit Gottes Hilfe erretten werde. Eine diesbezügliche Deputation sollte unverzüglich nach Wien abgesandt werden und spätestens zu Anfang nächster Woche mittels Extraschiff Ulm verlassen.

Demgemäß machten sich zwei Stadtknechte und der jüngste der Herren vom Kleinen Rat, Herr Schad von Mittelbiberach mit Laternen auf den Weg, um zunächst dem Torwart am Neutor das Öffnen desselben zu gestatten, zuvor allerdings aber mit dem Kommandanten der feindlichen Kriegsmacht über die Bedingungen der Übergabe der Stadt sich wenn möglich zu verständigen; während welcher Zeit die bereits alarmierte Bürgerschaft – das Sturmläuten, das niemand angeordnet hatte, hörte während der ganzen Sitzung in höchst störender Weise nicht auf – nach alter Ordnung die zwölf Bastionen der Stadt zu besetzen habe. Herr von Schad und die zwei Stadtknechte begegneten jedoch der feindlichen Truppenmacht schon in der Herrenkellergasse, wodurch der Auftrag hinfällig wurde und er es auf eigene Verantwortung hin unternahm, den französischen Oberst und dessen Adjutanten nach dem Rathaus zu geleiten, woselbst sofort, jedoch nicht ohne einige Verwirrung, die Verteilung der Quartiere stattfand, wie all dies aus dem Protokoll zu ersehen, das der Herr Ratschreiber trotz manchfacher Störung noch am selben Tage aufsetzte.

Herr Schwarzmann, der nicht zum Kleinen Rat gehörte, nichtsdestoweniger aber in der Verwirrung der Sitzung angewohnt hatte, war mit dem Adjutanten des Obersten nach Hause gekommen. Es war ein Elsässer, der, wie sich bald herausstellte, Fischermeister in Straßburg gewesen war, so daß sich die beiden Majore um so rascher befreundeten, als der deutsche dem französischen ›im Interesse der Stadt‹ mit allen Zeichen der Unterwürfigkeit begegnete und, obgleich Zunftmeister, den tollsten Behauptungen seines Gastes in betreff von Fischen und Fischereigeräten zustimmte. Sie waren in der eingehendsten Auseinandersetzung über den Bau von Reusen am Rhein und an der Donau verwickelt, als Frau Berblinger, mit Brechtle hinter sich, eintrat. Die Frau stieß einen kleinen Schrei aus. Es war nicht derselbe Mann, aber es war nahezu dieselbe Uniform, die seit wenigen Tagen das Schreckbild ihres Träumens und Wachens geworden war. Am ganzen Leib zitternd wankte sie zur Tür wieder hinaus und schloß sich, fast ohne zu wissen, was sie tat, in ihr Zimmer ein. Brechtle war mit weitaufgerissenen Augen stehengeblieben und sah, starr und unbeweglich, den fremden Mann an. Auf seinem Gesichtchen wandelte sich der Schrecken des ersten Augenblicks in einen Ausdruck des Hasses, den man den Kinderzügen des Kleinen kaum zugetraut hätte.

Beide, der Onkel und der Offizier, welche Frau Berblingers hastiges Verschwinden aufmerksam gemacht hatte, betrachteten Brechtle, der Elsässer nicht unfreundlich lachend, der Rat mit verlegenem Ärger. Dann sagte der letztere: »Nur mein Schwestersohn, Exzellenz. Küß dem Herrn Oberst die Hand, Bub! Wie? – Dummer Kerl!«

Der Major streckte die Hand aus. Brechtle sah ihm keck ins Gesicht, ballte beide Hände zu Fäusten und legte sie auf den Rücken. Im nächsten Augenblick klatschte eine Ohrfeige, die das kleine Bürschchen fast zu Boden schlug. Sein Kopf stieß gegen die halboffene Tür, was ihn wieder aufrichtete. Er gab keinen Laut von sich, war aber, er wußte selbst nicht wie, aus dem Zimmer und lief halb betäubt nach seiner Mutter Stube. Da er dort die Tür verschlossen fand, setzte er sich auf die Schwelle und hub an zu schluchzen wie ein Kind, das er ja noch immer war.

5
Der Pestilenziarius

Bald donnernd und krachend, bald in geheimnisvoller Stille geht die Weltgeschichte ihren Weg, während Menschenschicksale, große wie kleine, lebenslang neben ihr herlaufen, als ob sie nichts damit zu tun hätten, und doch trägt jedes der Millionen Wesen mit an der Riesenlast, die sich dröhnend und stöhnend über sie hinwälzt. Wir haben es mit einem dieser Kleinen zu tun und müssen die großen Ereignisse unbeachtet lassen, die wirr und wild durch die nächsten Jahre tobten, wenn wir dem Verlauf eines Lebens folgen wollen, dessen ernstere Bedeutung vielleicht in hundert Jahren erkannt werden wird; vielleicht nicht einmal dann. Denn wer denkt an die vermoderten Keime, wenn die Früchte reifen?

Magister Krummacher, der Pestilenziarius, war einer von denen, die, wenn sie etwas zu tun finden, jederzeit bereit sind, ihre Hand danach auszustrecken und mit dem Eifer und der Umständlichkeit ans Werk gehen, welche den Kleinen das Gefühl gibt, etwas Großes zu leisten. Trotz der Aufregung einer fast schlaflosen Nacht, von der sich Ulm nur langsam erholen konnte, und trotz der drei Schwadronen Chasseurs, mit welchen die Schrecken des Krieges nun wirklich über die friedfertige Reichsstadt hereingebrochen waren, suchte er am frühen Morgen den Herrn Gregorius Horst, den Scholarchen und Konrektor des städtischen Gymnasiums, auf und erhielt von dem hochwürdigen Herrn unter dem Messer des Barbiers hervor die Weisung, sich mit seinem Schützling zwischen elf und zwölf Uhr im Rektorzimmer des Gymnasiums einzufinden. Mit schuldiger Rücksichtnahme auf den Herrn Rat Schwarzmann, dem er sich angelegentlich zu empfehlen bitte, lasse sich die Sache vielleicht, allerdings gegen alle Schulordnung, regeln. Dann aber, während der Barbier das hocherhobene Kinn des Gewaltigen abtrocknete, folgten sechs Klauseln, die der Pestilenziarius noch auf der Treppe in sein Taschenbuch schrieb, mit Ausnahme der fünften, deren er sich trotz allen Kopfzerbrechens nicht mehr erinnern konnte. Nur dunkel schwebte ihm vor, daß sie sich auf Brechtles Vater bezog, welcher am Gymnasium zu Ulm noch nicht vergessen sei, und daß der Sohn bezüglich des leider oder vielmehr glücklicherweise Verstorbenen gewisse bindende Zusagen zu machen habe. – Nunmehr verfügte sich Krummacher nach dem Schwarzmannschen Haus und machte Frau Berblinger seine Reverenz, fast ohne aufzusehen. Die noch immer tieferschütterte Frau ahnte nicht, daß in ihrer Nähe ein Herz schlug, ganz so heftig und genau so unbemerkt wie vor fünfzehn Jahren, und daß das unbeholfene Männchen ihr verhärmtes, hübsches Gesicht mit einem unbeschreiblichen Gefühl von Mitleid und Sehnsucht ansah; auch dies fast genau wie vor fünfzehn Jahren. Nur beschränkte sich damals das Mitleid auf seine eigene kleine Person. Brechtle, den er abzuholen gekommen war, folgte seinem neuen Beschützer nicht allzu freudig, immerhin jedoch so willig als andere Lämmchen, die zur Schlachtbank geführt werden.

Ihr Weg ging zunächst nicht nach dem Gymnasium, sondern nach Krummachers eigener wundersamer Behausung. Sozusagen eine Amtswohnung, denn sie war ihm seinerzeit vom Magistrat angewiesen worden, der schon vor vierzig Jahren einsah, daß die ›erkleckliche‹ Pension, die ihm der Kleine Rat bei Enthebung vom Amt eines Pestilenziarius aussetzen zu können glaubte, den verdienstvollen jungen Mann nicht vor dem Hungertod schützen würde, wenn er auch noch für Wohnung Licht und Heizung selbst hätte sorgen müssen. Nun war glücklicherweise der Stolz der Stadt, das herrliche Münster, soweit sein Bau gediehen war, mit mächtigen, nach außen weit vorspringenden Strebepfeilern versehen. In die Buchten, welche dieselben bildeten, war je ein Häuschen weltlicher Gattung eingebaut, das sich vertrauensvoll an das geistliche Gemäuer anschmiegte und zu mancherlei Zwecken benutzt wurde. Im ersten neben dem Hauptportal wohnte der Münstermesner mit zahlreicher Familie; das zweite auf der Südseite war an einen Obsthändler vermietet und duftete lieblich nach mancherlei Früchten des Feldes, den Münstermesnerjungen zur beständigen Versuchung. Das dritte, von Neugierigen viel besucht, triefte von verschüttetem Öl, weil dort die neue städtische Beleuchtungsdeputation Kanzlei, Werkstätte und Magazin eingerichtet hatte. Dann kam das ebenso berühmte westliche Südportal, über dessen uralten Basreliefs sich schon damals Altertumsforscher den Kopf zerbrachen, denn sie waren sichtlich älter als der ganze Münsterbau. In der folgenden Nische endlich hauste seit nahezu vierzig Jahren im allgemeinen zufrieden mit sich und der Welt als Privatgelehrter der letzte der städtischen Pestilenziarii hinter einem gewaltigen Holzstoß. Denn er erhielt neben seiner Pension von 32 Gulden 50 Kreuzer vierteljährlich 5 Klafter Buchenholz und 25 Wellen Reisig, die er mit seinem Freund, dem Türmer Lombard, zu teilen hatte.

Das Häuschen, das Brechtle seiner Kleinheit wegen ausnehmend wohl gefiel, hatte zwei Fensterchen und eine niedere Tür, die trotzdem bis an die Dachtraufe reichte. Es erinnerte ihn an die schönsten Märchen von Zwergen und Kobolden, die in den Spinnstuben von Ochsenwang erzählt wurden. Das Innere bestand aus zwei Gemächern. Das kleinere war des Pestilenziarius Schlafzimmer und geräumig genug, eine nicht allzu große Bettstätte, einen Stuhl und ein Tischchen aufzunehmen. Nur mußte der Magister, wenn er auf dem Bett sitzend seine Stiefel anziehen wollte, die Tür ins Nebenzimmer öffnen. Dieses diente ohne Schwierigkeiten als Empfangs-, Speise- und Studierzimmer. Es enthielt einen Ofen, in dem gekocht werden konnte, einen Bücherständer, der bis an die Decke mit sauberen, aber vielbenützten Bänden gefüllt war, ein kleines Stehpult, dessen unteres Stockwerk als Kleiderschrank diente, einen Tisch, der im Innern das Tafelgeschirr barg, und vier Stühle. »Drei mehr, als ich gebrauche«, erklärte der zufriedene Krummacher; eine Behauptung, die er in den kommenden Jahren nicht mehr aufrechtzuerhalten vermochte, denn ein zweiter war für Brechtle notwendig geworden, der auf einem dicken, in Schweinsleder gebundenen Kommentar der fünf Bücher Mosis sitzend den größeren Teil von vier hoffnungsvollen Jugendjahren in der stillen Klause verleben sollte. Im übrigen herrschte in derselben eine musterhafte Ordnung und eine fast peinliche Sauberkeit. Jedes Ding, Bürste, Tintenfaß, Schere, die blecherne Studierlampe mit ihrem grünen Schild, jedes Buch und jedes Blatt Papier hatte sichtlich seinen bestimmten Platz, und das Sonnenlicht, das gedämpft durch die grünen Vorhängchen auf die sandbestreuten Dielen fiel, fand in dem ganzen sorgfältig ausgenützten Raum kein Fleckchen, an dem es hätte Anstoß nehmen können. Dazu kam noch, daß sich drinnen im Münster, dessen zerfressene Backsteinmauern Rück- und Seitenwände des Häuschens bildeten, ein Schüler des Kantors mit unermüdlicher Beharrlichkeit im Orgelspiel übte, und die langgezogenen, tiefen Töne fromm und friedlich durch die Steine zitterten. Brechtle fühlte, ohne daß er sich dessen klar bewußt wurde, daß er hier Schutz finden würde, wenn ihm der Herr Konrektor oder irgendein anderer Wüterich das Leben allzu sauer machen sollte.

Nachdem der obenerwähnte Kommentar ausgesucht und sich bezüglich seiner Dicke bewährt hatte, wurde der Kleine an den Tisch gesetzt. Der Pestilenziarius drückte ihm freundlich eine Feder zwischen die Fingerchen und legte ihm ein Blatt Papier unter die Nase. Dann begann ein erstes vorläufiges Examen, dem Brechtle einen zwar schüchternen, aber nicht ganz erfolglosen Widerstand entgegensetzte. Deutsches Lesen und Schreiben gingen nicht übel. Auch begann er, als er merkte, um was es sich handelte, aus eigenem Antrieb seine Rechenkunst aufzuzeigen, was vom Herrn Magister mit etwas ungeduldigem Kopfschütteln hingenommen wurde. Selbst einige geographische Kenntnisse verriet das Bürschchen, indem es auf die Frage, welchen Fluß das Volk Israel zu überschreiten hatte, um aus der Wüste ins Gelobte Land zu kommen, ohne Zögern erwiderte, daß der Neckar in den Rhein fließe und der Rhein in die Nordsee, in der Nordsee aber die Engländer wohnten, die Feuermaschinen zu bauen verstünden. In Classicis dagegen sah es höchst bedenklich aus.

»Wie alt bist du denn eigentlich?« fragte der Pestilenziarius nach einer kurzen Prüfung mit einem Blick der Verzweiflung. »Zehn Jahre? Und von *mensa* und *amo* keine Spur! Wie soll das enden?!«

Er seufzte schwer. Nach einer Pause aber fuhr er sehr ernst fort:

»Was willst du denn eigentlich werden?«

Brechtle, der ganz munter und gesprächig geworden war, glaubte jetzt auch traurig aussehen zu müssen, tat es und schwieg.

»Na, sag's nur!« ermutigte ihn Krummacher wieder lächelnd, und es war wunderbar, wie das häßliche Gesicht sich verändern konnte, wenn der Mann lächelte. »Hast du in Ochsenwang nie darüber nachgedacht, was du werden möchtest?«

Schüchtern, halblaut, aber doch mit plötzlich erwachendem Vertrauen sagte der Kleine:

»Ein Vogel.«

»Was?« rief der Pestilenziarius mit einer Grimasse des Entsetzens, die einen gereiften Mann hätte erschrecken können.

»Ein Vogel«, wiederholte der Junge trotzdem zuversichtlich und sah seinem erschrockenen Gönner voll und harmlos ins Gesicht.

»Dummheit! Dummheit, Brechtle!« brach dieser jetzt los. »Das darfst du niemand sagen, so lange du in Ulm bist! Versprich mir das! Man hält uns sonst für verrückt und sperrt uns ein. Ein Vogel! Ein Ulmer Spatz vielleicht? Dumms, dumms Büble! Komm jetzt, 's ist Zeit!«

Der Kleine war dem Weinen nahe. Er hatte ja nur sagen wollen, daß er fliegen können möchte – nach Ochsenwang, wo sein Vater begraben lag, der ihn gleich verstanden hätte, über die Donau, wo keine Brücken sind, über das Münsterdach. Da hätten die Ulmer die Augen aufgerissen! Das wäre doch nicht so dumm gewesen!

Aber er hatte jetzt keine Zeit zum Weinen. Vom Münsterturm herunter schlug's elf Uhr. Sie hätten schon an des Herrn Konrektors Zimmertür klopfen sollen.

Zum Glück hatten sie einen kurzen Weg. Auf dem jetzigen Münsterplatz stand damals ein kleines Kirchlein, das seinerzeit zu einem Franziskaner- oder Barfüßerkloster gehört hatte. Es wurde in einer Zeit niedergerissen, in der man keinen Sinn für architektonische Poesie hatte, und es für schön hielt, den Prachtbau des Münsters zu zeigen, wie man ihn auf einem Reißbrett aufzeichnet. In dem alten Kloster war das städtische Gymnasium untergebracht. Dort hauste der Allgewaltige, der mit einem spanischen Rohr gut schwäbischen Ursprungs als Zepter das Wohl und Wehe von dreihundertfünfzig Jungen der heranwachsenden geistlichen und weltlichen Aristokratie des reichsstädtischen Gebiets in der Hand, oder wie er vorzog, es zu nennen, unter dem Daumen hielt.

Die Audienz war kurz und entscheidend. »Na nu?« sagte der Herr Konrektor ohne ein Lächeln als Erwiderung auf eine tiefe Verbeugung des Pestilenziarius, die sein kleiner Schützling, überwältigt von Ehrfurcht, nachzuahmen suchte und damit jedem anderen Sterblichen ein herzliches Lachen abgezwungen hätte. »Na nu?«

Krummacher erklärte des längeren, um was es sich handele. Der Herr Rat Schwarzmann wünsche, daß sein Neffe, der hier anwesende Albrecht Ludwig Berblinger, möglichst sofort in die seinen bescheidenen Kenntnissen entsprechende Klasse des Gymnasii aufgenommen werde, und zwar bis auf weiteres als Partemist*, da sein Vater kürzlich, nicht mit irdischen Glücksgütern gesegnet, auf bedauerliche Weise ums Leben gekommen, sein Großvater aber ehrsamer Ulmer Bürger gewesen sei.

»Berblinger?« ließ sich der Gewaltige vernehmen, indem er wie ein Spürhund mit erhobener Nase schnupperte. »Berblinger! Ja, ja, erinnere mich; kenne den Namen leider. War dem Gymnasio keine Ehre. Aber mit Rücksicht auf den Herrn Rat Schwarzmann wollen wir's versuchen. – Man kann also nichts, Bub, gar nichts? Na, es ist nicht der einzige diese Sorte, den wir mitschleppen. Du kannst morgen in die achte Klasse, sitzen und zuhören – werde mit dem Präzeptor Stöckle sprechen – und dann im Herbst mit den anderen ABC-Schützen von vorn anfangen. Aber unter einer Bedingung, Herr Pestilenziarius, die anderen fünf sind nicht von Bedeutung, denn sie verstehen sich von selbst: *amo, amas, amat!* Wenn mir das Bürschchen anfängt, Allotria zu treiben, wie sein in Gott ruhender Papa, fliegt's hinaus und kann meinethalben Schneider werden! Adieu!«

Wenige Wochen später, wenn auch nicht ohne mancherlei Zwischenfälle, die ihn schmerzlich an die kindliche Freiheit, an die stillsonnigen Wiesen und rauschenden Wälder seiner Rauhen Alb erinnerten, hatte Brechtles Leben eine bestimmte und geregelte Form angenommen. Drei Tage nach der Vorstellung beim Konrektor war das blaue Mäntelchen fertig geworden, in dem er als Partemist, seine

---

* Partemisten nannte man Schüler, die aus alten Stiftungen, an denen es in Ulm nicht mangelte, ein kleines Stipendium erhielten, in den unteren Klassen 3–4, in den oberen 10 Kreuzer täglich.

Schulbücher unter dem Arm, nunmehr täglich nach dem Münster wanderte, wofür ihm wie seinen gleichfalls blaubekleideten Kameraden täglich drei Kreuzer zustanden, die er anfänglich freudig erstaunt in Empfang nahm und sorgfältig zusammensparte, da er sie seinerzeit für große, noch nicht ganz reife Pläne auszugeben gedachte. Sein täglicher erster Besuch galt dem Herrn Pestilenziarius, den er beim selbstgebrauten Morgenkaffee in einer Tabaksrauchwolke antraf, in welcher eine Geschichte und Beschreibung des Münsters zu Ulm entstand, die nach seinem Tod die Welt in Erstaunen setzen sollte. Doch unterbrach er diese Lieblingsarbeit willig, um dem Jungen ›das Gewehr zu visitieren‹, wie er es nannte, das heißt sich zu überzeugen, ob die Schulaufgaben gemacht und nicht alles vergessen sei, was er ihm am verflossenen Nachmittag eingetrichtert hatte. Denn auch die Nachmittags- und Abendstunden brachte der Junge in dem kleinen Häuschen zu, das seine geistige Heimat geworden war.

Im Schwarzmannschen Haus wollte es ihm nicht warm werden. Der Onkel war nicht unfreundlicher und gleichgültiger gegen ihn als gegen die übrigen Hausgenossen und schien ihn nach kurzer Zeit kaum mehr zu sehen; auch die Tante kümmerte sich nur dann um ihn, wenn ihn sein Vetter Hans allzu roh hin und her stieß. Dieser zierte schon längst die letzte Bank der vierten Klasse des Gymnasiums und behandelte Brechtle mit gebührender Verachtung, nachdem sich gezeigt hatte, daß der Kleine nicht geneigt war, sich ganz als das Sklävchen des Größeren zu betrachten und er einmal mit blutüberströmtem Gesicht aus einem Kampf hervorgegangen war, der die Frage eines *Modus vivendi* zwischen beiden feststellen sollte. Es handelte sich zwar nur um die Nase, allein Blutvergießen in der eignen Familie war auch dem Onkel unangenehm, so daß der Sieg für Hans schmerzliche Folgen hatte und beide von nun an in stummer Feindschaft nebeneinander hergingen. Kaum erfreulicher gestaltete sich das Verhältnis zu

Hansens Schwestern, von denen Lottchen, die jüngere, nicht an ihm vorübergehen konnte, ohne ihn wegen seines blauen Mäntelchens, wegen seiner Kleinheit, wegen seines unordentlichen Zöpfchens zu necken, bis er eines Tages, zur Verzweiflung gebracht, an dem großen Mädchen wie eine Katze hinauffuhr und ihr einen Ohrring zerbrach. Auch dies führte zu einer Familienszene, in der er den Kürzeren zog und sogar von seinem Gönner, dem Pestilenziarius, zwei Ohrfeigen erhielt, die ihn tief schmerzten. Denn wenn er auch scheinbar der Angreifer gewesen war und der Angriff mit den Geboten der Galanterie und Ritterlichkeit nicht in Einklang zu bringen war, so hatte ihn doch nur die Notwehr dazu getrieben. Auch erreichte er seinen Zweck immerhin so weit, daß das Bäschen ihn nur noch aus sicherer Entfernung über das Treppengeländer herab oder durchs Gangfenster heraus verhöhnte, wobei er sich den Schein geben konnte, sie nicht zu hören.

Einen nie ganz versagenden Trost hatte er auch im Haus des Onkels gefunden. In einer von sonst niemand betretenen Dachkammer des altertümlichen Gebäudes entstand mit der Zeit eine Werkstätte, die man für eine kindliche Nachbildung des Schuppens hätte halten können, in dem sein Vater zu Ochsenwang gehaust hatte. Dort entstanden unter einem Gewirr von Bindfäden und Brettchen, Nägeln und Schräubchen Kupferhämmer aus Holz, Stampfmühlen aus Pappe und später selbst rätselhafte Gegenstände, mit denen er das Perpetuum mobile zu verbessern hoffte. Als er in der Freude über einen derartigen Plan dem Pestilenziarius das Geheimnis dieser Kammer nicht mehr verbergen konnte, erschrak dieser heftig und verbot ihm streng, die kostbare Zeit seiner Jugend mit nichtsnutzigen, verwerflichen Spielereien noch ferner zu vergeuden. Es half wenig. Doch blieb es der Kummer seiner Schulzeit, daß er seinem Gönner nun nichts mehr von den Geheimnissen der Dachkammer mitteilen konnte, bis Lottchen sie entdeckte und Hans eine furchtbare Verwüstung unter seinen Erfindungen anrichtete. Fast schluchzend erzählte er dem Magister das Unglück, das ihn betroffen hatte, und mußte es hinnehmen, daß dieser mit einem inbrünstigen »Gott sei Dank!« die Sache für erledigt erklärte und ihn mit ungewöhnlicher Bitterkeit anwies, seine Aufmerksamkeit einem gestern verbrochenen ›ut mit dem Indikativ‹ zuzuwenden. »Das kommt davon!« schloß er. »Gib dich zufrieden, Brechtle, und sei ihm dankbar. Dein Vetter hat dich vielleicht gerettet.«

Das Schmerzlichste für den kleinen Partemisten und Lateinschüler, das ihn schon im Verlauf des ersten Vierteljahres traf, war die Trennung von seiner Mutter. Die arme Frau fühlte sich in ihrem alten elterlichen Haus, in dem sie Jahre zugebracht hatte, die ihr jetzt als die glücklichsten ihres Lebens erschienen, mit jedem Tag unglücklicher. Sie setzte deshalb auch bald ihrem Bruder keinen Widerstand mehr entgegen, der schon in den ersten Tagen ihrer Rückkehr angedeutet hatte, daß es das klügste wäre, wenn er versuchte, ihr eine passende Unterkunft in der ›Sammlung‹ zu verschaffen. Die Sammlung beruhte auf einer unter städtischer Verwaltung stehenden Stiftung. Es war ein aus einem Nonnenkloster hervorgegangenes Frauenstift, in dem zwölf dem Geschlecht der Patrizier oder der ›guten Gemeinde‹ angehörige Frauen oder Fräulein ein Heim fanden, ohne an ein klösterliches Gelübde gebunden zu sein. An Raum fehlte es nicht, denn die Sammlung war nicht sonderlich beliebt, wenn auch die mittelalterliche, wenig kleidsame Tracht der Stiftsdamen seit kurzem abgeschafft worden war, und Schwarzmanns Einfluß war groß genug, eine freie Stelle für seine Schwester zu sichern. Auch tat er sich etwas darauf zugute, es am nötigen Geld nicht fehlen zu lassen. Dies hatte eine geheime Ursache, über die er sich in rücksichtsvoller Weise nicht aussprach. Der tägliche Anblick seiner enterbten Schwester, deren Vermögensanteil seine Taschen schwellte, war ihm unangenehm, und alles Unangenehme mußte er sich aus dem

Weg schaffen. Es sollte ihn nichts, auch keine unnötige Verstimmung in der Verfolgung wichtigerer Pläne hindern, die in den stürmischen Zeiten, in denen sich so vieles änderte, nicht aussichtslos waren. Er wollte den Adel, den sein Onkel leichtfertig weggeworfen hatte, erneuert haben, er wollte im Kleinen Rat und auf der Oberen Stube zu Hause sein, sagten die Leute halb lachend, halb bewundernd. Er wollte als Bürgermeister der freien Reichsstadt Ulm enden, sagte er sich selbst, so oft er das Rathaus betrat und ihn einer der alten Besserer, Welser, Krafft oder Schad über die Schultern ansah.

So kam es, daß Frau Berblinger nicht ungern nach der Frauenstraße übersiedelte und ihr Witwenstübchen in der Sammlung bezog, das etwas freundlicher in einen wohlgepflegten Garten hinabsah als die gelbe Stube in der Herbelgasse auf die Riegelwand des Nachbarhauses. Sie war dort bleicher geworden als je zuvor, aber auch das Grün und Blau des Gärtchens waren nicht mehr imstande, die alte Farbe auf die einfallenden Wangen der jungen Frau zurückzurufen. Für Brechtle, der seine Mutter zweimal in der Woche besuchen durfte, wurden diese Tage zu Festtagen, nicht bloß, weil er bei der Mutter sein Herz ohne Scheu ausschütten konnte, auch nicht, weil die anderen Frauen der Sammlung den kleinen Lockenkopf wie ein Spielzeug von Hand zu Hand gehen ließen und ihn mit Zimtsternen, Äpfeln und Nüssen beluden – er fühlte, daß er all dies für die Geduld verdiente, mit der er ihre Zärtlichkeiten ertrug –, sondern besonders, weil man ihm erlaubt hatte, des Vaters Perpetuum mobile als Schmuckstück auf einem Kommödchen aufzustellen und weil er nun allen Ernstes anfangen konnte, es zu verbessern und zu verschönern. Bald nahm er ein Schräubchen, bald eine kleine Stange oder eine Welle mit, um ihr eine andere, etwas hoffnungsvollere Form zu geben, und übersah fast, daß seine Mutter mit Tränen in den Augen zusah und von Monat zu Monat bleicher zu werden schien. Manchmal begleitete ihn bei diesen Besuchen sein treuer Gönner und Freund, der Pestilenziarius. Der übersah es nicht, wagte aber kaum etwas zu sagen, was von jeher seine Art gewesen war. Sie sprachen von Brechtles Vater, über Brechtles Fortschritte und Aussichten, die, wie er behauptete, mit jedem Tag etwas besser würden und ganz gut wären, wenn man ihn abhalten könnte, sich allzu eifrig mit Allotrii zu beschäftigen. Die Mühlen und der Kupferhammer, die Schiffe und Flöße zerstreuten ihn in ungebührlicher Weise, und es scheine kein Mittel zu geben, so gut er sonst zu leiten sei, ihn abzuhalten, in jeder freien Viertelstunde nach der Donau oder der Blau zu laufen. Trotzdem hoffe er das Beste und habe seinen Plan. Eigentlich sei Brechtle ja Württemberger und Blaubeuren ganz in der Nähe. Wenn sich das Bürschchen zusammennehmen wollte, brauchte es das Landexamen in Stuttgart nicht zu fürchten. Er werde mit dem Herrn Rat sprechen, und wenn dieser das Geld bewillige, sei er selbst bereit, mit dem Kleinen nach Stuttgart zu pilgern und am großen Wagnis teilzunehmen. Gehe es gut, so sei für Jahre, eigentlich für alle Zukunft gesorgt. Er sehe Brechtle heute schon im Geist auf einer Kanzel, ein niedliches Pfarrherrchen.

Zum erstenmal seit langer Zeit stieg ein freudiges Rot in Frau Berblingers Wangen auf, und sie dankte dem treuen Beschützer ihres Sohnes so lebhaft, daß dieser zweimal röter wurde. Dann überfiel sie ein heftiger Husten, so heftig und anhaltend, daß der Magister am folgenden Tag den Sanitätsrat Bühler, den Hausarzt der Schwarzmann, in die Sammlung schickte. Dieser berichtete am Abend, eine eigentliche Krankheit sei nicht festzustellen, doch sei mit dem Herzen nicht alles in Ordnung. Man könne jetzt noch nicht wissen, wie es gehen werde. Frau Berblinger müsse sich jedenfalls in acht nehmen. Worauf der gute Krummacher sie in einem ehrerbietigen Schreiben dringend bat, sich in acht zu nehmen.

Auch ihr Bruder mußte sich in diesen bösen Zeiten in

acht nehmen. Kaum zwei Monate nach der Besetzung Ulms durch die Franzosen standen die Österreicher wieder vor den Toren der Stadt und begehrten Einlaß. Die französische Armee unter Moreau war in eiligem Rückzug, und seine letzten Regimenter verließen Ulm, nachdem sie in aller Eile eine Kriegskontribution von 200 000 Gulden eingezogen hatten. Auch Schwarzmanns Sympathien für die Fremden, die er ›im Interesse der Stadt‹ etwas auffällig zur Schau trug, erlitten hierdurch einen heftigen Stoß, denn trotz allen Protestierens beschloß der Magistrat, den reichen Schiffer und Zunftmeister mit 6000 Gulden heranzuziehen. Überdies erfolgte die Besitznahme der Stadt durch die befreundeten Kaiserlichen leider nicht so glatt wie vor kurzem durch die feindlichen Republikaner. Diese hatten beim Abzug sämtliche Stadttorschlüssel mitgenommen und die Aufzüge der Fallbrücken derart verdorben, daß trotz des besten Willens seitens des Magistrats die getreuen Bundesgenossen mehrere Stunden warten mußten, ehe der siegreiche Einzug des Reichskontingentes erfolgen und Herr Schwarzmann den kommandierenden General seiner unverbrüchlichen Treue zu Kaiser und Reich versichern konnte. Brechtle saß während dieser peinlichen Stunden, die zu einem kurzen mißverständlichen Bombardement der Stadt geführt und das Dach des Gänseturmes gekostet hatten, wohlgeborgen bei seinem Protektor zwischen den Pfeilern des Münsters und konjugierte bereits die lateinischen unregelmäßigsten Zeitwörter fehlerlos, wenn ihn nicht von Zeit zu Zeit ein freundschaftlicher Kanonenschuß ins Stocken brachte. Man wußte zur Zeit in der Tat nicht mehr genau, was oben und unten, vorn und hinten, gut oder bös, französisch oder deutsch war, so toll ging es zu.

Trotz alledem verflossen für Brechtle zwei Jahre, ehe ein entscheidendes Ereignis in sein Leben eingriff. Unermüdlich geschoben und gezogen, hatte er wirkliche Fortschritte gemacht, und da der gute Pestilenziarius den Einfluß des Herrn Onkels in schamloser Weise zur Geltung brachte, setzte er gewisse Unregelmäßigkeiten durch, die die erstaunlichsten Leistungen des Jungen nicht gerechtfertigt hätten. So saß er schon im zweiten Jahr seiner Gymnasiallaufbahn in der dritten Klasse, war auch dort und zwar noch viel mehr der Kleinste, aber trotzdem der fünfte unter seinen Mitschülern und erhielt als solcher bei der großen Osterprüfung seinen ersten Preis: eine Denkmünze, auf der das Bildnis eines Herkules in der Löwenhaut und der anfeuernde Sinnspruch ›plus ultra‹ prangte. Mit dieser Denkmünze begab sich der Pestilenziarius zum Herrn Rat und hatte mit ihm eine längere Unterredung, von der er freudestrahlend in sein Häuschen zurückkehrte, entschlossen, seinem kleinen Schützling etwas Außerordentliches zu gewähren.

Dies bedurfte keiner großen Vorbereitungen. Er hatte einen Freund, augenscheinlich den einzigen in der weiten Welt, dem er an jedem Freitagnachmittag einen Besuch abstattete, welchen dieser aber niemals erwiderte. Brechtle wußte dies, weil er infolge hiervon am Freitagnachmittag keine Privatstunden genoß, sondern gehen konnte, wohin ihn sein Herz trieb, nämlich in den Kupferhammer, oder in die Zundelmühle, oder auf die Zillen im Schwahl. Schon längst aber hätte er am liebsten seinen Gönner und Mentor begleitet, denn er wußte, daß dieser dann den Münsterturm bestieg und mit dem Turmwart Lombard einen bescheidenen Abendimbiß teilte. Vom Turmwart Lombard aber sprach man in der ganzen Stadt mit einer gewissen geheimnisvollen Scheu, niemand wußte so recht warum. Denn er tat seine Pflicht redlich, schlief nie, wie seine zwei Hilfswächter versicherten, und roch ein Feuer im Umkreis von zehn Meilen, ehe man die Spur eines Rauchs bemerken konnte. Vom großen Brand, der den Weinhof mit sechzehn stattlichen Häusern vernichtete, habe er acht Tage zuvor gesprochen. Daß er scheinbar mehr nach den Sternen guckte als nach der Stadt, konnte man ihm deshalb nachsehen. Dabei war er ein halber Gelehrter, hatte geschriebene uralte Bücher, die niemand lesen konnte, und erhielt Briefe aus der ganzen Welt, oft zwei in der Woche! Ältere, ehrbare Leute schüttelten den Kopf und meinten, der Lombard sei noch einer von den ganz Alten, die wie Henker und Schäfer und Türmer zu keiner ehrlichen Zunft gehörten.

»Brechtle«, sagte der Magister, als er dem Kleinen am Syrlingsbrunnen begegnete, wo er mit zwei anderen Lateinern aus wissenschaftlichem Forschungstrieb, wie sie versicherten, den Fischkasten zu öffnen versuchte, »mit dem Landexamen hat es seine Richtigkeit. Bedank dich bei deinem Herrn Onkel recht schön. Und heute hast du's verdient, daß ich dir eine Freude mache. Du hast mir auch eine gemacht und sollst mit auf den Turm und die ganze Welt von oben sehen.«

›Endlich!‹ dachte Brechtle fast zitternd vor Vergnügen, und ein kleiner Schauder, der sich in das Zittern mischte, machte es doppelt angenehm.

6
Auf hoher Warte

Der grämliche Mesner, anderwärts Küster genannt, der in seinen Nebenstunden, das heißt während des größeren Teils seiner Zeit, zum Ärger einer ehrbaren Zunft das Schuhzeug der Münstergeistlichkeit in Ordnung hielt, war noch an der Arbeit, während Krummacher an ihm vorüberging, und sah kopfschüttelnd auf, als er Brechtle gewahr wurde, der dicht hinter seinem Mentor die kirchliche Schusterwerkstätte betrat. Er erwiderte den Gruß des Pestilenziarius kaum, denn er war seit Jahren daran gewöhnt, ihn am Freitagnachmittag durch sein Stübchen kommen zu sehen und warf gewöhnlich nur einen prüfenden Blick auf dessen weitausbauchende Rockschöße, die einen bescheidenen Abendimbiß bargen, soweit sich zwei Krügchen Bier, ein halber Laib Brot und drei Rettiche in dieser Weise bergen ließen. Die Krummacher waren nämlich seit drei Generationen Grundeigentümer und besaßen ein Gärtchen bei Söflingen. Man sah es dem letzten Sproß des Geschlechts wohl an, wenn er mit übervollen Taschen – ein zweibeiniger Erntewagen – durchs Neue Tor kam, wie stolz er war, seine vegetarischen Bedürfnisse mit eigenen Erzeugnissen befriedigen zu können. Seine Röcke wurden dementsprechend nach besonderen Mustern hergestellt und waren dem neidschen Mesner ein dauerndes Ärgernis. Was aber hatte gar der Junge bei dem alten Narren auf dem Turm zu tun? Jetzt schon! War's nicht genug, daß ihn der Magister an jedem Unglücksfreitag in seiner gottgefälligen, sauren Arbeit für die Herren Pastores störte?

In dem engen finsteren Gang innerhalb der gewaltigen Strebemauern des Münsterturmes, den man durch das Mesnerstübchen betrat, führten ausgetretene, vierhundert Jahre alte Stufen steil nach oben. Am Fuß dieser Treppe hielt der Magister still und gab seinem Begleiter die zwei Steinkrüge. »Zerbrich mir nichts! Du sollst droben mittrinken und darfst sie, an deinem ersten Ehrentag, selbst tragen«, sagte er dabei. »Und jetzt langsam vorwärts! Langsam, bis du halb oben bist; dann kannst du meinetwegen klettern, so schnell dir's behagt.«

Zunächst ging es in dem Backsteingemäuer der südwestlichen Ecke des Münsters eine Zickzacktreppe in kurzen Absätzen empor. Nach jeder zweiten Wendung gestattete eine schräg durch das Gemäuer brechende Fensterspalte einen Blick nach außen und warf ein bleiches Licht auf die zerbröckelnden Stufen. Auch in guten alten Zeiten baute man nicht immer so solid, als wir gerne glauben möchten, so daß die alten Baumeister nach hundertzwanzigjährigem Bauen die Arbeit auf halber Höhe des Turms einstellen mußten und ihr Notdach da, wo die viereckige Form des Baues in ein Achteck übergehen sollte, aller Welt verkündete, daß auch zu Ulm Türme wie Bäume nicht in den Himmel wachsen wollen.

Beim ersten Fenster hatten sie schon die Giebelhöhe der Häuser um den Münsterplatz erreicht. Am zweiten wollte Brechtle ohne einen Blick nach außen vorüberstürmen, um die Überraschung am dritten doppelt genießen zu können. Dabei begrub er aber den Kopf in den Rockschößen des Magisters, so daß einer der Rettiche herausfiel und mit ärgerlicher Gewandtheit bis zum ersten Fenster hinunterkollerte, als ob er gewöhnt wäre, sich in Zickzacksprüngen zu erlustigen. »*Eheu fugaces, Postume, Postume!*« rief der Pestilenziarius. »Siehst du! Blinder Eifer schadet nur. Jetzt kannst du wieder hinuntergehen und den Flüchtling einfangen, wenn du das Festmahl würdig begehen willst, mit dem du dich aufs Landexamen vorbereiten darfst. Aber, bei Bacchus und Gambrin, *festina lente!* Zerbrich mir die Krüge nicht!«

Die Warnung kam um zwei Sekunden zu spät. Der kostbare Inhalt eines der Krüge strömte bereits dem Rettich nach und entzog sich mühelos jeder weiteren Verfolgung. Eine zeitgemäße Ohrfeige, mild genug unter den obwaltenden Umständen, beschloß den kleinen Zwischenfall.

Ohne weiteres Mißgeschick langten sie beim sechsten Fenster an. War das herrlich! Brechtle sah sich der Turmspitze des Barfüßerkirchleins gegenüber und blickte tief auf das Gymnasium herunter. Der Magister lächelte fast mitleidig, als ihn der Junge mit freudigem Stolz darauf aufmerksam machte, und bemerkte, das sei vorläufig und vielleicht noch für lange Jahre eine optische Täuschung. Er möge nicht vergessen, welch große Gelehrsamkeit, wie viel Weisheit sich da unten aufbaue, an der ehrerbietig hinaufzusehen seine Pflicht sei. Hielt es doch der gute Pestilenziarius seinerseits für eine heilige Pflicht, das junge Gemüt seines Schützlings bei jeder passenden Gelegenheit auf den richtigen Weg zu weisen.

Nun kam wieder ein kurzer, völlig finsterer, geradliniger Teil der Treppe, der nach dem Hauptturm und nach der Galerie über dem Dach der Vorhalle führt, die zwischen die Strebepfeiler des Turms eingebaut ist. Hier schon, in einer Höhe, die alle Gebäude der Stadt überragt, bietet sich ein prächtiger Blick nach Westen auf die zackigen Giebel, auf die Türme und Türmchen der alten Stadt und auf die grünen Felder und Berghalden jenseits der Stadtmauern, die sanft anschwellend sich gegen den nördlichen und westlichen Horizont hin erheben. Mehr noch erfreute sich Brechtle an dem reichen, nach oben schießenden Stabwerk, das die gewaltigen Strebepfeiler schmückt, an den schlanken Säulen und Säulchen, die frei in der Luft stehend sich zu schwindelnder Höhe erheben, an dem zierlich durchbrochenen Laubwerk und den reichen Fensterfüllungen, die von unten so zart und niedlich aussehen wie Spitzenwerk und hier in der Nähe wie die Rippen eines Riesenleibes erscheinen.

Doch weiter; höher!

Jetzt erst hatten sie die Wendeltreppe erreicht, die leicht

und lustig an der Außenseite des Turmes emporführt. Sie drehten und drehten sich bis zum Schwindliggwerden um die zierliche Mittelsäule. Dämmerung und Licht folgten sich, je nachdem sie an einer Fensterlücke vorbeikamen oder an der Innenseite des Treppentürmchens hinaufkletterten. Die Stufen selbst waren weniger ausgetreten als weiter unten; aber trotzdem ging es langsamer vorwärts; auch schien das Gewicht des einen übriggebliebenen Bierkruges gegen alle Gesetze der Natur schwerer zu werden, je weiter man sich vom Mittelpunkt der Erde entfernte. Dagegen wurden die Durchblicke ins Freie immer großartiger und befremdender. Brechtle glaubte sich mehr und mehr loszulösen von der kleinen Puppenstubenwelt dort unten, die ihm trotzdem Geheimnisse zeigte, stille Gärtchen zwischen den grauschwarzen Dächern, düstere Höfe wie Brunnenschachte, welche er nicht einmal vermutet hatte.

Jetzt kam auch eine Fensteröffnung nach dem Innern des Turmes hin. Man sah in die Glockenstube: ein Gewirr gewaltiger schwarzbrauner Balken und daran aufgehängt stumm, aber drohend die riesigen Glocken, deren eherne Stimme ihn selbst auf dem Münsterplatz unten schon erschreckt hatte. Wenn sie jetzt anfingen, sich zu bewegen! Unwillkürlich suchte er nach der Hand seines Begleiters, der ihm über die Schulter sah. Wie ihm hier die Stimmen durch Mark und Bein gehen würden, die ihn am Sonntag so feierlich zur Kirche riefen! Selbst die der kleinen dort, die unter den anderen so unschuldig aussah. Und kein Wunder! Es sei dies das Armesünderglöckchen, erklärte der Magister, das erst gestern einen Spitzbuben zum Galgen geleitet hatte. Da wirklich – der Strick bewegte sich; das Glöckchen schien zu zittern. Der Junge wandte sich weg. Ein erschütternder, dröhnender Schlag ging durch den ganzen Turm. Er fühlte das Zittern der Luft bis in die Knie. Alles schien für einen Augenblick lebendig zu werden in jähem Entsetzen – und es hatte nur ein Viertel auf sieben geschlagen! Wenn das einmal ausschlüge, Brechtle – Mitternacht! – Fast wäre es auch um den zweiten Krug geschehen gewesen.

Endlich standen sie auf der geräumigen viereckigen Plattform, welche zur Zeit nahezu die Spitze des Turmes bildete. Auf dieselbe war noch ein Stückchen der achteckigen Fortsetzung des Baues aufgesetzt, das die Höhe eines mäßigen Hauses erreicht hatte, als man vor dreihundert Jahren zu bauen aufhörte. Eines Sonntags waren ein paar gewaltige Gewölbesteine im unteren Teil des Turmes ausgebrochen und herabgestürzt und hatten die ganze Stadt mit Entsetzen erfüllt, von dem sie sich noch immer nicht erholt zu haben schien. Wenigstens wagte kein Mensch mehr, ans Weiterbauen zu denken. Denn auch Mut und Ausdauer, Glaube und Frömmigkeit, die das große Werk bis hierher geführt hatten, waren im Lauf dieser Jahrhunderte jammervoll geschwunden. Auch bemerkten die späteren Baumeister mit Schrecken, daß die Grundsteinmauern weit nicht so widerstandsfähig waren, als man angenommen hatte. So beschloß der hohe Rat, das Achteck, soweit es fertig war, mit einem provisorischen Dach zu versehen, eine provisorische Turmspitze mit grünen Ziegeln zu decken und eine gewaltige provisorische Wetterfahne darauf zu setzen. In dem Achteck aber wurden niedliche und geräumige Wächterstübchen eingerichtet, und damit war für die nächsten dreihundert Jahre wenigstens provisorisch gesorgt.

Krummacher, der das Törchen, welches in des Türmers Wohnung führte, verschlossen fand, umkreiste mit Brechtle die in prächtigen gotischen Formen gehaltene Brüstung der Plattform. An ihren vier Ecken ragten erkerartige Ausladungen keck in die Luft hinaus und gestatteten, die mit riesigen Doppelfenstern geschmückten Seiten des Turmes auch von außen zu sehen. Zwischen je zwei dieser Erker streckte einer jener wasserspeienden teuflischen Drachen oder Höllenhunde seinen fratzenhaften

Leib weit hinaus über die schwindelerregende Tiefe, in der ameisengroße Menschlein, von denen man kaum mehr als Kopf, Schultern und Fußspitzen sah, scheinbar zwecklos hin und her liefen.

Auf der Ostseite sah man hinab auf das jäh abfallende Dach des Langschiffes der Kirche. Es fehlte hier noch alle Pracht, welche erst das neunzehnte Jahrhundert dem Bau gegeben hat, die zwei Osttürme, die mächtigen Strebebogen und der Wald von zierlichen Fialen entlang den Pultdächern des Seitenschiffes. Dagegen saß der Ulmer Spatz – ein riesiger Steinvogel – ernst und feierlich auf dem First des Daches und sah auf seine Stadt und sein Münster herab, als fühlte er, daß ohne ihn all das nicht entstanden wäre. Allerdings war das Ganze ein gewaltiger Torso geblieben, welchen das fünfzehnte Jahrhundert dem achtzehnten hinterlassen hatte, das ihn nicht mehr verstand. Brechtle jedoch empfand in stummem Staunen die Größe des Menschenwerks, die ihn mit einem wunderlichen und unerklärlichen Stolz erfüllte. Verständlicher war ihm, was er unter sich und jenseits der Mauern und Wälle der Stadt erblickte: der glänzende Spiegel der Donau mit ihren Zillen und Flößen, die grünen, mit Obst- und Weingärten bedeckten Höhen im Westen und Norden, die gewaltige Ebene des Donaumoores im Westen und Süden und darüber hinaus, wie hingehaucht in den sonnigen Äther, die schneegekrönten Gipfel der Alpen von der Zugspitze im Bayernland bis über den Säntis hinweg zu den Bergketten der mittleren Schweiz. Zum erstenmal zitterte das kleine Herz unter dem Zauber der Ferne, wie es den kleinen Vögelchen zumute sein mag, die halbflügge über den Nestrand ins Blaue sehen. Achtung, Vorsicht, Brechtle. Flügel werden dir ja niemals wachsen! –

Nachdem sie ihren Umgang langsam beendet hatten, sagte Krummacher etwas ungeduldig:

»Ich weiß, er schläft nicht und doch müssen wir ihn

wecken. Das kommt davon, wenn die Leute am hellen Tag in den Sternen lesen.«

An dem schwarzbraunen Türchen hing ein mächtiger Klopfer, der ein Kreuz in einem Drudenfuß darstellte, ein wunderliches Zeichen: himmlische und höllische Mächte vereint. Der Magister mußte zweimal klopfen. Dann öffnete sich das Türchen langsam, und ein großer Mann in einem talarartigen Pelzmantel erschien. Es war eine ehrwürdige, etwas gebückte Gestalt, die Brechtle kaum anzusehen wagte. Er war nicht mehr ganz sicher, daß es keine Hexenmeister gab, obgleich er sie sich anders vorgestellt hatte.

In langen, schneeweißen Locken fiel dem Mann das Haupthaar bis auf die Schultern, doch sah man auf einen Blick, daß er keine Perücke trug. Der Bart strömte ihm in zwei mächtigen Wellen über die Brust herab. Die Gesichtszüge, soweit sie unter dem löwenartigen Haarschmuck hervortraten, waren feingeschnitten und regelmäßig. Stahlgraue Augen funkelten förmlich, aber nicht unfreundlich unter den buschigen Brauen und belebten ein mumienbraunes Gesicht in fast unheimlicher Weise. Brechtle fürchtete sich vor dem schönen alten Mann mehr, als er sich seinerzeit vor dem häßlichen Pestilenziarius gefürchtet hatte, obgleich jener den Magister ein wenig herablassend, aber doch freundlich genug begrüßte. Dieser fuhr in seine Rocktaschen und zog aus verschiedenen Teilen des sinnig eingerichteten Gewandes die drei Rettiche, ein in Pergament eingeschlagenes Stück Butter, zwei halbe Laibe Schwarzbrot und einen Brief hervor, den er dem Türmer überreichte.

»Ich war wie gewöhnlich für dich bei dem Stuttgarter Postboten und bringe dir, was er brachte«, sagte er halblaut, wie wenn es sich um ein hohes Staatsgeheimnis handelte. »Nur ein Brief, aber ein gewichtiger, wie es scheint. Kostet sechsunddreißig Kreuzer Ulmer Geld.«

»Aus England«, versetzte der Türmer, den Brief vorsichtig öffnend. »Die sind meist das Geld wert, das sie kosten. Sie lassen sich dort drüben von dem Sturm, der durch die Welt fegt, nicht in ihrer Arbeit stören, die aufbauen wird, was die andern zerstören und ihr verfaulen laßt. Das macht, sie sitzen auf einer Insel wie ich auf meinem Turm. Wenn ich noch einmal herunterstiege, ohne von vier Mann getragen zu werden, ginge ich nach England. Dort sind Leute, die mir behagen. Wissen, was sie wollen und tun es. Aber komm herein! – Und das also ist das Männchen, das dich zur Zeit am Leben erhält. Laß dich sehen, kleiner Wohltäter meines Freundes!«

Er lachte gutmütig, faßte Brechtle am Ohr und zog ihn zu sich her. Der Kleine machte eine Grimasse, denn der alte Herr hatte eine kräftige Art zuzugreifen.

»Nur nicht bange, kleiner Taugenichts«, fuhr er fort. »Sie werden dich noch ganz anders zwicken dort unten. Berblinger also heißt du? Weißt du, daß ich deinen Vater gekannt habe? Er kam mehr als einmal zu mir herauf. Hätt' ich ihn gezwickt wie dich, hätt' er sich vielleicht nicht zum Schulmeister verirrt, wäre auch nicht ein Perpetuum stabile geworden. Es gibt so unglaublich viel Vernünftigeres zu tun auf dieser Erde. Nun ist's vorbei; Gott hab' ihn selig. Er hat wenigstens dich hinterlassen, und mit den Jungen fängt man doch immer wieder an zu hoffen, seit Adams Zeiten. Merkwürdig, Krummacher, daß das Hoffen nicht aufhören will. Gehört wohl ins Kapitel der Perpetua mobilia eines anderen Erfinders. Aber kommt herein. Küche und Keller sind auch hier oben noch nicht leer.«

Sie traten in das Innere des Turmes, wo sie eine geräumige, mit fremdartigem Hausgerät ausgestattete Stube aufnahm. Durch die kleinen Fenster, die nach allen Himmelsrichtungen offenstanden, sah man nichts als Himmel, tiefblau gegen Osten, glutrot gegen Westen. Brechtle kam es vor, als schwebte er in einer überirdischen Welt, in die sich einiges wenige von unten herauf verirrt hatte: die Rettiche, der Bierkrug und dergleichen. Drei Zinnteller, die Reste eines Schinkens deuteten an, daß man sie erwartet hatte. Ein gedeckter Tisch nahm die eine Ecke der Stube ein; in der anderen sah es etwas interessanter aus. Dort standen auf einer buntbemalten Truhe ein Himmelsglobus und ein Fernrohr, ein paar altertümliche Bücher, wunderlich geformte Glasflaschen und daneben auf dem Boden eine Elektrisiermaschine. Herr Lombard war sichtlich kein Turmwächter gewöhnlichen Schlags.

Sie setzten sich. Ihr Wirt wollte nichts vom Bier wissen, das sie mitgebracht hatten.

»Hättet ihr eine Flasche frischen Wassers heraufgenommen, hätt' ich euch gedankt. Ihr Bier mögen die Ulmer selbst trinken. Hier oben brauche ich ein klares Auge und eine stetige Hand. Es geht noch für meine Jahre, aber nur mit Wasser. Nichts für ungut, Krummacher, und Prosit!«

Sie füllten die Zinnbecher und tranken. Brechtle hatte zu seiner großen Befriedigung einen kleinen Glasstiefel erhalten, den ihm der Pestilenziarius füllte. Der Türmer schüttelte den Kopf und fuhr fort:

»Ihr denkt wunder was von der Kraft, die in eurem Bier steckt! Weißt du, daß man anfängt, die Welt mit Wasser aus den Angeln zu heben? Mit Wasser und Feuer. Drüben in England brachten sie's fertig, und ihr wart selbst nahe genug dran, es zu tun. Hättet's getan, wenn nicht die Besten von euch die Nasen in Bücher und Biergläser steckten, bis sie blind und taub sind. Euer Wohl! Laß dir's schmecken, Brechtle!«

Der Junge war nicht abgeneigt, einem gesunden Appetit freies Spiel zu lassen und bearbeitete seinen Rettich mit einer Geschicklichkeit, die weit über seine Jahre ging. Gieriger aber hing er an den Lippen des alten Mannes, der ihn anzog wie die Schlange ein Kaninchen, obgleich sein Gespräch mit Krummacher nichts Ungewöhnliches hatte. Sie redeten von den jüngsten Ereignissen drunten in der

Stadt, vom letzten Feuer, von den Durchzügen und Einquartierungen, von der wachsenden Not, die die unruhigen Kriegszeiten schon jetzt über Stadt und Land gebracht hatten. Der Pestilenziarius gab unwillig zu, daß er diese Welt nicht mehr verstehe:

»Fortschritt? Freiheit? Brüderlichkeit? – Puh! Mord und Totschlag, Raub und Diebstahl in allen Richtungen. Abwärts geht's, Schritt für Schritt, seit einem Menschenalter. Der erste Schritt war, als sie aufhörten, gegen die Pestilenz zu beten und die Pestilenziarii, die zwei Jahrhunderte lang getreulich, wenn auch nicht immer erfolgreich ihres Amtes gewaltet hatten, kurzerhand abschafften. Nun hat die Rotte Korah in Frankreich unseren Herrgott selbst abgeschafft und bringt ihre Aufklärung mit Feuer und Schwert und mit dem erlogenen Geschrei von der Brüderlichkeit bis ins friedliche Ulm, wo ein Drittel der Bürgerschaft der Ansteckung erliegt. Hoffentlich sind wir bald auf der untersten Stufe ihres Fortschrittes angelangt und ist die Hölle bereit, das neue Sodom und Gomorra zu verschlingen.«

Brechtle hatte seinen Mentor noch nie so lebhaft sprechen gehört. Drunten war er zurückhaltend, schüchtern, sanft. Das machte wohl die Höhenluft auf der Spitze des Münsterturmes, die freie Einsamkeit hier oben. Lombard nickte dem eifrigen Männchen zu und lächelte.

»Das ist eure Weltgeschichte, in der Nähe betrachtet«, unterbrach er ihn endlich; »ein häßlicher Lärm ohne Ziel und Zweck, ein Wogen und Wallen, das uns zu Boden wirft. Wenn wir dann nach dem Sturm wieder aufstehen, erschöpft und betäubt, mit der Frage auf den zitternden Lippen: ›Wozu? Wozu?‹ – antwortet sie uns? War's nicht so, nachdem sie sich in euren deutschen Landen dreißig Jahre lang bis zum Verbluten um Rätsel gestritten hatten, die heute noch ungelöst auf uns lasten? Wird es anders sein, wenn sie sich abermals, vielleicht dreißig Jahre lang, um anderer Rätsel willen die Schädel einschlagen, Rätsel, die uns ebensowenig der Erlösung näherbringen werden?«

Der Magister sah nachdenklich in seinen Becher. Er traute seinem Freund nur halb. Auch hier oben war man vor gewissen Ansteckungen nicht sicher, sonderlich wenn man die Keime von unten mitgebracht und jahrelang in sich getragen hatte.

»Da lob' ich mir meine englischen Freunde«, fuhr der wunderliche Türmer fort und zog seinen Brief aus der Tasche. »Dort arbeiten sie an einem Fortschritt, von dem die Calvinisten, Papisten und Lutheraner von damals, die republikanischen Schreier und heulenden Royalisten von heute keine Ahnung haben, und formen das Leben der Menschheit nicht ohne Mühe – weiß Gott, nicht ohne Kampf und Mühe –, aber in aller Stille. Nach Jahrzehnten, vielleicht nach einem Jahrhundert wird eine neue Welt dastehen, voll von ungeahnten Wundern, die sich selbst kaum wiedererkennt. Es war immer so. Die Kleinen und Stillen bauen, die Großen zerstören; und lange wird's noch dauern, bis man begreift, daß die Kleinen die wahrhaft Großen sind.«

»Da magst du recht haben«, versetzte der Pestilenziarius mit einem ungewohnten Anflug von Humor. »Ich zum Beispiel fühle noch nichts von der Größe, die mir anhaftet.«

»Das glaube ich dir«, entgegnete Lombard, ohne zu lachen. »Aber auch bei euch gibt es Leute der Art. Wenn sie nur nicht alles Heil in ihrer Gedankenarbeit sehen wollten. Wir sind Menschen, Magister, und sind an die Erde gebunden. Hier können und sollen wir herrschen. In der Geisteswelt werden wir ewig dienen und warten müssen, bis einmal ein Lichtstrahl, wer weiß woher, in das ewige Dunkel fällt. Den Geistern gehört das Jenseits. Wir aber sollen die Herren dieser Erde sein. Feuer und Wasser sind uns untertan und selbst im Reich der Luft sind wir zum Herrschen bestimmt.«

War es Zufall, daß Brechtle, der von all dem nicht viel verstand, die Ohren spitzte, wie ein Wachtelhündchen, das zum erstenmal einen Spielhahn sichtet.

Lombard öffnete den Brief, der neben ihm lag.

»Siehst du, Pestilenziarius, da schreibt mir ein gewisser Hornblower, den ich vor langer Zeit, als ich noch unten war, auf meinen Reisen kennenlernte, daß er nun sicher sei, eine gewaltige Verbesserung an den Feuermaschinen erfunden zu haben, von denen drüben alle Welt spricht. Expansion nennt er's. Klingt das nicht, als ob man tiefer und freier atmen müßte. Auch bei uns, in den Bergwerken Schlesiens, stellen sie diese Maschinen auf, die das Wasser mit Feuer den Berg hinauftreiben. Hornblower schreibt, sein Freund Watt – die Freundschaft ist nicht allzu groß, aber sie ziehen an einem Strang – habe sich ein Patent geben lassen, mit Feuerdampf zu pflügen und Wagen zu ziehen, und ein Schotte, Patrick, Miller, habe damit ein Schiff durchs Wasser getrieben, ehe – ehe er bankrott geworden sei.«

»Sie sind wohl verrückt, deine Engländer«, unterbrach ihn Krummacher.

»Wenn du es verrückt heißt, die Grenzen zu verrücken, die unser Wissen und Können heute umschließen«, versetzte der Türmer. »Auch ich würde sie für verrückt halten, wenn sie beim Wissen stehenblieben. Aber sie *machen* das, wovon wir sprechen und schreiben. Sie beginnen mit dem Können. Übrigens haben wir schon vor hundert Jahren dergleichen Leute im Land gehabt. Der gelehrte Papin hat Feuermaschinen gebaut und wollte ein Feuerschiff auf die Weser setzen. Man hat es ihm in Stücke gerissen, weil man ihn auch für verrückt hielt und sein Schiff für eine Ausgeburt der Hölle. Er selbst ist zugrunde gegangen; seine Gedanken aber kamen nicht zur Ruhe. Die Kohle, die man aus der Erde gräbt, verwandeln sie jetzt in Kraft, und mit Kraft ist alles zu machen, was wir auf Erden brauchen.«

115

Jetzt fühlte auch Brechtle, der sein Stiefelchen Bier ausgetrunken hatte, ungewöhnlichen Mut und das Bedürfnis, mitzusprechen.

»Mein Vater hat ein Perpetulum gebaut«, begann er.

»Nicht Perpetulum«, unterbrach ihn Krummacher errötend.

»Perpetuum mobile«, verbesserte sich der Junge, ohne im geringsten den Mut zu verlieren. »Das hätte auch Kraft gegeben, wenn es gelaufen wäre.«

»Ich weiß, ich weiß!« sagte Lombard und sah den Jungen aufmerksam an. »Ich höre alles hier oben auf meinem Turm. Ist es denn nicht gelaufen?«

»Nein«, erwiderte der Kleine halb zornig, halb traurig. »Sie haben meinen Vater totgeschossen, die Franzosen, ehe es fertig war. Aber ich will's fertig machen, sobald ich groß genug bin.«

»Armer Bub«, sagte der Türmer mitleidig. »Wäre dein Vater so alt geworden wie Methusala, es wäre nie fertig geworden, und dir wird es nicht besser gehen. Es gibt Dinge, die der Mensch, es gibt andere, die nur der Weltgeist machen kann. Zu denen gehört Kraft.«

»Aber Ihre Feuermaschine? Die Kraft, die sie gibt?« fragte Brechtle ungeduldig.

»Kommt aus der Ewigkeit!« versetzte der Türmer ernst. »Der Bub will zu viel wissen, Krummacher. Was wir kaum ahnen können, braucht ein Kind nicht zu begreifen. Übrigens gehört das Ahnen auch zu unserem Rüstzeug; die größten Dinge, die der Mensch erkannt oder geschaffen hat, verdankt er dem Ahnen. Wenn ich in der Nacht draußen sitze vor meinem Wächterhäuschen und nichts um mich habe als Luft, reine Luft und über mir den Sternenhimmel – nehmt eure Stühle mit, ihr sollt es sehen.«

Der Imbiß war längst beendet, das bescheidene Bierkrüglein geleert. Auch war die Sonne untergegangen und das Abendrot langsam erloschen, als sie auf die Plattform hinaustraten. Sie stellten ihre Stühle gegen die Wand des

Häuschens. Schweigend ließ sich Lombard auf dem mittleren nieder und winkte dem Magister, zu seiner Rechten Platz zu nehmen. Brechtle setzte sich schüchtern auf die Ecke des dritten Stuhles und sah von Zeit zu Zeit unruhig nach hinten, denn die Rücklehne, ein großes schwarzbraunes fratzenhaftes Gesicht mit fletschenden Zähnen, betrachtete ihn gar zu boshaft.

Sie blickten nach Osten, auf das schwindelnd steile Kirchdach nieder, auf dessen First noch immer schwer und ernst der steinerne Vogel saß, in welchem Ulm eine Art illegalen Wappentiers verehrte. Dort über dem weißen Dust des Donaumoores rund und fast erschreckend groß ging der Mond auf und goß sein ruhiges, silbernes Licht über das dämmernde Bild aus. Ein Sternchen um das andere wurde am Firmament sichtbar und begann zu flimmern wie ein freundlicher, aber stummer Bote aus der Unendlichkeit. Auch um sie her regte sich das heimliche Leben der Nacht. Unter ihren Füßen im Maßwerk des nächsten Turmfensters fauchten sechs schneeweiße Eulenkinder mit schauerlichem Wohlbehagen. Fledermäuse schossen von Zeit zu Zeit blitzschnell durch die Luft. Die alte Eule, ein großer schwarzbrauner Vogel, hing fast neben ihnen in der Luft, stieg und senkte sich, beinahe ohne die ausgebreiteten Flügel zu rühren, und wartete, scheinbar in schwermütigen Gedanken, auf die Kirchenmaus, die man an der nächsten Dachrinne knuspern hörte.

Sie schwiegen lange. Der Zauber der Ruhe, der über alldem lag, die stille Stadt, in der nur da und dort ein Lichtchen flimmerte, gerade wie über ihnen am Firmament, der laue Nachtwind, der um die Turmspitze zog, das leise Krächzen der Wetterfahne, die sich wie im Traum bewegte, all das mochte schuld daran sein. Brechtle sah auf und wunderte sich über das bleiche Gesicht und die starren glänzenden Augen des Türmers, die in weite Ferne blickten, ohne etwas zu sehen, und die lange, dünne Hand, die von Zeit zu Zeit ein nervöses Zucken bewegte.

»*Amice, quo vadis?*« sagte endlich Krummacher leise, wie wenn er mit sich selbst spräche. Ein Schauder zitterte durch den Körper des alten Mannes, der sich mit einem Stoß aufrichtete und sich an seinen Nachbar links wandte.

»Was willst du werden, Brechtle?«

Dem Jungen fiel ein, daß ihn der Pestilenziarius genau vor zwei Jahren dasselbe gefragt und in welche Not ihn seine Antwort gebracht hatte. Er wollte diesmal sichergehen und antwortete:

»Ein Landexaminant, Herr Lombard!«

Der Pestilenziarius freute sich seines Schülers. Er dachte ebenfalls an den Vogel von früher. Das war nun doch eine vernünftige Antwort, wenn auch noch nicht ganz befriedigend. Lombard lächelte.

»Wie lange habt ihr ihn schon in der Dressur?« fragte er nach rechts hinüber. »Jedenfalls wird es nicht mehr lange dauern, bis er jede Erinnerung daran verloren hat, was ihm im Blut steckt, und das ist wohl das beste für euch beide. Denn zwei Münstertürme gibt's nicht, weit und breit, und wo sollte man all die ungelenken und ungefiederten Vögel unterbringen! Ich hatte Narrenglück, das mir mein Leben lang treu blieb. Man sollte solche Treue nicht für möglich halten.«

»Noch solchen Glauben«, seufzte Krummacher.

»Das macht, ich sehe etwas weiter hinaus als ihr; über den Jammer weg, der euch verzehrt. Das kommt von den stillen, klaren Nächten hier oben, und wenn alle vier, fünf Jahre ein kleiner Junge zu mir heraufkommt, wie dein Brechtle, oder wenn ich sie jeden Mittag zu Hunderten aus der Schule herauswimmeln sehe, denke ich nicht daran, zu verzweifeln. Ich weiß, auch der Schöpfer fängt mit jedem Tag wieder aufs neue an und verliert die Hoffnung nicht. Steig auf den Münsterturm und sieh dich um. Langsam geht es vorwärts, trotz allem Jammer.«

»Den Jammer sehe ich wohl; wie es vorwärts gehen soll, will mir nicht einleuchten«, versetzte der Magister. »Das eine oder andere ließe sich ja anführen. Wir verstehen heute unseren Horatium Flaccum besser als vor fünfzig Jahren.«

»Das nenne ich fortschreiten nach rückwärts«, erklärte der Türmer. »Aber wir lernen Neues und mehr. Es gärt und schafft, wie frischer Saft in den Bäumen, unmerklich für Millionen, die staunen werden, wenn die Knospen springen. Wer weiß, was Brechtle noch sehen wird, wenn wir begraben und vermodert sind. Tun wir nicht heute schon Wunder, die unsere Väter für Zauberei gehalten hätten? Packen wir nicht den Blitz der alten Götter und leiten ihn, wohin wir wollen?«

»Davor wolle uns der Herr behüten«, rief der Pestilenziarius erschrocken. »Vergiß nicht, daß wir in Gottes Haus sind.«

»Ich denke dran. Doch stehen wir darüber, wenn du der Wahrheit die Ehre schenken willst«, sagte Lombard leise, fast feierlich. »Er wohnt nicht in Häusern aus Stein, dein Gott. Siehst du das eiserne Gestänge dort oben? Zwanzig Jahre lang habe ich bei eurem Magistrat und bei eurer Geistlichkeit dafür gefochten. Fünfmal hat in diesen zwanzig Jahren der Blitz in den Turm geschlagen. Erst hießen sie's Gotteslästerung, dem Blitz seine Wege weisen zu wollen. Dann war es Unsinn und Wahnwitz; dann war es billiger, sich der Gnade des Herrn anzuvertrauen. Vor wenigen Monaten endlich ließen sie das Teufelswerk auf das Gotteshaus setzen und erst vorige Woche – du mußt das Krachen in deiner Maulwurfshöhle gehört haben – fuhr ein Blitz harmlos an dem Gestänge herunter, in den Boden. Ich dankte hier oben unserem Schöpfer, daß er dem Menschen Vernunft gab und noch täglich gibt, wenn auch langsam – langsam! In andrer Weise ertragen es die Leute nicht.«

Brechtle, der neben dem Blitzableiter saß, berührte ihn vorsichtig mit dem Finger.

»Du brauchst dich nicht zu fürchten, Bub!« lächelte der

Türmer. »Wir hexen hier oben nur so weit, als es unser Herrgott erlaubt, und auch drunten hexen sie nicht weiter. Aber sie kommen vorwärts, Krummacher, vorwärts. Ich habe ja nichts mehr damit zu tun, ein alter Mann, mit dem's zu Ende geht, aber ich wollte, ich könnte dir klarmachen, woran sie sind, und wie weit. Kraft aus Kohle. Gottes Kraft aus Gottes Kohle, wenn dir's so besser gefällt. Ich sehe nicht ein, wozu wir hierbei den Hexenmeister brauchen sollten. Es gärt und brodelt rings um uns her: in England, in Frankreich, in unserem bedächtigen Deutschland. Ich sage dir, wir stehen an der Schwelle einer großen Zeit.«

»Einer Jammerzeit«, stöhnte Krummacher, »mit den Franzosen, mit den Atheisten an der Spitze, die Brandfackel in der Hand, die Kriegsfurien hinterher.«

»Nicht so, mein Freund«, antwortete Lombard mild. »Die bläst ein Wind auseinander, wie die Heuschreckenschwärme der Wüste. All der Lärm, all das Drängen, all das Schwitzen und Bluten ist verwunden und vergessen in einer Kürze. Leise, aber unaufhaltsam wie heute nacht in Millionen Bäumen steigt der Saft des Lebens in die Höhe und schafft Neues, von dem wir nichts ahnen. Ich bin ein alter Mann, Krummacher, und manchmal scheint mir, ich würde taub und blind. Dann aber ist mir auch wieder, als sähe ich besser als ihr. Die Kraft der Urzeit in der Menschen Hand. Das wird uns um ein Stück weiterführen.«

»Etwas Ähnliches sagte der alte Berblinger, wenn er von seinem Perpetuum mobile schwatzte«, murmelte der Pestilenziarius vorwurfsvoll.

»Das war der Irrtum eines braven Mannes«, entgegnete Lombard eifrig. »Es irrt der Mensch, solang er strebt. Auch das hat einer der Neuen entdeckt. Gott lohn's ihm. Gott gab's ihm. Kraft können wir nicht schaffen. Das hat sich der Schöpfer vorbehalten. Aber seine Kräfte fassen, lenken, gebrauchen, das lernen wir. Warte ein halbes Jahrhundert! Dann brauchen wir keine Pferde mehr, um durch die

Welt zu jagen, keine Ochsen und Esel, unsere Lasten zu tragen, keine Verbrecher und Sklaven, unsere Schiffe zu rudern. Dann kommen die Donauboote von selbst den Fluß herauf. Die Kraft für all das steht uns zu Gebot und wird die unsere tausendfach verstärken. O Krummacher, daß wir alte Leute sind! Es sollte mich nicht wundern, wenn Brechtle in einem Feuerwagen in vierundzwanzig Stunden nach England führe und Brechtles Buben mit der Kraft des Blitzes um den Erdball sausten.«

»Du bist ein gottloser Phantast!« schalt der Magister. »Möge der Herr dir verzeihen um deines Herzens willen. Er hat die Grenzen der Erde befestigt und seinen Geschöpfen Beine gegeben von bestimmter Länge. Wir werden nicht ungestraft seine Maße verlängern oder verkürzen.«

»Aber er hat uns auch einen Geist gegeben, und dem Geist Verstand; auch dir, Krummacher. Den sollen wir gebrauchen, in seiner und unserer Welt. Dafür hat er keine Grenzen bestimmt. Wenn Brechtle ein Vogel werden wollte, wie du mir erzählt hast, braucht er sich nur redlich Mühe zu geben.«

Lombard schmunzelte, Krummacher aber wurde ernstlich böse.

»Still, still! Versündige dich nicht. Du sollst mir das Kind nicht ärgern! Es ist wahrhaftig genug an Brechtles Vater.«

»Ärgere mich nicht, Pestilenziarius!« entgegnete der Türmer lebhaft. »Wie kann ich's ändern, daß ich sehe, daß du nicht siehst. Beobachte die Eule dort im Mondlicht, die langsam um den Turm kreist. Sie sucht Nahrung für ihre Jungen, die dort unter dem Spitzbogen sitzen. Warum soll uns versagt sein, was die Eule kann. Sind wir etwa nicht die Herren der Schöpfung auf Erden? Können wir nicht mit Flügeln schlagen lernen? Es sieht sich einfach genug an. Können wir uns nicht die Kraft borgen – bald – vielleicht in wenigen Jahrzehnten, um mit dem Druck eines Fingers tausend Tonnen zu heben? Das sehe ich so klar, wie den Mondschein dort auf den Flügeln der Eule.

Warum sollten wir unsere hundertfünfzig Pfund nicht heben können wie das dumme Tier seine fünf. Laß dem rechten Mann den rechten Gedanken kommen und wir fliegen alle wie die Sperlinge. Das wird ein Geflatter sein und ein Gezwitscher, und die Menschen werden den Engeln des Himmels abermals um einen Schritt näherkommen.«

»Ikarus! Ikarus!«

»Bleib mir mit deinen alten Geschichten vom Leib!« rief der Türmer und sprang auf. »Sieh hinunter in dieses Meer der Luft, sieh hinauf in den Sternenhimmel, der über uns funkelt, und sieh hinaus in die Unendlichkeit der Zeiten, die vor uns liegen! Und dann sieh in dich hinein und in die Seele der Menschheit, in der es schafft und gärt und emporstrebt. Wo ist dem allem eine Grenze gesetzt? Fliegen? Jedes Schwälbchen tut es alltäglich um meinen Turm herum und wir sollten es nicht tun, für alle Zeiten? Wer ist Tor genug, das zu glauben?«

Brechtle hatte mit weitaufgerissenen Augen und fliegendem Atem zugehört. Sie standen an der Brüstung der Plattform, und der Junge kletterte an ihr hinauf, als ob er des Fliegens schon so ziemlich sicher wäre, den Blick auf das Gesicht des Türmers gerichtet, das im Mondschein strahlte und wahrhaftig aussah wie das eines gottbegnadeten Propheten. Krummacher packte den Kleinen an der Jacke und riß ihn zurück.

»Komm, Bub!« sagte er streng. »Es ist Zeit, daß wir gehen. Der Herr Lombard will heute noch nach den Sternen sehen, ob er sie nicht verschieben kann. Dabei dürfen wir nicht stören. Nichts für ungut, Freund, und gute Nacht. Ich hoffe zu Gott, daß du kein Unheil angerichtet hast. Er hat nur zu viel von seinem Vater geerbt.«

»Wir brauchen das Erbe unseres Vaters, der uns zu Herren seiner Schöpfung geschaffen hat«, versetzte der Türmer, den leuchtenden Blick starr nach oben gerichtet. »Warum sollten wir nicht fliegen, wie die Geister, die seine

Diener sind? O Pestilenziarius, wenn du ahntest, was im Menschen steckt!«

»Ikare! Ikare!«

Ohne ein weiteres Wort gab der Türmer dem Magister eine Handlaterne. Dann zog er ein Ding aus der Tasche, das einer kleinen Pistole glich. Nach einem Knall fing eine Lunte Feuer, mit der er das Laternchen anzündete. Krummacher sah ihm neugierig und etwas ängstlich zu, erschrak bei dem Knall heftig und strahlte vor Vergnügen, als das Laternchen brannte.

»Hexenmeister! Hexenmeister!« murmelte er halb lachend zum Abschied und zog Brechtle nach sich, der am liebsten geblieben wäre und sich des weiteren mit der feuerspendenden Pistole beschäftigt hätte. Vorsichtig ging's in die Tiefe, bald in schwarzem Schatten, bald im grünlichen Mondschein, bald im roten, zitternden Licht der Laterne; vorbei an den stummen Glocken, vorüber an einer boshaft fauchenden Eule, die mitten auf einer Treppenstufe saß und nicht weichen wollte. Ehe sie des Mesners Stübchen erreichten, war Brechtle so schwindlig, daß er kaum mehr stehen konnte. Doch kam es nicht allein von der Wendeltreppe. –

Das Mesnerstübchen war leer. Der verdrießliche Schuster war zu seinem Abendschoppen gegangen, offenbar in unziemlicher Eile, denn er hatte die Haustür, sowie das Pförtchen, das ins Innere des Münsters führte, offenstehen lassen. Dorthin wandte sich Krummacher, Brechtle fortwährend mit sich ziehend, als ob er fürchtete, ihn zu verlieren.

Das Innere des fünfschiffigen Domes, seit den Tagen der Reformation etwas kahl und nüchtern bei Tag, macht im Halbdunkel einer klaren Mondnacht einen gewaltigen Eindruck. Langsam gingen sie in einem der Seitenschiffe gegen den Chor hinauf. Der Wald von Säulen und Pfeilern, deren Schäfte da und dort von matten Lichtern gestreift wurden, verlor sich nach oben in undurchdringlichem, geheimnisvollem Dunkel. Im Chor besonders spielten bleiche Farben, die durch die alten gemalten Fenster drangen, wunderlich um Syrlins prächtige Chorstühle. Diese hatten Brechtle immer ganz besonders angezogen. Der alte Holzschnitzer und Bildhauer hat in sein berühmtes Lebenswerk nicht bloß die Apostel und Heiligen und die Propheten des alten Bundes hineingearbeitet, wie es seine Christenpflicht war, sondern auch die Weltweisen von Rom und Griechenland herbeigeholt und einem Archimedes, einem Aristoteles und Euklid seinen Platz an heiliger Stätte angewiesen. *Ora et labora!* Wie hübsch unsere Vorfahren in ihrer sinnigen Naivität doch den Nagel auf den Kopf trafen, den wir Jungen so gründlich krumm zu schlagen uns mühen!

Der gute Magister hatte seinen Zweck bei diesem Gang. Er sah Fieber in Brechtles Augen und wollte ihn beruhigen, ehe er ihn nach Hause schickte, und die feierliche Stille um sie her verfehlte ihre Wirkung nicht. Als sie aus dem Chor wieder heraustraten und an dem berühmten Sakramentshäuschen vorübergingen, das mit allen Zieraten der reichsten Gotik wie ein Pfeil gen Himmel schießt, sagte er: »Du kannst heute dein Nachtgebet hier sprechen, Brechtle, und mußt nicht alles glauben, was der droben uns vorerzählte. Er ist ein guter Mensch, aber nicht ganz richtig im Kopf. Warum, wirst du vielleicht später erfahren und dann verstehen. Bete dein Vaterunser und denk an ihn, wenn du an das Sätzchen kommst: Erlös uns von dem Übel.«

Brechtle war ein gehorsames Bürschchen und kniete prompt neben dem Pestilenziarius nieder. Sie glaubten damals noch, jung und alt, und zweifelten nicht.

»Ja«, fuhr Krummacher fort, »vergiß auch das nicht: Wenn wir zum ›Unser täglich Brot gib uns heute‹ kommen, denk an dein Landexamen. Das ist die Hauptsache in den nächsten zwei Jahren. So; jetzt fang an!«

Brechtle betete halblaut, und das Kind, mit all dem Erdenstaub, der auch schon auf ihm lag, kaum erkennbar in dem ungeheueren dämmernden Raum, kaum hörbar in der feierlichen Stille, heiligte beides.

Es ging alles ganz gut bis gegen den Schluß:

»Denn dein ist das Reich – und die Kraft – denn dein ist die Kraft –«

Mehr hörte der Magister nicht, denn Brechtle, den etwas verwirrt hatte, schluchzte leise, er wußte selbst nicht warum.

ZWEITER TEIL

Klosterschüler

7
Ikarus im Landexamen

Diesmal also, beim dritten- und letztenmal, war es gelungen; nicht ohne schwere Mühe, die dem guten Krummacher manche schlaflose Nacht gekostet, Brechtle dünn und bleich gemacht hatte, und fast wider Erwarten. »Nein, ganz wider Erwarten und sichtlich nur mit Gottes Hilfe!« murmelte der Pestilenziarius, indem er den soeben gelesenen Brief sorgfältig zusammenfaltete und mit feuchten, aber leuchtenden Augen durch die Butzenscheiben seines Stübchens auf den Münsterplatz hinausstarrte. An seinem inneren Auge aber ließ er vorübergehen, was in den letzten drei Jahren zur schweren Schädigung der Chronika des Münsterbaues sein stilles Leben ausgefüllt hatte. Nun war Brechtle versorgt und aufgehoben!

Vor einer Stunde war ihm das gewichtige Handschreiben seines würdigen Stuttgarter Freundes, des Konsistorialratsskribenten Dächle, überreicht worden, das mit dem herzoglich württembergischen Amtssigill und der Bezeichnung *citissime* versehen, nur drei Tage gebraucht hatte, um von Stuttgart bis Ulm in die Hände des Adressaten zu gelangen. Diese Freundschaft war neueren Datums. Die sechs Gulden, mit denen Onkel Schwarzmann den Pestilenziarius und seinen Neffen ausstattete, wenn die Tage des Landexamens herannahten, waren kaum ausreichend, um die in den laufenden Kriegszeiten kostspielige und schwierige Reise zu bestreiten, geschweige denn in der geistlichen Herberge bei der Stiftskirche zu Stuttgart abzusteigen, wo die Schar halb ängstlich, halb fröhlich dreinschauender ›pastores‹ Unterkunft zu suchen pflegten, deren ›filii‹ der Prüfung entgegensahen, die über ihr Lebensschicksal entscheiden sollte. Die Jungen selbst wurden fast ausnahmslos von den Präzeptoren ihrer Lateinschulen begleitet und gehütet, sahen aber trotzdem nicht weniger bange den kommenden schweren Stunden entgegen. Keiner der Lehrer des Gymnasiums zu Ulm fühlte sich jedoch verpflichtet oder selbst berechtigt, dem kleinen Berblinger in dieser Weise zur Seite zu stehen, den sie, so gut wie die Württemberger, als einen halben Ausländer ansahen. So blieb dem wackeren Krummacher nichts übrig, als diese Aufgabe selbst zu übernehmen. Sie wurde ihm in etwa erleichtert, nachdem er schon bei der ersten Fahrt vor zwei Jahren den Herrn Konsistorialratsskribenten aufgefunden, bei dem sie um zwölf Kreuzer den Tag Wohnung und reichliche Atzung erhielten. Nur die Unterbringung des Pferdes machte einige Schwierigkeiten, da Herr Dächle im vierten Stock eines Hauses in der Schulgasse wohnte. Dächles Frau aber, eine entfernte Verwandte der Schwarzmann, war eine entschlossene Ulmerin und wußte für alles Rat. So waren die drei, der Pestilenziarius, Brechtle und der sehr erschöpfte Gaul, auf dem sie abwechslungsweise reitend die griechischen unregelmäßigen Verben zum letztenmal durchgenommen und Stuttgart glücklich erreicht hatten, schon bei ihrem ersten Besuch der großen fremden Stadt nicht ganz verlassen und brauchten auch beim zweiten und dritten Landexamen wenigstens um des Leibes Nahrung und Notdurft nicht allzusehr sorgen. Magister Krummacher legte hierfür eine rührende Dankbarkeit an den Tag, denn er war des Reisens nicht gewohnt; auch berührte es ihn angenehm, daß er in diesem Haus dem peinlichen Lächeln nicht begegnete, das er anderwärts bemerken mußte, wenn er seines Amtes und Titels Erwähnung tat. Frau Regina wußte, daß die Pestilenziarii in ihrer Vaterstadt ein paar Jahrhunderte lang eine würdige und angesehene Stellung eingenommen hatten, und erklärte es ihrem Mann in einer Weise, die jede unpassende Heiterkeit ausschloß. Trotzdem zählten diese Fahrten zum Landexamen sorgenvolle Stunden genug, sonderlich die dritte. Hatten sie sich doch diesmal durch das fremde Kriegsvolk des Generals Moreau, der wieder einmal auf Ulm loszog, förmlich durchschleichen müssen und waren zweimal – zu Alpirsbach und kurz vor Esslingen – angehalten und für kaiserliche Spione angesehen worden. Auch wäre es ihnen sicherlich übel ergangen, hätte nicht Brechtles harmloses Gesicht und das sichtliche Zittern des Pestilenziarius, der befürchten mußte, zum Landexamen zu spät einzutreffen, und sich durch das Vorlegen einer griechischen Grammatik zu legitimieren versuchte, ihre Unschuld dargetan.

Vor äußeren Gefahren für Leib und Leben waren sie zu Stuttgart allerdings geborgen. Denn obgleich die Stadt sozusagen in Feindes Hand war, gingen doch die wichtigsten Staatsangelegenheiten, zu denen die Württemberger immerhin auch das Landexamen zu rechnen pflegen, ihren gewohnten Gang. Der Konsitorialratsskribent und seine Frau interessierten sich in liebevoller Weise für das Schicksal ihrer Gäste und hatten ihren Kummer geteilt, als der Skribent das Ergebnis der beiden ersten Prüfungen aus den unerbittlichen Akten des hohen Konstistorii entnehmen und dem Herrn Rat und Zunftmeister Schwarzmann zu Ulm amtlich mitteilen mußte. Diesmal, das dritte und entscheidende Mal, hatte er sich vierzehn Tage vor der Zeit an einen ähnlichen, nicht amtlichen und ganz anders lautenden Bericht gemacht und den Brief heimlich unter Amtssiegel postfrei, wenn auch nicht ohne erkleckliche Bedenken abgehen lassen. Das Schreiben aber lautete also:

Hochwürdiger Herr Pestilenziarius und lieber Herr Vetter!

Viktoria! Viktoria!

(Eine halbe Stunde war nicht zu viel, diese beiden Eingangsworte mit dem gebührenden kalligraphischen Schmuck zu versehen; eine Kunst, in der Dächle Hervorragendes leistete.)

Der Sieg ist unser! Ludwig Albrecht Berblinger aus Ulm, Eurer Hochwürden Schützling und mein würdiger kleiner Freund, hat alle *impedimenta* überwunden und ist als *alumnus* in das herzoglich württembergische Seminar zu Blaubeuren *rite* aufgenommen, hiermit aber nach menschlichem Ermessen für dieses irdische Dasein geborgen. Es ist dies zwar zur Zeit noch das tiefste Amtsgeheimnis, von dem nur ich und die Herren Konsistorialräte Kenntnis haben; allein bis mein Viktoria nach Ulm dringen dürfte, wird unsers kleinen *studiosi* großer Sieg *urbi et orbi* bekannt sein, womit ich die Skrupel meines amtlichen Gewissens hinlänglich zu beschwichtigen hoffe. Dagegen bitte ich das Folgende für alle Zeiten als ein nicht zu enthüllendes *arcanum* zu behandeln: Unter den dreißig glücklich bestandenen *competitores* hat es unser Berblinger zum neunundzwanzigsten gebracht. Es ist dies immerhin besser, als wenn er der dreißigste geworden wäre. *Gratulor, gratulor!*

Wir müssen dieses hochdelektable Resultat *specialiter* als eine Fügung der Providenz ansehen, ohne welche unser lieber Brechtle zweifellos einen abermaligen Durchfall erlitten. Nun mußte aber der neue Herr Konsistorialrat Griesinger ein Thema für das lateinische *extempore* erwählen, das sicherlich niemand vorauszusehen vermochte, nämlich die *descriptio* des sogenannten Luftballons Montgolfierii, von dem neuerdings wieder manchfach die Rede gewesen, sintemal ein solcher vor Seiner Durchlaucht unserm allergnädigsten Herrn Herzog auf dem Cannstatter Wasen aufgestiegen und bei Häslach elendiglich in den Bäumen hängengeblieben ist, wobei der leichtfertige Luftschiffer gebührendermaßen ein Bein gebrochen. Nachdem nun unser Berblinger die verlangte Deskription zwar keineswegs fehlerlos, aber in verwunderlich korrekter Weise angefertigt und mit manchfachen selbständigen Zutaten und *phrases* versehen, fügte er einige Verse in lateinischer, griechischer, ja selbst in allerdings unnötiger Weise teutscher Sprache hinzu, in denen der Ruhm des allbekannten Ikari besungen war, welche Verse bei den Herren Examinatoren ungewöhnliches

Erstaunen hervorriefen. Denn es war unerfindlich, welchem Klassiker oder sonstiger Auktorität besagte Verse entnommen, so daß die Vermutung nicht schlechterdings ausgeschlossen war, daß dieselben dem eigenen Gehirn des Examinanden entsprungen sein mögen. Hiernach war der Schluß zulässig, daß der junge Berblinger mit einer ungewöhnlichen poetischen Ader begabt sein dürfte, was überdies die zahlreichen grammatikalischen Freiheiten, ja Unrichtigkeiten wenn nicht entschuldigte, so doch erklärte. Ein solches *ingenium* sei trotzdem im künftigen geistlichen Beruf nicht ganz zu verwerfen, obwohl die Herren Konsistorialräte sich in erregtem Disput hierüber nicht zu einigen vermochten. Der Herr Konsistorialratspräsident von Huber dagegen vermeinte, der junge *candidatus* und Poetaster werde sich seine Ikarusflügel in Blaubeuren schon verbrennen und sei deshalb ein Versuch mit ihm wohl zulässig, worauf die anderen Herren ihre *oppositio* geziemend einstellten. Ich aber glaube, nachdem ich noch gestern abend die teutsche *versio* des mehrerwähnten Poems sorgfältig kopieret und zum Schluß zu Eurer Hochwürden *delectatio* beifüge, daß unser Berblinger noch zu großen Dingen bestimmt ist. Denn die gütige Vorsehung hat noch nie einem Landexaminanden in so augenfälliger Weise beigestanden und tut solches nicht ohne Ziel und Zweck, wofür wir nicht genug dankbar sein können.

Indem ich samt meiner Ehefrau Regina Euer Hochwürden und unseren Brechtle aufs herzlichste begrüße, bleibe ich für alle Zeiten dero gehorsamster Freund und Diener

Konrad Dächle,
herzoglich württembergischer Konsistorialratsskribent erster Klasse.

Postscriptum. Die noch restierenden 48 Kreuzer für Bestellung und Futter von dero Pferd sind mir gestern unabzüglich in versiegeltem Postpaket zugegangen, was wir in diesen Kriegszeiten ebenfalls als ein halbes Wunder ansehen müssen; wofür ich gehorsamst danke. Das schöne Gedicht aber, das der *candidatus* Berblinger dem Luftballon Montgolfierii beigefügt, lautet:

Es flog der Ikarus mit selbsterfundnen Schwingen
Er wollte hohen Muts bis auf zur Sonne dringen.
Er fiel und brach den Hals durch Götter Hinterlist,
Doch ewig ist sein Ruhm, weil er geflogen ist.
Drum spotte seiner nicht, so es ihm übel geht,
O Mensch, wenn wiederum ein Ikarus ersteht.

Krummacher entfaltete das Papier aufs neue, schüttelte den Kopf halb lachend, halb ärgerlich und las die Verse zum drittenmal. Zweieinhalb Jahre harter Arbeit hatten also dem Buben den Unsinn nicht aus dem Kopf getrieben, der mit jenem ersten Besuch beim Türmer Lombard zum Ausbruch gekommen war. Seit jenem verhängnisvollen Abend hatte der Pestilenziarius nicht aufgehört, bald mit milden, bald mit strengen Mitteln gegen die Verrücktheit des Jungen anzukämpfen, der sich's nicht nehmen lassen wollte, von Zeit zu Zeit den Münsterturm zu erklettern und seinem Freund einen verstohlenen Besuch abzustatten. Oft und inständig hatte Krummacher den Türmer gebeten, den Kleinen mit Schimpf und Schande fortzujagen; aber auch jener ließ nicht mit sich reden. Stundenlang saß das ungleiche Paar beisammen vor dem Wächterstübchen oder wie Eulen in einer versteckten Nische des Gemäuers, während der Alte die Werke aufzählte, welche die Menschen im Lauf der Jahrhunderte geschaffen haben: die Pyramiden Ägyptens, die Kanäle Mesopotamiens, die Tempel und Denkmäler der Griechen, die Paläste, die Straßen und Brücken der Römer. Dann kam er wohl auch auf die Wunder, die Kolumbus in Amerika entdeckt hat, auf die Geheimnisse der Südsee, des heißen Afrikas und des eisigen Nordpols, wo zur Zeit noch kühne Forscher versuchten, den Schleier zu heben, der ein Stück unsrer Erde bedeckte. Ganz besonders beredt aber wurde der Turmwart, der alles zu wissen schien, und mit leuchtenden Blicken hing Brechtle an seinen Lippen, wenn er von Dingen sprach, die in neuester Zeit die Welt bewegten: von der elektrischen Maschine, mit der man blitzen konnte, wenn auch nur im kleinen, von den Feuermaschinen, in denen Holz und Steinkohle für uns arbeiten mußten wie ein Hund oder ein Esel an einem Tretrad, nur gewaltiger; so gewaltig, daß sich der Mensch schwer eine Vorstellung davon machen könne, obgleich er selbst mit eigenen Händen die Riesen in die Welt gestellt habe und sie mit dem Druck eines Fingers in Bewegung setze und zum Stillstehen bringe. Wenn sie dann darauf zu sprechen kamen, was die Zukunft bringen müsse, zitterte Brechtle vor Freude, und der Türmer bedauerte wehmütig, daß er nicht Brechtle sei, um das alles zu sehen und miterleben zu können. Es waren die wunderlichsten Zwiegespräche, die im alten Ulm je geführt worden waren, und das wunderlichste Paar, das sie führte. Dafür sahen sie auch hoch über Ulm hinweg und hatten nichts über sich als den ewigen Sternenhimmel, meinte der Türmer in seiner träumerischen Weise, bei der es Brechtle ganz andächtig zumute wurde.

Das Unglück aber war, wie der Pestilenziarius bemerkte, daß jeder dieser verstohlenen Besuche den Jungen für eine Woche und auf länger geistig zugrunde richtete. Nichts, was ihm der gute Magister eintrichterte, wollte dann mehr haften. Im Gymnasium glitt er katastrophenartig aus einer erträglichen Mittellage an das Ende seiner Klasse. Selbst unter dem Stock des Präzeptors dachte der Junge an die künftige Möglichkeit des Entfliegens; denn Fliegen erschien ihm in den verschiedensten Lagen, auf der verhaßten Schulbank wie auf dem ersehnten Gipfel des Münsterturmes, das Ideal des Erreichbaren. Würde der Herr Präzeptor Augen machen, wenn sein

Opfer plötzlich unter dem unangenehmen Bakel hinweg und davonschwebte!

Dem gutherzigen Krummacher sagten die Gewaltmaßregeln der Lateinschule nicht zu. Dafür hatte er Brechtle viel zu lieb. Er suchte deshalb durch andere Strafmittel auf ihn zu wirken. So oft er entdeckte, daß sich der Taugenichts wieder auf den Münsterturm geschlichen hatte, ein Verbrechen, das sich durch erhöhte Zerstreutheit sofort selbst anzeigte, wurden lange Strafarbeiten vorgenommen und als Grundlage derselben die Geschichte von Dädalus und Ikarus gewählt, die in lateinischen Versen, in griechischen Perioden und von allen erdenklichen Gesichtspunkten aus bearbeitet wurde. Brechtle sollte diese beiden Heiden und was sich ihrem Geist näherte, hassen lernen wie Gift. Da war vor allem eine glänzende, mit ciceronianischer Wendung reich geschmückte Periode, die Krummacher selbst aufgebaut hatte, zu memorieren und wieder und wieder abzuschreiben. Sie lautete, in elegantes Deutsch übertragen, wie folgt:

Nachdem Ikarus, verführt durch seines Herzens Ehrgeiz und den beobachteten Flug eines Adlers sowie unterstützt von seinem erfindungsreichen Vater Dädalus sowohl sich selbst als auch seinem Erzeuger je ein Paar künstliche Flügel aus den Federn der Gans und dem klebrigen, jedoch in der Kälte erstarrenden Wachs der Bienen hergestellt, sich mit denselben sodann vom Erdboden erhoben und der Sonne zu nahe gekommen war, schmolz der erzürnte Gott Phöbus das die Federn zusammenhaltende Wachs, so daß der leichtfertige Ikarus samt seinem betagten Vater Dädalus zur Warnung des Griechenvolkes und aller derer, welche der göttlichen Ordnung widerstrebend sich über die dem Menschen bestimmte Grenze zu erheben getrauen, zu Boden stürzte und elendiglich verstarb.

Fünfzigmal den Namen des unglückseligen Ikarus auf hebräisch zu schreiben war die letzte Bußübung, mit der

Brechtle drei Wochen vor dem dritten Landexamen leise schluchzend einen herrlichen Samstagnachmittag im trübseligen Häuschen des Magisters verbrachte. Ähnliches hatte bis zum Schluß nichts gefruchtet. Ohne die verhängnisvollen Besuche auf dem Münsterturm wären die zwei ersten Examina vielleicht erträglich ausgefallen, und mit Zittern und Zagen hatten Schüler und Lehrer dem dritten entgegengesehen, ohne ein besseres Ergebnis zu erwarten, so eifrig sie zusammen Phrasen aus Cornelius Nepos, Livius und Cicero, unregelmäßige griechische Verben und Verse aus Homer und schließlich Sätze aus Logik und Rhetorik exerzierten und memorierten, von denen Brechtle nicht ein Wort verstand, die nun aber einmal zum eisernen Bestand des Wissens der Zeit und der vielgepriesenen Gymnasialbildung der Schwaben gehörten.

Und nun mußte es der Himmel fügen, daß doch schließlich mit diesem Ikarus die verloren geglaubte Schlacht gewonnen wurde! Fast unbegreiflich! Der Pestilenziarius schüttelte noch immer den Kopf und war im Begriff, den Brief seines Stuttgarter Freundes zum drittenmal zu entfalten, um sich zu überzeugen, ob nicht doch ein toller Traum mit im Spiel war, als er Brechtle im abgeschabten blauen Mäntelchen der Ulmer Gymnasiasten an den gegenüberliegenden Häusern hinschleichen sah. Der Kleine war bleich und ließ den Kopf hängen. Die letzten Wochen hatten auch ihn hart mitgenommen, so daß der Pestilenziarius, der bis hierher seine Pflicht mit fester Hand getan hatte, etwas wie Mitleid verspürte. Er riß die Tür auf und packte den Jungen gerade noch rechtzeitig am Rockkragen, als er um den letzten Münsterpfeiler gegen das Mesnerhäuschen einbog.

»Wohin, Brechtle?«

»Zum – Herr Pestilenziarius erlauben schon – ich wollte – ich dachte –«

»Wohin, frag' ich?«

»Zum – zum Herrn Turmwart – aber –«

»Nichts da! – Zu deiner Mutter gehen wir. Komm, Brechtle, sei lustig! Du bist aufgenommen.«

Brechtle fing an zu zittern.

»Auf – was – aufgenommen?«

»Natürlich, aufgenommen. Viktoria, Brechtle! Das ist etwas andres als dein verrücktes Münsterturmgekletter. Und deine liebe Mutter soll es zuerst hören von allen Leuten in Ulm! Hast du uns Sorge gemacht und Arbeit! Aufgenommen!«

Sie liefen, ohne ein weiteres Wort zu verlieren, nach der Sammlung in der Frauenstraße. Die übliche Besuchszeit war längst vorüber, Krummacher aber erzwang eine Ausnahme. In den eingefallenen Wangen der müden Frau, die schon seit Monaten an einem bösen Husten litt, stieg das brennende Rot der Freude auf, als sie ihren Brechtle umarmte und von Krummacher hörte, daß nun alles gut sei. Sie reichte ihm die zitternde dünne Hand und dankte ihm und ihrem Gott, der Witwen und Waisen nicht verläßt. Und alle drei weinten, zwei aus Freude, der dritte aber, weil ein nie erfülltes, nie erfüllbares Sehnen bald für immer zur Ruhe kommen mußte. Was nicht alles in einem Magister stecken kann! Es war nur eine einzige Träne, und sie fiel auf ihre Hand. Dies versetzte ihn in die größte Verlegenheit, so daß er sich nicht anders zu helfen wußte, als indem er Brechtle bei den Ohren nahm und heftig schüttelte. Worüber dieser laut lachte, denn er wußte, wie es gemeint war.

Dann ging's zum Herrn Onkel. Es war schon Dämmerung, und sie kamen nicht sehr gelegen, denn der Rat versicherte, er wisse nicht mehr, wo ihm der Kopf stehe. Ein Wunder war dies nicht. Es ging andern in der guten Stadt Ulm ums Jahr 1800 auch nicht besser. Seit vier Monaten hatte die kaiserliche Armee unter General Kray die befestigte Reichsstadt als Stützpunkt benutzt und nichts erzielt, als daß die Franzosen sie blockierten und in der nächsten Umgebung nach damaligem Kriegsbrauch alles kurz und klein schlugen. Dazu mußte man noch lächeln und mit tiefen Bücklingen seinen gut kaiserlichen Sinn bekunden, obgleich man nicht mehr wußte, wo das Geld für all die Kontributionen herkommen sollte, die die eigenen Freunde der Stadt auferlegten. Dann war im Juni Kray mit der Hauptarmee aufgebrochen und hatte ein Korps von 10 000 Mann zurückgelassen, dem in nächster Nähe 12 000 Franzosen gegenüberstanden. Von Zeit zu Zeit beschoß der Feind die Stadt, in der die Teuerung in grausiger Weise zunahm. An das Schießen hatte man sich ja gewöhnt; der Schaden, den es anrichtete, war gering, aber das Zahlen! Und nun war heute die Nachricht eingetroffen, daß zu Hohenlinden ein Waffenstillstand abgeschlossen worden und die Reichsfeste Ulm den Franzosen zu übergeben sei. Schwarzmann hatte nach der vorangegangenen französischen Besetzung der Stadt nicht ohne Mühe die bei ihm einquartierten österreichischen Offiziere von seiner unerschütterlichen Treue für Kaiser und Reich zu überzeugen vermocht. Nun sollte er wieder die französische Flagge aufziehen. Doch was blieb den armen Ulmern übrig? Schwätzler, der Professor der Rhetorik am städtischen Gymnasium, war schon mit einem Festgedicht auf den ersten Konsul Europas beschäftigt und wartete nur auf den Abzug der letzten Österreicher, um es dem Magistrat vorzulegen. War nicht das große und glorreiche Frankreich eine Republik wie das berühmte Ulm, das Kaiser Franz seinem jämmerlichen Schicksal überließ. Sehe jeder, wo er bleibe. Das war seine Ansicht, soweit sie sich poetisch verwerten ließ, und der Magistrat teilte sie im Prinzip. 36 000 Obstbäume waren umgehauen, kein Gartenhaus auf den benachbarten Hügeln war verschont geblieben. Das hatte man von der Reichstreue. War's ein Wunder, daß sie in der Ofengabel und anderen versteckten Kneipen die Republik hochleben ließen und die Wirtin im Baumstark mit ihren drei Töchtern über Hals und Kopf Französisch lernten, als ob sie vom Adel wären?

Laut schimpfend in biederem Schifferdeutsch schritt der Rat in seiner großen Wohnstube auf und ab, aus der sich sämtliche Familienmitglieder weislich zurückgezogen hatten. »Und nun kommt auch noch das Mondkalb, der Pestilenziarius, mit dem Brechtle, der überall im Weg ist, wo man ihn nicht brauchen kann! Na, was ist wieder los?«

Krummacher verkündigte mit ungewohnter Entschlossenheit die freudige Nachricht. Die finstere Miene des Herrn Onkels lichtete sich ein wenig.

»So! Nun, das laß ich mir gefallen!« sagte er. »Seit sechs Wochen zum erstenmal wieder etwas, das nicht wie eine Hiobspost aussieht. Also er ist nicht ganz auf den Kopf gefallen, der Bub, meinen die Stuttgarter Herren, und ist nun gewissermaßen versorgt und aufgehoben?«

»Und auf dem geraden Weg, ein gelehrter und vielleicht ein berühmter Mann zu werden«, fiel der Magister lebhaft ein, der die wechselnde Stimmung des Herrn Rates nach Möglichkeit auszunützen hoffte. »Aus den württembergischen Klöstern ist schon mancher hervorgegangen, Herr Rat, der die Ehre seiner Vaterstadt und der Stolz seiner Familie geworden ist: nicht bloß Gottesgelehrte; Philosophen, Diplomaten, Poeten, zum Beispiel –«

»Na, warten wir's ab«, lachte der Rat. »Vorläufig bin ich's zufrieden, daß er hineinkommt. Was dabei herauskommt, werden wir ja sehen. Wenn er seinem Onkel Ehre macht und kein zweiter Pestilenziarius wird, um so besser. Kommt morgen pünktlich zum Abendessen. Man kann nicht ewig jammern. Wir feiern den Geburtstag der Käthe und den Abzug der Österreicher; dabei können wir des Buben Einzug mitfeiern. Es geht in einem hin. Morgen abend sieben Uhr, Herr Magister, und wenn Ihr mir ein

Festpoem mitbrächtet – der Schwätzler ist doch nicht der einzige Poet in der Stadt, hoff' ich! – das wäre so übel nicht. Richtet es so ein, daß es die Österreicher goutieren können. Ich will zum Abschied den Major von Gallus und den Oberst Stürzer einladen. Man kann nicht wissen, ob sie nicht in sechs Wochen wieder hier sind, und Ihr könnt wohl etwas dafür tun, daß Ihr jahraus, jahrein einen Stuhl unter meinem Tisch findet. Später, wenn er einmal ein großer Gottesgelehrter ist, wie Ihr prophezeit, soll mir der Brechtle was dichten.«

Der Zunftmeister hatte sich in gute Laune geschwatzt und lachte laut. Insgeheim fühlte er sich geschmeichelt, daß sein kleiner Neffe im Begriff war, der Familie einen ungewohnten Glanz zu verleihen. Sie waren seit Menschengedenken kluge Schiffsleute gewesen, die Schwarzmann, und dabei wohlhabende Leute geworden. Einen Gelehrten jedoch, selbst von so kleinen Abmessungen, hatten sie noch nie in der Verwandtschaft aufweisen können. Da könnte der Junge am Ende doch noch zu etwas zu gebrauchen sein. Mehrere Ulmer waren in *mathematicis* in früheren Zeiten hochberühmte Leute geworden. Warum sollte dies nicht wieder geschehen? Brechtle war jetzt nicht mehr ganz der verirrte Strohhalm, der ihm in ärgerlicher Weise zum Fenster hereingeweht worden war.

Fest und Geburtstag aber mußten zunächst auf unbestimmte Zeit verschoben werden. Es war nicht zum Aushalten in diesen stürmischen Tagen; selbst der Nachtruhe war man nicht mehr sicher. Die Franzosen begannen in der folgenden Nacht wieder zu schießen, um den Abzug der Österreicher zu beschleunigen, und besetzten das Ruhetal, unmittelbar vor den Toren der Stadt. Zu einem Gefecht kam es nicht mehr. Die letzte Kompagnie der Kaiserlichen war kaum durch das Herbeltor abgerückt, als die ersten Reiter des Generals Moreau durch das Neue Tor einzogen. Der Magistrat der Stadt machte keinen Versuch mehr, die Bewegungen von Freund oder Feind zu beeinflussen. Acht Tage später nahm General Richepanse Quartier im Baumstark und lag in Reiterstiefeln im selben Bett, in dem General Kray drei Monate lang gesund und behaglich geschlafen hatte. Statt jedes Österreichers aber bekamen die Leute zwei Franzosen ins Haus. Allgemein wurde anerkannt, daß die Feinde höflicher waren als die Freunde von der Reichsarmee; wenn man sie nur verstanden hätte! Das griff selbst die schwer zu erschütternden Nerven der behäbigen Ulmerinnen an. Schwarzmann fühlte sich gegen seine Töchter besonders erbost. Drei und fünf Jahre lang hatten die Mädchen um schweres Geld Französisch gelernt, und jetzt, wo es nötig war, mit den Leuten zu parlieren, brachten sie kein Wort über die Lippen! Als die gute Frau Schwarzmann mit den soeben eingetroffenen letzten drei Dragonern vor der allerletzten Bettstätte des Hauses stand, sprach sie selbst ihr erstes und letztes Französisch, das weltbekannt wurde, soweit die Ulmer Welt reicht, indem sie mit vor Verzweiflung flammenden Augen ausrief: Heidensapperlot! Kusch de dormir drei da 'nein!

All dieser Jammer dämpfte den Lebensmut der Ulmer nicht ganz. Noch immer wurde Theater gespielt. An Tanzkränzchen und Bällen fehlte es nicht. Auch das verschobene Geburtstagsfest wurde nicht vergessen, wenn demselben auch eine wesentlich andere Form gegeben werden mußte. Denn an Stelle der Abschiedsfeier für die befreundeten österreichischen Offiziere hatte man nun die Befreiung Ulms durch die große Nation zu feiern, die der Welt Gleichheit und Brüderlichkeit zu bringen versprach. Auch konnte das Fest nicht mehr an Käthchens vierzehntem Geburtstag abgehalten werden, der längst vorüber war und an dem eine Kanonenkugel Vetter Molfenters, des alten Schiffmeisters, Dachkammer glatt durchbohrt hatte, sondern fiel in die Woche, in der Brechtle in das Seminar zu Blaubeuren eingeliefert werden mußte. So wurde es eine Art Abschiedsfest für den Jungen, was kein Mensch beabsichtigt hatte. Ihm aber blieb es unvergeßlich zeit seines Lebens, und zwar aus verschiedenen Gründen.

Zunächst sah er mit stummem Zorn, der ihn noch immer beim Anblick jedes Franzosen packte, so oft ihm auch Krummacher das Törichte dieses Hasses klarzumachen suchte, wie die zwei hohen Offiziere, die rechts und links vom Onkel saßen, laut und lustig zechten und sich nichts drum kümmerten, daß sie kein Mensch verstand. Sie ließen dem Onkel nichts zu tun als ihre Gläser mit feurigem Vöslauer zu füllen, an dem es dem reichen Schiffsherrn von Ulm noch immer nicht fehlte. Neben den fremden Offizieren saßen zwei der ersten Patrizier Ulms, der Alt-Bürgermeister, nunmehr Staatsrat von Baldinger, und Herr von Kolb, der die Gilde der Kaufmannschaft im Kleinen Rat vertrat. Auch sie taten, was sie konnten, die französischen Herren bei guter Laune zu erhalten, und flochten so viele französische Worte in ihr Deutsch, daß sie sich selbst kaum mehr verstanden. Dann kam die Tante, still und besorgt dreinsehend wie immer und ihr gegenüber Lottchens Freundin, Fräulein Lucinde von Baldinger. Neben ihr Käthe, ihr gegenüber Lottchen, dann Vetter Hans und Brechtle und schließlich, am unteren Tischende, Magister Krummacher in voller zierlicher Amtstracht, wie sie sein Vater und Großvater zu tragen pflegte. Selbst das Zöpfchen hatte er sich neu bürsten und binden lassen.

Die Gesellschaft, die sich anfänglich in gemessenen Formen begegnete, wurde mit jeder Viertelstunde lebhafter. Dem feurigen Österreicher und Baldingers heiterer Höflichkeit gelang es bald, den richtigen Ton zu finden, der trotz der sprachlichen Schwierigkeit auch die Franzosen in den Bann deutscher Gemütlichkeit hereinzog. Selbst

Brechtle bekam ein Glas Vöslauer, das nicht wirkungslos blieb.

Er hatte bis zur Stunde keinen Sinn für Mädchen gehabt. Die Bäschen hatten ihn weit mehr geärgert als erfreut und sich keineswegs bemüht, sein Verständnis für den Liebreiz der Weiblichkeit zu wecken. Hansens Roheiten und sein dummer Hochmut waren ihm erträglicher gewesen als die spitzen Spöttereien Käthes und die kleinen Bosheiten ihrer jüngeren Schwester. Selbst heute, prächtig aufgeputzt in stahlgepanzerten langen Schnürleibchen und Reifröckchen und mit hochfrisierten gepuderten Haaren, konnten sie ihm keine Bewunderung abzwingen. Dagegen sah er zum erstenmal ein Engelsgesichtchen, rot und weiß, um das hundert schwarze Löckchen tanzten, und das, wenn es lächelte – und es lächelte fast immer – zwei Grübchen in den Wangen zeigte, wie er Lieblicheres noch nie gesehen hatte. Wie Wachs. Dazu war die kleine Lucinde nach der neuesten französischen Mode gekleidet: ein langes weißes Kleid, das glatt an ihr herunterwallte, unter der Brust von einem blauen Band zusammengehalten, welches hinten eine große Schleife bildete, wie die Ansätze von Flügeln, die erst wachsen wollten. Sie sah nicht anders aus als ein Engelchen, das frisch aus dem Paradies kommt. Brechtle wagte anfänglich kaum, zu ihr hinüberzuschielen, obgleich ihn ein großer Resedenstrauß schützte. Wie der freche Hans über den Kopf seiner Schwester hinweg sich mit ihr unterhalten konnte, als ob sie ein Junge wäre, war ihm unbegreiflich. Ein paarmal sah sie ihn an und streckte dabei ihr Stumpfnäschen recht vornehm nach oben, aber sie lächelte doch, und Brechtle sah die Grübchen und wunderte sich, wie sie das machte und weshalb sie so hübsch waren, daß ihm ganz wund und weh wurde. Wäre Hans nicht gewesen, er hätte sie angesprochen. Wahrhaftig, wäre niemand im Weg gewesen, er hätte sie, trotz aller Angst, in die Arme nehmen und küssen mögen. Schließlich war sie doch nur ein kleines Mädchen und er ein Studiosus und Landexaminant, den man nicht mehr ganz übersehen konnte.

Nun, auch er kam diesmal nicht zu kurz, wie sonst gewöhnlich an des Onkels Tisch. Der Herr Rat schien in der allerbesten Laune zu sein, was wohl damit zusammenhing, daß ihm am Morgen vom Generalkommando der Auftrag erteilt worden war, acht Zillen bereitzuhalten, um Kriegsmaterial nach Regensburg zu schaffen. Eine kleine Verstimmung bei der Entdeckung, daß der Magister kein Festgedicht zum Ruhm der französischen Armee in der Tasche hatte, ging mit dem Rindfleisch vorüber. Nach dem dritten Glas Vöslauer – die dazwischen liegenden Krüge Ulmer Bier zählten nicht mit – und noch ehe der Gänsebraten auf dem Tisch stand, erhob er sich und ließ in kräftigen, wenn auch etwas wirren Worten die französischen Herren Offiziere hochleben, von deren Gnade und Ritterlichkeit – *pardon* – Brüderlichkeit die Stadt alles Gute erhoffe. Das vierte Glas weihte er dem Herrn Alt-Bürgermeister, der in diesen schweren Zeiten so glänzende Proben der Weisheit und des Mutes abgelegt habe. Dann kamen die Herren der Geschlechter im allgemeinen an die Reihe, die der Stadt heute noch Zierde und Würde verliehen, vornehmlich in der Person des Herrn von Kolb.

Da hiermit der wackere Meister der Schifferzunft sichtlich seine rednerische Begabung erschöpft hatte und sich in hoffnungslosen Satzgebilden erging, erhob sich Herr von Baldinger und trank auf das Wohl des Herrn Rates, seines lieben Herrn Vetters, der schon längst würdig gewesen wäre, das Steuer des gefährlich schwankenden Staatsschiffes in die Hand zu nehmen; worauf Herr von Kolb ein Hoch auf die ehrsame Schifferzunft ausbrachte, die in alten Zeiten, wie noch heute, den Ruhm der ehrwürdigen Reichsstadt in alle Welt trug, vor allem durch den noch immer blühenden Handel mit Schnecken, Leinenwaren und anderen kostbaren Erzeugnissen des heimischen Gewerbefleißes und dafür die Schätze des Morgenlandes in den Mauern der berühmten Reichs- und Handelsstadt aufstapelte. Immer beredter, immer poetischer wurden die Herren. Selbst die Franzosen, die kein Wort von all dem Lärm verstanden, erhoben sich und tranken auf das Wohl der Republik von Ulm, was umgekehrt keiner der übrigen Anwesenden verstand, den allgemeinen Tumult aber nicht unbeträchtlich vermehrte. Der Frau Rat wurde es sichtlich bange, als Hans mit lauter Stimme ein Schifferlied anzustimmen versuchte und sich sein Papa zornig, wenn auch etwas mühselig erhob, an das Glas seines Nachbars, des französischen Obersten, schlug, daß es zersprang und also anhub:

»Ihr Herren und auch Frauenzimmer! Mit Vergunst. Ehre dem Ehre gebührt. Überhaupt! Nachdem wir alles haben hochleben lassen, was an diesem festlichen Tisch zu leben verdient, gedenke ich noch der Gelehrsamkeit, die da war und die da sein wird. Unser Vetter, der Herr Pestilenziarius Krummacher, und mein leiblicher Neffe, Ludwig Albrecht Berblinger, von dem ich erhoffe, daß er in der Familie Schwarzmann eine Leuchte der Wissenschaft aufstecken möge, die – überhaupt – und – und dergleichen mehr. Sie sollen leben!«

Eine Ehre dieser Art hatte weder der Magister noch Brechtle je erlebt. Sie riefen in der Verwirrung selbst *vivat* hoch, gingen dann aber zum Herrn Rat hinauf und küßten ihm tiefbewegt die Hand. Als Brechtle sich aufrichtete, sah er ganz in der Nähe die zwei Grübchen, tiefer als je, und setzte sich in der Verwirrung auf Hansens Stuhl, der ihn unfreundlich wegstieß. Das aber merkte er kaum. Die ganze Welt schien ihm in sonnigem Licht zu fluten, er mittendrin, schwimmend, fliegend, er wußte selbst nicht was und wie. Der Magister hatte schließlich keine kleine Mühe, ihn zu Bett zu bringen, denn er wollte mit aller Gewalt noch den Münsterturm besteigen, um seinem Freund Herrn Lombard das Nötigste mitzuteilen.

So schied Brechtle von Ulm mit einer Abschiedsfeier, die

ihm, so jung er war und so viel er noch erleben sollte, für alle Zeiten unvergeßlich blieb. Der Pestilenziarius aber drückte seine kühle Hand auf die heiße Stirn des Kleinen, als er ihn endlich im Bett hatte, und murmelte halblaut und halb wehmütig: Ikare! Ikare!

8
Der Wahlspruch

Eines der lieblichsten Täler der Alb schneidet von Süden
her tief in den langsam ansteigenden Gebirgsstock, der
von West nach Ost das Schwabenland durchzieht. Etwa
drei Wegstunden von seiner Ausmündung in die offene
Donauebene bei Ulm bilden die dachsteil abfallenden felsgekrönten Berghänge eine kesselartige Erweiterung, in
deren hinterstem Winkel, versteckt im dichtesten Waldge-
strüpp, ein kleiner Teich liegt, der jahrhundertelang für
unergründlich gehalten wurde, weil er einundzwanzig
Meter tief ist; ein fast kreisrunder Wasserspiegel, dessen
leuchtendes Kobaltblau wie ein kleines Wunder zwischen
dem Grün des überhängenden Geästes hervorschielt. Eine
beträchtliche Masse kristallhellen Wassers steigt aus dem
merkwürdigen Trichter empor und bildet einen ansehnlichen Bach, der unmittelbar unterhalb dem Teich die Räder
der alten Klostermühle von Blaubeuren in Bewegung
setzt. Ihm kommt, in wunderlichen Windungen einen mitten im Tal liegenden Felshügel umkreisend, aus einer Fortsetzung des Tales von Westen her die Ach zu Hilfe und gibt
dem Gesamtbild der waldigen Gebirgslandschaft eine
Mannigfaltigkeit der Formen, die am Südhang der Alb
nicht leicht wiedergefunden wird. Auf dem ›Rucken‹, dem
erwähnten Felshügel, stand vorzeiten die Burg der Grafen
von Ruck und Tübingen. Sie ist fast spurlos verschwunden. Dagegen sehen aus größerer Höhe die Trümmer des
Rusenschlosses herunter, sind aber mit dem natürlichen
Felsgestein derart verwachsen, daß man kaum unterscheiden kann, was dort oben Natur und was Menschenhand
gebaut hat. In jenem hintersten Winkel des Tales hingegen,
unmittelbar am Ufer des Blautopfes – diesen wenig poetischen Namen führt der Teich, in dem die Blau entspringt –, begannen gegen Ende des elften Jahrhunderts

die Grafen von Ruck und Tübingen ein bescheidenes Kloster zu bauen, in das als erster Abt Azalinus, ein gelehrter Benediktiner aus dem Schwarzwaldkloster Hirsau mit einer kleinen Schar von zwölf Mönchen und hundertundfünfzig kostbaren Folianten einzog. Heute, wenn im Sonnenschein die lichten Wiesen des Talgrundes zu den goldgrünen Berghöhen emporlachen, ist es nicht leicht, sich ein Bild von der tiefen, düsteren Waldeinsamkeit zu machen, in der diese Mönche anfingen, zwischen Vigil und Vesper fromm und geduldig den einen oder anderen der hundertundfünfzig Folianten ihres Abtes abzuschreiben; und heute noch macht das bescheidene Kloster an der Quelle der Blau mehr als jedes andere in Schwaben den Eindruck weltentrückten Friedens und beschaulicher Gelehrsamkeit, trotz des munteren Städtchens, das sich um die Klostermauern gelagert hat, trotz der hohen Schornsteine von Spinnereien und Zementfabriken, deren weißlicher Rauch an den grünen Bergwänden emporsteigt.

Um die Reformationszeit verschwanden die Mönche, die in dem abgeschiedenen Gebirgstal und seiner dürftigen Waldeinsamkeit wohl nie das üppige Leben reicherer Klöster im offenen Land geführt hatten. Das beweist noch heute, was von dem schmucklosen Bau übriggeblieben ist, welcher sich an die Klosterkirche anschloß, deren einziger Schatz nächst dem verschwundenen Reliquienschrein ein Hochaltar des Ulmer Bildhauers und Holzschnitzers Syrlin war und geblieben ist. Übrigens wich der klösterliche Geist und vor allem der Geruch der Gelehrsamkeit der Hirsauer Benediktiner nicht ganz aus dem alten Gemäuer. Blaubeuren wurde eine der Klosterschulen zur Heranbildung der evangelischen Geistlichkeit des Landes, in welche die Herzoge von Württemberg die früheren Klöster ihres Gebietes umwandelten.

Nach mannigfachem Wechsel der Örtlichkeiten und Einrichtungen bestanden durch das ganze achtzehnte Jahrhundert vier solcher Schulen: Blaubeuren und Denkendorf, Bebenhausen und Maulbronn, die trotz der tiefgehendsten Veränderung im Wesen der Anstalten manches von dem klösterlichen Geist bewahrten, dem sie äußerlich ihr Dasein verdankten. Zwei derselben, die ›niederen‹ Klosterschulen, erhielten abwechslungsweise alle zwei Jahre aus den ›Trivialschulen‹ des Landes fünfundzwanzig bis dreißig junge Leute im Alter von vierzehn bis fünfzehn Jahren, die das dreifache Sieb der ›Landexamina‹ passiert hatten, und lieferten sie nach zwei Jahren an die ›höheren‹ Klosterschulen ab, von wo sie nach weiteren zwei Jahren und nach dem glücklichen Bestehen einer weiteren Prüfung, des sogenannten ›Konkurses‹, an die Universität Tübingen und das dortige theologische ›Stift‹ weitergegeben wurden. Die gesamten Kosten der Erziehung in Stift und Klöstern trug der Staat, so daß die Anstalten für minderbemittelte Eltern von einschneidender praktischer Bedeutung waren, ganz abgesehen davon, daß sie dem jungen Mann Amt und Auskommen fürs ganze Leben sicherten. Aber auch wo die Geldfrage nicht mitspielte, betrachtete man die Erziehung in den Klöstern für das Beste und Heilsamste, was einem jungen Mann vom vierzehnten bis achtzehnten Jahr zuteil werden konnte, so daß der Andrang zum Landexamen fast zu allen Zeiten ein außerordentlich lebhafter war und es erfolgreich bestanden zu haben, den Bildungs- und Lebensgang für Hunderte der besten Köpfe des kleinen Landes entschied. So drückte das Erziehungsideal dieser Klöster ein paar Jahrhunderte lang dem heranwachsenden Geschlecht seinen Stempel auf und gab nicht nur den jungen Theologen, sondern der gesamten gebildeten und zu bildenden Jugend des Landes Charakter und Eigentümlichkeiten, über deren Wert man sich in dem engen Kreis, dem sie entstammten und in dem sie sich forterbten, selten klar bewußt war.

Gegen Ende des achtzehnten und zu Anfang des neunzehnten Jahrhunderts lag die weltliche Verwaltung der Klosterschulen in den Händen eines Amtmannes oder

Klosterverwalters, das geistliche und pädagogische Regiment in denen eines ›Prälaten‹, der sich mit zwei Professoren in den Unterricht und die Erziehung der jungen Leute teilte. Diese, ausschließlich auf die Heranbildung der künftigen Geistlichen des Landes berechnet, hatte seit einem Jahrhundert ihren etwas trockenen, religiösen Charakter beibehalten und das altgewohnte Geleise der humanistischen Scholastik nicht verlassen. Äußerlich bewahrten Disziplin und Hausordnung noch immer ihre harten, klösterlichen Formen und waren wenig geneigt, dem jugendlichen Sinn freiere körperliche und geistige Bewegung zu gestatten, so daß dieser, der instinktiv das neue Jahrhundert kommen fühlte, sich oft genug in gewaltsamer Weise selbst zu helfen suchte. Aber die verrosteten Ketten, die sich von Geschlecht zu Geschlecht fortgeerbt hatten, an die die Alten gewöhnt waren und die Jungen sich gewöhnen mußten, waren noch stark genug, derartige Regungen niederzuhalten und selbst Änderungs- und Verbesserungsvorschläge *ad acta* zu legen, die von Zeit zu Zeit die hohen und höchsten Behörden zu nachdenklichen ›Rezessen‹ veranlaßten. Das Grollen einer großen Weltrevolution brauchte noch nicht hinter Klostermauern gehört zu werden, die eine Reformation überdauert hatten. In den niederen Klosterschulen und in den ersten Semestern der ›Promotion‹, wie jeder Jahresschub der jungen Leute genannt wurde, waren überdies derartige Fragen von untergeordneter Bedeutung. Hier ging es unter den kleinen Kutten noch kindlich und kindisch zu. Für sie war die Zeit der Flegeljahre angebrochen mit ihren ungelenken und unverständigen Ausbrüchen, mit dem dunklen, hilflosen Drang, der in jungen Herzen und Köpfen gärt, und bot unter dem Druck klösterlicher Einförmigkeit und pedantischer Kleinlichkeit nur für den Interesse, der im werdenden Jüngling trotz aller pädagogischer Hindernisse da und dort den werdenden Mann zu erkennen vermochte.

Der erste harte Winter war vorüber: die ersten sechs Monate, welche viele auch später noch zu den härtesten in der vierjährigen Klosterzeit zählten. Zuerst galt es für die meisten, Abschied zu nehmen von der verhältnismäßigen Freiheit des Vaterhauses, von hundert kleinen Gewohnheiten der Heimat, und sich der strengen Klosterzucht und -Ordnung zu beugen. Kein Herumtoben mehr in Wald und Feld, so verlockend sie im herbstlichem Rot und Gold hinter den Klostermauern aufstiegen, keine Besuche benachbarter Dörfer mit ihren gastlichen Pfarr- oder gar Wirtshäusern, kein Verkehr mit der Welt draußen, die sich selbst in Blaubeuren zu regen schien. Der kleine Berblinger hatte nicht viel dergleichen hinter sich. Und doch – wie tat ihm das Posthorn wohl und weh, das er in der Morgendämmerung hörte, wenn der neueingerichtete Postwagen alle Wochen dreimal nach Ulm aufbrach! Nun gab's nur zweimal die Woche feierliche Spaziergänge zu zwei und zwei hinter dem Herrn Prälaten her, der die kleine schwarze Schar in den ärmellosen Kutten das eine Mal um den Rucken, das andere Mal halbwegs den Berg hinauf gegen Sonderbuch führte. Fast ein Lichtblick war es, als der zu allen Streichen schon jetzt aufgelegte Seeger, der Stuttgarter, in seinem Lexikon entdeckte, daß Präsul, die amtliche lateinische Bezeichnung des Herrn Prälaten, eigentlich ›Vortänzer‹ hieß. Wie wildes Feuer verbreitete sich diese Kunde unter dem jungen Volk. Nie wurden Lexika so eifrig gebraucht, und auf dem nächsten Spaziergang wollte der Oberfamulus bemerkt haben, daß sich mehrere Alumni hinter dem Rücken des Nichtsahnenden ungebührlichen Tanzbewegungen hingaben. Soweit die Ergründung der Ursache des unerklärlichen Ausbruches unpassender Heiterkeit in Frage kam, sagt das diesbezügliche Protokoll, blieb eine strenge Untersuchung ohne Erfolg und führte nur zu der ungenügenden Sühne der zweimaligen Entziehung des Tischweines, welche drei zweifellos Schuldige traf, unter denen sich Seeger, der

Hauptschuldige, natürlich nicht befand. Nach uraltem Brauch erhielten die Studiosi nämlich eine reichliche Gabe allerdings nicht allzu feurigen Tischweines, mit deren Entziehung kleinere Vergehen bestraft wurden. Man nannte dies ›karieren‹.

Zwei Monate lang nahmen die Dinge nach diesem ersten ernsteren Zwischenfall ihren ungestörten Verlauf. Jeder Augenblick hatte seine bestimmte Aufgabe von morgens sechs Uhr bis in die späte Nacht. ›Rekreationen‹ im Klosterhof waren nach halben Stunden bemessen, wenn das Wetter es erlaubte, und die Entscheidung, ob das Wetter es erlaube, mußte vom Professor ordinarius erbeten werden. Sonst mußten die Schüler hinter verschlossenen Türen auf dem düsteren ›Dorment‹ oder in den engen, überfüllten ›Museen‹* sich erholen, so gut sie konnten. Morgens um sechs Uhr in kalter Nacht aus den Federn, soweit Strohsäcke mit Federbetten verglichen werden können, ging es von der eisigen Waschstube mit klappernden Zähnen zur Morgenandacht und zur nur allzu rasch verschlungenen Morgensuppe. Darauf folgten Lektionen: Latein: Cornelius Nepos, Cicero, Virgil, Ovid und der wöchentliche lateinische Aufsatz; Griechisch: Homer, Xenophon, das Neue Testament und Hebdomadar, der wöchentliche griechische Aufsatz; Hebräisch, je nach den Wochentagen. Um halb elf Uhr folgte die Chorandacht mit dem Verlesen eines Psalms und dem Singen der lateinischen ›Kollekte‹. Von elf bis ein Uhr kam sodann das Mittagessen und eine Erholungspause. In ähnlicher Weise war die Nachmittagsarbeit eingeteilt, die um halb sechs Uhr mit einer zweiten Chorandacht schloß. Die Zeit von sechs bis acht Uhr beanspruchte das

---

* Museen nannte man damals die Studierstuben der Zöglinge, ›Dorment‹ die Wandelgänge zwischen den Stuben, die in Blaubeuren heute noch unter holzgetäfelten Tonnengewölben ihr düsteres, klösterliches Aussehen bewahren.

Abendessen und eine zweite Erholungspause, auf die um acht Uhr das Abendgebet mit Gesang und Bibellesen folgte. Die Zeit bis neun Uhr sollte Privatstudien gewidmet werden und nach neun Uhr jedes Licht im Kloster gelöscht sein. Für Musikunterricht waren wöchentlich zwei Stunden bestimmt, für Logik, Rhetorik und Geschichte je eine, für Rechnen und Geographie einein halb. Unter sich sollten die Alumni bei Strafe der Wein entziehung nur Lateinisch sprechen. In der Tat kein leich tes Los für deutsche Jungen, in deren Glieder sich der Jugendübermut zu recken und zu strecken begann, und denen für die Übung ihrer ungelenken Kräfte nichts geboten wurde, als das Studium der ›Alten‹ und ihrer zweitausendjährigen Heldentaten.

Die ersten Monate gingen den meisten vorüber wie ein unbehaglicher Traum. Der trübe Herbsthimmel, die hohen düsteren Berge, welcher schwer und drückend über dem Kloster hingen, waren nicht geeignet, das Heimweh der Jungen zu lindern, und selbst der Spott der derber ange legten Kameraden konnte nicht jede heimliche Träne ver wischen. Berblinger, Stöckle und Fischer wurden eines Nachmittags entdeckt, wie sie zu unerlaubter Stunde in einem Winkel des Dorments saßen und nach gut klassi schem Rezept ihre Tränen mischten, wofür, weil sie über dies ihren Kummer in deutschen Worten ausgetauscht hat ten, sie der gefühllose Professor Gaum zweimal karieren ließ. Nur allmählich lernten sie, Seiner Hochwürden, dem Herrn Prälaten Kleß, einem fetten kleinen apathischen Mann, der die Jungen aus seinen dünngeschlitzten Augen über die Brille hinweg mit erkünstelter Strenge ansah, wenn er ein Strafurteil verkündigte, ohne Zittern gegen überzustehen oder die schnarrende Stimme Gaums zu hören, dessen Eigenheit es war, jedes deutsche Wort, das den Jungen entschlüpfte, auf dreißig Schritt Entfernung zu hören und mit unerbittlichem Eifer zu verfolgen. Auch der zweite Professor, Bräunlin, eine schwache gutmütige

Seele, dem es nicht wohl war, wenn er sich nicht krank fühlte, und für den ein Hilfslehrer angestellt werden mußte, vermochte den Druck, der auf dem klösterlichen Schulleben lag, nicht zu mildern. Nur über das Gesicht des Hilfslehrers Zeller, eines jüngeren Mannes, flog manchmal, so trocken er sich stellte, ein Lächeln, das den jungen Leuten einige Hoffnung gab, daß nicht alles im winterlichen Eis der Gelehrsamkeit zu erstarren brauchte. So regte sich erst gegen Ende des Semesters das Eigenleben der Jugend. Freundschaften begannen sich zu bilden. Da und dort zeigten sich bedrohliche Spuren eigenen Denkens und Wollens. Der Karzer öffnete dreimal sein enges Pförtchen. Man begann sich einzuleben.

Endlich kam der Frühling mit heulenden Stürmen und klatschenden Regenschauern über das Tal. Die Linden im Klosterhof, die monatelang ihre Zweige unter der Last des Schnees gebeugt hatten, zeigten Blätterknospen, da und dort schimmerte an den blaubraunen Berghalden eine Ahnung von Grün, und ein lauer, milder Südwind schmolz die letzten Schneeflecken, die in den Waldschluchten versteckt lagen. Auch unter den kleinen Kutten, die die Studiosi der Klosterschule mit fast komischer Würde zu tragen sich bemühten, wenn die Brille des Herrn Prälaten über ihnen funkelte, regte es sich dermaßen, daß die Bestrafungen wegen ›Kälbereien‹ in beängstigender Weise überhandnahmen. Der Studiosus Busch genoß erst gestern zwei Stunden lang die Annehmlichkeiten des Karzers, weil er versucht hatte, seinen Freund Seeger in den Blautopf zu werfen, ohne hierfür einen triftigen Grund angeben zu können. Seegers Kutte verfing sich glücklicherweise im überhängenden Geäst, wodurch es dem Famulus Lenze ermöglicht war, allerdings mit Buschs Beistand und Gottes Hilfe, den gefährlich aufgehängten Seeger zu erretten. Die Kutte aber hatte einen erheblichen Riß bekommen und so die verdiente Karzerstrafe herbeigeführt.

Es war Nacht; neun Uhr längst vorüber und jedes Licht im stillen Klosterbau erloschen. Dafür strahlte der Vollmond in den Klosterhof herab und schien dem Plätschern des Brunnens zu lauschen, dem einzigen Geräusch, das die nächtliche Stille unterbrach. Der Professor ordinarius, der bittere Gaum, wie ihn nach dem Beispiel ihrer Vorgänger die frechen Jungen schon nannten, hatte seine letzte Runde gemacht und war murrend durch das Seitentürchen verschwunden, das aus dem Dorment in seine Amtswohnung führte. Zwei Flügel des großen gotischen Fensters, das den düsteren, schwarzbraun getäfelten und gewölbten Mittelgang der Klosterräume abschließt, standen offen und ließen das bleiche Mondlicht und von Zeit zu Zeit einen lauen Luftzug in die dumpfige Halle. Auf dem Gesims saß ein weißes koboldartiges Wesen, das regungslos in den Mond hinaufsah.

Da öffnete sich eine Tür, die zum größeren der zwei Schlafsäle der Zöglinge führt, geräuschlos und gerade weit genug, um eine zweite weiße Gestalt hindurchschlüpfen zu lassen. Sie war, wie die am Fenster, geisterhaft spärlich bekleidet und hätte, wie jene, für ein nicht ganz ausgewachsenes Gespenst gelten können, als sie an den getäfelten Wänden des Dorments hinglitt. Vor dem Fenster machte auch sie Halt, schwang sich mit katzenartiger Gewandtheit ohne ein Wort zu sagen auf den hohen Sims und machte sich's dem noch immer regungslos Dasitzenden gegenüber bequem. Sichtlich hatten beide sich nicht zum erstenmal hier zusammengefunden.

»Dumm, daß wir nicht in derselben Stube schlafen«, sagte gegen alle Klosterregeln auf gut schwäbisch-deutsch Berblinger zu seinem Freund Fischer. »Ich weiß nie, wann du herauskommst.«

»Du scheinst es zu riechen«, versetzte der andere. »Ich bin noch nicht drei Minuten lang allein hier gesessen.«

»Man bekommt eine feine Nase in dem Loch!« flüsterte Brechtle, der sich in fünf Monaten zusehends entwickelt hatte. »Ich kenne schon jeden Professor am Geruch, ehe er die Dormenttür aufschließt. *Sit venia verbo*: Der Gaum riecht nach Rindfleisch.«

»Dann sind wir wenigstens leidlich sicher und können eine Stunde schwatzen, wie uns der Schnabel gewachsen ist«, versetzte Fischer, ohne den Witz seines Freundes zu belachen.

»Hältst du's aus bis zur Vakanz – noch dreiundzwanzig Tage?« fragte der Kleine ungeduldig. »Du hast im Anfang Heimweh gehabt für sechs.«

»Ich hab's noch; aber es ist auszuhalten«, erwiderte Fischer, »wenn mich der Bräunlin nicht zu Tode quält mit seinem Cicero. *De amicitia!* Weiß der alte Knaster was von Freundschaft, Brechtle! Mit dem Ovid und dem Virgil ist's zu ertragen.«

»Mir könnte der eine wie der andre gestohlen werden. Die ewigen Phrasen, das ewige Präparieren, das ewige: ›Ei, ei, Berblinger, schon wieder anderswo mit den Gedanken!‹«

»Sag das nicht, Brechtle. Den Ovid besonders laß ich mir gefallen. Da wird es lebendig um uns her. Die Bäume und Blumen schlagen aus, die Felsen und Bäche fangen an zu leben«

»Ja, auf dem Papier. Wenn man zu ihnen hinaus dürfte!«

»Das sag' ich auch. Noch dreiundzwanzig Tage – dann –«

»Dann läufst du wahrscheinlich mit deinem Virgil unter dem Arm im Neidlinger Gras herum. Wenn ich nur an ihn denke und den bitteren Gaum, überläuft mich's kalt. Ich glaube, mein alter guter Pestilenziarius hatte eine Ahnung davon, was hinter all dem Papier steckt. Aber der Gaum! Wie würden Sie diese Phrase übersetzen, Berblinger? Erinnern Sie sich einer ähnlichen Phrase in der gestrigen Lektion? Haben Sie diese schöne Phrase memoriert? Ei, ei, Berblinger, Sie scheinen es darauf abgesehen zu haben, ein Taugenichts zu werden wie – wie – der Fischer.«

»Das hat er nicht gesagt.«

»Nein, aber gedacht. Von deiner Poesie will er so wenig wissen als von meiner –«

»Ja was denn: von deiner –«

»Wenn ich es selbst wüßte: Schaffen möcht' ich, arbeiten, nicht altes Stroh dreschen; daß man auch sieht, was ich weiß, nicht was Cicero gewußt hat. Feuermaschinen bauen und dergleichen. Das heiß' ich *Poetica*. Kann man das im Kloster?«

»Schaffen? Arbeiten? Na, natürlich. Sieh dir den Pfitzenmeyer an. Ich glaube, der liegt heute nacht auch noch nicht im Bett. Er hat mit drei Kutten eine Schutzmauer um seinen Pult gebaut, daß man kein Licht durchs Fenster sieht, und kopiert Phrasen, die er morgen in sein Hebdomadar hineinarbeitet. Ob ein Sinn dabei herauskommt oder nicht – gleichviel; sie müssen hinein. Und dann wird er uns als Musterjüngling vorgeführt, und der Gaum und der Herr Prälat sind mit vereinten Kräften bereit, ihn in den Himmel zu erheben.«

»In ihren Himmel«, unterbrach Berblinger verächtlich. »Ich gönn's ihm. Mir ist der Zeller lieber als alle andern zusammen. Er will mir im nächsten Semester Privatstunden geben – Algebra und Geometrie –, wenn es der Herr Prälat erlaubt. Aber er hat wenig Hoffnung.«

»Algebra und Geometrie, puh!« rief Fischer, Verachtung mit Verachtung heimzahlend, »gut, daß ich nicht zu wissen brauche, zu was die in der Welt sind. Helfen sie dir in diesem und im künftigen Leben um einen Schritt weiter? Ich habe schon genug an der Logik und der verflixten Arithmetik.«

Hier unterbrach ihn eine tiefe Grabesstimme, die feierlich aus dem Dunkel heraustönte:

»Ist a gleich b und c gleich b, so ist a gleich c.«

Dann fuhr sie um eine Oktave höher fort:

»Habt ihr je ein *a* gesehen, das gleich einem *b* war? Das ist die Weisheit, geboren aus der Gottesgelehrsamkeit, die wir hier erlernen. – Hat einer von euch schon versucht, ob man an der Wand hinunterklettern kann, ohne den Hals zu brechen?« Es war Busch, im Nachthemd wie die anderen, der sich jetzt mit einem kühnen Sprung auf den Fenstersims stellte und unternehmungslustig hinabsah.

»Weg da!« rief Fischer, fast zu laut für die Verhältnisse, ihn herunterreißend. »Eine schöne Figur im Mondschein! Wenn dich der Famel sieht, der jederzeit im Hof herumschleicht wie ein Kater, kannst du ins Karzer zurückwandern, ehe aus Morgen und Abend der nächste Schöpfungstag geworden ist. Wie war's denn?«

»Ganz erträglich, bei der nötigen Gemütsruhe und einem guten Gewissen«, versetzte Busch ruhig. »Doch hatte ich mit zwei Stunden genug und will's dem Zeller einmal danken, der mich auf die Hälfte der zugedachten Seklusion herabgehandelt hat. Da kommt der Seeger in seiner zerrissenen Kutte, der an allem schuld ist. Wer hieß ihn an den Ästen hängenbleiben? Wäre er vollends in den Blautopf gefallen und ersoffen, stünde ich wahrscheinlich noch unbefleckt und uninkarzeriert vor meinen Mitmenschen.«

Seeger aber kam nicht allein, sondern hielt den langen Pfitzenmeyer am Kragen, der kaum imstande war, ein ängstliches »Pst, pst!« zu stöhnen.

»Den hab' ich erwischt!« frohlockte sein Bändiger, »mitten in Ciceros *orationes*, Phrasen spickend zu nachtschlafender Zeit, mit denen er morgen unsere Lebensstellung zu untergraben gedenkt. ›*Quousque tandem abutere patientia nostra?*‹«

»Wie wäre es, ihn zum Fenster hinauszuhängen, um ihn und uns von dem Gestank geistiger Erbschleicherei zu befreien?«

»Laßt mich los!« gurgelte Pfitzenmeyer, der vergeblich

versuchte, seinen Hals zu befreien; »ich – ich werde euch alle – denunzieren –«

»Das wäre noch schöner«, lachte Seeger. »*Ich* bin Zensor und offizieller Denunziant, solange es Tag ist. Jetzt aber ist es Nacht, da niemand wirken soll, auch du nicht. Wähle: Willst du an den Füßen oder am Halse gehängt sein?«

»Leiser, leiser!« bat Fischer. »Ich erkenne ja die Berechtigung deiner Absichten an; wenn uns aber jemand hörte!«

»Nur keine Angst!« rief Seeger. »Auch Katzen und Eulen schlafen zuzeiten; die Stunde der Mäuse ist angebrochen. Greift zu!«

»Sei vernünftig!« mahnte Berblinger. »Da kommt noch einer, dazu in ziemlicher Kutte.«

»Bei Zeus, der fromme Stöckle!« lachte Seeger. »Wenn das am grünen Holz geschieht –«

»Er will Abendandacht mit uns halten«, spottete Busch. »Na, fang an, Stöckle!«

»Um des Herrn willen, macht keinen so fürchterlichen Lärm. Man hört euch im ganzen Haus!« mahnte der Neugekommene. »Ihr versündigt euch an Gott und Menschen.«

»Arm in Arm mit dir –«, höhnte der tolle Seeger, der hoffnungsvolle Sprößling des Oberkonsistorialrates und Predigers an der Stiftskirche zu Stuttgart – »so fordr' ich mein Jahrhundert in die Schranken; das neue, neunzehnte, wohlgemerkt.« Er ließ Pfitzenmeyer los und faßte den geängstigten Stöckle unter dem Arm. »Hast du schon etwas von einem namens Friedrich Schiller gehört? Ich hätte seinen Don Carlos in der Tasche, wenn ich meine Kutte anhätte. Er war ein Karlsschüler und was für einer! *O tempora, o mores!* Sind wir dagegen Stümper! hat die ›Räuber‹ geschrieben und ist durchgebrannt, als wär' er selbst einer. Ein nachahmungswertes Beispiel, Stöckle!«

160

»Erzähl uns etwas daraus!« bat Pfitzenmeyer, der sich rasch erholt hatte und sich in das Unabänderliche zu fügen schien.

»Wenn der Seeger nur nicht so laut schreien wollte!« meinte Stöckle. »Es wird einem angst und bang.«

»Erzähl du, Fischer; eins von deinen Märchen von der Alb. Er weiß mehr als ihr alle zusammen«, erklärte Berblinger.

»Kinderstubengeschichten!« warf Seeger verächtlich hin. »Altweibergeschwätz!« Aber er besetzte eine Holzbeige, die hinter ihm stand und auf der sich Busch schon ausgestreckt hatte. Stöckle und Pfitzenmeyer nahmen auf zwei umgestürzten Feuereimern Platz, die sie in einer Ecke fanden. Das Trüpplein beruhigte sich allmählich; Fischer aber begann, ohne sich weiter bitten zu lassen, seinen hübschen Bubenkopf gegen den Mond gerichtet, als ob er dort oben abläse, was er erzählte.

»Wir brauchen nicht auf die Alb zu gehen, wir haben es näher. Wißt ihr, weshalb das Wasser im Blautopf so blau geworden ist, daß es niemand begreift? Als noch die Burg auf dem Rucken stand, wohnten dort zwei Grafen. Die gingen im Tal spazieren und fanden an der Quelle hinter dem Johanniskirchlein, das in uralter Zeit gebaut worden war, wo jetzt unser Kloster steht, einen blauen Stein. Der glänzte und funkelte wie nichts Gutes. Als aber der eine ihn aufhob, war er vor den Augen seines Bruders plötzlich verschwunden. Der rief ihn voll Angst, konnte auch sein Antworten hören, konnte ihn aber nicht sehen. Da der unsichtbare Bruder darüber selbst erschrak – denn er merkte nichts von seinem Verschwinden und konnte sich das ängstliche Rufen des anderen nicht erklären –, ließ er den Stein fallen, worauf ihn der Bruder wieder sah.

Dies versuchten sie mehrere Male. Bald nahm der eine, bald der andere der Brüder den Stein in die Hand, und wer ihn in der Hand hatte, war unsichtbar, bis er ihn fallenließ.

Darauf erkannten sie, daß dies ein Zauberstein aus der alten Heidenzeit war und bedachten, welch wundervolle Dinge sie damit ausführen könnten, indem sie unsichtbar in der Leute Tun eingriffen, wo und wie es ihnen gut dünkte, von allerhand Schabernack nicht zu sprechen, der sich so ungestraft ausführen ließ. Aber als sie von ungefähr mit dem Stein unter die Pforte des Kirchleins des heiligen Johannes traten, kam sie ein großes Zittern an und sie sahen, daß ihnen der Teufel den Stein in den Weg gelegt hatte. Da nahmen sie ihn und schleuderten ihn in den Blautopf. Das gurgelte und wirbelte und zischte und dampfte, daß sie wohl sahen, welch höllisch Ding der Stein sein mußte. Noch heute aber liegt er in der unergründlichen Tiefe, gibt dem Wasser eine Farbe, die den Gelehrtesten ein Rätsel ist, und selbst der Teufel, dem er gehört, kann ihn nicht mehr heraufholen.«

»Und die Moral der Geschichte?« fragte Pfitzenmeyer unbefriedigt.

»Will der auch noch eine Moral!« höhnte Seeger. »Ist dir die Geschichte nicht blau genug? Eins jedoch hast du vergessen, Fischer«, fuhr er sehr ernsthaft fort. »Beim Hineinwerfen zersprang der Höllenstein und ein Stückchen davon blieb am Ufer zurück. Mit dem bauten die frommen Ritter das Kloster Blaubeuren. Teufelssteine geben aus. – Aber sagt' ich's nicht: Altweibergewäsch! Was haben wir mit dem Wasserloch zu tun, an das uns der Kuckuck gebannt hat. Ich hätte den Stein sicherlich nicht aus der Hand gegeben! Bei Zeus! Wenn wir ungesehen am Herrn Prälaten vorbeispazieren und alle Abende im Ochsen zu Gerhausen unser Schöppchen trinken könnten, anstatt hier im Trockenen zu sitzen und den Mond anzuseufzen! Altweibergeschichten! Dagegen wünsch' ich mir einen Luftballon wie der, mit dem der Musje Bellisle in Cannstatt davongondelte: ein Ding wie eine große Papierkugel, ein wenig Feuer darunter, und fort geht's. Wie wär's, wenn wir, anstatt auf dem Fenstersims zu sitzen und zu schwatzen, davonschwebten in die Nacht hinaus, in die Freiheit hinein!«

Alle sechs drängten sich um das offene Fenster.

»*Attempto!*« fuhr Seeger begeistert fort. »Hat nicht der wackere Bräunlin erst gestern auseinandergesetzt, niemand sollte ohne einen klassischen Wahlspruch durchs Leben gehen und er erwarte in der nächsten Stunde, daß jeder den seinen mitbringe und zu begründen bereit sei. Seid ihr präpariert? ›*Attempto*‹ stand auf dem Wappenschild des besten alten Württembergers. Das soll auch auf dem meinen stehen, bis ich Konsistorialrat bin gleich meinen Vätern.«

Damit setzte er sich rittlings auf das Gesims, das eine Bein keck in die Freiheit hinauswerfend, und gab sich den Anschein, als ob er im nächsten Augenblick an der Außenwand des Gebäudes hinabgleiten wollte.

»›*Viribus unitis!*‹« rief Busch, indem er seinen Freund am anderen Bein packte und ihn ernstlich in Gefahr brachte, sich nach außen zu überstürzen. Doch mit einem zornigen »Kamel!« klammerte sich dieser an Fischer an, der ihn lächelnd hereinzog.

»›*Nulla dies sine linea*‹ soll mein Wahlspruch sein«, sagte Pfitzenmeyer. »Passet auf, damit kommt man am weitesten.«

»Der vertierte Streber!« murrte Busch. »Keine Spur von Ideal. Und du, Stöckle?«

»Mein Vater hat mir zwei auf den Weg gegeben«, entgegnete der Befragte unentschlossen. »›*In hoc signo vinces*‹ und ›*Medio tutissimus ibis*‹. Ich solle selbst wählen, hat er gesagt.«

»Hast du gewählt?«

»Noch nicht.«

»Ich würde dir raten, dich an das ›*In hoc signo*‹ zu halten«, sagte Seeger herablassend. »Dabei kannst du immer denken, was du willst, und daß du noch ein hervorragender Taugenichts wirst, scheint mir eine ausgemachte Sache. Nun fehlt noch der Fischer und der Berblinger.«

»»*Post nubila, Phoebus!*‹« sagte Fischer, schwärmerisch an den Mond hinaufsehend.

»Meint er den Sonnengott?« fragte Busch.

»Nein, den Poeten oder einige von den neun Musen«, erklärte Seeger. »Er hofft, Gedichte zu machen, wenn's ihm im Kopf nebelt. Der kann's noch weit bringen. Und du, Berblinger? Der Kerl träumt wieder an einem Rechenexempel herum.«

Berblinger hatte sich in der Tat schweigend über die Brüstung gelehnt. Er war sichtlich kaum mehr bei seinen Kameraden.

»Mein Wahlspruch?« fragte er erschreckt. »In die Nacht hinaus – in die Freiheit hinein, Seeger. – ›*Excelsior!*‹«

Sogar Seeger schwieg einen Augenblick. Der Ton war ihm zu ernst. Da brach plötzlich eine schneidende Stimme im tiefsten Dunkel der Halle los:

»Ihr infamen Schlingel! Ihr frechen Taugenichtse und Nachtschwärmer!«

Dann aber ging die Strafpredigt in rollendes Latein über, und auch Professor Gaum konnte das ›*Quousque tandem*‹ nicht umgehen, das seine Schüler vor einer halben Stunde gemißbraucht hatten. Die kleine Schar der jugendlichen Verbrecher war wie weggeblasen, leider nicht, ehe Gaums scharfes Auge jeden einzelnen erkannt hatte. Halblaut weiter grollend trat er in das volle Mondlicht, zog ein kleines Notizbuch aus der Tasche seines Schlafrockes, der den Mangel von Beinkleidern notdürftig verhüllte, und verzeichnete in der musterhaft deutlichen Schrift, auf die er stolz war, sechs Namen. Dann blickte auch er – allerdings kopfschüttelnd – zum Mond empor und murmelte mit einem nicht wohlwollenden Lächeln: »Schön, sehr schön! Das soll dem halben Dutzend morgen eingerieben werden! Ordnungswidriges Herumstreichen, nächtliche Ruhestörung, Entweihung des Dorments durch fortgesetzten deutschen Diskurs. Das fehlte noch!«

Dann schloß er bedächtig die noch offenen Fensterflügel, und lautlos zog jetzt die Nacht über das – von außen betrachtet – friedlich schlummernde Kloster.

9
Ein Lichtblick

In dichte Rauchwolken gehüllt, die lange Pfeife in der einen, eine alte unansehnliche, aber kostbare Ausgabe des Horaz in der anderen Hand, hatte Professor Bräunlin auf dem zerlegenen Marterbett geruht, das er sein Sofa nannte, und richtete sich laut ächzend auf. Man hatte zweimal in kurzen heftigen Stößen an der Hausglocke gezogen.

»Lottle! Lottle!« rief er dabei mit dem weinerlichen Ärger eines kranken Mannes, »wo sind meine Stiefel? Der Prälat will spazierengehen.«

»Schon wieder?« fragte es aus der Ferne einer dampfenden Bügelstube zurück. »Ihr seid ja erst vorgestern spazierengegangen.«

»Er steht schon unten und wartet. Wo sind meine Stiefel?« entgegnete der Professor klagend.

»Kätterle, wo sind des Herrn Stiefel?« war die beruhigende Antwort, und nach zwei Minuten öffnete sich die Zimmertür lautlos, aber nur spaltweit. Zwei gewaltige Stiefel erschienen, an einer rundlichen braunen Hand hängend, die jedoch sofort wieder verschwand, während sich die Tür ebenso vorsichtig und lautlos schloß. Die Stiefel aber standen da, ernst, geduldig, erwartungsvoll. Es war wie ein Zauber, in der Dämmerung des wogenden Rauchgewölks; der Zauber einer geordneten Häuslichkeit. Ehret die Frauen!

Zehn Minuten später – man beachte, wie in dieser Klosterwelt alles nach Minuten geordnet erscheint – wandelten die beiden gelehrten Herren bedächtigen Schritts durch die Waldschlucht gegen Seißen hinauf: der kleine, wohlbeleibte Prälat mit hocherhobenem Kopf, wie es seine Art war, um auf etwas herabsehen zu können, und der lange, magere Professor, mit jeder Bewegung andeutend, daß der Spaziergang seine Gesundheit schwer angreife.

»Es ist der Föhn!« stöhnte er. »So oft der Föhn weht, bin ich wie zerbrochen.«

»Ich merke aber nichts von einem Föhn. Im Gegenteil, lieber Kollege, im Gegenteil –« sagte der Prälat, aufmunternd.

»Das ist's eben«, unterbrach ihn Bräunlin hastig. »Ich habe ihn schon gestern in allen Gliedern gespürt. Mich allein greift dieser gefährliche Wind dermaßen an, daß ich am liebsten dem irdischen Jammertal Valet sagen möchte, selbst an windstillen Tagen.«

»Ein rechtes Elend, ich geb' es zu, für uns alle«, seufzte nun auch der Prälat, »denn mit dem Hilfslehrer, dem Magister Zeller – na, wir werden noch darauf zurückkommen. Der Spaziergang wird Ihnen guttun; und mir auch. Wir haben Konvent, morgen –«

»Ach Gott, ja; auch das noch. Der Famulus hat mir's schon angezeigt. Es hat mich förmlich angegriffen.«

»Da wollt' ich etliches mit Ihnen besprechen«, fuhr Kleß fort, »ehe mir der Kollege Gaum dreinfährt wie eine Windsbraut! Föhn! Bei dem könnten Sie vom Föhn sprechen, geistweise oder sinnbildlich. Besser noch vom Boreas, dem äquinoktialen Nordostwind der Alten.«

Sie standen still. Bräunlin nahm bedächtig eine Prise, die ihm der Prälat mit einem kräftigen Klaps auf den Deckel seine Dose anbot, als hätte er den Kollegen Gaum unter den Händen.

»Da ist zunächst die Geschichte mit dem Busch«, begann er aufs neue.

»Die Geschichten mit dem Busch hören nicht auf«, klagte der Professor.

»Nein«, bestätigte Kleß eifrig. »Mit den Tübingern hat man immer seine Not. Diesmal aber besteht meine Frau oder besser Gattin darauf, daß man energisch einschreitet, und Sie werden meine Ansicht teilen. Sechsmal karieren wäre das mindeste. Ich bin sicher, daß Gaum meine Ansicht teilt. Stellen Sie sich vor: gestern geht meine Gattin im Klosterhof auf zwei Schritt Entfernung an dem Burschen vorüber. Er starrt sie an und grüßt nicht – grüßt nicht! Behält die Mütze auf dem Kopf und grüßt nicht! Und drei bis vier Schritte hinter ihr kommt die Thusnelde, die Nichte der Speismeisterin, die gegenwärtig auf Besuch hier ist – auch ein Gegenstand meiner tiefen Beunruhigung –, und dieses junge, kaum fünfzehnjährige Mädchen grüßen der Busch und der Seeger – sie sind ja immer beisammen, diese beiden Schlingel – mit einer Devotion, die im höchsten Grad anstößig erscheinen mußte. Sie sei aus Stuttgart, höre ich, die Tochter eines herzoglichen Stallmeisters. Denken Sie sich: unterläßt es, ich fürchte geflissentlich, meine Frau oder Gattin zu grüßen, und grüßt die Tochter eines Stallmeisters oder Pferde-, – Pferdeinspekteurs!«

»Und der Seeger –« fragte Bräunlin bewegt.

»Wie ich Ihnen sagte: der machte es ähnlich, allerdings ähnlich. Aber er war um mehrere Schritte weiter entfernt, so daß ein wirkliches Übersehen anzunehmen wäre. Überdies –« hier verwirrte sich der Prälat ein wenig durch wiederholtes Schnupfen – »es wäre vielleicht nicht ganz opportun, den *filius* des Herrn Konsistorialrats eines Versehens wegen allzu hart anzufassen. Es muß wohl in seinem Fall ein Versehen oder richtiger Übersehen zugrunde liegen. Sollte Gaum anderer Ansicht sein, so rechne ich auf Ihre Stimme.«

Bräunlin nickte. Der Prälat fuhr fort:

»Er hat allerdings schon längst einiges auf dem Kerbholz, auch der Seeger. Sie erinnern sich der letzten Untersuchung der Waschkistchen, die ich regelmäßig vornehmen lasse, wenn die Alumni aus der Vakanz zurückkehren. Wollte Gott, man könnte alle Vakanz in Fortfall geraten lassen; sie verderben die Promotion auf Monate. Ich würde gerne die Last kaum unterbrochener Semester auf mich nehmen. Na, da fand man in Seegers Kistchen eine zweifellose, komplette Tabakspfeife mit silbernem Beschläg, das Eigentum seines leiblichen Vaters, des Herrn Konsistorialrats, wie sich später herausstellte. Ich ließ die Sache auf sich beruhen, weil Seeger feierlich gelobte, das Korpus delikti mit einem reumütigen Bekenntnis umgehend an den Herrn Konsistorialrat zurückgehen zu lassen. Ich will nicht hoffen, daß er dies etwa aus Vergeßlichkeit unterlassen hat. Wenigstens legte ich es ihm in einer Weise nahe, die er nicht leicht vergessen konnte. Jedenfalls aber fand man bei Fischer und Berblinger ebenso Schlimmes, wenn nicht Schlimmeres: bei Fischer das, wie Sie wissen, streng verbotene Buch ›Die Räuber‹ von Friedrich Schiller, das der Bösewicht nicht unpassend in ein Hemd eingewickelt hatte, um seine Vorgesetzten zu täuschen, und bei Berblinger entdeckte man am untersten Boden seines Kistchens eine große Menge Seidenpapier, über das er keine Auskunft oder Information geben zu können vorgab. Ich hatte gute Lust, ihn ins Karzer zu schicken, bis er gestand, denn er mußte doch wissen, zu welchem Zweck er Seidenpapier ins Kloster einschmuggeln wollte. Doch der Magister Zeller, auf den ich noch kommen werde, war so lebhaft gegen extreme Maßregeln, und Sie, lieber Kollege, schlossen sich ihm merkwürdigerweise an, so daß auch dies unterblieb. Verzeihen Sie die Bemerkung: Manchmal, zum Beispiel an föhnfreien Tagen, sind Sie etwas schwach gegen die jungen Leute. Ich weiß, es entspringt dies einem natürlichen und an sich lobenswerten Wohlwollen. Allein, Erziehung verlangt vor allem einen eisernen Willen. Meine Frau oder Gattin sagt dies mit Recht häufig zu mir und legt aus demselben Grund eine mir nicht ganz angenehme Bewunderung für den Kollegen Gaum an den Tag. Machen läßt sich dagegen allerdings nichts.«

Am Weg stand eine zerfallene Holzbank. Bräunlin schlug vor, sich ein wenig zu setzen. Das Gespräch habe ihn sehr angegriffen. Der Prälat ließ sich mit großem Entgegenkommen nieder.

»Um so besser!« sagte er. »Ich hoffe, sie bricht nicht. Das Kommende läßt sich sitzend gründlicher erörtern. Gut also: Berblinger will von dem Seidenpapier nichts wissen, und Fischer ist frech genug, zu behaupten, das Schandbuch, das bei ihm gefunden worden, sei nur über die Ferien oder Vakanz geliehen. Es gehöre Seeger, was ich nicht glauben will. Um so weniger, als sich in Fischers Kiste zum Glück auch noch ein Manuskriptheft vorfand, das ich dem Konvent vorlegen werde. Überschrieben ist das Machwerk: ›Unsre Ideale‹, und zwar in deutschen Buchstaben. Sehr bezeichnend. Es enthält vorläufig zwei Aufsätze und ziemlich viel weißes Papier, was mir anzudeuten scheint, daß noch weitere Beiträge erwartet wurden. Der erste ist von Fischer selbst, der den Brutus für seinen Helden erklärt. Da sieht man, wohin diese Räuber führen und was der Schiller auf dem Gewissen hat. Immerhin, der Fischer hat die Hochachtung vor den Alten nicht ganz verloren und sucht, wo etwas zu finden ist. Ich bin geneigt, ihm nach einem ernsten Verweis oder einer Rüge vor versammeltem Konvent zu verzeihen. Dann aber kommt Berblinger mit – wie soll ich es nennen – mit einer Art von sinnlosem Gallimathias, gespickt mit wahrhaft gotteslästerlichen Seitenhieben, die deutlich zeigen, daß der unglückliche Mensch auf den bedenklichsten Irrwegen angelangt ist. Ich trage das Heft seit einer Woche in meiner hinteren Rocktasche, damit es niemand in die Hände fällt. Lassen Sie sich's vorlesen.«

»Aber meine Nerven!« seufzte der Professor, »gerade heute, an einem Föhntag. Es ist überdies etwas feucht hier.«

»Es ist nicht lang«, tröstete der Prälat. »Überdies müssen wir uns darüber verständigen, was geschehen soll. *Principiis obsta*, ist meine Ansicht. Es handelt sich nicht um Berblinger allein, und man kann nie wissen, wie Gaum die Sache auffaßt. Der Bursche schreibt:

›Die Alten können wie nicht mehr verstehen und deshalb weder lieben noch verehren.‹

– Ich bitte Sie, dieser Anfang! –

›Ich suche mir meine Ideale unter denen, die ich verstehe. Nun wurde im Jahr 1647 zu Blois in Frankreich ein Mann geboren mit Namen Papinus. Er war Hugenotte, liebte die Freiheit und die Wahrheit, mußte deshalb sein Vaterland verlassen und war unstet und flüchtig wie Kain sein ganzes Leben lang.‹

– Hierin sehe ich den ersten Seitenhieb, auf den ich aufmerksam machen muß«, unterbrach sich Kleß, indem er dem Heft einen zornigen Schlag gab, was sich im Laufe der Lektüre bei jeder Zwischenbemerkung wiederholte.

»›Aber anders geartet als der erste Mörder, hörte er nicht auf, die Menschheit zu lieben und wollte ihr Gutes tun soviel er konnte. Nun war Papinus ein gelehrter Mann, aber nicht einer von denen, die in den Studierstuben sitzenbleiben und nur danach trachten, so viel als möglich zu wissen. Dies scheint mir deshalb ganz nutzlos zu sein, weil, wenn diese Leute sterben, alles, was sie wußten, wie weggeblasen ist und solange sie leben, nichts daraus wird als wieder andere, die ebenfalls so viel als möglich zu wissen trachten.‹

Betrachten Sie, Herr Collega, mit mir diese Bemerkungen nicht als einen infamen Angriff auf das Lebenselement aller Bildung des höheren Schulwesens? Ich meinesteils habe etwas Ähnliches an Frechheit noch nie zu Gesicht bekommen!

›Nein! Papinus wollte mit seinem Wissen etwas schaffen, das der Menschheit mehr Nutzen brächte als alles Wissen. Das aber ist die Kraft. Denn die Kraft ist etwas Göttliches. Heißt es doch im Vaterunser: Dein ist die Kraft.‹

Sie sehen, wie der Bursche mit gotteslästerlichen Ideen förmlich spielt. Aber hören Sie weiter.

›So erfand Papin die Feuermaschine, nicht mit einem Schlag, sondern langsam, nach vielem Nachdenken, Rechnen, Studieren und endlosen Versuchen. Erst war es nur ein eiserner Kochtopf, aus dem er lernte, welche Eigenschaften der Dampf hat: was Spannung und Kondensation waren. Dann nahm er den Luftdruck zu Hilfe, und schließlich baute er die Maschine, die uns Kraft gibt, wenn wir sie mit Wasser und Kohlen speisen, ähnlich wie das Tier und der Mensch, wenn man ihm seine Nahrung gibt.‹

Auch hierin sehe ich eine fast blasphemische Auffassung der Verhältnisse. Als ob dieser Papinus eine Art Schöpfer gewesen wäre, der sein Werk mit dem fünften oder gar sechsten Schöpfungstag anfing!

›Die wenigsten Leute aber‹, fährt der saubere Verfasser oder Autor fort, ›denen er dieses unglaubliche Geschenk seines Ingeniums und seiner Ausdauer anbot, wollten etwas davon wissen.‹

Das kann ich mir denken!

›Er wandte sich nach England, dann nach Deutschland, versuchte sein Glück in Marburg und in Kassel und mußte aus Deutschland wieder nach England wandern. Er glaubte und wußte, daß man mit seiner Maschine nicht bloß Wasser aus tiefen Schächten heben konnte, und rettete damit manch verloren geglaubtes Bergwerk, sondern auch, daß man Wagen und Schiffe treiben, Mühlen und Sägewerke in Gang setzen und selbst den Boden bearbeiten könnte. Aber sie zerschlugen ihm das Schiff, mit dem er beabsichtigte seine wichtigsten Versuche zu machen, und nach einem Leben voll getäuschter Hoffnungen, voll Mühe und Arbeit starb er im Elend, verlassen und hungernd unter fremden Leuten. – Heute sind schon Hunderte seiner Feuermaschinen gebaut, und Tausende erkennen, daß man einen großen Wohltäter des Menschengeschlechts den Opfertod hat sterben lassen; wie es einem Größeren, denn er war, auch geschah.‹

Ich hoffe, dies bezieht sich auf Sokrates«, unterbrach sich der Prälat selbst, »muß aber zum drittenmal auf das unsaubere Gedankenspiel dieses jugendlichen Taugenichts hinweisen. Diesen Papinus mit Sokrates zu vergleichen! ›Das ist mein Ideal‹, schließt der konfuse Kopf,

›Wohltun und dafür leiden!‹ und dazu schreibt er das alles gegen die klarsten Bestimmungen der Schulordnung in deutscher Sprache und in deutschen Lettern oder Buchstaben. Ich bitte Sie nun, Herr Collega, was sollen wir mit dem Menschen anfangen?«

»Ich weiß nicht –« begann Bräunlin zögernd, »das Ganze scheint mir doch – zwar eine schwere Verwirrung des Ingenii, aber doch nicht ganz aus Schlechtigkeit geboren. Man muß bedenken: ein Alumnus von fünfzehn Jahren! Wer weiß, wo der Verführer steckt. Aus dem eigenen Kopf hat er sichtlich all das Zeug nicht.«

»Das ist's! Das ist's!« rief der Prälat eifrig. »Der Magister Zeller steckt dahinter. Ich merkte gleich: der Duckmäuser hat's hinter den Ohren. Es ist, als ob man sich in diesen Zeiten solcher Leute nicht mehr erwehren könnte. Ich werde mir nie verzeihen, daß ich ihm die Erlaubnis gab, dem Berblinger Privatstunden in der Geometrie und Algebra zu geben. Wozu das? Als ob wir Araber wären! Da sieht man's jetzt. Der Bursche macht die schlechtesten Hebdomadare und schreibt deutsche Aufsätze über Feuermaschinen, als ob man vor ihnen auf den Knien liegen müsse! Wissen Sie, was für eine Bewandtnis es eigentlich mit dieser Feuermaschine hat? Man nennt sie neuerdings auch Dampfmaschine wie ich kürzlich las: Ich werde das in meinem nächsten Programm über Synonyma erläutern; einen anderen Nutzen scheinen sie nicht zu haben. Ich bitte Sie! Wird ihm eine Dampfmaschine durch den Konkurs helfen? Kann er mit Algebra und Geometrie eine Periode des Demosthenes konstruieren?«

»Ich weiß nicht – « seufzte der Professor aufs neue, indem er unbehaglich auf der Bank hin und her rückte.

»Sie haben recht«, rief der Prälat, in seiner Erregung aufspringend; »es wird feucht hier. Überall der infame Dampf. Aber es *muß* etwas geschehen!«

Verstimmt und unentschlossen traten sie den Rückweg an. Er dauerte trotz aller Prisen, die stets stehend genommen wurden und immerhin etwas Beruhigendes hatten, kaum lang genug, um das Unangenehmste von allem zu besprechen, das den morgigen Konvent beschäftigen mußte. Dem Konsistorium war eine Denkschrift zugegangen, in der in dürren Worten gesagt wurde, daß der seit einiger Zeit beobachtete verminderte Andrang zum Landexamen ernstlich zu denken gebe, daß die Klosterschulen nicht mehr auf der Höhe der Zeit ständen und daß eine radikale Änderung des Systems nötig wäre, sie vor der Versumpfung zu retten.

»Versumpfung!« schrie Kleß, daß das Echo vom Rucken herüber antwortete. »›Versumpfung‹ sagt die Denkschrift; und dann macht sie Änderungsvorschläge, daß man meinen könnte, die französische Revolution sei in Stuttgart ausgebrochen. Na, Sie werden ja hören; wir sollen *collegialiter* unsere Ansicht über das saubere Dokument formulieren! Zusammenwerfen von vier Promotionen in zwei Klöster; damit natürlich Abschaffung von zwei Prälaten. Was sagen Sie dazu? Grundstürzende Änderungen des Lehrplans. ›Einführung verschiedener neuer Lehrzweige, die den Bedürfnissen der Zeit mehr entsprechen‹, heißt es in dem Memorandum. Mehr Geschichte, Geographie, Mathematik – was weiß ich! Abschaffung des Zwanges, Latein zu sprechen. Körperliche Freiübungen – was das heißt, muß uns der Verfasser erst noch erklären –, mehr Ausgangsfreiheit; wahrscheinlich auch mehr Trink- und Rauchfreiheit; das gehört ja ebenfalls zu den Bedürfnissen der Zeit. Kurz, wenn die Hälfte der Vorschläge, die von Maulbronn ausgegangen zu sein scheinen, zur Annahme kommt, mag der Kuckuck Prälat sein. Adieu!«

Als ums Jahr 1586 das Benediktinerkloster Blaubeuren in eine evangelische Klosterschule umgewandelt wurde und hierfür manche bauliche Änderungen vorgenommen werden mußten, dachte man noch nicht an den Magister und

Hilfslehrer Zeller, so daß es etwas schwierig war, ihn zwei Jahrhunderte später unterzubringen. Doch fand sich gegen den Klostergarten hin eine unberührte Zelle, die für ein bescheidenes Studierstübchen nicht ungeeignet war, nachdem man etliche alte Bettladen und Bücherständer sowie die Reste eines kleinen Marienaltars entfernt, einen Ofen gesetzt und neue Scheiben in die zerbrochenen Fensterrahmen eingesetzt hatte. Weitere Baukosten zu genehmigen weigerte sich der Herr Amtmann, Hofrat und Klosterverwalter Scholl, der keine Gelegenheit vorübergehen ließ, die weltlichen Pläne der geistlichen Spitzen der Schule zu durchkreuzen, und auch Zeller hatte unter den Folgen des langjährigen Krieges zwischen der Frau Prälatin und der Frau Hofrätin zu leiden. Allein er war ein stiller, zufriedener Mann und lebte und litt zumeist in einer anderen, zweidimensionalen Welt, in der ihm bisher niemand begegnet war. Die schwierigen Probleme der Geometrie füllten sein Gedankenleben und gewährten ihm Genüsse, von denen kein Mensch, der nicht ein gottbegnadeter Mathematikus ist, eine Ahnung hat. Im übrigen tat er seine Pflicht ruhig und trocken, gab an Föhntagen die Lektionen des Professors Bräunlin, predigte von Zeit zu Zeit für den Prälaten, so daß die über ihm stehenden Herren Kollegen zwar die Köpfe schüttelten, ihm aber sonst nichts anhaben konnten. Zum Lebensgenuß genügte ihm, gelegentlich einen Blick in den Klostergarten zu werfen, wo das gotische Maßwerk in den Fenstern des Kreuzgangs, soweit es nicht hinter Holunderbüschen und Haselnußstrauchwerk verschwand, die aufregendsten geometrischen Probleme andeutete und löste.

Seit einem Vierteljahr war jedoch ein neues Element stiller Freuden in sein scheinbar einförmiges Dasein getreten. Es geschah dies in Person des kleinen Berblinger. Während der Stunde für Arithmetik, der einzigen in der Woche, die der Lehrplan zuließ, hatte Zeller unter zweiundsiebzig schlaftrunkenen oder zerstreuten Augen ein Paar entdeckt, das munter aufleuchtete, wenn ein weniger langweiliges Rechenexempel seiner Lösung entgegenging. Er beschäftigte sich deshalb mit Berblinger eingehender, und das Ergebnis wiederholter Unterhaltungen in Zahlen war die an den Prälaten gerichtete Bitte, dem *alumno* Berblinger nach dem Nachtessen wöchentlich zwei Privatstunden in *mathematicis* geben zu dürfen.

Damit begann auch für den Jungen ein neues Leben, namentlich seitdem in einer der zwei Stunden Euklids Geometrie die phantasielosere Algebra ablöste. Wachend oder träumend, liefen jetzt parallele und sich kreuzende ›Gerade‹ durch seinen Kopf, verschoben sich Dreiecke und Vierecke, berührten oder schnitten sich Kreise, suchte ein Gewirr von Linien nach dem nicht konstruierbaren Siebeneck. Seine Augen funkelten, wenn ihn Zeller in der trockenen Weise, die ihn nie verließ, auf die Lösung einer der schwierigen Aufgaben hinleitete, oder wenn er ein ›quod erat demonstradum‹ hinter einen neuen Weg setzen konnte, auf dem eine alte Wahrheit mit doppelter Sicherheit erreicht worden war. Nur einen Fehler fand der in sich hinein schmunzelnde Lehrer an seinem übereifrigen Schüler zu tadeln: daß ihn unlösliche Aufgaben wie das erwähnte Siebeneck mit einer dämonischen Gewalt anzogen, und daß er halbe Nächte mit offenen Augen dalag, obgleich ihn Zeller versichert hatte, daß es nutzlos sei, derartige Probleme hartnäckig zu verfolgen. Dann wollte er wenigstens den *Beweis* haben, daß die Aufgabe nicht gelöst werden könne, und Zeller mußte ihn daran erinnern, daß sein Kopf noch zu klein für derartig Großes sei. Solche Beweise gingen, meinte er, zumeist über menschliche Kräfte, wenn auch menschliche Kraft ihre eigene Grenze niemals bestimmen könne.

Für Berblinger hatte all dies zweifellos manches Mißliche. Erst heute, am Tag nach dem Konvent, verurteilte ihn Professor Gaum, der in besonders schlechter Laune war, zweimal zu karieren, weil er den Rand seines Hebdomadars mit der Figur des pythagoreischen Lehrsatzes geschmückt hatte, eine Ungehörigkeit, die dem Herrn Professor in seinem ganzen Leben noch nicht begegnet war. Er sprach dabei von Verhöhnung der Wissenschaft, von einem Drudenfuß und Hexenzeichen, und wußte offenbar nicht, was er daraus machen sollte. Berblinger beklagte sich bei seinem Freund und Lehrer über diese Behandlung des ehrwürdigen Pythagoras, als sie sich, wie jetzt regelmäßig, nach Schluß der Lektion gegenübersaßen, um noch ein wenig zu plaudern, und zwar auf deutsch. Denn manches war nicht in Ordnung in Zellers Zelle. Hätte doch selbst die kleine Studierlampe, die zwischen ihnen stand, seit dreißig Minuten ausgelöscht sein sollen! Dafür waren es für beide die einzigen gemütlichen Augenblicke der Woche, wenn auch Zeller, der immerhin noch einiges pädagogisches Gefühl bewahrte, sein Möglichstes tat, dies den Jungen nicht merken zu lassen.

»Zweimal karieren? Geschieht dir ganz recht!« sagte er innerlich schmunzelnd. Er duzte ihn, seit sie am vierten Buch des Euklids waren und ihm Berblinger das Versprechen abgerungen hatte, die Grundzüge der Stereometrie mit ihm durchzunehmen. »Der pythagoreische Lehrsatz gehört nicht unter die Schnitzer deines Hebdomadars. Überdies schadet dir das Karieren nichts. Wenn du bei der anderen Geschichte, die über deinem Haupt hängt, nicht schlimmer wegkommst, darfst du den Göttern Roms und Griechenlands danken.«

»Welche Geschichte?« fragte Berblinger kleinlaut.

»Dein törichter Aufsatz über den Papin. Der Herr Prälat hat ihn im Konvent vorgelesen. Mit Kommentar. Bei der nächsten Gelegenheit soll das Urteil gesprochen werden. Du kannst mir's danken, daß du nicht jetzt im Karzer sitzt. Was braucht ihr alles zusammenzuschmieren, was euch durch die müßigen Köpfe geht? Könnt ihr nicht den Cicero oder den Demosthenes kopieren, wenn euch dumme Gedanken plagen?«

»Aber sind es dumme Gedanken?«

»Natürlich. Darüber war man im Konvent einig und wird dir's schon noch deutlich machen.«

»Das wird nichts helfen«, versetzte der Junge plötzlich trotzig. »Der Papin ist mein Ideal. Wenn ich dafür brummen muß, wird er's nur noch mehr.«

»Dummes Zeugs! Was weißt du denn von Papin?«

»Daß er ein großer Erfinder war und daran starb.«

»Und das möchtest du auch? Berblinger, Berblinger, du bist ein kleiner Narr.«

»Sterben brauchte ich ja nicht. Aber eine große Erfindung machen, daß man später sagte: Der Berblinger hat einmal etwas geleistet und uns alle vorwärts gebracht; dafür möchte ich wohl –«

»Ins Karzer wandern«, unterbrach Zeller den kleinen Idealisten trocken. »Nun ja, das kannst du haben. Es fehlt dann nur noch die große Erfindung.«

»Vielleicht kommt sie«, versetzte der Junge keineswegs niedergeschlagen. »Manchmal haben die Kleinen etwas Großes gemacht. Wann kommen wir an die Stereometrie?«

»Warum? Nur keine Eile!«

»Ich möchte wissen, wie man den Inhalt einer Kugel berechnet und – und die Peripherie.«

»Eine Kugel hat keine Peripherie.«

»Ich meine, wieviel Papier man braucht, um eine Kugel zu machen, die dreißig Kubikfuß Inhalt hat.«

»Seidenpapier?« fragte Zeller, plötzlich aufmerksam werdend.

Berblinger errötete heftig und schwieg.

»Was willst du damit machen?« drängte der Lehrer. »Warum hast du dem Herrn Prälaten nicht gestanden, was du mit dem Seidenpapier vorhast? – Na, auch gut. Ich will nichts davon wissen, bis du mir selbst kommst. Nur merke dir eines: Eh' du den Inhalt einer Kugel berechnen lernst, wirst du noch zwanzigmal karieren müssen, wenn du es so weiter treibst. Aber wissen möchte ich, wo du all das aufgeschnappt hast. Nicht im Kloster!«

»Nein. In Ulm auf dem Münsterturm«, erwiderte Berblinger schüchtern, aber mit dem sichtbaren Bestreben, durch Beweise von Freimütigkeit seinen Lehrer wieder zu versöhnen.

»Was ist dort zu holen?« lachte Zeller, »außer vielleicht die Weisheit, die euch Ulmern euer Spatz beibrachte. Der soll ja in mehr als Lebensgröße auf dem Kirchendach sitzen.«

»Ein Spatz kann manches, was wir noch nicht können«, versetzte der Junge nachdenklich, aber mit neuerwachtem Trotz. Er ließ dem Ulmer Spatzen nichts geschehen. Dann aber begann er des langen und breiten von seinem Freund Lombard zu plaudern, der mit einer Luftpumpe und einer Elektrisiermaschine hantiere und ihm erzählt habe, wie das Schießpulver und das Bücherdrucken und die Feuermaschinen erfunden worden seien. Von ihm habe er auch die Geschichte des Papin. Seitdem sei der große unglückliche Erfinder sein Ideal geworden. Er sei seit achtzig Jahren tot und begraben. Aber seien seine Feuermaschinen nicht im Begriff, die Welt zu erobern? Könne man sich etwas Größeres denken als einen toten Mann, der aus dem Grab heraus die Welt erobere?

»Aber wo soll das alles hinaus, Brechtle?« fragte Zeller endlich fast gerührt, als der Kleine immer begeisterter und – es muß zugegeben werden – immer verwirrter von seinem Freund, dem Turmwart, von Papin und anderen großen Erfindern fabulierte. »Deine Hebdomadarien und Extemporalien werden immer schlechter, und wenn du's je zum Landpfarrer bringst, gibt dir kein Mensch etwas für deine Erfindungen.«

»Ich will nichts dafür als die Freude, sie gemacht zu haben«, sagte der Junge zuversichtlich. »Da war einmal ein Pfarrer Hahn in Echterdingen; dem ging's auch nicht besser, und er sei dabei ein seelenvergnügter Mann gewesen, erzählte mir Herr Lombard, der ein Dutzend Briefe von ihm hat. Er wollte die Münsterturmuhr umbauen, daß man die Bewegung von Mond und Sternen darauf hätte ablesen können, aber der Ulmer Magistrat wollte nichts davon wissen. Da baute er sie für sich. Warum sollte man nicht die Wege gehen, die uns der Geist und das Herz treibt, und dabei zufrieden sein?«

»Aus dem Herzen kommen hervor arge Gedanken – Mord – Ehebruch –«

Zeller sprach dies in dem Ton, in dem er zu predigen pflegte, lächelte aber dabei so wohlwollend und zutraulich, daß Berblinger aufsprang und ihm nach der Sitte der Zeit die Hand küßte. Der Druck, der in der Klosterluft lag, hatte den reifen Lehrer und den unreifen Schüler näher zusammengeführt, als es anderwärts möglich gewesen wäre.

»Der Tausend auch«, rief jener. »Es ist zehn Uhr. Pack dich und laß dich nicht erwischen. Wir haben eine Stunde länger herzoglich württembergisches Klosteröl verbrannt, als es geduldet werden kann.«

Hastig nahm Berblinger den Euklid unter den Arm, schlich, mit komischer Affektation auf den Zehen gehend, zur Tür hinaus und versteckte wenige Minuten später sein glückliches Gesicht unter der rauhen Klosterbettdecke, die selbst für ihn zu kurz war.

10
Bubenstreiche

Das größte geschichtliche Ereignis des dritten und vieler kommenden Semester blieb jahrelang in tiefstes Dunkel gehüllt, so tief es alle bewegte, die auch nur entfernt mit ihm in Berührung kamen. Fast möchte ich unter dem Einfluß des klassischen Geistes, der über dem Kloster schwebte, die Muse um ihren Beistand anrufen, wenn ich es wage, den Schleier zu lüften, den selbst die amtlichen Protokolle der Schule nicht zu heben vermochten. ›Meenin aeide thea‹, »Zorn, o Muse, besinge!« beginnt Homer sein unsterbliches Helden- und Kampflied; passender könnte auch dieses Kapitel nicht eingeleitet werden. Doch unsere Zeit glaubt nicht mehr an singende Göttinnen; so möge mir beistehen, wer da will, zum Beispiel das gute Gewissen, wenn ich schlicht und wahrheitsgetreu zu erzählen versuche, was seinerzeit zu ahnen nur den wenigsten vergönnt war.

Nicht bei allen Zöglingen der Klosterschule – die Bezeichnung ›Seminar‹ war noch nicht gebräuchlich – fand Maria Theresia die Liebe und Verehrung, die sie von Amts wegen beanspruchen konnte. Es sei sofort bemerkt, daß es sich nicht um die kürzlich verstorbene Kaiserin von Österreich handelte, sondern um die noch sehr lebendige Frau Prälat, die im Volksmund der Promotion* diesen Namen führte; denn er war für Würde, Kraft und Temperament um jene Zeit fast sprichwörtlich geworden. Wie auch man auch sonst von ihr denken mochte, sie war eine stattliche Dame von gebietendem Äußeren, die ihren Gemahl, den Herrn Prälaten, um Kopfeslänge überragte, was er wohl zu würdigen wußte. Unter den Studenten

---

* Promotion nannte man die Gesamtheit der Zöglinge, die gleichzeitig die Klosterschule besuchten.

hatte sie ihre Günstlinge, die sie mit Zittern anbeteten. Andre nährten andere Gefühle. Unter diesen waren die beiden unzertrennlichen Bösewichte Busch und Seeger vielleicht die schlimmsten. Daß Busch seinerzeit sechsmal, Seeger zweimal karieren mußte, weil sie, in der lieblichen Thusnelde Anblick versunken, die imponierende Erscheinung völlig übersehen hatten, war um so weniger vergessen, als in der Folge noch das eine oder andere Strafmandat, das dem Paar das Leben verbitterte, auf den verhängnisvollen Einfluß der ungekrönten Königin von Blaubeuren zurückgeführt werden konnte. Kein Wunder, daß sich die nicht übermäßig milde Denkungsart der beiden langsam in gärend Drachengift verwandelte und daß sie in ohnmächtiger Wut von einer Rache träumten, die außer aller Möglichkeit zu liegen schien.

In unerwarteter Weise bot ihnen jedoch ein ebenso boshaftes Schicksal die Hand. Wo hinter der Klostermauer die Blau aus dem wunderbaren Teich, der ihre Quelle bildet, als munteres Flüßchen dem offenen Tal zueilt, hatte sich unter der Leitung der Hausfrauen des Klosters eine Art Zweigerziehungsanstalt angesiedelt. Es handelte sich allerdings nur um Gänse, die übrigens mit nicht geringerer Liebe gehegt und gepflegt wurden als die Zöglinge innerhalb des Klosters und mit ähnlicher Regelmäßigkeit und weit weniger Zwang ihren Tagesaufgaben genügten. Zu gewissen Stunden schwammen sie geschäftig auf dem klaren Wasserspiegel hin und her und versenkten sich mit hochaufgerichteten Schwänzen und erstaunlicher Ausdauer in das Studium des Flußbettes, zu anderen Stunden ergingen sie sich in wohlanständigem Gänsemarsch in der benachbarten Wiese, ohne sich die geringsten jener unziemlichen Seitensprünge zuschulden kommen zu lassen, die bei den Klosterschülern noch immer nicht ganz unterdrückt werden konnten. Gegen Mittag standen sie alle auf einem Bein am Rand des Wassers, in ernste Selbstbetrachtung versunken. Schließlich fehlte es auch nicht an kurzen Interstitien, in denen sie sich in lebhaftem Gedankenaustausch Beobachtungen ihres Innenlebens oder Ereignisse des Tages mitteilten. Fast nie aber mußte man wahrnehmen, daß sie durch ungebührliches Betragen die Aufmerksamkeit oder gar den Unwillen Vorübergehender erregt hätten, noch weniger, daß sie, wie es bei Gänsen mangelhafterer Erziehung vorkommt, mit Geschrei über die Bleichwiese oder gar die öffentliche Straße entlang geflattert wären. Die Klostergänse hatten ein richtiges Gefühl für das, was sich schickt. Zwei-, dreimal allerdings war in jüngster Zeit etwas derart vorgekommen. Jedesmal aber glaubte man zu bemerken, daß einer der Studiosi – einige wollten Berblinger erkannt haben – hinter ihnen drein lief und sie mit ungebührlichem Rufen anspornte.

Dies war auch eines Nachmittags vorgekommen, als die Promotion, hinter dem Prälaten herwandelnd, einen Spaziergang um den Rucken antrat. Hierbei war der Berblinger zweifellos beteiligt; er hatte sogar mit einem Stein geworfen, um, wie er sagte, die Gänse zum Fliegen zu veranlassen, was ihm angeblich Spaß machte, aber auch eine ernste Rüge des Herrn Prälaten zuzog. Die geängstigten Tiere faßten sich jedoch wieder etliche hundert Schritte unterhalb ihres gewohnten Standorts und marschierten feierlich zurück, sobald sich die unverständigen jungen Leute entfernt hatten.

Auf der Rückkehr von diesem Spaziergang aber – es war schon Dämmerung – bemerkten Busch und Seeger, die gewöhnlich aus ihnen wohlbekannten Gründen den Schluß der Prozession zu bilden suchten, daß sich ein schneeweißes üppiges fettes Gänschen auf der Wiese verlaufen hatte und unbekümmert um die Folgen sein Abendbrot hinter einer Hecke suchte. Es hatte ein rotes Malteserkreuz auf dem linken Flügel: ein Zeichen, daß es zur Herde Maria Theresias gehörte. Da erfaßte ein teuflischer Gedanke den unglücklichen Seeger. Busch verstand ihn, ohne daß sie ein Wort zu wechseln brauchten, und ballte die Fäuste. Ein wilder, häßlicher Zug flog über sein sonst gutmütiges Gesicht; er wußte, es war die Lieblingsgans der Prälatin. Dann blieben sie stehen und ließen die anderen zwanzig Schritte vorausgehen, ehe sie hinter der Hecke verschwanden.

Was dort geschah, gehört zu den Geheimnissen jener Tage, die nie ganz aufgeklärt werden dürften. Busch, eine durchaus praktische Natur, hatte stets Bindfaden und andere nützlichen Gegenstände in der Tasche. Manchmal schleppte er Steine, Bündel von Blumen, ja ganze Sträucher nach Hause, denen er sodann wochenlang seine Aufmerksamkeit widmete. Er wollte später Mediziner werden. Einmal war es ihm sogar gelungen, einen jungen Hund einzuschmuggeln, wofür er fünf Stunden Karzer erhielt, während das Tier in unzeremoniöser Weise entlassen wurde. Als sie diesmal noch rechtzeitig mit den anderen durch die Klosterpforte traten, hatte seine Kutte eine so unförmliche Gestalt, daß alle eine unglaubliche Verhöhnung des Prälaten vermuteten und rücksichtsvoll jede Bemerkung, ja selbst jeden Ausbruch von Heiterkeit unterdrückten. Auf dem Dorment angelangt, verschwanden Seeger und Busch auf kurze Zeit, erschienen aber pünktlich beim Präzieren* und zeigten während desselben einen so musterhaften Ernst, und Busch, der Lektor** der Woche war, eine derartige Eindringlichkeit beim Verlesen des Kapitels, in dem der ungetreue Haushalter belobt wird, daß es Professor Bräunlin, dem Ordinarius, angenehm auffiel.

Auch ihre Mitschüler beobachteten sie mit wachsender Teilnahme. Beide, namentlich aber Busch, waren genötigt,

---

* Präzieren nennt man die regelmäßige gemeinsame Morgen- und Abendandacht.

** Lektor heißt der Zögling, der neben anderen Verpflichtungen beim Präzieren Gebete und Bibelstellen vorzulesen hat; ein wöchentlich wechselndes Amt.

nachts mehrmals ihr Bett zu verlassen, und entfernten sich auch am folgenden Morgen zweimal während des Ciceros und der Logik, was mit einem plötzlich auftretenden, hoffentlich vorübergehenden Unwohlsein zu entschuldigen war. Beim Mittagessen wurde bemerkt, daß Seeger einen Teil seiner übrigens ziemlich hart gekochten Erbsen in die Blätter eines zerrissenen Extemporalheftes wickelte und unter seiner Kutte verbarg, worauf sein Unwohlsein wieder eintrat. Professor Bräunlin riet ihm, nun doch den Oberfamulus Leuze, der zugleich Chirurg war, zu Rat zu ziehen. Dies lehnte er jedoch dankend ab. Besonders auffallend war, daß der unpäßliche Seeger nach Tisch bei seinen näheren Freunden förmlich um Brot bettelte. Am späteren Nachmittag war die Tatsache nicht mehr ganz geheimzuhalten, daß sich im oberen Stock, in der Kammer neben der Krankenstube, eine lebendige Gans befinde, die nur durch ständiges Füttern abgehalten werden konnte, laut zu schnattern. Willig gab nun jedermann, was er besaß, um die drohende Katastrophe so lang als möglich hinauszuschieben.

Mittlerweile verdichtete sich das Gewitter, das die Unglückseligen heraufbeschworen hatten, über dem ganzen Kloster in erschreckender Weise. Schon am Abend zuvor hatte die Magd der Prälatin fast weinend berichtet, daß das schönste Gänschen der Herde nirgends zu finden sei. Die sechs Gänse der Frau Professor Gaum und die acht der Frau Professor Bräunlin seien alle da, aber von den fünfzehn Prälatengänsen seien nur noch vierzehn vorhanden. Man habe aber recht wohl bemerkt und des Klosterschneiders sechs Buben könnten es bezeugen, wie die Studenten die Gänse auf der Bleichwiese herumgejagt hätten. Der kleine Berblinger, der Lausbub, habe sogar mit Steinen geworfen. Dabei könne das Lieschen wohl zu Tode geworfen worden sein. Das ›schöne Lieschen‹ war die einzige Gans, die sozusagen getauft worden war.

Noch am Abend teilte Maria Theresia dem Gemahl ihre

Ansichten über den Charakter seiner Studenten mit und verlangte drastische Maßregeln. Er bat, wenigstens die Nacht vorübergehen und am Morgen die Wiese noch einmal gründlich absuchen zu lassen. Dies geschah mit dem Ergebnis, daß die Frau Prälatin erklärte, wenn etwas zu durchsuchen sei, so sei es nicht die Bleichwiese, sondern das Dorment. Sie setzte ihren Kopf gegen einen Gänseschnabel: dort müsse das Tier tot oder lebendig gefunden werden. Sie kenne die Schlingel, namentlich den Berblinger und den Busch.

Am Schluß des Nachmittagkollegs, nach Erledigung der üblichen vierundzwanzig Verse in Virgils Aeneide, sprach der Prälat mit sichtlicher Erregung: er müsse auf einen unerklärlichen und höchst peinlichen Vorfall eingehen. Es sei gestern, kurz nach dem Spaziergang der Promotion über die Bleichwiese, eine Gans seiner Frau oder Gattin abhanden gekommen und es sei die Vermutung oder besser der Verdacht nicht mehr zurückzuweisen, daß die Promotion in irgendwelcher Weise mit dem Verschwinden des besagten Tieres, das den Beinamen Lieschen führe, in Verbindung stehe. Er bitte und befehle jedem, der Licht über diese noch dunkle Angelegenheit verbreiten könne, sich zu erheben.

Noch nie saßen die sechsunddreißig Studiosi so mäuschenstill auf ihren Bänken.

Die Sache sei sehr ernst, wenn er auch das Wort Diebstahl noch vermeide, fuhr der Prälat fort. Er befehle ihnen jetzt im Namen des hohen Berufes, dem sie alle entgegengehen, und bei der Wahrhaftigkeit zu einer der ersten Pflichten gehöre, die Verstockung nicht zu weit zu treiben und aufzustehen, wenn sie etwas von der Gans wüßten.

Der Studiosus Stöckle war der einzige, der feuerrot wurde und sichtlich im Begriff war, sich zu erheben. Allein Busch der neben ihm saß, drückte ihn in einer Weise nieder, daß er blau wurde und den Versuch aufgab.

»Ich appelliere nun«, rief der Prälat feierlich, »an das

Ehrgefühl der Promotion. Erheben Sie sich! Wer ist der Dieb?«

Die Aufforderung war so geschickt gestellt, daß jedermann, zwei ausgenommen, mit gutem Gewissen sitzen bleiben durfte, und diese beiden konnten in Zweifel sein, welcher von ihnen sich zu erheben habe. Sie sahen deshalb mit schuldloser Miene zum Fenster hinaus, als ob sie nicht das geringste mit der Sache zu tun hätten.

»Gut!« sprach der Prälat, »ich bin nun halb und halb überzeugt, daß die Promotion an dem traurigen Vorfall unbeteiligt ist. Zu eurer eigenen Beruhigung werde ich jedoch nach der Chorandacht eine gründliche Unter- und Durchsuchung des Klosters vornehmen lassen oder vielmehr selbst vornehmen. Jeder von euch wird, seinen Kastenschlüssel in der Hand vor seinem Pult stehend, diese Untersuchung erwarten, und wehe dem, wehe dem, bei dem auch nur die geringste Spur von einer Gans entdeckt werden sollte! Es wäre ihm besser, daß ein Mühlstein – Sie können jetzt gehen!«

Die Erregung war nun allgemein. Dort laut und entrüstet plaudernd, hier ängstlich flüsternd, verließen die Zöglinge den Hörsaal. Hinter des Magisters Zeller Holzbeige, im dunkelsten Winkel des Dorments, fanden sich ohne jede Verabredung fünf Minuten später ein halbes Dutzend zusammen, die einzigen, die schweigend und angelegentlich in ihrem Virgil blätternd aus dem Kolleg getreten waren.

»Was nun?« fragte Seeger, zum erstenmal, seitdem er im Kloster war, eine gewisse Ratlosigkeit in Miene und Gebärde zeigend.

»Was machen wir jetzt?« echote sein Freund Busch in verbissenem Trotz.

»Es war auch eine Dummheit sondergleichen!« bemerkte Fischer entrüstet. »Ihr konntet doch denken, daß man eine lebendige Gans nicht zeitlebens im Kloster verstecken kann.«

»Und dazu Maria Theresias Lieblings-Lieschen!« stöhnte Stöckle.

»Bist du auch da?« fuhr Seeger zornig auf. »Wer hat dir etwas davon gesagt? Du mit deinem Gewissen, dem man nicht über den Weg trauen kann.«

»Er wäre beim Exortium des Prälaten wahrhaftig aufgestanden, das alte Weib«, grollte Busch, »wenn ich ihn nicht an der Kutte gehalten hätte.«

»Ich wollte, ich wäre aufgestanden, trotz deiner Fäuste«, seufzte Stöckle. »Ich habe noch nie solche Gewissensqualen durchgemacht, und sie lassen noch immer nicht nach.«

»Das hat man davon, wenn man sich zu viel mit der inneren Stimme abgibt, von der uns Bräunlin zu erzählen weiß, wenn er Leibweh hat«, sagte Seeger verächtlich. »Mir sagt meine innere Stimme, daß es deine Pflicht ist, das Maul zu halten.«

»Aber was soll ich denn machen?« fragte Stöckle, der Verzweiflung nahe. »Ich habe sie schnattern gehört.«

»Schnattern kann auch ein Mensch«, grollte Seeger. »Da gibt es kein ›aber‹ mehr. Die Frage ist: Was sollen *wir* machen? Du, Berblinger, alter Duckmäuser, du bist nicht so dumm, als du aussiehst, und der Verdacht ruht auf dir. Der Prälat sah niemand an als dich, während er vom siebenten Gebot sprach.«

»Eigentlich wollten wir das Federvieh nicht stehlen«, erklärte Busch, den die Not schließlich auch weicher stimmte. »Es sollte ja nur ein Witz sein.«

»Ein Witz, der euch den Kopf kosten kann«, sagte Pfitzenmeyer sehr ernst. »Man hat erst vor drei Jahren einen in Ulm gehenkt, der ein Schaf gestohlen hat. Glaubt nur nicht, daß Maria Theresia locker läßt, ehe man ihr Lieschen findet und die Missetäter dazu.«

»Willst du einen Justizmord auf dein Gewissen nehmen, Stöckle?« fragte Seeger, »wenn dich der Prälat wieder fragt?«

»Aber mein Vater ist ein rechtschaffener Landpfarrer, und –«

»Und der meine ist Konsistorialrat, also halt's Maul!« sagte Seeger sehr bestimmt. »Übrigens gäbe ich vier Wochen lang meinen und Buschs Tischwein dran, wenn wir die gefiederte Bestie los wären. Horch! Ich glaube, ich höre sie schon wieder rumoren.«

Wäre es in dem Winkel nicht stockfinster gewesen, so hätte man fünf der Jungen erbleichen sehen. Stöckle, der hierfür zu rot war, fing an zu zittern.

»Wir haben noch fünf Minuten bis zur Chorandacht. Etwas muß geschehen. Fällt keinem was ein?« drängte Busch.

Tiefes Schweigen. Nur die Gans schnatterte hörbar in behaglichem Selbstgespräch aus dem kleinen Fenster der Kammer neben dem Krankenzimmer heraus. Es befand sich unmittelbar über dem Winkel des Dorments, in dem dieser Kriegsrat stattfand.

»Komm, es brauchen es nicht alle zu hören«, sagte plötzlich Berblinger zu Busch und zog ihn auf die andre Seite der Holzbeige. Man hörte ein kurzes eindringliches Geflüster und dann Buschs lautes Lachen. Die andern faßten wieder Mut. Dann trat Berblinger zu ihnen.

»Seeger, du bist Zensor* auf eurer Stube«, sagte er, »und der Professor Bräunlin ist Ordinarius. Ihr habt Glück.«

»Siehst du, Stöckle, der Herr verläßt die Seinen nicht«, bemerkte Seeger, ohne zu wissen, was Berblinger im Schilde führte.

»Ich sehe nichts«, antwortete der kleine Dicke, »als daß ich fürchterlich Angst habe.«

»Du gehst, ohne einen Augenblick zu verlieren, zu Bräunlin«, fuhr Berblinger fort, »und zeigst ihm an, daß

---

* In jedem der Arbeitszimmer (Museen) der Zöglinge war einer derselben mit dem wöchentlich wechselnden Amt des ›Zensors‹ betraut, der für die Hausordnung in seinem Gebiet verantwortlich war.

Buschs Unwohlsein sich verschlimmert habe. Er lasse bitten, sofort zu Bett gehen zu dürfen. Gaum würde es nicht erlaubt haben, ehe ihn der Oberfamulus untersucht hätte, aber Bräunlin tut's. Er weiß, was Bauchweh ist. Und Busch geht zu Bett.«

»Aber die Gans? Wo bleibt die Gans?« stöhnte Stöckle.

»Dafür laß den Busch sorgen und halt's Maul!« sagte Seeger grob, obgleich sein ganzes Gesicht zu strahlen begann. »Bei Zeus, da läutet's schon zur Chorandacht. Fort mit euch; ich bin Zensor! Den Professor treff' ich noch an seiner Studierstubentüre.«

Nie hatten sie die Kollekte so laut und andächtig gesungen als diesmal, obgleich Busch, der sich mit seiner halbgebrochenen Stimme in dieser Beziehung auszuzeichnen pflegte, nicht anwesend war. Unmittelbar nach der üblichen Nachmittagsandacht begann die *ad hoc* gebildete Kommission die peinliche Arbeit der Durchsuchung des Klosters. Sie bestand aus dem Prälaten in eigener Person, dem Professor ordinarius und den beiden Famuli. Im Hintergrund, die Vorgänge zunächst nur scharf beobachtend, bewegte sich ein zweites, allerdings nur halboffizielles Komitee unter Führung der Frau Prälatin. Ihr zur Seite standen Professor Gaum, die Frau des Oberfamulus und zwei Klostermägde. Eine Stecknadel, welche die erste Kommission übersehen hätte, wäre der zweiten nicht entgangen.

Die längst außer Gebrauch gesetzte und wohlverschlossene Klosterkirche kam nicht in Betracht. Man begann mit dem Erdgeschoß des Klosterbaus, sah sich im verwahrlosten Klostergärtchen um, durchschritt den Kreuzgang mit besonderer Berücksichtigung der zierlichen Brunnenkapelle, ohne eine Feder des vermißten Tieres zu entdecken. Auch in den an den Kreuzgang anstoßenden Gelassen, der wunderlich verzierten Marterkammer, der Franzosenküche, dem alten Refektorium und dem jetzigen Speisesaal waren wohl Spuren von Katzen, Mäusen und Vögeln aller Art, nichts aber von einer Gans zu finden.

»Dummes Zeugs! Hier habe ich auch nichts erwartet«, erklärte die Frau Prälat und begab sich mit der ganzen Gesellschaft in den ersten Stock. Ihr Gemahl schloß selbst das Dorment auf und bemerkte unter der Tür, daß es für Damen eigentlich nicht Sitte sei, diese Räume zu besuchen, während die zuständigen Behörden in amtlicher Tätigkeit seien. Sie entgegnete etwas scharf, daß es auch nicht Sitte sei, Gänse auf dem Dorment zu verstecken, und trat ohne weitere Erörterungen ein.

Der Anweisung gemäß stand in den Museen jeder Student vor seinem Pult, mit seinem Kleiderkastenschlüssel in der Hand. Seeger, wie immer sehr zuvorkommend, präsentierte auch den des erkrankten Busch; von allen übrigen waren die ganz unschuldigen verlegen, andre lachten heimlich. Das Innere der Schreibpulte, der Kästen, der Waschkistchen – nichts blieb ununtersucht. Dabei musterte die Frau Prälat die Gesichter der jungen Leute mit durchdringendem Blick, so daß auch bei den Frechsten die unpassende Heiterkeit verschwand, mit der sie ihre Studierlampe und sonstigen Hausrat vorgezeigt hatten. Auch der Hörsaal wurde besucht, obgleich sich der Prälat dafür verbürgte, daß in diesem der reinen Wissenschaft geheiligten Raum nichts Profanes zu finden sei. Von dort ging es in die Schlafsäle, wo die Frau Prälat die Führung beider Kommissionen übernahm. Alle Kissen und Decken mußten auf den Boden geworfen, jeder Strohsack umgedreht werden. Nichts!

»Ich denke, jetzt sind wir fertig«, sagte der Prälat, der sehr ermüdet schien. »Ich vermutete ja schon längst, daß die Beteiligung der Promotion an dem vorliegenden Verbrechen nahezu ausgeschlossen ist. Ich sehe jetzt unzählige Möglichkeiten, es in andrer Weise zu erklären, zum Beispiel –«

»Fertig?« unterbrach ihn die Frau Prälatin entrüstet.

»Habt ihr keine Dachkammern, die vom Dorment aus zugänglich sind? Wo geht's zu eurer Krankenstube hinauf?«

Es half nichts: die Kommissionen mußten eine weitere sehr unbequeme Treppe ersteigen. In respektvoller Entfernung und auf den Zehen schleichend folgten ihnen fünf der Alumni, die schon bei der Untersuchung der Museen eifrig mitgewirkt und auf diesen oder jenen vergessenen Winkel aufmerksam gemacht hatten, wofür namentlich Seeger den ersten wohlwollenden Blick der Frau Prälat erhascht hatte, und Stöckle, der sich nicht minder hervortun wollte, mit einem spaßhaften, aber nicht ganz freundlichen Klaps aus dem Wege gefegt worden war.

An der Türe der Krankenstube machte der Prälat den letzten Versuch, seine Frau aufzuhalten.

»Ist sie leer?« fragte sie, mit der Hand auf der Türklinke.

»Ach nein«, erwiderte Professor Bräunlin. »Der Alumnus Busch ist heute nachmittag schwer erkrankt und hat sich vor der Chorandacht zu Bett begeben müssen. Ich weiß noch nicht, ob die Sache gefährlich oder gar ansteckend ist. Nach meinen Notizen hat er die Pocken noch nicht gehabt.«

»Wir könnten ja zunächst die Nebenkammer untersuchen«, griff jetzt auch Professor Gaum ein. »Mittlerweile dürfte der Herr Kollege Bräunlin sich vergewissern, ob wir das Zimmer ohne Bedenken betreten können.«

Soweit gab die Frau Prälat nach. Der Unterfamulus schloß die Bodenkammer auf, in der massenhaftes altes Gerümpel, vor allem wahre Berge vergilbten Papiers unter dicken Schichten von Staub und Moder aufgehäuft lagen.

Die Prälatin befahl, die Berge zu versetzen, um die Winkel hinter denselben untersuchen zu können. Mit verdrießlicher Miene machten sich die Famuli an die Arbeit.

»Aber bewegt die Sachen mit Vorsicht«, bat der Prälat ängstlich. »Es ist teilweise sehr wertvolles Material. Ei, ei! Hier finde ich ja mehrere hundert Exemplare meines ersten Programms über Synonyma vom Jahr 1776, die ich schon seit zweiundzwanzig Jahren vermisse. Ich bin nun doch im höchsten Grade befriedigt, daß meine Frau – daß wir die Nachforschungen bis hierher ausgedehnt haben.«

Sonst wurde allerdings nichts gefunden. Dagegen stand die Seitentüre, die in das Krankenzimmer führte, halb offen, so daß die Frau Prälat jetzt ohne weitere Hindernisse dort eintreten konnte. Vier Betten befanden sich in dem etwas dunklen Raum. Drei derselben waren unberührt und mußten sofort von den Klostermägden in ähnlicher Weise geprüft werden wie die in den Schlafsälen. Vor dem vierten stand Professor Bräunlin und bat dringend, den Kranken nicht zu inkommodieren, der sichtlich sehr unwohl sei. Er sei soeben Zeuge eines heftigen Fieberanfalls gewesen, der den armen Jungen förmlich geschüttelt habe. Er scheine sich auch jetzt noch, von heftigen Schmerzen gepeinigt, förmlich unter der Decke verkriechen zu wollen. Man sah in der Tat von Busch nichts als seine roten Haare. Er hatte sich vielleicht in einer Anwandlung von knabenhaftem Schamgefühl gegen die Wand gedreht, konnte aber offenbar nicht verhindern, daß ihn die Schmerzen konvulsivische Bewegungen unter der Decke zu machen zwangen. Professor Bräunlin suchte seinen Kopf sanft nach vorn zu wenden und machte darauf aufmerksam, daß ihm die Schweißtropfen auf der Stirne standen. Ein neuer Paroxysmus schien im Anzug. Die Frau Prälatin, deren guter, mütterlicher Instinkt erwacht war, versuchte nun auch ihrerseits die Hand auf die fiebernde Stirne des Kranken zu legen, als die Aufmerksamkeit aller durch einen lauten Streit im Nebenzimmer abgelenkt wurde. Der Ober- und der Unterfamulus waren dort während des Umbeigens ihres ›wertvollen Materials‹ heftig aneinander geraten, was allerdings nicht selten der Fall war. Es hatten sich Spuren eines größeren Vogels gefunden. Der Oberfamulus behauptete erregt, daß sie nur von einer Gans herrühren konnten, der Unterfamulus bestand darauf, daß sie einem Turmfalken, höchstens einer Eule angehört haben müssen, die leicht durch die zerbrochenen Dachfensterscheiben eingedrungen sein konnten. Man betrachtete die fraglichen Spuren mit der größten Spannung. Der Oberfamulus hatte sie mit einer Schindel aufgeschaufelt und ließ sie ›herumgehen‹.

»Ich bitte Sie, Herr Prälat«, sagte er gekränkt. »Betrachten Sie sie genau. Ist das von einer Eule oder nicht vielmehr von einem grasfressenden Vogel?«

Der Prälat setzte seine Brille auf.

»Mit der Natur oder vielmehr dem Verhalten der Eulen«, begann er bedächtig, »bin ich allerdings nicht so vertraut, um ein maßgebendes Urteil abgeben zu können. Nach dem ersten Eindruck würde ich allerdings vermuten, daß der Gegenstand einer Gans zuzuschreiben wäre, wenn eine solche in der Nähe nachgewiesen werden könnte, was aber bis jetzt eben doch noch nicht der Fall zu sein scheint.«

»Potztürkenelement«, rief die Prälatin. »Es ist Gänsemist. Sucht, sucht! In der Kammer ist es nicht richtig.«

Alle begannen aufs neue in allen Winkeln und Ecken der Dachkammer herumzustöbern, während der Kranke im Nebenzimmer abermals von heftigen Krämpfen befallen wurde. Doch war es die letzte dieser beunruhigenden Erscheinungen, die Bräunlin flüsternd für möglicherweise epileptisch erklärte. Als man, ohne etwas gefunden zu haben, zu dem Kranken zurückkehrte, lag er mit geschlossenen Augen da, fast wie tot. Noch aber standen ihm die Schweißtropfen wie Perlen auf der Stirne.

»Es ist doch von einer Eule«, brummte der eigensinnige Möhrle und zog dadurch die Aufmerksamkeit der Prälatin wieder von dem Krankenbett ab.

»Haben Sie ein Papier in der Tasche?« fragte sie den Professor Bräunlin.

Dieser suchte eifrig, aber auch hierbei erfolglos. Ärgerlich wandte sie sich wieder an den Unterfamulus.

»Nehm Er eins von den Programmen und trage Er das Zeug hinunter. Drunten im Hof kann man's vergleichen. Ich bestehe darauf, daß der Sache auf den Grund gegangen wird. Sonst habt ihr keine Kammern hier oben?«

»Nein«, sagte Möhrle, zornig ein Programm zerreißend, »nur im andern Flügel die Bühnen und die Magdkammern der Frau Prälatin und der Frau Professor Gaum.«

»Dort ist nichts zu finden«, entschied die Gnädige. »In die alte Klosterkirche können die Jungen nicht hinüberkommen?«

»Nein«, fiel ihr Gemahl ein. »Es ist ihnen streng verboten.«

»Das glaube ich dir!« versetzte die Frau Prälatin spöttisch. »Aber können sie hinüberkommen?«

»Es wäre nur durch das Türchen möglich, das auf die alte Kanzel führt«, sagte der Oberfamulus. »Das ist aber gut verriegelt und seit zehn Jahren nicht geöffnet worden.«

»Schön! Hat Er es eingewickelt?« Das galt wieder dem Unterfamulus. »Dann können wir gehen. Es wird auch zu dunkel. Aber Licht muß in die Sache kommen, wenn ich das ganze Kloster abbrechen müßte!«

Die Kommissionen gingen im Gänsemarsch vorsichtig die krachende Treppe hinunter. Nur der gute Bräunlin trat noch einmal an Buschs Bett. Er fand dort bereits dessen Freund Seeger, der ihm liebevoll die Stirne abtrocknete.

»Das ist schön von Ihnen, Seeger«, sagte er fast gerührt. »Man muß sich in der Not beistehen. Samariterdienste werden nicht vergessen. Ich hoffe ernstlich, daß es nicht epileptisch ist. Sie können bis gegen neun Uhr oben bleiben und mir dann noch berichten, wie er sich befindet. Wird's schlimmer, so schicke ich noch heute nach dem Oberamtsarzt, aber ich hoffe das Beste. Sprechen Sie nicht zu viel mit ihm. Vor allem braucht er Ruhe. Alle Aufregung muß möglichst vermieden werden.«

Seeger nahm einen Stuhl, setzte sich mit der Miene des liebevollsten aller Krankenpfleger an das Bett seines

Freundes, ergriff dessen Hand und behielt sie in der seinen, bis das letzte leise Krachen auf der Treppe verhallt war. Dann sprang er auf, während auch Busch sich aufrichtete.

»Sie ist tot«, sprach der letztere mit dumpfer Stimme.

»Bei Zeus!« rief Seeger, »jetzt wird es sogar mir zu bunt.«

»Tot gedrückt«, fuhr der andre fort. »Ich hatte sie fest zwischen den Beinen, so daß sie sich nicht rühren konnte. Als die Prälatin eintrat, fing sie an zu glucksen, ganz leis und zärtlich; wäre mir aber ihr Hals entschlüpft, so hätte ich das Geschnatter nicht erleben mögen.«

»Da wurde dir wohl angst und bang?«

»Das kannst du glauben. Sie standen alle ums Bett, als ob ich im Sterben läge. Maria Theresia sah mich mit ihren Feueraugen an, und nun wußte ich, daß ich oder die Gans das Leben lassen mußte. Da dachte ich: lieber die Gans und drückte und drückte. Sie bekam einen Flügel frei und ich epileptische Anfälle, bis ich sie wieder umklammert hatte. Schnattern konnte sie nicht mehr, dafür hatte ich sie zu gut beim Hals. Es war ein stummer Kampf auf Leben und Tod, und mit einemmal war sie ruhig. Ich hatte gewonnen.«

Er hob die Bettdecke auf und warf die Gans auf den Boden. Keine Frage: das arme Tier hatte ausgelitten.

»Großartig!« flüsterte eine dritte Stimme. Pfitzenmeyer war eingetreten, hinter ihm Fischer und Berblinger.

»Grandios; erinnert an Laokoon mit den Schlangen«, meinte Fischer in aufrichtiger Bewunderung.

»Oder an Leda mit dem Schwan«, sagte Pfitzenmeyer ernsthaft, die Gans hin und her drehend.

»Aber was jetzt?« fragte Busch. »Du hattest soweit die großen Gedanken, Berblinger. Jetzt hilf weiter. Wie verstecken wir den Kadaver, ohne daß er sich und uns nach ein paar Tagen verrät, auch ohne zu schnattern?«

»Verspeisen! Natürlich verspeisen!« jubelte Seeger.

»Mit den Federn? Das geht nicht«, meinte Busch, dessen Nerven durch das Erlebte sichtlich angegriffen waren.

»Nein, gekocht, gebraten«, versicherte sein Freund zuversichtlich; »mit allem Raffinement serviert à la Richelieu. Dafür laß mich sorgen und die göttliche Thusnelde. Ich sehe nicht umsonst an der Frau Speismeisterin hinauf, als ob sie schon meine halbe Schwiegermutter wäre.«

»Du! Das bitt' ich mir aus!« unterbrach ihn Busch plötzlich gereizt. »Ich war schon längst halb entschlossen. Wenn uns das himmlische Mädchen aus dieser Not hilft, verspreche ich ihr schlankweg die Ehe.«

»Heilige Götter!« schrie Pfitzenmeyer auf, als ob er ein Gespenst sähe. Unter der Türe stand starr und stumm der Unterfamulus Möhrle.

»Nur keine Angst!« sagte Seeger sehr ruhig. »Ich lasse dir Thusnelde, den Möhrle nehme ich auf mich.« Damit ging er auf den Famulus zu, packte ihn an den Schultern, drehte ihn um wie einen Bleisoldaten und marschierte mit ihm zur Türe hinaus.

Die Zurückgebliebenen, zu denen sich zu ihrem Ärger Stöckle gesellte, den die Neugier nicht ruhen ließ und der sie ermahnte, beim Präzieren den Dank für eine unerwartete Errettung aus schwerer Not nicht außer acht zu lassen, beschäftigten sich damit, unter dem ›wertvollen Material‹ in der Nebenkammer zwei große Bogen Papier herauszusuchen und die Gans in ein Paket zu schlagen, dem sie nach Möglichkeit die eckige Form einer Büchersendung zu geben suchten. Dann wurde Stöckle auf das Krankenbett geworfen und ihm unter schweren Drohungen das Versprechen abgenommen, mindestens vierzehn Tage lang nicht auf die Stimme seines Gewissens zu hören, worauf sich alle mit der gefährlichen Beute möglichst geräuschlos zurückzogen und jeder auf seinem Museum den gewohnten Privatstudien der Abendstunden mit ungewöhnlichem Eifer oblag.

Als gegen zehn Uhr Professor Bräunlin mit dem Oberamtsarzt den kranken Busch aufsuchen wollte, fanden sie das Nest leer, diesen aber bereits in seinem eignen Bett in tiefen, gesunden Schlaf versunken. Seeger, der noch wachte, ja merkwürdigerweise eben im Begriff war, wieder aufzustehen, berichtete, Busch habe sich nach kurzer Zeit so sehr gekräftigt gefühlt, daß sie beschlossen hätten, ihn in sein eignes Bett überzuführen. Nachdem der Oberamtsarzt dem Schlafenden den Puls gefühlt hatte, empfahl er, ihn in seiner wohltuenden Ruhe nicht mehr zu stören. Die Natur arbeite offenbar selbst einer Wiederherstellung der so plötzlich erschütterten Gesundheit entgegen. Ähnliches komme ja bei nervösen jungen Leuten nicht selten vor.

Damit schien der ereignisvolle Tag sein Ende erreicht zu haben; doch war es nicht unnatürlich, daß die ungewöhnliche Bewegung, die das ganze Kloster erfaßt hatte, selbst in der Nacht noch nachzitterte. Ein Glück aber war es, daß nur wenigen dieses Zittern zum Bewußtsein kam. Einige der leichteren Schläfer der kleinen Schlafstube, in der Busch, Seeger und Stöckle ruhten, glaubten von vorüberhuschenden Gespenstern geträumt zu haben. Gegenüber dem verwilderten Obstgarten, der sich um den Kirchenchor und das alte Kapitelhaus zieht, bellten zwei Hunde länger und eindringlicher als gewöhnlich, in den Fenstern des Hörsaals vermeinte der Oberfamulus gegen Mitternacht einen unerklärlichen Lichtschimmer bemerkt zu haben. Doch war dies alles vergessen, als der Morgen anbrach und der Zensor Seeger wenige Minuten nach fünf Uhr seine Mitschüler aus den Betten trommelte. Nur Busch zeigte sich hierbei renitent und versuchte sich seine gestrigen epileptischen Anfälle zunutze zu machen. Er mußte der Decke beraubt werden, ehe er sich zum Aufstehen entschloß. Dies geschah endlich unter vielem Gähnen.

»Da könnt ihr wieder sehen, ihr andern«, bemerkte Seeger, »welch vortreffliches, aber auch verwerfliches Ruhekissen ein gutes Gewissen ist.«

Es ist an dieser Stelle leider nicht zu umgehen, einiges Nähere über die Räumlichkeiten in dem alten Klosterbau zu sagen. An den schlichten gotischen Kreuzgang anschließend enthielt das Erdgeschoß nach Süden hin das alte Refektorium, das auch jetzt noch den Speisesaal der Klosterschüler bildete. In einem nach Osten auslaufenden Flügel befand sich die Wohnung des Speisemeisters und die Klosterküche. An das nördliche Ende des östlichen Teils des Kreuzgangs schloß sich das geräumige Kapitelhaus, in dem zur Zeit der Speisemeister seine Holzvorräte, wohl auch Küchenutensilien und andern Hausrat aufbewahrte. Es ist eine längliche Halle mit bis zur Unkenntlichkeit verdorbenen Fresken an den Wänden und einer gewölbten Decke, deren Gurten von vier Mittelsäulen aus nach den Wänden hin verlaufen. Ihre Fenster in dem hinteren chorartigen Teil gehen nach dem Garten, der auf dieser Seite Kirche und Kloster umgibt. Über dieser Halle befindet sich im oberen Stockwerk des nur einstöckigen Gebäudes der Hörsaal der Schule, der vom Dorment aus bei Tag und Nacht zugänglich war, außer der Zeit der Lektionen aber von niemand betreten wurde. Was hätte namentlich bei Nacht die Jugend dort zu suchen gehabt, die ihn auch in den hierfür bestimmten Tagesstunden nichts weniger als anziehend fand. Und doch zeigte sich auch in der folgenden Nacht an einem seiner Fenster gegen die Kirche hin ein gespenstischer Lichtschein, dem in dem darunterliegenden Fenster des Kapitelhauses eine ähnliche Helle zu entsprechen, man könnte sagen zu antworten schien. Beide warfen ihren Schein auf die gegenüberliegende alte Mauer der Klosterkirche, und dort zeigte sich in hellem Rahmen, allerdings rasch wieder verschwindend, zweimal der schwarze riesengroße Schatten – *horribile dictu* – einer weiblichen Gestalt. Dann hätte ein scharfes Auge im zitternden Mondlicht – glücklicherweise war es erst acht Tage nach Neumond – das Herabschweben eines kleinen weißen Gegenstandes beobachten können, der an einem Bindfaden hängen mußte, so sicher und geradlinig war sein Weg, bis er von einer Geisterhand durch das untere Fenster eingezogen wurde. Nach einiger Zeit schwebte ein ähnlicher weißer Fleck oder Lappen von unten nach oben. Nun aber zeigten sich am oberen Fenster zwei dunkle Köpfe, und man konnte erregte Flüsterworte hören, wie: Langsam – langsam – jetzt – Vorsicht! – und ein großes weißes Paket schwebte hernieder und verschwand wie die früheren kleinen in derselben wieder pechschwarzen Fensteröffnung des Kapitelhauses.

Während dieses Vorgangs hatten in einem Nachbarhaus jenseits der Klostermauer zwei Hunde wie wütend gebellt, jedoch niemand aus dem Schlaf gerüttelt. Dagegen trat jetzt aus dem Schatten des Kirchenchors eine kleine Gestalt hervor, winkte ganz freundlich nach dem Hörsaalfenster hinauf und schlich dann der Klostermauer entlang dem Häuschen zu, in dem sich Möhrles, des Unterfamulus, Amtswohnung befand. Bei der zweiten Durchsuchung des Klosters am folgenden Tag, die von der Frau Prälat und Professor Gaum mit Hilfe der beiden Famuli und einer Klostermagd während der Lektionen vorgenommen wurde, war das Interesse an der Sache selbst bereits etwas erlahmt. Es wandte sich mehr und mehr der ungewohnten Erscheinung eines häuslichen Zwists zwischen der Frau Prälat und ihrem Gemahl zu, der es ernstlich übel zu vermerken begann, daß sie mit solcher Hartnäckigkeit an dem Gedanken einer Schuld festhielt, welche die Promotion mit Gewalt auf sich geladen haben sollte. Natürlich war das Suchen abermals vergeblich, und der Eifer, mit dem nach den Lektionen die ganze Promotion aus eignem Antrieb eine dritte Haussuchung veranstaltete, der Triumph, mit dem der Prälat auf diesen Eifer aufmerksam machte, waren so ärgerlich, daß seine Gattin an heftigen Kopfschmerzen leidend früher als gewöhnlich zu Bett gehen mußte. Nach den Erschütterungen der letzten Tage schien endlich wieder eine besonders ruhige Nacht angebrochen zu sein.

»Das versteht sich *per se*«, hatte Seeger nach dem Nachtessen zu seinem Freund Busch gesagt, »der sicherste Ort bleibt das Kolleg. Dort sucht uns kein Mensch und dabei bleibt's. Präzis elf Uhr. Sag's den andern, den Stöckle ausgenommen. Sein Gewissen könnte sonst wieder aufwachen. Diesen Gewissen ist nie zu trauen.«

Der Nachmittag verlief in musterhafter Ordnung. Selbst Professor Gaum fand nichts zu tadeln. Unauffällig steckte Seeger dem Unterfamulus im Vorübergehen ein zusammengefaltetes Papier in die Hand. Es enthielt vierundzwanzig Kreuzer und eine Notiz, die sich auf Bier und Tabak bezog.

Nachts gegen elf Uhr schlichen sich aus den drei Schlafsälen fünf kleine tief verhüllte Gestalten nach dem Hörsaal, ohne einen Laut auszutauschen. Dort zogen sie ihre Kutten aus und verhängten, im Dunkeln tappend, ebenso lautlos die Fenster auf der Südseite des Saals. Dann wurde das Haus festlich beleuchtet: eine Lampe brannte auf dem Katheder, zwei Talglichter auf den ersten Schulbänken. Und nun begann der Seiltelegraph nach unten zu spielen. Mit einer fast unerhörten Frechheit stand Möhrle in den Brennesseln des Obstgartens vor dem halboffenen Fenster des Kapitelhauses. Zuerst wurde ein Krug hinaufgezogen, der aber nur halbvoll ankam.

»Der verruchte Möhrle«, schalt Seeger, als er dies entdeckte.

»Leben und leben lassen!« bemerkte der immer nachdenkliche Pfitzenmeyer.

Dann kam die Gans, unverhüllt, nur an einen Schlegel befestigt, goldbraun, wenn auch etwas mit Kalk von der Klostermauer bestreut, und einen köstlichen Duft verbreitend.

Nun parlamentierte Seeger laut flüsternd mit dem unten stehenden Möhrle, der nach einigem Drängen noch zwei Bierkrüge heraufschickte, denen ein kostbares Päckchen Tabak folgte. Dann wurde ihm empfohlen, sich nach

Hause zu begeben, nachdem er Fräulein Thusnelde den tiefgefühlten Dank der Festgenossen ausgesprochen und sie versichert habe, daß ihr hier oben fünf Herzen zu Füßen lägen. Nachdem man sich sodann nochmals überzeugt hatte, daß die Kutten genügend Schutz in der Richtung der Wohnung des Professors Bräunlin gewährten, die allein in Betracht kam, begann man sich häuslich einzurichten.

Es war ein köstliches Mitternachtsmahl bei aller Einfachheit in unwesentlichen Äußerlichkeiten. Man speiste auf Papier und trank aus den Krügen. Der duftende Braten wurde mehr zerrissen als zerschnitten, aber der seltene Genuß erhöht durch die poesievolle Umgebung und das Gefühl, daß mit jedem Bissen die Beweise einer schweren Schuld, die alle insgeheim drückte, weniger wurden. So wenigstens erklärte man sich Buschs phänomenale Gefräßigkeit.

Sie tranken zunächst auf Thusneldens Wohl, die ihnen nicht ohne eigne Gefahr diesen Genuß bereitet hatte und die sie alle in nicht zu ferner Zukunft zu belohnen gelobten, wie noch keine deutsche Jungfrau belohnt worden war. Dann trug Fischer, der häufig Schillers ›Räuber‹ zitierte, ein Gedicht vor, in dem er darlegte, daß der Mann nur in der Gefahr sein wahres Glück erblicken dürfe, solange ihm die Götter nicht grenzenlose Freiheit gewährten. Pfitzenmeyer war im Begriff, der kapitolinischen Gänse zu gedenken, als ihm Berblinger, der anfänglich ziemlich still gewesen war, zuvorkam. Er führte in kurzer Rede aus: Wenn auch die Gans kein Adler sei und sich ihr Flug mit dem des Königs der gefiederten Welt nicht messen könne, so seien doch ihre Versuche, sich von der Erde zu erheben, dem Menschen ein Vorbild und berechtigten ihn, ein Hoch auf die Gans selbst in ihrem jetzigen, der Vergänglichkeit geweihten Zustand anzubringen. Sie lebe! – Hiergegen protestierte Busch, beschränkte sich aber im übrigen darauf, einen unverhältnismäßig großen Anteil des Mahls für sich zu beanspruchen, wozu er durch die für alle ausgestandene Todesangst berechtigt zu sein glaubte.

In diesem Augenblick ging langsam und feierlich die Türe auf und die ganze Gesellschaft verschwand wie durch Zauberschlag unter den Schulbänken. Aber es zeigte sich sofort, daß es nur Stöckle war, der im Nachthemd, Mund und Augen weit aufreißend, die einsam brennende Lampe und die zwei Talglichter betrachtete und dazu lüstern in der Luft schnupperte. Sobald Busch dies gewahr wurde, brach er aus seinem Versteck hervor, packte Stöckle am Kopf und stieß ihm einen Knochen in den Mund.

»Friß oder stirb!« rief er dabei mit dröhnender Stimme.

Stöckle machte keinen Versuch, Widerstand zu leisten. In der Tat hatte ihn der Geruch und eine dunkle, nicht unangenehme Ahnung herbeigelockt. Er pustete ein wenig und kaute.

»So!« sagte Busch befriedigt. »Er hat geschluckt. Jetzt bist du einer der Unsern mit Leib und Seele. Jetzt kann dich dein Gewissen beißen, soviel dir's behagt. Zeig uns an, wenn du den Mut hast.«

Der unglückliche Stöckle nahm Platz zwischen Fischer und Berblinger und aß für zwei, was ihm Busch vergeblich verwies. Das Bier ging auf die Neige. Vergebens telegraphierte Busch in den Garten hinunter nach weiterer Zufuhr; Möhrle war und blieb verschwunden, obgleich Seeger entrüstet versicherte, fünf Krüge bestellt zu haben. Ein kleiner Trost lag darin, daß er jetzt die silberbeschlagene Pfeife seines Papas, des Konsistorialrats, hervorzog und sie feierlich füllte. Nach Indianerart wanderte sie von Mund zu Mund und verfehlte nicht, die aufgeregten Geister einigermaßen zu beruhigen. Selbst Busch wurde nach wenigen Zügen sehr nachdenklich; Möhrle hatte für einen wirkungsvollen Knaster gesorgt.

Es war schön, unvergeßlich schön gewesen, doch es war zwecklos, die leeren Krüge und die weißen Knochen länger anzustarren. Pfitzenmeyer sammelte die letzteren, wobei ihm Stöckle beistand, packte sie in ein Papier und schleuderte dies mit kräftigem Schwung durchs Fenster über die Klostermauer. Das freudige Gebell der Hunde des dort ansässigen Klosterküfers bewies, daß von seiten der Gans keine Gefahr der Entdeckung mehr drohte. Jetzt wurden die Lichter gelöscht, die Kutten von den Fenstern entfernt. Man hörte noch leises Flüstern, das erschreckte Anstoßen eines Krugs, das vorsichtige Ächzen einer Türe. Dann schlug es Mitternacht im Städtchen draußen. Der Spuk war verschwunden.

Die erste Lektion am folgenden Morgen war dem hebräischen Alten Testament gewidmet. Man las unter der Leitung des Herrn Prälaten das Buch Hiob, so gut es ging. Der würdige Herr pflegte zuerst das Katheder zu besteigen und die vorangegangene Lektion kursorisch durchzunehmen und war eben im Begriff, dies auch heute zu tun, als er stillhielt. Sein Blick war auf einen kleinen weißen Gegenstand neben seinem Buch gefallen; seine Augen wurden starr. Ohne sie abzuwenden, holte er hastig seine Brille hervor und setzte sie auf. Plötzlich wurde er feuerrot und seine Stirne legte sich in senkrechte und horizontale Falten, so daß kleine Viereckchen entstanden, das sichere Zeichen eines nahenden furchtbaren Gewitters. Aber es kam nicht zum Ausbruch. Verhältnismäßig gefaßt nahm er den kleinen Gegenstand in die Hand und hielt ihn in die Höhe.

»Dies«, sprach er langsam mit bebender Stimme, »dies ist dem Aussehen nach der Knochen eines Vogels, scheinbar einer – einer Gans; der sogenannte Springer. Wer ihn hierhergelegt hat, möge sich erheben.«

Pause.

»Es scheint sich niemand zu erheben. Ich werde ihn meiner Frau zeigen.«

Dann steckte er ihn zitternd in die Tasche seiner langen Weste und begann: »Hiob antwortete und sprach: ›Wie

lange plaget ihr doch meine Seele? Ihr habt mich nun zehnmal gehöhnet und schämet euch nicht, daß ihr mich also
übertäubet!‹«

Und in sechs jungen Herzen regte sich doch etwas wie
Reue. Keiner aber erhob sich, nur Stöckle schlich hinaus
und weinte bitterlich.

Der Prälat aber bewahrte den fraglichen Knochen eine
Woche lang in der Westentasche. Er zeigte ihn jedermann,
und jedermann war der Ansicht, daß es der Springer einer
Gans sei. Und alle schüttelten den Kopf, mehr traurig als
belustigt. Nur seine Frau hatte ihm ins Gesicht gelacht,
unehelich, boshaft, und hatte schneidend hinzugefügt:

»Hab' ich dir's nicht gesagt? Oh, ihr Männer!«

»Ich hätte Sie nicht bemüht, Herr Professor, wenn Kollege Bräunlin nicht schon wieder erkrankt wäre«, begann Prälat Kleß, sich ungewöhnlich langsam aus seinem hölzernen Sorgenstuhl erhebend.

»Bitte sehr; ich bin zur Zeit Ordinarius. Da ist es nur meine Pflicht–«, versetzte Gaum in seinem gereiztesten Ton.

»Ja, gewiß, natürlich!« fuhr sein Vorgesetzter begütigend fort. »Und die Sache ist so ernst, daß mir Ihre Energie, Ihr Scharfblick von der größten Bedeutung sind. Auch meiner Frau oder Gattin. Glauben Sie an Geister, ich meine Gespenster?«

»Im neunzehnten Jahrhundert!« rief der Professor entrüstet.

»Eigentlich hat das Jahrhundert damit nichts zu tun. Überdies sind wir erst seit einem Jahr so weit. Daß es in alten Klöstern spukt, ist eine von vielen zugegebene Tatsache. Auch die Alten führen Beispiele an, die man nicht schlechthin verwerfen sollte. Ich erinnere an Plutarch, an Saul und Samuel. Und nun haben wir wieder einmal eine Geschichte, bei der man nicht weiß, was man denken soll.«

»Gelegentlich soll das vorkommen.«

»Ja, ja! – Aber da lesen Sie!«

Der Prälat reichte dem ungeduldigen Professor ein Amtsschreiben in Form eines großen Foliobogens, den dieser mehrmals von beiden Seiten betrachtete.

»Vom Hofrat Scholl!« sagte er endlich unmutig. »Was hat *der* uns wieder zu sagen?«

»Das frage ich auch. Aber lesen Sie, bitte; lesen Sie es vor. Es ist nur gut, daß sich mein Gehör zu bessern scheint; meine Augen werden mit jedem Tage schwächer.«

Gaum trat ans Fenster, dessen Butzenscheiben viel zu

wünschen ließen, und begann: »Hochwürdigster Herr Prälat und sehr ehrenwerter Herr!

Seiner Pflicht gedenkend gestattet sich Endsunterzeichneter ein Vorkommnis zur Kenntnis Eurer Hochwürden zu bringen, das meine Angehörigen ungebührlich beunruhigen und auch mich, wie Euer Hochwürden zugeben werden, befremden, ja in gesundheitsschädigender Weise ärgern mußte.«

»Das fängt gut an«, lachte der Professor gezwungen.

»Was hat dieser Scholl sich über unsre Klosterangelegenheiten zu ärgern?«

»Das frage ich auch. Er wird auf seine Eigenschaft als Klosterverwalter pochen. Aber weiter!«

»Gestern abend weigerte sich die Rosine, die wie bekannt schon seit fünf Jahren treu und redlich bei uns dient, sich auch keineswegs als eine unbeherzte Person erwies, mein Abendbier aus der Klosterbrauerei zu holen, wie solches seit Jahren regelmäßig und ohne Anstand geschehen. Nach der Ursache dieser Unbotmäßigkeit befragt, erklärte die Magd, daß sie in jüngster Zeit mehrmals heftig erschreckt worden, in dem sie in der verschlossenen Klosterkirche eine unnatürliche Helle bemerkt habe; insonderheit am dritten Fenster vom Chor gerechnet, gegen Mitternacht, woselbst seit einiger Zeit, angeblich seit 1798, ein Fensterflügel ausgebrochen und deshalb allerdings der Reparatur in hohem Grade bedürftig ist, wovon ich geziemend Notiz genommen. Durch dieses Fenster sei nun vorgestern gegen halb zehn Uhr nicht nur die erschreckende Helle hervorgetreten, sondern auch ein großer schwarzer Schatten, mit einer Mönchskutte angetan, zu erblicken gewesen, und während besagte Rosine denselben mit großem Zittern betrachtet, sei ein kleines rotes Licht hervorgetreten, habe sich gegen den Himmel erhoben und sei sodann in erklecklicher Höhe dem Blautopf zugeschwebt, woselbst es verschwand. Nachdem sie all dies bei klarem Verstand und aufs deutlichste bemerkt, habe sie sich kaum mehr auf den Beinen halten können, und sei es für ein Wunder anzusehen, daß sie den Bierkrug nicht zerschlagen nach Hause gebracht habe. Man mag nun über dieses Vorkommnis denken wie man will –«

»Wie bereits bemerkt, bin ich so weit mit dem Hofrat völlig einverstanden«, unterbrach der Prälat den Leser, der in verächtlichem Tone fortfuhr:

»Wie man will. Dagegen steht außer Zweifel, daß sich unsre Rosine weigert, nächtlicherweile nach neun Uhr Bier zu holen, hierdurch eine unerträgliche Störung unsrer häuslichen Gepflogenheiten verursachend, weshalb ich mir erlaube, Eurer Hochwürden zu empfehlen, das fragliche Phänomen sowohl bezüglich der Helle und des Schattens als auch des rätselhaft schwebenden Lichtes sorgfältig zu untersuchen, da ich den Schlüssel zur Kirche zwar gegen meinen Willen, aber schon im Jahr 1792 an die hochwürdige Prälatur abzuliefern veranlaßt wurde.

Auch möchte ich beifügen, daß das besagte bewegliche Licht noch von andern glaubwürdigen Personen bemerkt wurde und von denselben für eine geisterhafte Erscheinung *vulgo* Spuk erklärt wird, wozu eine lächerliche Geschichte oder Erzählung beitragen mag, die seit etlichen Tagen in der Stadt kursieret und ebenfalls von der verehrlichen Klosterschule ausgegangen zu sein scheint.

Ich verbleibe hiermit mit schuldiger Reverenz Eurer Hochwürden Diener. Hofrat Scholl, Herzoglich württembergischer Klosterverwalter.«

»Nicht einmal ›gehorsamst‹ sagt er, worauf die Prälatur Anspruch hat«, bemerkte Gaum, indem er den Brief auf den Schreibtisch warf.

»Beruhigen wir uns. Wir werden in der Antwort hierauf Rücksicht zu nehmen wissen«, entgegnete Kleß nicht ohne Schärfe. »Was die Sache selbst betrifft –«

»Ein Unsinn!« rief der Professor. »Ich halte das Ganze für eine Erfindung der Frau Hofrätin. Die Frau hat eine

Phantasie – eine Phantasie! – Fragen Sie einmal Ihre Frau Gemahlin.«

»Ich weiß genau, was seine Absicht ist«, seufzte der Prälat. »Da soll in irgendwelcher Weise wieder einmal die Promotion oder noch besser das Klosterregiment an der Geschichte schuld sein. Als ob wir für jede Helle verantwortlich gemacht werden könnten, die die Hofratsmagd nach neun Uhr abends zu bemerken glaubt!«

»Man ist sicher, daß die Kirche abgeschlossen ist?« fragte Gaum nachdenklich.

»Na – natürlich«, versicherte Kleß entrüstet. »Meine Frau hat den Schlüssel selbst in Verwahrung.«

»Das ist eine Beruhigung. Mit der Promotion, wie sie sich leider neuerdings anläßt, muß man alles in Erwägung ziehen.«

»Ach Gott, ja; Sie haben recht!« stöhnte der Prälat.

»Seitdem probeweise die sogenannte Ausgangsfreiheit eingeführt ist, die uns das hohe Konsistorium aufgedrängt hat, scheint alles aus Rand und Band zu sein. Kein Wunder. Zweimal in der Woche die ganze Herde der Alumni ohne alle und jede Aufsicht laufen lassen, das kann ja zu nichts Gutem führen. Man kann es an jeder Schafherde beobachten. Warum machen sie die Probe nicht zuerst in Maulbronn? Mit Bräunlin, der immer krank ist, und meinen Nerven, die auch nicht von Eisen sind! Ich habe Zeller gebeten, ein Auge auf die jungen Leute zu haben. *Der!* Der Oberfamulus will ihn und Berblinger beobachtet haben, wie sie im Wald vor einer Buche standen und mit Klosterkreide Zahlen und Figuren auf die Rinde malten.«

Gaum nickte finster: »Auch Busch sei vorgestern wieder in Gerhausen an der Hintertüre des Roten Ochsen erwischt worden, aus dem Seeger gerade herausgekommen sei.«

»Nein, nein! Von Seeger *will* ich dies nicht glauben«, fiel Kleß ein. »Aber leider, die Versuchung ist zu groß für junge Leute, zweimal die Woche ohne jede Aufsicht!«

»Dagegen sei Berblinger schon dreimal heimlich zu

dem Buchbinder Schmok ins Haus gelaufen«, fuhr Gaum unerbittlich fort, »und habe sich dort zu völlig unaufgeklärten Zwecken Kleister gekauft. Und der Fischer – all das berichtet mir der Oberfamulus Leuze, der übrigens eine Erhöhung seines Gehalts verlangt, wenn die Ausgangsfreiheit beibehalten werden sollte –«

»Was Gott verhüte!« rief der Prälat aus tiefster Seele.

»Der Fischer habe sich im Wald in der Nähe des fast unzugänglichen Fuchsfelsens eine Hütte, eine Art Wigwam, gebaut und liege dort stundenlang mit einem Notizbuch auf einer Moosbank.«

»Vielleicht macht er lateinische Verse«, bemerkte der Prälat aufatmend.

»Der und lateinische Verse!« rief Gaum. »Sehen Sie seine Hebdomadara an. Ein Greuel! Nein; es ist mir etwas zu Ohren gekommen, was ich vorläufig auch nicht glauben will. Der Mensch soll allerdings Gedichte machen, aber in gemeinem Deutsch. Eine Art Klopstockiaden, an Thusnelde gerichtet.«

»Was? An die Gattin Hermanns des Cheruskers?«

»Das hoffte ich auch; aber dem sei nicht so. Nein, an die Nichte der Speismeisterin. Und nicht genug: er habe eine schriftliche Arbeit verfertigt, ein sogenanntes Märchen, so eine Art Spinnstubengeschichte, und dieses Machwerk derselben Thusnelde in aller Form gewidmet und zugesandt. Darauf spielt wohl der Hofrat an. Es laufe im Städtchen von Hand zu Hand und verdrehe den Weibern den Kopf. Überhaupt –«

»Allerdings – überhaupt –« Der Prälat nickte heftig mit dem Kopf. »Wenn ich nur den Speisemeister veranlassen könnte, diese Nichte zu entfernen. Kann sie nicht anderwärts auch kochen lernen, und sind unsre Alumni dazu hier, zu verspeisen, was diese leichtfertigen jungen Mädchen kochen? Nein, und abermals nein! Der Leuze sagte auch mir erst gestern, die halbe Promotion benutze die neuangeordnete Ausgangsfreiheit, dieser Mamsell Thus nelde nachzulaufen. Ich will doch versuchen, ob hier meine Frau nicht eingreifen kann. Es scheint mir mehr und mehr eine Weibergeschichte zu werden. Was aber die Helle in der Klosterkirche betrifft – Herein!«

Eine lange, hagere Gestalt in einem blaugrauen Soldatenrock, der ihr viel zu klein war, einen Säbel an der Seite, einen Stock mit dicker schwarzroter Quaste unter dem Arm und einen mächtigen Dreispitz in der Hand, schob sich vorsichtig durch die halbgeöffnete Türe, gefolgt von einem kleinen Bäuerlein in Lederhosen und sehr roter Nase. Beide verbeugten sich mit vielem selbsterfundenen Anstand.

»Was ist's? Was wollt ihr?« rief der Prälat erstaunt, aber nicht unfreundlich.

»Eine Empfehlung vom Herrn Stadtschultheiß«, begann der Lange, sich würdevoll aufrichtend, »und hier sei der Nachtwächter Köberle selbst.«

»Ja, was soll denn der Nachtwächter Köberle?« fragte Kleß mit wachsender Verwunderung.

»Mit Verlaub, Euer Gnaden –«, sagte der Kleine nach drei weiteren Bücklingen.

»Euer Hochwürden!« verbesserte der andre, indem er seinen Begleiter ärgerlich in die Rippen stieß.

»Mit Verlaub! Ich bin der städtische Nachtwächter«, fuhr dieser fort. »Das Kloster geht mich von Amts wegen nichts an; aber ich kann nicht verhindern, daß ich die alte Kirche sehe, wenn ich hinten herum vom Klosterbräu nach der Bleich gehe, wie es meine Amtsvorschrift verlangt. Und da hab' ich jetzt schon zum drittenmal eine Helle gesehen, daß mir der Schreck in alle Glieder gefahren ist. Am dritten Fenster vom Chor gezählt war sie besonders stark. Und wie ich endlich stehen bleibe und nachdenke, ob ich mich drum zu kümmern habe oder nicht, kommt ein Flämmchen heraus und zieht gerade über mich weg, dem Blautopf zu. Ich dachte, ich müßte in den Boden sinken. Ganz leis kommt's daher und zieht gerade über mich weg – wie – wie ein

Flämmchen und verschwindet. – Da erzählen die Leute von dem Ritter Bruno, der ein Mönch geworden ist und das Kloster dem Teufel verschreiben wollte – meiner Treu – da dacht' ich, es könnte am End' der Ritter Bruno sein.«

»Dummheiten!« platzte Professor Gaum heraus, »ist Er verrückt?«

»Das sagte der Herr Bürgermeister auch«, versetzte der Nachtwächter kleinlaut. »Aber es ist meine Amtspflicht, zu rapportieren, und ob es der Ritter Bruno ist oder der Teufel – ich wollt', der Herr Stadtschultheiß wollt' einen andern Nachtwächter für dort hinten herum bestellen. Mir wird's zu gruslig.«

»Er hat wohl ein Glas zuviel gehabt, guter Freund«, sagte Gaum etwas milder.

»Ohne das tu' ich's überhaupt nicht mehr«, versetzte der Mann gekränkt. »Und der Herr Stadtschultheiß – na, Huber!«

Der Stadtbüttel nahm seine Amtshaltung wieder an.

»Der Herr Stadtschultheiß lassen schön bitten, die Herren Klosterherrn möchten die Güt' haben und das Vorgekommene selber untersuchen, sintemal die Gespenster Kirchensach' seien seit Menschengedenken. Er glaube zwar selber nur an die, die in der Bibel stehen, von Amts wegen; aber auf alle Fälle sollte dem Unfug gesteuert werden, so daß die Unruh im Städtchen nicht überhandnehme. Mit Verlaub, das sollen wir ausrichten.«

Die zwei Abgesandten der städtischen Behörden verneigten sich wiederholt und stolperten rascher zur Türe hinaus, als sie hereingekommen waren.

»Nun, was sagen Sie jetzt?« fragte der Prälat nach einer langen Pause.

»Es scheint denn doch etwas an der Sache zu sein«, versetzte Gaum, unbehaglich auf und ab gehend. »Geheuer ist es nicht. Aber wie gesagt –: im neunzehnten Jahrhundert! Ich weiß wahrhaftig selbst nicht, was ich davon denken soll.«

»Sehen Sie!« rief Kleß fast freudig. »Genau was ich Ihnen vor einer halben Stunde schon gesagt habe!«

Mit Fischers Wigwam hatte es seine Richtigkeit. Die bewaldete Bergwand, die hinter dem Kloster aufsteigt, das ›Gähhäldle‹, endet in mehrere Gruppen von Felszacken, grau und zerfressen, die drohend über dem Tal hängen. Sie haben ihre Namen. Am Fuß des Fuchsfelsens ist eine Höhlung, groß genug, einem Mann Schutz vor Unwetter zu gewähren. Vor derselben hatte Fischer aus Steinen und Moos eine Bank gebaut und das dichte Gebüsch über dieselbe gezogen, so daß das Hüttchen einem Vogelnest nicht unähnlich war. Zwischen den Zweigen hindurch sah man in der Tiefe die Spitze der Klosterkirche, den kahlen Rucken mit den kaum erkennbaren Resten der alten Burg, und in weiterer Ferne das Rusenschloß und die waldigen Berge, die das Tal gegen Ulm hin abzuschließen scheinen. Außer dem Erbauer dieser Einsiedelei und seinem Freund Berblinger kannten sie nur wenige Zöglinge, die Fischer nachgeschlichen waren, wenn er sich in den ersten Monaten der neueingeführten Ausgangsfreiheit allein in die Büsche geschlagen hatte.

Dort saßen beide wieder einmal und sahen schweigend über das grüne Tal mit seinem Felsenschmuck wie immer nach der Seite hin, wo es sich gegen die ferne Donauebene öffnet. Drunten im Städtchen, welches vom dichten Laubwerk verdeckt war, schlug die Kirchturmuhr.

»Schon halb zwei!« seufzte Fischer. »Aber erträglicher ist das Klosterleben doch, seitdem man uns am Mittwoch und Samstag auf ein Stündchen ohne Gängelband fliegen läßt.«

»Mir kommt's härter vor«, versetzte Berblinger. »Ich möchte hinaus – hinaus wie noch nie; besonders wenn die Sonne scheint wie heut und es halb zwei schlägt. – Bist du fertig mit deinem Hebdomadar?«

Fischer gab hierauf zunächst keine Antwort. Nach einer Pause sagte er:

»Ich hab' wieder ein Märchen im Kopf, das mir keine Ruhe läßt und mir über die ganze nächste Woche weghelfen wird. Auch übers Hebdomadar. Du weißt, der Seeger schwatzt immer von dem Schiller, wie der in der Karlsschule die Räuber gedichtet habe. O – die Räuber! Das brächte ich nie fertig und weiß es wohl. Aber Märchen spinnen, über alte Klostermauern wegfliegen in eine Welt, wo es von Gold und Edelsteinen, von Blumen und Vögeln nur so flimmert und wimmelt und Elfen und Wassernixen um mich tanzen, daß ich vergehen möchte vor Vergnügen, das kann ich hier oben in unserm Hüttchen. Das kann ich zur Not drunten auf der Schulbank, während uns Gaum den Unterschied von ἄν und ἐάν erklärt.«

»Jawohl!« spottete Berblinger. »Herrlich, wenn er dich dann weckt mit seinen Nadelstichen: ›Ei, ei, Fischer, wo ist man wieder? Sagen Sie kein Wort! Ich sehe es Ihnen an: Sie waren meilenweit von der Sache. Aus dem Karieren machen Sie sich nichts. Ich werde beantragen, Ihnen die Ausgangsfreiheit zu entziehen, Sie geistiger Schwinginsfeld. Vielleicht hilft das. Zeigen Sie mal Ihr Heft her! Ei, ei, Fischer, heißt das Nachschreiben!‹ Und dann liest er uns den Anfang deines Märchens vor, daß der Busch und die andern vor Lachen brüllen und nur der Stöckle die Ohren spitzt, als höre er ein neues Evangelium.«

»Es gibt noch andre, die sie spitzen«, sagte der Märchendichter nicht ohne Selbstgefälligkeit.

»Gib acht, man wird sie dir noch ausreißen, wenn der Professor Gaum Wind von der Geschichte bekommt«, lachte Berblinger. »Seeger sagt, dein Heft gehe im Städtchen von Haus zu Haus. Die einen lachen, den andern gruselt's. Dir wird's schließlich gruseln, wenn alles an den Tag kommt.«

»Mir wurst!« versetzte Fischer trotzig. »Was die Großen,

der Ovid, der Virgil, der Homer im großen getrieben haben, treiben die Kleinen im kleinen.«

»Nur die Thusnelde sei unzufrieden, erklärt Busch, der sie gestern gesprochen hat, der Frechling«, fuhr Berblinger fort. »Es sei nicht genug Liebe drin; keine von der rechten Sorte. Sie wolle Märchen mit netten jungen Prinzen.«

»Das kommt noch, später«, versprach Fischer. »Dann will ich doch sehen, ob ich den Busch nicht aus dem Sattel hebe. Im schlimmsten Fall macht mich's selbst wieder auf ein paar Wochen glücklich trotz Gaum und Bräunlin und Kleß. Kann ich dafür, daß alle drei nichts davon verstehen, trotzdem sie Tag und Nacht die Nase in den Homer stecken.«

»Hat eben jeder seine Art«, meinte Berblinger altklug. »Mir scheint das alles auch nur Luft und Wind. Ist die Stimmung weg, ist auch das Glück dahin. Was nützt's?«

»Hat es keinen Nutzen, eine Woche lang glücklich und vergnügt gewesen zu sein mit nichts?«

»Nein, wenn die Woche vorüber ist.«

»Ja, denn man vergißt sie nicht.«

»O doch, denn man vergißt alles – alles. Frag den Gaum, wenn er auf dich zu sprechen kommt.«

»Und dann wird's gedruckt. Bücher!« rief Fischer mit leuchtenden Augen. »Wer weiß, ob ich nicht noch ein berühmter Mann werde trotz aller Gaume?«

»O Fischer! Fischer! Bücher!« brach Berblinger los. »Sind sie nicht unsre Qual von morgens bis in die späte Nacht? Nein, schaffen möcht' ich, aber nicht in Träumen. Fliegen will ich, aber nicht auf Zauberpferden und in Märchenparadiesen.«

»Na, na, wie sonst? Ich weiß, du hast's hinter den Ohren, Berblinger, und traust deinem besten Freund nicht. Aber denk an mich! Die Klostermauern sind zu hoch und zu dick für dich und deinen schwachen Schädel. Ich komme drüber weg mit einem Gedankensprung. – Was treibst du? Daß du in der Nacht herumschleichst, der

Kuckuck weiß wo, habe ich längst gemerkt. Andre auch. Nur wissen wir noch nicht wohin; aber es ist nichts so fein gesponnen, es kommt endlich an die Sonnen.«

»Mußt du's wissen?« fragte Berblinger, unbehaglich Moos aus der Bank reißend. »Ich dichte.«

»Du? Unsinn! Außer deinem Ikarusvers im Landexamen hast du noch nie zwei Zeilen zusammengebracht.«

»Ich dichte eben anders als du; zeilenlos. Aber fliegen will ich gleich dir. Wart ein Weilchen. So leicht wie bei dir geht's nicht; dann ist aber auch etwas gedichtet, das sich sehen lassen kann. Das versteht ihr alle nicht. Ich träume zum Beispiel, ich sei ein ungeheuer nützlicher Mann geworden und habe die ganze Menschheit über sich selbst hinaus gehoben, so daß sie etwas andres geworden ist, als was sie bisher war: frei wie der Vogel in der Luft und glücklich in ihrer neuen Freiheit. Ich träume, das hätte ich fertig gebracht und wäre der erste, der in die neue Freiheit hinausflöge. Wäre das nicht etwas andres als deine Märchen?«

»Paß auf, daß dich der Gaum nicht auch weckt: ›Ei, ei, Berblinger!‹«

»Ist mir gleich! Du hast von Poeten gehört, die verhungert sind, weil sie kein Brot fanden oder keine Liebe, oder das nicht, was sie zum Leben und Lieben und Dichten brauchten. Nach Jahrhunderten streiten sich sieben Städte drum, wo diese Großen des Geistes geboren wurden. Hätten sie deshalb nicht dichten sollen? Das gehört dazu, wenn man Neues schaffen will. Ich habe keine Angst.«

»Das merk' ich, Berblinger, aber das wird dir nichts helfen. Hast du dein Hebdomadar fertig? Morgen muß es abgeliefert werden.«

»Laß mich in Ruh! Wir werden noch alle über unsre griechischen Hebdomadare lachen, Fischer!«

»Das tun die andern jetzt schon.«

»Laß sie. Die Menschen haben andres zu tun, als ewig und ewig den alten Moder umzuschaufeln. Nützlich sein,

Neues schaffen, uns und andre über die Erde erheben: so hoffe ich noch leben und sterben zu dürfen, und dann, wenn ich dem Gaum begegne drüben im Jenseits oder in seinem Hades, will ich mit ihm rechten. Hier geht's nicht.«

»Bei Phöbos-Apollo, Berblinger, ich glaube, du dichtest wirklich.«

»Merkst du was? – Hallo, es schlägt dreiviertel! Wir müssen machen, daß wir ins Dorment kommen, ehe der Famel abschließt!«

Sie sprangen auf und in großen Sätzen den Berg hinunter. Wie die hochaufgerafften Kutten hinter ihnen her flatterten! Es war auch ein Fliegen mit Hindernissen.

In jenen Tagen prickelte es in allen Gliedern der Menschheit, als habe eine bisher nicht bekannte Art von Fieber den Riesenleib ergriffen. Man hatte mit schaudernder Neugier, dann mit Entsetzen den Verlauf der französischen Revolution verfolgt, und was sich in Frankreich in wahnsinnigen Zuckungen austobte, zitterte in den entlegensten Winkeln des morschen deutschen Reiches nach: Auflösung, Drang nach Freiheit und Neugestaltung, Rebellion. »Selbst unter den Frauen gärt es bedenklich«, seufzte der Prälat, als die drei Herren nach einer peinlichen Wertung der vom Konsistorium zur Begutachtung vorgelegten Vorschläge aus dem Konventzimmer traten, die nichts Geringeres bezweckten als eine ›gründliche Umgestaltung‹ der altbewährten, aber, wie Übelgesinnte sie zu nennen wagten, versumpften Klosterschulen. Er hatte nicht ganz unrecht und hätte sich am gleichen Abend noch davon überzeugen können, wenn er zu Hause geblieben wäre. – Dort saßen sie nämlich beisammen, auf die er sich erlaubt hatte ganz unverblümt anzuspielen, und machten keine Anstalt, aufzubrechen.

»Ich sehe wirklich nicht ein«, rief die Frau Prälat Kleß, »wenn unsre Männer jeden Freitag in die Neue Post ziehen, als wär's eine Art Gottesdienst, warum wir nicht auch unsern Stammtisch haben sollten.«

Die vier andern Damen nickten energisch.

»Und wenn die Herren der Schöpfung nicht nach Hause kommen, bis ihnen der Nachtwächter die Polizeistunde anzeigt, und der Stadtschultheiß kraft seines Amtes noch eine halbe Stunde zugegeben hat, so können wir auch einmal nach neun Uhr beisammenbleiben.«

»Besonders wenn man noch so Wichtiges hören und besprechen muß«, bemerkte Frau Professor Gaum, nervös mit ihren Stricknadeln klappernd.

»Haben Sie es hier?« wandte sich die Frau Prälat an Frau Pfarrer Scheibler.

Frau Pfarrer Scheibler war die Witwe des verstorbenen Pfarrers von Suppingen und wohnte seit dem Tod ihres Mannes in zwei netten Stübchen auf der ›Bleich‹, hatte aber immerhin das Recht, sich den Spitzen der sehr exklusiven Klostergesellschaft anzuschließen. Etwas zweifelhafter war die Stellung der Frau Oberamtsarzt Hubrecht, doch konnte sie als Tochter des früheren Dekans von Kirchheim immerhin auf Ebenbürtigkeit Anspruch erheben und wurde als etwas schüchternes, anspruchsloses Wesen von der Prälatin protegiert und von den andern geduldet. Die Frau Hofrat Scholl kam nicht in Frage. Sie war der böse Feind und herrschte in ihrem eignen Kreis, auf den man gebührend herabsah. – Die Frau Prälat hatte den Auserwählten heute abend etwas ganz Neues aufgewartet – saure Milch mit Zucker und Zimt –, jetzt strickten alle emsig und hochbefriedigt im Gefühl des gehabten und noch weit mehr des kommenden Genusses, der rein geistiger Natur zu sein versprach.

»Es war nicht leicht zu kriegen«, sagte Frau Scheibler mit wichtiger Miene, »und ich mußte auf mein Ehrenwort versprechen, es morgen wieder zurückzugeben. Ich hab's von der Frau Buchbinder Schnell, die hat's von der Hofrätin und die soll es direkt von der Speismeisterin bekommen haben. Aber es muß durch fünfzig Hände gegangen sein, dem Aussehen nach. Ohne Umschlag möcht' ich's nicht anrühren.«

»Es ist einfach ein Skandal«, rief Frau Professor Bräunlin, die der Prälatin an stürmischer Energie wenig nachgab, wenn sie erregt war, »und der junge Fischer soll es wirklich geschrieben haben. Ganz aus dem eignen Kopf. Ich hätt's ihm nicht zugetraut nach dem, was ich davon gehört habe. Scheinbar ein so ordentlicher Mensch!«

»Ich sag's ja: kein Verlaß mehr auf irgend etwas in diesem Tränental«, seufzte Frau Professor Gaum. »Der Thusnelde soll er's förmlich gewidmet haben; das scheint mir das schlimmste an der Sache. So jung und schon solche Geschichten!«

»Nein, nein«, rief die Pfarrerin. »Das schlimmste ist, wie er vom Kloster spricht, das er dem Gottseibeiuns verschreibt. Diese Frechheit! Das Kloster, von dem er sein Brot und seinen Tischwein hat, und alles was er weiß und kann.«

»Na, hören wir's erst einmal«, sprach die Prälatin, die den Damen gegenüber ihre ruhige Würde zu wahren wußte.

»Aber wer soll vorlesen?« fragte Frau Professor Gaum, als ob sie dies nicht schon längst mit ihrer Kollegin besprochen hätte.

»Das tust du natürlich«, entschied diese. »Du liest so gefühlvoll vor.«

»Her damit«, sagte die Prälatin und nahm der Frau Scheibler ein kleines Heft aus der Hand, das diese mit einer gewissen Ängstlichkeit aus ihrem Arbeitskörbchen hervorgezogen hatte. Dann legte sie es auf den Tisch, öffnete es, gab ihm mit der Linken einen Schlag und räusperte sich.

»Halten Sie noch!« bat Frau Gaum etwas gekränkt. »Ich bin gerade am Abnehmen.« Sie zählte halblaut fünfzig Maschen, während die andern sich zurecht rückten. Dann begann Frau Kleß:

»»Der blaue Zauberstein. Ein Märchen von F. F. Widmung: An Thusnelde.‹

Na, das fängt gut an!

>Du gibst den Duft der Rose,
Den Glanz dem Sonnenlicht,
Drum leg' ich dir zu Füßen,
Was meine Muse spricht.‹«

»Skandalös!« wiederholte Frau Professor Bräunlin. »So jung und schon auf solchen Wegen. Wie wird's da einmal mit der Seelsorge gehen!«

»Vielleicht heiratet er sie«, sagte Frau Oberamtsarzt Hubrecht, nach einer Entschuldigung suchend.

»Das wäre noch schöner! Das vorlaute Ding. Ich nenne sie einfach frech«, erklärte Frau Bräunlin.

»Bitte fortfahren«, bat Frau Gaum.

»Und nicht unterbrechen«, setzte die Prälatin hinzu. »Wenn ihr nicht still seid, kann kein Mensch lesen. Verstanden?«

Sie warfen sich alle etwas ängstliche Blicke zu, denn sie merkten, daß es jetzt ernst wurde; aber sie schwiegen. Und nun begann das Vorlesen in hartem, einförmigem Ton, wie es sich für eine alte Chronik ziemt. Keine Bemerkung wurde mehr laut. Manchmal sank ein Strickstrumpf in den Schoß und wurde mit einem nervösen Ruck wieder aufgenommen; manchmal hörte das leise Geflüster der Nadeln ganz auf. Der junge Märchendichter hätte zufrieden sein können.

»Zur Zeit, als von Geislingen und Wiesensteig herüber die Helfensteiner auf der Alb und im Blautal Land und Leute erwarben und die Benediktiner im Kloster erbten und kauften, man wußte nicht wie, ging es mit den Grafen von Ruck abwärts. Die Ringmauern des Schlößchens begannen zu zerfallen, und sein Dach war so schadhaft, daß die vom Rusenschloß erklärten, sie könnten tagtäglich sehen, was sich der junge Graf zu Mittag kochte, und es sei nicht viel. Der junge Graf aber rührte sich kaum, dem Zerfall Einhalt zu tun, so daß man schon von Gerhausen her sehen konnte: Mit denen von Ruck ging's zu Ende.

Man hieß ihn den jungen Grafen, weil er noch kein Weib hatte, und auch das war nicht in der Ordnung. Aber er hatte sich sein Leben lang in der Welt umhergetrieben als Kriegsmann, hatte dem Kaiser gedient und dem König von Frankreich und sich dabei mit Christen und Heiden herumgeschlagen. Kam er gelegentlich nach Haus, so holte er Geld, so viel er zusammentreiben konnte, anstatt etwas zu bringen, blieb etliche Wochen jagend und trinkend auf dem Rucken, ärgerte sich über die Helfensteiner auf dem Rusenschloß, schimpfte auf die geistlichen Herren am Blautopf und zog mit drei, vier Knechten, die nicht viel besser waren als ihr Herr, wieder hinaus in die weite Welt. Ob er in jüngeren Jahren nie an ein Edelfräulein geraten, die ihn eines Besseren hätte belehren können, weiß man nicht; er selbst schien sich des nicht zu erinnern. Die Zeit ging hin, und er sah bald nicht viel besser aus als sein altes Schlößchen, so daß selbst seine nächsten Vettern, die von Tübingen, nichts mehr von ihm wissen wollten.

Nun war er wieder einmal zu Hause, als auf der Fahrt nach Italien der Kaiser des Heiligen Römischen Reichs Deutscher Nation in seiner Pfalz zu Ulm einkehrte. Da war großes Jubilieren in der getreuen Reichsstadt mit Pauken und Trompeten und allerlei Festspiel und Lustbarkeit. Auch der Graf von Ruck zögerte nicht, putzte Geschirr und Waffen, legte sein bestes Festkleid an und ritt an den Hof, wo er wohlbekannt und bei männiglich nicht übel gelitten war. Denn was man auch zu Hause gegen ihn sagen mochte, er war ein tapferer Reitersmann im Feld und diente dem Herrn redlich, der ihm Geld gab zu Spiel und Trunk. So ging's wieder hinaus, wie er's erwarb.

Beim Prunkmahl im Rathaus zu Ulm, das die Bürgerschaft zu Ehren des Kaisers gab, schlug sein Stündlein. Daselbst erblickte er des Kaisers Schwesterkind, die schöne Irmgard, und ihm war, als habe er nie etwas Liebreizenderes im Leben gesehen. Er entbrannte in heißer Liebe zu der stolzen Maid, also daß er nicht wußte, wie ihm geschah, noch was er tat. Bei dem Turnier, das tags darauf nahe der Frauenklause zu Söflingen gehalten wurde, war er wie toll und streckte alle die jungen Ritter und feinen Herren in den Sand, die um den Ehrenkranz in der Prinzeß Irmgard Hand warben. Als sie ihm nun den Kranz reichen sollte nach Recht und Brauch, kniete er vor ihr nieder mit geschlossenem Visier und sah sie lächeln, daß es ihm durch Mark und Bein ging, so heiß und wohlig und weh. Der Kaiser aber sprach: ›Herr Graf von Ruck, was schließt Ihr das Visier? Tut nach Ritterart, wenn Ihr aus holder Frauen Hand den Kranz empfanget.‹ Da öffnete er das Visier und sah sie an so heiß und minniglich, daß ihm das Blut aus den Augen sprang. Die stolze Jungfrau aber erschrak und wandte sich ab. Denn er war keines von den jungen Milchgesichtern, wie sie einer zarten Maid behagen, sondern ein Kriegsmann, dem das rauhe Leben seinen heißen Stempel auf Stirne und Wangen gedrückt hatte; ja es muß gesagt sein, auch seine Nase hatte es gefärbt, und das war das schlimmste. Beim Tanz aber, der auf das Turnier folgte, übermannte ihn der Liebesgram in seinem Herzen. Sei es nun aus alter Gewohnheit, sei es um den ungewohnten Brand zu löschen, er trank einen Humpen Malvasier, den die Ulmer Stadtherren kredenzten, um den andern, bis er den Mut hatte, als freier Rittersmann und einziger Sproß des alten Geschlechts derer von Ruck vor des Kaisers Majestät zu treten und seiner Schwester Kind zu begehren. Da lachte der Kaiser laut auf und sprach: ›Hab' ich Jungfrauenherzen zu verleihen? Kommt wieder, edler Graf, mit der Busenschleife der stolzen Maid auf dem Mantel, so wollen wir davon reden.‹ Irmgard aber lächelte und sprach: ›Viel lieber wollt' ich einen Strick aus meines Onkels Stall um seinen Hals sehen, als meine Busenschleife auf seinem Mantel.‹

Des andern Tags ritt er zurück ins Blautal, wie es schien, ein gebrochener Mann. Dort fand er das Dach seines Schlößchens noch weiter eingefallen, so daß man auch in der Küche nicht länger hausen konnte. So ritt er weiter bis zum Kloster und fragte daselbst, ob ihn die Mönche wohl als Laienbruder aufnehmen wollten. Er sei müde des Lebens und aller weltlichen Lüste. Der Abt aber sprach: ›So Ihr bereit seid, ein arm, keusch und gottselig Leben zu führen, so mag es sein, denn wir haben nicht vergessen, daß vor langen Jahren Eure frommen Ahnen das Kloster erbaut und nicht übel beschenkt haben.‹

So wurde Graf Bruno von Ruck Mönch im Kloster zu Blaubeuren; aber das Feuer, das die stolze Irmgard in ihm entzündet hatte, glühte weiter und verbrannte ihm Herz und Nieren. Es half nichts, daß er hundertmal des Jahrs hinter dem Kloster Ruhe suchte und stundenlang die kühle blaue Flut betrachtete, wie sie wallte und wogte und dann klar und friedlich das Tal hinabzog, noch daß er den Kopf im kühlen, feuchten Moos begrub. Das wilde begehrliche Herz wollte nicht zur Ruhe kommen.

›Ich glaube es wohl‹, sprach der Abt. ›Feuchtes Moos hilft nichts. Auch finde ich Euch noch immer zu oft in des Kellermeisters Stübchen. Geht in unser Kirchlein und betet zum heiligen Johannes um Kühlung aus einem andern Quell. Seid Ihr des müde, so geht in die Bücherei und lest, wie in alter Zeit der heilige Augustinus das Feuer gedämpft hat, das Weltlust in ihm entzündet hatte. Dort findet Ihr wohl manch probates Rezeptlein, das Ihr mit Nutzen gebrauchen könntet.‹

Dies tat der neue Mönch; aber er fand etwas andres. Er fand in einer uralten verstaubten Chronika, die er kaum zu lesen vermochte, die wundersame Geschichte von dem blauen Zauberstein, den sein frommer Ahn in der Hand gehalten und wie ein Tor in den Blautopf geworfen hatte.

Nun saß er noch viel öfter an dem Ufer des Teichs und starrte in die blaue Tiefe. Hätte er den Stein, der den Träger unsichtbar machte, wie fein wollte er der stolzen Irmgard das Busenschleifchen entreißen und vor den Kaiser treten und sprechen: ›Wohlan, Herr Kaiser, gewährt nach Euerm kaiserlichen Wort, was ich mit kecker Hand mir erworben!‹ Und wieder und wieder begrub er sein Gesicht im feuchten Moos. Es half aber alles nichts. Das Haus seiner Väter auf dem Rucken zerfiel mehr und mehr, er selbst wurde älter mit jedem Jahr, und sein Herz wollte nicht zur Ruhe kommen.

So lag er eines Tags und horchte auf das Murmeln der blauen Wasser. Das Moos war feuchter als gewöhnlich, denn seine Tränen hatten es genetzt. ›Das Leben verloren, die Liebe verloren‹, stöhnte er in ohnmächtiger Wut. ›Der Teufel hol's! Ich trag's nicht mehr!‹ Da fühlte er, daß jemand seine Schulter berührte. Es war wie ein Stich scharf und heiß. Er fuhr in die Höhe, und hinter ihm saß ein nacktes Nixchen mit nassen grünen Haaren und einem Gesichtchen bleich und stolz, als ob Irmgard daraus heraussähe. Auch lächelte das unheimliche Ding, daß sich sein Herz zusammenkrampfte wie nie mehr seit dem Turnier zu Ulm.

›Du bist traurig, Klosterbrüderchen?‹ sprach das Nixchen zutraulich, aber sehr höflich, und zog schamhaft ein Farnkraut über seinen kleinen Leib.

›Hast du mich gehört?‹ fragte Bruno, den nichts mehr erschreckte. ›Ich bin so traurig, daß ich mich dem Teufel ergeben könnte.‹

›Das macht die Liebe‹, erklärte das Nixchen. ›Aber es ist nicht nötig, daß du dich unserm Herrn verschreibst. Du bist ihm nicht allzuviel wert, und deine Zeit kommt sowieso. Ich weiß, du sehnst dich nach dem blauen Zauberstein da unten, und ich weiß warum. Du siehst, wie sein Spiegeln das Wasser färbt. Was gibst du uns dafür?‹

›Was kann ich geben? Leib und Leben! Alles, was ich hab'.‹

›Was hast du? Nichts!‹ sagte das Nixchen ärgerlich. ›Dein Hab und Gut ist vertan, dein Leben samt deiner Seele ist nicht viel wert. Und doch weiß ich dir einen Rat, aber du mußt wollen, wollen können.‹

›Ob ich will!‹ knirschte der Rittersmann in der Kutte.

›So hör und gib wohl acht!‹

Nun wurde des Nixchens Stimme wie das Flüstern des Winds im Moos, aber ernst und feierlich, und die Sonne, die durch das Geäst drei runde goldgrüne Flecken auf die Moosdecke geworfen hatte, verlor ihren Schein. Das Nixchen aber sprach:

›Hinter dem Hochaltar in der Klosterkirche findest du eine schwarze Platte im Boden. Lösche das rote Kreuz aus, das du auf ihr gemalt siehst. Es geht mit einer Schale reinen Wassers aus diesem Teich. Dann kannst du die Platte ohne Mühe heben und siehst eine Höhlung, die bis mitten unter den Altar reicht. Fürchte dich nicht, wenn du im hintersten Grund eine rote Glut erblickst. Dort liegt eine Rolle alten Pergaments. Sprich kein Wort; ergreife sie. Es ist die Urkunde der Gründung und ersten Schenkung des Klosters, gezeichnet von deinem Ahn Sigiboto, dem Grafen von Ruck, und Hugo und Anselm, den Grafen von Tübingen, im Jahre des Heils 1055. Auf der Rückseite aber findest du mit blutroter Tinte geschrieben, daß einmal im Laufe der Zeiten ein Nachkomme derer von Ruck das Recht haben soll, die Schenkung zurückzufordern und das Gotteshaus zu weihen wem er will. Das tue!‹

›Aber wem‹, fragte der Mönch, ›soll es geweiht werden?‹

Das Nixchen lächelte boshaft, ohne zu antworten; dagegen fuhr es fort:

›Mit dem ehrwürdigen Dokument in der Hand verläßt du durch das Seitenpförtchen in der Kapelle der heiligen Ursula die Kirche, ohne dich umzusehen. Du magst dein letztes Paternoster beten; es kann nichts schaden. Genau an dieser Stelle, wo wir liegen, trittst du in das Wasser.‹

›Aber die Ufer fallen jäh in die Tiefe‹, sagte der Mönch bedenklich.

›Du sinkst. Aber das Wasser wird dir sein wie Luft, kühl und erfrischend, solange du das Pergament in der Hand hältst. Du sinkst und sinkst, bis du in blauem Dämmerlicht den Grund erreichst, wo der heilige Quell, Welle auf Welle, aus dem Gestein sprudelt. Dort liegt der blaue Stein. Du läßt das Pergament fallen, das gurgelnd in der Spalte verschwinden wird, und ergreifst den Stein. Dann schießt du in die Höhe wie ein Pfeil, vom Bogen geschnellt, aber weder ein Nix noch ein Mensch wird dich sehen, bis du am Ufer, ja, bis du in deiner Zelle angelangt bist und den kostbaren Zauberstein auf deinem Betschemel niederlegst. Dann aber tue, was dein Herz begehrt.‹

›Herrlich, herrlich!‹ rief der ritterliche Mönch, der schon sein Glück in Händen zu halten glaubte. ›Wem aber muß ich das Kloster weihen?‹

›Ach, ich vergaß!‹ versetzte das Nixchen wieder ganz munter. ›Das schreibst du mit einem Tröpfchen Blut – du hast ja noch Blut genug – auf die Rückseite der Urkunde, ehe du die Kirche verläßt. Am besten ist's, du tust's auf der Altarplatte. Nur zwei Worte – wir verstehen es dann schon – und deinen Namen.‹

›Und die zwei Worte?‹ flüsterte Bruno fast atemlos.

›Dem Teufel!‹ hauchte das Nixchen und verschwand.‹«

»Diese Frechheit!« unterbrach hier die Prälatin selbst die Vorlesung, indem sie dem Manuskript einen zweiten derben Schlag versetzte.

»Ein unverschämter Bursche!« zürnte Frau Professor Bräunlin.

»Man sollte es nicht für möglich halten!« seufzte Frau Professor Gaum. »So jung und schon solche Ideen. Dem Teufel! Wenn ich das meinem Mann erzähle – er wird es einfach nicht glauben.«

»Versteht ihr eigentlich, was der Racker sagen will?«

fragte die Frau Prälat, rot vor Zorn. »Daß das ganze Kloster sozusagen des Teufels sei!«

»Aber halten Sie die Geschichte für eine reine Erfindung?« fragte die Frau Oberamtsarzt schüchtern. »Man kann sich ja gar nicht vorstellen, daß so etwas in dem Gehirn eines Klosterschülers wachsen kann.«

»Sie meinen doch nicht etwa, daß etwas Wahres an der Sache ist?« fragte die Prälatin, die funkelnden Augen starr auf Frau Hubrecht richtend, die sehnlichst wünschte, nichts gesagt zu haben.

»Ich meinte nur – ich dachte –«, stotterte sie. »Es gibt ja sogenannte Sagen –«

»Aber bitte, lesen Sie doch weiter!« flüsterte Frau Professor Gaum. »Man muß doch wissen, wie es weiterging. Eine brennende Liebe entschuldigt viel.«

»Nicht ich«, versetzte die Frau Prälat, das Heft über den Tisch werfend. »Brennend oder nicht: ich hab's satt! ›Dem Teufel!‹ Lese wer will!« Frau Gaum griff nach dem Manuskript und las mit leiser, bebender Stimme:

»Der Mönch folgte dem Rat des teuflischen Nixchens nicht sogleich. Sein guter Engel, so schwach er war, kämpfte sieben Wochen lang mit den Mächten der Finsternis. In der siebenten schlich Bruno dreimal hinter den Hochaltar und betrachtete die schwarze Platte mit dem roten Kreuz. Dann war ihm, als sei sein Wille gebrochen. Er sah Tag und Nacht nur noch das bleiche, stolze Gesicht Irmgards in bläulichem Dämmerschein. In der Johannisnacht schlich er mit einem Krug unter der Kutte nach dem Blautopf. Der Prior begegnete ihm, merkte etwas und seufzte: ›Schon wieder!‹ Aber der Krug war nur mit Wasser gefüllt. Das ›Seetor‹ in der Klostermauer und das Pförtchen in der Ostwand der Ursulakapelle standen offen. Bruno merkte wohl, daß es der Satan war, der ihm jetzt alles so bequem als möglich machte; es war kein Halten mehr. Der Mond schien durch die Chorfenster fast mit Tageshelle. Er kniete vor der schwarzen Platte nieder und wusch sie mit dem Zipfel seiner Kutte. Sie hob sich wie von selbst aus den Fugen, sobald das Kreuz verschwunden war. Da war auch die Höhlung und im Grund in roter Glut lag das Pergament. Er nahm es mit bebender Hand und breitete es auf der Altarplatte aus. Er hatte sich beim Ausheben der Platte die Hand geritzt. Das Blut floß langsam an seinen Schwörfingern herab, und wieder dachte er, wie bequem es ihm der Satan mache.

Nun trat er hinaus in die wunderklare Sommernacht. Die Sterne flimmerten über dem Wald, Leuchtkäfer flogen durchs Gebüsch. Eine unheimliche Helle ging von dem Pergament aus, seitdem er es beschrieben hatte, als wäre es hundertjähriges faules Holz. Als er in den tiefen Schatten der Bäume kam, die den Teich umgeben, fing es an, ein trübes rotes Licht auszustrahlen. Nun trat er ans Ufer, festen Schritts; doch zitterte die Hand, in der er das Dokument hielt. ›Irmgard, Irmgard!‹ flüsterten seine Lippen brünstig, statt Gott und den heiligen Johannes um Beistand anzurufen. Damit trat er auf das Wasser und versank.

Man hat nie mehr etwas von ihm gehört oder gesehen. Ob er drunten starb, ob er unsichtbar, den blauen Stein in der Hand, durch den Rest seines verfluchten Lebens ging, was ja wohl möglich wäre, weiß bis zum heutigen Tag niemand. Die Mönche fanden die schwarze Platte und das offene Loch hinter ihrem Hochaltar, aber natürlich nichts mehr von der Stiftungsurkunde, die mit dem letzten Grafen von Ruck verschwunden blieb. Auch bleibt fraglich, ob der Vater aller Lügen seitdem einen größeren Einfluß über das fromme Kloster gewonnen hat oder nicht. Die Mönche bemerkten keinen Unterschied, überhaupt nichts Auffallendes nach dem Verschwinden Brunos. Sie wußten ja überhaupt nicht, was in jener Nacht geschehen war, und vergaßen den verschollenen Laienbruder um so leichter, als sein Schlößchen, oder vielmehr was von dem zerfallenden Bau übrig war, ohne alle Schwierigkeiten an das Kloster fiel. Es war keine große Erbschaft.

Eins nur ist sicher: in der Johannisnacht und häufig um die Weihnachts- und Osterzeit kann man zwischen neun und ein Uhr nachts ein rotes Flämmchen sehen, das an der Nordseite der Kirche nächst der Kapelle der heiligen Ursula aufsteigt und langsam durch die Luft nach dem Blautopf hinzieht. Dort verschwindet es im Gebüsch. Ob die arme Seele des Ritters Bruno noch immer dem Teufel die Stiftungsurkunde des Klosters zutragen muß, ob sie noch immer mit dem Seufzer ›Irmgard‹ in den blauen Wassern versinkt? Wer fragt danach im Jahrhundert der Aufklärung?«

Frau Professor Gaum hatte nur noch flüsternd gelesen. Eines der zwei Talglichter war niedergebrannt und erloschen. Sämtliche Strickstrümpfe lagen müßig im Schoß ihrer sonst so fleißigen Besitzerinnen. Ein fühlbares Gruseln ging durch das stille Zimmer.

»Ja, die Liebe!« seufzte endlich Frau Pfarrer Scheibler. »Als ich meinen seligen Christian kennen lernte –«

»Aber was weiß der Junge von Liebe?« unterbrach sie Frau Professor Bräunlin mit neu erwachender Entrüstung. »Es ist ja ein Skandal! Und gar die Thusnelde! Sie ist noch nicht sechzehn!«

»Potztausend alle Welt!« rief die Prälatin mit scharfer Stimme. »Es ist schon zehn Uhr vorbei. Macht, daß ihr fortkommt. Die Männer können jeden Augenblick zurückkommen.«

Frau Pfarrer Scheibler erbleichte.

»Ich muß an der Kirche vorbei; fast an dem Türchen in der Ursulakapelle, das – durch das – Geht niemand von Ihnen mit mir, wenigstens bis ich an der Kirche vorbei bin?«

Tiefe Stille. Endlich sagte die Frau Prälat:

»Es ist wahr. Man kann Sie nicht allein gehen lassen nach dieser Geschichte.«

»Aber wie kommt man wieder zurück?« fragte Frau Professor Bräunlin, und abermals trat tiefe Stille ein.

»Na, also!« sagte die Frau Prälat entschlossen und ging ins Nebenzimmer, um ihren Hut zu holen.

Alle verabschiedeten sich etwas rascher als üblich, der Männer wegen. Dann im Hof unten sahen sie noch der Prälatin und der Pfarrerin nach, die im Schatten des Klosterhoftors verschwunden waren. »Wenn die Prälatin dabei ist, wird es schon gehen«, sagte zuletzt Frau Professor Gaum, um sich und die andern zu beruhigen.

Von der Prälatin erfuhr man leider nicht, wie es gegangen ist. Daß die Frauen ein grausiges Abenteuer erlebt haben mußten, war nur zu gewiß. Frau Pfarrer Scheibler zitterte, sooft man darauf zu sprechen kam, und wußte auch nicht viel mehr zu sagen, denn sie wurde ohnmächtig und mußte mit Hilfe des Prälaten und des Nachtwächters Köberle ins Kloster zurückgebracht werden, wo sie nun doch die Nacht zubrachte. Was sie wußte, war das: »Als wir um die Klostermauer bogen und die Nordseite der Kirche voll im Gesicht hatten, stieg plötzlich zwischen dem dritten und vierten Fenster vom Chor gerechnet ein rotes Flämmchen an der Kirchwand in die Höhe. Das Ding war schauerlich anzusehen, wie ein dicker runder Kopf ohne Gesicht, und darunter, wo etwa das Herz sein sollte, das Flämmchen und sonst nichts. Es erhob sich ziemlich rasch. Dann war's, als ob es sich besänne, und plötzlich nahm es seinen Weg langsam gerade über unsre Köpfe weg, dem Blautopf zu. Man sah es so deutlich, wie ich meine Hand sehe, wenn ich sie über den Kopf halte. Es war ungefähr so groß wie ein Krauthäuptle und kam aus der Kirche; das kann ich beschwören. Schon wie es an der Mauer aufstieg, fühlte ich mich so schwach, daß ich mich an der Frau Prälat halten mußte; und glaubt mir, sie mag's gestehen oder nicht, sie zitterte auch wie Espenlaub. Wie es aber gerade über uns stand, da verging mir Hören und Sehen. Ich werde mich wohl auf den Boden gesetzt, denn mein Rock war noch am andern Tag über und über staubig, namentlich hinten. Als ich wieder zu mir kam, lag ich auf dem Sofa in Prälats schöner Stube. Die Prälatin und er und der Nachtwächter Köberle standen um mich herum, und der Herr Prälat rief einmal über das andre ganz unhöflich: ›O ihr Weiber! Ihr Weiber!‹«

12
Ein Ende mit Schrecken

Noch acht Wochen! Die Jungen durften sich nichts merken lassen, wenn sie nicht wegen mangelnden Dekorums karieren wollten, aber trotzdem ging eine sichtliche Erregung, ein Gefühl nahender Befreiung durch das Kloster. In weniger als zwei Monaten mußte die Promotion Blaubeuren verlassen, um in die höhere Klosterschule Bebenhausen überzusiedeln. Man wußte es zwar von älteren Brüdern und Vettern, daß der dortige Prälat ein ganz andrer Herr war als der gute, ängstliche Kleß, der sich selbst nur durch den Schein der Härte aufrecht erhielt, auch daß sich die Wälder um Bebenhausen mit dem herrlichen Blautal nicht messen konnten, allein für die Jugend genügt die Aussicht auf Wechsel, um die Hoffnung in allen Farben schillern zu lassen. So freute sich die junge Schar, wenn auch nur heimlich, und man hatte auf dem Dorment schon lange nicht mehr so viele fröhliche Gesichter, im Kreuzgang und Klosterhof so viele munter plaudernde Gruppen gesehen als in den Tagen des zweiten Spätsommers, den sie in Blaubeuren verlebten.

Berblinger machte eine Ausnahme. Er schien verschlossener als je und ging wie träumend unter den andern umher. Im Hörsaal hing er halb schlafend über seiner hebräischen Grammatik oder seiner griechischen Chrestomathie, und nicht bloß der grimmige Gaum hatte ihn in letzter Zeit mit einer donnernden Philippika über die unausbleiblichen Folgen unverbesserlicher Zerstreutheit aufzurütteln. An seinem Arbeitspult in der Erkerstube – die Museen hatten ihre Namen – malte er unerklärliche Figuren auf den Rand seiner Schreibhefte, die er erschreckt wieder herauszuradieren versuchte, oder bedeckte die Pultdeckel mit dem Anscheine nach bedeutungslosen Zahlen. Selbst seinem Freund Fischer, der ihn für krank hielt, wurde es zu bunt. Bleich genug war er, und Fischer wußte, daß er nachts stundenlang sein Bett verließ und sich wie ein Gespenst auf dem Dorment umhertreiben mußte. Da ihn aber Berblinger erregt und fast ängstlich gebeten hatte, ihn in Ruhe zu lassen, es werde schon besser werden, ließ er sich den eignen Schlaf durch die Sorge um den Freund nicht länger rauben und schlief wie die übrigen acht Zöglinge in der ›Glockenkammer‹ den gesunden Schlaf der Jugend, den jener besser hätte brauchen können als er.

So ruhten sie trotz des hellen Mondlichts, das sich durch die niederen Fenster über die zehn schmalen Betten ergoß, als sich Berblinger wieder einmal aufrichtete und lauschte. Es drohte keine Gefahr. Sie schnarchten, die einen laut, die andern leise, und die zwei ihm Nächstliegenden, die er absichtlich vorsichtig anstieß, schliefen lautlos, aber fest wie Murmeltiere. Rasch kleidete er sich an und schlich auf den Zehenspitzen nach der Türe. Sie knarrte laut, und er hielt einen Augenblick still. All das geschah, als ob er es schon zehnmal getan hätte, ohne Aufregung, geschäftsmäßig. Nur einer der Schläfer brummte etwas von unmenschlich frühem Aufstehen und drehte sich mürrisch der Wand zu. Berblinger schloß jetzt die Türe hinter sich und ging leise, aber entschlossen nach dem hinteren Ende des finsteren, holzgewölbten Ganges, wo derselbe, scharf nach links abbiegend, der Klosterkirche entlang läuft.

Dort stand er vor einem altertümlichen Seitentörchen still, unter dessen Spitzbogen in Stein gehauen und trotz der Dunkelheit erkennbar die heilige Veronika ihm das Schweißtuch des Erlösers entgegenhielt. Die Türe war aus Eichenholz, schwarz vom Alter, zwei rostzerfressene Riegel hatten längst keinen Halt mehr im Gemäuer, ein wunderliches Schloß schien seit ein paar Jahrhunderten unberührt geblieben zu sein. Der Junge zog einen gekrümmten Nagel aus der Kutte, steckte ihn ins Schlüsselloch und drückte und drehte ihn eine Zeitlang hin und her, ohne

Ungeduld, als wäre er seiner Sache sicher. Nun schnappte etwas, so laut, daß es im Gang ein Echo wachrief und er wieder lauschend stehen blieb. Die Stille wurde nicht weiter gestört, das Türchen aber zeigte eine schwarze, klaffende Spalte und drehte sich langsam und lautlos in seinen Angeln, als wäre es erst kürzlich geölt worden.

Am Ende eines kurzen engen Ganges fiel aus drei kleinen gotischen Fensteröffnungen ein matter Schein in das tiefe Dunkel, das ihn umgab. Er trat rasch vor eines dieser Fensterchen und sah in das Kirchenschiff hinab, das durch die großen Chorfenster vom Mond fast taghell erleuchtet war.

Er befand sich in jenem eigentümlichen, erkerartigen Ausbau, der in den meisten Klosterkirchen der alten Zeit zu finden ist und dazu diente, dem Abt die durch die Regeln gebotene Anwesenheit bei den Messen zu gestatten, ohne daß er sich selbst in das Gotteshaus hinunter zu bemühen brauchte. Mit der Reformationszeit war die Blaubeurer Klosterkirche außer Gebrauch gesetzt worden und an ihre Stelle die Kirche des Städtchens getreten. Auch war bekanntlich in den folgenden Jahrhunderten der Sinn für die Schönheiten der mittelalterlichen Kirchenbauten geschwunden. So waren auch hier Syrlins zierliche Chorstühle tief mit Staub bedeckt und dem Zerfall nahe, der später wieder berühmt gewordene Hochaltar unter Brettern und Balken eines alten Baugerüstes begraben, die Orgel von der eigentümlichen Empore im Querschiff verschwunden. Dieses Querschiff, das nach Norden hin die Kapelle der heiligen Ursula enthalten hatte und mit seinem südlichen Flügel in den eigentlichen Klosterbau einschneidet, trennt die Kirche in zwei Teile: den östlichen Chor und das westlich sich anschließende geräumigere Schiff mit seinen nach innen springenden Pfeilern, das heutzutag in eine Turnhalle umgestaltet ist. Seit Jahren hatte die Frau Prälat und, in beständigem Kampf mit ihr, der Klosterverwalter Hofrat Scholl von diesem stattlichen

Raum Besitz ergriffen, während sich um die Chorseite niemand zu kümmern schien. In jenem brachte der Hofrat alte Fässer, die Kutsche des Prälaten und zwei zerbrochene Schlitten, ja selbst etliche Pflüge und Eggen unter, die in früheren Zeiten vom Kloster gebraucht worden waren. Die Frau Prälat benutzte die verweltlichte Halle, um an Regentagen Wäsche zu trocknen und im Sommer über Nacht Betten aufzubewahren, die während des Tags vor ihrer Wohnung gesonnt wurden. Von der früheren Heiligkeit des Orts war nichts mehr zu verspüren, so daß in dieser Hinsicht Berblinger kein Sakrilegium beging, als er eine Waschleine, die auf dem Altan versteckt gelegen hatte, am Steinwerk befestigte, sich durch das Fensterchen drängte und mit der Gewandtheit eines Jungen, der sich auf bösen Wegen befindet, an dem Strick auf den Boden der Kirche hinabglitt.

Er hatte offenbar Großes vor und ging mit einer Sicherheit und Bestimmtheit zu Werk, die ihm niemand zugetraut hätte, der ihn über seinen lateinischen Argumenten und griechischen Hebdomadarien hatte seufzen sehen. Zunächst schob er etliche schwere Bretter, die gegen die Rückseite des Hochaltars gelehnt waren, auf die Seite. Unter denselben lagen drei kleine zerdrückte Papierkugeln, die er mit dem Fuße wegstieß, um eine mehr als mannslange Masse ähnlichen Papiers hervorzuziehen, welche er sorgfältig ausbreitete. Sie hatte die Form eines plattgedrückten Schlauchs oder Sacks. Mit großer Vorsicht trug er den rätselhaften Gegenstand nach der Empore am andern Ende des Chors, von deren Geländer ein Bindfaden herabhing, den er wohl bei früherer Gelegenheit angebracht hatte. Ein paar gefährlich wackelnde Böcke, die Maurern gedient haben mochten, ermöglichten es ihm, das herabhängende Ende der Schnur zu erreichen und den Papierschlauch daran aufzuhängen, so daß sein unteres Ende etwa einen Meter vom Boden entfernt war. An diesem Ende befand sich ein rundes Loch, durch das er mit dem Arm und schließlich mit dem ganzen Oberkörper in das Innere des Papiermantels schlüpfen konnte und denselben nach allen Seiten ausbauschte. Das wunderliche Ding nahm mehr und mehr die Form einer unregelmäßigen Kugel oder eines riesigen Kopfes an, der auf zwei Beinen stand. Wer es in diesem Augenblick inmitten des gespenstig erhellten Kirchenchors gesehen hätte, wäre nicht ohne einen gelinden Schrecken davongekommen. Einem späteren Geschlecht wäre es allerdings kaum zweifelhaft gewesen, daß es sich um einen Ballon handelte, der auf seine Füllung wartete.

Berblinger schlüpfte jetzt heraus und betrachtete sein Werk mit einem Gefühl von Stolz und Erwartung, das seinen Augen einen seltenen Glanz gab und das Rot auf seine bleichen Wangen trieb.

Von der Mitte der Papierhülle hingen Bindfäden bis zur Erde herab. Sie wurden an Stiften befestigt, die in einem auf dem Boden liegenden runden Brett staken, auf das er jetzt mehrere Backsteine legte. All diese Gegenstände brachte er hinter dem Hochaltar hervor, wo er ein förmliches Magazin angelegt zu haben schien. Der Rand der Öffnung am unteren Ende des Schlauchs war durch eine kreisförmig zusammengebundene Weidengerte verstärkt, von der ebenfalls Bindfäden herabhingen. An diese befestigte er jetzt den blechernen Deckel eines Topfs, und zwar so, daß dessen hohle Seite nach oben gekehrt war. Auch dies schien ihn lebhaft zu befriedigen. Mit leichten, leisen Schritten eilte er wieder hinter den Altar und kehrte mit einem Steinkrug zurück, aus dem er in den als Schale dienenden Deckel eine stark riechende Flüssigkeit goß. Es war roher Zwetschgenbranntwein, den er durch Buschs Vermittlung von einer gutherzigen Wirtin in Sonderbuch erhalten hatte, die sich nicht wenig über die Entartung der künftigen Seelsorger des Landes entrüstete: »Bier – ja! So viel sie wollten und bezahlen konnten, aber Schnaps!« – Und nun ging es ans Feuerschlagen, und auch das gelang, obgleich nicht ohne Mühe. Ein kleines Flämmchen glimmte zwischen seinen Fingern, und einen Augenblick später brannte eine große blaue Flamme ruhig unter dem Ballon, vor dem er sich, um sie besser beobachten zu können auf die Knie warf. Man hätte vermuten können, ein Feueranbeter sei in die alte Klosterkirche geraten.

Es war der fünfte und der weitaus größte Ballon, den er heimlich zusammengeklebt hatte. Sie waren stetig gewachsen, und alle hatten bisher im Augenblick ihres Aufstiegs den Weg durch das zerbrochene Fenster genommen, das die Ursache eines lebhaften Luftzugs in dieser Richtung war. Bei den vorangegangenen Versuchen war es ihm nur darum zu tun, die von der verdünnten heißen Luft getragenen Kugeln emporsteigen und dann fliegen zu sehen. Diesmal sollte ihre Tragfähigkeit geprüft werden, denn auch er wollte schließlich, wenn einmal die Klostermauern hinter ihm lagen, Ballons bauen, die ihn selbst über alle Berge trügen, auch wenn er irgendwo auf der Alb Landpfarrer geworden wäre. Dann erst recht! Von oben herunter, wie ein Engel vom Himmel, gedachte er seinen Mitmenschen zu erklären, daß eine neue Zeit angebrochen sei und daß sie alle in Zukunft frei vom Erdenstaub durch die Lüfte fliegen könnten, wenn sie nur wollten.

Jetzt setzte er sich auf einen der bresthaften Böcke und sah mit leuchtenden Augen, wie sich die Hülle langsam dehnte, als wäre es ein lebendiges Ding, wie hier eine Beule, dort eine Falte verschwand und das Ganze mehr und mehr eine hübsche kugelige Gestalt annahm. Das hatte er seinem geliebten Lehrer Zeller zu danken, der ihm gezeigt hatte, wie sich die Form der einzelnen Papierstreifen, aus denen die Ballonhülle bestand, berechnen ließe. Selbst an Professor Gaum dachte er zum erstenmal mit Vergnügen. Dieser hatte ihnen erst gestern gesagt, daß der Philosoph Zeno die Kugel für die vollkommenste Gestalt im Universum erkläre und daß sich deshalb die höchsten und vollkommensten Geister auf andern Welten zweifellos in Kugelform materialisierten. War nicht auch seine Geistesarbeit im Begriff, mehr und mehr eine Kugelform anzunehmen?

Von Zeit zu Zeit speiste er das Feuer unter dem Ballon mit ein paar Löffeln frischen Branntweins, das dann hoch aufflammte und den Ballon in leises Schwanken versetzte. Bereits hing derselbe nicht mehr an dem ihn von oben haltenden Bindfaden, welcher ganz schlaff geworden war, sondern umgekehrt an den sechs Schnüren, die ihn mit dem belasteten Brett am Boden verbanden.

›Wie fett er geworden ist‹, dachte der junge Erfinder, leise lachend, ›und dabei sieht es aus, als ob er atmete, wie ein lebendes Wesen. Aber das alles ist nur ein Anfang. Wenn ich einmal die Klostermauern hinter mir habe, sollen ganz andre Dinge gebaut werden. Was ich jetzt mit Müh und Not und in hundert Ängsten zusammenbringe, ist, was der berühmte Montgolfier längst vor mir gemacht hat. Schweben, vom Wind getragen werden, wohin es dem Wind beliebt, das kann jede Feder, jeder Strohhalm, jedes Wölkchen. Ohne Zweifel muß man von einem Ding wie ein Ballon getragen werden, dann aber gilt es zu fliegen, nicht wo der Wind, sondern wo der Wille hinweist. Das soll mein Ziel sein! Dann erst hat die Sache Bedeutung für die Menschen, die wollenden, freien!‹

Nun aber war es Zeit. Der Ballon schwebte; seine Hülle fühlte sich fast heiß an. Berblinger stieg auf den Bock, auf dem er gesessen hatte, und schnitt den Bindfaden durch, der schlapp von der Decke hing. Dann rückte er das Brett mit den Ziegelsteinen nach der Mitte des Chors. Der Ballon schwankte hin und her, wie wenn er sich von seinen Fesseln befreien wollte. Er schwebte nun mitten im Mondlicht, das durch die südlichen Chorfenster hereinfiel. Mattblau, aber groß und unruhig brannte die Flamme, die ihm Leben gab. Es war herrlich und doch ein wenig grausig anzusehen. Der Junge zitterte jetzt ein wenig und sein Herz schlug fast hörbar.

Nun nahm er einen Backstein von dem Brett und jetzt den zweiten. Mit dem dritten hob sich der Ballon lautlos, langsam, feierlich – mannshoch – zweimal mannshoch. Berblinger stand da, andächtig nach oben starrend, als ob ein Wunder vor ihm aufstiege. Er vergaß nach dem Bindfaden zu greifen, an dem er ihn zurückziehen wollte. Das Ende der Schnur hing schon hoch über seinem Kopf, als ihm dies einfiel.

Und nun, in mehr als halber Höhe des Chors, machte der Ballon eine seitliche Bewegung und zog, ohne anzustoßen, über die Empore weg nach dem westlichen Schiff der Kirche. Bebend vor Aufregung lief Berblinger unter der Empore durch, trat die morsche Türe ein, die den Chor von dem Schiff trennte, und bemerkte emporsehend, wie der Ballon plötzlich wieder zu steigen begann und sein blaues Flämmchen wie ein großes Irrlicht schon die Sparren des Dachstuhls erhellte.

Jetzt stieß er an und neigte sich, wie nach einem Ausweg suchend, bald nach links, bald nach rechts. Starr, mit dem Gefühl, daß er träume, sah dies Berblinger. Und jetzt – ein jäher Schreck! – stürzte blaues Feuer wie Wasser von oben herunter und droben schlug eine große rote Flamme in die Höhe, aus der Fetzen von Feuer nach allen Seiten hinausschossen.

Gleichzeitig wurden außerhalb der Kirche Stimmen laut: Feuer! Feuer! – wütendes Rütteln am Hauptportal, dann dumpfe Schläge und das krachende Einbrechen eines Torflügels.

Berblinger sank auf die Knie, schloß die Augen und drückte sein Gesicht auf die Steinplatten. Die ganze Welt schien ihm in Flammen zu stehen. Er wußte für den Augenblick nicht mehr, was er tat, noch was ihm geschah.

»Sebastian!« hatte eine halbe Stunde zuvor aus dem Schlafzimmer der Prälatur eine energische und keineswegs ruhebedürftige Altstimme gerufen; aber der Ruf verhallte, ohne irgendwelches Zeichen der Erwiderung zu wecken. Im Gegenteil: der Prälat beugte sich nur noch tiefer über das dickleibige Manuskript, in dem er sein Lebenswerk sah: ›Die Synonyma der lateinischen Prosaiker in doppelter alphabetischer Anordnung mit erklärenden Bemerkungen bezüglich der Sinnesunterschiede besagter Synonyma.‹ Dabei stellte er sich, obgleich er wußte, daß ihn niemand beobachtete, als ob er nichts gehört hätte.

»Sebastian! Zehn Uhr!« rief es wieder, lauter, ärgerlicher.

Das Werk war vollendet. Er war im Begriff, die letzte Feile an die in tadellosem Latein verfaßte Widmung an Seine Erlauchteste Hoheit den Kurfürsten Friedrich I. von Württemberg zu legen. Selbst diese feierliche nächtliche Stunde, in der er gewissermaßen in Gegenwart seines Allerhöchsten gnädigsten Herrn stand, sollte nicht ganz ungestört sein eigen sein. Er legte die Feder weg und lauschte. War es wirklich ernst?

»Sebastian, wenn du nicht gleich kommst, komme ich!« tönte es jetzt aus dem Schlafgemach, aber im selben Augenblick schmetterte auch der dünne Klang einer zersprungenen Glocke durch das ganze Haus.

»Siehst du!« antwortete endlich der Gemahl im Ton eines unschuldig Verurteilten. »Siehst du, wie gut es ist, daß ich noch auf bin. Aber wer um Gottes willen kann das sein?«

Er öffnete einen Fensterflügel und rief mit ärgerlicher Stimme:

»Wer ist unten? – He, wer läutet denn noch so spät?« und damit begann ein unverständliches längeres Parlamentieren mit einer erregten, zweifellos weiblichen Stimme. Wohlanständig bekleidet, aber allerdings in einem Negligé eigenster Bauart, trat jetzt die Frau Prälat unter die Türe ihrer Kemenate.

»Na, wer ist denn drunten?« fragte sie ungeduldig.

»Des Hofrats Rosine!« erklärte der Prälat, den Kopf hereinziehend, um ihn sofort wieder hinauszustrecken.

»Aber was ist denn los?« fragte seine Frau mit wachsender Dringlichkeit.

»Sei still! Es sei wieder hell – drüben!« versetzte der Gemahl, diesmal nach außen sprechend.

»Dann laß mich hin!« Damit griff sie nach den herabhängenden Gürtelbändern seines Schlafrocks und zog ihn vom Fenster zurück, wie ein gutes Ackerpferd, das man am Feldende wendet. Ebenso gehorchte er.

Nun nahm die Besprechung eine scharfe Wendung und war laut genug, um von jedermann verstanden zu werden. Auch war es jetzt von unten eine männliche Stimme, die eingriff.

»Bitte, öffnen Sie! Ich muß den Herrn Prälat sprechen«, sagte die Stimme unhöflich.

»Aber es geht schon gegen elf Uhr.«

»Es ist fünf Minuten nach zehn, und ich *muß* den *Herrn* Prälat sprechen«; dies mit sehr scharfer Betonung von ›muß‹ und ›Herrn‹.

»Er schläft schon!« rief die Prälatin nach außen und sodann leiser nach innen: »Es ist der Hofrat. Du schläfst schon.«

Dem Hofrat gegenüber war nach altem Herkommen jede Kriegslist erlaubt.

»Bitte, ihn zu wecken«, tönte es zurück. »Ich muß ihn sprechen und zwar sogleich, amtlich.«

»Hat man je etwas dergleichen erlebt?« fragte die Prälatin mit zornerstickter Stimme und stampfte auf den Drücker, der die Haustüre öffnete. »Ich hoffe, du wirst ihn lehren, was er der Prälatur schuldig ist, Sebastian. Ich bitte mir aus, daß du es ihm so sagst, daß er es nicht mißverstehen kann.«

Aber schon klopfte es an der Zimmertüre. Die Frau Prälat machte eine Bewegung, als ob sie das Schlachtfeld räumen wollte, erinnerte sich jedoch noch rechtzeitig ihres natürlichen Mutes und beschloß, dem Gegner zu trotzen, obgleich nur mangelhaft bewehrt. Es war in der Tat der Hofrat und Klosterverwalter Scholl in eigner Person und hinter ihm Rosine, mit einer großen Stallaterne. Er war sichtlich sehr aufgeregt.

»Herr Prälat«, begann er schon auf der Schwelle, »ich mache Sie darauf aufmerksam, daß es in Ihrer alten Kirche wieder – hm – spukt.«

»Es wäre gut«, versetzte die Prälatin, »wenn Sie Ihre Hühner besser im Auge behielten, als Dinge, die uns betreffen. Sie haben mir gestern wieder den Salat abgefressen.«

Der Hofrat hatte die Rücksichtslosigkeit, dies völlig zu überhören. Er fuhr fort:

»Rosine, unsre hier anwesende Magd, bemerkte die unerklärliche Helle schon vor einer halben Stunde, und soeben kommt auch der Nachtwächter Köberle mit einer ähnlichen Meldung. Ich würde die Angelegenheit längst untersucht haben, wenn sich nicht die Schlüssel zur Kirche seit 1792 in Ihren Händen befänden, Herr Prälat. Ich dringe aber nunmehr darauf, kraft meines Amtes als Klosterverwalter, daß die Angelegenheit untersucht wird.«

»Da ist nichts zu untersuchen«, antwortete die Frau Prälat. »Ich habe selbst heute nach dem Sonnen meine Betten hineinlegen lassen. Es ist alles in Ordnung. Das muß ich doch wissen – Herr – Herr Hofrat!«

»Ich bitte Sie dringend, der unheimlichen Sache auf den Grund zu gehen«, drängte Herr Scholl hartnäckig. »Meine Frau leidet an Schlaflosigkeit, seitdem uns diese Spukgeschichte beunruhigt. Sie können sich denken, wie unangenehm dies ist.«

»Ja, muß ich denn?« fragte der Prälat. »Wo sind die Schlüssel? Aber es ist ja schon weit über zehn Uhr, wenn ich recht weiß.«

»Gut!« sagte die Prälatin entschlossen. »Mir liegt selbst daran, daß die Frau Hofrätin besser schläft. Wartet einen Augenblick. Ich muß doch wohl etwas anziehen.«

Vor der Haustüre fanden sie bereits drei weitere Leute: den Nachtwächter Köberle, den Oberfamulus Leuze und den Stadtschultheißen, der zufällig nach einem Extraschoppen in der Rappenmühle auf dem Heimweg begriffen war.

»Es war heute heller als jemals«, sagte er unruhig. »Ich glaube nicht daran, natürlich; aber es war zweifellos heller als vor acht Tagen, trotz des Mondlichts. Mehr bläulich.«

»Ich habe die Schlüssel. Vorwärts!« befahl die Prälatin.

In der Tat, die zwei Kirchenfenster rechts und links vom Seitengiebel des Hauptschiffs, die von Rechts wegen pechschwarz hätten sein sollen, zeigten einen lichten, blaugrünen Schimmer, und dies, bemerkte der Schultheiß flüsternd, soweit es sein Bierbaß gestattete, war die Südwestseite der Kirche und nicht der Chor, wo der eigentliche Spuk hause. Die Frau Prälatin schritt jedoch entschlossen voran, ohne ein Wort zu sprechen, dem Kirchenportal zu. Etwas zögernd folgte die übrige Gesellschaft, an die sich jetzt auch der Klosterschneider und der Stadtbüttel angeschlossen hatten. Der Unterfamulus Möhrle, nach dem der Prälat mehrmals rief, war, wie Leuze vermutete, noch in der Rappenmühle beim Bier.

»Hab' ich recht?« fragte Rosine den Schneider, nach den Fenstern deutend. »Ich gehe keinen Schritt weiter.«

»Du bist halt eine alte Gans!« erwiderte dieser grob, blieb aber selbst stehen und lehnte sich gegen die Gartenmauer, die bis an das Portal den grasbewachsenen Weg entlang läuft.

Und nun geschah etwas, von dem man noch nach Jahrzehnten in Kloster und Stadt zu erzählen wußte. Die Prälatin schrie auf: »Jesus Christus!« und griff nach dem Arm ihres Mannes. Aus den beiden Giebelfenstern der Kirche wehte eine blutrote Glut, als ob der Dachstuhl in Flammen

243

stände, und hinter der Kirche schrie jemand – es war der Unterfamulus Möhrle – »Feuerjo, Feuerjo!« als ob er am Spieße stäke.

Nur für einen Augenblick hatte die Prälatin die Fassung verloren; dann stürzte sie vorwärts und ihr Mann – es sei zu seiner Ehre gesagt – ihr nach. Auch der Hofrat bewies, daß er ein Mann war, und alle drei rissen sich wechselweise den Schlüssel aus den Händen und bemühten sich minutenlang, ihn in ein falsches Schlüsselloch zu stecken, dessen rätselhaftes Dasein schon oft besprochen worden war. Mittlerweile schrie Möhrle hinter der Kirche noch immer Feuer! Feuer! schien sich aber nicht von der Stelle zu rühren. Der Schneider war auf den Boden gesunken und wehrte sich gegen Rosine, die ihn auf die Beine stellen wollte, und die düstere rote Glut fuhr fort, aus den beiden Fenstern in die Nacht hinauszustrahlen. Jetzt antwortete auch im Städtchen ein Feuerjo! dem Gebrüll hinter der Kirche und ein grauenhaftes Blasen auf einem vorsintflutlichen Horn heulte durch das Tal. Nun kamen zwei, drei weitere Leute gelaufen, voran im Hemd der Klosterküfer, ein baumstarker Mann mit braunrotem Gesicht, der übrigens in seinem Element zu sein schien. Mit einem Blick sah er die drei Spitzen der Klostergesellschaft sich vergebens am Kirchenschloß abarbeiten, riß einen neben dem Portal stehenden Waschpfosten aus dem Boden und rannte mit ihm, ihn wie einen Speer gebrauchend, gegen das Tor. Dreimal donnerten die dumpfen Schläge durch die Nacht und weckten ein unheimliches Doppelecho vom Fuchsfelsen und vom Rucken herüber. Dann stürzte ein Torflügel krachend nach innen.

Alle blickten nachdringend mit gierigem Entsetzen in das Innere der Kirche. Oben im Gebälk des Dachfirstes brannte eine unheimliche weiße Gestalt, die sich wie in Höllenqualen hin und her wand, und sandte flatternde Feuerfetzen nach unten. Es war wie die umgedrehte Hölle, erklärte Rosine nachträglich. In der Mitte des Schiffes kniete ein kleiner Mann, den man an der schwarzen Kutte als einen Klosterschüler erkannte, was dem Prälaten seine Würde und seinen ganzen Mut wiedergab. Die Prälatin aber schrie zum zweitenmal laut auf und stürzte vorwärts: »Oh, meine Betten! Meine Betten!« Rasch entschlossen ergriff sie ein am Boden liegendes Brett und schlug auf die Flämmchen, die bereits da und dort recht ansehnliche Löcher in den weißen Zeug von Kissen und Decken gebrannt hatten und die Kirche mit dem fürchterlichen Geruch von verbrannten Federn erfüllten. Auch draußen wurde es lebendiger. »Wasser! Feuer! Wasser!« schrie es durcheinander, und jetzt hörte man wildes Gerassel. Mit unerhörter Geistesgegenwart und ganz ohne Weisung der zuständigen Behörde – es war damals eben doch noch Initiative im Volk – hatte der Ortsbüttel vier Bürger gesammelt, und die neue Stadtspritze persönlich herangefahren. Allerdings, als sich das Freiwilligenkorps mit fieberhaftem Eifer daran machte, die Maschine in Bewegung zu setzen, wurde entdeckt, daß das Mundstück des Spritzenschlauchs abgeschraubt und nirgends zu finden war. In einem dicken Strahl quoll das Wasser der nahen Blau aus dem Rohr, konnte aber mit aller Anstrengung nur fünf Zoll hoch getrieben werden. Zum Glück war der Höhepunkt der Gefahr vorüber und die jetzt herbeiströmende Menge, deren mangelhafte Bekleidung selbst aus Herrn Professor Gaum eine komische Figur gemacht hatte, sah nur noch den Dachstuhl der Kirche in schwärzlichen Rauch gehüllt, die glimmenden Löcher in den Betten der Frau Prälat und Berblinger, den der Oberfamulus Leuze mit eisernem Griff am Arm hielt und dem Prälaten zuführte.

»Was soll mit dem Verbrecher geschehen?« fragte er dumpf.

»Es geht schon gegen zwölf Uhr«, sagte Kleß mit bebender Stimme. »Die äußerste Gefahr scheint überwunden zu sein. Heute ist Gott sei Dank nichts mehr zu machen. Führen Sie den entmenschten Jüngling, diesen zweiten Hero-

stratos, direkt ins Karzer und sehen Sie, daß gut abgeschlossen wird. – Ei, ei! Hier kommt endlich der Unterfamulus. Möhrle, geh Er mit und seh' Er auch, daß gut abgeschlossen wird. Sie dürfen ganz beruhigt sein, Herr Hofrat,
der Kasus wird gründlich untersucht werden. Wünsche
wohl zu ruhen. Komm, Maria, es geht stark auf zwölf
Uhr.«

Die Untersuchung gestaltete sich überaus schwierig und
zeitraubend, obgleich Berblinger, wie der Prälat betonte,
schon bei seiner ersten vorläufigen Vernehmung vor dem
Lehrerkonvent nicht nur aufrichtige Reue, sondern auch
sichtlich das Bestreben an den Tag legte, durch ein rück-
haltloses Geständnis seine Lage zu verbessern. So wenigstens erklärte sich Professor Gaum diese Bereitwilligkeit
des Inkulpaten. Allein dieses Geständnis, an sich voll von
Unerklärlichkeiten, brachte so viele Nebenumstände ans
Tageslicht, die für sich die schwersten Vergehen gegen die
Klosterordnung vermuten ließen, und die Motive, die der
Alumnus Berblinger für seine fortgesetzten, mit unerhörter, man kann sagen, diabolischer Hinterlist ausgeführten
Übertretungen angab, waren gänzlich unglaubwürdig.
Auch drohte der Sache durch den Fall Fischer eine weitere
höchst unliebsame Verwicklung. So mußten nicht weniger
als dreizehn Sitzungen des Konvents abgehalten werden
und es vergingen trotz der angestrengtesten Arbeit, die
den Prälaten sowohl als Professor Bräunlin vorübergehend aufs Krankenlager warf, drei Wochen, ehe das Protokoll, betreffend die durch den Alumnus Berblinger hervor-
gerufene, am 6. August 1802 drohende Feuersbrunst in der
alten Klosterkirche zu Blaubeuren, dem hohen Consistorio
eingesandt werden konnte, wie solches in dem besagten
Protokoll, Anhang 5, des näheren mitgeteilt und begrün-
det wird.

Während dieser Zeit wurde Berblinger selbstverständlich unter strenger Klausur gehalten, obgleich an ein Entweichen des Alumni nicht ernstlich gedacht werden konnte, und da für den erwähnten Zweck keine andre passende Lokalität aufzutreiben war, blieb er zunächst drei Wochen lang ein ständiger Insasse des Karzers. Zwar machte Hilfslehrer Zeller darauf aufmerksam, daß es immerhin gegen das übliche Verfahren und gewissermaßen gegen die Billigkeit verstoße, den noch nicht verurteilten Alumnus mit Inkarzerierung sozusagen im voraus zu bestrafen. Allein der Fall war so außerordentlich, daß auch außerordentliche Maßregeln angewendet und gebilligt werden konnten, namentlich solange die erkleckliche Sachbeschädigung an den Betten der Frau Prälat noch nicht endgültig festgestellt werden konnte. So wanderte Berblinger während dieser drei Wochen vom Karzer in das Konventzimmer und von diesem ins Karzer zurück, und fand einen geringen Trost darin, daß er die erst vor kurzem neu getünchten Wände zum Staunen späterer Geschlechter mit einer Steuervorrichtung seines Ballons bemalen und mit diesbezüglichen Berechnungen bedecken konnte. Denn es wurden ihm schon am dritten Tag auf besondre Verwendung Zellers zwei Bleistifte, und auf gemeinsamen Vorschlag von Bräunlin und Gaum ein Neues Testament, eine griechische Chrestomathie und Ciceros Schrift *De officiis* zum Selbststudium zugestanden.

Zunächst aber mußte die Anmaßung der weltlichen Behörden, hinter denen, wie sich bald zeigte, der Hofrat Scholl stak, energisch zurückgewiesen werden. Dieselben suchten den Fall auf Grund der nicht zu leugnenden Sachbeschädigung an dem Bettzeug der Frau Prälat vor ihr Tribunal zu ziehen, obgleich sonst, vornehmlich an dem Dachstuhl der Kirche, ein nachweislicher Schaden nicht angerichtet worden war. Zum Glück ging man in diesem Punkte konform mit der Auffassung der Frau Prälat, die sich standhaft weigerte, als Klägerin aufzutreten, nachdem sie gehört, daß die Frau Hofrätin dies ›bei ihrem Charakter‹ für selbstverständlich erklärt hatte. Dagegen entstanden in andrer Richtung große und wiederholte Schwierigkeiten, da die Frau Prälat auf Grund ihrer Betten den Anspruch erhob, zum mindesten als Zeuge den Sitzungen des Konvents beiwohnen und die Untersuchung im einzelnen verfolgen zu dürfen. Selbst der Prälat sah hierin eine noch nie dagewesene Neuerung. »*Principiis obsta!*« sagte er zu seiner Frau des öfteren und mit ungewohnter Energie. »Papperlapapp!« entgegnete die Gattin in leichtfertigem Ton; »Obst ist keins da, es handelt sich um meine Betten.« Das Lehrerkollegium blieb jedoch fest, und diese Differenz war hauptsächlich die Ursache, die den Prälaten aufs Krankenlager warf, so daß die Sitzungen des Konvents eine Woche lang unterbrochen werden mußten und der unglückliche Berblinger um so viel länger einem zweifelhaften, aber jedenfalls vernichtenden Schicksalsschlag entgegensah.

Der Junge selbst machte in der Hauptsache die wenigsten Schwierigkeiten. Er erklärte offen, daß er die Versuche des Luftschiffers Montgolfier, von denen er schon vor seiner Klosterzeit unterrichtet gewesen sei und die sogar im Landexamen zur Sprache gekommen, habe nachprüfen wollen. Der Hilfslehrer Zeller, der sich überhaupt bei dieser Gelegenheit zum Erstaunen der übrigen Herren etwas vorlaut benahm, obgleich ihm nur eine beratende Stimme im Konvent zugestanden werden konnte, erklärte unbefragt, daß sich hierin ein löblicher Zug der Forschung ausspreche. »Aber auf einem Gebiet«, unterbrach ihn Professor Gaum scharf, »das der Alumnus zu betreten keine Berechtigung hatte, das eines künftigen Seelsorgers sogar als unwürdig zu bezeichnen ist.« Des weiteren gab Berblinger zu, daß er seit längerer Zeit den Raum der alten Klosterkirche ins Auge gefaßt und einen Nagel krummgebogen habe, um durch das Cäcilientörchen in dieselbe einzudringen. Das alte Waschseil, mit Hilfe dessen er von dem Altan auf den Fußboden der Kirche und auch wieder zurück gelangt sei, habe er im Klosterhof gefunden, das Seidenpapier für seinen Ballon aus Ulm mitgebracht, Kleister und andre Utensilien während der Ausgangsfreiheit von Handwerkern im Städtchen entweder erbettelt oder gekauft. Es sei ihm dies dadurch ermöglicht worden, daß sein Gönner und früherer Lehrer, der Magister Krummacher zu Ulm, ihm während der Ferien einen Ulmer Gulden zu verehren pflegte.

So weit war der Kasus klar. Große Schwierigkeiten dagegen bereitete es, festzustellen, auf welche Weise der Inkulpat in den Besitz des feuergefährlichen Spiritus gelangt war, da er hierüber alle näheren Angaben verweigerte. Zweimal, nach ernstlicher Mahnung und Androhung der strengsten Maßregelung, mußte er unverrichteter Dinge ins Karzer zurückgeführt werden. Obgleich nun die Verhandlungen unter dem Siegel allseitiger tiefster Verschwiegenheit geführt wurden, scheint dies vermutlich durch Frau Professor Gaum der Promotion bekannt geworden zu sein, denn der Alumnus Busch meldete sich am folgenden Tag freiwillig beim Professor ordinarius Bräunlin und bekannte, leider ohne Kundgebung gebührender Reue, den fraglichen Spiritus in Sonderbuch gekauft und dem Berblinger geschenkt zu haben. Selbstverständlich wurden ihm sofort zwölf Stunden Karzer bei Wasser und Brot zuerkannt, da aber das Karzer von Berblinger dauernd in Anspruch genommen war, mußte die ordnungsgemäße Bestrafung des Busch auf unbestimmte Zeit verschoben werden. Er kariete wenigstens bis zur Erledigung der Karzerstrafe, was dem vollblütigen Burschen gesundheitlich sehr zuträglich war.

Es kam nun auch zutage, daß Berblinger vor der Feuersbrunst sechs kleinere Versuchsballons angefertigt und zu verschiedenen Zeiten, aber natürlich immer nächtlicherweile hatte fliegen lassen und hierdurch die bekannte peinliche Erregung in Stadt und Land hervorgerufen hatte. Professor Gaum machte darauf aufmerksam, daß dieselbe nicht minder durch eine schriftliche Arbeit des Alumni Fischer geschürt worden sei, die außerhalb des Klosters eine ungehörige Verbreitung gefunden habe und schon deshalb nicht minder strafbar sei als die unsinnige Ballongeschichte. Ein Zusammenhang zwischen beiden gleich schweren Vergehen, von denen das eine auf materiellem, das andre mehr auf geistigem Gebiete sich abgespielt habe, sei mehr als wahrscheinlich. Er beantrage deshalb, den Alumnus Fischer sofort zu vernehmen und beide Angelegenheiten gleichzeitig zu verfolgen.

Dies geschah. Abwechselnd standen jetzt Fischer und Berblinger vor dem hohen Konvent und versicherten vergeblich, daß jeder unabhängig vom andern auf den Weg des Verbrechens geraten war und daß beide Wege nach sehr verschiedenen Richtungen in die Irre führten. Dies wurde teilweise anerkannt. Während nun aber Professor Gaum den Fischer für den Schuldigeren hielt, den Bräunlin mit seiner Jugend und dergleichen zu entschuldigen versuchte, fand der letztere nicht Worte genug, das dunkle Treiben Berblingers zu verdammen, ganz abgesehen, fügte er bei, von den Betten der Frau Prälat. Was ihn besonders empöre, sei die Unwahrhaftigkeit des Inkulpaten Berblinger. Denn es sei doch ganz undenkbar, daß der junge Mensch selbst geglaubt habe, Papierkugeln mittels berauschender Getränke zum Fliegen bringen zu können, da doch allgemein bekannt sei, daß der Alkohol vielmehr in umgekehrter Richtung wirke.

Doch dürfen auch die Lichtblicke, die in das Dunkel fielen, in dem der arme Berblinger wochenlang schmachtete, nicht unerwähnt bleiben. Schon seit dem zehnten Tag der Untersuchung wurde von unbekannter Seite täglich ein Körbchen köstlichen Frühobstes in sein Verlies gesandt. Möhrle stellte es schweigend auf das Tischchen, das man ihm seit dem dritten Tag gestattet hatte, war aber zu einer Erklärung nicht zu bewegen. Zuerst dachte der Gefangene an Fischers und Buschs Thusnelde. Später erfuhr er, daß die Frau Professor Gaum hinter dem Rücken ihres Mannes die heimliche Wohltäterin war und daß dies mit der vollen Zustimmung der Frau Prälat geschah, ja daß diese täglich zwei Tafelbirnen aus dem eignen Garten dazu beitrug. Noch einmal sei in dieser wahrheitsgetreuen Erzählung unglaublicher Ereignisse an das Wort unsers großen Schiller erinnert: Ehret die Frauen!

Für diese mildere Auffassung des Falles trat allerdings auch Fräulein Thusnelde aufs lebhafteste ein, welche den Spitzen der Klostergesellschaft gegenüber eine etwas andre Stellung einnahm, seitdem man entdeckt hatte, daß sie besser als irgend jemand die eingebrannten Löcher in den Kissenüberzügen der Frau Prälat zu ›wifeln‹ verstand. Dieser Umschlag berührte sogar das rauhe Gemüt Buschs, der beschloß, wenn auch nicht sogleich, so doch mit dem Umzug der Promotion nach Bebenhausen ein neues Leben zu beginnen, um sich Thusneldens würdiger zu machen. So zeigte sich auch hier, daß aus einer Untat, die der allgemeinen Verdammung sicher ist, noch Gutes entspringen kann.

Endlich war das Protokoll aufgestellt und ins reine geschrieben. Alles vermochten seine achtundfünfzig Folioseiten allerdings nicht aufzuklären, doch gaben sie dem hohen Consistorio genügend Anhaltspunkte, einen allgemeinen Einblick in das unerhörte Vorkommnis zu gewinnen und das übrigens nicht zweifelhafte Urteil über den Schuldigen zu sprechen. Der Bescheid kam denn auch zum Erstaunen des Prälaten schon nach vierzehn Tagen, und zwar war er zum erstenmal – auch ein Zeichen der Zeit, bei dem sich das Erstaunen sämtlicher Lehrer in Entsetzen verwandelte – in deutscher Sprache abgefaßt. Tröstlich war, daß keiner dem Schriftstücke den Einfluß der Klassizität in Geist und Form abzusprechen vermochte. Es bestand zwar nur aus achtzehn Paragraphen gegenüber den zweiundvierzig der Anklageschrift; dennoch würden es die Grenzen des vorliegenden Werkes nicht gestatten, dieses klassische Dokument *in extenso* mitzuteilen. Möge als Beweis, wie wenig Prälat Kleß Ursache hatte, sich über den hereinbrechenden Geist der Neuzeit zu beklagen, wenigstens sein letzter und für Berblingers Los entscheidender Paragraph hier eine Stelle finden.

»§ 18. Nachdem in obigem, vornehmlich in den §§ 2 bis 4, 9 und 12 bis 17 hinlänglich dargetan, daß eine die alte Klosterkirche zu Blaubeuren gefährdende Feuersbrunst stattgefunden, solche wertvolles Eigentum Privater (i. e. des Herrn Prälaten Kleß und dessen Ehegattin Maria geborene Köstlin) sowie des Fiskus (Schwärzen und vermutlich teilweises Verkohlen mehrerer Balken im Dachstuhl besagter Kirche) beschädigt respektive zerstört und unbrauchbar gemacht hat, sowie daß die Entstehung dieser Feuersbrunst keineswegs als zweifelhaft bezeichnet werden kann, sondern im Gegenteil auf schier unerklärliche Manipulationen des Alumni Berblinger zurückgeführt werden muß, und derselbe, vorausgesetzt, daß sein Geisteszustand als normal oder wenigstens annähernd normal zu betrachten wäre, er somit für seine Handlungen auch moralisch verantwortlich zu machen ist; nachdem ferner feststeht, daß sich derselbe Berblinger im Anschluß hieran eine Reihe schwerer Vergehen gegen die Klosterordnung, ja gegen wohlweislich in Kraft stehende Landesgesetze, wie die Anfertigung und Benutzung eines krummgebogenen Nagels zum Öffnen einer amtlich verschlossenen Türe, das Verlassen des Schlafsaals und das Umhertreiben auf dem Dorment zu unerlaubten Stunden, das Entwenden und der unerlaubte Gebrauch eines angeblich gefundenen Waschseils, das unzulässige Betreten eines außer Gebrauch gesetzten Gotteshauses, der heimliche Besitz beträchtlicher Mengen von Seidenpapier, Kleister und Bindfaden, über deren Erwerb das Protokoll leider nicht den genügenden Aufschluß erteilt, der verbotene Erwerb, Besitz und Gebrauch von Spirituosen zu völlig unerklärlichen Zwecken (angeblich zur Verdünnung von Luft!) und endlich der kombinierte Gebrauch dieser sämtlichen Gegenstände und Machenschaften teils, wie anzunehmen, um Schrecken und berechtigte Furcht in der ruhigen, wenn auch abergläubischen Bevölkerung außerhalb des Klosters zu erwecken, teils schließlich um den mehrerwähnten Brand im Dachstuhl der Klosterkirche zu verursachen, hat zuschulden kommen lassen, ist der dieser Vergehen überführte und im allgemeinen geständige Alumnus Berblinger aus Ulm respektive Ochsenwang für unwürdig zu betrachten, künftighin als Seelsorger der Landeskirche zu dienen, noch die Vorteile der hierfür instituierten Erziehung zu genießen, und wird die Prälatur von Blaubeuren unter Ausdruck des Befremdens darüber, daß sich solches in der ihr unterstehenden Klosterschule ereignen konnte, ohne zuvor entdeckt, sistiert und, soweit der Unfug stattgehabt, gebührend bestraft worden zu sein, wodurch wenigstens das öffentliche Ärgernis eines von einem Studiosus der Gottesgelehrsamkeit angestifteten Kirchendachstuhlbrandes vermieden worden wäre, instruiert und angewiesen, den Berblinger ohne Zeitverlust aus dem Klosterverband auszuweisen und zu entfernen sowie von solcher Rejectio seinen Angehörigen in Kürze Mitteilung zu machen.«

Am Tag nach Empfang dieses Konsistorialerlasses wurde derselbe in dem rasch zusammenberufenen Konvent verlesen, nachdem ihn Professor Gaum besseren Verständnisses wegen teilweise ins Lateinische übersetzt hatte. Hierauf wurde Berblinger durch den Oberfamulus vorgeführt und ihm vom Prälaten in bewegten Worten die Entscheidung der zuständigen Oberbehörde mitgeteilt. Nicht ohne Zeichen menschlichen Mitgefühls empfahl er ihn auf seinem künftigen dunkeln Lebensweg dem Schutz des Höchsten, vor dem er reumütig sein Vergehen bekennen und Besserung geloben möge. Den hohen Beruf, für den er bestimmt gewesen sei, habe er sich durch seine unglaublichen Verirrungen ein für allemal verscherzt.

Möge er in Demut versuchen, einen andern Weg durchs Leben zu finden, auf dem es ihm mit Gottes Hilfe gelingen dürfte, den Seinen und seinen Vorgesetzten weniger Ärger und Sorge zu machen. Er sei aus dem Karzer entlassen und könne den Abend benutzen, seine Habseligkeiten zusammenzupacken. Am folgenden Morgen, nach dem Präzieren, dem er noch beiwohnen dürfe, könne er sich in Gegenwart des Professors ordinarii von seinen Kommilitonen verabschieden, worauf der Oberfamulus Leuze das Dorment öffnen und ihn vor das Klostertor setzen werde.

So geschah's.

Doch auch der Hilfslehrer Zeller fand sich am andern Morgen am Klostertor ein, reichte ihm die Hand und schenkte ihm seinen eignen Euklid und einen Kronentaler zum Andenken. »Lassen Sie die Flügel nicht ganz hängen, Berblinger«, sagte er weich. »Auf der andern Seite der Klostermauern ist auch noch eine Welt. Aber lassen Sie das Fliegen vorläufig sein. Für einen modernen Ikarus sind Sie zeitlebens zu jung.«

Damit ließ er den Jungen neben seinem Waschkistchen stehen und ging mit tief gesenktem Kopf in den Klosterhof zurück. »Lassen Sie die Flügel nicht ganz hängen«, hätte er zu sich selbst sagen können, ohne den Trost zu haben, den er Berblinger gegeben hatte.

Es war ein prachtvoller Spätsommermorgen. Berblinger durchstreifte zum letztenmal – zum erstenmal frei wie ein Vogel – das grüne, sonnige Tal. Er freute sich des stillen Glanzes der Natur und vergaß im ungewohnten Gefühl der Freiheit minutenlang den Druck, den ihm seine jüngsten Erlebnisse aufs Herz gelegt hatten. Es blieb ihm nichts übrig, als noch heute nach Ulm zurückzukehren und dort bei Onkel und Mutter sein Schicksal zu erwarten; aber er hatte Zeit. Es war Mittwoch, einer der zwei Wochentage der neuen Ausgangsfreiheit. Die Klosterschüler mußten nach Mittag aus ihrer Klause herauskommen, und von einem wenigstens, der ihm in diesen Tagen der Trübsal treu geblieben war, wollte er ohne Überwachung des Ordinarius Abschied nehmen. Es war früh genug, sich um zwei Uhr auf den Weg nach Ulm zu machen.

Er umkreiste noch einmal den Blautopf und sah tief hinab in das geheimnisvolle Blau des unergründlichen, stillbewegten Wassers. Dann erkletterte er die Felsenzinnen des Rusenschlosses und blickte ins Tal: auf den Rucken mit seinem kleinen Trümmerhaufen, der nahe daran war, ganz zu verschwinden, auf die weißschimmernden Bleichwiesen, auf das trauliche Städtchen und auf Kloster und Klosterkirche, bei deren Anblick sich sein Herz zusammenkrampfte. Nein; es war schön, aber zu peinlich. Er mußte und wollte gehen.

Denn das alles war nicht der einzige Kummer, der ihn drückte. Am Abend zuvor hatte ihm der Prälat zwei Briefe eingehändigt, die während seiner Karzerzeit eingelaufen, ihm aber – ›wie billig‹, meinte der Prälat – nicht ausgehändigt worden waren, um den Gang der Untersuchung nicht zu stören. Beide kamen von seinem alten Gönner, dem Pestilenziarius, und waren kurz genug. Der erste berichtete, daß seine Mutter ernstlicher erkrankt sei, der zweite, daß auch der Sanitätsrat Bühler Bedenken äußere, da die schleichende Krankheit, die sie schon seit Monaten quäle, eine immer ernstere Form annehme. Ihr Trost, nächst der Hoffnung auf Ruhe und Frieden im Grab und auf eine selige Auferstehung, sei ihr Brechtle, von dem sie seit etlichen Tagen unablässig spreche. Werde es schlimmer, so solle er Nachricht erhalten. Am besten wäre es, wenn er jetzt schon den Herrn Prälaten bitten würde, ihm sodann ohne Verzug die Abreise nach Ulm zu gestatten. Vorläufig und auch in der Zukunft möge er alles tun, was in seinen Kräften stehe, die Hoffnungen zu erfüllen, die seine sterbende Mutter auf ihn setze. – Das erschien dem Jungen das Bitterste, was ihm diese Tage bringen konnten. Gerade jetzt!

Doch die Sonne schien wieder, heiter und ruhig, und überflutete jeden Winkel des Tals mit ihrem goldenen Licht. Vielleicht war es nicht so schlimm. Nein, es konnte nicht so schlimm sein! Der alte Magister war immer voller Sorge, wenn es sich um seine Mutter handelte. Der Jugendmut regte sich wieder.

Im Städtchen kaufte er sich ein Stück Brot und eine Wurst. Er war ja nicht bettelarm, dank dem Kronentaler seines Gönners Zeller, wie er es sonst wohl gewesen wäre. Doch blieb er nicht im Schwarzen Adler, obgleich er ihn jetzt ohne Gefahr hätte besuchen können, sondern wanderte dem nahen Walde zu und stieg wieder am Berghang hinauf. Erst am Fuß des Fuchsfelsens machte er Halt, schlüpfte in Fischers Hüttchen und begann sein Mittagsmahl zu verzehren. Auch drunten im Kloster läutete das wohlbekannte Glöckchen zum Essen. Wie wunderlich, es so in der Ferne zu hören und zu wissen, daß es einen nichts mehr anging. Dann lag wieder tiefe Mittagstille über dem ganzen Tal.

Er hatte nicht lange zu warten. Es raschelte schon seit fünf Minuten unter ihm im Gebüsch, und jetzt bogen sich die nächsten Zweige auseinander. Es war Fischer.

»Ich hab' mir's gedacht«, sagte er, indem er sich keuchend auf die Moosbank warf. »Du konntest nicht verschwinden, ohne noch einmal deinen Freunden Lebewohl zu sagen.«

»Wenigstens dir, Fischer!«

»Drunten hinter dem Schwarzen Adler steht Busch und die halbe Promotion. Komm!«

»Laß sie stehen! Mir liegt an niemand als an dir. Müssen wir scheiden?«

»So scheint's«, versetzte Fischer, »und kaum reicht's, uns die Hand zu geben. Vor dem Essen haben sie mich vor dem Konvent gehabt. Der Prälat ist krank infolge einer Nase, die ihm das Konsistorium gegeben habe, sagte Möhrle; aber Gaum hat mich angedonnert für drei.

Ich mußte einen Revers unterschreiben und überdies bei meiner Seele Seligkeit versprechen, daß, solange ich die Beneficii der Klosterschulen zu Blaubeuren und Bebenhausen sowie des Stifts zu Tübingen genieße, ich mir nicht wieder einfallen lasse, ein Märchen, eine Sage oder irgendwelches Gebilde der verirrten Phantasie zu ersinnen, zu erzählen oder gar niederzuschreiben, sei es in deutscher oder irgendwelcher andern Sprache. Im Übertretungsfall habe ich der sofortigen Rejektion gewärtig zu sein.«

»Und du hast unterschrieben?« fragte Berblinger.

»Natürlich. Was blieb mir übrig? Hab ich nicht Weib und Kind, sagen sie in Geschichtenbüchern, wenn sie in derartigen Nöten sind. Habe ich nicht Vater und Mutter und sieben ungezogene Geschwister? Wenn mir nun doch noch eins einfällt, ich meine ein Märchen, so werde ich den Ordinarius fragen, wie es totzuschlagen oder was sonst damit anzufangen sei. Vorläufig soll mir nach Verbüßung einer Karzerstrafe von vierundzwanzig Stunden, die ich Punkt zwei Uhr anzutreten habe, in Gnaden verziehen sein. Das Lokal steht ja jedermann wieder offen, seitdem du es geräumt hast. Nach mir kommt Busch dran mit sechs Stunden wegen des Spiritushandels. Jeder nach Verdienst und Gaben.«

»Du kannst lachen!« seufzte Berblinger.

»Nicht allzu laut, seitdem sie dich davongejagt haben. Du wirst mir fehlen. Wir haben uns verstanden. Ich vermute fast, wir haben beide gedichtet, jeder in seiner Art, ich mit Feder, Tinte und Papier, du mit Spiritus und Kleister. So teilen wir nun auch fast dasselbe Los. Dich hat's härter gepackt. Warum mußtest du dich auch bis in den alten Kirchendachstuhl versteigen?«

Berblinger sah düster vor sich hin.

»Ich wollte, der Empfang in Ulm wäre vorüber«, sagte er nach einer Pause.

»Sei froh, daß er kommt«, versetzte Fischer. »Du wirst

ein freier Mann. Ich wandere direkt von hier ins schwarze Loch, und der Himmel weiß, wo wir uns wiedersehen.«

»*Excelsior!* bleibt mein Wahlspruch«, sagte der andre, sich aufraffend, halb im Scherz, halb in bitterem Ernst. »Im Himmel vielleicht! – Willst du ein Stück von meiner Wurst zum Abschied?«

»Horch, es schlägt!«

»Dreiviertel!«

Fischer sprang auf, fiel seinem Freund in einer jener ungefügen Anwandlungen, die den Flegeljahren eigen sind, um den Hals, schluchzte ein paar Worte, die kein Mensch verstehen konnte, und war verschwunden. Langsam folgte Berblinger. Er wollte den andern hinter dem Schwarzen Adler nicht mehr begegnen. Es lag zuviel Schweres auf ihm; am schwersten die zwei Briefe in seiner Brusttasche.

In der Tat waren die jungen Leute bereits abgezogen, als er sich dem Wirtshaus näherte. Dafür erwartete ihn eine andre Überraschung. Unter der Türe des Schwarzen Adlers stand ein kleines Männchen, das ihm ebenso erstaunt entgegensah. Es war der Pestilenziarius von Ulm, aber kleiner, wie es ihm vorkam, als früher und mit röteren Augen.

Sie stürzten sich nicht entgegen. Der Junge erblaßte, der Magister schien zu zittern, als sie sich erkannten.

»Wissen Sie es schon?« stammelte Berblinger.

»Weißt du's schon?« fragte Krummacher mit leiser, bebender Stimme.

»Was? – O Herr Krummacher!«

»Sie ist hinübergegangen. ›Mein Brechtle‹ war ihr letztes Wort.«

Berblinger mußte sich an der Futterkrippe halten, neben der er zufällig stand.

Beide schwiegen lange, dann sagte Krummacher:

»Komm!«

Sie schritten ohne eine Wort zu sprechen zum Städtchen

hinaus und wanderten der Landstraße entlang gegen Ulm. Hinter dem Rucken stand ein großer Apfelbaum am Weg, den Klosterschülern gar wohl bekannt, dessen Zweige fast bis zum Boden herabhingen. Dort setzten sich beide an den Rain, der unter dem Baum weg lief. Jetzt zum erstenmal schluchzte Berblinger laut auf und fragte, wie alles so schrecklich schnell gekommen sei. – Es war nicht so schnell gekommen, aber man hatte seit fünf Wochen von Brechtle nichts gehört, und ein Brief, der das Äußerste befürchten ließ, mußte seit vorgestern auf der Prälatur liegen, wenn ihn der Postbote nicht verloren hatte.

Dann erzählte der Junge in stockenden Sätzen, was ihm seit fünf Wochen widerfahren war, und meinte zum Schluß, bitterlich weinend, in all dem Jammer habe er nur einen Trost, daß seine gute Mutter all das nicht mehr erfahren könne.

»Wer weiß!« sagte der Magister und faltete seine zitternden Hände über dem linken Knie.

So saßen sie, der Alte und der Junge, eine volle Stunde unter dem Apfelbaum und weinten zusammen und verstanden nicht, weshalb das Leben so bitter war. Dann setzten sie ihren drei Stunden langen Weg fort, nach Schwabenart fast ohne ein Wort zu sprechen, bis sie an einem Kreuzweg angelangt waren, der, rechts der Blau folgend, nach der Donau hinunter, links nach dem Neuen Tor von Ulm führt. Dort stand der Magister still, als ob er sich plötzlich für den Abendstern interessierte, und sagte halblaut zu Berblinger: »Befiehl du deine Wege und was dein Herze kränkt« – dann schritt er rasch auf Ulm zu, dessen Münster in seinem halbfertigen Ausbau sich schwer und massig gegen den Abendhimmel abhob, und überließ es dem Jungen, den Vers zu beenden.

Der tat es.

Aber er hätte füglich auch einen letzten Blick nach rückwärts werfen dürfen, denn er schied für immer aus dem lieblichen Blautal und hatte mit dem Klosterschulleben abgeschlossen. Seine Jugendfreunde aus jenen Jahren fanden fast alle in den Gleisen, welche zwei Jahrhunderte festgelegt hatten, ihr ruhiges Lebensziel. Seeger wurde Oberkonsistorialrat, denn wie er noch in alten Tagen ›mit Elias‹ sprach: »Ich bin nicht besser als meine Väter«, Busch ein wackrer Landpfarrer, der von seinen Bauern hoch verehrt wurde, denn er verstand mehr von Obst-, Bienen- und Viehzucht als sie alle zusammen und sorgte für ihr Seelenheil mit großer Herzensgüte und machte Thusnelde zur gesetztesten und kinderreichsten Pfarrfrau des Landes. Pfitzenmeyer wurde ein berühmter Schulmann, lieferte jährlich allein sechs bis zehn Schlachtopfer für das Landexamen, von denen fünfundsiebzig Prozent ›durchkamen‹, und war deshalb viel gesucht und hoch verehrt von Vätern aller Stände. Nur der fromme, gewissenhafte Stöckle versank in den Tiefen deutscher Philosophie, geriet in seiner Ehrlichkeit auf ein Nebengleis und starb als rabiater Freidenker und Redakteur des Amts- und Intelligenzblatts von Heilbronn. Fischer starb hochbetagt als würdiger Prälat am Münster zu Ulm, ein rührendes Märchen vom Christuskindlein auf den Lippen. Von Berblinger aber werden wir noch mehr zu hören bekommen, als uns lieb sein mag.

Ein Wort von allgemeinerer Bedeutung verlangt die Billigkeit. Um das Jahr 1800 hatten, wie so vieles in Deutschland, die Klosterschulen Württembergs ihren Tiefstand erreicht, und trotzdem gingen aus denselben eine Anzahl wackerer, gelehrter Männer hervor, die dem Lande Ehre machten. Man arbeitete in den folgenden Jahrzehnten eifrig an ihrer Hebung und einer zeitgemäßen Umgestaltung veralteter Einrichtungen. Mit welchem Erfolg, beweisen die teilweise weltberühmt gewordenen Männer, Theologen, Philosophen, Philologen und Pädagogen, die ihre

Jugendeindrücke und ihre Schulung den vier württembergischen ›Klöstern‹ verdanken. Ob der gesunde Kern des Stamms, aus dem diese Leute hervorgingen, ob das trotz aller kleinen Eigenheiten und Mängel kluge System der Erziehung den größeren Anteil an diesen Erfolgen hat, wird sich schwer entscheiden lassen. Eins bleibt sicher: daß die schwäbischen Klosterschulen die Dankbarkeit ihrer Zöglinge, ob sie auch im Jugendübermut dahinstürmten, ob sie in weißem Haar auf ein nützliches und gutes Leben zurückblickten, verdient und sich bewahrt haben.

DRITTER TEIL

Schneiderlehrling

13
Herunter

Während in der Klosterschule zu Blaubeuren wie an hundert andern Orten im vielstudierenden Vaterland die hoffnungsvolle Jugend ihre lateinischen ›Argumente‹ über Hannibal und ihre griechischen ›Hebdomadarien‹ über Philipp von Makedonien ausarbeitete und Lehrer und Erzieher dieselben mit deutscher Gewissenhaftigkeit korrigierten, brach das Heilige Römische Reich Deutscher Nation krachend in Stücke. Wären die Ferien nicht gewesen, die so störend in den Erziehungsplan der Anstalt eingriffen, die Jungen hätten nichts davon gehört, daß die Revolution mit blutigen Fäusten an alle Königsschlösser Europas pochte und die alten ehrwürdigen Bauten im Grund erzitterten, nichts davon gewußt, daß ein wohlmeinender achtzehnjähriger Erzherzog von Österreich, dem man klugerweise das Schicksal des Reichs anvertraut hatte, in der Schlacht von Hohenlinden aufs arme junge Haupt geschlagen wurde, daß der kleine Korse, der von Ägypten aus die ganze Welt mit seinem Ruhm erfüllt hatte, den deutschen Rhein zur Grenze Frankreichs machte und im Frieden von Lunéville bestimmte, wie im Innern des Reichs Ersatz dafür geschaffen werden mußte, was seinen Fürsten auf dem linken Rheinufer geraubt worden war.

Fünfundfünfzig kleine weltliche Herrschaften, Hochstifte und Abteien, Bistümer und Kurfürstentümer wurden zerschlagen und mit den Scherben belohnt, wer sich der neuen Ordnung der Dinge am willigsten fügte. Auch die alten freien Reichsstädte, zweiundvierzig an der Zahl, mit ihren Gebieten von oft beträchtlicher Ausdehnung fielen dem großen Zerstörungswerk zum Opfer. Wozu Reichsstädte, seitdem vom Reich nur noch der Name vorhanden war und nichts mehr zu tun übrigblieb, als die

Trümmer vergangener Herrlichkeit aus dem Weg zu räumen? Es war zweifellos peinlich für den letzten Reichstag zu Regensburg, am eignen Begräbnis mitzuarbeiten, um so mehr, als die Herren Wochen brauchten, um festzustellen, in welcher Reihenfolge ihre Stühle gesetzt werden sollten, um ihrer repräsentativen Stellung gerecht zu werden. Noch einmal durfte der Zopf der alten Zeit eine seiner kläglichen Orgien feiern, ernannte schließlich eine ›Reichsdeputation‹ und überließ es den Nächstbeteiligten, sich um die ausgerissenen Federn des verendenden deutschen Adlers zu reißen. Sie taten es redlich und schamlos, und kaum regte sich da und dort ein leises Gefühl für die Schmach, in der Deutschtum und Deutsche für immer unterzugehen drohten.

Es war vielleicht am besten, daß die Jungen von all dem nur so viel hörten und sahen, als jeder aus den Ferien ins Kloster zurückbrachte; Berblinger zum Beispiel, daß man jetzt mit allem Fleiß an der Schleifung der Festungswerke von Ulm arbeite und nicht genug staunen könne über die Kasematten, die Gänge und Keller, die man in alter Zeit angelegt hatte, um die Stadt Ulm gegen Freund und Feind halten zu können. Mit dreitausend Bauern, die der Magistrat in der Umgegend requiriert habe, mache die Sache muntere Fortschritte, obgleich die letzten Franzosen unter General Piolaine, dem höflichen Spitzbuben, dem man noch die liebenswürdige Art, wie er die Stadt zu schröpfen pflegte, schriftlich habe bescheinigen müssen, schon seit einem Jahr abgezogen seien. Zwar waren die Herren in Regensburg noch nicht ganz einig, aber überall sprach man schon davon, daß es mit Ulm zu Ende gehe und daß es bayrisch werden müsse.

Dies kam schneller, als die Reichsdeputation arbeitete. Vierzehn Tage vor der unfreiwilligen Rückkehr Berblingers in seine alte Heimat, am 1. September 1802, waren die neuen Herren in Ulm eingerückt: Chevaux-legers und Infanterie, je ein Regiment, mit etlichen Kanonen. Es ging leichter als bei dem bayrischen Überfall vor genau hundert Jahren, bei dem es immerhin etliche blutige Köpfe gesetzt hatte. Diesmal zogen sie mit fliegenden Fahnen und lustig spielender Musik über die Donaubrücke durchs weit offene Herbeltor nach dem Rathaus. Von Widerstand war keine Rede; an einen feierlichen Protest dachten nur ein paar Querköpfe hinter ihren Stammtischen oder ein bartloser Gymnasist, der kürzlich in alten Geschichtsbüchern von der Macht und dem Glanz der Reichsstädte gelesen hatte. Die gesetzteren Bürger waren es satt, der Spielball jeder Laune des Schicksals zu sein, das über ihre Köpfe weg mit Nationen spielte, und die trinklustigen Bayern, die das Ulmer Bier damals noch nicht verachteten, verstanden es, diese Stimmung auszunutzen. Schon drei Tage nach ihrem Einzug, ehe sie in den Quartieren halbwegs warm geworden waren, zeigten sie an, daß das Offizierskorps gewillt sei, am 21. September einen festlichen Ball zu veranstalten, um ihre neuen Landsleute, Brüder und Schwestern, vor allem die Schwestern, noch mehr als bisher kennen und lieben zu lernen.

Der Rat und Zunftmeister Schwarzmann war über all dem in fieberhafter Tätigkeit und keineswegs in guter Stimmung. Sollte man denn nie zur Ruhe kommen? Natürlich, es war nichts mehr mit den alten Patriziern, denen von Schad, Besserer, Neubronner und wie sie alle hießen. Seitdem die Stadt von allen Seiten ausgesaugt wurde, war auch das Brünnlein versiegt, an dem sie sich erquickt hatten. Daneben hatten sie an seinem Tisch reichlich gegessen und aus seinen Wiener und ungarischen Fässern getrunken, so viel der Mann halten mochte. Vor dem Sitzungssaal des Kleinen Rats sollte dagegen der Zunftmeister hübsch Halt machen – und für die Elitebälle der alten Geschlechter war auch der reiche Schwarzmann noch nicht reich genug. Nun war alles im Fluß, wenn nicht am Umstürzen, und niemand wußte, was noch daraus werden sollte. ›Freye Reichsstadt‹, wo kein Reich mehr war, was sollte das heißen? Und wo war die Freiheit, wenn Geld und Verdienst immer wieder auf die Gunst der Betteljunker warten mußten? Die neue Zeit regte sich auch in Ulm mit Macht. Wenn man nur wüßte, wie lange jetzt die Bayern bleiben sollten!

So seufzte Schwarzmann, einer der wenigen, die in diesen Kriegszeiten dank seiner Schifferschlauheit, die sich den Anschein biederer Ehrlichkeit zu geben wußte, nicht eigentlich gelitten hatten. Seine zwanzig Zillen schwammen noch immer auf der Donau und beförderten Leute und Kriegsmaterial bald für die Kaiserlichen, bald für die Franzosen, und nicht zum wenigsten für die Bayern. Denn es war ein unaufhörliches Vorrücken und Retirieren, solange der große Korse in Italien und in Ägypten beschäftigt war. Nun fragte man wieder nach Schnecken drunten in Wien, und der regelrechte, friedliche Handel schien sich beleben zu wollen. Der erste Zunftmeister der Schiffer hatte das Recht, den neuen Herren zu zeigen, daß er der reiche Schwarzmann war, und daraus konnte sich manches entwickeln. Ungeschickt, daß gerade gestern seine Schwester, das arme Ding, begraben werden mußte. Aber es war noch acht Tage bis zum Ball. In diesen tollen Zeiten konnte niemand Ärgernis daran nehmen, daß seine Mädel sich wieder zeigten. Es war doch nur ihre Tante gewesen, und man kannte die arme Frau ja kaum mehr. Ärger hatte er genug mit dieser und andern Geschichten gehabt.

Zum Beispiel auch mit dem Schneider Bockelhardt, der mit verlegenem Grinsen an dem Frack herumzupfte und -strich, den er dem Rat heute zum drittenmal anprobierte. Die Bockelhardt waren seit Menschengedenken die Leibschneider der Schwarzmann gewesen. Sie hatten schon unter dem ›ganz Alten‹ vor fünfzig Jahren das größte Geschäft in der Stadt gehabt, denn sie waren die einzigen Meister, die mit fünf Gesellen anstatt mit nur drei arbeiten und zwei statt nur einen Lehrjungen einstellen durften; dies laut Beschluß des Kleinen Rats vom 3. November

1608. Damals wurde nämlich ein Bockelhardt gehängt infolge seines allerdings mittels der Folter erzielten reumütigen Geständnisses, daß er der Mörder seiner Geliebten, einer gewissen Jungfer Barbara Krönlin, sei. Kaum war aber zur Zufriedenheit des hohen Rats und der gesamten Bürgerschaft diese Angelegenheit erledigt, so ergab sich, daß man den falschen Bockelhardt gehängt hatte. Der richtige Mörder, ein entfernter Verwandter der Ulmer Bockelhardts, befand sich wohl und munter in Nürnberg und hatte dort Dienste als Landsknecht genommen, weshalb die Nürnberger in gewohnter unnachbarlicher Weise nicht daran dachten, ihn der Ulmer Gerechtigkeit auszuliefern. Sie begnügten sich im Gegenteil damit, dem Bösewicht das Versprechen abzunehmen, sein abscheuliches Verbrechen nicht wiederholen zu wollen. Der Ulmer Magistrat aber fühlte, daß er nicht nur dem Gehängten, sondern der ganzen Familie Bockelhardt unrecht getan hatte, und beschloß als Sühne ihr für ewige Zeiten zu gestatten, zwei Gesellen und einen Lehrling mehr einzustellen, als die übrigen Meister zu tun berechtigt waren. Diese protestierten zwar wiederholt, aber es half sie nichts, und so wurden die fünf Gesellen der Bockelhardt anerkanntes Recht. Mit dem ›jungen Bockelhardt‹, der übrigens jetzt sechzig Jahre alt war, ging jedoch die Ewigkeit dieses Privilegiums schon zu Ende. Er hatte in seiner Jugend locker gelebt und das Geld und die Kundschaft seines Vaters verloren, ehe er zur Besinnung kam. Jetzt war er so weit; aber ein schlapper, griesgrämlicher Mensch, wenn er nicht drei Schoppen Bier und einen Schnaps im Leibe hatte, dem Kunden nur aus alter Gewohnheit treu blieben, die seit einigen Menschenaltern bei den Bockelhardt hatten arbeiten lassen. So kam es auch, daß er jetzt an dem Staatskleid neuester Mode herumzupfte, in dem sich der Rat Schwarzmann ärgerlich hin und her drehte.

»Es hilft nichts, Bockelhardt«, sagte dieser, indem er versuchte, in einem kleinen Wandspiegel so viel als möglich von seinem breiten Rücken zu sehen. »Es hilft nichts! Ich habe Euch zehnmal gesagt und sag's noch einmal: einen Frack will ich haben wie der Altbürgermeister Besserer, und wenn Ihr mir den nicht liefern könnt, so fliegt er zum Fenster hinaus und der alte Pfuscher, der ihn gemacht hat, die Treppe hinunter. Verstanden?«

»Ich bitt' untertänigst, Herr Rat«, antwortete der Schneider, »der Frack ist gearbeitet genau wie der vom Herrn Altbürgermeister –«

»Dummes Zeugs!« brauste Schwarzmann auf, »ich will Euch eine Schiffsladung Schnecken umsonst liefern, wenn die Schöße nicht drei Zoll kürzer sind als Besserers – und dann – wie das hinaufstrupft! Seht einmal den Bauch an!«

»Ja, Herr Rat, an dem ist der Schneider nicht schuld«, versetzte Bockelhardt mit einem grimmigen Lächeln.

»Malefizkerl!« erwiderte der erregte Kunde und hob beide Arme gen Himmel. »Habt Ihr's gehört, wie's gekracht hat? Die Arme will ich wenigstens aufheben können. Rühren muß ich mich auch in einem Staatsfrack, das werdet Ihr zugeben. Seht einmal die Falten. Wie das spannt! Donnerwetter, Bockelhardt, packt Euer Gelump zusammen und geht zum Teufel.«

»Dafür sollt Ihr mir bezahlen!« grollte der Schneider, dem die Geduld auszugehen begann. »Die Ärmel will ich meinethalben wieder lostrennen, obgleich man in einem Staatskleid nicht mit Flößerstangen hantiert. Zieht ihn aus, Herr Rat. Ihr findet doch keinen Schneider in Ulm, der Ihnen einen besseren Frack macht. Umsonst bin ich nicht in Paris gewesen, das kann ich Ihnen schon sagen, und wenn Sie auf dem bayrischen Offiziersball tanzen wollen, bleibt Ihnen nichts übrig als Geduld und meine Wenigkeit. Bitte, auszuziehen!«

Der Rat, der den Schneidermeister doch nicht ganz rappelköpfig machen wollte, denn der Mann hatte seinen Einfluß in gewissen Wählerkreisen, gehorchte murrend. Der Schneider legte das Kleidungsstück auf den Tisch, zog eine

Schere aus der Tasche und begann die Ärmelnaht aufzutrennen. Schwarzmann setzte sich und sah ihm zu. Der Sturm, der vor einer Minute zwischen Schiffer und Schneider auszubrechen drohte, legte sich. Sie begannen Stadtneuigkeiten zu besprechen und kamen auf die gestrige Beerdigung der Frau Berblinger.

»Eine große Leich' war's nicht«, sagte der Schneider.

»Sollt' es auch nicht sein«, versetzte der Schiffer ingrimmig. »Ihre alten Freunde sind tot oder verzogen, und neue hat sie nicht gemacht.«

»So geht's leichter, wenn man fort muß«, meinte der Schneider.

»Ihr Bub, der Brechtle, war schließlich ihr einziger Gedanke«, fuhr der Rat fort. »Der grämt sich rechtschaffen, wie es scheint, und mir kann's recht sein. Die Dummheit mit dem alten Berblinger, dem Schulmeister, war nicht mehr gutzumachen. Besser, sie ging. Der Pestilenziarius hat den Jungen von Blaubeuren hereingeholt, obgleich er besser draußen geblieben wäre. Der Bursch muß lernen.«

»Soll wohl Pfarrherr werden?« fragte Bockelhardt.

»Soll nichts kosten vor allen Dingen, denn der Bub hat nichts. Das Gute haben die Klöster jedenfalls. Der Pestilenziarius meint, er mache Fortschritte, und wenn die Schwarzmann einmal einen Prälaten in die Verwandtschaft kriegen, kann man sich's gefallen lassen. Besser als das verrückte Zeug, das sein Vater getrieben hat. Lernen muß der Schlingel, und dafür sorgen sie in den Klöstern. Er sieht bleich aus, aber ich halte das für ein gutes Zeichen. – Na, was gibt's?«

Eine Magd legte einen Brief mit einem großen Amtssiegel auf den Tisch.

»Vom Blaubeurer Boten!« sagte sie und verschwand wieder.

»Na, da bin ich doch begierig«, sagte der Rat. »Wenn man vom Wolf spricht, steht er vor der Tür. Ich hoffe, daß er ein ordentliches Zeugnis mitbringt, der Schlingel, sonst

– Machet mir die Ärmellöcher jetzt nur nicht zu weit, Meister!«

Er betrachtete den Brief von beiden Seiten, brach dann langsam und vorsichtig das Amtssiegel und begann zu studieren, erst kaum hörbar, dann halblaut und schließlich mit zorniger Stimme vorlesend.

»›Die herzoglich württembergische Prälatur der Klosterschule zu Blaubeuren in Sachen des weiland Alumni Berblinger aus Ulm.‹

Weiland Alumni! Was der Kuckuck soll das heißen?« unterbrach er sich selbst. »Na, es wird sich wohl aufklären.

›Die herzoglich württembergische Prälatur der Klosterschule zu Blaubeuren benachrichtigt den hochwohlgeborenen und ehrenwerten Rat und wohlgeborenen Zunftmeister Herrn Schwarzmann zu Ulm als den gesetzlichen Vormund des weiland Alumni Berblinger, daß der erwähnte Ludwig Albrecht Berblinger von Ulm respektive Ochsenwang laut Beschluß eines hohen Consistorii wegen, wie gehofft wird, fahrlässiger Brandstiftung und zahlreicher zweifellos böswilliger Vergehen gegen die Klosterordnung hiermit am heutigen 11. September 1802 der Beneficii der Klosterschule verlustig erklärt und aus deren Verband entlassen und ausgestoßen ist, mit dem Befehl, solche Rejectio unverzüglich dem Herrn Vormund selbsten zur Kenntnis zu bringen und sich dessen Verfügungen gehorsamst zu unterstellen.

Im Namen des erkrankten Herrn Prälaten Kleß der Professor ordinarius Magister Gaum.‹«

Der Rat hielt den Brief auf Armlänge von sich ab, fuhr mit seinem roten Taschentuch über die Stirne und sagte:

»Donnerkeil, Schneider! – Donnerkeil! Habt Ihr den gelehrten Herrn verstanden? – Herein!«

Es hatte nämlich schon zweimal geklopft, erst leis und schüchtern, jetzt aber lauter. Mit ähnlicher Vorsicht wurde jetzt die Tür geöffnet, unter der in seinem verschossenen blauen Gymnasialmäntelchen, aus dem er in allen Richtungen hinausgewachsen war, der kleine Berblinger auftauchte. Die erregten Züge seines Onkels wurden starr, seine Stirne furchte sich in senkrechten Riegeln, die kleinen Augen in dem großen roten Gesicht nahmen eine unnatürliche Kreisform an, wie Stiersaugen, und glotzten, als ob keine Spur einer menschlichen Seele mehr dahintersäße. Es wurde tatsächlich schwül in der Stube. Der Schneider beugte sich tiefer über seinen Frack und zupfte eifriger Fäden aus dem halbabgetrennten Ärmel.

Brechtle – er fühlte bis in die Zehen hinab, daß er wieder Brechtle geworden war – raffte sich zusammen, lief, als gälte es einen Sprung in eiskaltes Wasser, auf seinen Onkel zu und wollte ihm die Hand küssen. Zornig entriß sie ihm dieser und warf ihm den Brief aus Blaubeuren an den Kopf.

»Lump, was soll das heißen?«

Brechtle hob das Papier auf.

»Vorlesen!« schrie der Onkel.

Brechtle las.

»Und sonst hast du nichts zu sagen, verdammter Lausbub, du!« schrie der Rat und griff nach Brechtles blondem Lockenkopf. Dies jedoch gab dem Jungen seine Geistesgegenwart wieder. Mit einer blitzschnellen Verbeugung war er aus dem Bereich der geballten Faust und stand hinter dem Schneider, der nun auch Versuche machte, sich in Sicherheit zu bringen, denn mit dem Herrn Rat war nicht zu spaßen, wenn ihn der Zorn übermannte. Erzählte man sich doch mit einigem Stolz – die Ulmer waren unberechenbar in ihrem patriotischen Empfinden –, daß er einen Kollegen der Zunftmeister, den Günzburger Schiffer, beim Steinhäule in die Donau geworfen, ihn allerdings dann auch wieder herausgezogen und um Entschuldigung gebeten habe. Zweimal umkreisten Onkel und Neffe den Schneider, den der Junge als Schild zu verwerten wußte, während dieser den erhobenen Frack als Schutzwaffe benutzte. Keuchend vor Wut gab endlich der Onkel die unwürdige Verfolgung auf, nachdem er dem unschuldigen Staatskleid einen Faustschlag versetzt hatte, daß die Frackschöße hoch emporflogen, und warf sich in den Großvaterstuhl, über den er bei der zweiten Umkreisung des Schneiders beinahe zu Boden gestürzt wäre.

»Erklären, Lausbub!« stöhnte er. Doch hörte der Erfahrene am Tonfall der Anrede, daß der erste Zornausbruch vorüber war, und Brechtle begann in sicherer Entfernung die Geschichte seiner Missetaten. Er kam nicht weit. Wie ein austobendes Gewitter brach das Donnerwetter von Zeit zu Zeit wieder los, schwächer nach jedem Schlag, schließlich dumpfgrollend, als sei es nun wirklich im Abziehen. Der Junge war noch nicht bei seinem großen Ballon angekommen, und schon interessierte den Onkel die Geschichte nicht mehr. Es war ja alles der reinste Blödsinn. Ein andrer Gedanke begann in ihm zu arbeiten.

»Aber was jetzt? Herrgott von Regensburg – was jetzt?« brach er wieder los. »Sag, was ich mit deines Vaters Sohn anfangen soll? Hausknecht werden – Stiefelputzer im Baumstark? Na, was denkst du dazu, Schlingel, verfluchter?«

Brechtle ließ den Kopf hängen. Wenn jetzt sein Onkel auf ihn losgeschlagen hätte, er hätte keinen Sprung mehr getan. Aber auch der Rat hatte diese Form der Auseinandersetzung aufgegeben, die an einem toten Punkt angelangt zu sein schien.

»Wenn's jetzt mit dem Prälaten in der Familie nichts ist, Herr Rat«, sagte der Schneider nach einer peinlichen Pause, indem er seine Lippen zusammenzog, als ob er pfeifen wollte; »na, dann muß der junge Herr halt was lernen.«

»Da glaubt man«, grollte Schwarzmann vor sich hin, »man habe den Burschen mit Müh und Not versorgt, hat ihn dreimal nach Stuttgart geschickt, hofft Ehre mit ihm einzulegen, denkt, er könnte gar noch gutmachen, was sein Vater, der hergelaufene Schulmeister, versündigt hat, und nun kommt er heim – wie ein begossener Pudel – wie – wie –«

Das Gewitter schien noch einmal ausbrechen zu wollen. Brechtle wurde desperat.

»Onkel! Onkel!« schrie er auf, »lassen Sie mich Schiffer werden. Ich will arbeiten wie ein Knecht; ich will schaffen, wenn ich zehnmal ersaufe.«

Schwarzmann lachte hellauf.

»Du und Schiffer! Seht ihn einmal an, Bockelhardt. Das Marzipanfigürchen und ein Donauschiffer!«

»Lassen Sie mich Schiffer werden!« wiederholte Berblinger leidenschaftlich. »Ich bin stärker, als Sie glauben. Ich will wachsen. Und ich will fort, hinaus! Ich will Sie keinen Heller mehr kosten und mit Wasser und Brot die Donau hinunterfahren. Lassen Sie mich Schiffer werden!«

»Schiffer!« höhnte der Rat und lachte aufs neue; Berblinger fühlte es stechender als sein Fluchen. »Zum Fischen wollt' es vielleicht noch reichen, wenn dich nicht der erste Gründling ins Wasser zöge. Man könnte das ganze Kerlchen in einen einzigen Wasserstiefel stecken, niemand würd' es merken; und das will Schiffer werden! Na, Bockelhardt, könnt Ihr nicht mitlachen?«

Er starrte den Schneider zornig an. Dann ging ein böses Lächeln über sein Gesicht, und plötzlich ruhiger werdend fuhr er fort:

»Ihr habt recht, Meister. Etwas lernen muß der Bub. Einen zweiten Pestilenziarius möcht' ich nicht ums Haus herum sehen. Wißt Ihr was: nehmt ihn in die Lehr'. Schneider soll er werden!«

Brechtle fiel auf die Knie. Der Onkel schien es nicht zu sehen. Auch Bockelhardt warf ihm einen boshaften Blick zu.

»Schiffer! Um Gottes Barmherzigkeit willen, lassen Sie mich Schiffer werden!« wimmerte der Kleine.

»Ich nehme den Frack, wie er ist«, sagte der Rat entschlossen, »und Ihr nehmt den Buben.«

»Ich will's tun um das Übliche, nach Zunftgebrauch«, versetzte Bockelhardt. »Zur Zeit hab' ich nur einen Lehrjungen, und der ist nichts wert. Ich will's versuchen. Er ist wohl ein bißchen alt zum Jungen.«

»Er wiegt keinen Vierzehnjährigen auf«, meinte der Rat, »und er ist dümmer als ein Zehnjähriger, sonst hätten sie ihn in Blaubeuren nicht zum Teufel gejagt.«

»Na, ich will's versuchen, weil Sie es sind«, wiederholte der Schneider, »ums Übliche, nach Zunftgebrauch.«

»Abgemacht! Den Ärmel könnt Ihr wieder annähen; ich muß mich halt nach der Decke strecken. Das wirst du nebenher auch noch lernen, Jung, elendiger!« – Dies warf er dem noch immer knienden Brechtle hin. »Steh auf; küß dem Meister die Hand. So ist's Zunftgebrauch, Herr Studiosus des ehrsamen Schneiderhandwerks.«

»Es ist so ehrbar als ein andres!« sagte Bockelhardt, sich aufrichtend und seinen Bocksbart streichend.

»Na, laßt's gut sein und macht es ihm nicht zu leicht«, begütigte der Rat. »Es wird schon einige Arbeit kosten, bis Ihr ihm all das dumme Zeug aus der Haut geklopft habt, das sie ihm im Kloster hineingepfropft haben. Aber ich will zugeben: ein Ellenmaß ist so gut als ein Schifferhaken, richtig angewendet. Wann soll's losgehen, Meister? Je bälder je lieber, denk' ich. Ich will ihn nicht mehr im Haus sehen.«

»Bei mir gibt's Platz«, sagte Bockelhardt. »Mit einem Korb voll Fleck' macht ihm die Gretl sein Nest in zwei Minuten zurecht. Er kann's heute abend probieren, wie ihm ein Lehrbubenbett zusagt.«

»Abgemacht, abgemacht!« rief der Rat ganz vergnügt, während sich seine senkrecht gefurchte Stirnhaut wieder waagerecht fältete.

»Er könnte mir gleich den Frack heimtragen«, schlug Bockelhardt vor, froh, den schwer zu befriedigen Kunden wieder in so guter Laune zu sehen.

»Na – laßt das!« erwiderte dieser. »Ich möchte nicht, daß

meiner Schwester Bub als Schneiderlehrling aus dem Haus ginge.«

»Schifferknecht oder Schneiderjunge, ist eins so gut wie das andre«, sagte Bockelhardt, sich wieder in die Brust werfend.

»Meinetwegen!« lachte der Rat, zu befriedigt mit dem so rasch gefundenen Ausweg, um dem Schneidermeister den Unterschied klarmachen zu wollen. »Heut abend also kommt der Bub. Und du –« die Stirne faltete sich wieder waagerecht – »du gehst mir aus dem Gesicht und läßt dich drei Jahre lang nicht mehr blicken! Sonst, beim Strudel von Grein, kommst du nicht mit heilen Knochen davon. Adjes, ihr beiden, Schneidermeister und Schneiderbub!«

Auf der dunkeln Haustreppe drückte sich Berblinger in einen Winkel und ließ Bockelhardt an sich vorübergehen, der, das zusammengelegte Staatskleid unter dem Arm, mit hochaufgerichtetem Kopf und keck vorstehendem Spitzbart das Haus verließ. Er war mit sich zufrieden. Der Frack war endlich untergebracht, und ein Lehrjunge, der den Rat Schwarzmann zum Onkel hatte, war auch nicht zu verachten. Er wollte dem Bürschchen schon zeigen, was Handwerksbrauch war, daß selbst der Obermeister der Schifferzunft Respekt kriegen sollte.

Als die Haustür hinter ihm ins Schloß fiel, schlich auch Brechtle die Treppe hinunter und stieß am Fuß derselben auf den Magister Krummacher.

»Ich wollte eben zu dem Herrn Onkel hinauf, um ihn vorzubereiten«, sagte er, den Kleinen prüfend und wehmütig ansehend, »damit's nicht gar zu toll wird, wenn das Donnerwetter losbricht.«

»Ist schon losgebrochen«, flüsterte Brechtle bitter.

»Ich wollt' es gestern tun, aber es war mir nicht möglich. Ich war zu traurig.«

»Ich bin es heute«, seufzte der Junge, mit dem Schluchzen kämpfend.

»Das ist nicht recht«, sagte der Pestilenziarius sanft. »Wir haben gestern deine liebe gute Mutter begraben. Etwas Traurigeres kann es nicht geben.«

»Und heute will der Onkel mich begraben«, stöhnte der Kleine, »Leib und Seele, und – und ich bin noch so jung.«

»Was soll das heißen, Brechtle?«

»Schneiderlehrling soll ich werden.«

»Komm!« sagte der Pestilenziarius, »seitdem die Bastei am Lauseck geschleift ist, kann man dort stundenlang sitzen, ohne daß uns ein Mensch stört.«

Kein weiteres Wort wurde gesprochen. Sie gingen die Herbelgasse hinauf und durch ein Gewirr von Gassen und Gäßchen über die Blau nach dem hochgelegenen Trümmerhaufen, der noch vor kurzem eine der Hauptbasteien der Stadt gebildet hatte. Der eigentümliche Name hing ursprünglich mit Lugen, Lauschen zusammen und hatte nichts mit der Nachtseite der Insektenwelt zu tun. Ein Stückchen Alt-Ulmer Humors, der sich bis zum heutigen Tag einer gewissen Ungeniertheit erfreut, trieb hier sein Spiel und hat es verschuldet, daß der Hügel in unsern verfeinerten Tagen in ›Wilhelmshöhe‹ umgetauft werden mußte. Die Bastei war selbst in ihrer Zerstörung einer der lieblichsten Punkte der alten Reichsstadt. Krummacher setzte sich auf einen aus Ziegelsteinen und Mörtel zusammengebackenen Block, einen Rest der mächtigen Stützmauern, der sich geweigert hatte, in die Donau hinabzustürzen, die am Fuß des steilen Abhangs vorüberrauschte. Zur Linken, hart am Flußufer, zog sich die noch unzerstörte Stadtmauer gegen die Donaubrücke hinab, überragt von einem Gewirr von schiefen Giebeln und wunderbar verkrümmten Dachfirsten, die den Eindruck machten, als ob die Häuser von Ulm nicht gebaut würden, sondern wild wüchsen wie die Eichen im Stadtwald. Drei stattliche Türme, der gefährlich schief hängende Metzgerturm, der

Turm des Herbel- und der des Gänsetors sahen herausfordernd über die Donau weg, während die Befestigung des Brückenkopfs auf dem rechten Donauufer noch immer ein trotzig mittelalterliches Bild darbot. In nächster Nähe am jenseitigen Ufer lagen drei neue Zillen im Strom, bereit, ihre Fahrt nach dem Osten anzutreten; hinter ihnen auf der geräumigen Schiffswerft waren fünf der einfachen, fast floßartigen Flachboote im Bau begriffen, und ein lustiges Hämmern schallte von dem weißgelben Schiffbauplatz herüber. Weiter hinauf nach rechts, wo die muntere Iller in die ruhigere Donau mündet, verlor sich der Fluß in dichtem Buschwerk, an das sich, die Flanken des Kuhbergs bedeckend, Obstgärten anschlossen, deren Grün im Rot und Gelb der reifenden Birnen und Äpfel versank. Einiges hatte die Kriegsfurie doch verschont, und die Natur wehrte sich mit Macht gegen die Zerstörungswut der Menschen. Geradeaus, gegen Süden, lag eine weite freie Ebene, das Donauried, hinter dem sanfte, teilweise bewaldete Höhen anstiegen, die da und dort ein fernes Dorf, ein blinkendes Schlößchen belebte, und heute wie an manchem schönen Herbstabend winkten die Alpen von der Zugspitze bis zum Glärnisch herüber, unter denen die prächtige Säntisgruppe bereits in ihrem ersten Herbstschnee flimmerte.

Brechtle – er war ja wieder Brechtle wie vor etlichen Jahren – folgte dem Strom mit nassen Augen. Dort unten, jenseits der Brücke, lag der Schwahl, die Donauinsel, wo die Schiffe ihre Ladung einnahmen, die nach Österreich und Ungarn bestimmt waren. Dort unten glänzte auf grüner Bergeshöhe die weiße Kirche von Elchingen. Alles in allem ein offenes, freies, fröhliches Bild, das schon manchem jungen Ulmer das Herz weitete und ihn hinauszog in die blaue Ferne.

»Nein, er will nicht!« klagte der Junge, der sich neben Krummacher auf den Boden geworfen hatte, fast schluchzend. »Er könnte so gut, und ich wollte so gern, aber er will nicht! Schifferknecht werden ist nicht zuviel verlangt. Schaffen in Wasser und Wind wollt' ich tausendmal lieber, aber er will nicht. Schneider soll ich werden!« Krummacher wartete, bis der Junge etwas ruhiger geworden war. Dann sagte er sanft:

»Siehst du jetzt, wohin das Luftschiffen führt?«

»Nichts seh' ich, Schneider soll ich werden!«

»Siehst du einen Ausweg, Brechtle? Etwas, das wir tun könnten, dir dies zu ersparen?«

»Nichts seh' ich, Schneider soll ich werden!«

»Brechtle, auch ich sehe nichts, und dabei bleibt nichts andres übrig, als du wirst Schneider. Wenn es Gottes Wille ist, was willst du machen? Er braucht auch Schneider in seiner Welt, und es gibt Schlimmeres in diesem Erdenjammer.«

»Was?« fuhr Berblinger auf, als ob er wieder zornig werden könnte.

»Zum Beispiel«, fuhr der Pestilenziarius in dem ruhigen, tröstenden Ton fort, den er angeschlagen hatte, »zum Beispiel, wenn man sein ganzes Leben verträumt mit einer Sehnsucht im Herzen und zu guter Letzt an einem offenen Grab steht, in dem auch die Sehnsucht begraben wird.«

Der Junge starrte ihn verständnislos an.

»Von all dem bleibst nur du übrig, Brechtle. Ich will dich nicht verlassen. Versprich mir nur eins. – Du mußt Lehrjunge werden. Tausende müssen's. Und du wirst ein braver Schneider werden?«

»Nie!« schrie der Junge auf.

»Dann wirst du ein Schneider werden ohne Eigenschaftswort. Gib dich drein. Um deiner Mutter willen sei vernünftig und versprech mir eins: besuche den Münstertürmer nicht, drei Jahre lang.«

»Weshalb?«

»Denk, wohin dich das Fliegen geführt hat. Bei dem Türmer hat's dich gepackt mit all den schlimmen Gedanken, die der Böse dort oben in die Luft rührt. Denk an die

Stunde, die du heute hier auf der alten Stadtmauer ver-
weinst, und gib mir die Hand. Ich habe mir nie verziehen,
daß ich dich dort hinaufgeführt habe. Nun versprich mir's.
Drei Jahre lang. Dann magst du tun, was du nicht lassen
kannst.«

»Aber ich halt's nicht aus. Schneider, Schneider!« jammerte Brechtle.

»Um deiner Mutter willen!«

Brechtle gab ihm die Hand, die Krummacher lang in der
seinen hielt.

»Nun sei kein Kind«, sagte er endlich in heiterem Ton,
»du bist keins mehr. Bilde dir nicht ein, daß Frösche besser
seien als Schnecken. Der eine hüpft, der andre kriecht,
jeder tut das Seine, so gut er kann, und schließlich
schmecken beide den Herren aller Kreatur, je nach ihrem
Geschmack, dem einen dieser, dem andern jener. Es gibt
wohl Esel, die sich einbilden, der Mensch habe vor andern
Geschöpfen ein besonderes Recht und Privilegium, glücklich zu sein. Niemand hat das, und je bälder du dies einsiehst, um so besser für dich. Renne nicht mit deinem
schwachen Kopf durch jede Wand. Beiß die Zähne zusammen und ergib dich; darin liegt mehr Heldenmut, als wenn
du noch so trotzig an den Mond hinaufheulst. So viel habe
ich vom Leben gelernt. Lern's auch.«

»Ich – ich will's versuchen«, sagte Berblinger, über den
eine weiche, wehmütige Stimmung gekommen war, welche die Erlebnisse der letzten Tage wohl entschuldigen
mochten.

»Halt aus! Nur drei Jahre lang«, fuhr Krummacher ganz
vergnügt fort. »Was sind drei Jahre, wenn du es deiner
guten Mutter versprichst, die ihre Stunden jetzt nach
Ewigkeiten zählt. Dann kannst du wieder fliegen, soviel
du willst: die Donau hinunter, nach Süd und Nord. Ein
gefiedert Schneiderlein mag weiter kommen als ein
gerupfter Pfarrer.«

»Ich will's versuchen!« wiederholte der Junge lächelnd

und trocknete seine Tränen. Der arme Kerl war noch zu jung für die Bitterkeit des Lebens, das ihn plötzlich so hart angefaßt hatte, und verstand sie nicht.

»Und du wirst deinen Lohn empfangen«, sprach der Pestilenziarius zuversichtlich und setzte dann ganz leise hinzu: »Glaube und hoffe, wenn auch das Lieben begraben sein muß.«

Sie sahen noch die Sonne untergehen, prächtig in roter Glut, daß der ganze Himmel samt der Donau in Flammen zu stehen schien. Dann begleitete Krummacher seinen Pflegling nach der Taubengasse hinter dem Marktplatz. Dort stand eingezwängt zwischen zwei größeren ein schmales hohes Haus mit krummem Giebel, aus dem wie der Arm eines begehrlichen Galgens ein Balken hervorragte, an dem sich ein Flaschenzug zum Holzaufziehen schaukelte, denn es war mit einem Male windig und herbstlich kalt geworden. Das schmale Haustor, mit rohgemeißeltem gotischen Stabwerk verziert, stammte sichtlich aus alten Zeiten; aber schon damals hatten die Bauleute auf zwei Wappenschilde, die an den Kämpfern des gedrückten Spitzbodens angebracht waren, links eine Schere, rechts einen Ziegenbock eingehauen. Über dem Klopfer hing eine Tafel mit der Inschrift: Bockelhardt, Schneidermeister, und auf der Türschwelle stand eine kleine Holzkiste.

Berblinger stieß einen Freudenschrei aus. Es war sein Waschkistchen, das am Klosterhoftor von Blaubeuren stehengeblieben war und das er im Elend der letzten Tage fast vergessen hatte. Niemand anders als der gute Zeller konnte es ihm nachgeschickt haben. Auf dem Deckel stand die Adresse seines Onkels, und von dessen Haus war es unverzüglich nach des Schneiders Wohnung gewandert; ein Beweis, daß er in der Herbelgasse nichts mehr zu suchen hatte.

Und doch war es ein Freudenschrei, mit dem er sein Eigentum begrüßte. Jetzt hatte er wenigstens seinen

Euklid wieder und ein altes Physikbuch, das ihm Zeller geschenkt, und die acht Pläne, ein Luftschiff zu steuern, die er im Hörsaal zu Blaubeuren ausgesonnen und unter dem Schutz seiner großen griechischen Chrestomathie auf Papierstückchen verschiedenster Form und Größe aufgezeichnet hatte. Wollte er sie doch alle seinem Freund Lombard beim nächsten Besuche vorzeigen!

Für den Augenblick war vergessen, was er vor kaum einer Stunde versprochen hatte.

Glücklicher Augenblick, glückliches Vergessen!

14
Aller Anfang ist schwer

Das war ein Anfang! Hu!! Auf dem Dachboden!

Brechtle drehte die Kurbel der rostigen Winde, daß ihm der Schweiß auf der Stirn stand, obgleich ein kalter Herbstwind den Regen durch die offene Giebelluke von Zeit zu Zeit bis zu ihm herüberwarf. Blasen, reif zum Aufspringen, hatte er schon seit einer Stunde an beiden Händen. Der mit Holz gefüllte Korb, der langsam an der Außenwand des hohen, schmalen Hauses emporstieg, war schwerer als je. Gretle, das arme Ding, das ihn unten auf der Gasse zu füllen hatte, konnte ja nicht anders, denn die schrille Stimme der Meisterin hatte eben wieder aus dem Fenster heraus gescholten, daß man das faule Paar an den Ohren aufziehen würde, wenn sie bis zehn Uhr nicht fertig wären. Die Rathausuhr hatte aber schon das erste Viertel geschlagen und der Holzhaufen, der die enge Gasse versperrte, wollte noch nicht kleiner werden.

Der Korb, in schwindelnder Höhe bedrohlich schwankend, tauchte jetzt vor dem Giebelfenster auf. Nickel, der ältere Lehrjunge, hatte dem sehnlichst erwarteten Nachfolger die Behandlung der Winde mit überlegenem Lächeln erklärt und ihn zum Schluß gutmütig ermahnt: »So! Mach keine Dummheiten, Studentle, wenn du die Arme nicht brechen willst. Du könntest sie noch brauchen, denn jetzt bist du der Allerweltsbub, Gott sei Dank!«

Brechtle hatte die Sache rasch begriffen. Er warf die Klinke ein, die den Rücklauf der Winde verhindert, schwang den Korb herein, hakte ihn vom Seil los und stürzte ihn um. Auch einige Übung hatte er sich schon erworben. Dann wurde der Korb wieder angehängt, hinausgeschwungen und die Klinke ausgehoben. Wie toll drehte sich jetzt die Kurbel von selbst, während der Korb wieder nach unten wanderte, wo die kleine Magd, unterstützt von dem überaus eifrigen vierjährigen Zwillingspaar, das gleichzeitig ihrer Obhut anvertraut war, mit dem Füllen des zweiten Korbes gerade fertig geworden war. Brechtle sah hinab, ärgerte sich, daß sie drunten so fleißig waren, und seufzte, als die klare Stimme der kleinen Magd zum zweitenmal »Auf!« rief. Man hatte ja kaum Zeit, ein wenig aufzuatmen. Dann aber begann die Arbeit an der krächzenden Winde aufs neue, mühevoll, langweilig. Allerdings konnte er fünf Minuten lang alles mögliche dabei denken, um sich die Zeit zu vertreiben. Die letzten zwölf Stunden gaben ihm Stoff genug dazu.

Da war der Abschied vom Pestilenziarius unter der Haustüre. Warum hatte ihm der gute Mann die Hand auf den Kopf gelegt und ihn dann geküßt, als ob sie sich im Leben nie wieder sehen sollten? Er gehe auf vier Wochen nach Geislingen zu einem Vetter, der dort Beinschnitzer sei, hatte er wohl gesagt. Er könne es nicht mitansehen, wie die Bayern die alte lutherische Reichsstadt in den Sack steckten. Brechtle brauche sich nicht nach ihm umzusehen, bis er selbst nachfrage. Dann war er rascher als gewöhnlich das Taubengäßchen hinabgegangen, und der Junge fühlte, daß er jetzt allein war in der Welt; mutterseelenallein mit seinem Waschkistchen.

Stolpernd in pechschwarzer Dunkelheit suchte er sich die schmale, ausgetretene Treppe hinauf, bis er am Boden durch eine Spalte einen grellen Streifen Licht sah. Er klopfte, zuerst an der Wand, dann an einer Türe. Eine schneidende Stimme rief: Herein! und er trat in eine niedere, überhitzte Stube, in deren von einer blechernen Ampel spärlich erhellten Dämmerung er sich kaum zurechtgefunden hätte, wäre er nicht unmittelbar aus der Nacht des Stiegenhauses herausgetreten. Es war ein langgestrecktes Zimmer, das die ganze Tiefe des Hauses einnahm, so daß sich an beiden Enden Fenster befanden. Durch eine mit Schnitzereien geschmückte schwarze Holzsäule, die einen Querbalken der Decke stützte, war es in zwei Teile geteilt, die sichtlich verschiedenen Zwecken dienten. Entlang der ganzen Fensterwand der hinteren, in Dunkel gehüllten Zimmerhälfte lief ein breites, tischartiges Gestell, während sich an beiden Längsseiten schmale Tische hinzogen. In der Mitte der Längswand, der Türe gegenüber, stand ein gewaltiger Kachelofen, der zugleich als Kochherd dienen mochte. Die zweite, vordere Hälfte der Stube schien der Wohnraum der Familie zu sein. Hier stand in einer Ecke ein großer altertümlicher Tisch, an zwei Seiten von an der Wand befestigten Bänken umgeben. Den größeren Teil der gegenüberliegenden Wand nahm das einzige schmucke und wertvolle Zimmergerät ein, das die Familie besaß: ein schwarzbrauner, prachtvoll geschnitzter Schrank im Renaissancestil, in dessen Ornamente Symbole und Werkzeuge des Schneiderhandwerks kunstvoll eingeflochten waren. Es war der letzte Rest aus der Glanzzeit der Bockelhardt, wenn man von einem allzu abgenutzten Großvaterstuhl absah, der am Mauerpfeiler zwischen den beiden Fenstern stand.

Die Familie schien das Abendessen zu erwarten. Zwei Plätze am Tisch waren jedoch nicht besetzt. Meister Bockelhardt fehlte, und seine Frau war damit beschäftigt, eine dampfende Schüssel Haferbrei aus dem Kachelofen zu ziehen, als Berblinger eintrat. Erwartungsvoll, die Holzlöffel in der Hand, saßen drei männliche und ein weibliches Wesen schweigend vor ihren irdenen Tellern: in würdiger Haltung der Altgeselle, ein schwerer, fetter Mann, der wohl fünfzig Jahre zählen mochte und sein kahles Haupt grämlich hin und her wiegte, neben ihm ein blutjunger Bursche mit rosigem, stets lachendem Gesicht – oder war es nur ein ungewöhnlich großer Mund, der ihm diesen freundlichen Ausdruck gab? –, ihnen gegenüber ein halberwachsenes Mädchen mit großen blauen Augen und zerzausten blonden Haaren, in einem Rock, der ihr viel zu groß war, damit beschäftigt, ein Kind von zweifelhaftem Geschlecht auf ihrem Schoß und ein zweites auf dem neben ihr stehenden Stuhl zu halten, die beide verzweifelte Anstrengungen machten, sich völlige, lebensgefährliche Bewegungsfreiheit zu sichern. Am unteren Ende des Tisches endlich saß ein großer, eckiger Junge, der in Berblingers Alter sein mochte und mit seinem Löffel bald dem einen, bald dem andern der Kleinen einen regelrechten Fechterhieb beizubringen suchte, was beide mit zornigem Angstgeschrei erwiderten.

»Was soll's, Bub?« fragte die Meisterin in keineswegs einladendem Ton. »Einen neuen Schulmantel? Der Meister ist nicht zu Haus.«

»Ich möchte – ich soll – ich soll hier schlafen«, stotterte Berblinger.

Die Meisterin starrte ihn an; der lachende Geselle lachte laut, die beiden Kleinen hörten plötzlich auf zu schreien, und alle drehten die Köpfe wie auf Kommando nach der Türe.

»Das müßte ich doch selbst erst wissen«, sagte die Meisterin scharf. »Er ist bei seinem Abendschoppen und kommt erst um neun Uhr heim, leider Gottes.«

»So will ich solange warten«, versetzte Berblinger.

»Seht einmal, der Bub!« rief die Meisterin erstaunt. »Na, meinetwegen. Dort hinten steht ein Stuhl. Setz dich.«

Brechtle setzte sich in den Winkel hinter dem großen Schrank und konnte von dort aus, fast ohne gesehen zu werden, die Gesellschaft betrachten, die sich über den Haferbrei hermachte, ohne sich des weiteren um ihn zu kümmern. Niemand sprach ein Wort. Der Altgeselle grunzte zuweilen, der Junge lachte manchmal, worauf die Meisterin beide gleich zornig ansah. Die Kleinen versuchten von Zeit zu Zeit in ein Geschrei auszubrechen, das aber sofort in einem Löffel Brei erstickte, und der Junge am unteren Tischende begnügte sich schließlich damit, seinen Teller so rein als möglich auszukratzen und gierige Blicke nach der fast leeren Schüssel zu werfen.

Berblinger beobachtete all dies mit klopfendem Herzen.

Er wußte noch nicht, was er aus jeder der einzelnen Figuren machen sollte: der noch jungen, aber schon recht verärgert dreinsehenden Meisterin mit der schrillen Stimme, dem vierschrötigen Altgesellen, der den Löffel mit seinem Taschentuch abwischte, ehe er ihn in den Brei steckte, und sich sichtlich auf seine Weltkenntnis und seine Lebensart etwas einbildete, dem gierigen, eckigen, halbverhungerten Lehrling mit einem Wolfsgesicht, ebenso bereit, mit den Zähnen um sich zu hauen, als mit eingezogenem Schwanz heulend davonzulaufen. Selbst das lachende Gesicht des zweiten Gesellen, in dessen großem Mund der Löffel bis ans Stielende verschwand, konnte den Geist grämlicher Unbehaglichkeit nicht bannen, der über dem trüb erleuchteten Bilde zu hängen schien.

Die Schüssel war leer. Das Mädchen, das elf bis zwölf Jahre alt sein mochte, stand auf und sprach mit gleichgültiger Stimme ein altgewohntes kurzes Dankgebet, während dessen sich die drei männlichen Tischgenossen ebenfalls erhoben und, ohne ein Wort zu sagen, zur Türe gingen. Sie schien in diesem Augenblick von selbst aufzugehen. Bockelhardt trat ein.

»Schon!« rief seine Frau erstaunt, mit einem zornigen Blick auf die Schwarzwälderuhr, unter der Berblinger saß. Zorn war sichtlich die Grundstimmung ihrer Seele.

Bockelhardt schien größer zu sein als bei Tag und hatte noch die Miene, mit der er aus dem Schwarzmannschen Hause getreten war; wenn möglich war sie sogar selbstbewußter, weltbesiegender. Auch hatte er noch den Frack unter dem Arm, den er jetzt mit einer kühnen Bewegung in den hinteren Teil der Stube schleuderte.

»Ist er da, Theres?« fragte er, ohne irgend jemand zu grüßen.

Die Frau antwortete nur mit einer Handbewegung, indem sie nach der Wanduhr wies. Berblinger stand auf.

»Komm nur hervor und zeig dich!« lachte Bockelhardt nicht unfreundlich. »Endlich hab' ich wieder einmal einen

Extraschoppen getrunken, dir zur Ehr'. Ist schon verdammt lang nicht mehr vorgekommen. Aber einen von Schwarzmanns in die Lehr' zu kriegen, das verträgt's, wenn er auch zehnmal Berblinger hieße. Siehst du sein Gymnasialmäntele, Weib? Respekt vor deinem Mann! Wir haben jetzt einen Studierten im Haus, freilich nicht größer als einen Fingerhut; aber wir werden ihn schon ausbügeln.«

Der Meister war in der besten Lauen, deren er fähig war, und erzählte in abgerissenen Sätzen, wie das alles gekommen war, wie er endlich den vermaledeiten Frack losgeworden und den Buben dafür eingetauscht habe und wie eben bei einem Schoppen Söflinger alles mit dem Oberzunftmeister Knöppel besprochen worden sei. Danach sollte das Studentle morgen um zehn Uhr aufgedungen und als ehrsamer Schneiderlehrling eingestellt werden, was mehr wert sei, als wenn er allen Blödsinn der Welt ausstudiert hätte. Denn Kleider machen Leute, und selbst ein Prälat ohne sie sei ein erbärmlich Ding, beim Licht betrachtet. Das habe sogar einer der hochgelehrten Professoren in Blaubeuren eingesehen, der in Ulm arbeiten lasse, und zwar bei einem gewissen Bockelhardt, dem größten, wenn auch verkanntesten Schneider des neuen Jahrhunderts. Ein Mann von seltenem Verstand, der Professor!

Dabei fing Bockelhardt im hinteren Teil der Stube zu tanzen an, worauf seine Frau etwas von Bockssprüngen murmelte und Gretle mit den Kindern sehr energisch zur Türe hinausschob.

Vorderhand aber, fuhr der Meister fort, müsse man dem Jungen ein Nest zurichten. Die Gret möge sich tummeln. Hinter dem Holzstoß in der Gesellenkammer sei noch Platz genug für einen Spatzen wie den Berblinger. Sei kein Strohsack mehr da, so seien alte Flecke genug vorhanden, aus denen man ein Bett machen könne, gut genug für den Kurfürsten von Bayern. Ob das Bürschle beim Haferbrei mitgegessen habe?

»Nein«, sagte die Meisterin; »was weiß ich, wo du deine Lehrjungen aufgabelst. Hergelaufene Studentchen brauche ich nicht zu füttern.«

»Na, dann auch gut«, sagte Bockelhardt beruhigt und begann wieder zu tänzeln. »Je bälder er sich sein üppiges Klosterleben abgewöhnt, um so besser. Mit dem Haferbrei kann er auch morgen früh anfangen. Er schmeckt dann um so besser.«

»Wie heißt der Bub?« fragte die Meisterin.

»Was gaffst?« wandte sich der Meister an das Mädchen, das wieder unter der Türe stand und Brechtle neugierig betrachtete. »Willst machen, daß dem Studentle sein Bett gemacht wird. Rechtsumkehrt, marsch! – Wie er heißt? Brechtle heißen sie ihn bei Schwarzmanns. – Wie?«

»Albrecht heiß' ich«, sagte der Junge kleinlaut.

»Feiner Name, Albrecht«, nickte Bockelhardt und blieb stehen. Dann wandte er sich an den Altgesellen: »Na, Joseph, das überlaß ich dir, ihm den auszuklopfen. Albrecht! Feiner Name für einen Schneidersjungen. Die ehrsame Zunft kann noch stolz auf dich werden mit der Zeit. Vorläufig, beim heiligen Ziegenbock, bleibt nichts übrig, als ihn dir auszuklopfen. Brechtle tut's für die Lehrzeit auch nicht; klingt zu sehr nach dem Mutterschweinchen. Na, das Richtige wird sich finden. Macht jetzt, daß ihr ins Nest kommt, die ganze Bagage. Morgen um vier Uhr ist auch wieder ein Tag.«

Enderle, der heitere Gesell, der des Meisters Witze grinsend angehört hatte, nahm Brechtle am Arm und zog den leise Widerstrebenden gewaltsam zur Türe hinaus. Er wußte aus Erfahrung, daß bei derartigen Veranlassungen ein plötzlicher Umschlag der Stimmung des Meisters in Aussicht stand und es dann rätlicher war, dies aus sicherer Entfernung zu beobachten. Sie stiegen zwei Stockwerke höher, wo sich in einer Dachkammer inmitten beträchtlicher Vorräte von Brennholz zwei gebrechliche Bettstellen und ein auf dem Boden aufgebautes Bett vorfand, auf das sich bereits Nickel, der Lehrjunge, geworfen hatte und die Beine, eine Art Lufttanz aufführend, in einem Paroxysmus von Vergnügen gen Himmel streckte.

»Na, was soll das heißen?« brummte der Altgeselle, packte mit einem raschen Griff eines der zappelnden Beine, riß den Lederschuh vom Fuß und gab ihm einen klatschenden Schlag auf die nackte Fußsohle.

»Au!« schrie Nickel, den Fuß zärtlich ins Gesicht drückend – Schneider können das – »Soll ich nicht auch einmal fidel sein, wie der Meister? Juvivallera! Von heut an bin ich nicht mehr der Jüngste. Jetzt hab' ich einen, an den ich's weitergeben kann, was ihr mir gebt. Dazu ein Studentle! Juvivallerallerallera!«

Darüber kam die kleine Magd hinter dem Holzstoß hervor.

»Macht's nicht zu toll mit ihm«, sagte sie, »oder ich schrei' um Hilf'. Dein Bett ist dort hinten, Brechtle. Schlaf wohl und träum was Gutes. Das alte Haus kann's brauchen.« Damit verschwand sie durch die Falltüre, von der aus eine steile Treppe nach unten führte.

Hinter dem Holzstoß unter dem schräg abfallenden Dach fand Berblinger denn auch eine Art Lager, ähnlich dem, das sich ein Rehbock im Wald zurechtmacht, wenn es Winter werden will. Allein Natur und Jugend verlangten jetzt ihr Recht mit Gewalt. Er warf sich halbentkleidet auf die Lumpen, die den Boden bedeckten, drückte den Kopf auf ein mit Stroh gefülltes Säckchen, zog eine zerrissene Pferdedecke über die Ohren und glaubte, den schweren Tag mit einer schlaflosen Nacht beschließen zu müssen. Nach fünf Minuten jedoch schlief er fest, traumlos, die Welt und all sein Elend vergessend, bis ihn ein kleines Holzscheit an den Kopf traf. Es kam von der Hand Nickels und es war vier Uhr; Zeit zum Aufstehen. »Feuer machen! Werkstatt kehren!« schrie der Junge hinter der Holzbeige. Der erste Tag seiner Lehrjahre war angebrochen.

Nickel war übrigens so unfreundlich nicht, als er sich

anstellte, wenn er auch die Freude nicht unterdrücken konnte, jemand zu haben, dem er antun konnte, was ihm zwei Jahre lang angetan worden war. Er erklärte unter fortwährendem Hinweis auf das fürchterliche Schicksal, das dem Neuling bevorstehe, der sich irgendwelche Pflichtvergessenheit zuschulden kommen lasse, was man von ihm erwarte. Da die Meisterin zu faul sei, die Kinder zu warten, sei die Gret beständig mit dem unnützen Gewürm beschäftigt. Der Meister habe als älterer Mann wieder geheiratet und die Meisterin, um Zeit zu gewinnen, habe mit Zwillingen angefangen, die das Gretle noch umbringen würden. Der jüngste Lehrjunge müsse deshalb in nachtschlafender Zeit hinunter, Feuer anmachen, Wasser holen, Holz tragen und habe des Teufels Dank dafür. »Jetzt, Studentle, zeig mal, was dein Studieren wert ist!« sagte er zum Schluß lachend und gab Brechtle einen Besen und einen Kübel in die Hand, die er aus einem Loch unter der Treppe hervorgeholt hatte.

Mit diesen Hausgeräten beschäftigt, fand ihn eine halbe Stunde später die Meisterin, nahm ihn, ohne ein Wort zu sagen, am linken Ohr und stieß seinen Kopf in eine Ecke, wo ein Röllchen Zwirn und drei Schnipsel schwarzen Tuchs lagen, die er im Dunkel der Morgendämmerung übersehen hatte. Etwas später erschien auch der Meister, gab ihm im Vorübergehen gähnend einen freundschaftlichen Stoß und bestieg den Arbeitstisch, auf dem die zwei Gesellen und Nick schon seit einiger Zeit die Nadeln tanzen ließen. Dann wurde er mit Gretle in den Hof geschickt. Sie sollten das Holz, das Nickel im Lauf der letzten Woche zerkleinert hatte, nach der Gasse tragen, von wo es auf die Bühne gezogen werden konnte. Berblinger wunderte sich, was all dies mit der Schneiderei zu tun habe, und freute sich fast, soweit dies bei seinem wütenden Hunger möglich war, daß er einen Zusammenhang nicht entdecken konnte.

Sie gingen beide sichtlich nicht ungern und begannen zusammen das Holz in einen Korb zu beigen, ihn, wenn er voll und schwer genug war, nach der Gasse zu tragen und vor der Haustüre zu entleeren. Es war ein trüber Morgen und regnete sanft. Gretle schlug ein Tuch über den Kopf und schien sich nichts daraus zu machen.

Sie war kaum kleiner als Brechtle, obgleich sie erst zwölf Jahre zählte, so daß beide gut zusammen arbeiten konnten. Auch wäre sie trotz ihrer ärmlichen Kleider ein ganz nettes Mädchen gewesen, hätte eine hochgeschwollene Backe das bleiche Gesichtchen nicht gar zu sehr verzogen. Das sei aber nur vorübergehend, meinte sie, und komme von einer Maulschelle, die ihr die Tante gegeben habe, weil das Fritzle die Treppe hinuntergefallen sei, während sie Bier habe holen müssen. So kamen sie ins Plaudern, und Berblinger erfuhr von seiner Mitarbeiterin manches, das ihm zu wissen nützlich war. Gretle war eine Waise, das Kind eine Schifferknechts, der im Strudel bei Grein ertrunken war. Da sei die Mutter auch in die Donau gegangen und niemand habe von den Kindern etwas wissen wollen. So sei sie und ihr Bruder Gotthilf im Fundelhaus* am Gänstor untergebracht worden, bis sie letzt' Lichtmeß ihre Tante in Dienst genommen habe. Lohn bekomme sie freilich nicht, und die Tante habe keine leichte Hand, aber der Onkel sei gut zu ihr, wenn er nichts getrunken habe. Sie wollte gerne zufrieden sein, wenn nur die kleinen Buben, der Fritz und der Franz, nicht immer ins Wasser oder ins Feuer oder die Treppe hinunter fielen. Dann gehe es ihr schlecht. Schlimmer habe es freilich ihr Bruder, der bei dem Schirmmacher Knoblauch in der Herrenkellergasse in der Lehre sei, wegen der Fischbeine. Auch sei er nicht gesund und könne nicht viel aushalten. Das sei anders bei ihr. Sie halte alles aus, und Brechtle solle sich nur nicht einbilden, man könne

---

* Die alten Protokolle Ulms nennen die Anstalt, in welcher von seiten der Stadt für Waisen und verwahrloste Kinder gesorgt wurde, ›Fundelhaus‹, obgleich sie als Findelhaus natürlich höchst selten Dienste zu leisten hatte.

nicht alles aushalten. Es sei trotz alldem recht nett auf der Welt. Hinten im Hof stehe ein Gaishirtlesbaum; ganz voll. Wenn nur die Spatzen nicht wären.

»Oder wenn man selber ein Spatz wäre!« seufzte Brechtle, in dem es plötzlich wie eine alte Erinnerung aufstieg.

Gretle lachte laut auf. Das war ein Gedanke! Dabei wurde ihr geschwollenes Gesicht so krumm, daß auch Brechtle lachen mußte; zum erstenmal seit – seit – Es war so lang her, daß er sich nicht mehr erinnern konnte, wann. Vielleicht in Blaubeuren vor der Feuersbrunst. Und nun kam es immer schlimmer, so viel war ihm heute schon klar geworden.

Aus den Gesellen und dem Nickel brauch' er sich nicht allzuviel zu machen, erklärte Gretle, während sie den nächsten Korb füllten. Der Joseph, der Altgesell, sei wohl ein Grobian und habe dem vorvorigen Lehrling einmal einen Finger abgeschlagen. Aber er habe ihn auch wieder verbunden, so daß er fast gerade geworden sei. Er sei nicht boshaft, der Joseph; man muß nur immer Herr Joseph zu ihm sagen. Der Nickel sei wohl ein Lausbub, ein Günzburger Schifferssohn, der seinem Vater zweimal durchgegangen und nach Ulm gelaufen sei, bis man ihn hier in die Lehre getan habe. Dafür sei der Enderle immer lustig und tue niemand etwas zuleid. An den müsse er sich halten, dann werde es schon gehen.

»Ich hoffe, du wirst auch lustig werden mit der Zeit«, meinte das Mädchen, während sie den zehnten Korb mit einem energischen »Hupp!« umstieß. »Warum machst du ein so verdrießliches Gesicht hin? Kriegst du schon Blasen?«

»Ich habe Hunger«, sagte Brechtle aufrichtig.

»Ich habe auch Hunger, oft genug«, erklärte Gretle, »aber Hunger kann man aushalten; das hat man mich im Fundelhaus gelehrt. Ihr lernt nichts in euern Klosterschulen. Komm!«

Und munter, als ob sie nachgerade warm würde, zog sie den Korb und Brechtle hinter sich her nach dem Hof zurück.

Gerade als sie das letzte Häufchen in die Gasse hinaustrugen, rief die Meisterin zum Essen. Berblinger hatte in Blaubeuren einen besseren Haferbrei nie zu schmecken bekommen, obgleich ihm das Frühstück durch ein kleines Zwischenspiel versalzen wurde. Der Meister, der die Ärmel am Frack des Rats Schwarzmann wieder eingenäht hatte, war in gehobener Stimmung und ließ Berblinger zwischen sich und den Altgesellen sitzen, was diesen sichtlich verdroß. Als nun Brechtle den Versuch machte – nach Klostersitte, solange die Schüssel nicht leer war –, seinen Teller zum zweitenmal zu füllen, traf zum erstenmal die große fleischige Hand des alten Joseph derart mit seinem Hinterkopf zusammen, daß er mit der Nase in den Teller stieß, worüber Enderle, so sehr er sich Mühe gab, nicht umhin konnte, laut zu lachen, und Nickel förmlich aufjauchzte. Ja, selbst Gretle, bei der er ein weicheres Herz zu finden gehofft hatte, verzog ihr krummes Gesicht noch etwas krümmer. Nur der Meister blieb ernst, obgleich etwas Brei an Brechtles Nase hing, den er nicht abzuwischen wagte.

»Joseph Breithuber!« sprach er feierlich, »wenn der hier anwesende Albrecht Berblinger einmal Lehrjunge ist, kannst du ihn prügeln nach Handwerksgebrauch; ich habe nichts dawiderzusagen. Nunmehr ist er aber dieses Standes und solcher Würde noch nicht teilhaftig geworden und ist hier sozusagen unser Gast und Hausfreund. Diese Ohrfeige hat er demnach zu Unrecht oder vielmehr zu frühzeitig bekommen und soll ihm deshalb als Ersatz und Entschädigung noch ein Teller Brei vergönnt sein. Greif zu, Brechtle!«

Des Altgesellen Gesicht wurde so lang, daß selbst Enderle ernsthaft auszusehen für gut fand und das Frühstück in der üblichen grämlichen Mißstimmung sein Ende erreichte.

Nach aufgehobener Tafel – dies war einer von Enderles Hauptwitzen, den er einem Wiener Kunden abgelernt hatte – wurde Berblinger mit Nickel auf die oberste Bühne geschickt, um in der Behandlung der Winde unterrichtet zu werden. Gretle mußte mit den Zwillingen auf die Gasse hinunter, um abwechslungsweise die zwei Körbe zu füllen, in denen das Brennholz nach oben gewunden werden sollte. Doch war die einförmige Arbeit nicht halb beendet, als Berblinger gegen zehn Uhr abgerufen wurde. Es war Zeit, verabredetermaßen nach der Meisterherberge zu gehen, um den neuen Lehrling aufzudingen, wofür Bockelhardt am Abend zuvor die nötigen Vorbereitungen getroffen hatte. War er auch nicht mehr Obermeister der Zunft, wie es sein Vater und Großvater gewesen waren, so taten die andern dem ›jungen Bockelhardt‹, der seinerzeit ein lustiger Kollex gewesen war, aus alter Gewohnheit gern einen Gefallen, sonderlich als man vernahm, daß der Rat Schwarzmann der Vormund des neuen Lehrburschen und dieser ein Studentle aus Blaubeuren sei. Da lohnte sich's schon, obgleich nicht ganz nach Handwerksgebrauch, eine Extrasitzung vor offener Lade einzuberufen.

Berblinger mußte Nickels Konfirmationsrock anziehen, der ihm wohl etwas zu groß war, aber in seinem blauen Gymnasialmäntelchen durfte er bei dieser feierlichen Gelegenheit nicht mehr erscheinen. Nachdem ihn sämtliche Hausgenossen, selbst der alte halbblinde Korbflechter im Erdgeschoß, beguckt und belacht hatten, verließ Bockelhardt ebenfalls in festlichem Gewand und in feierlicher Gangart das Haus, Brechtle zwei Schritte hinter ihm mit klopfendem Herzen und hängendem Kopf, wie ein Kälbchen, das zur Schlachtbank geführt wird.

Zuerst ging's in die Herbelgasse. Schwarzmann hatte sie erwartet. Es war auch bei den Schiffern Brauch, daß beim Aufdingen des Lehrjungen der Vater oder der Vormund anwesend sein mußte, obgleich der künftige Meister das Wort für den Jungen führte. Auch hatte Schwarzmann den Geburtsschein vorzuzeigen, da Brechtle kein Meisterssohn, noch ein geborener Ulmer war. Gravitätisch schritten die beiden Herren über den Markt und schienen den Kleinen kaum zu sehen, der wie an einer unsichtbaren Kette hängend hinter ihnen her lief. Die Welt war damals noch voll solcher Ketten, von denen man heutzutage nichts mehr weiß oder wissen will. Dann verloren sie sich in dem winkligen Viertel an der untern Blau, wo im ›Wilden Mann‹ in der Schwilmengasse die Schneidermeister ihre Herberge hatte.

Es war eine geräumige, aber düstere Stube, deren getäfelte Holzwände mit den Schätzen und Kunstwerken der Zunft geschmückt waren. Eine gewaltige Schere hing hinter dem Lederstuhl des Altmeisters. Auf einem mit reichen altertümlichen Kleidungsstücken behängten Seitenbrette stand ein Dutzend zinnerner Trinkgefäße, wohl die Form, aber keineswegs die Größe von Fingerhüten nachahmend. An der entgegengesetzten Wand glänzte auf einer den Kopf eines Ziegenbocks darstellenden Konsole ein riesiges versilbertes Bügeleisen, auf dessen glänzendem Türchen ein von der Zunft hochgeschätzter Vers eingegraben war, der also lautete:

Der erste Schneidermeister war Gott
Unser Herr im Paradies,
Der unser sündig Elternpaar nicht
Unbekleidet laufen ließ.

In einer Ecke stand ein reichgesticktes, aber sehr verstaubtes Fähnlein, um das sich in früherer Zeit die tapferen Schneider von Ulm mutig geschart hatten, wenn es galt, die Feinde der freien Reichsstadt abzuwehren. Sie zogen es noch immer gelegentlich hervor, aber nur bei festlichen Veranlassungen und selbst dann nicht mehr sehr willig. Denn das Publikum erlag einem unerklärlichen Drang, zu lachen, so oft das Fähnlein mit dem Ziegenbock auf der Spitze durch die Gassen zog.

Es zeigte sich, daß Bockelhardt und seine Begleiter erwartet wurden. Die Lade der Zunft, eine uralte, etwas unansehnliche Holztruhe, mit den Wappenschildern längst verstorbener Meister bemalt und mit drei schweren Schlössern versehen, stand bereits auf dem Tisch. Neben ihr lag ein in Leder gebundenes Buch mit eisernem Beschlag, auf der andern Seite stand ein altertümliches Tintengeschirr. Hinter dem Tisch, von der Lade fast verdeckt, saß in der Mitte der Obermeister der Zunft, Herr Knöppel, rechts und links je zwei Beisitzer, am unteren Ende stand der Handwerksschreiber. Knöppel war keineswegs einer der ältesten der Zunft, die zur Zeit über achtzig Meister zählte, war aber gewählt worden, weil er besser als irgendein andrer die alten Zunftgebräuche kannte und trotz alles Rüttelns unruhiger Köpfe, an denen es in der Zunft nicht fehlte, mit Strenge daran festhielt, auch vergessene Bestimmungen und Sitten wieder einzuführen sich bemühte. Das war notwendig, meinte er und viele mit ihm, in einer Zeit, in der der Umsturz selbst die Hoftracht der guten alten Zeit in Fetzen zu reißen drohte.

Von andern Meistern waren nur fünf erschienen und hatten auf den Stühlen entlang der Seitenwände Platz genommen. Die Sitzung war allen doch gar zu überraschend über den Hals gekommen. Gesichter wie aus Holz geschnitzt, aber meist magere, kleine Gestalten, denen man das körperlich wenig anstrengende Handwerk anmerkte.

Knöppel erhob sich, als der Obermeister der Schifferzunft eintrat, und begrüßte ihn mit einer feierlichen Verbeugung, jedoch ohne ein Wort zu sagen. Im allgemeinen standen die Schneider und die Schiffer nicht auf dem besten Fuß. Die Schneider warfen den Schiffern Mangel an

Lebensart vor; die Schiffer behaupteten, die Schneider seien keine Männer. Dann wies er mit einer Handbewegung, die einem reichsunmittelbaren Fürsten Ehre gemacht hätte, auf einen Armstuhl, der in Erwartung des hohen Gastes neben dem Tisch aufgestellt war. Schwarzmann ließ sich dröhnend nieder und begann mit seiner silbernen Uhrkette zu spielen. Er wollte diesen Schneidern zeigen, daß die Schiffer doch eine andre Klasse von Menschen waren. Bockelhardt blieb mit Berblinger, den er an seine linke Seite gezogen hatte, vor dem Tisch stehen; Knöppel räusperte sich und begann:

»Gott segne das Handwerk ... Amen. – So, mit Verlaub und Gunst tue ich die günstigen Herren Beisitzer fragen, ob sie alle zur Stelle seien, also daß ich die löbliche Lade öffnen möge nach Handwerksgebrauch.«

»Dank dir Gott willkommen!« sagten die vier fast einstimmig. »Wir sind alle da.«

»Dank euch Gott um und um; so komm' ich schnell herum«, fuhr der Obermeister fort. »So mit Verlaub und Gunst, ihr günstigen Meister, lasset uns die Lade öffnen im Namen Gottes des Vaters –«

Dabei zog er einen Schlüssel aus der Tasche und steckte ihn in das mittlere der drei Schlösser, die an der Truhe hingen.

»Und des Sohnes«, sagte der rechtssitzende Meister Glöcklen und steckte einen zweiten Schlüssel in das ihm zunächst hängende Schloß.

»Und des heiligen Geistes!« rief mit dünner Stimme Meister Schlumperger, einen dritten Schlüssel hervorziehend.

»Amen!« sprach Knöppel feierlich, und alle drei drehten gleichzeitig ihre Schlüssel um, worauf der Altmeister den Deckel der Truhe aufschlug und sich die beiden andern wieder setzten.

»Mit Gunst, ihr Meister«, begann Knöppel aufs neue, »so wir nun versammelt sind bei offener Lade nach Handwerksgebrauch, tu' ich Euch fragen, Meister Bockelhardt. Sprechet mit Bescheidenheit. Was ist Euer Begehr?«

»Mit Verlaub und Gunst!« erwiderte der Angeredete sehr feierlich. »Vor offener Lade tu' ich euch kund und zu wissen, löbliche Meister, daß ich gewillt bin, diesen hier anwesenden Albrecht Ludwig Berblinger auszudingen, also daß er mein Lehrjung' sei für drei Jahre und drei Tage nach Handwerksbrauch.«

»Mit Gunst«, fuhr der Obermeister fort, »ist der Junge ehrlicher Leute Kind?«

»Ich weiß nicht anders«, versetzte Bockelhardt. »Da er aber nicht der Sohn eines Meisters der Zunft, auch nicht als Bürger unserer freien Reichsstadt Ulm geboren, auch weder Vater noch Mutter leben, ist an ihrer Stelle erschienen sein Vormund, der Obermeister der Schifferzunft, der ehrenwerte Herr Rat Schwarzmann, für ihn gutzustehen und seinen Geburtsbrief vorzulegen.«

Schwarzmann glättete ein zerrissenes Papier auf seinen Knien und legte es auf den Tisch.

»Woraus zu ersehen«, fuhr Bockelhardt fort, »daß der Junge erzeugt und geboren ist zu Ochsenwang im Württembergischen, woselbst sein Vater Schulmeister, seine Mutter aber, Rosa Schwarzmann von Ulm, dessen ehelich angetrautes Weib gewesen. Item ist zu ersehen, daß die Berblinger, seine Vorvordern, freie Ulmer Bürger gewesen, also daß der Junge leichtlich als in Ulm zuständig anzusehen wäre. Item, daß der Junge evangelischen Glaubens geboren, getauft und erzogen wurde. Item ist wohlbekannt, daß seine Sippe niemals kein unehrlich Gewerb betrieben, so da sind Schäfer, Türmer, Trompeter, Henker, Abdecker und dergleichen, wie solches des weiteren erwiesen ist durch das Zeugnis seines Vormunds, des hochachtbaren Herrn Rats Schwarzmann, sowie auch durch das meinige, das ich bezeuge als ehrsamer zünftiger Meister vor offener Lade.«

»Was dünket euch, ehrsame Beisitzer und Meister?«

fragte Knöppel, indem er eine große Hornbrille aufsetzte und das Dokument zu studieren begann, es dann aber dem Zunftschreiber zuschob, der es mit näselnder Stimme verlas.

»Mit Gunst, was dünket euch, soll der Junge entweichen?« fragte der Obermeister noch einmal.

Die Herren Beisitzer verharrten in nachdenklichem Schweigen.

»Nachdem solches bekanntgegeben und wohl erwogen«, fuhr nach einer Pause Knöppel fort, »auch von dem Jungen seinen Eltern und seiner Sippe niemand nichts weiß als alles Liebe und Gute, so weiß ich auch nichts und tu' dich fragen, Albrecht Ludwig Berblinger, ob du den ehrsamen Meister Bockelhardt zu deinem Meister erwählet hast und willst ihm untertan sein und ihm dienen fleißig, fromm und verschwiegen, auch ehrlich sein, von diesem Tag an drei Jahre lang, wie sich einem ehrlichen Lehrbursch geziemt?«

»Sag ja!« sagte Bockelhardt halblaut, Berblinger einen Stoß versetzend.

»Willst ja sagen!« brummte der Onkel, sich halb, aber drohend von seinem Stuhl erhebend.

»Ja«, sagte Brechtle.

»Und willst unsern Herrgott sowie den hochedeln und hochweisen Magistrat dieser weltberühmten freien Reichsstadt Ulm, auch Kaiser und Reich ehren und dienen, recht und schlecht, wie es eines guten Christen Pflicht ist?« fragte der erste Beisitzende.

»Ja«, sagte Brechtle.

»Und willst die ehrsame Zunft der Schneider zu Ulm und ihre Meister hochhalten, von ihren Sitten und Bräuchen nichts dazutun noch abschneiden, auch ihre Rechtsame schützen mit Herz und Hirn, mit Nadel und Zwirn?«

»Ja«, sagte Brechtle.

»So mit Gunst, ihr günstigen Meister!« fuhr jetzt Knöppel wieder fort, »maßen ihr solches aus seinem Munde gehört und vernommen, soll nunmehr der Zunftschreiber den Namen Albrecht Ludwig Berblinger einschreiben in das Handwerksbuch, so hier auflieget, und soll besagter Berblinger gebunden sein für drei Jahre und drei Tage nach Handwerksgebrauch Jung und Lehrling des wohllöblichen und ehrlichen Meisters Bockelhardt zu bleiben. Auch soll er das übliche Aufgeld in die Lade legen nach Handwerksgewohnheit, nämlich zwei Gulden und achtundvierzig Heller Ulmer Münz.«

Schwarzmann zog mit grimmiger Miene einen mächtigen Lederbeutel aus der Tasche und zählte das Geld auf den Tisch, das Bockelhardt in die Lade warf, während der Zunftschreiber mit vieler Umständlichkeit das Handwerksbuch aufschlug und Berblingers Name, Geburtsjahr, Eltern und was sonst dazu gehörte, in das Lehrlingsregister eintrug. Dann bat er zuerst Schwarzmann, sodann Bockelhardt und schließlich auch Berblinger, seinen Namen unter das Dokument zu setzen.

»Kannst du schreiben, Bub?« fragte ihn Knöppel, der vergessen hatte, woher er kam, nicht unfreundlich.

Berblinger warf zum erstenmal, seitdem er das Zimmer betreten hatte, einen Blick tiefer Entrüstung auf den Zunftmeister.

»Er ist ein Württemberger«, erklärte Meister Glöcklen, der erste Beisitzende; »das sind Gelehrte, ehe sie auf die Welt kommen. Glauben wenigstens, sie seien's.«

»Lateinisch!« rief Meister Schlumperger, der zweite Beisitzende, der aufmerksam zusah, während der Junge unterschrieb. »Er hat seinen Namen lateinisch eingeschrieben! Geht das?«

»Es ist wider Zunftgebrauch, ihr Herren«, sagte Knöppel sehr ernst. »Kannst du nicht deutsch schreiben, verflixter Bub, deutsch wie dir der Schnabel gewachsen ist?«

»Doch!« sagte Berblinger, nach echt Ulmer Art; »aber – ich dachte –«

»Was brauchst du da zu denken; unterschreiben hättest

du sollen wie jeder andre«, erklärte der Zunftmeister mit gerunzelter Stirne. »Wir wollen's übersehen um des Herrn Rats willen. Ein guter Anfang ist es nicht, aber zu hoffen, daß Meister Bockelhardt dir die gelehrten Faxen austreiben und dafür etwas vom ehrlichen Handwerk in den Kopf treiben wird, eh' deine drei Jahre um sind. Nun aber mahne ich Euch, Meister Bockelhardt, nach Handwerksgebrauch, daß Ihr den Jungen haltet recht und schlecht, ihn christlich nähret und pfleget, ihm nichts nachlasset noch auch zuviel fordert, und ihn lehret Gottes Gebote zu halten und alles, was sonst einem ehrlichen Schneidersjungen zu erlernen geziemet, also daß er heranwachse zu Ehren seines Meisters und des Handwerks. – Nun aber, günstige Meister, nachdem mit Gottes Hilfe alles gesagt und vollbracht ist, was dieses Ausgeding verlangt, frage ich, ob noch jemand etwas weiß, so etwas geschehen oder vergessen sei wider Handwerksgebrauch. – So aber niemand nichts weiß, weiß ich auch nichts und schließe die Lade im Namen der heiligen Dreieinigkeit, Amen.«

Und wieder zogen die drei Meister ihre drei Schlüssel hervor und verschlossen die Truhe mit dem Bewußtsein, eine hochwichtige Amtspflicht würdig erfüllt zu haben, worauf Bockelhardt in einem etwas weniger feierlichen Ton vorschlug, daß sie alle nach Handwerksgewohnheit in die Wirtsstube hinuntergehen und zu Ehren des Herrn Rats den üblichen Trunk tun sollten. Berblinger, dem jeder die Hand gegeben und Glück zur Lehre gewünscht hatte, wurde, nicht zu seinem Leidwesen, nach Hause geschickt. Er möge sich dem Altgesellen zeigen, der ihm schon sagen werde, was nun zu tun sei.

Glücklich, dem beängstigenden Kreis der würdigen Zunftmeister entrinnen zu können, lief der Junge nach dem Taubengäßchen zurück, etwas bange, wie gestern das Nachtessen, so heute das Mittagessen zu versäumen. Auch fand er den Tisch bereits gedeckt, die Gesellen und Nickel jedoch noch an der Arbeit. Herr Joseph beschäftigte sich am Ofen, abwechslungsweise in die Bratpfanne sehend, aus der sich ein vielversprechender Geruch gerösteter Kartoffeln verbreitete, und die ›Stähle‹ von drei Bügeleisen hin und her schiebend, die nicht heiß genug werden wollten. Das Wichtigere waren ihm sichtlich die Kartoffeln. Es war Handwerksregel, daß das Aufdingen eines neuen Lehrlings wenigstens mit einem häuslichen Festessen gefeiert wurde.

Barsch rief er Berblinger zu sich heran. Zögernd gehorchte der Junge.

»Näher, näher!« befahl der Altgesell. »Ist's abgemacht?«

»Was, Herr Joseph?« fragte Brechtle.

»Dummkopf! Das Aufgeding.«

»Was?« wiederholte Berblinger, der noch nicht wußte, wie man in der Zunftsprache hieß, was mit ihm geschehen war.

»Esel, ob du Lehrbub geworden bist, regelrechter Lehrbub nach Handwerksgebrauch.«

»Ich glaube, ja«, versetzte der Junge zögernd. Er hatte in zu kurzer Zeit zuviel erlebt, um ganz sicher zu sein, welche Lebensstellung er augenblicklich einnahm. Kaum aber hatte er das Ja ausgesprochen, so klatschte eine Ohrfeige, daß ihm der ganze Kopf brummte. Der Altgeselle war trotz seiner Jahre von blitzartiger Gewandtheit.

»Wo–wofür?« fragte Brechtle, nach Luft schnappend.

»Hat nicht der Meister gesagt, ich habe dir heute vormittag eine zu früh gebacken?« sagte Herr Joseph sehr ruhig. »Er hat recht gehabt; die galt nichts. Nun hast du sie zur richtigen Zeit und kannst zufrieden sein. Was der Bengel rote Ohren hat; förmlich einladend! Komm her!«

Er führte ihn an den Arbeitstisch, eine wohl sechs Fuß breite Platte, die die ganze hintere Schmalseite der Stube einnahm und ihr Licht von den zwei Fenstern empfing, die nach einem hinter dem Haus liegenden Hof und Gärtchen sahen, das niemand in dem Häusergedränge vermutet hätte. In der Platte waren acht runde Löcher. Das hinterste, links vom Fenster, sollte des neuen Jungen Platz sein; doch sollte er es nicht benützen, ehe er nach Schneidersart auf dem flachen Tisch sitzen könne. Wie man zu sitzen habe, zeigte ihm der Altgeselle, indem er ihm das linke Bein fast abdrehte, was seinen Nachbar Enderle, den Unmenschen, höchlich belustigte.

»Jetzt aufgepaßt!« sagte Herr Joseph, indem er dem neuen Lehrling ein Stück Tuch, einen Fingerhut und eine eingefädelte Nadel in die Hand gab, das Tuch aber sogleich wieder zwischen die eignen Finger nahm, es mit großer Gewandtheit etliche dreißigmal durchstach und dann selbstgefällig gegen das Licht hielt.

»Hast du mich gesehen?« sagte er selbstgefällig. »Das heißt der Schneider überwendlings nähen. So wird's gemacht! Nicht zu eng, nicht zu weit, nicht zu fest, nicht zu los. Immer gleichmäßig! Die Fasern einschlagen und hübsch einnähen. Auf dem Knie, nicht in der Luft nähen, wie wenn du ein Weibsbild wärest. Die Nadel vorn halten und fest auf den Fingerhut setzen! Und gerade sitzen; stramm wie ein Grenadier! Für all das gibt es ein Ellenmaß, mit dem wir den krummsten Buckel geradbügeln, daß du dich wundern wirst!«

Brechtle machte seine ersten Stiche, verlor beim dritten Stich den Fingerhut, machte beim siebenten eine Schleife mit dem Faden und suchte vergeblich rückwärts zu arbeiten, um das Unding aus der Welt zu schaffen. Enderle und Nickel sahen ihm aufmerksam zu. Enderle wackelte vor unterdrücktem Vergnügen. Nickel fragte: »Sag mal, Junger, sind alle Studenten so dumm?« Brechtle zog und zerrte, verlor den Fingerhut, der ihm viel zu weit war, zum zweitemal, stach sich tief in den Finger, zog und zog, bis ihm der Faden aus dem Nadelöhr schlüpfte und er verzweifelnd das Tuch sinken ließ.

Jetzt sah auch der Altgeselle nach.

»Heidenschockschwerenot!« sagte er mit einer gewissen Befriedigung in dem grimmigen Wort. »Da sieht man, wohin die Gottesgelehrsamkeit führt. Ist das überwendlings genäht auf dieser Welt? Gut, daß du deine erste Ohrfeige schon weg hast und daß es Essenszeit ist. Nachher kannst du mehr haben. Milldonnär, wie der Franzose sagt. Guckt einmal her, ihr andern! Das heißt man im geistlichen Leben überwendlings nähen!«

Er hielt Brechtles erste Arbeitsleistung in die Höhe und wurde mit einem schallenden Gelächter Nickels belohnt. Enderle lachte diesmal nicht.

»Im Ansbachschen haben sie's vor vierzig Jahren um kein Haar anders gemacht«, sagte er, »und doch zum Altgesellen gebracht.«

Das war ein furchtbarer Stich. Enderle hüpfte aus seinem Arbeitsloch und vom Arbeitstisch herunter wie eine junge Heuschrecke, um dem Ellenmaß zu entgehen, nach dem der Altgeselle griff, der rot vor Zorn geworden war.

Allem aber machte der schrille Ruf der Meisterin ein Ende. »Lumpenpack! Wollt ihr ruhig sein? Die Suppe steht auf dem Tisch.«

Trotz aller Bitternis, die er heute erfahren mußte – die zweite Hälfte des Tags war nicht weniger reich an neuen Eindrücken – wurde Brechtle an diesem seinem ersten zünftigen Ehrentag um eine tröstliche Lebenserfahrung reicher. Das Unglück, das uns verfolgt, mag noch so schwer, der Jammer noch so groß sein, eine gütige Vorsehung sorgt dafür, daß auch die schwärzeste Wolke gelegentlich ihren silbernen Saum zeigt und uns daran erinnert, daß hinter dem Gewölk der ewig blaue Himmel liegt. Nur müssen wir die Augen aufmachen und den lächelnden Sonnenblick nicht ungenutzt vorübergehen lassen.

Über Tisch – es war eigentlich Brechtles Lehrjungenfestmahl, das die andern mit großem Appetit genossen –, hatten sie seinen Jungennamen gefunden. Enderles Schwager, der Klosterschneider von Blaubeuren, hatte ihm gelegentlich erzählt, daß der Höchste dort draußen Prälat betitelt wurde. Er meine deshalb, man könne dem Studentle keine größere Ehre antun, als ihn Prälätle zu heißen. Das gefiel dem Altgesellen nicht übel, und selbst Gretle fand den neuen Namen handlicher als Brechtle, sonderlich wenn man ihn abkürze und Prätle daraus mache. Nickel schmatzte mit den Lippen und fand dies zu gut für den Knirps. Herr Joseph bestimmte jedoch, daß Nick als Lehrling das Maul zu halten habe und daß die Frage von Berblingers Jungennamen hiermit erledigt sei.

Nach Tisch nahm ihm der Altgeselle alles Geld ab, das sich in seinen Taschen fand. Das sei – an seinem Ehrentag – Handwerksgebrauch. Es war nicht viel: der Rest des Zehrgeldes, das ihm sein guter Zeller beim Abschied gegeben hatte. Nickel, mit dessen Hilfe schon gestern sein Waschkistchen in die Gesellenkammer geschafft worden war, untersuchte es heute gründlich, fand jedoch seinen Inhalt so unbefriedigend, daß er nur mit Mühe davon abgehalten werden konnte, den Euklid zum Dachfenster hinauszuwerfen. Eine halbe Stunde lang, bis die Arbeit wieder begann, hatte Berblinger das Gefühl, unter Räuber und Mörder gefallen zu sein.

Doch es ging wieder ans Geschäft. Herr Joseph erklärte, für Überwendlingsnähen fehle es dem Prätle sichtlich noch an Intelligenz. Ohrfeigen seien hier nutzlos. Er möge damit anfangen, einen alten Rock zu zertrennen, der gewendet werden müsse. Damit warf er ein großes schwarzes Kleidungsstück auf den Nebentisch, halb Rock, halb Talar, und zeigte dem Jungen, wie Schere und Pfriemen zu handhaben seien, um die verschossenen rotbraunen Fäden aus dem vor Alter glänzenden Tuch zu ziehen. Berblinger hatte sich kaum an die Arbeit gemacht, als ihn ein jäher, ein fast freudiger Schrecken durchschoß. War es möglich? Den Rock kannte er! Immer energischer, immer boshafter handhabte er Schere und Pfriemen. Alle Zweifel schwanden, als er in einer Seitentasche ein Stückchen Papier fand, auf dem in lateinischer Sprache eine Notiz stand, die sich auf das ›heute endlich erfolgte Geständnis des Alumni Berblinger in betreff des Erwerbs von einem Quart *Aquae vitae*‹ bezog, ›welches Geständnis eine mildere Beurteilung des verbrecherischen Treibens des Inkulpaten unter keinen Umständen zulasse‹. Es war ein Rock, den er hundertmal gesehen, dessen Knöpfe er zitternd gezählt, dessen abgeriebene Ellbogen er mit Abscheu betrachtet, dessen breiten Rücken er mit unnatürlichem Haß verfolgt hatte. Es war Professor Gaums Kollegrock.

Ein wilder Gedanke durchzuckte das erregte Gehirn des armen Jungen. Er richtete die erste geschäftliche Bitte an den Altgesellen. Der Rock sei sehr staubig. Würde der Herr Joseph erlauben, daß er ihn ausklopfte, ehe er mit dem Zertrennen weitergediehen sei? Der Altgeselle, der diese Bemerkung des Eintägigen allerdings für eine Frechheit hielt, nickte trotzdem und zeigte in einen Winkel, wo ein kräftiges spanisches Rohr stand. Brechtle ergriff es gierig und ging mit dem Rock zur Stube hinaus. Dort am Treppengeländer hing er ihn auf, und dann begann eine Exekution, die durch das ganze Haus schallte. Die Schöße flogen wie verzweifelt nach rechts und links, die Ärmel krümmten sich zu flehenden Gebärden; namentlich aber auf den breiten Rücken sausten die Hiebe, die in dem schwarzen Tuch deutlich erkennbare Striemen hinterließen. »Gerechtigkeit! Gerechtigkeit!« stöhnte es in dem wunden wehen Herzen des Jungen. Wie schade, wie jammerschade, daß es nur der Rock war, daß nicht der Mann drinstak, der vor allen andern sein Unglück auf dem Gewissen hatte und nichts davon spürte!

Der Racheakt war noch nicht zu Ende, als sich die Zimmertüre öffnete und der Altgeselle mürrisch herausrief:

»Na, wird's bald? Soll ich *dich* aufhängen und ausklopfen, verflixter Bengel?«

15
Im Hühnerstall

Das erste bitterböse Vierteljahr war vorüber. Ulm war bayrisch geworden, doch was ging das den kleinen Berblinger an? Unvergleichlich einsichtsvollere Persönlichkeiten, wie zum Beispiel der Kaiser des Heiligen Römischen Reichs und sämtliche Altbürgermeister der schwer betroffenen freien Reichsstadt, kümmerten sich ja kaum darum. Ein naßkalter Winter war angebrochen, und die Weihnachtszeit stand vor der Türe. Der Junge hatte seit den Tagen von Ochsenwang – und das war jetzt sechs Jahre her – keinen ungetrübten Christtag mehr feiern können. In des Onkels Haus stand er während des Tumults fast ganz vergessen in einer Ecke, und das Christfest in der Sammlung inmitten der vielen Frauen, die allerhand Süßigkeiten in ihn hineinstopften, war ihm unbehaglicher gewesen als irgendein andrer Abend, an dem er ungestört am ›Perpetulum‹ seines Vaters herumbasteln konnte. Im Kloster bestand die Feierlichkeit in einer lateinischen Festrede, einem Chorgesang und ›verbesserter Kost‹, die insgesamt die Feststimmung nicht förderten. So lebte der Tag in ihm nur noch wie ein verblaßter Kindertraum. Er vermißte ihn kaum mehr, und dies konnte man fast ein Glück nennen, wie die Dinge jetzt lagen.

Äußerlich hatte er sich in die neue Umgebung einigermaßen eingelebt. Enderle war der Ansicht, daß man sich in die Hölle einleben könne, wenn einem nichts andres übrigbliebe, und Gretle glaubte noch immer an die Möglichkeit, alles auszuhalten. Ob Berblinger von weicherem Stoff war, ob das Klosterleben mit seinen Ideen von einer höheren Bestimmung des Menschen, von der unermeßlichen Überlegenheit des Gänsekiels über Nadel und Hammer, Ahle und Hobel und wie die Werkzeuge alle heißen, die den menschlichen Geist aus der Barbarei heraushoben, ihn verwöhnt und verwirrt hatte: Es war ihm noch nicht gelungen, sich der einen oder andern dieser Theorien anzuschließen. Das machte seine Lage nicht erträglicher.

Arbeit und häusliches Leben schlichen in düsterer Einförmigkeit dahin. Als ob es mit den kürzer werdenden Tagen zusammenhinge, wurden Lichtblicke irgendwelcher Art immer seltener und blasser. Er hatte aufgehört, auf sie zu rechnen, und war zufrieden, wenn er wieder vierundzwanzig Stunden hinter sich hatte, ohne mit Nadelstichen daran erinnert worden zu sein, daß der Tag noch nicht zu Ende war. Dann konnte er sich wenigstens hinter seinen Holzstoß in der Dachkammer verschanzen und war nur von Nick bedroht, der gelegentlich und aufs Geratewohl ein Holzscheit in seine Festung warf, oder vom Himmel, denn das Dach des alten Bockelhardtschen Hauses war längst nicht mehr wasserdicht. Beides störte ihn jedoch wenig in der Erörterung der Frage, ob Hunger oder Kälte unangenehmer werden können, wobei er bald dem einen, bald der andern den Vorzug gab.

Solche Betrachtungen mußten jedoch morgens um vier Uhr plötzlich eingestellt werden. Zum Glück hörte man das Schlagen der Rathausuhr durch die Dachlücken vortrefflich, sonst wären auch die wenigen Stunden, die ihm vergönnt waren, des Lebens Jammer schlafend zu vergessen, von der beständigen Sorge getrübt worden, des Guten um eine Viertelstunde zuviel zu tun. Seitdem die Meisterin den Abscheu vor diesem Verbrechen durch eine mehrtägige Hungerkur gesteigert hatte, hörte er in merkwürdiger Weise, ohne eigentlich aufzuwachen, jeden Stundenschlag und schnellte um vier Uhr so pünktlich in die Höhe, als ob sich sein hartes Lager plötzlich in ein üppig ausgestattetes Nadelkissen mit umgekehrt eingesteckten echt englischen Nadeln verwandelt hätte.

In allen häuslichen Beziehungen war naturgemäß die Meisterin die für ihn bedeutungsvollste Persönlichkeit.

Wenn auch eine gelegentliche Ohrfeige von ihr nicht zu verachten war, so hatte sie doch meist andre Mittel, ihre Autorität geltend zu machen. Wie oft dachte er wehmütig, ja fast sehnsüchtig an das Karieren im Kloster zurück, ähnlich den Kindern Israels, wenn sie der Fleischtöpfe Ägyptens gedachten, obgleich es sich hier sozusagen um einen umgekehrten, negativen Fleischtopf handelte. Der Meister billigte allerdings diese Art von Zuchtmittel nicht, denn er machte mit Recht geltend, daß sie die Arbeitsleistung des Sträflings ungünstig beeinflusse. Allein was konnte der Meister machen, da es sich zumeist um Haferbrei handelte, über den die Meisterin, nach Handwerksgebrauch, unterstützt vom Altgesellen, in selbstherrischer Weise verfügte. Es soll nicht geleugnet werden, daß hierbei viel von der augenblicklichen Launen der hohen Gebieterin abhing. Dieselbe war jedoch mit einer gewissen Stetigkeit grundschlecht, so daß unbillige Schwankungen bei der Aburteilung der Jungen nicht häufig eintraten. Die Frau war verbittert und nicht ohne Grund. Sie mußte den Verfall eines guten, ehrbaren Bürgerhauses miterleben, in das sie voll der schönsten Erwartungen geheiratet hatte, und war nicht imstande, ihn aufzuhalten. Das hatte sie vor der Zeit hart gemacht.

Hoffnungsvolle Kinder gereichen vergrämten Eltern nicht selten zum Trost, sind sie doch die natürlichen und lebendigen Wechsel auf die Zukunft. Zwillinge sollten dies in doppeltem Maße tun. Aber auch Fritzle und Fränzle waren wirkungslos. Es mochte damit zusammenhängen, daß sie, obgleich kerngesunde Bürschchen, mit einer eigentümlichen Art von Fallsucht behaftet waren und die nervöse Frau in fortwährendem Schrecken erhielten, während gleichzeitig das liebebedürftige Wesen der Kleinen die verhärtete Mutter ärgerte. Denn die Liebe schien in ihr erloschen zu sein, seitdem sie Bockelhardt geheiratet hatte, obgleich dieser, wenn er etwas später als gewöhnlich aus der Herberge oder aus der Ofengabel kam, sich immer noch der Zeiten erinnerte, in denen er vielleicht nur allzu häufig zärtlichen Gefühlen gehuldigt hatte.

Wenn Berblinger nach klassischen Grundsätzen einen Trost darin gesehen hätte, Genossen seiner Leiden zu finden, so hätte ihm Gretle, das arme Mägdlein, diesen Trost in reichlichem Maße gewährt. Es half ihr nichts, die leibliche Nichte ihrer Tante zu sein; sie war und blieb ein Fundelhauskind und dazu eins, deren Mutter der Familie ein großes Unrecht zugefügt hatte. So machten sich auch die Bockelhardts kein Gewissen daraus, die Missetat der Väter an den Kindern zu rächen. Ein großes Glück war, daß Gretle eine philosophische Natur und ihr Optimismus trotz Frost- und andern Beulen noch nicht eingefroren war. Berblinger wunderte sich manchmal im stillen darüber, daß es ihm schwerer wurde, die Hälfte der Last zu tragen, die auf Gretles nicht allzu breiten Schultern lag. Woran mochte das liegen?

Die mannigfachen häuslichen Verrichtungen, die ihm oblagen, ließen verhältnismäßig wenig Zeit für seinen eigentlichen Beruf als Lehrling. Auch das war Handwerksbrauch, wie ihm der alte Joseph sehr energisch deutlich machte, als er sich eines Tags darüber beklagte, in der Hoffnung, dadurch das Wohlgefallen des Altgesellen zu erregen. Denn es kamen schon jetzt Augenblicke, wenn er heimlich beobachtete, wie Enderle leise pfeifend ein Knopfloch umsäumte oder das Gürtelband eines Schlafrocks mit zierlichen Hexenstichen versah, in denen ihm ein dunkles Gefühl sagte, daß am Ende auch ein Schneider auf das Werk seiner Hände stolz sein könne. Um so weit zu kommen, hatte er allerdings noch manches zu lernen und einiges zu vergessen. Mit dem Vergessen ging es schon etwas leichter.

Der Meister behandelte ihn von oben herab, war aber nicht allzu grob. Dies erklärte sich teils aus dem Stolz der alten Familie, den der Mann sich noch immer bewahrt hatte, teils aus dem Bestreben, dem Studentle zu zeigen, daß ein Schneidermeister auch ohne Ellenmaß nicht weniger achtunggebietend sein könne als ein Professor. Die Derbheiten überließ er dem Altgesellen, der sie für eine Ehre und eine Pflicht hielt, die er dem Handwerk schuldig war. Ohne sie konnte kein Altgeselle seine Würde wahren und kein Junge zu einem tüchtigen Gesellen heranwachsen. Wenn darüber ein schwächliches Muttersöhnchen zugrunde ging, war nicht viel verloren. Es war Handwerksbrauch. Was die Spartaner in ihren Gesetzen niedergelegt hatten, übten die ehrsamen deutschen Zünfte nach alter Sitte. Dabei war Joseph nicht bösartig und konnte dem Jungen eine Birne an den Kopf werfen, während er ihm einen Fußtritt gab: Handwerksgebrauch, mit dem er nicht nur durchs Leben, sondern auch in den Himmel zu kommen hoffte, wo ein dufter Kunde, der die große Wanderschaft anzutreten hatte, ehe er Meister geworden war, stets auf einen Platz und lohnende Arbeit rechnen durfte und wo einem armen Teufel nach mancherlei Mühe hier unten ein ewiger blauer Montag winkte. Hieran hielt Joseph fest, bürstete seinen schwarzen Rock jeden Sonntagmorgen gar säuberlich und ging ebenso regelmäßig morgens in das Münster, als er am Nachmittag seinen Wochenlohn vertrank.

An Enderle hatte Berblinger fast einen Freund, der ihm in mancher kleinen Not beistand und ihn ohne viele Worte mit einem freundlichen Rippenstoß tröstete, wenn ihm der Altgeselle oder Nick das Leben zu sauer machten. Die Handwerksburschenlieder, die Enderle zu singen nicht müde wurde, sobald sich der Meister außer Hörweite befand, waren wohl keine Horazischen Oden, wenn sie sich auch viel mit Liebe, ja mit ziemlich freier Liebe beschäftigten, für die Berblinger noch immer keinen Sinn hatte und die Gretle für Unsinn erklärte, aber es waren doch Lieder, die das Herz auf Viertelstündchen über den Arbeitstisch hinaushoben, gleichwie sich vor dem Fenster über dem kahl gewordenen Gaishirtlesbaum manchmal ein Stückchen blauer Himmel zeigte. Am Sonntag lief Enderle auf dem Michelsberg umher oder packte und schnürte, wenn es regnete, seinen Ranzen in der Dachkammer, zur Probe. Denn Wandern, Wandern ist auch des Schneiders Lust, und sobald der Frühling wieder käme, sagte er, sollte es losgehen.

Nickel dagegen war Berblingers böser Geist, und zwar ein Geist von sehr körperlicher Natur. Wo er dem Prätle einen Schabernack spielen, wo er dem Studentle zeigen konnte, daß in diesem Fall der Jüngere der Herr, der Ältere der Knecht zu sein habe, ließ er die Gelegenheit nicht ungenutzt vorübergehen, und die Streiche, die er zu diesem Zweck ersann, waren nicht immer gutherziger Natur. Darüber zu klagen, machte die Sache nur schlimmer. Handwerksgebrauch, brummte der Altgeselle. Wollte es der Junge anders haben, als es die Jungen seit fünfhundert Jahren gehabt haben? Da soll doch ein siediges Donnerwetter in die Lausbuben von heute schlagen! Dann gab er seinem eignen Knie einen schallenden Klaps; Brechtle aber wußte, was dies zu bedeuten hatte. Überdies war Nickel beträchtlich kräftiger als Berblinger. Auch im ehrbaren Handwerk war man noch nicht allzu weit von den Zeiten des Faustrechts entfernt.

Ganz hatten ihn all diese Erlebnisse von der Vergangenheit noch nicht losgerissen. Eines Sonntagabends nach den ersten fünf Wochen seiner Lehrzeit glaubte er es allein nicht mehr länger aushalten zu können und schlich trotz seiner Angst, einem seiner alten Schulkameraden vom Gymnasium zu begegnen, der den Schneiderlehrling trotz der Dämmerung erkennen könnte, eine Stunde lang um das Münster, fand aber nicht, was er suchte. Die kleinen Fenster des dritten Häuschens an der Südseite starrten ihn an, schwarz und finster, als ob sie ihn nie gekannt hätten. Magister Krummacher war wohl noch in Geislingen oder sonstwo, und ohne den guten alten Herrn wollten sie nichts von ihm wissen. Und er hatte doch so manchmal hinter ihnen gestanden und die Fliegen weggefangen, während er seine griechischen Unregelmäßigen lernte. Sie waren nicht sehr belustigend gewesen, die Fliegen und die Unregelmäßigen. Und doch: Es war ein Paradies, verglichen mit den Dornen und Disteln von heute. Ein verlorenes Paradies. Warum? Weil er von dem Baum der Erkenntnis genascht hatte? Nein; weil er hatte fliegen wollen, was doch jeder Dachschwalbe erlaubt ist.

Vierzehn Tage später war es so weit mit ihm gekommen, daß er sich entschloß, geschehe was da wolle, den Turmwart Lombard zu besuchen. Wenn er ein Hexenmeister war, wie die Leute sagten, um so besser. Etwas – jemand mußte ihn trösten, ihm helfen. Er war schon auf der steilen, dunkeln Treppe hinter des Mesners Schuhmacherwerkstätte, als ihm einfiel, daß er dem Pestilenziarius versprochen hatte, diese Stufen drei Jahre lang nicht zu betreten. Nun waren keine sechs Wochen vergangen, und hier war er! Er drehte sich um und lief die Treppe wieder hinunter, so daß er fast kopfüber in das Mesnerstübchen gestürzt wäre. Dann aber war es fast, als ob ein mitleidiger Engel ihn für seine Gewissenhaftigkeit belohnen wollte. Als er an das Magisters Häuschen vorüberging, fiel ein freundlicher Lichtstrahl aus den kleinen Fenstern über den Weg. Er schlich näher. Durch die grünen Vorhängchen sah er in verschwommenen Umrissen seinen väterlichen Freund, der sich tief über einen Folianten beugte, aus dem er von Zeit zu Zeit einen Satz abschrieb. Das kleine Männchen schien älter geworden zu sein. Schon hatte der Junge den Klopfer in der Hand, aber er ließ ihn wieder sinken. Es war, als ob ihm die letzten Wochen allen Mut aus der Seele gesaugt hätten. Hatte sich nicht auch der Pestilenziarius seine Besuche ausdrücklich verbeten? Was konnte der arme Schneiderlehrling bei dem gelehrten Herrn suchen, der ihn nicht mehr sehen wollte? Und kein Wunder! Jetzt erst sah es Berblinger selbst, wieviel Mühe sich der Magister mit ihm gegeben, wie er um seinetwillen die geliebten

Folianten auf die Seite geschoben hatte. Und das war alles umsonst gewesen und mußte so rasch als möglich vergessen werden. Das war das einzig richtige, Gott sei's geklagt, und das war es wohl, was der Herr Pestilenziarius bezweckte, als er ihm verbot, sich zu zeigen. Alles, weil er gehofft hatte, den Menschen Gutes zu tun und sie fliegen zu lehren, was jeder Spatz ungestraft tun durfte!

Den Onkel aufzusuchen, sich von Hans und den Bäschen verhöhnen zu lassen, war einfach unmöglich; lieber sterben. Von diesem Tag an ging er an den trüben November- und Dezembersonntagen nur noch auf den Kirchhof, saß stundenlang auf einem Stein neben dem Grab seiner Mutter und sah in den grauen Winterhimmel hinauf, wo ein Dutzend Krähen hin und her flatterten. Die hatten's trotz des Winters immer noch besser als er. Niemand machte Schneiderlehrlinge aus ihnen, weil sie fliegen gelernt hatten. Als er nach Hause kommend einmal Gretle erzählte, wo er gewesen sei, schluchzte das Mägdlein, das sonst alles so ruhig hinzunehmen schien, plötzlich laut auf. Er sah sie erstaunt an. War es möglich, daß sie übler dran war als er?

Gleich am folgenden Tag kam es zu einem mehr als gewöhnlich stürmischen Auftritt, obgleich die Ursache eine nicht ungewöhnliche war. Wie regelmäßig am Montagnachmittag war der Meister nicht zu Hause, und Berblinger wurde vom Altgesellen fortgeschickt, im ›Goldenen Hecht‹, der Gesellenherberge, einen Krug Bier zu holen. Während er zurückkehrend die Treppe hinaufstieg, wurde er von der Meisterin gerufen, um Fränzchen zu befreien, den Fritzchen derart in ein vergittertes Kellerloch geschoben hatte, daß er weder vor- noch rückwärts konnte. Er stellte den Bierkrug auf die Treppe und eilte hilfsbereit zur Unglücksstätte, denn die Zwillinge schrien beide, als ob ihr letztes Stündchen gekommen wäre. Nach vollbrachtem Rettungswerk fand er Nick auf der Treppe im Begriff, den halbgeleerten Krug mit schmunzelnder Miene und triefen-

316

den Lippen vorsichtig auf seinen Platz zurückzustellen. Das war mehr, als er ertragen konnte. In unbändigem Zorn, nicht so sehr über die Freveltat Nickels als über das bitterböse Geschick, das ohne Rast und Ruh' auf ihn losschlug, stürzte er auf den großen, zweimal stärkeren Jungen los, sprang wie eine Katze an ihm hinauf, schlang den linken Arm um seinen Kopf und hämmerte mit geballter Faust auf den dichten Haarschopf, der sich in der krampfhaften Umarmung schüttelte. Das war für Nickel etwas durchaus Neues. Nach der ersten Überraschung umschlang er seinen Gegner und hob ihn ohne Schwierigkeit vom Boden auf. Dadurch bekam dieser die Beine frei und gebrauchte sie als Stoßwaffe. Die Wut gibt auch dem Schwachen erstaunliche Kräfte, und er hatte günstigerweise von seinem Gang her Stiefel an. Nickel verlor bei dem Bestreben, seine Schienbeine zu retten, das Gleichgewicht, und beide rollten polternd die Treppe hinunter, hinter ihnen drein der Krug, gefolgt von einer rieselnden Kaskade köstlichen Biers. Unten angelangt, hatte Berblinger den Vorteil, auf seinem Feinde liegend zu vorübergehender Ruhe zu kommen, und benutzte denselben in so wirksamer Weise, daß Nickel zu brüllen anhub. Die scheinbar günstige Lage hatte aber zwei Seiten. Der Altgeselle und Enderle waren durch das Gepolter auf den Kampfplatz gerufen worden. Joseph, den Sachverhalt ahnend, hatte, während er die Stube verließ, den Rohrstock ergriffen, mit welchem Kleider ausgeklopft zu werden pflegten, und machte sich kurzerhand daran, den gordischen Knoten, den die zwei toll gewordenen Jungen bildeten, in alexandrinischer Weise zu lösen. Hierbei zog der sieghaft oben liegende Berblinger den kürzeren und war gezwungen, auf die weitere Ausnutzung seiner vorteilhaften Lage zu verzichten. Selbst dies war nicht das ganze Unheil, das über ihn hereinbrach. Joseph, der jetzt erst sein Bier die Treppe herunterlaufen sah, geriet nun seinerseits in berechtigten Zorn, und da dem hierfür verantwortlichen

Berblinger schlechterdings keine Zeit zu Erklärungen gelassen wurde, der lügenhafte Nickel überdies brüllend mitteilte, daß sein linkes Auge ausgeschlagen sei, ging es nach Handwerksgebrauch dem jüngsten Lehrburschen so schlecht, daß ihm der Atem ausging.

Einige Minuten später saß er allein und wieder keuchend, die Hälfte des zerbrochenen Rohrstocks in der blutenden Hand, auf der untersten Stufe der finsteren Treppe. Er hatte nicht das entwürdigende Gefühl, Prügel bekommen zu haben – in der guten alten Zeit und in seinem Alter nahm man dies nicht zu schwer –, sondern nur, daß er in ungleichem Kampf, zwei gegen einen, eine zwar ehrenvolle, aber schwere Niederlage erlitten habe. Der halbe Stock in seiner Hand war eine nicht zu verachtende Trophäe. Und doch dachte er ernstlich daran, ob es nicht besser wäre, direkt in die Donau zu gehen oder sonstwohin.

»Komm!« sagte eine weiche, freundliche Stimme, und eine kleine, nicht allzu rauhe Hand nahm ihm den Stock aus der seinen und warf ihn in den nächsten Winkel. Es war Gretle, das kleine Mägdlein. War sie zufällig auch zwischen die Kämpfenden geraten? Sie hatte Tränen in den Augen, und um ihre Mundwinkel spielte ein schmerzliches Lächeln. Aber sie lächelte doch und wiederholte, fast einschmeichelnd, mit einem Ton, der ihm fremd geworden war, seit seine Mutter zum letztenmal mit ihm gesprochen hatte: »Komm!«

Er stand auf und folgte ihr schwankend, als hätte er selbst den Rest des Biers getrunken, den Nickel im Krug gelassen hatte. Die Anstrengung war zuviel für ihn gewesen. Seine Knie zitterten. Er brauchte noch einige Zeit, ehe er ganz bei sich war.

Sie führte ihn in den Hof hinaus. Dort stand ein wunderliches kleines Nebengebäude, das seinem Stil nach über hundert Jahre alt sein mochte. Es stammte aus der Zeit, in der die Bockelhardt eine wohlhabende und angesehene Familie waren. Man sah auch in dem verkümmerten Gärtchen um den Gaishirtlesbaum Spuren hiervon: große, uralte Rosenstöcke, Beete mit Resten einer Buchsbaumeinfassung und dergleichen. Der Stolz von Bockelhardts Urgroßmutter war jedoch dieses Häuschen gewesen, vor dem ein drei Schritte langer Teich angelegt war. Es hatte zwei Stockwerke. Im unteren hatten Enten gehaust, das obere bewohnten Hühner: italienische Hühner, Perlhühner, ja sogar von einem Pfauen erzählten sich die alten Leute der Nachbarschaft, zu deren glänzendsten Jugenderinnerungen der seltene Vogel gehörte. Das alles war jedoch verschwunden, und das Häuschen drohte einzufallen. Nur mit Mühe konnten kleine gewandte Leutchen an einem Brett, halb Leiter halb Treppe, in den oberen Stock hinaufklettern. Dort oben aber war es gar nicht übel. Der Boden war sauber gekehrt. Ein dreibeiniges Bänkchen diente als Tisch. Zwei halbvermoderte kurze Balken unter einer bunten Decke aus zusammengenähten Flecken stellten Diwans vor, auf denen vornehme Besuche Platz nehmen konnten, und in einer Ecke waren zwei Bündel Stroh, mit einem grauen Tuch bedeckt, eine Art von Bett, auf dem sich auch eine größere Gesellschaft niederlassen konnte. Man sah dem eigentümlichen Winkelchen wohl an, daß hier eine weibliche Hand säubernd und ordnend waltete. Mehr als das! Man sah, daß ein warmes, liebebedürftiges Herz, das nichts in der Welt sein eigen nannte, versucht hatte, sich hier ein Nest zu bauen, wenn auch nur zum Spielen. Dort hinauf zog Gretle den Jungen, den sie an der Hand führte und der ihr noch immer halbbetäubt ohne Widerstreben folgte. »Setz dich«, sagte sie. »Man kann hier oben nicht aufrecht stehen, aber es ist doch nett und gehört uns ganz allein. Ich glaube, die Treppe würde brechen, wenn große Leute heraufwollten. Das ist das beste daran.«

Jetzt erst sah Berblinger, der sich folgsam auf einem der Balken niedergelassen hatte, daß sie nicht allein waren: In der Ecke auf dem Stroh saßen die Zwillinge mit offenen Mäulchen und großen runden Augen, jeder noch mit einer Träne auf dem rotglänzenden linken Bäckchen, und sahen stumm und staunend, daß Gretle einen Besuch mitgebracht hatte. Auch sie hatten sich hierher geflüchtet, als ihnen der Lärm auf der Treppe zu toll wurde, und warteten geduldig auf die weitere Entwicklung der Dinge. Sobald Gretles Kopf über dem Fußboden erschien, erfaßte beide gleichzeitig ein Gedanke, der mit dem traulichen Versteck eng zusammenhängen mochte, und sie riefen einstimmig: »Getle, G'schicht vezählen!«

Das Mädchen warf einen Blick auf Berblinger, dessen Kopf auf die Knie gesunken war, eine Stellung, die ihm neuerdings fast zur Gewohnheit geworden war, wenn er sich unbeobachtet glaubte. Sie fühlte, daß es am besten sein mochte, ihn eine Zeitlang in Ruhe zu lassen, und setzte sich zu den Kindern. Auch diese beobachteten den ungewohnten Gast mit schüchterner Zurückhaltung, schienen dann aber bald zu dem Schluß zu kommen, daß er harmlos sei, und Fritzchen, der energischere des Paars, wiederholte, wie wenn ihn plötzlich ein neuer Gedanke ergriffen hätte: »Getle, G'schicht vezählen!«

»Was soll ich euch erzählen?« fragte sie, ohne den mitleidigen Blick von dem Jungen abzuwenden.

»Vom Spatz!« riefen die Zwillinge einstimmig.

Berblinger rührte sich nicht.

»Ruh aus!« sagte Gretle. »Es kommt wieder anders. Da war einmal ein armer Spatz –«

»Nein«, sprach Fritzchen. »Es fängt an: Die Ulmer wollten ein Münster bauen.«

»Die Ulmer wollten ein Münster bauen, so fängt es an«, bestätigte Fränzchen.

»Die Ulmer wollten ein Münster bauen«, gab Gretle zu; »da brauchten sie einen großen, langen Balken.«

»Holzbalken!« verbesserte Fritzchen.

»Großen, langen Holzbalken«, sagte Fränzchen, machte

ein furchtbar ernstes Gesicht und breitete seine Ärmchen aus, so weit sie reichen wollten.

»Sei still, Fränzle, und paß auf!« sagte Fritzchen. »Der Spatz kommt jetzt gleich.«

»Noch lange nicht!« erklärte Fränzchen etwas entmutigt.

»Wenn ihr nicht still seid, kann ich nicht erzählen«, sagte Gretle.

»Ich hab' ihm schon desagt, er soll still sein«, bemerkte Fritzchen mit hängenden Lippen. Er fühlte sich gekränkt.

»Gut also«, fuhr Gretle fort, »da schickten sie ihren Fuhrmann und viele Holzhauer in den Wald. Die schlugen einen Baum um und machten einen Balken.«

»Einen großen, langen Holzbalken!« betonte Fränzchen, die Größe nochmals mit ausgebreiteten Ärmchen andeutend.

»Sei still!« rief Fritzchen ungeduldig, den die Geschichte aufs lebhafteste zu erregen begann.

»Und die Holzhauer legten den Balken quer auf den Wagen, daß er auf beiden Seiten weit über den Weg herausstand, denn sie dachten, so ist es bequemer. Dann fuhr der Fuhrmann nach der Stadt, und die Holzhauer liefen nebenher. Als sie aber an das Gänstor kamen, da wollte der Wagen nicht durch das Tor gehen wegen des langen, großen Balkens, der quer über dem Wagen lag.«

»Langer, großer Holzbalken!« erklärte Fränzchen dem Fritzchen abermals.

»Still, jetzt kommt er bald!« antwortete dieser.

»Noch lange nicht!« behauptete sein Bruder.

»Da schickten die Holzhauer den Fuhrmann in die Stadt aufs Rathaus zum Kleinen Rat. Der Fuhrmann sprach: ›Der große, lange Balken geht nicht durch das Tor, und wir wissen keinen Rat. Er ist zu lang.‹ Da zog der Kleine Rat zum Gänstor hinaus und besah die Sache und wußte auch keinen Rat.«

»Kann sich das – der – das kleine Rad nicht drehen?«

fragte Fritzchen und strahlte vor Vergnügen, denn der Knirps hatte bereits eine Ahnung davon, daß er einen großen Witz gemacht hatte.

»Schwatz nicht so dumm heraus!« mahnte Gretle ernst. Sie war kein Freund von Witzen.

»Du bist dumm!« bestätigte Fränzchen.

»Du bist dummer!« versetzte Fritzchen gereizt; worauf sie sich wieder beruhigten.

»Der Herr von Schad sprach: ›Wir müssen den Balken absägen.‹ ›Dann wird er zu kurz fürs Münster‹, sprach der Herr von Besserer. ›An das habe ich nicht gedacht‹, sagte der Herr von Schad. ›Da bleibt nichts übrig, als das Tor weiter zu machen‹, erklärte der Herr Bürgermeister. ›Dann fällt der Turm um‹, sagte der Herr von Besserer, dem nichts recht war, was er nicht selbst sagte. ›Das ist wahr‹, sprach der Herr Bürgermeister. ›Dagegen weiß ich ein probates Mittel‹, sprach der Herr von Schad. ›Holet Maurer, die sollen den Turm abbrechen.‹ Wie sie so sprachen, und auf die Maurer warteten –«

»Jetzt kommt er!« riefen beide Zwillinge jauchzend.

»Da sahen sie am Turm oben unter der Dachrinne ein kleines, armes Nest, das gehörte einem Spätzchen.«

»Das hieß Fritzchen!« jubelte der eine Zwilling.

»Nein, Fränzchen!« behauptete der andre.

»Nichts hieß er!« erklärte Gretle. »Ein ungetauftes Spätzchen war's. Aber es hatte einen ellenlangen Strohhalm im Schnabel; damit wollte es sein Nestchen flicken, denn in seiner schönen Stube war die Wand eingefallen. ›Nun bin ich doch neugierig‹, sprach der Herr Bürgermeister, ›wie der Schlingel mit seinem langen Stroh durch das kleine Loch kommt.‹ Da drehte der Spatz den Kopf und schob das Ende des Halms in das Loch und schob und schob, bis der ganze Halm drin war. ›Tausend alle Welt‹, sagte der Herr von Besserer, ›so geht's.‹ ›Ich hab' mir's gleich gedacht‹, rief der Bürgermeister, ›der bringt es fertig. Holz her, ihr Mannen! Dreht den Balken um! Noch einmal, Holz her!‹ Und alle lachten und schrien und schoben, bis der Balken auf dem Wagen gedreht war, und dann schoben sie den Wagen zum Tor hinein und haben sich noch lange gewundert, wie gut es ging, und ihr Münster gebaut zur Ehre des lieben Gottes, unsers Herrn.«

Die Kinder hatten still und fast atemlos dagesessen, tief ergriffen von der erstaunlichen Wendung der oft gehörten Geschichte. Nun glaubte Fritzchen doch etwas Passendes sagen zu müssen und wiederholte feierlich: »Zur Ehre des lieben Gottes, unsers Herrn. Amen.«

»Die Ulmer aber sind nicht undankbar«, nahm Gretle die Geschichte wieder auf. »Sie ließen das Spätzchen in Stein aushauen.«

»Tat's weh?« fragte Fränzchen.

»Nein; das ist eine große Ehre – und stellten es auf ihr Münsterdach, mit dem langen Strohhalm im Schnabel. Da steht es und ihr könnt es heute noch sehen, obgleich es schon lange gestorben ist.«

»Armes Spätzle!« seufzte Fränzchen, dessen mitleidiges Herz nach einem tragischen Schluß verlangte. Fritzchen dagegen krabbelte auf Gretles Schoß, riß sie an den Haaren und sagte sehr entschlossen: »Ich will es sehen. Wann gehst du mit uns auf das Münsterdach?«

»Brechtle!« sagte die kleine Magd sanft, indem sie das lachende Kind auf das Stroh zurückwarf. Der Junge hatte während der ganzen Erzählung dagesessen, das Gesicht auf den Knien, fast ohne sich zu rühren, anfänglich ohne aufzumerken, in seinem fast kindlichen Elend versunken. Dann hatte der Tonfall der Stimme ihn leise gefangengenommen. Auch er hörte jetzt der rettenden Tat des Ulmer Spatzen zu und wurde ruhiger, als ob das einfache, nichtssagende Geschichtchen ihn trösten könnte. Dann kam ihm plötzlich ein Gedanke, weit ab von dem Jammer der Gegenwart. Wie? Hatte damals der Spatz den Ulmern nicht den richtigen Weg gezeigt? Könnte er es nicht wieder tun? Mit dem Ballon war es nichts. Der flog, wohin ihn der

Wind trug. Der hatte ihn in die Schneiderwerkstätte geführt. Aber der Spatz – Flügel – das – das mußte die Lösung sein!

»Brechtle!« wiederholte die kleine Magd.

Berblinger merkte nicht, daß es der Klang dieser Stimme war, der ihm wie Balsam in die wunde Seele drang. Er richtete sich auf.

»Wie kannst du den Buben Geschichten erzählen, wenn sie dir das Haar ausraufen?« fragte er bitter.

»Sie meinen's nicht bös und es ist nicht so schlimm als es aussieht. Sieh, wie kleine Händchen sie noch haben. Die Meisterin hat andre!«

»Alle Welt hat andre!«

»Ja«, sagte Gretle einfach. »Deshalb ist mir der Hühnerstall und die Kinder das Liebste, was ich habe, namentlich die Kinder. Manchmal kommt mir's vor, auch du seist noch ein Kind.«

Berblinger fuhr auf, rot vor Scham, und sank dann wieder vorwärts, in seine Lieblingsstellung.

»Soll ich dir auch etwas erzählen?« fuhr das Mägdlein fort. »Du hast mich schon zehnmal danach gefragt, aber es ging nicht. Droben sind zu viele Leute um den Weg. Es ist eine Geschichte für den Hühnerstall, und weil du dich hereingefunden hast, magst du sie hören. Aber lach nicht. So klein, als ich dich haben möchte, bist du nicht mehr. Alles lacht mich aus, und ich – ich habe keinen Vater und keine Mutter mehr.«

»Ich auch nicht«, sagte Berblinger finster.

»So passen wir zusammen. Mein Vater war ein Schifferknecht bei deinem Onkel. Er konnte nicht Meister werden, denn er war zu arm dazu, und die Zunft wollte ihn nicht heiraten lassen, denn auch dazu war er zu arm. Aber er hat die Mutter doch geheiratet, drunten in Günzburg, und nur mit Müh und Not brachten sie es dahin, daß er nicht aus der Zunft und der Stadt ausgewiesen wurde. Denn die Zunft ist reich und will keine armen Leute um sich haben.

Zuletzt ging's doch, denn mein Vater war der beste Schiffer zwischen Wien und Ulm, sagen sie noch heute, und wenn eine Zille wertvolles Gut führte, setzten sie ihn drauf. Er hatte noch nie eine stecken lassen und war immer zur Stelle, wo es harte und gefährliche Arbeit gab.

Da kam mein Bruder auf die Welt. Der Vater wollte ihn Fritz heißen, nach dem Preußenkönig, der alles gewann, die Mutter aber hieß ihn Gotthilf und wußte warum. Zwei Jahre später kam ich, und wieder nach zwei Jahren ist mein Vater im Strudel bei Grein mit seinem Schiff untergegangen. Er hätte sich retten können, erzählten die Leute, aber er wollte die große, schöne Zille und die zwei Jungen nicht im Stich lassen, und so sind alle miteinander ertrunken. Der Meister Schwarzmann sei außer sich gewesen, denn die Ladung war dreißigtausend Gulden wert, und wollte von der Mutter nichts hören noch sehen. Die Zunft hatte dem Vater nicht verziehen, daß er eine Günzburgerin nach Ulm gebracht hat. Da wurden wir so arm, daß unsre liebe Mutter den Verstand verlor und in die Donau ging. Sie wollte den Vater suchen, sagte sie, als sie wegging. Es war in einer bösen Herbstnacht, kalt – kalt! Ich vergesse es nie, so klein ich war, wie wir froren, als wir aufwachten – allein, ganz allein – und wie wir suchten und suchten, im Haus, auf dem Schwahl, auf den Zillen. Erst lachten sie, die Schiffer und Zimmerleute, dann halfen sie uns suchen, dann flüsterten sie zusammen, als ob sie auch erschrocken wären, dann gaben sie uns zu essen.

Bei Günzburg fischten sie die Mutter auf. Es war ihre alte Heimat, aber sie wollten sie nicht begraben und schickten sie in einem Nachen nach Ulm zurück. Die Ulmer aber wollten sie auch nicht behalten, und böse Leute sagten, man sollte sie in ein schwarzes Faß tun und die Donau hinunter treiben lassen; das sei der alte Brauch gewesen. – Dazu kam's aber nicht. Ein paar mitleidige Schifferknechte, die meinen Vater gekannt hatten, fuhren sie hinab, über das Stadtgebiet hinaus, und begruben sie in der Nacht am Ufer bei Elchingen. Als die Elchinger davon hörten, schrieben sie an den Rat von Ulm, daß sie das nicht dulden wollten, der Rat aber sagte, daß er sich nicht drum zu kümmern habe, was auf Elchinger Markung liege. Dabei ließen es die Elchinger bewenden, und dort am Ufer liegt sie noch und hört das Wasser murmeln, das uns Vater und Mutter genommen hat. Die Stelle weiß ich nicht, und ich glaube fast, es weiß sie niemand mehr. Sie hat jetzt Ruhe vor den Leuten. Aber siehst du, Brechtle, jeden Sonntagnachmittag kannst du deine Mutter besuchen und weißt, wo dein Vater begraben liegt.«

Berblinger sah die kleine Magd starr an. Sie weinte nicht, aber ein bitteres Zucken spielte um ihren Mund, und der Strohhalm, den sie spielend in der Hand gehalten hatte, war in kleine Stücke zerrissen.

»Die Schiffsleute, die uns aufgenommen hatten, mußten nach etlichen Tagen die Reise nach Passau antreten und brachten uns aufs Rathaus. Dort fand sich, daß ich eine Tante in Günzburg hatte. Sie hatte aber von ihrer Schwester nichts wissen wollen, seitdem sie eines Schifferknechts Frau geworden war, und wollte jetzt nichts von uns wissen. So blieb den Herren im Rathaus nichts übrig, als uns ins Fundelhaus zu schicken. Sie sagten, wir sollten nur jeden Morgen Gott und der Stadt schön danken, daß sie das täten, denn verpflichtet seien sie nicht dazu. Da waren wir nun mit vierzig andern Kindern, Buben und Mädchen, die alle darauf warteten, alt genug zu werden, um irgendwohin in einen Dienst oder eine Lehre zu gehen. Es war gut genug, und ich hätte dem lieben Gott und der Stadt gedankt, nur wollten sie auch dort nichts von uns wissen, wegen der Mutter. Sie hießen uns die Wasserkinder. Ein trauriges Leben, von einem Tag in den andern, sonderlich wenn Gotthilf krank war, und das kam oft genug, brachte aber auch sein Gutes. Die andern konnten dann den Wasserbuben nicht quälen und ich durfte bei ihm sitzen und stricken. Und noch eins, die Hauptsache. Wir hatten unsre eigne Schule; die Fundelkinder durften nicht in die Stadtschulen kommen. Viermal in der Woche kam der Herr Pestilenziarius vom Münster und ließ uns in der Biblischen Geschichte lesen. Das gefiel uns besser als alles andre, dem Gotthilf die Geschichte vom Joseph, den seine Brüder in den Brunnen geworfen und verkauft hatten und der doch wieder herauskam und sie alle vor dem Verhungern retten durfte, mir die Geschichte vom Heiland, den sie ans Kreuz schlugen und der die Welt erlöst hat. Denn ich dachte, er werde auch uns erlösen. Dann, wenn mein Bruder krank war, kam der Herr Pestilenziarius in die Krankenstube, sprach mit uns und tröstete uns. Das war fein! Zuerst hatte ich Angst vor ihm; dann aber merkten wir, daß uns wieder jemand lieb hatte, und glaubten noch viel mehr. Damals lernte ich auch, daß man alles aushalten kann, wenn man muß und wenn man will und wenn man glaubt.

So wurden wir älter, und es hieß, wir seien nun lange genug im Fundelhaus gewesen und müßten sehen, uns selber weiterzuhelfen. Aber kein Meister wollte meinen Gotthilf in die Lehre nehmen wegen der Mutter. Eine ehrbare Zunft könne dies nicht zulassen, das sei von jeher gegen Handwerksgebrauch und Ordnung gewesen. Henker könne er werden oder Schäfer oder Turmwart oder Trompeter, aber ein ehrsames zünftiges Gewerbe dürfe er nicht erlernen. Da fand sich endlich der alte Stallmeyer im Rappengäßchen, der Schirmmacher, denn Schirmmachen war vor etlichen Jahren noch eine freie Kunst, wie sie sagen. Eigentlich zieht er nur im Land herum und flickt Schirme und was er sonst zu flicken findet. Der nahm ihn gegen eine kleine Vergütung, die die Stadt zahlte, und der Hausvater im Fundelhaus meinte, das Herumziehen werde seiner schwachen Brust gut tun. Es hat ihm aber nicht gut getan.

Inzwischen hatte Onkel Bockelhardt die Tante geheiratet, und die kleinen Schlingel waren auf einmal da. Das sind sie seitdem immer, wo man sie nicht brauchen kann. Nun konnte die Tante mit der Haushaltung nicht mehr allein fertig werden und erinnerte sich, daß auch ich auf der Welt war. Du weißt, Prätle, wie es uns geht. Aber ich halte es aus; ganz gut, seitdem wir den Hühnerstall gefunden haben. Fritzle und Fränzle helfen mit. – Ganz gut? – Nein; lügen soll man nicht, auch wenn man's gut damit meint, sagt der Herr Pestilenziarius. An den glaub' ich, obgleich ich schon lange nichts mehr von ihm gesehen habe. Wenn er nur seine Röcke bei uns machen ließe. Er könnte es brauchen; und wir auch.«

Es war ganz still und fast Nacht im Hühnerstall geworden. Auf dem Stroh hatten sich die Kinder in einen Knäuel zusammengewickelt und waren eingeschlafen. Berblinger sah verwundert auf die kleine Magd. Er hatte zum erstenmal das Gefühl, als ob er an ihr hinaufsähe. Sie begann wieder, fast flüsternd:

»Die Tante, und Kälte und Hunger und das frühe Aufstehen – im Fundelhaus mußten wir erst um fünf Uhr aufstehen – und der Nick, der unverschämte Bub – das alles läßt sich ertragen. Was mir das Herz abdrückt, ist der Gotthilf. Der hat's schlecht! Mit wunden Füßen halb barfuß in der Welt herumlaufen, mit seinem Husten und in der Kälte in Scheuern und Heuschobern schlafen, Prügel, wenn er keine zerbrochenen Regenschirme findet, Prügel, wenn er nicht genug Geld bringt, und die Bauern wollen nicht halb so viel zahlen, als der alte Stallmeyer für seinen Schnaps braucht! Alle drei, vier Wochen kommen sie nach Ulm zurück. Im Hinterhaus beim Bäcker Honold hat er seine Werkstatt und sein Lädchen. Gotthilf schläft dort in einem Winkel im Keller. Es sei besser, meint er, als draußen auf der Walze. Du hättest ihn husten hören sollen, als sie vor acht Tagen heimkamen. Wenn ich ihn nur hier schlafen lassen könnte, aber die Tante schlüge mich tot und ihn dazu, wenn sie es merkte. Und ich weiß, bei dem Stallmeyer stirbt er. Dann kommt er sicher in den Himmel und ich bin ganz allein. Ich halte ja alles aus – nur das – aber ich kann nichts dafür!«

Dies galt den Tränen, die sie sich mit der Schürze abtrocknete, ehe sie fortfuhr:

»In acht Tagen kommt er wieder, und dann kommt Christtag. Da sollst du ihn sehen, Prätle. Wir haben es uns schon lange ausgedacht. Er schafft ein Bäumchen herbei, das bringt er fertig, denn sie kommen stundenlang durch Wälder und ein Bäumchen ist nicht schwerer als ein Regenschirm. Damit halten wir Christtag hier im Hühnerstall. Der erste Christtag war ja auch in einem Stall. Aber niemand soll dabei sein als du, weil – weil dich der Altgeselle so verhauen hat.«

Schweigend saßen sie eine Zeitlang nebeneinander, Hand in Hand. Auch dem Jungen war nicht klar, was in ihm vorging. Es war ein Gefühl tiefer, schmerzlicher Demütigung, nicht weil ihn ›der Altgeselle so verhauen hatte‹, sondern weil er neben einem kleinen schwachen Mägdlein saß, das mehr als er zu tragen hatte und es trug, fast ohne zu wanken. War er nicht ein Mann oder wollte es wenigstens werden? War das nicht der Weg, den die großen Männer gehen mußten, von denen er so viel gehört und gelesen hatte? Mußten sie nicht auch schleppen, kämpfen, leiden, ehe sie schaffen konnten, was sie groß gemacht hat? Freilich, Schneiderlehrling war keiner gewesen; das nicht. Er hätte laut aufheulen können, wenn er sich nicht so fürchterlich geschämt hätte.

Plötzlich zog Gretle ihre Hand aus der seinen.

»Komm«, sagte sie entschlossen. »Es ist Kochenszeit und sie werden auch dir aufpassen. Sag nichts vom Hühnerstall. Wenn die Tante merkt, wo wir waren, ist alles aus.«

Dann suchte sie die Zwillinge zu wecken, aber nur Fränzchen ließ sich stören und murmelte schlaftrunken: »Gschicht vezählen, Getle. Vom Ulmer Spatz!« Fritzchen mußte getragen werden. Sie wurden erst wieder munter, als der Haferbrei auf dem Tisch stand.

Ein milder Stern leuchtete ihnen am Weihnachtsabend. Der Meister war in der Herberge, wo am Morgen vor offener Lade zwei Gesellen ihr Meisterstück vorgelegt hatten, was nicht ohne einen darauffolgenden großen Festschmaus geschehen konnte, der die Herren Schneidermeister bis in die späte Nacht festhielt. Joseph und Enderle benutzten die Gelegenheit, etwas früher nach der Gesellenherberge aufzubrechen, wo ein Weihnachtstrunk abgehalten wurde, und die Zwillinge, denen trotz ihrer Fallsucht jedermann gut war, waren zur Bescherung in ein Nachbarhaus eingeladen und von der Meisterin dorthin gebracht worden. Gotthilf war schon am Abend zuvor von der Wanderschaft zurückgekommen und hatte in der Tat unter seinen Regenschirmen ein kleines, ganz anständiges Bäumchen mitgebracht und bei Bockelhardts in den Hausgang geschmuggelt. Wie Gretle unter dem Putzen und Scheuern von Flur und Treppe, Küche und Stuben und trotz der üblen Laune der Meisterin Zeit fand, auch im Hühnerstall das Nötige zu besorgen, muß ein Rätsel bleiben, das nur das alte Sprichwort löst: Wo ein Wille ist, ist ein Weg.

Berblinger pikierte die Rückenteile einer Weste, die ihm der Altgeselle hingeworfen hatte, bis er in tiefer Dämmerung nichts mehr sehen konnte. Öl kostete Geld; es lohnte sich nicht, ihn bei Licht allein arbeiten zu lassen. Dann schlich er die Treppe hinunter und in den Hof hinaus. Dort sah er etwas noch nie Dagewesenes. Die beiden oberen Gucklöcher des Hühnerstalls waren erleuchtet. Als er in das Innere schlüpfte und in die Beletage hinaufkletterte, gewahrte er das Tannenbäumchen, das an einem Bindfaden von der Decke hing, so daß es aufrecht zu stehen schien, und sechs Wachskerzen trug, die im reichsten Salon einer

Prinzessin nicht besser hätten brennen können. Auf dem Balken aber, dem Bäumchen gegenüber, saß ein Junge und Gretle, wie er mit ihr gesessen hatte, Hand in Hand.

»Das ist mein Gotthilf«, sagte die kleine Magd, als sie ihn bemerkte, »und das ist unser Christbaum, Prätle. Ist er nicht fein?«

Es war noch Platz auf dem Balken. Berblinger setzte sich an Gretles andre Seite. Der fremde Junge gab ihm die Hand, nicht scheu und zögernd, wie sie Berblinger nahm, sondern mit einer offenen Herzlichkeit, als ob er hier zu Hause wäre und einen lieben Gast empfinge. Er war größer als Berblinger, ungewöhnlich bleich und mager, und hustete, aber seine großen Augen leuchteten fast unheimlich, obgleich sie voller Freundlichkeit waren.

»Dir geht's auch nicht zum besten, Prätle«, sagte er mit einem Lächeln, hinter dem sich das Leid des Lebens nicht ganz verstecken lassen wollte. »Da können wir Christtag feiern, als ob wir zusammengehörten. Und sieh nur, sie hat dafür gesorgt, daß auch etwas unter dem Bäumchen liegt.«

Mit Erstaunen sah Brechtle auf dem Boden unter den Tannenzweigen in regelmäßigen Abständen drei Brezeln liegen. Neben der einen standen ein Paar Pantoffeln, neben der zweiten eine Pelzmütze und neben der dritten nichts. Unter den Pantoffeln lag auch noch ein Buch.

»Die ist dein«, sagte Gretle, auf die Brezel mit den Pantoffeln weisend, »die dein«, zu ihrem Bruder, dem das Christkind die Pelzmütze beschert hatte, »und die mein … Es hat jedes seine Brezel. Ist es nicht fein?«

»Aber wie kommst du zu den Sachen?« fragte Berblinger.

»Ich?« fragte Gretle ebenso erstaunt. »Das Christkindlein war hier und hatte ein gutes liebes Gesicht und war so groß als der Herr Pestilenziarius. Er läßt dich vielmals grüßen«, fügte sie geheimnisvoll bei. »Du solltest tapfer aushalten und ihn nicht besuchen. Das halte *er* nicht aus. Sie halten nichts aus, die armen feinen Leute! Nun wollen wir aber Christtag halten und ihm danken.«

Berblinger griff nach dem Buch. Es war ein kleines Neues Testament. Griechisch! Für den Augenblick war das freilich nutzlos; Gretle aber brauchte es auch nicht. Sie hatte noch nicht alles vergessen, was man in Fundelhaus lernte, und der Christtag im Fundelhaus war der Glanzpunkt ihres dortigen Lebens gewesen. Sie stellte zwei Lichtchen, die umzufallen drohten, wieder auf, faltete die Hände und sprach einfach und laut:

»Es waren aber Hirten in der selbigen Gegend auf dem Felde bei den Hürden, die hüteten des Nachts ihre Herden. Und siehe, des Herrn Engel trat zu ihnen und sprach – das weiß ich nicht mehr alles, aber er sprach –: Ihr werdet finden das Kind in Windeln gewickelt in einer Krippe liegend. Und alsbald war da bei dem Engel eine Menge der himmlischen Heerscharen, die lobeten Gott und sprachen: Ehre sei Gott in der Höhe und Friede auf Erden und den Menschen ein Wohlgefallen. Amen.«

Dabei fing sie plötzlich an laut zu weinen und umfaßte ihres Bruders Kopf.

»Warum heulst?« fragte dieser sanft, indem er versuchte, seinen Kopf aus den Armen, die ihn umklammerten, herauszuziehen.

»Weil es so fein ist!« sage sie und schluchzte weiter.

Nach und nach beruhigte sie sich und dann begannen alle drei ihre Brezeln zu essen.

»Es sind Zibeben drin«, erklärte die kleine Magd nicht ohne Befriedigung.

»Wir haben Pantoffeln und Pelzkappen«, sagte Berblinger. »Wenn du deine Brezel gegessen hast, Gretle, hast du nichts. Wir sind rechte Tolpatsche.«

»Das sind alle Buben«, antwortete Gretle prompt, ihre Tränen trocknend. »Aber es tut nichts. Der Christbaum gehört mir.«

Dann begannen sie von andern Dingen zu plaudern.

Wes das Herz voll ist, des geht der Mund über. Brechtle hatte nach der großen Schlacht zwei böse Wochen durchzumachen gehabt. Der Altgeselle trug nichts nach, es kam ihm aber auch auf einen Puff mehr oder weniger nicht an, und beim ersten Unterricht im Bügeln hatte er dem Lehrling nichts geschenkt. Schlimmer war's mit Nickel, der ihn stach und trat, wo er es unbemerkt tun konnte. Dabei hatte Brechtle nachgerade entdeckt, daß es am klügsten war, zu tun, als ob er Nadelstiche gar nicht mehr fühle. Doch war all dies nichts gegen die Geschichten, die Gotthilf zu erzählen wußte. Der alte Stallmeyer trank, seitdem es kalt wurde, mehr als früher, und dann war kein Sinn und Verstand in der Art, wie er seinen Jungen behandelte. Während jener in der Dorfkneipe saß, mußte dieser das Dorf und die Höfe absuchen. Ohne mitleidige Bäuerinnen, die ihm gelegentlich ein Stück Brot oder einen Knochen zusteckten, wäre er längst auf dem Wege liegengeblieben. In Jungingen, auf dem Heimweg, hatte er nur einen Schirm bekommen, und den schlug sein Meister an ihm in Stücke. Und dann die wunden Füße und nachts der Husten in den kalten, windigen Schuppen und die Regenschirme! Es waren diesmal doch zuletzt so viele, daß er sie kaum schleppen konnte.

Gotthilf erzählte von all dem ohne zu klagen, wie man von einem Feldzug spricht, den man nicht selbst mitgemacht hat. Aber er blickte etwas wehmütig auf seine zerrissenen Schuhe, die im Licht der sechs Wachskerzen begehrlich zwei große Froschmäuler aufsperrten.

»Lange halten die's nimmer aus«, sagte er nachdenklich, mehr zu den Schuhen als zu seinen Freunden. »Erst als wir vorgestern mittag durchs Schwedenwäldle hereinkamen und ich den Münsterturm wiedersah, fiel mir ein, daß morgen Weihnachtsabend sein mußte. Da stand auch gleich das Bäumchen geschickt am Weg, so daß ich's abschneiden und unter die Regenschirme packen konnte, ohne daß der Stallmeyer etwas merkte. Er hatte dazu von

Jungingen her ein gutes Frühstück im Kopf, so daß wir einzogen mit Friede auf Erden.«

Er lachte, nicht laut, aber freundlich, und Berblinger dachte im stillen mit schmerzlicher Bewunderung: ›Der kann's!‹

»Und dein Husten?« fragte Gretle.

»Besser, viel besser! Den Menschen ein Wohlgefallen.«

»Sag das nicht *so*«, bat seine Schwester.

»Aber wir wollen es nicht vergessen, Gretle, so oder so. Der himmlische Vater weiß, wie wir's meinen«, versetzte er und wollte weitersprechen, doch ein Hustenanfall schüttelte ihn plötzlich dermaßen, daß es nicht mehr möglich war. Auch waren die kleinen Kerzen fast abgebrannt, und an zwei Stellen glimmten schon die Tannennadeln und verbreiteten einen köstlichen Festgeruch durch den Hühnerstall. Da geschah zum Schluß etwas Merkwürdiges. Vor einer der Luken, die längst kein Fensterchen mehr deckte, erschienen plötzlich zwei schwarze stechende Augen und ein langes gelbes Gesicht. Gretle sah und erkannte es zuerst und faßte ihren Bruder am Arm. Es war die Meisterin. In ihren Zügen lag mehr Erstaunen als Zorn und das erwartete Donnerwetter brach nicht los. Das Gesicht verschwand wieder. Gretle löschte das letzte Lichtchen am Baum, alle drei kletterten lautlos die Hühnertreppe hinunter und trennten sich in dem finsteren Hausgang.

»Komm wieder«, sagte Berblinger zu Gotthilf. »Ich brauche dich.«

»Komm wieder«, sagte auch Gretle, halb lachend, »den Menschen ein Wohlgefallen.«

»Und Friede auf Erden!« flüsterte der Regenschirmjunge, während er durch die halbgeöffnete Haustüre in die Nacht hinausschlüpfte.

Die Meisterin war schweigend die Treppe hinaufgegangen, hatte sich in der kalten, öden Stube an das Fenster gestellt und sah nachdenklich zum Sternenhimmel hinauf, ein bitteres Lächeln auf ihren harten Lippen. Selbst als hinter ihr Gretle die brennende Lampe auf den Tisch stellte, sagte sie nicht ein Wort.

Friede auf Erden!

16
Musiö François

Es war zweifellos: die Meisterin hatte das Geheimnis des Hühnerstalls entdeckt. Gretle wollte sogar bemerkt haben, wie sie in dem Glauben, unbeobachtet zu sein, den Versuch machte, in das obere Stockwerk hinaufzuklettern, das mehr und mehr in eine ›schöne Stube‹ verwandelt worden war. Merkwürdigerweise aber sprach sie nie ein Wort über die Sache, obgleich sie nach wie vor in allem, was Gretle oder der jüngste Junge taten oder zu tun unterließen, Veranlassung sah, ihre Mißbilligung in schärfster Weise auszudrücken. Die kleine Magd konnte die Zwillinge stundenlang ungestört in dem Versteck spielen lassen, obgleich sie gelegentlich aus der Beletage ins Parterre herunterkugelten; Berblinger fand am Abend, wenn ihm der Tag zu sauer geworden war, eine halbe Stunde Ruhe auf dem vermoderten Balken, der den Sofa vorstellte, und hatte sogar ein Plätzchen für seinen Euklid, des Pestilenziarius' Neues Testament und ein uraltes Physikbuch mit wertvollen alchimistischen Rezepten gefunden, das aus der Klosterzeit stammte. Eine zerbrochene Küchenlampe vermochte er so weit herzustellen, daß sie wieder glänzende Dienste tat. Selbst Gotthilf ging ein und aus, wenn er in Ulm war, ohne sich allzu ängstlich durch die Hausflur stehlen zu müssen. Einmal war er sogar eingeschlafen und hatte sich erst am frühen Morgen davongeschlichen. Er konnte nicht genug rühmen, wie wohl ihm diese Nacht getan habe. Es war trockener als in seinem Keller und bei dem milden Winter des Jahres ganz warm in dem Ställchen, wenn man die Luken mit Stroh verstopfte. So wurden die drei immer dreister, meinte Gretle, und die Meisterin sagte noch immer nichts.

Es war das Weihnachtsbäumchen, das bis in den Frühling hinein strahlte.

336

Auch in andern Dingen wurde manches erträglicher. Berblinger hatte ganz unerwartet einen geschäftlichen Erfolg erzielt und dadurch eine gewisse Stellung gewonnen, die allerdings, wie der Altgeselle erklärte, allem Handwerksgebrauch ins Gesicht schlug und Nick zu erneuten Bosheiten anspornte. Die ›Maße‹ der Kunden, lange, mit Nadeln zusammengeheftete Papierstreifen, in denen nur dem Eingeweihten verständliche Kerben und Einschnitten die Abmessungen für Rock, Hose und Weste des Herrn X, Y und Z bezeichneten, hingen in zwei schweren Bündeln an der Wand der Werkstatt. Jeder Streifen war mit den Namen des betreffenden Herrn und dem Anfertigungstag versehen. Traf die Bestellung eines früheren Kunden ein, so wurde sein ›Maß‹ hervorgesucht, und wenn keine allzu sichtbaren Veränderungen mit dem Umfang eines würdigen Papas oder der Länge seines Söhnchens vor sich gegangen waren, danach das Tuch zugeschnitten und die Arbeit begonnen. In dem alten Geschäft waren nun diese Bündel ins Unförmliche angewachsen und enthielten Maße von alten Patriziern, Ratsherren und Zunftmeistern, die längst keine Kleider mehr brauchten. Ein bestimmtes Maß herauszusuchen, prüfte Bockelhardts Geduld wöchentlich ein- bis zweimal aufs schwerste und kostete oft stundenlange Arbeit, die immer schwieriger wurde, da ihn der Stolz auf die Dicke seiner Maßbündel verhinderte, die alten, sozusagen abgestorbenen Maße zu vernichten.

Nachdem dies Berblinger einige Monate lang mit angesehen hatte, faßte ihn eines Tags, zum erstenmal wieder seit langer Zeit, jenes freudige Gefühl des Schaffens, das einen großen Gedanken, das Entstehen einer Erfindung begleitet. Eine Woche lang trug er die Sache still in sich herum, dann konnte er dies nicht länger ertragen und verschaffte sich mit dem Beistand Gotthilfs vierundzwanzig alte Nägel. Hierauf benutzte er eines Abends die Abwesenheit von Meister und Altgesellen, schlug sie zum Staunen

Enderles und unter gräßlichen Prophezeiungen Nickels in die Wand und schrieb über jeden auf die schwarze Täfelung mit Kreide einen Buchstaben des Abc. Dann hing er die Maßstreifen nach dem Alphabet geordnet an den vierundzwanzig Nägeln auf und wurde mit dieser Arbeit gerade fertig, als Meister und Altgeselle zusammen eintraten. Stirnrunzelnd, mit weit aufgerissenen Augen betrachtete der erstere die Veränderung, die mit den Bündeln und der Wand vor sich gegangen war. Wer hatte diesen Schabernack ins Werk gesetzt? Nick wies verschmitzt lächelnd auf Berblinger. Der Altgeselle griff instinktmäßig nach der Elle, und Nicks schlimmste Voraussagen schienen in Erfüllung gehen zu wollen.

Da, im Augenblick der höchsten Gefahr, öffnete sich die Tür und ein kleiner Junge im blauen Gymnasialmäntelchen schrie, ehe er ganz in der Stube war: Einen schönen Gruß vom Herrn Oberlehrer Quaste, und der Herr Oberlehrer Quaste brauche so schnell als möglich ein Paar neue schwarze Kniehosen wegen der Visitation. Der Herr Regierungspräsident von Hertling werde schon übermorgen erwartet.

Das war das neue bayerische Oberhaupt der einst freien Reichsstadt Ulm, und die Kniehosen waren zweifellos ein dringendes Bedürfnis der neuen Zeit. Bockelhardt warf einen fast verzweifelten Blick auf seine wie er glaubte vernichteten Maßbündel. Berblinger aber sprang auf, nahm den ›Oberlehrer Quaste‹ von dem Q-Nagel, an dem er in würdiger Einsamkeit baumelte, und überreichte ihn dem Meister. Diesem ging plötzlich ein Licht auf. Er sprach: »Donnerwetter! Der Lausbub!« – Das höchste Lob, das ihm Prätle bis jetzt abzuringen vermocht hatte. Aber noch nach Wochen konnte man den Meister sehen, wie er in stiller Betrachtung, den Kopf nicht unfreundlich schüttelnd, vor den vierundzwanzig Bündeln stand, aufs Geratewohl einen Namen murmelte und nach wenigen Minuten das entsprechende Maß aus dem entsprechenden Bündel zog.

In der Herberge erklärte er einem engeren Kreis frühschoppengewohnter Meister, daß sein Studentle nicht ganz so dumm sei als er aussehe. Aus dem könne noch etwas werden, wenn man ihn, nach Handwerksgebrauch, gehörig zustutze. Dafür sorgte der Altgeselle mit gesteigerter Gewissenhaftigkeit. ›Hatte je ein Lehrjunge die Frechheit gehabt, mit den Maßen zu hantieren wie dieser verdammte Prätle!‹ war der leitende Gedanke, der für die nächsten Monate seinem Erziehungssystem zugrunde lag. Da und dort tauchte die Frage auf, ob die Zunft eine derartige Neuerung dulden könne, da sie den Meistern, die sich ihrer bedienten, einen unberechtigten Vorteil gewähre. Der Fall wurde sogar vor offener Lade besprochen und Berblinger erlangte hierdurch eine für einen Lehrjungen ganz ungebührliche Berühmtheit. Man entschied sich jedoch dahin, die Sache auf sich beruhen zu lassen, da die Mehrzahl der Meister in der Lage sei, das neue System ohne große Kosten und Umstände einzuführen.

Das Bockelhardtsche Geschäft ging auch im allgemeinen etwas besser. Gegen Ostern erschienen ein paar alte Kunden wieder, darunter der Altbürgermeister und Staatsrat Baldinger, die längst abgefallen waren. Es war stadtbekannt geworden, daß der Neffe des Rats Schwarzmann bei Bockelhard Lehrling geworden war, und der Herr Rat gehörte zu den bestgekleideten Leuten der Stadt. Daraus schloß man, daß Bockelhardt doch nicht so übel sein dürfte. Man konnte ihn ja wieder einmal versuchen, und dem Schwarzmann, dessen Einfluß bei den neuen Herrn aus Bayern augenscheinlich wuchs, gelegentlich einen Wink geben, daß man auf den kleinen Berblinger schon jetzt Rücksicht nehme. Solch kleine Dinge haben manchmal große Folgen gehabt, und der Schwarzmann mit seiner Anstelligkeit und Triebigkeit, Durchtriebenheit sagten manche – wer weiß! – eine Hand wäscht die andre.

Der Schneidermeister verstand die Sache allerdings anders. Er glaubte, daß die Leute vielleicht unter dem Einfluß der neuen Regierung endlich zur Vernunft gekommen seien und den besten Meister von Ulm zu würdigen anfingen. Noch weniger ahnte Berblinger, daß er oder die neue Regierung einen wohltätigen Einfluß auf das Geschäft ausübe. Letzteres kam ihm zuerst durch den Nachtwächter, der im Taubengäßchen seines Amtes waltete, zu vollem Bewußtsein. Er hatte infolge des Frühaufstehens dessen bekanntes ›Hört ihr Leute, laßt euch sagen, d' Glock hat viere g'schlagen. Hin ist die Vie-ie-re!‹ zum hundertstenmal gehört und sich nach und nach nicht ohne vielfache Beklemmungen daran gewöhnt. Nun verfügte ein hohes Regierungspräsidium, das auch im kleinen Wohl und Wohlanständigkeit der städtischen Verhältnisse zu erwägen trachtete, daß die Wächter nicht mehr rufen sollten: ›Hin ist die Viere‹, da solches nach neuerem Sprachgebrauch einer unfreundlichen und fast gröblichen Verunglimpfung der soeben verflossenen Stunde gleichkomme. In Zukunft sei zu rufen: ›Vorbei ist die Viere!‹ – Diese Verordnung wurde am 26. April 1804 erlassen und schon zwei Monate später weckte der neue Nachtwächter – mit dem alten war nichts mehr zu machen – Berblinger und die beunruhigten Hausbewohner des Taubengäßchens mit dem passenderen Ruf: ›Vorbei ist die Viere!‹

Das einförmige Tagewerk blieb trotzdem dasselbe; doch machte Berblinger Fortschritte. Über seine Knopflochstiche schüttelte Joseph zwar noch immer scheinbar zornig den Kopf, jedoch mit einem kaum merklichen feinen Unterschied, den der erfahrene Enderle bemerkte und zu erklären wußte. Das Schütteln, an das sich ein leises Nicken anschloß, bedeutete, daß die Stiche für einen Lehrjungen zu regelmäßig und zu fein ausfielen. Das war schon mehr die Arbeit eines Gesellen und konnte nach Handwerksgewohnheit kaum geduldet werden. Über Berblinger selbst kam jetzt hier und da ein Gefühl der Befriedigung mit seinem Werk. Die Nadel bekam Leben und hüpfte munter durch das Tuch, wenn auch noch nicht immer genau an der Stelle, die sie treffen sollte. Wäre es denkbar, daß selbst in einer Schneiderwerkstätte das alte Sätzchen: Arbeit macht das Leben süß! Wahrheit werden könnte? »Nicht möglich!« seufzte er dann, dachte an Zeller zurück und den Euklid, und sah sehnsüchtig den Ulmer Spatzen nach, die ums Fenster flogen.

Der Hühnerstall trug viel zur Besserung seiner Lage in der Werkstatt bei, denn es ist nun einmal eine unumstößliche Wahrheit, daß drei Viertel des menschlichen Glücks und Unglücks nicht in tatsächlichen Verhältnissen liegen, sondern in der Stimmung, in der sie uns finden. Sein schweigend anerkanntes Talent für Knopflöcher hatte den Nachteil, daß ihm zuerst der brummende Altgeselle, dann freundlich lachend Enderle und schließlich mit einem bos-haften Rippenstoß Nick, kurz die gesamte Werkstatt ihre Knopflöcher zuschob und der Meister nur ärgerlich nickte, wenn er wenigstens gegen Nicks Löcher protestierte. Denn auch dem Meister lag daran, zierlich geformte Knopflöcher aus seiner Werkstatt hervorgehen zu sehen, solange er es umsonst haben konnte. Dies war zweifellos ehrenvoll, aber auch langweilig, und Brechtle sehnte sich lange Stunden hindurch nach den Zwillingen, nach Gretle, nach Gotthilf, kurz nach dem Hühnerstall. Ein solches Seh-nen aber kann ganz unterhaltend werden, wenn man weiß, daß es schließlich zum Ziel führt.

Gotthilf kam natürlich nur selten, denn er war meist auf der Walze mit seinen Regenschirmen. Wenn er aber kam, war es besonders für Gretle ein wehmütiges Fest. Sie meinte, er werde immer magerer und bleicher, und trotz des milderen Wetters wurde sein Husten nicht besser; auch die Geschichten, die er von der Wanderschaft mit-brachte, nicht. Der alte Stallmeyer, der vor etlichen Mona-ten wegen der Kälte getrunken hatte, trank in den wärmer werdenden Tagen wegen des Dursts, und Gotthilf hatte es nach wie vor zu büßen. Einmal war er ins Fundelhaus zurückgelaufen und hatte dort seine wunden Füße und einen zerbrochenen Zeigefinger vorgewiesen. Es war ihm schlecht bekommen, obgleich sein Finger geschindelt wurde. In der Tat wurden sein bleichen Wangen hohler und seine großen Augen größer; es selbst wurde ruhiger und stiller, fast als habe er von dieser Welt nichts mehr zu hoffen. Dagegen leuchteten die Augen manchmal, als ob sie in eine andre, glücklichere sehen könnten. Zu andern Zeiten sprach er von seiner Mutter und von der Donau, wie wenn das seine Heimat wäre. Wenn ihn dann Gretle erschrocken ansah, lachte er freundlich und erklärte, er denke nicht daran, ohne zu sagen, an was. Die beiden verstanden sich jedoch so gut, daß Berblinger mit heimlichem Neid fühlte, um wieviel leichter dreifaches Elend zu tragen war, wenn man zu zweien daran trug. Es war dies nach Euklid und andern Mathematikern nicht richtig, aber es gibt geheimnisvolle Dinge, die wahrer sind als alle Mathematik. Auch tat es ihm gut, diese Beobachtungen zu machen und die eigentümliche weiche, kindliche Altstimme zu hören, wenn sie ihren Bruder, der keinen Trost brauchte, zu trösten suchte. War es in seinem eignen Elend nicht schmachvoll, sich von den beiden andern beschämen zu lassen?

Eine greifbare Erleichterung stand in naher Aussicht. Nickel sollte Ende Mai freigesprochen werden und wollte dann unverzüglich die Wanderschaft antreten. Dagegen hatte Enderle noch immer das Ränzel nicht ernstlich geschnürt. Warum, war ihm selbst ein Rätsel; denn daß ihn Bockelhardt nicht gern ziehen ließ, wog nicht schwer, und Gretle war doch noch zu jung, um mit ihr ein vernünftiges Wort sprechen zu können. Daß er sie mit den Augen verfolgte, wenn sie in der Stube herumhantierte und dem Arbeitstisch zu nahe kam, hatte Berblinger mehr als einmal bemerkt und sich darüber geärgert. Was wollte der Enderle eigentlich? Sie war ja noch ein halbes Kind.

Nun trat ein Ereignis dazwischen, das vielen Gesellen, die nicht ans Wandern denken mochten, Füße machte und Angst und Entsetzen im alten Reichsstadtgebiet verbreitete. Unter dem milden Zepter ihres neuen Kurfürsten hatte die Stadt ein ruhiges halbes Jahr genossen, Handel und Gewerbe schienen förmlich aufzuleben, und nur wenige beklagten heimlich den Zusammenbruch der alten, höchst fadenscheinig gewordenen Herrlichkeit, obgleich nicht bloß die Nachtwächter in etwas andrer Tonart singen lernen mußten. Die Patrizierfamilien hatten sich gegen Ende des vorigen Jahrhunderts nicht beliebt gemacht. Man ließ sie ohne sonderliches Mitleid knurren und freute sich fast darob. Neue Leute mühten sich eifrig, an die Spitze zu kommen, die ihnen in den alten Zeiten ganz unzugänglich gewesen war. Aber seit einigen Wochen drohte auch den gemeinen Leute, und gerade diesen besonders, etwas Neues, Unerhörtes: die Konskription. Soldaten sollten die jungen Leute werden, nicht Stadtmiliz, wirkliche Soldaten, in den Krieg ziehen, der morgen wieder ausbrechen konnte, aus dem nicht die Hälfte der Leute zurückzukehren pflegte. Die Söhne vornehmer Leute und der Beamten waren frei, die Reichen konnten sich loskaufen. Für die armen Leute, die Handwerker und die Bauern gab es keine Rettung mehr; selbst aus dem kleinsten Schneiderlein ließ sich ein leidlicher Soldat machen. Dem Vaterland zu dienen ist die höchste Ehre, sagten die Reichen, *dulce et decorum est pro patria mori*, zitierten die Gebildeten und kauften sich Stellvertreter. Was war dem Enderle das Vaterland? Bayrisch war er seit acht Monaten und wußte nicht, ob er es in acht Monaten noch sein werde. Niemand hätte ihm sagen können, wo er augenblicklich das deutsche Reich zu suchen habe, wenn er dazu Lust gehabt hätte. Aber er hatte nicht die geringste Lust. Das klügste war, sich beizeiten aus dem Staub zu machen. Er suchte deshalb sein Ränzlein wieder hervor, das er seit mehrere Monaten vernachlässigt hatte, und ließ sich von einem befreundeten Schuster die Stiefel sohlen. Nick wartete nur auf ihn, und

Bockelhardt mußte sich nach einem oder zwei neuen Gesellen umsehen, denn das Geschäft blühte, wie es seit Jahren nicht floriert hatte.

Doch noch immer saßen sie an einem Juninachmittag vollzählig auf dem Arbeitstisch und nähten stumm und verdrossen bei offenen Fenstern, durch das die Sonne geschienen hätte, wäre sie vom Giebel des Nachbarhauses nicht verdeckt worden. Der Gipfel des Gaishirtlesbaums im Hof fing ihre Strahlen auf und winkte sommerlich und wanderlustig herunter. Berblinger mußte an Ochsenwang denken und wie sonnig es dort gewesen war.

Da klopfte es kräftig an die Tür – es mochte eher ein Stockknopf als der Knöchel einer Hand sein –, und ohne das Herein! abzuwarten, trat ein Mann in die Stube, dessen goldbrauner derber Ziegenhainer und die auf seinen Ranzen geschnallten zerrissenen Stiefel den vielgewanderten Handwerksburschen erkennen ließen. Er war keiner von den jungen, trug einen halbergrauten Bocksbart und blickte mit zwei schwarzen, stechenden Augen in dem braunen Gesicht keck um sich. Auch war er sichtlich ein dufter Kunde und wußte, was Handwerksbrauch war, stellte sich mitten in die Stube, den Ziegenhainer in der Rechten, den ›Filz‹ in der Linken, und begann:

»Gott willkommen, Meister und Gesellschaft, von wegen des Handwerks!«

Der Altgeselle stand auf und nahm eine ernst herablassende Haltung an. Sichtlich war der Zugewanderte noch einer aus der guten alten Zeit, der wußte, was sich schickt. Es geziemte sich, ihn würdig zu empfangen.

»Ich sage dir Dank, mein Gesellschaft«, sagte er höflich. »Bist du des Handwerks, mit Verlaub, daß ich frage?«

»Ich weiß nicht anders«, versetzte der Fremde. »Mit Verlaub und Gunst: So bist du der Altgesell?«

»Ich weiß nicht anders.«

»So will ich dich gebeten haben, du wollest mir Handwerksgewohnheit widerfahren lassen und für mich umschauen, es sei heut oder morgen; ist hier nichts, so ist's anderswo.«

»Warum nicht? Es ist Handwerksgebrauch«, versetzte Joseph und fuhr fort, wie der Fremde in einem eigentümlich schnarrenden Pathos zu sprechen, dem man anhörte, daß es sich um einen wohleingelernten, oft wiederholten Brauch handelte. Es war der Kanzelton des alten Handwerks, und nicht bloß Nick und Enderle, auch Berblinger hörte mit einer gewissen Ehrfurcht auf die wunderliche Wechselrede. Der Meister nähte ruhig weiter, als ob ihn die Sache zunächst nichts angehe. Auch dies gehörte zur jahrhundertealten Handwerksgewohnheit.

»Auch sage ich dir Dank, daß du bist zu mir gekommen«, ließ sich der Altgeselle des weiteren vernehmen, »denn wärest du nicht zu mir gekommen, so könnte ich nicht mit dir reden und du mit mir auch nicht.«

»So mit Gunst hätte ich ein Wort fürzubringen. Ich bitte ich, du wollest mir's nicht für übel haben.«

»Nichts überall! Rede, was dir vonnöten ist.«

»So mit Gunst, mein Gesellschaft, so bin ich hierhergewandert von der wohlberühmten Stadt Esslingen, allwo ich in Arbeit gestanden, und ist mein Gesellenname François Zwillich, und begehre von dir und allen guten ehrlichen Meistern und Gesellen und Jungen, Handwerksgewohnheit nach, in acht oder vierzehn Tagen in eines ehrlichen Meisters Werkstatt zu arbeiten, solange es mir und ihm gefällt. Kann mir solches von dir und deinen Gesellen, desgleichen auch den Jungen, die neben dir in Arbeit stehen, widerfahren, so möge es sein heut oder morgen; ist's hier nicht, ist's anderswo, wo ein guter ehrlicher Geselle einer zum andern kommt. Berg und Tal kommen nicht zusammen; aber ein guter ehrlicher Gesell oder Junge kommt wohl zum andern. So mit Gunst habe ich ausgeredet.«

Joseph blähte sich förmlich auf im Gefühl seiner Würde. Er war schon lange nicht mehr einem Gesellen begegnet, der die alten Sprüche in so korrekter Weise vorbringen konnte, und auch Meister Bockelhardt nickte wohlgefällig. Etwas vom alten Zunft- und Gesellenstolz lebte noch in den veralteten Formeln. Die Jungen überkam das Gefühl, mit dem wir im Abendsonnenglanz eine ehrwürdige Ruine betrachten.

»So mit Gunst«, begann der Altgeselle wieder, »was du von mir und allen guten und ehrlichen Meistern, Gesellen und Jungen begehrest, das soll dir widerfahren. Verzieh einen Stich! – So hält's Handwerksgewohnheit hier in der hoch- und weitberühmten freien Reichsstadt – will sagen, nunmehr kurfürstlich bayrischen Hauptstadt von Schwaben, Ulm. Zum ersten –«

Und nun begann er des langen und breiten eine Reihe Bestimmungen aufzuzählen, von denen einige noch heute beachtenswert wären, andre schon seit ein paar hundert Jahren keine Bedeutung mehr hatten, die meisten aber wie ein langer hinderlicher Zopf durch die Zeit der langsamen Entwicklung der Gewerbe nachgeschleppt wurden. Sie betrafen die Einlage in die Gesellenlade, das große hochlöbliche Ein- und Ausgeschenk, gewisse Beschränkungen in der Bearbeitung verschiedener Stoffe und in der Art der Arbeit selbst, das Betragen gegenüber den Meistern und den Jungen, den Verkehr der Gesellen untereinander, Einzelheiten bezüglich des Aufstehens, des Beginns und Schlusses der Arbeitszeit, ja sogar des wöchentlichen Badens. Endlich schloß der Altgeselle:

»So mit Gunst, mein Gesellschaft, so weiß ich für diesmal nichts mehr vorzuhalten; es ist auch mir nicht mehr vorgehalten worden. Hab' ich ein Wort oder zwei ausgelassen, so bitt' ich dich, du wollest mir's nicht für übel halten. Wenn wir vor der Lade zusammenkommen, so soll dir's besser vorgehalten werden, was ich vergessen habe. Willst du nun solche Handwerksgewohnheit helfen stärken und nicht schwächen, so will ich für dich umschauen.«

Darauf erwiderte der Fremde mit einem Augenzwinkern, das Berblinger, auf den die ganze Zeremonie nicht ohne Eindruck geblieben war, unangenehm berührte:

»So mit Gunst, mein Altgesell: was Handwerksgewohnheit in dieser Stadt innehält und ausweist, will ich helfen stärken und nicht schwächen, denn es ist vorher schwach genug.«

»So mit Gunst, mein Gesellschaft«, fragte Joseph, »wo hast du das Handwerk gelernt?«

»Das Handwerk hab' ich gelernt in der weltberühmten Stadt Straßburg, so nunmehr zu dem ruhmreichen Kaiserreich oder vormaligen Republik Frankreich gehört, bin aber selbst deutschen Geblüts und Sprache, auch bin ich auf der Wanderschaft in Arbeit gestanden als ehrlicher Geselle zu Freiburg im Breisgau, zu Kolmar im Elsaß, zu Basel im Schweizerland, zu Nanzig, vornehmlich aber in der weltberühmten Stadt Paris, so jetzo eine Kaiserstadt geworden, und des ehrsamen Schneiderhandwerks Kaiserstadt gewest ist seit Anbeginn der Welt. Zuletzt bin ich in Arbeit gestanden zu Esslingen, im Kurfürstentum Württemberg, und ist hier mein Lehrbrief nebst meinem Wanderbuch, solches zu bekunden.«

»Wo begehrst du hin?« fragte der Altgeselle, indem er die Papiere zu sich nahm.

»So mit Gunst, mein Gesellschaft, so begehre ich am ersten zu dem Meister da ich angetreten bin, und danach vom ältesten bis zum jüngsten, sofern das Handwerk ehrlich ist.«

»So mit Gunst«, antwortete Joseph, »laß dir die Zeit nicht lange sein. Ich will bald Bescheid bringen.« Dann wandte er sich an Bockelhardt, der jetzt erst die Nadel weglegte, und sprach:

»Guten Tag, Meister! Gott segne das Handwerk! Ich hab' Euch um ein Wort oder zwei anzusprechen. Ihr wollt mir's nicht verübeln.«

»Nichts überall!« versetzte Bockelhardt in demselben wunderlichen Deutsch des vergangenen Jahrhunderts, indem er die Nadel wegsteckte. »Rede, was vonnöten ist.«

»Es ist ein fremder Gesell hier gewandert gekommen. Gelernt hat er zu Straßburg, ist aber deutschen Geblüts; in Arbeit hat er gestanden an manchen Orten, vornehmlich aber in der Stadt Paris, so nunmehr eine Kaiserstadt sein soll. Er begehrt ein acht oder vierzehn Tage in eines ehrlichen Meisters Werkstatt zu arbeiten, solange es Euch und ihm gefällt. Kann ihm solches von Euch widerfahren, so sei es heute oder morgen. Ist's hier nicht, so ist es anderswo.«

»Mit Gunst, Altgesell«, erwiderte der Meister nach einigem Nachdenken, »sag ihm, er möge einen Stich verziehen. Ich muß mir's überlegen.«

Nun verließ Bockelhardt die Stube, um seine Frau aufzusuchen, die er in der Küche fand. Bei wichtigen, nicht auf Frühschoppen und Herbergsabende bezüglichen Entscheidungen zog er es vor, sie nicht von Anfang an im feindlichen Lager zu wissen. Nach wenigen Minuten kam er zurück und begann mit der sich stets wiederholenden Einleitung:

»Mit Gunst, Altgesell! Ich hab' mir's überlegt. Der Nickel soll wandern und den Enderle hält nichts vom Laufen, wenn er die bayrischen Trommeln hört. Auch blüht das Handwerk, Gott sei Dank. Da kommt mir der Pariser nicht ungelegen. Ich will's versuchen.«

»Ich dank Euch, Meister, für den Bescheid und will's wohl ausrichten«, versetzte Joseph und wandte sich wieder an den fremden Handwerksburschen:

»Guten Tag, Gesellschaft. Ich hab' für dich umgeschaut. Ist dir die Zeit lang geworden? Gott geb' dir besser Glück!«

»Dank' dir Gott willkommen!«

»Ich sag' dir Dank, mein Gesellschaft. Was du von mir und allen guten und ehrlichen Meistern begehrt hast, das ist dir widerfahren. So hab' ich dich umgeschaut nach deinem Begehr, nach meinem Vermögen, nach Handwerksgewohnheit und Handwerksgebrauch. Der erste, dem du bist zugewandert, Meister David Bockelhardt, läßt dir ein acht oder vierzehn Tage Arbeit zusagen, solang es dir und ihm gefällt. Ich aber wünsche dir Glück zum ehrsamen Meister. Und mit Verlaub und Gunst, so wird dir von mir und den Gesellen allen, desgleichen auch von den Jungen, die hier in Arbeit stehen, landesläufige Münz' verehrt, nämlich sechzehn Pfennig, zum kleinen Geschenk, damit du kannst einem ehrlichen Meister zuziehen und einen unehrlichen meiden, und nimm mit vorlieb. Das Kloster ist arm und der Mönche sind viele und der Abt trinkt selber gern. So wünsch' ich dir viel Glück zum kleinen Geschenk.«

»Dank' euch Gott um und um, so komm' ich schnell herum!« schloß der Fremde und schnitt plötzlich eine Grimasse, daß Enderle, der wie alle andern sehr ernst geblieben war, laut auflachte. Joseph setzte sich auf den Arbeitstisch, und alle nahmen die gewöhnliche Alltagsmiene wieder an. Der fremde Geselle sagte, er habe in der Herberge noch einen Rock zu holen, und verließ mit einer schwungvollen Verbeugung gegen die eintretende Meisterin die Stube.

»Das war wieder einmal, wie es sein sollte, Prätle!« sagte der Altgeselle, sichtlich hochbefriedigt. »Der kann's noch. Aber in Paris hat er es nicht gelernt. Was er von dort mitbringt, werden wir ja sehen.«

Mit dem Franzosen, der sich am liebsten ›Musiö François‹ nennen ließ, kam Leben in die alte Werkstätte. Sein unverfälschtes Elsässer Dütsch war für Enderle eine unerschöpfliche Quelle der Heiterkeit, und selbst Gretle war anfänglich geneigt, den Musiö François für einen netten Menschen zu halten. Später änderte sich die Stimmung. Der Altgeselle namentlich hielt ihn nach wenigen Tagen für einen ganz gefährlichen Kunden, obgleich er die alten Handwerksgebräuche und -sprüche kannte wie kaum ein andrer in Ulm. Sie hatten sich in Straßburg unter dem Druck der Fremdherrschaft, den das Volk bis vor kurzer

Zeit lebhafter empfand als die nur zu gerne französelnden oberen Stände, länger und reiner erhalten als anderwärts. Was der ehrliche Joseph aus Ansbach nicht begriff, war, daß François, dessen drittes Wort französisch war, die alten Sprüche mit feierlichem Anstand herplappern und im nächsten Augenblick seinen beißenden Spott über sie ergießen konnte. Es war ja alles altväterischer Unsinn, erklärte er unverhohlen, nur dazu da, die Jungen zu erschrecken und den Alten ihren Brei in den Bart zu schmieren. Geschickt aber war Musiö François, das mußte man ihm lassen. Er brachte neumodische Gedanken und neue Handgriffe in die Werkstatt, daß es dem alten Joseph angst und bange wurde. Besonders bügeln konnte der Kerl, daß ein verpfuschter Rock einen Tag lang wie ein Meisterstück aussah. Ein paar Tage später kamen allerdings die schiefen Falten wieder zum Vorschein. Dann aber hatte sie der befriedigte Kunde auf dem Leib und wohl gar die Rechnung schon bezahlt. Bockelhardt war mit dem neuen Gesellen, den er heimlich bewunderte, wohlzufrieden, und die Meisterin begann von ihm und seinen französischen Verbeugungen zu träumen.

Für Berblinger, der noch zu tief in den Lehrlingsschuhen stak, wurde eine andre Seite des Mannes von Bedeutung. Niemand vermochte seiner Zunge Halt zu gebieten. Der Altgeselle hatte anfänglich versucht, dies zu tun. Es war nicht Handwerksgewohnheit, weder im Ansbachschen noch in Schwaben, während der Arbeit zu schwatzen, aber es war nicht möglich, den quecksilbernen Halbfranzosen, dessen Zunge stach wie eine Nadel, hiervon zu überzeugen. Zum erstenmal, seitdem er Altgeselle geworden war, mußte er zugeben, daß seine Autorität diesem Windbeutel gegenüber machtlos war. Er ließ ihn gewähren und horchte schließlich nicht selten selbst mit staunender Spannung auf die wunderbaren Geschichten, die Musiö François in der großen Republik erlebt haben wollte.

»Handwerksgebrauch?« konnte er entrüstet fragen,

wenn Joseph ihn an die Ulmer Zunftartikel erinnerte, die er zu stärken und nicht zu schwächen versprochen hatte. »Papperlapapp, Musiö Schosef. Wer einen Rock *d'une élégance finie* fabrizieren kann, ist *maître tailleur* von Gottes Gnaden. Nein, nicht von Gottes Gnaden, denn mit unserm Herrgott über dem Rhein ist es eine eigne Sache. Sie schaffen ihn ab und stellen ihn wieder ein, je nach Bedarf. Das tun sie auch mit ihrem König. Als sie ihn nicht mehr ganz brauchen konnten, machten sie ihn um einen Kopf kürzer, und es ging vortrefflich auch so. Ich will nicht behaupten, daß ich das mit eignen Augen gesehen habe, denn ich bin wahrheitsliebend, *comme un Allemand,* und stand dazumal noch in Nanzig in Arbeit. Aber ich hab' Hunderte gekannt, die es gesehen haben und es zeitlebens nicht vergessen. Später brauchten sie wieder etwas derart, und – eins, zwei, drei, hast du mich gesehen! – haben sie wieder einen Kaiser mit einem Kopf, größer und härter als die der kaiserliche Majestäten von Deutschland und Rußland und aller hundertzweiundzwanzig Fürsten, die uns die Haut über die Ohren ziehen. Menschenrechte! Drüben haben sie die Menschenrechte erfunden, Musiö Prätle, die auch einem Knirps wie dir von deiner jämmerlichen Geburt an zustehen. Die wissen etwas von Gleichheit, Nick! Wenn dir dort drüben der Bürgermeister Schad von Mittelbiberach eines hinter die Ohren haut, schwups! zahlst du's ihm heim mit Zinsen, und alles, was er machen kann, wenn er nicht am nächsten Laternenpfahl hängen will, ist, sich den roten Kopf zu reiben wie du. Das heißt man Gleichheit und ist mehr wert als aller Zunft- und Handwerksbrauch der Welt. Es ist Vernunft und Religion in eines gewickelt. Den Adel haben sie abgeschafft, von hochmögenden Patriziern wußten sie sowieso nichts, alle Zunftmeister hat der Teufel an ein und demselben Tag geholt. Alle sind gleich; alles ist gleich. Damit kommt die Brüderlichkeit ganz von selbst. Ich will nicht behaupten, daß ich das mit eigenen Augen gesehen habe, es mag erst nach meiner Zeit eintreten. Aber kommen wird sie, wenn es so fortgeht, darauf könnt ihr dummen Schwaben euch verlassen!«

Joseph griff instinktiv, aber sprachlos nach seiner Elle, François tat dasselbe. Um Enderles Lipen zuckte ein fröhliches Lächeln, Nicks Augen funkelten in Erwartung eines unerhörten Zweikampfs zwischen der alten und der neuen Zeit, und Berblinger, in tiefes Nachdenken versunken, verdoppelte die Geschwindigkeit, mit der er einen Knopflochstich an den andern setzte.

»Mit Gunst, Altgesell«, fuhr François nach einer kurzen Pause fort, nachdem jeder lautlos sein Ellenmaß wieder niedergelegt hatte, »das heißt man Gleichheit! Freiheit, Gleichheit und Brüderlichkeit – kann ich dafür? – davon habt ihr hier noch keinen Begriff, schindet und quält euch untereinander bis aufs Blut und kommt doch nicht weiter. Das haben die Philosophen der großen Nation drüben herausgefunden und zeigen uns, wie's gemacht wird. Wer sich um einen Kopf größer dünkt als andre, wird um denselben kleiner gemacht, und zwar geschieht dies mit der Maschine; kein Zunftzwang, freie Kunst! Wer andre drückt, wird zerquetscht. Wer lügt und schwindelt, stiehlt und raubt, um sich zu bereichern, wird ohne Hemd und Hosen an die Luft gesetzt, zumeist an einem Strick. Wer nimmt, was andre zuviel haben, kommt in unsern Himmel, und der ist auf dieser Welt und wird in wenigen Jahren eröffnet werden. Wahrscheinlich auch in Ulm, wenn mit euch jungen Kaulquappen etwas anzufangen ist, Prätle. *Mille tonnerres!* Ich bin nicht umsonst in Paris gewesen. Ich zeig' euch, wie's gemacht wird. Gleichheit, das ist vorerst die Hauptsache.«

»Wie steht's dabei mit der Brüderlichkeit?« fragte Berblinger, der mit klopfendem Herzen zuhörte.

»Maul halten!« rief der Altgeselle und griff wieder nach dem Ellenmaß. »Das wäre noch schöner, wenn auch die Buben anfingen zu krakeelen.«

»Ungefähr wie mit der Gleichheit«, antwortete François, ohne auf Joseph Rücksicht zu nehmen. »Fortschritte, überall Fortschritte! Aber ganz fertig zum Abliefern ist das eine wie das andre noch nicht. Es fehlt das Aufbügeln. Daran ist man jetzt. Der Napoleon, der kleine Satan, wird es schon fertigbringen und bügelt auch euch. Paßt mal auf, in ein paar Jahren hat er auch auf dieser Seite des Rheins alles egalisiert. Keine Meister, keine Gesellen, keine Jungen mehr. Alles Brüder, Bürger, *citoyens*, und jeder bekommt soviel als der andre. Niemand ist reich, niemand arm, niemand hoch, niemand niedrig. Millenium haben's die Pfaffen früher geheißen. Jetzt nennt man's Menschenrechte, Weltweisheit, Vernunft. Die ganze Kirchenwirtschaft hat man abgeschafft und verehrt dafür die Vernunft. Aber auch die Vernunft, ein bildschönes Weibsbild, das ich mit eignen Augen gesehen habe, wurde zu eingebildet; man mußte auch sie wieder abschaffen. Viele sind jetzt nicht ganz klar darüber, was zu verehren sei. Das nennt man Volksaufklärung, Volkswille; Freiheit, Gleichheit, Brüderlichkeit. Was wißt ihr dummen Schwaben von all dem!«

»Jetzt hab' ich's aber genug, Kreuzbombenelement«, rief der Altgeselle und schlug mit der Elle nur um eine Daumenbreite vom Knie des Elsässers auf den Arbeitstisch. François schnellte aus seinem Loch heraus, warf sich auf den Tisch zurück, schlegelte mit den Beinen in der Luft und trat wie aus Versehen dem Altgesellen mit der rechten Ferse unsanft auf die Nase. Dann wurde er plötzlich ruhig, sagte höflich: »Mit Gunst und Verlaub, mein Gesellschaft«, steckte die Beine wieder unter den Arbeitstisch und nähte in der nächsten Viertelstunde lautlos weiter.

Auch Berblinger arbeitete still vor sich hin, den Kopf voll von den wirren Ideen des Halbfranzosen. Er dachte an Schillers ›Räuber‹, für die sie in Blaubeuren geschwärmt hatten. Dort war alles klarer, reiner; aber es war nur Dichtung. Hier machten sie Ernst mit der Sache. Freiheit, Gleichheit, Brüderlichkeit; die Worte lagen in der Luft, und im Elend der Zeit glaubte mancher arme Teufel das hoffnungsvolle Wehen einer Zukunft zu spüren, über welcher dieses Dreigestirn strahlte. Langsam bohrten sich solche Gedanken in seine Seele, und manchmal fragte er jetzt François in der Dämmerung der länger gewordenen Abende nach der einen oder andern der halbzerstörten Basteien und ließ sich erzählen, wie das alles in Paris schon aufgeblüht sei, nachdem der wilde Sturm des Völkerfrühlings vorübergebraust war. Musiö François freute sich des aufmerksamen Zuhörers. In dem jungen Kopf aber wurde das Bild des französischen Milleniums mit jedem Tage heller und farbenprächtiger.

Darunter litten die heimlichen Zusammenkünfte im Hühnerstall, die noch vor kurzem sein fast einziger Trost gewesen waren. Wenn er jetzt Gotthilf begegnete und ihm das Glück des anbrechenden neuen Jahrhunderts schilderte, schüttelte dieser in seiner sanften Weise den Kopf und meinte, er werde das doch nicht mehr erleben.

»Du auch nicht«, setzte er nach einigem Besinnen hinzu. »Bis das alles wahr wird, braucht man überhaupt keine Schneider mehr.«

Das ärgerte Berblinger, bei dem trotz allem Druck das Gefühl für sein Handwerk zu keimen begann. Alles machte schlechte Witze über die Schneider, und jedermann brauchte sie! Selbst der arme Regenschirmjunge! Und wer war es jetzt wieder, der neue große Gedanken in die alte Stadt brachte? Ein Schneider, ein feiner, denkender, wenn auch etwas verrückter Schneider.

Der Junge konnte sich dem Einfluß seiner Umgebung nicht mehr entziehen, und das gehört wohl zu dem Guten, das der Schöpfer in die Menschenseele gelegt hat, die sich unmerklich biegt und beugt, um sich schließlich in jede Form zu schmiegen, die ihr das harte Leben bietet. Wie könnte sie sonst ertragen, was zu ertragen ihr Beruf ist. Sklavenmoral? – Nein, Lebensweisheit!

Seitdem Nick freigesprochen war, gehörte es zu Berblingers Pflichten, fertige Kleider abzuliefern oder da und dort ein paar Beinkleider, einen Rock zu holen, der des Ausbesserns oder Wendens bedürftig war. Viele Leute, denen er aus diesen Gründen seine Besuche abstattete, kannten ihn und erkundigten sich, die einen lachend, die andern teilnehmend, wie ihm die Lehrzeit zusage. Konnten sie ihn nicht in Ruhe tun lassen, was seines Berufs war? Selbst das erste kleine Trinkgeld, das man ihm in die Hand drückte, hatte er mit dem Gefühl der Demütigung eingesteckt und erst nach vierundzwanzig Stunden wieder hervorgezogen und dann allerdings nicht ohne Wohlgefallen betrachtet. Es hatte mittlerweile den peinlichen Geruch des Almosens verloren und sah so harmlos aus wie jeder andre Batzen. Nach einigen Wochen waren diese Empfindungen und Empfindlichkeiten geschwunden. Er lachte, wenn auch etwas gezwungen, mit den Lachenden, machte ein sehr natürlich trauriges Gesicht, wenn man ihn bedauerte, und freute sich seiner Kreuzer und Groschen, denn er hatte für das nächste Fest im Hühnerstall, Gretles vierzehnten Geburtstag, einen großartigen Plan. Ein Ulmer Häubchen!

Trotz des mildernden Einflusses der Gewohnheit trat er eines Tags mit klopfendem Herzen in ein Haus in der Frauenstraße, das er bis zur Stunde nur dem Namen nach gekannt hatte. Es war die Wohnung des Altbürgermeistes und Staatsrats von Baldinger, mit dem sein Onkel Schwarzmann in allerdings entferntem Grade verwandt zu sein beanspruchte und der wohl aus diesem Grund an dem unvergeßlichen Familienfest teilgenommen hatte, mit dem Brechtle vor vier Jahren aus Ulm geschieden war. Natürlich war es nicht der alte Herr, der ihm das Herzklopfen verursachte, obgleich er ihm ein prächtig verbrämtes, seidengefütterter Staatskleid überbringen mußte, das selbst der Meister nur mit respektvoller Vorsicht behandelte, sondern die Erinnerung an das Engelsköpf-

chen, das in seiner knabenhaften Phantasie immer himm-
lischere Züge angenommen hatte.

Der schwere Messingklopfer donnerte zu seinem
Schrecken förmlich an das prachtvoll geschnitzte schwarze Haustor, das wie von selbst aufsprang. Nachdem es
sich hinter ihm ebenfalls wie von selbst geschlossen hatte,
fand sich Berblinger in einem halbdunklen geräumigen
Flur, in der man zwischen sechs Oleanderbäumchen
schreitend nach der breiten eichenen Treppe gelangte, die
zum ersten Stock hinaufführte. Es war totenstill ringsum,
und alles sah sehr vornehm aus. Dies mochte daher rühren, daß der Herr Staatsrat der letzte Sproß einer der ältesten Patrizierfamilien der Stadt war. Ein geschnitztes
Treppengeländer stellte phantastische Tiere der Cerberusgattung vor, die den Emporsteigenden nicht gerade
freundlich begrüßten. Auch oben angelangt, sah der
Junge niemand. Eine Zeitlang stand er still und wartete.
Da dies zu nichts führte, faßte er sich ein Herz und
klopfte an der nächstgelegenen Türe. Eine klare Mädchenstimme, wohl etwas schärfer, als er erwartet hatte,
rief »Herein!« und im nächsten Augenblick stand er vor
Lucinde von Baldinger.

Es war noch immer der schwarze Lockenkopf und das
stolze bleiche Gesichtchen von damals. Aber sie war
gewachsen, hatte ein beängstigendes, nicht allzu kleines
Reifröckchen an und ein sehr steifes, geradliniges Mieder
und sah aus wie eine zierliche Schäferin auf Bildern von
Versailles, die Berblinger schon gesehen hatte. Auch
blickte sie ihm erstaunt und gerade ins Gesicht. Er ließ das
Staatskleid fallen und wäre in der Verwirrung ihm nach
auf die Knie gesunken, wenn sie nicht laut gerufen hätte:

»*Mon Dieu*, Papa! Papa! Ich glaube, Herrn Schwarzmanns Brechtle ist hier!«

Ein schwerer, krachender Schritt ließ sich im Nebenzimmer hören, und gleich darauf erschien in einem grünen
Schlafrock, auf dem große rote Tulpen prangten, der Herr

Staatsrat von Baldinger, ein großer, würdiger Herr, der dem Jungen nicht unfreundlich zunickte.

»So, so«, sagte er halb lachend. »Sapperlot! Ich weiß schon! – Das ist also das saubere Früchtchen, das der Herr Vetter Schwarzmann unter die Schneider stecken mußte. Laß dich mal ansehn, Bub! – Na, du hast's weit gebracht, das muß ich sagen, und kannst's noch weiter bringen! Candidatus der Gottesgelehrsamkeit, fahrlässiger Brandstifter, Schneiderlehrling. Behagt dir wohl jetzt besser als das Kloster? Na, jeder nach seinem Geschmack. Ein ehrsames Handwerk ist immerhin besser als brandstiften und mit verrückten Ideen zum Kirchendach hinauswollen. Das wird dir wohl nachträglich eingeleuchtet haben, kleiner Taugenichts. – Nimm ihm den Rock ab, Lu! – Ich hoffe, dein Meister hat ihn gemacht, wie ich ihn haben muß, und nichts gespart: feinstes Tuch, schwere Goldknöpfe, guter alter Schnitt, wie es die Baldinger gewohnt sind. Nichts von euern französischen Windbeuteleien. – Mach's Maul auf, Bub!«

Berblinger gehorchte in seiner Verwirrung. Mademoiselle Lucinde lachte laut auf.

»Nicht so!« sagte ihr Papa, ebenfalls lachend. »Ich meinte, du solltest etwas sagen, sprechen, parlieren: ob der Rock gut wattiert ist, ob er dem Meister gehörig warm gemacht hat; was weiß ich! Merk dir eins, Bub. Der Mensch muß in diesem Leben das Maul aufmachen, wenn er anständig essen und trinken will. Tut er das, kann's auch ein Schneiderlehrling zu sechs Batzen bringen.«

Damit warf er ihm ein Geldstück zu, das klingend auf den Boden fiel.

»Nimm ihm den Rock ab, Lucinde!« wiederholte er dabei, noch immer lachend, »er ist sonst imstand und läuft wieder damit davon. Na, adieu! Das nächstemal wird's schon besser gehen. Ich werde deinem Onkel sagen, daß du kein Genie seist, er könne unbesorgt sein. Vergiß dein Trinkgeld nicht!«

Berblinger hob das Geldstück auf, warf noch einen schüchternen Blick in Lucindes Gesicht, dessen Lächeln ihm wie hundert Nadelstiche durch die Seele ging, und war vor der Türe, die Treppe hinab und zum Haus hinaus, ehe er zur Besinnung kam.

Es war ein Engel, darüber war kein Zweifel. Daß aber Engel so weh tun konnten, so unerträglich weh, das ging über seine Begriffe.

Als er rot vor Scham und noch immer halb betäubt bei Bockelhardts über die Schwelle trat, stand Nick vor ihm, der ihn erwartet haben mußte, denn er kam plötzlich hinter der Haustüre hervor. Er schlug sie heftig zu, so daß die Jungen in der Dunkelheit kaum gesehen werden konnten.

»Wieviel ist's?« fragte er mit halberstickter Stimme, wie wenn er in unbändiger Wut wäre.

»Was? Laß mich vorbei!« versetzte Berblinger.

»Stell dich nicht so dumm. Der alte Baldinger ist ein Guter; er gibt nie weniger als sechs Batzen. Die Hälfte gehört mir.«

Berblinger raffte sich auf. Jetzt packte auch ihn ein gerechter Zorn.

»Nichts gehört dir. Das Geld ist mein und ich brauch's!«

»Ich brauch's auch! Her mit dem Kies!«

Nickel war jetzt in wirklicher Wut und griff mit Gewalt in die Tasche seines Feindes. Eine Sekunde später waren die beiden Jungen zum zweitenmal in einen Ringkampf verwickelt, den sie stöhnend auszufechten begannen.

Aber schon nach einer Minute fühlte Berblinger, daß ihn ein zweiter Gegner mit einer Hand von hinten packte und mit der andern ebenfalls nach seiner Tasche suchte, wo nicht nur der Sechsbätzner, sondern alle kleinen Ersparnisse der letzten Wochen durcheinander klingelten.

»Gleichheit!« flüsterte eine boshaft zischende Stimme. »Jedem ein Drittel! – Nanu! Beißt der Bub wie eine wilde Katze, soll er's büßen. Katzen brauchen keine Trinkgelder!«

Es war François. Sie hatten Berblinger jetzt auf dem Boden.

»Handwerksgebrauch!« lachte Nick, indem er ihm die linke Tasche umdrehte, aus der ein halbes Dutzend Kupferstücke herausrollten.

»Brüderlichkeit!« sagte der Elsässer ebenfalls lachend. »Laß ihn los, eh' er erstickt. Wieviel hast du?«

Es war Berblinger gelungen, unter Nickel, der die rollenden Geldstücke inmitten des Ringens aufzuklauben begann, durchzukriechen und seine Bewegungsfreiheit wiederzugewinnen. Er sprang auf. Mehr, das war ihm jedoch klar, konnte er nicht erreichen. Die beiden Gesellen setzten sich, ohne ihn weiter zu beachten, auf die unterste Stufe der Treppe und begannen ihren Raub brüderlich zu teilen. Es war des Raubens kaum wert; auch schienen sie die Sache mehr als eine Art Sport anzusehen und warfen ihrem Opfer spottend einige Hellerstücke zu, die Nick an den Zähnen probiert hatte und für falsch hielt.

Ohne ein weiteres Wort zu verlieren, ging Berblinger durch die Hintertüre in den Hof hinaus und wandte sich nach dem Hühnerstall. Er wußte, daß um diese Zeit weder Gretle noch die Zwillinge, noch Gotthilf dort sein konnten, und das gerade war es, was er brauchte. Er hatte nur achtundvierzig Kreuzer eingebüßt. Aber Gretles Geburtstag stand vor der Tür, und er hatte sich auf das Ulmer Häubchen gefreut wie ein Kind.

War das Leben nicht ein Ekel?!

17
Harte Lehren

»Nun hat der arme Kerl, der Enderle, doch dran glauben müssen«, sagten sie Leute im Taubengäßchen und schüttelten mitleidig die Köpfe.

Seit Monaten sprachen sie davon. Es war der erste bittere Tropfen im bayrischen Bier, das sie alle – fast alle – nicht ungern tranken. Denn der Kurfürst war ein leutseliger Herr, hatte sich selbst mehrere Tage in der Stadt aufgehalten, war durch die Straßen gegangen wie ein gewöhnlicher Mensch – der Rat Schwarzmann hob den Kopf viel höher als der hohe Herr –, hatte mit dem und jenem gesprochen, so daß seine einfachsten Worte an allen Stammtischen, in jeder Familie hundertfach wiederholt, ausgelegt und verdreht werden konnten. Er ließ beim Abschied der Stadt, die zur Hauptstadt des Kreises Schwaben gemacht worden war, für seinen Empfang danken und sie seines landesväterlichen Wohlwollens versichern. Einige Herren der Geschlechter hatten hohe Auszeichnungen erhalten. Auch dem Rat Schwarzmann, der während dieser Tage in fieberhafter Tätigkeit gewesen war, sei ein Orden in Aussicht gestellt worden. Konnte man nach all dem erwarten, daß die Bürgerschaft in diesen gefährlichen Zeiten Felddienste leisten sollte wie die Bauern in Altbayern und im Württembergischen? Dem Frieden war nämlich nicht zu trauen. Die Russen und Österreicher, auch die Preußen, hieß es, wollten ihr Glück gegen den französischen Diktator, der sich in unglaublicher Überhebung jetzt sogar Kaiser nannte und vom vielen für den leibhaftigen Antichristen gehalten wurde, noch einmal versuchen. Das konnte böse Folgen haben, obgleich Bayern und Württemberg in nutzbringender Freundschaft mit dem gefährlichen Nachbar lebten. Wozu also Konskription in der alten freien Reichsstadt? Das hatte ja gar keinen Sinn! Immer ängstlicher und lauter wurde es in der Bürgerschaft. Die Vornehmen lasse man natürlich ungeschoren, wie immer. Es sei nicht eigentlich der Kurfürst, der die Sache haben wolle, sondern der Napoleon, der Allerweltskonsul, der ihn dränge. Dem und seiner Republik verdanke man ja schon manches; aber die guten alten Zeiten seien sichtlich dahin. Und nun gar die Konskription! Das sei zuviel.

Man hatte Enderle gewarnt und ihm geraten, sich auf die Wanderschaft zu machen. Es sei für ihn sowieso Zeit, sich in der Welt umzusehen nach Handwerksgebrauch. Selbst Nickel drängte ihn, denn allein wollte auch dieser nicht wandern, obgleich es ihm bei Bockelhardt unbehaglich genug war, seitdem sich Berblinger nicht mehr ganz unterkriegen ließ. Aber Enderle verschob den Abschiedstag immer wieder, und der Meister ließ sich's gefallen; denn er wußte, daß er einen fleißigeren Gesellen nicht wieder bekommen würde. Das: ›Muß i denn, muß i denn zum Städtele naus‹, das er seit Wochen in sich hineinsang, hatte es ihm angetan. Berblinger beobachtete ihn mit einer gewissen Unruhe. Hatte sein Zögern mit der zweiten Zeile des herzigen Handwerksburschenlieds: ›Und du, mei Schatz, bleibst hier‹ etwas zu tun? Sie wollten's im Haus noch nicht gelten lassen; aber Gretle wurde trotz allem Elend mit jedem Tag ein hübscheres Mädchen und wuchs mächtig heran.

Da erschien der gefürchtete Regierungserlaß. Alle jungen Leute zwischen neunzehn und zweiundzwanzig Jahren, die nicht Söhne der alten Geschlechter, der staatlichen und städtischen Beamten und der Großkaufmannschaft oder endlich verheiratet waren, sollten am 10. April dieses Jahres 1804 zum Zweck des Losziehens und der Musterung, bei schwerer Strafe im Unterlassungsfall, auf dem Schwörhaus erscheinen. Wie es in der guten alten Zeit üblich war, wurde der Anschlag, obgleich dreimal ›ausgeschellt‹, von der Hälfte der Betreffenden absichtlich oder aus Versehen nicht beachtet. Auch Enderle gehörte zu dieser Hälfte und war nicht wenig erstaunt, als er schon acht Tage später von zwei Stadtsoldaten vom Arbeitstisch heruntergeholt und in Hausschuhen und Hemdsärmeln aufs Rathaus abgeführt wurde. Das ganze Gäßchen war in Aufruhr, und es fehlte nicht viel, daß die Meisterin sich in einen Kampf mit den Vertretern des Stadtregiments eingelassen hätte, dessen Ausgang mindestens zweifelhaft gewesen wäre. Denn die ganze Frauenwelt des Taubengäßchens war bereit, sich um Enderle zu scharen. Doch schien es schließlich auch ihr klüger, der obrigkeitlichen Gewalt, von der sie mit Wasser und Brot bedroht wurde, zu weichen, und der arme Bursche verschwand – verschwand spurlos auf volle vierzehn Tage. Er sitze mit sechs andern im Gänseturm, erzählte Nickel, der jetzt entschlossen war, die Wanderschaft ohne Verzug auch allein anzutreten. Dann erschien der Verlorengeglaubte wieder mit lustig flatternden Bändern an einer entlehnten Soldatenmütze und dem jammervollsten Gesicht, das er je gezeigt hatte, um Abschied zu nehmen. Er sei ohne weitere Prüfung für tüchtig erklärt worden und habe jetzt zehn Jahre lang dem Vaterland zu dienen. Der Herr Hauptmann von Rintelen habe ihm empfohlen, dies sofort für eine hohe Ehre anzusehen. Sie sollten – eine ganze Truppe renitenter Ulmer – morgen unter Bedeckung nach Ingolstadt marschieren, wo sie einexerziert würden.

Der Abschied war ergreifend. Man – und vor allem Enderle – war überzeugt, daß man sich in diesem Leben nie mehr sehen werde. Es gebe wieder Krieg, das habe ihm der Herr Hauptmann von Rintelen auf den Kopf zugesagt; und das sei ein großes Glück für einen jungen Soldaten. Selbst die Meisterin weinte, was seit Jahren nicht mehr vorgekommen war, und erklärte ihn für den besten Jungen, den sie je gehabt habe. Nie habe sie ihre Zustimmung gegeben, daß die Stadt bayrisch würde. Jetzt sehe man's! Von Gretle verabschiedete er sich in der Flur hinter der Haustür. Man hörte ihn in der Werkstatt schluchzen. Berb-

linger war zartfühlend genug, sich während dieser peinlichen Minuten in seine Dachkammer zurückzuziehen.
Auch er sah Enderle mit schwerem Herzen gehen; aber
Krieg oder Frieden – am liebsten wäre er selbst in Enderles Haut gesteckt.

Noch an demselben Tag schaute sich Bockelhardt nach
einem neuen Gesellen um und fand den Zunftmeister
Knöppel, mit dem er, seit sein Geschäft sich hob, auf besserem Fuße stand, in der Herberge. Nachdem das unerschöpfliche Thema der Konskription besprochen war,
kamen sie auf das Geschäft. Knöppel wollte ihm morgen
einen Mann zuschicken, der gestern aus dem Österreichischen zugewandert war, kam dann aber auf Berblinger zu
sprechen. Den sollte er nicht zu lange zappeln lassen. Der
Bub habe Grütz' im Kopf. Daran könne man nicht zweifeln. Er, Knöppel, habe seine Maße jetzt auch nach dem
Abc aufgehängt und die Sache probat gefunden. Er sei
nicht für Neuerungen im Handwerk; das könne ihm niemand nachsagen. Aber was recht sei, sei recht, und Bockelhardt sollte den Buben, der ohnehin mehr als das Alter
habe, zum Lohnjungen machen. Da sei überdies sein
Onkel, der Schwarzmann, der beim Herrn Regierungspräsidenten ein und aus gehe. Darauf dürfte die Zunft mit
Nutzen Rücksicht nehmen; die Herren aus Bayern seien
nur allzu geneigt, ihre Sachen in München machen zu lassen. Dagegen könnte der Schwarzmann gelegentlich ein
Wort einlegen. – Bockelhardt brachte verschiedene Ein-
wände vor: der Bub sei zwar nicht gerade faul wie alle
andern, noch fehle es ihm an Intelligenz, obgleich es mit
dem Bügeln schlecht genug stehe; auch im Aufzeichnen
und Zuschneiden sei er nicht ungeschickt, aber oft genug
sitze der Junge da, wie wenn er an alles andre dächte als
an die Arbeit unter seinen Fingern. Man könne nicht in
Abrede stellen, daß er Grütz' im Kopf habe. Es könnte
sogar zuviel sein, und das habe seine Schattenseiten,
insonderheit bei Lohnjungen und jüngeren Gesellen. Je

länger die unter dem Daumen gehalten würden, desto besser für sie und das Handwerk.

Knöppel nickte zustimmend; doch war das Ergebnis der Besprechung, daß Berblinger acht Tage später bei offener Lade zum Lohnjungen angemeldet und ins Zunftregister eingetragen wurde. Gleichzeitig trat der Österreicher, ein älterer Geselle namens Kalbfell, und als Lehrling Knöppels August bei Bockelhardt ein. Der Vater konnte ihn nicht selbst in die Lehre nehmen, weil er schon mit zwei Lehrlingen arbeitete und drei gegen die Ulmer Handwerksordnung war. Bockelhardts Arbeitstisch war wieder vollbesetzt.

Nickel feierte seinen Abschied zwei Wochen später in der Gesellenherberge im ›Goldenen Hecht‹ und verschwand zwei Tage später in Gesellschaft von zwei Bäckergesellen, ohne daß ihm eine Träne nachgeweint wurde. Er hatte sich im Lauf der Zeit nicht verfeinert, so eifrig er dem Elsässer nachgelaufen war, der ihn von Zeit zu Zeit zu Gesellenzusammenkünften mitnahm, die mit der Lade nichts zu tun hatten. Er war und blieb ein roher Bursche, der nur etwas bescheidener auftrat, wenn ihm ein noch roherer auf die Füße trat. Er hätte Metzger oder Grobschmied werden sollen, sagten die Schneider, oder wäre am besten Schiffersknecht in Günzburg geblieben, wohin er gehöre.

Das Schlimmste schien für Berblinger vorüber zu sein, und zum erstenmal wieder seit langer Zeit hatte er eine große Freude in Aussicht. Sie war in der Tat mehr als selten; denn nur einmal im günstigsten Falle empfängt der Mensch den erstmaligen Lohn für seiner Hände Arbeit. Mit einer gewissen Feierlichkeit überreichte ihm der Meister am Samstagabend vierundzwanzig Kreuzer in sechs neuen Batzenstücken, das Ergebnis von vier Kreuzer Tagelohn, die er nach Handwerksgebrauch beanspruchen konnte. Es war keine überwältigende Summe, aber es war selbstverdientes Geld, und es wurde ihm ganz warm zumut, wenn er bedachte, daß er in der verflossenen Woche zum mindesten für vierundzwanzig Kreuzer Werte geschaffen und sie der Welt überreicht habe. Man wußte damals noch nichts von Nationalökonomie und ihren Freuden. Berblinger aber hatte ›Grütz' im Kopf‹ und ein Gefühl für solche Dinge. Es war noch immer nur ein Schneidersjunge, aber, es war klar, er hatte nicht zwei Jahre lang umsonst gelitten und gelernt, gehungert und gefroren. Er war kein nutzloser Mensch mehr wie so viele andre, die dumm genug waren, auf Schneider herabzusehen. Die vierundzwanzig Kreuzer in seiner Hand bewiesen es und erfüllten ihn mit berechtigtem Stolz.

Daß sie kommen würden, wußte er schon seit einer Woche und hatte seine Pläne danach eingerichtet ... Gotthilf war seit zwei Tagen müde und verhungert unter einem schweren Pack von Regenschirmen von einem seiner Feldzüge zurückgekehrt. Mit ihm und Gretle wollte er am Sonntag nachmittag einen Ausflug machen nach Thalfingen, nach Wiblingen, ins Ruhetal – wer weiß wohin! –, aber es sollte ein Fest geben, wie das geknickte Kleeblatt noch nie eins gefeiert hatte. Der Meister und die Gesellen brauchten davon nichts zu wissen, noch weniger die Meisterin. War nicht Berblinger jetzt ein Mann mit vierundzwanzig Kreuzer selbstverdienten Lohns in der Tasche und konnte die Summe mit seinen Freunden verprassen, wenn und wie er wollte? Nick, der noch immer um den Weg war, hatte zwar versucht, ihm unter dem Vorwand, daß es Handwerksgebrauch sei, die Hälfte abzunehmen, aber er hatte diesmal das Seine mit der Wut eines Tigers verteidigt, dessen Junge in Gefahr sind. War nicht jeder Batzen sozusagen ein Stück von ihm, stellte er nicht etliche Tropfen seines Schweißes und Bluts, etliche Stunden seines Lebens vor? Selbst François hatte ihm diesmal beigestanden. Der Elsässer war überhaupt zutunlicher geworden und behandelte ihn sogar mit einem gewissen Respekt, wenn sie auf Geschichte und Geographie, auf

Politik und Philosophie zu sprechen kamen. François wußte einiges und merkte, daß der Junge mehr wußte.

Leider verlief schon der Anfang der geplanten Festlichkeit nicht ganz programmgemäß. Gotthilf erwartete Berblinger im Hühnerstall; dieser erwartete Gretle auf der Treppe, denn Gretle war in ihrem kleinen Schlafwinkel hinter der Küche damit beschäftigt, sich für den ersten Ausflug ihres jungen Lebens zu schmücken, was bei den bescheidenen Mitteln, die ihr zur Verfügung standen und die aus einem Stückchen Seife, einem Kamm und einem roten Halstüchlein bestanden, manche Schwierigkeiten bereitete. Alle drei aber erwartete die Meisterin an der Haustüre, und als Gretle fröhlich, aber vorsichtig die Treppe herabgetrippelt kam, empfing sie die Tante mit ihrem schwersten Geschütz, weniger bildlich gesprochen: mit erhobenem Besen. Ob sie glaube, mit den jungen Burschen ohne Erlaubnis in der Stadt herumvagieren zu können? Ob sie keine Scham im Leibe habe? Ob sie nicht wisse, daß die Zwillinge heute nachmittag in Herrn Molfenters Garten gebracht und das neue Loch in dem alten Sofa geflickt werden müsse? Ob sie sich einbilde, aufgedonnert wie ein Pfau herumschwenzen zu dürfen? In unsrer Zeit sei eben keine Zucht und keine Ordnung mehr in der Jugend und alles aus Rand und Band. Sie werde ihr aber zeigen – sie werde –

Wie gewöhnlich wuchs der Zorn der Meisterin im Sturm ihrer Beredsamkeit, so daß für Gretle, die sich schuldbewußt an das Treppengeländer klammerte, das Äußerste, leider aber noch immer nicht Ungewöhnliche, zu befürchten gewesen wäre, wenn nicht die Zwillinge, stramme Bürschchen im mannhaften Alter von zusammen vierzehn Jahren, sich einmütig um sich geschart und unter Geheul Anstalt gemacht hätten, gegen ihre Mutter angriffsweise vorzugehen. Gedeckt von dieser Hilfstruppe stieg Gretle die Treppe wieder hinauf, um zunächst ihr rotes Tüchlein abzulegen, das den Grimm ihrer Tante besonders und immer aufs neue entflammte. Gotthilf und Berblinger mußten ohne Damenbegleitung den großen Vergnügungsausflug antreten.

»Wohin gehen wir?« fragten sie sich, als sie ziellos und durch den Zwischenfall etwas verstimmt in die Frauenstraße gelangt waren. Berblinger hätte es gern vermieden, an dem Baldingerschen Haus vorüberzugehen.

»Wir haben Zeit«, sagte Gotthilf müde, »und da Gretle nicht bei uns ist, wäre es nicht zu weit: am liebsten ginge ich an der Donau hinunter gegen Elchingen. Am Ufer entlang ist alles so frisch und grün.«

Berblinger wollte nichts davon wissen. Seit Monaten benutzte Gotthilf jede Gelegenheit, in dem ausgedehnten, waldartigen Weidengebüsch dort unten umherzustreifen, und kam jedesmal trauriger zurück, als er gegangen war. Er suchte nach dem Grab seiner Mutter.

»Es wird Herbst; die Bäume werden schon gelb«, sagte sein Freund, ohne merken zu lassen, daß er Gotthilfs Absicht erraten hatte; »wir brauchen Sonnenschein und frische Luft. Gehen wir über den Michelsberg ins Ruhetal. Daran denk' ich schon seit Wochen.«

Gotthilf folgte willenlos. Sie gingen durch das Frauentor am neuen Kirchhof entlang und dann durch Gärten und Feldwege den Bergabhang empor gegen den breiten, spärlich bewaldeten Gipfel, auf dem noch die Spuren eines dem Erzengel Michael geweihten Kirchleins zu finden waren. Dort warfen sie sich ins hohe Gras und sahen in die Ferne hinaus, wo über das Münster hinweg, wie hingehaucht in silberglänzendes Blau, die Umrisse der Alpen zu erkennen waren. Ein freies großes Bild lag vor ihnen: unten die rotbraune Stadt mit ihren Türmen und Mauern, ihren Gräben und Basteien, deren Zerstörung noch nicht weit genug gediehen war, um das stattliche Bild mittelalterlicher Wehrhaftigkeit zu verwischen; weiter hinaus die weite lichte Donauebene und das waldige Hügelland von Oberschwaben mit seinen Städtchen und Dörfern und darüber die Berge, nach denen sich jedes süddeutsche Herz in seinem unverstandenen Drang zu allen Zeiten gesehnt hat.

Sie sahen lange schweigend hinaus. Berblinger mit der Sehnsucht, mit der die meisten Jungen in die blaue Ferne blicken, Gotthilf mit starren, müden Augen, denen man ansah, daß er mehr in sich hinein als in die sonnige Weite blickte.

»Schade, daß Gretle nicht hier ist«, sagte endlich Berblinger. »Sie sieht nicht viel Sonnenschein im Taubengäßle.«

»Ich sah genug davon den heißen Sommer lang«, antwortete Gotthilf. »Er macht nicht glücklich!«

»Es geht dir noch immer nicht besser?« fragte Berblinger.

»Wo sollt' es herkommen?« entgegnete der andre. »Der Winter wird schnell genug da sein. Sieh meine Stiefel an!«

»Er ist ein miserabler Lump, der Stallmeyer! Wenn er dich zwingt, die ganze Welt nach Regenschirmen abzusuchen, sollte er wenigstens das Schuhzeug liefern«, sagte der Schneiderjunge entrüstet.

»Er hat selbst nichts, denn es geht ihm alles durch die Gurgel, und er kann nicht mehr anders.«

»Er kann dir noch die Zähne ausschlagen.«

»Ja!« sagte Gotthilf einfach und zeigte mit einem eigentümlichen Lächeln eine große Lücke in der sonst tadellosen Reihe seiner Zähne.

Sie schwiegen wieder wohl eine Viertelstunde lang. Die Stille und die Sonne und die frische reine Bergluft, die mit den langen Grashalmen spielte, tat beiden wohl. Dann, nach Schwabenart, als ob keine Pause dazwischen läge, fing Gotthilf wieder an:

»Aber das ist's nicht, weshalb mich die Sonne nicht mehr freut. Es ist, als ob ich jeden Abend von ihr Abschied nehmen müßte auf Nimmerwiedersehen.«

»Bist du so müd?« fragte Berblinger teilnehmend.

»Todmüd«, versetzte der andre; »und morgen geht's wieder weiter, Urach zu. Er hat keine Ruhe mehr, der Alte. Aber das ist's auch nicht. Endlich werd' ich wohl ans Ziel kommen, und ich weiß, da ist Ruh und Friede für alle Ewigkeit. Vielleicht reichen die Stiefel noch so weit. Aber was soll dann aus Gretle werden?«

»Sei ruhig, Gotthilf«, sagte Berblinger leis; er sprach ins Gras hinein. »So war mir's zumute zwei Jahre lang. Schlimmer. Ich sah kein Ziel, kein Licht, keine Hoffnung und hatte auch keine Kraft mehr. Da kam das kleine Gretle und erzählte den Kindern Geschichten. Ja; auch mir. Und zeigte uns Licht und Ziel und Hoffnung. Sie sagte nicht viel; sagte nicht, wie es gemacht wird; aber sie zeigte es täglich. Da kamen sie wieder, die drei, und mit ihnen die Kraft. Gott sei Dank.«

»Du bist gesund.«

»Gott sei Lob und Dank, sie kommt wieder. Ich spür' es in den Zehen, in den Fingerspitzen, wenn mir's auch noch oft genug weh und wund ums Herz ist. Siehst du dort oben die Staren? Ein ganzer Zug, viele Hunderte! Sie ziehen auf ihre große Wanderschaft, froh und frei durch die Luft, und wohnen in warmen, sonnigen Ländern, wenn hier alles erfriert. Dort würdest auch du wieder gesund werden. Daran hab' ich gedacht, als ich noch ein Kind war. Daran denke ich, seit ich wieder Atem holen kann. Eine Hoffnung muß der Mensch haben.«

»Du bist gesund.«

»Du wirst es auch wieder werden.«

»Das glaube ich selbst; aber nicht auf dieser Welt. Deine Staren gefallen mir. Viel tausend Menschenseelen fliegen jedes Jahr auch hinüber, wo es wärmer ist und sonniger in alle Ewigkeit. Hinter denen her werd' ich wohl auch das Fliegen lernen, und ich weiß einen, der mich's lehrt. Aber Gretle!«

»Du brauchst keine Angst zu haben, Gotthilf«, sagte Berblinger zuversichtlich. »Wer die Staren gelehrt hat und dich lehrt, lehrt auch andre. Sie soll nicht zurückbleiben, wenn ich fliege. Sie hat mir zwei Jahre lang gezeigt, wie's gemacht wird. Geduld. Aushalten. Sie kann es besser als wir Männer, und – und ich hab' sie furchtbar lieb. Das könntest du wissen.«

Er sprang auf.

»Warte nur, warte nur! Zeit mußt du mir lassen. Ohne die ist nichts zu machen. Alles Gute braucht Zeit. Sieh die Blumen an und die Bäume und Himmel und Erde. Aber ich weiß, sie hält so lange aus. Sie hält ja alles aus. Du kannst ruhig sein, als ob wir schon am Ziel wären.«

Gotthilf reichte ihm die Hand, ohne ein Wort zu sprechen. Dann stand er nicht ohne sichtliche Mühe auf.

»Es war hier gut liegen«, sagte er, »warm und weich; und die blauen Berge tun einem wohl. Aber nichts dauert lang hier unten – ich meine, hier oben.« Dabei lachte er freundlich in sich hinein, weil sich ihm Unten und Oben zu verwirren drohten, und die beiden Jungen, die noch keine Worte finden konnten, um sich zu sagen, was in ihnen vorging, machten sich wieder auf den Weg.

»Immer zu!« rief Berblinger munter, als ob er ein Gewicht abschüttelte. »Es kommt jetzt doch zu meinem alten Plan. Wir gehen geradewegs ins Paradies.«

Er dachte nicht an das Jenseits, das Gotthilfs Augen aufleuchten machte. Im Ruhetal, an der Westseite des Michelsbergs, lag im Grün von Wiesen und Obstbäumen ein kleines ländliches Wirtshaus; ein vielbesuchtes Ausflugsziel der Ulmer, dem man diesen Namen gegeben hatte. Die alten, einfachen Anlagen hatten die Franzosen vor zehn Jahren zerstört. Als ob sich ein neuer Besitzer hierfür bedanken wollte, hatte er sie in französischem Geschmack wieder angelegt, Taxushecken à la Versailles herangezogen, lauschige Lauben und Hüttchen eingerichtet und ein halbes Dutzend anständige Tische und Tischchen unter den zwei Lindenbäumen vor dem Wirtshaus aufgestellt. Auch unterließ er nicht, für gute Bewirtung zu sorgen, was die Ulmer besonders dankbar anerkennen. Das Ruhetal mit seinem Paradies stand wieder in voller Blüte.

Etwas schüchtern schlüpften die Jungen durch ein Hinterpförtchen in den Garten, aus dem ihnen schon in der Ferne Lachen und frohes Geplauder entgegentönte. Es war Lehrlingen streng verboten, Wirtschaften in Ulm zu besuchen, und sie waren nicht sicher, ob das Ruhetal von der Zunft zu Ulm gerechnet wurde. Aber Berblinger war entschlossen, nicht nur selbst sein Fest zu feiern, sondern auch seinem Freund eines zu geben, und dazu war das Paradies, wenn sie Glück hatten, wie geschaffen.

Und sie schienen Glück zu haben. Im hintersten Teil des Gartens neben dem Türchen, durch das sie ihn betraten, lag eine kleine Laube mit einem brüchigen Tischchen und einer halb abgefaulten Bank, die keinen Ulmer Bürgersmann mehr getragen hätte, beides so versteckt, daß man vor allen neugierigen Blicken sicher war. Dagegen konnte man durch die Lücken des Laubwerks einen Teil des Wirtsgartens übersehen, in dem sich eine bunte Gesellschaft hin und her bewegte. Dort ließen sich die Jungen nieder, und nach kurzer Zeit standen auch zwei Krüge Bier, ein halber Laib prächtigen Schwarzbrots und ein gutes Stück Käse auf dem Tischchen. Es wäre jedem, der sie hätte beobachten können, eine Lust gewesen, zu sehen, wie sie einhieben, nicht zum wenigsten der halbverhungerte Gotthilf. Das irdische Paradies hatte auch für ihn nicht alle Reize verloren. »Wenn nur Gretle hier wäre!« seufzte Berblinger fast sehnsüchtig, während er seinem Freund große Stücke Brot und Käse unterschob, die dieser verzehrte, ohne es zu bemerken. Dafür war Berblinger rascher mit seinem Bier zu Ende.

Der erste Ansturm war vorüber. Sie waren am zweiten Krug und aßen und tranken jetzt ruhiger. Das muntere

Treiben im Garten draußen begann Berblinger zu fesseln. Da blieb ihm plötzlich ein Stückchen Brot im Halse stecken, so daß er bei dem Versuch, ein heftiges Husten zu unterdrücken, ganz blau wurde. Das helle Lachen einer Mädchenstimme hatte an sein Ohr geschlagen. Mit fast zitternder Hand schob er einen Geißblattzweig auf die Seite und konnte jetzt den ganzen Platz unter den beiden Linden vor dem Wirtshaus übersehen. Es war ein buntes, liebliches Bild, dessen Mittelpunkt ein zierlich gekleidetes junges Mädchen bildete. Ihre schwarzen Löckchen wirbelten durcheinander und glänzten in der Sonne, als ob sie eine funkelnde lebendige Krone aufhätte. Was sich sonst um den Engel in dem duftigen Rosakleide gruppierte, konnte er im ersten Schrecken nicht unterscheiden, aber es waren lauter bekannte Gestalten. Auf der linken Seite Lucindens saß Hans Schwarzmann, sein stattlicher Vetter, in blauem Frack und gelben Nankinghosen, nach neuester Mode glänzend ausstaffiert. Berblinger kannte den Frack, denn er hatte seine sämtlichen Knopflöcher selbst eingefaßt. Auf ihrer andern Seite saß der Staatsrat Baldinger in seinem neuen altmodischen Staatskleid. Auch das kannte der Junge nur zu gut. Am gleichen Tisch, ihm den Rücken zukehrend, saßen seine beiden Bäschen; zwischen ihnen Onkel Schwarzmann. Doch war dies nicht alles. Den benachbarten Tisch hatten fünf Studenten besetzt, zwei in bunten Mützen, drei in bescheidenes Schwarz gekleidet, aber sichtlich nicht weniger überzeugt von der Wahrheit des alten Lieds: ›Der Bursch ist König in der Welt.‹ Die drei Schwarzen erkannte er auf den ersten Blick, so sehr sie sich verändert hatten; es waren Seeger, Fischer und Busch, seine alten Klosterschulfreunde aus Blaubeuren, jetzt ohne Zweifel Stiftler, die andern schienen ihre Freunde und Ulmer zu sein, die ihnen als Führer dienten; alle fünf sichtlich Tübinger im ersten glorreichen Semester.

Berblinger ließ den Zweig mit den schützenden Blättern aufschnellen, um sich zu sammeln. Er hatte die zwei Krügchen des ungwohnten Biers wohl etwas rasch geleert, aber das war es nicht, weshalb er halbbetäubt den Herzschlag bis in die Schläfen spürte. Nun brach er vorsichtig erst ein, dann ein zweites Geißblatt ab, so daß er die beiden Tische bequem übersehen konnte.

Gut, daß Gotthilfs ganze Aufmerksamkeit noch immer auf Brot und Käse gerichtet war, so daß er das Zittern seines Freundes nicht bemerkte. Wie schön sie war! Diese Löckchen, diese Grübchen in den Wangen! Dieser stolze weiße Nacken und diese blitzenden Augen! Eine Vereinigung von unnahbarer Hoheit und hinreißender, fast weh tuender Lieblichkeit. Armer Junge! Er horchte mit aller Macht, um keinen Laut zu verlieren, der aus ihrer Richtung kam, und doch empfand er jedes Wort, das sie sprach oder das zu ihr gesprochen wurde, wie einen Stich ins Herz.

Zwischen den zwei Tischen wurde hin und her geplaudert und gelacht. Der Staatsrat Baldinger schien in ganz besonders guter Laune zu sein.

»Wenn ich Studenten sehe, werde ich vierzig Jahre jünger«, sagte er fröhlich und hob seinen Krug. »Prosit, ihr Herren! Das war eine Zeit, Anno dazumal!«

Die fünf erhoben sich achtungsvoll wie auf Kommando und leerten ihre Krüge. Die drei Stiftler waren nicht die letzten, die sie mit einem lauten Schlag auf den Tisch setzten. »Na ja, es geht, wie ich sehe!« meinte der Staatsrat. »Singt ihr auch noch im alten Tübingen, wie ihr trinkt? Eins hat keine Art ohne das andre.«

Busch stieß einen tiefen grunzenden Ton aus. Er hatte sich in kurzer Zeit einen furchtbaren Baß angetrunken und war stolz darauf.

»Sehr gut!« lachte Baldinger. »Aber gebt Obacht, ihr jungen Herren, wir haben auch unsre Sänger im alten Ulm. Sind wir doch die letzte Stadt im Reich, in der noch Meistersinger florieren. Seht euch um: dort drüben sitzen ihrer drei. Gott segne die Zunft!«

Er winkte nach einem Nachbartisch, an dem drei wohlbejahrte Webermeister saßen, die sich sofort wohlgefällig räusperten und geneigt schienen, eine ihrer selbstgewobenen Weberweisen anzustimmen.

»Was sagst du dazu, Hans«, fuhr der Staatsrat fort. »Auch die Schiffer, die unruhigen Wandervögel, können's, und du seist, wie ich höre, eine ihrer Nachtigallen.«

Hans hatte inzwischen angelegentlich mit Lucinde gesprochen. Er war nicht mehr der eckige Junge in seinen Flegeljahren und machte dem schönen Mädchen eifrig den Hof. Auf die Studenten sah er mit etwas unsicherem Blick, der wunderlich mit einem hochmütigen Sichaufraffen wechselte, wenn ihn einer anredete.

»Die Herren sollten uns ein Studentenlied singen!« sagte er.

»Dann singst du uns eins deiner Schifferlieder«, versetzte der Staatsrat, »und wer das beste Lied singt, bekommt einen Preis. Die Herren Meistersinger drüben sollen richten.«

Alles lachte und suchte den Sängerkrieg zu entfachen, aber keiner wollte den Anfang machen.

»Schlechte Kerl', die Jungen von heute!« rief Baldinger. »Sie wollen nicht dran, ehe sie wissen, was der Preis sein soll. Kein Idealismus mehr!«

»Und was soll er sein?« fragte Busch, der am gierigsten schien, seinen Baß leuchten zu lassen, wie ihm Seeger vorwarf.

»Ich wüßte etwas!« sagte Fischer, mit fröhlichen, nicht unbescheidenen Blicken Lucinden zulächelnd.

Hans' Gesicht verfinsterte sich.

»Vorsicht!« rief einer der Ulmer Studenten. »Mit unsern Schiffern ist nicht zu spaßen!«

Aber Fischer fuhr unbekümmert fort, indem er sich an den dritten Tisch wandte.

»Mit Gunst, ihr Herren der edlen Zunft der Meistersinger! Mög's euch allen – wohl gefallen – was an diesem frohen Tage – ich zu propagieren wage! Ein Lied, sei's kürzer oder länger – das beste Lied, der beste Sänger – erhält als Angebinde – das Recht, in vollem Zuge – zu trinken aus dem Kruge – der himmlischen Lucinde.«

Alles lachte. Fräulein von Baldinger errötete angemessen und warf Fischer einen zärtlichen Blick zu. Das war ja ein Dichter, und für junge Dichter schwärmte sie fast mehr als für alte Sänger, die ihr Papa so hochhielt. Berblingers Herz klopfte zum Zerspringen. ›Selbst sein alter, bester Freund –!‹ Er kam nicht weiter in seinen qualvollen Gedanken, die sich mehr und mehr verwirrten.

»Meinethalben!« sagte der Staatsrat. »Aber Ihr seid keck, Herr Studiosus!«

»Das ist das Recht der Jugend«, versetzte Fischer. »War's anders vor vierzig Jahren, Herr Staatsrat?« – Er wollte noch einige altkluge, einem Theologen geziemende Bemerkungen hinzufügen, um den würdigen Herrn zu versöhnen; aber Busch war bereits auf den Beinen und räusperte sich heftig.

»Das Neueste von der Alma mater zu Tübingen!« rief er und begann:

»Krambambuli, das ist der Titel!«

Er sang nicht schlecht, und man fühlte, daß sein Herz bei der Sache war. Das hilft über manche Unebenheiten weg, so daß auch die drei Webermeister und Meistersinger wohlgefällig nickten, als er zu Ende war und sich zunächst mit einem kräftigen Schluck aus dem eignen Krug belohnte. Der Sang hatte jedenfalls die gute Folge gehabt, in Hans die unbeholfene Schüchternheit zu verscheuchen, die ihm zu frühzeitig den Schein eines hochmütigen Geldprotzen gab. Er war kürzlich vorteilhaft verändert von seiner ersten Reise als Schiffer aus Wien zurückgekehrt und mochte entlang der Donau im sangesfrohen Oberösterreich manches hübsche Lied gehört haben. Auf sein Singen hatte er sich von jeher etwas zugute getan. Der Rat und auch sein Vater winkten ihm ermutigend zu. Purpurn im Gesicht stand er auf und sang:

Die Donau hinunter, die Donau hinauf,
Wie schimmern die plätschernden Wellen im Lauf.
Hinauf und hinunter die Schiffer ziehn:
Vom Schätzle in Ulm zum Schatzerl in Wien.

Am Strudel bei Grein sitzt ein graugrünes Weib,
Es schimmert im Wasser ihr schuppiger Leib.
Sie nickt und sie wirbelt und zieht ihn hinein,
Das graugrüne Weiberl im Strudel bei Grein.

Die Donau hinauf und die Donau hinab
Liegt Schiffer an Schiffer im naßkalten Grab.
Das Weiberl zu Grein treibt heut noch ihr Spiel,
Vergeßt nicht, ihr Schiffer, drei sind euch zuviel.

Sämtliche Gäste im Paradies drängten sich während des Singens um die zwei Tische. Hans sang nach dem ersten Vers frisch drauflos, als ob er, das Steuer in der Hand, auf seiner Zille stände. Die Ulmer verstanden dies und klatschten und jubelten ihm zu. Die drei Meistersinger nickten lebhafter mit den Köpfen und machten überaus pfiffige Gesichter.

»Nicht übel, nicht übel«, sagte der älteste. »Es geht nach der ›gelben Rosmarinweise‹, wenn auch nicht genau nach zünftiger Regel. Es fehlt der Nachschlag im dritten und vierten Stab. Ganz bringen's die Schiffer nicht fertig. Das können nur die Weber. Es gehört zum ehrsamen Handwerk, das unser Herrgott erschaffen hat und erhalten wird, solange wir leben. Dichten und Singen ist eine Gottesgabe wie das Weben.«

»Mir gefiel's wohl, obschon es ein leichtfertig Lied ist«, sagte der jüngste – er mochte sechzig Jahre zählen –

schmunzelnd. »Die zwei Allerliebsten – das hat Fleisch und Blut und ist aus dem Leben.«

»Du bist halt auch einer von den Neurern«, grollte der dritte. »Die Kunst hat nichts mit dem Fleisch zu schaffen noch mit der Wirtschaft auf den Zillen. Was wird dabei herauskommen, als daß die edle Zunft flöten geht, wie sie im Norden sagen. Sie pfeift jetzt schon aus dem letzten Loch.«

»Still! paßt auf!« ermahnte der älteste. »Jetzt kommt ein geistlich Lied.«

Der zweite Stiftler hatte sich erhoben und sah sehr ernst in den blauen Himmel hinauf.

»Verzapf eins vom eignen Gewächs!« rief ihm Seeger zu.

Fischer hatte einen hübschen, nicht allzu kräftigen Tenor, aber er konnte singen und kümmerte sich nichts darum, ob er in der Waldeseinsamkeit dahinschlenderte oder in einem Konzertsaal voller Leute stand. Er warf sein langes Haar in den Nacken und begann:

Im Kloster saß an seinem Pult
Ein fleißiger Scholar.
Zur Neige ging ihm die Geduld,
Seitdem es Frühling war.
Gar emsig suchte der Student
Ob dieses Falls sich Rats
In halbvergilbtem Pergament
Bei seinem Freund Horaz.

Ich ahne deine Weisheit wohl,
Flaccus Horatius,
Doch heute scheint mir alles Kohl,
Was man ergraben muß.
Was nützt Grammatik und Syntax,
Ach, fast verfluch' ich sie.
Zerschmolzen ist wie eitel Wachs
Der Geist Horatii.

Zum Fenster sah der Lenz herein
Gar fröhlichen Gesichts:
Du Armer, laß die Bücher sein,
Sonst lernst du ewig nichts.
Da warf er seinen Gänsekiel,
Sein Büchlein an die Wand,
Und zog hinaus zu Sang und Spiel
Entlang dem Bachesrand.

Ein schwarzbraun Mägdlein fand der Wicht
Am silberklaren Fluß,
Die gab ihm drei Vergißmeinnicht,
Dazu noch einen Kuß.
Er wehrte sich, entzückt, entsetzt:
Es half ihn nichts; sie tat's.
Nun jubelt er: O Himmel, jetzt
Versteh' ich dich, Horaz.

»Sehr nett, sehr fein!« sagte der Staatsrat höflich und klopfte mit seinem Krug beifällig auf den Tisch, worauf die übrige Gesellschaft, wenn auch weniger laut als zuvor, in den Beifall einstimmte. Das Lied war ihnen zu ›studiert‹. Auch kannten sie Fischer kaum und wußten deshalb nicht, ob sie es für gut oder schlecht halten sollten. Bei Hans war dies anders.

»Wer ist der nächste?« fragte Baldinger aufmunternd; aber niemand regte sich mehr.

»Da wären wir ja schon zu Ende! Gut; allzuviel ist ungesund«, rief der fröhliche Staatsrat. »Nun also, ihr Herren Preisrichter von der edlen und ehrsamen Zunft der Meistersinger, wem sprecht ihr die Krone oder vielmehr das Krüglein zu?«

Die drei Alten steckten die Köpfe zusammen und tuschelten mit großem Ernst. Da und dort unterbrach ein lautes Lachen, ein derber Witz die Stille, mit der die Umstehenden die Entscheidung erwarteten. Endlich trat der älteste der drei Webermeister vor des Staatsrats Tisch und sprach feierlich: »Mit Gunst, ihr hochmögenden Herren, wir han gewogen und gemessen – wohl nach Vermögen und Gewissen – auch nach Empfinden und Verstand – han wir den Preis euch zuerkannt: Hans Schwarzmann! Und wünschen dazu allerwegen Bescheidenheit und Gottes Segen. Begründung: Der Sang von dem Donauschiffer und den zwei Allerliebsten hat uns vor allen gefallen, weil er absonderlich zierlich gedichtet und gesungen worden, auch zu ziemlicher Warnung dienet, von wegen der drei Weibsleute, die selbst einem Ulmer Schiffer unzuträglich sein mögen. Auch hat uns das neue Lied Krambambuli wohlgefallen, denn solches gehet nach der seltenen ›warmen Regenwetterweise‹ und ist erfreulich für ein durstig Herz. Bliebe uns nur der Wunsch, zur Begründung unseres Urteils das erwähnte Getränke selbst kennenzulernen. Endlich sind wir der Ansicht und des Glaubens, daß das Lied von dem Wald auch nicht übel, allein da es in keinem von der hochedeln Zunft gebilligten Maß gedichtet erscheint, noch nach irgendwelcher bewährten Melodei zu singen wäre, sind wir nicht gewillt und imstande, solcher Neuerung das Wort zu reden.«

Der alte Herr verbeugte sich tief, ohne daß sich eine Muskel in seinen braungelben, hölzernen Zügen verzog. Fischer lachte fröhlich auf, erhob seinen Krug und rief: »Vivat der Sieger!« Alles stimmte ein, lachend, schwatzend, trinkend. Auch Lucinde nippte an ihrem Krügchen, sah über dessen Rand fast zärtlich auf Hans, der sich stolz aufrichtete. Dann reichte sie ihm den kleinen Humpen, den er in langen, durstigen Zügen leerte.

Berblinger wußte nicht mehr, was er tat. Er war während des Tumults aus der Laube getreten und stand fast neben seinem Onkel, sprachlos, zitternd, mit funkelnden Augen abwechslungsweise Lucinde und Hans anstarrend. Keine Frage: in der Erregung, die ihn erfaßt hatte, war er ein hübscher Junge. Selbst sein Anzug, so einfach er war, kleidete die zierlichen, kräftiger gewordenen Glieder nicht übel. Er verstand ja jetzt selbst, ihn zuzurichten, und hatte seines Festes und ein wenig Gretles wegen sich's angelegen sein lassen, dies zu tun. Hans setzte den Krug nieder und erkannte seinen Vetter. Die Augen, die er machte! Im gleichen Augenblick fühlte dieser eine Hand auf seiner Schulter. Es war Fischer, der auf ihn zugesprungen war.

»Bei den heiligen drei Königen«, rief er, »es ist unser alter Brechtle!«

Auch Busch kam herbei und donnerte: »Gambrin und Bacchus! Evoe! Evoe! Es ist der Berblinger, unser Kirchenbrandstifter! Gott grüß dir, Bruder Straubinger! Es lebe die Freiheit!«

Hans sah seinen Vetter mit verlegenen Blicken an. Schwarzmann war rot vor Zorn aufgestanden, seine zwei Töchterchen kicherten in ihre Taschentücher, und der Staatsrat lachte sein lustigstes Lachen. Mit ihrer hellen scharfen Stimme rief Lucinde abermals – Berblinger hatte es nicht vergessen, obgleich ein halbes Jahr darüber hingegangen war –, es klang wie gestern:

»*Mon Dieu*, Papa, Papa! Der Schneiderlehrling!«

»Dein Schneiderjunge!« wiederholte der Staatsrat, sich an Schwarzmann wendend. »Sperr's Maul auf, Bub!«

Da war auch das wieder.

Fischer begriff annähernd, wie alles zusammenhing.

»Komm herüber! Setz dich zu uns!« sagte er, ihn nach dem zweiten Tisch ziehend.

»Bei Cerevis! Das wäre noch schöner!« rief einer der Studenten in bunter Mütze. »Ein Schneider unter Korpsburschen! Ihr Stiftler seid verrückt.«

»Wer ist's!« brummte Busch auf. »Soll das tuschiert sein?«

»Kalt Blut! Ich sagte nicht, daß ihr dumme Jungen seid«, versetzte der andre. »Verrückt kann der anständigste Mensch werden.«

»Es scheint so!« erwiderte Busch prompt, aber höflich. »Prosit, altes Haus!«

Berblinger schlichtete den strittigen Punkt, ohne zu wissen, was er tat, während noch spöttische und zornige Worte über den Tisch flogen. Er riß die Hand aus Fischers Umklammerung und flog seinem Versteck zu. Dort nahm ihn Gotthilf, der alles erschrocken mit angesehen hatte, am Arm und zog den Willenlosen durch dasselbe Hinterpförtchen, durch das sie eingetreten waren, zum Paradies hinaus.

Am nächsten Rain hinter dichtem Buschwerk setzten sie sich, aber nur für einige Minuten. Aus dem Garten tönte ein mit wunderbaren Schnörkeln und Verzierungen, Trillern und Kadenzen geschmücktes Lied, das drei alte, fast krächzende Stimmen sangen und das Vers um Vers mit jubelndem Beifall aufgenommen wurde. Es ging nach der ›verschränkten Bindfadenweise‹ und lautete:

Der Schneider, der Schneider,
Der wollt' viel Ehre han.
Er ritt in einem blauen Rock
Auf einem gelben Ziegenbock
Den Michelsberg hinan.

Der Schneider, der Schneider
Kam glücklich oben an.
Der Bock macht' einen Freudensprung;
Der feine Schneider hat genung,
Er konnt' nicht widerstahn.

Der Schneider, der Schneider,
Der stolz im Sattel saß:
Den nahm der böse Bock nicht mit,
er lag nach seinem Sonntagsritt
Gar kläglich auf der Nas'.

Fischer war den Flüchtlingen nachgeeilt und suchte sie eine Zeitlang vergeblich in dem wirren weglosen Dickicht. Er war zweimal nur fünf Schritte entfernt an ihnen vorübergegangen, aber Berblinger, der neben Gotthilf flach auf dem Boden lag und sein Gesicht im Moos begrub, regte sich nicht, obgleich er ihn sah und von einer brennenden Sehnsucht nach dem verlorenen Jugendfreund geschüttelt wurde. Gotthilf saß neben ihm und suchte mehrmals seine Hand zu fassen, die er ihm wie zornig wieder entriß. Berblinger gab keinen Laut von sich, aber man konnte an seinen Bewegungen sehen, daß er schluchzte.

Nach einer halben Stunde erhob er sich und sagte ruhig: »Es ist vorbei. Ich dank' dir, daß du ausgehalten hast. Wir wollen nach Haus gehen, Gotthilf.« Und langsam schlugen sie den Weg über den Kienlesberg nach der Stadt ein.

Bis zur Felsengruppe, von der aus man die Stadt überblickt, sagte keiner ein Wort. Es war spät geworden, und ein glühendes Abendrot tauchte die ganze Welt in seine Pracht, als sie auf der Höhe anlangten. Das düstere Häusergewimmel um den stumpfen Münsterturm und den schweren, halbfertigen Kirchenbau lag schon in dunstiger Dämmerung. Dort hinunter führte ihr Weg. Es war höchste Zeit, wenn sie die Stadt vor Torschluß erreichen wollten. Sie mußten dem goldenen Licht, in das sie eine Zeitlang bewundernd geblickt hatten, den Rücken kehren.

Aber auch das goldene Licht begann seinen Glanz zu verlieren. Vom Osten her schlich die Nacht über den Himmel. Da und dort begann ein Sternchen zu flimmern, und die Mondsichel, dünn wie ein silberner Faden, stand über dem Abendstern. Ganz ohne Licht ist ja auch die finsterste Nacht nicht.

Jetzt ergriff Berblinger die Hand seines Freundes.

»Es ist vorbei!« sagte er nochmals, aber entschlossener als zuvor. »Das alles liegt hinter mir, und ich will nicht zurückblicken. Du, Gotthilf, arm und krank, sollst mir weiterhelfen, wie du's heute getan hast: du und Gretle. Zu euch gehör' ich.«

»Noch nicht ganz«, sagte Gotthilf mit einem leisen Seufzer. »Morgen muß ich wieder wandern. Vergiß Gretle nicht.«

Dann stiegen sie Hand in Hand den Hügel hinunter, dem Neuen Tor zu.

18

Kein Ende

Wieder einmal war es Sonntag. Bis in den Nachmittag hatte die Sonne geschienen, als ob es nach einem harten Winter mit Macht Frühling werden wollte, und manchen aus der dumpfigen Stube ins Freie gelockt. Dann mit einem Male brauste ein eisiger Märzwind in unregelmäßigen Stößen über die weite Donauebene und jagte mit unheimlicher Schnelle zerfetztes Gewölk den Strom entlang gegen Osten, wo es sich in schweren Massen zusammenballte. Dort schien es sich zu stauen, bis das ganze Himmelsgewölbe bedeckt war. Manchmal zeigte sich noch eine grellichte Stelle, wurde aber bald genug von tiefer hängenden Wolken verschlungen, die, schwärzer als die andern, wie wilde Tiere in der Luft umherjagten. Da und dort ging ein Regenschauer nieder und verwandelte Himmel und Erde in ein nebliges, einförmiges Chaos. Gegen Abend wurde es in den höheren Luftschichten ruhiger. Ein schwermütiges Grau breitete sich wie ein Leichentuch über das ganze Firmament. Nur im Westen zeigte ein langgestreckter, safrangelber Lichtstreifen, wo Himmel und Erde sich berührten.

Auch die Erde bot dort unten, zwei Stunden Wegs von Ulm, kein erfreuliches Bild. Wo die Donau den Fuß der steil abfallenden Hügel bei Thalfingen verläßt, wand sie sich zu jener Zeit in Schlangenlinien durch den moorigen Grund gegen Elchingen hin. Ein Wald von Weidengestrüpp bedeckte ihre Ufer und erstreckte sich zu beiden Seiten tief ins Land hinein, da und dort unterbrochen von kleinen Lichtungen, in denen wunderlich gestaltete Wassertümpel andeuteten, wo vor Jahrzehnten oder auch Jahrhunderten der Fluß seine krummen Wege gefunden hatte. Über üppigem Schilf und wirren Sumpfpflanzen neigten sich knorrige, baumartige Weidenstämme, deren verzerrte

Gestalten wie jammernd die Arme erhoben oder dämonisch fratzenhafte Gesichter schnitten. Auch fand sich da und dort noch eine verkrüppelte Eiche aus uralter Zeit, als ob sie verdrießlich wäre, sich in solcher Gesellschaft zu sehen. Eine pfadlose, unheimliche Gegend, in der sich niemand gerne verirrte, denn der Fuß ist dort nie sicher, festen Grund zu finden, und der Wanderer steht unversehens in einem Labyrinth von alten Wasserläufen, zwischen denen er stundenlang nach einem gangbaren Ausweg suchen kann.

Hatte so der große Junge, der seit drei Nachmittagsstunden in der Wald- und Wasserwildnis umherirrte, jede Richtung verloren? Suchte er überhaupt einen Weg? Bald übersprang er einen Graben, in welchem schwarzbraunes Sumpfwasser tückisch dahinschlich, bald watete er, ohne seine zerrissenen Schuhe abzulegen, durch seichte Furten, in denen sich rieselndes Donauwasser nach dem Fluß zurücksuchte. Bald schlüpfte er gebückt durch das dichte, winterlich kahle Gestrüpp, bald erkletterte er einen der alten Weidenstümpfe, um auszuspähen, ob irgendwie weiterzukommen wäre. Aber er schien kein bestimmtes Ziel zu haben, obgleich er sich immer wieder dem Fluß zuwandte, der seine gelben Wassermassen, auf denen manchmal noch eine verspätete Eisscholle tanzte, hastig und leise murmelnd zwischen den stummen, leblosen Waldsäumen fortwälzte. Dort aber war kein Ausweg möglich, und immer wieder drängten ihn die in das Land einschneidenden Buchten und Seitenkanäle, die gelegentlich förmliche Inseln bildeten, tief in das Waldesdickicht zurück.

Er schien nahezu erschöpft zu sein, nachdem er wohl zum zehntenmal das Ufer erreicht hatte und sein Bemühen, demselben zu folgen, immer wieder vereitelt worden war. Obgleich die Dämmerung des trüben Abends rasch hereinzubrechen drohte, versuchte er nochmals einen größeren, wassergefüllten Einschnitt zu umkreisen, der eine förmliche Bucht bildete, an deren hinterstem Ende unter einem verkümmerten Eichbaum ein kleiner gestrüppfreier Raum lag. Dort warf er sich erschöpft zu Boden, sprang aber fast im gleichen Augenblick wieder auf. Seine Augen, eben noch matt und trüb, funkelten in fast freudiger Erregung. Wir wissen, was Gotthilf hier suchte. Hatte er es endlich gefunden?

Neben der Eiche stand tief nach der einen Seite hin geneigt eine glatte, weißliche Stange von ungewöhnlicher Form. Es war ein Ruder, umgekehrt in den Boden gestoßen: auf der nach oben gekehrten Schaufel war mit Teer, jetzt fast völlig verwischt, ein Kreuz gemalt und unter demselben zwei Buchstaben, ein M und ein W – Margaret Wisp – und eine völlig unleserliche Jahreszahl. Auch ein kleiner halbverfaulter Strick hing an der Stange, und am Boden lag eine rohe, zwei Fuß lange Latte, die in der Mitte eine Kerbe zeigte. Gotthilf erriet sofort, was dies zu bedeuten hatte, hob die Latte auf und band sie wieder an das Ruder, so daß die beiden ein Kreuz bildeten. Die zwei Schiffer hatten damals getan, was sie konnten. Es war kein übles Grab am Fuß des verkümmerten Baums geworden, still, verlassen, vergessen; aber Ruhe, tiefe Ruhe ringsum. Auch war es nach genug am Fluß; man konnte das Murmeln der vorüberziehenden Wasser hören. Nachdem Gotthilf mit dem Anbinden der Latte zurechtgekommen war – er tat es mit fest zusammengebissenen Zähnen –, warf er sich wieder auf die Erde, auf der kaum mehr die Spur eines Hügels zu bemerken war. Aber er wußte trotzdem, daß er gefunden, was er seit Jahren gesucht hatte: das Grab seiner Mutter.

Wie lange er so lag, hat niemand erfahren; auch nicht, was er dort dachte und flüsterte, als ob er mit den murmelnden Wassern ein ernstes Wort zu sprechen hätte, klagend, verklagend; auch nicht, was er in bitterem Leid in die stumme Nacht hinausrief. Hier konnte er laut seinem Herzen Luft machen. Es hörte ihn in dieser Einsamkeit keine sterbliche Seele.

Doch ja! Hören *wir* sie nicht, die uralte Klage des gequälten Menschenherzens? Haben wir nicht Mitleid genug – Mitleid! –, wir, die wir des Lebens bittersten Jammer nur von ferne, nur vom Hörensagen kennen – um aus so kleiner Entfernung zu vernehmen, was seit Jahrtausenden tausendmal durch die Welt zitterte, was fortfahren wird, tausend Herzen bis zum Brechen zu erschüttern:

Warum, warum?

Warum mußte sie leiden, bis sie es nicht mehr tragen konnte? Warum mußte sie geboren werden, um so zu leiden? Warum gerade sie und ich und meine arme Schwester? Sind wir denn schlimmer als die andern? Hat uns der himmlische Vater mit einem Kainszeichen in die Welt geschickt, von dem wir nichts wissen?

Warum?

Keine Antwort, kein Laut. Warum schweigst du dort oben, Vater, wenn deine Kinder zu dir schreien? Warum?

Kein Laut. Nur die Donau murmelt fast unhörbar, in der seine Mutter Ruhe gesucht hat. Doch teilt sich jetzt das Gewölk über ihm und ein einsamer Stern flimmert durch das kahle Geäst der Eiche und durch seine nassen Wimpern.

Still liegend sah er lange, lange hinauf. Wie in weiße wallende Schleier gehüllt, zog ein Gedanke durch seine wunde Seele, der vor tausend Jahren im fernen Indien Worte gefunden hat: das ewige Schweigen kann nicht sprechen. Und wehmütiger, weicher wurde es in ihm, während der stille Lichtstrahl in sein Herz sank. Müssen es Worte sein, mit denen der himmlische Vater seine wunden Kinder tröstet? Fühlst du seine milde Hand, sein liebendes Herz nicht im freundlichen Bild einer Blume, im sehnsüchtigen Laut eines Vögelchens, im Flimmern eines Sterns? Ruhig, ruhig! Du bist nicht am Ende des Lebens auf einem vergessenen Grab.

Er erhob sich mit nassen Augen, beruhigt, gekräftigt. Es war tiefe Nacht geworden. Der Stern leuchtete noch immer, heller, ruhiger. Er küßte das Kreuz, das ein Ruder gewesen war, die zwei vom Regen verwischten Buchstaben. Dann warf er sich in das Dickicht, in der Richtung nach dem offenen Feld, gegen die Hügel hin, die in gelblicher, geisterhafter Helle durch die blätterlosen Zweige sichtbar waren. Jetzt wurde es auch im Osten lichter. Der Mond ging auf, rund und groß, wie er ihn noch nie gesehen hatte. Es hatte keine Gefahr mehr.

Da mit einem Male sank der Boden unter seinen Füßen weg. Eine Scholle schlug plätschernd in schwarzes, kaum sichtbares Wasser. Er verlor allen Halt und stürzte ihr nach. Im nächsten Augenblick schlugen eisige Wasser über ihm zusammen. Dicker Schlamm heftete sich saugend an seine Füße. Aber er schoß wieder empor und schlug um sich.

»Nicht so!« keuchte er mit dem Aufflackern eines Willens, den er seit Jahren nicht mehr gefühlt hatte. »Herr Gott, der du die Sperlinge in deine Obhut nimmst, nicht so!«

Berblinger hatte sich im letzten halben Jahr, dem dritten Winter, den er in Bockelhardts Dachkammern durchfror, mehr und mehr in das ehrsame Handwerk eingelebt. Er vermied es ängstlich und tapfer zugleich, über die Mauern hinauszusehen, die das harte Schicksal – als solches fühlte er es noch immer – um ihn gezogen hatte, und widerstand selbst der Versuchung, seine alten Freunde, den Pestilenziarius und den Türmer vom Münster, aufzusuchen. Ja, er begann zu verstehen, was der erstere bezweckt hatte, als er sich seine Besuche verbat. Die herbe Zeit, die er durchlebte, wäre nur schwerer zu ertragen gewesen, wenn nicht jede Brücke hinter ihm abgebrochen worden wäre.

Vieles wurde schon etwas besser. Er hatte jetzt mehr Freiheit, hatte immer einen Groschen in der Tasche, der ihm ein Gefühl der Selbständigkeit und des Selbstvertrauens gab, das er früher nicht für möglich gehalten hätte. Was von den Plackereien der Lehrzeit blieb, war ihm fast zur Gewohnheit geworden, und vieles hatte sich mit Nickels Abzug anders gestaltet. Er war nicht mehr der jüngste. Das Bier holte jetzt Gustel, und Berblinger war vernünftig genug, den verhaltenen Ingrimm von zwei Jahren nicht an dem unschuldigen Buben auszulassen, der ihn mit ängstlichen Augen beobachtete. Dies dankte ihm der neue Lehrling mit einer hundeartigen Anhänglichkeit, denn Gustel wußte aus seines Vaters Werkstatt, was Handwerksbrauch war. Der Meister behandelte ihn nicht unfreundlich, obgleich er sich nie zu einem Wort des Lobs hinreißen ließ. Nur am Stammtisch, im ›Wilden Mann‹, sagte er, wenn die andern auf ihre Jungen zu sprechen kamen und wie das heranwachsende Geschlecht immer frecher und fauler werde: »Ja, ja, aber eine Intelligenz hat der Bub, ich sag' euch, eine Intelligenz!« Der Altgeselle blieb grob und zurückhaltend, ja seine Grobheit wuchs sogar, je mehr sich Berblinger die Kunstgriffe aneignete, die das Handwerk verlangte. Der alte Kunde hatte das Studentle denn doch nicht ganz unterkriegen können, und dies verdroß ihn. Der neue Geselle, der Österreicher, war ein gutmütiger Kerl, der seinen hundertmal wiederholten Wahlspruch ›Der Mensch muß a Freud han!‹ auch anwandte, wenn er Berblingers Schultern hinterrücks als Nadelkissen zu gebrauchen versuchte. Am besten stand er mit François, der ihm von Zeit zu Zeit das Höchste versprach, was die Welt einem Lehrjungen bieten konnte: ihn bei der nächsten passenden Gelegenheit in eine Gesellengesellschaft mitzunehmen. Die passende Gelegenheit hatte sich bisher jedoch nicht finden wollen. Mittlerweile zeigte er ihm mit wunderlichen, selbsterfundenen Grimassen und ebensolchen französischen Kunstausdrücken, um der Sache Bedeutung zu geben, manches zum Handwerk Gehörige, das er aus Paris mitgebracht hatte. Darunter spielte der Sifran eine große Rolle, ein eigentümlich geformtes Stück Holz, das beim Bügeln gewölbter Flächen großartige Dienste tat. Sifran aber hieß es, weil es in Paris *six francs* kostete. Der Altgeselle mißbilligte diese Neuerungen höchlich und drohte, sie vor die Gesellenlade zu bringen. Sie verstießen allzu offen gegen Handwerksgewohnheit. »Was Sifran!« rief er entrüstet. »Nächstens werdet ihr noch mit Maschinen bügeln und nähen wollen!« Der Meister aber war klug genug, Berblingers Unterricht in den französischen Kunststücken nichts in den Weg zu legen, und gab sich nur das Ansehen, als ob ihm das alles längst bekannt wäre.

Wie ein freundliches Schneeglöckchen, das hinter gefrorenen Scheiben zum Blühen kommt, gestaltete sich sein Verhältnis zu Gretle. Fühlte sich auch der Lehrjunge noch so sehr als Mann, ihr gegenüber verfiel er immer wieder in den alten Kinderton. Daran mochten die Zwillinge schuld sein. Kinder bringen es manchmal fertig, den Älteren Unschuld und Kindlichkeit zu predigen. Im Hühnerstall allerdings war in diesem Winter nicht gut hausen. Es war monatelang zu bitter kalt gewesen, so daß es nur Gotthilf erträglich fand. Aber die Meisterin hatte nichts dagegen, wenn sich der Lehrjunge nach dem Abendessen eine halbe Stunde in die Küche setzte und den Buben Rädchen schnitzte oder Hammerwerke aufbaute. Daneben wusch Gretchen Teller und Schüsseln oder strickte und erzählte die hundertmal erzählten Geschichten vom Joseph und seinen bösen Brüdern, vom Ulmer Spatz, vom kleinen Moses im Binsenkörbchen und vom Nürnberger Trichter, bis die letzte Kohle auf dem offenen Herd erloschen war.

»Vom Nürnberger Trichter! Die Geschichte weiß der Prätle noch nicht«, sagte Gretle, als sie zum erstenmal dort beisammen saßen. »Das ist eine Geschichte für große Leute.«

»Wir sind groß«, bemerkten die Zwillinge einstimmig und legten gleichzeitig ihre Händchen auf den Kopf, um dies deutlicher zu machen.

»So will ich sie erzählen«, begann Gretle.

»Die Nürnberger sind ganz besonders schlaue Leute, sonderlich ihr Bürgermeister. Das hat aber seinen guten Grund. Sie haben seit vielen, vielen Jahren einen uralten blechernen Trichter, den ein Hexenmeister gemacht hat. Den Trichter haben sie behalten, den Hexenmeister haben sie verbrannt.«

»Ist recht!« sagte Fritzle, sehr zufrieden mit diesem interessanten Anfang.

»Dummer Hexenmeister!« meinte Fränzle verächtlich.

»Seit der Zeit machen sie den Leuten ein kleines rundes Loch in den Kopf. Das besorgt der Bader.«

»Tut's weh?« fragte Fränzle.

»Sei still!« sagte Fritzle, dessen Wißbegier jetzt lebhaft erregt war. Er hatte sich erst gestern ein großes Loch in den Kopf gefallen.

»Und stecken den Trichter hinein«, fuhr Gretle unbekümmert fort. »Und was sie durch den Hexentrichter in den Kopf hineintrichtern, das behält der Mann mit dem Loch für immer und allezeit. So bekamen sie die allergelehrtesten und klügsten und pfiffigsten Bürgermeister im ganzen Reich und wurden eine große, reiche Stadt; größer als Ulm.

Wie das die Memminger hörten, die auch einmal einen neuen Bürgermeister gewählt hatten, schickten sie einen Brief nach Nürnberg, darin stand geschrieben: die Nürnberger möchten ihnen doch den Trichter auf etliche Tage leihen. Die Nürnberger aber sprachen: ›Was geht uns euer neuer Bürgermeister an; unserthalben kann er so dumm sein als er will‹. Das verdroß die Memminger sehr. Sie beschlossen, den Trichter selbst zu holen und mit großer Heeresmacht gegen die von Nürnberg auszuziehen. Dies taten sie auch, und die Schneider mit ihrem blauen Fähnlein sollten vorangehen, obgleich sich die ehrsame Zunft mit dem zweiten oder dritten Platz begnügen wollte. Der Bürgermeister von Memmingen aber, dem an dem Trichter sehr viel gelegen war, sprach: ›Nein, die Schneider voran! Erstlich haben sie ein tapferes Herz, wenn sie es auch nicht wissen, und zweitens, oder eigentlich erstens könnten sie besser laufen als alle andern, wenn es not tut, sonderlich wenn sie den Wind im Rücken haben. Ich erhoffe aber, daß es nicht not tun wird.‹

Als die Nürnberger von all dem hörten, waren sie auch nicht faul und zogen aus, sich der Memminger zu erwehren, ihre Schneider voran. Der Zunftmeister aber war ein überaus kluger Mann, denn er war schon einmal Bürgermeister gewesen. Man konnte das Loch noch sehen, das der Bader gemacht hatte. Der ging zu seinem Schwager, einem Klempner, und sprach zu ihm: ›Schwager, mach mir einen feinen Trichter so ungefähr wie unser berühmter Stadttrichter, den du in der städtischen Bücherei sehen kannst, in einem schwarzen Kistchen, links hinter der Türe.‹ Dies tat der Klempner, und der Zunftmeister der Nürnberger Schneider zog mit dem neuen Trichter zu Feld.

Wie sie nun auf die Memminger stießen, ließ der Nürnberger Zunftmeister seinem Memminger Kollegen sagen, er möge doch ein wenig herüberkommen zu freundlichem Zwiegespräch, wie es guten und ehrsamen Meistern gezieme, ehe sie ans Blutvergießen gingen.«

»Tut das weh?« fragte Fränzle abermals.

»Sei doch still!« rief Fritzle zornig, worauf sich sein Bruder dicht an die Erzählerin schmiegte und hinter ihrer Schürze hervor dem Fritzle Gesichter schnitt.

»Wie sie nun beisammen waren«, fuhr Gretle fort, »gab er ihm den falschen Trichter, den der andre mit vielem Dank und großer Freude zu sich steckte. Dann drehten die Memminger unter Pauken und Trompeten um und zogen heim. Die Nürnberger aber, die nicht wußten, wie das zuging, sahen ihnen mit langen Gesichtern nach. Denn, sagten sie, sie hätten sich schon auf eine große Schlacht gefreut.

Nun wurden die Bürgermeister in Memmingen auch getrichtert, blieben aber so dumm wie zuvor; nur merkten sie's jetzt nicht mehr, denn sie verließen sich auf ihren Trichter und glaubten fest, daß er geholfen habe. Und darauf kommt es hauptsächlich an.

Die Geschichte ist aber noch nicht aus. Als das die Reutlinger hörten, schickten sie ihren geschicktesten Spitzbuben nach Memmingen und stahlen den Memmingern ihren Trichter. Das war ein Jammern in der Stadt und ein Jublieren in Reutlingen! Dort wollten sie sogar eine Dankesfeier halten; der Herr Stadtpfarrer von Reutlingen aber litt es nicht, von wegen des Diebstahls. Der erste Bürgermeister, den sie trichterten, pflanzte Weinberge rings um die Stadt. Sie merken aber immer noch nicht, daß sie einen falschen Trichter haben. Nur die Fremden, die ihren Wein zu versuchen kriegen, merken's. Er sei besser als der Söflinger, sagen die Ulmer, denn die Ulmer sind höfliche Leute und lachen. Noch heut aber sind die Bürgermeister von Nürnberg pfiffiger als alle andern. Jetzt ist's aus.«

»I will au en Trichter haun!« sagte Fritzle.

»Noa macht dir der Bader a Loch in Kopf«, warnte Fränzle.

»Und paß auf, daß du keinen falschen kriegst«, fügte Gretle hinzu. »Mir scheint's oft, dem Prätle ist das passiert. Er will so furchtbar gescheit sein.«

Dabei flog ein gutes, fröhliches Lachen über das runde Gesicht, in das Berblinger immer lieber sah, wenn ihn niemand beobachtete. Nur wenn sie von Gotthilf sprachen, schlich der alte bleiche Schatten über die jungen, mit jedem Tag lieblicher werdenden Züge.

Gotthilf hatte einen harten Winter durchgemacht. Oft fürchteten sie, er werde ihn nicht überstehen, obgleich er selten klagte. Dafür hustete er um so mehr. Am Sonntag vormittag nach der Kirche besuchte ihn Berblinger jetzt fast regelmäßig in dem Lädchen in der Radgasse und half ihm beim Ausbessern seiner Schirme. Der Stallmeyer, der alte Trunkenbold, schlief dann noch seinen Samstags-rausch aus und brummte, als ob er sich ärgerte, wenn er nachmittags in der Werkstatt herumstöberte und die Löcher in den Schirmen so hübsch geflickt fand.

Gestern, als Berblinger im Halbdunkel einer Fensternische seinen eben erhaltenen Wochenlohn zählte – er brauchte nicht lange dazu, obgleich er es mehrmals tat –, sagte François zu ihm, daß er ihn morgen abend, am Sonntag, in die Gesellenherberge nehmen werde. »Nicht in den ›Golde-nen Hecht‹, wo die alten Schlafhauben sitzen, sondern – kannst du schweigen, Prätle?«

»Ich hoff's«, erwiderte Berblinger.

»Hand drauf!« flüsterte François geheimnisvoll.

Berblinger gab ihm lachend die Hand.

»Sag, bei meiner Seele Seligkeit!« drängte der Geselle.

»Daran glaubst du ja doch nicht«, meinte der Lehrjunge.

»Aber du. Sag's!«

Berblinger sagte es. Am folgenden Tag, nach dem Nachtessen, gingen sie auf den Zehenspitzen die Treppe hinunter und zum Haus hinaus, anstatt in ihre Dachkam-mer.

»Der Meister braucht's nicht zu hören«, sagte François, »und der Altgeselle schläft schon halb. Vormittags geht er noch immer ins Münster und den Nachmittag versauft er mit dem Österreicher. Der Mensch muß a Freud' hab'n … Du sollst eine Gesellenherberg' sehen, wie du noch keine gesehen hast. Rebellenherberg' heißen wir sie auch. Vergiß nicht, was du versprochen hast, wenn dir dein lumpiges kleines Leben lieb ist.«

Durch winklige Gäßchen entlang der östlichen Stadt-mauer kamen sie in ein düsteres altes Haus in der Nähe des Zündeltörchens, das, wie viele Gebäude in Ulm, keine Haustüre zu haben schien. Doch zeigte ein in die Gasse ragender Besen, daß es eine Schenke war. Durch ein kaum bemerkbares Seitenpförtchen traten sie in einen stockfinsteren Gang, in dem zwei unerwartete Treppenstufen Berblinger zu Fall gebracht hätten, hätte ihn sein Führer nicht rechtzeitig gestützt. Das Geräusch brachte etwas Leben in die Finsternis: eine halblaute, heisere Stimme fragte scharf: »Wer da?«

»*Fraternité*!« sagte François halblaut.

»Nix ist's!« war die Antwort. »Brüderlichkeit heißt es heute.«

»Rindvieh, das ist dasselbe«, versetzte der Elsässer grob. »Komm, Prätle.«

»Passiert!« sagte die Stimme höflich. Berblinger fühlte sich an der Hand gefaßt, und beide tappten sich an der Wand weiter. Man hörte jetzt laute Stimmen. Nach wenigen Schritten öffnete sich eine niedere Tür, durch die in trübem rötlichen Licht schwerer Tabaksqualm aus einer überhitzten Stube drang.

Sie traten ein. An einem langen Tisch saßen wohl gegen zwanzig wunderliche Gestalten, von denen die meisten als traurige oder komische Karikaturen der Menschheit gelten konnten: rote aufgedunsene, bleiche abgemagerte Gesichter, struppige Bärte und brutale, unangenehm glattrasierte Kinnladen; alle in ärmlichen, teilweise zerlumpten Kleidern, von denen einige bessere Tage gesehen hatten. Über dem Ganzen hing ein fast undurchdringlicher bläulicher Dunst, der Berblingers Gruß in ein heftiges Husten verwandelte. In der Mitte, auf dem Tisch, stand ähnlich wie in Zunftherbergen eine Lade mit geöffnetem Deckel, sehr einfach in der Form, aber grellrot angestrichen. Jeder der Gäste hatte seinen Krug Bier oder ein Glas Äpfelwein vor sich, und fast alle winkten François lärmend zu.

»Juhe, der Franzos! Vivallera, der Sansculotte!«

»Der und ein Sansculotte!« schrie ein langer Kerl mit struppigem Haarbusch in einem bis an den Hals zugeknöpften schwarzen Rock, welcher einem Geistlichen gehört haben mochte. Es war ein Schauspieler vom letztverkrachten Ulmer Stadttheater. »Der! Nichts weiter als ein rabiater Antizünftler!«

»Und bringt einen Jungen mit! Was soll das?« fragte ein kleiner verwachsener Knopf, seines Zeichens Setzer beim amtlichen bayrischen Intelligenzblatt, wo er für eine Hauptstütze von Thron und Altar galt.

»Wenn ihr keine Jungen haben wollt, könnt ihr euch alle aufknüpfen lassen!« lachte François, nahm einen leeren Stuhl neben der roten Lade ein und bot Berblinger einen Sitz an seiner Seite. »Mit Gunst, ihr Herren! Die Jungen müssen's machen, wenn wir etwas erleben wollen. Ich stehe gut für ihn.«

»Er wird seine Handwerksphrasen nicht los!« knurrte der Schwarzberockte. »Raus mit dem Kies! Du verdienst mehr Geld, als du verdienst!«

Lachend warf François zwei Batzen in die Lade.

»Etwas Neues heute?« fragte er seine Nachbarn.

»Mit deinen Franzosen geht's schief«, brummte ein vier-schrötiger Grobschmied, dem es neben dem Schauspieler nicht ganz wohl zu sein schien. »Wo ist eure Freiheit jetzt? Es hat seine Richtigkeit: der Napoleon wird Kaiser und die Republik holt der Teufel.«

»Nur nicht bange!« versetzte François. »Ihr Ulmer versteht das nicht. Konsul oder Kaiser, mit den Zünften räumt er auf. Der Zopf liegt unter dem Messer. Jeder Junge wird Meister, wenn's ihm gutdünkt. Kein Meister hat ausgelernt. Das ist mein Evangelium in zwei Sätzen, und sobald wir soweit sind, schlag' ich meinen eignen Werktisch auf und kleid' euch alle in lange Hosen, daß ihr euch vor keinem Kaiser zu schämen braucht. Dich mach' ich zum Altgesellen, Prätle, wenn du dich in deiner Dummheit noch dazu eignest.«

Alle lachten. »Vivat der Sansculotte als Hosenschneider!«

»Gleichheit, Gleichheit!« fuhr François ernsthaft fort. »Das muß uns alle aus dem Elend reißen, sag' ich. Wir haben's lang genug in andrer Weise probiert; nun soll's einmal so probiert werden. Es hat sich drüben in Paris bewährt, und wer's nicht glaubt, wird massakriert. Und geheiratet wird, wann und wo und wie man will, ob's der Zunft gefällt oder nicht. Freiheit! Freiheit in Lieb' und Haß! Paßt nur auf: Macht's der Konsul nicht, macht's der Kaiser. Nicht der eure, wohlgemerkt. In eurem Ulm ist nichts zu finden als Zöpfe, Zöpfe, Zöpfe! Von drüben muß die Schere kommen, die sie absäbelt, und wenn die Haut mitgeht!«

»Er hat recht, der François«, rief der Komödiant und schlug mit einem Stock auf den Tisch, daß alle Krüge hüpften. »Menschenrechte wollen wir haben! Wer ist die Menschheit? – Die Mehrheit! – Wer ist die Mehrheit? – Wir, die Armen, die Elenden, die Lumpen. Volksstimme, Gottesstimme! Nicht als ob ich nach unserm Herrgott fragte; er hat auch nicht nach mir gefragt. Ob er uns die Menschenrechte gegeben hat, weiß man nicht. Verlorengegangen waren sie jedenfalls, und gefunden haben sie Leute, denen er nicht grün ist: der Voltaire und der Rousseau und andre große Männer. Sie kriegen aber, sie erkämpfen, für sie bluten und sterben – Donner und Doria! – und sterben, das müssen wir können!«

»Nicht so laut!« rief ein eben eintretender Hutmachergesell, »man hört den Herrn Roland auf der Gasse draußen brüllen, und er ist der erste, davonzulaufen, wenn's am Laden klopft.«

»Der Spengler kann sein ungewaschenes Maul nicht im Zaum halten«, klagte der Schwarze, sehr viel leiser; »aber Patrioten sind und bleiben wir, ob wir laufen oder stehen, und anders muß es werden. Wie es mit der verrotteten Reichsstadt zu Ende ging, muß es auch mit dem bayrischen Regiment gehen! Mit allem Regiment. Menschenrechte wollen wir haben, keine bayrischen, und wer uns dazu verhilft, ist unser Freund und Retter, sei's ein Franzos oder ein Türke!«

»Na, das versteht sich«, sagte die spitzige kleine Stimme eines entlassenen Steuerbeamten, der das Zuchthaus gerade noch gestreift hatte. »Ich wollte, der Marquis Posa ließe uns mit seinen alten Menschenrechten in Ruh. Kann ich sie essen? Kann ich sie versaufen? Menschenrecht? Dahinter stinkt's schon nach Tyrannei. Gleichheit, Gleichheit brauchen wir. Keine Reichen, keine Armen mehr! Nicht ein halbes Dutzend, die sich die Bäuche füllen, und sechshundert, die nicht soviel zu fressen haben als die andern Hunde. Ich habe sieben Kinder und morgen nichts zu nagen und zu beißen. Gleichheit verlange ich. Wenn sie uns der Herrgott im Himmel nicht gibt, müssen wir sie uns selbst fabrizieren. Sie haben eine Maschine dazu erfunden, drüben überm Rhein, die sich bewährt hat.«

François drohte aufzustehen, um die oft geschilderte Guillotine wieder einmal zu beschreiben.

»Ihr habt alle recht«, sagte der bucklige Setzer hastig, »darauf beruht die wahre Brüderlichkeit. Ich kenne das, denn damit halten wir auch unser Intelligenzblatt über Wasser. Wer das nicht zugibt, wer die Brüderlichkeit nicht verehrt wie eine Gottheit, muß in sein Jenseits befördert werden, so schnell es gehen mag, und soll sehen, wie's drüben aussieht. Aller Aberglauben muß abgeschafft werden, alle Pfaffenwirtschaft, die vom Teufel ist, mag er holen. Nicht, als ob ich an ihn glaubte. Ich glaube an ein einiges, unteilbares Ich, und damit Punktum. Man muß die wahre Brüderlichkeit nur recht verstehen. Jeder sein eigener Bruder! Darin liegt das Geheimnis des Zukunftsstaats, der in Liebe alle Welt umschlingt, namentlich die Weiber.«

Alle lachten. Sie wußten, es war dies des Buckligen schwache Seite, und das Schöne dieser Versammlung war, daß jeder seine schwache Seite nach oben kehren konnte, ohne sich schämen zu müssen. Freiheit, Gleichheit, Brüderlichkeit! Wie es auch in besseren Kreisen zu geschehen pflegt: Die schönen Worte decken alles, und alle klammerten sich an die schönen Worte, wenn dem einen oder andern der Patrioten vor ihrem eigenen Gebrüll bange werden wollte. Denn es waren immerhin Deutsche, zumeist Schwaben, denen schöne Worte, die sie nicht zu handhaben wissen, von jeher gewaltig imponierten.

Berblinger hörte wohl eine Stunde lang andächtig zu. Das manchmal fast sinnlose Geschwätz, das rohe Geschrei der Weltumstürzler widerte ihn an, aber er war auch nicht ohne Empfindung für die lebendigen Kräfte, die am Umsturz der alten Zeit arbeiteten. Einiges von dem, was sie zu Fall brachte, hatte er, so jung er war, am eignen Leib erfahren, manches auch schon gesehen und gehört. Freiheit, Gleichheit, Brüderlichkeit! Der herrliche Sinn, der in den Worten lag, wurde selbst durch den häßlichen Lärm in der dumpfigen Kneipe nicht erstickt. Ein- oder zweimal hatte er versucht, ein Wort, eine Frage einzuschieben, aber bald genug erkannt, daß es besser war, sich ruhig zu verhalten, und mehr und mehr erfaßte ihn eine tiefe Verstimmung, eine ungeduldige Traurigkeit, die er sich kaum erklären konnte. Schließlich bat er François um den Hausschlüssel. Er wollte ihn in der Tür steckenlassen… Ihm sei übel. Der Elsässer lachte. »Was, Bub? Ist dir der Tabak zu stark, der hier geraucht wird? Gib Obacht! Wenn der Napoleon erst Herr im Land ist, rauchen wir alle noch ein ganz andres Kraut: Pulver und Blut. Lauf und schwatz nicht, wenn dir dein Leben lieb ist.«

Er ging geradewegs, soweit gerade Wege im alten Ulm möglich waren, nach dem Taubengäßchen, aber langsam und nachdenklich, denn Herz und Kopf waren ihm zu voll. Hatte ihn, was diese Leute wollten, so unruhig gemacht? Konnten sie mit ihrem wirren Geschwätz eine alte Welt über den Haufen werfen und eine neue aufbauen? War das, was ihnen vorschwebte, besser als das Bestehende, so jämmerlich dieses war? Wußten sie überhaupt, was sie wollten? Sie hießen sich Patrioten und wollten nichts von einem eignen Vaterland wissen. Man munkelte in der Stadt schon seit Jahren, daß arme, halbverhungerte Leute und verkommene ›Subjekte‹ da und dort ihre Versammlungen hielten. Doch auch andre, sowohl schlechterer als besserer Art, die an der eignen Heimat verzweifelten, erwarteten das Heil von Frankreich, wo Leute, die aussahen wie die, welchen er heute begegnet war, einen Thron umgestürzt, einen König hingerichtet und eine Republik geschaffen hatten, vor der alle Welt zu zittern begann. Immer wieder klangen ihm die großen Worte in den Ohren. ›Nein und abermals nein!‹ sagte er sich dann ebensooft. ›Die Rettung muß aus andrer Richtung, mit andern Mitteln, von andern Leuten kommen. Es regte sich ja überall in der Welt, anderswo, anders. Jedermann schien zu fühlen, daß man an der Schwelle einer neuen, großen Zeit stand. Aber so? Nein!‹

Dann, als er das einsame Licht auf dem Münsterturm über den schwarzen Giebeldächern erblickte, dachte er an seinen Freund, den Turmwart. Der hatte andre Gedanken. Lag die Rettung nicht viel mehr im Schaffen als im Zerstören? In all dem Großen und Neuen, das fleißige Hände unermüdlicher Geister an allen Ecken und Enden der Welt entdeckten, erfanden, schufen? Konnte man dann das ganze Zerstörungswerk nicht sich selbst überlassen? Konnte das ganze Menschendasein nicht eine andre Form annehmen, reicher, freier, fröhlicher werden, wenn wir die Kräfte der Natur wirklich beherrschten; wenn wir zum Beispiel – da kam der alte Gedanke mit aller Macht zurück –, wenn wir wären wie die Vögel und, losgelöst von der Erde, fliegen könnten, wohin wir wollten! Es hatte seit Monaten nicht mehr daran gedacht und schlug sich auf die Stirn. »Kindskopf, Kindskopf!« Dann lief er schneller, als wollte er dem Gedanken entlaufen, und bog in das Taubengäßchen ein.

Erstaunt sah er Bockelhardts Haustüre halb offen stehen und erschrak, als ihm unter derselben Gretle entgegentrat.

»Ich hab' dich erwartet – o wie!« sagte sie mit leiser, bebender Stimme und faßte seine Hand. »Komm! Schnell! In den Hühnerstall!«

»Was soll ich dort?«

»Sehen – helfen! Schnell, eh' es zu spät ist.«

Sie zog ihn fort, ohne ein weiteres Wort zu sagen, und er folgte willig genug. Sie schlüpften, wie sie es so oft getan hatten, in den wunderlichen Bau und das Treppchen hinauf. Es war hell genug; im oberen Stock brannte die alte Lampe. Dort, auf dem Stroh in der hinteren Ecke ihrer ›schönen Stube‹, lag Gotthilf, sorgfältig in eine Decke gehüllt, wie es schien, schlafend.

Sie knieten beide vor dem ärmlichen Lager nieder und blickten bange in die bleichen, abgezehrten Züge des Knaben. Berblinger sah jetzt, daß dies etwas andres war als ein einfacher Schlaf. Auf der Stirne hatte der Bewußtlose eine offene Wunde, die jedoch zu bluten aufgehört hatte; an seinen Lippen dagegen hingen Blutstropfen. Gretle beugte sich über ihn und wischte mit der Schürze die Tropfen weg. Ein krampfhaftes Zucken ging durch den ganzen Körper, und auch sie wurde geschüttelt von der Mühe, die sie sich gab, das Schluchzen zu unterdrücken.

»So liegt er seit einer Stunde«, flüsterte sie. »Ich wußte mir nicht zu helfen. Wir sind so ganz allein. Ich wartete auf dich.«

»Aber«, sagte Berblinger, der sich zu fassen, zu verstehen suchte, »wie kam er hierher?«

»Ich hatte gerade die Kinder zu Bett gebracht. Da klopft's. Ich hinunter; denke an nichts Böses. Da lehnt er an der Tür, kaum mehr imstand, zu stehen; seine Kleider naß, als ob er in einem Platzregen gestanden hätte, und es hat seit Stunden nicht geregnet, die Stirne blutig. Das habe sein Meister mit einem Bierkrug getan, weil er zu spät nach Haus gekommen sei und zwei Schirme nicht fertig waren. Zu guter Letzt hab' er ihn auf die Gasse geworfen, und wie er mir das erzählt, hustet er auf einmal wie toll. Dann kam ein ganzer Strom Blut aus seinem Mund, und er taumelte, wie wenn er zuviel getrunken hätte: Gotthilf und Trinken! Da hab' ich den lieben Gott um Hilfe und Kraft angerufen, Brechtle, und er hat mir Kraft gegeben, so daß ich ihn bis hierher schleppen konnte. Auch war er noch nicht ganz weg und half mir, so gut es ging. Erst als ich ihm sein Strohlager gemacht und er ein wenig gebetet hatte, sank er ganz zusammen. So liegt er jetzt und rührt sich nicht mehr.«

»Er atmet«, sagte Berblinger, »er stirbt noch nicht.«

»Wie Gott will«, versetzte Gretle. »Ich glaube, er stirbt.«

»Wissen sie es droben?« fragte der Junge nach einer langen Pause.

»Kein Mensch hat etwas gehört. Sie schlafen alle.«

»Soll ich – die Meisterin …?«

»Nein«, sagte Gretle hastig. »Was könnten sie machen? Ich habe im Fundelhause gesehen, wie man stirbt. Lang kann's nicht mehr dauern. Laß ihn seinem Heiland.«

Wieder folgte eine lange Pause. Da plötzlich schlug der Junge die großen Augen weit auf und sah ruhig, nur etwas erstaunt um sich. Sein Blick ruhte zuerst auf seiner Schwester und fiel dann auf Berblinger. Ein freundliches Lächeln bewies, daß er wußte, wo er war.

»Hier ist gut sein, ruhig und trocken«, flüsterte er kaum hörbar. »Hier möchte ich schlafen, für immer schlafen.«

Er versuchte sich aufzurichten. Sein Freund legte das Stroh unter seinem Kopf zurecht und drückte ihn sanft aufs Lager zurück.

»Bleib nur ruhig liegen«, sagte er, »so ruhig als möglich. Du sollst hier schlafen, solang du willst.«

Da flackerte es in seinen Augen auf wie ein irres Feuer.

»Ah, ich versteh' jetzt – ich weiß alles. – Warum, warum? Gretle, ich hab' es endlich gefunden; ein Ruder steht drauf und ist ein Kreuz geworden. – Ich weiß jetzt, sie schläft trocken und warm und ist glücklich. Glücklicher als hier. Sie schickt dem Vater Grüße hinunter nach Grein und er herauf. Die Wellen murmeln und murmeln – und besorgen das. – Eine Stunde lang habe ich mit ihr gesprochen. Vom Warum wollte sie nichts wissen, aber wie sie trösten kann! – Dann winkte sie mir, und ich fiel ins Wasser. Hu, es war kalt; so kalt wie damals, als sie von uns ging. Da wollt' ich nicht. – Jetzt winkt sie mir wieder, und – und – ich will.«

Die Augen schlossen sich. Ein hastiges Atmen schüttelte den ganzen Körper. Berblinger faßte die Hände, die unstet auf der Decke hin und her irrten. Gretle küßte die Schweißtropfen von seiner Stirn. Dann trat wieder unter heftigem, qualvollem Husten etwas Blut auf seine Lippen, worauf er erschöpft zurücksank. Wieder schlich eine Viertelstunde in banger Stille dahin. Dann, ohne die Augen zu öffnen, sagte er fest mit seiner alten natürlichen Stimme: »Brechtle!«

Berblinger beugte sich zu ihm nieder.

»Sprich leiser«, sagte er, »ich hör' dich gut.«

»Brechtle, ich gehe heim zu meiner Mutter. Ich muß; aber ich bin froh, so froh! Nur – du weißt noch, was du mir versprochen hast.«

»Glaubst du, ich vergesse das?« fragte Berblinger mit halberstickter Stimme und suchte mit der Linken nach Gretles Hand. »Du kannst ruhig heimgehen. Du verläßt eine böse Welt, lieblose Menschen, Druck und Drang. Du kannst ruhig nach Hause gehen.«

»Halt aus, Gretle, halt aus!« rief er plötzlich laut, indem er die gefalteten Hände wie in heftigem Schmerz gegen die Brust drückte.

Gretle, in der Angst ihres Herzens jetzt laut schluchzend, legte die ihren über die seinen.

»Geh, Gotthilf!« sagte Berblinger, den das Leid der Stunde verwirrte. »Drüben sind keine Schmerzen mehr. Drüben ist Freiheit und Gleichheit und Brüderlichkeit.«

»Ich weiß, daß mein Erlöser lebt«, flüsterte Gotthilf. Dann noch ein Stoß. Sein Atem stockte.

Gretle war eine Minute ganz still und horchte. Dann warf sie sich über den Toten und schluchzte zum Herzbrechen. Berblinger blieb neben ihr auf den Knien. Als sie ruhiger zu weinen schien, legte er eine Hand auf ihre Schulter und richtete sie auf.

Sie legte beide Hände auf die weit offenen Augen des Bruders.

»Das muß man tun«, sagte sie mit der Ruhe, mit der man eine Pflicht erfüllt. »Die Toten wollen schlafen.«

»Und was soll ich tun? Bei dir bleiben?« fragte Berblinger, bereit zu allem, was dem armen Mädchen die schwere Stunde erträglicher machen könnte.

»Geh zum Magister Krummacher« sagte sie. »Ich weiß, der wird uns helfen.«

Wie ruhig sie schien; er aber konnte nicht anders. Das Weh des Lebens, die Bitterkeit des Todes zog die armen Kinder zusammen; oder war es die Allgewalt der Liebe, der Liebe, die den Tod überwindet, einer Liebe, die nicht von dieser Erde ist? Er zog Gretle an sich und küßte sie, und das Mädchen fing wieder an, bitterlich zu weinen.

Dann ging er, den Pestilenziarius zu wecken. Es war sein erster Besuch seit der Blaubeurer Zeit. Er hatte sein Versprechen gehalten. Die drei Winter waren vorüber.

VIERTER TEIL

Auf der Wanderschaft

19
Das Bügeleisen

Sonnige Sommer- und Friedenstage waren über das Donautal hingegangen. Ahnungslos freuten sich die Bauern um Ulm der heranreifenden Ernte, von der sie wenig genug für sich einheimsen sollten, und die Kaufleute und Handwerker der Stadt ihrer wieder aufblühenden Geschäfte. Kaum einer bemerkte, wie sich am Horizont die Wolken ballten und wie weit hinten im Osten – oder war es im Westen? man wußte ja kaum mehr, was rechts und links, was oben und unten war – die Kriegsfurie ihre Fackel aufs neue in heimliches Feuer steckte, um sie unter die Tausende zu schleudern, die kaum begriffen, was ihnen geschah. Mit dem gleichen Staunen, mit dem man von ihm aus dem Fabelland Ägypten gehört hatte, vernahm man, daß der weltberühmt gewordene Korse im Begriff sei, seine siegreichen Heere nach England zu werfen. Um so besser. Das war weit weg und höchst interessant. Dem Himmel sei zu danken, daß der unruhige Geist, den die einen einen Halbgott, die andern eine Gottesgeißel nannten, dort eine Beschäftigung gefunden habe, welche die Ulmer in Ruh und Frieden besprechen konnten. Sie hatten vor wenigen Jahren genug gelitten, als sie noch vielgeplagte Reichsstädtler waren. Nun waren die gefährlichen Schanzen und Bollwerke größtenteils abgetragen, und unter dem Schutz Seiner Kurfürstlichen Durchlaucht durfte man hoffen, sicher zu sein. Und während sie dies alles bei Früh- und Dämmerschoppen mit Behagen erörterten, ballten sich die schwarzen Wolken in Ost und West und die Kriegsfurie sah grinsend, wie ihre Fackel in den blutroten Kohlen, die nie ganz erloschen waren, wieder Feuer fing.

Der Kaiser von Rußland und der von Österreich – von Deutschland hieß man ihn noch ein Jahr lang mit unangenehm spöttischem Lächeln – wollten nichts von einem dritten im Bund, dem neugebackenen Kaiser der Franzosen, wissen. Noch einmal sollten die blutbefleckten eisernen Würfel entscheiden, wer Herr sei in Europa. Die Koalition gegen den Usurpator, in dem Tausende den ersehnten Befreier aus verrosteten Ketten sahen, kam im Sommer des Jahres 1805 zustande. Was ging das die Ulmer an? War man nicht gut bayrisch schon seit drei friedlichen Jahren, und war nicht zuversichtlich zu hoffen, daß Seine Durchlaucht zum mindesten neutral bleiben werde, so daß es an den wieder fleißig besuchten Biertischen die einen recht wohl mit den Franzosen, die andern mit den Österreichern halten konnten, ohne sich Zunge und Finger zu verbrennen. Sogar François und Kalbfell, der neue Geselle aus Österreich, schneiderten auf einem Arbeitstisch friedlich nebeneinander. Deutsche gab es außer in einigen verdrehten Köpfen, die Gedichte machten, überhaupt kaum mehr. Jedenfalls ging sie die Koalition auch nichts an, und jedermann konnte seinen kleinen Sorgen und Freuden ungestört nachgehen, als ruhiger Bürger und getreuer Untertan des kurpfalzbayrischen Generallandeskommissariats von Schwaben.

Berblinger war in aller Form Geselle geworden. »Fast etwas zu früh«, brummten beide, der Obermeister Knöppel und Bockelhardt. Allein bei seiner Intelligenz, die zunftbekannt geworden war, konnte man fünf gerade sein lassen. Alt genug war er ja, wenn auch keines Meisters Sohn, und der Rat Schwarzmann, der sich neuerdings mehr um seinen Neffen zu kümmern schien, hatte es ausdrücklich gewünscht und mit offener Hand das Nötige beigesteuert, um die Kosten eines würdigen Gesellenschmauses zu decken. Die Hälfte der Herren Schneidermeister mußten von ihren Frauen darüber aufgeklärt werden, wann und wie sie nach Hause gekommen waren, was nicht ohne erregten Meinungsaustausch geschah, weil die Herren von nichts wissen wollten als von dem Versprechen, an einer Nachfeier teilzunehmen. Dies verdiente alle Anerkennung, um so mehr, als der Herr Rat wenige Tage zuvor den Grafen Arco, den Generalkommissär, und den neuen Bürgermeister Sautter in einer festlich geschmückten Zille persönlich nach Elchingen geführt hatte, wo die hohen Herren dem Abt Robert einen Besuch abstatten wollten. Man mußte das dem Schwarzmann lassen: Was er in die Hand nahm, hatte Hand und Fuß, und nach der Nachfeier zum Gesellenschmaus des jungen Berblinger konnte er darauf rechnen, daß bei der nächsten Wahl in den Kleinen Rat, der freilich nicht mehr viel zu sagen hatte, obgleich er jetzt Magistratsrat hieß, alle Stimmen, über die die Schneiderzunft verfügen konnte, auf den Oberzunftmeister der Schiffer fallen würden.

Schuld an dieser Wendung in Berblingers Lebenslage war eigentlich eine untergeordnete Persönlichkeit: der alte Pestilenziarius. Er war in jener Nacht, in der Gotthilf gestorben war, ohne einen Augenblick zu verlieren herbeigeeilt, hatte für Gretle Worte gefunden, die wie Balsam in ihr wundes Herz fielen, hatte die Bockelhardts zur Vernunft gebracht, die zuerst in lautes Jammern und Schimpfen über die Ungebührlichkeit ausbrechen wollten, in ihrem Hühnerstall zu sterben, und stand dann Brechtle zur Seite – für ihn verblieb Berblinger ›Brechtle‹ zeit seines Lebens –, bis sein Leidensgenosse still und friedlich in trockener Erde gebettet war. Nicht ganz passend erschien es dem teilnehmenden Taubengäßchen, daß sich zu den drei Leidtragenden, die dem ärmlichen Sarge folgten, ein vierter gesellte: der Schirmmacher, der tiefgebeugt und schluchzend hinterherlief. Er hatte sich für den schweren Gang zwar reichlich zu stärken gesucht, war aber trotzdem durch den, wie er meinte, ganz unerwarteten Tod seines Lehrlings so erschüttert, daß ihn der Pestilenziarius vom Grabe wegführen und an die Kirchhofmauer lehnen mußte. Nur so konnten die wenigen Worte und das kurze Gebet über dem Grabe des Dahingegangenen ungestört gesprochen werden, das ein junger Vikar fast allzu eilig und geschäftsmäßig vortrug. Den Sarg und die Sporteln bezahlte das Fundelhaus, das die Taxe nicht um einen Heller zu überschreiten pflegte. Dafür konnte man nicht viele Worte machen.

Von diesem Tag an hatte Berblinger seinen väterlichen Freund wiedergefunden und dieser eine Aufgabe, nach der er sich schon längst heimlich sehnte. Er begann ihre Lösung mit einer großen Tat, indem er sich einen neuen Rock bei Bockelhardt bestellte, und brachte es dahin, daß Berblinger sein Gesellenstück daraus machen durfte. Sowohl wegen der zahlreichen und eigenartigen Taschen, die der Magister verlangte, als auch wegen seines nicht ganz normalen Wunsches erklärten die drei Aufsichtsmeister das Ergebnis für zwar nicht ganz zunftgemäß, aber trotzdem für genügend. Dann aber ließ der Pestilenziarius dem Herrn Rat keine Ruhe mehr, bis sich dieser in Anbetracht der musterhaften Führung des mißratenen Neffen bereit erklärte, sämtliche Kosten seiner Freisprechung zu berichtigen, und so wurde Berblinger vor offener Lade ehrlicher Schneidergeselle und ein freier Mann.

Es ging ihm zunächst wie dem Enderle. Er hätte nach Handwerksgebrauch nunmehr die Wanderschaft antreten und sich mindestens drei Jahre lang arbeitend, lernend und wandernd in der Welt umsehen sollen; eine Sitte, die, wie man heute sagen würde, ihre große soziale Bedeutung hatte und dem Handwerk seinerzeit nicht nur seine Geschlossenheit, sondern auch eine Weitsichtigkeit und ein Machtgefühl gegeben hat, die ihm heute trotz aller Verkehrsmittel verlorengegangen sind und vielleicht nie wiederhergestellt werden können. Aber Berblinger blieb vorläufig in Ulm, blieb sogar bei seinem alten Meister Bockelhardt; aus vielen Gründen, wie er sich selbst und andern vorlog, aus nur einem, wenn er die Wahrheit hätte gestehen wollen. Anfänglich war der Meister wohl damit zufrieden, denn der Geselle Berblinger war nicht weniger brauchbar als der Lehrjunge. Im Lauf des Sommers aber begann aus unerklärlichen Gründen, wie Bockelhardt meinte, sein und in der Tat alles Geschäft in der Stadt schlechter zu gehen, so daß drei Gesellen zuviel wurden. Draußen aber stand es nach den Berichten zugewanderter Kunden zum mindesten ebenso schlecht, weil niemand dem morgigen Tag traute. Wozu also ohne Zwang nach dem Wanderstab greifen? Das hatte keinen Sinn.

Dazu war das tägliche Leben ganz erträglich geworden. Selbst bei der langweiligsten Arbeit, wenn er eine Weste oder das Rückenstück eines Staatskleids, wie es jetzt Mode geworden war, pikierte, unterhielt ihn das halblaute Geflüster François' und des Österreichers, die sich über die Weltlage stritten, so daß der gutmütige Kalbfell und der heißblütige Halbfranzose oft genug zu den Ellen gegriffen hätten, wenn der Altgeselle dies nicht zuvor und in unzweideutigerer Weise als die beiden andern getan hätte. Der Österreicher ließ seinem Kaiser und seiner Kaiserstadt nichts geschehen, der Franzose pochte laut auf den Helden des Jahrhunderts, auf den Befreier Europas, den Vernichter der alten Tyrannei und der hundert Tyrannen, die sich gegen ihn erhoben. »Was wollt ihr denn?« fragte er ärgerlich. »War nicht Ulm auch eine Art von Republik, und was seid ihr jetzt? Es wird schlimmer statt besser, wenn euch der große Kaiser nicht erlöst.« Kalbfell und Joseph wollten davon nichts wissen. Ordnung müsse sein, und eine Kaiserstadt wie das alte Wien werde Paris noch lange nicht, wenn auch die Schneider dort mehr gälten als hier. Leben und leben lassen, das sei die Hauptsache, und Gemütlichkeit. Vom Geschrei könne niemand leben. François' Zunge bewährte jedoch ihre Überlegenheit, und auch in der Gesellenherberge hatte der Elsässer mehr als die Hälfte der Kunden hinter sich. Das war im ›Goldenen Hecht‹. Was in der Spelunke ›Zur roten Lade‹ vorging, wußte Berblinger nicht. Er hatte François zwei- oder dreimal begleitet. Dann wurde ihm das wirre Geschwätz der ›Patrioten‹ zu langweilig. Er glaubte seine freie Zeit besser verwerten zu können.

Da war Krummacher. Manche Stunde nach Feierabend oder an Sonntagen saß er wieder in dem kleinen Stübchen am Münster, dem Magister gegenüber, die grüne Studierlampe zwischen beiden. Berblinger las in einem alten Physikbuch, das ihm sein Freund aus dem Stadtarchiv verschafft hatte, während dieser an seiner Chronik schrieb und mühsam feststellte, wieviel Speck und Grütze den Gesellen in den alten Bauhütten zugemessen wurde oder ob der dritte Baumeister am Münsterturm in Straßburg oder Regensburg gelernt habe. Auch suchte Berblinger seinen Euklid wieder hervor und löste auf Fetzchen halbverschriebenen Papiers Aufgaben, von denen sich der alte Grieche nicht hatte träumen lassen, da sie sich in fast genialer Weise an das Aufzeichnen eines Rocks oder einer Hose anschlossen. Kürzlich, zum erstenmal wieder seit drei Jahren, skizzierte er einen Ballon mit Flügeln, die ein Mann mittels eines Tretrads in Bewegung setzte. Wer weiß, fiel ihm plötzlich ein, ob sich nicht nach Art von Gotthilfs Schirmen ein guter Flügel anfertigen ließe. Vielleicht ein fliegendes Tretrad! Mit heißem Kopf und fast ohne Abschiedsgruß verließ er diesmal den Pestilenziarius, der ihm kopfschüttelnd nachsah.

Wunderlich erschien ihm, wie oft ihn der Magister mit sichtlicher Ängstlichkeit bat, den Turmwart nicht zu besuchen. »Noch nicht!« Er sei krank und wolle niemanden sehen. Dabei deutete Krummacher an den Kopf und legte seine Stirne in so krause Falten, daß Berblinger wohl sah, wie ernst es ihm war. Ärgern, betrüben aber wollte er seinen väterlichen Freund nicht und hatte deshalb dem Drang, den Mann aufzusuchen, der ihn behext hatte, wie der Pestilenziarius es nannte, bis jetzt widerstanden. Es mußte sich ja doch wieder einmal fügen.

Aber all das war es nicht, was ihn vom Wandern abhielt; das war natürlich Gretle. Sie sprach kein Wort darüber, fragte nie: Wann willst du gehen? Wirst du bleiben? Aber sie hielt ihn fest mit Banden, die sich in der bittersten Stunde ihres Lebens um beide geschlungen hatten. Es war keine stürmische Jugendliebe, die den achtzehnjährigen Jungen und das sechzehnjährige Mädchen zueinander zog: Es war ein stilles glückliches Gefühl der Zusammengehörigkeit in einer fremden, freudlosen Welt. Jedes fühlte sich wie geschützt in Gegenwart des andern; geschützt und schützend. Sie bedurften vorderhand nichts weiter, selbst kein Liebesgeflüster. Es schien alles so selbstverständlich, und in dieser Selbstverständlichkeit lag ein tiefes, warmes Genügen. Sie hatten und machten keine Pläne; als ob sie wüßten, daß sich alles von selbst machen mußte, wie es sich von selbst gemacht hatte. Der Schatten des toten Bruders und Freundes lag über dem Paar, wehmütig und freundlich. Zwei Gräber auf dem Kirchhof vor dem Frauentor waren in diesem Sommer sorgfältiger gepflegt als alle andern. Es war, als ob sie nichts weiter bedürften. Daß Gretle hübsch wurde, sah Berblinger manchmal mit plötzlich aufleuchtenden Augen. Sie fuhr ihm dann lächelnd mit der Hand über die Augen und nahm die schon fast zu großen Zwillinge auf den Schoß, die stürmisch nach ihrer »Geschichte« schrien. – Manchmal, selten genug, sah er wohl auch aus der Ferne die zierliche Gestalt Lucindens. Dann klopfte sein Herz heftig und er ärgerte sich. Das war vorüber, diese Torheit!

Die Weltgeschichte aber ging ihren blutigen Gang und nahm den Weg diesmal in geradester Richtung über Ulm. – Armes Ulm; arme Gesellen, die nicht zu rechter Zeit nach dem Wanderstab gegriffen hatten!

Man sprach in Gassen und Gäßchen davon. Die rabiatesten Stammtischgäste im ›Wilden Mann‹ und im ›Goldenen Hecht‹, in der ›oberen‹ und der ›unteren‹ Stube wurden ängstlich. Die Geschäfte gingen immer schlechter, als ob kein Mensch mehr einen Anzug brauchte. Die Meisterin, die mit der ganzen Nachbarschaft auf dem Kriegsfuß zu leben pflegte, wobei die Verteidigung der Zwillinge eine große Rolle spielte, knüpfte freundschaftliche Verbindungen an und machte mit sämtlichen Nachbarinnen nach beiden Seiten, gegen Österreich und Frankreich hin, Front. Man sei nun einmal bayrisch und wolle in Ruhe bleiben. Der Pestilenziarius, der sich sonst wenig genug um Politik und Welthandel kümmerte, vernachlässigte seine Münsterchronik und begann ein Tagebuch zu führen.

Am Montag den 23. September machte François einen Blauen. Nachmittags blieb auch Kalbfell weg. Ein französischer General sei im Baumstark abgestiegen, habe ganz ungeniert die Festungswerke besichtigt und sich sehr unzufrieden darüber ausgesprochen, daß sie noch nicht völlig geschleift seien, wie es doch schon vor fünf Jahren vereinbart gewesen sei. – In Stuttgart sei das Gerücht verbreitet, Napoleon habe seinen Plan aufgegeben, die Engländer anzugreifen. Seine Armee sei in vollem Anmarsch gegen den Rhein. Dort werde er nicht stehenbleiben. Man sehe das an dem General im Baumstark. »Jetzt kann's bös werden!« sagten die einen. – »Jetzt geht's den Tyrannen an den Kragen«, flüsterten die andern. – »Seht euch nur den neuen Bürgermeister an! Sie zittern schon in ihren Schuhen.« – »Aber mit wem wird's unser Kurfürst halten?« fragten alle. – ›Wenn man nur wenigstens wüßte, wer's gewinnt!‹ dachte mit hundert andern verstörten Geistes der Rat Schwarzmann und suchte dem General Berthier im Baumstark einen Besuch abzustatten, wurde aber nicht vorgelassen. Exzellenz seien im Begriff wieder abzureisen.

Am folgenden Tag erschien eine Proklamation des Generallandeskommissariats, welche die sofortige Ziehung und Aushebung der Rekruten für das Jahr 1805 anordnete. In derselben erklärte der Kurfürst, seine landesväterliche Fürsorge für das Wohl seiner getreuen

Untertanen veranlasse ihn, zu bestimmen, daß niemand unter achtzehn noch über sechsunddreißig Jahren heranzuziehen sei und daß die Dienstzeit von zehn auf acht Jahre herabgesetzt werde. Die Dankbarkeit der getreuen Untertanen war mäßig, der Schrecken groß. Man hatte die Aushebung nicht vor Ende Oktober erwartet. Es wurde ernst. Und der dumme Berblinger! hieß es im Taubengäßchen. Warum ist der Schafskopf nicht gelaufen, als es noch Zeit war? Konnte er nicht an Enderle sehen, wohin das führt?

Schon acht Tage später mußten die Leute auf das Schwörhaus zum Losziehen. Einige der jüngsten heulten laut, als sie ihre Nummer aus dem verhängnisvollen Beutel zogen. Auch Berblinger – es muß gesagt sein – griff zitternd in den Sack, brachte aber eine so hohe Nummer zum Vorschein, daß er ohne weiteres heimgeschickt wurde. Als sie nach dem Abendessen beisammensaßen – man war geselliger in diesen bösen Zeiten als früher – und ihm François lächelnd Glück wünschte, daß er kein Vaterland zu verteidigen habe, drückte er unter dem Tisch Gretles Hand und sagte: »Österreicher oder Franzosen – ich werde mich schon wehren und weiß für wen.«

Auch den andern ging es besser, als sie gefürchtet hatten. Am Nachmittag des nächsten Tages marschierten alle bayrischen Truppen, die in der Stadt lagen, ab, um in Franken zum Heer des Kurfürsten zu stoßen, das sich dort zu sammeln begann. An die neuen Rekruten dachte in der Verwirrung niemand mehr. Der Kurfürst, flüsterte man sich heimlich zu, denn es war ja keinem Menschen mehr zu trauen, sei aus München geflohen und ziehe mit seinen Truppen den Franzosen entgegen, die aus Hannover kämen. Nun wußte man erst recht nicht, wer Freund oder Feind war. Jedenfalls überließ er die Ulmer ihrem Schicksal und wollte mit der Verteidigung der Stadt nichts zu tun haben.

Mit den Österreichern kam der junge Erzherzog Ferdinand als Höchstbefehlender und der Feldmarschall von Mack. Jedes Haus füllte sich mit Soldaten. Bockelhardt bekam vier Infanteristen vom Regiment Reisch und drei Dragoner ins Quartier. Die Dragoner schliefen auf dem Arbeitstisch, die Infanterie in des Meisters Schlafstube. Dieser wanderte zu den Gesellen hinauf, die Meisterin richtete sich in Gretles kleiner Kammer ein. Die Zwillinge waren außer sich vor Vergnügen. Aber selbst Kalbfell, der sich anfänglich seiner Landsleute gefreut hatte, kam nach zwei Tagen mit ihnen nicht mehr zurecht. Zwei von der Infanterie sprachen nur kroatisch und einer zerschlug am dritten Tag der Meisterin beste Bratpfanne, um sich verständlich zu machen.

Nun wurde es auch den Ulmern klar, auf wessen Seite der Landesherr stand. Die Requisitionen begannen in bitterem Ernst. Zuerst Pferde, dann Heu und Stroh, dann Korn, Mehl, Fleisch. Man mußte das Kirchle am Münster in ein Heumagazin umwandeln. Es half nichts, zu versichern, daß die verlangten Pferde im ganzen Ulmer Gebiet nicht aufzutreiben seien. Man stellte den kurfürstlichen Rentamtmann Mauer und den Herrn Bürgermeister Sautter so lange unter Arrest, bis die Pferde da waren, und bezahlte mit Wiener Banknoten, die kein Mensch nahm. Auch wurden sofort aus den benachbarten Dörfern viertausend Bauern und zweihundert Gespanne zusammengeholt, die Tag und Nacht arbeiten mußten, um neue Schanzen aufzuwerfen und die alten, soweit es möglich war, wiederherzustellen. Bei schwerer Strafe sollten die Müller nur für das Militär mahlen, die Bäcker für die Soldaten backen. Die Schuster desgleichen. Nur Kleider brauchte niemand, obgleich die Leute in Fetzen umherliefen. Alles sah schon danach aus, als ob man mitten in einem Kriegslager lebte, und der Krieg war noch nicht einmal erklärt!

Das kam jedoch am 23. September, und schon fünf Tage später hörten die Ulmer, daß Napoleon über den Rhein gegangen sei. Viele dachten daran, sich auf die Flucht zu machen. Aber wohin? Von Osten her wälzten sich österreichische und russische Truppen, von Westen und Norden her die Franzosen. Wo die Bayern hingekommen waren, wußte niemand zu sagen; ebensowenig mit Bestimmtheit, wer Freund, wer Feind war. Schwarzmann war in der größten Not, abgesehen davon, daß er dreißig Mann im Quartier hatte.

So stand's nach Krummachers Tagebuch am 28. September. Am 29. rückten die Franzosen schon in Stuttgart ein und man hörte, der Kurfürst von Württemberg habe sich zu Ludwigsburg mit dem Kaiser Napoleon verständigt und ihm zehntausend Mann zugesagt. Da werde den Bayern wohl nichts andres übrigbleiben, meinten die klügsten Politiker der Stadt, und damit sei Ulm eigentlich schon in Feindeshänden. Einen Vorteil habe es immerhin, daß der Feind wenigstens Deutsch spreche. François, der nur noch zum Essen nach Hause kam, weil es in den Herbergen nichts mehr zu nagen und zu beißen gab, machte ein vergnügtes Gesicht und tröstete die Meisterin, die Franzosen würden alles bald genug befreien und in kurzer Zeit zum besten wenden.

Nun folgten einige Tage voll wirrer Gerüchte. Man wußte auch von den Franzosen nichts, der Schneider Bockelhardt so wenig als der General Mack und der arme junge Erzherzog, den man mit einem prächtigen Federbusch und einem sehr langen Gesicht durch die Gassen reiten sah. Seitdem er in Ulm war, hatte sich wenigstens die weibliche Hälfte des Taubengäßchens mit großer Einmütigkeit auf die österreichische Seite geschlagen. Nur Berblinger arbeitete noch von Zeit zu Zeit, um seiner eignen Ungeduld Herr zu werden. Böse Kindererinnerungen stiegen in ihm auf, und auch er wußte nicht, ob er den dumpfen Zorn, der in ihm arbeitete, gegen die Österreicher oder gegen die Franzosen zu kehren habe. Niemand sah in diesen vaterlandslosen Zeiten einen Lichtblick, und die

Besten trieben untätig einem sinnlosen Untergang entgegen.

Am 8. Oktober glaubte man in Ulm zum erstenmal wieder, allerdings aus weiter Ferne, Kanonenschläge zu hören. Alles lief auf die Gassen und die halb abgetragenen Wälle und Schanzen. Es kam nicht von Westen, wie erwartet, sondern von der entgegengesetzten Richtung, von Günzburg her. Dort hatte, von Norden kommend, General Ney Österreicher angegriffen, die, übel zugerichtet, am folgenden Morgen auf Ulm zurückgingen. Es hieß jetzt, der Kaiser sei in Donauwörth. Das war ja ganz verkehrt, sagten die Ulmer entrüstet. Er müsse noch in Ludwigsburg bei seinem Freund von Württemberg sein, wenn er nicht schon den Rückzug angetreten habe, was man in der Umgebung des Herrn Feldmarschalls mit Bestimmtheit versichere. Noch am Abend erhielt Bockelhardt weitere vier Mann ins Quartier, einen mit einer abgeschossenen Hand, der die ganze Nacht stöhnte, daß kein Mensch zur Ruhe kommen konnte. Dann aber hörte das Einquartieren in den überfüllten Wohnungen auf, obgleich noch immer neue Truppen an den beiden Ufern der Donau heraufkamen. Die Soldaten biwakierten in den Straßen und auf den Wällen, bettelten drohend von Haus zu Haus und nahmen, was eßbar war, ohne lange zu fragen. In der Herbelgasse fingen sie an, Türen und Fensterläden abzureißen, um Wachtfeuer zu unterhalten, denn das Wetter war naß und kalt und die Montur der Leute in entsetzlichem Zustand.

Nun aber kam ein Tag, an dem halb Ulm wieder Mut schöpfte, der 11. Oktober. Der Kanonendonner von Nordosten, von Albeck und Jungingen her kommend, war lauter geworden. Am Abend aber wurden neunhundert gefangene Franzosen durchs Frauentor gebracht, und man erfuhr, daß der Feind, der von Norden her gegen Elchingen vorzudringen versuchte, zurückgeschlagen und besiegt worden sei. Etwas mußte wohl wahr dran sein, denn am andern Morgen, es war Freitag, erhielt der größte Teil der in Ulm liegenden Truppen Befehl, sich marschbereit zu halten, um gegen Elchingen zu marschieren, das allerdings von den Franzosen schon besetzt sei, die dort von Süden her zu kommen schienen. Es galt, sie wieder hinauszuwerfen wie aus Jungingen und Albeck. Das hatte Kalbfell von seinen Landsleuten, die eifrig ihre Tornister mit allem bepackten, was sie an Eßbarem ergattern konnten. Es war wenig genug.

Er erzählte es François mit dem behaglichen Gefühl kommender sicherer Triumphe. Ungewöhnlich still hörte ihm der Elsässer zu und verschwand nach dem Abendessen. Man sah ihn drei Tage lang nicht wieder. Später rühmte er sich ohne Scheu, er habe die Schlacht von Elchingen gewonnen, denn er sei es gewesen, der dem Kaiser die Nachricht gebracht habe, was die Österreicher im Schild führten, und sei um ein Haar dafür gehängt worden. Daraus mache er sich nichts. Er habe den größten Helden des Jahrhunderts Auge in Auge gesehen. Das sei einen Strick wert. Anfänglich tat er sich viel darauf zugute, daß er seine Besprechung mit dem Kapitän eines Infanterieregiments nicht in eine unmittelbare Begegnung mit dem Kaiser umdichtete, sondern nur den General Ney einführte. Später glaubte er selbst, daß die Besprechung mit dem Sieger von Elchingen stattgefunden und er schon deshalb Grund genug habe, auf die erste Schlacht, bei der er persönlich beteiligt war, mit ungemessenem Stolz zurückzublicken.

Seine Mitwirkung bestand im wesentlichen allerdings nur darin, daß er zwischen den sich bekämpfenden Truppenteilen in großer Verwirrung hin und her floh, um schließlich im Wald von Talfingen die rettende Nacht abzuwarten und sich dem Rückzug der Österreicher anzuschließen.

Was er miterlebt hatte, ohne die Vorgänge des Tags im entferntesten zu begreifen, war kurz folgendes. Die Öster-

reicher erreichten Elchingen am Abend des Unglücks-
sonntags den 13. Oktober, teilweise aber auch erst am folgenden Morgen, da ihre Artillerie in den grundlosen
Wegen entlang der Donau steckengeblieben war, und
machten am Morgen des Montags einen Versuch, den
Marsch gegen Langenau in östlicher Richtung fortzusetzen. Hierbei stieß ihre Vorhut auf französische Regimenter,
mit denen sie sich in ein Gefecht verwickelten, während
man in Elchingen rechtzeitig bemerkte, daß die Hauptarmee des Kaisers im Begriff war, von Süden her die Donau
zu überschreiten und ihnen in die Flanke zu fallen. Der
Vormarsch wurde deshalb aufgegeben und zunächst der
Übergang über die Donau verteidigt, den Marschall Ney,
der künftige Herzog von Elchingen, auf der notdürftig
hergestellten Brücke mit stürmischer Tapferkeit erzwang.
Jetzt gelang es den Franzosen, trotz hartnäckiger Verteidigung Dorf und Kloster Elchingen zu erstürmen, während
sich die Österreicher gleichzeitig von Norden her im
Rücken bedroht sahen. Dies veranlaßte den allgemeinen
Rückzug ihres Heeres auf Ulm, der in Verwirrung und mit
schweren Verlusten ausgeführt wurde. Der größere Teil
ihrer Artillerie, die das Schlachtfeld überhaupt nicht
erreicht hatte, stak noch immer in den schmalen versumpften Wegen zwischen der Donau und den Höhen bei Talfingen und wurde dort die leichte Beute des nachdrängenden
Feindes. Mit der völligen Einschließung Ulms endete einer
der ruhmvollen Tage der französischen Armee, an dem
sich die Tapferkeit der Truppen und das Feldherrngenie
ihres Kaisers gleich bewundernswert gezeigt hatten.

Noch in derselben Nacht verließ der Höchstkomman-
dierende des österreichischen Heeres, Erzherzog Ferdinand, mit General Fürst Schwarzenberg und zweitausend
Reitern die Stadt und erreichte ›glücklich‹ über Nördlingen und Nürnberg sein heimatliches Böhmen.

Entsetzt brachte Gretle am folgenden Morgen vom
Bäcker in der Frauengasse statt eines Brotlaibs die Prokla-

mation des Feldmarschalls von Mack, der seinen Soldaten und den Bürgern von Ulm mitteilte, daß er die wiederhergestellte Festung bis auf den letzten Blutstropfen verteidigen und der erste sein werde, sich bei der zu erwartenden langen Belagerung mit Pferdefleisch zu begnügen. Als sie das hörten, brachen die Zwillinge, die bis jetzt die Schrecken des Kriegs heiteren Gemüts getragen hatten, in lautes Weinen aus und protestierten einmütig gegen eine derartig unmenschliche Fortsetzung des Kampfs. Sie beruhigten sich jedoch, als Gretle weiterlas und sich zeigte, daß bei strenger Strafe den Bürgern anbefohlen wurde, jedem Soldaten täglich gute Hausmannskost sowie ein Maß Bier oder ein halbes Maß Wein zu verabreichen. Da konnten sie ja mitessen, bis der böse Feind abzog, was, wie die Proklamation zuversichtlich versprach, in wenigen Tagen der Fall sein müsse.

Zu Mittag wollte die gute Hausmannskost noch nicht eintreffen. Dagegen erschienen fünf von den sieben Quartiersleuten der Bockelhardts. Sie sahen entsetzlich aus: schwarz von Pulver und über und über mit Schmutz bedeckt, denn sie hatten zwei Nächte auf dem nassen Boden geschlafen. Zwei fehlten; sie seien tot oder gefangen. Die Überlebenden wollten jetzt etwas zu essen und Ruhe haben, Belagerung oder nicht! Gleichzeitig mit dieser Erklärung meldeten sich sechs Jäger, Tiroler, und verlangten Unterkunft. Die alten Quartiersleute machten zwar Anstalt, ihr Haus mit Waffengewalt zu verteidigen, doch kam es zu keinem Zusammenstoß, denn eben als derbe Worte und Flüche am hitzigsten hin und her flogen, krachten Schüsse vom Michelsberg her, Trompeten bliesen selbst im Taubengäßchen, und die sechs Jäger stürzten schimpfend zum Haus hinaus. Von der Frauenstraße her hörte man gleich darauf ein furchtbares Geschrei. Dort hatte die erste Kugel eingeschlagen und lag, nachdem sie aus der Ecke des Baldingerschen Hauses ein Mauerstück herausgeschlagen hatte, mitten auf der Straße, neben einem heulenden Jungen, der von einem Stein getroffen worden war. Überall flüchteten jetzt die Leute über Hals und Kopf in die Keller, und auch im Taubengäßchen wurden die Schrecken des Tags von Kellerloch zu Kellerloch über die Gasse weg besprochen. Eine Stunde später hörte die Beschießung auf, begann aber um fünf Uhr abends aufs neue, so daß die Bockelhardtsche Familie, wie hundert andere, zum zweitenmal den Keller beziehen mußte. Sie begannen jetzt, sich drunten häuslich einzurichten.

Berblinger, der sich in begreiflicher Aufregung in der Stadt herumgetrieben hatte, kam gegen acht Uhr nach Hause, voll von gruseligen Nachrichten: Die Herbelbrücke stehe in hellen Flammen, und die Brücke am Frauentor werde noch heute gesprengt werden, denn alle neuen Schanzen auf dem Michelsberg seien schon jetzt in den Händen der Franzosen. Die Österreicher hätten ihr möglichstes getan und sich glücklich in die Stadt gerettet. Eine Abordnung, an der Spitze der Herr Bürgermeister, sei vom Rathaus zu General Mack abgegangen, um ihn anzuflehen, Leben und Eigentum der Bürger nicht völlig preiszugeben. Der Seifensieder Naumann erzähle, sie hätten den Herrn Feldmarschall bei Tisch getroffen, aber noch kein Pferdefleisch bemerkt. Dagegen sei er sehr verstört gewesen und habe ihnen erlaubt, morgen eine Deputation an den Kaiser Napoleon zu senden und um Schonung zu bitten. Man habe sich deshalb sofort an den Gymnasiallehrer und Zeichenmeister Schreiber gewendet, der von Amts wegen der französischen Sprache mächtig sei. Er weigere sich aber vorläufig mitzugehen, mit der Begründung, daß er wohl in friedlichen Zeiten französischen Unterricht erteile, für den Kriegsfall hingegen nicht angestellt sei.

Der Zeichenmeister ging schließlich doch; die Deputation aber erreichte den Kaiser nicht, da er noch in Elchingen war, sondern wurde auf der Frauensteige von General Ney abgefertigt. Dieser sagte ihnen mit unerwarteter Höflichkeit: Man erwarte, daß sich die österreichische Armee morgen ergeben werde. Die Verhandlungen seien im besten Gang, und da die Stadt, wie der Kaiser wohl wisse, seinem Freund und Verbündeten, dem Kurfürsten Max Joseph von Bayern, gehöre, so habe sie nicht nur nichts zu befürchten, könne im Gegenteil auf möglichste Berücksichtigung ihrer Lage rechnen. Dies war ein großer Trost für die geängstigte Bürgerschaft. Bockelhardt und der ganze Keller konnten nicht begreifen, wie Berblinger diese guten Nachrichten mit allen Anzeichen eines unvernünftigen Zorns nach Hause bringen konnte.

In der Tat verlief der Mittwoch ruhig, abgesehen von dem häßlichen Freudengeschrei, das da und dort die Soldaten ausstießen, wenn sie wieder einen Laib Brot gefunden oder einen Weinkeller aufgebrochen hatten. Man konnte es ihnen kaum verargen; die Leute sahen zu jammervoll aus, und obgleich der Bürgermeister Sautter und der Rentamtmann Mauer wieder Stubenarrest hatten, war es unmöglich gewesen, die verlangten Rationen bis Mittag zu liefern. Es fehlte jetzt so ziemlich an allem, und wer noch etwas zu verstecken hatte, versteckte es. Bei dieser Gelegenheit lernte Bockelhardt den Wert seiner Frau schätzen. Der Tag war für ihr späteres eheliches Leben von dauerndem Einfluß. Er wußte seitdem, daß Kapitulieren unter Umständen eine Pflicht kluger Menschlichkeit sein könne; auch Frauen gegenüber.

Zum größten Erstaunen der Ulmer rückten am folgenden Tag gegen Mittag etliche tausend Franzosen ein, besetzten drei Tore und die Hauptwache und gingen ohne Verzug an die Arbeit, die halbverbrannte Brücke am Herbeltor wiederherzustellen. Auch die Österreicher kamen von den Wällen in die Stadt und suchten ihre alten Quartiere wieder auf. Namentlich machten sich die sechs Jäger, die sich mit den Dragonern verständigt hatten, bei Bockelhardts bequem und ermahnten die Familie, die Wohnung im Keller nicht zu verlassen, da das Schießen mit jedem Augenblick wieder beginnen könne. Die Werkstatt wurde von drei Franzosen besetzt, die den Dragonern lachend die Tür wiesen und sofort freundschaftliche Beziehung zu Gretle anzuknüpfen suchten. Jeder Winkel im Haus war belegt und bildete eine kleine Festung mit feindlicher Besatzung. Berblinger ging mit finsterer Miene aus und ein und wagte nicht, sich weit vom Haus zu entfernen. Er verstand die Franzosen nicht. Etwas Gutes aber war es jedenfalls nicht, was sie an Gretle hinparlierten.

Am Freitag abend wußte man in der Stadt, daß die Übergabe vereinbart war und die ganze österreichische Armee die Waffen strecken werde. General Berthier und Feldmarschall Mack hatten die Bedingungen geregelt und unterschrieben. Man konnte aufatmen, aber es war noch lange ein qualvolles Atmen.

Über die notdürftig wiederhergestellte Brücke am Herbeltor marschierten vom frühen Morgen des 20. Oktober an Regiment um Regiment der Franzosen in die Stadt und durch das Frauen- und Neue Tor nach dem Michelsberg. Dort, entlang dem kahlen Hang des die Stadt beherrschenden Hügels, stellten sie sich auf. Dann erschien der Kaiser, den die österreichischen Offiziere auf der felsigen Anhöhe des Kienlesbergs, einem Vorsprung an der Westseite des Michelsbergs, erwarten mußten. Halb Ulm strömte hinaus, um das unerhörte Schauspiel mit anzusehen. Auch Berblinger, begleitet von seinem Freund, dem Magister Krummacher, folgte dem Zug. Bleich vor Erregung sah er den kleinen großen Mann im einfachen grünen Rock, weißen Beinkleidern und hohen Stiefeln, ein Hütchen auf dem Kopf, umgeben von den ordengeschmückten, goldstrotzenden Generalen von Österreich, hinter ihm die höchsten Offiziere der französischen Armee.

Unmittelbar nach dem letzten französischen Regiment, das durch das Frauentor passierte und rechts nach dem Gaisberg abschwenkte, kam das erste der Österreicher, das Regiment Manfredini, und wandte sich wie alle folgenden nach links, indem es an der langen Reihe der französischen

Reiterei hinmarschierte, die ihnen den Rücken zukehrte. Am Fuß des Kienlesbergs legten sie ihre Waffen nieder und marschierten dann durch das Neue Tor in die Stadt zurück, ein unordentlicher jammervoller Zug von vierundzwanzigtausend Menschen. Regiment um Regiment folgten sich und legten bis gegen Abend nicht weniger als fünfzig Fahnen dem Kaiser zu Füßen.

Der Pestilenziarius, der jeden Stein und Strauch auf dem Michelsberg kannte, hatte Berblinger an der Westseite des Hügels hinauf zu einem Punkt geführt, von dem sie hinter einer Baumgruppe verborgen das ganze Bild fast in nächster Nähe übersehen konnten. Nur mußten sie jetzt ausharren, bis das traurige Schauspiel zu Ende war, weil ihnen durch die Aufstellung des französischen Heers die Rückkehr in die Stadt abgeschnitten war. Bebend wie im Fieber verfolgte Berblinger den weltgeschichtlichen Vorgang. Erinnerungen an Worte seines Vaters, der in der Stille seiner Träume ein echt deutscher Mann gewesen war, stiegen mit aller Macht in ihm auf. Waren sie alle tot, diese Männer? Er hätte weinen können.

Dahin also war es mit Deutschland gekommen. Waren sie auch Österreicher, es waren doch fast alle Deutsche, die dort unten mit leeren Händen, mit schlotternden Knien und gesenkten Köpfen nach der Stadt zurückgingen, und ihr Herr war der Kaiser des deutschen Reichs. Und der andre, der Sieger, stand dort, dem alten deutschen Münster, der alten freien Reichsstadt gegenüber, mit seinem kecken höflichen Lächeln, mit seiner spitzen, scharfen Zunge, mit seinem eisernen Willen und seiner siegreichen Macht. So, rettungslos, ruhmlos mußte das Alte sterben, und wir – wir – wir waren die Alten!

Auch in Krummacher regte sich etwas: alte Erinnerungen an eine vergangene Zeit; doch röteten sie seine gelben Wangen nicht mehr. Wenn etwas, so lag in den müden, schlaffen Zügen Wehmut und Entsagung. Er war ja einer von den ganz Alten und wußte, daß er mit seiner Zeit zu sterben hatte. Dort unten begruben sie auch ihn mit aller militärischen – Schmach.

Sie sprachen während des langen trüben Tags nur wenige ernste Worte. Der Alte sah keinen andern Ausweg, der Junge *wollte* noch nicht sterben. Aber auch er sah keine Rettung vor den blitzenden Bajonetten, vor den funkelnden Säbeln und Kürassen, die dort unten in fast unübersehbaren Reihen paradierten. Und es war nicht einmal das; es war der kleine Mann, der dort auf dem weißen Pferd saß. Aus war es mit dem großen Vaterland, von dem seit einem Jahrtausend da und dort ein großer Deutscher geträumt, das hier und da seine mächtige Gestalt über alle Völker erhoben hatte. Es war dahin; ein Schatten ohne Blut.

Dort unten stand er noch immer neben dem Kaiser, der Feldmarschall von Mack, in seiner goldstrotzenden Uniform, trüben Blicks und bleich genug.

Dabei schoß es dem armen Schneidergesellen mehr als einmal heiß in die Schläfe, wenn wieder ein halbes Dutzend Fahnen sich gleichzeitig vor dem kleinen Mann neben dem General neigten. Wie es dann pochte!

Hatte der Schatten wirklich kein Blut mehr?

Endlich hatte der letzte Trainsoldat Säbel und Muskete abgelegt und war seinen Kameraden nachgehumpelt. Sobald es möglich war durchzukommen, verließen die beiden ihren wohlversteckten Spähwinkel und gingen ungehindert durch das Neue Tor in die Stadt. Alle entwaffneten Österreicher und die französischen Regimenter des linken Flügels waren bereits abmarschiert und suchten ihre Quartiere auf, soweit sie solche bekommen konnten. Langsam und trübselig gingen Krummacher und Berblinger über den Münsterplatz, als ob sie selbst die Gewehre gestreckt hätten. Vorwurfsvoll sah der Junge an dem Münsterturm empor, der von den Wachtfeuern auf dem Platz gespenstisch beleuchtet war. Der Magister begleitete den Gesellen bis an die Tür seines Hauses und drückte ihm dort schweigend die Hand. Die des Jungen war fieberheiß und zitterte. Der Pestilenziarius sagte, er solle sich's nicht zu sehr zu Herzen nehmen. Menschen und Völker entgingen ihrem Lose nicht, und der Tod sei der Sünde Sold. Gott werde wissen, was er damit wolle. Wir hier unten hätten uns zu bescheiden und das Unabwendbare zu tragen.

War das ein Trost?

Ohne zu antworten schlüpfte Berblinger in das Haus.

Auf der Treppe hörte er plötzlich lautes Schreien – das waren die Zwillinge! – Dann ein Schrei – und noch einer! – Das waren die Zwillinge nicht.

In drei Sätzen war er oben und riß die Stubentür auf. Nur der matte Schein der Küchenlampe erhellte das Zimmer. Im ersten Augenblick sah er nichts; dann dort hinten am Arbeitstisch Gretle, die sich in den Armen eines der französischen Jäger wand. Der Mann drückte sie gegen den Tisch. Es schwamm Berblinger rot vor den Augen, und die alte Erinnerung, die ihn den ganzen Tag verfolgt hatte: seine Mutter gegen die Wand der Bretterhütte gedrückt, um ihr Leben, um ihr alles ringend, stieg wieder in ihm auf, als sei es gestern geschehen, als geschehe es jetzt – jetzt vor seinen Augen. Ohne zu denken, was er tat, ohne zu wissen, was geschah, sprang er vorwärts. Im Sprung faßte er eines der drei Bügeleisen, die wie immer auf dem Ofen standen, an dem er vorüberflog. Das Aufreißen der Türe, ein Schrei wie der eines wilden Tieres hatten den Soldaten aufgeschreckt. Er wandte sich um mit sprühenden Augen, mit dem von Leidenschaft geröteten Gesicht. Aber schon flog das schwere Eisen durch die Luft und traf ihn mitten auf die Stirne.

Er stürzte vorwärts und zu Boden. Da lag er wie ein gefällter Stier, regungslos, ohne zu zucken.

Auch Berblinger stand da, ohne sich zu rühren, und starrte auf den großen leblosen Mann zu seinen Füßen. Die

Zwillinge, die am Tisch vor ihrem Haferbrei saßen, waren vor Schrecken wie versteinert. Die Tür stand weit offen. Unten auf der Treppe hörte man jetzt Leute reden und das Öffnen und Schließen des Haustors.

Gretle, die auf einen Stuhl am Arbeitstisch gesunken war, sprang auf.

»Fort!« flüsterte sie. »Um Gottes Barmherzigkeit willen: fort! Ich habe keine Angst. Fort!«

Sie drängte ihn nach der Türe, hinaus auf die finstere Flur bis an die Treppe. Von unten kam es herauf: langsame, schwere Tritte.

»Fort, fort!« bebte es von ihren Lippen, die ein letzter heißer Kuß zu schließen suchte. So hatten sie sich noch nie geküßt.

»Gott schütze dich! Gott schützt uns alle!« klang es leise und heiß in seinen Ohren.

Dann glitt er die Treppe hinunter, fast unhörbar, vorbei an vier von den Österreichern, die schweigend und waffenlos in ihr Quartier zurückkehrten. Sie bemerkten ihn kaum.

»Gott sei Dank!« flüsterte er inbrünstig, während er die Haustür hinter sich schloß. »Es waren wenigstens die Tiroler. Es sind Deutsche!«

20
Ein gefährliches Asyl

Trotz der Betäubung, in der Berblinger aus dem Taubengäßchen auf den Marktplatz hinaustrat, bemerkte er
sofort, daß er nicht nötig hatte, seine ziellose und halb
unfreiwillige Flucht zu überstürzen. Ein Getümmel, wie
es Ulm nie erlebt hatte, schien ihn zu verschlingen. Österreicher aller Waffengattungen, aber waffenlos, in zerlumpten Mänteln und zerrissenem Schuhzeug, französische Reiter, rücksichtslos durch die Menge trabend,
Fußvolk, hier mit geschulterten Gewehren in Kolonnen
marschierend, dort in aufgelöster Ordnung, jedoch meist
in großen Haufen, schwatzend und gestikulierend, die
einen stürmisch an verschlossenen Haustüren pochend,
die andern bemüht, mitten auf der Straße Feuer anzuzünden. Aus der Ferne hörte man Trommelwirbel und Horn-
signale, in der Nähe das dumpfe Summen, ähnlich dem
eines großen Jahrmarktes, dazwischen lautes Lachen,
öfter noch Flüche und rauhe, befehlende Scheltworte.
Wunderlich mischte sich das schnarrende R der Franzosen mit den gutmütigen O- und U-Lauten der Österreicher. Durch das niedere altertümliche Rathaustor wimmelte es ein und aus wie bei einem Bienenkorb; vor der
benachbarten Hauptwache stand eine Kompagnie französischer Grenadiere, Gewehr im Arm, starr und stumm
wie Bildsäulen; in der Richtung des Münsterplatzes hing
ein trüber rötlichgelber Dampf über den schwarzen
zackigen Hausgiebeln. Niemand würde in diesem
Tumult den kleinen Gesellen gestellt haben, wenn er
sechs Franzosen gefällt hätte.

Ohne sich bewußt zu werden, wohin er wollte, wandten
sich seine Schritte gegen das Münster. In dem düsteren,
abgelegenen Brautgäßchen, durch das nur wenige Leute
rennenden Schritts neben ihm her liefen, bemerkte er die

kleine, gebückte Gestalt, die ihm vorschwebte, seitdem er sich von Gretle losgerissen hatte. Nur der Magister Krummacher ging langsam, mit tiefgesenktem Kopf in derselben Richtung, vermutlich seiner Wohnung zu. Berblinger berührte seine Schulter mit der Hand; aber es war noch immer Zorn, nicht Furcht, was ihn bewegte. Der Pestilenziarius fuhr erschrocken in die Höhe:

»Was ist geschehen, Brechtle? Wie siehst du aus!«

›Hab' ich schon das Kainszeichen auf der Stirn?‹ flog es durch den Kopf des Jungen. ›Ich will's tragen und mich nicht schämen.‹ Dann flüsterte er mit heiserer Stimme: »Ich glaube, ich hab' einen Franzosen totgeschlagen. Ich hoff' es!«

»Brechtle, um Gottes willen – ich glaube, du bist verrückt«, rief der Magister und drängte ihn in den Schatten einer Türnische.

»Nicht weit davon«, sagte der Geselle bitter. »Er war über mein Gretle her. Das Bügeleisen kam mir in die Hand und ein Gedanke in den Kopf – Sie wissen – aus alter Zeit, in Ochsenwang – da war's geschehen. Wir haben's in der letzten Zeit tagelang gesehen: Gott lenkt die Kugeln. Ich denke, er lenkt auch die Bügeleisen.«

»Das tut er, Brechtle«, sagte der Pestilenziarius mit einem Male ganz ruhig, »aber jetzt ist's an uns, etwas zu tun: zu laufen.«

»Aber wohin?«

»Durch die Tore und über die Wälle kommt heute nacht keine Maus«, überlegte Krummacher. »Die Franzosen haben alles besetzt von wegen ihrer Gefangenen. Bei mir ist's nicht sicher. Das Stübchen ist zu klein, und man hat zu oft gesehen, daß du dort ein und aus gehst. Wenn sie dich suchen, kommen sie zu mir. – Aber – ja, das geht – ich weiß ein Versteck, wo dich niemand vermutet. Komm! Schnell!«

Er zog ihn hastig weiter.

»Und Gretle?« fragte der Geselle, sich sträubend und plötzlich von einer peinigenden Angst übermannt.

»Ist er tot, der Schuft?« fragte der Pestilenziarius dagegen.

»Er rührte sich nicht mehr.«

»Nun also! Heute nacht fragt niemand, ob eine Leiche mehr oder weniger in Ulm liegt. Am Frauentor kannst du zwanzig sehen, von vorgestern her, unbegraben. Gretle weiß sich zu helfen, und morgen wird Gott helfen. Schneller, Brechtle, schneller!«

Sie eilten weiter. In unzusammenhängenden, hastigen Worten erzählte Berblinger den Vorgang, soweit er sich erinnerte. Er erschien ihm selbst wie ein Traum.

Sie schlichen jetzt an der Südseite des Münsters hin, ohne sich bei Krummachers Häuschen aufzuhalten. Über dem Münsterplatz und seinem Gewimmel wogte der blutrote Rauch von einem Dutzend hochlodernder Wachtfeuer.

Der Turm, dessen unteren Teil mit dem prächtigen Portal eine fahle Helle gespenstisch beleuchtete, verlor sich nach oben in schwarze Nacht. Es war ein schaurig-ernstes Bild; aber sie hatten keine Zeit, schaurig-ernste Bilder zu betrachten.

Die Türe des Mesnerhäuschens stand halb offen. Der geistliche Schuster war wohl auf dem Platz draußen, um sich das tolle Treiben anzusehen. Sie traten ein. Es war stockfinster, aber der Pestilenziarius war hier zu Hause. Er wußte, daß auf dem Fenstersims eine Laterne und Feuerzeug stand, und schlug Licht. Dann schlüpften sie durch das Hintertürchen, das in das Innere des Münsters führte, wandten sich rechts und begannen die steile Turmtreppe hinaufzuklettern.

Beim ersten Absatz, auf der Galerie über dem Dach, welches das Portal schützt, hielten sie still und sahen aufatmend hinab auf das dämonische Getümmel zu ihren Füßen, die Hunderte wilder fremdartiger Gestalten, die sich zwischen den qualmenden Feuern bewegten, das dumpfe unaufhörliche Murmeln der Menge, da und dort lautes Geschrei, kurze Trommelwirbel und das Klirren der Waffen, als ob man Ketten schleifte.

»Da unten«, sagte der Pestilenziarius nach langem Schweigen – »da unten treibt der Satan sein Wesen. Hier oben bist du sicher, solange der alte Gott noch lebt. Es ist sein Haus. Komm!«

Sie stiegen weiter. Als sie aus der Wendeltreppe heraus auf die damals höchste Plattform des Turms traten, auf der sich die Wächterwohnungen befanden, sahen sie im matten Licht der umschleierten Mondscheibe auf einem der vorspringenden Erker eine Gestalt, die weit über die Brüstung sich vorbeugend nach unten blickte. Berblinger erkannte den Türmer sofort, der in seinem fast mittelalterlichen, pelzverbrämten Mantel und mit dem langen schneeweißen Bart genauso aussah wie vor vier Jahren, als er ihn zum letztenmal gesehen hatte. Dagegen schien ihn Lombard, der sich aufrichtete und den Pestilenziarius ohne ein Zeichen der Verwunderung begrüßte, nicht mehr zu erkennen.

»Ich dachte mir's«, sagte er mit einem feinen Lächeln in den bleichen Zügen. »Es wird den Leuten da unten zu unruhig. Das treibt sie herauf, um eine Stufe höher. Ist mir auch so gegangen. Nur Esel bleiben ewig unten; euer Generalfeldmarschall zum Beispiel. Er hätte von hier aus seine Truppen bei Elchingen laufen sehen können.«

»Kennen Sie den jungen Berblinger nicht mehr?« fragte der Pestilenziarius.

»Den Brechtle, den kleinen Aeronauten?« rief der Türmer sichtlich erfreut. »Er hat mich so lange sitzenlassen, der Bursche, daß er mir aus dem Gedächtnis hinausgewachsen ist, und ist mir doch verwandt wie ein leibliches Enkelchen. Er kommt auch heute nicht zum Spielen. Die Zeiten sind nicht danach. Seht nur einmal hinunter!«

»Wir kommen aus dem Hexenkessel«, sagte der Magister, »und suchen bei Ihnen Schutz und Hilfe.«

»Die hatte ich selbst nötig fast mein ganzes Leben lang

und fand sie hier oben. Der alte Münsterturm wird sie einem Ulmer Kind nicht versagen. Was ist los mit dem Jungen?«

Der Pestilenziarius erzählte, was sie heraufführte.

»Weibergeschichten sind nicht meine Sache«, sagte der Türmer mit gefalteter Stirne. »Wir haben Gescheiteres in der Welt zu tun, wenn wir wollen, und ich hab' sie sie seit sechzig Jahren abgeschworen. Aber du hast einen guten Fürsprecher, Junge, und ich bin euch Ulmern einen Dank schuldig. Auch macht sich's, als ob es die Vorsehung geplant hätte. Vorgestern haben sie meinem jüngsten Hilfswächter am Frauentor ein Bein abgeschossen. Er wollte mit Gewalt dabeisein. Nun hat er's! Für den kann er eintreten, solang es nötig ist; kein Hahn wird nach ihm krähen. Kannst du acht Stunden lang wach bleiben, Junge?«

Berblinger küßte die dünne weiße Hand des Alten. Es war ihm ganz feierlich zumute. Er hatte sich vier Jahre lang danach gesehnt, dem Turmwart wieder einmal zu begegnen. Der Pestilenziarius trippelte unruhig hin und her.

»Ich sah keinen andern Ausweg. Gott schütze den Jungen!« dachte er halblaut.

»Die Türmerei ist nie für ein ehrlich Handwerk erachtet worden, seit uralten Zeiten«, fuhr Lombard fort. »Man rechnet uns in eine Klasse mit Henkern und Abdeckern. Das hat auch sein Gutes, wenn man dabei den Kopf oben behält, und dies gibt sich fast von selbst. Man sieht von oben herunter zuviel von Spitzbüberei und Torheiten, mit denen sich die ehrsamen Leute durchs Leben schlagen. Herrgott! was hab' ich seit den letzten acht Tagen nicht alles gesehen! Wie sie sich die Schädel einschlugen! Wie sie sich von der Erde wegfegten – Leute, die sich in ihrem ganzen Leben nichts Böses getan hatten! Blut ist das Schlimmste nicht. Dir ist wund und weh, Brechtle, von wegen deines Bügeleisens. Wenn der Kaiser Napoleon dort drüben in Elchingen so dächte, wo blieben da eure großen Männer und die ganze Weltgeschichte? Ohne Blut geht's nicht ab, nicht bloß im Krieg. Mach dir nicht zuviel daraus, sonderlich wenn es einmal dein eignes sein sollte. Weibergeschichten, das freilich ist das Dümmste. Aber du bist noch jung, Brechtle, viel zu jung, um aufgeknüpft zu werden. Sei ruhig; wir wollen dich schon durchkriegen.«

Berblinger hörte dem Alten kaum mehr zu, als er fortfuhr, sich über ›Weibergeschichten‹ auszulassen.

»Und Gretle, Gretle – drunten bei Bockelhardts?« fragte er halblaut, sich an Krummacher wendend. Dieser ergriff die Laterne, die er auf den Boden gestellt hatte.

»Eine ruhige Nacht ist's nicht«, sagte er. »Sie wird wissen wollen, wo du untergeschlupft bist; aber sei nicht bange und schlafe nicht ein. Mehr hast du hier oben nicht zu tun, und unser Herrgott lebt noch, auch unten.«

Er hatte seit Jahren nicht so munter und tatenlustig ausgesehen, der alte Pestilenziarius, als in dem Augenblick, in dem sein gutes, häßliches Gesicht unter der sich schließenden Falltüre verschwand, die er sich vorsichtig selbst über den Kopf zog.

Lombard brach jetzt das Gespräch kurz ab und zeigte seinem neuen Hilfswächter ein Kämmerchen in dem wunderlichen Bau auf der Plattform, welcher ursprünglich die Fortsetzung des Turms gebildet hatte, jetzt aber die Wohnung der Turmwächter enthielt. In dem kleinen Gelaß standen zwei Bettstätten, von denen eine dem Gesellen als sein Lager angewiesen wurde.

»Leg dich schlafen!« sagte der Türmer. »Du sollst morgen von acht bis vier Uhr deine erste Wache tun. Auch bei Tag mußt du hierfür frisch und munter sein und die Augen aufmachen können. Die Stadt ist zur Zeit ein Pulverfaß und läßt uns keine Ruhe, wenn wir hier oben auch nicht viel nutzen können. *Per dio!* Sie würden trotzdem die Köpfe schütteln, wenn sie da drunten wüßten, daß ein Schneider ihre Stadt bewacht und dazu ein Mörder. – Zwei

Mörder«, fügte er halblaut hinzu, während ein böses, höhnisches Lächeln über seine Züge flog, die sonst so ernst und würdig, fast wohlwollend dreinsahen.

Berblinger schlief in seiner ersten Nacht auf dem Turm kaum viertelstundenlang. Es war nicht das dröhnende Schlagen der Turmuhr und das unheimliche Rasseln des Uhrwerks, das ihn immer wieder aufschreckte, nicht das Murmeln und das schneidende »*Qui vive!*« von unten, das die ganze Nacht nicht zur Ruhe kommen wollte, nicht das Rauschen und Brausen des Winds, der sich gegen Morgen erhoben hatte und um die Fialen und Krabben, das freistehende Stabwerk und die fratzenhaften Wasserspeier des Baues pfiff und kreischte, dröhnte und klatschte, als ob hundert Gespenster im Gemäuer rumorten, nicht der Gedanke an seine Lage, mit einem Totschlag auf dem Gewissen und einem Strick um den Hals; es war Gretle und immer wieder Gretle, die er, wenn auch halb gezwungen, in der Not verlassen hatte und die neben dem toten Mann erwarten mußte, was ihr das Schicksal bestimmt hatte. Er war nahe daran, aufzuspringen und sein sicheres Versteck zu verlassen. Einmal kam er bis an die nach unten führende Falltreppe, fand sie aber verriegelt, und Lombard, der seinen Umgang auf der Plattform antrat, schickte ihn ernstlich böse in seine Kammer zurück. Was hätte es auch genutzt? Was konnte er ausrichten im Tumult von hundert Feinden, die den Erschlagenen von ihm gefordert hätten?

Der ältere Hilfswächter, mit dem Berblinger das Kämmerchen teilte, ein stummer, grämlicher Mann, ließ sich mit Mühe überreden, eine zweite Nacht mit seinem neuen Kollegen zuzubringen. Ein Wächter müsse seine Ruhe haben, meinte er, und bei dem Neuen sei es im Kopf nicht richtig. Erst nach der zweiten Nacht war er bereit, zuzugeben, daß auch Berblinger schlafen könne wie ein Christenmensch.

Es war dies die Folge eines Tags, der den jungen Gesellen einigermaßen beruhigt hatte. An traurigen und aufregenden Eindrücken war er noch immer reich genug, doch ging die schwerste Unglückszeit Ulms allmählich ihrem Ende entgegen. Schon am frühen Morgen, während Lombard seinem neuen Gehilfen die ersten Anweisungen erteilte, bemerkte man in den Gassen der Stadt eine lebhafte Bewegung. Verirrte Trüpplein der scheinbar ziellos umherwandernden Österreicher ballten sich in größere Haufen zusammen. Auf dem Münster- und dem Marktplatz, auf dem Juden- und dem Weinhof, wo immer sich ein freier Raum fand, sammelten sich die entwaffneten Soldaten. Gegen Mittag begann die gefangene Armee in langen, trübseligen Zügen, von Zeit zu Zeit unterbrochen von einer Kompagnie französischer Infanterie, durch das Frauentor die Stadt zu verlassen und auf der Stuttgarter Straße ihren Marsch nach Frankreich anzutreten. Vom Michelsberg herab näherten sich dafür französische Regimenter mit fliegenden Fahnen und klingendem Spiel, die während der Nacht dort oder auf den Wällen biwakiert hatten. In glänzendem Zug ritt durch das Neue Tor der Feldmarschall Ney, der neue ›Herzog von Elchingen‹, der noch vor Abend sein Hauptquartier von Söflingen nach Ulm verlegte. Der Kaiser selbst blieb in Elchingen, inmitten des Schlachtfeldes, auf dem er Ulm eingenommen und die österreichische Armee gefangen hatte.

Unmittelbar nach diesen weltgeschichtlichen Zwischenspielen erschien der Pestilenziarius mit einer Miene, die nicht zu dem Jammer passen wollte, der so sichtlich über der vielgeplagten Stadt lag. Er war offenbar eine der Eulenspiegelnaturen, die lachen, wenn es hart bergauf, und weinen, wenn es behaglich bergab geht. Diesmal brachte er in der Tat gute Nachrichten. Der Franzose sei nicht tot, aber vielleicht auf Monate völlig unschädlich, berichtete er. Der Mann habe die Nacht auf Bockelhardts Arbeitstisch zugebracht, sei allerdings nicht zu sich gekommen, habe aber ruhig geatmet und ganz zufrieden ausgesehen. Am frühen Morgen habe ihn der Doktor Bühler, der Spitalarzt, untersucht, einen leichten Schädelbruch festgestellt und ihn von seinen Kameraden nach dem Fundelhaus bringen lassen, wo ein provisorisches Lazarett eingerichtet worden sei. Dort werde er sorgfältig gepflegt, und zwar von Gretle. Dabei legte Krummacher die Hand sanft auf Berblingers Schulter, da dieser die Fäuste ballte und aufzuspringen drohte; Gretle pflegte auch ein Dutzend anderer Verwundeter, meistens Deutsche, die gestern von Talfingen hereingebracht worden seien. Die Stadt sei überfüllt von zerschossenen Leuten und der Mangel an Pflegerinnen erbarmungswürdig. So habe er den Vorschlag gemacht, Gretle, die im Fundelhaus von früheren Jahren her gar wohl bekannt und gelitten sei, da zu behalten. Sie habe eine Stube für sich, das heißt zusammen mit zwölf Schwerverwundeten, meist Niederösterreicher und Steiermärker, darunter aber auch ihr eigener Franzose. Man könne in der Tat ganz beruhigt sein. Nach des Pestilenziarius Ansicht habe das Bügeleisen mehr gelitten als der Mann. Er habe überdies versprochen, vor Abend wieder nachzusehen, ob alles in richtigem Gang sei, und Gretle Nachricht von ihrem Turmwächter zu bringen. Schon jetzt sei es ihr ein wahrer Trost, wenn sie nachts die Viertel schlagen höre, wie schön ihr Brechtle drauflos hämmere.

Der Junge hatte den Pestilenziarius bleich vor Erregung begrüßt und dieser, um ihn aufzurichten, sich in eine förmliche Scherzlaune hineingeredet. Immerhin sei es sicherer, schloß er ernsthaft, wenn Berblinger seine Stelle als zweiter Gehilfe des Turmwarts beibehalte, bis sich die Dinge in der Unterwelt geklärt hätten. Vorläufig habe das Kommando des 105. Regiments das Bügeleisen bei der kurpfalzbayrischen Polizeidirektion hinterlegt und verlange die Auslieferung des Verbrechers. Da aber die kurpfalzbayrische Polizeidirektion keine Ahnung davon habe, wer der besagte Missetäter sein dürfte, auch sonst mit Geschäften überhäuft sei und in ihrer Kanzlei niemand mehr wisse, wo ihm der Kopf stehe, könne die Sache in Vergessenheit geraten, sobald die Franzosen abgezogen seien. Dies, höre man allseitig, müsse in den nächsten Tagen geschehen, da selbst der Kaiser schon nach Augsburg aufgebrochen sei. Dann könne man hoffen, für Berblinger einen Paß oder ein ordnungsgemäßes Wanderbuch ausgestellt zu bekommen, mit dem er sich unverzüglich und in aller Stille auf die Strümpfe machen sollte, wenn möglich nach Österreich oder ins Preußische. In drei bis vier Jahren dürfte die kurpfalzbayrische Polizeidirektion alle Akten verloren haben, die ihm schaden könnten. Auch dürfte man bis dahin völlig französisch geworden sein, was traurig, aber vielleicht das beste wäre.

Dabei blieb es für die nächsten acht Tage. Berblinger versah seinen Wachdienst, acht Stunden täglich, mit Geschick und Gewissenhaftigkeit, schlug namentlich nachts die Viertelstunden aus vollem Herzen und hoffte bei jedem Schlag, daß Gretle, die ja auch manche Nacht durchwachen mußte, bemerken werde, wie er mit aller Macht an sie denke. Daß er in seinem Diensteifer häufig um fünf bis zehn Minuten zu früh den Hammer schwang, beachtete in den unruhigen Zeiten niemand außer Lombard, der es ihm lächelnd hingehen ließ und höchstens sein ›Weibergeschichten‹ brummte. Das war das Motiv, dem er alle Unordnung auf Erden zuschrieb. Löblicherweise machte sich der Geselle schon am dritten Tag daran, das Schlagwerk der Turmuhr, das seit Jahren außer Tätigkeit gesetzt worden war, weil es sich in der verrücktesten Weise benommen hatte, wieder in Ordnung zu bringen. Dies rief allerdings unten in der Stadt zunächst große Verwirrung hervor, so daß der Stadtkommandant, General Labassée, herauffragen ließ, ob da oben der Teufel los sei; worauf die Reparaturversuche eingestellt werden mußten.

Obgleich dem Magister das Turmsteigen sichtlich sauer fiel, blieb er in seinem Nachrichtendienst unermüdlich

438

und erschien täglich mit dem Neuesten aus Stadt und Fundelhaus: Onkel Schwarzmann sei der Vorsitzende eines Beirats geworden, der die Beziehungen zwischen Stadt- und Militärbehörden zu regeln habe, und nehme bei Professor Schreiber täglich eine französische Stunde, die ihn, wie er behaupte, ganz dumm mache. Die Fräulein Töchter dürften bei Tisch nur noch französisch parlieren, weshalb es vorläufig ungewöhnlich schweigsam zugehe. Eins habe der Herr Onkel übrigens schon herausgeschlagen: die Erlaubnis, das Ordinarischiff wieder wöchentlich einmal wenigstens bis Passau abzulassen. Der Herr Staatsrat Baldinger sei mit all dem im höchsten Grad unzufrieden und gedenke seine Tochter bei der nächsten Gelegenheit zu einer Tante nach Wien zu schicken, sobald dies mit Sicherheit geschehen könne.

Gretle sei die beste Krankenpflegerin in Ulm, und Doktor Bühler wolle sie um keinen Preis mehr ziehen lassen, ehe der letzte Franzose und Österreicher entlassen seien. Er habe sogar Frau Bockelhardt nun schon zweimal siegreich abgeschlagen, die ihre Nichte reklamiere, da sie mit den Zwillingen nicht allein fertig werde. Dem Franzosen – ›unserm‹ Franzosen – gehe es mit jedem Tag besser, so daß er bereits, trotz des zersprungenen Schädels, kleine Scherze mache. François besuche ihn täglich und sei der allgemeine Hospitaldolmetsch. Der Franzose sei der liebenswürdigste Verwundete im Haus und voll Dankbarkeit gegen den Pestilenziarius und Gretle. – Diese Mitteilung empfing Berblinger nicht mit der erwarteten Befriedigung. – Mit dem Wanderbuch werde es keinen Anstand haben, sobald die Franzosen abgezogen seien. Der Aktuar Bührlen, der von der Sache mehr wisse, als gut sei, erkläre sich bereit, Berblinger, von dem er schon aus Blaubeuren Rühmliches gehört habe, fortzuhelfen, aber es brauche eben alles seine Zeit. »Geduld, Brechtle, Geduld! Das ist das A und O aller Lebensweisheit«, schloß der Pestilenziarius. »Drunten in der Stadt schleichen Hunger und Elend noch immer von Haus zu Haus. Danke deinem Schöpfer, daß du hier oben sitzt, und mache keine Dummheiten.«

Dabei sah er ihn mit einem sorgenvollen, fast ängstlichen Blick an, der nicht zu dem scherzhaften Ton paßte, den er sich in diesen traurigen Tagen fast angewöhnte. Der Sturm, der in der Stadt alles aus den Fugen riß, hatte auch ihn aus dem gewohnten Gleis geworfen. In Berblinger begann sich das Gefühl zu regen, daß sein väterlicher Freund allzusehr um ihn besorgt war. Was wollte er eigentlich mit diesen ängstlichen Blicken und den Winken, wenn Lombard ihnen den Rücken kehrte?

Daß ihn der Turmwart mit jedem Tag mehr anzog, war unleugbar. Bei Tag sprachen sie selten zusammen. Der alte Herr hatte trotz seines abgetragenen, altertümlichen Anzugs etwas so Vornehmes, daß ihm jedermann mit einer gewissen ehrerbietigen Scheu begegnete. Den größeren Teil seiner Zeit brachte er in einem der vier Stübchen zu, welche die Türmerwohnung enthielt. Berblinger hatte noch keine Gelegenheit gehabt, in dieses Gemach einzutreten, dessen Türe von innen oder außen stets verschlossen war. Nur einigemal bemerkte er durch das sich öffnende Pförtchen, daß es einen kleinen Herd enthielt und auf zwei Tischchen Kolben und Retorten und wunderliche Geräte verschiedener Form scheinbar wirr durcheinanderstanden. Es machte den Eindruck des Laboratoriums eines Alchimisten.

In der Klosterbibliothek zu Blaubeuren hatte der Junge ein an einer Kette liegendes Buch gesehen, auf dessen Titelblatt eine derartige Werkstätte abgebildet war. In einem Anhang dieses Buches, der größer war als sein Hauptteil, wurden alchimistische Fragen erörtert. Er hatte in diesem Anhang stundenlang heimlich geblättert. War es möglich, Metalle umzuwandeln, Gold zu machen? fragte das Buch. Bis jetzt sei es in glaubwürdiger Weise noch nirgends geschehen, war die Antwort. Alle Erzählungen von

440

gelungenen Versuchen ließen sich bezweifeln und hatten jedenfalls keine weiteren Folgen gehabt. Überall sei es Landesgesetz, daß sowohl das künstlich hergestellte Gold als auch der Goldmacher dem Landesherrn verfallen sei, aber kein Landesherr habe sich je eines erfolgreichen Goldmachers bemächtigen können. Ebensowenig ließe sich jedoch beweisen, daß es nicht möglich sein sollte, Kupfer, Blei oder andre Stoffe in Gold zu verwandeln, denn das Wesen dieser Stoffe kenne nur der, der sie aus nichts geschaffen. Dabei aber stehe dem Menschen wie billig der Verstand still, den er diesem selben Schöpfer verdanke. Hunderte gebe es, die noch heute einen gangbaren Weg suchten, das Mirakulum zu praktizieren. – Etwas derart ging wohl auch in dem Stübchen vor sich, aus dessen halbgeöffnetem Fenster manchmal eine Dampfwolke drang, die bedenklich nach Schwefel und Salpeter roch. Kein Wunder, daß es die Hilfswächter schon längst ›die Hexenküche‹ getauft hatten und es nicht betraten, auch wenn die Tür zufällig unverschlossen geblieben war.

Am siebenten Tag, den Berblinger auf dem Turm zubrachte, hatte er von vier Uhr bis Mitternacht die letzte Wache des Tags. Einem nebligen Novemberabend folgte eine dunkle, aber sternhelle Nacht. Der Mond ging erst gegen Morgen auf. Die Stadt selbst war in einem tief herabgedrückten Nebelmeer begraben, aus dem der Turm und ein Teil des Münsterdachs wie eine Insel hervorragten. Es war allmählich ruhiger geworden dort unten. Der größte Teil der Franzosen war nach Augsburg und München abgezogen, der Rest sollte in wenigen Tagen folgen. Der Geselle blickte gedankenvoll, aber aufmerksam auf das nächtliche Bild: hinunter in die wallende, nebelgefüllte Tiefe, in der da und dort ein rötliches Lichtchen flimmerte, hinauf in das sternbesäte Himmelsgewölbe. Dazwischen schwebte fast in seiner eignen Höhe träg und bedächtig eine Eule an ihm vorüber. Ein Flügel des Tiers, das die regungslose Gestalt des Wächters für ein Steinbild halten mochte, hatte sein Gesicht fast gestreift. So kam es, daß seine Gedanken wieder einmal die Richtung verfolgten, die sie auf dieser Höhe so oft genommen hatten: ›Wie einfach wäre jetzt alles, wenn ich Flügel hätte! Wie einfach ist es für die Eule, ihr Futter zu suchen oder ihren heimlichsten Geschäften nachzugehen. Sie bewegt sich kaum und wiegt sich so sicher über der schwindelnden Tiefe, als ob es keine Schwerkraft gäbe. Warum sollte es uns nicht möglich sein, zu tun, was das dumme Tier fertigbringt ohne zu denken, fast ohne sich zu bewegen. Und in der ganzen Welt rührt sich's. Gedanken steigen auf an tausend Orten, in tausend Köpfen, und diesen einen großen Gedanken sollte niemand auszudenken imstande sein?‹

In diesem Augenblick unterbrach ihn ein schwerer dumpfer Knall. Lombard hatte noch Licht in seinem Stübchen gehabt, das plötzlich erloschen war; dafür drang eine gelbliche Dampfwolke aus dem halbgeöffneten Fenster, und wenige Sekunden später kam auch er, rascher, als er sich sonst zu bewegen pflegte, auf die Plattform heraus. Er sah Berblinger und ging auf ihn zu. Dieser bemerkte zwei rote Flecken auf seinen bleichen Wangen und große Schweißtropfen auf seiner Stirn. Seine Hände zitterten, als er die Arme auf die Steinbrüstung legte und dann eine Zeitlang schweigend in die Ferne starrte.

»Es war zu heiß dort drinnen!« begann er endlich, als ob er sich entschuldigen wollte. »Nichts Neues, Berblinger?«

»Nichts. Alles schläft«, versetzte der Geselle. »Sie werden mich bald fortschicken müssen. Die Welt da drunten wird mit jeder Nacht ruhiger.«

»Das scheint nur so«, versetzte Lombard. »Es regt sich überall. Da unten die Stadt, da magst du recht haben, die schläft. Aber wenn wir sehen und hören, wenn wir fühlen könnten, wie sich's in der ganzen Menschheit reckt und streckt; selbst in einer Nacht wie heute, ohne Wärme und Licht; wie sich's regt in der großen Natur, die sich beständig wandelt und nur schläft, um neu zu erwachen; in tausend Geistern, in denen immer Neues erwächst. Es gibt nichts Neues unter der Sonne, sagen Narren. Es gibt keinen Tag im Reich der Geister, an dem nicht etwas Neues geschaffen wird.«

»Das ist die Allmacht Gottes«, sagte Berblinger.

»Gottes? Weißt du, was du sagst? – Sage: der Geister; des Geistes. Darin liegen geheimnisvolle Kräfte, die aus nichts schaffen und die niemand leugnen kann, der bei Sinnen ist; denn selbst zum Leugnen braucht er den Geist, den er leugnet. Daß man sie fassen, sie zwingen könnte – diese Kräfte. Seit Jahrhunderten versuchen wir's, müssen uns mit den bescheidensten Anfängen begnügen und gehen mit blutenden Füßen in der Irre. Aber das macht nichts. Wir werden größer, klüger, vielleicht weiser werden, und es lohnt sich, dafür zu bluten.«

Er trocknete lächelnd mit seinem Taschentuch das Blut ab, das, wie Berblinger jetzt erst bemerkte, von seiner Hand tropfte.

»Sie haben sich verwundet!« sagte er erschrocken.

»Glassplitter, nicht der Rede wert«, versetzte der Türmer. »Da hat einer einmal das Pulver erfunden. Damit hat ein böser Dämon sein Spiel getrieben, und wir haben in den letzten Tagen gesehen, was daraus geworden ist. Ein Werkzeug für Haß und Mord. Es hätte die größte Erfindung der Welt werden können, denn im Pulver liegt Kraft, und in der Kraft liegt alles, was wir Menschen brauchen.«

»Alles?« fragte Berblinger zweifelnd.

»Alles!« versetzte Lombard mit einem düsteren, entschlossenen Blick. »Hast du dir den Franzosenkaiser angesehen, wie er dort drüben am Fuß des Michelsbergs stand und sich fünfzig deutsche Fahnen vor ihm senkten? Vor wenigen Jahren war er noch ein kleiner unbekannter Leutnant, nicht einmal ein Franzose. Was hat die Umwandlung bewirkt? Die Kraft, die in dem dämonischen Manne steckt! Die Kraft des Leibes und der Seele. – Ich weiß, die Leute sagen drunten, ich suche Gold zu machen. Ich bin der Narr nicht, mein Leben damit zu vergeuden. Wozu nützt Gold? Sobald wir es machen können, wird es nicht mehr wert sein als die Summe, die es kostet, es zu machen. – Schaffst du Kraft, so kannst du die Welt aus den Angeln heben, Leib und Seele. Sie sind an der Arbeit, drüben in England, die Zauberer des neuen Jahrhunderts. Vielleicht wirst du's erleben, was daraus wird: eine neue Welt. Zeit und Raum, die toten Formeln, werden vor uns verschwinden. Wir werden sein wie dein Gott.«

Berblinger sah betroffen zu dem alten Mann auf, dessen Augen wieder einmal funkelten.

»Auch ich bin daran, seitdem ich denken kann: Kraft! und habe dafür geblutet, Berblinger – und wie!«

»Dort drinnen?« fragte der Geselle mit angehaltenem Atem.

»Nein, dort nicht. Das mag noch kommen, ehe ich dem Weltgeist das Geheimnis entreiße. – Pulver! Warum soll das Pulver, das so geschickt ist, Menschen zu vernichten, nicht gezwungen werden, ihnen zu dienen? Warum soll die Kraft, die eine Kugel ins Blaue hinaustreibt, nicht für uns arbeiten wie ein gehorsamer Knecht? Man hat schon Größeres erzwungen, wenn die Geister uns beistehen.«

»Welche Geister?« fragte Berblinger, den es schauderte, wie wenn er an der Schwelle einer andern Welt stünde.

»Es sind vielerlei«, sagte Lombard ruhig lächelnd. »Da ist der Drang des Schaffens, das Gefühl der Pflicht, die Hoffnung und vor allem der Glaube. Das sind die guten. Aber es gibt auch böse: der Ehrgeiz, die Gewinnsucht, der Neid, der Wahnsinn. Und dann gibt es vielleicht noch andre, die wahren, die wirklichen, an die unsre Väter geglaubt haben. Wer weiß!«

Berblingers Augen leuchteten. Das war der alte Türmer wieder, von dem er so oft geträumt hatte, in der Klosterschule, in der Schneiderwerkstätte, erst vor einer Stunde hier oben. Der mußte ihn verstehen; und er verstand ihn.

»Junge«, fuhr er mit freundlicher, eindringlicher

Stimme fort, »du bist einer von denen, welche den großen Kampf mitkämpfen werden, den das neue Jahrhundert ausfechten wird. Ich weiß, was dir im Kopf steckt. Laß dich nicht irren; laß nicht nach. Wenn wir zugrunde gehen, du und ich, laß dich's nicht gereuen. Wie viele liegen dort drunten zwischen Elchingen und hier! Wie viele Tausende werden noch verbluten, bis der tolle Kaiser in seinem Wahn zur Ruhe kommt! Sollten wir in unsern Kämpfen, mit unsern Zielen feiger sein? Armut und Enttäuschung, Spott und Hohn, das alles sind Opfer, die wir der Menschheit schuldig sind. Beiß die Zähne zusammen, wenn du's nicht freudig tun kannst. Soll ich dir erzählen, wie ich Türmer in Ulm wurde? Noch nicht. Ich muß erst wissen, ob du es wert bist. Aber laß dich nicht irremachen!«

Damit wandte er sich ab und begann alle Fenster der Türmerwohnung von außen aufzureißen. Noch immer drang ein erstickender Qualm aus dem Innern, der sich jetzt in der luftigen Höhe rasch verlor.

»Gute Nacht, Junge«, sagte er, noch einmal an ihm vorüberstreifend. »Sieh dich scharf um. Noch ist nichts sicher dort unten, so wenig als hier oben. Das Pulver, das ich brauche, habe ich heute noch nicht gefunden. Ist's heute nicht, ist's morgen. Bin ich's nicht, ist's ein andrer. Der Mensch kann ersticken, der Menschengeist nicht. Daran mußt du glauben, durch dick und dünn. Gute Nacht, Berblinger.«

Heute wurde dem Gesellen die Nachtwache nicht langweilig. »Jeder in seiner Art«, sagte er zu sich, sooft sein Blick auf die Eule fiel, die mit unheimlicher Beharrlichkeit wohl eine Stunde lang in der Höhe des Wächterhauses um den Turm flog. »Aber glauben muß man an sich und aushalten. Da hat er recht.«

Die Turmuhr rasselte, als sei sie plötzlich wütend geworden, ehe sie zum Einuhrschlag ausholte.

»Türken alle Welt!« rief Berblinger entsetzt. »Wie lang

hab' ich die Viertelstunden zu schlagen vergessen? Was wird der General Labassée – was wird Gretle denken!«

Dann stürzte er die Wendeltreppe hinunter nach dem Schlagwerk bei der kleinen Brandglocke, um wenigstens das Vierviertelschlagen nicht auch noch zu versäumen.

Als er am folgenden Tag seinem treuen Magister von dem Gespräch mit Lombard erzählte, machte dieser sein bedenklichstes Gesicht und begann zu flüstern, obgleich der Turmwart in seinem halbzertrümmerten Laboratorium hantierte und für nichts andres Ohren haben mochte.

»Glaub ihm nicht alles, was er dir sagt, Brechtle. Sei vorsichtig. Er ist mein Freund, denn ich habe sonst keinen und wir kleben beide seit einem halben Jahrhundert am Münster. Er ist klüger als ich in vielen Dingen und muß einmal ein vornehmer Herr gewesen sein. Jetzt wühlt er in einer Vergangenheit, die mir verschlossen ist, und sieht ein wenig in die Zukunft. Aber hexen kann er auch nicht, und ich glaube wahrhaftig, er ist besessen. Er glaubt nichts und glaubt zuviel, je nachdem. Als er noch jung war, rieben sich Freimaurer und Rosenkreuzer aneinander. Damals florierte Voltaire und Cagliostro – das steckt jetzt in ihm. Glaube du ihm nicht. Du hast dir die Finger schon genügend verbrannt, und er hat's auf dich abgesehen.«

Bei seinem nächsten Besuch berichtete der Pestilenziarius, daß er das Wanderbuch vielleicht schon morgen bekommen werde. Die letzten Franzosen marschierten heute ab, und zwei Regimenter Bayern seien auf dem Weg von Nördlingen, um morgen wieder in Ulm einzurücken. Dann endlich würde es Ruhe geben nach diesem entsetzlichen Sturm, der Land und Leute an den Bettelstab gebracht habe. Aber Berblinger müsse fort, so schnell und so heimlich als möglich. Er sei des versuchten Totschlags angeklagt und die Sache in aller Form bei der kurpfalzbayrischen Gerichtsbarkeit anhängig, die sich den Franzosen gefällig zeigen möchte. Einen Schneidergesellen zu hängen dürfte den Herren gerade passen. Wenn der Polizeiaktuar Bührlen, der die Wanderbücher und Pässe zu besorgen habe, nicht ein guter Ulmer und wackerer Deutscher wäre, könnte es noch immer schiefgehen. Der habe ihm aber das Wanderbuch und einen Paß spätestens für übermorgen versprochen, und er, Krummacher, werde Berblingers Ränzlein noch heute abend unten in der Mesnerwohnung abgeben.

Aktuar Bührlen tat denn auch sein möglichstes, lud den Meister Bockelhardt vor, der den Lehrbrief nach langem Suchen gefunden hatte, erhielt vom Zunftmeister Knöppel die nötigen Gesellenpapiere, und schon nach drei Tagen hatte der Pestilenziarius das Wanderbuch in der Hand, das den ehrsamen Schneidergesellen Albrecht Ludwig Berblinger usw. berechtigte, zunächst nach Günzburg zu wandern, von dort aber in allen Staaten des Deutschen Reichs, in Ungarn, Polen, Dänemark, Holland und Frankreich sein Glück zu suchen. Mündlich empfahl der Aktuar dem Pestilenziarius dringend, seinen Schützling ohne Verzug und Aufsehen aus der Stadt zu schaffen, denn er könne den Steckbrief gegen ein des versuchten Totschlags beschuldigtes gleichnamiges Subjekt, das ebenfalls Schneidergeselle sei, nicht länger zurückhalten.

Der Eifer, mit dem der Magister dies alles besorgt hatte, war fast unnatürlich. Was ihn trieb, war nicht allein die Gefahr von seiten der Polizeidirektion. Er wollte Berblinger seinem Freund Lombard nicht länger anvertrauen, denn er sah mit Schrecken, wie ihn dieser mit jedem Tag mehr umgarnte. Der Geselle ging schon in dem Laboratorium, in das selbst Krummacher nicht eindringen durfte, ein und aus. Des Meisters große Ziele waren ihm kein Geheimnis mehr. Es sollte eine Kraftmaschine entstehen, die unvergleichlich mehr leisten müßte als die neuen Feuermaschinen, von denen die Eingeweihten gegenwärtig so viel zu erzählen wußten. Wenn dieser Plan gelänge, wäre auch die Ausführung von Berblingers Liebesgedanke nur noch eine Frage der Zeit. »Fliegen nicht die schwersten Kugeln jetzt schon?« fragte Lombard nachdenklich, während Berblinger, vor Eifer bebend, an seinen Lippen hing. Selbst der Gedanke an Gretle, der ihn seit jener Sturmnacht fast nie verlassen hatte, erblaßte in diesen Augenblicken. Krummacher, der die beiden bei einem derartigen Gespräch überraschte, lief spornstreichs zu seinem neuen Freund, dem Aktuar Bührlen, um sich zu erkundigen, ob das Wanderbuch noch immer nicht fertig sei. »Wo ist denn der Kerl?« fragte der Aktuar ärgerlich. »Die Geschichte wäre in einer Viertelstunde geregelt, wenn wir ihn hier hätten. Aber so! Wenn Sie es nicht wären und die verdammten Franzosen, würde ich mich nicht länger damit plagen lassen. Es geht ja gegen alle Kleiderordnung!«

Doch es ging endlich. Nur müsse der Kerl möglichst in der Morgendämmerung durch die Tore passieren, solange die Torwache noch halb im Schlaf sei, bemerkte der wohlwollende Aktuarius, indem er einen Extragulden an Gebühren einstrich. Sie lauern auf einen gewissen Berblinger, und je schneller der unsre ins Österreichische abgeschoben werde, um so besser. Franzosen und Franzosenfreunden sei nun einmal nicht zu trauen.

So kam's, daß Berblinger vom Türmer Abschied nahm, während der Morgenstern kalt und klar über dem Münster stand. »Sieh dich um«, sagte der alte Mann, »und rege dich. Sieh dir's an, wie sich die Welt bewegt und die neue Zeit emporsteigt. Nicht mit Musketenfeuer und Kanonendonner. Das alles, soviel Lärm sie damit machen, wird verknallen und verpuffen. Was sich in der Menschheit regt und was sie vorwärtsbringt, ist die Kraft, die sie suchen. Suche mit, Berblinger, und laß dich's nicht irren. Du bist einer von denen, die's erleben werden.«

Es war noch tiefe Nacht, als er die Turmstufen hinabstieg. Auf dem Schustertisch in der Mesnerwohnung lag sein Ränzchen, ein Paar Stiefel waren darauf geschnallt, die nicht er gekauft hatte. Auch der echte Ziegenhainer, der daneben lag, war ein Geschenk des Pestilenziarius. ›Wie der gute Mann dafür sorgt, daß ich glücklich fortkomme!‹ dachte Berblinger gerührt und trat in den dämmernden Morgen hinaus.

Er machte einen kleinen Umweg am Fundelhaus vorüber. Fünf Fenster waren dort noch matt erleuchtet. Es waren zweifellos die Krankenzimmer, in denen Gretle vielleicht wachte und – wer weiß! – gerade jetzt dem Franzosen ein Glas Wasser reicht, malte er sich's aus. Eine tiefe Wehmut packte ihn. Er hätte sich das Bügeleisen am liebsten selbst um den Kopf geschlagen. Das aber war nun nicht zu ändern. Er mußte wandern ohne ein Wort des Abschieds.

Am Eingang des Taubengäßchens, in der Donaustraße, hielt er einen Augenblick still. Sollte er einen zweiten kleinen Umweg machen, um von dem Haus Abschied zu nehmen, in dem er drei Jahre lang gelitten hatte? Nein! Das versprach und verdiente keinen Abschiedsgruß.

Weiter unten in der Donaustraße, fast beim Herbeltor, begegnete er Krummacher, der auf ihn gewartet hatte und ihm seinen Segen gab; dazu fünf Gulden guten alten Ulmer Geldes, als sei er sein leiblicher Vater.

»Bleib ein braver Gesell, Brechtle«, sagte er zum Schluß, »und vergiß, was dir der droben dir vorschwatzte. Vergiß alles! Handwerk hat einen goldenen Boden, und ein redlich und zufrieden Herz führt höher als Pulver und Flügel oder was sonst ihr fabrizieren wolltet. Weißt du: ›Sie treiben viele Künste und kommen weiter von dem Ziel.‹ Laß dich nicht irremachen. Komm gesund wieder, und wenn du mich nicht mehr finden solltest –«

Damit schloß er. Es war ein einfacher Abschied, wortkarg, nach Schwabenart. Als aber Berlinger das Herbeltor und die halbzerstörte Brücke hinter sich hatte und durch die kühle Morgenstille in das flache winterliche Land hineinwanderte und über Pfuhl ein glühendes Morgenrot aufstieg, fiel ihm jede Silbe schwer aufs Herz, und er nahm sich fest vor, keine davon zu vergessen, was auch da draußen in der Welt kommen möge.

Der Mensch denkt, Gott – nein, auch der Erzfeind treibt sein Spiel mit uns.

21
Wandernd

Es war ein harter Kampf, aber die Sonne gewann ihn. An
seinem letzten Tag wenigstens wollte der trübe Oktober
der Welt ein freundliches Gesicht zeigen. Ein frischer Ostwind kam dem jungen Schneidergesellen entgegen und
blies ihm mit jedem Schritt neues Leben in Lunge und
Herz. Die wogenden Nebel, die über dem Donaumoos
gelegen hatten, schlüpften in den Boden; am weiten
blauen Himmel zeigte sich kein Wölkchen mehr. Von links
herüber warf ihm die Abtei Elchingen im hellen Morgen-
licht einen Abschiedsgruß zu. Er wandte sich noch einmal
um und grüßte selbst den gewaltigen stumpfen Münsterturm, das letzte Wahrzeichen von Ulm, das blau auf matt-
gelbem Grund über braunes Weidengehölz emporragte.
Welch wunderliche Stunden hatte er dort oben verlebt! Es
war ihm, als wollten sie ihn noch nicht freilassen; als
müßte er sich schütteln, um sie loszuwerden, wie es die
Bäume am Weg machten, in denen noch Nebelschleier hingen. Dann aber ging er rüstigen Schritts weiter, leise vor
sich hin pfeifend, und ehe er sich's versah, sang er laut in
den frischen Morgen hinein. Es war eines von Enderles
Liedern – wer weiß, wo der es herhatte – und wollte nicht
zu einem Oktobertag passen. Aber des Menschen Frühling
hängt nicht an den Jahreszeiten, und das Lied lautet also:

Wer heut noch näht und spinnt!
Mit Gunst, Frau Meisterin, ade!
Die Sonne winkt, fort ist der Schnee,
Das Wandern jetzt beginnt,
Juhe!
Das Wandern jetzt beginnt.

Als ging's zu Tanz und Spiel,
Ade, Herr Meister, und mit Gunst:
Raus muß ich aus dem Werkstattdunst,
Das Wandern ist mein Ziel,
Juhe!
Das Wandern ist mein Ziel.

Die Hecken werden grün,
Kirschbäume stehn im Frühlingskleid,
O junge gold'ge Wanderzeit,
Jetzt weiß ich, wo ich bin,
Juhe!
Jetzt weiß ich, wo ich bin.

Im lieben Sonnenschein.
Herzallerliebster Schatz, ade!
Tut Scheiden auch ein bissel weh,
Das Wandern muß ja sein,
Juhe!
Das Wandern muß ja sein.

Und fühlbar, schien es ihm, sanken die letzten Jahre, selbst die letzten Tage wie schwere, ängstigende Nebel in den Boden. Es war keine entzückende Gegend, durch die ihn die ersten Stunden seiner Wanderschaft führten: eine flachwellige, gelbbraune Ebene, da und dort der Saum eines Wäldchens, ein einsamer, schlichter Dorfkirchturm oder ein paar ärmliche Bauernhäuschen; wo die nicht sichtbare Donau durch ihr Buschwerk schlich, noch immer leichte langgestreckte Nebelstreifen, am Horizont niedere bläuliche Hügel; über allem aber der wunderbar klare Himmel und die lichte, freie Weite in allen Richtungen. Das war's, was er brauchte nach dem engen dumpfigen Leben hinter den Mauern der quälenden und gequälten Stadt: hinaus!

O wandern, wandern! Abwerfen, was uns an Unnötigem anklebt, zurücklassen, was uns drückt, im hellen Sonnenlicht den alten Traum von der Freiheit träumen, die irgendwo draußen zu finden sein muß und die wir törichten Menschen immer wieder mit unsern Mauern und Ketten zu erdrücken suchen. Wandern! Jetzt fühlte der Bursche wieder, was Leben heißt.

Natürlich: Er war diese Art von Glückseligkeit nicht gewöhnt und spürte dies schon in Günzburg, wo ihn ein Wirtshaus am Weg zu kurzer Rast verführte. Dann ging's weiter. Das muntere, altertümliche Städtchen lockte ihn wohl, allein weit mächtiger trieb ihn die Neugier in die Ferne. In den ersten Tagen seiner Wanderschaft folgte eine Überraschung der andern, denn schon jetzt war alles anders als zu Hause: die Bauernwagen, die Giebel der Häuser, die Tracht der Leute. Selbst die Sprache hatte nicht mehr den Klang des breiten Ulmer Schwäbischen. Sie war feiner, dachte er, denn auch er war ein Schwabe. Am ersten Tag kam er bis Lauingen, ohne große Abenteuer zu erleben; aber das kleinste war ihm willkommen. Zweimal wurde er angehalten und mit strenger Miene nach seinen Papieren gefragt. Sie waren nagelneu und in musterhafter Ordnung; aber als ob sich die hohe Obrigkeit hierüber nicht wenig ärgerte, wurde ihm in barscher oder grämlicher Weise befohlen, sich weiterzuscheren. Dies tat er denn auch und dachte dabei, daß er doch noch nicht allzu weit von Ulm entfernt sein könne, denn dort hatte er oft genug ähnliches bemerkt. In der Tat, wenn er auch vieles, ja fast alles im Lauf seiner Wanderschaft verändert fand, die hohe Obrigkeit blieb dieselbe von Basel bis Königsberg. Sie war noch nicht so schneidig, wie sie es später geworden ist, aber sie drückte ihr stumpferes Messer nicht weniger kräftig ins Fleisch der armen Teufel, die sich gesetzesgemäß ihres Schutzes erfreuten.

In Lauingen gab es keine Schneiderherberge; auch war im Städtchen große Aufregung. Eine Truppe der Nachhut der Franzosen, die in der Richtung auf München zogen, hatte hier haltgemacht und jedes Nachtlager des Städtchens mit Beschlag belegt. Berblinger mußte in dem Heuschober des kleinen Wirtshauses übernachten, in dem er Unterkunft gesucht hatte. Aber er schlief zwischen sechs Franzosen mit diesen in die Wette und unterhielt sich mit ihnen in Zeichen und unartikulierten Lauten aufs beste. Auch sein Franzosenhaß hatte beim Wandern schon etwas abgenommen, als ob er zu den Nebeln gehörte, die ihn in Ulm geängstigt hatten. Franzosen waren sichtlich doch auch Menschen, einer sogar ein Schneider, der seine Hosenknöpfe zunftgerecht anzunähen vermochte. Dies besonders beobachtete Berblinger mit freudigem Erstaunen.

Am zweiten Tag erreichte er Donauwörth. Das Wetter war wie gestern prachtvoll, die Gegend wurde lieblicher, die altertümlichen Städtchen immer wunderlicher. Es war eine Lust zu wandern, wenn nur die Füße nichts dabei zu tun gehabt hätten. Das Schneiderlein mußte sich erst daran gewöhnen, daß die Landstraße kein Arbeitstisch war, auf dem man mit gekreuzten Beinen vorwärts kam. Am Tor von Donauwörth wurde ihm gesagt, daß er die Schneiderherberge unten am Fluß finden werde, den Blauen Hecht. Es sei auch die Schifferkneipe. Dies paßte ihm nicht schlecht, denn es lag in seinem Plan, hier das Ulmer Ordinarischiff zu erwarten, um mit dieser Gelegenheit unbemerkt und schneller die Donau hinunter und aus dem Bereich der Franzosen zu kommen. So hatte er es mit Magister Krummacher schon in Ulm des langen und breiten besprochen.

Er war deshalb auch nicht allzusehr erstaunt, im Blauen Hecht, den er nicht ohne Mühe fand, denn das Wirtshaus stand zur Hälfte im Wasser, zur Hälfte auf der Donaubrücke, hinter einem mächtigen Humpen bayrisch Bier den alten Molfenter, den Schiffsmeister, zu entdecken, der tat, als ob er hier zu Hause wäre oder gar an seinem Stammtisch in der Forelle zu Ulm säße. Er war vor einer halben Stunde mit dem Ordinarischiff angekommen, das hier nächtigen sollte; denn sie hatten Waren nach Passau zu laden: zehn Fässer Pulver für die Franzosen und Kanonenkugeln, soviel die Zille tragen konnte. Er wolle Berblinger gerne mitnehmen, sagte er. Im offenen Teil des Boots sei die Taxe bis Passau ein Gulden dreißig Kreuzer, bis Wien fünf Gulden; einen Schneider nehme er aber um die Hälfte, des leichten Gewichts wegen. Er führe diesmal überdies vornehme Reisende, die mehr als voll zahlten. Auch finde ein Schneiderlein auf seiner Zille jederzeit lohnende Arbeit, seitdem ihm seine Frau gestorben sei. Dabei erhob er sich langsam, drehte sich feierlich um und brauchte des weiteren nichts zu sagen. Das nannte man Ulmer Humor, entlang der Donau; es war ein beliebter Exportartikel. Berblinger aber konnte jetzt mit Beruhigung die Blasen an seinen Fußsohlen betrachten, als er sich zur wohlverdienten Ruhe niederlegte.

»Mit Gunst, Junger, aller Anfang ist schwer!« sagte sein Bettnachbar lachend, ein alter Kunde, der geradewegs von Memel in Ostpreußen kam und geschworen hatte, keinen Stich zu tun, bis er Zürich im Schweizerland erreicht hätte. »Ein Fechtbruder von altem Schrot und Korn«, erklärte er nicht ohne Stolz, wenn man ihn nach dem Handwerk fragte.

Am andern Morgen lag dichter Nebel auf dem Fluß; man durfte nicht daran denken, vor zehn Uhr weiterfahren zu können. Trotzdem war Berblinger frühzeitig auf dem Boot und wartete fröstelnd und etwas ungeduldig auf den Beginn seiner Donaufahrt. Er saß im vordersten Teil der breiten, schmucken Zille, deren Mitte ein hübsch ausgestattetes Bretterhüttchen einnahm. Das Dach dieses kleinen Oberbaues war für die Reisenden erster Klasse bestimmt, wenn sie sich im Freien aufhalten wollten. Daß die Ausstattung des Bootes weit besser war als gewöhnlich, hatte seinen Grund darin, daß die Schiffahrt nach einer Unterbrechung von mehreren Monaten jetzt wieder in Gang kommen sollte und die erste Fahrt nach den Franzosenwirren eine Art Festfahrt vorstellte, wie auch in Ulm, trotz aller Not, gleichzeitig der erste Ball auf der unteren Stube wieder angezeigt werden konnte. Die uralte Festfreudigkeit der Ulmer zu unterdrücken, war auch der Schlacht von Elchingen nicht geglückt. Auf dem hinteren und vorderen Teil des Boots lagen Waren aller Art aufgehäuft, und über die zwei Bretter, die das Deck mit dem Land verbanden, ging ein Dutzend Männer und Weiber hin und her, die aus einem benachbarten Schuppen Kanonenkugeln herbeischleppten. Die Pulverfässer waren bereits an Bord und wurden von jedermann aus achtungsvoller Entfernung flüsternd beobachtet, als ob sie das laute Sprechen nicht ertragen könnten. Hinten und vorn hatte die Zille zwei Steuer, welche gewöhnlichen Rudern von riesiger Größe glichen. Jedes derselben wurde von zwei Schifferknechten gehandhabt: gewaltige Gestalten, die jetzt behaglich auf dem Boden sitzend eine große Schüssel Haferbrei leerten und Berblinger lachend einluden, zuzugreifen. Ein Spatz mehr oder weniger habe nichts zu sagen.

Nach neun Uhr schickte man einen Jungen in die Post, wo die Herrschaften übernachtet hatten. Noch war der Nebel so dicht, daß Berblinger von den sechs Leuten, die nach einer Viertelstunde herankamen – es waren Männer und zwei Frauen –, drei erst erkannte, als sie das obere Deck betraten und, in Mänteln und Tüchern eingehüllt, auf den Längsbänken Platz nahmen, welche zugleich das Geländer des Decks bildeten. Er kannte die Art von Schrecken schon, der ihm hierbei durch die Glieder fuhr und für einen Augenblick den Atem nahm. Es war wie damals im Ruhetal und in dem großen Haus in der Frauenstraße und später drei- oder viermal in den Gassen von Ulm. Der dicht eingehüllte Herr, der sich zuerst gesetzt hatte, war ihr Vater, der Staatsrat von Baldinger. Vor ihm stand Vetter Hans in regelrechter, zünftiger Schiffertracht, hohen Flößerstiefeln, blauem Wollhemd, heller Jacke und einem Hut mit großer Krempe im Nacken – alles sehr fein und sauber und so neu, daß es glänzte. Der kräftige Junge stellte in diesem Anzug mehr vor als in seinem Wiener Sonntagsrock, mit dem er im Ruhetal geprunkt hatte. Neben Baldinger aber hatte sie sich niedergelassen – Lucinde!

Am vordersten Ende des Schiffs, zwischen den zwei Steuerrudern, saß zwei Minuten später der Schneidergeselle und ließ die Beine über den Rand des Boots hängen. Er sah in den Nebel hinaus und über die murmelnde Wasserfläche hin. Dort begann es zu schimmern wie der Leib eines riesigen silbernen Schuppenfischs, denn die Sonne drang jetzt kräftig durch die wogenden Dunstschleier. Er versuchte zu überlegen, sich zu sammeln. War es nicht Wahnsinn, dieses Herzklopfen? Die Überraschung war groß, aber es war nicht die Überraschung, die ihn aus der Fassung brachte, das wußte er recht wohl. Was ging den armen Schneidergesellen eine Patrizierstochter und gar Lucinde von Baldinger an? Es war ja zum Verrücktwerden! Und woher kam es, dieses Verrücktwerden? Er fragte sich ganz ernsthaft, ob sie ihm jemals etwas Gutes getan oder gegeben habe, auch nur ein gutes Lächeln; aber das Herzklopfen wollte nicht weichen. Er dachte an Gretle, das herzensgute Mädchen, das er mit ganzer Seele liebhatte: das Herzklopfen wollte nicht aufhören. »Jetzt schon, jetzt schon!« stöhnte er, und eine Gewissensangst überfiel ihn, daß ihm der Gedanke kam, ob es nicht das gescheiteste wäre, ohne Verzug in die Donau zu springen. Des Pestilenziarius' neue Stiefel waren ja schon im Wasser. Aber hatte er nicht seinem guten alten Freund versprochen, ein braver Schneidergeselle zu bleiben? Nein! Gesprungen wird noch nicht! –

Die Gangbretter wurden jetzt zurückgezogen, die Taue gelöst. Der alte Molfenter kommandierte vom Kajütendach herab, und die Schifferknechte riefen Berblinger lachend zu: er möge sich wegscheren, das sei nicht der

Platz für die Herren Passagiere. Man könnte ihn leicht mit den Rudern ins Wasser stoßen, ohne zu bemerken, daß einer fehle. Er erhob sich und stand im nächsten Augenblick vor Baldinger, der ebenfalls nach vorn gegangen war und einen für einen älteren, würdigen Herrn kaum schicklichen Stampftanz aufführte, um sich zu erwärmen. Damit hörte er plötzlich auf.

»Ei so schlag'! Schwarzmanns Brechtle!« rief er und packte Berblinger an den Schultern, als ob er ihn näher betrachten wollte wie einen seltenen Käfer. »Wahrhaftig, er scheint's zu sein. – Lucinde! – Wenn ich den neuen Kaiser von Österreich zwischen den Fingern hätte, könnte ich nicht erstaunter sein. – Lucinde, sieh mal her! Wir haben Vetter Schwarzmanns Schneiderlein an Bord. Wenn uns jetzt ein Knopf reißt, hat's keine Not mehr. – Lucinde!«

Sie kamen beide herunter. Lucinde lachte. Hans machte sein erstauntestes Gesicht und sah dabei ungewöhnlich dumm aus. Dann lachte auch er aus vollem Hals, gab aber seinem Vetter gutmütig die Hand.

»Aber Papa, wie kommt er denn hierher?« fragte Lucinde, die fühlen mochte, daß Berblinger einer unmittelbaren Frage nicht gewachsen war.

»Ja, das weiß er selbst nicht, möchte ich behaupten, wenn ich ihn so dastehen sehe«, versetzte der Staatsrat. »Mach's Maul auf, Junge! – Na, na, nimm's nicht für übel. Du bist gewachsen, wie ich sehe, und vermutlich Weltreisender nach Zunftgebrauch. Du solltest wissen, daß ich's nicht bös mit dir meine, aber ›eineweg‹: Mach's Maul auf! Es wird schon gehen, wenn du dich zusammennimmst.«

Berblinger machte es in der Tat jetzt auf und nahm sich zusammen. Es ging, und ging sogar merkwürdig gut. Er fühlte, daß er ein Mann geworden war, seitdem er einen Franzosen fast totgeschlagen hatte. Er erzählte, daß er zu Fuß von Ulm komme und vielleicht nach Wien fahre, jedenfalls aber nach Passau; daß er sich drei Jahre lang die Welt ansehen wolle wie jeder andre und später zurückkommen werde, vielleicht gescheiter als mancher, der zu Haus sitzen bleibe. Er sei zwar nur ein Schneidergesell und einer der jüngsten dazu. Aber Schneider hätten Augen und Ohren wie andres Volk und etliche unter ihnen das Herz auf dem rechten Fleck. Soviel habe er schon gelernt, seitdem er aus der Klosterschule von Blaubeuren hinausgeworfen worden sei, und damit hoffe er durchzukommen.

Lucinde sah ihn mit großen lachenden Augen an. Er war wirklich ein nettes Kerlchen geworden, größer, als er ihr früher vorgekommen war. Und wie er plauderte. Hansens Gesicht verfinsterte sich. Da lachte sie auch ihn an.

»Recht hast du, Junge!« rief der Staatsrat und klopfte ihm derb auf die Schulter. »Wenn du auch nicht das Pulver erfunden hast, was mir dein Onkel anvertraute – ein braver Kerl kann auch ein Schneider sein und ein großer Mann dazu. Das sieht man an dem verdammten Napoleon: wie der das Reich zusammenschneidert; Gott sei's geklagt! Komm herauf zu uns! Der Molfenter wird nichts dagegen haben; du bist oben nicht schwerer als hier unten, und ich habe immer gern Ulmer um mich in fremdem Land. Sie verstehen einen, der das Maul aufmacht und kein Blatt davor nimmt.«

Lucinde rümpfte ihr Näschen, lächelte aber doch. Seitdem sich herausstellte, daß Berblinger sprechen gelernt hatte, ließ sich mit ihm reden, und den Hans Schwarzmann zu ärgern war seit einiger Zeit ein Vergnügen, das sie sich nicht gerne entgehen ließ. Daß sich der aber ärgerte, mit seinem Vetter zusammengetroffen zu sein, konnte jedermann sehen.

Sie trieben jetzt munter den Fluß hinab. Die Strömung der Donau ist hier oben so lebhaft, daß die Schifferknechte mit ihren langen Rudern nichts zu tun haben, als das Boot in der Mitte des Fahrwassers zu halten. Dann geht es flink genug vorwärts. Die Sonne strahlte warm aus einem wolkenlosen Himmel auf die immer freundlicher sich gestaltende Uferlandschaft herab. Von beiden Seiten rückten bewaldete Hügel dem Strome näher und prangten im Gold spätherbstlicher Schönheit; allein Berblinger hatte den Sinn für Wald und Flur, für Berg und Tal verloren. Die sanfte, geräuschlose Art des raschen Fortgleitens mochte damit zu tun haben. Der ganze Tag mit Neuburg und Ingolstadt, mit Dörfchen, Klöstern und weithin sichtbaren Kapellen entlang der sonnigen Wasserstraße ging an ihm vorüber wie ein Traum. Selbst Kelheim und seine wilde, bergige Umgebung, wo der Strom den Schwäbischen Jura durchbricht und die Altmühl aus ihrem Waldtal heraustritt, vermochte ihn nicht aufzuwecken. Sein Auge hing an Lucinde, so oft er sich unbeobachtet glaubte, und an dem gutgelaunten Staatsrat, der, wie der Jüngste der Jungen, Ernst und Sorge in Ulm zurückgelassen hatte und sie erst wieder auftauchen sah, als sich das Schiff gegen Abend der Regensburger Brücke näherte, die mit ihren fünfzehn wuchtigen Pfeilern schwarz und drohend die Wasserstraße sperrte. Seine Scheu hatte der Wanderbursche nahezu verloren. Zum erstenmal empfand er etwas von dem befreienden Zauber der Fremde, in der sich jeder, losgelöst von dem Druck gewohnter Verhältnisse, als Mann fühlt, der soviel wert ist als jeder andre. Lucindens Gegenwart, die ihn früher bis zum Verstummen einschüchterte, hatte jetzt die gegenteilige Wirkung. Er sprach lebhaft und nicht schlecht, erinnerte sich manches Wortes, das er als Klosterschüler aufgeschnappt hatte, überraschte den Staatsrat mit Zitaten, die niemand von einem Handwerksburschen erwartet hätte, und wußte bei Ovid und Homer Bilder und Gedanken zu entlehnen, die Lucinde in Gefahr brachten, zu vergessen, daß sie mit dem Schneider ihres Papas sprach. Er selbst hörte im Lauf des Tags, daß ihr Vater im Begriff war, sie bis nach Regensburg zu begleiten, wo er in den noch dort liegenden Protokollen des letzten Reichstags Schriftstücke zu finden hoffte, die seinen Mitbürgern zu Ulm in ihrem Verhältnis zu ihrem neuen Herrn von Nutzen sein konnten. Lucinde dagegen hatte eine weitere Reise angetreten. Sie sollte eine Tante in Wien besuchen und so lange dort bleiben, bis der Franzosenschwindel vorüber sei. Baldinger wäre längst selbst mit ihr abgereist, um den Jammer nicht mit ansehen zu müssen, wenn nicht alles so rasch gekommen wäre. Lange konnte die Verwirrung ja nicht dauern, meinte er. Das schwere Unglück, das der Esel von Mack verschuldet habe, sei nicht niederschmetternd. Die österreichische Armee bestehe noch, die Russen rückten heran, und es sei nahezu sicher, daß auch die Preußen nicht länger untätig zusehen würden. Wenn die ganze Kraft von Alt-Europa sich erhebe, sei das Ende des Kaisers, den eine Lumpenrepublik auf den Thron gesetzt habe, doch wohl nicht zweifelhaft. Dann werde man wieder ruhig wenn nicht reichsstädtisch, so doch – in Gottes Namen – gut bayrisch zwischen seinen vier Wänden hausen und auch Lucinde zurückkommen können, ohne von französischen Flickschneidern und ihren Sansculottes – Pardon, Brechtle, aber die Galle läuft einem seit vierzehn Tagen manchmal über – insultiert zu werden. Das halte ein reichstreuer deutscher Mann nicht aus, wenn auch der Herr Onkel in Ulm und achtzig Prozent der Schufte in Baden und Württemberg und fünfundneunzig in Bayern und den Rheinlanden andrer Ansicht seien. –

Berblinger hatte bis Passau bezahlt. Von dort aus wollte er ursprünglich zu Fuß als ehrsamer Handwerksbursch querfeldein wandern und bis zum Frühjahr in der nächsten besten Stadt in Arbeit gehen. Nun beschloß er im stillen und fast ohne Kampf, ja fast ohne zu fühlen, daß er hätte kämpfen sollen, bis Wien auf dem Ordinarischiff zu bleiben und sich in der neuen Kaiserstadt nach Arbeit umzuschauen. Das schien ihm mit einemmal in vieler Beziehung das einzig Richtige. Dort konnte er sicherlich für den Frühjahrsfeldzug leichter Geld verdienen, namentlich aber auch – und dies war die Hauptsache – mehr lernen. Sollte und wollte er nicht nach Paris, so war Wien der nächstbeste Arbeitsplatz für einen strebsamen Schneider, und hatte er nicht seinem guten Krummacher versprochen, dieses Ziel nicht aus den Augen zu lassen und Ulm in Erstaunen zu setzen, wenn er zurückkäme?

Es war verzeihlich, daß er sich belog. Lucinde sprach jetzt mit ihm, fast wie wenn er zu ihrem Gefolge gehörte. Sie nannte ihn Herr Albrecht. Sie hatte zu Ulm auch ihre Belagerungsabenteuer durchgemacht, so daß sie beiderseits erzählen konnten, was sie erlebt hatten. Die Not jener Tage half mit die Mauer zwischen dem Patrizierhaus und der Schneiderwerkstätte zu durchbrechen. Da auch sie nach dem Beispiel ihres Vaters gut deutsch gesinnt war und einem französischen Offizier, der so ungebührlich gewesen war, sie küssen zu wollen, eine Ohrfeige gegeben hatte, die der unverschämte ›Musiö‹ zum Glück für einen deutschen Witz gehalten habe, war Berblinger im Begriff, in aller Bescheidenheit zu gestehen, daß er einen andern Franzosen mit einem Bügeleisen soviel als totgeschlagen habe. Da fiel ihm siedendheiß ein, daß sich die Nebenumstände des Vorfalls nicht gut erzählen ließen, und noch heißer, welche Rolle Gretle, sein Gretle im gefährlichsten Augenblick gespielt hatte. Eine halbe Stunde lang war er sehr still und überließ dem Vetter Hans das Feld, auf dem bereits ein förmlicher Kampf entbrannt war. Dann aber zog ihn Lucinde wieder heran, die bemerkte, daß bei dem jungen Schiffsherrn das Gefühl der Überlegenheit zurückgekehrt war. Sie wollte wissen, ob Herr Albrecht sagen könne, welcher Turm höher sei, der des Ulmer Münsters oder der des Regensburger Doms, welcher jetzt im Widerschein der Abenddämmerung aufleuchtete. Da sie alle Ulmer waren, entschied man sich für das Münster, so unausgebaut es sein mochte.

Oberhalb der alten steinernen Brücke legte die Zille an. Der Staatsrat nahm Berblinger auf die Seite und drückte ihm einen Dukaten in die Hand.

»Nicht geschenkt, nicht geschenkt!« sagte er fröhlich, als der Junge zu stottern anfing. »Vorausbezahlung für den

Wiener Frack, den ich mir bei dir bestellen werde, wenn wir alle wieder in Ulm beisammen und die Franzosen beim Kuckuck sein werden. Wenn du jetzt wirklich nach Wien gehst, wie du sagst, so kannst du ein bißchen auf meine Lucinde achtgeben. Sie hat zwar unsre alte Martha bei sich, die den Drachen zum Verwechseln spielen kann, und ihren Ali, ein bissiges Luder, der es mit dem Kaiser von Frankreich aufnimmt. Auch hat der junge Schwarzmann geschworen, sie in Wien heil und ganz abzuliefern. Allein es kann nichts schaden, wenn in diesen bösen Zeiten ein vierter mithilft, und – unter uns gesagt – du scheinst mir ein ordentlicher Bursche zu sein. Also hilf aufpassen, wenn's not tut – und vergiß nicht, wenn du wieder nach Ulm kommst, Maß bei mir zu nehmen. Ich könnte trotz aller Franzosennot in den nächsten drei Jahren dicker werden.«

Wie gestern begaben sich die Herrschaften ans Land, um im ›Goldenen Engel‹ zu übernachten. Berblinger ging mit Molfenter in die billigere Schifferherberge ›Zur grünen Ente‹. Dort beklagte sich der alte Schiffsmeister bitter über Hans, den Herrn Vetter, wie er ihn nannte. Der Junge sei jetzt zweimal in Wien gewesen, habe sich dort jedesmal wochenlang verlustiert und seines Vaters Geld in den Wind gejagt und bilde sich jetzt ein, gelernter Schiffsmeister zu sein. Von der Donau unterhalb Passau verstehe er soviel als das Käuzchen auf dem Münsterturm zu Ulm. Der vertrackte Junge habe ihm, dem alten Molfenter, das letztemal schon gesagt, er hätte im Kachlet bei Vilshofen mehr ans linke Ufer halten sollen, dann wäre die Zille mit Ziegelsteinen nicht sitzen geblieben, die wir angerannt haben. Aber so sei es mit den Jungen, die nichts als ihres Vaters Geld im Kopf und einen Zunftmeister zum Vater hätten. Ein schöner Zunftmeister dazu! Vor den Franzosen und den Bayern zu schwanzwedeln, das könne man ihm anvertrauen; ein Schiff durch den Struden zu führen bringe der Herr Onkel zeitlebens nicht mehr fertig.

Molfenter hatte sich einen tüchtigen Zorn angetrunken und machte Berblinger, der ihn zu Bett brachte, keine kleine Mühe. Dem Alten fiel immer wieder etwas ein, das er gegen die Schwarzmanns zu sagen hatte und nur vor des Jungen Bett stehend mit dem nötigen Nachdruck auseinandersetzen konnte. Berblinger war nicht schläfrig; im Gegenteil. Aber seine Gedanken waren nicht die des alten Molfenters. Sie hatte ihm die Hand gedrückt, als sie das Schiff verließ. Er überlegte ernstlich, ob er es verantworten könne, diese Hand je wieder zu waschen. Hans hatte dabeigestanden und geknurrt wie eine Ulmer Dogge. Aus Eifersucht. Hätte er sich's noch gestern träumen lassen, daß jemand auf ihn eifersüchtig sein könne wegen Lucinde? – Lucinde! – Es war vielleicht alles nur ein Traum. – Nein, es war kein Traum. Ihres Vaters Dukaten war sicherlich kein Traum. Davon hatte er sich überzeugt, als er noch ganz wach war. Und hatte nicht eine Königstochter einmal ein tapferes Schneiderlein allen andern vorgezogen? – Kein Traum. – Wachen wollte er über sie wie ein Schutzengel. – Schutzengel? – Nein, soweit war er wohl noch nicht; aber wie ein Hund, wie der treueste Hund. Mehr konnte und wollte er ja nicht beanspruchen. – Hatte sie ihren Ali, den Seidenspitzer, nicht lieb? Hatte sie ihn nicht vor seinen Augen geküßt? – Nein, es war nicht zum Ausdenken. – Lucinde – Lu – Lu–

Damit war er in das Reich der Träume hinübergesegelt, glücklich, wie man es mit neunzehn Jahren sein kann, ob man Prinz oder Schneider ist. Und auch Molfenter schnarchte. –

Ein prachtvoller Sonnenaufgang leitete den folgenden Tag ein. Es war, als ob der November gutmachen wollte, was der Oktober verbrochen hatte. Man konnte heute in aller Frühe abstoßen. Ohne die Reisenden abzuwarten, hatten die Bootsleute ihre große Zille unter der altehrwürdigen

Brücke – dem Stolz aller Regensburger und der Verzweiflung aller Donauschiffer – durchgesteuert, ohne mehr als eine Ruderstange zu zerbrechen, und hatten unterhalb der Brücke wieder angelegt. Dann endlich kamen die Herrschaften. Hans war sehr ärgerlich; er hatte während des Durchfahrens zwischen den enggestellten Pfeilern den Befehl übernehmen wollen, um Lucinde zu zeigen, wie es gemacht wird. Nun war es schon geschehen. Hinter dem Rücken der andern sagte er dem alten Molfenter, daß er seinem Vater schreiben werde, wie unvorsichtig man mit seinen Ordinaribooten umgehe. »Wem gehört denn die ganze Bagage, Schiffe und Schiffer, bitte?« fragte er zum Schluß, ohne eine Antwort abzuwarten.

Natürlich hatte der Staatsrat seine Tochter aufs Schiff begleitet und nahm zärtlichen Abschied. Eine Reise von Ulm nach Wien war damals kein Kinderspiel und kam einer Fahrt in unsern Tagen von Hamburg nach New York gleich. Lucinde weinte am Hals ihres Papas, der Drache, die alte Martha, schluchzte laut, Ali bellte entrüstet und lief unentschlossen auf dem Gangbrett hin und her. Des Staatsrats Augen waren feucht, Hans sah mit grimmiger Amtsmiene nach den Steuerleuten, und Berblinger schwor in der Stille, daß er sein Leben für Lucinde lassen werde, sobald sich die geringste Veranlassung hierzu bieten sollte. Dann trieb das Boot in den Strom hinaus, und Taschentücher wehten, bis – bis sie trocken waren.

Dies dauerte nicht gar lang. Es war ein allzu luftig Ding, durch das freundliche Bayerland den immer breiter werdenden Strom hinabzugleiten. Hans hatte reichlich für alles gesorgt, was der Mensch auf dem Wasser bedarf, das einen gesunden, fröhlichen Appetit nicht ruhen läßt. Die Gegend bot jetzt immer etwas zu sehen, und der junge Schiffsherr, der den Fremdenführer machte, wußte sich zu helfen, wenn ihm das eigne Wissen ausging. Auch hörte ihm Lucinde nicht immer zu. Es schien sie mehr zu interessieren, wenigstens lachte sie lauter und lieblicher, wenn

Berblinger von seinen Klosterzeiten erzählte: wie Busch und Seeger die Gans gestohlen und er Luftballons gebaut hatte. Dabei bestand sie auf Einzelheiten und wurde nicht müde zu fragen: ob Thusnelde schön gewesen sei, wie es ihm im Karzer gefallen habe. Ihr Papa sei auch einmal im Karzer gesessen, weil er einen Nachtwächter zurechtgewiesen habe. Was aus seinem Freund Fischer, dem Dichter, geworden sei? Hätte sie damals, im Ruhetal, gewußt, daß er geholfen habe, die Gans zu verspeisen, so hätte er unweigerlich den Preis für das schönste Lied bekommen. – Dauerten Gespräche dieser Art zu lange, so wurde Hans wütend und begann erstaunliche Dinge von seinen Abenteuern in Wien zu erzählen. Dort kannte Lucinde, die schon als Kind ihre Tante besucht hatte, Straßen und Plätze, die er erwähnte. Dabei stritten sie sich, ob der Weg in den Wurstelprater so oder so gehe, und versöhnten sich wieder, so daß Berblinger in tiefste Betrübnis verfiel. Wenn dann beide die junge Dame gleichzeitig zu unterhalten und ihr Lächeln zu gewinnen suchten, begrub sie ihr Gesichtchen in dem silbernen Pelz Alis, umarmte und küßte ihn, erklärte ihm, daß er ihre erste und einzige Liebe sei, und sah die verdutzten Herren zwischen den Ohren des Hunds hindurch an, daß Berblinger vor Sehnsucht nach einem Etwas, das ihm völlig unerklärlich war, zu vergehen glaubte. Andre Frauen und Männer, Mädchen und Jungen stiegen ein und aus. Die zwei sahen nur sie und waren abwechslungsweise im Himmel und im Fegefeuer, obgleich die Sonne einen Frühlingstag in den November gezaubert hatte und vom Aufgang bis zum Untergang nicht ein Wölkchen am Firmament duldete.

So kamen sie bis Deggendorf. Die Frauen, Hans und Ali gingen mit etlichen andern Reisenden erster Klasse in das ›Goldene Kreuz‹, Berblinger, wie nun üblich, mit Molfenter nach der Schifferherberge im ›Roten Hafen‹. Auf dem Weg sprach der Alte zu ihm wie ein Vater: »Nimm dich in acht, Berblinger! Du bist noch zu jung für diese Art von Spiel. Glaub mir, sie mag zwei, drei Jahre jünger sein als du, aber sie ist viel zu alt für dich. Ich hab's gesehen, wie sie dich zwischen den Ohren ihres Seidenspitzers anblinzelte. Da hatte ich genug. Ich halte sie nicht für eine Eva. Das sind alle Weiber, zu unserm Schaden. Sie ist die leibhaftige Schlange. Das sag' ich, ein alter Mann, der schon viel gesehen hat, Schlangen und andres Gezücht. Für die bist du zu jung, Berblinger, viel zu jung. Dem Hans – du weißt, was ich von dem halte –, dem gönn' ich's. Na, übermorgen, in Passau hat's ein Ende.«

»Aber ich gehe mit bis Wien, Herr Molfenter«, sagte Berblinger. »Der Staatsrat hat mich selbst darum gebeten.«

»Dann holt dich der Teufel!« versetzte Molfenter, und beide sprachen nichts mehr an diesem Abend.

Am folgenden Tag war Fräulein Lucinde weniger gnädig, obgleich sich Hans alle Mühe gab, als sie durch das Kachlet, eine Stromstrecke voll von Klippen und Untiefen, fuhren, sie von der Gefahr der nächsten halben Stunde zu überzeugen und zugleich zu versichern, daß, solang er sich an Bord befände, nichts Ernstliches zu befürchten sei. Dem alten Molfenter habe er die strengste Weisung erteilt, den Fehler, den er vor einem halben Jahr hier gemacht habe, wo das Ordinarischiff mit einer Zille voll Backsteinen zusammengestoßen sei, nicht zu wiederholen. Das wäre nie vorgekommen, wenn Hans Schwarzmann kommandiert hätte. Allein Lucinde wollte von der Gefahr nichts wissen, noch weniger sich beruhigen lassen.

Trotzdem sah Berblinger, daß er gegen diesen Süßwasserseehelden zunächst nichts ausrichten könne, und fühlte sich dementsprechend unglücklich. Er machte einen kleinen Versuch, Trost bei Ali zu finden. Allein der Hund schnappte nach ihm und zeigte eine verächtliche, weil käufliche Zuneigung für Hans, der eine Wursthaut nachdenklich auf und ab schwang und dabei Lucinde mit unverschämt verliebten Augen ansah. Hatte je ein armes Schneiderlein größere Qualen zu erdulden?

Die Zille erreichte Passau schon am Nachmittag, setzte ihre Fahrt aber nicht fort, da das Ausladen des Pulvers und der Kanonenkugeln, das alle Mitreisenden als eine große Erleichterung empfanden, und die damit zusammenhängenden Formalitäten den Rest des Tags in Anspruch nahmen. Sie benutzten den Abend, am Land ein Stückchen der Welt zu genießen, dessen Reize ein sonniger Spätherbsttag in die prächtigsten Farben gekleidet hatte. Der reißende Inn, scheinbar größer als die Donau selbst, und die liebliche Ilz vereinigen sich an dieser Stelle mit dem Hauptstrom. Das romantisch gelegene Städtchen auf der schmalen Landzunge zwischen den beiden Flüssen, mit seinen Kirchen und Kapellen, mit den im Waldesdickicht fast begrabenen Festungswerken auf den benachbarten Höhen belebt eine Gebirgslandschaft, die wild und düster wäre ohne diese Zeichen menschlicher Tätigkeit. Doch läßt sich hier die Natur mit ihren hohen bewaldeten Berghalden und ihren gewaltigen Felsbauten vom kleinen Tun und Treiben des Menschen nicht bewältigen und hatte ihren befreienden Einfluß auch auf Berblinger noch nicht verloren. Liebliche Waldwege schlängelten sich in allen Richtungen an den Berghängen hinauf und boten entzückende Ausblicke auf die grünlichen Ströme und die blauen Schluchten und Höhen am jenseitigen Ufer, wo immer sich eine Lücke in dem roten und gelben Laubwerk fand. Still und in sich gekehrt ging Berblinger neben Lucinde und Hans her, die lustig plaudernd auf Entdeckungen ausgingen. War es nicht wunderlich: Gedanken an die vor nur wenigen Tagen verlassene Heimat stiegen in ihm auf, wehmütig und mahnend? All das war noch so nahe und schien doch schon so fern, als ob er sich selbst verloren hätte. Lucinde überließ ihn mehr als gestern seinem eignen Sinnen und sagte gleichgültig und halb spöttisch: »Wünsche wohl zu träumen, Herr Albrecht!« als sie sich in der Dämmerung trennten. Gestern hatte sie ihm die Hand gegeben.

Man fuhr am folgenden Morgen beizeiten ab. Die Berge wurden immer höher, die jäh in das Tal abfallenden Halden und Hänge bunter. Auf lange Strecken zog der Strom durch wilde Waldeinsamkeiten, in die sich gelegentlich ein Dörfchen am Ufer, eine Kapelle auf den Höhen verloren zu haben schien. Lucinde langweilte sich. Sie fühlte wieder etwas Erbarmen für ihre nächste Umgebung, aber auch heute empfing der Hund den weitaus größten Teil ihrer Aufmerksamkeit. Doch ging Berblinger nicht leer aus, und nur Hans hatte einen wirklich schlimmen Tag. Er wußte Stellen, wo ein zwei- und dreifaches Echo aus den Bergschluchten antwortete, und sang Schifferlieder, bis er heiser war, um das verlorene Gelände wiederzugewinnen. Allein sie blieb kühl und meinte, als sie am Abend in Linz das Boot verließen, die Lieder wären so übel nicht, wenn er singen gelernt hätte. Das könne man aber den Ulmern nicht zumuten; das lerne sich nur in Wien. Ah, Wien! seufzte sie, dort fänden sich junge Kavaliere, mit denen sich verkehren lasse. Man habe das schon in Passau gemerkt und spüre es in der warmen, weichen Luft, die von Linz her komme. Wie höflich da jedermann sei und wie gemütlich! Und wie sie sich schon geärgert habe, bei den unbeholfenen Schwaben auf die Welt gekommen zu sein.

Hans blieb heute zurück und ließ die Frauen allein gehen, denen ein Schiffsjunge den Weg zur Goldenen Gans zeigen mußte, wo sie übernachten sollten.

»Heiliges Kreuzdonnerwetter!« sagte er zu Berblinger, als sie nebeneinander sitzend die dämmernde Stadt betrachteten, in der da und dort ein Lichtchen flimmerte. »Möchte man nicht gleich aus der eignen Haut in eine österreichische fahren, wenn man sie anhört? Morgen will ich ihr aber zeigen, was die Schwaben wert sind. Morgen geht's durch den Struden.« Hans war bei all seinen Fehlern, deren Zahl nicht klein war, ein ehrlicher, hilfloser Kerl, der seinen Todfeind ins Vertrauen gezogen hätte, wenn ihn die Herzensnot übermannte.

Das Wetter änderte sich in Linz über Nacht; Lucinde war am Morgen die Liebenswürdigkeit selbst. Hätte der Hund ein fühlendes Herz gehabt wie die zwei armen Ulmer Vettern, er wäre heute unglücklich genug gewesen. Mißmutig trippelte er hin und her, sooft ihm Hans oder Berblinger nahe kamen, selbst seine Herrin blinzelte er nur mit Mißtrauen an und vertiefte sich schließlich in die Betrachtung der vorüberziehenden Uferlandschaft. Von Linz an fuhr man stundenlang durch ein verhältnismäßig offenes Tal, das von freundlichen, rebenbestockten Hügeln eingeschlossen war. Dann traten wieder waldige Berge dem Strom näher und zwangen ihn, aus seiner östlichen Richtung scharf nach Norden auszubiegen, um sich zwischen den Ausläufern des Böhmerwaldes und der österreichischen Alpen hindurchzuwinden. Der Himmel schien des beständigen Sonnenscheins gründlich müde geworden zu sein. Einem trüben Morgen folgte ein düsterer Nachmittag. Schwarze Wolken hingen in allen Richtungen tief herab, als sie oberhalb Greins in den finsteren Gebirgspaß eintraten.

Schon von Regensburg an überließ man das Schiff nicht mehr ausschließlich der Strömung. Dort waren sechs Ruderknechte an Bord gekommen, die, drei auf jeder Seite, mit langen Rudern arbeitend ersetzten, was das Fahrzeug in der langsamer werdenden Strömung an Geschwindigkeit eingebüßt hätte. Streckenweise war dies kaum nötig; dann ruhten die Leute aus. An andern Stellen des Stroms, in welchem es an Kiesbänken, Stromschnellen und Klippen nicht fehlte, halfen sie durch die Art ihres Einsetzens dem Steuern nach. Wo dies nötig war, stand auch Molfenter auf dem Dach der Kajüte und kommandierte. Hierzu gehörte vor allem eine genaue Kenntnis des Flusses, namentlich bei gutem Wasserstand, welcher einen Teil der gefährlichsten Klippen nicht zutage treten ließ, und die Geschicklichkeit eines erfahrenen Flußschiffers, der die Steuerfähigkeit seines Bootes genau kannte. Darauf war der alte Molfenter besonders stolz.

Bei Grein bildet das von hohen, waldigen Bergen eingeengte Tal einen weiten Kessel, aus dem der Fluß keinen Ausgang zu finden scheint. Von dort biegt er sich wieder scharf nach Osten und bildet den ›Schwall‹, eine gefährliche Strecke voll kleiner versenkter Riffe, über die das Wasser in schäumenden Wogen wegjagt. Dann liegt mitten im Strom eine steil ansteigende waldige Insel, von deren Gipfel eine kleine Kapelle still und ernst auf die rauschenden Wasser herabblickt. Hier beginnen die weit und breit gefürchteten Stromschnellen, die allerdings heutzutag infolge großartiger Sprengungen eine wesentlich andre Gestalt angenommen haben, so daß sich das Folgende nur bei den Stromverhältnissen ereignen konnte, wie sie vor hundert Jahren bestanden. Der größere Teil des Flusses umkreiste die linke, nördliche Seite der Insel ›Wörth‹. Das mit Felsen, an denen das Wasser schäumend emporstieg, dichtbesäte Flußbett teilte den Strom in zwei Kanäle. Der am linken Ufer führte den Namen ›Waldwasser‹, der mittlere hieß Wildriß und der an der Insel Wörth hinstreichende, der wenigst gefährliche, das Strumm-Fahrwasser. Auch um die rechte, südliche Seite der Insel Wörth führte damals eine fahrbare Wasserstraße: der Heßgang, die weniger felsig war und ruhigeres Wasser zeigte, aber voll von beweglichen Sandbänken schon deshalb Gefahren andrer Art bot. Unterhalb der Insel auf dem linken Flußufer erschien eine noch wohlerhaltene Burgruine, der Werfenstein, hinter welcher der von allen Donauschiffern gefürchtete Marktflecken Struden lag. Dann, noch weiter unten, ragte vom rechten Ufer her ein halbinselartiger Fels, der Haustein, fast bis mitten in den Stromlauf und ist die

Ursache des am linken Ufer entstehenden großen Wirbels oder Strudels. Dieser hat mit der Zeit eine tiefe Bucht in das linksseitige Flußufer gerissen, über welcher im tiefen Waldesschatten der jäh aufsteigenden Berghalde die von der Gemeinde Struden errichtete Totenkammer auf die Schiffer wartet, mit deren Leichen der Wirbel tagelang spielt, ehe er sie ans Ufer wirft. Wenn eine Zille dieser Stelle zutreibt und die Ruderknechte arbeiten, daß ihnen der Schweiß von der Stirne tropft, bekreuzigen sich selbst die evangelischen Schiffer von Ulm, welche von den andern gehört haben, daß das Donauweibchen, das beim Haustein haust, wohl darauf achtet, ehe sie eine Zille in den Wirbel zieht.

Wäre der Himmel etwas heiterer gewesen, so hätte die Herbstpracht der Wälder wohl die Schrecken des Orts überwogen, die Hans, als sie sich Grein näherten, durch grausige Geschichten von zerschmetterten Zillen zu erhöhen trachtete, von Schiffern, die stundenlang im Wirbel kreisend um Hilfe schrien; vom Donauweibchen, das die Leute von Struden oft genug mit leiblichen Augen gesehen hatten. Es habe früher auf Wörth gelebt, hause aber jetzt in einem Felsloch unter dem Haustein und sei besonders bösartig geworden, seitdem man die Kapelle auf dem Waldhügel gebaut habe. Aber, fügte er zum Trost jeder seiner Geschichten bei, ein braver Ulmer fürchte sich vor Wasserhexen nicht, und Fräulein Lucinde könne so ruhig sein als in der Frauengasse zu Ulm, solange Hans Schwarzmann Herr auf seines Vaters Schiffen sei.

Dabei waren sie jetzt in den Schwall eingefahren. Die leichtgebaute, breite Zille ächzte und krachte und wurde von den unregelmäßigen, stürmischen Wellen und den sich kreuzenden Strömungen unruhig hin und her gezogen. Nun trat auch Wörth mit seiner Kapelle hinter der nächsten Bergkante hervor, und der Zufall wollte es, daß in diesem Augenblick ihr schrilles Glöckchen zu läuten begann und mit seiner klagenden Stimme das enge, düstere Tal zu füllen schien. Hans wurde plötzlich still und trat zu Molfenter, der auf das Oberdeck gekommen war, um während der nächsten halben Stunde die Steuerleute und die Ruderknechte von hier aus zu befehligen.

»Wir gehen durch den Wildriß, Molfenter«, sagte Hans laut und in fast befehlendem Ton.

»Ich denke, wir gehen durch den Heßgang«, versetzte Molfenter nachdenklich, aber sichtlich geärgert. »Das Wasser steht hoch genug für den Heßgang. Wir brauchen nichts zu riskieren.«

»Aber es ist schöner durch den Wildriß, und ich will der Mamselle von Baldinger zeigen, daß meines Vaters Sohn ein Schiff zu steuern versteht«, sagte Hans lachend. »Ohe, ihr Kerls! Scharf links halten!«

»Bin ich Schiffsmeister oder bin ich's nicht?« fragte der Alte zornig. »Rechts, ihr Leute! Scharf rechts!«

»Donnerkeil, wem gehört das Schiff?« rief Hans zornig. »Links, Jakob! Links, Henner!«

Die Leute hatten bei Hansens erstem Ruf nach links gehalten. Nach Molfenters Kommando hoben drei der Schiffer die Ruder hoch und sahen fragend und verwirrt nach dem Oberdeck. Die vorderen Steuerleute hatten nach links, die hinteren nach rechts gedreht. Das Schiff begann sich quer über den Strom zu stellen und von der heftigen Strömung erfaßt gegen das Waldwasser hin zu treiben.

»Heilige Mutter Gottes!« schrie Molfenter, der gewohnt war, von Regensburg an katholisch zu fluchen. »Wir liegen im Wasser, ehe wir am Strudel sind. Rechts drehen, ihr Sackermenter, rechts drehen!«

Hans, dem jetzt angst wurde, sagte nichts mehr. Aber Molfenter sah, daß es schon zu spät war, an den Heßgang zu denken. Selbst der Wildriß war nicht mehr zu gewinnen. Durch das verwirrte Kommandieren hatte sich das Schiff so schief gestellt, daß es rasch gegen das linke Ufer hin getrieben wurde. Man mußte jetzt den gefährlichsten Kanal, den Waldgang, nehmen. Es war ein wahres Glück, daß der Wasserstand ausnahmsweise hoch war. Sonst hätte man dort ein Auflaufen auf Klippen kaum vermeiden können.

Als sich die Zille in die neue Stromrichtung gestellt hatte und scheinbar munter und wohlauf, aber mit rasender Geschwindigkeit am waldigen Ufer hinschoß, trat Hans wieder zu Lucinde und Berblinger. Er hatte ein sehr rotes Gesicht und erklärte, daß er dem eigensinnigen Molfenter das Kommando abnehmen werde, bis sie die gefährlichsten Stellen passiert hätten. Ob es nicht herrlich sei, in einem Schiff so durch den Wald zu schießen? Diesen Genuß habe er Fräulein Lucinde verschaffen wollen. – Sie lächelte ihn an. Er war doch ein Mann, der Hans! Was konnte Berblinger dagegen tun, der etwas bleich geworden war, als sich das Boot in seiner schrägen Stellung flußabwärts treibend auf die Seite geneigt hatte.

Molfenter stieß von Zeit zu Zeit einen Laut aus, der das Echo weckte, den aber niemand verstehen konnte, der nicht zur Zunft gehörte. Sie waren glücklich durch das Waldwasser gekommen, wo die stürmischen Wellen mehrere Male über den Rand des Boots schlugen, so daß drei Marktweiber von Grein laut zu kreischen begannen und ein Handelsjude von Pöchlarn wegen ausgestandener Ängsten sein Fahrgeld zurückverlangte. Jetzt fuhren sie in etwas ruhigerem Wasser am Fuß des Werfensteins und an den freundlichen Häuschen von Struden hin.

Dort, etwas weiter unten, links vom schwärzlichen Haustein, dessen schroffe Felswände schon in tiefem Schatten lagen, sah man eine weißlich schimmernde Fläche, die in den Berg eingewühlte Bucht und darüber an der indigoblauen Bergwand ein helles, gelbliches Fleckchen: das Leichenhaus von Struden. Das also war der gefürchtete Wirbel.

Lucinde hielt sich mit beiden Hände an der Bank fest, auf der sie saß, obgleich das rasch hineilende Schiff nicht schwankte, und sah fragend an Hans hinauf. Seine

Geschichten hatten ihre Wirkung doch nicht ganz verfehlt. Dieser trat wieder zu Molfenter.

»Wenn du noch ein Wort sagst«, brummte der alte Schiffsmeister halblaut, aber grimmig, »so werf' ich dich in die Donau.«

»Dazu gehören zwei!« versetzte Hans, ebenfalls leise sprechend. »Warte, bis wir heimkommen!« Aber er wurde blau im Gesicht.

Verstellung gehörte nicht zu seinen Untugenden. Eine heftige Erregung packte ihn plötzlich. Man hätte jetzt die helle Angst in seinen Zügen lesen können.

»Der Haustein! Wir kommen zu weit rechts, Molfenter! Bei Gott, wir kommen zu weit rechts!« schrie er auf. »Links halten, ihr Leute! Links halten!«

Molfenter packte ihn buchstäblich an der Gurgel: »Willst du ersaufen, du junger Teufelsbraten, du verfluchter! Gerad' halten, ihr Leut'! Donnerwetter, gerad' halten!«

Die Zille machte plötzlich eine ganz wunderliche Bewegung. Die Spitze drehte sich scharf nach links, als ob sie in dieser Richtung gesaugt würde. Der Stern flog quer über den Strom, nach unten. Alle packten den nächstliegenden Gegenstand, um nicht zu fallen. Lucinde griff mit beiden Händen nach Berblinger, daß diesem ein heißer Schauder durch Leib und Seele ging. Er hätte es kaum bemerkt, wenn sie beide in diesem Augenblick ins Wasser gestürzt wären.

»Wir sind drin!« sagte Molfenter und warf seinen Ulmer Kopf, die Tabakspfeife, die ihn seit zwanzig Jahren nicht verlassen hatte, auf den Boden, daß sie in zehn Stücke zerbrach. Das Schiff schoß jetzt zitternd und unruhig schwankend dem linken Ufer zu, drehte sich aber, ehe es aufstieß, nach links, der Stromrichtung entgegen. Die Schiffer, die eine Minute lang zu rudern aufgehört hatten, setzten die Ruder wieder ein und arbeiteten mit allen Kräften, um das Ufer zu gewinnen. Die Marktweiber schrien zur Jungfrau Maria und zum heiligen Nepomuk, der Handelsjude von Pöchlarn wandte sich laut an Gott den Gerechten und verlangte allein gerettet zu werden. Hans stand hilflos da und starrte nach dem Leichenhaus hinauf, an dem sie gerade vorübertrieben. Molfenter stieß wieder seine unartikulierten Kommandolaute aus, und die Schiffer gehorchten jetzt stumm wie Fische. Der Kampf war noch nicht zu Ende.

Und ein gütiges Geschick ließ die Wackern nicht im Stich. Plötzlich krachte das Schiff in allen Fugen. Hans stürzte zu Boden. Berblinger wäre um ein Haar in Lucindes Arme gefallen. Die Ruderer sprangen auf, die Marktweiber heulten laut, denn zwei von ihnen saßen in ihren Eierkörben und konnten sich nicht befreien, der Jude kroch auf allen vieren einem Kästchen nach, das auf eigne Faust umhertanzte und ohne das er nicht sterben wollte. Das Vorderteil des Boots schien festzusitzen, der Stern schwang nach dem Fluß hinaus. Dabei drehte sich das ganze Boot knirschend und knackend, bis auch das hintere Ende auf Felsen stieß und beiläufig zehn Schritte vom Ufer in derselben Längenrichtung wie dieses festlag. »Gerade als ob man beim Leichenhaus hätte landen wollen!« rief einer der Schiffer laut lachend. Sie waren alle schon wieder ganz munter.

Über den Rand des Vorderteils schlugen die Wellen, aber das Schiff saß fest. Das Wasser des Strudels sauste an ihnen vorüber, als ob es kochte. Die Zille hing an zwei Felsspitzen, die kaum acht Schritte vom Ufer jäh aus der Tiefe aufstiegen, ohne über das Wasser herauszuragen. Die äußerste Gefahr war vorüber; jeden Augenblick aber konnte das Boot vollends umschlagen oder in Stücke brechen.

Der alte Molfenter war der erste, der seine fünf Sinne wieder ganz in der Gewalt hatte. Von Struden her kamen schreiend ein Dutzend Leute gelaufen, Männer und Weiber. Der Schiffsmeister ringelte ein Tau bedächtig und zunftgerecht zusammen und schleuderte das eine Ende ans Ufer, wo es die ersten Männer, die die Unglücksstätte erreichten, an einem Weidenbaum befestigten, während es die Bootsleute straff anzogen und um einen Ring am Vorderteil des Schiffs schlangen. Sodann wurde das Hinterteil in ähnlicher Weise mit dem Ufer verbunden. Nun war man wenigstens sicher, nicht mehr in den Strudel hinausgezogen zu werden. Jeden Augenblick aber konnte der Schiffsboden durchstoßen werden und die Zille in den Wellen, die begehrlich an ihren Seiten emporspritzten, versinken. Die Felsen, an denen sie hing, stiegen wie Nadeln aus einer Tiefe, die mit den langen Rudern nicht zu ergründen war. Man mußte so rasch als möglich wenigstens die Menschen ausschiffen.

Das kleine Landungsboot wurde herangeholt und mittels der verschiebbaren Schlinge eines kurzen Seils an dem ausgespannten Tau am Vorderteil der Zille befestigt. Die reißende, flußaufwärts gerichtete Strömung schwang es sofort in dieselbe Richtung, indem sie es an die Seite des Schiffs drückte. Nun konnte man an die Rettung der Reisenden gehen. Ein Schiffer stand im Vorderteil des wild schwankenden Kahns und schob die Schlinge entlang dem ausgestreckten Tau, so daß sich auf diese Weise der Rachen zwischen dem gestrandeten Schiff und dem Ufer hin und her bewegte. Da er nur drei bis vier Personen zu tragen vermochte, konnten auch nur zwei Reisende gleichzeitig ans Ufer gebracht werden, und es kostete keine kleine Mühe, Lucinde zu bewegen, in Begleitung von Hans, der den Kopf völlig verloren zu haben schien, die nicht ungefährliche Fahrt anzutreten. Trotzdem ging es über Erwarten gut. Nun sollte Berblinger und die alte Martha, der Drache, wie sie Hans nannte, an die Reihe kommen. Der Handelsjude von Pöchlarn saß aber, ehe man sich's versah, schon im Nachen, sein Kästchen auf den Knien, und bestand darauf, zuerst und allein gerettet zu werden, da er für viele tausend Gülden kostbare Waren bei sich trage. Es war ein Glück für den Mann Israels, daß seine sichtliche Todesangst selbst in diesem ernsten Augenblick alle zum Lachen brachte. So erreichte Berblinger und Lucindes

Begleiterin, die sich krampfhaft an den kleinen Schneider klammerte, bis man sie ans Ufer gezogen hatte, erst mit der dritten Fahrt festen Boden. Die übrigen Passagiere machten keine Schwierigkeiten mehr. Der Nachen bewegte sich mit einer Sicherheit hin und her, als ob ein Stranden bei Struden zu seinen täglichen Erlebnissen gehörte.

Bald waren nur noch Molfenter und die sechs Ruderknechte an Bord. Der Nachen lag für einen Augenblick leer an der Seite des Schiffs, da machte dieses plötzlich eine heftige Bewegung, als wollte es seine dem Strom zugekehrte Seite unter Wasser tauchen. Gleichzeitig löste sich die schlechtgeschürzte Schleife des Seils, an dem der kleine Kahn hing, und dieser schoß pfeilschnell entlang der Bootseite hinaus in den Wirbel. Erschrocken starrten ihm alle nach. Er drehte sich drei-, viermal in dem weißlichen Gischt in immer kleineren Kreisen, richtete dann plötzlich seinen Schnabel in die Höhe und versank. Die Frauen schrien laut auf, die Männer bekreuzigten sich. Es hatte den Anschein, als ob ein lebendes Wesen die Hände zum Himmel erhoben hätte, ehe es von den gurgelnden Wassern verschlungen wurde. Dann aber kam ihnen der Gedanke wieder, daß es ja nur ein leeres Boot gewesen war und die aufgeworfenen Hände ein Ruder, und sie begannen alle zugleich zu schwatzen, selbst zu lachen, bis jemand daran erinnerte, daß jetzt die Verbindung mit der sich immer mehr neigenden Zille unmöglich geworden war.

Da kreischte Lucinde auf, scharf, schneidend, in Verzweiflung: »Ali! Mein Ali! Um Gottes willen, mein Ali!«

Der Seidenspitz stand allein auf dem Oberdeck und hub laut zu heulen und zu bellen an.

»O Gott, o Gott, mein Ali! Rettet meinen Ali!« schluchzte Lucinde.

»Seien Sie doch ruhig, Mamsellchen!« sagten die Leute von Struden. »Es sind schon zwei von uns fort, um einen andern Nachen herbeizuschaffen. In einer Viertelstunde muß er dasein!«

»O mein Ali, mein Ali!« war die Antwort. »Rettet niemand meinen Ali! Herr Hans! Herr Albrecht! Eh' der Nachen kommt, kann das Schiff untergehen. O mein Ali, mein Ali!«

Sie sank auf die Knie. Ali heulte jammervoll. Und nun mußte auch das Glöckchen in der Kapelle auf Wörth wieder zu läuten anfangen. Das wahre Winseln eines Glöckchens! Berblinger sah, wie der Schmerz das liebliche Gesichtchen verzerrte. Er warf seine Jacke ab.

»Bist du verrückt? Was willst du machen?« rief einer der Schiffer zornig.

»O mein Ali – mein süßer Ali!« lispelte Lucinde und schloß die Augen.

Berblinger konnte das nicht länger mitansehen. Sie war todesblaß geworden, und die Tränen stürzten in zwei Bächlein über ihre Wangen. Er war ein gewandter Bursche und wußte mit Seilen umzugehen; das hatte ihm in der Klosterkirche zu Blaubeuren gute Dienste getan. Er hing an dem ausgespannten Tau, ehe man sich's versah, und arbeitete sich Hand über Hand vorwärts, während er sich mit dem Kniegelenk einhakte. Als er die Mitte des Seils erreicht hatte, berührte er fast das Wasser. Molfenter schimpfte laut über den verrückten Jungen. Es ging jetzt aufwärts, etwas langsamer; aber es ging. Alle, auch Lucinde, waren ganz still geworden. Es hatte gefährlich genug ausgesehen, das tiefeingebogene Seil, das kochende Wasser. Jetzt schwang er sich an Bord und kletterte auf das Oberdeck. Der Spitz wandte sich wütend gegen seinen Retter, bellte und schnappte. Aber Berblinger machte keine Umstände, packte ihn geschickt am Halsband und hob das zappelnde Tierchen in die Höhe. Jetzt schrie Lucinde wieder auf:

»Nicht so! Nicht so! O mein Ali! Es tut ihm weh. O mein Ali, mein Ali! Er streckt schon die Zunge heraus! Sie tun ihm weh! – O Sie – o du – o mein Ali!«

Berblinger sah kein andres Mittel, den Hund zu retten,

der in die Luft biß und mit allen vier Pfoten kratzte, als ob er ein kleiner Teufel wäre. Der Rückweg war in der Tat kein Kinderspiel, mit den Kniekehlen und dem Ellbogen des rechten Arms hing der Junge jetzt wieder am Seil. In der rechten Hand hielt er den zappelnden Hund, mit der linken arbeitete er sich vorwärts. Wieder war selbst Lucinde still. Man konnte im Zweifel sein, wenn man das erschreckte Engelsköpfchen sah, ob sie betete oder aus der Ferne Ali zu trösten suchte. Die Marktweiber taten sichtlich das erstere. Da, kaum noch einen Schritt vom Ufer, schlüpfte das Seil ein wenig. Berblingers Kräfte waren erschöpft, der rechte Arm mit dem Hund flog nach oben, das wild schwankende Tau entglitt der Linken. Einen Augenblick hing er in den Knien. Dann fiel er samt dem Hund kopfüber in das gurgelnde Wasser.

Ein vielstimmiger Schrei durchschnitt die Luft. Im nächsten Augenblick lief der Spitz, wie toll sich schüttelnd, in die Arme seiner Herrin, und Berblinger kletterte, von zwei vor Freude schluchzenden Marktweibern gezogen, etwas mühselig an der felsigen Böschung hinauf.

Er war natürlich naß wie eine gebadete Maus. Die Kleider klebten ihm am Leib, sein Hemd war zerrissen, die Haare hingen ihm über die Stirne und er hinkte. Als Lucinde, die noch immer am Boden kauerte, aus der Umarmung Alis aufsah, lächelte sie einen Augenblick. Dann aber brach sie in ein lautes Lachen aus, häßlich, gellend.

»Nein! Sieht der Brechtle aus!« rief sie und begann aufs neue zu lachen. Hans lachte mit. Der Retter Alis war in diesem Augenblick in der Tat nicht salonfähig. Zum Glück war das Wasser an der Stelle, wo er abgestürzt war, nicht mehr tief, der Grund aber, ein zäher blauer Lehm, in dem er zuerst mit dem Kopf und dann mit dem ganzen übrigen Körper gewühlt hatte, von erstaunlicher Anhänglichkeit an seine Person gewesen. Überdies blutete er an der linken Hand und auch sein rechter Strumpf zeigte Blutspuren.

Der Seidenspitz hatte nicht ohne Erfolg gegen die Art seiner Rettung Widerspruch erhoben. Es war ja jetzt alles gut; aber es war zu komisch, wie der Held des kleinen Abenteuers aussah!

Lasset uns hoffen, daß es ein hysterisches Lachen war, das nach der Aufregung der letzten Minuten Lucinde befiel. Berblinger, der sein rechtes Bein schmerzhaft empfand, hielt es für das Lachen eines Herzens von Stein. Er zog die Jacke an, die ihm eines der Marktweiber reichte, warf sein Ränzchen über und hinkte davon, flußabwärts.

Sie riefen ihm nach; selbst Lucinde rief, aber er ging weiter. Ein Fußweg führte den Berg hinan und verlor sich dann in dichtem Buschwerk. Nach einer halben Stunde setzte er sich unter eine Buche, um nach der Wunde an seinem Bein zu sehen, die noch immer ein wenig blutete. Aber er vergaß dies wieder, dachte an Gretle und weinte bitterlich.

22
Die Feuermaschine

Fast sah es aus, wie wenn Berblingers Wandern schon zu Ende gehen wollte, als er eine Wegstunde von Struden in der Abenddämmerung den Marktflecken Sarmingstein erreichte. Er hinkte bedenklich und sein Herz war zentnerschwer; von seinem durchnäßten Anzug und dem blauen Lehm zu schweigen, in den er noch immer teilweise gekleidet war. Am liebsten wäre er allerdings weitergezogen; so weit weg von Struden, als ihn sein Bein tragen mochte. Allein beim letzten Haus des Dorfes, das glücklicherweise eine Herberge war, sagte man ihm, daß er bis Ybbs, dem nächsten Städtchen, drei gute Stunden zu gehen habe. Das war mehr, als er sich nach einem solchen Tag zutrauen konnte. Er trat ein und bat um ein Nachtquartier. Die runde Wirtin sah ihn erst mißtrauisch, dann aber mitleidig an und führte ihn in ein Dachkämmerlein. Doch was half ihn ein gutes Bett in einer schlaflosen Nacht, in der das Murmeln und Rauschen der Donau nicht aufhörte, ihm ins Gewissen zu reden, und das Donauweibchen, wenn er die Augen schloß, auf und nieder tauchte und ihn verlockend und spöttisch zugleich anlachte!

Er schlief endlich ein und lange in den trüben Morgen hinein. Ein stechender Schmerz in seinem gebissenen Bein, das lebhaft entzündet war, weckte ihn. Das mußte ertragen werden und war das schlimmste nicht. Als er vor dem kleinen Dachfenster seine Kleider wieder in Ordnung zu bringen suchte und über den breiten Strom wegsah, der auch hier noch von steilen Bergen eingeengt ist, bemerkte er am jenseitigen Ufer das Ordinariboot, das scheinbar heil und munter, die Ulmer Flagge am vorderen, die österreichische am hinteren Kranz, den Fluß hinabglitt. Trotz der beträchtlichen Entfernung glaubte er auf dem Oberdeck wohlbekannte Gestalten zu erkennen. Nach vorn stand der alte

Molfenter, der sichtlich wieder allein kommandierte; auf den Bänken saßen zwei Frauen, denen Hans etwas zu erzählen schien. Es war, als ob Lucinde nicht aufmerkte, sondern herüberwinkte, lachend und neckisch; überdies hörte er ganz deutlich das boshafte Bellen Alis, das der Morgenwind in Stößen über das Wasser trug. Das Boot schoß förmlich am Wald hin und verschwand nach zehn Minuten hinter der nächsten Bergkante. Er atmete auf und bürstete weiter. Dann biß er die Zähne zusammen und machte sich auf den Weg.

Es war ein harter Tag. Nicht ein Sonnenblick drang durch den grauen Novemberhimmel, und der Strom, der an dem schmutzigen Landsträßchen hinzog, war bleifarben. Sein Bein wurde mit jeder Stunde schlimmer. Als er am Abend die Mauern und Türme des altertümlichen Pöchlarn vor sich sah, war es zweifellos, daß er hier Stab und Ränzel auf ein paar Tage an den Nagel hängen mußte.

Pöchlarn hatte eine Schneiderherberge. Als er eintrat, fand er zu seinem Erstaunen einen Bekannten; keinen von der Zunft und doch etwas derart: Herrn Moses Silberblick, den Handelsmann vom gestrigen Tag. Der Jude setzte sich sofort zu ihm und schien ordentlich erfreut, ihn wiederzusehen und ihm zu seiner kühnen Vorstellung auf dem hohen Seil, wie er es nannte, Glück wünschen zu können.

»Gott der Gerechte, hab' ich eine Angst gehabt für Sie!« rief er. »Aber Sie sind ein kurioser Mensch, ein tapferer Mensch! Alles wegen einem Hund! Erst hab' ich gedacht, Sie seien verrückt, rein verrückt. Dann hab' ich gesehen, daß Sie sind ein mutiger Mann. Dann hab' ich müssen sehen, wie Sie sind davongelaufen und haben nichts genommen, und der Hund war wert – sagen wir fünf Gulden unter Brüdern. Gott der Gerechte, gibt es kuriose Leut' auf dieser Welt. Na nu, was heißt! Sie werden's noch weit bringen, Herr Berble, oder wie Sie heißen.«

Bald genug zeigte sich auch, was den Silberblick in die Schneiderherberge geführt hatte. Er handelte nicht bloß mit falschen Steinen, ›wert viele tausend Gülden‹, sondern war auch Agent eines Großkaufmanns seines Glaubens in Wien, der die Lieferung von zehntausend Uniformen übernommen hatte, welche das österreichische Heer dringend und schleunigst bedurfte, um dem anrückenden Kaiser der Franzosen in würdiger Weise die Stirne bieten zu können. Denn hierfür fehlte es an allen Enden und Ecken, nicht nur an Feuerwaffen, sondern auch, namentlich für die kroatischen und südungarischen Regimenter, an den unumgänglich erforderlichen Beinkleidern. Derartige Bestellungen, erzählte Silberblick, hatten die Löhne der Schneidergesellen in und um Wien ins Unerschwingliche gesteigert, so daß er und andre den Auftrag erhielten, die ganze Zunft entlang der Donau mobil zu machen. Auch in Pöchlarn seien drei Meister bereit, in vier Wochen fünfhundert Hosen anzufertigen, wenn sie nur die nötigen Gesellen auftreiben könnten.

»Dazu seid Ihr gerade der rechte Mann, Berble, oder wie Ihr heißt«, meinte der Jude mit funkelnden Augen. »Fünfhundert Paar Hosen, das ist ein Wort! Klopft Euch nicht das Herz im Leib, wenn Ihr die in den Mund nehmt, junger Mann?«

Silberblick erhielt nämlich von dem Großkaufmann in Wien fünfundsiebzig Kreuzer für jedes Dutzend Beinkleider, das er vergeben konnte, zwei Gulden von jedem Schneider, an den er sie vergab, und drei Gulden für jeden Schneidergesellen, den er auftrieb. Anfänglich hatte er auch versucht, ebensoviel von jedem Schneidergesellen zu erhalten, den er einem Meister zuschickte. Es wollte sich jedoch wegen der außerordentlichen Nachfrage nach Gesellen zu seinem großen Bedauern nicht machen lassen, und da er nach seiner Art ein ehrlicher Mann war, ließ er diesen Teil des Plans fallen. Trotzdem war sein Unternehmen besser organisiert als alles, was das Kriegsministerium in eigner Regie betrieb.

So kam's, daß Berblinger am folgenden Morgen auf

dem Weg zu Meister Scherer in der Horngasse zu Pöchlarn war und schon am Nachmittag damit beginnen konnte, sein krankes Bein in Ruhe auszuheilen und dabei das erste Dutzend königlich-kaiserlich österreichischer Beinkleider zuzuschneiden. Nach seinem wunden Herzen fragte niemand; doch auch dieses vernarbte ein wenig im Lauf der nächsten Monate, in denen er in dem gemütlichen Städtchen das Stilleben eines ehrsamen Schneidergesellen führte und auf den Frühling wartete.

Allerdings kam im Dezember die Schlacht von Austerlitz dazwischen; die letzten Reste des alten deutschen Reichs stürzten zusammen und beinahe das kaum geborene neue österreichische Kaisertum ihnen nach. Allein über Pöchlarn ging die Erschütterung weg, fast ohne es zu berühren. In der Verwirrung des allgemeinen Umsturzes hatte man ›darauf vergessen‹, wie sie dort sagen, daß eine Armee, die aufgehört hat zu sein, keiner Beinkleider mehr bedarf, und die Bestellung nicht zurückgezogen. So arbeitete auch Berblinger rüstig weiter, und in Pöchlarn und andern abgelegenen Orten häuften sich Berge von Hosen an, von denen zunächst niemand etwas wissen wollte. Es war dies kein Unglück, denn die Zeit kam wieder, in der man laut nach Beinkleidern und andern Uniformstücken schrie, und da lagen sie! Das sprichwörtliche Glück des Hauses Habsburg hatte sich auch in diesem Fall bewährt.

Mit frischem Mut, gesunden Beinen und einem ansehnlichen Sparpfennig in der Tasche begann in den ersten Tagen des Frühlings Berblinger seine Wanderschaft aufs neue. Gegen das Donaugebiet hatte er seit den Tagen von Struden eine Abneigung gefaßt, die seinen Plänen, soweit er Pläne hatte, eine neue Richtung gab. Er wandte sich nach Norden und zog mit zwei Kollegen leichten österreichischen Bluts vierzehn Tage später in Prag ein. Es kann jedoch nicht unsre Aufgabe sein, das Unmögliche zu versuchen und das leichtfüßige Schneiderlein auf seinen drei

Jahre langen Kreuz- und Querzügen zu verfolgen. Pflichtgetreu zerriß er seine Handwerksburschenstiefel zwischen Königsberg und Salzburg, Hannover und Pest, bald fröhlich und guter Dinge, den Beutel leidlich gefüllt mit dem ersparten Lohn der letzten Arbeitszeit, bald abgerissen, hungrig und dem Fechten nah, das viele seinesgleichen als Hauptsport eines Lebens voll lustiger Abenteuer und wechselvoller Überraschungen betrieben. Langsam, aber fühlbar verblaßte das Bild der Heimat, und selbst Gretles treue Augen sah er nicht mehr so klar, wenn er den alten Vers ›Übers Jahr, übers Jahr, wenn mer Träuble schneid't‹ auf den Sandwegen von Pommern oder Lüneburg vor sich hin sang. Es ist nicht billig, ihn hierfür allzu hart zu beurteilen. Mit jedem Briefwechsel stand es in jenen Tagen, in denen die Kriegsfurie über Europa fegte, jammervoll, und es war ein reiner Zufall, wenn das krause Schreiben eines Handwerksburschen oder seines Schatzes das Ziel nicht verfehlte.

Begnügen wir uns damit, aus den drei bunten Jahren seiner Wanderzeit zwei oder drei Bilder herauszugreifen, die einen tieferen Eindruck auf den jungen Schneidergesellen machten. Sie werfen vielleicht auch in andrer Richtung ein vorübergehendes Streiflicht auf eine Zeit, in der unter den großen weltgeschichtlichen Stürmen jener Tage in aller Stille und kaum bemerkt von Millionen, die ihr heute Leben und Wirken verdanken, Größeres keimte und der Reife entgegenging.

Es war in Oberschlesien; nahezu ein Jahr nach dem schweren Tag bei Struden. Durch das ganze Land zog ein unruhiges, gärendes Bangen, obgleich sich's niemand gestehen mochte. Der Krieg war wieder ausgebrochen, diesmal mit Preußen, das sich unter dem alten Fritz vor kaum einem Menschenalter zur jüngsten Großmacht aufgeschwungen hatte. Die stramme Armee des großen Königs konnte sich doch unmöglich vor dem Haufen eines sogenannten Kaisers fürchten, der aus dem Straßenpöbel emporgestiegen war. Die Österreicher – Ulm und Austerlitz – bewiesen nichts. Die hatte der alte Fritz oft genug gehauen. Aber bei allem Vertrauen auf den unsterblichen Ruhm der Vergangenheit fühlte man sich nicht behaglich. Der Feind war im Land, das Heer stand im Thüringischen, und jeden Tag konnte es mit den Franzosen zusammenstoßen, unter deren Fahnen Tausende deutscher Landsleute standen. Das war das Ärgerliche!

Seit Monaten gingen die Geschäfte überall schlecht. Selbst Kleider wollten sich die Leute nicht mehr machen lassen, bis die Frage entschieden war, wer Herr in Europa sein sollte. Auch die Handwerksburschen, die den Soldatenrock noch nicht anhatten, suchten in allen Richtungen vergeblich nach Arbeit, oder taten wenigstens so. Das Vagabundieren war in diesen Tagen leichter und lohnender als seit lange. Die Polizei hatte andres zu tun, als den arbeitslosen Schustern und Schneidern nachzulaufen. Es war immerhin besser, sie fochten sich selbst durch, als daß sie den Behörden zur Last fielen, dachten sogar diese.

Berblinger hatte zuletzt, von Posen kommend, einige Wochen in Breslau gearbeitet, aber es war nichts mehr in Preußen. Schlechter konnte es in Österreich auch nicht stehen, und plötzlich, während er eines Sonntagnachmittags an der Oder hinschlenderte, packte ihn eine wunderliche Sehnsucht nach der Donau. Es war doch ein andres Wasser, das vom Schloßbrunnen zu Donaueschingen, als die gelbe Brühe hierzuland, von der ihm niemand sagen konnte, woher sie kam. Etliche Tage später hatte er sein nachgerade wohlzerriebenes Ränzchen wieder geschnürt und wandte sich, den Schwalben und Störchen folgend, dem Süden zu.

Es war allerdings fast zu spät im Jahr, ein großes Wandern anzutreten, und er hatte kein Glück. Schon in Oppeln ging sein Geld auf die Neige und es regnete viel. Aber nun war es einmal so; er mußte sich durchfechten. Auch machte er sich nicht viel daraus, denn das Wandern war ihm schon eine liebe, fast allzu liebe Gewohnheit geworden. Der Arbeitstisch in der Schneiderwerkstätte, mochte er in Mecklenburg stehen oder in Polen, in Berlin oder Dresden, entleidete ihm nach vierzehn Tagen überall. Kein gutes Zeichen; und mancher Meister, der den tüchtigen kleinen Gesellen ungern verlor, schüttelte den Kopf. Aber sie merkten alle, daß Berblinger kein Geselle gewöhnlicher Art war, und mußten ihn laufen lassen. Fliegen hieß er es. Dieser Gedanke verfolgte ihn wieder, wo er ging und stand; namentlich wenn ihn wunde Füße quälten, was nicht selten vorkam. Auch das Wandern hatte seine Plagen.

Dafür sah er um so mehr; weit mehr als andre. Wo er von etwas Neuem hörte, das ihn an das alte Münster zu Ulm und seinen Freund, den Turmwart, erinnerte – wieviel hatte der nicht von Dingen gewußt, die weit, weit weg von Ulm die Welt bewegten! –, war ihm ein Seitensprung von zwölf Stunden nicht zuviel, der Sache auf den Grund zu sehen. Tagelang strich er in Berlin um die königliche Porzellanfabrik – was ging den Schneider das königliche Porzellan an? –, weil er gehört hatte, daß sie dort eine Feuermaschine zum Betrieb der Stampfmühlen aufstellten. Aber er brachte es nicht weiter, als daß sie ihn zweimal zum Haus hinauswarfen und drohten, ihn das nächstemal auf der Polizei abzuliefern. Dort werde man dem naseweisen Schwaben schon das Neueste zeigen.

Etwas Ähnliches begegnete ihm in Oppeln. Hier hörte er, daß vor wenigen Monaten ein riesiger Zylinder, der auf der Oder geradenwegs von England kam, ausgeschifft worden sei und mit sechzehn Pferden den Weg nach Tarnowitz angetreten habe. Dort in den Bergwerken, die der alte Fritz wieder in Betrieb gesetzt hatte, sei zum Heben der Grubenwasser schon seit Jahren eine Feuermaschine in Tätigkeit, die zweite im ganzen deutschen Reich, die jetzt einer größeren Platz machen solle. Die ihm wohlbekannte Wahrheit, daß die gerade Linie der kürzeste Weg zwischen zwei Punkten ist, war in Handwerksburschenkreisen nie sonderlich beliebt. So kam es, daß Berblinger auf seiner Fußreise nach Wien etwas zu weit nach Osten geriet und in der Dämmerung eines trüben Oktoberabends mißmutig, nur noch mit wenigen Groschen in der Tasche, durch ein kahles Hügelland in Oberschlesien marschierte. Er wußte nicht, ob er früher oder später hoffen durfte, auf menschliche Wohnungen zu stoßen, folgte aber schon seit einer Stunde einem großen, fast riesenhaft gebauten Herrn, der zuversichtlich ausschritt und doch wohl irgendwo in der Nähe wohnen mußte, denn er führte nichts als einen keulenartigen Spazierstock bei sich. Zweimal waren sie an unnatürlich hohen Gebäuden vorübergekommen, die in unheimlicher Einsamkeit abseits vom Wege standen. Schließlich war es Nacht geworden, als in weiter Ferne ein schwaches Licht auftauchte, das wenigstens hoffen ließ, daß die Wanderschaft für heute ihr Ziel erreichen werde. Auch der Herr schien ermüdet zu sein und ging jetzt langsamer. Da kam Berblinger ein nicht mehr ganz ungewöhnlicher Gedanke: Wie wäre es, wenn er den Herrn höflich ersuchte, ihn mit einem kleinen Beitrag zu seinem Nachtquartier zu erfreuen? War dies auch noch nicht notwendig: Eine so günstige Gelegenheit bot sich nicht alle Stunden. Er beschleunigte deshalb seine Schritte, während der andre die seinen in sichtlich menschenfreundlicher Absicht verlangsamte, bis sie nebeneinander gingen.

Berblinger hinkte etwas auffälliger, um seinem Sprüchlein eine passende Einleitung zu geben und räusperte sich, wie wenn er soeben von einer heftigen Erkältung befallen worden wäre; der Große aber kam ihm zuvor. Mit einer Bärenstimme und in einer Mundart, die den Schneider wie ein belebender elektrischer Schlag berührte, sagte er dumpf, fast drohend:

»An armer Handwerksbursch möcht um a kleine Weg-zehring bitta.«

»So was!« stieß Berblinger heraus, indem er sich auf die Zehen stellte, um dem andern ins Gesicht sehen zu können; »'s nämlich han i grad au sage wölle.«

»Herr Gott von Feuerbach!« rief der andre erregt. »A Schwob! Jetzt dös gfreut mi! Wo kommscht denn du her, du kleins Luder, du verfluchts? Herr Gott, ischt dös a Gschpaß! Unter dene grobe Saupolacke a lebendiger Schwob! Jetzt kann i nemme! Ei, so verreck – a Schwob!«

»Du alts Sackermentsrindvieh«, versetzte Berblinger, ebenfalls aufs tiefste bewegt. »Kannst dei Maul net wäsche, eh de grüß de Gott zum a Landsmann sägscht?«

Es war ungeheuchelte, überströmende Freude, die in diesen fast unartikulierten Naturlauten Ausdruck suchte, und es dauerte mehrere Minuten, in denen sie sich mit den derbsten Schimpfworten ihrer Heimat überschütteten. Ein Psychologe hätte in diesem wunderlichen Ausbruch jene Zartheit und Zaghaftigkeit der Volksseele finden können, die ihre besten und wärmsten Gefühle ängstlich verbirgt, und hätte damit nicht ganz falsch geraten. Endlich legte sich der Sturm und der Riese fragte etwas ruhiger:

»Bist vom Handwerk, du?« – Wir lassen im Interesse der Menschlichkeit die Mundart wieder fallen.

»Ein Schneider«, versetzte Berblinger, indem er sich ein wenig in die Brust warf. Dabei betrachtete er den Großen aufmerksam. Die großen schweren Hände, die etwas nach innen gebogenen Beine sprachen ihre eigne Sprache. »Du bist ein Schlosser, mit Gunst!« sagte er zuversichtlich.

»Ein Stück davon!« versetzte der andre nach zünftiger Weise und mit dem vollen Bewußtsein, daß er auf den Kleinen nicht bloß körperlich herabsehen dürfe. »Aus Esslingen«, fügte er bei; »Jakob Keßler aus Esslingen. Und du?«

»Ulmer. Albrecht Berblinger aus Ulm.«

»Na, das trifft sich schön«, meinte der Schlosser, »zwei

eingebrockte Reichsstädter. Aber was der Kuckuck führt ein Schneiderlein in diese Wildnis?«

»Des Schusters Rappen«, versetzte Berblinger prompt. »Und dich? Dazu ohne Ränzel und Rucksack, wie ein Herr, der seinen Abendspaziergang macht!«

Wäre es nicht schon finstere Nacht gewesen, so hätte der Schneider diese Bemerkung schwerlich beigefügt; denn sein neuer Reisegefährte sah bei Tageslicht abgerissen genug aus. Bezüglich seines Reiseziels tat er anfänglich geheimnisvoll. Nach einer halben Stunde war jedoch das gegenseitige Vertrauen hergestellt. Beide merkten, daß sie nicht auf einen gewöhnlichen Fechtbruder gestoßen waren; die Landsmannschaft in der wilden Fremde tat das übrige, und es zeigte sich, daß sie ein Ziel im Auge hatten: sie waren auf dem Weg nach der Friedrichshütte bei Tarnowitz und wollten beide der neuen Feuermaschine einen Besuch abstatten.

Später gestand der Schlosser, daß er sein Reisebündel nicht ganz freiwillig zurückgelassen habe. Der Wirt zu Sandewitz, seinem letzten Nachtquartier, habe es der Sicherheit wegen aufgehoben, wegen einer lumpigen Zeche von fünf Groschen. Aber so seien all die Spitzbuben in diesem Land. Kein Vertrauen. Nun sei er aber entschlossen, die neue Feuermaschine zu sehen oder zu sterben. Die bei Hettstadt im Mansfeldschen habe er schon vor zwei Jahren gesehen. Donnerwetter, sei das ein Ding! Ein Weltwunder, zu dem die Leute wallfahren sollten, wie hierzuland zum heiligen Ladislaus. Aber unter Tausenden wisse kaum einer etwas davon. Das habe ihn schon oft gottsträflich geärgert.

Berblinger gehörte nicht zu den neunhundertneunundneunzig Unwissenden, obgleich er nicht ins Mansfeldsche gekommen war. Schon Magister Zeller in Blaubeuren und sein Physikbuch hatten ihm einen Begriff von der Gewalt des Luftdrucks gegen die Wände eines luftleeren Gefäßes gegeben, und was hatte ihm nicht der alte Lombard auf dem Münsterturm zu erzählen gewußt! Es war dem Schlosser nicht ganz behaglich, von einem Schneider belehrt zu werden, während sie wieder rüstig ausschritten, aber es verkürzte den Weg – und das läßt sich jeder Handwerksbursche gefallen – zu hören, wie vor hundert Jahren schon ein Mann namens Papin ein Gefäß mit Dampf gefüllt, diesen durch Erkalten wieder in Wasser verwandelt, zu deutsch kondensiert, und dadurch einen luftleeren Raum geschaffen habe, in den ein Kolben mit großer Kraft hineingedrückt werde. Und da der Dampf in einem Kessel erzeugt werde, unter dem ein Feuer brennt, sei auf diese Weise die erste Feuermaschine entstanden, der Erfinder selbst aber sei, wie es oft gehe, verdorben und gestorben. Dann habe ein Engländer namens Newcomen den Gedanken aufgegriffen und solche Feuermaschinen gebaut, die eigentlich Luftdruckmaschinen heißen sollten, denn es sei der Luftdruck, von dem die Kraft komme. »Gesehen habe ich noch keine«, schloß Berblinger, »aber gehört. In der königlichen Porzellanfabrik zu Berlin treibt sie die großen Stampfmühlen und wird bewacht, als ob sie der Teufel selbst wäre. Aber gehört habe ich sie, daß es mir gruselte.«

»Wohl, wohl!« sagte der Schlosser. »Das ist aber jetzt alles altes Eisen. Nach deinem Newcomen kam ein andrer, Watt soll er heißen. Der läßt den Dampf im Zylinder selber drücken und braucht deine Luft nicht dazu. Das gibt zweimal so viel Kraft oder zehnmal, was weiß ich! Jedenfalls ist es ein Riesenfortschritt, und ich bin seit drei Wochen auf der Wanderschaft, nur um das Ding zu sehen. Wieviel Geld hast du noch, Bruder Schneider?«

»Ich habe in Berlin auch davon gehört«, versetzte Berblinger eifrig, ohne auf die letzte Frage einzugehen, »und in Oppeln von einem neuen Zylinder, der aus England gekommen sei. Das nehme ich mit, sagte ich mir, mit einem Umweg von drei Tagen ist es billig bezahlt. Wer weiß, wozu man's noch brauchen kann.«

»Willst du damit nähen?« fragte Keßler lachend.

»Wer weiß!« sagte Berblinger nachdenklich. »Es ist Kraft. Die hat der Mensch noch nie gemacht, seit die Welt steht. Daraus kann alles werden.«

»Solange er Holz und Kohle hat«, sagte der Schlosser, der offenbar auch nicht zum erstenmal darüber nachgedacht hatte. Es sind plumpe, nachdenkliche Leute, die Schwaben, und brüten monatelang über einem Gedanken, ohne ein Wort zu sagen. Dabei kommt manchmal etwas heraus, das die Welt in Erstaunen setzt, zum Beispiel das Gesetz von der Erhaltung der Kraft. Das lag wohl schon damals in der schwäbischen Luft.

»Kohle oder Holz, natürlich!« gab Berblinger zu. »Aus nichts wird nichts. Aber Kraft aus Wasser und Feuer, wenn wir sie erst im großen fabrizieren, nicht bloß hinter dicken Mauern in Berlin und in Tarnowitz – das kann die Welt noch auf den Kopf stellen.«

»Na, bleib du nur erst fest auf deinen Beinen, Schneiderle«, mahnte der Schlosser. »Ich glaube, wir sind nicht mehr weit vom Ziel. Hast du noch genug Kies im Eisbär* zu einem Nachtessen für zwei? Ich spüre ein Vakuum, das deinen Newcomen glückselig gemacht hätte.«

Sie standen jetzt, soviel sie noch sehen konnten, in der breiten Straße eines kleinen Dorfs von einstöckigen, strohgedeckten Häuschen, hinter deren halbgeschlossenen Fensterläden da und dort ein Licht schimmerte. Den Abschluß der Straße bildete ein größeres Haus mit einem weit offenen, scheunenartigen Tor, über dem eine Laterne hing. Ihr trüber Schein hatte sie schon aus weiter Ferne angezogen; es war sichtlich die Herberge des Orts. Links von ihr, in einer Entfernung von mehreren hundert Schritten befand sich eine Gruppe von Gebäuden, die kaum zu sehen gewesen wären, wenn nicht ein weißlicher, wogender Dunst über ihnen gelagert hätte, den von Zeit zu Zeit ein greller Feuerschein beleuchtete. Ein hoher plumper Schornstein

---

* Handwerksburschendeutsch für ›Geld im Beutel‹.

überragte den Dunst und lehnte sich an einen Bau, welchen man in der Dunkelheit für eine alte Ritterburg hätte halten können. Das Ganze machte einen unheimlichen Eindruck, und doch klopfte Berblingers Herz freudig. Von Zeit zu Zeit dröhnte mit großer Regelmäßigkeit ein dumpfer, schwerer Schlag unheimlich durch die Nacht. Kein Zweifel, dort drüben bewegte sich das Ding, das er seit Jahren gern gesehen hätte.

Die große niedere Stube der Herberge, in die sie eintraten, war von zwei an der Decke hängenden Öllampen spärlich erleuchtet. In der einen Ecke des Gemachs drängte sich um einen großen rohgezimmerten Tisch wohl ein Dutzend Bergleute in ihrem gnomenhaften Arbeitsanzug und unterhielten sich halblaut in polnischer Sprache. Hinter einem kleineren Tisch in der gegenüberliegenden Ecke saß ein besser, aber fremdartig gekleideter rotbärtiger Herr in dem einzigen Armstuhl der Wirtschaft, weit zurückgelehnt, die Beine ausgestreckt, vor einem leeren Teller und einem vollen Glas Wein und betrachtete, ohne sich zu rühren, die schwarze Zimmerdecke. Berblinger warf sein Ränzchen auf die Bank neben der Türe, nachdem er von der Wirtin in gebrochenem Deutsch die Versicherung erhalten hatte, daß sie ›sehr eine gute Bett‹ finden würden. Dann traten die beiden Ankömmlinge, die keinen andern Platz in der Stube sahen, vor das Tischchen des fremdartigen Herrn.

»Mit Gunst!« sagte Berblinger nach Handwerksburschenart, indem er sich setzte.

»Nix Kunst«, erwiderte der Fremde. »Ik spreken sehr gut deutsch, aber nix alles verstehen. Nix Kunst. Ik Feuermaschine.«

Dem Herrn mußte es wohl an Unterhaltung gefehlt haben. Er strich sich behaglich den roten Bart und schien durchaus geneigt, das Gespräch mit den zwei Handwerksburschen fortzusetzen, nachdem er sie wiederholt versichert hatte, daß er sehr gut Deutsch spreche. Was das ›nix Kunst‹ zu bedeuten hatte, wurde den beiden erst mit der Zeit klar. In der Bergwerkssprache nannte man die alten maschinellen Einrichtungen eine ›Kunst‹. Man sprach von einer Roßkunst, hieß auch eine Windevorrichtung, ein Pumpengestäng eine ›Kunst‹. Der Fremde wollte betonen, daß er mit diesen veralteten Einrichtungen nichts zu tun habe. Er war ein Mann der Neuzeit.

»Ik heißen Potter, Tschäms Potter«, erklärte er. »Ik geboren aus England, und ik habe gebracht eine neue große Zylinder für alte kleine Feuermaschine. Ist fast su groß. Ik habe es aufgestellt und ik habe es probiert gestern. Geht sehr gut. Gibt Wasser viermal soviel als Roßkunst von swansig Ferden. Braucht Kohle nix von Bedeutung. 'abe auch aufgestellt *Jack in the box*; arbeitet wie kleines Teufel. Neue Erfindung von mein Meister, Mister Watt. Ist jedermann ensückt. Arbeiter 'aben Angst vor das Teufel. Ist zum Lachen. Ik von England, Feuermaschinenmeister. Verwandter von der berühmte Mister Potter, der *invented selfacting valvegear*, als es noch klein, klein Bub war. Ik ein kleiner Onkel von der große Mister Potter – wie heißt das in Deutsch: Neffiu?«

Der Schlosser aus Esslingen saß mit offenem Munde da, und auch Berblinger horchte mit klopfendem Herzen. ›Das also war ein Engländer, einer von denen, die die Feuermaschine in die Welt gesetzt haben. Er sah aus wie gewöhnlicher Mensch und sprach läppischer als ein Kind. Woran mochte es liegen, daß diese Leute solche Wunderdinge fertigbringen? Konnten die Deutschen, die soviel gelehrter waren, dies nicht auch? Brauchte man dazu ein großes Wunderkind aus einem fremden Land kommen zu lassen wie diesen Potter?‹ dachte Berblinger. Keßler beschränkte sich vorläufig darauf, zu staunen.

Nach einer halben Stunde verstanden sie den Engländer schon besser, und dieser schien sich der andächtigen Zuhörer zu freuen. Berblinger wagte seinen letzten halben

Taler und bestellte eine Flasche Schlesier, und Mister Potter die zweite. Nachdem auch diese geleert war, sprachen alle drei ein gebrochenes Deutsch, um sich besser verständlich zu machen, in das der Schneider sogar einige soeben aufgeschnappte englische Worte einflocht, die Herrn Potter höchlich belustigten. Ein oberflächlicher Beobachter hätte sie für ›voll süßen Weins‹ halten können, und hätte ihnen schweres Unrecht getan. Denn erstlich war es Schlesier, und dann waren zwei Flaschen dieses Weins niemals imstande gewesen, auch nur einen der drei Männer aus seinem seelischen Gleichgewicht zu werfen. Es war die Freude, einem längst ersehnten Ziel so merkwürdig nahe zu sein, und vor allem der Drang, sich dem Fremden anzupassen. Denn die beiden waren mehr als Deutsche, sie waren Schwaben, und der Engländer überrumpelte sie mit seiner Ruhe und der Selbstverständlichkeit, mit der er sich als Meister der Verhältnisse gab.

Er erzählte, daß er nicht immer ein so großer Herr gewesen sei wie jetzt. Er habe als Lehrling in den Werkstätten von Mister Boulton in Soho angefangen und sei vielfach als Hilfsarbeiter bei den Versuchen verwendet worden, die Mister Watt dort gemacht habe. Das sei ein Mann, den der Schwingbaum einer Feuermaschine nicht zu Boden werfe, wenn er ihm auf den Kopf falle, der immer wieder einen Weg sehe, wenn alle andern am Verzweifeln seien. Es sei nicht immer glattgegangen mit den neuen Feuermaschinen. Es sei nie glattgegangen. Aber da seien sie jetzt und fräßen Kohle und gäben Kraft dafür, soviel man verlange. Zu Ende sei man ja noch lange nicht. Heute pumpten sie Wasser aus Bergwerken in Cornwall, in Northumberland, in Schlesien. Gut; aber das werde noch ganz anders kommen. Herr Watt sage, er wolle es noch erleben, daß sie Wagen ziehen und Schiffe treiben und fliegen!

»Pflügen«, verbesserte Keßler. Berblinger hatte zusammengezuckt und wurde ganz still, als ob er horchte. Man hörte in der Tat aus weiter Ferne die dumpfen, taktfesten

Schläge der Maschine, die die Nacht durch arbeiten sollte, denn es hatten sich während des Umbaus große Wassermassen in der Grube gesammelt. Nun mußte sich zeigen, ob sie ihrer Aufgabe gewachsen war und fertig brächte, was mit keiner Roßkunst mehr zu bewältigen war.

Potter erhob sich.

»Ik muß noch mein großes Kind sehen«, sagte er vergnügt. »Dann kann ik schlafen und er muß arbeiten.«

Berblinger bat um die Erlaubnis, ihn begleiten zu dürfen. Potter sagte:

»*Come along!* Es wird mir nix schaden und dir nix nutzen. Nix Kunst; Feuermaschine. Die Deutsche werden nix begreifen, noch lange nicht. Ist ein Professor gekommen aus Breslau und hat gerechnet und gerechnet, daß neue Maschine nicht gehen könne. Wie er sie gestern hat gesehen pumpen, ist er wieder nach Breslau gegangen und rechnet und rechnet. In drei Wochen will er wiederkommen. Dann wird er mir seigen auf seine Papier, daß die Maschine geht, weil er gemacht hat eine kleine Rechnungsfehler. Dazwischen 'abe ik die Grube ausgepumpt. Die einen maken es so, die andern so. *Come along!*«

Auf dem Weg nach dem Maschinenhaus hörten sie die dumpfen, geheimnisvollen Schläge des Ungetüms mit jedem Schritt deutlicher. Vor dem Haus schien der Boden zu zittern, Ketten klirrten, Stangen rasselten; hinter dem Haus hörte man Wasser rauschen, als ob ein mächtiger Bach über Felsen stürzte. Potter lachte, als er in die Gesichter seiner Begleiter leuchtete, die eine gewisse erwartungsvolle Bangigkeit nicht verbergen konnten.

Es war dies verzeihlich genug. Als sie in den hohen, matt erhellten Raum eintraten, war es zunächst schwierig, irgend etwas zu unterscheiden. Ein finsteres, formloses Ding wie die Trommel einer riesigen Säule stand auf einem Untersatz aus rohbehauenen Quadern. Dies war der neue Zylinder, aus dem eine blinkende runde Stange emporschoß, um sodann wieder in seinem Innern zu versinken.

Die Stange hing an einer schweren Kette, welche hoch oben, fast am Dach des Gebäudes, von einem Arm aus wuchtigen Holzbalken in die Höhe gezogen wurde, der sich langsam und feierlich auf und ab bewegte, aber bei jedem Niedergang mit dröhnendem Lärm auf eine Unterlage aufschlug, die im Mauerwerk angebracht war. Hinter dem Steinpfeiler, der den Drehzapfen dieses waagebalkenartigen Doppelarmes trug, hing, wieder an einer Kette, das gewaltige Pumpengestäng, das in der unergründlichen Tiefe einer schwarzen Schachtöffnung verschwand. Von den Armen des Schwingbaums – Balancier nannte ihn Berblinger, der vom Ulmer Turmwart schon so viel gelernt hatte, ›beam‹, ›Baum‹ hieß ihn der einfache Potter, der kein Deutsch-Französisch verstand – von seinen Armen vor und hinter dem Pfeiler hingen weitere Stangen herab, von denen die eine an wunderlich geformten Hebeln und Knaggen zog und drückte, die manchmal dem Gang der Stange folgten, dann wieder plötzlich, als ob sie ärgerlich wären, selbständige, unerwartete, schnappende Bewegungen machten. Die Stange auf der andern Seite des Pfeilers saugte an einer kleinen Pumpe, die in einer Grube versteckt stand und in heftigen Stößen dampfendes Wasser in eine Rinne warf, das gurgelnd durch ein Loch in der Mauer davonlief.

Das also war die Feuermaschine. Neben ihr, in einen unförmlichen Backsteinmantel eingemauert, stand der Dampfkessel, vor dessen feuersprühender Esse ein schweißtriefender, kohlschwarzer Mann hantierte. Wenn er die Feuertüre öffnete, um frische Kohlen auf die sausende Glut zu werfen, glühten der ganze Raum, die Hebel und Knaggen, die blinkende Kolbenstange und die schwarzen Ketten in flammrotem Licht, das wildbewegte, fast greifbare Schatten in die Ecken und Winkel des finsteren Gebäudes warf. Das Unheimlichste waren die Töne des Ungetüms: das knarrte und ächzte, knallte und krachte, zischte und sauste, seufzte und stöhnte, bald da bald dort, als ob in jedem Winkel ein andrer Kobold säße. Alles aber übertönte der donnerähnliche Schlag in der Höhe, wenn der Schwingbaum auf seine Unterlage traf. Dem Schlag folgte eine fünf Sekunden lange feierliche Stille. Dann war es, als ob jemand unter dem Boden auf ein Blech klopfte; langsam, widerwillig setzte der Schwingbaum sich wieder in Bewegung, unten im Schacht räusperten sich die Pumpen und das grause Spiel, das Ächzen und Stöhnen, das Sausen und Zischen, das Knallen und Schlagen begann aufs neue.

Wer erinnert sich an all das, wenn er in den spiegelblanken Salon tritt, in dem heutzutag eine Dampfmaschine von tausend Pferdekräften mit einem kaum hörbaren Seufzer, wenn nicht ganz lautlos, ihre Riesenarbeit verrichtet? So aber sah und hörte es sich an, als die Dampfmaschine in ihrer Kindheit die Glieder zu regen begann.

Sie standen beide still, Schneider und Schlosser, halb betäubt, ein wenig besorgt, ob sie nicht bei der nächsten Bewegung des Ungetüms zermalmt werden könnten. Der Schlosser packte Berblinger an den Schultern und dieser fühlte, daß sein großer Freund zitterte. Ihm selbst war ganz feierlich zumute. Er hatte keine Furcht, denn er wußte, daß das Ungeheuer keine Bewegung machen konnte, die auch nur um das Zehntel eines Zolls von denjenigen abwich, die es heute schon hundertmal wiederholt hatte. Nur als er beim nächsten Öffnen des Feuertors Potter in roter Glut auf dem Zylinder stehen sah und der Riesenarm des Schwingbaums herabkam, als müßte er den Mann zerquetschen, der in aller Ruhe die zischende Stopfbüchse des Zylinders fester anzog, zitterte er mit seinem Gefährten. Aber es geschah nichts Bedenkliches. Der Arm schlug krachend auf seine Unterlage. Die Maschine stand still, genau fünf Sekunden lang. Dann knackte es unter dem Brett, auf dem sie standen. Man fühlte förmlich, daß sich etwas öffnete und der arbeitsgierige Dampf durch

Röhren zischte. Der Schwingbaum begann seine Aufwärtsbewegung und Potter stand noch immer ruhig und unzermalmt auf dem Zylinder, während der Riesenarm des Schwebebalkens, zum nächsten Schlag ausholend, den Ärmel seiner Jacke streifte.

Sie waren beide ruhiger geworden. Berblinger suchte zu verstehen, was er sah, und schrie Keßler in die Ohren, was er verstand: Dort über dem sausenden Feuer lag der Kessel, der den Dampf an die Maschine abgab, hier das Rohr, das ihn nach dem Zylinder leitete, in welchem sich der Kolben mit der Kolbenstange auf und ab bewegte. Diese hing an der Kette, die sie mit dem einen Arm des Schwingbaums verband, während am andern Arm das schwere Gestäng befestigt war, das zu den Pumpen im Schacht hinabführte. Die Knaggen und Hebel, welche ein vom Schwingbaum auf und ab gezogener Rahmen in Bewegung setzte, öffneten und schlossen die Ventile, die den Dampf bald in den oberen, bald in den unteren Zylinderraum eintreten ließen. Das aber ging so zu: Zuerst strömte der Dampf in den oberen Zylinderraum und drückte den Kolben nach unten. War der Kolben am Boden angelangt, so schloß sich das Einlaßventil und ein andres öffnete sich, so daß der Dampf aus dem oberen in den unteren Zylinderraum treten konnte, während das Gewicht des Pumpengestängs am andern Ende des Schwingbaums den Kolben nach oben zog. War der Kolben wieder oben und aller Dampf im Zylinder infolge hiervon in den unteren Zylinderraum getreten, so schloß sich das Ventil zwischen dem oberen und unteren Raum, und gleichzeitig spritzte eine kleine Hilfspumpe kaltes Wasser in den Zylinder, so daß sich der dort befindliche Dampf kondensierte und ein luftleerer Raum entstand, der den Kolben wieder herabzusaugen suchte. Wenige Sekunden nachher öffnete sich aber auch das Ventil wieder, das frischen Dampf in den oberen Zylinderraum zuließ, so daß sich der Kolben mit voller Kraft wieder abwärts bewegte und das Pumpengestäng aufs neue emporhob, worauf sich diese Bewegungen wie zuvor wiederholten. Das Gewicht des Pumpengestängs drückte die Grubenwasser in die Höhe; was die Feuermaschine tat, war, nach jedem Pumpenstoß das Gestäng wieder zu heben, oder in andern Worten, die vierzig Pferde zu ersetzen, die vordem an dem Pumpengestäng gezogen hatten.

»Na, Keßler, verstehst du jetzt, wie das alles zusammenhängt?« fragte Berblinger, der sich in seinem Eifer heiser geschrien hatte, mehr um sich, als um dem andern die Sache deutlich zu machen.

Der Schlosser, dessen Gehirn langsamer arbeitete als das des Schneiders, was mit ihrem beiderseitigen Handwerk zusammenhing, nickte, obgleich er nichts begriffen hatte. Nur eins war ihm klargeworden: daß er nicht mehr vom Platze gehen werde, ehe er mit dem Wie und Warum jeder Klinke, jedes Hebels an der Höllenmaschine so vertraut war wie mit seinem Blasebalg zu Esslingen im Württembergischen. Dann wollte er selbst Feuermaschinen bauen, »ist's heute nicht, ist's morgen«, wie's in den Zunftsprüchen heißt, daß die alten Weiber in Schwabenland die Hände über dem Kopf zusammenschlagen sollten, von wegen dem Keßler in Esslingen.

Sie hatten eine unruhige Nacht. Beide träumten von der Feuermaschine. Keßler aber träumte unruhiger, denn es schien ihm, er sei selbst eine solche geworden und habe die Aufgabe, alle Minuten zweimal abwechslungsweis an die Decke und auf den Fußboden zu schlagen. Da er beide nicht erreichen konnte, schlug er Berblinger, seinen Bettnachbarn, auf den Kopf, was diesen weckte und ärgerte. Denn er war im Begriff, selbst einen feinen Traum zu träumen: daß die Maschine Flügel bekommen habe und er, auf dem Schwingbaum sitzend, nach Ulm flöge. Es schien ziemlich gefährlich zu sein, aber es ging vortrefflich, bis ihn der Schlosser auf die Nase traf. Dies hätte beinahe eine kleine handgreifliche Verstimmung hervorgerufen. Doch begnügte sich Berblinger mit Keßlers Entschuldigungen, der begütigend versprach, ohne Tätlichkeiten weiterträumen zu wollen.

Als sie am andern Morgen erwachten, war Potter bereits wieder bei seiner Maschine. Sie folgten ihm und sahen sich das Wunderding in Ruhe und bei Tageslicht an. Es war weniger grauenhaft als gestern, aber doch noch erstaunlich genug: die Haufen von Kohle, die der Heizer in das sausende Feuer warf, die Tonnen um Tonnen von gelbem Grubenwasser, welches die Pumpen dafür aus dem zweihundert Klafter tiefen Schacht herausspien. Noch einmal verfolgte Berblinger das Spiel der Ventilhebel, die Bewegungen des Katarakts, den er gestern ganz übersehen hatte und der wie ein nachdenkliches Wesen der Maschine den Takt zu ihrer Arbeit gab, den Weg, welchen der Dampf vom Kessel durch die Ventile und den Zylinder machte, bis er als kleines dampfendes Bächlein zu einem Loch in der Mauer hinauslief, als sei er ganz unschuldig an dem Tosen und Schlagen hier oben und an der großartigen, die ganze Friedrichsgrube rettenden Arbeit drunten im Schacht. Dann, als er nun wirklich alles begriffen zu haben glaubte, erklärte er die Sache noch einmal seinem Reisegefährten, und dieser begriff noch einmal nichts, ohne sich viel daraus zu machen, denn er war jetzt fest entschlossen, den geradesten Weg zu gehen, selbst Dampfmaschinen zu bauen. Als alle drei zum Frühstück nach der Herberge zurückgingen, vertrat er plötzlich dem Engländer den Weg, nahm seinen Filz ab und sprach:

»Mit Gunst, Herr Potter! Ich hab' etwas zu sagen. Ich möcht' um Arbeit bitten bei der Feuermaschine.«

Potter verstand ihn anfänglich nicht. Dann lachte er:

»Ik kann nix brauchen deutsche Feuermaschinmann, der nix verstehen.«

»Aber ich bitt' schön, ich werde schon verstehen!« sagte der lange Schlosser sehr bescheiden.

»Ik kann auch nix brauchen Feuermaschinmann, der wird verstehen!« war der Bescheid.

»Aber«, sagte Keßler, »ich hab' beim Herrn Angele in Aalen gelernt und bin ein guter Schlosser. Wollt Ihr mich nicht als Heizer nehmen?«

»Ik kann nix brauchen so lange Heizer«, sagte der Engländer, indem er ihn vom Kopf bis zu Fuß ernsthaft betrachtete.

»Donnerwetter«, fuhr jetzt Keßler etwas zornig auf, »ich hab' das beste Gesellenstück gemacht zu Gmünd im Remstal. Hier könnt Ihr meine Flebben selbst sehen. Ich will Kohlen karren, wenn's nicht anders geht.«

Er zog eine zerriebene Brieftasche aus dem Rock und hielt sie Potter unter die Nase.

»Papier nix gut«, sagte dieser ruhig. »Aber jetzt gefällt Er mich. Er sein groß genug und mag haben der Verstand. Ik hab' auch angefangen mit Karrenschieben. Ik will spreken mit das Direktor. Dort kommt es.«

Zehn Minuten später hatte der eigensinnige Schwabe sein Ziel erreicht, suchte sich ohne ein weiteres Wort zu verlieren den größten Schiebkarren unter zehn aus, die gegen die Wand des Maschinenhauses lehnten, malte mit Kreide, die er aus der Tasche seiner Jacke zog, ein großes Kreuz auf dessen Seitenbrett, indem er den sechs Polacken einen drohenden Blick zuwarf, die auf einem benachbarten Kohlenhaufen saßen. Der Direktor lachte wohlgefällig. Er sah, daß er keinen schlechten Mann eingestellt hatte.

Nach dem Frühstück war Berblinger im Begriff, sein Bündel zu schnüren, etwas besorgt, wie hoch sich seine Zeche belaufen möge. Keßler trat zu ihm, um Abschied zu nehmen, denn er wollte ohne weiteren Verzug die Arbeit antreten.

»Behüt dich Gott, Schneider!« sagte er trocken. »Wenn wir uns wiedersehen, weiß ich mehr von Feuermaschinen als du. Nimm's nicht für ungut, daß ich dir den Kopf verhauen hab'. Wir sind Landsleut'. Und wenn du nach Schwabenland kommst, vor mir, so sag dem Angele in Aalen, sein Lehrbub sei erster Feuermaschinist in Schlesien geworden. Der wird Augen machen!«

Damit drückte er dem erstaunten Schneider zwei Taler in die Hand.

»Nicht geschenkt, Rindvieh, geliehen!« fuhr er fort, als Berblinger kirschrot wurde. »Ich habe den Potter angepumpt. Das geht jetzt alles mit Dampf. Sag's dem Angele in Aalen. Der kann sich ein Beispiel dran nehmen. Die andern, die zu Haus sitzen, auch. Gott befohlen, Schneider, Gott befohlen!«

Er war zur Türe draußen und lief mit großen Schritten seinem neuen Herrn nach, der schon wieder auf dem Weg nach der Feuermaschine war. Man hörte das Schlagen des Schwingbaums deutlicher. Die Maschine schien schneller zu gehen als vor einer Stunde, und auch Herr Potter lief rascher. Keßler aber rannte; er war voll Arbeitseifer oder wollte nach Schwabenart von Berblingers Dank nichts hören. Dieser bezahlte den Wirt für sich und den ehemaligen Schlosser, jetzigen Kohlenkarrenschieber und künftigen Feuermaschinisten erster Klasse, schulterte sein Ränzchen und machte sich auf den Weg nach Tarnowitz.

Die öde, vom Bergbau bereits entwaldete Gegend lenkte seine Gedanken nicht von den Eindrücken ab, die ihn gestern und heute früh fast überwältigt hatten. Nach einer halben Stunde führte der zerfahrene Weg bergan. Hier begegnete er einem langen Zug von Kohlenwagen, die aus einem entfernten Steinkohlenbergwerk der Friedrichshütte zufuhren. Auf dem Gipfel des sanften Hügels angelangt, wandte er sich noch einmal um. Hinter ihm, fast schon am Horizont, lagen die niederen rauchgeschwärzten Gebäude des Hüttenwerks, über denen der gelbgraue Dunst aus den Schmelzöfen qualmte. Der düstere turmartige Bau, in dem die Feuermaschine arbeitete, durch die allein es möglich geworden war, den Grubenbau fortzusetzen, überragte auch äußerlich das ganze Bild. Was Potter davon erzählt hatte, von den jahrelangen Versuchen, von den Kämpfen und Niederlagen und zuletzt noch von dem Wettstreit zwischen der alten Luftdruck- und der neuen Dampfdruckmaschine, hatte ihn aufs tiefste bewegt. Jetzt, nach einem Jahrhundert der Arbeit, der Hoffnungen und Enttäuschungen, des Spotts und Kopfschüttelns der Leute über die verrückten Erfinder, die ihr Wohlbehagen und ihre Gesundheit, ihr Vermögen und das Glück und Fortkommen ihrer Familie gewagt und oft genug verloren hatten, stand das neue Ding da, unförmlich, aber gewaltig, die Verkörperung eines Gedankens, der die Zeit von drei Generationen gebraucht hatte, um greifbare Wirklichkeit zu werden. Da stand er jetzt, ein neues Geschöpf mit Leben und Kraft in seinem Riesenleib, und arbeitete, wenn auch stöhnend, wie ihm das kleine Menschengehirn befahl, das ihn gezeugt hatte.

Keine Frage: Berblinger hatte Augenblicke, in denen er weiter sah als gewöhnliche Schneider. War er in tiefster Seele bewegt, so sprach er halblaut vor sich hin, wie Poeten, Seher und andre Halbverrückte zu tun pflegen. »Was kann nicht alles aus dir noch werden«, wandte er sich an die eine Wegstunde entfernte Dampfmaschine, »die du dem Menschen Kräfte gibst, die alles übersteigen, was er sich in früheren Zeiten dienstbar machen konnte. Sieht man's nicht jetzt schon an dem Wasserstrom, den du aus der Grube heraufholst? Aber Potter sprach auch von andern Dingen. Dort schleicht der lange Zug von Kohlenwagen den zerfahrenen Weg entlang, dreißig Pferde in mühevoller Arbeit! Die Feuermaschine leistet so viel als achtzig. Der Engländer erzählt, daß man in seiner Heimat die Kohlenwagen auf Holzschienen stellt und schon daran gedacht hat, sie auf Eisenschienen von einer Feuermaschine schleppen zu lassen. Zwar hätten gelehrte Herren bewiesen, daß dies eine Unmöglichkeit sei, aber Herr Watt habe gesagt, er werde es trotzdem probieren, sobald er Zeit habe. Das ist's. Nur Zeit ist nötig und Mut; die beiden haben auch schon früher alles gelehrte Wissen auf den Kopf gestellt. Hat nicht vor mehr als hundert Jahren der tapfere Papin schon ein Feuerschiff aufs Wasser setzen wollen? Es ist nicht gelungen und der Mann ist darüber zugrunde gegangen. Was beweist das? Daß ohne Kampf nichts zu gewinnen ist, und daß es in keinem Kampf ohne Gefallene abgeht. Ehre den Besiegten!«

Noch immer glaubte Berblinger das Aufschlagen des Schwingbaums aus der Ferne zu hören. Es war ihm, als ob er sich kaum davon losreißen könnte.

»Das ist jetzt anders als vor hundert Jahren«, sagte er zuversichtlich und lauter sprechend; es war ja niemand um den Weg, der ihn hören und auslachen konnte. »In der ganzen Welt wie im hintersten Winkel des Reichs regt es sich. Hundert Köpfe, tausend Hände arbeiten an einer großen Umwälzung aller Dinge. Wenn das lebendige Feuer, die tote Kohle für uns schafft, was kann daraus nicht alles werden. Man kann ja vorläufig zugeben, daß es eine Unmöglichkeit ist, mit einer Feuermaschine, die die Kraft von achtzig Pferden hat, durch die Welt zu fahren. Etwas andres aber ist es, zu tun, was jeder Vogel fertig bringt – mit Zeit und Mut. Das, wenn sonst nichts, habe ich da unten gelernt, und das soll mir die Feuermaschine für immer in die Seele hämmern. Wenn ich die Kraft habe und sie richtig anwende, kann mich der leibhaftige Teufel nicht hindern, über Berg und Tal zu fliegen. Nur Zeit und Mut braucht es. Aber Zeit und Mut gehen nicht aus in der Welt, solange Menschen leben. Also!«

Er drehte sich um und marschierte weiter. Das Schneiderlein war auf dem Holzweg und hatte doch nicht ganz unrecht. Nur verrechnete es sich in der Zeit, mit welcher die Menschheit rechnet und der, der sie durch Jahrtausende geführt hat, vielleicht auch in bezug auf den Mut, der einem Schneider zu Gebot steht.

Nicht weniger bewegt wäre er seiner Wege gegangen, wenn er klarer hätte sehen können, was in diesem Augenblick in der Welt vorging. Es war der 20. Oktober 1806. Während er der stillen, öden Landstraße folgte, die ihm nichts zu sagen wußte, tobte eine blutige Schlacht im Herzen Deutschland. Jena. Eine alte glorreiche Vergangenheit ging ruhmlos in Trümmer, und unsagbares Elend schien das Vaterland zu überwältigen. Sinnloser Kampf und zweckloser Streit überall, während die Weltgeschichte ein mit Blut beschriebenes Blatt umwandte. Aber mitten im Tumult und Geheul des Zusammenbruchs der alten Zeit regte sich fast lautlos, unbemerkt von Tausenden, die alles zu wissen glauben, ein andres Ringen, und ein neues Weltreich wurde geboren, mächtiger und größer als alles, was Wassergewalt zu schaffen und zu zerstören vermochte. Die plumpe Feuermaschine begann ihren Siegeszug über den Erdkreis. Nach einem Jahrhundert hatte sie ihn erobert und umgestaltet und ein Weltbild und eine Menschheit geschaffen, die die Alten kaum mehr erkannt hätten. Das konnte selbst Berblinger mit der genialen Phantasie eines Schneiders, der über Berg und Tal zu fliegen bereit ist, nimmermehr ahnen.

23
Wilde Liebe

Schon längst mußte zugestanden werden, daß der Held dieser Geschichte nichts mehr und nichts weniger war als ein zünftiger Schneidergeselle. Nun läßt sich auch nicht mehr verbergen, daß er trotz aller Sehnsucht nach Flügeln als ein mit mancherlei Schwächen behafteter Mensch und nicht als Engel durchs Leben ging, und es wird sich nur zu bald zeigen, welch wunderliche, fast übernatürliche Machenschaften der Böse – ich verstehe hierunter nicht ein Prinzip von zweifelhafter Persönlichkeit, sondern die wohlbekannte heidnische Gottheit Kupido – in Bewegung setzt, um selbst eine so unbedeutende Beute in seine Netze zu ziehen.

Bis hierher war unser Schneider verhältnismäßig harm- und schuldlos durchs Leben gegangen, wenn wir, wie billig, davon absehen, daß er einen Franzosen so gut wie totgeschlagen und einen Kirchendachbrand auf dem Gewissen hatte. Das kam daher, daß er aus der Kinder- und Klosterschulzeit trotz aller Dämpfungen und Hindernisse gewisse Ideale mit ins Leben hinausgenommen hatte, die sogar die rauhe Lehrzeit bei Bockelhardt nicht ganz zu zerstören vermochte, noch mehr aber, daß ihm die fixe Idee, mit der er vermutlich geboren wurde, immer und überall etwas zu denken, seinem unruhigen Gehirn und Nervensystem eine Beschäftigung gab: *Ora et labora!* Im Kloster hatte man ihm dies mit unnötiger Gründlichkeit eingeschärft. Er tat noch immer beides, wenn auch in ungewöhnlicher Weise, und es bewahrte ihn in seinen Jugend- und Wanderjahren vor manchem dummen Streich, bis endlich auch ein solcher, von oben kommend, in sein Leben trat.

Doch greifen wir nicht vor!

Er hatte einen Winterfeldzug der schlimmsten Gattung

angetreten und sich nie so inbrünstig nach Flügeln gesehnt wie in den vier Wochen, die dem Besuch der Feuermaschine bei Tarnowitz folgten. Fast hätte er die wundervollste Erscheinung seiner Zeit verflucht, denn sie war schuld daran, daß er so weit nach Osten geraten und dadurch zur völligen Änderung seines Reiseplans verführt worden war. Allerdings hatte er auch von einem duften Kunden schon in Breslau gehört, daß Pest zur Zeit das Eldorado der Zunft sei. Jeder Magnat – und es wimmle dort von Magnaten – wolle in prachtvolleren Gewändern am neuen Kaiserhof erscheinen als sein Nachbar und bezahle für ein passendes Staatskleid fabelhafte Summen. Gute Schneidergesellen würden deshalb mit Gold aufgewogen. Als der Rest der zwei Taler, die ihm Keßler geliehen hatte, bedenklich geschwunden war, rief er mutig: »Auf nach Pest!« und schlug eine noch östlichere Richtung ein, entschlossen, in dem gelobten Land Ungarn zu überwintern.

Dazu wäre es fast für Zeit und Ewigkeit gekommen, ehe er Pest erreichen konnte. Frost und Schnee, weglose Pußten, jämmerliche Dörfchen, in denen die Leute einen anständigen Schneidergesellen anstaunten wie ein wildes Tier, unglaubliche Entfernungen von Ort zu Ort, später nur noch gelegentlich ein zerlumpter Jude, der etwas Deutsch verstand, erfrorene Füße und Hände, ein mehr als leerer Magen –: das waren die Erinnerungen, die Berblinger aus jenen Tagen bewahrte. Er brauchte eine Woche, sich zu erholen, ehe er in der stolzen Hauptstadt des ›schönen Ungarlandes‹ nach Arbeit umschauen konnte. Dann allerdings fand er seine Erwartungen übertroffen. Denn unser Schwabe konnte nähen, zuschneiden und bügeln und gab den engen Beinkleidern, den wunderlichen goldverbrämten Jacken, den pelzbesetzten Mänteln einen Schwung voll grotesker Poesie, der dem grimmigsten Grafen aus der Gegend von Szegedin oder Baranyavar ein wohlgefälliges Lächeln entlockte. Und doch wurde ihm nicht wohl an der allzu breiten Donau, die er kaum mehr erkannt hätte. Dem ruhigeren, gemütlicheren Ulmer war die Zigeunermusik zu toll, der Tschardasch zu wild, der Wein von Tokai und Villany zu feurig und die ungarischen Frauen zu groß und zu keck. Er war nach einem halben Jahr noch immer der alte, was ihm um so leichter wurde, als er gelegentlich einem Bäuerlein in Lederhosen und roter Weste begegnete, das ihm ein »Grüß de Gott!« zuwarf, als ob es geradenwegs von der Rauhen Alb käme. Das war einer von den eingewanderten Schwaben, die – ein selten Ding – stolz waren auf ihr Schwabentum und denen es nicht weniger gut ging als ihm selbst. Nur wollten sie nichts mehr vom Heimgehen wissen und fragten höchstens halblaut, als fürchteten sie, gehört zu werden, ob der Karl Herzog noch nicht gestorben sei. – Im Frühsommer war sein Beutel genügend gefüllt; er konnte mit gutem Gewissen das Bündel wieder schnüren und wandte sich nach Südwesten, gegen Kärnten und Krain, sah das Meer bei Triest und die Schneeberge von Steiermark, so daß wir ihn ein ganzes Jahr lang unbesorgt laufen lassen können.

Den nächsten Winter vernähte er in Bozen und Innsbruck und spürte, als der Frühling anbrach, die Heimatluft so stark, daß es ihm ganz warm und weh ums Herz wurde. Aber es war noch zu früh, an die Rückkehr zu denken; die zunftgemäßen drei Jahre waren erst im kommenden Herbst zu Ende. Auch war es nachgerade die höchste Zeit, sich Wien anzusehen. Er konnte es in aller Ruhe tun, denn es war endlich Friede im Land, wenn auch keiner, der irgend jemand befriedigte, und vor allem die Kaiserstadt, hörte er, lebe wieder auf und sei guter Dinge wie vor dem Sturm. Sie nahmen dort alles, auch die empfindlichsten Schläge, leichter als anderwärts.

So ging er eines Tags, seinem Ziele nach, in selbstzufriedener Stimmung am Saum eines Waldes entlang, selbst die Lerchen nicht beneidend, die im Blau des sonnigen Nachmittags über seinem Kopf jubilierten. Es war in der Nähe von Mödling, obgleich er von Westen hätte kommen sollen. Aber wer wird je Ordnung in die Rösselsprünge eines wandernden Handwerksburschen bringen, und das eben ist das Schöne daran. Zu seiner Linken erhoben sich waldige Berge, an deren Hängen das erste Grün des Frühlings schimmerte. Auf seiner Rechten dehnte sich eine weite hellbraune Fläche, in die in weiten Zwischenräumen wohl ein Dutzend pflügende Gespanne lange schwarze Streifen schnitten. Da mit einemmal bemerkte er verwundert, wie eines nach dem andern mitten in der langen Furche stehen blieb, Knechte und Mägde nach oben starrten und dann laut schreiend zu laufen anfingen. Auch er blieb jetzt stehen und sah gen Himmel. Fast senkrecht über ihm – sonst müßte er es früher bemerkt haben – hing eine Kugel in der Luft, zur Hälfte schwarz, zur Hälfte von der Abendsonne vergoldet, und wurde sichtlich mit jedem Augenblick größer. Die Bauern schrien lauter und alle, von hinten, von vorn, von der Seite, liefen ihm zu. Kein Zweifel: Es war ein rasch sinkender Luftballon, unter dem er stand.

Jetzt konnte er auch das braune Körbchen unter der Kugel unterscheiden, obgleich Kugel und Körbchen einander deckten und fast senkrecht über ihm hingen. Das Körbchen war sichtlich nicht leer. Ein Mensch beugte sich über seinen Rand, winkte lebhaft mit den Armen und warf jetzt ein Seil aus, an dessen unterem Ende ein kleiner Anker schwebte. Die Kugel war in den letzten Sekunden erschreckend groß geworden und schwankte heftig hin und her. Ein Windstoß schien sie zu erfassen und nach dem Wald hinzutreiben. Auch Berblinger lief jetzt dem Walde zu. Dreißig Schritte vor ihm fiel der Anker auf den Boden; allein er war zu leicht, um zu fassen, und hüpfte in tollen Sprüngen über Hecken und Gräben weg. Trotzdem neigte sich der Ballon nach der Seite seiner Bewegungsrichtung, und das Körbchen, aus dem jetzt laute, aufgeregte Rufe kamen, schien seinen Insassen ausschütten zu wollen. Der Anker schleifte fast so rasch dem Walde zu, als Berblinger, der seinen Ranzen abgeworfen hatte, laufen konnte. Erst am Waldsaum erreichte er das kleine hüpfende Ungetüm, aber es gelang ihm nicht, es zu fassen. Im nächsten Augenblick wurde es in die Höhe gezogen, da sich das Seil über das Geäst eines Baums gelegt hatte und der Ballon noch immer in wilden Schwingungen waldeinwärts trieb. Gleichzeitig senkte er sich rascher, so daß ihn Berblinger, der auch in den Wald eingetreten war, nicht mehr deutlich sehen konnte. Dagegen hörte er ein paar gellende Schreie und das Rauschen und Knacken brechender Zweige, während er selbst das niedere Buschwerk durchriß.

Über einer großen Eiche war der Ballon niedergegangen und lag, zerrissen und wie hilflos um sich schlagend, auf den höchsten Zweigen des Baums. Auch der Korb hing an einem der Äste, in einem Gewirr von Stricken, umgestürzt und leer. Auf einem nur wenig weiter unten liegenden Ast aber saß etwas, das Berblinger an einen märchenhaften Waldkobold in seinem einzigen Kinderbilderbuch, bei näherem Zusehen aber an das Engelchen erinnerte, das man in Onkel Schwarzmanns Haus alljährlich an die Spitze des Christbaums zu binden pflegte. Staunend sah er in die Höhe; da aber das Geschöpfchen kläglich wimmerte, machte er sich entschlossen daran, die Eiche zu besteigen. Dies war nicht sonderlich schwierig, denn sie hatte hilfsbereite Knorren und Äste in Menge, und so saß Berblinger wenige Minuten später in nächster Nähe des koboldartigen Engels.

Er war sichtlich weiblichen Geschlechts, hatte ein sehr zerrissenes Röckchen an und trug überaus rote Trikots, die den schamhaften Schneider anfänglich nicht wenig beunruhigten, während sie – die von jetzt an natürlich ›sie‹ genannt werden muß – sich nur um ihr zerrissenes Kleidchen, eine verstauchte Hand und einen leicht blutenden

Arm zu kümmern schien. Dann musterte sie Berblinger ebenso erstaunt, wie er sie, während sich die Bauern unter der Eiche sammelten und beratschlagten, ob man den Teufelsbraten erst totschlagen sollte, soweit dies ohne Gefahr geschehen könne, oder zuvor den Herrn Pfarrer herbeiholen müsse. Dies gab denen im Geäst Zeit, sich zu fassen und gegenseitig vorzustellen, während der Ballon förmlich damit beschäftigt schien, sich in Fetzen zu reißen und an hundert Zweigen und Ästchen aufzuhängen. Sie erzählte, daß sie die berühmte Luftschifferin Irma Mira aus Wien sei, gewöhnlich aber in der Bude Numero sechzehn im Wurstelprater als Primadonna aller Seiltänzerinnen arbeite. Sie sei heute nachmittag präzis drei Uhr unter enormem Zulauf der ganzen Bevölkerung der Kaiserstadt aufgestiegen und, wie er sehe, soeben glücklich gelandet; wo wisse sie noch nicht. Mit ihrem teuern Ballon ›Luftibus der Dritte‹ sei es allerdings wahrscheinlich zu Ende, das sei das schlimmste an der Sache. Zum Glück hätten sie jedoch eine glänzende Einnahme gehabt, so daß sie hoffe, sich einen neuen anschaffen und die Hatz wiederholen zu können. Luftschiffen sei leichter als Seiltanzen, wenn nur das Landen nicht wäre. Vorläufig aber handle es sich darum, von dem Baum herunterzukommen, und wenn der Herr von Berblinger ihr dabei behilflich sein wollte – ihren linken Arm könne sie kaum mehr rühren –, würde sie ihm ewig dankbar sein.

Sie war ein bezaubernd schönes, großes, kräftiges Mädchen, soweit dies Berblinger in der ungewohnten Tracht und Lage, in der er Fräulein Irma Mira kennenlernte, zu beurteilen vermochte; fast zu kräftig, zu groß und zu schön für den kleinen Schneider. Aber sie sah ihn so gutherzig und kameradschaftlich an, wie sie so nebeneinander auf demselben Aste saßen, daß er wieder Mut faßte und einen Plan für den bedenklichen Abstieg entwarf. Mittlerweile hatte sich die Gefahr von andrer Seite erhöht. Unter der mutigen Führung von einigen ihrer

Weiber nahmen die unter dem Baum versammelten Bauern gegen das sündhafte Teufelspack, das in der Luft herumfliege, sichtlich um den schwachen Männern nachzustellen, eine drohendere Haltung an und begannen Stöcke und Gerten zu schneiden. Berblinger parlamentierte. Er sei ein ehrsamer Handwerksbursche und guter Christ und die neben ihm sitzende Jungfrau Irma Mira von Wien fliege nur mit obrigkeitlicher Bewilligung. Wenn sie warten wollten, bis der Herr Pfarrer käme, könne er und Fräulein Mira hier oben auch warten, aber er mache sie für die Folgen verantwortlich, da Seine Kaiserlich-Königliche Majestät die kühne Luftschifferin noch heute abend in Wien erwarte. Andererseits habe man die Absicht, ihnen zur Belohnung für ihr Wohlverhalten den Ballon zum Geschenk zu machen, in den sich ihr ganzes Dorf festlich kleiden könne, wenn sie den kostbaren Zeug vorsichtig herunterholten. Dieser letztere Teil der Rede war ein genialer Einfall Berblingers und brachte Zwiespalt in die Reihen der Feinde. Die Weiber waren der Ansicht, daß man um diesen Preis den Teufel selbst laufen lassen könnte, die Männer wurden kleinlaut, und Berblinger konnte den Abstieg mit seinem Schützling versuchen. Es ging rascher, als er gehofft hatte, namentlich gegen das Ende, indem beide vom untersten Ast des Baumes infolge eines Fehltritts gleichzeitig abfielen und froh sein mußten, auf einem weichen Mooslager ihre fünf Sinne wieder sammeln zu können. Wie alles hatte auch dieser Zwischenfall seine gute Seite, indem er einen derartigen Schrecken unter den noch übelgesinnten Bauern hervorrief, daß zunächst alle die Flucht ergriffen und sich Fräulein Irma, von den mitleidigen Bäuerinnen geleitet, ungehindert nach dem nahen Mödling begeben konnte. Berblinger folgte in respektvoller Entfernung unter dem Eindruck, daß er mindestens einen halben Engel gerettet habe, der noch immer seiner Hilfe bedürfe. Im ersten Häuschen des Dorfs verschwand der Engel mit seiner weiblichen Schutztruppe, und der Schneider war nicht wenig erstaunt, sich nach kurzer Zeit einer drallen Bauerndirne gegenüberzufinden, in der er das himmlische Wesen mit Mühe wiedererkannte. Sie verlangte dringend, ohne Verzug nach Wien zurückzukehren, und lud ihn ein, auf einem Wägelchen Platz zu nehmen, das ein junger Bauer, von gefälligem Eifer überströmend, herbeigebracht hatte. Der ›Teufelsbraten‹ hatte alle Herzen erobert, seitdem er sich nicht mehr als Engel, sondern als Mensch und Bauernmadel unter ihresgleichen zu bewegen schien. Alle!

Die Fahrt nach Wien gestaltete sich ungemein unterhaltend. Sogar das Geständnis seiner Sehnsucht, selbst zu fliegen, entlockte die schöne Irma ihrem verschüchterten Retter und versprach, ihm mit Rat und Tat behilflich zu sein. Am Kärntner Tor, wo sie nachts elf Uhr anlangten, trennten sie sich, oder vielmehr trennte sie die Polizei. Denn Fräulein Mira vermochte nachzuweisen, daß sie nach Wien gehöre, und durfte samt ihrem Fuhrwerk passieren, dem Schneider dagegen wurde von der Torwache ein zwar kostenloses, aber unbehagliches Nachtquartier angewiesen, bis der ›Herr Leutnant‹, der am nächsten Morgen erwartet wurde, seine Papiere von Amts wegen prüfen und visieren konnte.

Er hatte begreiflicherweise eine unruhige Nacht. Die Begegnung mit einem derart von oben kommenden engelartigen Wesen – das war sie, seufzte er vielleicht hundertmal auf der harten Pritsche, die ihm die Obrigkeit anwies – hätte stärkere Nerven angegriffen als die eines harmlosen Wandergesellen, dessen Sinnen und Trachten schon seit Jahren in den Lüften schwebte.

Wieder hatte er etliche Monate seiner Wanderzeit verarbeitet.

Die Herberge der Schneidergesellen im ›Grünen Turban‹ zu Wien war immerhin ein ander Ding als die im ›Goldenen Hecht‹ zu Ulm. Schon das Äußere des stattlichen Hauses in der Schulergasse, das später einem nichtssagenden Umbau zum Opfer fiel, zeigte dies. Man erzählte sich, daß es vor mehr als hundert Jahren von einem achtundsechzigjährigen Handwerksburschen erbaut worden sei, der nie Meister geworden war, aber bei Sultan Selim II. eine halbe Million Gulden erschneidert hatte. In seinen alten Tagen habe er sich von seinem Harem verabschiedet, sodann die Insassen reumütig in Säcke eingenäht und in den Bosporus geworfen. Nach Wien und zum Christentum zurückgekehrt, habe er die Wirtschaft zum ›Grünen Turban‹ nur zu dem Zweck aufgetan, allen Schneidergesellen, die mutig in die Welt hinauszögen, ein behagliches Ruheplätzchen zu schaffen. Der steinerne Bock über dem Tor mit dem Turban auf den Hörnern war vergoldet. Im ersten Stock war ein Festsaal, dessen Wände die prachtvollsten Gewänder aus Ungarland und Hispanien, aus Ägypten und Persien schmückten. In einem prachtvoll geschnitzten Schrank, der mit Scheren, Bügeleisen und Bocksköpfen reich verziert war, hing ein niedliches goldenes Ellenmaß zwischen zwei Türkensäbeln über der großen versilberten Gesellenlade. Um diese standen Pokale und Schüsseln aus altem Zinn und Silber, lagen Denkmünzen und Wappenschilde berühmt gewordener Gesellen. Über den Türkensäbeln hing das zerschossene Fähnlein, unter dem die Schneidergesellen bei der Belagerung Wiens durch die Ungläubigen sich tapfer gewehrt und rühmlich hervorgetan hatten. Auch eine Reliquie wurde hier aufbewahrt: die erste Nadel, mit der Eva als Mutter und Gattin im Kreis der Ihren hantiert haben soll. Unten in der Wirtsstube hingen aus Raummangel staunenswerte Meisterstücke aus neuerer Zeit, von dankbaren Gesellen gestiftet, die in diesen Räumen fröhliche und tröstliche Stunden verlebt hatten. Kurz, es war eine Stätte, die jeden Schneider, der sie betrat, wieder mit berechtigtem Stolz erfüllen mußte, wenn ihm im Lauf seiner Wanderschaft eine unverständige und undankbare Welt allzu übel mitgespielt hatte.

Nicht daß alles in Schau und Pracht erstickt wäre. Es gab heimliche Winkelchen in den unteren Schenkstuben, in denen der Herbergsvater seinen Kunden zu zeigen verstand, was Wiener Gemütlichkeit, was Vöslauer und Gumpoldskirchner wert waren. In einem dieser Eckchen saßen heute zwei beisammen, die sich unter der Haustüre begegnet und freudig begrüßt hatten. Nicht weil sie in früheren Zeiten ›Spezel‹ gewesen wären. Sie hatten sich kaum kennengelernt, obgleich beide lange genug auf demselben Arbeitstisch gesessen waren. Aber manche Leute freuen sich unsinnig, in fremden Landen einen alten Bekannten wiederzufinden, den sie früher nicht sonderlich geschätzt hatten. Wir sollten uns mit ihnen freuen, denn dem Enderle von Ulm sind auch wir schon früher gerne begegnet, wenn uns auch François, der Elsässer, gleichgültiger geblieben sein mag.

Enderle schien größer und strammer geworden zu sein; man merkte, daß er Soldat gewesen war. Doch hatte er noch das alte runde Kindergesicht und dieselben gutherzigen, lachenden Augen, obgleich er etwas abgerissen aussah, wie wenn er eine lange, nicht vom Glück verzärtelte Wanderzeit hinter sich hätte. François war um so feiner ausgestattet, aber er war gealtert, und sein braungelbes knochiges Gesicht mit dem ins Graue spielenden Spitzbart und den lauernden, zusammengekniffenen Augen wollten nicht mehr zu einem Schneidergesellen passen. Auch er hatte etwas Militärisches in seinem Auftreten und sah französischer aus als früher. Das war zur Zeit Mode. Trotz alledem –: sie hatten sich in Ulm gekannt und jetzt in Wien getroffen; es genügte, um ein vertrauliches Gespräch einzuleiten. François, dem es an Geld nicht zu fehlen schien, sorgte für einen Trunk feurigen Ungarweins, dem Enderle dankbar und durstig zusprach.

»Na, aber sag einmal, wie kommst du nach Wien?«
fragte der Schwabe, nachdem sie auf den alten Krauter,*
den Bockelhardt, angestoßen und François seine Zunft-
sprüche, auf die er noch immer stolz war, losgelassen
hatte. »Straßburg und Wien! Mit der Elle hat's noch keiner
gemessen, wie weit die auseinander liegen.«

»Tut's das Handwerk nicht, bringt's der Krieg«, versetzte der Elsässer geheimnisvoll. »Unser Kaiser kam von
Paris nach Wien, schnell genug; geht's nicht mit der Nadel,
geht's mit dem Säbel. Seitdem ich mit Seiner Durchlaucht,
dem Feldmarschall Ney, dem Herzog von Elchingen, ver-
kehre – du weißt doch, daß ich bei Elchingen mitgewirkt
habe! Wer weiß, wie's dort gegangen wäre ohne mich? –
Pst! – die Österreicher hierzuland brauchen nichts davon
zu hören – seitdem greife ich in meine Kriegskasse, wenn
mich das Handwerk im Stich läßt.«

»Das versteh' ich nicht«, sagte Enderle mit einem
Gesicht, dem man glauben mußte.

»Ist auch nicht nötig«, erwiderte der andre. »Trink und
frag nicht zuviel. Vielleicht kannst du mir auch einmal
einen Dienst erweisen, wie ich dem Herzog. Die Herren
vom Militär brauchen allerlei Helfershelfer und zahlen
nicht schlecht. In Friedenszeiten, wie heute, kommt dann
das Handwerk wieder zu Ehren. Ich arbeite bei Meister
Stautigel in der Wollzeil. Wir haben zu tun. Du kannst bei
uns umschauen, wenn dir an Arbeit gelegen ist. Zuvor
aber laß von dir hören. Woher des Lands? Meines Wissens
solltest du noch drei, vier Jahre in deines allergnädigsten
Kurfürsten Rock stecken.«

»Der hängt am Nagel!« versetzte Enderle, sich vorsichtig umsehend. »Braucht's auch nicht jedermann zu wissen.«

»Desertiert?« fragte François, die Augen noch weiter
zusammendrückend.

* Handwerksburschendeutsch: ein bösartiger Meister.

»Je nachdem man's ansieht«, antwortete der Jüngere verlegen. »Eigentlich nicht. Wir waren im Feld in Tirol. Die Bauern im Ötztal wurden unruhig und wir sollten Ruhe schaffen. Es gefiel mir von Anfang an nicht, denn ich hab' die Tiroler gern und keinen Spaß daran, auf brave Leute zu schießen; noch weniger, von ihnen angeschossen zu werden, und sie verstehen das. Die sakrischen Stutzen hab' ich auf dem Strich. Na, da war mir's nicht leid, daß mich mein Hauptmann an einen Waldsaum bei Langenfeld auf Posten stellte und in der Eile vergaß, mich ablösen zu lassen. Die unsern mußten Langenfeld schneller räumen, als ihnen lieb war; man wußte keinen Augenblick, ob es losgehen sollte oder nicht. Ich hinter meinem Waldsaum habe gewartet, drei Stunden, sechs Stunden lang und wie ich's vor Hunger nicht mehr aushalten konnte und kein Freund und kein Feind zu sehen war – na, da hab' ich halt die Muskete an den Baum gehängt, unter dem ich Posten gestanden hatte, und bin nach Langenfeld gelaufen, um mich zu erkundigen. Die Kompagnie sei schon seit Stunden talwärts abgezogen, hieß es im Dorf. Einen bayrischen Soldaten ohne Gewehr könne man nicht brauchen, aber ein Flickschneider käme nicht ungelegen. Da mußte ich wohl denken, unser Herrgott hab's so gewollt, und machte, daß ich ins Steirische hinüberkam, wo niemand nach mir fragte. Dort fing ich ein regelrechtes Wandern an, wie andre ehrsame Schneidergesellen. Dabei ging's bergauf, bergab, ich hab' nicht sonderlich zu klagen. Nur Obacht mußt' ich geben, nicht ins Bayrische zu kommen, und so kam ich nach Wien.«

»Glück genug, Bruderherz«, lachte der Elsässer. »Das ist nicht halb so toll als die Geschichte, die den Berblinger hierherbrachte.«

»Den Prätle! Herrgott, der ist auch hier?« fuhr Enderle auf. »Na, das freut mich! Den muß ich finden, und wenn ich ganz Wien umstülpen müßte.«

»Ist nicht nötig,« sagte François, die Nase rümpfend.

»Er arbeitet beim kaiserlich-königlichen Oberhofschneider von Kratzky und verdient ein Saugeld. Aber er wird nichts von dir wissen wollen.«

»Der? Nichts von mir wissen wollen? Da kenn' ich den Prätle besser.«

»Er ist verrückt geworden«, sagte der Elsässer ernsthaft.

»Verrückt!« rief Enderle und sah seinen Nachbarn entsetzt an.

»Frag die Gesellschaft bei dem Oberhofschneider«, versetzte dieser mit einer gehässigen Miene. »Verrückte sind oft genug schlaue Linkmichel.* Das war er von jeher und hat jetzt das schönste Mädel in Wien bessern Leuten weggeschnappt. Wenigstens bildet er sich's ein.«

Enderle machte seine großen unschuldigen Augen so weit auf, daß sie wie halbe Guldenstückchen aussahen.

»Laß dir's erzählen!« sagte François. »Ich hab's von ihm, da muß wohl etwas Wahres dran sein; und er gab's mit einem Gesicht, als ob er vor sich selber Angst hätte. Also: ich find' ihn vor vier, fünf Monaten hier in der Herberge, gerade wie dich, frisch von der Wanderschaft kommend. Er will nach Arbeit umschauen. ›Sieh dir erst Wien an‹, sag' ich, ›daß du nicht zu grün ausschaust, wenn du bei den Meistern vorsprichst. Mit dem Wurstelprater fangen wir an. Die Hatz muß jeder gesehen haben, eh' er in der Stadt Arbeit findet.‹ Gut, wir gehen zusammen. 's ist Peter und Paul und alles im besten Zug, bis wir hinunterkommen, Drehorgeln und Karussell, Tiroler Sänger und Moritaten, der Flohzirkus und die Herkulesse. Und wie wir so an den Buden hinstreichen und ich vorschlage, er solle sechs Kreuzer spendieren, um die dickste Frau von Europa zu sehen, da kommt aus einer Nachbarbude die schönste heraus – *sacre bleu*, ich dachte wahrhaftig, es sei die schönste, und denk's heute noch – und fällt unserem Prätle um den Hals und freut sich wie besessen, daß sie

---

* Handwerksburschendeutsch: ein boshafter Mensch.

ihren Lebensretter wiederhabe. Er solle nur ein Stündchen warten, bis ihre Nummern abgetanzt wären, dann wollten sie zusammen das Wiedersehen feiern. Sagt's und ist wieder in ihrem Zelt, eh' ich weiß, wo mir der Kopf steht. Soll mich der Kuckuck holen, wenn der Berblinger nicht noch blöder dreinschaute. ›Du Duckmäuser, du verfluchter‹, sag' ich, ›du kannst's.‹ Da erzählt er mir, wie es gekommen sei, daß er sie vor zwei Wochen von einem Baum heruntergeholt habe, an dem sie per Luftballon hängengeblieben sei. Natürlich wollt' ich jetzt auch bei der Partie sein, aber es war nichts zu machen. Die schöne Irma wollte von niemand nichts wissen als von ihrem kleinen Lebensretter, bis ich in der Wut davonlief. Seitdem steckt er im Prater, sooft er eine freie Stunde hat, und ich hab' mir sagen lassen, daß er all sein Geld – und der Kerl verdient Geld bei Kratzky wie Heu, denn geschickt ist er, das muß man ihm lassen, und ein Bruder Liederlich ist er eigentlich auch nicht, sondern erst auf dem Weg, es zu werden –, ja, was ich sagen wollte, daß er all sein Geld in den Prater trägt. Na, mag er's. Wenn er sich einbildet, mit sechs ungarischen Magnaten konkurrieren zu können, die ebenso scharf aufs Luftschiffen aus sind als er, wird er die Finger nicht schlecht verbrennen.«

Staunend hörte Enderle dies alles mit an und wurde immer trauriger. Wer hätte das von dem kleinen braven Prätle erwartet! Aber nachsehen wollte er. Wenn die schöne Irma wirklich so schön war, daß ganz Wien von ihr schwärmte, wie François behauptete, und sie mit den größten Goldfischen spielte, war's ja verzeihlich genug, daß sich ein Ulmer Weißling in ihren Netzen verfing.

François war sofort bereit, den Nachmittag mit ihm im Wurstelprater zuzubringen. »Ich wäre auch ohne dich hingegangen«, sagte er, »denn heute wird's großartig. Gestern schon haben sie's ausgeschellt, daß die Luftkönigin Irma Mira mit einem ungarischen Grafen auffahren werde. Das mußt du dir ansehen, Enderle; und ich wette, daß du deinen lieben Prätle nicht weit davon findest. Der ist ja auch mehr in der Luft zu Haus als auf dem Schneidertisch, sagen seine Kollegen bei Kratzky, und er wird sich's nicht angehen lassen, zuzuschauen, wie ihm seine Irma mit dem ungarischen Grafen davonfliegt.«

Es war ein herrlicher Spätsommernachmittag und zwei Uhr vorüber. In der prächtigen Hauptallee des Praters herrschte noch vornehme Stille, hinter dem Buschwerk zur Linken aber hatte das Wiener Feiertagstreiben bereits begonnen. In das sich kreuzende Musizieren von fünf, sechs Drehorgeln tönte das laute Rufen der Verkäufer von Würstchen und Käse, Kastanien und Pomeranzen, Backwerk und Rauchtabak. Karusselle drehten sich langsam und lockend, wenn auch noch mit unbesetzten Pferden, in sich fast überstürzenden Nachen schaukelten die Eigentümer vor den sehnsüchtigen Blicken kreuzerloser Jungen. Um zwei Puppentheater sammelten sich schon kleine Gruppen von Kindern und Erwachsenen, beide gleich bereit zu lachen und aufzujubeln, sobald sich der Hanswurst zeigen sollte. Vor den größeren Buden begannen verkümmerte Gestalten in geflickten Samtröcken mit heiserer Stimme das dreiköpfige Kind von Lundenburg, die erstaunlichen Vorstellungen des Affentheaters aus Brasilien, die Riesenstärke des weiblichen Herkules zu preisen. Vor einem Zirkus standen mit hängenden Köpfen drei halb schlafende Ponys, auf denen zwei dünnbeinige kleine Mädchen von Zeit zu Zeit einen verlockenden Tanz zum besten gaben, zu dem eine üppige Kassiererin Trompete, Pauke und Triangel gleichzeitig handhabe und dazu noch Eintrittskarten verkaufte. Nur vor Bude Nummer sechzehn, die sonst für eine der regsten galt, war es noch still, und doch zog sie schon eine beträchtlichere Menge Schaulustiger an als alle andern.

Vor derselben war ein kreisförmiger Raum mit Seilen

abgegrenzt, in dessen Mitte ein halbgefüllter, schlauchartig gestalteter Ballon in fratzenhaften Bewegungen hin und her schwankte, der an acht kreisförmig auf dem Boden liegenden Gewichten befestigt war. Fast schien es, als ob er eine eingelernte Rolle spielte. Bald verbeugte er sich nach rechts und links mit komischer Würde, bald schien er einen Versuch zu machen, plötzlich zu entwischen, dann wieder kroch er heimtückisch fast am Boden hin, so daß die Umstehenden erschrocken zurückwichen. Nur ein grämlicher alter Mann befand sich im Ring, mit einer Anzahl gewaltiger Flaschen beschäftigt, die im Kreis um den Ballon aufgestellt waren. Während er das eine Ende einer ledernen Röhre, deren andres Ende sich in der unteren Öffnung des Ballons verlor, über den Hals der Flaschen zog, nachdem er sie entkorkt hatte, strömte das in den Flaschen enthaltene Gas langsam in den Ballon über, der mehr und mehr eine rundliche Gestalt annahm.

Hinter der Bude rankte dichtes Gebüsch, und hinter dem Buschwerk, auf einem kleinen freien Raum, stand einer jener großen, bunt angestrichenen Wagen, wie sie fahrende ›Künstler‹ mit sich führen. Er war sichtlich wohnlich eingerichtet und sauber gehalten und schien mehrere Gelasse zu enthalten. Auf der Treppe saß ein großes Mädchen, in einem unordentlich um sie hängenden Kleid, das ihre schönen, kräftigen Glieder in nicht eben verführerischer Weise ahnen ließ. Zwei Stufen höher, unter der offenen Türe des Wagens, hockte ein zweites Mädchen – es mochte eine jüngere Schwester sein –, im Begriff, das dunkelbraune Haar der älteren zu ordnen und zu pudern. Aus dem Innern des Wagens hörte man gelegentlich das Schreien eines kleinen Kindes und das röchelnde Husten einer Frau. Hinter dem Wagen spielten zwei in bunte Fetzen gekleidete Jungen mit einem großen Pudel, auf dem ein Affe saß, der in des Hundes Pelz eifrig nach Flöhen suchte und jeden Fund grinsend umherzeigte. Auf der großen Trommel vor der Gruppe der Mädchen saß Berblinger.

Man konnte auf den ersten Blick sehen, daß sie sich gezankt hatten. Auf dem fast klassisch schönen, dabei aber gutmütigen Gesicht Irmas, das jeden Augenblick bereit schien, in fröhliches Lachen auszubrechen, lag ein ärgerlicher Zug. Der Schneidergeselle sah finster zu Boden und malte mit einem Trommelschlegel große Kreuze in den Sand.

»Sei nicht fad, Brechtle«, sagte sie, den Lockenkopf zurückwerfend, daß der Puder aufflog. »Du weißt, wie's steht. Die Mutter ist sterbenskrank, das kannst du hören; der Vater hat fast immer ein Glas zuviel; er meint's gut, aber er kann nicht mehr anders. Die Buben können noch nichts als Purzelbäume schlagen. Die Bella dahinten tanzt zur Not, aber viel ist's auch nicht.«

»Na!« rief Bella und gab dem Haar ihrer Schwester eine Drehung, daß diese einen kleinen Schrei ausstieß.

»Das kann sie, mir die Haare ausreißen«, fuhr Irma fort, ohne ärgerlich zu werden. »Wer soll die Familie erhalten. Kannst du's? Ich muß es tun, sonst können wir alle betteln gehen. Dazu müssen die Kavaliere mithelfen. Warum sind sie so dumm! Den Grafen brauch' ich; dich mag ich. Kannst du nicht zufrieden sein?«

Sie griff mit kräftiger Hand nach Berblingers Kopf, begrub alle fünf Finger in seinen Haaren und zwang ihn zu sich. Aber er war trotzdem nicht zufrieden.

»Du tust ja auch, was du kannst, und bist mein nettes kleines Schatzerl, akkurat wie's mir paßt«, begann sie wieder, »und so dumm wie die Kavaliere bist du nicht. Hast mich von dem Baum heruntergeholt und dabei fast das Genick gebrochen, gibst mir deinen Geldbeutel, wenn etwas drin ist, und hast dem Vater sechs Nächte lang an dem neuen Ballon nähen geholfen. Mehr verlang' ich nicht. Nur zufrieden sollst du damit sein, daß ich dich gern hab'. Verdrießliche Gesichter machen mich krank.

Zufrieden sollst sein! Noch keinen hab' ich so lang gern gehabt wie dich. Na, brauchst nicht gleich aufzufahren, als ob dich eine Tarantel gestochen hätte. G'liebt, so recht g'liebt hab' ich eigentlich noch keinen außer – dich. Da hast's!«

Sie sprang auf und küßte ihn. Und er lachte.

»Was willst sonst von mir?« fuhr sie fort. »Du bist doch auch einer von den Leuten, die mehr in der Luft zu Haus sind als auf festem Boden, und hast mir oft genug davon vorgeplauscht. So sind wir halt. Kannst nicht auch so sein? – Der Graf? Ekelhaft mit seinem Gewinsel; ein halbes Kind und schlecht genug dazu! Aber er zahlt vierhundert Gulden für den Ballon, wenn er heute mitfahren darf. Es gilt eine Wette unter seinen Kameraden. Warum willst du ihm den Spaß nicht gönnen, seine vierhundert Gulden loszuwerden? Er hat's und ich brauch's. Na, kannst nichts sagen?«

Berblinger hatte ein Gefühl, als sei er heute nicht er selbst. Vielleicht war er's schon seit einigen Monaten nicht, in denen er wie im Traum gelebt hatte, wenn er nicht um Irma war. War er bei ihr, so schnürte ihm manchmal, wie heute, ein schmerzhafter Druck fast die Kehle zu. Sie war schöner als irgendein Weib, das er je gesehen hatte, schöner als Lucinde, die ihm jetzt wie ein niedliches Püppchen erschien. Aber das war es nicht. Sie war so herzensgut und sah trotz allem und allem so lustig in die Welt hinaus, wie es nur die Unschuld vermag, die nichts von Gut und Böse weiß. Es gibt solche Naturen, und noch niemand hat sie zu erklären vermocht. Dabei war es nur zu wahr: Sie mußte die ganze verkommene Familie mit ihrer gefährlichen Arbeit erhalten. Ihr Vater war einer jener Luftschiffer gewesen, von denen Berblinger schon vor Jahren im Landexamen zu Stuttgart gehört hatte, ihre Mutter war seinerzeit als Tänzerin bewundert worden. Von beiden hatte sie gelernt, was sie konnte, und wohl auch ihre Schönheit geerbt. Nun zahlte sie zurück, was sie empfangen hatte, ohne zu geizen, ohne viel zu denken, wenn sie nur lachen konnte; und das konnte sie noch immer. Was ihm die Kehle zuschnürte, war dieses Lachen und ein fast unerträgliches Mitleid mit diesem Wesen, das manchmal auf ihn herabsah wie eine Königin und Grafen und Barone hinter sich herzog, wenn sie winkte. Sie waren allerdings von der zweifelhaftesten Gattung.

»Wir haben noch zwei Stunden Zeit«, sagte sie jetzt, aufspringend. »Mein Graf kommt jedenfalls nicht vor vier Uhr. Er hat's nicht gern, wenn die Leute ihn anstarren; wer weiß, ob er die Courage hat, überhaupt zu kommen. Sein Spezel, der Baron von Golaschek, der mit ihm gewettet hat, schwört, er werde es nicht wagen. Dann darfst du mich begleiten, Brechtle, umsonst und gratis. Jetzt aber machst du ein andres Gesicht und gehst mit mir hinüber ins Café Purzelmaier. Dort wollen wir die Zeit verschwatzen, bis ich mich anziehen muß. Komm!«

Es war nur zehn Schritte in den kleinen Cafégarten, wo sie sich setzten und bald von einer Gesellschaft von Herren umgeben waren, mit denen die schöne Irma spielte, als wären sie eine Koppel ungezogener Hunde. Es wurde gescherzt und gelacht, gewettet, ob der Graf aufsteigen würde oder nicht, gefragt, ob sie je wieder herunterzukommen gedenke, und Berblinger wurde immer stiller und trauriger. ›Weiß der Kuckuck, was mir heute ist!‹ sagte er endlich wütend zu sich selbst, denn es blieb Irma nichts übrig, als sich mit andern zu belustigen. Mit ihm war nun einmal nichts anzufangen.

Um drei Uhr brachen sie wieder auf. Es war Zeit, nach dem Ballon zu sehen, und für sie, sich umzukleiden. Der Ring war schon von einer dichten Volksmenge umgeben, die ihr fast ehrerbietig Platz machte. In demselben hantierte noch immer der müde, verdrießliche alte Mann mit seinen Flaschen, obgleich der Ballon, jetzt eine gewaltige Kugel, von acht straffen Seilen gehalten, sich behäbig in der Luft wiegte. Den Alten umstanden acht Arbeiter, denen er zeigte, wie die Seile von den Gewichten zu lösen und auf den Ruf: »Los!« gleichzeitig freizulassen seien. Auch eine Gruppe elegant gekleideter junger Stutzer befand sich in dem Ring, in deren Mitte sich ein blaubebrillter Herr eifrig Notizen machte. Das sei ein Professor und ebenfalls eine Art von Luftschiffer, obgleich er noch nie aufgestiegen sei. Er schreibe ein Buch über Aeronautik, flüsterten sich die gebildeteren Leute zu. Das ganze Aussehen der Veranstaltung war ernster, als man es im Wurstelprater zu sehen gewohnt war.

Nun öffnete sich auch die Bude Nummer sechzehn, auf deren Podium sechs Zigeuner einen Tschardasch zu spielen begannen. Zwei kleine Jungen und ein größeres Mädchen, die Geschwister Irmas, schlüpften mit Tellern in den Händen durch das Gewühl und forderten die zurückweichende Menge mit einschmeichelnden Bitten und kecken Witzen auf, der Königin der Luft den schuldigen Tribut zu entrichten. Als die Musik das dritte Stück spielte, erschien sie denn auch in leichtem, phantastischem Anzug, hüpfte in den Ring, wie eine Sylphe von nicht ganz ätherischem Bau, und grüßte das laut aufjubelnde Publikum mit ihrem lieblichsten Lächeln. Dann, mit einemmal nahm sie eine ernste, geschäftsmäßige Miene an, während auch die Musik zu einer gemessenen, düsteren Weise überging, trat langsam an den Ballon heran und prüfte jedes der Seile, die ihn zurückhielten. Mit besonderer Sorgfalt untersuchte sie die dünnen Stricke, an denen, nur einen Fuß vom Boden, der leichte Korb hing, der kaum zwei Insassen aufnehmen konnte. Sodann zählte sie die zehn Sandsäckchen, die als Ballast bereitstanden, ließ sie in den Korb legen und sprach schließlich lachend, aber doch sehr eindringlich mit den Arbeitern, die an den Seilen standen, bereit, den Ballon loszulassen.

Alles war in Ordnung. Sie trat jetzt zu der Gruppe der Herren, die sich im Ring befanden und sie höflich begrüßten. Man wartete noch vergeblich auf den Grafen, der die Fahrt mitmachen sollte. Zweimal war schon ein Wagen bis an den Ring herangefahren, in dem man ihn vermutet hatte; aber es waren nur vornehme Zuschauer gewesen. Sogar ein junger Erzherzog war in der Nähe. Der Baron von Golaschek frohlockte bereits laut über seine gewonnene Wette und versprach, Irma die Hälfte des Betrags zu Füßen zu legen, wenn sie an dem geplanten Souper teilnehmen wolle, bei dem der Graf ganz gewiß nicht fehlen werde. Soupieren und Luftschiffen sei zweierlei.

Eine Viertelstunde ging vorüber; dann noch eine. Die Zigeuner spielten ihre Tänze durch und begannen wilde, melancholische Pußtalieder vorzutragen, die einen richtigen Magyaren aus dem Grab gezogen hätten; allein der Graf kam nicht.

Berblinger war bis jetzt dem beständig vor sich hin brummenden Vater gefolgt, der immer finsterer dreinsah. Die Zeit für seinen Nachmittagstrunk war längst vorüber und die ganze Welt war ihm zum Ekel. Sein junger Begleiter schien kaum in besserer Laune zu sein. Man hörte jetzt einzelne Rufe aus der dichtgedrängten, tausendköpfigen Volksmenge: »Aufsteigen! – Irma raus! – Aufsteigen!«

Der Geselle trat zu der Luftschifferin, die mit verschränkten Armen gegen das Seil lehnte und aufgehört hatte, zu lächeln.

»Er kommt nicht, dein Graf!« sagte er leise.

»Dann muß ich allein gehen«, versetzte sie. »Sie schimpfen schon.«

»Aufsteigen! – Zeit! – Aufsteigen!« kam es jetzt lauter, fast drohend selbst aus den vordersten Reihen der Zuschauer.

»Laß sie schimpfen!« sagte der alte Mann grimmig, der jetzt auch zu ihr trat.

»Hurra, er kommt nicht! Hab' ich's nicht gesagt?« krähte das dünne Stimmchen des Barons von Golaschek.

»Gib ihm noch fünf Minuten!« rief ein andrer der jungen Herren. »Dann erklären wir die Wette für entschieden.«

»Ich brauche nur Ballast«, sagte Irma zu Berblinger, gezwungen lachend. »Das ist alles, zu was mein Graf gut ist. Wieviel Säcke sind noch übrig, Vater?«

»Zu wenig – nur drei!« versetzte der Alte.

»Drei und Berblinger, das geht!« lachte die Luftschifferin wieder lustig. »Komm, Brechtle, zeig den Wienern, daß ein Ulmer Courage hat.«

Sie führte ihn an der Hand, immer lachend, gegen die Mitte des Rings. Die Herren klatschten und der Jubel wurde ansteckend. Alles klatschte.

»Der Graf! der Graf!« schrien sie, während Berblinger mit klopfendem Herzen an den Korb trat. Es war nicht Furcht vor dem Aufstieg. Was Irma tun konnte, konnte auch er tun. Es war etwas andres, Schmerzhafteres: wie wenn er sich losreißen müßte von allem was ihm lieb und teuer gewesen war, um in die leere Luft hinauszufliegen. Er war wie betäubt. Das Klatschen, der brausende Lärm ringsum war etwas allzu Ungewohntes. Es schwindelte ihm ein wenig.

Sie sprang in den Korb.

»Herein mit dir! Die ganze Welt soll sehen, wer mein Schatz ist!« rief sie fast leidenschaftlich und zog ihn an sich. Mit dem einen Bein war er schon im Korb.

»Los!« schrie der alte Mann.

In diesem Augenblick sah Berblinger über die Schulter Irmas hinweg mitten in das Gesicht Enderles, der ihn, bleich wie eine Wand, mit seinen weitaufgerissenen blauen Augen anstarrte. In solchen Augenblicken drängen sich Bilder zusammen, die ein halbes Leben bedeuten. Er sah Ulm, das Münster von unten bis oben. Den Pestiliziarius, den Turmwart; er sah Bockelhardts Werkstatt, den Franzosen am Boden, Gretle – sein Gretle –, die für ihn alles gewagt hatte, weinend, verlassen. Er wußte nicht, wie es kam, mit einem Stoß, der ihn fast zu Boden geworfen

hätte, war er wieder aus dem Korb, welcher schon mannshoch über der Erde emporstieg.

»Brechtle! Brechtle!« rief Irma in einem Ton, den er zeitlebens nicht mehr vergaß, so qualvoll schien er ihm. Dann
lachte sie laut auf und begann zwei Fähnchen, ein rotes
und ein weißes, übers Kreuz zu schwingen, wie sie es auf
dem Seil zu tun pflegte, wenn der Beifallssturm durch das
Zelt tobte.

Daran fehlte es auch jetzt nicht. »Bravo, Irma! Hurra,
Mira! Eljen! Evviva!« schallte es aus hundert Kehlen, während der Ballon gerade wie ein Pfeil und mit erstaunlicher
Geschwindigkeit in die Höhe schoß. Alle Gesichter waren
minutenlang nach oben gerichtet, wo die mächtige Kugel
sich kaum mehr zu bewegen schien, aber immer kleiner
wurde. Noch aber sahen scharfe Augen über den Rand des
Körbchens hinweg das rote und weiße Fähnchen sich
bewegen.

Der grämliche Alte hatte dem Ballon nicht lange nachgesehen und beschäftigte sich damit, die leeren Gasfla-
schen zusammenzustellen und Seile aufzuwinden. Berblinger war aus dem Ring getreten, lehnte an einem
Baumstamm und starrte noch immer halb betäubt nach
oben. Er merkte nicht, daß Enderle neben ihm stand.

Der dichte Kranz von Zuschauern löste sich auf und
überströmte den Ring. Viele, dann aber immer weniger,
sahen nach oben, die meisten machten sich gruppenweise
auf den Weg, lachend und plaudernd, um andere Vergnügungen aufzusuchen. Bella, Irmas kleine Schwester, trat
mit drei reichlich gefüllten Tellern an den Vater heran, der
sich teilnahmslos aufrichtete und wieder einmal, diesmal
länger, nach oben blickte. Der Ballon, für das bloße Auge
nur noch ein kleines Kügelchen, hatte eine seitliche, nord-
westliche Richtung eingeschlagen, stieg aber jetzt sichtlich
fortwährend. Da plötzlich stieß der alte Mann einen rauhen, dumpfen Schrei aus und stürzte zu Boden. Da lag er,
ausgestreckt, die gläsernen Augen nach oben gerichtet.

Berblinger, wie die meisten Leute, die sich in der Nähe befanden, wollte auf ihn zustürzen. Aber im selben Augenblick warf auch er noch einen Blick nach oben und blieb stehen, zitternd, nach etwas greifend, sich zu halten. Er merkte noch immer nicht, daß er sich auf Enderle stützte.

Seine Augen hatten ihre Schärfe nicht verloren, obgleich ihm zumut war, als sähe er durch einen Schleier. Der Ballon hatte seine runde Form verloren; ein langer, im Sonnenlicht glühender Zacken bewegte sich über der kleinen Kugel, die sich zu senken begann, erst langsam, dann schneller, immer schneller. Jetzt glaubte er den Korb zu sehen, der wie ein Stein gerade herabkam. Darüber flatterte ein langes zerfetztes Ding, das der Ballon gewesen war. Dann löste sich seitlich ein dunkles Etwas los und stürzte weiter, für sich, schneller als das andre – mit rasender Schnelligkeit – bis das ganze Phantom hinter den nächsten Baumgipfeln verschwunden war.

Zwei Polizisten hoben den alten Mann auf, den sichtlich ein Schlaganfall niedergeworfen hatte, und die Arbeiter, die mit den Seilen beschäftigt gewesen waren, trugen ihn hinter die Bude. Die Zigeuner packten ihre Instrumente zusammen. Bella schluchzte laut, kniete auf den Boden und klaubte das Geld zusammen, daß sie im Schrecken verschüttet hatte. Entsetzt liefen die noch übrigen Zuschauer da- und dorthin und erzählten sich, was sie gesehen zu haben glaubten. Enderle führte Berblinger, der ganz willenlos zu sein schien und ihn mit verständnislosen Augen anstarrte, in den benachbarten Cafégarten und gab ihm einen Stuhl an einem leeren Tisch. Es war zufällig der Tisch, an dem die lustige Gesellschaft vor zwei Stunden gesessen hatte, und Irmas Stuhl. Berblinger legte beide Arme auf den Tisch und den Kopf auf die Arme. Er wußte besser als die meisten, was geschehen war.

Der zu wenig belastete Ballon war höher gestiegen, als er hätte steigen sollen, und das schwache Seidenzeug war in der dünnen Luft geborsten. Die schöne Irma aber war jetzt ein unförmliches Häufchen Fleisch und Knochen und hatte eine Stunde hinter Florisdorf ein Loch in den sandigen Boden geschlagen, tief genug, sie zu begraben.

24
Ein Vorläufer

›Wer weiß, in welche Spelunke ich ohne Brechtle in der großen Stadt geraten wäre‹, sagte der dankbare Enderle manchmal zu sich selbst, wenn er einfädelnd über sechs Gesellen hinweg nach dem obersten Platz in der hellen geräumigen Werkstatt des Oberhofschneidermeisters von Kratzky sah, wo sein Freund und Landsmann mit krauser Stirn über eine Uniform oder ein goldbetreßtes Staatskleid gebeugt emsig drauflosnähte. Richtiger wäre es gewesen, hätte Berblinger zu sich gesagt: ›Wo wäre ich jetzt ohne den guten Enderle, der mich seit einem halben Jahre – der Kuckuck hole ihn! – nicht aus den Augen läßt.‹

Es war ein böser Herbst und Winter für Berblinger gewesen; der schlimmste, den er bis jetzt erlebt hatte, und das will, wie wir wissen, etwas heißen. Dabei ging es ihm so gut, daß ihn alle im ›Grünen Turban‹ beneideten, wenn dort die Lage des Geschäfts und die Verhältnisse der ›Gesellschaft‹ besprochen wurden. Er war in kurzer Zeit einer der ersten Zuschneider bei Herrn von Kratzky geworden, hatte dessen feinste Kunden zu bedienen und wurde von dem Meister zu den geheimsten Beratungen zugezogen. Daß er Geld verdiente wie Heu, war sprichwörtlich geworden, und man begriff nicht, wie der alte Jude – man hielt Herrn von Kratzky allgemein für einen verkappten Juden, obgleich er keine Messe in der Hofkirche versäumte – mit einemmal so splendid werden konnte.

Und doch!

In den ersten Tagen nach dem großen Unglück im Prater, das die ganze Stadt in Aufregung versetzt hatte, war er wie betäubt umhergelaufen. Er wollte sich wieder auf die Wanderschaft machen, ohne zu wissen wohin; aber Enderle, dem er einen Platz bei Kratzky verschafft hatte, ließ ihn nicht ziehen, und er war zu willenlos, sich loszureißen. Dann kamen Wochen, Monate, in denen er dem wackeren Enderle noch weniger gefiel, als wenn er ihm zerlumpt auf der Walze begegnet wäre. Die große Stadt mit ihrem bösen Treiben schien ihn gepackt zu haben und verschlingen zu wollen. Daß er dabei noch arbeitete, oft wie toll, denn die Arbeit ging ihm von der Hand wie keinem, ließ seinen Freund die Hoffnung nicht verlieren. So konnte es ja nicht fortgehen; endlich mußte er der Weiber, des Spielens und Trinkens oder der Arbeit müde werden, und es war immer noch möglich, daß ihn die Weiber zuerst anekelten. Wenn sie am Sonntag nachmittag schweigend nebeneinanderher gingen – Berblinger zog es immer noch nach dem Prater, wo er als der fesche Schneider bekannt und gern gesehen war –, fragte ihn Enderle manchmal schüchtern, an was er denke. »An den Ballon«, sagte er fast regelmäßig mit einem Gesicht, als habe ihn die Frage wütend gemacht, und warf der ersten Bänkelsängerin, der sie begegneten, einen Gulden zu. Das Mädchen hängte sich dann lachend an seinen Arm, und Enderle schlich hinter ihnen her mit einem langen Gesicht, soweit er ein langes Gesicht zu machen vermochte. Manchmal, aber selten genug, brachte er es dahin, daß sie einen Ausflug nach dem Wiener Wald machten, statt sich im Wurstelprater herumzutreiben. Dort konnte Berblinger, im dürren Gras liegend, stundenlang in die blaue Luft hinaufstarren und sah dabei so traurig und verschlossen aus, daß auch Enderle am liebsten schwieg. Manchmal, ganz plötzlich, kam dann ein helles Licht in seine Augen und er sagte: »Es muß! – Es muß doch gehen!« Sein Freund getraute sich aber nicht zu fragen, was gehen müsse.

Kratzkys Geschäft war wenn nicht das größte, zweifellos das vornehmste in Wien. Als kaiserlich-königlicher Oberhofschneidermeister war er nicht an die Zunftregeln gebunden, welche die Zahl der zulässigen Gesellen jedes Meisters bestimmten, und konnte die Werkstätte in dem stattlichen Haus hinter den Tuchlauben nach Bedürfnis besetzen. Selbst in flauen Zeiten beschäftigte er zehn bis zwölf Gesellen und hatte seine Kundschaft in der hohen Aristokratie der Kaiserstadt, die zwar schwer zu bedienen und nicht immer prompt im Bezahlen war, schließlich aber auch die gesalzenste Rechnung ohne Murren beglich. Außer diesen Kunden ließen namentlich solche bei Herrn von Kratzky arbeiten, die sich nach Möglichkeit das Aussehen von Kavalieren geben wollten und denen er seinen Rat in Form von Befehlen zu erteilen verstand. Manches mißlungene Stück, das von dem dünnen Prinzen X zurückgewiesen worden war, paßte dem dicken Bankier Y aufs Haar.

Merkwürdig war, wie wenig der Chef des blühenden Geschäfts vom Handwerk selbst verstand. In den Werkstätten machte er hieraus kein Hehl, schien im Gegenteil stolz darauf zu sein. Dagegen verstand er zwei Dinge musterhaft: seine Arbeiter auszuwählen und auszunutzen und mit seinen Kunden umzugehen. Hierfür hatte er ein System, das den Großbetrieb eines späteren Jahrhunderts ahnen ließ. Angenäht an das ›Maß‹ jedes Kunden hing ein kleiner roter Zettel, auf dem einer der sechs Buchstaben von A bis F geschrieben stand. Was diese Zeichen bedeuteten, war des Meisters Privatgeheimnis, in das Berblinger eingeweiht wurde, nachdem er sich einen Monat lang beim Anproben ganz besonders ausgezeichnet hatte.

Die Buchstaben bezogen sich auf den Charakter der Kunden und deren Behandlung. Während einer vertraulichen Dämmerstunde, nachdem es zu Kratzkys höchster Befriedigung Berblinger gelungen war, den jungen Fürsten von Schwarzenberg zu überzeugen, daß ihm ein zu knapp geratener Reitrock eigentlich zu weit sei, empfing der hoffnungsvolle Assistent hierüber folgenden Aufschluß.

»Für ein großes Geschäft, sieht Er, Berblinger, ist die Hauptsache: Ordnung, Methode, System. Alles andre kommt dann von selbst. Wie die Knöpfe in einer großen

Nähschachtel, müssen auch die Kunden sortiert werden. Dann bekommt Er auf den ersten Griff den rechten Knopf in die Hand und weiß, wie Er ihn zu drehen hat. Desgleichen die Kunden, die ich in sechs Klassen einteile: A, B, C, D, E und F. Merk Er sich, was ich sage, und sag Er's nicht weiter!

Mit den Herren von A ist am leichtesten zu verkehren. Sie wollen nach der neusten Mode gekleidet sein, und da sie selten wissen, was die neuste Mode ist, läßt sich alles mit ihnen machen. Denn auch das Neuste, von dem sie sprechen, muß ein geschickter Schneider durch etwas noch Neueres zu übertrumpfen wissen, das gar nicht neu zu sein braucht. Vergeß Er nie, wer die neuste Mode macht. Wir. Ruhige Bestimmtheit, keine übermäßig höflichen Phrasen, aber auch nie ein direkter Widerspruch – das hält sie am besten bei guter Laune.

Schwieriger sind schon die Herren von B. Auch sie wollen modern gekleidet sein, haben sich aber eine ganz bestimmte Form ausgedacht. Sie haben sie vielleicht bei einem Freund gesehen, dem sie paßt. Ihr Körperbau, ihre Art sich zu geben, ihr Charakter mag einen ganz andern Schnitt verlangen. Hier ist Vorsicht nötig. Beim Anproben sind diese Herren mit möglichst gleichgültiger Miene zu fragen, ob sie nicht diese oder jene Änderung vorziehen würden. Das muß in verschiedenen Wendungen wiederholt werden, bis sie glauben, den Vorschlag selbst gemacht zu haben. Auch hier alles eher als ein direkter Widerspruch! Nur durch List sind diese Herren zu überzeugen, was wirklich gut für sie ist.

Fragt man die Herrschaften von C, meist grämliche alte Herren, manchmal auch ein Junger, der Charakter zeigen möchte, ob sie modern gekleidet zu sein wünschen, so antworten sie mit einem scharfen Nein oder gar mit der Frage, ob man einen Geheimen Obersteuerrevisor erster Klasse für einen Sansculotten halte. Hier muß vorsichtig vermieden werden, den Eigenheiten der Kunden zu sehr nachzugeben, denn im Grunde sind sie meist doch unzufrieden, wenn sie wie ein Gespenst aus dem vorigen Jahrhundert herumlaufen. Beim Anproben ist auf ihre kleinen Wünsche, die oft zahllos sind, scheinbar einzugehen, und wo es dem Eindruck, der Harmonie des Ganzen nichts schadet, sind sie wohl auch zu berücksichtigen. Man kann ja auch in der Kostenrechnung darauf Rücksicht nehmen; doch das, Berblinger, darf Er getrost mir überlassen.

Am schlimmsten sind die Herren von D, die grillenhaften und eigensinnigen Kunden. Schon bei der Bestellung haben sie tausend sich widersprechende Wünsche. Beim Anproben ist ihnen die Brustweite zu eng, die Ärmel sind zu lang, die Rockschöße zu kurz. Ein zweites Mal zu fragen kann ihren Zorn erregen. Fragt man, ob ihnen der Abstich der Vorderteile, die Form des Kragens und der Klappen so oder so genehm sei, so antworten sie barsch, das müsse der Schneider wissen, sonst sei er kein Schneider. Hier, wenn der Mann ein guter Zahler ist, gilt es Geduld zu zeigen und sich vor dem Gallenfieber zu hüten. Schließlich läuft der Kunde schimpfend im elegantesten Anzug davon und schickt am nächsten Tag seinen Vetter, dem er sagt: Er könne nichts Gescheiteres tun, als sich bei demselben Esel kleiden zu lassen. Auch den Esel setz' ich dann auf die Rechnung; aber dafür laß Er nur mich sorgen, Berblinger.

Einen ausgesprochenen Gegensatz zu der Klasse D bilden die Herren von E. Sie haben nur einen Wunsch: irgendeinem bestimmten hohen Herrn oder einem stadtbekannten Stutzer möglichst gleichzusehen. Wie das zu machen ist, wissen sie natürlich nicht. ›So sieht Graf Potocky aus, wenn er die Redoute besucht‹, ›so bezaubert Herr von Gigerl alle Damen im Prater‹, ist ihnen mitzuteilen, und damit müssen sie sich zufrieden geben. Sie tun's auch, wenn man darauf besteht. Hier keine Weichheit, keine Nachgiebigkeit! ›In diesem Kleid, Herr von Holzhuber, könnte ich selbst Sie nicht vom Fürsten Ypsilanti unterscheiden. Empfehle mich, Herr von Holzhuber; die Rechnung werde ich mir erlauben Ihnen zuzusenden. Federleicht, schreib Er die Rechnung für Herrn von Holzhubers Ypsilantifrack!‹ – Damit ist auch der Holzhuber versorgt.

Die letzten sind die Herren von F. Sie machen die wenigste Mühe und sind mir trotzdem unausstehlicher als alle andern; denn seh Er, Berblinger, man muß auch ein Herz für sein Geschäft haben, sonst bringt man's zu nichts. Den Herren von F ist es wirklich ganz gleichgültig, wie sie herumlaufen, und deshalb laufen sie auch im superfeinsten Staatskleid umher, als ob sie in nasses Packpapier eingewickelt wären; eine Schande für sich und ihren Schneidermeister. Gott der Gerechte! Schließlich sind sie auch seine Geschöpfe, und man kann sie nicht herumlaufen lassen, nackt, wie er sie geschaffen hat. Auch nehmen sie manchmal einen Anzug mit, den sonst kein Mensch anrühren würde. Es hat eben alles seinen Zweck und Nutzen im Weltall.

Jetzt kann Er gehen, Berblinger«, schloß der Chef des feinsten Ateliers der Kaiserstadt. »Schneid Er Zichys Jagdanzug nicht zu eng über die Taille. Der Herr Graf wird mit jedem Jahr dicker und hat schon jetzt einen Malefizbauch, auf den beim Einschlag Rücksicht zu nehmen ist. – Er versteht mich jetzt. In Zukunft, beim Anproben, paß Er auf. Wenn ich sage: ein Herr von D oder ein Herr von C, weiß Er, was Er vor sich hat und wie er zu behandeln ist. Darauf kommt in einem großen Geschäft viel an – fast alles.«

Es machte Berblinger selbst manchmal nachdenklich: Je bitterer und mißmutiger seine Stimmung war, um so besser konnte er mit Kratzkys Kunden umspringen. Es war, als spielte er mit dem Bösen, als machte ihm das Spiel Spaß. Sein Chef war entzückt. »Er hat Bildung, der Berblinger, weiß der Kuckuck woher, aber er hat Bildung, und die besseren Kunden haben dies nicht ungern. Also immer zu! Solang das Geschäft blüht wie heutzutag, lohnt es sich, einen Burschen von Bildung in der Probestube zu halten. Es soll mein Schaden nicht sein.«

So verlief der Winter, trotz aller Arbeit und aller Vergnügungen, die Berblinger in freudloser Unruhe aufsuchte, ohne eine einzige freundliche Erinnerung zurückzulassen. Gleichgültig ging er am hübschesten Wiener Madel vorüber, selten dachte er an Lucinde, nur Enderle erinnerte ihn gelegentlich an Gretle und merkte bald, daß er damit seinem Freund keinen Gefallen tat. Selbst wenn der Lieblingsgedanke auftauchte, der ihm früher jeden müßigen Augenblick belebt hatte, packte ihn jetzt ein leiser Schauder. Er sah Irma zwischen Himmel und Erde – nur Irma. Wollte es hinter den Tuchlauben noch immer nicht Frühling werden?

Es war in den ersten Tagen des März, als ihn Kratzky, wie jetzt fast täglich, in das Probezimmer rief, wo er seinen Chef neben einem kleinen, wohlbeleibten Herrn antraf, der in Unterbeinkleidern und einem blauen Frack mit vergoldeten Knöpfen zwischen den großen, im Winkel gestellten Probierspiegeln hin und her spazierte. Der kleine Herr war hochrot im Gesicht, und auch Kratzky schien erzürnt zu sein.

»Seh Er selbst zu, was zu machen ist«, sagte er zu Berblinger. »Ein Herr von E. Der Frack sitzt wie angegossen, aber der Herr ist nicht zufrieden.«

»Nicht ein Herr von E; Degen heiß' ich«, sagte der Kunde gereizt, indem er sich vergeblich bemühte, sein Spiegelbild von der Rückseite zu erfassen. Es lief immer wieder aus dem zweiten Spiegel hinaus. »Ich habe einen Frack bestellt, wie ihn mein Freund, der Herr Professor Bumper, zu tragen pflegt. Ich habe Ihnen den Herrn Professor Bumper gezeigt und konnte einen entsprechenden Frack erwarten. Die Schöße sind viel zu lang, der Kragen nicht hoch genug.«

»Das sind genau die Längen des Herrn Professors«, widersprach Kratzky, seine eignen Regeln vergessend, »aber der Herr von Bumper ist lang und dünn und Sie –«

»Und ich?« unterbrach ihn der Dicke zornig. »Meine Arme will ich wenigstens regen können. Sehen Sie, so.«

Er schwang sie, als ob er eine Windmühle darstellen wollte.

»Natürlich, Herr von Degen«, fiel Berblinger begütigend ein. »Das will jeder unsrer Kunden. Auch hat noch keiner dieses Atelier verlassen, der nicht die Arme schwingen konnte wie ein paar Flügel.«

»Das ist's, das ist's!« rief der Kleine erfreut. »Sie scheinen die Sache zu verstehen. Ich muß morgen unweigerlich die Arme bewegen können – wie – wie ein paar Flügel.«

»Erlauben Sie, daß ich den Ärmel abtrenne. – Das ist ja ganz einfach. Mein Kollege hat die Achsel etwas zu lang geschnitten und das Armloch – hm – ein wenig zu weit nach vorwärts gestellt. Eine kleine Abänderung. Aber es ist nicht der einzige Fehler des im übrigen vorzüglichen Fracks. Es ist etwas schwierig, ihn vorn zu schließen. Finden Sie das nicht, Herr von Degen?«

»Donnerwetter, ja. Sie drücken mir die Brust ein.«

»Nicht so sehr die Brust als den Unterleib, Herr von Degen. Doch kommt es auf dasselbe hinaus. Sobald wir ihn zuknöpfen, wird hinten alles lebendig.«

»Was Sie sagen!« rief Herr von Degen, der endlich die richtige Stellung zwischen den Spiegeln gefunden hatte, um das Leben seiner Rückseite beobachten zu können.

»Sie gehen sehr aufrecht, Herr von Degen, mit zurückgeworfenen Schultern; eine echt militärische Haltung.«

»Wirklich? Die Wahrheit zu sagen, Herr Berblinger – Sie heißen doch Herr Berblinger – ich bin Uhrmacher von Profession.«

»Nicht möglich! Der Gang eines höheren Offiziers. Darauf wurde beim Schnitt des Kleids nicht genügend Rücksicht genommen. Erlauben Sie!«

Damit zog er den Frack energisch nach vorn und fragte teilnahmsvoll:

»Nun – wie geht es jetzt?«

»Es ist schon viel besser; ich fühle mich freier«, meinte Herr von Degen freundlicher. »Sie scheinen mir der rechte Mann am rechten Platz zu sein.«

»So verliert sich auch das Militärische Ihrer Erscheinung in etwas«, versetzte Berblinger, bescheiden ausweichend. »Der Frack hat jetzt schon eine mehr akademische Form. Darauf müssen wir hinarbeiten. Ich kenne Gelehrte, die stolz darauf wären, ein solches Kleidungsstück zu besitzen.«

»Darauf lege ich besonderen Wert«, versetzte der Uhrmacher. »Ich habe nämlich morgen die hohe Ehre, einen Vortrag in der Aula der k. k. Universität zu halten.«

»Ich sah dies auf den ersten Blick«, versicherte Berblinger.

»Was Sie sagen! Ja. Und da liegt mir daran, daß alles in geziemender Weise zur Erscheinung kommt.«

»Soweit wir dazu beitragen können, Herr von Degen, dürfen Sie ganz unbesorgt sein. Gestatten Sie mir, daß ich den Ärmel wieder anstecke. Sie müssen sich regen können.«

»Bei dem Gegenstand, über den ich zu sprechen habe, ist dies durchaus notwendig. Ich bin nämlich nicht mehr eigentlicher Uhrmacher. Ich beschäftige mich seit Jahren mit – mit – mit Fliegen.«

Berblinger fuhr zusammen. »Pardon!« rief er erregt, an dem Ärmel reißend.

»Sie haben mich gestochen!« sagte der Kleine, sich die Schulter reibend, fuhr dann aber eifrig fort: »Mit dem Problem des Fliegens. Ich glaube, nein, ich bin überzeugt, die richtige Lösung gefunden zu haben. Eine sinnreiche Kombination; das Ei des Kolumbus, das geflügelte Ei des Kolumbus! Ich sage nichts mehr. Morgen werde ich ja Näheres darüber mitteilen, und zwar vor den ersten

Gelehrten der Universität und den höchsten Spitzen der Gesellschaft. Ich würde es selbst nicht wagen, wenn mein Freund, Professor von Bumper, mich nicht dazu animiert hätte. Er besteht darauf, daß in einer so wichtigen Sache dem physikalischen Lehrstuhl der Wiener Universität die Präzedenz nicht entgehen dürfe. Und dann hat Seine Kaiserlich-Königliche Hoheit, der Erzherzog Joseph Amadeus, seine Allerhöchste Anwesenheit zugesagt. Sie können sich jetzt selbst vorstellen, welche Bedeutung es hat, Herr Berblinger, den Frack rechtzeitig und mustergültig fertigzustellen.«

»Herr von Degen«, sagte Berblinger in großer Erregung, »wenn der Himmel einfällt: der Frack wird bereit sein.«

»So lass' ich mir's gefallen«, sagte der Uhrmacher aufatmend. »Wir verstehen uns. Also vor allem die Armlöcher –«

»Werden ausgeholt!« rief Berblinger. »Sie werden einen Frack erhalten, der gewissermaßen zum Fliegen geschaffen ist. Ah, wenn es mir vergönnt wäre, Sie in demselben sprechen zu hören, Ihre Erfindung in Tätigkeit zu sehen! Er muß umgebaut werden, aber er soll dann auch die Bewunderung der ganzen Welt auf sich ziehen, auf sich und seinen Träger. Ich garantiere Ihnen das. Geben Sie mir vierundzwanzig Stunden Zeit.«

»Das geht, wenn ich mich darauf verlassen kann.«

»Wie auf Ihre Unsterblichkeit, Herr von Degen. Wenn ich ihn doch nur in Tätigkeit sehen könnte!« rief der arme Schneider, den jetzt seine alte Leidenschaft mit aller Macht gepackt hatte.

»So bringen Sie ihn selbst nach der Universität; morgen nachmittag gegen drei Uhr, nicht eine Minute später. Fragen Sie nach Professor Bumper, Zimmer Nr. 31; dort finden Sie mich. Und wenn Sie einem Wendepunkt in der Geschichte des Menschengeschlechts beiwohnen wollen – Sie scheinen bewegt zu sein, junger Freund –«

Berblinger war es in der Tat.

»Ich wundere mich nicht«, fuhr der kleine Herr fort; »mir ist es ähnlich zumute; aber lassen Sie mich nicht im Stich. Vieles – alles hängt davon ab, daß ich das Kleidungsstück rechtzeitig erhalte. Ich will Ihnen offen gestehen, daß ich nicht gewohnt bin, vor allerhöchsten Herrschaften Vorträge zu halten und Flugversuche zu machen. Da ist es eine Beruhigung, wenigstens zu wissen, daß die äußere Erscheinung den Umständen entspricht. Meines Vortrags glaube ich sicher zu sein, dagegen –«

»Darf ich Sie daran erinnern«, unterbrach ihn Berblinger bescheiden, »daß Sie die seidenen Beinkleider noch nicht angelegt haben.«

»Was Sie sagen!« rief der Erfinder, erstaunt an sich hinuntersehend, was einige Schwierigkeiten hatte. »Ei, ei, das haben wir ganz übersehen. Tut nichts. Die Hosen sind weniger wichtig und werden schon passen. Geben Sie mir nur meine alten! Danke, Herr Berblinger. Aber der Frack –«

»Schlafen Sie ruhig! Wenn wir die ganze Nacht durch arbeiten müßten – der Frack wird bereit sein.«

»Ich vertraue Ihnen, junger Mann. Hier haben Sie eine Karte, die Sie berechtigt, mich zu hören. Herr von Kratzky, Sie besitzen einen vortrefflichen Mitarbeiter. Ich verlasse Sie beruhigt – befriedigt. Ein großer – vielleicht der größte Tag der Kulturgeschichte mag jetzt anbrechen, wenn auch –«, hier wurde Degens Stimme plötzlich etwas schwankend, »wenn auch noch nicht alles erreicht werden sollte, was die Menschheit von uns erwartet.«

Herr von Degen ging, in seine militärische Haltung mehr als zurückfallend. Berblinger raffte die Stücke des vielbesprochenen Kleidungsstücks zusammen, entschlossen, den Dank des größten Erfinders des neuen Jahrhunderts zu verdienen. Der Frack mußte völlig zertrennt werden. Er und Enderle saßen bis nachts zwei Uhr an der Arbeit, dann erst waren sie sicher, rechtzeitig fertig zu werden, und Enderle freute sich, wie eben nur er sich freuen konnte, zu sehen, daß sein Freund endlich wieder einmal mit Leib und Seele bei der Sache war.

Als am folgenden Tag Herrn von Kratzkys erster Zuschneider höchst zunftwidrig mit einem Paket unter dem Arm eine volle Stunde zu früh in das Universitätsgebäude trat und nach Professor von Bumper und Nr. 31 fragen wollte, wurde er von dem gepuderten und festlich geschmückten Portier mit vorgehaltenem Amtsstabe aufgehalten und in herrischer Weise bedeutet, daß der Herr Professor noch nicht gekommen sei und er warten möge. Damit führte ihn der Torgewaltige in ein kleines, düsteres Stübchen hinter seiner Loge und überließ ihn seinen Betrachtungen.

Ungeduldig sah er sich um und bemerkte, nachdem sich seine Augen an das Halbdunkel gewöhnt hatten, einen Leidensgenossen, der in einem Lederstuhl saß und mit den Fersen trommelte. Bei näherem Zusehen zeigte sich, daß der Mann die Uniform eines Polizeikommissars trug, was auch der schnarrende Ton bestätigte, mit dem er den höflichen Gruß des Schneiders erwiderte. Trotz der wenig ermutigenden Einleitung kam ein stockendes Gespräch zustande, das eine vertraulichere Wendung nahm, als Berblinger seine Einladungskarte zu Herrn Degens Vorlesung zeigte und sein brennendes Verlangen nicht verheimlichte, den hochbedeutsamen Versuchen beizuwohnen.

Der Polizeikommissar lächelte überlegen.

»Er ist nicht der einzige, der darauf wartet«, sagte er. »In den höchsten und allerhöchsten Kreisen sind sie seit etlichen Monaten wie besessen. Alles will fliegen. Aber ich bitt' Ihn: was soll aus Ordnung und Polizei werden, wenn die ganze Gesellschaft, Spitzbuben eingeschlossen, zu fliegen anfängt? Was hülfe der Hausschlüssel, wenn keine Dachluke mehr sicher ist? Zu was wären Stadttore gut, wenn jeder Stromer über die Mauern wegflöge? Hat Er schon einmal Wespen schwärmen sehen? Kann das geduldet werden?«

»Eine große Umwälzung aller Verhältnisse müßte natürlich eintreten«, gab Berblinger zu.

»Umwälzung! Da haben wir's!« versetzte der andre gereizt. »Umwälzung – Revolution; ganz richtig. Geht's nicht in der Politik, versucht man's im gesellschaftlichen Leben. Kann das geduldet werden, frage ich? Hier in Wien? Plauschen S' mir nichts vor!«

Berblinger schwieg, wie befohlen, der andre aber fuhr fort:

»Das sieht er selbst ein, der Herr von Degen, und solange die Professoren da drinnen nur davon schwatzen, hat's keine Not. Aber Versuche? Dafür muß eine vorsehende Regierung beizeiten sorgen, selbst wenn hohe und höchste Herrschaften an nichts Böses zu denken geruhen. Ich bin von Amts wegen hier und erwarte nur das Signal meines Vorgesetzten, der schon oben ist und sich mit Herrn von Degen bespricht. Es wird alles ganz ordnungsgemäß verlaufen, denk' ich. Was hat Er denn da in seinem Paket? Ist wohl auch ein Stück der kuriosen Flugmaschine?«

In diesem Augenblick trat der Portier etwas hastig in das Hinterstübchen.

»Ist ein Herr Berblinger da?« fragte er in gedämpftem Ton. »Der Herr Berblinger soll sofort nach Nr. 31 kommen. Ich werde ihm selbst den Weg zeigen.«

Der Kommissar, der im Eifer des Gesprächs aufgesprungen war, setzte sich wieder, indem er mit allen Zeichen rückkehrender Geduld mit den Fersen zu trommeln fortfuhr, während sich der Zuschneider nach einer fast spöttischen Verbeugung, sein Bündel unter dem Arm, mit dem Portier entfernte. Er wußte denn doch etwas mehr von den bevorstehenden Ereignissen, als sich eine hohe Polizei träumen ließ.

In einem mit physikalischen Geräten und Modellen

gefüllten Zimmer, bei deren Anblick Berblingers Herz stärker klopfte, fand er einen langen hageren Herrn in blauem
Frack mit vergoldeten Knöpfen, der dem Kleidungsstück,
welches er unter dem Arm trug, sichtlich als Muster
gedient hatte. Das also war Herr von Bumper, Professor
der Physik an der k. k. Universität zu Wien, ein Mann, der
sich für das Flugproblem leidenschaftlich interessierte,
seitdem er in Erfahrung gebracht hatte, daß dies bei Seiner
Kaiserlich-Königlichen Hoheit, dem jungen Erzherzog
Joseph Amadeus, ebenfalls der Fall war. Neben ihm stand
der kleine dicke Degen, der Berblinger mit sichtlicher
Freude entgegenging und ihm sein Paket abnahm. Vor
einem polierten und gekrümmten Stahlblech, das zu opti-
schen Demonstrationen diente, legte er unter lebhaften
Entschuldigungen das neue Kleidungsstück an und fand
es in dem Blech, welches die dicke rundliche Gestalt als
einen zehn Fuß langen, dünnen Riesen widerspiegelte, im
höchsten Grad befriedigend. Auch ohne Verzerrung waren
der lange dünne Professor und der kurze dicke Erfinder in
dem gleichen blauen Frack ein leidlich komisches Paar, um
so mehr, als beide in jeder Bewegung verrieten, daß sie von
der Bedeutung des Tags und vor allem von der Rolle, die
ihnen hierbei zufiel, aufs tiefste durchdrungen waren. Mit
wohlwollender Herablassung empfahl der Uhrmacher
dem Schneider, die Vorlesung, die in einer halben Stunde
beginnen werde, nicht zu versäumen, denn sie dürfte von
größerer Bedeutung sein als selbst die praktischen Demonstrationen, die er am Schluß seines Vortrags vorzuführen
gedenke. Warum sich hierbei die beiden Herren etwas verlegen anlächelten, konnte sich Berblinger nicht erklären.

Ohne Schwierigkeit andern folgend, fand er seinen Weg
in den großen Saal, in dem sich bereits eine Anzahl Zuhörer und Schaulustige eingefunden hatten. In einer Ecke,
nahe der festlich geschmückten Rednerbühne, fand er auf
den unteren Sprossen einer Bibliotheksleiter einen vortrefflichen Platz, von dem aus er halbversteckt hinter

einem zu weiterem Schmuck aufgestellten Oleanderbaum die Versammlung beobachten konnte. Als sich später auch der Portier zu ihm gesellte, der mit einem Male höflich und gesprächig geworden war, kam ihm erst zum vollen Bewußtsein, in welch vornehmer Gesellschaft er sich befand. Trotzdem hätte er des schützenden Oleanders nicht bedurft. Der zierliche, nach neuester Mode sorgfältig gekleidete erste Zuschneider der Firma Kratzky konnte sich neben jedem der anwesenden jüngeren Herrn von altem Adel sehen lassen. Kleider machen Leute.

Da waren in amtlichen Talaren und noch immer mit den gepuderten Haarbeuteln des vorigen Jahrhunderts geschmückt die Gelehrten der Universität, Physiker, Mathematiker, Naturforscher, ja auch Vertreter andrer Fakultäten, welche die Neugier oder jene Ideenverbindungen herbeigezogen hatten, zu denen das Problem des menschlichen Flugs schon seit Jahrhunderten anregte: Physiologen, welche die Entwicklung einer neugearteten Muskulatur des menschlichen Körpers in ihrem Entstehen beobachten wollten, Juristen, die bereit waren, ein neues Kapitel der Rechtspflege auszuarbeiten, welches die Benutzung des Luftraums zu Verkehrszwecken nötig machen würde, Theologen mystischer Richtung, die ahnten, daß man im Begriff war, dem Stande der Engel um einen Schritt näher zu kommen, andre, die das Gegenteil fürchteten, denn war nicht auch der Satan ein geflügeltes Wesen? Jeder dieser gelehrten Herren hatte auch sofort einen Gegner zur Seite, der die Möglichkeit eines Erfolgs derartiger Bestrebungen in demonstrativer Weise leugnete. Alle aber erschienen im festlichen Ornat, nicht so sehr weil es die Wichtigkeit der Zusammenkunft erheischte, als weil Seine Kaiserlich-Königliche Hoheit der Erzherzog Joseph Amadeus sein Kommen zugesagt hatte. Es war unverkennbar, daß Höchstdieselben den Erfinder – »denken Sie sich, Herr Kollega, einen simplen Uhrmacher, den der verschmitzte Bumper irgendwo aufgegabelt haben muß« – unter seine besondere Protektion genommen hatte. Damit hing zusammen, daß eine größere Anzahl hoher Offiziere den Saal zu füllen begann. Sie unterhielten sich lauter als andre über die Folgen der epochemachenden Erfindung, die Wahrscheinlichkeit einer Invasion Englands durch ein französisches Heer auf dem Luftwege, die Versorgung eines abgeschnittenen Armeekorps durch ein geflügeltes Proviantamt, die künftige Unmöglichkeit, eine Festung einzuschießen, die Bildung einer Luftkavallerie, wenn auch vorläufig nur zum Zweck des Aufklärungsdienstes. Einige der Herren nahmen die Sache so ernst, daß sie sich flüsternd erhitzten, während andre in sichtlich nicht ernstgemeinten Phantasiegebilden schwelgten, bis das Stirnrunzeln eines greisen Feldmarschalls der unpassenden Heiterkeit ein Ziel setzte. Auch hohe Zivilbeamte kamen in großer Zahl, alle in ihren reichdekorierten altertümlichen Uniformen, Herren vom Ministerium des Innern, der Finanzminister, der ein neues Steuerobjekt erhoffte, in eigner Person, der Minister des kaiserlichen Haushalts, mehrere Herren der ausländischen Gesandtschaften, unter denen der türkische sich durch die Ruhe auszeichnete, mit der er der kommenden Umwälzung entgegensah. Fast kein Platz blieb mehr für das bürgerliche Zivil in schwarzem Frack und weißer Binde; selbst einige hervorragende Bankiers wurden in unwürdiger Weise an die Wand gedrückt.

Man hatte anfänglich geglaubt, des wissenschaftlichen Charakters der Versammlung wegen Damen nicht zulassen zu sollen, aber hierbei die treibende Kraft der Neugier des zarten Geschlechts unterschätzt. Umsonst wurde den Schönen vorgestellt, daß sie die mathematischen Entwicklungen des Professors Bumper ebenso langweilig finden würden wie Herrn von Degens mechanische Erklärungen. Sie bestanden darauf, diesmal die ersten zu sein, den letzteren fliegen zu sehen, mit oder ohne Mathematik, und wenn wieder ein Unglück passieren sollte wie im Prater, wollten sie nicht abermals nur in den Zeitungen davon lesen. Überdies werde ja der Erzherzog Amadeus erwartet, dieser zum Küssen hübsche Amor unter den Erzherzogen. Daß er die Damen erwarte, sei doch selbstverständlich. Seitdem sich gar die Nachricht verbreitete, daß die junge Fürstin von Metternich mit oder ohne Zustimmung des Kuratoriums der Universität an der Versammlung teilnehmen werde, war kein Halten mehr: der schwache Widerstand der Gelehrtenwelt war gebrochen, die ersten zwei Reihen von Stühlen verschwanden unter riesigen Turbanen, wallenden Federn, Blumen aller Jahreszeiten, lieblichen, lachenden Gesichtern, gierig, nicht nur Herrn von Degen fliegen zu sehen, sondern selbst zu fliegen, sobald sich der Amor von Erzherzog zeigen sollte, und womöglich in seine Arme.

Schon seit zehn Minuten stand auch Professor Bumper, eine Rolle Papier in der Hand, neben der Rednerbühne und ihm zur Seite, in glänzendneuem blauem Frack, der Held des Tags, Herr von Degen. Umgeben waren die beiden von einem kleinen Kreis der Auserwähltesten unter den Auserwählten, die dem etwas verschüchterten Uhrmacher zu der glänzenden Gesellschaft Glück wünschten, die sich um ihn versammelt hatte. Ein ungewohntes Summen und Rauschen füllte seine Ohren. Er war etwas bleich geworden und sah fast ängstlich, nicht wie alle andern nach der jetzt geschlossenen Saaltüre, sondern in die Ecke, wo sich Berblinger und der Portier hinter dem Oleanderstrauch bargen. Da endlich hörte man draußen im Treppenhaus drei laute Schläge; eine plötzliche Stille trat ein, die Herren ordneten sich hastig in zwei langen, dichten Reihen, zwischen denen ein breiter Gang frei blieb, durch den der Rektor Magnifikus in rotem goldverbrämten Talar, gefolgt von Professor Bumper in einem ähnlichen, aber schwarzen Gewand, nach der Türe eilten. Umsonst winkte der letztere Degen, ihm zu folgen. Dieser aber traute seinen Knien nicht mehr. Jetzt sprangen die Flügeltüren auf.

Ein martialisch dreinschauender Offizier in ungarischer Uniform, mit blitzenden Augen, braunem Gesicht und mit herabhängendem weißem Schnurrbart erschien unter der Türe, zu seiner Rechten, aber einen Schritt voraus, ein niedlicher Junge von vielleicht fünfzehn Jahren, einen großen Stern an rotem Band auf dem glänzend weißen Soldatenröckchen und mit dem rosigen Gesichtchen – die Damen hatten recht – eines pausbackigen Amors aus der Barockzeit: der Erzherzog Joseph Amadeus.

Alles verneigte sich, wie man es nur noch in Wien zu tun verstand, seitdem Versailles aufgehört hatte, der Welt feine Bücklinge vorzuschreiben. Dann führte der Rektor den hohen Gast unter wiederholten Verbeugungen nach dem oberen Ende des Saales, wo der Rednerbühne gegenüber auf einem kleinen Podium eine Art von Thronsessel aufgestellt war. Dort wurden Professor Bumper und Herr von Degen vorgestellt – der Anstand gebot es, dem erfinderischen Uhrmacher wenigstens zeitweise den persönlichen Adel zu erteilen, der sich bekanntlich in Wien eines unkrautartigen Gedeihens erfreute –, wobei mit fast hörbarem Erstaunen bemerkt wurde, daß beide Herren je einen Finger der kleinen Hand Seiner Hoheit zu küssen bekamen.

Der ungarische Oberst und Adjutant des Erzherzogs bemerkte halblaut, aber weithin hörbar, denn sein Organ war mehr für einen Exerzierplatz als für die Aula der Universität berechnet: Seine Kaiserlich-Königliche Hoheit wünsche, daß die wissenschaftlichen Erklärungen, die Höchstdieselben mit Spannung erwarte, in möglichster Kürze zum Vortrag kämen. Seine Kaiserlich-Königliche Hoheit interessiere sich in noch höherem Grade für die praktischen Vorführungen, um den unangenehmen Eindruck zu verwischen, den ihm der noch nicht vergessene Unglücksfall im Prater verursacht habe. Dann nahm Seine Kaiserlich-Königliche Hoheit Platz, winkte den Obersten an seine Seite, der ihm eine Lorgnette reichte, und begann die erste Reihe der Damen zu mustern, die sich sofort sämtlich bemühten, ihr lieblichstes Lächeln anzulegen.

Nun bestieg Professor Bumper die Rednerbühne, entfaltete seine Rolle, räusperte sich und begann:

»Kaiserlich-Königliche Hoheit, hochverehrte Herren des hohen Adels und der Geistlichkeit, verehrte Vertreter der Wissenschaft und respektvoll zu begrüßende Anwesende! Bei dem hohen Interesse, das Seine Kaiserlich-Königliche Hoheit der Erzherzog Joseph Amadeus allen wissenschaftlichen Bestrebungen der Neuzeit entgegenzubringen geruhen, darf es uns nicht wundernehmen, noch weniger unsre Dankbarkeit vermindern, daß Höchstdieselben sich bewogen fühlten, die Gnade zu haben, dieser festlichen Versammlung durch Höchstihre Gegenwart eine Weihe zu geben, die dem ganzen bewohnten Erdkreis ihre tiefeinschneidende, ich wage zu sagen weltgeschichtliche Bedeutung ohne weiteres nahelegt. Schon im grauen Altertum –«

Hier ward Berblinger eine große Freude beschieden. Die Erinnerungen an das Landexamen in Stuttgart, so peinlich seine Stunden seinerzeit gewesen sein mochten, überströmten ihn wie ein Gruß aus der Heimat, denn Professor Bumper erzählte mit großer Ausführlichkeit die Geschichte von Dädalus und Ikarus und bewies eingehend nicht nur, daß jene ersten Flugversuche, von denen die Sage berichtet, mißlangen, sondern auch, daß sie mißlingen mußten, keineswegs aber, weil die Strahlen der Sonne das Wachs der Flügel schmolzen, sondern, abgesehen von der mangelhaften wissenschaftlichen Grundlage, die jene Zeiten charakterisierte, weil Wachs, wie spätere Forschungen ergaben, ein Bindemittel ist, das nicht die nötige Adhäsion an Federn besitzt, um dieselben in der Form eines wesentlich vergrößerten Flügels zusammenzuhalten. Auf den Flug des Propheten Habakuk nach Ninive oder vielmehr auf den Flug des Engels, der den Propheten am Schopf nahm – eine außerordentliche Leistung, wenn man bedenke, daß der Prophet einen Topf mit Mehlbrei von vermutlich beträchtlichem Gewicht mit sich führte –, wollte er nicht eingehen, da die Autorität, auf die sich diese Tatsache stützt, derart unanfechtbar sei, daß sie einer wissenschaftlichen Begründung entraten könne. In das Reich des Aberglaubens aber müsse er jene Flugversuche verweisen, von denen häufig genug im Mittelalter berichtet werde, wo in hervorragender Weise das böse Prinzip, zu deutsch der Teufel, sich erfolgreich mit derartigen Experimenten beschäftigt habe. Auch bedeutende Gelehrte von leider zweifelhaftem Charakter, wie beispielsweise der Doktor und Magister Faustus, dürften an derartigen Versuchen teilgenommen haben. Durch die Entwicklung der Wissenschaft sei jedoch die ganze, die Menschheit tief bewegende Frage in ein andres Licht gerückt worden. Montgolfier habe uns gelehrt, in die Lüfte zu steigen. Hunderte seien seinem Vorgang gefolgt, so daß dieser enorme Fortschritt zu einer Art von Volksbelustigung entartet sei. So sehr aber auch das Aufsteigen von Erfolg begleitet gewesen, so zweifelhaft sei im allgemeinen das Wiederherunterkommen ausgefallen. Beides aber müsse zur völligen Lösung des Problems von fast gleichwertiger Bedeutung erachtet werden. Nicht minder wichtig als das Wie sei das Wo des Landens. Damit komme er auf das neu zu lösende Problem, mit dem sich sein Freund Herr von Degen mit durchschlagendem Erfolg beschäftigt habe.

Nun ging der Professor auf die Vögel über. Daß Vögel fliegen, sei zweifellos. Schon im grauen Altertum –

Seine Kaiserlich-Königliche Hoheit geruhten zu gähnen; Bumper schlug deshalb sechs bis acht Blätter seines Manuskripts rasch um und fuhr fort:

»Der Vogelflug, wissenschaftlich analysiert, zeigt uns zweierlei Arten dieser merkwürdigen Fortbewegungsweise in einem elastischen Medium: erstens den Flug mittels mehr oder weniger heftigen Flügelschlages und zweitens den Schwebeflug. Der erstere ist bei Insekten und kleineren Vögeln der gebräuchliche, der zweite kann bei größeren Vögeln, dem Storch, dem Adler und dergleichen, beobachtet werden und scheint diesen Tieren zu gestatten, fast ohne Anstrengung in der Luft zu hängen. Dies muß als besonders nachahmungswert bezeichnet werden. Neben a, dem erwähnten aviarischen Flug, sind drei andre Methoden des Fliegens zu untersuchen, nämlich b, der papierene Drachenflug, c, der seidene Ballonflug, und endlich d, eine ganz neue, auch von meinem Freund Degen noch nicht näher untersuchte Art des Sicherhebens in die Luft: der Schraubenflug, der bis jetzt nur zu Kinderspielzeugen Veranlassung gab, aber in einem Jahrhundert der Erfindungen wie jedes andre Spielzeug von der größten Bedeutung werden kann.«

Seine Kaiserlich-Königliche Hoheit gähnte abermals unverhohlen, und sämtliche Damen lächelten zustimmend, ja einige wagten es, die Gebärde des Gähnens hinter ihren Fächern nachzuahmen. Wieder blätterte der Professor mehrere Seiten seines Heftes um und fuhr fort:

»Das Wichtigste und nach dem erschütternden Unfall im Prater das Aussichtsvollste bleibt immerhin der Vogelflug, und zwar zweitens: der Schwebeflug. Ich muß die hochverehrten Anwesenden bitten, einen Augenblick meinen wissenschaftlichen Deduktionen zu folgen, die hier von ausschlaggebender Bedeutung sind. Der Adler, den sich mit der Kühnheit des wahren Erfinders mein Freund Degen zum Vorbild erwählte, wiegt im Durchschnitt zwölf Pfund Wiener Gewicht. Er trägt bekanntlich ein junges Schaf oder kleines Kind von drei bis vier Jahren freifliegend in der Luft. Ein solches Schaf oder kleines Kind wiegt gegen zwanzigPfund. Bezeichnen wir jedoch, um wissenschaftlicher zu verfahren, das Gewicht des Vogels mit a, das des kleinen Kindes mit b, so ist das Gesamtgewicht, das in der Luft schwebend erhalten wird, gleich a plus b. Der besagte Adler ist nun aber mit einer Flugfläche von acht Komma drei Pariser Quadratfuß ausgestattet – ich vermeide absichtlich das neue Metermaß, meine Herren« – hier verneigte sich Professor Bumper gegen den Erzherzog – »eine Fläche, die ich der Einfachheit wegen mit Q bezeichne. Und endlich können wir das Gewicht des ausgewachsenen Menschen und seiner Flugmaschine, das ich g nennen will, zu zweihundert Pfund annehmen. Wir finden nun die dem Menschen notwendige Flügelfläche x aus folgender Gleichung:

x verhält sich zu g wie Q zu a plus b. Das heißt x ist gleich g mal Q dividiert durch a plus b.«

Seine Kaiserlich-Königliche Hoheit standen buchstäblich auf und streckten sich. Der ganze Saal schien eine sich streckende Bewegung zu machen.

»Ich komme zum Schluß!« rief der Professor, indem er das letzte Blatt seines Manuskripts in der Luft schwang. »Nachdem es mir vergönnt gewesen, die allergnädigste Aufmerksamkeit Seiner Kaiserlich-Königlichen Hoheit und der hohen Versammlung so lange in Anspruch zu nehmen, um die Möglichkeit, ja die Wahrscheinlichkeit des Erfolgs einer vom Menschen erbauten Flugmaschine wissenschaftlich zu begründen, versage ich mir, auf die ungeheure Bedeutung dieser Erfindung für Handel und Verkehr, für das Kriegswesen, für wissenschaftliche Forschungen aller Art – ich erinnere nur an die Erreichung des Nordpols –, für die schönen Künste, indem der Flug dem Menschen in jeder Richtung neue Lebensäußerungen zu entfalten gestattet, kurz für das ganze individuelle und soziale Leben einzugehen und bitte meinen Freund Herrn von Degen, den Erfinder der neuen Flugmaschine, sich über die Prinzipien und die praktische Ausführung seiner genialen Idee auszusprechen, ehe er den ersten erfolgreichen Flug, den die Weltgeschichte zu verzeichnen hat, vom Balkon der Aula, wo Sie die Maschine aufgestellt finden, über unsere geliebte Kaiserstadt hin unternimmt.«

Professor Bumper verneigte sich tief, den Beifall seiner Zuhörer erwartend. Da jedoch Seine Hoheit sich nicht rührte, verharrte alles in erwartungsvollem Schweigen, während Degen bleich und leicht schwankend die Rednerbühne bestieg. Auf der oberen Stufe wandte er sich um, sah wie hilfesuchend nach dem Oleanderbusch, hinter dem Berblinger stand, hob die Hände in die Höhe und sagte halblaut: »Jetzt!« – »Das gilt mir!« brummte der neben dem Schneider stehende Portier mit einem Gesicht, in dem Dummheit und Pfiffigkeit um die Herrschaft rangen. »Paß Er auf, Berblinger; gleich wird alles fliegen.« Dann schlich er auf den Zehen der Wand entlang, dem Ausgang zu. Nur das Krachen seiner Schuhe störte die lautlose Stille, unter der der große Erfinder mit zitternder Hand eine Anzahl Papierchen verschiedenen Formats wie Spielkarten auf dem Rednerpult auslegte. Mit einem Zug der Enttäuschung um die hängenden Mundwinkel setzte sich der Erzherzog wieder auf seinem Thronsessel zurecht. Sein Adjutant aber trat an die Rednerbühne und sagte leis, aber mit großer Bestimmtheit:

»Bitte Herr von Degen: rasch und kurz. Seine Hoheit wünschen das Fliegen zu sehen, das der Herr Professor genügend erklärt hat.«

Degen wurde feuerrot und begann rasch genug, sichtlich entschlossen, den Erzherzog zu befriedigen. Er war ein Mann der Praxis und kümmerte sich um Kommas und Punkte nicht im geringsten. Ebenso gleichgültig schien ihm zu sein, daß ihn kein Mensch verstand. Er schien keinen Atemzug nötig zu haben; nur manchmal entstand eine sekundenlange Pause, in der er wie besorgt nach der Saaltüre blickte. Anfänglich lächelte der Erzherzog, worauf alle Damen kicherten; dann gähnte er wieder. Aber Degen ließ sich nicht irremachen.

Plötzlich sprang die Saaltüre geräuschvoll auf. Alles sah entsetzt nach dem frechen Eindringling, nur Degen schien einen Seufzer der Erlösung auszustoßen und suchte seine Papierblättchen zusammen, als ob er die Unterbrechung erwartet hätte und zu Ende wäre.

Unter der Türe stand ein Offizier in der Uniform eines höheren Polizeibeamten, hinter ihm in stramm militärischer Haltung zwei Kommissare. Er sah sich mit dem gebietenden Blick um, der seinem Beruf eigen war und wohl noch ist, wenn es gilt, eine andern unangenehme Pflicht zu erfüllen. Nachdem er sich in der Richtung des jungen Erzherzogs tief verneigt hatte, begann er mit scharfer Betonung:

»Ich bitte die berechtigt Anwesenden um Entschuldigung, wenn ich eine unangenehme Störung veranlasse. Die hier geplanten Flugversuche dürfen ohne obrigkeitliche Bewilligung nicht stattfinden. Eine solche ist nicht erteilt und kann nicht erteilt werden, weil derartige Versuche nicht nur notorisch lebensgefährlich sind, sondern auch weil sie gegen die Gesetze der Natur und den gesunden Menschenverstand verstoßen, auch ihre Folgen im Fall des Gelingens zu den größten Bedenken Veranlassung geben würden. Ich habe deshalb jeden der Anwesenden aufzufordern, ruhig auseinanderzugehen; da die beabsichtigten Versuche weder in diesem Saal noch außerhalb desselben geduldet werden können.«

Nur die Gegenwart Seiner Kaiserlich-Königlichen Hoheit verhinderte einen allgemeinen Ausbruch des Unwillens und der Enttäuschung. Unerhört! Hatte die Polizei es hier mit einer Versammlung gewöhnlicher Leute zu tun? Selbst der Erzherzog erhob sich, ohne ein Lächeln.

»Ich bin unangenehm berührt«, sagte er, sich verdrießlich an den Rektor Magnifikus wendend, der mit offenem Munde dastand. »Die Sache hätte geregelt werden sollen, ehe man mich veranlaßte, bei den Flugproben zu assistieren. Das ist ja schlimmer als im Prater!«

Der Rektor stotterte Entschuldigungen. Es sei nicht erwiesen, ob ein polizeilicher Eingriff an dieser Stätte und damit in die Privilegien der Universität statthaft sei.

»Ein andermal also, ein andermal!« sagte der kleine Prinz, die peinliche Erörterung abbrechend, indem er an den Damen hin ging. »Sie haben mir wenigstens die Flora der Universität vorgeführt!«

Bei der letzten der Damen in der zweiten Reihe blieb er stehen.

»Sehr hübsch!« rief er laut und wieder lächelnd, »wirklich sehr hübsch!«

Die ganze Gesellschaft richtete ihre Blicke und Lorgnetten nach der so ausgezeichneten Dame, und alle lächelten pflichtschuldigst mit, nur Berblinger nicht, dem das Blut in den Kopf schoß. Es war mehr Schrecken als Freude und gleich darauf mehr Freude als Schrecken. Die jüngere der beiden Damen, die soeben nach einer fast lebensgefährlichen Verbeugung aus einer Wolke von Seide und Gaze vom Boden aufzutauchen schienen, war Lucinde!

Sobald sich die Türe hinter den höchsten Herrschaften geschlossen hatte, löste sich alle Ordnung auf. Die meisten fanden es schließlich ganz richtig, daß vielleicht ein Unglück wie das im Prater verhindert worden sei. Namentlich die Damen umringten Degen, bedauerten ihn und wollten unter seiner Führung wenigstens die Flugmaschine sehen, die auf dem verandaartigen Balkon vor der Aula aufgestellt war. Es war ein gefüllter kleiner Ballon, unter dem ein leichter Rohrstuhl hing, an welchem zwei mächtige Flügel befestigt waren. Degen setzte sich in den Stuhl und bewegte die Flügel zu allgemeiner Bewunderung, worauf ihn einer der Polizeikommissare barsch aufforderte, den Stuhl unverzüglich zu verlassen, da ein Davonfliegen nicht geduldet werden könne, was die Damen mit einem vielstimmigen »O!« der Enttäuschung beantworteten.

Auch Berblinger war dem allgemeinen Zug gefolgt, doch hatte seine Aufmerksamkeit eine andre Richtung genommen. Dort stand sie, die schöne Ulmerin, mit einer älteren, sehr würdig dreinschauenden Dame neben Degen und schien das dicke Männchen im blauen Frack mit lächelnder Liebenswürdigkeit zu überschütten. Es schwamm ihm vor den Augen. Sie war zehnmal schöner und liebreizender geworden als früher. Die Wiener Mode stand ihr wie keiner Wienerin. Nein – es war nicht die Toilette; es war sie, sie allein mit ihrem schelmischen berückenden Lächeln. Aber er hatte nicht den Mut, sich heranzudrängen, obgleich sie ihn wohl kaum erkannt hätte, denn er konnte sich neben dem elegantesten Kavalier in ihrer Nähe sehen lassen. Und so stand er noch immer am gleichen Platz, als sie in der Menge, die dem Ausgang zu drängte, verschwand.

Der Saal hatte sich längst geleert, als auch er an der Portierloge vorüberging, aus deren Fensterchen ihm sein neuer Freund, der Hausbesorger, winkte, der eine besondere Zuneigung für ihn gefaßt zu haben schien. Er trat ein, halb im Traum, fast ohne zu wissen, was er tat.

»Na«, sagte der Mann, »hab' ich das nicht gut gemacht?«

»Was?« fragte Berblinger geistesabwesend.

»Was! Die Komödie«, versetzte der andre, sein dummpfiffiges Gesicht schneidend. »Er weiß doch, die ganze Welt war zu der Konferenz eingeladen. Der Professor wollte seinen Vortrag nicht länger aufschieben, der Kuckuck weiß warum, und die Flugmaschine ist noch nicht halb fertig. Ein großes Glück für den Dicken. Wäre sie fertig geworden, so läge er jetzt vielleicht auf dem neuen Pflaster in der Kärntnerstraße, das besonders hart sein soll. So mußt' ich die Polizei einladen und rechtzeitig zur Stelle schaffen. Die ganze Welt ist jetzt voll von der neuen Flugmaschine, der Bumper ist seinen Vortrag los, und der gute Degen, der es ehrlich genug meint, lebt noch. Aber ich frage Ihn, ob ich's nicht gut gemacht habe?«

»Dieser Schwindel!« stöhnte Berblinger zum wer weiß wievielten Mal. »Da war doch die arme Irma, die dreitausend Fuß über dem Stephansturm in die Ewigkeit flog, ein ander Ding, als die lackierten Papier- und Formelmenschen in der Aula. Möchte wissen, wo der tollere Wurstelprater liegt, drunten hinter der Leopoldstadt oder droben im Professorenviertel? Und erst dieser Degen! Die ganze Welt staunt ihn an, die Zeitungen sind voll von seiner Erfindung, und sie hat ihr süßestes Lächeln für den Schelmen. Dieser Schwindel!«

Noch nach drei Tagen war der ehrliche Schwabe wütend und die ganze Stadt ihm zum Ekel. Nur über eins mußte er sich um jeden Preis Klarheit verschaffen, ehe er den Wiener Staub von den Füßen schüttelte. Am folgenden Sonntag umschlich er das Haus in der Kärntnerstraße, in dem der Geheime Finanzrat von Möbius wohnte, wie ein Dieb, und fand keine Schwierigkeiten, gegen Abend das hübscheste Stubenmädchen des Hauses zu einem Spaziergang in den Prater zu bewegen. Er hatte in den drei Jahren seiner Wanderschaft mehr als das gelernt. Peppi war empört über die ehrenhafte Zurückhaltung ihres Galans; er aber erfuhr, was er wissen wollte. Lucinde war zum zweitenmal über den Winter auf Besuch in Wien gewesen. Die Fahrt mit dem Ordinariboot machte dies nicht allzu schwierig. Die Tante sei ganz stolz auf ihre Nichte geworden, deren Schönheit selbst in Wien Aufsehen errege. Die Ulmer Mamselle habe aber auch einiges gelernt! Gestern habe sie die Heimreise angetreten, noch voll von der Ehre, die ihr der Erzherzog Joseph Amadeus erwiesen und die das ganze Haus in der Kärntnerstraße bis herab zu den Stubenmädchen mit ungemessener Begeisterung für das Haus Habsburg erfüllt hatte.

Nun hielt ihn nichts mehr, selbst nicht Kratzkys glänzendes Anerbieten, ihn zum Schwiegersohn zu befördern. Kratzky hatte nämlich neben seinem blühenden Geschäft sechs Töchter, von denen eine der ältesten noch unverheiratet war. Berblingers Wanderzeit war abgelaufen; er konnte nach der Heimat zurückkehren und wußte, daß er der Zunft auch als Meister Ehre machen würde. Das war sein Plan. Tiefer aber hatte ihn der Gedanke gepackt, daß, was ein mißratener Uhrmacher nicht fertig brachte, einem geratenen Schneider wohl gelingen könnte, und noch tiefer in seinem Innersten regte sich eine Hoffnung – nein, nur ein Sehnen – die, nein, das er kaum auszudenken wagte. Wie hatte sie den dicken Degen mit ihrem Lächeln überschüttet! Wie waren sie nebeneinander gestanden, diese zwei, die der Erzherzog vor der ganzen hohen Gesellschaft ausgezeichnet hatte! Was hatte nicht alles der gelehrte Professor von der weltumstürzenden Bedeutung der Erfindung gesagt, und er hatte recht, Wort für Wort! Wenn es gelänge, was konnte da noch werden? Aber es war nicht auszudenken!

Enderle hätte ihn gar zu gern begleitet. Als Soldat war er aus Heimweh nach Ulm, nach dem Taubengäßchen, nach dem Arbeitstisch bei Bockelhardt fast krank geworden; nun packte es ihn wieder. Aber Ulm war bayrisch; sein Kopf stand auf dem Spiel, wenn er die bayrische Grenze überschritten hätte. Da war's doch klüger, bei Kratzky zu bleiben, wo es ihm besser ging als je zuvor.

Das letzte Stück seiner Wanderschaft donauaufwärts tat Berblinger gut. Der Aprilwind blies ihm die Großstadtmucken aus dem Haar, und es war, je mehr Ulm näher kam, als würde er drei Jahre jünger. Schon sah er wieder treuherzige, schwäbischblaue Augen, schon hörte er wieder das heimatliche ›Grüß de Gott‹, das ›ischt‹ und ›bischt‹, und freute sich daran. Wie gewöhnlich zog er nicht geradlinig auf sein Ziel los, arbeitete sogar noch vierzehn Tage in Nürnberg, weil's ihm mit einemmal auch schwerfiel, von der Wanderzeit Abschied zu nehmen. Dort wollten sie ihn um jeden Preis halten; er brachte so viel Neues aus Wien mit, und die Herren in Nürnberg halten etwas auf einen guten Schnitt. Aber es litt ihn nicht länger.

So kam's, daß er über Nördlingen und Heidenheim in die Heimat zurückkam und eines Abends vom Michelsberg herab das alte Ulm wiedersah. Da lag's plötzlich vor ihm wie eine trauliche kleine Herde, dichtgeschart um einen gutmütigen, schwerfälligen Hirten; dem glich das mächtige Münster mit seinem halbausgebauten, stumpfen Turm inmitten der Hunderte von grauen und schwarzbraunen Giebeln. Jenseits spiegelte die Donau das Abendrot wider und weiter hinaus streckte sich das Donaumoos und die waldigen, sanftwelligen Hügel von Oberschwaben. Es war ein duftiger Abend, man sah nichts von den Alpen, als wollte sich alles heimatlich zusammenschließen, um den Wanderer zu empfangen. Auch über der Stadt lag ein zarter Nebelschleier. Da und dort stiegen weißliche Rauchwolken fast senkrecht in die Höhe. Er dachte, wie manchmal, an das alte Bilderbuch seiner Kinderzeit, in welchem der Rauch von Abels Opfer ebenso senkrecht gen Himmel stieg. Kam der da unten nicht auch von kleinen Hausaltären, die dem Herrn wohlgefielen? War das nicht besser, als unstet und flüchtig zu wandern wie Kain?

Warum schnürte es ihm das Herz zusammen, wie er so allein auf der schweigenden Höhe stand, auf der ihn jeder Baum, jeder Stein begrüßte wie alte Bekannte. Es fehlte keiner. Dort hatte er manchmal mit Gotthilf gesessen, einmal auch mit Gretle.

Gretle?

Was hatte er nicht alles erlebt und gesehen und gelernt seit jener Zeit; Gutes und Böses. Das drückte ihm das Herz zusammen. Mehr Böses, mehr Böses!

Nein, es fehlte keiner, und auch drunten war wohl noch alles wie vor bald vier Jahren, in denen ihn kaum eine Nachricht von zu Haus zu erreichen vermochte. Er hatte ja eigentlich kein ›zu Haus‹. Ob der alte Pestilenziarius noch lebte und Lombard dort drüben auf der Turmspitze? Natürlich, sie mußten ja noch leben; aber ob er ihnen ins Auge sehen konnte wie vor vier Jahren? Er hatte soviel erlebt und gesehen in diesen vier Jahren; für ihn waren sie lang genug gewesen.

Und ob es ihm wieder behagen werde, dachte er weiter, in der ruhigen alten Stadt. Kein Prater, kein ›Heuriger‹, kein – es war doch ein Leben in Wien! Eins brachte er mit, das über vieles weghelfen konnte: den festen Willen, ein tüchtiger Meister zu werden – etwas andres als der alte Bockelhardt – und jede freie Stunde daranzurücken, das große Problem zu lösen, Schneider hin, Schneider her! Das war die Aufgabe seines Lebens. Wenn das glückte, dann konnte ihm die gute Stadt Ulm mehr bieten als alle Kaiserstädte der Welt.

Langsam ging er den Berg hinunter, und klopfenden Herzens zeigte er sein Wanderbuch dem Torwart am Frauentor, der eben das Schlußglöckchen läuten wollte und den schmucken Handwerksburschen nicht mehr kannte.

FÜNFTER TEIL

Die Erfinder

Die Gesellenherberge im ›Goldenen Hecht‹ sah kaum anders aus als vor vier Jahren nach dem Sturm bei Elchingen. Die Stube wimmelte von Franzosen. Sie waren hochmütiger als damals, und es war klüger, ihnen aus dem Weg zu gehen, so weit man konnte. Der Marschall Massena hatte vor drei Tagen im Baumstark Quartier bezogen, und der Krieg war wieder da mit all seinem Tumult und Schrecken. Kaum fand Berblinger ein Plätzchen in einer Fensternische, wo er, den Ranzen unter dem Kopf, von dem er unter Stadttor zu früh Abschied genommen hatte, die Nacht zubringen konnte. Zwei Handwerksburschen aus Franken teilten den Winkel mit ihm und schimpften laut über die schlechten Zeiten, in denen der geschickteste Fechtbruder tagelang umsonst Türklinken putzen mußte. Nur die besten Meister hätten noch Arbeit, denn an Festlichkeiten ließen es die Franzosen nicht fehlen und die Ulmer wenigstens machten mit. Wenn man nur vollends ganz französisch wäre wie die drunten im Rheinland! Es war eine schlechte Nacht, die erste wieder in der alten Heimat.

Am andern Morgen zogen zwei Brigaden Infanterie und ein Dragonerregiment ab, ins Bayrische, den Österreichern entgegen. Man konnte sich wenigstens wieder rühren, und nachdem die Kriegsaussichten und die Aufführung der durchziehenden Franzosen besprochen war, wurde in den meisten Werkstätten auch schon erzählt, daß Bockelhardts Prätle wieder da und geradewegs von Wien gekommen sei. So erklärt sich's, daß schon gegen Mittag der Zunftmeister Knöppel seinen Lehrbuben in den Goldenen Hecht schickte und fragen ließ, ob der Berblinger nicht bei ihm nach Arbeit umschauen wolle; er wäre ihm nicht unwillkommen. Der aber spürte noch zuviel vom

Wanderleben in den Gliedern, hatte sich in ein leer gewordenes Franzosenbett gelegt, wollte tüchtig ausschlafen und sich dann vor allem in der Stadt umschauen, ob sie noch am alten Fleck stünde und wer von seinen Leuten noch am Leben wäre. Die drei Wanderjahre kamen ihm vor wie dreißig, soviel hatte er gesehen und erlebt. Er ließ deshalb für die Nachfrage höflich danken; er werde nach Handwerksbrauch vorsprechen, sei's nicht heut, sei's morgen. »Na, der tut ja mächtig dick mit seinem Wiener Ranzen«, meinte Knöppel, als ihm sein Bub die Antwort brachte. »Sapperlot, das war anders in meinen Tagen, wenn der Obermeister fragen ließ.«

Etliche Stunden später ging Berblinger über den Münsterplatz nach der Herbelgasse. Er hatte sich herausgebürstet und sah so frisch und blank aus wie der fescheste kleine Wiener. Nicht jeder kam so von der Wanderschaft zurück. Leute, die ihm begegneten, grüßten ihn höflich; sie kannten ihn sichtlich nicht mehr. Aber auch Ulm war nicht ganz das alte: der schöne steinerne ›Ölberg‹ auf dem Münsterplatz war verschwunden; er hatte den Franzosen bei ihren Paraden zu sehr im Weg gestanden. Die Türen des ›Kirchles‹ neben dem Gymnasium standen weit offen; im Innern sah es jämmerlich aus, denn es war ein Heu- und Strohmagazin geworden. Die Gassenknechtshütte hinter dem Münster war abgebrochen, wahrscheinlich weil auch die Gassenknechte verschwunden waren und dafür Polizeisoldaten Ordnung hielten. Dagegen sah der graugelbe Münsterturm noch ebenso ernst und ruhig auf das fremde Treiben zu seinen Füßen herab wie vor Jahren; auch das Häuschen neben dem Südwesteingang des Münsters zeigte noch seine grünen Vorhängchen. Er warf ihm halb beklommen einen Blick zu; jedenfalls nach dem Abendläuten wollte er auch dort vorsprechen. Dann war er sicher, den guten Pestilenziarius bei seiner Chronik anzutreffen. Sie würden sich so viel zu erzählen haben, daß ihm fast bange wurde. Bange? Warum?

Auch am Taubengäßchen ging er vorüber, ohne sich aufzuhalten; doch sah er, daß es sich verändert hatte. In dem düsteren Winkel schien es heller geworden zu sein. Auch dort wollte er sich später, vielleicht erst morgen, zeigen. Bockelhardts konnten warten, und wer weiß, ob er Gretle finden würde. Gretle! Es wurde ihm immer schwüler zumute, halb Sehnsucht, halb Angst. Sie war die beste von allen, denen er begegnet war, das war keine Frage – und doch: so hatte er sich sein Wiederkommen vor vier Jahren nicht vorgestellt. Oh, dieses Wandern!

Nun bog er in die Herbelgasse ein: es war schicklich, daß er sich zuerst dem Onkel vorstellte. Dort schien alles beim alten zu sein; selbst der messingene Türklopfer, der Fisch mit dem Schwanz im Maul, glänzte so hell wie damals, als er zum erstenmal mit seiner Mutter dem Onkel unter dem Tor begegnete. Oben in der Wohnstube traf er seine Bäschen, die wunderbar schlanke junge Damen geworden waren; denn vor vier Jahren hatten sie noch Reifröcke getragen und sahen aus wie stattliche Fäßchen, und jetzt standen sie vor ihm in langen glatten französischen Kleidern, wie zwei Tannen. Sie knicksten tief und zierlich. Kaum aber hatte Berblinger, den Hut in der Linken, die Rechte auf die Brust gelegt, seine feinste Wiener Verbeugung ausgeführt, so schrie Fräulein Käthe, die Ältere, gut ulmerisch auf, faßte sich aber rasch und rief:

»*Mon Dieu, mon Dieu, c'est le cousin!*«

»*Mais oui!* – Heiden alle Welt, der Brechtle! der Brechtle!« rief noch lauter die Jüngere und schüttelte ihn kräftig bei der Hand. »Aber wie siehst du aus! Wie der feinste Herr!«

Die Mädchen lachten aus vollem Hals, drehten ihn hin und her, um ihn von allen Seiten zu betrachten, und hatten bald den alten Ton mit kleinen Variationen wiedergefunden, der Berblinger keineswegs behagte. Aber wie konnte er sich helfen zwei jungen Damen gegenüber, die ihn von jeher in ähnlicher Weise hin und her gedreht hatten.

Papa, sagte Käthe, werde wohl gleich heimkommen. Er sei bei dem Herrn königlichen Kommissarius, dem Baron von Gravenreuth, der ihn öfter holen lasse als den Bürgermeister.

»Aber ist's denn wirklich so schön in Wien, wie Lucinde behauptet?« unterbrach sie Lottchen. »Es muß wohl wahr sein. Ihr kommt ja beide heim, daß euch niemand mehr kennt. *So* könntest du in jede Gesellschaft gehen, wenn du – wenn man nicht wüßte, daß du – wenn – wenn –«

Sie errötete, aber mehr aus Zorn als aus Verlegenheit; denn die Schwester hatte ihr einen kräftigen Rippenstoß gegeben. Dann erzählte sie, daß Hans auf Besuch bei den Baldingers sei, um Lucinde, deren Geburtstag heute gefeiert werde, einen Blumenstrauß zu bringen. Hans habe sie auch von Wien zurückgebracht, woraus noch allerlei werden könne. Lucinde sei freilich furchtbar stolz zurückgekommen und wolle zum mindesten einen Erzherzog haben. Ja, küß de Mulle, blas Gerste! Brechtle kenne sie ja und habe ihrem Ali das Leben gerettet; es sei zu komisch gewesen. Das müsse er einmal erzählen. Aber trotz allem, das neue Brokatkleid, das sie mitgebracht habe, sei einfach entzückend. Ob Brechtle morgen auf die Redoute im Hirsch komme? Es sei die letzte in der Saison.

Das schwatzhafte Lottchen erhielt einen zweiten Rippenstoß von der ernsteren Schwester, die es für nötig hielt, anzudeuten, wo und was Brechtle war. Wie konnte die gedankenlose Lotte darauf verfallen, einen Schneider zur Redoute einzuladen. Der schwesterliche Stoß wurde diesmal so geschickt und kräftig geführt, daß ein kleines nicht allzu freundliches Gefecht auszubrechen drohte; man brauchte sich ja vor Brechtle nicht zu genieren. Da aber in diesem Augenblick der Rat die Zimmertür öffnete, trat plötzlicher Waffenstillstand ein. Die Schwestern küßten dem Papa nicht ohne Feierlichkeit die Hand und stellten dann kichernd Herrn Berblinger vor, der sich vor dem Herrn Onkel ehrerbietig verneigte.

Dieser war sichtlich betroffen. Er war beträchtlich wohl-beleibter und wie es schien um ebensoviel hochmütiger geworden und gab dem Neffen den kleinen Finger. »Na, Brechtle, Kleider machen Leute!« sagte er halb lachend, jedoch nicht unfreundlich. »Du scheinst etwas gelernt zu haben in der Fremde. Sapperlot! Du siehst aus wie eins der Herrchen von den Geschlechtern. Das laß dir sagen: bei mir zu Haus brauchst du dich nicht auf die geschniegelten Hinterbeine zu stellen; wir kennen uns. Aber trotzdem, es freut mich, daß du nicht wie ein regelrechter Stromer heimkommst. Wie oft haben sie dich wegen polizeiwidri-gen Fechtens an den Ohren gehabt? Na, das ist jetzt vorbei, und wenn du zu Haus zu schneidern anfängst, will ich selbst versuchen, was du draußen gelernt hast. Donner-wetter, ja, das will ich. Mit dem Bockelhardt ist es sowieso zu Ende, seitdem ihm das Haus abgebrannt ist. Das hielt ihn noch. Überhaupt!«

Berblinger sagte, daß er dies mit Bedauern höre.

»Na, verhätschelt hat er dich nicht, und du kannst ihm dankbar dafür sein«, meinte der Onkel. »Wenn du bei dei-nem Flickschneider Arbeit nehmen willst, findest du ihn in der Ofengabel hinter dem Wirtstisch. Dahin kommt's mit den alten guten Geschäften, wenn die Jungen nichts tau-gen. Merk dir's, wenn du einmal ein altes gutes Geschäft hast und Weib und Kind. Du wirst ja bald genug daran denken, vermut' ich. Na adieu! Ich muß zum Herrn Baron von Gravenreuth wegen der neuen Kriegssteuerumlage. Überhaupt!«

›Schon wieder!‹ dachte Berblinger und war froh, als er den blanken Klopfer an der Haustür in der Hand hatte, um sie zu schließen. Es war ihm in Wien unmerklich etwas von dem Respekt verlorengegangen, den ihm der Obermeister der Schifferzunft früher eingeflößt hatte, so groß er jetzt vor ihm stehen mochte. Auch war es hohe Zeit, den Pesti-lenziarius aufzusuchen; denn es dämmerte schon, und aus den schwarzen Schatten des Münsters blinzelten die kleinen Fenster des traulichen Häuschens in die Nacht hinaus wie zwei freundliche Augen, die ihn begrüßen und ihm winken wollten.

Das war ein andrer Empfang! Der Pestilenziarius saß in der Tat vor seiner Chronik. Er trug jetzt einen grünen, unförmlichen Augenschirm, den er selbst angefertigt hatte, und glich mehr als je einer großen Eule mit einem gewaltigen grünen Schnabel. Er war gealtert, und seine Knie zitterten, als er sich erhob, um seinen Gast zu begrüßen, den er sofort erkannt hatte. Doch auch er staunte über die Veränderung, die mit seinem alten Zögling vor sich gegangen war.

»Ein Herr! Ein ausgemachter feiner Herr!« rief er von Zeit zu Zeit, nicht ohne Stolz. »Na, schaden kann's nichts, wenn du sonst der alte geblieben bist, und dafür wird unser Herrgott gesorgt haben, hoff' ich.«

Auf diese Andeutung ließ sich jedoch Berblinger vorläufig nicht ein. Er mußte sich auf das Bett setzen, da der zweite Stuhl des ihm so wohlbekannten Hausgerätes mittlerweile ein Bein verloren hatte. Es war von einem Franzosen ausgerissen worden, der es nötig hatte, um sein Wachtfeuer vor der Tür anzuzünden, berichtete Krummacher, indem er den brauchbaren Stuhl ans Bett rückte und sich niederließ. Dann begannen beide zu erzählen, was sie mittlerweile erlebt hatten.

Berblingers Bericht war mehr geographischer Natur. Intimeren Fragen wich er so geflissentlich aus, daß manchmal ein Schatten über das vor Freude und Freundlichkeit strahlende Gesicht Krummachers flog, bis er selbst ins Erzählen kam. Die Jahre waren an Ulm und den Ulmern nicht ereignislos vorübergegangen! Leider; denn Gutes hatte er nicht zu berichten. Einquartierung über Einquartierung, allerdings von Freunden, den Franzosen, aber sie waren oft schlimmer, als wenn es Feinde gewesen wären. Fast war es nicht mehr zu ertragen. Alles schien über Ulm zu kommen, um hier Rasttag zu halten. Welche der alten, guten Familien von den Geschlechtern zugrunde gerichtet seien, lasse sich noch gar nicht feststellen. Die Leute hungerten insgeheim, solange es angehe.

Seufzend schlug Krummacher seine Chronik auf: »Nun kommt wieder, was wir vor drei Jahren in knapp sechs Monaten an Quartierlasten zu tragen hatten. Sieh her, Brechtle; da hab' ich's schwarz auf weiß: achtzehnhundertneunundneunzig Generalstage, achtzehntausendfünfundzwanzig Stabsoffiziers-, hundertzwanzigtausendundsechzig andre Offiziers- und einemillioneneinhundertdreißigtausendfünfhundertdreiundfünfzig Unteroffiziers- und Gemeine-Tage, die die Stadt zweimillionendreihundertzwanzigtausend Gulden gekostet haben! Dabei soll man leben und nicht Hungers sterben; denn wer soll die Steuern bezahlen, wenn wir tot sind? Das nächste Mal, wenn du mich wieder besuchst, hat auch mein zweiter Stuhl keine Beine mehr; dann können wir beide aufs Bett sitzen, wenn kein Franzose drin liegt. Das haben wir vom großen Kaiser, der uns befreite. In der guten alten Zeit hatten wir auch Kriege genug, aber nichts dergleichen. Meistens schlugen sie sich Hunderte von Meilen weit weg die Köpfe blutig, und kamen sie näher, so waren's ein paar tausend Mann, mit denen sich reden ließ.«

Endlich war das Kriegsthema erschöpft, das in jenen Tagen alles andre zu verschlingen drohte, und sie kamen auf Ulmer Geschichte und Geschichten: »Ja, Schwarzmann, der Schlaumeier, war der einzige, der seinen Nutzen aus dem Krieg zog. Was er an Material die Donau hinunterzuschaffen hatte, war unglaublich. Und sie zahlten gut, die Franzosen, allerdings aus unsern Taschen. Er war aber auch überall hinterher, der Herr Onkel – unermüdlich, namentlich seit der Kurfürst König und der Freiherr von Gravenreuth königlicher Generalkommissar für den oberen Donaukreis geworden ist. Er verstand es, die hohen Herren zu behandeln. Wollte der Bürgermeister etwas haben, so mußte er dem Herrn Onkel einen Besuch abstatten. Es war, als ob die Stadt von den Schiffern regiert würde. Aber für den einen, dem es gutging, konnte man ein Dutzend aufzählen, die zugrunde gingen. Die Zeit schonte die vornehmsten Geschlechter nicht mehr. – Bockelhardt? Das ist auch einer, mit dem es zu Ende ging. Ein Franzose, den er im Quartier hatte, zündete ihm mit seiner eignen Tabakspfeife das Bett an, und mit dem Bett verbrannte das ganze Haus. Ein Glück für das Taubengäßchen, daß es eine windstille Nacht war, aber Bockelhardts Kräfte waren dem Unglück nicht gewachsen. Jetzt lebt er als armer Flickschneider in der Schwilmengasse, wenn er nicht in der Ofengabel sitzt und politisiert. Unter den Meistern im ›Wilden Mann‹ hat er sein Ansehen verloren.«

»Und Gretle?« fragte Berblinger halblaut.

»Endlich!« rief der Pestilenziarius. »Ich dachte, es würde deine erste Frage sein. Hast du alles vergessen in kaum vier Jahren? Du hättest sie leichtlich verlieren können.«

»In dem Brand?« fragte der Schneider mit gesenktem Kopf und klopfendem Herzen.

»Nein; aber ihr Franzose – dein Franzose sollte ich sagen – wollte sie mit Gewalt heiraten, und es war der beste Kerl, der je seine Muskete in Ulm an den Nagel hing. Schreiner ist er, und zum Soldaten taugte er nicht mehr, nachdem sein Schädel wieder zusammengeklebt war. Aber einen braven Mann für ein gutes Mädle hätte er noch immer abgegeben, und beinah’ wäre ein zweites Unglück daraus entstanden. Du brachst ihm den Schädel, sie das Herz, sagte er, sobald er soviel Deutsch verstand; denn sie wollte nicht. Sie dachte an dich, mehr – ich fürcht’, ich fürcht’ – als du an sie.«

Berblinger wagte nicht, seinen alten Freund anzusehen. Lügen, ihn belügen – nein, das wollte er nicht.

»Ein zweites Mädchen wie sie ist in Ulm in meinen Tagen nicht gewachsen«, fuhr Krummacher wehmütig fort. Der Spitaldoktor Bühler wollte nichts davon hören, daß sie je wieder aus dem Lazarett herauskomme, und verlangte von der Stadt, sie anzustellen, regelrecht anzustellen – ein Frauenzimmer! – was seit Menschengedenken nie geschehen ist. Und er setzte es durch. In den Tagen nach der Elchinger Schlacht war sie nicht mit Gold aufzuwägen, und das gilt noch heute.«

»Ist sie hier?« fragte der Schneider fast tonlos. Sein Herz schlug nicht heftiger, aber sein Gewissen regte sich gewaltig.

»Seit Februar ist sie in Geislingen. Auch weiß ich nicht, ob und wann sie wiederkommt«, antwortete Krummacher. »Dort lagen zweihundert russische Gefangene, unter denen der Typhus ausbrach; nun liegt die halbe Stadt danieder. Dorthin haben sie sie geholt und dort bleibt sie, solang es nötig ist. Sie hießen sie Schwester, als ob sie katholisch wäre, und haben schon hier im Lazarett ein Sprichwort erfunden: ›Wo Gretle sich zeigt, werden die Leute gesund oder gehen in den Himmel.‹ Es ist etwas Wahres daran.«

»Ich kann's glauben«, sagte Berblinger, langsam jedes Wort herauswürgend. »Ich glaub's, wenn ich daran denke, was wir in Bockelhardts Hühnerstall erlebt haben. Ich bin ihrer nicht wert.«

»Brechtle, ich fürchte, du lügst nicht«, seufzte der Magister. Dann saßen beide fünf Minuten lang schweigend nebeneinander.

»Das Wandern, das Wandern«, stöhnte Krummacher endlich. »Ich glaube, sie hängt noch an dir, und wie ich's ihr beibringe, wenn sie zurückkommt, weiß ich selbst nicht.«

»Verzeihen Sie mir! Helfen Sie mir!« bat Berblinger. In seinem Ton lag etwas wie Seelenangst. Es war ja nicht das Wandern, das wußte er wohl; aber wie konnte er seinem Freunde sagen, was es war?

»Kein Mensch kann für sein Herz«, sagte Krummacher langsam, wie wenn er alten Erinnerungen nachginge. »Es ist böse von Jugend auf. Wenn ich nur wüßte, wie ich's ihr beibringe!«

»Vielleicht –«, stotterte Berblinger, – »vielleicht kann ich –«

»Du kannst nichts tun, armer Bub«, unterbrach ihn der Magister. »Du kannst nichts als ehrlich sein. Des Menschen Herz ist böse von Jugend auf. – Was ist jetzt dein Plan?«

Wieder trat eine Pause ein; dann raffte sich Berblinger gewaltsam zusammen, wie wenn er etwas Körperliches von sich abschüttelte, und mit einer finsteren Entschlossenheit, die der Ältere früher nie an dem Jungen bemerkt hatte, antwortete er endlich:

»In Arbeit will ich gehen, Meister werden, sobald sich's tun läßt. Vielleicht borgt mir der Onkel das Geld dazu, sonst bring' ich's wohl auch anderswo zusammen.«

»Dafür will ich sorgen«, versetzte Krummacher; »er ist nicht immer zugeknöpft, und es muß ihm daran gelegen sein, daß hier in der Stadt seiner Schwester Sohn eher ein tüchtiger Meister als ein verlotterter Geselle wird. Ich glaube, das bringen wir fertig. Und wer weiß, hast du dich einmal wieder an die Ulmer Luft gewöhnt, so siehst du auch wieder, was gut für Leib und Seele ist. Tu nichts zu rasch; laß dir Zeit.«

Berblinger erwiderte nichts; was sollte er auch sagen? Konnte er Herz und Sinne um vier Jahre jünger machen? Konnte die Zeit helfen, die soviel verdorben hatte? Nach einer Pause fragte er, um dem Gespräch eine andre Wendung zu geben:

»Und was macht unser Freund droben, der Turmwart?«

»Versprich mir eins, Brechtle«, fuhr der Pestilenziarius auf, »du hast mir's schon einmal versprochen; laß *den* in Ruh! Wir stehen nicht wie früher. Wüßt' ich gewiß, daß er verrückt wäre, hätt' ich ihn nicht im Stich gelassen. Er ist keine Gesellschaft mehr für dich und mich.«

»Aber ...« begann Berblinger; Krummacher ließ ihn

jedoch nicht weitersprechen und fuhr halb lachend fort:

»Denkst du noch manchmal an die alten Kindereien, den Ikarus und dergleichen, was Gott verhüten möge, so geh' zu deinem Freund Zeller, der Professor am Gymnasium geworden ist.«

»Hier?« rief Berblinger freudig.

»Hier in Ulm. Das ist der Mann, der dir den Kopf zurechtsetzen wird; ich kann's nicht, und der alte Lombard verdreht ihn dir nur noch mehr.«

»Aber –«

»Kein aber! Ich weiß, was ich weiß, und es gibt Dinge unter der Sonne, die wir nicht anrühren sollen. Du hast mir schon einmal versprochen, den Mann nicht aufzusuchen, und es war nicht dein Schaden. Tu's noch einmal; laß ihn in Ruh, bis du Meister geworden bist. Du brauchst all deine Zeit und deinen Kopf dazu. Später kannst du selber sehen, was dort oben zu sehen ist. Ich versteh's nicht, aber es hat nichts zu tun mit dem ehrlichen Handwerk. Versprich's!«

»Meinethalben, bis ich Meister bin«, sagte Berblinger, unbehaglich lächelnd. »Ich weiß, Sie meinen es gut. Dann aber habe ich meine Freiheit verdient und will sie haben.«

»So soll es sein«, bekräftigte Krummacher beruhigt. »Wem Gott ein Amt gibt, dem gibt er auch den Verstand dazu, sagte mein Vater, als sie mich zum Pestilenziarius machten. Das wird beim Handwerk wohl auch so sein.«

»Nicht immer«, lachte Berblinger, indem er aufstand und sich zwang, lustig auszusehen. »Gute Nacht, Herr Magister! Wie mich's freute, Sie so wohl wiedergefunden zu haben. Bleiben Sie mein alter treuer Freund, der Sie zeitlebens gewesen sind, und lassen Sie mich nicht auf böse Wege geraten.«

»Das muß ein andrer besorgen, Brechtle, und du selbst. Es freut auch mich, daß du wieder hier bist, aber ich kann heute nicht mit dir lachen. Das macht wohl das Alter, oder die Franzosenwirtschaft, oder –«

Er stockte und sah Berblinger dabei so wehmütig an, daß auch dem alle Lust verging; es war ohnehin kein ehrliches Lachen gewesen. O dieses Wandern! –

Draußen warf jetzt der Mond den schwarzen Schatten des Turms über den Münsterplatz. Er betrachtete ihn eine Zeitlang in trüber, nachdenklicher Stimmung: Wie anders hatte er sich das alles vorgestellt, als er in Wien an seine Rückkehr nach Ulm dachte! Was tun? Sollte er den Abend mit Gesellen und Handwerksburschen vertrinken, die er in der Herberge gefunden hätte? Nie war er hierzu weniger aufgelegt gewesen. Er schlug deshalb nicht den Weg nach dem ›Goldenen Hecht‹ ein, sondern ging in umgekehrter Richtung durch das Taubengäßchen. Kaum konnte er dort seinen Augen trauen. In der Reihe der düsteren Häuser war eine klaffende Lücke, durch die der Mond einen Streifen grellen Lichts in den finsteren Winkel warf. Bockelhardts Haus war bis auf den Grund niedergerissen. Ein Berg schwarzen Gebälks lag in dem verwüsteten Garten. Hier hatte er drei qualvolle Jahre seiner Jugend zugebracht. Dort hinten hatte der Hühnerstall gestanden, in dem er die schwersten und unvergeßlichsten Stunden jener drei Jahre durchlebt hatte. Gotthilf, Gretle! alles verschwunden, tot, verbrannt. Nur die Erinnerung war noch lebendig, lebendiger als seit langer Zeit, und brannte.

Finsterer, als er eingetreten, verließ er das Gäßchen wieder; eine böse, gewollte Gleichgültigkeit hatte ihn gepackt. Erst zögernden Schrittes, dann immer schneller schlich er auf der Schattenseite der breiten Straße dem Frauentor zu. Er vermied es, nach der ›Sammlung‹ hinüberzusehen, wo seine Mutter gewohnt hatte. Die Stiftung war ja überdies vor zwei Jahren aufgehoben worden. Nur wenige Leute, nicht ein Fuhrwerk begegnete ihm in der totenstillen Straße. Aus der Ferne verkündete die ihm noch wohlbekannte Stimme eines alten Nachtwächters, daß es neun Uhr und Zeit sei, Feuer und Licht zu bewahren. Jetzt stand er dem großen Baldingerschen Haus gegenüber. Drei Fenster im zweiten Stock waren dort noch erleuchtet. Im Schatten des gegenüberliegenden Gebäudes lehnte er sich an die Mauer und sah unverwandt nach dem einzelnen Fenster an der rechten Ecke des Hauses. Das mußte ihr Fenster sein. Es tat den Dienst, obgleich es das der Küche war.

Tolle Gedanken wogten durch sein Gehirn. Er wußte, daß es tolle Gedanken waren, aber er konnte ihrer nicht Herr werden; er versuchte dies kaum. Der Besuch beim Pestilenziarius hatte ihm diesmal nicht gutgetan. Ein starrköpfiger, heißblütiger Widerspruch war in ihm erwacht und wuchs und wuchs, je länger er zu dem Fenster hinaufsah. Wie ein Mühlrad drehte sich's in seinem Kopf – immer dasselbe: Wie schön sie war! wie sie lächeln konnte! Wie sie den alten Schwindler, den Uhrmacher, angelächelt hatte! War es wirklich nicht denkbar, was er noch immer nicht zu denken wagte? Hatte die Liebe nicht schon Größeres gewagt und gewonnen?

Während es derart in ihm wallte und wogte, öffnete sich das schwarze Haustor drüben. Man hörte das Knarren durch die ganze stille Gasse. Ein großer, stattlicher Mann trat heraus und ging, vergnüglich vor sich hin pfeifend, die mondhelle Häuserreihe entlang der Donau- und Herbelgasse zu. Berblinger konnte sich nicht täuschen: es war sein Vetter Hans. Mußte der überall auftauchen, wo er ihn am wenigsten gern sah? Wie er ihn haßte, den eingebildeten, rohen Dummkopf!

Auch er verließ jetzt seinen Posten und ging nach dem ›Goldenen Hecht‹. Dort traf er nur die zwei Handwerksburschen von gestern und einen Gesellen von Glöcklen, dem zweiten Zunftmeister, mit denen er ein Glas Ulmer Bier mehr trank, als er in Wien getrunken hätte.

»Wie kreuzfidel der Berblinger aus Wien zurückgekommen ist!« sagten die drei, als sie sich in später Stunde trennten. – Nein, es war kein guter Anfang gewesen, dieser erste Tag in der alten Heimat!

Schon der zweite Tag war besser. Berblinger erwachte mit dem Entschluß, den Sperling in der Hand festzuhalten, ehe er nach dem Falken auf dem Dach griff, und dabei seine eignen Wege zu gehen. Am Nachmittag fand er Arbeit bei Meister Glöcklen, der ihm schon in früheren Tagen freundlich gesinnt war und ihn auch jetzt mit sichtlichem Vergnügen aufnahm. Sie fanden beide ihre Rechnung dabei. Als Berblinger seinen Onkel zum zweitenmal besuchte, bestellte dieser bei Glöcklen einen blauen Frack mit vergoldeten Knöpfen, den ihm sein Neffe als das neueste Festkleid feinster Herren aus dem wohlhabenden Wiener Bürgerstand empfohlen hatte. Das war ja gerade, was Schwarzmann brauchte. Er wollte nicht ganz französisch gehen, ehe das Kriegsglück endgültig entschieden hatte; die Schlacht von Aspern war ihm in den Magen gefahren. Allerdings wollte er nach der Schlacht von Wagram den Wiener Frack wieder abbestellen, er war aber bereits fertig und, wie seine Töchter erklärten, so entzückend ausgefallen, daß er hiervon Abstand nahm und hoffte, ihn mit der nötigen Vorsicht doch gelegentlich tragen zu können. Man konnte ja nicht wissen – auch der große Napoleon, das hatte man jetzt doch gesehen, war nicht schlechterdings unbesiegbar.

Krummacher hatte den Onkel in seiner vorsichtigen Art gründlich bearbeitet, ohne daß dieser es merkte; der Frack half mit, und schließlich legte auch noch der Vetter Staatsrat, Herr von Baldinger, ein Wort für den Plan ein: Berblinger sollte so bald als tunlich Meister werden. Ein Brief des neuerdings wieder hochgeachteten Obermeisters der Schifferzunft an den Schneider, Herrn Knöppel, räumte einige formale Schwierigkeiten aus dem Weg, die aus den alten Zunftregeln hervorgehen sollten: eigentlich hätte Berblinger, da er keines Meisters Sohn war, vier Jahre wandern sollen, und dazu fehlten volle fünf Monate. Das konnte jedoch ausgeglichen werden, wenn er sich dazu verstand, zu den siebenundzwanzig Kleidungsstücken, die das zunftgerechte Meisterstück der Schneider ausmachten, ein Offizierskleid für die Ulmer Stadtmiliz in Gestalt einer österreichischen Generalsuniform oder ein Zivilfestkleid für einen Geheimen Staatsrat nach dem letzten Regensburger Reichstagsmuster anzufertigen. Berblinger erklärte sich hierzu bereit. Die drei Prüfungsmeister wurden in der nächsten Quartalsitzung vor offener Lade gewählt; es waren Knöppel, Glöcklen und Bockelhardt, dem man trotz gewichtiger Gegengründe als Berblingers altem Meister die Ehre antun wollte. Sie waren doch einmal eine hochgeachtete Schneidersfamilie gewesen, die Bockelhardts! So durfte der Geselle schon vier Monate nach seiner Rückkehr vor Obermeister Knöppel seinen Mutgroschen einlegen, indem er sich nach Handwerksgebrauch mit den Worten vorstellte: »Gott willkommen, Herr Meister, ich hab' etwas zu sagen.«

»Ich danke Euch, Gott willkommen«, antwortete der Meister. »Sprecht mit Bescheidenheit, wie sich einem ehrlichen Gesellen geziemet.«

»So mit Gunst! Alldieweilen ich meine Zeit ehrlich verwandert habe, so will ich mich bei einem ehrbaren Handwerk niederlassen und nach Handwerksgebrauch meine Mutung tun. Wie ein andrer Ehrlicher vor mir getan, will ich auch tun.«

Worauf Knöppel sich erhob und feierlich erwiderte: »Nun mögen wir hören, wie Ihr Euer Meisterstück mit Materie beweisen wollet«, und sodann der Geselle anzugeben hatte, wieviel von der ›Materie‹ er zu jedem der siebenundzwanzig Stücke bedürfe. Dies wurde ihm von den Meistern vorgemessen, die bei jedem Stück erklärten, ob es als gut, mittel oder verdorben anzusehen sei, und solches in einen Catalogum eintrugen. Darauf folgte der Tag, an dem der Geselle im Beisein der drei Prüfungsrichter jedes Stück aufzuzeichnen hatte, wozu ihm die Zeit von morgens vier bis abends fünf Uhr gegeben wurde. Dann konnte er mit der Anfertigung der siebenundzwanzig Stücke beginnen, wobei er täglich von den Prüfungsmeistern besucht wurde, die – nach Handwerksgebrauch – schweigend und kopfschüttelnd die fortschreitende Arbeit beobachteten und jedesmal auf Kosten des Gesellen einen Krug Söflinger zu sich nahmen. All das ging seinen gewohnten Weg, wie es Berblinger zu Haus und auf der Wanderschaft schon oft genug gesehen hatte. Nach drei Wochen war das übliche Werk beendet; nur noch das Prachtstück fehlte, mit dem er die fünf Monate seiner Wanderzeit auszugleichen hatte, das Festkleid für einen Geheimen Staatsrat. Lachend erklärte Herr von Baldinger, sich als Versuchskaninchen stellen zu wollen. Er habe den Berblinger von jeher gern gehabt, und seitdem er von seiner Tochter höre, daß der brave Geselle das Familienvieh, den Ali, gerettet habe, sei er dem kleinen Schneider einen Gegendienst schuldig. Er möge nur vorsprechen und Maß nehmen.

So kam für Berblinger wieder eine jener Stunden, die, wenn sie vorüber waren, ihm mehr wie ein Traum als wie greifbare Wirklichkeit erschienen. Diesmal sagte der Staatsrat nicht: »Mach's Maul auf, Bub!« Seine Begrüßung war freundlich, fast herzlich; aber Berblinger empfand es kaum. Er wußte, daß sie im Nebenzimmer war, und daher kam es wohl, daß der Staatsrat nur lachend fragte, ob er den ›Tatterich‹ habe. Sie mußte dies gehört haben, denn sie lachte auch; das scharfe, silberhelle Lachen, das er so wohl kannte und das ihm so wohl und weh zugleich tat wie nichts in der Welt. Da biß er sich in die Lippen, daß sie fast bluteten, und nahm sein Maß; ruhig und geschäftsmäßig genug, wie ein tapferes Schneiderlein, das er trotz aller Anfechtung sein Leben lang gewesen ist.

Kaum war er fertig, so trat auch sie ein, um ihn zu begrüßen. Da war das Lächeln wieder, das ihm alle Gedanken durcheinanderwirbelte, so daß er nur ein Gefühl hatte – Liebe, Liebe! zum Sterben, zum Vonsinnenkommen! Sie merkte zum Glück noch immer nichts davon oder tat wenigstens so, rief Ali, vor seinem Retter aufzuwarten, was Ali zu tun sich weigerte. Dafür erhielt er einen kleinen Klaps und wurde für diesen mit einem Ausbruch von Zärtlichkeit getröstet, der Berblinger ins Herz schnitt. Es war mehr Glück als Verstand, daß er die phantasievollen Ideen für seine wichtigste Arbeit unverwirrt nach Haus brachte und die Weste nicht nach den Maßen der Beinkleider zuschnitt.

Ein weiteres Glück war, daß er in der folgenden Woche keine Zeit hatte, nutzlosen Träumen nachzuhängen. Wirkliche harte Arbeit mit ihrem Segen erhielt ihn bei leidlicher Vernunft. Neben seinem Meisterstück mußte er für die nahe Zukunft sorgen, vor allem eine kleine Werkstatt mieten und ausstatten. Hierbei ging ihm der alte, stets halb betrunkene Bockelhardt mit rührendem Eifer an die Hand. Wein und Bier hatten den sinkenden Mann weich gemacht. Er war jetzt stolz auf seinen einstigen Lehrjungen, der von ihm kaufte, was an Werkzeug noch brauchbar war. Der Alte wollte später nur noch auf die Stör gehen* und brauchte nicht mehr, als was ein Handkorb faßte. Dann war eine kleine Junggesellenwirtschaft einzurichten, deren Hauptsorgen ihm Glöcklens Schwägerin, eine achtbare Witwe, abzunehmen bereit war, wozu Meister Glöcklen beifällig nickte. War auch die Frau Schwägerin schon etwas reiferen Alters: Gescheiteres könnte ja nicht passieren, als wenn die zwei schließlich eine Dummheit machten, natürlich in Ehren. Endlich mußte er sich in aller Stille – denn die Meister sahen dies sehr ungern – die ersten Bestellungen für den Anfang seines Geschäfts

---

* So nennt man das Arbeiten im Haus der Kunden.

sichern. Dies gelang über Erwarten. Der alte Brechtle oder Prächtle – beide Formen seines Namens waren noch nicht vergessen – hatte mehr Freude in Ulm, als er ahnte. Manche glaubten auch dem Onkel einen Gefallen zu tun, wenn sie im Spätherbst eine billige Sommerhose bestellten, und rechneten auf entsprechende Gegenleistungen. Geld erhielt er von Schwarzmann ohne Schwierigkeit, seitdem dieser ein förmliches Schuldenbüchlein für seinen Neffen angelegt hatte, kurz alles ging glatt und rasch seinem Ziel entgegen. Man sprach in der Stadt schon jetzt vom neuen Wiener Schneider, was allerdings den Zunftmeister Knöppel, der vor vierzig Jahren auch in Wien gewesen war, schwer ärgerte.

So kam der große Tag heran, an dem Bockelhardts Prätle zum Meister gesprochen werden sollte. Das Meisterstück war untadelig ausgefallen und in der oberen Zunftstube im ›Wilden Mann‹ aufgelegt, in der Mitte das reich verbrämte Festkleid des Geheimen Staatsrats, bei dem der Jungmeister seiner Phantasie freien Lauf gelassen hatte. Trotzdem bestand Knöppel, eigensinniger als gewöhnlich, auf jedem der halbvergessenen Gebräuche, die in seiner Jugend üblich gewesen waren. Berblinger mußte sich's gefallen lassen, drei Tage vor der Hauptfestlichkeit als Jungmeister vor offener Lade zurückgewiesen zu werden, und demütig bitten, die Herren Meister möchten mit ihm Geduld haben, worauf eine zweite Prüfung der siebenundzwanzig Teile des Meisterstücks vorgenommen wurde. Knöppel wollte noch immer da und dort zunftwidrige Schnitte und Stiche sehen, aber Glöcklen und Bockelhardt überstimmten ihn, und bei näherer Besichtigung des geheimrätlichen Staatskleids mußte endlich auch der gestrenge Obermeister zugeben, daß Berblinger würdig war, als Meister in die Zunft aufgenommen zu werden.

Wieder versammelte man sich vor offener Lade. Fünfundsechzig von achtzig Meistern, eine stattliche Schar, erschienen schon dem Rat Schwarzmann zulieb, der einen Ehrenplatz am Tisch der Vorsitzenden erhalten hatte. Auch der Magister Krummacher war geladen worden; man wußte, daß er als eine Art Vizevater Berblingers anzusehen war. Solch hohe Gäste hatte das Handwerk nicht jeden Tag zu empfangen. Um den Tisch, auf dem das Meisterstück ausgebreitet lag, drängten sich kopfschüttelnd und kopfnickend die Zunftgenossen und ließen jedes Stück von Hand zu Hand gehen, bis die Glocke des Obermeisters Ordnung und Ruhe in den Tumult brachte. Am Haupttisch hinter der Lade saßen die drei Zunftmeister und der Zunftschreiber in ihren Mänteln. Knöppel erhob sich und begann:

»Mit Verlaub und Gunst, ihr günstigen Meister von der ehrbaren Zunft der Schneider. Gott geb' euch besser Glück!«

»Dank dir, Gott willkommen!« antwortete der Chor.

»So mit Gunst, daß ich rede«, fuhr der Zunftmeister fort. »Albrecht Ludwig Berblinger, Bürger der weltberühmten Stadt Ulm und ehrlich Kind ehrsamer Eltern, so bei dem ehrsamen Meister Bockelhardt dahier in der Lehre gewest, auch seine Zeit verwandert nach Handwerksgebrauch, auch den Mutgroschen erlegt und sein Meisterstück angefertigt, auch erstmals abgewiesen worden nach Handwerksgebrauch und Sitte, meldet sich vor offener Lade zum andernmal, und alldieweil besagter Berblinger erfüllet, was einem ehrlichen Gesellen geziemet zu tun und zu lassen, so frage ich euch, günstige Meister allesamt, ob der Gesell' soll gerufen werden?«

Ein einstimmiges ›Ja‹ war die Antwort, worauf Berblinger vor den Tisch trat und sich tief verneigte. Knöppel aber begann aufs neue:

»Ich, der Obermeister der ehrsamen Zunft der Schneider in der weltberühmten Stadt Ulm, biet' Euch, Albrecht Ludwig Berblinger, Gott willkommen. Mit Gunst. Weil Ihr Euer Meisterstück mit Materie erwiesen habt, auch niemand nichts gegen Euch weiß vorzubringen, sei es ob Eurer Geburt, sei es ob Eures anhero geführten Lebens, so will ich kraft meines tragenden Amtes, das mir vom Großen und Kleinen Rat dieser weltberühmten Stadt Ulm anvertrauet, im Namen Gottes des Vaters, des Sohnes und des heiligen Geistes Euch zum Meister gesprochen haben. So möget Ihr Euer ehrsam Handwerk treiben zur Ehre der ehrsamen Zunft, zu Nutz und Frommen dieser Stadt. Auch möget Ihr nichts tun noch lassen, als was Handwerksgebrauch gewest ist seit unsrer Vorvordern Zeit. Von wegen der drei heimlichen Artikel habe ich Euch zuvor belehrt und befragt und habt Ihr gelobt, sie treulich zu halten. So möge dies alles der dreieinige Gott gesegnen. Amen.«

Damit reichte er Berblinger über die Lade weg die Hand. Dasselbe taten die zwei andern Meister, von denen namentlich Bockelhardt tief bewegt schien. Dieser wollte die Hand seines alten Lehrlings fast nicht mehr loslassen. Denn er hatte als Vorbereitung auf das zu erwartende Meisteressen in der unteren Wirtsstube schon etwas mehr getrunken, als er zu führen vermochte, was mit der Zeit wenig genug geworden war. Dann kamen auch alle übrigen Meister heran und begrüßten den neuen Genossen, wobei jeder je nach seiner Art ein ernsthaftes oder spaßhaftes Sprüchlein beifügte, die meisten aber darauf hinwiesen: es sei hohe Zeit, daß nunmehr Meister Berblinger sich nach einer Meisterin umsehe. Unter allgemeinem Tumult wurde die Lade geschlossen, nachdem sich ein Teil der Meister bereits davongeschlichen hatte, um sich in der Wirtsstube einen geeigneten Platz für die Hauptfeierlichkeit des Tages, das Meisteressen, zu sichern.

Es verlief in großartigem Stil. Berblinger zeigte sich als gewandter und liebenswerter Wirt. Dem Herbergsvater war wohlbekannt, daß der Beutel des Rats Schwarzmann hinter Küche und Keller stand und daß der Herr Rat, wenn er einmal A gesagt hatte, auch B zu sagen wußte. Er saß ja selbst oben an der Tafel, zwischen Knöppel und Bockelhardt. Bald wogte ein Gefühl molliger Behaglichkeit durch die große, niedere Stube, in der niemand mehr die Not der Zeit zu fühlen schien. Ein Gericht drängte das andre: geröstete Schnecken und gebackene Froschschenkel, Ochsenfleisch und Kalbsbraten, Forellen und Hechte, Schweinsohren und Kalbshaxen, Gänse mit Schneiderfleck, Blutwurst und Sauerkraut, Schweinsbraten mit prägelte Spätzle, Torten und Kuchen – eine erstaunliche Speisefolge ohne papierene Voranzeige, die jede freudige Überraschung vernichtet und völlig unnötig war, da sich die Mehrzahl der Herren Meister jeder Anforderung an ihre Verdauungskraft gewachsen fühlten. Kein Kaiser des alten deutschen Reichs – das erkannte jeder mit vollem Munde an – hätte königlicher speisen können. Bier begann in Strömen zu fließen; Fäßchen um Fäßchen rollte mit freundlichem Donnergetöse in den Saal. Der große Zunfthumpen, ein riesiger Fingerhut, machte mit Burgunder gefüllt ruhelos die Runde, Neckar und Donau kämpften in friedlichem, aber immer lauterem Wettstreit um die Gunst der Herren Meister.

Anfänglich hörte man nur das Klappern von Messern und Gabeln, von Krugdeckeln und klingenden Gläsern. Bald aber summte ein wirres Reden, Lachen und Rufen durch den Saal, von Zeit zu Zeit unterbrochen von kurzen Trinksprüchen, deren uralte Witze stets aufs neue Stürme des Gelächters entfesselten. Immer toller wurde die Heiterkeit, immer dicker und dumpfiger die Luft. Jener eigentümliche und schöne Zug der Ulmer, eine derbe Selbstironie, die in der Verehrung des Ulmer Spatzen ihren bezeichnendsten Ausdruck findet, machte sich auch im Kreis der Herren Schneidermeister geltend. Nachdem die Lieder zum Ruhm des Handwerks durchgesungen waren, kamen auch andre an die Reihe, in denen sich seine Komik in kecken Sprüngen erging. Es gab Meister, die aus der Gesellenzeit her das Meckern so gut verstanden, daß man sie, wenn sie unter den Tisch krochen, von wirklichen Ziegenböcken nicht unterscheiden konnte, und gegen das Ende der Festlichkeit, als schon die Polizeistunde herannahte, wurde ein Preis- und Wettmeckern daraus, das die Nachbarschaft in Schrecken setzte. Schließlich erinnerte einer der Lautesten – nur solche vermochten sich noch verständlich zu machen –, daß ein alter, würdiger Brauch schon lange nicht mehr geübt worden sei und der Vergessenheit entrissen werden müsse – der hölzerne Bocksritt. Vergeblich protestierte der sonst für alles Alte schwärmende Zunftmeister. Er mußte seinen Nachbar und Gast, den würdigen Obermeister der Schiffer, ob der etwas geräuschvollen Zeremonie um Verzeihung bitten und der Sache ihren Lauf lassen. Sämtliche Anwesende setzten sich ritt- und rücklings auf ihre Stühle, faßten deren hohe Rückenlehnen mit beiden Händen und begannen, einer hinter dem andern, um die Festtafel zu hüpfen. Das ganze Haus dröhnte und zitterte, als der Festzug zur Türe hinaus- und die Treppe hinaufstürmte, um in dem nur vom Mondlicht erhellten Obersaal der Lade die schuldige Ehrerbietung zu erweisen. Von Zeit zu Zeit brach einer der Reiter krachend zusammen. Als die wilde Schar ins Speisezimmer zurückkehrte, war nur noch die Hälfte beritten und eine Tischordnung kaum mehr herzustellen; aber es war auch nicht nötig, denn es wußte niemand mehr, wo und wie er sitzen sollte.

Berblinger hatte sich anfänglich mit Erfolg bemüht, an dem derbfröhlichen Treiben teilzunehmen, und zu Ehren des Handwerks einen Trinkspruch ausgebracht, von dem die Ruhigeren noch nach Jahren sprachen. Damals, sagten sie, war der Berblinger noch ein Mann. Er habe sie stolz darauf gemacht, Schneider zu sein. Je lauter aber der Tumult wurde, um so stiller wurde er. Die Erschlaffung, die ihn überkam, hatte eine andre Ursache als die harte Arbeit der letzten Wochen und die Aufregung des Tags: das Ziel war erreicht; er konnte jetzt an etwas andres denken, und alte, halb unterdrückte Gedanken stiegen in ihm auf. War er dazu bestimmt, sein Leben lang den Bocksritt mitzumachen?

Schon vor einer Stunde, als die Festverwirrung ihren Anfang nahm, hatte sich Krummacher fast schüchtern an ihn herangemacht und drückte ihm die Hand.

»Nun bist du Meister, Brechtle«, sagte er. »Weiter hat es noch niemand gebracht. Sei's zufrieden.«

Berblinger schüttelte sich.

»Nun bin ich frei«, antwortete er, »und Ihnen dank' ich's.«

»Nicht mir, nicht mir!« wehrte Krummacher. »Das dankt jeder nur sich selbst und seinem Herrgott. Sieh, daß du frei bleibst.«

Berblinger gab den Händedruck zurück. War es der Wein – er mußte ja mehr trinken, als er gewohnt war – oder war es ein andres dumpfes, dunkles Gefühl, wie wenn er vor einer Gewalt stünde, der niemand entrinnen kann: es war ihm, als ob er von dem guten Pestilenziarius wieder einmal Abschied nehmen müsse. Aber das war ja Unsinn. Es war doch wohl der Wein.

Der Saal hatte sich zur Hälfte geleert, Schwarzmann war längst aufgebrochen, auch Knöppel und Glöcklen waren verschwunden. Bockelhardt lag mit dem Kopf auf dem Tisch und schlief: der junge Meister konnte jetzt selbst gehen, ohne daß es jemand bemerkte, und fand Krummacher vor der Haustüre, auf ihn wartend. Sie gingen zusammen über den Weinhof und die Kronengasse hinauf, gegen das Münster. Auch der Pestilenziarius war etwas erregter als gewöhnlich und sprach von alten Zeiten, von dem kleinen Brechtle, mit dem er *mensa* dekliniert hatte, von seiner Mutter, und wie alles vergänglich sei, Leid und Freud', Liebe und Haß, Hoffnung und Verzweiflung. Darin liege des Menschen Glück, denn über all dem hinaus sei Friede, Freiheit und Friede.

Nur halb hörte ihm Berblinger zu, ein zufälliges Wort

hatte ihn gepackt. Freiheit. Er fühlte, daß es keinen rechten Sinn gab, namentlich heute nicht. Aber auch der Pestilenziarius mußte es ja zugeben. Er war Meister, er war frei!

Vor Krummachers Häuschen trennten sie sich; es mochte Mitternacht vorüber sein. Der Ältere ging zur Ruhe, der Jüngere bog um die Südwestecke des Münsterturms, um nach dem ›Goldenen Hecht‹ zu kommen, wo er seit Monaten ein Stübchen gemietet hatte, in dem er heute zum letztenmal übernachten wollte. Er war erstaunt, im Mesnerhäuschen noch Licht und die Türe halb offen stehen zu sehen. Der geistliche Schuster war auch einer von denen, die nicht allzu regelmäßig zu Bett zu gehen pflegten. Berblinger warf einen Blick in das kleine Gemach. Der alte Mann, der an der Wand lehnte und zu überlegen schien, ob es Zeit sei, sich zur Ruhe zu begeben, erkannte ihn sofort. Er schien in keiner Weise überrascht zu sein und eine Zwischenzeit von vier, fünf Jahren völlig vergessen zu haben.

»Brechtle«, sagte er stockend, »Besuche machen?«

Berblinger fuhr blitzartig ein Gedanke durch den Kopf, und dann summte er weiter wie der Kehrreim eines Lieds: Ich bin frei, ich bin frei!

»Ist der Turmwart oben?« fragte er.

»Wo wird er sein?« antwortete der Mesner. »Guckt noch immer mehr nach den Sternen als nach der Stadt. Kocht Teufelssalben – verrückter als je.«

»Wollt Ihr mich hinaufgehen lassen?« fragte der Schneider.

»Hab' ich dir's einmal gewehrt?« brummte der Schuster und fing an, sich auszuziehen. »Nimm die Laterne und laß mich in Ruh.«

Berblinger überflog ein leiser Schauder, als ob er fühlte, daß ihn sein Schicksal packte. Er nahm die Laterne, die am alten Platz auf dem Fenstersims stand, und schlüpfte durch das Hinterpförtchen der Stube in das Innere des Münsterbaus.

»Bin ich nicht frei?« wiederholte er sich, während er in dem Gemäuer die ersten zwanzig Stufen hastig emporstieg. Dann ging er langsamer, aber festen Schritts weiter. Er wußte, daß er bis hinauf Herz und Lungen zu schonen hatte.

26

Ein Ulmer Fischerstechen

Das neue Geschäft in der Herrenkellergasse ging gut, glänzend für einen Anfänger. Knöppel schüttelte den Kopf, schimpfte sogar. Das war nicht Handwerksgebrauch: ein kaum wochenalter Meister, der mit zwei Gesellen und einem Lehrjungen arbeitete. Der Lehrbub war Bockelhardts Fränzle, einer der Zwillinge; der andre sollte ein Studierter werden, erklärte die Mutter, die ihre letzte Lebenshoffnung auf den Jungen gesetzt hatte. Er sei der durchtriebenste Schlingel in der ganzen unteren Stadt, und wenn er nicht der geschickteste Rechtsgelehrte werde, verstehe sie nichts mehr vom Lauf der Welt.

Bestellungen kamen fast zu reichlich; ›der neue Wiener Schneider‹, das zog. Die Herren vom Adel in der Umgegend, sonderlich die aus Oberschwaben, die nichts mit der Franzosenwirtschaft zu tun haben wollten und doch die Redouten und Offiziersbälle in der Stadt gerne besuchten, ließen bei ihm arbeiten; auch einige der besten bürgerlichen Familien von Ulm. Das verdankte er vor allem seinem Gönner, Herrn von Baldinger. Er wurde der Modeschneider der Altdeutschen, deren Zahl neuerdings zu wachsen schien, obgleich sie sich still verhalten mußten, denn die Franzosen waren nun einmal für unabsehbare Zeiten und von Amts wegen die Wohltäter und Befreier, die Freunde und Herren von Stadt und Land.

Eine Anfrage freute ihn mehr als manches andre, das ihm in diesen Tagen begegnete. Ein Brief auf Foliopapier, mit dem Amtssiegel der Klosterschule zu Blaubeuren, begleitete ein großes Paket und lautete also:

›Ehrsamer Herr Schneidermeister! Da ich vernommen, daß Ihr ein eigenes Geschäft gegründet, und solches in gutem Reput stehet, möcht ich Euch befragen, ob Ihr geneigt wäret, den anbeiliegenden Amtsrock zu wenden.

Ich muß allerdings darauf hinweisen, daß derselbe schon im Jahr 1802 das zweitemal gewendet worden, allein das immerhin noch sehr brauchbare und anständige Kleidungsstück ist mir seitdem noch viel lieber geworden, sintemal ich in demselben den größeren Teil meines Werks über das Verhältnis des *Gerundii* zum wirklichen *Participio futuri passivi* bei Cicero im Gegensatz zu den nachklassischen Autoren geschrieben. Auch hält meine Frau eine nochmalige sogenannte Wendung nicht nur für möglich, sondern sogar für dringend notwendig. Ich selbst bin der Ansicht, daß, da das Kleidungsstück tatsächlich zweimal gewendet wurde, somit seine ursprüngliche Außenseite zweimal, die Innenseite aber nur einmal der Öffentlichkeit gedient hat, hierin eine gewisse Ungerechtigkeit zu erblicken ist. Deshalb möchte ich die besagte Behandlung so bald als tunlich, jedenfalls aber vor Schluß des Semesters, wegen der damit verbundenen Festlichkeit, exekutiert haben.

Mit Freuden höre ich von der statthabenden Prosperität Eures Geschäfts. *Gratulor!* Bin aber nicht erstaunt. Denn obgleich Ihr seinerzeit *in classicis* nur mäßiges *ingenium* bewiesen, es auch leider, verführt durch Allotria, die ich gerne der Vergessenheit überliefern möchte, an dem nötigen Fleiß habt fehlen lassen, ist es doch augenscheinlich, daß besagte Prosperität ganz wesentlich dem frühzeitigen Studium der Alten und einer auf *humaniora* basierten Erziehung zuzuschreiben ist, womit ich verbleibe

Euer wohlgewogener früherer Lehrer, neuerdings
Prälat Dr. Gaum.‹

Berblinger erkannte das Kleidungsstück nicht ohne Rührung; es war dasselbe, das er vor sieben Jahren bei Bockelhardt ausgeklopft und aufgetrennt hatte. Er antwortete, daß das Wenden nicht mehr möglich und das Zurücksenden des Rocks kaum der Mühe wert sei. Dagegen wäre er bereit, aus alter Anhänglichkeit und Verehrung achtundvierzig Kreuzer für denselben zu geben, ein Anerbieten, das zuerst entrüstet zurückgewiesen, am folgenden Botentag aber, ›nach wiederholter und eingehender Beratung mit meiner Frau, unter gütiger Mitwirkung der nunmehr in den Ruhestand getretenen Frau Prälat Kleß‹, angenommen wurde.

Der Briefwechsel erinnerte ihn lebhaft daran, daß die alten Blaubeurer Zeiten wieder näher gerückt waren. Er sah sie heute in etwas anderm Licht; sie hatten ihm doch manches auf den Lebensweg mitgegeben, das er ungern entbehrt hätte. So drängte es ihn förmlich, am ersten freien Sonntagabend seinen alten Freund, den jetzigen Professor Zeller, aufzusuchen. Er fand ihn in einem Dachstübchen des Gymnasiums, dessen Bühnenräume dem physikalischen Kabinett der Anstalt eingeräumt waren. Das Zimmer glich dem in Blaubeuren zum Verwechseln; das ›Kabinett‹ war etwas reichhaltiger und verworrener aufgestellt als dort. Der Mann war ganz der alte geblieben: das Fleisch und Bein oder vielmehr nur Bein gewordene Wohlwollen.

Sie fanden sich nach wenigen Minuten auf altem Grund und Boden. Die Schneiderei und alles, was damit zusammenhing, wurde kaum berührt. Zeller erzählte, daß er bei seinen neuesten Untersuchungen über den Goldenen Schnitt auf die überraschendsten geometrischen Beziehungen gestoßen sei, die möglicherweise ein neues Licht auf gewisse Kurven des dritten Grads werfen dürften. Nur schade, daß auch hier in Ulm eigentlich niemand sei, mit dem er seine Freuden und Genüsse teilen könne. Berblinger schilderte seinen Besuch der Feuermaschine bei Kattowitz und seine Begegnung mit Potter, der ihm so recht zum Bewußtsein gebracht habe, mit welch unglaublicher Ausdauer diese genialen Männer, von denen niemand etwas wisse, jahrzehntelang gearbeitet hatten und noch immer arbeiteten, um ein Ziel zu erreichen, das noch Tausende für unerreichbar hielten. Von da, erst schüchtern, dann immer freier seine innersten Herzenswünsche bloßlegend, kam er auf sein altes Lieblingsthema, ohne das fast wehmütige Lächeln zu beachten, mit dem ihm Zeller zuhörte.

»Es muß gehen!« rief er, als bewegte ihn der Glaube, der Berge versetzt. »Wenn man heute Kohle in Kraft verwandelt – bedenken Sie nur! Sehen Sie sich ein Stückchen des toten schwarzen Steins an, und stellen Sie sich vor, daß man daraus Kraft macht, daß uns die Natur nirgends ein Beispiel dieser beispiellosen Umwandlung einer toten Masse in ein fast lebendiges Wesen zeigt und wir es doch fertiggebracht haben und Gott weiß was noch daraus machen werden. Allerdings nach Jahren des Sinnens und Schaffens, des Suchens und Versuchens, des Mißlingens und Gelingens –«

»Nach anderthalb Jahrhunderten«, verbesserte Zeller trocken.

»Und mehr!« gab Berblinger eifrig zu. »Aber was will das sagen? Hat die Menschheit nicht Jahrtausende vor sich? Ja; der Gedanke hat manchen aufgezehrt mit Haut und Haar. Aber heute ist er Wirklichkeit geworden und wird weiterwirken wie das Feuer, in dem er schafft; das spür' ich in allen Gliedern. Doch das ist's nicht, was mich umtreibt. Fliegen! Was jeder Vogel vor unsern Augen lernt und übt – es muß gehen!«

»Vielleicht nach einem Jahrhundert, vielleicht nach zwei«, wiederholte der Professor mit beschwichtigender Sanftmut. »Schuster, bleib bei deinem Leisten! Gott, der die Vögel gemacht hat, hat auch die Menschen geschaffen, jedes nach seiner Art. Darüber kommst du nicht so leicht weg, Brechtle. Ich wollt', ich könnte dich wieder für den Goldenen Schnitt begeistern, das ist harmloser.«

»Und nutzloser«, fiel Berblinger ein, dem das Feuer seiner Jahre in den Kopf stieg, stammelte aber gleich darauf Entschuldigungen. Er habe nichts gegen Dinge sagen wollen, die er nicht verstehe. Mit dem Schuster sei es ja auch nicht so bestellt, wie es das Sprichwort andeute. Ein

Mönch habe das Pulver erfunden, und der Heiland der Welt sei ein Zimmermann gewesen und ein Jude dazu.

»Laß den aus dem Spiel, Brechtle!« sagte Zeller ernst. »Das verstehen wir beide nicht.«

»Gut!« versetzte der junge Meister nachdenklicher. »Aber Sie werden mir nicht verbieten, über das Problem nachzudenken. Mir ist oft zumut, als müßte es die Menschen erlösen, freier machen, von der Erde frei. Das lohnte sich.«

»Phantast!« lächelte der Professor. »So wenig als die Feuermaschine, die für uns arbeitet, der Menschheit die Last der Arbeit abnehmen wird. Auf die Erde kommst du immer wieder herunter, selbst wenn du flattern lernen solltest. Laß den Vorwitz!«

»Jedenfalls sollen Sie wissen, wie weit und wie hoch ich komme«, sagte Berblinger, energisch den Kopf schüttelnd. »Darf ich Sie wieder besuchen?«

»Sooft du willst. Selbst wenn du einmal hier oben an mein Fenster klopfen solltest im Vorbeifliegen, will ich dir auftun und dann bekennen, daß wir Professoren alte Esel sind. Ich hatte uns schon öfter im Verdacht, und ich glaube, du weißt es.«

Sie trennten sich lachend, wie gute Freunde, die sie waren. Zeller war einer von denen, welchen es völlig gleichgültig ist, ob sie einen Schneider oder einen Oberkonsistorialrat vor sich haben. Manchmal, zum Beispiel angesichts des Flugproblems oder irgendeiner andern neuen Idee, ist es auch ohne Bedeutung. Denn durch das Dunkel der Zukunft tappen alle Menschen mit ungefähr der gleichen Unsicherheit.

Weniger harmlos und immer häufiger wurden einige Wochen später die Besuche, die Berblinger auf den Münsterturm führten. Schon der erste, den er allzu leichten Sinns um Mitternacht in den ersten Stunden seiner jungen

Meisterschaft unternahm, hatte einen tiefen Eindruck auf ihn gemacht. Die fast magnetische Anziehung, die der Turmwart schon auf den Jungen ausgeübt hatte, war nicht schwächer geworden. – Er fand damals Lombard nicht, wie erwartet, auf der Plattform nach den Sternen oder nach der Stadt ausschauend, sondern in seinem Stübchen, wach und munter genug, über brodelnde Töpfe und Retorten gebeugt, wie es ein Alchimist vor hundert Jahren nicht eifriger hätte tun können. Der alte Herr ging gebückter als früher und ein unruhiges Feuer flackerte in seinen Augen, das Berblinger zuvor nie bemerkt hatte. Aber auch er schien erfreut, seinen jungen Freund wiederzusehen, ohne sich für dessen Reiseberichte und selbst für die Feuermaschine bei Kattowitz so lebhaft zu interessieren wie Professor Zeller.

»Das ist groß und schön«, sagte er fast gleichgültig, »aber sie werden nicht weit damit kommen. Es ist das alles viel zu plump und schwer, gut genug für die Engländer und auch für den Rest der Welt auf einige Zeit. Wir müssen weiter kommen, höher hinauf, und ich sehe den Weg, ich bin ihm so nah, daß ich jeden Abend fühle, am Morgen mein Heureka rufen zu können.«

»Sie sind noch immer an Ihrem Pulver?« fragte Berblinger.

»Es scheinen Tropfen zu werden«, flüsterte der Alte. »Doch das ist nur das Mittel, das ich suche. In Wirklichkeit suche ich Kraft; Kraft, feiner, konzentrierter, gewaltiger als die, die in der Kohle steckt. Etwas von dem, das die Kanonenkugel schleudert, wie sie kein Dampf zu schleudern vermag. Die Maschine hierfür könnte ich dir zeigen. Jede Klinke, jede Schraube ist durchdacht; sie braucht nur ausgeführt zu werden; ein Ding zehnmal kleiner als die Feuermaschine und zehnmal kraftvoller. Das einzige, was noch fehlt, ist das richtige Pulver, die explosive Flüssigkeit, es mag selbst eine Luftart sein, die langsamer und doch mit der Gewalt brennt, welche dem

Mönch in Freiburg den Stöpsel seines Mörsers aus der Hand schlug. Das muß gefunden werden. – Wie hat es Berthold Schwarz fertig gebracht? Gemischt, gemischt, jahrelang, jahrzehntelang, bald dies, bald jenes, bis ihm das Gefäß unter den Händen zersprang. Die Natur gibt dem Menschen nichts umsonst, aber sie hat ihm alles zu geben, denn sie ist grenzenlos. Nur wenn es sich um etwas handelt, das aus dem Wesen aller Dinge unmittelbar hervorging, wie die Kraft, bewahrt und behütet sie ihre Geheimnisse mit ängstlicher Scheu. Was darüber wacht, ist nichts Körperliches; es ist die Welt des Geistes, die wir nur ahnen können. Die Alten wußten mehr davon. Inder und Ägypter sind durch die düstere Pforte eingedrungen, gegen die wir mit ohnmächtigen Fäusten schlagen. Der Mensch aber gibt sich selbst auf, der die Hoffnung sinken läßt. Mischen, mischen! Bis uns früher oder später der Geist die Hand führt, die zur Kraft sprach: Werde! – Du träumst vom Fliegen, Berblinger. Sei getrost, du wirst fliegen, sobald ich am Ziel bin. Was wir brauchen, ist Kraft: die Kraft, die die Natur in die Vogelschwinge gelegt hat, die in einer Nußschale liegen und Berge in die Luft schleudern kann. Die Natur muß sie uns ausliefern, geht's nicht im guten, geht's mit dem Bösen. Ich bin entschlossen, das Äußerste zu wagen, und der Hölle abzutrotzen, was uns der Himmel versagt. Denn was ich will, ist gut. Was haben nicht andre auf diesem Weg schon gewagt? Des endlichen Siegs sind wir gewiß, denn nicht zu eitlem Spiel hat uns der Herr des Weltalls zum Herrn dieser Erde gemacht.«

Fast jeder Besuch beim Türmer schloß mit Auslassungen ähnlicher Art, die immer geheimnisvoller und drohender wurden. Manchmal klangen sie wie sinnlose Beschwörungen, wobei Lombard mehr mit sich selbst als mit seinem Gast zu sprechen schien, während die beiden Hilfswächter, halb lachend, halb schaudernd, auf der andern Seite des Häuschens lauschten. Der alte Mann war dann sichtlich nicht mehr ganz bei Sinnen und vermengte in wunderlicher Weise die Ehrfurcht und den Aberglauben vergangener Jahrhunderte mit dem Unglauben und der Rebellion der Gegenwart.

In ruhigeren Stunden ging er gerne auf Berblingers Pläne ein, ermahnte ihn, wenn er später einmal Ernst machen sollte, auszuharren und vor dem Schicksal eines Erfinders, zu dem sie beide berufen seien, nicht zu erschrecken. »Nicht nach rechts, nicht nach links sehen, alles verachten, was uns verachtet, das muß auch deine Losung werden«, mahnte er. »Hunger und Durst, Gefahren, von denen niemand etwas weiß, Entbehrungen jeder Art zählen nicht. Dafür lohnt uns die Freude des Schaffens entlang dem rauhen Weg, den wir gehen müssen. Wem diese Freude nicht genügt, der sollte ihn nie betreten. Denn die Früchte, die am Ziele winken, gehören der Welt, nicht dem Erfinder.«

Berblinger kam jetzt selten mehr vom Turm herab, ohne mit frischem Mut an die Gedankenarbeit zu gehen, die ihn Tag und Nacht umzutreiben begann. Stundenlang ließ er dem Nachsinnen, das ein halbes Träumen war, freien Lauf, während die Nadel wie von selbst durch das Zeug auf und nieder tanzte und mit größerer Regelmäßigkeit, als wenn er sie aufmerksam verfolgt hätte, den Nähten entlang ihre einförmige Arbeit verrichtete.

So gewöhnte er sich nach und nach an manches Wunderliche, das er in und um das Wächterhäuschen auf dem Münsterturm zu hören und zu sehen bekam. Den Leuten unten in der Stadt war es allerdings kaum zu verübeln, wenn sie sich zurauten, daß es mit dem alten Lombard nicht mehr ganz geheuer sei und die hohe Geistlichkeit wohl etwas sorgfältiger danach fragen dürfte, was auf der Spitze ihres Münsters vor sich gehe. Zu einem ehrlichen Gewerbe habe ja allerdings der Türmer nie gehört, aber alles habe seine Grenzen, und der neue Wiener Meister hätte es auch nicht nötig, alle ander Tag, Gott mag wissen wozu, hinaufzuklettern. Das sei zum mindesten ungehörig und nicht wegzulachen.

Bei einem seiner letzten Besuche, der ihn wieder einmal zu ungewöhnlich später Nachtstunde auf den Turm führte, packte ihn selbst ein jäher Schrecken. Es war eine klare Sternennacht; am Horizont zeigte sich die gespenstige Helle, der Vorbote des Mondaufgangs; von der Stadt in ihrem nächtlichen Dunst war kaum ein Giebel zu sehen. Die Fensterchen der Wächterwohnung waren dunkel, von der östlichen Seite der Plattform her rötete ein Lichtschimmer die phantastischen Füllungen des Gesimses. Berblinger bog um die Ecke. Da lag Lombard auf den Knien. Vor ihm, umgeben von drei brennenden Kerzen, stand ein Schädel, vor diesem ein aufgeschlagenes großes Buch. Der alte Mann schien zu beten, und Berblinger verstand die paar Worte, die er mit zitternder Stimme murmelte.

»Kraft! Geister der Erde und der Luft, des Feuers und des Wassers, gebt uns eure Kraft! Seid untertan dem Menschen, der euer Herr ist; gebt uns Kraft! Ihr vom Feuer und vom Wasser gabt sie uns, nicht willig, nicht völlig, aber ihr habt gegeben. Ihr unter der Erde und in der Luft zögert, nicht länger! Heraus mit eurer Kraft im Namen eures Schöpfers, des Dreieinigen!«

Er hatte sich tief über das Buch gebeugt. Erst als er sich aufrichtete, sah er Berblinger und erschrak heftig. Rasch sich erhebend, fegte er mit einem Schwung seines altertümlichen Talars die erlöschenden drei Kerzen über den Haufen. Dann begrüßte er seinen Gast, der nicht zu fragen wagte, was das grausige Spiel zu bedeuten habe, mit sichtlicher Verlegenheit. Aber kein trauliches Gespräch, wie es sonst der Fall war, wollte diesmal in Gang kommen, so daß sich Berblinger bälder als gewöhnlich verabschiedete und unruhigen Geistes die Treppen hinabstieg. War das der Freidenker, der ihn zu andern Stunden und in anderm Sinne schon ebensosehr erschreckt hatte? War sein unheimlicher Freund im Begriff irrsinnig zu werden, oder kamen die alten Geister wirklich über ihn, mit denen man im Jahrhundert der Aufklärung schon längst aufgeräumt hatte?

Manchmal hatte der Türmer auch Tage, an denen er sich mit lebhafter Anteilnahme erzählen ließ, was drunten in der Welt vorging. Dann konnte Berblinger, sicher auf der einsamen Höhe, seinem Franzosenhaß die Zügel schießen lassen; Lombard schien ihn zu verstehen und lächelte dazu. Es werde immer trostloser, meinte der Jüngere. Um so besser, versetzte der Ältere, dann wird es rascher vor-übergehen. Es sah jedoch vorläufig nicht danach aus; die Schlacht von Wagram hatte wieder alle Hoffnungen vernichtet, und das Schlimmste waren die eignen Landsleute. Auch die Ulmer mußten eine Siegesfeier abhalten und taten es mit Glockenläuten und Festpredigten. Im ehrwürdigen alten Münster wurde dem Höchsten für das Glück gedankt, das er in seiner unerforschlichen Gnade wiederum den Waffen des großen Kaisers zugewendet habe. Mit dem einzigen Wort ›unerforschlich‹ wagte der Prediger anzudeuten, wie ihm zumute war. Mutiger war schon der allerdings betrunkene geistliche Schuster im Mesnerstübchen, der behauptete, noch nie sei der alte Münsterturm nach Sonnenuntergang so rot geworden wie an diesem Tag. Nüchternere Leute begannen da und dort zu denken wie er. Dann, am 28. Oktober, zwei Wochen nach dem Friedensschluß von Wien, wurde derselbe mit Trompeten- und Paukenschall auf dem Münsterplatz, vor dem Rathaus und auf dem Weinhof verkündigt, und am folgenden Tag abends zehn Uhr durfte man Napoleon selbst mit Glockengeläute und Kanonendonner in Ulm empfangen. Die Herbel- und Frauengasse waren festlich beleuchtet, Schwarzmanns Haus strahlte heller als alle andern, während das Baldingersche kein Licht zeigte. Der wackere, sonst so festlustige Staatsrat hatte sich selbst vierundzwanzig Stunden Stubenarrest gegeben, auf die Gefahr hin, arretiert und füsiliert zu werden. Allerdings konnte er es nicht verhindern, daß sein schönes Töchterlein eifrig an den Festlichkeiten teilnahm, die die Stadt veranstalten zu müssen glaubte.

Von besonderem Eifer zeigte sich der Herr Vetter, der Rat Schwarzmann, der schon vor vierzehn Tagen – so lange hatte man die Durchfahrt Seiner Majestät erwartet – bei der Polizeidirektion um die Erlaubnis nachgesucht hatte, zu Ehren der Friedensfeier und der Anwesenheit des Kaisers ein Fischerstechen abhalten zu dürfen, welch löbliche Absicht nicht nur von den Behörden, sondern auch von der ganzen Bevölkerung freudig begrüßt wurde. Denn zu Festlichkeiten jeder Art waren die Ulmer stets bereit, ohne allzu peinlich nach deren Grund und Bedeutung zu fragen. Als der königliche Generalkommissar Baron von Gravenreuth, bei dem der Kaiser Quartier genommen, Seine Majestät von diesem Vorhaben in Kenntnis setzte und die Bitte wagte, Allerhöchstdieselben möchten die Abreise um sechs Stunden zu verschieben geruhen, um dieses altertümliche und kuriöse Turnier der ehrsamen Schifferzunft anzusehen, lehnte die Majestät es zwar ab, Höchstihre Reisepläne zu ändern, soll aber trotzdem laut gelacht haben, was allseitig als ein Zeichen hoher Gnade den besten Eindruck machte. – Es waren böse Zeiten!

Ihr Fischerstechen ließen sich die Ulmer jedoch nicht nehmen, da ohnedem der traurigen Zeitverhältnisse wegen seit fünf Jahren keines mehr stattgefunden hatte und die Vorbereitungen schon seit vierzehn Tagen in vollem Gang gewesen waren. Die alten Anzüge, in denen teilweise Väter und Großväter gestochen hatten, wurden hervorgesucht, ausgebessert und aufgebügelt, Kähne hergerichtet und geschmückt. Die Weißfischer hielten Ruder- und Sangproben ab. Am Fuß der geschleiften Bastion Lauseck, die den immerhin anständigeren Namen Luginsland erhalten und in eine Wirtschaft umgewandelt worden war, wurde eine Tribüne errichtet und der Hügel mit Bänken bedeckt; oberhalb des Kampfplatzes ließ der Magistrat eine Schiffbrücke über die Donau schlagen. Die untere Grenze wurde durch ein über den Fluß gespanntes Seil bezeichnet, an dem nach uraltem Brauch ungefähr in der Mitte des Stroms drei Gänse an den Füßen aufgehängt waren, die eine wesentliche, allerdings peinliche Rolle bei der Festlichkeit zu spielen hatten.

Kaum war gegen zehn Uhr morgens das Glockengeläute und der Kanonendonner verstummt, die dem abfahrenden Kaiser das Geleite gegeben hatten, so begannen sich die Schiffer und Weißfischer mit ihren ›Kirchweihjungfern‹ in der Zunftherberge, der ›Sonne‹ am Herbeltor, zu versammeln und die Feier mit einem kräftigen Trunk und Imbiß zu eröffnen. Währenddessen ging der ›Kollektionszug‹ durch die Stadt. Er bestand aus zwei Trommlern und einer Anzahl verkleideter Fischerknechte, Bauer und Bäuerin, ›Narren‹ und Mohren darstellend, die den ›Haupt- und Festspeer‹ umgaben und die anschwellende Volksmenge mit derben Witzen und tollen Sprüngen unterhielten, in Brunnen hüpfend, Mädchen küssend, ehrbare Bürger mit Pritschen daran erinnernd, daß es Zeit sei, in die Tasche zu greifen und die tapferen Schiffer mit einer Ehrengabe zu bedenken. Der Hauptzweck des Umzugs war, an jedem wohlhabenden Hause zu klopfen und in nicht allzu höflicher Form um Beiträge für das Stechen zu bitten. Münzen, Würste, Eßwaren aller Art, Gegenstände der scheinbar ungeeignetsten Gattung: eine Trompete, ein Becher, ein Regenschirm, ein Paar Strümpfe wurden mit Dank angenommen und unter dem Jubel der Gassenjungen an dem Hauptspeer aufgehängt, der zu diesem Zweck mit Querstäben versehen ist. Was nicht aufgehängt werden konnte, blieb nicht zurück.

Um zwei Uhr hatte das Einsammeln der Festgaben ein Ende. Vor der ›Sonne‹ ordnete sich der Festzug, voran

Trommler und Musikanten, denen sich die Kirchweihjungfern anschlossen, festlich gekleidete Schiffer- und
Fischermädchen, jede mit einer Zitrone in der Hand. Diesen folgten die Narren mit Masken in toller Karnevals-
laune, den reichbeladenen Hauptspeer tragend. Den
Schluß bildeten in ernster würdiger Haltung, durchaus in
Weiß gekleidet, mit federgeschmückten hohen Filzhüten
die Weißfischer, voran die mit Speeren bewaffneten, hinter
ihnen andre, Ruder schulternd.

Am Donauufer angelangt, fand der Zug den Festplatz
bereits überfüllt. Kopf an Kopf bedeckte die Menge den
jäh ansteigenden Hügel der alten Bastei, Mann an Mann
die gefährlich schwankende Schiffbrücke. Ganz Ulm
hatte sich hier zusammengedrängt. Das jenseitige, fla-
chere Ufer säumten die aus der Umgegend herbeige-
strömten Landleute des früheren Ulmer Gebiets, die sich
seit einer Stunde an dem Geflatter und Geschnatter der
aufgehängten Gänse erfreuten, welche bewiesen, daß das
Stechen wieder einmal in alter Pracht und Herrlichkeit
vor sich gehen sollte. Auch auf der Festtribüne wurde der
Zug schon seit einiger Zeit erwartet. Dort hatten sich die
Spitzen der Gesellschaft, die höheren Beamten des Staats
und der Stadt und sämtliche hohen Offiziere der Garni-
son versammelt, zwischen denen sich die Zunftmeister in
ihren schwarzen Sonntagsröcken etwas unbehaglich
bewegten. Auch an schönen Frauen fehlte es nicht. In der
Mitte saß die Schönste der Stadt, Lucinde von Baldinger,
rechts und links von ihr die beiden Töchter des Obermeisters der Schifferzunft; dieser selbst stand in seiner dreifachen Würde als Rat, Zunftmeister und Festleiter auf der
linken Ecke der Tribüne, von wo aus er mit schallender
Stimme seine Befehle erteilte. Am Fuß dieses Aufbaues
lagen Kahn an Kahn, die, nachdem die Ordnung der
Kämpfer durch das Los oder ebensooft durch gegenseitige Verständigung bestimmt worden war, von den Weißfischern bemannt wurden, während auf dem großen, fest-

lich geschmückten ›Kirchweihschiff‹ die Kirchweihjungfern Platz nahmen und mit der Hälfte der Kähne nach dem entgegengesetzten rechten Ufer des Flusses übergesetzt wurden.

Nun konnte das Stechen beginnen. Auf ein Trompetensignal stießen gleichzeitig zwei Boote von den beiden Ufern ab, jedes von drei Weißfischern mit aller Kraft gerudert. Am Hinterteil des Nachens, auf einem etwas erhöhten schmalen Brett, steht der Kämpfer mit aufgerichtetem Speer. Die Waffe ist eine lange Stange, deren Spitze ein rundes Brettchen bildet, während ein Querholz am untern Ende dazu dient, sie fest gegen die Brust zu stemmen. Wenige Sekunden vor der Begegnung der Kähne, die so nah als möglich aneinander vorbeizufahren suchen, legen die Kämpfer ihre Lanzen ein und stoßen möglichst mitten auf die Brust des Gegners. Einer derselben stürzt fast unfehlbar rücklings oder seitwärts in den Strom, manchmal tun dies beide, während die Nachen aneinander vorbei schießen und sich dann wenden, um den verloren gegangenen Wasserhelden wieder aufzufischen. Hat sich derselbe nach Ansicht der Ruderer schlecht gehalten, so wird er von diesen, während sie ihn über den Rand des Boots ziehen, zum Entzücken der Zuschauer in väterlicher Weise bestraft. Die trocken gebliebenen Sieger, kurzweg die Trockenen genannt, erhielten in früheren Zeiten die am Hauptspeer aufgehängten Preise. Später wurden dieselben verlost, da nur auf diese Weise blutige Nachspiele des Festes verhindert werden konnten. Wem unter den Trockenen Mut und Lust noch nicht vergangen war, der durfte mit seinesgleichen um die höchste Ehre und Auszeichnung kämpfen, und wer aus diesem Kampf als letzter trocken hervorgegangen war, empfing den goldenen oder richtiger vergoldeten Speer, welcher neben der Festkönigin aufgepflanzt war.

Alles war jetzt bereit und wartete in unruhiger Spannung auf den ersten Gang. Die Damen, der königliche

Generalkommissar, der Bürgermeister und etliche Generale nahmen Platz. Fräulein von Baldinger erhob sich strahlend vor Vergnügen und stützte sich wie eine Walküre auf ihren goldenen Speer. Unter den Tausenden, die den Abhang bis hinauf zum Luginsland in eine Pyramide aus Köpfen verwandelten, wenige Schritte von der Tribüne und so, daß er der schönen Festkönigin voll ins Gesicht sehen konnte, stand auch Berblinger. Wurde doch heute in keiner Werkstatt gearbeitet; auch wußte er schon seit vierzehn Tagen, wer an diesem Ehrenplatz glänzen sollte, obgleich ihr Vater nicht zur Zunft gehörte. Aber vor der Schönheit beugten sich auch die Schiffer, trotz des lebhaften Widerspruchs ihrer Frauen und Töchter.

Schwarzmann winkte mit einer kleinen roten Flagge, die Musikanten bliesen eine lustige Fanfare, und die beiden Trommler schlugen auf ihren altertümlichen riesenhaften Kübeln einen langgedehnten, schwellenden Wirbel, während gleichzeitig von beiden Ufern die ersten zwei Boote abstießen. Die lebhafte Strömung riß sie rasch stromabwärts, und es gehörte keine kleine Geschicklichkeit dazu, sie in richtiger Entfernung aneinander vorüberzurudern; doch die drei Weißfischer in jedem Nachen verstanden ihren Fluß und ihre Aufgabe. Auf dem Hinterteil des einen Kahns stand ein Bauer in altschwäbischer Tracht, auf dem andern eine Bäuerin. Noch zehn Schritte voneinander entfernt senkten sie die Speere, die Bäuerin mit allen Zeichen der Entschlossenheit, der Bauer zaghaft, wie nach Hilfe umschauend. In diesem Augenblick hörte das Wirbeln der Trommeln auf, im nächsten erreichten beide Stangen ihr Ziel. Die Bäuerin schwankte, in Gefahr vorwärts zu stürzen, faßte sich aber wieder, indem sie blitzschnell ihren Speer als Stütze aufsetzte. Der Bauer bog sich rückwärts, versuchte, den Speer wegwerfend, sich aufzurichten, trat fehl, stürzte kopfüber ins Wasser und trieb, wild um sich schlagend, flußabwärts. Unter brausendem Jubel wurde der Mann in

604

der Nähe des Seils, an dem die Gänse hingen, erreicht, an Bord gezogen und unter schallendem Gelächter von seinen Ruderern verhauen, während die Bäuerin, sich stolz auf den erhobenen Speer stützend, unter der Tribüne landete und vor dem Zunftmeister und der Festkönigin höflich nickte. Lucinde band von dem neben ihr stehenden reichbeladenen Hauptspeer ein Paar rote Strümpfe ab und überreichte sie der Siegerin, die sie mit züchtigem Erröten und nach allen Seiten dankend unter den wohlgepanzerten Brustlatz schob. Daß die dralle Bäuerin im Privatleben ein junger kräftiger Schiffer gewesen, blieb den Kirchweihjungfern kein Geheimnis.

Aber schon stießen die nächsten Kähne vom Land, indem sie zwei pechschwarze Mohren in den Kampf führten. Beim ersten Gang fuhren sie aneinander vorüber, ohne sich zu treffen, beim zweiten fielen beide ins Wasser, aus dem sie als über die Maßen schmutzige Weiße herausgefischt wurden. In rascher Folge spielte sich die Fortsetzung des feuchten Turniers ab, immer aufs neue stürmische Salven von Gelächter entfesselnd. Den Mohren folgten zwei Türken unter riesigen Turbanen, die der reißende Strom entführte, so daß sie erst bei Günzburg an einem überhängenden Gebüsch gerettet werden konnten. Dann kamen zwei Tiroler, die lebhaft beklatscht, aber nicht belacht wurden, so daß ein leiser Schatten über die Züge des königlich-bayrischen Generallandeskommissars von Schwaben flog, denn der Aufruhr der Tiroler war noch nicht ganz erloschen und hatte in Ulm heimliche Freude in Menge. Diesen folgte zum Glück wieder etwas Erheiterndes: ein Herr und eine Dame der kaum dahingegangenen Zopfzeit. Wie rasch werden doch dem unehrerbietigen Menschengeschlecht die eignen Väter lächerlich! Beide schrien gleichzeitig jämmerlich um Hilfe, wobei namentlich die Dame in dem sie rettenden Reifrock stürmische Heiterkeit erregte. Nach diesen kam ein Schulmeister, den der ihn bekämpfende Schuljunge ohne Schwierigkeit über Bord warf. Auf die Tragödie, die ein schwäbischer Straßenräuber und ein italienischer Bandit aufführten, folgte wieder eine Glanznummer: der Ulmer Spatz, mit einem gelben Speer bewaffnet, der seinen Strohhalm vorstellen sollte, bekämpfte den Münsterstorch, welcher, ehe er zum Kampf schreiten konnte, ein kleines Wickelkind weglegen mußte. Natürlich siegte der leichtfertige Spatz und krähte wie ein Hahn über den besiegten Familienvogel.

Den Schluß der Maskerade bildete ein Paar, das sichtlich ernster genommen werden wollte: zwei Ritter mit geschlossenem Visier, der eine in weißer, der andre in schwarzer Rüstung. Auch die Ruderer schienen von besonderem Schlag; die Nachen flogen wie Pfeile gegeneinander. Beim ersten Gang streiften sich die Kämpfer nur leicht, und es fehlte wenig, so wäre der weiße Ritter vornüber ins eigne Boot gestürzt; auch beim zweiten glitten die Speere von den Blechpanzern ab. Beide schwankten und machten wunderliche Bewegungen, um das Gleichgewicht nicht zu verlieren, keiner aber fiel über Bord. Erst beim dritten Gang stürzte der schwarze Ritter wohlgetroffen nach rückwärts und wurde ohne die übliche Bestrafung triefend und traurig nach dem jenseitigen Ufer gefahren, während der andre jetzt mit offenem Visier vor Lucinde trat, die ihm mit ihrem berückenden Lächeln einen niedlichen Zinnbecher überreichte. Es war Hans Schwarzmann, der seine Ritterrüstung mit wirklichem Anstand zu tragen wußte. Selbst Berblinger mußte dies zugeben, der bleich und unlustig, das einzige nie lachende Gesicht, neben der Tribüne stand.

Bisher war das Ganze nur Scherz und Spiel gewesen, bei dem, wie man allgemein wußte, die Kämpfer sich meistens zuvor verabredet hatten, wer Sieger bleiben solle. Jetzt erst wurde die Sache ernster, und das Stechen unter den unmaskierten Weißfischern nahm seinen Anfang. Hierbei zeigte sich wirkliche Kraft und Geschicklichkeit, aber auch in nicht zweideutiger Weise die germanische Kampflust der alten Zünftler. Die Ruderer wetteiferten miteinander, die Boote über den Fluß zu jagen, die Speere prallten hart auf die knochige Brust der Gegner. Die Bemühung, sich selbst nach dem erfolgreichsten Stoß im Gleichgewicht zu erhalten oder wenigstens nicht über Bord zu stürzen, führte zu den wunderlichsten Verrenkungen und Sprüngen, und die Wut der Besiegten, der höhnende Stolz der Sieger trat unverhohlen zutag. Auch die Zuschauer nahmen jetzt ernsthafte Partei für den einen oder andern. Die Sieger in den einzelnen Gängen erhielten keine Preise mehr; es gab nur noch einen zu gewinnen, der dem Besten von allen zufallen sollte: der goldene Speer.

Nicht ganz den Regeln entsprechend – aber es war ja ein Schwarzmann und des Zunftmeisters Sohn, um den es sich handelte –, wurde dem weißen Ritter gestattet, auch an dem Kampf der unmaskierten Weißfischer teilzunehmen, und in der Tat, er stellte seinen Mann. Lucinde lächelte ihr lieblichstes Lächeln und winkte ihm vor aller Augen mit dem Taschentuch, als er nur noch einem unbesiegten Gegner, dem jungen Molfenter, gegenüberstand. Da kam ein völlig unerwartetes Zwischenspiel. Ein untersetzter Bauer, vielleicht ein als Bauer gekleideter Fischer, der dazu noch gebückt ging und hinkte, trat vor die Tribüne und bat, mitstechen zu dürfen. Alles lachte und jubelte dem Bäuerlein zu. Der Zunftmeister wollte den frechen Kerl derb zurechtweisen, allein auch Herr von Gravenreuth schien Spaß an der Sache zu finden. Der Bauer sagte in echtem Günzburger Deutsch, er komme aus dem befreundeten Nachbarstädtchen und habe jetzt genug zugesehen. Er vermeinte auch stechen zu können, man möge ihm den Spaß vergönnen. Stürmisch verlangte die jauchzende Menge, die den Hügel bedeckte, daß man der Bitte willfahren möge, und da selbst der Herr Generallandeskommissar der Ansicht war, daß es dem Bäuerlein nur guttun könne, ein paar Ulmer Rippenstöße nach

Günzburg zu bringen, mußte endlich auch der Zunftmeister ja sagen, und das Bäuerlein bestieg mit allen Zeichen der Ungeschicklichkeit – oder war es betrunken? – einen der Nachen. Das war zum Schluß endlich einmal ein richtiger Bauer, meinten die Stadtherren mit großer Befriedigung.

Tatsache war, daß der endgültige Sieg nur noch zwischen zweien, dem jungen Molfenter und Hans, auszufechten war. Es wurde beschlossen, zuerst den Spaß mit dem Bäuerlein abzumachen: der Weißfischer sollte ihn kurzerhand in die Donau werfen. Sie gingen unter dem üblichen Trommelwirbel gegeneinander los. Noch immer schien der Bauer kaum zu wissen, wie man den Speer, den man ihm gegeben hatte, handhabt; aber als sie noch eine Bootlänge voneinander waren, richtete er sich plötzlich auf und legte sich etwas vor, nicht zu viel und nicht zu wenig, der geschickteste Weißfischer hätte es nicht richtiger machen können. Der Speer traf den sorglosen Gegner auf die linke Brust, drehte ihn halb um, und im nächsten Augenblick plätscherte er fluchend im Wasser umher, während das Bäuerlein, das den Speer verkehrt wie eine Dunggabel über die Schulter gelegt hatte, nach dem Ufer fuhr.

Zuerst trat ein allgemeines Schweigen ein; das Erstaunen war allzu groß gewesen. Dann jubelte, schrie und schimpfte alles durcheinander. »Schwindel! Wer ist der Günzburger? Der Molfenter, der beste Stecher, im Wasser! Hexerei!« fragte, murrte und rief es von allen Seiten, während der bäuerliche Sieger vor der Tribüne seinen Dreispitz zog und drei possierliche Kratzfüße machte.

So konnte die Sache nicht enden. Der Stolz der Ulmer regte sich, und Hans, ein verächtliches Lächeln auf den Lippen, winkte dem Eindringling. Der Bauer schnitt ein dummpfiffiges Gesicht, schien aber den Herrn Ritter wohl zu verstehen. Er wurde unter erneutem Gelächter an das andre Ufer gebracht und stellte sich dort mit allen Anzeichen der Furcht wieder auf das Hinterteil seines Kahns. Die Fanfare und der Trommelwirbel setzten ein, die Boote fuhren ab. Aber die Ruderer des Bäuerleins, denen das Spiel keineswegs behagte, führten das Boot so ungeschickt, daß Hans an seinem Gegner vorbeischoß, ohne ihn treffen zu können, und da er sich in der Erwartung eines kräftigen Gegenstoßes etwas zu weit vorgelehnt hatte, in sein Boot stürzte und in die Knie sank. Wütend sprang er auf, während der Bauer seinen Hut zog und demütig um Verzeihung zu bitten schien. Vom Hügel schallte ein wunderliches Gemisch von Murren, Klatschen und Lachen, doch fühlte man förmlich die Spannung, die jetzt die ganze Masse der Zuschauer ergriffen hatte. Die Boote wendeten und machten sich zum zweiten Gang fertig. Wieder erklangen Trompetenstoß und Trommelwirbel. Jetzt richtete sich der Bauer in seiner ganzen Größe auf. Alles sah staunend, wie der kleine Mann plötzlich gewachsen war. Die Kämpfer trafen sich diesmal mitten auf die Brust. Beide wankten. Hans' Spieß zerbrach krachend, die Stücke schnellten in die Luft. Er wäre wieder nach vorn in sein Boot gefallen, wenn es nicht durch eine ungeschickte Bewegung der Ruderer heftig geschwankt hätte. Vielleicht war er auch absichtlich, um dem gefährlichen Fall zu entgehen, über Bord gesprungen. – Der junge Schwarzmann war weder in der Stadt noch bei seinen Zunftgenossen beliebt; sonst wäre der Jubel und das Klatschen, das den Sieg des Bauern begrüßte, nicht denkbar gewesen. Dieser sprang jetzt ans Land und hatte alles Bäurische in seinem Auftreten verloren. Ein stattlicher, fast schöner Kerl trotz seiner Bauerntracht, trat er vor Lucinde, die ihm mit ihrem holdesten Lächeln den goldenen Spieß übergab.

Berblinger, dessen Aufmerksamkeit während des ganzen Schauspiels zwischen dem Fluß und der Tribüne geteilt gewesen war, beobachtete diese Szene mit wildklopfendem Herzen. Es war dasselbe Lächeln der Bewunderung, das ihm wie ein Liebesgruß erschien, derselbe Blick, den sie dem Uhrmacher zu Wien zugeworfen, mit dem sie dem Erzherzog die Hand gereicht hatte. Das war der Lohn des Erfolgs, der Stolz, den sie mit dem Sieger teilte – nein, mehr als all das: es war die Schönheit, die sich beugte vor der Kraft. Und nun sonnte sich ein Bauer aus Günzburg in diesem Strahl!

Auch jetzt war noch nicht alles zu Ende, obgleich ein Teil der Zuschauer, fast alle auf der Tribüne, ihre Plätze verließen. Der weiße Ritter war trotz seiner Rüstung, die sich im Wasser auflöste, nach dem andern Ufer geschwommen und hatte sich dort in der Volksmenge verloren. Auch Lucinde und ihre Freundinnen erhoben sich und verschwanden inmitten der kleinen Gesellschaft des Generallandeskommissars. Nun hatte auch Berblinger keinen Grund mehr, länger in der lachenden, schimpfenden und tobenden Menge zu bleiben, die wie auf ein gegebenes Signal über die Tribüne herfiel und sie besetzte.

Was den Schluß des Festes bildete, war einer jener Volksbräuche aus der ›guten alten Zeit‹, deren Roheit dem milderen Geschmack der Gegenwart nicht mehr ganz entsprach. Man hatte schon öfter versucht, diesen Teil der Feier fallen zu lassen; selbst die Geistlichkeit hatte sich in warmen Worten der unglücklichen Gänse angenommen, denen hierbei die Hauptrolle zufiel. Allein alles war vergeblich gewesen; die Zunft, das Volk wollte sein ›Gänserupfen‹ haben. Warum, fragten einige, die die Welt gesehen hatten, sollten die Spanier ihre Stiergefechte, die Engländer ihre Bulldogg-, Rattenfänger- und Hahnenkämpfe haben und die Ulmer nicht ihr Gänserupfen? Auch seien die Ulmer Gänse seit Jahrhunderten daran gewöhnt und erwarteten gar nichts andres. Das Spiel aber bestand darin, daß sämtliche Nachen unter den aufgehängten Gänsen durchfuhren; der Narr oder Mohr oder Weißfischer, der wie beim Stechen auf dem Hinterteil des Bootes stand, versuchte den Kopf einer der Gänse zu erfassen und festzuhalten. Gelang ihm dies, so fuhr ihm der Nachen unter den Füßen weg, so daß er, den Gänsekopf in der Hand, über dem Wasser hing. Vermochte er den Kopf abzureißen, so fiel er in den Fluß und schwamm mit seiner blutigen Trophäe ans Ufer, ging dies nicht, so verlor er nach wenigen Minuten seinen Halt und kam beschämt und ohne Kopf ans Land. Die Gänse aber wurden schließlich dem übergeben, der den dazugehörigen Kopf vorwies. Kein Wunder, daß sich die Damen der besseren Gesellschaft vor dieser Schlußfeierlichkeit entfernten. Ältere Bewohner der unteren Stadt behaupteten allerdings, daß sich auch die Gänse auf das Fest freuten; gegessen würden sie ja doch.

Der Tag endete leider mit einer Prügelei der hervorragendsten Festgenossen in der ›Sonne‹. Dort wurde nämlich entdeckt, daß der Sieger des Turniers, das Bäuerlein aus Günzburg, das etwas zuviel trank und sich seines goldenen Spießes gar zu frech rühmte, zwar von einer Schifferfamilie daselbst abstamme, aber gar kein Schiffer, sondern ein Schneider war. Die Empörung der Zunft war berechtigt und nicht mehr zu zügeln; der falsche Berufsgenosse wurde nicht nur fast totgeschlagen, sondern auch noch in die Donau geworfen, was ihn, da er sich als vortrefflicher Schwimmer erwies, wieder völlig belebte. Als er das jenseitige rettende Ufer erreicht hatte, wo ihn bereits einige bisher noch unbeteiligte Weißfischer erwarteten, nahm ihn eine fürsorgliche Polizei in ihre Hut und gewährte ihm für den Rest der Nacht Schutz und Obdach. Am andern Morgen ließ sich amtlich feststellen, daß er in der Tat in Günzburg zuständig und ein Schneider von Profession war, auch bei Bockelhardt zu Ulm gelernt hatte und sich zur Zeit arbeitslos umhertrieb, ja sogar unberechtigterweise gelegentlich als Fischer sein Brot verdiente. Um den Mann, der bereits übel zugerichtet war, vor weiteren

Unbilden zu schützen, welche, wie man erfuhr, die empörten Schiffer neuerdings planten, ließ ihn die Polizeidirektion unter Bedeckung, mit Zurücklassung seines goldenen Speers, nach Günzburg abschieben, wo er von den dortigen Schiffern sowohl als den Schneidern im Triumph empfangen wurde. Denn Ulm und Günzburg standen von alten Zeiten her noch immer nicht auf dem besten Fuß, obgleich sie nun beide bayrisch waren. Der Name des Manns aber war Nikolas Nickel, dessen man sich im Taubengäßchen noch wohl erinnerte.

Nachdem sich an jenem Festabend das Volk verlaufen oder vielmehr in den vierundachtzig Wein- und Bierstuben der Stadt verteilt hatte, stand Berblinger allein auf der halb abgebrochenen Adlerbastei und sah schwermütig über den Fluß weg. Nun war es nicht mehr allein der Wiener Uhrmacher, der sich des stolzen, siegesfreudigen, hingebenden Lächelns rühmen konnte, das er heute wieder gesehen hatte und nach dem er förmlich schmachtete. Auch Nickel, der Schneider, der Lump, der offenbar als gemeiner Stromer in der Welt herumzog und seinen Unfug trieb, wo er Gelegenheit dazu fand, auch auf diesem Kerl hatte dasselbe Lächeln geruht. Nein! stöhnte er mit zorniger Bitterkeit, er hatte denn doch etwas Höheres vor sich; er wollte ihr noch zeigen, daß auch er dieses Lächelns würdig war. Nichts sollte ihn jetzt mehr zurückhalten, nach dem Höchsten zu streben, das sich denken ließ, und er fühlte, er war auf einem Weg, den keiner vor ihm betreten hatte, der ihn über alle andern hinausführen mußte. Mut, Geduld, Ausdauer, Opfer von Gut und Blut – er war bereit; aber erreicht mußte werden, das fühlte er mit jedem Pulsschlag, was erreichbar war.

Fast zitternd vor Erregung blickte er über den Fluß nach dem jenseitigen Ufer. In stolzem Flug vor aller Welt hinüber und dann höher und höher – das war doch etwas andres als das läppische Possenspiel in den alten Nachen!

In seine Werkstatt zurückgekehrt, saß er noch stundenlang auf dem verlassenen Arbeitstisch, die Beine gekreuzt, die Ellbogen auf den Knien, die Hände in den Haaren, und grübelte.

27
Nachtstücke

Echte, kindliche Weihnachtsfreude war dem armen Berblinger seit seinen ersten Lebensjahren nicht mehr zuteil geworden. Sie liegt jedoch so tief im deutschen Blut, daß sie als wehmütige Erinnerung immer wieder auftaucht, auch wo die äußere Veranlassung dazu fehlt, sobald die langen Nächte über die weißen Giebeldächer hereinziehen und durch die Spalten der schlecht verschlossenen Fensterläden das trauliche Licht einer Lampe auf die verschneite Gasse fällt. So war dem jungen Schneidermeister auch heute zumute, als er in der Dämmerung des Winternachmittags allein in seiner Werkstatt stand. Die zwei Gesellen waren schon vor einer Stunde nach der Herberge gegangen, wo sie einen Gesellenchristbaum mit den bunten Lappen des Handwerks zu schmücken hatten. Es war dies ein wohlberechtigter Handwerksgebrauch nach der harten Arbeitszeit, die mit den Weihnachtstagen ein fast plötzliches Ende findet. Auch Fränzle, der Lehrbub, hatte sich aus dem Staub gemacht, mit der Hoffnung, in der kleinen trübseligen Stube, die seine Eltern jetzt bewohnten, etwas von den alten Kinderfreuden wiederzufinden, für die seinerzeit Gretle gesorgt hatte, so gut sie konnte.

Berblinger besann sich, wie er den Heiligen Abend zubringen sollte. In der Gesellenherberge hatte der junge Meister nichts mehr zu suchen, und seine neuen Standesgenossen feierten keinen Festabend im Wilden Mann, da jeder hierfür sein eignes Heim besaß, das heute zu verlassen die alte gute Sitte nicht gestattete. Sollte er den Pestilenziarius besuchen, den er in jüngster Zeit sehr vernachlässigt hatte? Der hätte ihn aufgefordert, mit ihm ins Münster zu gehen, wo um sechs Uhr ein Weihnachtsgottesdienst stattfand, welcher immer sehr besucht war. Nicht des Predigers wegen. Die Anziehung lag darin, daß jedermann seine eigne Kerze, einen Wachsstock oder ein Laternchen mitbringen mußte und das gewaltige Innere des Münsters mit dem Spiel von tausend Lichtchen um Pfeiler und Säulen, in Nischen und Winkeln einen geheimnisvollen Eindruck machte, der recht wohl zur Christnacht paßte. Kinderherzen erfüllte dabei der Glanz des Christkindleins, Alte dachten an die Menge der himmlischen Heerscharen, zu denen sie auch einmal zu gehören hofften. Auch Berblinger hatte als Lehrling nie gefehlt; allein diese Zeit lag hinter ihm, und andre Gefühle und Wünsche bewegten ihn heute. – Sein Onkel hatte ihn nicht aufgefordert, an der Weihnachtsfeier der Schwarzmannschen Familie teilzunehmen, die einen großen Kreis von Anverwandten zusammenzuführen pflegte. Dies war nicht unnatürlich, denn er war nicht nur der Neffe, sondern auch der Schneider des Herrn Rats, welcher neuerdings selbst mit seinen Schiffern von oben herab verkehrte. Auch war es ihm nicht unlieb, denn seinem Vetter zu begegnen, dessen Niederlage beim Stechen vergessen zu sein schien, konnte er fast nicht mehr ertragen, und Hans ließ es nicht daran fehlen, zu zeigen, daß er diese Gefühle verstand und teilte. – Da war schließlich der Türmer Lombard, den er sicher auf seiner Warte gefunden hätte. Aber Berblinger spürte allzu deutlich, daß er an jedem andern Abend bessere Gesellschaft sein würde als heute. Der Mann, der soviel wußte, schien vom Weihnachtsabend nichts wissen zu wollen.

Eine halbe Stunde lang beschäftigte sich der junge Meister damit, fast ohne an die Arbeit unter seinen Händen zu denken, die Werkstatt aufzuräumen. Es war dies nicht des Meisters Sache, allein es war besser als das müßige, schwermütige Brüten, das ihn nicht loslassen wollte. Dann stand er zehn Minuten lang am Fenster und sah in die Gasse hinunter, wo aufgeregter als sonst, in der Erwartung, was der Abend noch bringen mußte, Kinder spielten. War ihm alles Gefühl der Dankbarkeit abhanden gekommen, fragte er sich selbst. War es nicht unvernünftig, diese Stimmung am Schluß eines Jahres, in dem er ein schönes Ziel früher erreicht hatte als mancher andre? Selbst für seine Lieblingsgedanken, wenn er sie auch in der letzten Zeit zurückdrängen mußte, war das Jahr nicht verloren gewesen. Immer deutlicher sah er, in welcher Richtung der Erfolg liegen mußte, und wenn einmal das Geschäft seinen ruhigen zünftigen Gang, wie alle andern, angenommen hatte, fand sich sicher auch Zeit und Geld, den großen Plan weiterzuverfolgen. Geduld predigte ihm Lombard und alles, was er vom Erfinden gehört und gesehen hatte, oft genug. Woher also diese unvernünftige Verstimmung, diese Weichheit einer trüben Stunde, in der die ganze übrige Welt fröhlich war. Die Kinder vor dem Haus jauchzten förmlich.

Er kleidete sich an, um trotz des sinkenden Abends noch einen Ausgang zu machen, und verließ die Werkstatt ohne ein bestimmtes Ziel. Die Erinnerung aber, die in diese Nacht alle an Jugend und Kindheit mahnt, gab auch seinen Schritten ihre Richtung. Am Münstertor vorübergehend, sah er die hohen farbigen Fenster ihr geheimnisvolles Licht ausstrahlen und hörte die Orgel und das Singen im Innern, als ob es aus weiter Ferne käme. Er lauschte minutenlang, tiefer ergriffen, als wenn er mitten unter der Gemeinde gesessen hätte, ging dann aber rascher weiter und bog in das Taubengäßchen ein, das er seit Monaten nicht mehr betreten hatte.

Die Brandstätte des Bockelhardtschen Hauses war noch immer soviel als unberührt, obgleich der Schutt weggeräumt und die verkohlten Balken auf die Seite geschafft worden waren. Die Mauer, hinter der der Hof lag, stand noch größtenteils; das Hinterpförtchen, durch das er sich so manchmal geflüchtet hatte, war noch vollständig erhalten. Nur die Türe fehlte; man sah ungehindert in den verwüsteten Raum, der früher ein kleiner Garten gewesen war. Nicht mehr erkennbar lagen die alten Beete unter einer leichten Schneedecke, in welcher nur die Spuren einer Katze andeuteten, daß hier doch noch nicht alles tot war. Auch der alte Birnbaum schien noch leben zu wollen und streckte seine kahlen Äste gen Himmel. Berblinger glaubte jeden Zweig wiederzuerkennen; er hatte sie alle – grün und kahl – oft genug von seinem Arbeitstisch aus betrachtet.

Und dort hatte der Hühnerstall gestanden. Der war auch noch nicht ganz verschwunden. Das Dach war eingebrochen und die Vorderwand eingestürzt; aber der Boden des oberen Stübchens hing noch, von halbverkohlten Balken gestützt, in den unteren Stallraum herab. Dort hinten, in dem noch ganz wohlerhaltenen Winkel, war Gotthilf gestorben.

Berblinger trat näher. Der Mond war mittlerweile aufgegangen und verbreitete ein mattes Dämmerlicht durch den stillen Raum. Wie das alles so klein und eng und ärmlich aussah, und doch wachte die Erinnerung an jene Nacht und an alles, was er hier erlebt hatte, in ihm auf; groß und gewaltig, als ob sie ihn erdrücken wollte. Er wandte sich um. Hier konnte er nicht länger bleiben. Wozu auch? Wozu? fragte er sich mit einem Gemisch von Wehmut und von Zorn, mit einer unbegreiflichen Sehnsucht nach etwas Vergangenem, Verlorenem, mit dem unwiderstehlichen Drang, zu fliehen.

Da sah er eine Frau unter dem Pförtchen. Sie stand im hellen Mondlicht, so daß er sie deutlich sehen konnte. In der Hand trug sie ein Buch. Ihre Kleidung, ihre ganze Erscheinung hatte etwas Klösterliches und erinnerte ihn an Gestalten, die er oft genug in Wien und Prag gesehen hatte. Einen Augenblick später sah er aber doch, daß es etwas ganz andres war, und erkannte Gretle.

Auch sie hatte ihn erkannt und machte eine erschreckte Bewegung, als ob sie die Flucht ergreifen wollte; dann faßte sie sich und trat in den Hofraum.

»Brechtle!« sagte sie einfach; doch hörte man der

Stimme an, daß sie sich zwang. »Hier finden wir uns! Grüß dich Gott.«

»Ich wußte nicht, daß du in Ulm bist, Gretle«, sagte er, kaum imstande zu sprechen. Die Überraschung war zu groß.

»Du brauchst nicht zu stottern«, versetzte sie, »ich weiß alles.«

»Hat dir der Pestilenziarius geschrieben?« fragte Berblinger hastig, wie wenn er plötzlich einen Strohhalm erhascht hätte, an dem er sich halten konnte. »Der Magister mischt sich in all meine Sachen. Ich hab' ihn nicht darum gebeten.«

»Er hat es doch getan«, entgegnete Gretle, »und ich dank's ihm; es war besser, daß er mir's sagte. Es hat weh getan, aber es hat mir das Herz nicht gebrochen.«

Sie sagte dies mit einer leisen Herbheit im Ton, die einem andern verraten hätte, *wie* weh es ihr getan.

»Was tust du hier?« fragte sie nach einer kurzen Pause.

»Was *du* tust«, entgegnete er, indem er versuchte, trutzig zu werden. Sie konnte ihn also doch nicht so furchtbar liebgehabt haben, wie er sich eingebildet hatte. Um so besser!

»Ich komme aus der Lichtleskirch«, erklärte sie, »und gehe nach dem Spital, wo ich wohne, und weil's Weihnachtsabend ist und wir hier einmal Christtag gefeiert haben – weißt du's noch, Brechtle? – wollt' ich den alten Platz noch einmal besehen, eh' sie die Mauern niederreißen. Es ist alles ausgebrannt, alles!«

Jetzt hörte man in ihrer Stimme, wie sie sich Mühe gab, die Tränen zurückzuhalten.

»Du hast das Feuer nicht angezündet«, sagte er finster. »Ich auch nicht.«

»Nein; das hat der Franzose getan, oder – oder –«, flüsterte sie leise. »Man weiß es noch heute nicht.«

»Welcher Franzose? Dein Franzose?« fuhr Berblinger auf. »Ja, ich hab' davon gehört; ich wünsch' dir Glück!«

»Brechtle, du bist schlimmer geworden, als ich dachte«, erwiderte sie und richtete sich in die Höhe, während Berblinger beschämt den Kopf hing.

»Immer die Franzosen! Überall die Franzosen!« sagte er endlich.

»Sie sind Menschen wie alle«, versetzte Gretle. »Gute und böse, treue und wankelmütige, wie wir. Hier haben wir Gotthilf sterben sehen, Brechtle. Weißt du noch? Das bleibt. Alles andre ist ausgebrannt.«

»Ich bin kein schlechter Kerl«, antwortete Berblinger, scheinbar ohne Zusammenhang. »Kann jemand für sein Herz? Frag den Pestilenziarius.«

»Ausgebrannt!« wiederholte das Mädchen. »Und so bald! Als ob wildes Feuer alles verzehrt hätte. Hätten wir's damals für möglich gehalten, dort oben in dem Winkel?«

»Frag den Pestilenziarius!« rief der Junge heftig; auch er fühlte, daß er einem zornigen Weinen nicht mehr ferne war. »Das kommt über dich, von da-, von dorther, und du kannst dir nicht helfen. Da ist's am besten, man sieht's ein und gibt nach. Nicht gleich, aber nachdem man's eingesehen hat. Warum hat uns unser Herrgott so gemacht. Frag den Pestilenziarius!«

»Der weiß es auch nicht«, antwortete Gretle, durch die hervorbrechenden Tränen lächelnd. »Aber alle hat er nicht so gemacht. Nicht alle. Gotthilf war treu bis in den Tod.«

Sie sah, wie sich Berblinger im Gefühl seines Unrechts wand. »Der ist auch bald gestorben«, erklärte er, alles hervorsuchend, sich zu rechtfertigen. »Du siehst, Gretle, wir waren reine Kinder damals, und ich hatte noch nichts von der Welt gesehen. Wir wußten noch nicht, was wir taten.«

»Alles ausgebrannt, alles ausgebrannt!« schluchzte sie und wandte sich gegen den Hühnerstall. »Gott verzeih' dir! Geh!«

»Nein, ich bin kein schlechter Kerl«, versicherte Brechtle, der etwas mutiger wurde, sobald er nicht mehr in das Gesicht sehen mußte, das er einst für das lieblichste und beste gehalten hatte. Ja, gut wie Gold war sie heute noch, das mußte er ja zugeben. Aber änderte das die Sache? Konnte er sie deshalb belügen?

»Nein, das darfst du nicht denken!« fuhr er heftiger fort. »Und wenn du jemals in Not kommen solltest, weißt du, wie damals, als ich dem Franzosen das Bügeleisen an den Kopf warf – ich tät' es heute wieder; ich tät's! – oder anders: wo und wie du jemand brauchst, der dir helfen könnte – dann hole mich!«

»Geh!«

»Hol mich! Ich will für dich tun, was menschenmöglich ist. Nur sollst du nicht denken, ich sei schlecht gegen dich gewesen. Was kann ich dafür, daß – daß –« Er stockte. Er konnte ihr doch die ganze Wahrheit nicht sagen.

»Sieh«, fuhr er etwas ruhiger fort, »ich habe ein großes Werk zu tun, das alle Menschen glücklicher machen wird – die Schneiderei geht nur so nebenher – und dabei kann mir niemand helfen. Ich kann auch niemanden brauchen und muß vielleicht Hunger und Not leiden und möchte dich nicht um alle Welt in das Elend hineinziehen.«

»Geh!« rief sie, noch immer abgewandt und stampfte mit dem Fuß. Sie war doch nicht so ganz das sanfte Lämmchen, dachte Berblinger fast erfreut, für das er sie gehalten hatte.

»Ich kann dir verzeihen, daß du mich so behandelst«, sagte er gekränkt. »Was versteht ein Mädle wie du, was ich in der Welt zu tun habe und wie mir zumut ist. Aber das macht nichts. Ich vergess' dich nicht; nie! Wenn du in Not kommst – ich wollte fast, du kämest in Not, daß ich dir's zeigen könnte –, dann weißt du, wo du einen Freund findest. Sind wir nicht als halbe Kinder in hundert Nöten gesteckt und haben alles füreinander getan, was wir konnten? Hast du mich damals für einen schlechten Kerl gehalten, Gretle? So bin ich heute noch.«

»Ausgebrannt«, flüsterte das Mädchen, ohne sich umzuwenden. Sie hatte keinen andern Gedanken mehr.

»B'hüt' dich Gott, Gretle«, sagte er. »Ich muß jetzt gehen und verzeih dir. Die Zeit wird schon kommen, in der du einsehen kannst, wie du mir heute unrecht getan hast. B'hüt' dich Gott!«

Er ging scheinbar verstimmt und trotzig, aber er war weder verwirrt noch schlecht genug, um nicht bis in die innerste Seele hinein beschämt zu gehen. Der ungleiche Kampf war zu Ende. Sie hatte das Feld behauptet.

Als sie ganz sicher war, daß er sie nicht mehr sehen konnte, lehnte sie den Kopf gegen die stehengebliebene Wand des Hühnerstalls und schluchzte zum Erbarmen. Sie hatte ihn geliebt, sie liebte ihn noch. Wer kann für sein Herz?

War das ein Weihnachtsabend?!

Eine Viertelstunde später ging sie auf dem Weg nach dem Spital am alten Fundelhaus vorüber. Es war ein kleiner Umweg; sie wollte ihren Kranken die verweinten Augen nicht zeigen. Sonst dunkle Fenster im oberen Stock waren hell erleuchtet. Die Waisenkinder feierten ihren Christabend, und die hellen, dünnen Kinderstimmchen schmetterten ihren Freuden- und Friedensgruß in die stille Nacht hinaus. Ehre sei Gott in der Höhe und Friede auf Erden – Friede auch in wunden Menschenherzen.

So wurde es doch noch ein Weihnachtsabend.

Mußte ihm gerade diese Nacht wie ein Markstein und Wendepunkt seines Lebens im Gedächtnis haften bleiben? So sehr er sich Mühe gab, er konnte nicht das kleinste Vorkommnis der Stunde vergessen, in der er sich für immer von Gretle getrennt hatte: wie er in der bittersten Stimmung über den Münsterplatz zurückkehren wollte, wie er an dem Löwenbrunnen stehenblieb; wie das Wasser in der halb zugefrorenen Brunnenröhre gurgelte, als ob der Brunnen schluchzte, wie er nach der Turmspitze hinaufsah, wo wie immer ein einsames Licht wie ein kleines Sternchen flimmerte, und dabei zu fühlen glaubte, daß er der großen Sache ein schweres Opfer gebracht habe und eine gewisse Befriedigung dabei empfand; wie dann minutenlang eine Eule – er glaubte den Vogel von seinen Besuchen bei Lombard her zu kennen – langsam kreisend über ihm hing, ohne die ausgestreckten Flügel zu rühren, und sich dann mit zwei, drei Flügelschlägen erhob und im Schatten des Münsterturmes verschwand; wie ihn wieder einmal wie ein Blitzstrahl der Gedanke durchzuckte: So muß es gehen und nicht anders – schrittweise – eines nach dem andern – gerade wie es ihm die Eule gezeigt hatte: erst schweben und dann erst auffliegen!

Das Fieber, das richtige Erfinderfieber hatte ihn jetzt gepackt und es war, als ob alle Nebenumstände zusammenwirken sollten, es zu vollem Ausbruch zu bringen. In den ersten Tagen nach jener Nacht waren ihm die sich drängenden Gedanken ein erwünschtes Mittel, andern, weniger angenehmen aus dem Weg zu gehen. Dann kam in seinem Geschäft die ruhige Zeit nach den Festwochen, in der er mit einem Gesellen recht wohl hätte fertig werden können. Er behielt aber beide, des Ansehens wegen, wie er sich sagte; in Wirklichkeit, um mehr Zeit für das Ausarbeiten oder zunächst vielmehr für das Ausdenken seiner neuen Pläne zu gewinnen. Seine Schlafstube hatte dunkelgetäfelte Wände, wie man sie manchmal in besseren Ulmer Häusern traf, und die Kreide, die er zum Aufzeichnen von Kleidungsstücken gebrauchte, malte auf dem Holz wie auf einer Schultafel. So füllte sich die Wand gegenüber der Türe fast täglich mit Linien und Kurven, in denen niemand einen Sinn finden konnte als er selbst und die am nächsten Morgen ausgewischt und durch andre ersetzt wurden. Lombard hatte ihm allerdings schon seit Monaten wiederholt, daß bei einem so neuen, kühnen Unterfangen, wie er es im Schilde führe, alles Sinnieren, selbst alle Bilder, die er entwarf, nutzlos seien. Versuchen, versuchen! Drin läge die einzige Möglichkeit des Erfolgs, und er fühlte, daß sein kluger alter Freund recht hatte. So, koste es was es wolle, mußte vorgegangen werden, wenn er seinem Ziele näher kommen wollte.

Die Eule über dem Brunnen verfolgte ihn jetzt Tag und Nacht. Schweben, ruhig in der Luft schweben, damit mußte der Anfang gemacht werden. Das ging ja mittels eines Ballons; allein, ein Ballon war das hilflose Spielzeug jeder Luftströmung, und ihn zu steuern war eine hoffnungslose Aufgabe, solange er nicht von einer Kraft getrieben wurde, die niemand besaß. Der Türmer machte ihm allerdings Hoffnungen; ob und wann sie aber in Erfüllung gehen würde, konnte auch er nicht sagen, und darauf zu warten, litt seine Ungeduld nicht. Die Dampfmaschine, das gewaltige Ungetüm, war hierfür zu schwer, Menschenkraft zu schwach. Denn die Größe des Ballons, der einen Menschen tragen konnte, mußte die Bewegung des Ganzen gegen den Wind unmöglich machen, und ein kleinerer Ballon trug den Menschen nicht, geschweige denn eine Feuermaschine. Immer wieder, wenn sich seine Gedanken in diesem Kreise drehten, sah er die Eule, die fast ohne Bewegung und sichtlich ohne jede Anstrengung über ihm hing und mit einem Flügelschlag emporstieg und davonsegelte. So mußte es gehen!

Nach mehreren Wochen hatte er eine Form der Maschine gefunden, auf die er immer wieder zurückkam. Es waren nicht Flügel, sondern ein System von flachen, mit Segeltuch überspannten Rahmen, die an einem Gestell befestigt waren, an welchem ein kleiner Korb hing, In diesem sollte der Fliegende stehen oder sitzen und von hier aus mittels Schnüren und Zugstangen die Rahmen in der Weise feststellen oder ihre Stellung ändern, daß der Wind, den sie auf ihrer unteren Seite faßten, den nötigen Druck nach oben ausüben konnte. Als er noch das Gymnasium besuchte, hatte er oft genug andre Jungen mit Papierdrachen hantieren sehen, wozu der freie Platz vor dem Münster, wo fast immer ein lebhafter Wind weht, ganz besonders geeignet war. Etwas Ähnliches sollte nicht der Zweck seiner jetzigen Versuche sein, aber den Anfang machen. Hatte er einmal gelernt, wie die Eule sich in der Luft zu halten und im Wind zu kreisen, so konnte der nächste Schritt, das Sicherheben, nicht allzu schwierig sein. Bezüglich des Sichsenkens hatte er keine Bedenken.

Die Bewegung der Rahmen vom Tragkorb aus, das heißt die Änderung und Befestigung ihrer Stellung mittels leichter Stangen und kräftiger Schnüre, gab seinem mechanischen Scharfsinn manche nicht einfache Aufgabe. Manchmal schoß ihm nach langem vergeblichen Nachdenken diese oder jene Lösung wie ein Lichtstrahl durch den Kopf, und er empfand dann jene Freude, die das Erfinden zu einem der höchsten Genüsse des Lebens macht. Der Jubel des Heurekas hob auch ihn mehr als einmal fast vom Boden. Dann nach einem kurzen Geistesflug dieser Art kamen Schwierigkeiten und Bedenken: So ging es denn doch nicht! Er mußte auf andre Wege, neue Mittel sinnen und vielleicht nach etlichen Tagen alles verwerfen, was ihm vor einer Woche sicheren Erfolg versprochen hatte. Schien endlich alles in Ordnung zu sein, jeder Hebel und jede Zugstange, jedes Seil und jedes Kettchen an der richtigen Stelle und leicht und sicher zu handhaben, so bot das Ganze ein Bild furchterregender Verwicklung und Verworrenheit. Da war doch die Eule eine einfachere Maschine und tat ihren Dienst mit einer Sicherheit, die sein erschreckender Apparat nie gewähren konnte. Keine Frage, er hatte von neuem zu beginnen; das Rätsel mußte in einfacherer Weise zu lösen sein. Hatte es nicht die Natur samt der Lösung in jedes Vogelei gelegt?

Einmal nur besuchte er in diesen Wochen den Pestilenziarius, der ihn freundlich, aber mit einer gewissen Zurückhaltung empfing. Wußte er von seiner Begegnung mit Gretle? Er sagte wenigstens kein Wort darüber, und Berblinger war ihm hierfür im stillen dankbar. Natürlich konnte er sich nicht enthalten, von seinen Plänen und

Hoffnungen zu sprechen, die er schilderte, als ob er morgen am Ziel sein könnte. Der Magister schüttelte den Kopf.

»Laß den Fürwitz!« mahnte er fast ärgerlich. »Unser Herrgott hat gewußt, warum er uns keine Flügel gegeben hat. Glaubst du es besser zu wissen?«

Berblinger verließ ihn, überzeugt, daß der alte Mann seine Zeit nie mehr begreifen werde und daß es am besten wäre, ihn nicht mit Dingen zu ängstigen, die sie uns so gewiß bescheren werde, als vor vierhundert Jahren den Soldaten das Schießpulver und dem Magister selbst seine gedruckten Bücher. Gegen diese hatten die Pestilenziarii ihrerzeit ja auch gewütet und sie für Teufelswerk erklärt, was sie in mehr als einem Sinn vielleicht auch waren, sonderlich die lateinischen.

Nicht viel besser ging es ihm bei Professor Zeller, auf den er noch immer als einen Freund und Bundesgenossen rechnete. Er hatte ihn öfter um Rat gefragt, ihn gebeten, eine schwierige Aufgabe der Stereometrie zu lösen – seine Maschine führte auf die verwickeltsten Probleme dieser Art, solange er noch ohne Modell arbeitete –, eine Berechnung des Luftwiderstandes, der Hebekraft des Windes, wenn er gegen eine geneigte Ebene drückt, zu versuchen. Zeller hatte einige seiner Fragen bereitwillig beantwortet oder mit ihm durchgerechnet, bei andern ihm deutlich gemacht, daß zu ihrer Lösung jede Erfahrung fehle, alle Voraussetzungen in der Luft hingen. Aber auch er kam immer wieder, zuerst höflich und freundschaftlich, dann eindringlicher und nicht ohne spitze Sarkasmen auf das alte Sprichwort zurück: Schuster, bleib bei deinem Leisten, bis Berblinger, den schlaflose Nächte reizbar gemacht hatten, überzeugt war, in seinem alten Lehrer nicht einen Freund, sondern einen befangenen neidischen Feind seiner Pläne vor sich zu haben. Es ist dies eine der gewöhnlichsten Begleiterscheinungen des Erfinderfiebers, und brachte den Kranken so weit, seinen Verdacht in nicht mißzuverstehender Weise auszusprechen. Der Professor

lachte gutmütig; dann aber sah er den ehemaligen Klosterschüler mit seinen schwermütigen, geistesabwesenden
Augen lange an und sagte: »Geh deiner Wege, Berblinger;
geh oder fliege! Ich sehe, du bist nicht mehr zu halten.
Wenn du aber am Boden liegst, komm wieder zu mir. Dann
wollen wir zusammen nachrechnen, wo's gefehlt hat. Mit
einem Loch im Kopf wirst du mir eher glauben.«

Da war Lombard doch ein andrer Helfer in der Not. Bei
dem fand er neuerdings jederzeit Verständnis und Teilnahme. So war es nur natürlich, daß er häufiger als je
zuvor den Münsterturm bestieg und, auf dem Kranz der
Plattform sitzend, Stunden mit dem alten Türmer verplau-
derte.

»Laß dich nicht irremachen, Junge«, sagte dieser. »Frag
nicht jedes Langohr, was es von deinen Gedanken denkt.
Denke selbst und handle. So haben es alle großen Erfinder
gemacht seit Tubalkains Zeiten. Wenn du warten willst,
was wohl das klügste wäre, warte, bis ich mein Pulver
gefunden habe; die Maschine ist fertig, es fehlt nur noch
am Pulver. Dann fliegst du über Berg und Tal, zum Staunen aller Welt. Aber ich sage nicht, du sollst warten. Was
du heute erdenkst und nicht verwerten kannst, mag morgen den Erdball aus den Angeln heben. Geize nicht mit
deiner Arbeit und mit schlaflosen Nächten; keine Arbeit ist
verloren. Was deine Schneiderei betrifft, laß schneidern,
wer zum Schneidern geboren ist. Vor allem aber eins, Berblinger: Halt dich nicht allzulang auf mit spintisieren. Ein
Menschenschädel ist ein jämmerlich kleines Kästchen. Die
Natur ist voll von unentdeckten Schätzen. Suche, versuche, und wenn dir der Versucher helfen müßte! Er hat es in
alten Zeiten manchmal getan, in denen Gott und der Teufel dem Menschen noch näher standen als heutzutage.«

Kam der Turmwart auf diese Dinge zu sprechen, so verstand ihn Berblinger nicht mehr und fühlte trotzdem ein
heimliches Grausen unter den stechenden Blicken des
alten Mannes. Auch der Junge hatte den Aberglauben

einer Vergangenheit, die nicht weit hinter ihnen lag, noch nicht ganz abgestreift. Aber Lombard hielt sich nie lange bei diesem Thema auf, das ihm selbst unbehaglich zu sein schien, und kam immer wieder darauf zurück: »Versuche, Junge, versuche. Du kommst keinen Schritt weiter ohne das Versuchen.«

Noch vernachlässigte der junge Meister das ehrsame Handwerk nicht, wenn auch die Freude, die ihm anfänglich die Gründung des eignen Geschäfts gemacht hatte, geschwunden war. Nur dachte er jetzt beim Aufzeichnen und Zuschneiden eines Rocks oder Fracks, das er natürlich immer selbst vornahm, häufiger an die Umrisse von Flügeln als an die Form von Rockschößen, und manchmal bekam das würdigste Staatskleid einen leichtfertigen Schwung, daß selbst die Gesellen die Köpfe schüttelten. Man fing an zu zweifeln, ob die neueste Wiener Mode in Wahrheit derartige Extravaganzen verlangte. Häufig ruhte jetzt auch seine sonst unermüdliche Nadel mitten in der Arbeit, und sein Auge starrte minutenlang wie traumverloren durch das Fenster. Er dachte dann an die Biegung eines Hebels, an die Stellung einer Zugstange seiner Maschine. Manchmal war es auch wirkliche Ermüdung, denn seit den letzten Wochen rumorte er nachts stundenlang auf der Bühne seiner Wohnung, so daß die Gesellen des Bäckermeisters, der den unteren Stock des Hauses bewohnte, und die in späten Nachtstunden ihre Arbeit beginnen mußten, an dem Lichtschimmer erschraken, den sie aus den Dachluken dringen sahen. Kaum hatten sie entdeckt, wer zu solch unchristlichen Zeiten dort oben wirtschaftete, so fragte sich auch schon die halbe Herrenkellergasse besorgt und kopfschüttelnd, ob der Meister Berblinger verrückt geworden sei.

Nur Fränzle, der Lehrbub, der mit Leib und Seele an seinem Meister hing, wußte etwas mehr von der Sache, ohne den eigentlichen Zweck der wunderlichen Dinge zu ahnen, die er teilweise entstehen sah. Doch hätte er auf der

Folter nichts verraten, denn Berblinger hatte ihm einen kindlichen, selbsterfundenen grausigen Eid abgenommen, den er unter Zittern und Zagen geschworen hatte. Bei Nacht und Nebel mußte der Bub Material und Werkzeuge herbeischaffen und gelegentlich mit Hand anlegen, wenn dies dringend notwendig war. So entstand im Laufe mehrerer Wochen Berblingers erste Flugmaschine. Sie war doppelt schwierig zu bauen, weil sie so eingerichtet werden mußte, daß man sie zum Haus hinaus und ohne Aufsehen an irgendeinen Ort bringen konnte, wo sie zusammengestellt werden und er sich in ihrem Gebrauch üben konnte. Denn daß das Fliegen nicht mit einem Male zu erlernen sei, fühlte er nur allzu peinlich. Auch die kleinen Vögel wurden ja von ihren Eltern tagelang unterrichtet, ehe sie sich notdürftig in der Luft halten konnten. Berblinger aber war sich wohlbewußt, daß er die schwierige Aufgabe als Autodidakt reinsten Wassers zu lösen habe.

Nun wurde auch die Frage brennend, wo er seine Versuche und Vorstudien machen konnte. Er hatte dies kürzlich mit Lombard besprochen, der nach einigem Nachdenken mit der Miene finsterer Entschlossenheit über den Kranz der Münsterplattform zeigte, ohne ein Wort zu sprechen. Berblinger sah schaudernd auf das spitze Dach des Gymnasiums hinunter. Nein, das konnte er sich wirklich nicht zumuten. Dazu gehörte ein etwas weniger hoher Turm, ein minder spitzes Dach und der Mut einer Irma Mira.

Er suchte jetzt stundenlang in der Umgebung der Stadt einen geeigneten Platz. Der Ort mußte nicht nur menschensicher sein, so daß ihn Neugierige nicht leicht entdecken konnten, er mußte auch einen leidlich freien Raum bieten, in dem die Maschine ihre kreisenden Bewegungen auszuführen vermochte. Sodann konnte der Flug unmöglich vom Boden aus beginnen; es war eine Erhöhung nötig, von welcher sich der Fliegende herabschwingen konnte, genau wie es die Vögel machen, wenn sie von einem

Zweig oder einer Mauerkante abfliegen. Damit kam er immer wieder auf den unheimlichsten, aber geeignetsten Platz zurück, den er bei seinem ersten Gang fast zufällig ins Auge gefaßt hatte; zuerst mit leisem Schaudern, dann mit der Entschlossenheit, mit welcher Lombard über den Kranz seiner Plattform gewiesen hatte, zuletzt gleichgültig gegen alles, was nicht seinem unmittelbaren Zweck diente.

Dort am Galgenberg war er sicher vor Beobachtern. Man hatte zwar schon seit drei Jahren niemanden mehr gehenkt; das Hängen schien überhaupt aus der Mode zu kommen. Trotzdem vermied jedermann, in der Dämmerung oder bei Nacht an dem steinernen Aufbau vorüberzugehen, auf dem das verwünschte dreibeinige Gestell stand. Man sah dort wandelnde Lichtchen und das ausgetrocknete Holz stöhnte wie eine verstimmte Harfe. Dieser Aufbau, in der Form eines abgestumpften Turms von kaum mehr als zwei Mannshöhe, war wie gemacht für einen ersten Versuch. Auch konnte er, wenn derselbe mißlingen sollte, hoffen, mit dem Leben davonzukommen, denn rings um den Rabenstein war frischgeackertes Feld, das nicht zu hart sein mochte. Auch stand noch die Leiter am Galgen, so daß er den zweiten und dritten Flug von einem höheren Punkt aus versuchen konnte; kurz, es war hier alles vereinigt, was er brauchte, und nur der unangenehme Nebengedanke zu überwinden, daß sein Vorgänger von dieser Leiter den Flug in die Ewigkeit angetreten hatte und ein gottverlassener Kirchendieb und Raubmörder gewesen war.

Lombard lachte, als ihm Berblinger von seiner Entdeckung erzählte. Ein bitteres Lachen. »Du wirst nie ein großer Erfinder werden, Berblinger, wenn du nicht bereit bist, mit Kirchenschändern und Raubmördern auf einer Leiter zu stehen. So sind die Menschen und das ist das Los derer, die sie befreien und erlösen wollen. Es war in alten Zeiten so und wird nicht anders werden. Ich will dir keine Heiligen nennen, denn ich glaube an keine Heiligen. Aber du erinnerst dich aus deiner Klosterzeit eines gewissen Prometheus. Der hatte auch eine große Erfindung gemacht. Jahrhunderte später sagten die Leute noch, er habe die Götter bestohlen, die ihn dementsprechend behandelt hätten.«

Das war am Tag, an dem die Maschine fertig geworden war. Berblinger verließ den Alten mit dem Entschluß, in der nächsten Nacht den ersten Versuch zu machen.

Seitdem die Festungswerke geschleift waren, fand man es nicht mehr schwierig, auch nach dem Abendläuten der Torglocke die Stadt zu betreten oder zu verlassen, wenn man mit den Torwärtern bekannt war. Berblinger hatte sich mit dem Mann am Glöcklertor befreundet, seitdem der Plan in ihm aufgetaucht war, seinen ersten Flug auf dem Galgenberg zu wagen. Er hatte den sorgfältig zusammengefügten Apparat zerlegt, in Sackleinwand gepackt und ihn in der Dämmerung von dem Lehrbuben durch die Stadt führen lassen. Fränzle sollte ihn am Tor erwarten. Gegen acht Uhr abends war er selbst, aber allein mit dem sonderbaren Fuhrwerk auf dem Weg nach dem Galgenberg. Es seien neumodische Gartengeräte, ein Weinbergpflug und dergleichen, hatte er dem Torwart erklärt, die er für seinen Freund, den Pestilenziarius Krummacher, aus Gefälligkeit nach dessen Gütchen bringe. Der Torwart wunderte sich über seine große Gefälligkeit und ließ ihn ziehen.

Es war eine stürmische Märznacht; gerade das, was er brauchte, denn auch die Vögel halten sich leichter in der Luft, wenn ein tüchtiger Wind weht. Da und dort lag noch Schnee. Der Weg war schlecht, aber er war dem Ziel schon nahe und schob seinen Karren mit fieberhaftem Eifer vorwärts. Jetzt hielt er an, um sich den Schweiß von der Stirne zu wischen. Das hohe dreibeinige Gestell zeichnete sich scharf und schwarz gegen den graugelben Nachthimmel im Westen; er konnte schon die Sprossen der Leiter zählen; zwei alte Stricke oder Ketten pendelten im Wind von den Querbalken herab. Oben drauf saß ein großer Vogel, es konnte kaum ein Rabe sein. Er glaubte seine alte Freundin, die Eule, wiederzuerkennen.

Ringsum herrschte tiefe Stille; nur von der Donau her hörte man das Rauschen des Windes im kahlen Buschwerk, das den steilen Abhang nach dem Fluß hin bedeckte. Zweihundert Schritte weiter hinaus im öden, flachen Feld stand eine Schäferhütte, und kaum sichtbar in der tiefen Dämmerung, dicht zusammengedrängt in ihren Hürden, lag eine kleine Herde schlafender Schafe. Selbst sie hätte er gerne weggewünscht. Mit Mühe schob er den Karren über das weiche, frischgeackerte Feld; doch war es ihm nicht unlieb, daß es aufgefroren war. Sicher war er ja nicht, wie der erste Versuch enden würde, aber entschlossen, lieber Hals und Bein zu brechen, als unverrichteter Dinge sein Fuhrwerk nach der Stadt zurückzuschieben.

Er war erschöpft und nicht in bester Stimmung, als er an dem Gemäuer anlangte und auf dessen windstille Seite die Laterne anzündete, die er mitgebracht hatte. Dann begann er seinen Wagen zu entladen. Ein großer Erfinder zu werden, hatte doch recht unangenehme Seiten. Es sah alles so gespenstig aus; selbst die Eule oben auf dem Querbalken des Galgens ließ sich nicht stören und schien halb neugierig, halb verdrießlich das Treiben des sonderbaren Ankömmlings zu betrachten. Der Vogel ärgerte ihn, und ein Wunder war es nicht, daß er an seinen Freund Lombard dachte, wie er ihn vor den drei Kerzen und dem Totenkopf auf den Knien gesehen hatte. Es sah wahrhaftig aus, als ob auch er das Gestell für eine Teufelsbeschwörung aufbaute.

Obgleich er sich am Fuß des Mauerwerks in verhältnismäßiger Windstille befand, machte es einige Schwierigkeit, den großen Apparat zusammenzustellen, und ganz unmöglich erwies sich, ihn auf die Plattform des Baus hinaufzubringen, ohne ihn zu zerbrechen. Er mußte ihn wieder auseinandernehmen, die einzelnen Teile getrennt hinauftragen und sie oben unter dem Galgen aufs neue zusammenstellen. Glücklicherweise hatte der Frühlingssturm, der in warmen Stößen von Westen kam, nachgelassen, sonst wäre auch dies schwerlich gelungen, obgleich ihm die Leiter außerordentlich gute Dienste leistete, an der er das Gestell, das die flügelartigen Rahmen trug, aufhängen konnte. Es geschah dies mittels einer Schleife, die er von unten, von dem kleinen Korb aus, in welchem er selbst stehen oder sitzen sollte, lösen konnte. Aber es war harte und mühselige Arbeit, da es mittlerweile schwarze Nacht geworden war und der matte Schimmer der Laterne nur einen Teil der Maschine beleuchten konnte. Doch war er jetzt nahezu fertig und stellte sich zur Probe in den Korb, der ihn während des Versuchs tragen sollte.

Er sah nach oben und klatschte in die Hände. Noch immer wollte sich die Eule nicht verscheuchen lassen. Sie kam ihm jetzt vor wie ein böser Geist, der darauf wartete, zu Hilfe gerufen zu werden: das infernalische Tier wußte ja, wie man fliegt.

Endlich war alles bereit. Ein ruhiger stetiger Wind blies vom Kuhberg her und jagte goldbraune Wölkchen an der dünnen Mondsichel vorüber, die fast senkrecht über dem Galgen erschien.

»Jetzt oder nie – in Gottes Namen!« flüsterte er, im Geist die Faust gegen die Eule erhebend, die bösartig zu fauchen angefangen hatte. Dann zog er an der Leine, die die zwei Haupttragrahmen hob, so daß sie dem Wind eine nach vorn geneigte Fläche darboten. Ein freudiger Schauer durchzuckte ihn. Er fühlte sofort den leichten Druck nach oben. Kein Zweifel, die Maschine wollte fliegen.

»Jetzt oder nie!« rief er noch einmal, löste mit einem scharfen Zug die Schleife, an der der Apparat hing, und sprang über den Rand des Gemäuers in die Luft hinaus. Er schwebte – er schwebte! Einen Augenblick lang fühlte er den Zug nach oben schärfer; dann rauschte und krachte es über seinem Kopf; eine Sekunde später war jeder Druck oder Zug verschwunden. Er stürzte zur Erde und die Maschine, ein Gewirr von Schnüren und Stangen, Rahmen und Leinwand, deckte ihn zu.

Es war kein hoher Fall, da er tatsächlich abwärts fliegend mit dem Apparat, der wie ein Fallschirm wirkte, dem Boden schon ziemlich nahe gekommen war, als das Gestell zusammenbrach. Er verlor die Besinnung nicht für einen Augenblick; trotzdem blieb er einige Minuten still liegen, um sich zu sammeln und zu überlegen, was jetzt zu tun sei. Auch wollte ein heftiger Schmerz in seinem Fuß beobachtet sein, ehe er ihn regte. Etwas vom wahren Erfinder hatte er doch in seinem Temperament: Die klägliche Niederlage hatte ihn nicht im geringsten entmutigt. Aber er war fast hilflos und versuchte jetzt, stöhnend vor Schmerz, sich unter der Leinwand hervorzuarbeiten und wenigstens den Kopf frei zu bekommen. Es gelang, als gerade die Eule über ihm wegflog und kreischte, als wenn sie lachte. Sie flog langsam; es schien, sie wollte sich die Sachlage genau betrachten, so daß auch er sie ganz genau sehen konnte. Da schoß ein Gedanke durch seinen Kopf, der ihm mit einem Schlag neues Leben gab. »Das ist's! Das ist's!« flüsterte er schaudernd und schloß die Augen, um zu denken.

»Donnerkeil!« rief plötzlich eine rauhe Stimme über ihm. »Was ist denn da drunten? Der Teufel ist's nicht, der müßte schon anders rumoren. Raus mit dem Kerl!«

Berblinger setzte sich auf und sah um sich. Vor ihm stand ein Mann in einem blauen Bauernhemd, mit einer Schippe in der Hand, die er wie eine Hellebarde gegen ihn gerichtet hatte. Er schien trotz seiner mutigen Worte und kriegerischen Stellung erschrocken genug zu sein.

»Helft mir auf, guter Freund«, sagte Berblinger, »ich glaube, ich habe den Fuß gebrochen.«

»Geschieht Euch recht«, erwiderte der Bauer. »Was habt

ihr Stadtleute hier außen am Galgen zu tun? Ei so schlag! Und all das Zeugs da!«

Der Schneider stand auf und fühlte mit großer Genugtuung, daß er nichts gebrochen hatte; zu gehen war er trotzdem kaum imstande.

»Ihr habt wohl ein Stück vom Galgenstrick holen wollen?« fragte der Schäfer. »Ein bissel hexen will jeder, der's nicht versteht. Da liegt Ihr jetzt, verhext genug. Geschieht Euch recht!«

»Helft mir heim und haltet das Maul; es soll Euer Schaden nicht sein«, bat der Verunglückte.

»Was gilt's?« fragte der Bauer.

»Dreißig Kreuzer. Das Zeug könnt Ihr auch behalten.«

»Dreißig Kreuzer – dafür tu' ich's. Das Zeug mag der Teufel holen, für den Ihr es wohl gemacht habt. Ei so verreck, ei so verreck!«

Auf den Schäfer gestützt machte der Schneider einen mühsamen Versuch zu gehen; aber es war nicht möglich, weiterzukommen. Die Schmerzen in seinem Knöchel wurden unerträglich. Da sah sein Retter, der durch fortwährendes halblautes Fluchen die bösen Geister zu beschwören suchte, von denen es um den Galgen wimmelte, den Handkarren im Schatten des Gemäuers stehen und lachte.

»Donnerkeil! Ihr habt ja das Fuhrwerk schon mitgebracht! Setzt Euch drauf; ich führ' Euch in die Stadt um achtundvierzig Kreuzer Ulmer Geld.«

Der Schäfer erhielt einen Gulden, zwölf Kreuzer extra fürs Maulhalten. So kam Berblinger nach seinem ersten Flugversuch nach Haus. Er lag während des größeren Teils der Fahrt flach auf dem Rücken, die Augen starr nach oben gerichtet. Hätte jemand sein Gesicht beobachtet, so müßte er auf die Vermutung gekommen sein, man bringe jemanden, wenn auch verwundet, aus einem ruhm- und siegreichen Gefecht, so froh und hoffnungsvoll sah er aus. Dabei murmelte er von Zeit zu Zeit, beide Arme in die Höhe werfend: »Ich hab's, ich hab's. So muß es gehen!«

Dem Schäfer wurde nachgerade ganz bange. »So was!« brummte er. »Der lacht noch, wenn man ihn mit zerbrochenen Knochen heimkarrt. Steckt doch am Ende der Teufel hinter dem Kerl!«

28
Die Zunft

Niemand hätte vermutet, in dem winkligsten Teil der unteren Stadt hinter dem ›Wilden Mann‹, wo die Häuser auseinander herauswachsen und sich biegen und krümmen wie die Bäume in einem verkommenen Eichenwald, ein Gärtchen zu finden, wie es der Herbergsvater der Schneiderzunft herzurichten und zu erhalten wußte. Es bot nur Raum für vier kleine Wirtstische; aber drei überaus genügsame Kastanienbäumchen fanden trotzdem Luft und Licht genug, alljährlich ein neues Laubdach über sie zu breiten und den Meistern der ehrsamen Schneiderzunft den ganzen Sommer hindurch ein kühleres Trinkstübchen zu verschaffen, als es irgend sonstwo in der Stadt zu finden war. Das ist heutzutag alles anders geworden und nur die ältesten Ulmer wissen sich zu erinnern, daß ihre Väter das Gärtchen noch gesehen haben wollten. Es soll mit schuld daran gewesen sein, daß die Schneider von Ulm durstigere Kunden waren als die andrer Gemeinwesen im zerfallenen, aber noch immer trinkfesten Reich und in dieser Hinsicht nur von den Bäckern und Fleischern, den Schmieden und Zimmerleuten derselben ehrwürdigen einstigen Reichsstadt übertroffen wurden.

So saßen denn auch schon kurz nach zwei Uhr drei der Herren Meister am hintersten, schattigsten Tisch des Gärtchens vor einem gewaltigen Steinkrug, aus dem sie abwechslungsweise tranken, obgleich die Versammlung vor offener Lade erst auf drei Uhr angesagt war. Sie gehörten mit Ausnahme nicht einmal zu den Durstigsten und ratschlagten mit nüchterner Bedächtigkeit. Es war Glöcklen, der zweite Zunftmeister, Meister Bandel aus der Platzgasse, der älteste der Zunft, der den Siebenjährigen Krieg mitgemacht hatte, und Bockelhardt, der allerdings nur noch auf Stör arbeitete, aber doch mit Rücksicht auf alte

Zeiten als Vollmeister mitzählte und sogar eine gewisse Achtung genoß; das Ansehen, mit dem man in andern Kreisen ein verkommenes Rittergeschlecht und seine zerfallende Burg betrachtet.

»Der Obermeister muß aus dem Häuschen sein«, klagte der runde rosige Glöcklen mißmutig, indem er sich den Schweiß von der Stirne wischte, denn es war ein erstickend schwüler Nachmittag und das Bier wirkte. »All' Ritt eine Sitzung. Man kommt zu keiner ehrlichen Arbeit mehr.«

»Das sind die Zeiten!« stöhnte der alte Bandel, daß sein weißer Bocksbart zitterte. »Alles wackelt und bewegt sich. Es soll schon seine Richtigkeit haben: Wir werden württembergisch.«

»Meinethalben chinesisch, solange das Bier bayrisch bleibt«, sagte Bockelhardt, der noch nüchtern war und denken konnte. »Das haben die Herren Brauer im ›Goldenen Ochsen‹, im ›Hecht‹ und auch hier im ›Wilden Mann‹ doch gelernt, seitdem wir königlich sind: ihr Bier sieden. Hat halt alles sein Gutes. Wer weiß, was uns die Württemberger bringen werden. Sie glauben, sie seien allein die echten Schwaben, und halten sich für besonders schlau.«

»Ihr König ist's. Ich denke wie der Rat Schwarzmann und wollte, wir blieben bayrisch«, meinte Glöcklen. »Aber deshalb sind wir nicht zusammengerufen worden. Es geht die Zunft nichts mehr an, wer die Stadt regiert. *Die* Zeiten sind vorbei, Bandel, Gott sei's geklagt.«

»Das alte Zeughaus wird wohl nie mehr hergerichtet«, versetzte der Achtzigjährige, seinen zahnlosen Mund öffnend, als ob er gähnen wollte. »Nie mehr! Wir könnten unser tapfer Fähnlein der Stadtbibliothek schenken. Und die Franzosen hinten und vorn, oben und unten! Sind *das* Zeiten!«

Bockelhardt leerte den Krug, um sich und die andern zu trösten, und schlug ihn dröhnend auf den Tisch:

»Also frag' ich: Wozu sind wir hier?«

»Na, du brauchst nicht so breitspurig zu tun, Nachbar«,

lachte Glöcklen. »Wer zahlt hier, du oder ich? Wozu wir hier sind? Erstlich soll die Bruderschaft entscheiden, ob der Breithuber, der Altgesell bei Strigl in der Schwörhausgasse, Meister werden soll oder nicht.«

»Nicht!« sagte Brandel prompt. »Wir haben Meister genug für die schlechten Zeiten; etliche zuviel, mit Respekt zu sagen.«

»Das Alter hätt' er«, meinte Glöcklen gutmütig.

»Zweifach«, versetzte der andre ärgerlich. »Wir kennen ihn; er war bei dir auch schon Altgesell, Bockelhardt. Gehört nach Ansbach; die sollen ihn füttern. Der Herrgottsackerment will keine Meisterstochter heiraten und könnte drei haben, so alt wie er. Das war Handwerksbrauch zu meiner Zeit und soll's bleiben, Revolution hin, Revolution her! Wir haben an dem Berblinger genug von dieser Sorte. Wie ist's, Glöcklen, beißt er noch nicht an?«

»Das halte er, wie er will«, antwortete der Befragte verdrießlich. »Meine Schwägerin würde sich heute besinnen, mehr für ihn zu tun als haushalten. Der Berblinger? Auch wegen dem sind wir hier, wie ich höre.«

»Der Berblinger?« nickte Bockelhardt. »Ich kann ihn wohl leiden von früheren Zeiten her – das Prätle –; hab' ihm oft genug auf die Finger geklopft. Muß wieder geschehen; er treibt's zu bunt. Der Krug geht so lange zum Brunnen –«

»Als du zum Faß«, unterbrach ihn Glöcklen. »Was wißt denn ihr?«

»Er hat seinen zweiten Gesellen auch laufen lassen«, antwortete Bandel. »Er arbeitet jetzt nur noch mit einem Lehrbuben, mit Bockelhardts Fränzle. Du solltest mehr von ihm wissen«, wandte er sich an diesen, »als wir beide zusammen.«

»Der Bub sagt nichts. Ich hab' noch nie einen Buben gesehen wie den Buben«, berichtete Bockelhardt. »Die Leute schwatzen um so mehr, wenn der Tag lang ist, Dummes und Gescheites, und ich glaube wahrhaftig: Mit dem Dummen hat es diesmal seine Richtigkeit.«

»Ja, ja, so ist's!« erklärte der alte Bandel. »Diesmal hat der Bockelhardt recht. Er ist doch ein Malefizkerl, der Bockelhardt.«

»Ich denke, man weiß genug«, fuhr der Gepriesene fort, sich selbstgefällig umsehend. »Meine Meinung ist: entweder ist er verrückt oder er ist des Teufels, des wirklichen, schwarzen, bocksbeinigen Teufels, nicht bloß *façon de parler*, wie der Franzos sagt. Ich bin auch in Paris gewesen, Meister Glöcklen.«

»Das Saufen hättest du auch hier lernen können«, versetzte Glöcklen ärgerlich. Es war der Kummer seines Lebens, daß er seinerzeit in Nanzig hängengeblieben war. »Weiter!«

»Na, die ganze Stadt schwatzt ja davon! Ich hab' es immer gern gehabt, das Prätle, aber was wahr ist, muß wahr bleiben. Man sehe ihn öfter am Galgenberg, sagen sie, als es einem regelrechten Galgenstrick gesund ist; auch daß er dort mit einem Schäfer aus Grimmelsingen zusammen hantiere, Gott weiß was und wozu. Was hat ein Schneider mit einem Schäfer zu tun, frag' ich. Ist das Handwerksgebrauch? Und das ist noch nicht alles. Immer steckt er bei unehrlichen Leuten. Der Münstermesner sagt, er sei keinen Tag sicher, so laufe der Berblinger auf den Turm zum alten Lombard.«

»Ja, ja!« sagte Bandel, die Augen weit aufreißend. »Der ist schlimmer als alle Schäfer miteinander. Daß das die hohe Obrigkeit mit ansehen kann! Der Mann sei ein halber Türke aus dem Österreichischen, dazu über hundert Jahr alt. Dort oben sitzt er schon seit fünfzig Jahren, soviel *ich* weiß, und was er treibt, weiß kein Mensch. Auf unserm eignen Münster!«

»Und den besucht der Berblinger?« fragte Glöcklen kopfschüttelnd.

»Regelmäßig. Es vergeht keine Woche, in der sie nicht

beisammen sind«, bestätigte Bockelhardt. »Mir tut's leid um den Prätle, denn von all meinen Lehrbuben hab' ich ihn am besten leiden mögen. Dazu rumort er in nachtschlafender Zeit auf seinem Speicher herum, daß der Bäckermeister Gelbsack ausziehen will. Es sei zu grausig für einen Christenmenschen.«

»Dummheiten!« sagte Glöcklen entschieden, »da muß etwas andres dahinterstecken.«

»Das sag' ich auch«, fuhr Bockelhardt fort. »Die Frage ist nur, was. Ich denke, wir hören heute mehr davon. Viel länger kann die Zunft nicht zusehen, auch wenn die Geistlichkeit mit Gewalt blind sein will. Die betrifft's vor allen andern.«

»Das begreif' ich auch nicht«, erklärte Glöcklen.

»Die Geistlichkeit!« rief Bockelhardt entrüstet. »Die fürchtet den Teufel mehr als wir, von Amts wegen. Wahrscheinlich denken sie, unser Herrgott habe Platz genug gemacht für all seine Geschöpfe. Man solle niemanden ungelegen in die Quere kommen, am wenigsten dem.«

Er machte mit den Fingern, die er gegen die Stirne hielt, ein Zeichen, das ein paar Hörner andeuten sollte, dann neigten sich die drei alten Köpfe etwas tiefer über den gemeinsamen Bierkrug, um der Philosophie des Übersinnlichen, soweit sie den Galgenberg, Schäfer und Türmer betraf, des weiteren nachzugrübeln. Bockelhardt spielte hierbei den Freidenker, Bandel glaubte noch an jeden Spuk, und Glöcklen nahm eine versöhnende Mittelstellung ein, indem er abwechslungsweise dem einen wie dem andern recht gab. Dabei verdüsterte sich Berblingers Zukunft, ohne daß er es ahnte, obgleich er seit einiger Zeit nur wenige Schritte von der Gruppe am zweiten Tisch saß und sichtlich in trüber Stimmung, die Hände in den Taschen, weit zurückgelehnt auf der Holzbank das Zeichen erwartete, das die Meister in die wohlbekannte Amtsstube der Zunft rufen sollte.

Er hatte sich in kurzer Zeit nicht zu seinem Vorteil verändert, war bleich und magerer geworden und hatte sich unruhige, nervöse Bewegungen angewöhnt, die den Schein erweckten, als ob ihm jede Begegnung, selbst mit Bekannten, unangenehm wäre. Auch war er nicht mehr so sorgfältig gekleidet wie zu Anfang seiner Meisterschaft. Es schien ihm gleichgültig zu sein, ob er auffiel oder nicht, und allen, die ihn früher gekannt hatten, fiel er auf. Einige seiner gutartigeren Zunftbrüder vermuteten, daß er krank sei. So weit war es jedoch noch nicht, wenn auch manchmal das Blut in seinem Kopfe klopfte, als ob es die Stirnadern sprengen wollte, und dann wieder tagelang so leis und sacht floß, daß jedermann über sein mattes Aussehen den Kopf schüttelte. Er hatte im April drei Wochen lang an einer zerrissenen Sehne zu Bett gelegen und hinkte noch immer ein wenig. Das aber konnte den sonst gesunden jungen Mann unmöglich in diesen Zustand versetzt haben.

Wohl ein Dutzend weiterer Zunftgenossen waren mittlerweile in den Garten getreten und hatten, sich eng zusammendrängend, am dritten und vierten Tisch Platz genommen. Niemand setzte sich zu ihm, aber er bemerkte es kaum. Endlich hörte man ein fernes, dünnes Klingeln, worauf sich einer nach dem andern erhob und bedächtig ins Haus trat. Nur wenige hatten gegen Berblingers Tisch hin mit dem Kopf genickt; begrüßt hatte ihn keiner. Das war vor einem halben Jahr noch anders gewesen. Nun erhob auch er sich und folgte den andern.

Als er das Sitzungs- und Festzimmer der Zunft betrat, stand die Lade bereits geöffnet auf dem Tisch und hinter ihr der Obermeister Knöppel, an dessen Seite Glöcklen mit drei Beisitzern, darunter Bandel und der Zunftschreiber, Platz genommen hatten. Entlang der Wände saßen in zwei langen Reihen die übrigen Meister und sahen mit unbeweglichen Gliedern und steinernen Gesichtern der Aufnahme von zwei Lehrlingen zu, welche, da die Jungen Meisterssöhne waren, rasch und ohne Anstand erledigt wurde. Berblinger setzte sich als jüngster der Meister an das Ende der linken Reihe und sah gleichgültig und verstimmt zu Boden. Knöppel hatte ihm eindringlich sagen lassen, er dürfe diesmal bei Strafe die Versammlung nicht versäumen. Er hatte am selben Nachmittag die gebrochenen Flügel seiner neuesten Maschine verstärken wollen.

Nach der Lehrlingsaufnahme legte Knöppel die Bitte des Altgesellen Breithuber vor, der zum drittenmal um die Erlaubnis einkam, sein Meisterstück am hiesigen Orte machen zu dürfen, um sich später als selbständiger Meister niederzulassen. Sie wurde einstimmig abgelehnt, nachdem der Obermeister erklärt hatte, daß die Geschäftslage derzeit nicht dazu angetan sei, die Zunft mit weiteren Meistern zu belasten, namentlich mit Leuten, die von Rechts wegen nach Ansbach gehörten und nicht gewillt seien, einen ehrbaren Hausstand nach Ulmer Handwerksgebrauch zu begründen, obgleich dem Breithuber solches nahegelegt worden.

Alles sah bei diesen Worten auf Berblinger, der endlich aus seinen Träumereien aufwachte und unbehaglich auf seinem Stuhl hin und her rückte. Was wollten die Herren Meister von ihm? Sie konnten sich neuerdings nicht darüber beklagen, daß er ihnen in ungebührlicher Weise das Brot wegnehme. Er hatte selbst Mühe genug, es für sich zusammenzubringen.

Knöppel aber legte sein Gesicht in besonders feierliche Falten, öffnete einen Brief, den ein großes wunderliches Siegel schmückte, und begann nach ältester Zunftweise, was immer ein Zeichen war, daß etwas besonders Wichtiges bevorstand:

»Mit Gunst und Verlaub, ihr Herren Meister der ehrsamen Zunft der Schneider in der weltberühmten, weiland freien Reichsstadt Ulm, so nunmehr seiner allergnädigsten Majestät dem König von Bayern *et cetera*, in Treue untertan! Mir ist ein Brief zugegangen, gerichtet an die ehrsame Zunft von der neuen, gleichfalls ehrsamen Zunft der Schirmmacher, darin besagte Zunft Klage führt gegen einen der Unsern, und zwar gegen den Meister Berblinger in der Herrenkellergasse und folgendes zur Anzeige zu bringen sich bemüßigt sieht:

Mit Gunst und Verlaub einer ehrsamen Zunft der Schneider zu Ulm mögen die Endunterzeichneten anfolgendes berichten und zugleich bitten, Remedur zu beschaffen, also daß in Zukunft wie bisher ein friedlich Einvernehmen zwischen den zwo ehrsamen Zünften erhalten und nicht weiter gestört werde. – Obgleich unsre Zunft nur klein und sich keines sehr hohen Alters zu rühmen vermag, hat sie doch ihre verbrieften Rechte von dem hohen Rat der weiland freien Reichsstadt Ulm überkommen und ist gewillt, solche Rechte nicht freventlich hintansetzen noch verletzen zu lassen. Nun ist uns glaubwürdig angezeigt und wird von dem Bäckermeister Gröber in der Herrenkellergasse sowie dessen Gesellen, insgesamt ehrbare Bürger der hiesigen Stadt, bezeugt, daß Schneidermeister Berblinger, so in demselben Hause wohnhaft, nächtlicherweile und unberechtigterweise schirmartige Gestelle angefertigt, dieselben auch mit Seiden- oder Baumwolltuch überspannt und derart präparieret hat, daß ein Schirm oder schirmähnlicher Gegenstand daraus entsteht, auch daß er solches mehrfach wiederholt und also derartige Gegenstände fabriziert hat. – Nachdem auch festgestellt worden, daß besagter Berblinger große Quantitäten von Fischbein, Bambusstöcken sowie andern Stoffen angekauft, wie solche in unserm Gewerbe verwendet werden, befürchten wir mit Recht, daß solche Hantierung unser zünftig Handwerk schädigen und dazu führen könnte, den berechtigten Verdienst unsrer verbrieften Zunft zu schmälern. – Wir bitten deshalb den hochwohllöblichen Obermeister der ehrsamen Zunft der Schneider, ohne Verzug solch ungebührlichen Eingriffen in unsre Rechte zu steuern und also ein friedlich und ehrsam Zusammenleben der beiden Zünfte nicht weiter zu gefährden. Gezeichnet im Namen der ehrsamen Zunft der Schirmmacher zu Ulm. – Obermeister Stengle.«

Der Brief wurde in feierlichem Schweigen angehört, bei dem die Versammlung verharrte, nachdem ihn Knöppel bedächtig zusammengefaltet und wieder niedergelegt hatte. Dies war nicht Handwerksgebrauch. Ein derartiger Einspruch einer Zunft gegen die Übergriffe einer andern wurde gewöhnlich mit heftigen Gegenangriffen der Angeklagten erwidert. Heute blieb jede Kundgebung dieser Art aus, und der Obermeister sah fragend von einem zum andern der Meister, die dasaßen, als ob alles Geistesleben hinter den monumentalen Holzköpfen zum Stillstand gekommen sei. Nach einer Pause von mehreren Minuten erhob sich Knöppel aufs neue.

»Es ist mir zu Ohren gekommen«, sagte er, »daß dies nicht das einzige sei, was Meister Berblinger auf dem Kerbholz habe, also daß es sich wohl geziemt, nach Handwerksgebrauch eine Umfrage zu halten, auf daß auch in der Zunft Friede und Freundschaft herrsche, wie vordem gewesen ist. So mit Gunst, ihr Herren Meister, hat einer oder der andre etwas zu klagen, der stehe auf und klage, dieweil die Herren Beisitzer und Meister beisammensein und Lade und Büchse offenstehen. Solches vermelde ich laut meines innehabenden Amtes zum ersten-, zum zweiten- und zum drittenmal.«

Wieder trat eine tiefe Stille ein; dann erhob sich der alte Lamprecht aus der Hirschgasse, ein würdiger, weißhaariger Herr, trat langsam vor den Tisch, an dem er sich krampfhaft festhielt und begann mit dünner, zitternder Stimme:

»Der Herr Obermeister und die Herren Beisitzer sowohl als eine ganze ehrsame Bruderschaft wolle mir vergönnen, etliche Worte zu melden.«

644

»Es ist Euch vergönnt. Redet mit Bescheidenheit!« sagte Knöppel feierlich.

»Ich wollte gefragt haben«, fuhr Lamprecht aus der Hirschgasse fort, »ob denn dieses der Gebrauch wäre, daß ein Meister der ehrsamen Zunft nächtlicherweile unter seinem Dach ein ander Gewerb treibe, auch wenn dasselbe nicht zünftig, sondern eine freie Kunst sein sollte, und seinen Lehrjungen dazu anhält, das gleiche zu tun. Item wollte ich fragen, ob ein Meister der ehrsamen Schneiderzunft sich in gemeine Hantierung mit einem Schäfer einlassen mag, wohl wissend, daß die Schäferei und dergleichen von alters her nicht als ein ehrlich Gewerbe erachtet ist, er solches auch nur nächtlicherweile zu tun wagt und an einem Ort, den in dieser ehrsamen Versammlung zu nennen sich nicht geziemt.«

Lamprecht hatte sein Sprüchlein auswendig gelernt und sah sehr vergnügt aus, als er mit demselben glücklich zu Ende war. Aber schon hatte sich ein zweiter Kläger erhoben und verlangte in zorniger Aufregung, gehört zu werden.

»Sprecht, Meister Rau!« sagte Knöppel beschwichtigend. »Jeder soll zum Wort kommen, nach Handwerksgebrauch, aber redet mit Bescheidenheit!«

»Mit Gunst, ihr Herren, und verzeiht, wenn ich meine Worte nicht setzte, wie es alter Brauch verlangt. Ich bin einer von den Jungen, aber ich halte auf alte Ordnung so gut als ein andrer. Ist's Handwerksgebrauch, daß ein ehrsamer Schneidermeister allwöchentlich zwei-, dreimal auf den Münsterturm klettert und mit dem Türmer konferiert, von dem jedes Kind in der Stadt weiß, daß es nicht geheuer mit ihm ist? Das mag man glauben oder nicht. Ich glaub's nicht, aber trotzdem –: wozu tut er das, und ist es Handwerksgebrauch?«

Der junge Rau setzte sich, sehr rot im Gesicht und halblaut gegen seine Nachbarn weitersprechend, denen er ärgerlich erklärte, daß er die Hälfte seiner Anklage vergessen habe. Er sei wie verhext gewesen während des Sprechens.

Der Zunftmeister sah um sich.

»Begehrt noch jemand in dieser Sache zu fragen?«

Ein stattlicher Mann mittleren Alters erhob sich, der gewohnt schien, das Wort zu führen und gehört zu werden.

Es war Meister Schlumperger aus der Herrenkellergasse, einer der nächsten Nachbarn Berblingers, der aus seinem Fenster auf dessen Arbeitstisch sehen konnte und dies oft genug fluchend getan hatte. Er sprach ohne Stocken, seine grauen stechenden Augen fest auf den Angeklagten gerichtet.

»Mit Gunst und Verlaub möchte auch ich fragen, ob es Handwerksgebrauch ist, daß ein junger Meister sich erdreistet und sich den einzigen wahren Wiener Schneider nennt, und solcherweise alte Kunden von Meistern abzieht, die seine Lehrherren gewesen sein könnten? Daß er durch derartig verwerfliche Anmaßung allerdings imstande ist, mit zwei geschickten Gesellen ein lustig Geschäft zu treiben, sodann aber nach wenigen Monaten sein Geschäft derartig liederlich führt, daß es eine Schande für die ehrsame Zunft und die ganze Stadt ist, auch das gesamte gemeine Wesen schädigt, erstlich durch unzünftig schlechte Arbeit, zweitens durch die vorangegangene freche, verstunkene und verlogene –«

»Sprecht mit Bescheidenheit!« mahnte Knöppel.

»Verstunkene Behauptung. Ich bin nämlich auch in Wien gewesen, schon ehe der Lump auf der Welt war, und ich will wissen –«

»Sprecht mit Bescheidenheit!« wiederholte der Zunftmeister eindringlich.

»Ich wollte fragen, ob dies in dieser Stadt Ulm Handwerksgebrauch ist. Dann will ich lieber in Söflingen Schneider sein als hier; mehr kann ich nicht sagen.«

Auch der dritte Kläger setzte sich, diesmal unter allgemeinem Murmeln des Beifalls. Knöppel wartete wieder einige Minuten, ehe er begann.

»Mit Gunst, ihr lieben Herren und Zunftgenossen, ich vermeine, daß alles, so hier vorgebracht worden, der Gebrauch nicht gewesen ist, nicht ist und nicht sein wird. Derjenige, der solches getan hat, wird sich melden!«

Berblinger zauderte einen Augenblick; dann erhob er sich. Er war bleicher, aber auch ruhiger als gewöhnlich, und begann wie üblich:

»Mit Gunst, Herr Obermeister und ihr Herren Beisitzer, ich bitte, daß ich vor offener Lade sprechen möge.«

»Es ist Euch gewährt, Meister Berblinger«, entgegnete Knöppel nach gewohnter Weise. »Sprecht mit Bescheidenheit.«

»Mit Gunst, ihr Herren alle!« fuhr Berblinger fort, dem letzten Kläger frech – wie sie nachher sagten – ins Gesicht sehend; »zuvörderst möchte ich sagen, daß der Meister Schlumperger, der letzte der drei Kläger, in der Herrenkellergasse wohnhaft ist, woselbst auch ich meine Werkstatt mit obrigkeitlicher Bewilligung errichtet habe, und daß ich ihm deshalb sonderlich im Weg gewesen sein mag. Ob ich all das getan habe, was dieser Kläger und auch die andern beiden vorgebracht und noch in Gedanken beigefügt haben, die man leichtlich erraten konnte, will ich nicht zugeben noch bestreiten. Auch dürfte es seine Richtigkeit haben, daß ich da und dort nicht nach Handwerksgebrauch verfahren. Dagegen soll mit Verlaub folgendes nicht ungesagt bleiben: Den Türmer Lombard hab' ich gekannt, eh' ich in die Lehre kam, und hat mich der Pestilenziarius Krummacher, ein gottesfürchtiger Herr, wie jedermann weiß, ihm zugeführt. Auch ist er mir ein guter Freund gewesen mein Leben lang. Was die Leute über ihn sagen, ist Altweibergewäsch und zu verwundern, daß solche Torheiten in der Versammlung einer ehrbaren Zunft nachgeplappert werden. Damit habe ich diesen Punkt geziemend abgefertigt.«

»Sprecht mit Bescheidenheit!« kam es wieder hinter der Lade hervor.

»Das tu' ich!« versetzte Berblinger prompt. »Aber auf einen groben Klotz gehört ein grober Keil, und mit Narren ist nicht gut rechten. Das hab' ich auch zu der Klage wider den Schäfer von Grimmelfingen zu sagen. Der ist eine brave, ehrliche Haut und ein armer Teufel und läuft nicht vor jedem Weidenbusch davon, den der Wind bewegt. Er hat mir geholfen bei meiner Hantierung, wofür ich ihn ehrlich bezahlt habe, wie's unter Christenmenschen üblich. Den Schirmmachern aber mag der Herr Obermeister kund und zu wissen tun, daß ich zeitlebens nie einen ganzen Schirm gemacht habe noch zu machen verstehe, daß sie aber zweifellos von böswilligen Leuten übel berichtet worden, und darauf läuft wohl all das Klagen hinaus.

Was ich aber gemacht habe oder vielmehr mit Gottes Hilfe zu machen gedenke, will ich nicht länger verhehlen, sondern nunmehr vor offener Lade frei und ohne Zagen kundtun, denn es hat mich Müh und Arbeit genug gekostet, dazu mein gutes Geschäft, wie der Meister Schlumperger wahrheitsgetreu erzählt; nur kennt er Grund und Ursach nicht, die mich so weit gebracht haben. Ich habe nämlich seit Jahren gedacht, daß der vernünftige Mensch gleichwie die Vögel, die ohne Verstand sind, sollte fliegen können, und habe eine Maschine erfunden oder vielmehr ein Paar Flügel gebaut, mit denen jedermann, der die Kunst erlernt, nach Vogelart durch die Lüfte segeln kann. Zu solchen Flügeln brauche ich Fischbein, Bambusrohre und dergleichen Schirmzeug jeder Art. Auch war mir dienlich, daß ich schon als Lehrbub von einem andern Jungen einiges von der Kunst der Schirmmacher erlernt habe, so daß ich mir getraute, mein Gesellenstück in der Schirmmacherzunft zu machen. Um das Fliegen zu erlernen, mußte mir der Schäfer behilflich sein, und der Türmer Lombard hat mir manchen guten Rat gegeben. Ihr lacht, ihr Herren Meister von der Zunft; mich aber hat es manche bittere Stunde und heißes Sinnen gekostet, auch habe ich fast Hals und Bein gebrochen, bis ich soweit war, euch dies sagen zu können. Aber ich weiß, ihr werdet noch alle stolz sein, einen in eurer Bruderschaft gehabt zu haben – der –«

Weiter kam er nicht, des Lärms wegen, den Knöppel vergeblich zu beschwichtigen suchte, obgleich er selbst mitlachte. Alles spottete, kreischte, schimpfte wild durcheinander. »Ist der Mensch verrückt? Will er uns für Narren haben? Hat jemals einer solche Narrheiten in einer ehrsamen Versammlung der Zunft vorgebracht?« hieß es von allen Seiten. Einige taten, als ob sie zornig wären, waren es vielleicht auch, und drangen mit geballten Fäusten auf ihn ein; andre riefen mit schallendem Gelächter: »Öffnet das Fenster! Er soll zeigen, was er gelernt hat!« Berblinger stand mit dem Rücken gegen die Lade, als ob er imstande wäre, dem wildesten Ansturm Trotz zu bieten. So klein er war, wagte doch keiner, ihn anzurühren. Der Zunftmeister war hilflos, bis Meister Schlumperger mit seiner dröhnenden Stimme die Ruhe einigermaßen hergestellt hatte. Mit der Zeit bequemten sich die Herren, wieder Platz zu nehmen, so daß Knöppel ordnungsgemäß fortfahren konnte, nachdem er Schlumperger feierlich gedankt hatte. Er begann aufs neue:

»Nachdem wir nach Handwerksgebrauch gehört, was der Beklagte zu seiner Entschuldigung vorzubringen gewußt, auch wie weit nach seiner eignen Aussage er sich ungebührlich betragen, so bitte ich euch, sowohl die Herren Kläger als auch den Beklagten, ein wenig zu entweichen, also daß wir ohne Scheu den Kasus betrachten und unser Urteil beraten mögen.«

»Es ist Handwerksgebrauch!« sagten die vier fast einstimmig und verließen die Stube, um unten im Gärtchen – die drei Kläger am einen, Berblinger am andern Tisch – den weiteren Verlauf der Dinge zu erwarten.

Oben ging es lebhaft genug zu. Alle sprachen zugleich. Es bildeten sich Gruppen, in denen die einen erzählten, was sie von Berblingers Versuchen am Galgenberg, von seinen Nachtarbeiten, von seinen Besuchen beim Türmer und von diesem selbst wußten. Bei Meister Lamprecht arbeitete einer der Gesellen, die früher bei Berblinger in Arbeit gestanden hatten. Diesen hatte sein neuer Meister in das Haus des alten geschickt, um auszukundschaften, was auf dem Dachspeicher in der Herrenkellergasse vorgehe. Er sei schreckensbleich zurückgekommen. Eine schwarze Wand habe er mit Drudenfüßen und Hexenzeichen aller Art bemalt gefunden, an einer andern seien eine tote Eule mit ausgebreiteten Flügeln und darunter zwei Fledermäuse angenagelt. Auf dem Boden lägen die kostbarsten Seidenzeuge und die unsinnigsten Ständer und Rahmen umher; auch habe er für wohl hundert Gulden Fischbein auf einem Tisch liegen sehen. An einem Dachsparren hänge ein Strick mit einer Schlinge, der über eine Rolle laufe, als ob sich Berblinger damit selbst aufziehen und hängen wolle, was glaublich genug sei, wenn man bedenke, wie sein Geschäft geblüht habe und wie es jetzt gehe. Frohmüller, der Geselle, habe auch wunderliches Scharren und Kratzen hinter der schwarzen Wand gehört, was ihn, obgleich ein couragierter Kerl, veranlaßte, sich schleunigst zu entfernen. Dabei sei er über einen Draht gestolpert, der, das wisse er ganz bestimmt, eine Viertelstunde zuvor nicht dagewesen, und jämmerlich die Treppe hinuntergefallen, so daß er Gott gedankt habe, wenigstens mit heilen Knochen aus der Hexenwerkstatt herausgekommen zu sein.

Das sei noch gar nichts, meinte ein andrer Meister, der am Glöcklertor wohnte. Ein halbes Dutzend Grimmelfinger Marktweiber seien bereit zu schwören, daß sie schon vergangenen April und Mai viel häufiger als früher nachts zwischen zehn und zwölf Uhr am Rabenstein ein spukhaftes Lichtlein bemerkt hätten. Später seien die Couragiertesten von ihnen dem Spuk nachgegangen und haben den Berblinger und den Grimmelfinger Schäfer erkannt, die dort in grauenhafter Weise hantiert hätten. Mehr als einmal habe man den Berblinger sich von oben herunter, wo der Galgen stehe, stürzen und dann davonlaufen sehen, als ob nichts passiert wäre. Natürlich glaubten die Weiber an Hexerei und Teufelsspuk; es seien eben Weiber. In der aufgeklärten Zeit, in der man lebe, erkläre sich die Sache ganz einfach und natürlich, sei aber deshalb nicht weniger unziemlich.

Das schlimmste blieben die Besuche auf dem Münsterturm, erklärte ein dritter. Mit dem alten Lombard sei es wirklich nicht richtig. Der Mann sei über hundert Jahre alt und laufe herum wie ein Fünfziger. Sei das natürlich? Wie er sein Amt auf dem Turm bekommen habe, wisse eigentlich niemand, und was er dort oben treibe, sei ebenso rätselhaft. Man könne nicht begreifen, daß die Behörden das duldeten, dazu auf dem Münster, mitten in einer christlichen Stadt! Hätte er keine hohen Freunde und Gönner, so wäre es natürlich morgen aus mit ihm. Aber da sei zum Beispiel der Staatsrat von Baldinger, merkwürdigerweise! Auch der Pestilenziarius Krummacher sei früher sein Freund gewesen, schüttle aber jetzt den Kopf, wenn man den Alten nur erwähne, und zu diesem unheimlichen Kumpan laufe der Berblinger jetzt gewohnheitsmäßig, anstatt am Zunftkränzchen, am Kegelabend, an den Freitagsabenden im ›Wilden Mann‹ teilzunehmen und gelegentlich einen ordentlichen Rausch heimzuschleppen, wie es sich für einen Christen von seinem Alter schicke. Wenn er, der Sprecher, Bockelhardt wäre, würde er seinen Buben morgen aus der Lehre nehmen, in der der Junge an Leib und Seele zugrund gehen müsse.

Bockelhardt verteidigte sich. Er glaube zwar selbst, sagte er lachend, daß sein Fränzle schon halb verhext sei, denn es sei nichts aus dem Jungen herauszukriegen, und er hänge an seinem Meister wie ein Hund an seinem Herrn, obgleich er seit geraumer Zeit mehr Knochen als Fleisch zu essen habe. Es sei ein lieber Mann, sein Meister, sage er immer wieder, der den Leuten schon zeigen werde, zu was es ein Ulmer Schneider bringen könne.

Auch Glöcklen wehrte sich für den Angeklagten, so gut es ging. Er sei noch jung; vorläufig habe er sich nur selbst geschadet. Nach einiger Zeit werde er schon merken, daß unser Herrgott den Menschen ohne Flügel geschaffen habe, damit er auf seinem Arbeitstisch sitzen bleibe wie ein vernünftiger Christ. Man möge mit dem Mann Geduld haben; mancher sei schon verrückter gewesen und nach überstandenem Rappel doch noch ein tüchtiger Meister geworden. Man sollte zusehen, daß er endlich heirate. Dann würden ihm die hochfliegenden Schrullen schon vergehen.

Nach einer halben Stunde fragten die Beisitzer herum, was die Ansicht der Herren wäre. Die Hitzköpfe, namentlich die Jungen, die sich am meisten über den neuen Wiener Schneider geärgert hatten, verlangten, daß man ihn ohne viel Federlesens aus der Zunft ausschließen müsse, wenn auch an Hexerei und dergleichen nicht zu denken sei. Die Alten, die sich bezüglich der Hexerei nicht aussprachen, meinten, man könnte mit dem Äußersten abwarten und ihn mit einem scharfen Verweis schlüpfen lassen. Zaudernd neigte sich auch Knöppel dieser Ansicht zu, vorausgesetzt, daß Berblinger verspreche, von seinem sündhaften Treiben abzulassen. Glöcklen und Bockelhardt gingen in den Garten hinunter, um dies dem Angeschuldigten mitzuteilen und ihn dementsprechend zu bearbeiten.

Sie hatten ihre liebe Not mit dem Mann, der darauf erpicht schien, seine besten Freunde vor den Kopf zu stoßen. Versprechen wollte er nichts. Er sei im Begriff, eine der größten Erfindungen des neuen Jahrhunderts zu machen, für die ihm die Welt dankbar sein müßte. Keiner von den Herren da droben – er wurde immer erregter und sprach von zünftigen Eseln – verstehe etwas davon, denn nichts Neues und Großes sei jemals zünftig gewesen. Und nun solle er der Zunft zulieb aufgeben, was durch ihn der Menschheit geschenkt werde?! Da kenne er seine Pflicht besser und sei bereit, das Elend zu ertragen, das auf kurze Zeit jedem Wohltäter der Menschheit beschieden sei. Bockelhardt, der sein fünftes Maß Bier droben unter einem Stuhl halb ausgetrunken hatte stehenlassen müssen, war tief bewegt und nickte. Er kenne das! Er habe das Elend auch auf sich zu nehmen gelernt. Glöcklen blieb dabei, daß ein Schneider vor allen Dingen leben müsse, ehe er die Menschheit beglücken könne, und wie er denn leben wolle, wenn sie ihn aus der Zunft hinauswürfen? Als Schäfer oder Türmer oder mit einem andern unehrlichen Gewerb werde er sein Brot nie verdienen.

»Sei vernünftig, Berblinger«, schloß der wackere Mann, mit den gutmütigen Äuglein zwinkernd. »In der Not hat schon mancher etwas versprochen, das er nicht gehalten hat. Bitt' wenigstens um Gnad'. Ich denke, wir können's dann durchsetzen, daß sie Geduld mit dir haben.«

Berblinger senkte den Kopf, steckte beide Hände trotzig in die Hosentaschen und machte zwei Fäuste. Er sah ein, daß ihm nichts andres übrigblieb.

Fast ebenso ungehalten waren die drei Kläger, die darauf gerechnet hatten, daß man mit dem verdammten Wiener Schneider kurzerhand ein Ende machen werde. »Wenn nicht der reiche Schwarzmann sein Onkel wäre, hätte der Obenhinaus heute den Hals gebrochen«, meinten sie schließlich. »Na, ist's heut nicht, ist's morgen, wie die Zunft sagt. Der Kerl hätte nie Meister werden sollen. Solche Sparafandel gehören nicht in eine ehrbare Zunft.«

Murrend gingen sie die Treppe hinauf, hinter Berblinger, der zwischen Glöcklen und Bockelhardt wie ein Gefangener in die Amtsstube transportiert wurde.

Der Ausschluß eines Mitglieds aus der Zunft war ein seltenes Vorkommnis, aber es hatten nur drei Stimmen gefehlt, ihn diesmal ins Werk zu setzen. Alles war nach der Abstimmung in lebhafter Erregung. Jetzt, als sie Berblinger eintreten sahen, setzten sich die Herren und legten die Gesichter in Falten, die einem Femgericht Ehre gemacht hätten. Obermeister Knöppel stand hinter der Lade, vor die Berblinger wieder getreten war, und wartete auf die übliche Ansprache, mit der der Angeklagte ihn und die Versammlung zu begrüßen hatte. Aber Berblinger wartete auch; man sah, wie der Zorn in ihm aufstieg. Endlich sagte Glöcklen, der gleichfalls rot geworden war:

»Ich bitte für den Meister Berblinger um einen freundlichen Eintritt. Was die Herren Beisitzer sowohl als eine ehrsame Meisterschaft beraten und beschlossen haben, soll ihm recht und lieb sein. Das ist doch so, Meister Berblinger?«

Der Befragte nickte. Darauf räusperte sich Knöppel lauter als gewöhnlich und begann:

»Die Herren Beisitzer sowohl als eine ganze ehrbare Meisterschaft hat sich soweit beraten und beschlossen, daß, wenn Ihr, Meister Berblinger, wollet bei derselben haften und halten, so sollt Ihr angeloben, den Umgang mit unehrlichen Gesellen, als da sind Henker und Henkersknechte, Abdecker, Schäfer, Türmer, Trompeter und dergleichen Volks künftighin zu meiden; auch sollt Ihr nächtlicherweile keine unzünftige Arbeit tun noch auch versuchen, sonstige Narrenteidungen zu treiben, insonderheit Vögel nachzuahmen, so der ehrbaren Zunft zu Spott und Unehre gereichen möchte; vielmehr sollt Ihr das ehrsame Handwerk betreiben und seine Satzungen nicht schwächen, wie es Brauch und Sitte war, ist und bleiben wird. Wollt Ihr all dies angeloben, so mag, was vorgekommen und beklagt worden, vergessen und vergeben, in Gnaden auch keine weitere Strafe über Euch verhängt sein. Nun möget Ihr sprechen und Dank sagen.«

Berblinger räusperte sich jetzt auch, richtete sich so hoch auf, als er konnte, und erwiderte:

»All dies will ich nicht geloben. Auch werde ich keine Unehre auf die Zunft bringen, sondern mit Gottes Hilfe

Ehre genug, wenn ich mit der Arbeit, die ich auszuführen gedenke, zu Ende bin. Man soll einen Rock nicht bekritteln, ehe denn er fertig ist. Was ich getan, habe ich nicht leichtfertig unternommen, auch nicht aus Hoffart, noch weniger weil mich der Böse versuchte, sondern allein weil ich glaube, daß ich allen Menschen einen großen Dienst erweise, wenn ich ihnen zum Fliegen verhelfe. Wenn keiner von den Herren Beisitzern und Meistern dies einsieht, so kommt es daher, daß niemand darüber nachgedacht, und ist nicht meine Schuld. So bitt' ich euch alle, um und um, noch eine kleine Weile Geduld zu haben. Ein Staatskleid ist nicht in einem Tagewerk zu fertigen; Flügel auch nicht. Zu beidem braucht man Zeit. Das ist alles, um was ich bitte. Armut und Not will ich selbst tragen, bis sich's wendet. Dann, ihr Herren, werdet ihr mir Dank sagen und es euch zur Ehre rechnen, den Berblinger ins Zunftregister eingeschrieben zu haben.«

Er sagte das mit erhobener Stimme und sehr selbstbewußt. Es war ein Glück für ihn, daß alle wieder lachten und selbst der Obermeister ein mitleidiges Lächeln nicht unterdrücken konnte. Glöcklen flüsterte ihm ins Ohr: »Seid menschlich, Knöppel, gebt dem Narren Zeit, er ist noch jung.« Der Obermeister nickte, runzelte die Stirne und sprach in seiner feierlichen Weise:

»Obgleich was Ihr sagt, Meister Berblinger, niemanden befriedigt, werden wir doch Gnade vor Recht ergehen lassen. Zu wohlverdienter Strafe sollt Ihr zehn Gulden in die Lade legen; so wollen wir zusehen und Euch Eure eignen Wege gehen lassen. Hütet Euch aber, wiederum Anlaß zur Klage zu geben; das nächstemal dürftet Ihr nicht so leichten Kaufs davonkommen.«

Berblinger griff in die Tasche und zählte zum Erstaunen aller ohne Widerstreben zehn blanke Silbergulden auf den Tisch. Es war Sitte, nach einem derartigen Urteilsspruch um Gnade zu bitten, worauf ebenfalls nach strengem Herkommen die Strafe um die Hälfte gemindert wurde. Aber dieser Berblinger schien in seinem Dünkel entschlossen, allem Herkommen ins Gesicht zu schlagen.

»Es ist schier mein letztes Geld«, sagte er finster, »aber es soll mich nicht reuen. Die Zeit wird kommen und ist schon nahe, da sie mir's mit Kratzfüßen zurückgeben werden.«

Sie lachten wieder, und unter allgemeiner und ungewöhnlicher Heiterkeit wurde die Lade geschlossen. Die meisten gingen wieder in das Gärtchen oder in die Wirtsstube hinunter, um hinter einem Krug die Angelegenheit mit mehr Behagen durchzusprechen. Man fand Knöppels Spruch nach der Weigerung Berblingers, seine Torheiten aufzugeben, eigenmächtig und zu mild. Einige wunderten sich, daß Berblinger die immerhin beträchtliche Strafe so prompt bezahlt hatte. »Der Kerl muß noch immer Geld verdienen, wenn es ihm der Teufel nicht zuträgt«, sagten sie; »aber lange kann es nicht mehr so fortgehen, und das nächstemal wollen wir schon dafür sorgen, daß er nicht mehr so leicht davonkommt.«

Ohne Verzug machte sich Berblinger auf den Heimweg. Kein Wunder, daß er nicht in der besten Stimmung war; es war einer jener Tage, an denen ›alles zusammenkommt‹, wie man zu sagen pflegte. Sein letzter Versuch am frühen Morgen war nicht zum besten ausgefallen. Die nach oben gewölbten Flügel, die er in jener ersten Nacht auf dem Galgenberg der Eule abgeguckt hatte, mochten noch immer nicht die richtige Krümmung haben. Zweimal war er seitdem von derselben Stelle abgeflogen, und da ihm jetzt der Grimmelfinger Schäfer bei den Vorbereitungen half, ging manches leichter. Tatsächlich hatte er auch die Wirkung der gekrümmten Flügelform beim dritten Versuch deutlich gefühlt, aber noch immer war er in ziemlich steilgeneigter Richtung unsanft zur Erde gekommen. Nun hatte er eine Vorrichtung auf seinem Dachspeicher getroffen, mittels welcher er an einem Seil hängend die Flügel erproben konnte. Das Seil lief über zwei am Firstbalken des Hauses angebrachte Rollen und trug am andern Ende eine Waagschale mit Gewichten, die zunächst seinen eignen Körper im Gleichgewicht hielten und verringert werden konnten, je nachdem er durch den Flügelschlag das Eigengewicht verminderte oder gar aufzuheben vermochte. Fränzle, der Lehrbub, legte unter Zittern und Zagen die Gewichte auf, die seinen Meister in der Schwebe erhielten. Er war ein verständiger Junge, der sich schon auf die eignen kleinen Flügel freute, die ihm Berblinger versprochen hatte, wenn er seinen Mund halte. So war der Meister vorläufig unabhängig von seinem unheimlichen Versuchsplatz auf dem Galgenberg, den er nicht wieder aufsuchen wollte, ehe er seiner Sache sicher war. Die Flügel hatten jedoch noch nicht die richtige Wölbung, oder waren noch immer zu klein. Wenn er mit voller Kraft arbeitete, verminderte er sein Gewicht um zwanzig Pfund; das waren aber noch lange keine hundertundfünfzig, die er schwebend erhalten mußte, ehe man von Fliegen reden konnte. Überdies war noch zweifelhaft, ob er beim Aufschlag der Flügel nicht soviel verlieren mußte, als er beim Niederschlagen gewann. Dazu gehörte jedenfalls lange Übung. Alles, das fühlte er wohl, war noch in den ersten Anfängen, ebenso deutlich empfand er aber auch das Wachsen seines Muts, seiner Ausdauer und Kraft. Was er heute erlebt hatte: der Kampf mit Unwissenheit, Böswilligkeit und Vorurteilen, hatte ihn eher gestählt als geschwächt. Es *mußte* gelingen!

Je weiter er sich vom ›Wilden Mann‹ entfernte, um so zuversichtlicher wurde seine Stimmung. Selbst ein Vers des alten Lutherlieds, so wenig er hier passen wollte, fiel ihm ein und half ihm weiter. »Und wenn die Welt voll Teufel wär' –!« Ein fast heiliger Zorn packte den jungen Mann, als ihn ein kräftiger Schlag auf die linke Schulter aufschreckte. Es war sein alter Lehrmeister Bockelhardt, der soeben das sechste Maß Bier geleert hatte und sich jetzt wieder im Vollbesitz seiner Geisteskräfte fühlte. Gleichzeitig ergriff Glöcklein seinen rechten Arm und zwang ihn, stehenzubleiben.

»So geht's nicht, Prätle«, sagte Bockelhardt, ihn mit bierseligem Wohlwollen betrachtend. »Lauf langsam, wir müssen ein Wort mit dir reden.«

»Das geht nicht so«, sagte auch Glöcklen, nicht minder freundlich. »Wir sind dir gut, Berblinger, und sehen dich ungern in dein Verderben rennen. Nimm Vernunft an und ruinier dich nicht vor der Zeit.«

»Sieh mich an, Prätle!« bat Bockelhardt, seinen Kopf sentimental nach der Seite neigend. »Ich weiß, was Ruin heißt. Ich höre so auf; du fängst damit an, wenn du dich nicht zusammennimmst. Fliegen! Hat man je dergleichen gehört?«

»Das nächstemal bring' ich's nicht mehr fertig«, versicherte Glöcklen. »Das nächstemal fliegst du hinaus aus der Zunft, statt übers Münster. Wir meinen's gut mit dir, und du hast heute nicht mehr viele Freunde. Nimm guten Rat an und laß den Fürwitz.«

Berblinger machte sich los.

»Ich will's ja glauben, daß ihr es gut meint, sonderlich Ihr, Glöcklen, aber ihr wißt alle nicht, wovon ihr schwatzt. Wartet! Wartet nur noch eine kleine Weile – vier Wochen im äußersten Fall. Bis dahin kann das neue Gestell fertig sein; das Überziehen kostet ein paar Tage. Damit ist das Problem gelöst; diesmal bin ich meiner Sache sicher.«

»Siehst du denn nicht, daß alles zum Teufel geht«, entgegnete Glöcklen, zornig werdend, »dein Geschäft, deine Meisterschaft, dein Geld, dein Verstand, ehe die Hälfte der vier Wochen um ist?«

»So will ich alles dransetzen«, rief Berblinger. »So haben vor alters die Erfinder ihr Ziel erreicht, denen die Menschheit dankt, was sie geworden ist. Auch heute geht's nicht anders. Aber in sechs bis acht Wochen sollt ihr sehen – soll die ganze Welt sehen und staunen. Laßt mich meiner Wege gehen; nie war ich meiner Sache sicherer. Ich hab' ein Ziel, von dem ihr nichts wißt – mehr als *ein* Ziel, und werde beide erreichen oder – oder mir das Genick brechen.«

Er war schon etliche Schritte voraus, als er dies sagte, und verschwand einen Augenblick später hinter der nächsten Hausecke. Es war der geradeste Weg nach der Herrenkellergasse. –

Glöcklen und Bockelhardt blieben stehen und sahen sich an.

»Ihr werdet noch einmal stolz darauf sein, daß er Euer Lehrbub gewesen ist«, sagte Glöcklen nachdenklich.

»Er ist verrückt. Ich merkte es schon, als er zu mir kam; aber ich hab' ihn immer wohl leiden mögen, den Prätle. Schad um ihn!« seufzte Bockelhardt, indem er sich nach einem Eckstein umsah, auf den er sich setzen konnte. Gemütsbewegungen erschöpften ihn, und er war zum Umfallen durstig.

Fräulein von Baldinger war, abgesehen von ihrer Schönheit, die im Lauf der Jahre den fast allzu kindlichen Charakter verloren hatte, keine gewöhnliche junge Dame. Sie besaß Energie und Gewandtheit für drei Durchschnittsmädchen ihrer Zeit und hatte in Wien gelernt, beides zur Geltung zu bringen. Man vergaß, daß sie klein war, denn sie verstand es, den längsten und selbstgefälligsten jungen Mann von oben herunter anzusehen, und nur wenn sie in ihrer alten Weise lächelte, was jetzt nicht mehr zu häufig geschah, kam das kindliche Engelsköpfchen wieder zum Vorschein, das nicht bloß dem jungen Berblinger den Verstand gekostet hatte. Trotzdem ließen sich ihre guten Eigenschaften, wenn man sich von ihrem überaus zierlichen Figürchen nicht blenden ließ, leicht übersehen. Sie war launisch, herrschsüchtig, sehr eitel und über die Maßen ehrgeizig. Aber sie konnte lächeln wie ein kleiner Seraph, und das genügte den jungen Herren, die ihr nahekamen; sogar einigen älteren. Ihr Vater zum Beispiel, ein sonst vernünftiger, frohgelaunter Mann, wenn er nicht auf Napoleon zu sprechen kam, war in sie verliebt, was nicht dazu beitrug, sie liebenswürdiger zu machen.

Seitdem sie in den Gedichten des immer berühmter werdenden Schiller ›Laura am Klavier‹ entdeckt hatte, saß auch sie stundenlang am Spinett ihrer verstorbenen Mutter, da sich ihr Vater mit Rücksicht auf sein leidendes Gehör, wie er sagte, noch immer weigerte, ein modernes Klavier mit Patent-Janitscharenmusikvorrichtung, der Großmutter des heutigen Pianola, kommen zu lassen. Sie mußte sich deshalb begnügen, eine Sonate von Haydn und fünf Wiener Tänze, die ihr Repertoire ausmachten, auf dem altertümlichen, rührend dünn klingenden Klapperkasten preiszugeben, fand aber in dem jungen, etwas schwerfällig gewordenen Schwarzmann stets einen dankbaren Zuhörer. Hans hatte Sinn für Tanzmusik und betete Lucinde an, wenn sie ihn in dieser Weise an Wien erinnerte. Es war einer ihrer fünf Walzer, der in ihm die Überzeugung gereift hatte, daß er ohne sie nicht leben könne. Sobald auch sie hiervon überzeugt war, behandelte sie den eingebildeten, im Grunde gutmütigen Sohn des reichen Donauschiffers derart, daß er oft genug der Verzweiflung so nahe kam, als ihm dies möglich war. So hatte sie ihre Liebhaber am liebsten.

Mit Hilfe der Stellung und des Geldes seines Vaters war er übrigens auf dem Weg, ein nicht untüchtiger Geschäftsmann zu werden. Gestern war er wieder einmal aus Wien zurückgekehrt, hatte einen prachtvoll in Leder gebundenen Poesiealmanach mitgebracht, auf dessen Decke ein züchtig beschürzter Amor zwei Herzen zusammenschmiedete, und das bedeutungsvolle Bändchen voll sehnsüchtiger Liebeslieder der Angebeteten zu Füßen gelegt. Sie belohnte ihn mit einer Tasse Kaffee, ihrer Sonate von Haydn und zwei ihrer fünf Walzer und saß jetzt in graziöser Haltung vor ihrem Spinett, bereit, mit ihm zu plaudern. Der Staatsrat, der gegen Hans als Schwiegersohn keinen ernsthaften Einwand erheben konnte, hatte sich in sein Arbeitszimmer zurückgezogen, um halb schlummernd die neuesten Nachrichten von München, Wien und Paris zu genießen. Es war doch eine wundervolle Einrichtung – diese Zeitungen; namentlich die Augsburger Allgemeine! Kaum vierzehn Tage nachdem sich ein Mord oder Totschlag in diesen Mittelpunkten des Weltgetriebes ereignet hatte, konnte man die Schreckenskunde zu Ulm in der Frauenstraße mit aller Ruhe genießen! Allerdings war nicht alles erfreulicher Natur. So jetzt wieder: Nachdem man soeben erst zur Ruhe gekommen, sollte abermals eine Umwälzung alles Bestehenden drohen, das Ulmer Gebiet entzweigeschnitten und die Stadt an Württemberg ausgeliefert werden. »Das nimmt kein Ende, solange dieser korsische Dämon von Frankreich den Völkern Europas das Blut aussaugt«, seufzte der Staatsrat und entschlief.

Auch Hans wußte etwas davon zu erzählen; nicht aus Wien, wo die Sache geregelt worden war, sondern aus der Herbelgasse. Noch nie habe er seinen Vater in so schlechter Laune angetroffen, und nicht wegen seiner Reisespesen; das sei das Unbegreifliche. Für die Schifferei sei es doch im ganzen gleichgültig, ob die Zillen das bayrische oder das württembergische Fähnlein die Donau hinabführten. Daß das Ulmer Gebiet zerrissen werden solle und dadurch unser Schiffsbauplatz sozusagen ins Ausland komme, sei freilich fatal, aber die Schiffer seien schließlich überall zu Haus. Trotzdem sei mit dem Vater kein vernünftiges Wort mehr zu sprechen, und dann müsse auch noch der Vetter Berblinger, der Sparafandel, ins Haus fallen und den alten Herrn um ein Anlehen von etlichen hundert Gulden ansprechen. Aber der sei geflogen, sapperlot!

Hans lachte, nicht gutartig. Man sah zu deutlich, daß er seinem Vetter diese Art von Fliegen gönnte.

»Braucht er Geld – euer Brechtle?« fragte Lucinde mit erwachendem Interesse.

»Sie haben doch wohl davon gehört, daß er verrückt geworden ist? Die ganze Stadt erzählt es sich«, antwortete der junge Schiffer. Lucinde hatte ihm vor einiger Zeit befohlen, sie mit Sie anzureden. »Es klingt besser und schickt sich. Die Franzosen sagen auch ›Wu‹ zu Cousinen. Aber was weißt du von beidem!« hatte sie erklärt. So mußte er den alten vetterlichen Ton umstimmen, was nicht immer gelang. Rückfälle wurden jedoch streng geahndet, so daß sie bald nur noch in Augenblicken höchster Erregung eintraten.

»Er habe eine große Erfindung gemacht«, sagte Fräulein von Baldinger. »Sie sprachen davon im Blauveilchenkranz.«

»Eine große Narrheit hat er erfunden«, verbesserte Hans ärgerlich. »Denken Sie sich: fliegen will er. Die ganze

Welt will er mit Flügeln versehen. Die Zillen will er abschaffen und in der Luft nach Wien segeln. Dieser Gedanke!«

»Es ist doch ein Gedanke«, seufzte Lucinde.

»Die Zillen abschaffen? Es ist ja der reinste Wahnsinn!« rief der junge Schiffer empört.

»Dann wären wir wie die Engel«, fuhr das Mädchen fort, als ob sie ihn nicht gehört hätte.

Hans errötete. Die Ursache war, daß ihm selbst ein Gedanke gekommen war. Er wagte es und sagte:

»Dazu brauchen Sie keine Flügel, Lucinde.«

Sie lächelte holdselig; Hans hatte sich selbst übertroffen. ›Er ist wirklich nicht so dumm, als er aussieht‹, dachte sie, wagte es ebenfalls und sagte es ihm.

Auch er lächelte, nicht gerade holdselig, aber doch zufrieden mit sich selbst. Seit jenem Abenteuer bei Struden war es ihm unbehaglich, wenn Lucinde von seinem Vetter sprach, namentlich in Gegenwart von Ali, der in der Sofaecke mit halboffenen Augen zuhörte. Trotzdem kam er auf Berblinger zurück:

»Wenn er nichts als den Verstand verloren hätte, könnte man sich's gefallen lassen; das kommt in jeder größeren Familie vor. Aber er scheint völlig verlumpt zu sein; er bettelt!«

»Wenn er ein großer Erfinder ist, wird er ein steinreicher Mann werden; darauf kannst du dich verlassen, Hans; und später errichtet man ihm ein Denkmal«, erklärte Fräulein von Baldinger.

»Der! – Dem?« rief der Schiffer entrüstet. »In einem Narrenhaus vielleicht.«

»Was verstehst du vom Erfinden!« rief Lucinde verächtlich. »Ich weiß etwas davon, denn ich bin selbst dabeigewesen. Fliegen? Das ist gar nicht so närrisch, als du dir einbildest. Gescheitere Leute als die Ulmer sind nicht weit davon, das kann ich dir sagen, und ein kaiserlicher Erzherzog hat zu einem Herrn, den ich kenne, gesagt: ›Wer das

Fliegen erfindet, der fliegt über uns alle weg!‹ Ich hab' das mit meinen eignen Ohren gehört.«

»Ja, wer's erfindet«, unterbrach sie Hans fast höhnisch.

»In Wien!« fuhr Lucinde eifrig fort, »dort hab' ich mit meiner Tante Möbius einen Professor gehört, der ganz ernsthaft einen gelehrten Vortrag darüber hielt, und konnte mit eignen Augen sehen, wie sie den Herrn von Degen, den Erfinder, fast in den Himmel gehoben haben.«

»Ist er geflogen?« fragte Schwarzmann.

»Nicht eigentlich geflogen, das heißt – noch nicht«, versetzte Lucinde, keineswegs entmutigt, »das war gerade, was den größten Eindruck auf mich machte. Alles war voll Bewunderung, schon zum voraus. Hättest du etwas Verstand, so könntest du bemerken, für wie wichtig der Erzherzog und alle die Erfindung hielten, wenn sie schon wie weg waren, weil der Professor sie beschrieb. Und dem Erfinder, dem Herrn von Degen, gab der Erzherzog allergnädigst die Hand, und gleich darauf hat er mit mir gesprochen, persönlich – eigenhändig –«

»Was hat er denn gesagt?« fragte Hans.

»Was du von Engeln gesagt hast«, lachte Fräulein von Baldinger, in der Erinnerung schwelgend. »Nur etwas feiner hat er's gewendet.«

»Ulm und Wien – natürlich – das ist ein Unterschied«, erklärte der junge Schwarzmann unmutig; dann lachte er wieder laut auf: »Dein Herr von Degen und unser Brechtle – das auch!«

»Mir scheint der Unterschied nicht einmal so groß«, widersprach Lucinde, »Brechtle ist ein gescheiter Kopf und ein feiner tapferer Junge. Ich kenne nicht viele, die täten, was er getan hat. Ali, wart auf!«

Ali gehorchte mürrisch, Hans wurde mürrischer.

»Wär' er gescheit, brauchte er nicht zu betteln«, sagte er. »Daran erkennt man die Leute, die nichts wert sind. Vor offener Lade hat er seine Dummheiten angepriesen, so daß sie ihn fast aus der Zunft hinauswarfen. Ein feiner Junge das! Sein Geschäft sei zugrunde gerichtet, höre ich, weil er kein Knopfloch mehr fertigbringe. Alle erdenklichen Spukgeschichten erzählen sich die Leute überdies, daß es dir gruseln würde, wollt' ich sie weitererzählen. Heißt man das gescheit sein?«

»Meine Tante Möbius sagt, das sei so bei allen großen Männern, man halte sie für verrückt oder für besessen«, versetzte Lucinde heftig; »und weil die Dummen sie nicht begreifen und an nichts denken, als ihre Taschen zu füllen, statt ihre Köpfe, so müssen die Gescheiten, die den Kopf voll haben und die Taschen leer, Hunger leiden, bis sie berühmt werden. Dann aber liegt auch alles vor ihnen auf den Knien; sie dürfen nur winken, um zu bekommen, was ihr Herz begehrt: Geld und Ehre! Vor einem solchen Mann – einem Mann, den ich bewundern könnte, läg' ich auch auf den Knien; darauf hab' ich mich schon als kleiner Backfisch gefreut. Aber wo soll ich einen solchen Mann herkriegen – in Ulm! Seit euer Spatz gestorben ist, ist's nichts mehr.«

Immer mürrischer sah der junge Schwarzmann zu Boden. Er merkte, daß sie entschlossen war, ihn zu reizen.

»Also – nimm den Berblinger dafür!« stieß er heraus.

»Wenn er das Fliegen erfindet«, rief sie, sich wie begeistert aufrichtend, »wenn er fliegt, ehe der Wiener fliegt, warum nicht? Vielleicht fehlt ihm nur das Geld dazu. Daran ist schon mancher große Mann zugrunde gegangen, sagt die Tante Möbius. Wenn das alles ist, soll er fliegen, morgen, heut! Ich fühle jetzt erst, was wir ihm schuldig sind, euerm Brechtle. Wie er damals am Seil hing, mit dem Ali im Arm, der ihm noch heut das Leben verdankt! Komm her, Alile! Süßes Hundle!«

Sie begrub ihr erregtes Gesicht in dem Seidenpelz, ohne zu lächeln.

»Da soll doch ein siediges –« begann Hans, in seine Schiffersprache verfallend, faßte sich aber wieder: »Man könnte wahrhaftig glauben, du seist ebenso – so – so –«

verrückt wollte er sagen, faßte sich aber noch einmal, »so wie der Lump! Ich begreif' es nicht, ich begreif' es nicht!«

»Das sieht man Ihnen an«, höhnte Lucinde. Es ist hier vielleicht nötig, nochmals darauf hinzuweisen, daß im gewöhnlichen Verkehr Hans Sie zu Lucinde und Lucinde Du zu Hans zu sagen pflegten, daß aber in Augenblicken lebhafter Erregung das umgekehrte Verhältnis eintrat, ohne Anstoß zu erregen. »Daß Sie nicht fliegen«, fuhr die junge Dame fort, »daß Sie nichts erfinden, daß Sie nichts begreifen, brauchen Sie mir nicht zu sagen. Der Brechtle ist ein Lump und hat nichts, sagt Ihr? Ich sag', er hat Grütz im Kopf, und wenn ich einen Mann will, will ich einen, an dem ich hinaufsehen kann, an dem die Welt hinaufsieht, dem ein Erzherzog die Hand drückt. Papa! – Papa!!«

Sie hatte sich in einen wirklichen Zorn hineingeredet. Der junge Schwarzmann stand erschrocken vor ihr, ohne ein Wort zu finden, sie zu beruhigen oder sich zu rechtfertigen. Was sollte er auch sagen. Hatte sie doch selbst zugegeben, daß er gescheiter sei, als er aussehe. War das nicht genug?

Der Staatsrat öffnete lebhaft die Tür seines Arbeitszimmers.

»Nun, was gibt's, Schatz?« rief er, ebenfalls etwas erschrocken, »was habt ihr wieder miteinander?«

»Papa, du mußt einen neuen Anzug bestellen«, sagte sein gedankenflinkes Töchterlein, als ob sie hierüber seit einer halben Stunde beraten und gestritten hätten, »ein feines, kostspieliges Staatskleid für Empfänge und dergleichen.«

»Aber Kind, ich habe ja erst vor einem Jahr den Anzug von Berblinger --«

»Du mußt einen neuen haben«, unterbrach sie den erstaunten Papa, »einen mit roten Aufschlägen. Wenn wir württembergisch werden, geht das Blau nicht mehr.«

»Aber soweit sind wir ja noch nicht!« sagte der Staatsrat. »Hans, was hast du ihr denn in den Kopf gesetzt? Erklärt mir doch!«

»Du bist auch wieder stärker geworden, Papa«, fuhr Lucinde rücksichtslos fort. »Ich werde noch heute nachmittag zu Herrn Berblinger schicken, daß er dir Maß nimmt. Er kann dir dann auch zugleich ein Paar schwarze Beinkleider machen, die alten glänzen schon. Und nichts so Billiges, Papa! Der König Friedrich sieht darauf, daß die Herren, die ihm vorgestellt werden, seinem Hofstaat Ehre machen; mein Papa darf dabei nicht zurückstehen. Hans, du könntest eigentlich im Vorbeigehen Herrn Berblinger bitten, er möge gleich kommen. Papa sei zu Hause.«

Hans richtete sich auf, rot vor Zorn.

»Ich gehe – ich will gehen –«, stotterte er, unfähig etwas andres vorzubringen.

»Das ist nett von dir, Vetter Hans. Ich denke, wir wollen wieder Du sagen. Es schickt sich unter Verwandten eigentlich doch besser.«

»Aber Lucinde, ich brauche doch keinen neuen Anzug!« seufzte Baldinger.

»Doch, doch, Papa. Du siehst, er geht schon, und dann will ich dir alles erklären. Ich brauche einen Mann, an dem ich hinaufsehen kann.«

»Aber um Gottes willen – Lucinde!«

Hans hatte die Tür schon hinter sich geschlossen und polterte die Treppe hinunter, wie er es in dem feinen Haus nie zuvor getan hatte.

Unangenehmere Wochen als die im Spätherbst 1810 waren schon lange nicht mehr über das Haus Schwarzmann hingegangen. Hans, der böswillig versäumt hatte, seinen Vetter Berblinger zum Staatsrat zu rufen, war von der Wendung, die sein Liebeswerben nahm, derart erschüttert, daß er seinen Schwestern gegenüber laut drohte, sich dem Trunk ergeben zu wollen, und diese Drohung teilweise wahr machte. Die Mädchen, die in Lucinde das Ideal weiblicher Eleganz, Liebenswürdigkeit und Klugheit sahen, sie in Hüten und Coiffuren, in Sprache und Benehmen nachzuahmen suchten, soweit ihnen dies möglich war, und nichts sehnlicher wünschten, als sie Schwester und Schwägerin nennen zu dürfen, hatten vergebliche Versöhnungsversuche gemacht und ließen entmutigt die Köpfe hängen. Die Mutter fand keine Zeit, auf die jungen Leute zu achten. Denn das schlimmste von allem war die Stimmung des Herrn Rats. Solange ihn noch die Hoffnung belebte, dem Verhängnis – der Trennung Ulms von Bayern und der Schwarzmanns von denen von Gravenreuth – mit Erfolg entgegenzuarbeiten zu können, hatte eine fieberhafte Tätigkeit ihn wenn nicht in guter Laune erhalten, so doch dermaßen beschäftigt, daß er seiner schlechten nicht nachhängen konnte. Er hatte seine Zunft, die Obermeister der andern Zünfte, die Mitglieder des alten Großen Rats und einen Teil des neuen Magistrats in Bewegung gesetzt, das Menschenmögliche zu tun, um die Übergabe Ulms an Württemberg zu verhindern. Hierbei war er, wenn auch nicht öffentlich, so doch in mancher heimlichen und deshalb um so bedeutungsvolleren Beratung der vollen Billigung des königlich-bayrischen Generallandeskommissars, seines Freundes, wie er ihn jetzt nannte, sicher. Dieser eröffnete ihm sogar für den Fall des Erfolgs seiner Bestrebungen Aussichten, die seinem kühnsten Ehrgeiz schmeichelten. Tatsächlich fand auch in der Bürgerschaft die Politik, die er vertrat, eine große Zahl von Anhängern. Man hatte sich unter Bayern nicht schlecht befunden. Ulm genoß als Hauptstadt des Kreises Schwaben beträchtliche Vorteile, die voraussichtlich verlorengehen mußten, wenn es den Württembergern ausgeliefert würde. Der leutselige König Max war allgemein beliebt, von König Friedrich erzählte man sich Geschichten, die den behaglichen alten Reichsstädtern nichts weniger als verlockend klangen. Dann hieß es, daß das alte Ulmer Gebiet auf dem rechten

Ufer der Donau bayrisch bleiben solle. Das war ja ganz unmöglich! Wie sollten die Dörfer jenseits der Donau leben, wenn sie durch Zoll-, Maut- und Landesgrenzen von der Stadt abgeschnitten wurden. Woher sollte Ulm Butter und Eier erhalten, wenn man außer Landes gehen mußte, um nach Pfuhl und Offenhausen zu kommen? Dreiviertel der Stadt war bereit, eine ergreifende Bittschrift an den König Max zu unterschreiben, in der Seine Majestät angefleht wurde, Erbarmen zu haben und alles zu versuchen, dieses Unheil abzuwenden. Schwarzmann selbst lief von Haus zu Haus, um Unterschriften zu sammeln, die er allabendlich seinem Freund, dem Baron von Gravenreuth, triumphierend vorlegte. Ja selbst der Gedanke, eine Deputation an den Kaiser Napoleon zu senden, wurde ernstlich erwogen. Man hätte darauf hinweisen können, wie sehr Ulm an einer der glorreichsten Heldentaten der französischen Armee beteiligt gewesen sei. Dagegen sträubte sich allerdings die größere Anzahl der Herren, die die Bittschrift an König Max unterzeichnet hatten, so daß man den Plan fallenlassen mußte.

Es nutzte alles nichts. Die Sache war längst entschieden, und in den ›zuständigen‹ Kreisen von Paris und Wien, München und Stuttgart dachte niemand daran, die Bürger der vormaligen Reichsstadt zu befragen, ob sie bayrisch oder württembergisch, ganz bleiben oder zerschnitten werden wollten. Seit Ende Oktober lag ein württembergisches Regiment in Söflingen und wartete auf den Abzug der Bayern, die sich nicht beeilten und die Hoffnung noch etliche Tage aufrechterhielten, daß doch vielleicht das Äußerste abgewendet werden könne. Am 8. November morgens zehn Uhr aber zogen sie mit klingendem Spiel ab, und nicht bloß die Fräulein Schwarzmann weinten ihnen heiße Tränen nach, die sie kaum zu trocknen vermochten, ehe um vier Uhr nachmittags das württembergische Chevaux-legers-Regiment Prinz Heinrich einrückte. Doch fand sich schon am folgenden Tag, daß die Württemberger nicht so übel aussahen und die schmerzhafte Wunde, die die Trennung geschlagen hatte, langsamer blutete.

Auch Papa Schwarzmann, der jetzt einsah, daß alles Petitionieren vergeblich gewesen und die Weltgeschichte mit Ulm spielte wie mit einem Kinderball, suchte sich in das Unvermeidliche zu fügen und meldete sich bei General von Hayn, dem Führer der württembergischen Truppen und provisorischen Gouverneur der Stadt, um Exzellenz seiner Treue gegen den neuen Bundesherrn zu versichern. Er trat in das Haus des Gouverneurs, wie er es noch gestern getan hatte, mit der Empfindung, zum Regiment der Stadt zu gehören, mußte aber eine bittere Enttäuschung erleben. Sein Eifer für den alten Stand der Dinge hatte nicht nur in München, sondern auch in Stuttgart Beachtung gefunden, ja selbst in Söflingen wurde halb lachend von der Bittschrift gesprochen, mit der der Rat Schwarzmann in der Stadt umherlaufe, um das Gleichgewicht Europas zu erhalten, auf das in dem Schriftstück hingewiesen wurde. Auch ließ General von Hayn die in diesen bewegten Tagen wichtigste Persönlichkeit der Stadt eine Stunde lang im Vorzimmer warten und ihm dann sagen, daß Exzellenz nicht zu sprechen sei, da er um diese Zeit ausreite. Zähneknirschend und blau vor Zorn kam der Zunftmeister zu Hause an, schloß sich in sein Zimmer ein und überlegte. Was konnte er andres tun? Das Gleichgewicht von Europa war vernichtet.

Da wollte es das Unglück, daß ein kleiner Junge die Treppe heraufkam und auf der obersten Stufe von der Frau Rat abgefangen und nach dem Zweck seines Erscheinens gefragt wurde. Es war sichtlich ein schüchternes Bürschchen, das aber wußte, was es wollte, und mit einer milden Art von Verzweiflung auf sein Ziel lossteuerte. Die Frau Rat kannte diese Stimmung und verstand den Kleinen, der behauptete, er müsse den Herrn Rat sprechen.

»Der ist beschäftigt«, sagte sie. »Du kannst ihn jetzt nicht sehen.«

»Dann will ich warten«, sagte der Junge.

»Was willst du denn?«

»Den Herrn Rat sprechen.«

»Frecher kleiner Bengel!« sagte die Frau Rat, von der Hartnäckigkeit des Jungen unangenehm berührt. »Wenn ich dir sage, daß er nicht zu sprechen ist! Wie heißt du denn? Wo kommst du her?«

»Fränzle heiß' ich, Franz Bockelhardt, und Lehrbub bin ich bei Meister Berblinger in der Herrenkellergasse.«

»Was will der Bub?« fragte Schwarzmann ärgerlich, der das Gespräch gehört haben mochte und unter der Türe seines Zimmers erschien. Dieser zog jetzt erst seine Mütze ab, unter der ein bleiches, dünnes, aber sehr altkluges, entschlossenes Gesichtchen erschien, und sagte, ohne zu stottern:

»Mit Gunst, Herr Obermeister! Ich komme vom Meister Berblinger in der Herrenkellergasse und will fünfzig Gulden holen. Er braucht's. Unsre neuen Flügel sind noch nicht fertig, und der Stöckle, der Amtsgerichtsdiener, will sie heute abend abholen, wenn das Geld nicht da ist.«

Schwarzmann sah den Kleinen mit Augen an, wie nur er sie aufreißen konnte.

»Ja«, fuhr dieser fort, ohne sich einschüchtern zu lassen, »und weil Sie der Herr Onkel sind, dachte ich, es sei am besten, ich hol' das Geld hier. Der Meister hat nichts mehr.«

»Kreuzschockschwerenot!« fluchte der Rat in unverfälschtem Schifferdeutsch. »Du kommst mir gerade recht mit deinem Berblinger. Fünfzig Gulden! Sonst will er nichts? Paß mal auf: ich will euch beide das Fliegen lehren –«

Er machte eine Gebärde mit dem Fuß, die nicht mißzuverstehen war; allein der Schneiderlehrling war gewandter als der Obermeister der Schifferzunft und verschwunden, als ob ihn der Boden aufgesaugt hätte.

»Überhaupt!« brummte der Rat etwas ruhiger, indem er

seinen Fuß zurückzog und gedankenlos über das Treppengeländer hinabsah.

»Du hättest ihm ein paar Gulden schicken können«, sagte seine Frau. »Er ist deiner Schwester Sohn, und Georg Baldinger meint, man könne nicht wissen, ob nicht doch noch etwas daraus würde. Sie sagen in der Stadt –«

»Gänsegeschnatter! Hol ihn der Teufel!« schloß der Gemahl und warf die Türe seines Zimmers hinter sich zu.

Berblinger saß nach Handwerksart mit gekreuzten Beinen auf seinem Arbeitstisch, ohne zu arbeiten. Es dämmerte, aber er machte keine Anstalt, Licht anzuzünden. Schon seit einer Stunde hatte er sich kaum gerührt. Wie Träume zogen ihm die Gedanken durch den Kopf: Hoffnungen, matt und gebrochen, formlose Pläne, Erinnerungen, ohne daß er versucht hätte, sie festzuhalten. Schließlich wurden es Bilder aus der Kindheit, die ihn umspielten: wie er an seines Vaters Hand vom Rand der Albberge den Vögeln nachgesehen, wie ihm die Mutter vom Engelein mit goldenen Flügeln erzählte, wie der Vater – das war heute der Grundton seiner Phantasien – in dem Holzschuppen hinter dem Schulhaus vor seinem Perpetuum mobile saß, träumend, erschöpft, hoffnungslos. Jetzt verstand er, was das zu bedeuten hatte.

Um ihn her sah es nicht mehr aus wie in einer Schneiderwerkstätte. Seit er vor offener Lade gestanden hatte, was ihn beschäftigte, fiel jeder Grund weg, daraus ein Geheimnis zu machen. Mit Hilfe des Seils auf dem Speicher, an dem er sich schwebend erhalten konnte, wurden noch immer Versuche angestellt; den Bau der verschiedenen Arten von Flügeln hatte er in die Werkstatt verlegt, in der nur noch gelegentlich ein Kleidungsstück angefertigt wurde. An den Wänden hingen Modelle von Papierdrachen und Flügeln aller Art; den Boden bedeckten gekrümmte Bambusstäbe und Weidengeflechte, Gestelle aus Fischbein und wunderliches Riemenzeug. Auf dem Arbeitstisch lagen Werkzeuge, welche man in Sattler- und Tischlerwerkstätten, bei Korbflechtern und Schirmmachern finden mochte. Kein Wunder, daß die ehrbare Schneiderzunft in Berblinger schon jetzt einen Ausgestoßenen sah, den man in aller Stille aus dem Register hätte streichen sollen. Hatte es je in der Werkstatt eines Schneiders so ausgesehen?

Auch in der Stadt war sein Ruf, ein ehrbarer Handwerker zu sein, dahin. Als sich am Abend nach jener Versammlung im ›Wilden Mann‹ das Gerücht verbreitete: zuerst, daß Schneider Berblinger wahnsinnig geworden sei, sodann, nachdem das erste Entsetzen überwunden war, daß man ihn für harmlos geistesverwirrt halten dürfe, und endlich, daß er sich einbilde, das Fliegen erfinden zu müssen oder erfunden zu haben, lachte schließlich alles aus vollem Hals. Da aber Berblinger ruhig seiner Wege ging und man ihm von weitem ansah, daß er sich auf den Unsinn weiß nicht was einbilde, verwandelte sich nach und nach die lustige Stimmung in das Gegenteil. Eine kleine Minderzahl sprach mitleidig von dem unglücklichen Menschen, der sein hübsches Geschäft mit Gewalt zugrunde richte, andre, namentlich alle, die mit der ehrbaren Schneiderzunft irgendwie in Beziehung standen, schimpften über die Narrheit, die die Zunft zum Gespött mache, über den Größenwahn, an dem Berblinger erkrankt sei, auch wohl über die Gottlosigkeit der Zeiten, und all der Narren, die weiser sein wollten als der Schöpfer. Ein junger Stadtvikar benutzte diese Auffassung in seiner Nachmittagspredigt so wirkungsvoll, daß viele hofften, Berblinger werde von seiten des Konsistoriums aufgefordert werden, von seinem wahnwitzigen Treiben abzulassen. In seine Projekte und Arbeiten vertieft, merkte er von all dem nicht viel, und nur der Lehrjunge, der sich überall seines Meisters tapfer annahm und andre Lehrbuben aufzuklären versuchte, kam mehrere Male schwer verprügelt nach Hause: ein unzweideutiges Symbol der allgemeinen Mißstimmung, die sich gegen seinen Meister richtete.

Von Woche zu Woche hatte er auf einen Erfolg gehofft, der die endgültige Lösung des Problems bringen sollte. Verbrauchte Versuchsmodelle lagen haufenweise auf dem Speicher, die Flügel nahmen immer größere Abmessungen, kühnere Formen an, ohne daß ein wesentlicher Fortschritt zu bemerken war. Zwanzig, dreißig Pfund vermochte er mit seinem Flügelschlag zu heben, sein eignes Körpergewicht aber noch lange nicht. Auch das letztere suchte er zu vermindern, und der Hunger, der unter seinem Dach eingezogen war, drohte ihn wirksam zu unterstützen, aber zum Ziel konnte er auf diesem Wege nicht gelangen, denn er fühlte sehr bald, daß er sich der Kräfte beraubte, die er zum Flügelschlagen bedurfte. Alles, was er erreicht hatte, war, daß seine Haushälterin davonlief und ihr Schwager Glöcklen ihm einen Besuch abstattete, um ihm in erregter Auseinandersetzung die Freundschaft zu kündigen. Es war der letzte Verteidiger, den er in der Zunft besessen hatte, denn sein beständig betrunkener alter Lehrmeister, der ihm mit Begeisterung anhing, konnte nicht mehr mitzählen.

Die jüngsten Versuche waren sogar schlechter ausgefallen als die vorangegangenen, was daher rühren mochte, daß der beschränkte Raum auf dem Speicher den freien Gebrauch der immer größer werdenden Flügel verhinderte. Als echter Erfinder war Berblinger nie verlegen, Gründe für einen Mißerfolg anzugeben, die das Wesentliche der Erfindung nicht berührten. Er kam nun auf den Gedanken, seine Proben bei Nacht außerhalb des Hauses an dem Seil vorzunehmen, das in jedem größeren Ulmer Haus jener Zeit dazu diente, Brennholz von der Straße auf den Speicher zu ziehen, und das über eine Rolle läuft, die an einem weit hinaus ragenden Balken über der höchsten Fensterluke des Dachgiebels hängt. Zum erstenmal aber weigerte sich Fränzle, der die Windevorrichtung bedienen sollte, zu gehorchen. Der Junge hatte im Traume seinen Meister zerschmettert auf dem Straßenpflaster liegen sehen und war laut heulend aufgewacht. Das wollte er wachend nicht noch einmal erleben.

Aber auch dies war nicht das Schlimmste. Am frühen Morgen war ein Amtsgerichtsdiener erschienen, den er schon im Taubengäßchen kennengelernt hatte, und brachte ihm die bündige Mitteilung, daß er abends wiederkommen und achtundvierzig Gulden abholen werde. Diese Summe war er dem Kaufmann Sprengel in der Hafengasse schuldig, von dem er seit einem Jahr Fischbein bezog, das er bei verschiedenen Flugmaschinen verbrauchte. Seitdem die ganze Stadt wußte, wie es mit Berblinger stand, war der Mann ängstlich geworden und hatte ihn schließlich verklagt. Da auch andre Forderungen für Kaliko und Seidenstoffe eingeklagt seien, erklärte der Gerichtsdiener gutmütig lachend, werde er wohl morgen die Pfändung vornehmen müssen, wenn am Abend das Geld nicht bereitliege. Dabei sah er sich neugierig in der Werkstatt und den Nebenstuben um, schüttelte dann aber den Kopf bedenklich. Für sechs Paar Flügel war ein Käufer nicht leicht zu finden, und das übrige wirr umherliegende Material flößte ebenso geringes Vertrauen ein. Was sonst noch im Haus war, mochte kaum fünfundzwanzig Gulden wert sein. »Aber so oder so, die Sache ist anhängig und muß ihren Verlauf nehmen, Herr Berblinger«, schloß der wohlwollende Gerichtsvollzieher; »ich würde Ihnen freundschaftlich raten, sich um Geld umzusehen.« Als ob seit Wochen dies nicht des armen Berblingers Hauptnebenbeschäftigung gewesen wäre.

Nach dem sogenannten Mittagessen, das, seit sich die Wirtschafterin zurückgezogen hatte, Fränzle allein kochte – es bestand gewöhnlich aus einer Schüssel Kartoffeln, dem nötigen Salz und einem Krug Wasser, überstieg demnach die Kochkunst des Lehrlings nur unbedeutend –, verschwand der Junge, ohne ein Wort zu sagen. »Auch der!« dachte Berblinger, als er es bemerkte und sich in dem Winkel seines Arbeitstisches zurechtsetzte, wo er über die nächsten Verbesserúngen der in Arbeit befindlichen Flugmaschine nachzudenken pflegte. Dort konnte er stundenlang sitzen, fast ohne sich zu rühren. Dann plötzlich sprang er manchmal auf, schrie laut: »Das ist's; so muß es gehen!« rannte nach dem Speicher hinauf und sah nach, ob der neue Gedanke mit dem vorhandenen alten Material verwirklicht werden konnte. Heute kam es nicht zum Aufspringen. Er hatte nicht einmal an eine neue Flügelform, oder an einen neuen Mechanismus, die Flügel zu bewegen, oder an eine Einrichtung, sie widerstandslos zu heben, oder an ein neues, leichteres und stärkeres Material, aus dem sie herzustellen wären, oder an eines der hundert andern Dinge gedacht, die einem Erfinder durch den Kopf gehen, der mit seinem Problem noch zwischen der Welt der Gedanken und der der Wirklichkeit hängt. Er dachte nicht einmal an die bevorstehende Pfändung und was dann werden sollte. Zum erstenmal drückte ihn eine fieberische, blutleere, hoffnungslose Entmutigung zu Boden. Hatten die Leute recht? War er wirklich der Narr, von dem sie sich erzählten?

Es war nahezu Nacht, als der Lehrbub die Treppe heraufstolperte. Er grüßte nicht und ging auf den Zehen mit einem wichtigen, fast pfiffigen Ausdruck in dem dünnen altklugen Gesichtchen nach dem andern Ende des Arbeitstisches. Dort griff er in seine Taschen und schien sehr beschäftigt zu sein. Berblinger sah ihm anfänglich schweigend und ohne Aufmerksamkeit zu.

Der Junge legte in kleinen abgezählten Häufchen Geld – bares Geld auf den Tisch. Zuerst dreißig Kreuzer, dann einen Gulden, dann machte er mit der Schneiderkreide, die auf dem Tisch lag, sehr energisch eine Null auf das braune Brett, daneben legte er ein paar Blättchen engbeschriebenes Papier, dann kamen drei Gulden, dann fünf und zuletzt ein größeres Häufchen Kronentaler und zwei

Dukaten, die zusammen wohl fünfzig Gulden wert sein mochten.

Jetzt sprang Berblinger auf. Der Kleine aber winkte ihm geheimnisvoll. Er hatte eins der alten Märchen im Kopf, das Gretle am Herd im Taubengäßchen zu erzählen pflegte, und wollte das gute Hutzelmännchen spielen. Mit einer gewissen Feierlichkeit sagte er, der Reihe nach auf die Häufchen deutend:

»Einen schönen Gruß von meiner Mutter; einen schönen Gruß vom Gretle; keinen schönen Gruß vom Herrn Onkel Schwarzmann« – dabei deutete er auf die Null –; »einen schönen Gruß vom Herrn Professor Zeller« – das waren die Papierchen –; »einen schönen Gruß vom Herrn Pestilenziarius; einen schönen Gruß vom Herrn von Baldinger und den allerschönsten Gruß vom Lombard auf dem Münsterturm!«

Dann begann er zu erzählen, während Berblinger leise zitternd – er hatte etwas Fieber – Feuer schlug und die Lampe anzündete.

Er habe es nicht mit ansehen können, sagte der Junge, daß man dem Meister die Flügel pfände, denn er rechne ja selber darauf, später einmal ein paar kleine zu bekommen; so habe er sich auf den Weg gemacht, um Hilfe zu suchen. Zuerst sei er nach Haus gelaufen. Der Vater sei im Wirtshaus gewesen, aber die Mutter läge krank im Bett, und Gretle, die ein ganz feines Fräulein geworden, sei bei ihr auf Besuch: den Frauen habe er seine Not zuerst geklagt. Die Mutter habe ihm dreißig Kreuzer gegeben, Gretle den Gulden – alles, was sie hatten. Die Mutter habe gesagt, wahrscheinlich werde sie der Vater durchprügeln, wenn er heimkomme, aber sie mache sich nichts daraus; er sei in der letzten Zeit recht schwach geworden. Den Prätle habe sie gern gehabt seit dem Christtag im Hühnerstall. Der habe ihr gutgetan fürs ganze Leben und sei wohl dreißig Kreuzer wert.

»Die zwei Häuflein machen nicht viel«, fuhr der Lehrbube eifrig fort, »aber Gretle sagte mir, zu wem ich gehen solle; das brachte all das andre Geld. Der dritte Haufen, die Null, ist vom Herrn Onkel Schwarzmann. Er wollte mich die Treppe hinunterwerfen, ist aber nicht halb flink genug. Der Professor Zeller gab mir die Papierchen; es seien seine neuesten Berechnungen über den Menschenflug, und der Meister möge die Sache getrost aufgeben, es werde nie gehen. Streng nach der Wissenschaft sollten auch die Vögel nicht fliegen können, sagte er. Dann ging ich zum Herrn Pestilenziarius. Der war noch freundlicher und gab mir drei Gulden. Er habe nicht mehr, und Sie sollen doch um Gottes Barmherzigkeit willen vernünftig werden und auf dem Boden bleiben wie andre Menschenkinder. Das alles war noch lange nicht genug; so ging ich zu Herrn Staatsrat Baldinger. Bei dem traf ich den jungen Herrn Georg, den sie in den Magistrat gewählt haben. Der alte Herr lachte und sagte, das letzte Staatskleid sei nicht zum besten ausgefallen; man merke wohl, daß der Meister aus dem Häuschen sei, aber da schicke er zehn Gulden, und der junge Herr sagte, sie sollen nur weiter fliegen; es werde mit der Zeit schon gehen. Aber es war immer noch nicht genug. So blieb nichts übrig, als auf den Münsterturm zu steigen. Davor war mir angst, denn den Herrn Lombard hab' ich nicht gekannt, und zu Hexenmeistern geht niemand gern. Es war aber wie die Geschichte vom zuckrigen Häuschen. Ich fand ihn in einem Dampf, daß mir zuerst der Atem ausging; er aber war ganz freundlich, ließ sich alles erzählen und holte dann aus einem Topf Dukaten und Kronentaler – fünfzig Gulden! So kann man sich die Hexenmeister gefallen lassen.«

Berblinger wußte nicht, was er mit seinem Lehrbuben anfangen sollte. Er packte ihn an beiden Ohren, hob ihn in die Höhe, daß er schrie, und drückte ihm einen Kuß auf die Stirne. Das war völlig gegen Handwerksgebrauch, aber es schien ihm in diesem Augenblick alles dermaßen aus Rand und Band, daß es auf etwas mehr oder weniger nicht ankam. Dann nahm er den Gulden, der von Gretle kam, und befahl Franz, so schnell als möglich vier Würste, einen Laib Brot und einen Krug Bier herbeizuschaffen. Sie wollten vor allen Dingen festlich zu Nacht essen, was seit Monaten nicht mehr vorgekommen war.

Eben als sie sich zu ihrem lukullischen Mahl niedersetzten, kam der Amtsgerichtsdiener Stöckle und sah erstaunt, wie sich das Blättchen gewendet hatte. Berblinger zählte ihm achtundvierzig Gulden auf den Tisch und lud ihn ein, Platz zu nehmen. Der Mann ließ sich nicht lange bitten, verzehrte zwei der vier Würste und schlug vor, noch einen Krug Bier holen zu lassen, was auch geschah. Der kleine Exzeß war Berblinger und seinem Jungen von Herzen zu gönnen. Seit vier Wochen hatten sie sich fast ausschließlich von Hoffnungen genährt, die noch immer nicht in Erfüllung gehen wollten. Als auch der zweite Krug zur Hälfte geleert war, wurde der Gast überaus mitteilsam, sah sich aufmerksam überall um und fragte nach diesem und jenem, zum Beispiel, woher eigentlich all das Fischbein komme. Berblinger sagte, er habe es, wie man ja wisse, vom Kaufmann Spengler in der Hafengasse, dieser erhalte es aus Antwerpen und dort beziehe man's von englischen Händlern. Ähnlich sei es mit den Bambusstäben und dem Kaliko. Das sei eben das Schöne des Welthandels, daß man alles bekomme, was man brauche, ob es in Söflingen oder in China wachse.

Stöckle, sichtlich ein ebenso wißbegieriger als intelligenter Mann, zog ein schmutziges Taschenbuch hervor und notierte sich dies. Beim Abschied zählte er noch einmal die achtundvierzig Gulden, die er einzukassieren hatte, drückte Berblinger wohlwollend die Hand, lobte das Goldene-Ochsen-Bier und versprach, wahrscheinlich schon nächste Woche wiederzukommen.

»Denn sehen Sie, Meister«, erklärte er, »die hohen Behörden haben die Weisung erhalten, all das schlechte englische Zeug, das noch im Land ist, zu verbrennen, um damit ein für allemal aufzuräumen. Es darf nichts von den Malefiz-Engländern mehr ins Land kommen. Das heißen die Herren, die die Sache besser verstehen als Ihr und ich, Kontinualsperre oder ähnlich und ist eine neuerfundene nachbarlich-friedliche Art, Krieg zu führen. Kostet kein Blut und zwackt den Feind trotzdem nicht schlecht. Seine Majestät der Kaiser Napoleon, mit dem wir intim befreundet sind, hat den Wunsch ausgesprochen, daß wir das auch einmal probieren sollten. Gut, wir probieren's, und nächsten Freitag wird auf dem Kienlesberg ein Freudenfeuer veranstaltet werden, in dem alles, was brennbar und englisch ist, in Flammen aufgehen soll. Ich bin seit zwei Wochen an der Arbeit, ein amtliches Inventar zu machen. Ersatz? Ist nicht. Das könnt Ihr zu den Kriegskosten schlagen, die in diesem Jahr leidlich genug ausgefallen sind. Es wird einen Hauptspaß geben auf dem Kienlesberg. Euer Fischbein und Bambus und Kaliko werden wohl auch mitspielen; da dürft Ihr nicht fehlen. Adjes, Meister! Fliegt uns nur nicht davon, eh' alle Rechnungen geregelt sind.«

Berblinger hörte ihn die Haustüre unten zuschlagen. Dann warf er sich angekleidet auf sein Bett. Ehe er sich gegen die Wand drehte, rief er den Lehrjungen und sagte zu ihm:

»Fränzle, nimm die dreißig Kreuzer und einen Gulden dazu. Bring sie deiner Mutter – heut noch. Es ist doch alles hin.«

30
Der Türmer

Das Freudenfeuer auf dem Kienlesberg fiel weit nicht so glänzend aus, als der Amtsgerichtsdiener Stöckle erwartet hatte. Es war ein trüber, regnerischer Novembernachmittag; die wirre Masse von Waren aller Art, die man scheiterhaufenartig aufgetürmt hatte, wollte nicht brennen und begnügte sich, einen erstickenden Qualm und Gestank über die Stadt zu breiten, bis die Obrigkeit in strömendem Regen das Zerstörungswerk für beendet erklärte, obgleich noch halbverkohlte Reste von Baumwollzeug, Zucker, Kaffee, Fischbein und sogar etliche Bambusstöcke auf der Brandstätte lagen. Verdorben war indessen alles und somit der Zweck der hohen Politik erfüllt.

Berblinger sah dem Untergang seiner sechs Paar Flügel – das einzige, was tadellos brannte – in dumpfer Wut zu. Sie waren nicht zu retten, denn Stöckle ließ sich kein X für ein U vormachen und wußte aus seinem Notizbuch, woher Bambus, Fischbein und Kaliko stammen. »Wächst alles nur in England!« erklärte er kategorisch. Übrigens hatte er den besonderen Auftrag, den Schneider nicht zu schonen, den man auf diese Weise vielleicht retten könne. Das Bewußtsein, daß ihm die Esel – der arme Mann war verzeihlicherweise bitterböse – den Kopf nicht herunterbrennen konnten, in dem bereits wieder ein neues Flügelpaar heranwuchs, tröstete ihn wenig, denn mit dem Kopf allein war nichts zu machen. Mit seinem hilflosen, fast unerträglichen Grimm im Herzen und ohne zu wissen, wie er nun weiterkommen sollte, fürchtete er sich, in seine leere Werkstatt zurückzukehren. Für das Wirtshaus, wo mancher andre an diesem Abend Zuflucht suchte, um seinen Zorn niederzutrinken oder auszutoben, hatte er kein Geld, auch keine Lust; denn er allein hätte niemand gefunden, der ihn nicht achselzuckend ausgelacht hätte. Selbst der Pestilenziarius und Professor Zeller würden wahrscheinlich nur mitleidig lächeln. So stieg er, wie öfter in jüngster Zeit, langsam und schweren Herzens die dreihunderteinundsiebzig Stufen zur Münsterturmplattform hinauf. Dort oben war wenigstens die Luft noch nicht ganz verpestet.

Es war schon dunkel, als er oben ankam. Eine wilde, stürmische Nacht zog von Osten heran und heulte förmlich in den Fensterchen der Wendeltreppe und um das kühne, frei stehende Stabwerk, das bis zum Kranz hinaufreichte. Der Hilfswächter, der den Dienst versah, wies ihn in das Innere der Wächterwohnung, und Lombard, ruhig und ernst wie immer, bat ihn, in das Hexenstübchen einzutreten. Dies war eine große Ausnahme vom üblichen Empfang. Früher bekam Berblinger das Innere der kleinen Kammer, die im Mund der Hilfswächter diesen unheimlichen Namen führte, nur gelegentlich durch das offene Fenster oder die halbgeöffnete Türe zu sehen.

Lombard hatte den Rauch auf dem Kienlesberg während des Nachmittags von Amts wegen beobachtet und wußte schon, daß auch Berblingers Fischbein und Bambus der genialen (der infamen, sagten einige Böswillige, wenn es niemand hören konnte) Politik des großen Kaisers zum Opfer gefallen waren. Im Gesicht des unglücklichen Schneiders las er, daß nicht bloß Fischbein und Bambus gelitten hatten. Er bat ihn freundlich, sich zu setzen.

Das Stübchen war überfüllt von wunderlichen Geräten, Flaschen und Tiegeln. In der hintersten Ecke stand ein kleiner gemauerter Herd, auf dem ein unruhig loderndes Holzkohlenfeuer brannte, das nicht bloß zum Kochen und Schmelzen, sondern auch zur Heizung und Beleuchtung des Gemachs dienen mochte. Die Ecke war einem offenen Kamin nicht unähnlich, zu dessen rechter Seite ein sichtlich vielbenutzter lederner Armsessel Platz fand, während links ein kleiner dreibeiniger Holzstuhl stand. Auf diesen setzte sich Berblinger, stützte die Ellbogen auf die Knie und begrub sein Gesicht in den Händen: eine Stellung, die ihm neuerdings zur Gewohnheit geworden war.

»Du siehst nicht lustig aus, Brechtle«, sagte der Türmer, »wart einen Augenblick!«

Er goß Wasser in ein Gefäß, erwärmte es über dem Feuer und füllte zwei zinnerne Becher, in die er zuvor eine dunkelrote Flüssigkeit gegossen hatte. Den einen bot er seinem Gast, den andern nahm er selbst zur Hand.

»Du kommst mir gerade recht«, sagte er dabei, »ich habe heute meinen Ulmer Geburtstag zu feiern. Vor – laß einmal sehen –«, er sah auf das schwarzbraune Getäfer, mit dem das Kamin umrahmt war und auf dem rote und weiße waagerechte Striche in unregelmäßiger Reihenfolge eine Art von Leiter darstellten, »heute vor fünfundsiebzig Jahren bin ich zum erstenmal auf euern Münsterturm gestiegen, ungefähr so glücklich, wie du es jetzt bist. Es geht alles vorüber. Stoß an, Schneiderlein. Vivat die Vergänglichkeit!«

Müde lächelnd stieß Berblinger seinen Becher gegen den des alten Mannes, dessen Hand er heute zum erstenmal zittern sah. Der Trunk, ein heißer, feuriger Wein, der nicht in Söflingen gewachsen war, erwärmte ihn bis ins Herz. Er sah den Türmer dankbar an und fühlte wieder, daß er noch nicht am Ende seiner Kräfte angelangt war.

»Mach dir nichts daraus!« sagte Lombard aufmunternd, indem er bedächtig einen weißen Strich unter die Leiter auf der Holztäfelung malte. »Die verbrannten Flügel waren nicht viel wert, und du liegst noch lange nicht am Boden wie dein Freund Ikarus. Wer solche Stunden nicht durchleben kann, darf nichts erfinden; sie gehören zum Beruf. Fliegen?! Warte noch ein Weilchen, drei Wochen, höchstens vier, bis ich mit meinem Pulver völlig im reinen bin; dann sollst du fliegen wie eine Lerche. Kraft brauchst du, Kraft; das ist das ganze Geheimnis. Inzwischen laß die Flügel nicht sinken. Du bist auf dem rechten Weg. Ballon? Lächerlich! Zeig mir einen Vogel, den die Natur an einen

Ballon hängt. Dünk dich nicht weiser als der Geist, der spielend die Welt geschaffen hat. Suche weiter, schaffe weiter; auch wenn sie dir die Flügel noch zehnmal verbrennen. Keine Arbeit ist ganz verloren.«

Er rückte näher ans Feuer. Berblinger sah ihm zu, wie er energisch mit dem Schürhaken hantierte, und starrte nicht mehr ganz hoffnungslos in die aufflackernde Lohe. Etwas vom Lebensmut des alten Mannes schien auf ihn überzuspringen. Induktion heißen dies die Elektriker des heutigen Tags. Lombard begann wieder:

»Wir haben eine Nacht vor uns, Brechtle – horch, wie es stürmt? –, die ich nicht verschlafe; in der ich an alte Zeiten zu denken pflege, allein, gottverlassen. Heute sollst du mir durchhelfen. Es wird dir guttun und mir auch. Aber trinke! Man darf nicht zu schwach sein, wenn man hören will, was ich zu erzählen habe. Horch, wie der Wind heult!«

Das Kohlenfeuer brannte jetzt, daß die Flamme hoch aufschlug und Gläser und Retorten in rotem Lichte flackerten, als seien sie lebendig geworden. Ein märchenhaftes, geheimnisvolles Leben schien in dem kleinen Gemach erwacht zu sein, während der fast Hundertjährige Erinnerung an Erinnerung reihte und längst vergangene Zeiten aus dem Reich der Schatten emporstiegen. Er sprach anfänglich leise und langsam, bald aber wurde sein Erzählen lebhafter, bald so stürmisch, daß sich Worte und Bilder überstürzten und Berblinger seinen eignen Kummer in fremdem Leid vergessen hatte, lang ehe der Alte zu Ende war.

»Ihr Plebejer werdet es kaum begreifen«, begann er und drückte plötzlich Berblingers Hand, der ihn verwundert ansah, denn das Wort, das einen andern gekränkt hätte, tropfte an ihm ab wie Wasser an einer Ente, »ihr werdet es nie begreifen, wie die Geschichte der Väter in unser Leben eingreift zu Heil und Unheil, und wie stolz, wie sehnsüchtig, wie ängstlich sie uns macht, wenn wir aus Chroniken, aus Mären und Sagen erfahren, was unsre Voreltern vor

Jahrhunderten getan und gelitten haben. Laß mich davon plaudern, auch wenn du mich nicht verstehst.

Meine Familie, die Lombardi, kam in jenen stürmischen Zeiten, in welchen hundert Volksstämme in wilder Verwirrung neue Heimstätten suchten, aus Deutschland und baute sich ein wehrhaftes Haus in einer Seitenschlucht des Etschtals, nicht weit von der Stelle, wo der gewaltige Gebirgsstrom in späteren Zeiten aus dem Bistum von Trient in das Land Venetia tritt. Man nannte das Haus die Casabianca der Longobardi. Auf einer Höhe mitten im waldbedeckten Tale liegen seine Trümmer noch heute, wenn die Trientiner sie nicht gestohlen haben, um ihre Riegelwandhäuschen zu stärken. Es war ein stattlicher Bau, der weiß und gespenstisch durch das wundersame Gewirr von Kastanien und Tannen schimmerte, welches nirgends, weit und breit, in ähnlicher Mischung wie hier gefunden wurde. Das Haus überragte ein gewaltiger Turm, auf dessen flachem Dach man ein kleines Häuschen aufgesetzt hatte. Von dort übersah man das Etschtal meilenweit nach Nord und Süd, was die Lombardi in ältester Zeit wohl fleißig benutzt haben mögen.

Meine Vorfahren waren dem Bischof von Trient lehnspflichtig, aber sie kümmerten sich wenig um den geistlichen Herrn. Es war ein ruheloses Geschlecht, und in der abgelegenen Waldschlucht war nicht viel zu holen, obgleich die große Heerstraße von Deutschland nach Venedig einiges abwarf und die Kaufleute von Nürnberg, Ulm und Augsburg ihren Tribut willig oder unwillig entrichteten, wenn die Herren der Burg zu Haus waren und ihre Zeit nicht verträumten. Das aber war ihre Hauptbeschäftigung, sagten die Nachbarn und auch der Bischof von Trient, der den Zehnten an allem ehrlichen Raub begehrte.

Es lag im deutschen Blut. Aber noch etwas andres lag in ihrem Blut, das mit der Zeit manchen guten und manchen schlimmen Tropfen aus dem schönen Italien aufgesaugt hatte: ein ruheloser Drang, in alle Geheimnisse über und unter der Erde einzudringen, ein fast krankhaftes Streben, zu gebieten, zu herrschen, wo andre kaum zu fragen und zu bitten wagen. ›Wissen ist Macht‹, war in ältester Zeit der Wahlspruch unseres Hauses. Einer der kecksten, der italienischsten meiner Ahnen hatte einen heimlichen Spruch beigefügt, den wir nie unter unser Wappen setzten und den dennoch jeder kannte. War es doch der erste große Gedanke, welchen der Böse dem Menschen einblies: ›Eritis sicut deus.‹

Man liebte sie nicht, die Lombardi von Casabianca. Sie waren anders als andre Leute: keine Trinker, keine Raufbolde, ernst und gemessen, immer an Dinge denkend, die niemand verstand, etwas suchend, das niemand begehrte. Dabei fanden sie von Zeit zu Zeit ein Rezept, verbesserten eine Waffe, fabrizierten ein Geräte, das ein halbes Jahrhundert später von jedermann hoch geschätzt wurde. Es gab Dichter unter ihnen, die in Metall, in Stein und Holz zu dichten schienen: viel närrisches Zeug, manchmal aber auch etwas, das die Welt um einen guten Schritt vorwärtsbrachte. ›Unheimliche Herren!‹ erklärte der Bischof von Trient und schickte einen der besten von ihnen auf eine Bußpilgerfahrt nach Palästina. Auf dem Heimweg erfand er die Windbüchse, das tückische Kriegsgerät, das ohne Knall, ohne ehrlichen Schlag und Stoß seinen Mann aus weiter Ferne zu Boden streckt, worüber sich ältere Rittersleute bitter beklagten. Jahrzehntelang waren die Lombardi mit ihren Büchsen der Schreck von ganz Tirol und Venetia, und der Bischof von Trient schwur, nie mehr einen der Sippe nach Palästina zu schicken. Dann aber, als der Mönch zu Freiburg sein Teufelspulver erfand, tötete sich im Zorn der Enkel des Erfinders der Windbüchse mit seines Großvaters eignem Schießgerät. Ein Dominikaner von Ravenna sagte damals, er habe in einer uralten Chronik gefunden, daß die Lombardi von Casabianca von Tubalkain abstammen, und der Bischof von Trient meinte, sie müßten vom Geschlecht des alten Heiden Prometheus sein und dürften billig an den weißen Turm unsrer Burg angeschmiedet werden. Das wäre keine leichte Aufgabe gewesen, denn sie schweiften unablässig durch die ganze Welt, waren bald in Rom und Florenz, bald im deutschen Reich, dann wieder zu Paris oder gar im nebligen England, überall ihre dunkeln Künste pflegend oder nach neuem Wissen suchend. Nur wenn sie alt wurden, und sie wurden meist steinalt, dank der Elixiere, die sie zu bereiten wußten, kehrten sie in ihr Bergnest zurück und lebten ruhig und verborgen vornehmlich in dem hohen Turm ihrer Feste, bald nach Kaufleuten, bald nach den Sternen ausschauend und mit irgendeinem neuen Wunder der *Ars chemica*, der *Ars physica* oder gar der *Ars magica* beschäftigt.

Trotz der heimlichen Furcht, mit welcher sie überall angesehen waren, fand man sie sonderlich an italienischen und deutschen Höfen in hohen Ehren, hier als Astrologen, dort als Goldmacher, hier im Begriff, den Stein der Weisen aus einer geheimnisvollen Mutterlauge herauskristallisierend, dort Liebestränke oder Lebenselixiere brauend. Selbst der Aberglaube jener Zeit scheute sich, sie der schwarzen Kunst anzuklagen, aber mehr als einer von ihnen streifte die Scheiterhaufen, die für Zauberer und Ketzer aufgebaut wurden, denn niemand glaubte an ihren Christenglauben.

Eine Eigentümlichkeit der Familie darf ich nicht verschweigen. Seit der Zeit des Schwarzen Todes zu Florenz hat kein Lombardi mehr als ein Kind gehabt, immer aber einen Sohn, und durch drei Jahrhunderte hat sich das Geschlecht in dieser gefährlichen Weise erhalten. Die Familienchronik erklärt dies: Zu jener Zeit lebte ein Lombardi am Hof der Este zu Ferrara als Astrologe. Er war mit einer Florentinerin verheiratet, die ihm sieben Söhne geboren hatte, auf welche die Eltern überaus stolz waren. Als die Pest ausbrach, ersann der Vater einen Trank, der jeden vor der schrecklichen Krankheit schützen sollte. Die Leute wollten dies nicht glauben, ebensowenig aber die Arznei am eignen Leib versuchen lassen. Da gab er sie seinen sieben Kindern, und alle starben bis auf den Jüngsten, nicht am Schwarzen Tod, sondern an einer neuen, schmerzlosen Krankheit, die man zuvor nie gesehen hatte. Darüber verlor die Mutter den Verstand und verfluchte den Vater und sein ganzes Geschlecht. Nie sollte eine Lombardi mehr als einen Sohn gebären, und wenn je der Himmel den Fluch vergäße, so sollte der Satan das Geschlecht für immer von der Erde tilgen. Man sprach in der Casabianca nicht von dieser Geschichte, aber Tatsache war, daß bis in unsere Zeit die Lombardi immer nur einen Sohn hatten. Mein Vater war der erste, dem der Himmel wieder zwei Söhne schenkte, meinen älteren Bruder Lorenzo und mich.

All das, was unsre Hauschronik erzählt, die ein Vetter von uns, ein Franziskaner zu Trient, begonnen hat, hängt mit dem Aberglauben der alten Zeit so eng zusammen, daß es nicht möglich ist, Wahrheit und Dichtung zu trennen. Wenn ganze Jahrhunderte anfangen, ihre Wahrheiten in Sagen und Märchen umzudichten, dann werden Dichtungen Wahrheit. Wer vermag dann diese Wahrheiten wieder zurückzudichten?

Später wurden die Lombardi Rosenkreuzer und Freimaurer, blieben dabei aber getreue Jünger der verborgenen Wissenschaften. Es war deshalb nicht zu verwundern, daß die Herren der Geistlichkeit nichts von uns wissen wollten und daß das Volk im Etschtal unser Schloß den weißen Hexenturm hieß und uns nichts Gutes zutraute.«

Der Türmer schwieg. Er lauschte auf den Sturm, der immer toller an den kleinen Fenstern rüttelte und sich mit jedem grollenden, weitausholenden Stoß zu drehen schien, so daß die Wetterfahnen auf den vier Ecktürmchen der Wächterwohnung ein Quartett kreischten, das grausig anzuhören war. Dann stand er auf, füllte Berblingers Becher wieder und ging hinaus, um nach seinem Hilfswächter zu sehen. Über den Schneider kam ein wunderliches Gefühl der Wärme in dem engen Stübchen, das jetzt alles Unheimliche verloren hatte. Es war ihm, als ob er im Traum einem Märchen zugehört hätte und mit wohligem Behagen auf die Fortsetzung wartete. Das Heulen des Sturms mahnte ihn wohl an das wilde Leben draußen. Mochte es grollen und stöhnen, kreischen und heulen; hier am traulichen Kaminfeuer fühlte er sich geborgen. Lombard trat mit zerzaustem Bart wieder ein, sagte lächelnd, daß die Stadt noch da sei, setzte sich und fuhr fort:

»Drei Jahre war mein Bruder Lorenzo alt, als ich geboren wurde und meine Mutter starb. Selbst Lorenzo wollte sich erinnern, wie verstört mein Vater monatelang umherging und mit welcher Abneigung er sein jüngstes Söhnchen betrachtete, das munter und gesund heranwuchs, obgleich es nur der Pflege einer Amme anvertraut war, die auch für meinen Bruder zu sorgen hatte. Sie sagten, daß ich ein hübscher Junge gewesen sei, während mein Bruder, wie alle Lombardi seit Menschengedenken, nichts Einnehmendes hatte. So war ich der Liebling von allen im Hause, mit Ausnahme des Vaters, der Lorenzo bevorzugte, wo er nur konnte. Uns Kinder band dieses nicht natürliche Verhältnis, dessen wahren Grund wir nicht ahnten, nur um so fester zusammen. Auch die Einsamkeit in dem abgelegenen Waldschloß, wo uns jeder Umgang mit Jungen unsers Alters fehlte, mochte dazu beitragen, daß selten zwei Kinder in so leidenschaftlicher Zuneigung zueinander heranwuchsen, als mein Bruder und ich.

Der Vater mit seinem scheuen, zurückhaltenden Wesen blieb uns fremd, bis wir, etwas älter geworden, eine heimliche, immer wachsende Neugier und Teilnahme für seine Beschäftigungen empfanden. Er war ein wunderlicher Mann, der nicht wie die früheren Lombardi weite Reisen unternahm und an fremden Höfen seine Künste zu verwerten oder neues Wissen zu sammeln versuchte: daran hinderte ihn der Zustand seiner Gesundheit, deren Pflege mehr als die Hälfte seiner Zeit in Anspruch nahm. Auch mochte dies damit zusammenhängen, daß er nicht müde wurde, nicht nur in den Wäldern und auf den Bergen der Umgegend alle Arten von Kräutern, Wurzeln und Früchten zu sammeln, ihre Säfte auszuziehen und zu destillieren, sondern auch ihre Wirkung am eignen Leib zu versuchen, wodurch er sich oft wochenlang in die übelste Stimmung von Leib und Seele versetzte. Dies hinderte ihn jedoch nicht, sein Leben lang zu suchen und zu forschen, um der Natur ihre Geheimnisse zu entreißen, und während er für die Menschheit zu arbeiten glaubte, mit allen Menschen, die ihn umgaben, auf dem Kriegsfuß zu leben. Selbst seine Kinder hatten dies zu empfinden.

Indessen ließen wir uns hierdurch nicht abschrecken, ihn mit ehrfurchtsvoller Scheu zu beobachten, sammelten Kräuter und Wurzeln wie er – dies war meines Bruders Liebhaberei – oder bauten Maschinchen, wie wir ähnliche in einer gewöhnlich verschlossenen Kammer entdeckt hatten, die von unserm Großvater stammten. Dort hingen auch aus noch älterer Zeit eine ganze Reihe von Windbüchsen, die jetzt kein Mensch mehr gebrauchte, denn auch wir hatten unsre Jagdgewehre und ließen uns Pulver und Blei aus Verona kommen.

Erst nach unsers Vaters Tod bekamen wir durch seine Briefschaften und Manuskripte, die er sorgfältig aufbewahrt hatte, einen richtigen Begriff von seiner umfassenden Tätigkeit. Da waren Schreiben von Philosophen und Naturforschern, von Bischöfen und Ketzern, von Goldmachern und Astrologen; Briefe von Leibniz und Papin, von Newton und Cagliostro. Da waren Abhandlungen über die Natur der Metalle und über den Einfluß der Planeten, über das Wesen der Kraft und die Macht des Geistes über den Stoff, über die Unsterblichkeit und die Präexistenz der Seele. Es war eine Zeit, in der die Menschheit aus einem tiefen Schlaf zu erwachen schien und sich in halber Verwirrung umsah, wo sie war.

Der Vater war trotz seines zurückgezogenen Lebens ein

echter Lombardi. Auch er hatte, man könnte sagen: ein Geschick, sich unbeliebt zu machen, und die Einsamkeit steigerte seine Abneigung gegen jeden Umgang. Namentlich betrachtete ihn die Geistlichkeit der Gegend bis zum Bischof von Trient hinauf als ihren ausgesprochenen Feind, und die Casabianca galt bei dem gemeinen Volk des Etschtals für eine Räuberhöhle, in der Zauberei getrieben und alles Unheil gebraut wurde, das über die Gegend hereinbrach, sei es durch Gewitter und Überschwemmungen, sei es durch die Kriegswirren und die unerträglichen Auswüchse des Regiments jener Zeit. Zu unsern erklärtesten Gegnern gehörten die Insassen des nächstgelegenen Edelsitzes, die Herren von Rivarossa, eine Familie, deren Glieder die Sitten und Unsitten des alten Rittertums bis in unsre Tage herein lebendig erhielten und trotzdem nicht unbeliebt waren, denn ihr Wahlspruch war: ›Leben und leben lassen‹.

Ich war einundzwanzig Jahre alt, als unser Vater starb, wahrscheinlich am Genuß eines Kräutersaftes, mit dem er sich lange Zeit beschäftigt hatte und der ihn in einen traumartigen Zustand versetzte, in dem er besonders glücklich zu sein glaubte. Sein Tod änderte unsre damalige Lebensweise nicht wesentlich. Zur Erholung gingen wir auf die Jagd. Ich beschäftigte mich zunächst damit, den Nachlaß meines Vaters zu ordnen, und kam hierbei monatelang nicht aus dem Erstaunen heraus, wie reich das scheinbar einförmige Leben des Verstorbenen gewesen war und von welcher Fülle von Rätseln und Geheimnissen der Mensch umgeben ist, die zu ergründen uns das Rätselhafteste und Geheimnisvollste von allen, der ruhelose Menschengeist, zu treiben scheint, bis er, die höchste Blüte, das Ziel und der Zweck der Schöpfung, als ihr Beherrscher zur Ruhe kommt.«

Des Türmers Augen glänzten. Berblinger sah, daß er einen Gedanken ausgesprochen hatte, der das Innerste dieses sonderbaren Mannes bloßlegte; aber er war nicht imstande, ihm zu folgen. Das Gefühl, zur Beherrschung des Weltalls bestimmt zu sein, lag ihm zur Zeit allzu ferne.

»Schon damals«, fuhr Lombard fort, »hatte mich ein Gedanke erfaßt, der mich durch mein ganzes Leben nicht mehr losließ. Was ist Kraft? In ihr liegt alles, was in diesem unserm Weltall lebt und schafft. Wenn wir sie halten, beherrschen, erzeugen könnten, wären wir Herren über alles Geschaffene. Hier ist eine Aufgabe, wichtiger als Goldmachen oder den Stein der Weisen suchen. Hier liegt das Ziel, nach dem wir streben müssen, um mit einem Male alles zu erringen. Und wenn die dunkle Macht, die hinter allem Geschaffenen steht, uns versagt haben sollte, Kraft zu schaffen, so sollten wir wenigstens imstande sein, sie aus den tausend Formen, in denen sie schlummernd verborgen liegt, hervorzuholen, sie nach unserm Willen zu leiten, zu gebrauchen, zu beherrschen. Das ist den Alten notdürftig gelungen, die das erste Wasserrad in einen Strom stellten; das hat Papin, im Dunkeln tastend, versucht, das keimt und sproßt heute in allen Richtungen. Es ist, als ob ich's mit leiblichen Augen sähe, von welchem Riesenbaum ein künftiges Geschlecht die Früchte der Arbeit dieses Mannes pflücken wird. Aber es sind noch andre Wege denkbar und vielleicht fruchtbringender als der, den Papin und seine Nachfolger einschlugen. Die Spannkraft der Luft in der Windbüchse leistete, was kein Bogenschütze fertigbrachte. Man lächelt über den Windbeutel, seitdem das Schießpulver erfunden wurde. Die Gewalt der Kugel, die aus dem Feuerschlund der Kanone fliegt, hat noch niemand gemessen. Dort liegt Kraft, vor welcher der zischende Wasserdampf oder gar der sanfte Druck der Atmosphäre nicht bestehen kann. Heute noch dient sie in dieser Form nur der Zerstörung, roh und blind, bereit, den eignen Meister niederzuschmettern, wenn er sie zu fesseln sucht. Es muß Wege geben, sie zu bändigen, sie zum Segen anstatt zum Verderben der Menschheit zu zwingen. Ich war zwanzig Jahre alt, als mir in der Waldesstille, an einem murmelnden Bächlein liegend, dieser Gedanke wie ein Blitz durch die Seele schoß. Ich hatte die Aufgabe meines Lebens gefunden.

Noch am Abend vertraute ich meinem Bruder, was mir begegnet war. Solche Gedanken sind wie unerwartete Begegnungen; man weiß nicht, woher sie kommen noch wohin sie führen werden. Toren nennen sie Zufall, weil sie keine Ahnung davon haben, wie der Weltgeist schafft. Mein Bruder nickte lachend, als ob ich ihm nichts Neues brächte: Seit seiner Kindheit habe er ähnliches gedacht. Es sei ein Erbstück der Familie, wie ich schon in den Papieren des Großvaters sehen könne. ›Aber was nutzt das, wenn man nicht versucht, den Gedanken in Taten umzusetzen‹, meinte ich, und fuhr nach Verona, um Proben von allen Arten von Schießpulver aufzukaufen, mit denen ich meine Experimente beginnen wollte. Nun wurde es lauter um unser stilles Waldhaus; es krachte und knallte bald da bald dort. In der Umgegend hieß es, dem Hexenturm sei jetzt nicht mehr nahe zu kommen, er speie leibhaftiges Höllenfeuer. Die Jungen seien schlimmer als der Alte, der wenigstens nur mit Gift und Hexenkraut gewirtschaftet habe. Der Bischof von Trient drohte mit dem kleinen Bann, wenn das sündhafte Geschieße nicht aufhöre, welches das ganze Bistum mit Entsetzen erfülle. Wir lachten und experimentierten weiter, jedoch ohne nennenswerten Erfolg. Die Versuche blieben entweder ganz ohne Wirkung oder kosteten jedesmal den Apparat, mit dem sie gemacht wurden. Lorenzo kehrte zu seinen Kräutern zurück, ich versuchte schon damals eine andre Art von Pulver selbst herzustellen.

In diese Zeit fiel ein scheinbar nichtssagendes Ereignis, das von großer Bedeutung für mich werden sollte. Unsre Nachbarn, die Rivarossas, junge Leute wie wir, aber trinklustig und zu jedem Schabernack aufgelegt, hatten mit einer Truppe ähnlich gesinnter Freunde beschlossen, die herrlichen alten Ritterzeiten, wenn auch nur zum

Scherz, wiederaufleben zu lassen. Sie bewaffneten sich zu diesem Zweck mit Rüstzeug aus der Waffenkammer ihres Schlosses und lauerten auf eine Truppe von Kaufleuten, die auf der Reise von Deutschland nach Venedig begriffen waren. Zufällig waren ich und mein Bruder auf der Jagd und in der Nähe der Klamm, in der der tolle, eigentlich nur scherzhaft gemeinte Überfall stattfand. Die Kaufleute, die nur schlecht Italienisch verstanden, nahmen die Sache ernst. Es waren kräftige junge Leute, die nach Art der Deutschen derb zuschlugen, wenn sie zornig wurden, aber es waren ihrer fünf gegen zwölf auf der Seite der Angreifer. Die Prügelei war in vollem Gang, als wir mit vier Jägerburschen dazwischentraten. Die Rivas, die jetzt einen öffentlichen Skandal befürchteten, nahmen Reißaus, und die Deutschen dankten uns lebhaft für ihre Rettung aus der Gewalt gefährlicher Banditen. Einer der Herren hatte in der Tat eine Kopfwunde erhalten, die heftig blutete, so daß wir ihn einladen mußten, mit uns nach Hause zu kommen, während die andern ihre Reise fortsetzten. Es war ein Ulmer namens Baldinger, kein Kaufmann, sondern ein junger Rechtsgelehrter, der nach Padua gehen wollte, um dort, an der alten Quelle, eine Zeitlang römisches Recht zu studieren. Er hatte sich den Kaufleuten angeschlossen, deren Ziel Venedig war. Acht Tage lang war er unser Gast: ein lustiger, lieber Geselle, nur um ein Jahr älter als ich. Es war mir ein noch fremder, köstlicher Genuß, einen derartigen jungen Mann zum Freund zu haben. Daß er so schlecht Italienisch als ich damals Deutsch sprach, war kein Hindernis. Im Gegenteil. Wir fanden durch unsre Mißverständnisse mehr Vergnügen aneinander, als wenn wir uns verstanden hätten.

Als er an seine Abreise dachte, war auch mein Entschluß gefaßt. Ich wollte ihn nach Padua begleiten und mich umsehen, was ich dort in Mathematik und Mechanik, in Physik und Chemie erlernen könnte. Mein Bruder hatte dagegen nichts einzuwenden und geleitete uns bis nach

Verona. Dort waren wir zwei Tage lang Gäste von entfernten Verwandten, einer Bologneser Patrizierfamilie, die nach Verona übergesiedelt war. Dort auch sah ich zum erstenmal Frauen unsers Standes, und darunter die Tochter des Hauses, Lucia. Es war wie ein Blitzstrahl. Ich will sie nicht beschreiben. Ich war einundzwanzig Jahre alt und sie sechzehn; ich hatte fast noch nie ein Mädchen von ihrer Erziehung gesehen, und sie war so schön wie ein Frühlingstag. Und lächeln konnte sie –«

Berblinger stöhnte laut. Der Türmer sah ihn einen Augenblick prüfend an und fuhr fort:

»Nein, ich will sie dir nicht beschreiben. Lebte sie heute noch, so wäre sie zweiundneunzig Jahre alt, aber sie ist schon seit fünfundsiebzig Staub und Asche; da lohnt es sich wohl kaum. Nach zwei Tagen zogen Baldinger und ich weiter. Mein Bruder wollte noch einige Tage bleiben, ehe er nach der Casabianca zurückkehrte.

Es wäre unrecht zu sagen, daß ich in Padua die Zeit vergeudete, wenn auch meine Gedanken unzählige Male nach Verona wanderten. Ich lernte vieles, das auch meinem Vater unbekannt gewesen war. Die Zeit schien mir mit Riesenschritten vorwärtszustreben und auf dem Wege vieles alte nutzlose Gerümpel abzuwerfen, vielleicht zuviel. Wir jungen Leute vermeinten bald nur noch glauben zu dürfen, was wir sehen, hören und greifen konnten, und das war für die meisten von uns mehr als genug. Es schien sich unter unsern Händen zu vertausendfachen. All das zu bezwingen und damit die höchste Spitze menschlichen Wissens und Könnens zu erreichen – war das nicht genügend für ein kurzes Menschenleben? Auch begann ich damals schon mit allem Eifer brieflich die alten Freunde meines Vaters in Italien, Deutschland, Frankreich und England wieder aufzusuchen und mir neue zu gewinnen, wo immer ich von einem berühmten Mann oder einer wichtigen Entdeckung hörte. Es war eine glückliche, hoffnungsfrohe Zeit, diese zwei Jahre in Padua.

Als ich zurückkehrte und klopfenden Herzens unsre Verwandten in Verona aufsuchte, wurde ich freudig von meinem Bruder empfangen, der sich wenige Tage zuvor mit Lucia verlobt hatte. Wieder ein Blitzstrahl. Doch ich vermochte mich zu fassen; die Liebe zu meinem Bruder zählte noch mit. Schwieriger wurde dies schon, als wir acht Tage später gemeinsam nach der Casabianca abreisten. Auch sie hatte mich während dieser Woche wie einen Bruder behandelt. Es war mir manchmal, als ob mir das Herz zerspringen wollte.

Die Hochzeit sollte aus mancherlei Gründen erst in einem Jahr stattfinden. Die Veroneser Verwandten hatten überhaupt nicht leicht ihre Zustimmung zu der Verbindung gegeben, denn man wußte überall, welch eigentümliche Leute die Lombardi von jeher gewesen waren und daß sie alle Kopf und Herz anderswo gehabt hatten als bei den Frauen. Aber Lucia liebte oder glaubte wenigstens meinen Bruder zu lieben, und er ging in seiner Leidenschaft auf; vielleicht nicht so völlig wie ich.

Für mich aber war es ein entsetzliches Jahr. Ob ich in Verona weilte, wo ich fortwährend zu tun zu haben glaubte, ob ich mich in unserm einsamen Waldschloß vergrub – ich fühlte, wie mich von Tag zu Tag die Leidenschaft tiefer in ihre Netze verwickelte. Ich sträubte mich, ich kämpfte gegen die Umgarnung, aber es wurde schlimmer nach jedem Versuch, den Dämon der Liebe abzuschütteln. Ich wollte fliehen, nach Frankreich, nach Deutschland gehen, aber sooft ich's versuchte, war ich wieder auf dem Weg nach Verona. Ich stürzte mich wie wahnsinnig in meine Lieblingsarbeiten, brennende Pulver zusammensetzend, explosive Flüssigkeiten brauend, Versuchsmaschinchen bauend, um sie, sobald sie gebaut waren, mit boshaftem Vergnügen in die Luft fliegen zu sehen; denn nichts schien mir des Tuns und Schaffens wert zu sein, das sich nicht irgendwie auf Lucia bezog. Mein Bruder fühlte, daß zwischen uns eine schwarze Wand aufstieg, und schickte mich selbst nach Verona, wo ich mich aufheitern sollte. Aufheitern!«

Wieder schwieg der Türmer, sichtlich tief erregt. Vielleicht, um sich selbst zu beruhigen, horchte er auf das Heulen des Windes, das noch nicht nachlassen wollte. Dann sagte er, sich zum Lächeln zwingend:

»So hab' ich's noch nicht oft gehört. Wenn der Sturm heute nacht unser Häuschen auf den Münsterplatz hinunterfegte, sollte mich's nicht wundern. Dann könntest du zeigen, wie weit du fliegen kannst. Zuvor aber laß dir erzählen, was ich seit fünfundsiebzig Jahren in mich hineingedrückt habe. Vor einiger Zeit versuchte ich's mit dem Pestilenziarius, allein der gute Mann brach zusammen, ehe ich halb fertig war. Warum ich jetzt dir beichte, was ich eher einem Priester meines alten Glaubens ins Ohr flüstern sollte? Erstlich solltest du erfahren, daß es noch andern Jammer in der Welt gibt als den deinen; das ist ein Freundschaftsdienst, den ich dir erweise. Und zweitens bist du noch ein junges und leidlich unschuldiges Blut und kannst tragen, was einem fast Hundertjährigen zu schwer wird. Das ist's, was ich von dir erwarte. Einmal muß es heraus.

Es war vierzehn Tage vor ihrer Hochzeit. Bei meinem letzten Besuch in Verona glaubte ich bemerkt zu haben – vielleicht war es auch nur mein Wahnsinn, der sich's vorspiegelte –, daß auch Lucia den Tag mit heimlicher Angst heranrücken sah. Wir saßen zusammen auf dem Balkon ihres Hauses, mitten unter Leuten. Sie ließ eine Rose fallen, die sie in ihrem schwarzen Haar getragen hatte, und ich hob sie auf. Unsre Hände berührten sich. ›Behalte sie‹, sagte sie, ›es ist die letzte; es blühen keine mehr.‹ Dabei sah sie mich einen Augenblick an und eine Träne perlte in ihrem Auge. Ich sehe das Auge, ich sehe die Träne heute noch nach fünfundsiebzig Jahren.

Als ich sie verließ, selbst nahe daran zu weinen, glaubte ich sie verstanden zu haben. Allein, was konnten wir tun! Könnte ich Himmel und Erde in die Luft sprengen! war der immer wiederkehrende Gedanke, der mich auf der Heimfahrt unablässig verfolgte.

Drei Tage später war ich mit der Leidenschaftlichkeit an der Arbeit, mit der ich jetzt alles betrieb, um vor mir selbst zu fliehen. Ich hatte eine neue Explosionsmasse zusammengesetzt, von deren Wirkung ich mich durch einen größeren Versuch überzeugen wollte. Nach meinen Berechnungen sollte es ein langsam brennendes Pulver sein, so daß ich eine ernstliche Gefahr nicht befürchtete, wenn das Experiment in meinem feuerfesten Laboratorium auf dem weißen Turm gemacht würde. Trotzdem erschien es mir klug, die Wirkung des Pulvers aus einiger Entfernung zu beobachten. Ich legte deshalb eine Zündschnur an das Häuflein gelben Pulvers, die mindestens fünf Minuten brennen mußte, ehe das Feuer die Masse erreichen konnte, und stieg die Turmtreppe herunter.

Auf den untersten Stufen begegnete ich meinem Bruder, im Begriff hastig hinaufzugehen. ›Wo willst du hin?‹ fragte ich mit stockender Stimme. Die Zunge klebte mir am Gaumen. ›Einen Brief von Lucia holen, den ich in deiner Kammer liegen ließ‹, antwortete er.

Welcher Dämon mich an der Kehle packte, weiß ich nicht. Ob Gott, an den ich nicht mehr glaubte und nie mehr glauben werde, mich und meinen Schutzengel in jenem Augenblick von sich stieß, kann ich nicht sagen. Ich wollte sprechen, so wahr ich lebe, ich wollte sprechen; aber mein Hals war wie von einem Krampf zugeschnürt, meine Zunge lallte etwas, das niemand verstehen konnte. Mein Bruder war an mir vorübergestürmt und sprang mehr, als er ging, halblaut singend die Treppe hinauf.

Ich ging in den Hof hinaus, um nach dem offenen Fenster meines Stübchens zu sehen. Was ich in diesen Minuten empfand, ist nicht zu beschreiben. Angst? – Nein, Reue? – Nein, eine teuflische Hoffnung? – Nein. Ich fühlte mich wie in der Hand einer fremden Macht, der ich nicht entrinnen konnte, willenlos, bereit zu dulden, zu leiden, zu vergehen.

Es dauerte kaum eine Minute. Dann stand plötzlich die Spitze des Turmes in einer Feuergarbe. Ein furchtbarer Knall folgte; Fenster klirrten, Steine und Dachziegel flogen umher, und aus der braungelben Rauchwolke, die jetzt den oberen Teil des Turmes einhüllte, schossen große Flammen in die Höhe. Ich hatte den schrecklichsten Explosionsstoff entdeckt, den bis heute die Welt kennt, aber um welchen Preis!

Natürlich war niemand auf die Katastrophe vorbereitet. Etliche unsrer Leute drangen in den brennenden Turm und brachten, selbst halb erstickt, meinen Bruder herunter, besinnungslos, gräßlich zerrissen, sterbend. Und schon brannte das Dach des Wohnhauses, welches glühende Steine eingeschlagen hatten. Schreiend – mir schien es jubelnd – kamen Leute aus dem Dorf gelaufen, vom Fluch Gottes faselnd, der endlich das Hexennest und seine Insassen getroffen habe. Wer zuerst den Ruf ausstieß, daß ein Bruder den andern in die Luft gesprengt habe, konnte niemand sagen. ›Schlagt ihn tot, schlagt ihn tot!‹ heulte die Bande, ehe sie das brennende Haus erreichte. Ich floh, nicht vor den rohen Gesellen, ich floh wie Kain vor mir selbst.

Wie und wo ich in den nächsten Wochen umherirrte, weiß ich heute noch nicht. Damals verlor ich den letzten Rest von Glauben an einen Gott, der mich so jammervoll verlassen hatte, als es an einem Laut hing, mich zu retten. Rechte nicht mit mir, Berblinger. Wer erlebt hat, was ich erlebte, richte zwischen mir und ihm, wenn er ist.

Das Haus meiner Väter brannte bis auf den Grund nieder; keine Hand hatte sich gerührt, der Zerstörung Einhalt zu tun. Vor den Gerichten von Trient, auch vor dem zu Verona, wurde ich des Brudermords angeklagt und die Behörden der Grafschaft Tirol, selbst die von Venetien, der Schweiz und Bayern aufgefordert, nach mir zu fahnden und mich auszuliefern. Ich stahl mich durch bis nach Deutschland. Bei dem Hause der Fugger zu Augsburg hatten die Lombardi einen Teil ihres Vermögens niedergelegt. Es stammte noch aus der Zeit, in der mein Großvater durch Europa reiste und dort sowie auch in Straßburg gewohnt hatte. Mit Mühe und Not gelang es mir, einen kleinen Teil dieses Geldes zu erhalten. Eine größere Summe lag in Straßburg. Das dortige Kaufhaus, an das ich schrieb, war bereit, das Geld auszuhändigen, doch sollte ich es selbst erheben und mich persönlich ausweisen. So kam ich als halber Bettler durch Ulm.

Hier gedachte ich meines Freundes Baldinger –«

»Des Herrn Staatsrats!« rief Berblinger lebhaft. »Das war doch wie eine Fügung Gottes!«

Der Türmer lachte bitter. »Seines Großvaters, Brechtle, seines Großvaters! Du vergißt, wie die Zeit fliegt. Der junge Rechtsgelehrte, der bereits im Kleinen Rat saß, kannte mich kaum mehr; so hatten mich die Ereignisse der jüngsten Zeit verändert, und meine Geschichte, die ich ihm natürlich nicht vollständig mitteilen konnte, klang gar zu romantisch. Doch überzeugte ich ihn schließlich, und er war gastfreundlich bereit, reichlich zurückzuzahlen, was er den Lombardi schuldig zu sein glaubte. Das Gerücht, daß man mich als Brudermörder verfolgte, war auch bis Ulm gedrungen, doch glaubte er mich schützen zu können und riet mir, mich in der freien Reichsstadt eine Zeitlang verborgen zu halten.

An einem der ersten Tage meines Ulmer Aufenthalts führte er mich auf den Münsterturm, um mir die Befestigung und die herrliche Umgebung der Stadt zu zeigen. Das Wächterhäuschen auf der Plattform erinnerte mich so lebhaft an die Turmspitze der Casavianca, daß ich in Tränen ausbrach und ihm sagte, ich wünsche nichts sehnlicher, als mich auf einige Wochen hier oben verbergen zu dürfen. Der gütige Zufall – manchmal ist er ja auch gütig, wie es die alten Götter gewesen sind – wollte es, daß der

Türmer wenige Tage zuvor das Bein gebrochen und dienstuntauglich geworden war. Dem Rat Baldinger wurde es leicht, mir die Erlaubnis zu erwirken, mit den Hilfswächtern die luftigen Stübchen zu teilen.

Was soll ich weiter erzählen? Man fand es bedenklich, einem völlig Fremden eine so verantwortungsvolle Stelle anzuvertrauen; allein die Baldinger übernahmen jede Verantwortung, und so wurde ich zuerst auf ein Probejahr als Wächter auf dem Münsterturm angestellt. Dort suchte kein sterblicher Mensch den verlorenen Lombardi von Casabianca; ich hatte nicht einmal nötig, meinen Namen zu ändern.

Wundre dich nicht, daß ich fünfundsiebzig Jahre lang hier oben blieb, ohne daß mich die Lust anwandelte, je wieder in die Welt hinunterzusteigen, die mir zur Qual und zum Ekel geworden war. In den ersten Jahren tat ich ruhig meine Pflicht als Türmer und bemühte mich, so wenig als möglich zu denken. An ein einsames Leben war ich gewöhnt, jetzt war es mir unmöglich, mir ein andres vorzustellen. Hier oben störte mich niemand!

Nach etlichen Jahren begann ich wieder nach den Sternen zu sehen. Hierfür ist mein Posten wie geschaffen. Meinem Freund Baldinger, den ich dringend gebeten hatte, sich nicht weiter um mich zu kümmern und der mir diesen letzten Freundschaftsdienst erwies, war es gelungen, die den Lombardi gehörigen Gelder in Augsburg und Straßburg zu retten und in einem sicheren Hause anzulegen, so daß ich wohlhabender bin, als es je ein Türmer von Ulm gewesen ist. Ob sein Enkel, der Staatsrat, weiß, wer ich bin, und daß ich seinerzeit seinen Großvater aus den Händen falscher Banditen gerettet habe, weiß ich nicht. Es scheint fast, daß es mir gelungen ist, von aller Welt vergessen zu sein, wie ich dies selbst wünschte.

Wieder nach einiger Zeit kam die Lust zurück, mit der ich früher die Probleme der Chemie und Physik verfolgte, und zuletzt, seit etwa dreißig Jahren, der Drang zu suchen und zu erfinden, der im Blut der Lombardi steckt wie in dem der Berblinger. Ein unglücklicher Hang« – der alte Türmer lächelte wieder –, »der uns doch von Zeit zu Zeit unsagbar glücklich macht. Hier oben, hoch über der Erde, kann man sich demselben hingeben, ohne allzu schwer darunter zu leiden, und eins muß uns als Trost für mancherlei Entbehrung dienen: der Gedanke, daß wir für die Menschheit schaffen, das einzige im Weltall, von dem wir wissen, daß es lebt und liebt und leidet. Nur eins müssen wir uns entschlossen abgewöhnen, Lohn und Dankbarkeit ernten zu wollen. Das geben sie dem Erfinder manchmal, wenn er tot ist; dann aber gewöhnlich dem falschen.«

Ein mildes Lächeln spielte um des Türmers Lippen, als ob er die Menschheit bemitleidete, die mit ihren besseren Gefühlen immer an den Falschen gerät. Bedächtig füllte er sein und Berblingers Glas zum drittenmal, und dieser fühlte den wiedererwachenden Mut, wie wenn sich ein frischer Blutstrom durch seine Adern ergösse. Konnte er diesem Mann gegenüber von seinem Jammer sprechen, weil ihm ein paar alte Flügel verbrannt worden waren?

»Nein!« sagte Lombard, als ob er seine Gedanken erriete, »wir haben keine Ursache zu klagen, solange wir das Ziel fest im Auge behalten. Der Soldat, der vor der Batterie fällt, die seine Kameraden im Sturme nehmen, ist nicht zu beklagen. ›Pro patria!‹ ruft der fallende Krieger; ›für die Menschheit!‹ rufen wir, wenn unsre Kräfte zu Ende sind. Ich hab's in fünfundsiebzig Jahren oft genug von meiner Turmwarte in die Welt hinausposaunt, unhörbar für die, denen es nicht galt, eindringlich genug für manchen, der am Verzweifeln war. Denn wir sind hier oben nicht abgeschnitten von der Welt. Von Ägypten bis Schottland, von Moskau bis Lissabon habe ich mir eine kleine Schar von Freunden bewahrt und neue erworben, wenn die alten dahingingen, die mir berichten, wie die Welt fortschreitet. Du erzähltest mir von der Feuermaschine bei Kattowitz, vom geflügelten Ballon deiner Wiener Freunde. Ich wußte von beiden, ehe du den Mund auftatest. Aber ich weiß mehr. Ich sehe, mit welchem Riesenschritt die Menschheit in dieses Jahrhundert eingetreten ist, und ich ahne, wohin er führen muß. Die Quelle der Kraft, die sie in der Erde entdeckt haben, wird aufsteigen wie ein gewaltiger Strom, der die alte Welt überschwemmen wird gleich einer Sintflut, und aus ihr wird eine neue geboren werden, die wir heute kaum zu ahnen vermögen. Soll ich dir die Bilder der Zukunft ausmalen, wie ich sie in stillen Nächten von meinem Münsterturm aus sehe? Es hat keinen Wert, in solchen Phantasien zu schwelgen. Was Wert hat, ist die Arbeit von heute, der nächste Schritt nach dem Schritt, den wir gestern getan haben. *So* wirst auch du die Flügel bauen, die dich tragen werden, und ich mein Pulver finden, mit dem wir dich durch die Luft schießen werden wie das aus dem Rohr fliegende Geschoß. Nichts bewundern, sagen die Alten. Laß die Alten schwatzen. Nie verzweifeln muß unsre Losung sein. Sie ist zehnmal wahrer und brauchbarer als die alte müde Weisheit, denn in ihr lebt das Leben der Menschheit.«

Jetzt stand Berblinger auf und reichte dem Türmer die Hand.

»Ich danke Ihnen«, sagte er einfach. »Sie haben mir wieder einmal gutgetan, und ich hatte es nötig.«

»Warte!« versetzte Lombard. »Ich habe deinen Besuch vorausgesehen und etwas für dich zurückgestellt. Verhungern dürfen wir uns nicht lassen, und morgen solltest du ein neues Flügelpaar zu bauen anfangen. Nimm Weidenstäbe statt Bambus und in Wachs getränkte Leinwand statt Kaliko. Es gibt hundert Wege, weiterzukommen, wenn einer versagt. Wenn ich mit meinem Pulver im reinen bin, solltest du morgen fliegen. Gib mir noch drei Wochen Zeit.«

»So viel ungefähr brauche ich auch«, sagte Berblinger ernsthaft, indem er sich nach der Türe wandte. Lombard drückte ihm ein kleines Beutelchen und einen Brief in die Hand.

»Das eine für dich, das andre für Herrn Baldinger. Vielleicht erinnert er sich noch, daß sein Großvater mein Freund war. Als kleiner Junge hat er es gewußt.«

»Sie sind mehr als mein Wohltäter, Sie sind mein Retter!« sagte Berblinger bewegt. »Gott behüte Sie, Herr Lombard!«

»Empfiehl mich dem Geist der Menschheit; der muß uns weiterhelfen!« entgegnete der Türmer.

Der Schneider schüttelte den Kopf. Hier trennten sich der Italiener und der Deutsche. Aus tiefstem Herzensgrund dankte dieser Gott für das Beutelchen, als er leichteren Herzens die Wendeltreppe des Münsterturms hinabstieg. Morgen wollte er mit den neuen Flügeln beginnen.

Der Türmer aber wandte sich seinem Herdfeuer zu und murmelte:

»Ob du je fliegen wirst mit deinem Kinderglauben?«

SECHSTER TEIL

Am Ziel

31
Umschwung

Der alte Nusser gehörte so sehr zum städtischen Inventar, daß man sich ohne ihn eine Sitzung auf dem Rathaus nicht denken konnte; namentlich konnte er es nicht. Als früherer Obermeister der Krämerzunft, den man allerdings schon seit zehn Jahren *ad acta* gelegt hatte, war er fünfundvierzig Jahre lang im Großen Rat der Reichsstadt gesessen und hatte jeden Vorschlag, der Geld kostete und nicht von seiner Zunft ausging, bekämpft. Hierdurch erwarb er sich bei allen stimmberechtigten und steuerzahlenden Bürgern Achtung und Beliebtheit, so daß es sich ganz von selbst verstand, ihn in den Magistrat herüberzunehmen, als Ulm bayrisch und der Große Rat aufgelöst wurde, und in den provisorischen Gemeinderat, seitdem es württembergisch geworden war. Im Grund war er ein gutmütiger, braver Mann, sonderlich wenn er in der Ofengabel saß, wo er seit bald sechzig Jahren seinen bestimmten Platz behauptete, gab sich aber gern das Aussehen unzufriedener Grämlichkeit, sobald er glaubte amtlich tätig sein zu müssen. Dieses äußere Zeichen der Würde betonte er schärfer, seitdem er halb taub geworden und wegen geschwollener Füße nur noch in Filzstiefeln in den Sitzungen erscheinen konnte, wo er an der Spitze aller derer stand, welche die alten guten Zeiten nicht vergessen konnten. Auch verzieh man ihm Bemerkungen in Altulmer Deutsch, die man einem jüngeren Mann nicht hätte hingehen lassen, die aber bei ihm um so natürlicher klangen, als er sämtliche Ratsherren und Beamte der Stadt mit Du anredete; denn die Herren, die nicht seine Schulkameraden gewesen, waren ohne Ausnahme Söhne und Enkel von solchen. –

Mit zwei längeren Pausen hatte er den Marktplatz gekreuzt, stand, auf zwei Stöcke gestützt, vor dem Rathaustor und hielt, um Atem zu schöpfen, eine kleine Vorversammlung ab, eher er sich an die Aufgabe machen konnte, die Treppe zu ersteigen. Da er mit seiner wassersüchtigen Beleibtheit den Eingang sperrte, hatte er bald ein kleines Publikum um sich versammelt, dem er seine Ansichten über die Weltlage und die bevorstehende Sitzung mitteilte.

»An Schneid fehlt's ihm, dem Bürgermeister, an Schneid!« rief er ärgerlich den zwei Herren zu, die ihn über den Platz geleitet hatten und nun ebenfalls stehen blieben. »Ich hab's schon vor zehn Jahren gesagt: man hätte sich wehren sollen. Wären wir damals nicht bayrisch geworden, so müßten wir heut nicht württembergisch sein. Aber da war kein Schneid, nicht oben, nicht unten, und seitdem heißt es: zahlen, zahlen, zahlen!«

»Das war wohl früher auch nicht anders«, seufzte Herr Stötzlen, der große Leinwandhändler von der ›Unteren Bleiche‹. »Ich spüre die Neunziger noch in allen Gliedern.«

»Nun ja«, gab Nusser zu, »aber wir hatten wenigstens unser eignes Ulmer Geld, unser gutes Maß und Gewicht. Jetzt soll wieder alles umgekrempelt werden. Kaum ist man an das bayrische Seidel gewöhnt, heißt's Württemberger Schoppen saufen. Der Schlosser Muntz in der Wengengasse macht seit drei Wochen nichts als neue Gewichte für die Ortswaagen in Stadt und Land. Der kann lachen; aber wer zahlt's?«

»Und das wäre noch das Leichteste von allem, die Gewichte«, sagte Herr von Besserer, über den Eifer des dicken Krämers halb lachend.

»Das sag' ich auch«, fiel dieser heftig ein. »Aber trotzdem – die neuen Gewichte schlagen bei mir und meiner Frau dem Faß den Boden aus. Immer was Neues, immer was Neues! Einen neuen König haben wir wieder, ein neuer Oberregierungsrat und Oberamtmann ist auch schon da, neue Nachtwächter sollen wir auch einsetzen, und heute, hör' ich, will der Schad, der neue Bürgermeister, darüber beraten lassen, wo wir das Geld für die neuen

Gewichte herkriegen sollen. In zehn Jahren – ich erleb's noch – sind wir vielleicht badisch oder gar französisch, und dann heißt's wieder: neue Landesherren, neue Oberregierungsräte, neue Nachtwächter, neue Gewichte. Hol's der Kuckuck, Stötzlen! Meine Frau backt ihre Lebkuchen nach Altulmer Gewicht und Rezept; dabei soll's bleiben in meinem Haus und könnt's auch in der Stadt bleiben, wenn der Schad Schneid hätt'. Den Schwarzmann sollten wir haben.«

»Mit dem ist's aus«, sagte Stötzlen schmunzelnd. »Er läuft herum wie sein eignes Gespenst, seitdem die Württemberger eingerückt sind.«

»Und geschieht ihm recht«, meinte Herr von Besserer. »War kein Ulmer vom alten Holz; wollte immer oben hinaus, ging's mit uns nicht, sollt' es mit den Bayern gehen.«

»Pst!« machte Stötzlen. »Dort oben steht er und kann jedes Wort hören. Er hat seine Ohren, der Schwarzmann, man mag sonst sagen, was man will.«

»Und er hält fest, was er hat«, meinte Nusser nickend. »Der einzige Ulmer, der Geld verdient hat in diesen Zeiten; das muß man ihm lassen. Aber es ist wahr: neue Gewichte würde er alle zehn Jahre machen, wenn ihn jemand dafür bezahlte.«

»Laßt Euch den Schnaufer nicht nehmen, Nusser«, mahnte Herr von Besserer. »Ich glaube nicht, daß wir heut schon an die neuen Gewichte kommen. Der junge Baldinger, der Doktor, will eine Rede halten.«

»Der Schorschle? Schon wieder!« brauste Nusser auf. »Das ist auch einer von den jungen, die's Maul nicht halten können. Immer was Neues, immer was Neues! Was will er denn jetzt?«

»Weiß nicht!« versetzte Besserer. »Er tut wundervoll wichtig und hat schon gestern mit Schad darüber konferiert.«

»Dann liegt die Geschichte vornweg in der Donau wie ein toter Hund, und das freut mich«, sagte Nusser mit Entschiedenheit. »Ich bin dagegen. Natürlich wird es wieder heißen: zahlen, zahlen! Das hab' ich satt, und ich weiß keinen ehrsamen Bürger in Ulm, der's nicht auch satt hätte. Den Stuttgarter Herren – die sind's gewohnt von altersher – sollt' es einer beibringen; aber der Schad hat kein Schneid.«

Der Krämer machte Anstalt, sich auf dem Treppenabsatz, den sie erreicht hatten, niederzulassen.

»Kommt, Nusser, kommt!« drängte Besserer. »Sie haben schon angefangen.«

»Ich hör' den Ratsschreiber das Protokoll verlesen«, sagte Stötzlen.

»Laßt ihn schreien; steht doch nichts drin«, entgegnete Nusser, ließ sich jedoch bewegen, weiterzugehen. Mühsam kamen sie um einige Stufen vorwärts. Dann blieb er wieder stehen, weil einer seiner Filzstiefel zurückbleiben wollte. Indessen klang jetzt eine klare, eindringliche Stimme durch das Treppenhaus.

»Donnerkeil!« rief Nusser, »da ist schon der Baldinger und quiekt sich die Lungen aus. Jetzt bin ich doch neugierig, was er wieder wissen will, der Gelbschnabel. Macht sich viel zu mausig, weil er mit seines Onkels Geld ein paar Jahre in der Welt herumgefegt ist. Da kommen sie dann heim und wollen uns sagen, wie man die gute Stadt regiert. Ist uns ja nichts mehr zu regieren übriggeblieben.«

Zornig raffte er sich auf und erreichte, von seinen beiden Freunden geschoben, das Ende der Treppe. Als sie in den Rathaussaal traten, war die Sitzung in der Tat in vollem Gang. In dem niederen, seines mittelalterlichen Schmucks beraubten Gemach, in dem ein Halbdunkel herrschte, das die braungetäfelten Wände und eine gewölbte Holzdecke noch mehr verdüsterte, saßen an einer Tafel in Hufeisenform die Väter der Stadt in behaglichen Lederstühlen, sichtlich nicht gewillt, sich zu einer aufregenden Beratung hinreißen zu lassen. Einige drohten bereits in nachdenklichen Halbschlummer zu versinken, dem Bürgermeister Folge leistend, der mit fast geschlossenen Augen dasaß. Doch war dies nur Schein, denn er hörte alles, was im Saal vorging, und pflegte seine Kollegen im Rat durch ungelegenes Erwachen zu überraschen, wenn sie einen ihren eigensten Interessen nutzbringenden Beschluß gerade geborgen zu haben glaubten.

Neben ihm saß aus alter Gewohnheit, aber nicht in gewohnter Haltung der Rat Schwarzmann, der hier noch vor kurzer Zeit die erste Rolle spielte und von allen, die ein Anliegen vorzubringen hatten, eifrig umworben war. Er hatte in kurzer Zeit auffallend gealtert, sah zwar immer noch etwas hochmütig drein, zeigte aber nur zu deutlich, wie sauer es ihm fiel, und niemand schien sich darum zu kümmern. Das war dem eiteln Mann, der im Begriff gewesen war, den Gipfel seines Ehrgeizes, den Bürgermeisterstuhl, zu erreichen, besonders peinlich, und Pläne, wie er bei dem neuen Herrn des Landes die verlorene Stellung wiedergewinnen könne, beschäftigten ihn auch jetzt, so daß er kaum hörte, was um ihn her vorging.

Bescheiden genug vor einem der untersten Plätze des Hufeisens stand der junge Baldinger, der in lebhafter, fließender Sprache sichtlich etwas weit ausgeholt hatte, um seine Hörer auf ein ungewohntes Thema vorzubereiten, das ihm offenbar am Herzen lag. Das jugendliche Feuer, welches gelegentlich den gleichmäßigen Fluß seiner Rede durchbrach, war in diesem Saal nichts Alltägliches. Da und dort richtete sich einer der Halbschlummernden auf, um seinen Nachbarn anzusehen, als wolle er fragen, ob der Ruhestörung nicht ein Ende gemacht werden könne. Baldinger aber fuhr fort:

»Wir alle, hochverehrte Herren, empfinden es tief, wie schwer die Stadt in den letzten Jahren gelitten hat. Es geziemt mir nicht, den Verlust unsrer verbrieften Reichsunmittelbarkeit zu beklagen, wo der Untergang des ganzen Reichs von Würdigeren zu beweinen wäre. Wir fügen uns in den unerforschlichen Willen der Vorsehung und sehen nicht ohne Hoffnung dem Los entgegen, welches das Kriegsglück und die Diplomatie Europas über uns verhängt hat. Schwere Opfer hat uns diese Neugestaltung der Dinge gekostet, und darunter rechne ich in erster Linie den Verlust –«

»Ich bitte den Herrn Redner, sich nicht bedenklichen und nutzlosen Erörterungen hinzugeben«, sagte der Bürgermeister erwachend.

Der junge Baldinger errötete und stampfte leise mit dem Fuß. Dann begann er wieder:

»Unser Vaterland, das alte deutsche Reich –«

»Ich bitte den Herrn Redner, sich nicht mit Dingen zu befassen, die keine Existenzberechtigung mehr haben«, unterbrach ihn der Bürgermeister aufs neue, jetzt sichtlich ganz wach.

»Der einstige Große Rat dieser Stadt«, begann Baldinger abermals, »das heißt, der Magistrat, wie wir ihn noch vor wenigen Wochen zu nennen hatten –«

Jetzt klingelte der Bürgermeister:

»Ich erinnere den Herrn Redner daran, daß wir hier infolge allerhöchster Verfügung Seiner Majestät unseres allergnädigsten Königs Friedrich I. von Württemberg als provisorischer Gemeinderat sitzen.«

Wieder stampfte der ungeduldige junge Baldinger, diesmal mit Hilfe des Stuhlbeins, entschloß sich jedoch zu einem neuen Anlauf:

»Dem hohen provisorischen Gemeinderat ist es nicht mehr vergönnt wie dem einstigen Großen Rat der freien Reichsstadt, sich mit staatlichen und politischen Angelegenheiten zu beschäftigen. Diese werden für uns anderwärts und vielleicht ersprießlicher geregelt, als es in der alten Zeit hier geschehen ist.«

Alle älteren Herren murrten laut und sahen sich dann erschrocken um. Der Bürgermeister klingelte abermals:

»Ich bitte um Ruhe und – und – Vorsicht.«

712

»Kein Schneid!« sagte der alte Nusser laut und rücksichtslos.

Am entgegengesetzten Ende der Tafel lachte einer, hielt sich dann aber selbst den Mund zu zum Zeichen, daß er nicht ernsthaft gelacht habe. Baldinger fuhr fort:

»Wir müssen uns deshalb mit doppelter Hingebung jenen inneren Angelegenheiten des Gemeinwesens zuwenden, die für das Wohl unsrer Mitbürger nicht weniger bedeutsam sind und die uns, wenn wir es richtig angreifen, ein ebenso reiches Feld der Tätigkeit versprechen.«

»Es ist doch eine Wohltat, Jakob«, sagte Nusser zu Herrn von Besserer, »daß uns die Jungen belehren, solange wir noch etwas lernen können... Aber diese Beredsamkeit ist etwas Schreckliches.«

»Ruhe! Ruhe!« riefen jetzt auch andre, denen unbehaglich wurde. Baldinger aber ließ sich nicht mehr aufhalten.

»Wir leben in einer vielbewegten Zeit, nicht bloß auf politischem und militärischem Gebiet, in einer Zeit des Übergangs und der Umwälzungen.«

»Wir haben noch nie in einer andern gelebt«, brummte Nusser, der in seiner Art Geschichtsphilosoph war, hielt sich dann aber ebenfalls den Mund zu, indem er dem Herrn winkte, der vorhin gelacht hatte.

»Die Fortschritte, die in allen Richtungen gemacht werden, sind staunenerregend«, fuhr Baldinger fort. »ich selbst habe mich auf meinen Reisen davon überzeugt und wünsche nichts sehnlicher, als daß unsre gute Stadt Ulm, die in alten Zeiten an der Spitze großer politischer sozialer und kommerzieller Bewegungen stand – «

»Die Beredsamkeit! Die Beredsamkeit!« stöhnte Nusser.

»– auch heute wieder eine ähnliche Stellung einnehmen möge. Wohl dürfte es uns nicht mehr vergönnt sein, große und tapfere Heere auszusenden oder in andrer Weise in die Welthändel einzugreifen; allein auf materiellem sowohl als geistigem Gebiet kann in andrer Weise auch die kleinste der Städte Großes leisten; wenn zum Beispiel einer ihrer Söhne durch eine weltbewegende Erfindung Ruhm und Gewinn erwerben sollte. Es ist für den Weiterblickenden zweifellos, daß, obgleich das Menschenmögliche bereits geleistet zu sein scheint, wir einer Zeit großer Erfindungen entgegengehen. Sollte nicht auch Ulm an diesem Triumphzug der Zukunft teilnehmen können? In Freiburg wurde das Schießpulver erfunden, in Mainz die Buchdruckerkunst, in Nürnberg die Taschenuhren. Warum sollte sich nicht auch Ulm mit seiner ruhmreichen Vergangenheit durch eine ähnliche Großtat diesen Städten anschließen?«

»Er hat recht! Dagegen läßt sich nichts einwenden!« bemerkten einige Herren halblaut; selbst der Bürgermeister, der die Augen wieder geschlossen hatte, nickte beifällig.

»Aufgepaßt!« sagte Nusser; »das dicke Ende wird schon nachkommen.«

Baldinger nahm seine Rede wieder auf:

»In England, meine Herren, erfand man die Feuermaschine, die ihren Siegeszug durch die Welt angetreten hat. Ich habe selbst eine solche gesehen, und zwar im Mansfeldschen in Preußen, die mich der Reihe nach mit Grauen, Ehrfurcht und Bewunderung erfüllte. Auf diesem Gebiet ist für Ulm nichts mehr zu machen, denn der Mensch kann meines Erachtens dieses Wunder der Neuzeit nicht mehr übertreffen. Aber es gibt in der Tat noch andre Aufgaben und ungelöste Probleme, vor denen der menschliche Geist nicht zurückzuschrecken braucht. Ich bitte Sie, dies selbst nicht zu tun, sondern mich mit der Ruhe und Fassung anzuhören, welche uns Ulmer von jeher ausgezeichnet hat.«

Äußeren Anzeichen nach war die Versammlung nicht in Gefahr, außer Fassung zu geraten. Trotzdem sprach jetzt Baldinger, als ob große Vorsicht nötig wäre, langsam und sehr ernst:

»Was ich im Auge habe, ist die Kunst des Fliegens.«

Einige lachten laut, andre stießen höhnische »Ah!« und »Oh!« aus; die Mehrzahl öffnete den Mund, ohne einen Laut hervorzubringen. Der Redner ließ sich jedoch nicht abschrecken.

»Niemand ist imstande, nachzuweisen, daß der Mensch, mit den geeigneten Hilfsmitteln ausgestattet, diese Kunst nicht erlernen sollte; wie er auch das Schwimmen zu erlernen vermag, obgleich er kein Fisch ist, und in Schiffen die gewaltigsten Meere durchschwimmt. Für letzteres fehlt uns eine passende Gelegenheit, solange Ulm nicht Seestadt ist. Dagegen steht uns die Luft, und zwar eine ausgezeichnete Luft, in beliebiger Menge zur Verfügung. Warum sollte nicht Ulm so gut als irgendeine andre, dem Fortschritt huldigende Stadt die erste sein, die einen kühnen, zielbewußten Luftsegler zur Welt bringt?«

Baldinger wartete, erhielt aber keine Antwort. Die Herren sahen sich an wie dreißig lebendige Fragezeichen. In der Tat: warum? Es war dem Redner gelungen, die Aufmerksamkeit seiner Hörer zu fesseln. Die Frage hatte etwas Persönliches bekommen, das jeden einzelnen berührte.

»In andern Städten«, fuhr er nach einer längeren Pause fort, »in Wien und Paris wurden ernstliche Versuche in dieser Richtung gemacht. Ich wage zu behaupten, daß wir, die Bürger einer ehrwürdigen alten Reichsstadt, diesem höchst wünschenswerten Ziel nahe sind. Wir haben einen Mann in unsrer Mitte, der sich mit Aufopferung all seiner Kräfte und, was mehr ist, all seines Geldes dieser erhabenen Aufgabe widmet. Ich sage Ihnen nichts Neues, denn schon längst ist es stadtbekannt, daß ein Meister – Meister Berblinger –«

»Haha – huhu – hihi!« Ein vielstimmiges schallendes, höhnisches, spitziges Lachen, ein Lachen in allen Charakter- und Tonarten unterbrach den Redner, der auf einen

Augenblick, aber nur auf einen Augenblick dem Sturm zu erliegen schien.

»Der Schneider! Der Schneider Berblinger!« rief ein Dutzend Stimmen.

»Ja, meine Herren, ein Schneider!« wiederholte Baldinger trotzig. »Ein Mann aus einer der besten Familien unsrer Stadt. Darüber kann Ihnen Herr Rat Schwarzmann Aufschluß erteilen; das Mitglied einer ehrsamen Zunft, aber ein Schneider! Einer der Männer, denen wir so viel, einige von uns fast alles Ansehen verdanken, das wir genießen! Aber warum sollte nicht ein Schneider unser Lehrmeister sein in einer Kunst, die noch keine Zunft zu pflegen gewagt hat. Gerade in dieser Versammlung sollte man sich hüten, engherzig und kleinlich zu denken. Ich erinnere an einen andern des Fliegens kundigen Mitbewohner unsrer Stadt, dem der hochweise Kleine Rat in uralten Zeiten einen Wink verdankte, welcher ihn der Notwendigkeit enthob, den herrlichen Gänseturm einzureißen, und der seit jenen Tagen die Dankbarkeit und Verehrung unsrer Mitbürger, ja die Bewunderung der ganzen zivilisierten Welt genießt. Sollte ein Angehöriger der ehrsamen Schneiderzunft, der weit Größeres nicht allein für uns, sondern für die gesamte Menschheit zu leisten im Begriff steht, nicht eine ähnliche Hochschätzung beanspruchen dürfen als der ebenfalls flugkundige Spatz? – Es handelt sich jedoch heute nicht darum. Wie jeder wahrhaft große Mann wird wohl auch der Erfinder des menschlichen Flugs erst nach seinem Tod die ihm gebührende Würdigung finden. Es liegt mir fern, jetzt schon zu einer Sammlung für ein Berblinger-Denkmal aufzufordern.«

Einige der Herren Räte lachten abermals, aber etwas wohlwollender. Der Ulmer Spatz hatte seine besänftigende Wirkung nicht verfehlt.

»Sie lachen, meine Herren!« rief Baldinger, den Entrüsteten spielend. »Es ist eine tiefernste Sache, die ich in Anregung bringe. Diesem Mann, dem voraussichtlichen

Ehrenbürger von Ulm, dem kommenden Umgestalter des Menschengeschlechts, wurde durch die Grausamkeit des Schicksals, durch die unmenschliche Härte einer Politik –«

»Ich bitte den Redner um Gottes willen«, rief der Bürgermeister, »politische Anspielungen zu unterlassen oder wenigstens so zu formulieren, daß wir sie ohne Gefahr anhören können! Ich erinnere ihn daran, daß die Stadt bereits mit einer unglücklichen Familie in Verbindung steht, deren naher Anverwandter Seine Majestät den Kaiser Napoleon dermaßen erregte, daß er eines elenden Todes sterben mußte.«

»Kein Schneid!« rief Nusser grimmig, während sich ein düsteres, ängstliches Schweigen im Saal verbreitete. Viele hatten den unglücklichen Buchhändler Palm persönlich gekannt, dessen Bruder in Ulm lebte, und deutschpatriotisches Gefühl war auch hier nicht ganz ausgestorben. Ernster fuhr Baldinger fort:

»Durch eine wohltätige – wie ich anzuerkennen gezwungen bin –, die heimische Industrie fördernde Maßregel, unter der jedoch alle leiden, die den Genuß von Zucker und Kaffee entbehren, wurde dieser Mann der Mittel beraubt, seine Arbeit im Dienst der Menschheit fortzusetzen. Mein Antrag geht daher dahin: dem Meister Berblinger dahier aus städtischen Mitteln eine Unterstützung oder vielmehr eine Ehrengabe von hundert Gulden auszuzahlen, was übrigens mehr uns als ihm zur Ehre gereichen würde.«

Baldinger setzte sich unter allgemeinem tiefem Schweigen. Das spöttische Lachen hatte aufgehört, aber auch von Zustimmung war in den mißmutigen Gesichtern der Herren Gemeinderäte nicht eine Spur zu finden.

»Ich eröffne die Diskussion«, sagte endlich Herr von Schad, worauf eine zweite längere Pause folgte. Dann räusperte sich der alte Nusser, auf den sich sofort ermunternde und dankbare Blicke richteten. Er begann, ohne aufzustehen, was dem alten Herrn niemand zumutete:

»Ich wäre gegen den Antrag des jungen Herrn Doktors, wenn er sich nicht selbst erledigte, da die Stadtkasse leer ist. Die Leichtfertigkeit der Jugend entschuldigt viel, aber alles hat seine Grenzen. Wenn die gequälten Steuerzahler auch noch fürs Fliegen zahlen sollen, so bin ich einer der ersten, der davonfliegt. So denken alle ehrbaren Bürger dieses Gemeinwesens. Mich aber zum Fliegen veranlassen zu wollen, heiße ich gewissenlos.«

Er schlug mit seiner gichtgeschwollenen Hand auf den Tisch, womit er anzudeuten pflegte, daß nichts in dieser Welt seinen Standpunkt erschüttern werde.

»Ich bitte ums Wort!« rief Herr Kaufmann Stötzlen. Der Bürgermeister nickte.

»Ich bin der Ansicht, daß, wenn auch ein Schneider fliegen sollte, damit nichts gewonnen ist. Ich sehe deshalb die Bedeutung eines Ehrensoldes nicht ein. Bei einem starken Wind ist bekanntlich die Gefahr größer, daß die ganze Zunft weggeblasen wird. Das möchte ich geistweise verstanden wissen. ›Schuster, bleib bei deinem Leisten‹, sollte man dem Berblinger, den seine Zunft – zu ihrer Ehre sei es gesagt – für verrückt hält, auf die Hosen schreiben. Des Herrn Doktor von Baldingers schöne Beredsamkeit in allen Ehren, aber das gleiche möchte ich auch ihm zu stiller Betrachtung ans Herz legen. Wir verstehen alle nichts vom Fliegen, aber genug von hundert Gulden. Bleiben wir bei dem, was wir verstehen, und lassen die Schneider ihre Hantierung in Ehren weitertreiben wie bisher. Mögen sie sich an Rockflügeln verlustieren, wie es ihre Bürgerpflicht vorschreibt.«

»Herr Geheimer Justizrat von Besserer!« rief der Bürgermeister, der diesen lebhaft winken sah.

»Ohne auf die juristische Frage einzugehen, ob und inwieweit die Luft oder der Raum zwischen Himmel und Erde zum Zweck körperlicher Verschiebungen gebraucht werden darf, was späteren gesetzlichen Bestimmungen überlassen werden kann, möchte ich mich gegen das Fliegen überhaupt ablehnend aussprechen. Wo soll das hinaus? Jetzt schon hat man seine liebe Not, Ordnung in der Stadt zu halten. Wenn es nun der verrückte Berblinger fertigbrächte, seine Idee zu verwirklichen, würde nicht alles drunter und drüber gehen, jede Ordnung im Staatsleben bedroht sein, alle Bande der Familie zerreißen? Wenn ich mir vorstelle, daß mir meine Frau davonflöge! Ich nenne das Unterfangen dieses Berblingers einfach verbrecherisch. Er sollte unverzüglich eingesteckt werden, selbst wenn es hundert Gulden kostete, ihn auf Lebenszeit unschädlich zu machen.«

»Überhaupt!« rief Schwarzmann, ohne – nach seiner Gewohnheit – ums Wort zu bitten. »Der sogenannte Fortschritt wird nachgerade ein unerträglicher Unfug. So kam kürzlich sogar ein Kerl zu mir, ein Schulmeister, und wollte meine Flachboote mit einem beweglichen Kiel gebaut haben! Hat man nicht auch gelebt vor fünfzig Jahren und war zufriedener als heute? Feuermaschinen, Druckerpressen, Wagen ohne Pferde, Räder an den Schiffen, und der Kuckuck weiß was noch – alles heißen sie Fortschritt und kommen immer tiefer in die Patsche. Ich bedaure, hören zu müssen, daß dieser Berblinger ein entfernter Verwandter von mir sein soll. Ich kann das nicht hindern, erkläre aber, daß ich lieber hundert Gulden gutes Ulmer Geld in die Donau werfe, als sie ihm für die besagten Zwecke zuzuschieben. Überhaupt! –«

Jetzt erhob sich der junge Baldinger wieder, unmutig, mit etwas gerötetem Gesicht:

»Der Herr Rat Schwarzmann ist gegen den Fortschritt. Wenn der Herr Rat sitzen bleiben will, wo er sitzt, so ist das seine Sache. Der Rest der Welt bewegt sich, und wir Ulmer wollen nicht zurückbleiben. Wenn ich es nicht mehr erlebe, so hoffe ich doch, daß meine Enkel eine Feuer- oder sogenannte Dampfmaschine sogar in dieser Stadt sehen werden, und bin schon deshalb im Begriff, mich in Bälde zu verheiraten. Stehenbleiben führt zu nichts Gutem, selbst wenn es uns Mühe und Arbeit und einige Auslagen ersparte. Rückwärts geht's nicht ohne krebsartige Anlagen, also vorwärts als Männer unsrer Zeit und brave Ulmer, die, wenn auch langsam, wie es sich in einer ehrwürdigen alten Reichsstadt geziemt, ihre Bürgerpflicht zu tun wissen! – Gegen das Fliegen an sich läßt sich nicht viel einwenden, als daß ältere Leute, wie Herr von Besserer und seine Gemahlin es bleiben lassen sollten; soweit gehe ich mit ihm. Wir Jungen aber haben das Recht, uns zu rühren wie die Vögel, die Gott geschaffen hat, wenn uns jemand voranfliegt. Daß unsre vortreffliche Polizei Mittel und Wege finden wird, jeden Mißbrauch der neuen Kunst im Keim zu ersticken, wird niemand bezweifeln, der ihre bisherige vielseitige und erfolgreiche Tätigkeit kennt. Die Vorteile aber, die uns der menschliche Flug verspricht, sind kolossal und unzählig, sowohl im bürgerlichen Leben, insonderheit für Handel und Verkehr, Herr Kaufmann Stötzlen, als auch in den heute alles beherrschenden militärischen Dingen. In dieser Hinsicht erkläre ich Meister Berblingers Bestrebungen für eine patriotische Tat ersten Ranges. Es wäre vergebliche Mühe, dem hochverehrlichen provisorischen Gemeinderat alles im einzelnen aufzuzählen, was wir als nutzbringende Folgen der Erfindung erwarten müssen. Ich lade deshalb die Herren zu einem Vortrag ein, den ich demnächst im Greifen zu halten gedenke, um auch Herrn Berblinger Gelegenheit zu geben, uns zu zeigen, wie weit er trotz aller Hindernisse in der neuen Kunst gekommen ist. Dazu aber ist es vor allem unsre Pflicht, ihm die nötigen Mittel nicht zu verweigern. – Daß dieser Mann, der kommende Wohltäter der Menschheit, der ehrsamen Schneiderzunft angehört, rechne ich ihm hoch an, obgleich ich weiß, daß das Genie an solche Äußerlichkeiten nicht gebunden ist, ja sogar die Zunftverhältnisse häufig und rücksichtslos durchbricht. Wenn aber zu Ulm ein Schneider solche Dinge vollbringt, was kann man dann erst von einem Vertreter der Kaufmannschaft, wie Herrn Stötzlen, erwarten. Er sollte nicht bloß dem Schneider, er sollte uns allen vorangehen, den Ruhm und die Ehre der Stadt zu fördern, wo immer es mit einer Auslage von nur hundert Gulden geschehen kann. Das möchte ich vor allem auch Herrn Nusser erwidern. Unsre Stadtkasse ist relativ leer. Sehr richtig. Wir haben in jüngster Zeit viel und schwer gelitten und Millionen opfern müssen, um zuletzt am Boden zu liegen und wie ein hilfloser Spielball von einem Land ins andre geschleudert zu werden –«

»Herr von Baldinger, ich muß Sie wiederholt und dringend bitten!« unterbrach der Bürgermeister, plötzlich wieder erwachend.

»Ich bitte Sie, meine Herren!« rief Baldinger mit einer Geistesgegenwart, die unangenehm berührte, »und zwar um hundert Gulden zur Förderung der größten Erfindung des Jahrhunderts, und will zum Schluß nicht unerwähnt lassen, daß sogar Seine Majestät unser neuester allergnädigster König, der bereits von der Sache gehört hat, gesagt haben soll: Wenn in Ulm das Fliegen erfunden werde, müsse sich sein Stuttgart vor der alten Reichsstadt bis in den Staub verneigen, und er werde stolz sein, eine solche Stadt seine Huld fühlen zu lassen! Meine Herren, das sagt ein König; was aber wird die Welt sagen? Was würde sie sagen, wenn wir, die Väter dieser gottbegnadeten Stadt, um schnöder hundert Gulden willen unsre heiligsten Pflichten hintansetzten, indem wir meinen Antrag nicht einstimmig annehmen? Mit dieser Frage schließe ich; es ist Ihre Sache, zu antworten!«

Baldinger hatte mit Feuer gesprochen, und wenn auch niemand mit ihm einverstanden war – Ulmer Köpfe sind nicht leicht zu erschüttern –, so wirkte doch die in diesem Saal ungewohnte Wärme belebend auf die Versammlung. Dies kam zunächst in einer ungewöhnlich langen Pause zum Ausdruck. Dann erhob sich Rat Schwarzmann:

»Ich gestehe, zur Überzeugung gekommen zu sein, daß die vorliegende Angelegenheit von zwei Gesichtspunkten

aus angesehen werden könnte. Daß Berblinger ein Anverwandter, ja sogar ein leiblicher Neffe von mir ist, beein-
flußt mich nicht, was ich kaum zu erwähnen brauche. Im
Gegenteil. Wenn jedoch in der Tat die Möglichkeit eines
unerwarteten Erfolges vorläge, wie unser allergnädigster
Landesherr anzudeuten geruhten, so glaube ich allerdings, daß derselbe mit hundert Gulden nicht zu teuer
erkauft wäre. Ja, ich gehe weiter! Wenn sich Ulm auf diese
Weise an die Spitze einer Bewegung stellte, die umgestal-
tend auf die ganze Welt wirken müßte, so könnten daraus
Vorteile für die Stadt erwachsen, die das Wagnis einer ein-
maligen Ausgabe selbst von einer höheren Summe rechtfertigen dürften. Wenn anderseits –«

»Das Anderseits wollen wir gar nicht erörtern«, fiel Baldinger rasch ein. Schwarzmann setzte sich gekränkt: das
wäre vor sechs Wochen nicht vorgekommen. Der junge
Rechtsanwalt fuhr rücksichtslos fort: »Was ich sage, ist,
daß unsre gute Stadt Ulm wieder einmal wie ein Herkules
am Scheideweg steht: entweder wir stellen uns mit unserm
genialen Mitbürger an die Spitze der Bewegung des Jahrhunderts, oder wir bleiben, wie Herr Rat Schwarzmann es
wünscht, hoffnungslos sitzen.«

»Nein, nein!« rief Schwarzmann, wieder aufspringend.
»Ich bleibe nicht sitzen; ich bin der letzte, der sitzen bleibt!
Ich werde mißverstanden und wollte nur sagen –«

»Dann ist es Herr Nusser, Herr von Besserer, Herr Stötzlen, die sitzen bleiben!« erklärte Baldinger, der, wie sie
nachher sagten, immer frecher wurde. Aber auch Herr von
Besserer erhob sich:

»Ich muß Herrn von Baldinger bitten, wenn ich auch
seiner großen Jugend gern einiges zugut halte, mir nicht
vorzuschreiben, was ich bezüglich meines Sitzens zu tun
oder zu lassen habe. Wenn es gilt, das Wohl der Stadt zu
wahren, in der meine Vorfahren seit Jahrhunderten eine
ehrenvolle und führende Stellung eingenommen haben, so
wird auch der jetzige Besserer keinem Baldinger den Vor-

tritt zugestehen. Ich stimme für die Bewilligung der hundert Gulden.«

Nun erhob sich Herr Stötzlen:

»Natürlich bin auch ich, indem ich mich der Begründung des Herrn Vorredners voll und ganz anschließe, für die Bewilligung der hundert Gulden. Es war nur in notwendiger Berücksichtigung von Nadel, Schere und Bügeleisen, daß ich mich veranlaßt sah, einige berechtigte Bedenken zu äußern. Ich gestehe jetzt noch, daß ich es gerner gesehen hätte, wenn einer unsrer Herren Patrizier, wenn ein Jurist unseres Gerichtshofs, ein Professor unseres Gymnasiums, selbst einer der Herren Münstergeistlichen, kurz eine hervorragende Persönlichkeit aus den besseren Ständen das Fliegen erfunden hätte. Allein wenn es nun einmal nicht anders ist, so möchte ich sogar beantragen, dem Meister Berblinger hundertfünfundzwanzig Gulden zu bewilligen.«

Entrüstet versuchte Nusser aufzuspringen, fiel aber so schwer in seinen Stuhl zurück, daß ihn seine Nachbarn, die einen Schlaganfall befürchteten, aufzurichten suchten.

»Ich protestiere!« kreischte er blaurot im Gesicht. »Ich protestiere im Namen der gesamten Bürgerschaft gegen die fünfundzwanzig Gulden, mit denen der Stötzlen um sich wirft. In dieser Weise mit dem Geld der Steuerzahler umzugehen ist eine Infamie! Hundert Gulden – ja, meinetwegen; aber hundertundfünfundzwanzig niemals! – niemals!«

»Ich konstatiere«, rief Baldinger stolz lächelnd, »daß der Gemeinderat beschlossen hat, dem Meister Berblinger hundert Gulden für die Vollendung seiner epochemachenden Erfindung zu bewilligen, und daß er sich hiermit an die Spitze einer die Menschheit beglückenden Bewegung stellt.«

»Ich habe nicht gewußt«, sagte jetzt Herr von Schad, langsam die Augen so weit öffnend, daß sie förmliche Kreise bildeten, »ich habe nicht gewußt, daß der junge

Herr von Baldinger Bürgermeister der Stadt Ulm ist. Das Konstatieren einer Ansicht dieses Collegii ist meine Sache. Wenn kein Widerspruch erfolgt, wird der Herr provisorische Ratsschreiber den Beschluß zu Protokoll nehmen und der Herr provisorische Rentamtmann wird das Nötige einleiten. Wir gehen jetzt über zum zweiten Punkt der Tagesordnung: Einführung des königlich württembergischen Maß- und Gewichtssystems in die dem Königreich Württemberg zugefallenen Teile der weiland freien Reichsstadt Ulm.«

Ruhe trat in der Versammlung jedoch erst wieder ein, nachdem die Hälfte der Herren auf den Zehenspitzen, aber mit viel Geräusch an Baldinger herangetreten waren und ihm warm die Hand gedrückt hatten: »Das sei endlich einmal wieder eine Tat gewesen. Er habe der ganzen Bürgerschaft aus der Seele gesprochen.«

Alles Fischbeins bar war Ulm auch nach dem vernichtenden Brand auf dem Kienlesberg nicht, und namentlich die Damen der Stadt wünschten sich Glück, daß ein Seitenkeller des Kaufmanns Sprengel in der Donaustraße der Spürnase einer allzu eifrigen Polizei entgangen war. So erhielt auch Berblinger gegen den dreifachen früheren Preis eine genügende Menge der schönsten Stäbe, nachdem die frühere Rechnung, wie wir wissen, mehr oder weniger gewaltsam beglichen worden war. Man mag sagen, was man will: Fischbein ist für einen menschlichen Flügel doch besser als Weidenstäbe.

Jetzt war er wieder in voller Arbeit. Seine Werkstatt, in der er mit seinem Lehrling, der nichts Vernünftiges lernte und sich dabei ungemein wohl befand, vom frühen Morgen bis in die späte Nacht hantierte, glich eher einer Schiffswerft im kleinen als einem Wiener Schneideratelier, wie es das Schild über der Haustüre verkündete, und Berblinger selbst war täglich genötigt, allen Zunftregeln zum

Trotz seine Kunst als Schirmmacher, Sattler, Schmied, Schlosser, Tischler, Tapezier und dann doch auch wieder als Schneider zu versuchen. Einer der neuesten Flügel hing bereits wieder an der Wand, neun Fuß lang, fünf Fuß breit, hübsch gewölbt und sinnreich versteift durch ein aus Stahldraht gefertigtes Gestell, das in ahnungsvoller Weise den Gesetzen der Festigkeitslehre einer späteren Zeit entsprach. Berblinger hatte doch etwas vom Genie in sich, das in den Fingerspitzen fühlt, wozu andre später langsam nach mühevollem Sinnen und Rechnen gelangen. Auch war er seinerzeit nicht umsonst der gelehrige Geselle eines Schirmmacherlehrlings gewesen.

Sie waren eben im Begriff, die viel zu kurzen Fischbeinstäbe für den zweiten Flügel zu spleißen, eine besonders schwierige Aufgabe, von deren glücklicher Lösung sein Leben abhing, als sich auf der Treppe wuchtige Tritte hören ließen, denen ein lautes Gepolter folgte: ein nicht seltener Fall, denn die ausgetretene Stiege war eng und steil und das Stiegenhaus stockfinster. Dann begannen die Tritte aufs neue. Er glaubte sie zu kennen – allein, das war ja nicht möglich, mußte er sich sagen.

Es war aber doch so. Mit abgenommenem Hut und in etwas gebückter Haltung, denn die Türe war überaus nieder, das wohlbekannte spanische Rohr mit dem silbernen Knopf tastend vor sich hin haltend, trat sein Onkel Schwarzmann ein. Sie sahen sich beiderseits nicht ganz ohne Verlegenheit an.

»Der Tausend! Da bist du ja, Brechtle«, sagte der Onkel, dem Neffen die Hand entgegenstreckend. »Gut, daß man dich endlich findet, ohne den Hals auf der verdammten Leiter gebrochen zu haben. Na, da sieht's nicht übel aus! Es ist klar, daß du ein Tausendkünstler bist und die Schneiderei an den Nagel gehängt hast. Um so besser. – Na, macht nichts! Gib nur her!«

Berblinger versuchte seine Finger an der Arbeitsschürze abzuwischen, ehe er sie in die weiße, fette Hand des Herrn

Rats legte. Fast stammelnd – die Überraschung war zu groß – entschuldigte er das Aussehen der Werkstatt und daß er dem Herrn Onkel nicht einmal einen Sofa anbieten könne.

»Macht nichts, macht nichts!« rief Schwarzmann, indem er versuchte, durch besonders lautes Sprechen seiner Unbehaglichkeit Herr zu werden. »Ich wollte dich schon längst besuchen und nachsehen, welche Fortschritte du machst, du Tausendsassa. Das also ist das Ding, mit dem man fliegt. Sehr nett gemacht, sehr sinnreich! Aber da braucht man doch wohl zwei Stücke. Ah richtig, der andere wird erst fabriziert. Aber woher hast du denn all das teure Fischbein, das längst verbrannt sein sollte? Ja, ja, diese Erfinder! Spitzbuben sind sie von Natur, dazu kann man auch dir nur gratulieren. Und wann soll's denn losgehen? – Keine Überstürzung – ganz recht. Mit einem Flügel kann auch ein Spatz nicht fliegen, das sieht man ein. Wir haben heute auf dem Rathaus davon gesprochen. Man erwartet etwas von dir, Brechtle!«

Und nun teilte der Rat seinem erstaunten Neffen mit, daß er sich seiner aufs wärmste angenommen und ihm eine Unterstützung von baren hundert Gulden aus städtlichen Mitteln erwirkt habe.

»Sie wollten anfänglich nicht«, berichtete der Herr Rat, »aber ich habe ihnen deutlich gemacht, was die Sache zu bedeuten hat, und ihnen dermaßen zugesetzt, daß sie schand- und ehrenhalber nicht anders konnten. Um nichts unerwähnt zu lassen: Der junge Baldinger, der seit kaum drei Wochen im Gemeinderat sitzt, hat auch für dich gesprochen; recht brav, für einen Anfänger wirklich recht brav. So ging's einstimmig durch, und ich bin nur hergekommen, um dir zu gratulieren. Nicht wegen des Geldes, das hättest du auch von mir haben können, sondern weil du jetzt den ganzen Gemeinderat für dich hast. So geht's, wenn man's versteht, den Leuten auseinanderzusetzen, was eine Erfindung zu bedeuten hat. Sie sind etwas rückständig auf dem Rathaus, sehen nicht in die Ferne, nicht in die Zukunft; ich nehme den Schad, den Bürgermeister, nicht aus; damit aber fliegt man nicht weit. Ich mußte natürlich etwas vorsichtig sein; man muß auch den Schein vermeiden, als ob man den eignen Verwandten etwas zuschanzen wollte. Aber Blut ist dicker als Wasser, das sehen schließlich alle ein, und so konnte ich doch zu guter Letzt reden, wie mir's ums Herz war, und zeigen, daß ich mich meines Neffen nicht schäme, wenn er auch zehnmal Schneider gewesen ist. Schämen? – im Gegenteil. Besuch mich, Brechtle! Warum besuchst du denn deinen Onkel so selten? Bei mir läßt sich's behaglicher schwatzen als unter dem Flügelkram.«

Berblinger konnte kaum zu Wort kommen. Soviel hatte sein Onkel zeitlebens nicht mit ihm gesprochen. Doch war ihm bald deutlich genug, wem er den Umschwung der Dinge zu danken hatte. Daß der junge Baldinger für ihn eintreten werde, hatte er schon den Tag zuvor vom Türmer erfahren, dem es der Staatsrat geschrieben hatte. Daß es mit solchem Erfolg geschehen war, konnte er heute noch kaum glauben; selbst als sein Onkel die finstere Treppe hinunterkomplimentiert war und von unten herauf seine Einladung, ihn in der Herbelgasse doch öfter zu besuchen, wiederholte. Zum erstenmal wieder seit langer Zeit packte ihn eine wilde, stolze Freude:

Kommt endlich, was kommen mußte? Merken sie, was vor ihren Nasen vorgeht, diese Schlafmützen aus dem vorigen Jahrhundert? Durfte er nun hoffen, an den elendsten Hindernissen nicht zugrunde gehen zu müssen?

Fränzle sah erstaunt, wie der Meister die Arbeitsschürze wegwarf, sich wusch und bürstete, mit großer Sorgfalt den Sonntagsrock anlegte und ihm zwei Batzen zuwarf: er solle sich eine Wurst und ein Bier kaufen und Feierabend machen; und wie er dann die Treppe hinunter- und zum Haus hinausstürmte.

Sehr viel vorsichtiger und bescheidener stieg er zehn Minuten später die breite Treppe im Baldingerschen Haus hinauf und fragte das Dienstmädchen, das ihm die obere Gangtüre öffnete, ob der Herr Doktor, der junge Herr, zu Hause sei. Nach kurzem Parlamentieren wurde er in das ihm wohlbekannte Wohnzimmer gewiesen. Dort fand er seinen neuen Gönner, eine Tasse des verbotenen Tees in der Hand, und neben ihm, mit dem Teezeug beschäftigt, sie, Lucinde.

Beide lächelten, als er eintrat. Er war auch heute noch eben doch nur der Schneider Berblinger. Der Gedanke ging ihm wie ein Stich durchs Herz, als er sie verstohlen ansah. Es war ein bitterer Tropfen in die Freude, die ihn vor einer Viertelstunde aus sich selbst herausgehoben hatte, aber es dauerte nur einen Augenblick, dann hatte er sich wieder in der Gewalt. War er denn etwas andres als der Schneider Berblinger? Das sollte er ja erst werden.

Baldinger gab ihm freundlich die Hand.

»Sie haben von unsrer Sitzung gehört? Das kann ich mir denken«, sagte er. »Sind Sie zufrieden mit mir?«

Es tat Berblinger in tiefster Seele wohl, daß ihn der Doktor mit ›Sie‹ anredete. Er war doch schon etwas andres als der Schneider aus der Herrenkellergasse.

»Mein Onkel Schwarzmann war bei mir«, antwortete er, »und hat mir einiges erzählt. Ich komme, um Ihnen zu danken.«

»Nicht nötig, Herr Berblinger. Erstlich wollte ich die alten Herren ein wenig auf die Hühneraugen treten, das macht immer Spaß; und dann glaube ich wirklich, Sie verdienen, was der Gemeinderat beschlossen hat, das heißt – das heißt« – Baldinger stockte.

Berblinger sah ihn errötend an. Er war, wie die meisten Leute in seiner Lage, krankhaft empfindlich geworden und fühlte einen Nadelstich, wenn ihn ein Finger berührte.

»Ich verstehe nichts von Ihrer Erfindung«, erklärte der Doktor. »Fräulein Lucinde, mein schönes Bäschen, glaubt für mich, daß Sie es verdienen.«

»Das tu' ich!« rief Fräulein Baldinger, den Kopf trotzig zurückwerfend. »Ich habe in Wien gesehen, wie man Leute ehrt, die Erfindungen machen, und ich sehe nicht ein, daß, was die Wiener tun, die Ulmer nicht auch tun sollten. Wir liegen beide an der Donau. Nehmen Sie eine Tasse Tee, Herr Berblinger?«

Der Schneider hatte sich völlig gefaßt. Das Gefühl, an einem großen Werk zu arbeiten, das ihn in den trübsten Stunden aufrechterhalten hatte, kam mit einemmal wie eine freudige Überraschung über ihn. Er blickte Lucinde einen Augenblick voll, fast siegessicher ins Gesicht und nahm die Tasse, die sie ihm bot, ohne zu zittern.

»Denn sehen Sie«, fuhr sie eifrig fort, »ich war dabei, als ein Erzherzog einem Mann die Hand drückte, der auch fliegen wollte und nicht einmal dazu kam. Meine Tante schreibt mir, er sei bis heute noch nicht geflogen. Wäre es nun nicht möglich, daß Sie es fertigbrächten und dann wir Ulmer die Wiener überflügelt hätten? Deshalb glaube ich, wir sollten Ihnen helfen, und habe meinen Vetter ins Gefecht geschickt. Er scheint sich nicht schlecht gehalten zu haben, wenn man ihn hört.«

Sie lächelte den Vetter an, so daß Berblinger in Gefahr geriet, wie schon öfter in ihrer Gegenwart, den Kopf zu verlieren.

»Ich würde mein Leben wagen, um mich Ihres Vertrauens würdig zu zeigen!« stotterte er halblaut und fühlte dabei, wie leicht es ihm in ihrer Nähe wurde, das Alltagsdeutsch hinter sich zu lassen. Es war, wie wenn er in einer andern, höheren Welt schwebte; etwas schwindlig, aber so wohl!

»Das weiß ich«, sagte sie ebenso leis, indem sie sich nach Ali umsah, der zu knurren anfing.

»Sehr nett gesagt für einen –« lachte Baldinger, ohne den

Satz zu beenden, den ein strafender Blick der schönen Base abschnitt.

»Und Sie glauben wirklich, mit dem Fliegen zurechtzukommen?« fragte sie, rasch einfallend.

»Ich glaube daran wie an – wie an die Sonne!« versetzte der Schneider. »Ich brauche noch zwei, vier Wochen Zeit. Dann bin ich bereit, Ihnen und der ganzen Welt zu zeigen, daß sich der Mensch nicht länger vor jedem Vogel zu schämen hat.«

»Etwas Ähnliches sagte der Wiener Professor auch«, bemerkte Lucinde, »und blieb trotzdem auf festem Boden. Aber gelingt es dem einen nicht, braucht es dem andern nicht zu mißlingen. Ich bin schon zufrieden, daß ein Ulmer den Mut hat, zu versuchen, was noch niemand in der Welt fertig brachte. Solche Leute hat die Stadt schon lange nicht mehr gehabt, Vetter George, sonst wären wir nicht, wo wir sind. Hier hängt und kriecht alles am Boden und kann gar nicht begreifen, wie herrlich es wäre, wenn wir wie Lerchen in den Lüften schweben könnten. Wem das gelänge – wer mir zeigte, wie es zu machen ist – ich weiß nicht, was ich für den täte!«

»Nur nicht zu stürmisch, mein verehrtestes Bäschen«, mahnte Vetter George. »Du hast dich hier unten bis zum heutigen Tag wohl genug befunden.«

»Wenn ich ein Vöglein wär'!« trällerte sie und klatschte in die Hände wie ein Kind. »Wenn Sie das fertigbringen, sehen Sie, dann gehen wir wieder zusammen nach Wien – es war doch nett, damals, und Sie hätten nicht davonzulaufen gebraucht. – Dort fliegen Sie dem Erzherzog Joseph Amadeus etwas vor und werden der berühmteste Mann von Europa, und Ulm die berühmteste Stadt, und – ich weiß nicht, was ich dann täte.«

»Jetzt wissen Sie, was Sie zu erwarten haben, Berblinger!« sagte der Doktor, halb lachend, halb ärgerlich. »Benutzen Sie Ihre hundert Gulden wohl und lassen Sie mich nicht zuschanden werden. Wahrhaftig, wenn ich meiner begeisterten Cousine noch eine Zeitlang zuhöre, so glaube ich selbst, daß ganz Europa auf uns sieht und daß Sie unsre einzige Hoffnung sind. Natürlich können Sie von heut an auf uns rechnen, solange Sie auf festem Boden unsre Hilfe brauchen. Dafür rechnen wir aber auch darauf, daß Sie uns mitnehmen, sobald es in die Lüfte geht.«

»Er schwatzt Unsinn, Herr Berblinger; das ist sein Beruf«, sagte Lucinde. »Aber kommen Sie, sooft Sie Zeit haben; Papa wird sich freuen, Sie zu sehen. Er interessiert sich riesig für die Fortschritte, die Sie machen, seitdem ihm der unheimliche Münstertürmer geschrieben hat. Und wenn Sie einmal ein weltberühmter Mann sind, dürfen Sie nicht vergessen, daß wir dabei ein wenig mitgeholfen haben. Wir haben keine Erzherzöge in Ulm. Dafür bin ich da und Papa und Ali und Vetter George. So sollte es doch gehen!«

Sie plauderte weiter, sich immer mehr in den Gedanken hineinsteigernd, daß sie bei einer großen, menschenbeglückenden Schöpfung die Rolle der Egeria zu spielen habe. Auch war niemand mehr bereit, dies anzuerkennen, als der arme Berblinger, der nach einer halben Stunde das Haus verließ, als ob er von himmlischen Flügeln getragen würde. Alles – alles wollte er daran wagen, den Hals zu brechen, schien ihm von der geringsten Bedeutung, um ihr die Freude, den Stolz zu verschaffen, einen Ulmer durch die Lüfte segeln zu sehen.

Es war ein Glück, daß er Meister Glöcklen begegnete; er wäre sonst imstande gewesen, in der Abenddämmerung mit dem einen fertigen Flügel eine Reihe lebensgefährlicher Versuche zu beginnen. Glöcklen war ihm neuerdings geflissentlich aus dem Weg gegangen. Heute kam er mit der freundlichsten Miene auf ihn zu und schüttelte ihm die Hand.

»Ich weiß schon, Berblinger, ich weiß schon!« leitete er

das Gespräch ein. »Die Herren auf dem Rathaus haben seit langer Zeit zum erstenmal wieder etwas Vernunft gezeigt. Bockelhardt meint, es komme daher, daß wir württembergisch geworden sind, regelrechte, gesetzlich registrierte Schwaben, und daß die neuen Gemeinderäte bis auf einen ihre vierzig hinter sich haben. Das stimmt nicht. Warum? Der einzige mit dem gescheiten Einfall sei der junge Baldinger gewesen, und der ist erst zweiunddreißig. Sei dem, wie ihm wolle; die höchste Zeit war's jedenfalls. Denn heute abend hat uns Knöppel schon wieder zusammengetrommelt, und bei dieser Gelegenheit solltest du aus dem Zunftregister gestrichen werden. Hinter ihm steckt natürlich der Rau und Schlumperger. Die werden Augen machen, wenn ich ihnen erzähle, was auf dem Rathaus passiert ist! Ich hab's brühwarm aus der Ofengabel, vom Bockelhardt. Und dein Onkel, der Rat, habe dir eine Ehrenvisite gemacht und sei die Treppe hinaufgefallen; warum? Aus lauter Eifer. Weiß schon, weiß schon! Ade, Meister Berblinger! Ich muß laufen, daß ich noch in den ›Wilden Mann‹ komme, ehe sie dich streichen. Ich sag' nur eins: Verlaß dich auf mich!«

Er rannte weiter. Berblinger fühlte wieder städtischen Boden unter den Füßen, wenn auch nur leicht. Er hätte tanzen können, als er in sinkender Dämmerung am Münster hinging und dabei mehrmals sinnend stehenblieb. Wie ihm die Gedanken zuflogen, seitdem er wieder leichter und froher denken konnte. Wenn es mit den Flügeln nicht ging, die halb fertig waren, stand schon der Plan für ein neues Paar fest. Und jetzt wußte er auch, wofür er arbeitete. Die Menschheit? Das war doch etwas gar zu Nebelhaftes, gar zu Unfaßbares.

»Brechtle!«

Wie konnte ihn die sanfte, eindringliche Stimme erschrecken? Krummacher, der Pestilenziarius, stand hinter ihm und legte die Hand auf seine Schulter. Wie rasch der Mann alterte; aber seine Augen glänzten heller als je und sahen freundlich in das erregte Gesicht seines einstigen Schülers.

»Es wendet sich, Brechtle«, sagte er. »Ich hab' davon gehört, und ich seh' dir's an: Du hast genug durchgemacht. Aber kennst du das alte Lied noch: ›Laß dich nicht den Frühling täuschen?‹«

»Herr Krummacher!« rief Berblinger; ein leiser Schatten flog über sein Gesicht.

»Ich weiß schon, sie schwatzen in allen Gassen davon, Gutes und Böses. Laß dich nicht den Frühling täuschen und vergiß nicht, daß unser Herrgott Vögel gemacht hat und Menschen, jedes nach seiner Art.«

»Aber was hab' ich mit Ihren Vögeln zu tun?« fragte Berblinger ungeduldig. »Ich will kein Vogel werden und bleibe ein Mensch wie Sie.«

»Laß dich nicht den Frühling täuschen«, sagte der alte Mann zum drittenmal und sah dabei Berblinger so voll inniger Liebe in die Augen, daß es diesen schauderte. Es war wohl nicht mehr ganz richtig im Kopf des Magisters.

Sie waren nur wenige Schritte von seinem Häuschen stehen geblieben. Mit einer Handbewegung bat er Berblinger, einzutreten. Wie oft war er durch das kleine Pförtchen geschlüpft als Kind, als Junge, als heranwachsender Mann. Aber er wandte sich ab:

»Heute nicht, morgen vielleicht. Ich habe wirklich keine Zeit, Herr Pestilenziarius. Gute Nacht!«

Behaglich dahinfließende Tage waren in Berblingers Leben
selten genug gewesen, als ob ihn die ruhelose neue Zeit,
noch ehe sie angebrochen war, in ihre Wirbel gezogen
hätte; aber noch nie hatte er Monate erlebt wie zu Anfang
des Jahres 1811, so voll hoffnungsfroher Pläne, leidenschaftlicher Arbeit und erfolgverheißender Aussichten,
und all das übergossen vom Licht eines Traumes, der
immer deutlicher aus dem silberhellen Nebel einer glücklichen Zukunft hervortrat.

In den Weihnachtsfeiertagen sprach man schon unter
jedem Christbaum, in dessen Zweigen ein geflügeltes
Engelchen hing, von dem Beschluß des Ratskollegiums –
so hieß jetzt der provisorische Gemeinderat der Stadt –,
und daß nun bald nicht bloß die Engelchen, sondern
jedes brave Ulmer Kind um die Fenster flattern, statt an
der Haustür klopfen würde. Man spottete wohl auch
noch und lachte, und grämliche alte Leute schüttelten die
Köpfe ärgerlich; doch wurden es der Spötter immer weniger, und wenn Berblinger über die Straße ging, zeigten
sich die Leute den Mann, der im Begriff war, der größte
Ulmer zu werden. Im Februar wollten einige Narren in
dem wiederauflebenden Karnevalszug – man konnte in
diesen harten Zeiten doch nicht ewig den Kopf hängen! –
einen geflügelten Bierbrauer umherführen, wurden aber
durch entrüstete Freunde hiervon abgehalten. Die Sache
war zu ernst, um sie dem Gespött einer unwissenden
Menge preiszugeben. Auch die unverbesserlichsten Spaß-
vögel der Stadt gaben es auf, gegen den Strom zu
schwimmen, als anfangs März Doktor Baldinger zu seinem Vortrag über ›das Flugproblem in alter und neuer
Zeit‹ einlud und in Aussicht stellte, daß der Erfinder des
neuesten und einzig erfolgreichen Flugapparates densel-

ben im Saal des Goldenen Kreuzes vorzeigen und voraussichtlich Proben seiner Kunst zur Darstellung bringen werde.

So sehr sich Berblinger dieser plötzlichen Wendung in der Stimmung seiner Mitbürger freute, so wenig ließ er sich in emsiger Arbeit stören. Es war ihm voller Ernst mit der Sache, und der Glaube an den schließlichen Erfolg, gestützt von hundert Gleichdenkenden, blieb unerschütterlich, selbst nach jedem noch immer nicht völlig überzeugenden Versuch mit einem neuen Flügelpaar. Er fühlte dann nur, daß noch weit nicht alle Möglichkeiten erschöpft waren. Sogar unmittelbar vor der Vorstellung im Goldenen Kreuz hatte er eine Entdeckung gemacht, die ihn zu dem Entschluß führte, alle bisher gefertigten Flügel als gänzlich unbrauchbar zu vernichten und sofort mit dem Bau eines neuen Paars zu beginnen.

Es hatte sich nämlich gezeigt, daß die Tragkraft langer und besonders schmaler Flügel größer war, als wenn dieselben möglichst breit gehalten wurden, ja, daß die Tragkraft fühlbar wuchs, wenn die Luft zwischen den einzelnen Blättern, welche die Schwungfedern vorstellten, eine offene Spalte fand, durch die sie frei durchstreichen konnte. Auch die Flügelflächen größerer Vögel mit ihren spitz zulaufenden Schwungfedern sind dementsprechend geformt. Jetzt erst sah er dies und wunderte sich über die eigne Blindheit; allerdings konnte zu seiner Zeit noch niemand erklären, warum dies so sei. »Es herrscht eben ein Verstand in den Dingen, die Gott geschaffen hat, der über allen menschlichen Verstand geht«, sagte der Pestilenziarius, als er von der Sache hörte, und dasselbe sagte Lombard auf dem Münsterturm eigentlich auch; nur meinte dieser, es sei die Natur selbst, die den Verstand habe. Dies begriff Berblinger, der im Grunde seines Herzens zur alten Schule gehörte, weniger als die Erklärung, die ihm am Fuß des Münsters gegeben wurde. Zum Glück hatte er keine Zeit, des weiteren über die Frage nachzudenken, wer den ersten Falkenflügel aufgezeichnet haben mag.

Der Vortrag und die Versuche im Goldenen Kreuz überzeugten die letzten Zweifler, daß die Aufgabe der Lösung nahe war. Baldinger sprach mit solcher Wärme, und Berblinger flatterte an dem Seil, an dem gewöhnlich der Kronleuchter hing, mit solcher Kraft und Kunst, daß das Seil beim Niederschlagen der Flügel ganz schlaff zu sein schien. Die Leute im oberen Stockwerk, die es hielten, zogen ihn in ihrem Eifer allerdings dermaßen in die Höhe, daß er in Gefahr kam, den Schädel an der Saaldecke einzuschlagen. Dies erhöhte den Eindruck eines durchaus gelungenen Flugversuchs und führte Herrn Baldinger auf die allgemein als richtig anerkannte Bemerkung, daß der beschränkte Raum leider nicht gestatte, die Flügel ganz vogelartig zu gebrauchen, daß sie natürlich im Freien eine ganz andre Wirkung haben müßten. Nur Berblinger selbst war von dem Erfolg nicht völlig befriedigt, hatte den Kopf voll von einer neuen Form von Flügeln und wollte nichts mehr von den alten wissen, da er überdies von einem aus Ungarn zurückgekehrten Schiffer gehört hatte, daß durchlochte Segel weit wirksamer seien als Vollsegel. Das stimmte mit dem Bau luftdurchlassender Vogelschwingen überein. Durchlochte Flügel! Ein neuer Gedanke, der versucht werden sollte.

Nur einige Herren des Ratskollegiums, hinter denen der alte Nusser stand, wagten noch halblaute mißliebige Bemerkungen, denen merkwürdigerweise Berblinger zustimmte. Sie sagten, an ein Seil könne man schließlich jeden hängen, und das Zappeln ergebe sich dann von selbst. Ehe man einen Versuch im Freien sehe und ohne Seil, sei noch immer zu befürchten, daß die hundert Gulden, die der alte Gemeinderat übereilig bewilligt habe, weggeworfenes Geld seien. Berblinger wünschte in der Tat nichts sehnlicher, als einen solchen Versuch machen zu können, aber die Sache hatte ihre Schwierigkeiten. Seine

Flügel, ursprünglich von einer mäßigen doppelten Armslänge, waren stetig gewachsen und jetzt schon so groß, daß sie nur von einem hohen Gestell aus entfaltet und bewegt werden konnten. Dazu brauchte er einen geeigneten Platz, wohl auch polizeilichen Schutz und andre Vorbereitungen, für die die städtischen Verhältnisse noch nicht reif waren. Wenn ihm Herr Nusser und seine Gesinnungsgenossen hierzu verhelfen wollten –! Herr Nusser aber schüttelte sein weißes Haupt mit aller Energie und entfernte sich, so schnell es ihm möglich war.

Diese Herren waren übrigens nicht die einzigen Gegner, welche die zuversichtliche Volksstimmung herabdrückten. Andre, Näherstehende machten ihm größeren Kummer. Dem Pestilenziarius konnte er nicht begegnen, ohne daß ihn dieser in rührenden Worten bat, von seinem törichten, sündhaften Unterfangen abzulassen und zu Nadel und Schere zurückzukehren. Selbst das fast vergessene Gretle, das jetzt Jungfer Margret hieß und im Spital eine vielbeneidete und bewunderte Stellung einnahm, rief der alte Mann zu Hilfe. Er habe sie noch nie so traurig gesehen. Alle Kranken mühten sich ab, sie zu trösten, ohne zu wissen, woher ihre Betrübnis komme. Eine treuere Seele gebe es nicht; das sei auch ein kleines Opfer wert, auch wenn er nichts mehr von ihr wissen wolle. Sie wolle ja auch nichts mehr von ihm, aber den Gedanken könne sie kaum ertragen, daß er unserm lieben Gott ins Gesicht zu fliegen versuche. Berblinger lachte; aber in der Tiefe seiner Seele schluchzte etwas, als er dies hörte. Doch ging's vorüber, denn er hatte jetzt keine Zeit mehr anzusehen, was in der Tiefe seiner Seele vorging.

Nach der Vorstellung im Goldenen Kreuz versenkte sich Professor Zeller wieder in sorgfältige Berechnungen, in denen er nur mit Hilfe der kompliziertesten Differential- und Integralformeln zum Ziel kam; aber auch er schüttelte den Kopf, wenn sie sich begegneten. Zwei- oder dreimal hatte er ihm Papierblättchen zugesteckt, die mit Zahlen und algebraischen Gleichungen bedeckt waren. Das Ergebnis dieser Arbeiten war stets das gleiche: daß nach allen bis jetzt bekannten und ganz sicher für alle Zeiten gültigen Gesetzen der Mathematik und der Physik weder Berblinger noch irgendein andrer Vogel jemals fliegen könne. Es war nicht ganz unnatürlich, daß sich hierbei Zeller mehr als Berblinger beunruhigt fühlte.

Aber selbst Lombard stand nicht rückhaltlos auf seiner Seite. Der ehemalige Schneider war jedoch geneigt, dem alten Türmer zu verzeihen. Dieser war seit einiger Zeit mit seinen eignen schwierigen Forschungen Tag und Nacht beschäftigt und nicht mehr imstande, etwas andres zu sehen oder zu hören. Die Hilfswächter beklagten sich laut. Es sei wahrhaftig lustig genug dort oben, aber man sei manchmal am Ersticken, so dampfe und qualme es in dem Hexenstübchen, von einem gelegentlichen Knall nicht zu reden, der wohl noch einmal die ganze Münsterturmspitze in die Luft blasen werde. Die höchste Zeit wäre es, daß die hohe Geistlichkeit endlich einmal heraufkäme und dem alten Heiden das Handwerk legte. Lombard selbst fragte längst nach niemand mehr und bat nur Berblinger gelegentlich und zerstreut, er solle sich doch nicht beeilen. In drei, vier Wochen werde das neue Kraftpulver gefunden sein. Dann sei es ein Kinderspiel, eine Maschine zu bauen, die fünf Pfund wiege und die Kraft von zehn Pferden abgebe. Damit sei auch ohne weitere Mühe das Fliegen erfunden und jedem Kinde möglich. Berblinger, der noch immer an Lombard hinaufsah wie an einem Wesen aus einer andern Welt, wagte nicht anzudeuten, daß die drei bis vier Wochen schon seit mehreren Jahren kein Ende nehmen wollten und daß er selbst nur noch zwei bis drei Wochen nötig habe, um ein völlig brauchbares, ideal wirksames Flügelpaar herzustellen. Seine Besuche auf dem Turm wurden gegen das Frühjahr hin seltener. Es war ihm nicht angenehm, ebenfalls daran erinnert zu werden, daß sich seine eignen ›zwei bis drei Wochen‹ ungebührlich lange hinzogen.

Um so begeisterter für die Sache war sein Onkel Schwarzmann geworden. Keine Woche verging ohne seinen Besuch in der Herrenkellergasse, wo er sich alle Änderungen, alle Fortschritte im Flügelbau erklären ließ. Selbst in größerer Gesellschaft sprach er mit Selbstgefühl von ›meinem Neffen Albrecht, dem Erfinder‹, und als Herr von Schad, der Bürgermeister, die Nachricht von Stuttgart erhielt, daß Seine Majestät der König wahrscheinlich gegen Ende Mai seine neue Stadt Ulm besuchen werde, hatte er eine geheime Konferenz mit dem Stadtoberhaupt, von welcher selbst dessen Geheimschreiber Törle nur zu erzählen wußte, daß man mit dem Gedanken umgehe, Seine Majestät mit einer Kompagnie geflügelter Soldaten zu überraschen.

Und die Baldinger – und Lucinde –

Wäre Berblinger nicht ein arbeitsfroher, grundsolider Mensch und ein geborener Erfinder gewesen, so wären in diesen vier Monaten nicht ein, geschweige denn acht Paar Flügel fertig geworden. So oft er sie besuchte – und weniger als einmal in der Woche war ihm dies nicht möglich –, waren vierundzwanzig Stunden für vernünftige Arbeit verloren, obgleich er jedesmal mit dem festen Willen, bis zum Mond emporzusteigen, wenn sie es verlange, aus der Frauenstraße zurückkehrte. Er warf dann den in Arbeit befindlichen Flügel in der Stube umher, riß ihm die künstlichen Federn aus, befestigte Riemen und Schnallen an den verkehrten Enden, so daß Fränzle, der Lehrjunge, nur staunen und warten konnte. Nach vierundzwanzig Stunden war der Parorysmus vorüber, worauf die Arbeit ihren ruhigen Fortgang nehmen konnte. Ob Lucinde ahnte, welches Unheil sie jedesmal anrichtete? Es sah fast aus, als ob es ihr Spaß machte, und doch war nicht zu verkennen, daß es auch ihr, wie hundert andern in der Stadt, mit dem Fliegen bitter ernst war. Vetter George, der ein philosophischer

Kopf, und der Staatsrat, der ein verliebter Vater war, lachten beide. Es war ja Lucinde; man mußte dem verzogenen Kind manches nachsehen. Eins war klar: im ganzen Haus dachte niemand mehr daran, vielleicht mit Ausnahme des Stubenmädchens, welch bescheidene Rolle Berblinger hier vor nicht langer Zeit gespielt hatte. Schon das machte ihn halb glücklich.

Drunten im ›Steinheile‹, einem neu angelegten Vergnügungsort auf dem rechten Donauufer, halb Park, halb Wildnis, war Maienfest. Ihre Lebenslust verloren die Ulmer auch in den schwersten Zeiten nicht. Es war ein liebliches und lustiges Bild, die Hunderte von lachenden, spielenden Kindern; die Buben mit Fähnchen, meist in den neuen Landesfarben Schwarz und Rot, aber auch einige noch weiß und blau, vom vorigen Jahr, ja da und dort gar eins schwarz und weiß, die Farben der alten Reichsstadt; die Mädchen mit Maiglöckchen in den Händen und Veilchen in den Haaren. Die Zünfte mit ihren Bannern und sonstigen Zunftabzeichen, jede um einen mit Bierkrügen schwer beladenen Tisch geschart: dort die Bäcker, hier die Metzger, die Schneider hier, die Schuster dort, dann die Kleinkrämer, die Schiffer, die Schlosser und Schmiede: sechzehn Tische – und doch fehlte die Hälfte; dann, etwas getrennt von diesen Tischreihen, die Honoratioren, in würdigem Schwarz: die Herren vom Gymnasium und von den Gerichten, die neuen Herren von der Regierung. Auch württembergisches Militär in Grün und Blau, da und dort ein Bayer aus Elchingen und Günzburg, der sich nach seinem alten Schatz umsah, von dessen Seite ihn die erbarmungslose hohe Politik gerissen hatte. Auch an Damen in bunten Frühlingskleidern fehlte es keineswegs, und das Gold von manchem alten Ulmer Häubchen schimmerte munter und herausfordernd durchs Gebüsch.

Lucinde von Baldinger, die überall als die schönste

Ulmerin anerkannt wurde, war Maienkönigin gewesen. Sie hatte Berblinger strenge Weisung gegeben, heute nachmittag seine Flügel ruhen zu lassen und am Feste teilzunehmen. Der Aufzug der Kinder, das Tanzen um den Maienbaum, das erste Spielen mit den Kleinen war vorüber. Schaukeln und Karusselle waren im Gang und zwei Musikbanden spielten herzzerreißend ineinander. Auch die Ruhigeren kamen jetzt zu ihrem Recht und freuten sich des herrlichen Sonnenuntergangs, der sich in der Donau spiegelte und den massigen Münsterturm in sattem Violett auf den Goldgrund des Himmels malte.

An einem der Ehrentische saßen die Baldinger, die Schwarzmann und Berblinger, den sein Onkel geflissentlich zu sich heranzog, mitten unter ihnen. Der ehemalige Schneider dachte an ein ähnliches Bild: wie er vor Jahren im Ruhetal, hinter Buschwerk versteckt, fast dieselbe Gesellschaft beobachtet hatte. Damals war er noch Lehrjunge gewesen, und was für einer! Wie hatte sich das Blättchen gewendet! Jetzt behandelten ihn alle wie ihresgleichen; niemand schien daran zu denken, daß er ein Schneider gewesen war oder vielmehr noch war. Denn es war keine Rede mehr davon, ihn aus dem Zunftregister zu streichen.

George Baldinger hatte sich soeben auch eingefunden und setzte sich neben Lucinde, die in ihrem duftigen Frühlingskleid wie eine zierliche kleine Blumenelfe aussah. Er kam aus einer Komiteesitzung, alle Taschen voll Neuigkeiten und bereit, der erwartungsvollen Tafelrunde mitzuteilen, was in den nächsten Wochen die ganze Stadt in ein Fieber der Erregung versetzen mußte. Es war sicher, daß der König Friedrich in vierzehn Tagen Ulm besuchen werde. Man sei sich der Wichtigkeit dieser Tatsache voll bewußt. Die Stadt müsse das möglichste tun, um dem neuen Landesfürsten ihre Loyalität zu zeigen; darüber herrsche nur eine Stimme. Zunächst sei eine Triumphpforte am Stuttgarter Tor geplant. Man besitze zu ihrer Ausschmückung noch zwei große Löwen aus Gips aus der bayrischen Zeit. Dieselben seien aber natürlich nur zur Hälfte verwendbar. Rommel, der geschickte Hafnermeister, sei deshalb beauftragt worden, so schnell als möglich einen Hirsch zu fabrizieren und ihn mit der Unterschrift ›Furchtlos‹ zu versehen, während der eine verwendbare Löwe die Unterschrift ›und treu‹ erhalte oder umgekehrt. ›Furchtlos und treu!‹ sei nämlich der schöne Wahlspruch Württembergs, wie aus Stuttgart mitgeteilt werde, und müsse natürlich jetzt auch in Ulm irgendwie verwertet werden. Sämtliche Schulkinder hätten an dieser Ehrenpforte ein entsprechendes Lied zu singen, das der Gymnasiallehrer Schwätzler bereits zu dichten begonnen habe. Er sei die geeignetste Persönlichkeit für Festgedichte dieser Art, wie sein prächtiger Triumphgesang auf den Imperator Napoleon schon Anno 1806 bewiesen habe. Rechts und links von der Ehrenpforte würden die Spitzen der provisorischen Regierung, die Geistlichkeit und die bürgerlichen Kollegien Aufstellung nehmen und Huldigungs- und Begrüßungsanreden halten. Geläute mit allen Glocken, mit Ausschluß des Armesünderglöckchens, das das vorige Mal für den Kurfürsten von Bayern aus Versehen mitgeläutet worden, sei bestellt und Kanonendonner verstehe sich von selbst. Am Abend sei eine allgemeine freiwillige Illumination der Stadt angeordnet und am folgenden Nachmittag eine *Fête champêtre* in dem Hölzchen vor dem Gänsetor, das bei dieser Gelegenheit ›Friedrichshain‹ oder ›-au‹ getauft werden solle. Es sei hierbei eine ganz originelle Veranstaltung in Aussicht genommen. Da der König den Bürgern von Ulm, um ihnen seine besondere Huld zu erweisen, den Jagdfrondienst erlassen habe, soll die Dankbarkeit hierfür durch eine Statue der Diana ausgedrückt werden, die ebenfalls von dem Hafnermeister Rommel, einem wahren Künstler auf diesem Gebiet, schleunigst anzufertigen sei. Vor der Statue werden rechts und links Altäre

errichtet, auf denen je drei Vestalinnen ein heiliges Opfer-
feuer erhalten – das Holz liefere natürlich die Stadt –,
welche beide Feuer die Herzensempfindungen der Ulmer
darstellten, rechts unauslöschliche Dankbarkeit, links
brennende Liebe zum Herrscherhaus. Was man am dritten Tag mit Seiner Majestät anfange, sei noch fraglich, da
auf allerhöchsten Wunsch das Hauptfestmahl im Rathaus
schon am vorangegangenen Nachmittag stattzufinden
habe.

Hier wurde der Doktor, dem alle und namentlich
Lucinde mit der regsten Aufmerksamkeit gelauscht hatten, in unerwarteter Weise unterbrochen. Von einem
benachbarten Tisch waren drei Herren aufgestanden, hatten sich feierlich, wenn auch etwas verlegen, dem Baldingerschen Tisch genähert und waren hinter dem nichtsahnenden Berblinger stehen geblieben. Verwundert
machte der Doktor eine Pause, die der mittlere der Herren
benutzte, sich sehr laut zu räuspern. Berblinger, der diesen
Laut kannte, fuhr in die Höhe und drehte sich um. Vor ihm
stand Knöppel, sein Oberzunftmeister, zu dessen Rechten
Glöcklen, zur Linken Bockelhardt. Jeder der beiden Begleiter hatte einen Maßkrug in der Hand, Knöppel selbst einen
Teller, über den ein rotes Taschentuch gebreitet war. Er
begann jetzt mit lauter feierlicher Stimme:

»Mit Gunst und Verlaub, ihr Herren allesamt und auch
das Frauenvolk! Gott grüß' Euch, Meister Berblinger!«

»Gott grüß' Euch, ihr Meister allesamt«, erwiderte Berblinger, der sich rasch gefaßt hatte, aber einen sehr roten
Kopf bekam.

»Mit Gunst, Meister Berblinger«, wiederholte Knöppel
mit großem Ernst. »Da Ihr nicht zu uns kommet noch mit
der Brüderschaft sitzet, wie es allerdings einem ehrsamen
Meister geziemte, so kommen wir zu Euch und wollen's
Euch nicht verdenken, sintemal wir nicht zu leugnen vermögen, daß etliche unter uns Euch nicht behandelt haben,
wie sich's unter Brüdern gebührt. Sie haben dies aber nicht

getan aus Böswilligkeit, sondern aus Unverstand. Sobald wir solches erkannt und eingesehen, haben wir beschlossen, daß es wieder sollte gutgemacht werden von wegen des Handwerks, und daß wir heut, an diesem Freuden- und Frühlingstag, Euch bitten mögen, Vergangenes vergangen sein lassen, gleichwie der Schnee vom letzten Winter auch vergangen ist. Und zum Zeichen, daß solches geschehen, soll Euch von Zunfts wegen ein Angedenken dargereicht werden, wie ich solches unter diesem Tuch verborgen halte und nun öffentlich zeigen will, vor aller Welt.«

Er ergriff das Tuch mit Daumen und Zeigefinger und hob es zierlich in die Höhe. Auf dem Teller lag eine Schere.

»Sie ist von Silber!« sagte Bockelhardt flüsternd, als er Berblinger erbleichen sah.

»Und zum Zeichen, daß alles vergeben und vergessen sei«, fuhr Knöppel fort, »sollt Ihr uns Bescheid tun aus dieser Kanne Bier. Gott segne das Handwerk!«

Er griff nach Bockelhardts Krug, während Glöcklen den seinen Berblinger reichte. Sie tranken beide herzhaft und reichten sich die Hände. Berblinger schien nicht mehr verlegen zu sein, selbst als ihm Bockelhardt die Schere in die Brusttasche seines Rocks steckte, aus der der Handgriff funkelnd hervorragte. Etwas vom Stolz des Handwerks war doch auch in ihm sitzen geblieben.

»Ich dank' Euch, Meister allesamt«, sagte er mit gedämpfter Stimme. »Und wenn mir Gott Glück schenkt und mich vollbringen läßt, was ich unternommen habe, so sei's zur Ehre des Handwerks. Läßt er mir's aber nicht gelingen, so lacht nicht zu sehr, dieweil ich mein Bestes habe tun wollen und es getan habe, so gut ich konnte.«

Er war so gerührt, daß seine Stimme zitterte. Die drei sahen ihn verwundert an, machten drei zierliche Kratzfüße und gingen nach ihrem Tisch zurück.

Der erste, der nach einer etwas verlegenen Pause sprach, war der Staatsrat:

»Das laß ich mir gefallen! Halt den Kopf hoch, Berblinger, von wegen des Handwerks! Du kannst es noch zu allem bringen; aber mach's Maul auf!«

Jetzt lachten alle; nur Lucinde schien etwas verstimmt, doch auch dies ging vorüber. Schwarzmann aber winkte dem jungen Baldinger und nahm ihn auf die Seite, offenbar um eine hochwichtige Angelegenheit mit ihm zu besprechen. Sie flüsterten lang und eifrig; dann setzten sie sich wieder nachdenklich, ohne in das allgemeine, munter hin und her fliegende Gespräch einzugreifen, bis der junge Baldinger, dem man ansah, daß ihn ein schweres Geheimnis drückte, laut lachend losbrach:

»Was braucht's das Geheimtun, Herr Rat? In acht Tagen ist doch alle Welt voll davon, und je bälder es Berblinger erfährt, um so besser. Ihr Herr Onkel, der eben doch der findigste Kopf ist, der unser Rathaus ziert, weiß, was wir am dritten Tag mit dem König zu tun haben. Die Majestät soll Respekt vor den Ulmern bekommen. *Sie* müssen ihm vor aller Welt *ad oculos* demonstrieren, daß man in Ulm zu fliegen versteht!«

Berblinger sprang auf, halb im Schrecken, halb vor Freude. Er wollte protestieren. Ganz sicher war er seiner Sache ja noch nicht, wenn auch die neuesten Flügel mit gespaltenen Schwungfedern sich zweifellos bewähren mußten. Dann aber traf ihn ein strahlender Blick Lucindes, worauf er sich wieder setzte und nervös mit der kleinen silbernen Schere zu spielen begann, die ihm beim Aufspringen aus der Tasche gefallen war.

»Wir haben die Sache reiflich überlegt«, fuhr George fort. »In glänzenderer Weise kann sich Ulm bei Seiner Majestät nicht einführen, und unser Berblinger ist mit einem Schlag ein weltberühmter Mann. Daß der Vorschlag aus dem Rathaus Anklang, stürmischen Anklang finden wird, daran ist nicht zu zweifeln; also fehlt nichts, als daß unser beschwingter Freund ja sagt und die Vorbereitungen, die er für nötig hält, schleunigst getroffen werden.«

Lucinde klatschte jetzt in die Hände.

»So hab' ich mir's von jeher gedacht, Herr Berblinger«, rief sie. »Das wird anders aussehen als in Wien in der engen, dumpfigen Aula, und ein König ist mehr als ein Erzherzog. Über die Donau soll er fliegen, oder übers Münster, Papa, daß alle Welt sieht, was die Ulmer können. Sie sagen ja, Herr Berblinger, das versteht sich. Ich bitte Sie darum; ich will es!«

Noch immer öffnete und schloß Berblinger die silberne Schere, ohne zu wissen, was er tat. Er schien mit sich selbst zu kämpfen und der Kampf kein leichter zu sein. Zwei große Schweißtropfen perlten auf seiner Stirn. Alle Augen waren auf ihn gerichtet und Lucinde wurde sichtlich ungeduldig.

»Aber ich begreife nicht, Herr Berblinger, wie Sie Ihr Glück und Ihren Ruhm von sich stoßen mögen«, sagte sie mit einem Zug des Spotts in dem lieblichen Gesichtchen. »Vor dem König zu zeigen, wer Sie sind! Da würde mich nichts in der Welt abhalten, ja zu sagen.«

Er sah auf. Was ging ihn der König an!

»Ich wollte wohl – aber –«, sagte er leise, zögernd.

»Aber!« spottete Lucinde. »Da haben wir's! Ein echter Schwabe sind Sie doch: begehrlich, solang nichts zu machen ist, bedenklich wie eine Schnecke, sobald das Glück winkt. Zugreifen heißt es in der Welt, in der große Männer wachsen.«

Das war sie! Das war seine Egeria; aber noch immer schwieg Berblinger.

»Mach's Maul auf, Brechtle!« rief der Staatsrat, halb über das Drängen seiner Tochter, halb über den zurückhaltenden großen Mann laut lachend.

Jetzt aber warf Berblinger mit einer heftigen Bewegung die Schere zu Boden, stieß den Bierkrug auf den Tisch und sagte mit halberstickter Stimme:

»Nun ja; ich will's tun.«

Wieder klatschte Lucinde in die Hände und warf ihm

einen strahlenden Blick zu, der ihm bis in die tiefste Seele drang. Wie hatte er so lange zaudern können? fragte er sich bebend. Ja, ja! Ich will's tun, mag daraus werden, was da will. Alles, alles für sie!

»*Jacta est alea!*« bemerkte der Doktor mit einer Feierlichkeit, hinter der sich der Schalk kaum verstecken konnte, und reichte ihm die Hand. Das taten sie dann alle. Es war, man wußte nicht recht wie, eine ernste, gehobene Stimmung über die heitere Gesellschaft gekommen, die jetzt den Rückweg nach der Stadt antrat. Lucinde schritt munter plaudernd voran, neben Berblinger, der wie im Traum ging. Zuletzt kam George mit dem jungen Hans Schwarzmann, der den ganzen Nachmittag still und mißmutig dagesessen hatte. Auch jetzt konnte ihm der Doktor kaum ein Wort entlocken. Hans wußte und der Doktor vermutete, weshalb. Aber er lachte nur.

Noch nie waren vierzehn Tage über die gute Stadt Ulm mit solch unsinniger Geschwindigkeit hingegangen als in den Wochen, die dem Besuch des Königs vorangingen. Man hatte gar zuviel zu ordnen, neu zu schaffen, zu ändern, und auch das Aufräumen mit altem Kram aus der bayrischen, ja selbst aus der reichsstädtischen Zeit – es hieß, mit König Friedrich sei in dieser Beziehung nicht zu spaßen – erforderte eine fast fieberhafte Tätigkeit, die bis zur Vernachlässigung des Frühschoppens und zu unangenehmen Lücken an Stammtischen in den höchsten Kreisen führte. Man lernte den Rat Schwarzmann, der eine Zeitlang unter einer Wolke gesessen hatte, wieder schätzen: Es galt so manche ungewohnte Schwierigkeit zu überwinden; da brauchte man einen Mann von praktischem Sinn und raschen Entschlüssen. Der Hirsch des Hafnermeisters Rommel wollte auf seinen naturgetreu dünnen Beinen nicht stehen. Die Schulkinder mußten gedrillt werden, um im richtigen Augenblick ein verständliches, möglichst tausendstimmiges: »Es lebe unser geliebter Landesvater hoch – hoch – hoch« erschallen zu lassen. Für die freiwillige Illumination war den ärmeren Bürgern ein teilweiser Ersatz für Talglichter zu gewähren. Die Wahl der sechs Vestalinnen für den Friedrichshain war wegen des überwältigenden Zudrangs von Jungfrauen keine kleine Aufgabe und führte zu Familienfehden, in denen sich Geld und Geburt, äußere Schönheit und innerer Wert bis aufs Blut bekämpften. Schließlich war aber doch am Morgen des 29. Mai alles halb fertig, um den König gegen vier Uhr am Stuttgarter Tor programmgemäß zu empfangen. Schon zwei Stunden später verkündigte Kanonendonner, daß Seine Majestät herannahe, was besonders von den städtischen Kollegien aufs dankbarste begrüßt wurde, die infolge des langen Wartens und des bis zur Unerträglichkeit wachsenden Durstes sichtlich der Auflösung nahe waren.

Am meisten beschäftigte den Rat Schwarzmann nicht so sehr der Gedanke, wie sich ein württembergischer Orden neben seinem bayrischen ausnehmen würde, als die Vorbereitungen für die Glanznummer des Festprogramms: die für den dritten Tag vorgesehene Vorführung der größten Erfindung der Neuzeit, des fliegenden Menschen. Daß dieser Mensch zugleich sein Neffe war, erfüllte ihn nachgerade mit einem Stolz, den er nicht mehr verbergen konnte. Man hatte nach sorgfältiger Prüfung aller Möglichkeiten die Adlerbastei als die geeignete Stelle erkannt, von der aus die Versuche stattfinden sollten. Die vierzig Fuß hohe Mauer der alten Festung wird von der Donau bespült, welche hier nach Umkreisung der Insel vor dem Herdbruckertor in beträchtlicher Breite beide Arme wieder vereinigt. Auf der Bastei hatte man einen hölzernen Turm errichtet, von dessen Plattform aus der Flug beginnen sollte. Das Ziel war zunächst ein bescheidenes: Der Fliegende sollte sich auf dem entgegengesetzten flachen Ufer in nicht allzu großer Entfernung niederlassen, somit zum mindesten von einem Königreich ins andre gelangen und damit zugleich in sinniger Weise andeuten, daß die Technik der Neuzeit keine Grenzen mehr kenne und daß die Nation, die zuerst fliegt, ohne Schwierigkeit Besitz von allem nehmen kann, was sie in ihrem kühnen Flug zu erreichen vermag. Für die Majestät wurde ein Prunkzelt neben dem Turm aufgeschlagen, das einen freien Blick über den Strom bot und die genaueste Beobachtung der voraussichtlichen Flugbahn gestattete, während auf der Terrasse der Bastei die Spitzen der Behörden und die Honoratioren der Stadt Platz nehmen sollten und endlich entlang der beiden Ufer des Flusses eine gewaltige Volksmenge Aufstellung nehmen konnte.

Berblinger selbst war sich des Ernsts der kommenden Ereignisse wohl bewußt. Er arbeitete mit unermüdlichem Eifer und mit der größten Sorgfalt an der Herstellung seiner neuesten Flügel, die weit schwieriger zu bauen waren als alle früheren, weil sie auf ein Drittel der Länge aus einzelnen federartigen Blättern bestanden, zwischen denen eine schmale Spalte der Luft freien Durchzug nach oben gestattete. Er suchte dies zu erzielen, indem er das kräftige Hauptgestell gegen die Spitzen der Flügel hin mit einem durchlöcherten Strohgeflecht überzog, auf welches die die Federn darstellenden Blätter angenäht wurden. Zu seinen übrigen Künsten war nun auch das Strohflechten gekommen. Hierin zeigte sich der Lehrjunge Fränzle besonders geschickt, der mit brennenderem Eifer bei der Sache war als sein Meister. Auch die Befestigung der Flügel am Leib des Fliegenden hatte verschiedene Verbesserungen erfahren, so daß die Bewegung der Beine, ähnlich wie beim Schwimmen, das Auf- und Niederschlagen der Flügel unterstützen konnte und so die ganze Kraft des menschlichen Körpers für den Flug zur Verwendung kam.

Drei Tage vor Ankunft des Königs war die Arbeit beendet, und was irgend zu ersinnen war, diese Art von Flügeln tadellos herzustellen, ausgeführt. Nun mußte sich zeigen, ob die Wirkung des Apparats den Erwartungen entsprechen konnte. Einen Vorversuch zu machen war unmöglich, da ein solcher nur von dem noch im Bau begriffenen Gerüst aus unternommen werden konnte. Aber es mußte ja gelingen! In sinkender Nacht, um einen Auflauf zu vermeiden, brachte man die Flügel nach dem Rathaus, wo sie in einer Kammer im Erdgeschoß, zwischen Feuereimern, Leitern und Spritzen aufgestellt von hundert hoffnungsfrohen Besuchern angestaunt wurden. Schwarzmann kam täglich mehrmals, umgeben von ganzen Gesellschaften, denen er die Theorie und die Wirkungsweise der Erfindung seines Neffen erklärte. Eine ganz besondere Wißbegier schien auch seinen Sohn Hans plötzlich zu beleben. Er fand sich jeden Abend ein und blieb, bis das Spritzenhaus für die Nacht geschlossen wurde, indem er die einzelnen Teile und ihre Befestigung betrachtete und die Größe und das Gewicht des Ganzen festzustellen suchte. Manchem fiel er hierbei auf, weil sein sonst lautes, überlustiges Wesen sich in das Gegenteil umgewandelt zu haben schien und er bleich und sichtlich magerer geworden war. »Ein Schiffer«, erklärte er unwirsch, wenn ihn jemand zur Rede stellte, »sollte auch etwas vom Luftschiffen verstehen.«

Neben diesen den ganzen Mann erfordernden Arbeiten hatte aber Berblinger noch eine andre Beschäftigung, die ebenfalls wohl imstande war, eine Menschenkraft zu verzehren. Es verging jetzt kein Tag, an dem er nicht in Baldingers Haus einen kurzen oder längeren Besuch machte. Lucinde wollte wissen, was jeder Tag Neues brachte, begann in ihrem Eifer ihm Ratschläge zu geben und darüber nachzudenken, wie Federn zu fabrizieren seien oder das Gewicht der Flügel vermindert werden könnte. Wenn er dann seine eignen Ideen erklärte, sah sie still und staunend in sein hübsches Gesicht. Es hatte in den letzten Zeiten den Ausdruck einer männlichen Entschlossenheit angenommen, die ihm nicht übel stand.

Hatte sie den Mann gefunden, an dem sie hinaufsehen konnte?

Aber noch immer lachte Vetter George, so daß sie gelegentlich mit dem Fuß stampfte. Er wollte nicht eifersüchtig werden. Das war bei Hans anders und amüsanter.

Berblinger war jetzt einfach und ehrlich verliebt bis über die Ohren. Ob der Zustand tragisch oder komisch genommen wird, seine Wirkung ist dieselbe: entweder macht er den Mann unfähig zu irgendeiner vernünftigen Handlung oder er bewirkt eine Steigerung seines Wollens und manchmal selbst seines Könnens, die staunenerregend ist. In dieser Richtung beeinflußte Lucinde den ergebensten ihrer Anbeter. Es war ihm jetzt völlig klar, nach was er strebte, und es fehlte ihm nicht an Mut. Er erinnerte sich daran, daß er vor seiner Schneiderzeit nach Geburt und Erziehung zu etwas Besserem bestimmt gewesen war. Wenn sein jetziges Werk gelänge, das sagte ihm nicht nur ihr Blick bei jedem Wiedersehen, ihr Händedruck bei jedem Abschied, das sagte ihm auch der Rest des Menschenverstandes, der ihm geblieben war, wenn ihm mit dem Gelingen seiner Erfindung Reichtum und Lebensstellung sicher waren, dann konnte er alles hoffen, alles verlangen.

Der 29. Mai kam und mit ihm der jetzt heißersehnte Besuch des Königs. Das Kanonieren und das Glockengeläute, welche die Begrüßungsanreden begleiteten, der Flaggenschmuck der Stadt, die freiwillige Illumination und die Beleuchtung des Münsters, am andern Morgen die Besichtigung der geschleiften Festungswerke und andrer Sehenswürdigkeiten – all das verlief zur vollsten Zufriedenheit Seiner Majestät und seines zahlreichen Gefolges von Prinzen und hohen Würdenträgern unter dem nicht endenden, auf drei Tage wohlverteilten Jubel seiner neuen Landeskinder. Besonders ergreifend, wenn auch etwas abgekürzt, war die Dankesfeier im neuen Friedrichshain, wo inmitten der sechs Vestalinnen Professor Schwätzler als eine Art Apollo im Kreis der Musen – obgleich drei fehlten – vor dem als Jupiter gedachten König sein zweites Festgedicht selbst vortrug. Das erste hatte die Liedertafel schon tags zuvor am Stuttgarter Tor verbraucht. Es ging nach der Melodie des schon damals berühmten württembergischen Festgesangs:

> Hängt ihn auf, hängt ihn auf,
> Hängt ihn auf an Stuttgarts Toren,
> Euern schönsten Freudenkranz!

Hinter den Kulissen dieser schönen Feier spielte sich allerdings seit dem Morgen des zweiten Tags eine kleine Störung ab, die kaum ganz zu verbergen war. In aller Frühe hatte ein Depeschenreiter aus Stuttgart die Stadt erreicht, und kurze Zeit darauf sprach man in allen Straßen davon, daß die Abreise des Königs infolge eines ernsten politischen Zwischenfalls schon in der kommenden Nacht erfolgen müsse. Es werde somit der dritte Festtag eigentlich überflüssig, obgleich die Prinzen und der größere Teil des Gefolges hierbleiben sollten, um das Programm auch dieses Tages möglichst zur Geltung zu bringen. Eine halbe Stunde lang war Schwarzmann, der Hauptfestordner, in Verzweiflung. Der Bürgermeister, den er nur auf einen Augenblick sehen konnte und bei dem die gleiche Geistesverfassung seit mehreren Tagen chronisch geworden war, sagte stöhnend: »Machen Sie ins Kuckucks Namen, was Sie wollen; ich kann nicht mehr!« und eilte, sich den Angstschweiß – es war erst neun Uhr morgens und ein schöner kühler Tag – von der Stirn wischend, dem König nach, der trotz seiner achtunggebietenden Beleibtheit rasch die Treppe im Schwörhaus hinaufstieg.

So machte Schwarzmann, was er wollte. In zehn Minuten war das Programm für den Tag abgeändert und die nötigen Weisungen nach allen Seiten ausgesandt. Die

Nachmittagsfeier im Friedrichshain mußte um elf Uhr beginnen, Professor Schwätzler zehn Verse seines Festgedichts fallen lassen, die vom Liederkranz neu einstudierten Chöre aus der Zauberflöte *prestissimo* gesungen werden. Das Gabelfrühstück im Festzelt auf dem Kienlesberg, wo Napoleon an einem denkwürdigen Tag gestanden hatte, fiel weg. Das Festmahl im Rathaus, das um fünf Uhr hätte beginnen sollen, wurde auf ein Uhr verlegt. Nach dem Mahl durfte Majestät nur eine, statt anderthalb Stunden der Ruhe pflegen. Dann konnte man auf die Adlerbastei ziehen und Berblinger seine Triumphe feiern sehen. So ging's!

Wir überlassen einem gewissenhafteren Chronikschreiber, zu erzählen, wie all das auf unerwartet glückliche Weise ineinandergriff und sogar die Bevölkerung der Stadt, die ihre Aufmerksamkeit zwischen dem König und dem einstigen Schneidermeister in der Herrenkellergasse teilen mußte, rechtzeitig erfuhr, daß um fünf Uhr nachmittags an den Ufern der Donau ein die Welt bewegendes Ereignis stattfinden werde. Alles strömte zum Herbel- oder Gänsetor hinaus und suchte möglichst günstige Standorte, um sowohl den neuen Landesherrn als auch den großen Erfinder sehen zu können. Leider mußte der geplante Festzug vom Rathaus nach der Bastei unterbleiben, weil im Gouvernementsgebäude Seine Majestät von vier bis fünf Uhr der Ruhe pflegen wollte, die durch Musik und Paukenschlagen und das zu erwartende allgemeine Getümmel gestört worden wäre. Die Flügel wurden deshalb in aller Stille, nur geleitet von einem Dutzend Gassenjungen, an Ort und Stelle gebracht und unter Aufsicht des Stadtbaumeisters vorsichtig auf den Holzturm hinaufgewunden. Berblinger selbst sollte sich im benachbarten städtischen Hospital fluggemäß ankleiden, auf ein mit der Trompete zu gebendes Zeichen durch ein

Seitenpförtchen hervortreten und, nachdem er dem König vorgestellt worden war, den Turm besteigen, wo ihn zwei wegen ihrer Intelligenz dafür bestimmte städtische Beamte, einer der Hilfsturmwächter, der andre ein Stadtsoldat, dessen Schwindelfreiheit zuvor amtlich geprüft worden war, erwarteten, um ihm beim Anlegen der Flügel behilflich zu sein. Schon eine Stunde vor der bestimmten Zeit füllten sich die Gelände entlang dem Fluß auf beiden Seiten mit Schaulustigen, doch nicht so sehr, als erwartet werden konnte, da die Nachricht von der Änderung des Festprogramms doch nur in der Stadt bekannt geworden war. Nach einer weiteren halben Stunde erschienen im Königszelt und in dem abgesperrten Raum am Fuß des Turmes einzelne Herren, die Spitzen der Behörden, höhere Offiziere, der Bürgermeister und die Herren vom Magistrat und Ratskollegium, unter ihnen alle überragend der Rat Schwarzmann, im Vollgefühl der Tatsache, daß alles, was man hier sah, sein Werk war, und daß dies durch den Staatsrat von Baldinger dem König mitgeteilt worden sei. Auch an Damen fehlte es nicht, und Lucindes reizende Schönheit fand wie gewöhnlich auch heute die gebührende Beachtung, so daß sie bald der Mittelpunkt eines Kreises von jungen Herren und Offizieren war, die sie scherzend und plaudernd umstanden, denen sie heute jedoch zerstreut und fast unhöflich antwortete. Eine sichtbare Spannung lag auf allen, die dem kommenden Ereignis näherstanden. In ganz auffallender Weise war dies bei Hans der Fall, der sich im Hintergrund hielt, aber bleich und verstört die Augen nicht von Fräulein von Baldinger abwandte.

Jetzt schlug es auf der nahen Dreifaltigkeitskirche fünf Uhr. Mit dem letzten Glockenschlag erhob sich in der Richtung des Gouvernementsgebäude ein brausendes Geschrei, das sich zu nähern schien. Das hundertstimmige »Vivat, es lebe der König! Hurra – hoch!« war jetzt deutlich zu verstehen. Die Damen und Herren im Königszelt begannen sich zu ordnen.

Und jetzt kamen zwei Heiducken mit langen Stäben um die Hospitalecke und wenige Schritte hinter ihnen der König in der Uniform seiner Grenadiere; zu Fuß, raschen Schrittes dem Zelt zuschreitend, hinter ihm ein glänzendes Gefolge: der Kronprinz Wilhelm, die Brüder des Königs, Herzog Wilhelm und Herzog Heinrich von Württemberg, der Gouverneur der Stadt, ein halbes Dutzend Generale und Adjutanten, und sehr bescheiden in dieser goldstrotzenden Gesellschaft, Herr von Schad, der Bürgermeister.

Der König war in den Jahren, in denen ihn die Fettleibigkeit noch nicht übermannt hatte, eine imposante, wirklich königliche Erscheinung, ein kluger, heller Kopf, blitzende Augen in einem einnehmenden Gesicht, wenn er wie heute guter Laune zu sein geruhte. Doch sah man in seinem Mienenspiel und jeder Bewegung, daß dieser Mann gewohnt war, zu befehlen, und darauf rechnete, daß man ohne Zucken gehorchte. Das drückte sich auch in seiner Umgebung aus. Selbst sein Sohn Wilhelm schien die Last der väterlichen Autorität zu fühlen und gefiel sich darin, der letzte im Gefolge zu sein und mit einem untergeordneten Offizier gelegentlich ein Wort zu wechseln.

Die hohe Gesellschaft trat unter das Zelt, wo sich alle Anwesenden tief verbeugten. Schwarzmann, der dem König schon gestern vorgestellt worden war, schien noch immer nicht in seiner ganzen Bedeutung erkannt zu werden. Für diesen und jenen hatte die Majestät einige huldvolle Worte, zu ihm sagte er trocken:

»Es freut mich, zu sehen, daß die Sympathien für meinen liebwerten Nachbarn in Bayern einer etwas ruhigeren Überlegung Platz gemacht haben.«

War das der Dank für all die Arbeit in den letzten Wochen? Aber die Majestät war schon an ihm vorüber und wandte sich lächelnd an Lucinde, die neben ihrem Vater stand und von diesem vorgestellt wurde.

»Das ist nett, daß die Ulmer mir auch ihre Maiglöckchen zeigen«, sagte der König. »Ich hatte kaum gehofft, hier oben, hinter der Rauhen Alb, dergleichen schon zu finden.«

Lucinde wurde purpurrot vor Vergnügen. Der König von Württemberg verstand noch besser als ein Erzherzog von Österreich, was hübsch war.

»Und Sie wollen auch fliegen lernen, Mademoiselle?« setzte er lachend hinzu.

»Nein, Königliche Majestät! Ich wollte mich nur mit Eurer Majestät freuen, daß ein Ulmer fliegt«, sagte sie ziemlich keck, fühlte aber im nächsten Augenblick, als die blitzenden Augen des gewaltigen Königs auf ihr ruhten, daß sie unangenehm klein war. Es wirbelte ihr im Kopf, so daß sie sich später nicht mehr erinnern konnte, was der König geantwortet und was sie hierauf gesagt habe. Jedenfalls dauerte es nicht lange; ein Trompetenstoß machte dem Gespräch ein Ende, und dort kam schon Berblinger, fast wie der König, mit einem kleinen Gefolge von fünf, sechs Herren. Es war Knöppel, Glöcklen, der junge Baldinger und einige Herren vom Ratskollegium; alle in festliches Schwarz gekleidet. Er selbst hatte einen phantastischen, selbsterfundenen Anzug angelegt, der nicht unpraktisch sein mochte; ärgerlich war nur, daß er in demselben mehr einem Seiltänzer als einem ehrbaren Bürger von Ulm glich. Doch schritt er ohne Zagen auf das Zelt zu und verneigte sich vor dem König.

»Wie heißt Er?« fragte dieser, ohne zu lächeln.

»Albrecht Berblinger, Majestät.«

»Und Er will Vögel aus Menschen machen?« war die nächste Frage.

»Ich möchte zeigen, daß die Menschen nicht ungeschickter sind als Vögel, Majestät«, versetzte Berblinger entschlossen.

Er fühlte die auf ihn gerichteten Augen Lucindes lebhafter als die des Königs, und sie hatten auch heute den Einfluß, den er in diesem Augenblick erst in die Worte zu fassen wußte, die ihm durch den Kopf schossen: »Alles oder nichts!«

»Wenn Er das fertig brächte«, sagte der König jetzt lachend, »wollt' ich Ihn zum Geheimen Hofrat ernennen. Aber sehen muß ich vorher, was Er selbst kann. Ist Er Württemberger?«

»Mein Vater war's.«

»So, so! Da hat Er wohl etwas schwäbischen Witz geerbt. Fliegt viel im Nebel herum. Soldat gewesen?«

»Nein, Majestät!«

»Das wäre vielleicht gescheiter als fliegen. Na, was nicht ist, kann noch werden. Jetzt zeig Er den Ulmern einmal, wie's die Spatzen machen.«

Der König gab mit einer Handbewegung zu verstehen, daß die Unterredung zu Ende sei.

»Mut!« sagte Lucinde leise, als er an ihr vorüberging und fast ihr Kleid streifte.

»Alles für dich!« entgegnete er leiser, aber doch so, daß sie es hören konnte. Sie errötete. Es war doch eine Überraschung, daß er du gesagt hatte. Er selbst fühlte es kaum, denn die Gefahr, der er entgegenging, die Entscheidung, welche die nächsten Minuten bringen mußten, die ganze, völlig ungewohnte Lage, in der er sich befand, hatten ihn aus sich selbst herausgehoben; er wußte für diesen Augenblick nicht mehr, was er tat und was er sagte. Erst als er an den Fuß der Leiter kam, die auf das Gerüst führte, hatte er sich wieder soweit gefaßt, um zu begreifen, daß er jetzt nur noch an eines denken durfte: sein Wort mit Ehren einzulösen. Er wurde ruhiger, während er die Leiter emporstieg. Als er die kleine Plattform betrat, wo ihm der Hilfsturmwächter und der Stadtsoldat die Hand reichten, brach die Menge entlang den Ufern in lautes Freudengeschrei aus.

Wäre er nicht an den Ausblick vom Münsterturm gewöhnt gewesen, so hätte ihn die Höhe schwindlig machen können, auf der er stand. Die Plattform war ohne jedes Geländer, nur die beiden mächtigen Flügel, die rechts und links an einem Pfosten aufgehängt waren, bildeten eine Art scheinbarer Schutzwehr. Senkrecht unter ihm, in der Tiefe von zwölf Klaftern, rauschte, den Fuß der Bastei bespülend, die Donau, rechts und links sah er über die Gipfel von Bäumen weg, die noch nicht lange gepflanzt worden waren, vor ihm, am jenseitigen Flußufer und über die dichtgedrängte Volksmenge hinweg, lag die offene, freie Ebene des neuen Bayerlandes, das er erreichen mußte, wenn nicht alles verloren sein sollte.

Vorwärts also!

Die beiden Hilfsarbeiter warteten auf die Weisung, ihm beim Anlegen der Flügel behilflich zu sein. Er schien ihnen unnötig lang zu zaudern; hinter seinem Rücken winkten sie sich mit einem halb mitleidigen, halb spöttischen Lächeln zu. Jetzt warf er einen prüfenden Blick auf den rechts hängenden Flügel, und plötzlich trat alles Blut aus seinem Gesicht. Er wankte, trat zurück und wäre sicher vom Gerüst gestürzt, wenn ihn nicht einer der Männer gehalten hätte.

»Was ist's?« fragte der Soldat, selbst erschrocken, »was haben Sie?«

Berblinger deutete sprachlos auf das Riemenzeug des Flügels. Der Mann verstand nicht, was er wollte.

»Zerschnitten!« stöhnte er jetzt fast tonlos. »Herrgottsackerment!« schrie der Mann, der jetzt ebenfalls sah, was geschehen war.

»Wer hat mir das getan? Wer hat mir das getan?« wimmerte Berblinger.

»Ein Sauhund! der größte Spitzbube von Ulm! Donnerwetter! Donnerwetter!« schrie der Stadtsoldat in ehrlicher Entrüstung. »Wenn wir den erwischen – Gott gnad' seinen Knochen!«

Berblinger war nicht ohne Geistesgegenwart. Der erste Schrecken war vorüber. Jetzt galt es, dem entsetzlichen Geschick die Stirne zu bieten. Zu machen war für den Augenblick nichts; die Versuche mußten aufgegeben werden.

Er kletterte die Leiter hinunter. Noch war die Volksmenge, die nicht begriff, was vorging, ruhig. Als er aber festen Boden berührte, brach ein häßliches, wildes Gejohl und Gelächter los.

Sie vermuteten ganz richtig, daß Berblinger nicht fliegen konnte oder wollte. Auch im Königszelt war alles in Bewegung. Der König hatte eine tiefe senkrechte Falte auf der Stirne; seine Augen funkelten. Lucinde war todesblaß und blickte wie geistesabwesend über den Fluß weg, als ob sie auf das Geschrei der Leute horchte. Schwarzmann kam Berblinger entgegen, zitternd vor Wut und Schrecken.

»Was ist's?« zischte er ihm entgegen. »Was willst du hier unten?« Der Rat war blaurot im Gesicht, sichtlich einem Schlaganfall nahe.

»Ich kann nichts machen«, sagte Berblinger leis. »Die Tragriemen sind zerschnitten.«

»Wer?« schrie Schwarzmann.

»Gott weiß! Der größte Schuft unter der Sonne – der Teufel!« brach jetzt auch Berblinger los.

»Komm!« knirschte der Rat, packte ihn am Arm und führte ihn wie einen gefangenen Verbrecher geradeswegs vor den König. Hatte diesen die klägliche Gestalt des ehemaligen Schneiders gerührt oder wollte er den Ulmern nicht zeigen, wie ein König in seinem Zorn wüten kann: Er lachte laut, und das ganze Gefolge lachte, wie es seine Pflicht war, etwas leiser mit.

»Na, warum fliegt Er nicht?« rief er, »nicht genug Luft dort oben, he?«

»Majestät«, antwortete Berblinger, über den jetzt die Ruhe der Verzweiflung gekommen war; »ein Bösewicht hat die Flügel zerschnitten. Mit zerschnittenen Flügeln bin ich wie ein angeschossener Adler.«

Der König brach wieder in ein schallendes Gelächter aus.

»Er sieht aus wie ein Adler, wahrhaftig! Er sieht nicht einmal aus, als ob Er seinen Hokuspokus mit mir hätte treiben wollen. Ich will's ihm glauben. Aber laß Er sich's nicht wieder einfallen, mir ein X für ein U vorzumachen, sonst setzt's was! Wann kann Er fliegen?«

»Morgen, Majestät!« sagte Berblinger entschlossen.

»Gut! Das soll sich mein Bruder, der Herzog Heinrich, ansehen und mir berichten. Schlaf Er jetzt aus und laß Er sich die Flügel hübsch wachsen; sonst – Bombenbataillon – sonst setzt's was!«

Der König drehte sich um, verließ raschen Schritts das Zelt und trat den Rückweg nach dem Gouvernementsgebäude an, da und dort von einem vereinzelten Vivat der verwirrten Menge begrüßt, hinter ihm her das gesamte Gefolge, im Trab aber in derselben Ordnung, in der es gekommen war. Niemand hatte Schwarzmanns tiefe Bücklinge beachtet.

Dieser richtete sich auf und sah Berblinger an, der mit gesenktem Kopf vor Lucinde stand, die ihn ihrerseits mit funkelnden Augen und zitternden Lippen betrachtete. Man sah ihr an, sie wußte nicht, sollte sie lachen oder weinen.

»Was«, schrie der Rat endlich, »was in drei Teufels Namen ist passiert?«

Berblinger erklärte in wenigen Worten, denen man den wachsenden Zorn anhörte, daß er den Hauptteil der Befestigungsbänder zerschnitten gefunden habe.

»Das soll untersucht werden!« rief Schwarzmann, trostlos umherblickend, »der Kerl muß hängen, der das getan hat. Aber was jetzt?«

»Ganz einfach!« sagte der junge Baldinger, der einzige, der während des Vorgangs die Ruhe nicht verloren hatte.

»Wenn der Schaden bis morgen repariert werden kann, so fliegt Berblinger morgen. Rom ist nicht an einem Tag erbaut worden, und Erfindungen, die die Welt bewegen, hängen nicht an vierundzwanzig Stunden. Wollen Sie morgen fliegen?«

»So wahr mir Gott helfe!« sagte Berblinger, die Augen fest auf Lucinde gerichtet. Was ging ihn der König an? Hier stand seine Königin.

Sie lächelte wieder, ihr liebliches Lächeln, und gab ihm die Hand.

33
Im Flug

Nicht ehe er das Erdgeschoß des benachbarten städtischen Spitals erreicht hatte, in der kleinen Kammer, die ihm eingeräumt worden war, um sich für den Flugversuch anzukleiden, kam Berblinger wieder ganz zu sich selbst. Noch konnte er das Geschrei und Getümmel der abziehenden Volksmenge hören; äußerlich wenigstens war er geborgen, und langsam fühlte er auch die Widerstandskraft zurückkehren, die ihn seit Monaten aufrechterhalten hatte. Es war eine furchtbare Niederlage, welche ihn in der unvorhergesehensten Weise überwältigte, aber nicht das Ende des Kampfes; der konnte in vierundzwanzig Stunden erneuert werden. Länger, das fühlte er schon jetzt, brauchte er nicht, um seine Kräfte wieder zu sammeln und aufs neue das Schicksal herauszufordern. Es hatte ihn schlecht, ungerecht behandelt; dafür war ein Trotz über ihn gekommen, der wie Kraft aussah.

Draußen lachten und johlten sie noch immer: »Haut den Schneider!« – »Wo ist der Schneider?« ›Laß sie schreien, Berblinger‹, sagte er zu sich selbst, die bunten Kleider abwerfend, ›wer zuletzt lacht, lacht am besten‹.

George Baldinger hatte ihn aufgefordert, nach der Frauenstraße zu kommen, sobald er sich umgekleidet hatte. Das wollte er jetzt tun. Es mochte wohl eine Stunde dauern, ehe der zerschnittene Apparat nach dem Rathaus gebracht werden und er mit der Wiederherstellung beginnen konnte. Wie ließe sich diese Zwischenzeit besser verwerten? Lucinde sollte ihn richten, niemand sonst. Er wußte, daß sie ihm helfen würde, sein unverschuldetes Unglück zu tragen.

Er rollte den Versuchsanzug in ein Bündel, das er in einer Ecke der Kammer verbarg. Morgen hatte er ihn ja wieder nötig. Draußen verlor sich das Schreien mehr und mehr. Es war grabesstill in dem klösterlichen Bau, in welchem man nur das Stöhnen von Kranken und Sterbenden zu hören gewohnt war. Fort!

In der düsteren, engen Flur, die zum Hauptausgang führte, begegnete er einer schwarz und weiß gekleideten Frauengestalt. Seine heutigen Erlebnisse hätten die Nerven eines stärkeren Mannes angreifen können; zu erschrecken brauchte er deshalb doch nicht, als er seinen Kindernamen leise rufen hörte:

»Brechtle!«

Es war die gute, tiefe, treuherzige Stimme, die er zum letztenmal auf der Brandstätte im Taubengäßchen gehört hatte. Warum erschrak er heute wieder wie damals? Hatte sie ihm aufgelauert? Er raffte sich zusammen.

»Gretle, bist du's?« fragte er nicht unfreundlich.

»Es ist mein Revier«, antwortete sie. »Ich habe ein Dutzend Kranke hier unten. Dich auch.«

»Sag nicht so. Ich bin gesund genug.«

»Wer weiß? Du warst am Sterben vor einer Stunde, so daß ich für dich beten mußte«, sagte sie leis und fast feierlich. »›Mitten wir im Leben sind von dem Tod umfangen.‹«

»Das sind alle Menschen, und jeder geht seinen Weg dem Ende zu.«

»Nicht alle so rasch, so selbstwillig, so leichtfertig. Tu's nicht, Brechtle! Du bist zu Besserem auf der Welt.«

»Das verstehst du nicht«, versetzte er ungeduldig. »Was ich tue, ist das Beste, was ich tun kann. Mach mir's nicht schwerer; leicht ist es nicht.«

»Tu's nicht, ich bitte dich drum!« sagte sie dringender. »Ich weiß, du wirst es nie vollbringen. Gott hat den Menschen ein Ziel gesetzt. Frag den Pestilenziarius.«

»Dem – ja!« lachte Berblinger gezwungen. – Sie waren sich nahe genug gewesen, Herz an Herz. Wie weit waren sie jetzt auseinander!

»Tu's nicht!« wiederholte sie. »Seit drei Nächten träumt mir, du seist ins Wasser gegangen, und niemand in der ganzen Stadt wisse, warum. Du weißt, wie ich die Donau fürchte, und du weißt, warum. Das halt' ich nicht aus.«

»Wenn es so kommt, müssen wir's kommen lassen«, versetzte er ernst. »Es treibt mich etwas im Innern, dem ich nicht widerstehen kann, und ich weiß, es ist nichts Schlechtes. Es treibt alle Menschen, die höher hinauf wollen, seit wir aus dem Paradies mußten.«

»Du versündigst dich!« rief Gretle fast heftig. »Wenn wir das Paradies suchen, müssen wir zurück, nicht vorwärts, hinunter, demütig hinunter, nicht hinauf. Tu's nicht! Ich kann's nicht ertragen, dich so zugrund gehen zu sehen.«

Sie faßte seine beiden Hände und begann zu weinen.

»Ich muß; ich hab' geschworen!« sagte er zornig; gegen dieses leise Weinen wußte er sich nicht anders zu wehren.

»So geht!« sagte auch sie heftig. »Mehr kann ich nicht tun, als leiden – leiden –«

Er ging an ihr vorüber, hastig, als ob er fliehen müßte. Noch unter der Türe hörte er, daß sie schluchzte.

»Will sie, daß ich einen Eid breche?« fragte er wütend und flog die Steingasse hinauf.

In Baldingers Wohnzimmer fand er den Staatsrat und George, in einer Fensternische plaudernd.

»Na, Brechtle«, rief ihm der alte Herr entgegen, »lebst du noch? Das war kein Spaß für uns alle!«

»Eins muß man dem König lassen«, sagte der Doktor, »er ist ein vernünftiger Herr und nahm den Reinfall an der Donau ruhiger als die Ulmer.«

»Kein Tag für schlechte Witze, George«, mahnte der Staatsrat. »Dem Berblinger müssen wir vor allen Dingen auf die Beine helfen, daß er wieder flügg wird. Hol eine Flasche Burgunder; das wird uns allen guttun. Aber wer ins Kuckucks Namen hat uns diesen Streich gespielt?«

»Ich habe meinen Verdacht«, sagte der Doktor im Hinausgehen, um nach dem Wein zu sehen. »Hinter allen kleineren Verbrechen steckt etwas Liebe!«

»Unmöglich!« rief Herr von Baldinger, als ob er den Neffen vollständig verstanden hätte, und fuhr dann fort, sich zu Berblinger wendend:

»Er hätte seinen eignen Vater einem Schlaganfall ausgesetzt. Ich fürchtete, du würdest deinen Onkel nicht mehr lebendig sehen, als du anfingst, an der Leiter herunterzuklettern. Aber mach dir jetzt keine Gedanken über das, was überstanden ist. Wie kommen wir weiter – das ist jetzt die Frage.«

Berblinger erklärte, was geplant werde: Sein Onkel sei noch lebendig genug und entschlossen, die Scharte auszuwetzen. Der Herzog Heinrich habe versprochen, morgen auf dem Platz zu sein. Die Flügel seien auf dem Weg nach dem Rathaus. Dort werde er in einer Stunde mit ihrer Wiederherstellung beginnen, so daß bis morgen nachmittag alles in bester Ordnung sein könne.

»Gott geb's!« sagte der Staatsrat inbrünstig. »Die Blamage können wir nicht auf uns sitzen lassen, das siehst du wohl auch ein.«

In diesem Augenblick trat Lucinde ins Zimmer. Sie hatte einen altertümlichen Präsentierteller in der Hand, auf dem vier silberne Becher standen. Hinter ihr kam George, der vorsichtig eine bestaubte Flasche trug.

»Die Sache macht sich«, fragte Herr von Baldinger munter. »Unser Preisvogel ist nicht halb so zerfallen, als ich fürchtete, und unser Gänschen kann seine Tränen trocknen. Siehst du, Schneider, was du angestellt hast!«

Er faßte Lucinde am Kinn, drückte den niedlichen Kopf nach oben und küßte sie auf die Stirne. Staunend sah Berblinger, daß sie rotgeweinte Augen hatte und ein ungewohnter bitterer Zug um ihren Mund spielte. Jetzt erst nickte sie ihm zu und lächelte.

»Wir können's nicht wegdisputieren«, fuhr der Staatsrat fort; »es bleibt ein unglückseliger Zwischenfall, den einige, die auf den König rechneten, kaum verwinden werden, Berblinger. Dein Onkel zum Beispiel, der für den Glanz der Familie sorgt. Wir andern sind jünger und vernünftiger und können's tragen; du besonders, wenn es dich auch im ersten Augenblick nicht übel gepackt haben mag. Männer dürfen nicht vom Augenblick abhängen. Prosit!«

Sie stießen an. Lucinde sah bewundernd an ihrem Vater hinauf, und Berblinger fühlte mit jeder Minute mehr, wie wenig der Unfall zu bedeuten hatte.

»Ich verstehe nichts von euren Erfindungen«, begann der alte Herr wieder, »aber ich habe mir sagen lassen, daß sie wie Kinder sind und keine ohne Schmerzen zur Welt komme. Je größer die Schmerzen, um so kräftiger der Junge. So könnt' ich dir fast gratulieren, Brechtle. Du siehst, man muß die Dinge nur in das richtige Licht stellen, um ihre wahre Farbe zu sehen. Prosit noch einmal! Leere das Fläschchen in aller Ruhe. Wir, George und ich, müssen gehen, um die Majestät zur Stadt hinauszukomplimentieren.« Er griff rasch nach Hut und Stock. Wenige Minuten später standen Lucinde und Berblinger allein im Zimmer.

»Ich hatte alles vom heutigen Tag gehofft«, sagte sie, sich abwendend.

»Ich auch«, versetzte Berblinger; »aber ich gebe nichts von meinen Hoffnungen auf.«

»Und alles ist noch zu tun«, meinte sie schmollend, »alles! Ich glaubte, Sie seien am Ziel.«

»Das Ziel ist höher, als wir vielleicht dachten«, sagte er. »Aber ich habe den Mut, es nicht aus den Augen zu lassen.«

»Sie wollen es noch einmal wagen, und wir könnten am Ende doch noch triumphieren!« sagte sie mit fliegendem Atem. »Sehen Sie, Herr Berblinger, einem Mann, der den Mut hätte, nach dem, was wir heute erlebt haben, noch einmal vor alle Welt zu treten und den Sprung von dem Turm herab zu wagen, weil er an seine Sache glaubt, dem Mann könnte ich – alles versprechen.«

»Aber können Sie zweifeln?« antwortete Berblinger mit klopfendem Herzen. »Ich habe jahrelang an dem Gedanken gehangen und war bereit, ihm alles zu opfern, und dachte dabei nur an die Menschheit. Glauben Sie, ich werde zaudern, seitdem ich weiß, für wen ich das letzte kleine Opfer bringen darf?«

»Sie sind ein Mann, Albrecht, Sie sind ein Mann!« rief Lucinde fast mit einem Aufschrei und flog an seinen Hals. Ihm wirbelte Himmel und Erde durcheinander; aber es war nur ein Augenblick. Das leidenschaftliche Mädchen hatte sich ebenso rasch wieder gefaßt und sagte halb abgewandt, fast weinend:

»Gehen Sie, bitte, gehen Sie! Wenn Ihnen morgen das Glück lacht, wie Sie heute das Unglück verfolgt hat, so will ich Ihnen den Preis nicht weigern. Das wissen Sie jetzt.«

Er ging. Niemand, der ihn gehen sah, hätte vermutet, dem unglücklichsten Menschen in Ulm begegnet zu sein, der sich vorsichtig nach dem Rathaus schleichen mußte, um nicht von Banden johlender Gassenjungen verhöhnt zu werden.

Während der mit sechs prächtigen Rappen bespannte Reisewagen des Königs vor dem Rathaus stand und die Majestät oben im Saal die Behörden der Stadt verabschiedete, während die Kanonen vom Michelsberg zu donnern begannen, schlüpfte Berblinger unbemerkt in die Spritzenkammer im Erdgeschoß des ehrwürdigen, wenn auch etwas reparaturbedürftigen Baues und fand dort Fränzle, den Lehrjungen, der zwischen den beiden Flügeln saß und heulte. Das Unglück seines Meisters war ihm derart zu Herzen gegangen, daß er sich noch nicht zu fassen vermochte. Auch hatte er keinen Burgunder bekommen, der ihn hätte trösten können.

»Dummer Bub!« sagte Berblinger, faßte ihn nicht unfreundlich am rechten Ohr und stellte ihn auf. »Heulen kannst du später. Lauf zum Gürtlermeister Kimmel in der Kammachergasse und sag ihm, er müsse ohne Verzug aufs Rathaus kommen. Aber flink! Und sorge für Lichter; heute nacht wird durchgearbeitet.«

Der Junge ging, indem er das nasse Gesicht mit dem Ärmel abwischte und halb beruhigt sein rotes Ohr rieb, während der Meister den rechten Flügel auf den Boden legte, um den angerichteten Schaden zu betrachten. Eine halbe Stunde später war er und Meister Kimmel lautlos und emsig beschäftigt, neues Lederzeug zuzuschneiden und Riemen aneinander zu passen. So wenig man auf den ersten Blick bemerken konnte, so gründlich und geschickt war das Zerstörungswerk ausgeführt worden. Drei Talgkerzen erhellten den düsteren, unbehaglichen Raum genügend für die Arbeit, die, wenn alles gut ging, vor Anbruch des Morgens zur Hälfte beendet sein konnte.

Ganz ungestört sollte die Nacht jedoch nicht verlaufen. Gegen zehn Uhr trat Schwarzmann ein, um nach seinem Neffen und dem Fortschritt der Arbeiten zu sehen. Er kam aus der Ofengabel, wo nach der Abfahrt des Königs, der die Stadt in bester Stimmung verlassen und auch ihn mit einigen ermunternden Worten ausgezeichnet hatte, die Ereignisse des Tages besprochen worden waren. Der Herr Onkel war sichtlich völlig beruhigt und betrachtete jetzt den ganzen Vorfall als ein zwar unangenehmes, aber wenig bedeutendes Zwischenspiel. Der große Tag war ja schon ursprünglich für morgen geplant und die Änderung des Programms kaum bekannt geworden, so daß noch bis spät in den Abend Freunde eintrafen, die das Fliegen sehen wollten und die Gasthöfe überfüllten. Auch spreche man in der Henne, im Bäumle und allen besseren Weinwirtschaften – von den Bierstuben wolle er gar nichts sagen – nicht von dem heutigen Malheur, sondern von dem morgen bevorstehenden Gelingen der Versuche. Der Herzog Heinrich habe das höchste Interesse an den Tag gelegt, und die ganze Honoratiorenwelt, die sich dem leutseligen Herzog gegenüber etwas weniger befangen fühlte als vor dem König, werde sicher wieder erscheinen, um an dem Triumph der Stadt teilzunehmen. Selbst Nusser, der boshafte Kerl, habe bemerkt, seitdem man sich das erstemal blamiert habe, glaube er an die Sache. Das sei bei allem Guten so; beim Schlechtesten gehe es umgekehrt. »Er mag recht haben!« schloß der Rat und setzte sich behaglich auf eine kleine Feuerspritze, um den schweigend arbeitenden Leuten zuzusehen.

»Das wird doch alles fertig bis morgen nachmittag, Brechtle. Ich habe mich dafür verbürgt«, sagte er nach einer Pause. Das Gewirr von Bändern, Riemen und Schnallen und das stille hastige Arbeiten machten ihn unruhig.

»Sie dürfen sich darauf verlassen, Onkel«, versetzte Berblinger, sich aufrichtend. »Es ist mir selbst zumut, als ob mein Leben daran hinge.«

»Na, so schlimm wird es nicht sein«, sagte Schwarzmann. »Aber Punkt vier Uhr mußt du fliegen; überall hab' ich das versprechen müssen. Um halb vier verläßt der Festzug das Rathaus. Die Stadtmusik ist bestellt, die Stadtreiter wollten voranziehen, aber man fürchtet, die Pferde könnten an den großen Flügeln scheu werden. Ich bin der Ansicht, daß vier Berittene genügen dürften, und der Wirt vom Goldenen Ochsen will dir sein Reitpferd leihen. Es ist ein ruhiges Tier, so daß du keine Sorge zu haben brauchst. Ich habe an alles gedacht. Du wirst sehen, morgen abend ist radikal vergessen, was heute passiert ist, und Prinz Heinrich hat versprochen, dem König nichts vorzuenthalten, was uns zur Ehre gereichen könnte. Ich bin ganz ruhig. Alles kommt jetzt nur darauf an, daß du mit den Malefizflügeln fertig wirst.«

Während dieser Worte war die Türe halb aufgegangen und ein weiterer Besucher lautlos hereingeschlüpft, der jetzt aus dem Dunkel hervortrat. Es war der Magister Krummacher. Er machte eine höfliche Verbeugung gegen den Herrn Rat, wandte sich dann aber ohne weiteres Berblinger.

»Ich hoffe zu Gott, Brechtle«, sagte er hastig, wie jemand, der eine unangenehme Botschaft los werden möchte, »daß du als Warnung ansiehst, was dir heute begegnet ist.«

Schwarzmann sah den Pestilenziarius mit großen Augen an; ein toller Verdacht war in ihm aufgestiegen. Der Magister schien den Blick zu verstehen.

»Nein!« sagte er, entrüstet auf die Flügel weisend, »ich habe das nicht getan. Ein größerer als wir alle, den König nicht ausgenommen, hat dich warnen wollen, Brechtle. Das treibt mich auch jetzt hierher. Du wirst nicht so vermessen sein, ihn noch einmal zu versuchen.«

»Was wollen Sie eigentlich, Herr Magister«, fiel Schwarzmann ärgerlich ein. »Sie sitzen zwar seit Jahrzehnten an meinem Tisch, deshalb brauchen Sie sich doch nicht in unsre Familienangelegenheiten zu mischen, und die Sache hier und der Albrecht – das ist meine Familiensache. Verstanden!«

Zum erstenmal seit einem halben Jahrhundert vergaß Krummacher seinen Respekt vor dem Herrn Rat und fuhr fort zu Berblinger zu sprechen:

»Die ganze Welt steht dir offen, in ehrsamer Weise deinen Weg zu finden, Brechtle! Warum kannst du, wie alle andern Leute, dich damit nicht zufrieden geben? Glaubst du, sie werden dir's danken, wenn du ihnen über den Kopf wegfliegst? Sie verhöhnen dich heute schon, weil du nichts zustande gebracht hast. Sie werden mit Steinen nach dir werfen, wenn dir's gelingt.«

»Ich verbitte mir das, Krummacher!« rief Schwarzmann grob. »Wenn Er nicht sieht, wo's mit der Welt hinauswill, mut Er nicht andern zu, den Maulwurf zu spielen. Überhaupt! Das ist das Jahrhundert des Fortschritts, hab' ich mir sagen lassen. Scher Er sich zum Teufel, wenn Ihm das nicht gefällt, und schreib Er's in seine alte Chronik. Die

Zukunft gehört Leuten wie meinem Neffen Berblinger und – und mir!«

»Laß die Zukunft für sich selber sorgen, Brechtle«, fuhr der Magister dringender fort, als ob er Schwarzmann nicht gehört hätte. »Ich habe Vaterstelle an dir vertreten, seitdem du ein kleiner Abc-Schütz warst und laß mich nicht über Nacht verdrängen. Glaub wenigstens deinem Freund, dem Türmer, der dir heute geschrieben hat.«

»Der alte Hexenmeister!« rief der Rat grimmig. »Der Schwindel ist ausgespielt, und jetzt hab ich's satt. Laß Er den Berblinger in Ruh. Der Junge hat genug zu tun, auch ohne Ihn! Ich auch. Und Er würde mir einen großen Gefallen tun, wenn Er zu Bett ginge, 's ist Zeit für alte Leute.«

Aber heute war alles aus Rand und Band. Der Pestilenziarius wandte sich jetzt gegen Schwarzmann.

»Ich gehe zu Bett, wenn ich nichts mehr zu tun habe, aber hier braucht man mich noch, um auch Euch einmal die Wahrheit zu sagen, Herr Rat: Ihr habt das Geld gestohlen, das Brechtles Mutter gehörte, Ihr habt ihn zum Schneider gemacht und gebt Euch alle Mühe, ihn in den Tod zu treiben, um Euch mit fremden Federn herauszuputzen, und der dumme Bub merkt's nicht. Das wollte ich ihm sagen, und will's durch die ganze Stadt schreien, eh' ich zu Bett geh.«

Der Rat war aufgesprungen und suchte stammelnd nach Worten und nach seinem Stock, der hinter der Feuerspritze auf dem Boden lag. Man war zu jener Zeit mit Tätlichkeiten rascher bei der Hand als heutzutag, und der Pestilenziarius hatte sich bereits mit einem Feuereimer als Schutzwaffe bewehrt. Aber auch Berblinger richtete sich jetzt auf.

»Lassen Sie mich in Ruh, Herr Krummacher«, sagte er bittend. »Was geschieht, muß geschehen. Bei Gott, es ist nicht der Rat, der mich treibt, und wenn's schlimm geht – mein Vater wäre an seinem Perpetuum mobile zugrunde gegangen, wenn ihn nicht ein Franzose erschossen hätte.

Ich bin nicht besser als meine Väter, und vielleicht kommt die Zeit, daß auch Sie noch sagen werden, der Brechtle, der dumme Bub, hat uns alle um einen Schritt vorwärts gebracht. Daraufhin wag' ich's. Was macht's – ein lumpig Schneiderlein mehr oder weniger auf der Welt?«

»'raus! 'naus!« schrie Schwarzmann, dem der elegische Ton nicht gefiel. »Er soll in seinem Münsterhäuschen weiterheulen, nicht hier! 'naus!«

Aber der Magister hatte den Rückzug bereits angetreten. Zum erstenmal seit Jahrzehnten war ihm die Galle übergelaufen. Beim Nachhausegehen merkte er mit Verwunderung, welche Wohltat dies war, obgleich er das Schlachtfeld nicht zu behaupten vermocht hatte. Erst als er sich niederlegte, kam es wie ein großer Jammer über ihn, daß er seinen Brechtle nicht hatte retten können, und er bat Gott mit aller Inbrunst, er möge ein Einsehen haben und den Jungen nicht in diesem Teufelswerk untergehen lassen. Daß er seine letzte Hoffnung auf Lombard, den alten Heiden, setzte, sagte er seinem Herrgott nicht.

Auch Schwarzmann verließ die unbehagliche Werkstätte, nachdem er den Zurückbleibenden mit wichtiger Miene eine gute Nacht und gute Verrichtung gewünscht hatte. Fast ohne ein Wort zu wechseln, arbeiteten sie weiter: Berblinger jetzt in fieberhaftem Eifer, der Gürtlergeselle, der anstatt des Meisters gekommen war, grämlich und verschlafen, Fränzle kaum noch imstande, die Augen offen zu halten, entschlossen, eher tot umzufallen, als seinen Meister im Stich zu lassen. Ringsum herrschte tiefe Stille. Nur von Zeit zu Zeit hörte man draußen das Tuten eines Nachtwächters. »Laßt sie tuten; sie gehören auch zum alten Eisen!« sagte Berblinger und schnitt einen zweiten Brustriemen zurecht, da der Gürtler den ersten im Halbschlaf verpfuscht hatte.

Gegen drei Uhr war der rechte Flügel fertig. Es war jetzt

zweifellos, daß sie mit dem andern bis Mittag ebenfalls zurechtkommen würden, und Berblinger beschloß, Feierabend zu machen. Schläfrig sagte der Gürtlergeselle gute Nacht und verschwand. Fränzle versprach bereitwillig, Wache zu halten, sichtlich ohne zu wissen, was er sagte, warf sich auf eine Pferdedecke und schlief nach zwei Minuten wie ein Murmeltierchen. Auch Berblinger wollte das Spritzenhaus nicht verlassen, um sicher zu sein, daß der geheimnisvolle Bösewicht von gestern sein finsteres Treiben nicht wiederhole. Er streckte sich ebenfalls auf dem Boden aus, schob einen Feuereimer unter den Kopf und wollte so den Morgen erwarten.

Bald aber umgaukelten ihn Träume aller Art, in denen schließlich ein neues Flügelpaar aus riesigen Adlersfedern und Lucindens letztes Lächeln in eine stille, tiefe Nacht hinüberführten, durch die er hinsegelte, wie es Adler tun, langsam, feierlich, ohne Mühe; weiter, immer weiter. Wie lange das dauerte: stundenlang jedenfalls, vielleicht aber auch eine halbe Ewigkeit, vermochte er nicht zu schätzen. Endlich wurde es Dämmerung und dann heller, immer heller. Nun sah er über sich etwas fliegen, langsam, feierlich, ohne Mühe; eine hell wallende Gestalt, aber nicht mit zwei Flügeln. Sie hatte deren vier; ganz deutlich vier! Wenn das eine Paar nach unten schlug, hob sich das andere; eins war immer im Niedergang, eins im Aufsteigen, und so oft das rätselhafte Wesen in den weißen, langhin flatternden Gewändern eine raschere Bewegung machte, hob es sich leicht, ohne alle Anstrengung, wie man es Fische tun sieht, die in klarem Wasser auf- und niedersteigen. Wie die zwei Flügelpaare aneinander vorbeikamen, konnte Berblinger nicht deutlich sehen; wohl aber fühlte er mit großer Bestimmtheit, daß das ganze Geheimnis dieser Art des Fliegens auf den vier Flügeln beruhte.

Hatte er das Wesen nicht schon früher gesehen? Gewiß: in der alten Bilderbibel seiner Mutter. Es war ein Cherubim. Daß er sich hieran nicht früher erinnert hatte!

Er nahm alle Kraft zusammen, ihn zu erreichen. Sie stiegen beide; es wurde immer heller um ihn her, aber er kam dem Cherub nicht näher. – Ein neuer Aufschwung! – Er fühlte den Schweiß, der ihm auf die Stirne trat, den Schmerz in den Armen, denen die Flügel zu schwer wurden. –

Da erwachte er. Der Feuereimer war davongerollt; er lag mit dem Kopf auf den kalten Steinplatten des Bodens. Rasch richtete er sich auf und rieb sich die Augen. Es war heller Tag.

»Vier Flügel!« –

Der Lehrjunge hatte bereits Wasser in einem ledernen Eimer herbeigeholt und wusch sich in einem Winkel der Kammer, laut plätschernd. –

»Vier Flügel!«

Er sah jetzt, daß der Meister erwacht war, aber vor sich hinstarrte, als schliefe er mit offenen Augen. Er fragte, ob er ihm auch Wasser bringen solle, draußen vom Fischkasten; erhielt aber keine Antwort.

»Vier Flügel!« – Der Traum begann erst zu weichen, nachdem er sich einen Eimer Wasser über den Kopf gegossen hatte. Es fiel ihm plötzlich ein, daß er heute nicht träumen durfte und seinen klaren Verstand brauchte; aber immer wieder sah er die helle, wallende Gestalt mit ihren vier Flügeln ruhig dahinsegeln.

»Oh, wenn ich Zeit hätte – nur vier Wochen«, murmelte er vor sich hin, wie wenn ihn eine plötzliche Angst erfaßte, »Gott im Himmel, wenn ich Zeit hätte!«

Doch was half das Geseufze. Franz brachte heiße Milch und Brot aus der Schenke über dem Weg. Man mußte rasch frühstücken und die Arbeit aufnehmen. Es war gar mancherlei zu tun, wollte man ganz sichergehen, und immer wieder verwirrte ihn der eine Gedanke:

»Vier Flügel! Das war die Lösung! Oh, wenn ich Zeit hätte; nur drei Wochen – nur zwei!«

Aber schon kam Besuch. Es war der Hilfswächter vom

Münsterturm mit einem Brief an Meister Berblinger. Er hätte ihn schon gestern abgeben sollen, sagte der Mann, habe aber den Meister in der Herrenkellergasse nicht gefunden.

Berblinger erbrach das Siegel, einen Drudenfuß unter einem geflügelten Schlüssel. Das Schreiben war von Lombard. Er las:

Freund und Mitstreiter!

Ich weiß, was Dich betroffen hat und was Dir not tut. Nicht Mut – Geduld. Laß sie schreien. Sieh nicht nach rechts, noch nach links. Nur so erreichst Du das Ziel.

Ich mache morgen den letzten Versuch mit meinem Sprengöl. Ich weiß, daß er gelingen wird. Dann wirst Du fliegen ohne jede Anstrengung, ohne jede Gefahr.

Du sollst für Deine Zwecke mein ganzes Geheimnis haben, denn ich habe Dich liebgewonnen und niemand, außer Dir, der mich versteht. Auch bleibt mir genug übrig für meinen Zweck, die Welt auf den Kopf zu stellen. Was ich ihr gebe, ist eine neue Kraft. Damit läßt sich alles machen. Auch Du brauchst nichts andres.

Also warte! Warte! In vierundzwanzig Stunden brauchst Du deine alten Flügel nicht mehr und wirst doch fliegen.

Lombard,
Münstertürmer.

Berblinger ließ den Brief auf die Erde fallen, dann hob er ihn wieder auf und las ihn zum zweitenmal. Hatte er nicht vor wenigen Minuten seufzend ersehnt, was sein Freund verlangte? Geduld, Zeit. Ob nun die vier Flügel die Lösung bringen mochten oder die neue Kraft des Türmers, Zeit brauchte er für beides. Wo aber sollte er Zeit herbekommen im Drang dieser Stunden? Er hatte das Tor der Spritzenkammer verriegelt, um einige Minuten wenigstens ruhig denken zu können, und saß bleich und schlaff

auf einer Feuerspritze, während der Lehrjunge den zweiten Flügel zurechtlegte, wie er es gestern mit dem ersten
hatte tun müssen. Aber schon kamen die ersten Sonnenstrahlen eines herrlichen Frühlingstags durch die verstaubten Fenster, und an der Türe klopfte es heftig mit
einem Stockknopf. Franz öffnete.

Schon wieder Schwarzmann! Auch der Herr Rat hatte
schlecht geschlafen.

»Nun, wie steht's?« rief er laut. »Guten Morgen,
Brechtle! Sind sie fertig?«

Man hörte den kurzen Sätzen an, wie es ihn umtrieb.
Aber schon kam hinter ihm ein zweiter Besucher: George
Baldinger.

»Morgen Berblinger! Schon munter? Wie ging's heute
nacht? Sie haben hoffentlich Zeit gefunden, auszuschlafen.
Heute werden Sie alle Kräfte beisammen haben müssen.
Sind die Flügel fertig? Lucinde behauptet, kein Auge
geschlossen zu haben, und schickte mich her, Ihnen guten
Morgen zu sagen und das Röschen zu bringen. Weiberart;
man muß Geduld haben. Mein Onkel schickt Ihnen die
Flasche Burgunder; das hat wenigstens Sinn. Ich höre
unten im Rathaus, der Herzog habe auch schon nachfra-
gen lassen. Es scheint in Ulm alles schon jetzt halb verrückt
zu sein. Das mag gut werden bis gegen Abend!«

Berblinger sprang auf.

»Einer ist fertig«, sagte er entschlossen, »der andre
wird's. Aber lassen Sie mich in Ruh, meine Herren. Mit
Schwatzen ist niemand gedient, und ich habe keine
Minute zu verlieren.«

Er schob beide halb lachend zur Türe hinaus, schlug sie
zu, drehte den Schlüssel in dem kreischenden Schloß, rief
den Lehrjungen heran und machte sich an die Arbeit.

Schwarzmann sah Baldinger erstaunt an. So hatte
Brechtle seinen Herrn Onkel noch nie zu behandeln
gewagt.

»Man muß diesen Erfindern manches zugute halten,

Herr Rat«, sagte Baldinger lachend. »Wenn sie uns dafür das Fliegen beibringen, können wir zufrieden sein.«

Wenn je das ehrwürdige, altschwäbische Ulm Gefahr lief, in eine fieberhafte Aufregung zu geraten, so war es am 31. Mai 1811. Schon am Nachmittag kam nicht nur das Landvolk aus den benachbarten Dörfern herbei, das von den Ereignissen des vorigen Tags nichts erfahren hatte, auch aus weiter Ferne, aus Ehingen, Günzburg, Geislingen, zu Wagen, zu Pferd und zu Fuß strömten sie heran, um sich zu überzeugen, daß der Mensch nun auch König der Lüfte geworden war. Aus Blaubeuren erschien – ein fast ebenso unerhörtes Ereignis – eine kleine schwarze Schar, fast die ganze ›Promotion‹ der Klosterschule, an ihrer Spitze der Prälat und frühere Professor Gaum, der im Lauf der Jahre wunderbar mild geworden war; alle sehr durstig und bestaubt, um den früheren Alumnus Berblinger, der dem gesamten Lehrercollegio so viel Sorge und Verdruß bereitet hatte, fliegen zu sehen. Unterwegs teilte der Herr Prälat einer gierig lauschenden Jugend manches aus der Vergangenheit Berblingers mit, indem er eindringlich darauf hinwies, wie auch in diesem Falle die humanistische Erziehung und eine streng klassische Bildung selbst bei einem weniger begabten Schüler die höchsten Bestrebungen der Menschheit gefördert habe und zu erstaunlichen Erfolgen führen könne. Indirekt – nun ja! Aber wo wäre Berblinger jetzt, wenn er nicht durch die Klosterschule gelaufen wäre? Niemand vermochte hierauf zu antworten.

Gegen Nachmittag erreichte die Erregung einen bedrohlichen Grad. Der Mißerfolg von gestern trug nur dazu bei, das Interesse an den kommenden Versuchen zu steigern. Alles strömte nach der Donau; die meisten, die entdeckt hatten, daß der Flug vom jenseitigen Ufer, wo man die Adlerbastei mit dem Holzturm vor sich hatte, am besten gesehen werden konnte, durch das Herbeltor hinüber auf

bayrisches Gebiet. Die Zeit des Versuchs war durch Ausschellen zugleich mit der Warnung bekanntgegeben worden, sich in Gegenwart Seiner Königlichen Hoheit des
Herzogs Heinrich von Württemberg alles ungebührlichen
Tumults zu enthalten. Schon eine Stunde zuvor stand die
Volksmenge Kopf an Kopf auf der Spitze der benachbarten
Insel und entlang dem jenseitigen Ufer, die einen geduldig
wartend, die andern nach rechts und links mit derben, altbewährten Witzen um sich werfend, die ihre Wirkung nie
verfehlten, wieder andre ernsthaft das Für und Wider des
Gelingens erwägend oder in volkstümlichen, deshalb aber
nicht weniger tollen Phantasien die Folgen der neuen
Erfindung ausmalend. Einer der unruhigsten war ein
Mann, der im gewöhnlichen Leben zu den ruhigsten
gehörte und sonst nie in einem ähnlichen Volksgewühl
gesehen wurde: Professor Zeller. Auch er hatte während
des Vormittags versucht, Berblinger zu sprechen und
womöglich abzuhalten, das tolle Wagnis zu wiederholen,
war aber von zwei Stadtsoldaten zurückgewiesen worden,
die der Bürgermeister zum Schutz des Erfinders vor dessen Notwerkstätte aufstellen ließ. Jetzt erwartete er wie
tausend andre das vermutlich Unvermeidliche mit einer
Ungeduld, die ihm nicht gestattete, drei Minuten lang
ruhig auf einem Platz zu stehen. Das Los seines jungen
irregeführten Freundes ging ihm tief zu Herzen, nicht minder aber der peinliche Gedanke, daß, wenn Berblinger
wirklich fliegen sollte, die ganze herrliche Theorie der Statik elastisch-flüssiger Körper, deren Gesetze er teilweise
selbst gefunden und aufgestellt hatte, als vernichtet anzusehen wäre.

Zuerst unterhielt er sich eine Zeitlang mit Prälat Gaum,
der sich vergeblich bemühte, seine junge schwarze Schar
im Zaum zu halten, von welcher bereits etliche entwichen
waren, um im Roten Ochsen hinter Bierkrügen die Fortschritte des Jahrhunderts zu vergessen. Er war erstaunt
und erschreckt, in Gaum einen begeisterten Freund des

menschlichen Flugs zu finden, und als einzige Begründung das *Tempora mutantur, nos et mutamur in illis* hören zu müssen. Übrigens sei es durchaus nicht zu verwundern, daß ein Alumnus der Klosterschule zu Blaubeuren an der Spitze dieser großartigen Bewegung stehe und daß auf diese Weise die Ahnungen der Alten, wie sie sich in Sage und Geschichte erhalten haben, zur Wirklichkeit geworden seien. Er könne nicht umhin, an Ikarus zu erinnern, obgleich diese mythische Persönlichkeit mit unsrem Berblinger aus vielen Gründen, vornehmlich auch wegen des durch den Sonnengott herbeigeführten tragischen Endes des älteren Luftseglers, nicht verwechselt werden dürfe.

Lebhaft Zustimmung nickend, da er kein Wort einzuschieben vermochte, verließ Zeller den beredten Prälaten und wurde von einer größeren Gruppe aufgehalten, die sich um ein altertümliches Fähnlein geschart hatte und in besonders freudiger Erregung zu sein schien.

»Ich sage, es ist der stolzeste Tag, den die Zunft seit Jahrhunderten erlebt hat«, rief der Bannerträger sehr laut. »Sobald wir seiner habhaft werden können, muß eine Feier vor offener Lade veranstaltet werden. Schon längst sollte ein Komitee ernannt sein, das Vorschläge macht, wie das Ereignis gemeinsam mit unserem großen Zunftgenossen würdig gefeiert werden kann. Die silberne Schere genügt nicht!«

Es waren die Schneidermeister, die heute nach langer Zeit wieder einmal mit ihrem Fähnlein ausgerückt waren. Zeller hörte ihnen eine Zeitlang zu.

»Ich bin für einen großartigen Festtrunk, wie er im ›Wilden Mann‹ noch nie kredenzt wurde«, sagte Meister Bockelhardt.

»Die Veranlassung ist so ganz eigenartig«, meinte Knöppel nachdenklich, »daß ich nichts von dem alten Handwerksbrauch zu verwerten wüßte. Ich tu's ungern, aber wir müssen an etwas Neues, noch nie Dagewesenes denken.«

»Wie wär's«, sagte Glöcklen, »wenn ihn die Zunft nach einem opulenten Mahle zum Geheimen Ehrenschneidermeister ernennen würde? Das war noch nie da. Herr Geheimer Ehrenschneidermeister – Sapperlot, es klingt nicht schlecht.«

Zeller drängte sich durch und blieb hinter einigen freundschaftlich streitenden Leuten stehen. Ein großer breitschultriger Mann hatte sich zweier andrer zu erwehren. Der eine, eine lange hagere Gestalt mit einem Bocksbart und stechenden schwarzen Augen, hätte für einen Franzosen gelten können; der andre, kaum mittelgroß, mit einem gutmütigen rosigen Kindergesicht und veilchenblauen Augen, war zweifellos ein Schwabe, obgleich er nach Kleidung und Benehmen aus weiter Ferne kommen mochte.

»Ich glaube an festen Boden«, sagte der Breitschulterige. »Wir sehen genug Wunder in unsrer Zeit und brauchen dazu nicht in der Luft herumzuflattern. Eisen und Stahl, Kohlen und Dampf – das ist's, was mir behagt. Er hat auch die Augen weit aufgerissen, euer Berblinger, als wir zusammen, weit hinten in Schlesien, die erste Feuermaschine sahen.«

»Dabei seid ihr zusammengetroffen?« fragte der Blauäugige. »Donnerwetter, wie sich alles begegnet. Er erzählte mir selbst davon in Wien. Keßler heißt du?«

»Keßler heiß' ich«, versetzte der andre nickend, »und Feuermaschinen will ich bauen, sobald ich meine Schmiede in dem alten Nest aufgetan habe, drunten am Neckar. Die Schlesier sollten den Schwaben nicht zu weit voranlaufen, und ihr sollt mir die Augen ebensoweit aufreißen, als wenn einer in der Luft herumvagabundiert. Ich bin auch für den Fortschritt, aber festen Boden will ich unter den Füßen haben, auf dem ich dabei stehen kann.«

»Es gibt überall Spatzen und Schnecken, jedes nach seiner Art«, brach jetzt der Lange mit großer Lebhaftigkeit los. »Ich sage, Fortschritt, Zivilisation, Freiheit! Dazu brauchen wir Luft und müssen lernen, uns darin zu bewegen. Mir gefällt der Berblinger, ich hätt' es ihm nie zugetraut. Er denkt wie ich und hat recht. Je höher, je lieber. Wie eine Rakete müssen wir aufsteigen, so kommt man in die Höhe.«

»Und wie ein verbrannter Stecken herunter!« lachte der Rotbackige. »Sieh *dich* an! Wie wir dich angestaunt haben bei Bockelhardt vor zehn Jahren. Du hast's weit gebracht, alter Kunde!«

Der Lange strich seinen grauen Bocksbart heftig.

»*Sacre bleu!* Ich hab' die Welt gesehen, Enderle, und mein Pläsier gehabt ab und zu. Es hat jeder seine Fasson, und wenn der Berblinger heute fliegt, bin ich der erste, der zu ihm in die Lehre geht. Du kannst schneidern und du schmieden, Keßler, so lang ihr Lust habt. Ich flieg über all eure Köpfe weg, sobald mir euer Prätle, der Malefizkerl, zeigt, wie's gemacht wird. Fortschritt! Freiheit! Der greift's am rechten Ende an. Hurra!«

Da und dort erhob sich ein Jubelgeschrei, verstummte aber wieder unter lautem Gelächter; es war wieder einmal ein blinder Lärm gewesen. Die Spitze des Gerüsts, die mit roten Tüchern geschmückt war, blieb noch immer leer, nur die zwei Flügel hingen dort wie gestern und bewegten sich leise im lauen Sommerwind.

Zeller trat ans Ufer. Auf der andern Seite des Flusses waren jetzt auch die Zinnen der Bastei dicht besetzt. Das waren die Plätze für die Honoratioren der Stadt. Unter dem Königszelt, in dessen Inneres man sehen konnte, war es ein beständiges Knicken und Verbeugen: Der Herzog mußte schon angekommen sein. An der Mauer der Bastei lag ein Nachen, in dem ein einzelner Schiffer saß. Der Kahn war angebunden und der Mann hatte sein Ruder quer über das Boot gelegt, stützte das Kinn auf die Hand und den Ellbogen aufs Knie, die einzige Gestalt in dem bunten Bild, die ruhig und fast trübselig dreinsah. Dies fiel Zeller und wohl manchem andern auf, namentlich nachdem man den trübseligen Schiffer erkannt hatte. Es war Hans Schwarzmanns Art nicht, in dieser Weise stillzusitzen und zu brüten, wenn sich alles andre lustig umhertrieb.

Unterhalb der Bastei lag ein zweiter Nachen, ebenfalls nur von einem Mann besetzt, der aber lachend mit den Leuten am Ufer verkehrte. Es war der Günzburger Stromer, der Schneider Nickels, den man seit dem letzten Fischerstechen kannte. Hatte der Kerl noch nicht genug von damals? Was hatte er wieder in Ulm zu schaffen, der Taugenichts? Den Leuten am Ufer, die ihm derartige Fragen zuriefen, erklärte er, er sei Berblingers Freund und Kumpan und bestellt, den Vogel aufzugabeln, wenn er sich in einen Fisch verwandeln sollte. Den Ulmern sei alles möglich, seit ihre Schneider flügge geworden seien. Einige machten Anstalt, den frechen Bengel zu verhauen. Er stieß aber lachend vom Ufer und legte erst wieder an, nachdem sie sich beruhigt hatten.

Jetzt hörte man Paukenschläge, dann Musik, einzelne Takte eines lustigen Marsches. Alles geriet in Bewegung. »Sie kommen, sie kommen!« schrie es herüber und hinüber. Nun gewann die Musik Zusammenhang und klang laut und voll über den Fluß; dann schwieg sie plötzlich. Auf der Bastei schien sich alles nach einem Punkt zu drängen, soweit dies möglich war. Vom rechten Ufer starrten sie gierig hinüber, hoben Kinder in die Höhe und da und dort ein schreiendes Frauenzimmer, die zu ersticken behauptete. Vier, fünf Personen wurden von der drängenden Menge in den Fluß gestoßen und unter schallendem Gelächter wieder herausgezogen, und jetzt brauste ein ›Hurra‹ – ein ›Vivat‹ – ein ›Da ist er! Da ist er!‹ durch die Luft, wie es in den letzten Tagen dem König nicht zuteil geworden war. Berblinger stand oben auf dem Gipfel des turmartigen Holzgerüsts und grüßte ruhig und nicht ohne Anstand seine jubelnden Mitbürger.

Eine ganze Anzahl Herren hatten ihm am Fuß des Turms die Hand gedrückt. Auch sie! Diesmal aber mochte er es kaum bemerkt haben, denn er fühlte sich jetzt wundervoll ruhig und kühl, wie geistesabwesend für alles, das nicht zur Sache gehörte. In wenigen Minuten mußte sich das Schicksal seines Lebens entscheiden, und doch hatte er keinen andern Gedanken als die Aufgabe, die unmittelbar vor ihm lag. Er wunderte sich selbst darüber und dankte Gott, daß es so war. Bei der Aufregung von gestern wäre er sicher nicht über den Fluß gekommen.

Seine beiden Begleiter, der Stadtsoldat und der Turmwächter, kamen diesmal hinter ihm herauf und machten sich auf seinen Wink sofort an die Arbeit. Die Flügel waren diesmal in tadelloser Ordnung. Er schlüpfte ohne Schwierigkeiten mit den Armen in die Ringe, die, den Griffen eines Schildes ähnlich, an der Unterseite der mächtigen Schwingen befestigt waren. Die Riemen über Brust und Rücken, die sinnreiche Verbindung durch Zugbänder, mittels deren er durch das Anziehen und Strecken der Beine das Heben der Flügel unterstützen konnte, all das schien wie von selbst seinen Platz zu finden. Etwas fester hier, etwas loser dort, das war alles, was er den Leuten zu sagen hatte, während das tausendstimmige Brausen allmählich erstarb und ein erwartungsvolles, fast banges Schweigen eintrat. Trotz seines Widerspruchs hatte Schwarzmann angeordnet, daß auf ein Zeichen von oben eine schmetternde Fanfare geblasen werden solle, bei deren letztem Ton sich Berblinger in die Lüfte zu schwingen hatte. Er hätte viel darum gegeben, dies in aller Ruhe und Stille tun zu dürfen, aber bei aller Entschiedenheit, die er in wesentlichen Dingen an den Tag legte, war er in andrer Beziehung gleichgültig und ließ mit sich machen, was den Leuten gut dünkte. So blieb es bei der Fanfare.

Jetzt war er bereit und sah hinaus in das freie, uferlose Luftmeer. Ein leiser Schauder, ein kleines Zaudern rieselte ihm durch Leib und Seele. Es war nicht Furcht vor dem

Sturz, nur das Gefühl gespannter Erwartung, was die nächste Minute aus den Hoffnungen und Sorgen und der Arbeit eines ganzen Lebens machen würde.

Er sah mit seinem scharfen Auge vom jenseitigen Ufer Gesicht an Gesicht auf sich gerichtet; eines, auf das gerade ein Sonnenstrahl fiel, besonders deutlich, ein gutes, rosiges Gesicht. Es drückte nichts andres aus als die hundert andern: die Angst vor der Entscheidung … Da plötzlich erkannte er es: Er hatte es in einem andern entscheidenden Augenblick seines Lebens schon einmal gesehen, gerade mit demselben Ausdruck. Irmas letzter, mutiger, zürnender Blick schoß ihm durch die Seele. Dort unten stand er wieder – Enderle!

»Zweimal sollst du mich nicht zum Feigling machen!« sagte er halblaut zu sich. Dann rief er laut: »Die Flagge hoch!«

Dies war das Zeichen für die Fanfare. Der Turmwächter hob das schwarz-weiße Fähnchen, und vier Trompeten schmetterten von unten herauf. Er nahm einen Anlauf, soweit es die Plattform gestattete, und flog hinaus.

Was in den nächsten fünf Sekunden geschah, läßt sich schwer in Minuten erzählen. Im ersten Augenblick fühlte er die Tragkraft der Flügel, aber gleich darauf auch das Sinken. Mit aller Kraft schlug er nach unten, und wirklich – er hatte das Gefühl des Sichhebens. Aber im nächsten Moment knackte etwas, der hebende Druck auf der linken Seite war plötzlich geschwunden, der Flügel bäumte sich in die Höhe, sein Körper machte eine drehende Bewegung und alles Halten war vorüber.

Dann kam der Sturz – drei Sekunden – eine halbe Ewigkeit. – Sausen und leises Krachen um ihn her, aber kein Schmerz. Er sah Lucinde mit jenem höhnischen, zornigen Lachen auf dem sonst so lieblichen Gesicht, das er zum erstenmal am Struden gesehen hatte; er sah die schöne, tapfere Irma, wie sie kopfüber aus der Höhe von dreitausend Fuß auf die Erde niederschoß; er sah Gretle, die

Augen voll Tränen, wie sie die Arme nach ihm ausstreckte – das alles in der ersten Sekunde. Dann sah er sein ganzes Leben: Wie er an der Hand seines Vaters den Vögeln nachgeblickt hatte, wie er in Blaubeuren unter dem brennenden Kirchendach gestanden, wie er in der Lehre davon geträumt hatte, im Flug allem Elend zu entrinnen, wie er Gotthilf hatte sterben sehen, wie sein Freund im Elend allem Jammer nun wirklich entrann und wie er neben Gretle stand und sie zum erstenmal küßte – auch ein Entrinnen. Und dann wie ihn Lombard angezogen und weiter gelockt hatte – weiter – weiter –

Das waren wieder zwei Sekunden.

Und dann glaubte er die schrille Stimme Lucindens zu hören, die, außer sich, an die Brüstung der Bastei gestürzt war und mit ausgestreckten Armen und in kreischenden Tönen, den Schrecksturm der Menge überschreiend, gerufen hatte: »Narr! Narr! Narr!« und dann ohnmächtig umgesunken war.

Im gleichen Augenblick schlugen die Wasser der Donau über ihm zusammen.

Nur auf eine Viertelsminute verlor er die Besinnung. Dann fühlte er, wie ihn die reißende Strömung flußabwärts wirbelte und drehte und drehte. Die Reste der Flügel, die an ihm hingen, hinderten ihn am Schwimmen. Aber eine kleine Weile später fühlte er sich von kräftigen Händen ergriffen. Er öffnete die Augen und sah in Hans Schwarzmanns Gesicht, der sich tief über die Kante seines Nachens beugte und ihn festhielt. Und jetzt packte ihn ein zweites Händepaar an den Fetzen seiner Flügel. Ein zweiter Nachen trieb neben dem ersten her, er noch immer im Wasser zwischen beiden.

»Laß ihn mir«, sagte der zweite Retter, »er ist mein Kamerad!«

»Laß los, Günzburger!« schrie Hans wütend, »oder ich schlag' dich tot!«

Sie rissen beide an Berblinger; die steuerlosen Kähne

begannen sich zu drehen, als wären sie in einen Wirbel geraten. Vom Ufer tönten Warnungsrufe.

Nickels, der wie immer nichts weiter beabsichtigt hatte, als sich einen Spaß zu machen, gab nach. Hans zog den jetzt halb Ertrunkenen in sein Boot und legte ihn sanft und vorsichtig auf den Boden des Nachens. Dann griff er nach dem Ruder und arbeitete sich dem Ufer zu, das sie ziemlich weit unterhalb der Stadtmauer erreichten.

Berblinger richtete sich auf, betäubt, aber unverletzt, und sah um sich.

»Lauf, eh sie dich erwischen!« sagte Hans grimmig. »Ich war dir einen Dienst schuldig, wegen gestern. Jetzt hab' ich dir das Leben gerettet. Du kannst zufrieden sein, wir sind quitt. Aber lauf, lauf! Dort kommen sie schon.«

Mit den Ulmern ist nicht zu spaßen, wenn sie zornig werden. Von der Bastei her brauste ein tausendstimmiges Geschrei der Wut, des Hohns.

Berblinger riß die Riemen ab, an denen die Reste seiner Flügel hingen, sprang ans Ufer und lief.

Gebückt, an Hecken und Zäunen hin, über die ›Untere Bleiche‹ weg, gegen den Gaisberg – er wußte selbst nicht, wohin er wollte; nur hinweg von dem Gebrüll, das hinter ihm schwoll und sank. Er hatte einen Arm der Blau zu kreuzen, die dort, in moorige Wiesen eingesenkt, alte Weidenbäume an beiden Ufern, langsam nach der Donau schleicht. Ein Sprung, wie er ihn in seinem Leben noch nie gewagt hatte, brachte ihn hinüber; doch glitt er aus, stürzte und blieb liegen. Das war besser als Laufen. Niemand konnte ihn von den benachbarten Wegen aus in der Versenkung sehen, und das Geschrei kam nicht näher, wurde sogar schwächer. Alles um ihn her erschien ihm jetzt wie ein toller, stiller werdender Traum, und dann wie nichts, aber ein Nichts voller Qual und sinnloser Angst. Das mußte ein paar Stunden gedauert haben, denn es war tiefe

Dämmerung, als er sich wieder aufraffte. Hier konnte er nicht für immer liegenbleiben und dem Murmeln des Flüßchens zuhören. Es mußte etwas geschehen, um der quälenden Angst zu entrinnen, die keinen Sinn hatte. Er wußte jetzt auch was, wenigstens für die nächste Viertelstunde.

Wie er unbemerkt durch das Frauentor kam und dann durch die kleinen Gäßchen, die zum Münster führen, ist ihm selbst nie klargeworden; er konnte auf diesem Weg vermeiden, am Baldingerschen Haus vorbeizukommen, an das er mit einem Schauder dachte. Jetzt stand er vor dem Häuschen des Pestilenziarius und klopfte leise an der wohlbekannten Pforte, hinter der er Hilfe finden mußte – Rettung! Niemand öffnete. Die Fensterchen starrten schwarz und leblos in die Nacht hinaus. Sichtlich war der Magister nicht zu Hause. Also weiter! Der nächste Gedanke, der auch der erste gewesen war: Hinauf zum Türmer!

Das Mesnerstübchen war offen und leer. Endlich einmal ein Schimmer von Glück an diesem unglückseligen Tag! Eine Lampe stand brennend auf dem Tisch, und die Schusterwerkzeuge lagen in wirrer Unordnung umher. Berblinger war im Begriff, das Pförtchen zu öffnen, das nach der Turmtreppe führt, da sprang es von selbst auf und eine Gestalt stürzte ihm entgegen, die er für ein Gespenst, einen Kobold, einen Teufel der kleineren Gattung hätte halten können. Entsetzt prallten beide zurück, er im nassen, zerrissenen Seiltänzeranzug – so sah er jetzt aus –, der andre mit verzerrten Zügen, mit geschwärztem Gesicht, Blut an den Händen und auf dem zerfetzten, halbverbrannten Rock. Aber es war kein Kobold, noch weniger ein Teufel; es war Krummacher, der Pestilenziarius.

»Berblinger!« schrie er auf.

»Zu Lombard will ich«, keuchte der Unglückliche. »Laß mich vorüber!«

»Geh nicht! Er – er –«

787

»Laß mich vorüber, sag' ich!«

»Wozu? Er liegt droben – verbrannt – tot. Das Hexenstübchen ist in die Luft geflogen.«

Das war zuviel für Berblinger nach einem solchen Tag. Er trat zurück, schwankend, griff nach der Wand, um sich zu halten und sank dann zusammen, wie wenn er keine Knochen mehr im Leib hätte.

34
Ernüchterung

Sonnige Sommertage, einer schöner als der andre, zogen über die Stadt hin; aber selbst im trübseligsten November, unter dem dichtesten Donaunebel hätte die erste Woche des Juni nicht schwerer auf ihr lasten können. Jedermann ging wieder seiner Arbeit nach, scheinbar fleißiger als gewöhnlich, aber nirgends begegnete man einem lauten Gespräch, einem fröhlichen Lachen, das die drückende Einförmigkeit unterbrochen hätte, die plötzlich über Ulm gekommen war. Einige hatten es aufgegeben, ihren Frühschoppen aufzusuchen; an den ältesten Stammtischen zeigten sich ungewohnte Lücken. Man wußte nicht, wovon man sprechen sollte, ohne sich zu ärgern oder – was noch unerträglicher war – sich zu schämen. Erst Monate später erholte man sich so weit, über den Malefizschneider und seine Freunde, vornehmlich den Rat Schwarzmann, der übrigens seine Magistratsstelle niederlegen wollte, und die Baldinger, welche der Stadt diese Schmach angetan hatten, gebührend schimpfen zu können. Es bedurfte Jahre, ehe man darüber zu lachen begann und die Komik des 31. Mai 1811 in ihrer ganzen Bedeutung würdigen konnte.

Der plötzliche und geheimnisvolle Tod des Türmers Lombard erregte unter diesen Umständen nicht entfernt das Aufsehen, das er hervorzurufen berechtigt war. Die verstümmelte Leiche des alten Mannes wurde in aller Stille begraben, dem Sarg folgte nur der eine Münsterturmknecht, der Berblinger behilflich gewesen und deshalb unverletzt geblieben war – der andre lag an Brandwunden schwer darnieder –, und der tiefgebeugte Pestilenziarius, welcher in jüngster Zeit viel von seiner Beliebtheit verloren hatte, weil er sich allzusehr mit zweifelhaften Persönlichkeiten einließ. Daß er den Schneider nach der unaussprechlichen Blamage dieses eingebildeten und halbverrückten Menschen eine Nacht lang beherbergt und ihm wohl gar zur Flucht verholfen hatte, stand fest. Ein Nachtwächter versicherte, er habe den verunglückten Vogel in seinem zerrissenen Narrenanzug in der Morgendämmerung nach der Herrenkellergasse gehen sehen. Man untersuchte von Polizei wegen sein Haus und namentlich alle Speicherräume in der Hoffnung, ihn an einem Dachsparren hängend zu finden, fand aber nichts. Er war spurlos verschwunden. Anerkennenswert war, daß der nach längerer Wanderschaft soeben zurückgekehrte Schneidergeselle Enderle sich bereit erklärte, das Anwesen des Berblinger zu übernehmen, wenn man ihn in die Zunft aufnehme. Da er sein Meisterstück in Wien gemacht hatte, fand dies keinen Anstand, allerdings unter der ausdrücklichen Bedingung, daß er sich nicht als ›Wiener Schneidermeister‹ auftun wolle. Man hoffte auf diese Weise am schnellsten jede Spur des unglückseligen Phantasten zu verwischen, der der Zunft, wie zu befürchten war, einen unauslöschlichen Schimpf angetan hatte. War es nicht genug, seit Jahrhunderten den sinnlosen Spott andrer Zünfte ertragen zu müssen, die nicht um ein Haar besser waren als die Schneider? Mußte die Neuzeit auch noch Stoff dazu liefern und gar in Ulm, wo sich unter Obermeister Knöppel die Brüderschaft gesetzterer und geordneterer Verhältnisse erfreute als irgendwo in der Welt? Es war eine peinliche Sache für Knöppel, vor offener Lade den Ausschluß Berblingers vorzuschlagen und zu begründen, und rührend war, wie Glöcklen mit Tränen in den Augen um Verzeihung bat, daß er sich so schmählich hatte täuschen lassen. Bockelhardt wollte sich seinen Worten anschließen, hatte sich aber schon am Morgen in der Betrübnis einen solchen ›Kanonenrausch‹ angetrunken, daß ihm dies unmöglich war. Da er sein Gesicht jedoch schluchzend in den Händen verbarg, erklärte die Versammlung dies für genügend.

Der leutselige Herzog Heinrich war lachend abgereist, hatte sogar einige Trostesworte an die versammelten Spitzen der städtischen Behörden gerichtet; ein Grund mehr, mit Abscheu auf das Vorgefallene zurückzublicken. Einige Tage später wurde der Magistrat vom königlichen Oberamt verständigt, daß Seine Majestät huldvollst geruht hätten, zwanzig Friedrichsdor aus Höchst ihrer Privatschatulle nach Ulm zu senden, mit dem Befehl, dieselben unverzüglich gegen Quittung dem verunglückten Vogelmenschen einzuhändigen, dessen Courage die allerhöchste Anerkennung zuteil geworden sei. Selbst hierbei hatte man das unbehagliche Gefühl, daß Seine Majestät die Vorführung als einen allerdings unpassenden Scherz aufgefaßt habe. Es blieb jedoch nichts übrig, als erneut und mit allen Mitteln zu versuchen, des Berblingers habhaft zu werden. Man hatte ihm ursprünglich eine empfindlichere Anerkennung seiner Leistungen zugedacht, mußte sich aber jetzt wohl oder übel darauf beschränken, dem Befehl Seiner Majestät nach Möglichkeit zu entsprechen.

In andern Kreisen waren die Folgen der Katastrophe nicht weniger peinlich. Fräulein von Baldinger, bei welcher man den Ausbruch eines Nervenfiebers befürchtet hatte, erholte sich zwar nach wenigen Tagen, so daß sie in Begleitung ihres Vetters George eine schon längst beabsichtigte Reise nach Wien antreten konnte, um ihrer Tante Möbius einen längeren Besuch abzustatten. Hans Schwarzmann machte hierbei den letzten Versuch, zu dem ihn sein Herz drängte, und übernahm die Führung des Ordinariboots, auf dem sich die kleine Reisegesellschaft einzuschiffen gedachte. Er verließ es jedoch schon in Regensburg, nachdem er sich überzeugt hatte, daß Doktor Baldinger sein schönes Bäschen bis Wien zu geleiten gedachte.

Auch der Rat Schwarzmann war erkrankt. Es war kein Schlaganfall, wie man zuerst befürchtet hatte, doch warnte ihn sein Hausarzt dringend, jeder Aufregung aus dem

Wege zu gehen. Dies veranlaßte ihn, seinen Austritt aus dem Magistrat zu erklären und sich neben seiner beruflichen Tätigkeit als Obermeister der Schifferzunft ausschließlich der Wiederbelebung der einst blühenden Ulmer Schneckenzucht zu widmen und dem Rückgang der Ausfuhr von Schnecken nach Österreich mit erfreulichem Erfolg entgegenzuarbeiten.

Nachdem der König die erwähnte Summe für Berblinger geschickt hatte, mußte man darauf verzichten, strafrechtlich gegen den Schneider vorzugehen, obgleich er die Stadt nicht nur an ihrer Ehre geschädigt, sondern auch in beträchtliche Unkosten gestürzt hatte, wie zum Beispiel durch die Errichtung des Turmes auf der Adlerbastei. Trotzdem mußte nunmehr eine steckbriefliche Verfolgung eintreten, schon um dem Kerl das Gnadengeschenk Seiner Majestät überreichen zu können. Aber der Steckbrief blieb so erfolglos als ein zweimaliges Verhör, das man mit dem Magister Krummacher vornahm, und die wiederholte Sistierung des vagabundierenden Handwerksburschen Nickels, der Berblinger zwar zu öfterem gesehen, ja gesprochen haben wollte, nie aber anzugeben wußte, wo er sich zur Zeit befinde. Man hörte bald von da, bald von dort, daß er gesehen worden sei. In Blaubeuren habe er zweimal genächtigt und sich sogar in Verdacht erregender Weise in die alte Klosterkirche eingeschlichen, wo sich zum Glück nur die Betten der Frau Prälat Gaum befunden hätten, die unbeschädigt geblieben seien. Auch auf dem Galgenberg wollten ihm etliche Marktweiber begegnet sein. Eine Zeitlang wurde die Jagd auf Berblinger eine Art Sport. Truppen von Jungen machten sich das Vergnügen, unter dem Absingen von Spottliedern, die, man wußte nicht wie, zu entstehen begannen, durch die Gassen zu ziehen und plötzlich einen harmlosen Menschen mit lautem Meckmeckgeschrei unter dem Vorwand anzuhalten, Berblinger gefunden zu haben. Der Unfug mußte amtlich mit aller Strenge unterdrückt werden, denn man konnte darin ebensogut eine Verhöhnung der ehrsamen Schneiderzunft als des städtischen Polizeiwesens erblicken. Selbst Professor Schwätzler wurde veranlaßt, sein erstes Gedicht auf den fliegenden Schneider, das er an seinem Stammtisch mit durchschlagendem Erfolg vorzutragen gehofft hatte, wieder in die Tasche zu stecken. Die Wunde, die dem Selbstgefühl der Stadt geschlagen worden war, duldete noch keine Berührung.

Nur vier Personen in ganz Ulm gedachten des armen Schneiders mit wehmütiger Teilnahme: Fränzle, der Lehrjunge, der in aller Stille wochenlang die Stadt in weitem Umkreis durchsuchte und nicht daran glauben konnte, daß es mit dem Fliegen zu Ende sei; Enderle, der den Jungen samt der Werkstatt übernommen hatte und gern gewußt hätte, was er seinem Freund und Vorgänger schuldig sei; Zeller, der ihm beweisen wollte, daß es nicht anders hatte kommen können und daß er sich deshalb keine grauen Haare wachsen zu lassen brauche; und der Pestilenziarius, der stundenlang über seiner Chronik saß, ohne ein Wort zu schreiben und an den verlorenen Sohn dachte. Das war er ihm gewesen, trotz allem und allem, und der alte Mann brauchte etwas, mehr als je, an das er sein armes Herz hängen konnte.

Das waren vier von den zwanzigtausend, die ihm am letzten Mai zugejubelt hatten. In Gedanken suchte ihn noch jemand in aller Welt und konnte und wollte ihn nicht vergessen, auch wenn er nie mehr wiederkehren sollte.

Vom Sanitätsrat Bühler und seinen Assistenten im Spital, auch amtlich, wurde sie Jungfer Margret genannt; die Kranken hatten einen andern Namen für sie erfunden, seitdem sie aus Geislingen zurückgekommen war, wo der Typhus schlimmer gewütet hatte als anderswo, und sie unberührt durch wahre Schreckenstage gegangen war. Einige, die die dortigen Verhältnisse kannten, wußten

Geschichten von ihrem Mut und ihrer Opferfreudigkeit zu erzählen, daß den Leuten die Tränen in die Augen traten, und zum Dank hierfür hatte man sie das Typhusgretle getauft. Ein sonderbarer Dank. Leute, die nichts von der Sache wußten, lachten, wenn man sie mit dem Pestilenziarius über die Straße gehen sah. Das ist ja das wandelnde Elend, hieß es; und doch waren die beiden in aller Stille, so arm sie waren, ein Segen für vieles Elend in der Stadt.

Wunderbar war, wie sie den Kranken gegenüber ihre stete Heiterkeit bewahren konnte, denn man merkte doch manchmal, daß auch sie ihren geheimen Kummer hatte. Ihr äußeres Leben bot gar so wenig, das fröhlich hätte stimmen können; aber zum Glück kommt diese Art von Heiterkeit nicht von außen. Zweimal in der Woche – dazu zwang sie der Sanitätsrat, der in sie verliebt war, wie die Assistenten behaupteten – machte sie einen Spaziergang, gewöhnlich abends, wenn es zu dämmern begann, und meistens führte sie ihr Weg über den alten Friedhof vor dem Frauentor. Dort hatte sie zwei Gräber in wahre Gärtchen umgewandelt und freute sich, wenn bald dieses, bald jenes in freundlicherem Blumenschmuck prangte. Der Totengräber, der zugleich Gärtner war, versäumte nie, sie darauf aufmerksam zu machen, daß das eine zu weit hinter dem andern zurückbleibe, und mit Vorschlägen nachzuhelfen, wie dem abgeholfen werden könnte. Eigentlich hatten die zwei Gräber nichts miteinander zu tun. Was sie verband, war Gretle, und was sie in Gärtchen verwandelte, die Liebe. Unter dem einen Blumenhügel lag nämlich ihr Bruder Gotthilf, den sie nie vergessen konnte, unter dem andern Brechtles Mutter, die sie nie gekannt hatte.

Sie kam heute später als sonst; eine alte Frau hatte sie mit ihrem Sterben aufgehalten. Auch war sie ernster als gewöhnlich. Man kommt selten, auch wenn es ein Alltagserlebnis geworden ist, heiter von einem Totenbett. Es dämmerte schon und der Kirchhof war still und leer; keine Seele mehr um die stummen Kreuze und Leichensteine, die, in dichtes Grün gebettet, den Tag friedlich verschlafen hatten, um nun in die Nacht hineinzuschlummern. Sie hatte auf Gotthilfs Grab, wo ein Strauch mit Blüten überfüllt war, eine Rose gebrochen und ging jetzt nach ihrem zweiten Gärtchen, das neben einem eingesunkenen Steinkreuz in dichtem Gebüsch versteckt lag.

Ein kleiner Schrecken war es immerhin, als sie bemerkte, daß ein Mann auf dem Stein saß, der ihr den Rücken kehrte. Doch was sollte sie erschrecken? Gefährliche Leute sitzen nicht in verlassenen Kirchhöfen, um auszuruhen. Auch sah der Mann nicht gefährlich aus; im Gegenteil, müde und zusammengesunken, und als er das Geräusch zusammenschlagender Zweige hören konnte, die sie aus dem Weg biegen mußte, wandte er sich um. Nun erschrak sie wirklich. Es war Brechtle.

Und wie er aussah! Bleich, mager, verwildert, in halb zerrissenen Kleidern, die er wohl mehrere Tage lang nicht vom Leib gebracht haben mochte.

Auch er sah sie an, aber er schien nicht zu erschrecken, nicht einmal verwundert zu sein.

»Ich dachte nicht, daß du hierher kommen würdest, Gretle«, sagte er. »Es ist *meine* Mutter.«

»Ich komme fast jede Woche«, versetzte sie, sich fassend; »du bist wohl schon lang nicht mehr hier gewesen?«

»Auch komme ich, um Abschied zu nehmen für immer.«

»Sag das nicht. Das Plätzchen solltest du aufsuchen, so oft du in Not bist, Brechtle.«

»Ich werde nicht mehr lang in Not sein.«

»Das ist, wie Gott will. Wo willst du hin?«

»Ich weiß nicht«, entgegnete er ungeduldig. »Fort! Ich hätte schon lang gehen sollen, aber das Abschiednehmen kostet Zeit und ich konnte mich nicht überall durchschleichen, ohne gesehen zu werden. Nun bin ich zu Ende und kann gehen, und sie können hinter mir her schreien nach Herzenslust.«

»Du hast sie zu bitter geärgert«, sagte Gretle entschuldigend, selbst wo man ihr am wehsten tat; »aber du hast noch Freunde hier, die zu dir stehen.«

»Fast tut mir's leid«, antwortete Berblinger. »Sie sollten mich alle vergessen; es wäre das beste.«

»Sag das nicht. Es sind nicht alle gleich schlimm. Der König hat Geld für dich geschickt. Man sucht dich, um dir's zu geben.«

»Ich habe davon gehört; aber ich brauche sein Geld nicht.«

»Und der gute Pestilenziarius«, fuhr sie stockend fort, »und ich – wir werden dich nie vergessen.«

»Um so schlimmer«, versetzte er bitter. »Was nutzt es euch? Mir ist's manchmal, als sei ich nur ein Wölkchen, mit dem der Wind spielt; das er in Fetzen zerrissen hat, eh' es vergeht.«

»Das ist kein Mensch«, sagte sie ernsthaft, »und ich glaube nicht, daß du so vergehen kannst. Wir haben zusammen Not gelitten, Brechtle, und damals hab' ich schon gewußt, daß mehr in dir ist als das. Laß die Wolken fliegen. Du findest noch festen Boden, wenn du willst und wenn dir Gott hilft. Und das wird er, glaub nur.«

»Ich habe schon zuviel geglaubt.«

»Aber noch nicht lang genug gelebt. Sieh die Toten, die hier um uns her schlafen. Selbst mit ihnen ist es nicht zu Ende, wenn sie glaubten. Das glaube ich, das weiß ich.«

Sie sah ihn an durch die Tränen, die in ihren Augen standen, so durchdringend freundlich, so sicher in sich selbst, daß ihn jene geheimnisvolle Macht schüttelte, mit der in ernsten Augenblicken ein fester Glaube andre beherrscht. Er schwieg eine Zeitlang; dann sagte er sanft:

»Es hat mir herzlich gutgetan, Gretle, und ich dank's meiner Mutter da unten, daß ich dich noch gesehen habe. Denk manchmal an mich, mehr kann ein armer Kerl wie ich nicht fordern, und glaub, ich hab' etwas tun wollen, das allen Menschen zugut gekommen wäre. Ich war zu schwach. Vielleicht tun's andre in späteren Zeiten. Ich muß es büßen und will's, in Gottes Namen. Hunderten ging's nicht besser.«

Gretel war tief bewegt, doch gewann die praktische Natur der Frau trotz allem wieder die Oberhand:

»Wohin kann man dir das Geld schicken, das vom König?« fragte sie nach einer Pause.

Er lachte laut auf: »Hab' ich dir's nicht gesagt? Ich brauche kein Geld mehr!«

Es war der Ton seines Lachens, der sie jählings aufschreckte: »Nein, das wirst du nicht tun, Brechtle – um Gottes Barmherzigkeit willen –«

Sie faßte seinen Arm.

»Behüt dich Gott und – bet für mich!«

Er hatte sich losgerissen und war schon im Gebüsch verschwunden, als er die letzten Worte hervorstieß. Sie sank auf den Grabhügel nieder und betete, betete lang und inbrünstig.

Dann ging sie heimwärts. Eine wundersame Ruhe war über sie gekommen. Sie glaubte fest, die tote Mutter habe neben ihr, mit ihr gebetet und ihrer beider Bitte sei nicht unerhört geblieben. Ein heißes Dankgebet floß über ihre Lippen, als sie durch das Frauentor trat.

Das machte der Glaube.

Auf der Höhe der Rauhen Alb, wo sich die Heerstraße, die nach dem Unterland, zunächst nach Geislingen führt, zu senken beginnt und der des Landes Unkundige noch nichts von dem prachtvollen, waldbedeckten Bergsturz ahnt, der ihn erwartet, saß im Schatten eines kümmerlichen Holzbirnbaums ein Mann, dem man ansah, daß er einen langen Marsch und mehr als das hinter sich hatte: verstaubt und abgerissen, müd und traurig. Kaum ein

Handwerksbursche, eher ein zerlumpter Stromer, am wahrscheinlichsten ein dem Landjäger entwischter Gewohnheitsbettler, so sah er aus. Ein Ziegenhainer und ein kleines Bündel war offenbar sein einzig Hab und Gut. Daß er noch ein paar Kreuzer in der Tasche hatte, hätte ihm niemand zugetraut. Das war Berblinger. Es ging mit ihm zu Ende.

Er sah wohl schon seit einer Stunde über die kahle Hochebene hin, die in brennendem Sonnenlicht vor ihm lag, wie es ein todmüder Mann tut, der kein Ziel mehr vor sich hat. Sollte er sich wieder auf den Weg machen, sollte er sich niederlegen und schlafen? Schlafen! Dazu hatte er wohl am meisten Lust, soweit er noch Lust zu etwas hatte; aber er fürchtete das Erwachen. Er fürchtete doch noch etwas.

Langsam kam ihm ein Gedanke; die einsame Gegend mochte damit zu tun haben. Es waren Kindererinnerungen. So sah es auch an gewissen Stellen bei Ochsenwang aus, ehe man an den Waldsaum und an den Rand des Gebirgs kommt. Er hatte gestern von Ulm Abschied genommen und von allem, was ihm dort noch lieb war. Er könnte heute nach Ochsenwang hinüberpilgern, wenn seine Kräfte noch so weit reichten, und Berg und Tal, Bäumen und Felsen Lebewohl sagen. Er war sicher, alle noch zu kennen. Auch war seines Vaters Grab dort drüben. Der verdiente doch auch einen Gruß, so gut als die Mutter. Und dann – nun ja, weiter konnte er sich sicher nicht mehr schleppen.

Das war wenigstens ein Zweck; etwas Leben kam wieder in seine Augen. Er sah mit einiger Teilnahme auf seine zerrissenen Stiefel. Auch die konnten es noch so lange aushalten.

Da schwankten Arm in Arm und laut jauchzend fünf junge Leute vom benachbarten Dorf heran. Sie hatten bunte Sträußchen in den Mützen und lange, flatternde Bänder in den Knopflöchern ihrer Jacken. Sie glaubten zu singen und brüllten die alten, wehmütigen schwäbischen Volkslieder: »Drei Lilien, drei Lilien, die pflanzt' ich auf mein Grab« und andre laut und lustig in den Tag hinein, denn sie kamen sichtlich unmittelbar aus dem Wirtshaus zu Amstetten, wo sie sich mehr als erfrischt hatten. Es waren Rekruten, aufgefangene Nachzügler, auf dem Weg nach Stuttgart, die nach ihrer Art ihren letzten frohen Tag feierten.

Hinter ihnen ging, behaglich und schweigend seine Pfeife rauchend, ein Mann, halb in Uniform, Feldwebel seines Zeichens, der die andern in der damals zulässigen gemütlichen Weise transportierte. Wenn ihm einer durchging, war das Unglück nicht allzu groß, die andern, die er glücklich nach Stuttgart zu bringen hoffte, werde man dort schon Mores lehren. Die Pfeife war ihm eben ausgegangen. Er blieb etliche Schritte vor Berblinger stehen, um Feuer zu schlagen und sie wieder anzuzünden.

»Du bist auch nicht überlustig«, sagte er, mit der Pfeife zwischen den Zähnen, wie wenn er mitten in einem Gespräch eine Nebenbemerkung einschaltete.

»Hab' keine Ursache dazu«, antwortete Berblinger, ohne aufzusehen.

»So scheint's!« sagte der andre und fuhr fort, sein Feuerzeug zu bearbeiten. Nach zwei Minuten begann er wieder:

»Nicht viel Schatten unter deinem Baum.«

»Muß vorlieb nehmen«, versetzte Berblinger.

»Man braucht nicht vorlieb zu nehmen, wenn man's besser haben kann«, bemerkte der andre etwas lebhafter. »Guck die Kerls an, dort, die singen seit heute früh um fünf Uhr. So ein Leben! Willst du hier übernachten?«

»Noch nicht«, entgegnete der Schneider, sich aufrichtend. Etwas wie Scham kam über ihn, daß er so ganz willen- und leblos dalag. Die Berührung mit einem Mitmenschen fing an zu wirken.

»Hinauf oder hinunter?« fragte der Feldwebel. Schwaben ziehen es vor, in Andeutungen zu sprechen, die oft wie Naturlaute klingen, für die es keine Buchstaben gibt. Aber sie verstehen sich.

»Wie's kommt«, war die Antwort.

»So komm mit uns, wenn Geislingen auf deinem Weg liegt!«

Das war nun eigentlich nicht der Fall, allein Berblinger ging neben dem Feldwebel her, ehe er sich die Einladung überlegt hatte. Er konnte in der Tat fast ebensogut über Geislingen gehen, als sich oben auf der Alb halten, und hatte schon so viel vom Stromer angenommen, um jedem Anstoß nachzugeben, der ihm für die nächste Viertelstunde ein Ziel setzte.

Nach Art der Schwaben in abgerissenen Sätzen und langen Pausen plaudernd, ging es durch das prachtvolle Gebirgstal der Geislinger Steige hinunter, über die heute die Lokomotiven klettern. Ehe sie das Städtchen erreichten, hatte sich der Feldwebel überzeugt, daß er es mit keinem gewöhnlichen Landstreicher zu tun hatte. Das Regiment konnte Freiwillige brauchen, selbst wenn sie nicht freiwillig kamen. Der Mann war klein, aber brauchbar, wenn man ihn gehörig herausfütterte und zustutzte. Daß er sichtlich im Elend war, bestärkte den schlauen und zugleich gutmütigen Feldwebel in dem Wunsch, ihn nicht mehr im Stich zu lassen, bis er auch ihn in Stuttgart eingeliefert hatte.

Die Rekruten machten bei der ersten Kneipe des Städtchens halt. Sie waren ihrem Führer vorangeeilt, sichtlich aber nicht in der Absicht, zu entweichen, denn sie brüllten das Lied von den drei Lilien mit erneuter Stärke in einem Gärtchen, das hinter dem Hause lag. Ihr Führer war mit der Unterbrechung des Marsches völlig einverstanden und lud Berblinger ein, ebenfalls einzutreten und ein Schöppchen zu trinken. Als sie nach einer Stunde wieder heraustraten, war der Schneider Königlich württembergischer freiwilliger Feldsoldat, und sein Feldwebel hatte das in diesen unruhigen Zeiten seltene Glück, einen Mann mehr in Stuttgart abzuliefern, als er seiner Liste nach zu tun verpflichtet war.

Einige Wochen später ereignete sich in der Rotebühlkaserne zu Stuttgart ein Vorfall, der seit Menschengedenken nicht vorgekommen war und wohl nie wieder vorkommen wird. Man war ernstlich beschäftigt, neue Rekruten einzuexerzieren, und die schnarrenden halbfranzösischen Kommandoworte, reichlich gemischt mit landesüblichen Flüchen, durch die dem schwäbischen Bauernjungen die Aufgaben seines neuen Berufs nähergelegt werden konnten, knatterten, dröhnten und rollten über den Hof hin, wie dies jeden Vormittag und Nachmittag je vier Stunden lang der Fall war. Da trat plötzlich eine hörbare Störung in dem verwirrten Lärm ein, denn man bemerkte, daß der Herr Oberst des Regiments Prinz Eugen, begleitet von seinem Oberstleutnant und einem Hauptmann, durch das Portal der Kaserne getreten war – ein sehr seltener Fall – und raschen Gangs der Ecke zuschritt, wo die dritte Kompagnie des zweiten Bataillons ihren Übungen obzuliegen pflegte. Besorgt sah ihm der Leutnant von Degenfeld entgegen, doch schien der Gestrenge mit dem feuerroten Gesicht und dem weißen, hochaufgedrehten Schnurrbart heute in ungefährlicher Stimmung zu sein, ja sogar einen der Tage zu haben, an denen er Witze zu machen pflegte. Eine Zeitlang unterhielt er sich mit dem Leutnant über die neuen, probeweis eingeführten Knöpfe an den Frackschößen des Grenadierregiments Herzog Heinrich, der sodann die Kompagnie antreten lassen mußte, was leidlich gelang.

Dann kommandierte nach einer neue Besorgnisse erregenden Pause der Oberst selbst:

»Soldat Berblinger, drei Schritt vortreten!«

Der vierte Mann im zweiten Glied drängte sich durch,

und ein kleines, nicht sonderlich kräftiges Kerlchen trat vor. Man sah sofort, daß man es nicht mit dem gewöhnlichen Schlag von Bauernjungen zu tun hatte: ein ungewöhnlich intelligentes, aber bleiches Gesicht, rasche, fast nervöse Bewegungen. Auch schien sich der Mann nur mit Anstrengung die vorgeschriebene stramme Haltung zu geben.

»Du heißt Berblinger?« fragte der Oberst in dem barschen Ton, den der Beruf zu erfordern scheint.

»Zu Befehl, Herr Oberst.«

»Woher des Landes?«

»Ulmer, zu Befehl.«

»Profession?«

»Schneider, zu Befehl.«

»Stimmt!« sagte der Oberst, runzelte die Stirn und strich seinen Schnurrbart heftig. »Du hast die – die – die Frechheit gehabt, vor Seiner Königlichen Hoheit, dem Herzog Heinrich, ins Wasser zu fallen.«

»Zu Befehl, Herr Oberst.«

»Warum?«

Berblinger schwieg. Der Oberst wandte sich an die ihn begleitenden Offiziere:

»Können Sie sich vorstellen, meine Herren, der Kerl hat das Fliegen probiert, da hat ihn der Teufel in d' Donau neing'führt. Parbleu, das reimt sich! Das erste Gedicht, das ich in meinem Leben gemacht habe. Hätte nicht geglaubt, daß das Dichten so leicht ist.«

Der Oberst lachte aus vollem Hals, der Oberstleutnant lachte mit, der Hauptmann und der Leutnant lächelten in dem ihrer Rangordnung angemessenen Grade und die Kompagnie zog den rechten Mundwinkel nach oben. Die Mannschaft war bereits so weit ausgebildet und durfte, ja mußte in der guten alten Zeit auch in Reih und Glied Zeichen der Erheiterung geben, wenn der Kommandeur lachte. Jetzt sind allerdings die Zeiten ernster geworden.

»Na, also!« fuhr der Oberst fort, nachdem er sich wieder gefaßt hatte. »Seine Majestät haben von deinem Versuch Kenntnis genommen. Verstanden? Allerhöchstdieselben geruhen denselben als Beweis von Mut und hervorragender Ungeschicklichkeit zu betrachten – verstanden? – und beauftragen mich, dir hierfür ein Gnadengeschenk von zwanzig Friedrichsdor zu übergeben. – Nanu, Kerl, warum springst du nicht in die Luft vor Vergnügen und Dankbarkeit gegen deinen Kriegsherrn und allergnädigsten Landesvater? Es hat Mühe genug gekostet, bis man dich ausfindig gemacht hat, du Herrgottsakramentsvogel, du! Herr Oberstleutnant, übergeben Sie das Geld dem Herrn Hauptmann, der es dem Berblinger in wöchentlichen Raten von einem Friedrichsdor einhändigen soll, damit er nicht verrückt wird, wozu der Mann Neigung zu haben scheint. Herr Leutnant von Degenfeld!«

»Herr Oberst befehlen?«

»Sind Sie mit dem Mann zufrieden, Herr Leutnant?«

»Außerordentlich, Herr Oberst!« antwortete der Leutnant, der fühlte, daß dies unter den obwaltenden Verhältnissen die einzig richtige Antwort war.

»Gut! Er ist zwar klein, aber der Kerl scheint Courage zu haben. Sobald er marschieren kann, *comme il faut*, machen Sie ihn zum Flügelmann. Das scheint sein natürlicher Beruf zu sein.«

Wieder lachte der Oberst sehr laut, lachte der Oberstleutnant, lächelte der Hauptmann und der Leutnant rangentsprechend und zog die Kompagnie den rechten Mundwinkel in die Höhe. Berblinger aber war von Stund an der beliebteste Mann im Regiment, solang die zwanzig Friedrichsdor reichten, obgleich er den Kameraden unbegreiflich gesetzt und traurig erschien. War ein Kerl nicht ein unglaubliches Glückskind, dem allwöchentlich ein Vermögen von zehn Gulden in den Schoß fiel?

Manchmal fragte er sich, was ihm den Mut wiedergegeben habe, weiterzuleben. Dann kam ihm wohl der Gedanke, namentlich wenn er nachts auf Posten stand, daß der Pestilenziarius und das Typhusgretle etwas damit zu tun haben könnten, sicherlich Gretle. Alles andre war wie ausgelöscht.

35
Ein Erwachen

Wieder fegte der Sturm der Weltgeschichte heulend über das Land und wirbelte die kleinen Menschenschicksale durcheinander, die einen mit lautem Jauchzen empor fast bis zum Himmel, die andern hinunter in eine Hölle des Elends, wie dürres Laub in Novembernächten. Leicht ist es nicht, dem einzelnen Blättchen in seinem tollen Kreisen zu folgen, mag man es auch bald da, bald dort auf Augenblicke erhaschen. Aufgepaßt! Vier, fünfmal jagte es an uns vorüber, das helle, gelbe, das sich so munter um sich selbst dreht. Jetzt sollte es wieder kommen; doch wir suchen, wir warten umsonst. Es ist fort, auf Nimmerwiedersehen. –

Auch die Württemberger hatten endlich die russische Grenze erreicht und standen schon seit drei Tagen auf dem Höhenzug am Niemen, Kowno gegenüber, wo über drei Pontonbrücken die Große Armee, welche Europa dem Kaiser gestellt hatte, den Boden Rußlands betrat. Der kleine Sergeant Berblinger hatte zu schweigen, aber es kam ihn bitter an, daß sein Regiment unter Feldmarschall Ney marschieren mußte, den er seit den Tagen von Elchingen so wenig vergessen hatte als die gedrungene Gestalt des Kaisers auf dem Felsen am Kienlesberg. Was half's? Als sie vor dem Ausmarsch die große Revue bei Öhringen abhielten, mußte auch Berblinger ihm zujubeln. Wie sie schrien, die sechzehntausend Mann, viele mit schweren Herzen und knirschenden Zähnen. Aber Berblinger war den Tag zuvor Sergeant geworden und hatte selbst darauf zu achten, daß seine Leute im richtigen Augenblick mit ihrem schwäbischen ›Wif lamperöhr!‹ losbrachen. Es ging leidlich, so daß ihn sogar der General von Scheler im Vorbeireiten mit einem Kopfnicken belohnte. Übrigens konnte man vor ihrem Ney Respekt haben: ein Soldat, wie es nicht viele gab, ein Feldmarschall, der seinen Stab nicht auf einem Parkettboden gefunden hatte. Berblinger steckte schon lange genug in seines Königs Rock, um dies auch bei einem Feind – dies war und blieb ihm jeder Franzose – zu bewundern.

Der längste Mann in seinem Zug machte dem kleinsten Sergeanten im Regiment viel Mühe und Sorge. Der Kerl wollte nicht schreien und schrie nicht; und war dazu ein alter guter Freund seines unmittelbaren Vorgesetzten: Keßler aus Esslingen. Eigentlich gegen die gesetzliche Bestimmung hatten sie ihn ein paar Monate nach seiner Verheiratung vom Schmiedefeuer weggeholt. Einem dienstbeflissenen Schreiber in Stuttgart war die Entdeckung gelungen, daß er seiner Militärpflicht nicht rechtzeitig genügt habe und statt dessen, wer weiß wo, Feuermaschinen und andern Dummheiten nachgelaufen sei. Er konnte das nicht leugnen und sollte nun sechs Jahre dafür büßen. Dazu kam er gerade noch recht, an dem glorreichsten Feldzug des Jahrhunderts teilzunehmen, und wenn er bei der Rückkehr von einem strammen kleinen Jungen begrüßt würde, werde es ihm auch nicht leid sein, sagte man ihm zu Trost.

Wenn Berblinger auf dem Exerzierplatz an ihm hinaufgeschrien hatte, bis er heiser war, saßen sie in irgendeinem Versteck der Kaserne beisammen und sprachen davon, was ihnen seit Kattowitz begegnet war. Keßler hatten den Kopf voll von seinen Feuermaschinen, die man jetzt Dampfmaschinen hieß, war aber ein ruhiger, praktischer Mann geworden, der keine Lust verspürte, sich die Finger zu verbrennen. Eine gutgehende Schmiede, bei der Weib und Kind gedeihen konnten, das war sein Ziel. Die Feuermaschine möge dann in etlichen fünfzig Jahren der Junge bauen, den er erwartete, oder der Bub seines Jungen. Wenn er das als Großvater erleben sollte, wollte er zufrieden sein. Nun mußte freilich die verfluchte Kriegsfurie dazwischenfahren – hol' sie der Teufel, samt Kaiser und König! –, und er konnte darauf rechnen, fünf, sechs Jahre zu verlieren, selbst wenn alles aufs beste abliefe. Bei solchen Gesprächen regten sich auch in Berblinger die alten Lieblingsgedanken wieder, daß er förmlich erschrak. Nein! er wollte jetzt nichts mehr damit zu tun haben. Er hatte zu schwer büßen müssen und lag seit einem Jahr mit gebrochenen Flügeln am Boden. Er durfte froh sein, als Feldsoldat noch eine Zeitlang umherzukriechen wie andre Leute. Ikare, Ikare! summte es ihm wieder gelegentlich in den Ohren. Es wäre doch schön gewesen, und kommen mußte es ja einmal.

Auf dem langen, mühseligen Marsch quer durch das alte deutsche Reich, von dem jetzt niemand mehr etwas wissen wollte, gab es Stunden genug, diesen Dingen nachzuhängen, und die Freundschaft zwischen dem kleinsten Sergeanten und dem längsten Gemeinen des Regiments wurde derart, daß beide, wenn irgend möglich, in dasselbe Quartier zu kommen suchten. Dies war auch am Niemen gelungen, wo sie sich in einer kleinen, in die Erde eingegrabenen Hütte außerhalb des überfüllten Dorfes leidlich eingerichtet hatten. Schon seit drei Tagen warteten sie, bis es für die Nachhut Zeit war, die Brücken zu betreten, über die ein ununterbrochener Strom von Truppen aller Gattungen hinzog, um mit fliegenden Fahnen und lautem Siegesjubel das jenseitige Ufer zu betreten.

Das war das schlimmste für die Württemberger, daß sie mit zwei Divisionen Franzosen, meist Elsässern und Lothringern, die Nachhut der Großen Armee bilden mußten. Überall fanden sie halbverwüstete Quartiere, ausgehungerte, verzweifelnde Bewohner, die mit stumpfer Gleichgültigkeit zusahen, wie ihnen das Letzte genommen wurde, wenn es ein Letztes zu nehmen gab.

Die Not fing schon in Ostpreußen und Polen an, und trotz der feinen Sommertage war bereits ein Drittel der Leute erschöpft zurückgeblieben. Selbst ihr Kronprinz, von dem die Württemberger viel erwarteten, hatte ernstlich erkrankt das Kommando dem General von Scheler übergeben und seine Truppen verlassen. Ein böser Anfang des glorreichen Feldzugs.

Es war ein herrlicher Juniabend. Berblinger und Keßler saßen auf einem vor ihrer Hütte liegenden Baumstamm und sahen aus der Ferne der Bewegung auf den Brücken zu, die noch nicht zum Stillstand gekommen war, als mit klingendem Spiel am andern Ende des Dorfs ein französisches Infanterieregiment einrückte und sich wenige Minuten später auflöste, um Quartiere zu suchen, so gut es gehen wollte.

Ein großer hagerer Mann mit einem grauen Knebelbart und einem echt französischen Soldatengesicht näherte sich der Hütte. Es war ein Sergeant, dem zwei Gemeine den Tornister und ein Kiste nachtrugen. Der Mann sah die beiden Württemberger verächtlich an, sagte in ausgeprägtem Elsässer Französisch: »Parbleu! Das Haus ist mein Haus! Eintreten!« und stieß mit dem Fuß die Türe auf, die krachend nach innen fiel.

Berblinger schnellte in die Höhe, Keßler erhob sich langsam.

»Das Haus ist mein Haus«, sagte der kleine Schwabe mit unterdrückter Wut. »Wenn Ihr es haben wollt, müßt Ihr uns zuvor hinauswerfen.«

Dreißig Schritte weiter rückwärts standen ein Russe und sein Weib, er mit einem, sie mit zwei Kindern im Arm, und sahen mit scheinbar völlig gleichgültiger Miene der Entscheidung entgegen, wem ihr Haus zufallen würde. Unter den stumpfen Zügen regte sich ein heimliches Lachen: die Hoffnung, daß sich die Herren in die Haare geraten möchten.

Es kam aber anders. Der Franzose hatte Berblinger mit einer blitzartigen Bewegung den Tschako vom Kopf geschlagen, Keßler dem Franzosen mit ruhiger Energie den gleichen Dienst erwiesen, als dieser plötzlich laut aufschrie:

»Berblinger! *Sacré nom de dieu*, Prätle von Ulm!«

»François!« lachte Berblinger, kaum weniger erfreut. »Donnerwetter, wo kommst du her?«

»Geradewegs von Straßburg. Soll mich der Teufel holen, wenn mich das nicht freut!«

Damit war die alte Bekanntschaft erneuert und eine Art von Freundschaft schoß auf dem ungastlichen Boden in die Halme, die auf der heimatlichen Scholle nie hätte gedeihen können. Keßler stülpte zunächst eigenhändig dem Elsässer den Tschako wieder auf den Kopf, während dieser Berblinger umarmte und küßte, daß der kleine Schwabe den Grund unter den Füßen verlor. Dann wurde rasch die Einrichtung der Hütte umgeändert, vor derselben ein Feuer angezündet, des Russen Kessel darüber gehängt und ein großes Stück Hammelfleisch abgekocht, das François mitgebracht hatte. »Wir wissen uns besser zu verproviantieren als ihr dummen Schwaben«, erklärte er lachend, während er seinem alten und neuen Freund mit gerechtem Stolz große Stücke Fleisch vorlegte. Er war in der besten Laune. Selbst dem Russen und seinem Weib, die noch immer wortlos aus der Ferne zusahen – ihr heimliches Lachen war längst geschwunden –, warf er einen Knochen zu, der noch nicht völlig abgenagt war. Dann entließ er mit einer gnädigen Handbewegung die zwei Mann, die seine Kiste getragen hatten, und lud gleichzeitig seine schwäbischen Freunde ein, auf ihrem Baumstamm wieder Platz zu nehmen und das Treiben auf den Brücken des weiteren zu beobachten, wo jetzt zahllose Feuer und Pechfackeln den Siegeszug der Großen Armee beleuchteten.

Der Franzose brachte Leben in die einsilbige Unterhaltung der beiden Schwaben. Nachdem sie sich ihre seitherigen Erlebnisse in aller Kürze erzählt hatten, begannen sie nach ihrer Art zu philosophieren. Es war keine üble Anregung hierfür: der Menschenstrom in der Ferne, dessen dumpfes, einförmiges Murmeln zu ihnen herüberdrang, nur manchmal unterbrochen vom Wirbeln der Trommeln oder dem triumphierenden Aufschrei einer Trompete.

François zeigte nach dem jenseitigen Ende der mittleren Brücke, wo das größte Feuer brannte und man das unruhige Blitzen der Waffen vorüberziehender Truppen zu sehen glaubte.

»Dort steht der Kaiser seit zwei Tagen und sieht seine Kinder vorüberziehen!« rief er mit flammenden Augen. »Welch ein Mann, der kleine Korporal, zu dessen Füßen die Welt liegt. Was sagst du dazu, Berblinger? Die Größe hättest du und das Fliegen hast auch du versucht. Welch ein Stolz, seinen Adlern zu folgen! Gestern hat er den Polen die Freiheit gebracht –«

»Wie er sie den Deutschen brachte«, unterbrach ihn Keßler.

»Was verstehst du davon!« lachte der Elsässer, ohne ärgerlich zu werden. »Siehst du nicht, daß tausend Freudenfeuer seine Straße beleuchten. *Voilà la liberté* scheinen sie mir in die russische Nacht hineinzurufen; *voilà la gloire* rufen sie uns zu. Hört ihr nichts?«

»Mir wäre *ein* Feuer genug«, sagte Keßler trocken. »Mein Schmiedefeuer. Und wenn heute meine Lore unsre Suppe daran kochte, gäbe ich alles *gloire* der Welt drum.«

»Schneckenhäusler und Schlafhauben!« brauste der Elsässer auf. »Du solltest daheim geblieben sein in deinem alten verlotterten Reichsstädtchen! Parbleu, hast du keinen Sinn dafür, wenn dir der Kaiser Russenfleisch zu fressen gibt? Da lob' ich mir den Berblinger. Der hat es wenigstens versucht, etwas höher hinaufzuflattern, ist freilich nicht weit gekommen. Dafür ist er jetzt Sergeant in der größten Armee der Welt, hat den Marschallstab im Tornister und folgt einem Führer, der mir, *à moi*, schon bei Elchingen die Hand gedrückt hat. *Voilà la gloire, Messieurs!*«

»Sonderlich weit bist du dabei auch nicht gekommen«, meinte Keßler mit unzerstörbarer Ruhe.

»Das kommt noch«, versetzte François leichthin. »Morgen marschiert mein Regiment über die Brücke, und ihr hinterher. Früher, hab' ich mir sagen lassen, habt ihr Schwaben die Reichssturmfahne vorangetragen. Nun könnt ihr hinterdrein laufen. Das habt ihr von euren Suppen und Schmiedefeuern. Etliche unter euch sind anders; zugegeben! Als ich in Heidelberg in Arbeit stand, hab' ich ein Lied gehört, mit dem man weit kommen kann: ›Ich hab' mein Sach auf nichts gestellt!‹ *Vive la liberté!* Hier oben, etwas abseits vom Weg, kann ich schreien, was ich will; es hört uns niemand, und morgen geht es mit einem *Vive l'Empereur!* über die Brücke! He Berblinger! Der Mann dort unten zeigt der Welt, was Fliegen heißt!«

Er hakte eine große Schnapsflasche los, die an seinem Tornister hing, und schwenkte sie gegen die Brücken hinüber, auf denen ein Licht nach dem andern erlosch. Auch die glorreichste Armee konnte nicht ewig marschieren.

Voilà la gloire! Borodino! Die zweite blutige Schlacht war geschlagen, der zweite große Sieg des Riesenfeldzugs gewonnen, die Russen in vollem Rückzug; nichts mehr zwischen der Großen Armee und Moskau, dem Ziel ihrer Adler, dem Ende ihrer Not. Ja, ihrer Not. Von den 15 800 Württembergern, die vor einem halben Jahr die Grenzen des Ländchens überschritten hatten, waren nach Smolensk noch 1400, nach Borodino noch 800 Mann kampffähig. Das waren grauenhafte Zahlen; nur gut, daß wenige davon wußten, niemand davon sprach.

Ein Glück war es für den Leutnant Berblinger – seit der Schlacht von Smolensk war er Leutnant –, daß er seine Wunde neben einem zusammengeschossenen Furagewagen empfing. Keßler fand ein paar Pferdedecken, aus denen sich ein leidliches Lager herstellen ließ, und der Wagen selbst gab Brennholz für sechs Wachtfeuer. Um das ihre lagerte sich ein Dutzend Leute, meist Württemberger, die einschliefen, fast ehe sie den Kopf auf den Tornister gelegt hatten; darunter auch etliche Franzosen. Es war noch alles in Verwirrung, und erst gegen Morgen fanden sich die Leute wieder bei ihren Regimentern zusammen. Derartige Siege waren auch dem Kaiser neu.

Kein Wunder; ein furchtbarer Tag lag hinter allen. Der Donner der Geschütze und das Geknatter des Gewehrfeuers summte betäubend noch jedem stundenlang in Kopf und Ohren, nachdem es verstummt war. Was nicht summte und nicht verstummen wollte, war das Stöhnen, die Schmerzensrufe der Verwundeten, die zu Tausenden auf der Walstatt umherlagen und denen in dieser Nacht nur der Tod Erlösung bringen konnte. Dreitausend Mann hatte den Kaiser der Sieg gekostet; wie teuer die Russen ihre Niederlage bezahlten, weiß man heute noch nicht.

Schonungslos wurden die deutschen Truppen den russischen Feuerschlünden entgegengeworfen. Sie gingen ohne Schwanken. Marschall Ney, der Held des Tags, wußte seinen Soldatengeist auch in den Widerstrebendsten zu wecken, eine Massenhypnose, die noch kein Psychiater erklärt hat. Die Kampfeslust, die in jedem Manne wie in jedem reißenden Tier schlummert, erwachte selbst in denen, die sich auf dem langen mühseligen Marsch hundertmal mit Bitterkeit gefragt hatten, weshalb und wozu sie dem fremden Eroberer Blut und Leben opfern sollten. Von sieben Uhr früh bis drei Uhr nachmittags dauerte das Morden. Der eiserne Marschall Davoust, die Generale Desaix und Compans, auf russischer Seite der Fürst Bagration fielen schwerverwundet. Wieder und wieder wurden die Bagration-Schanzen bei Semenowskoi, die Rajewski-Schanze beim Dorf Borodino erobert und verloren. Wie vom Wahnsinn ergriffen, stürmte schließlich Mann gegen Mann, schweißbedeckte, pulvergeschwärzte, blutbefleckte, zerfetzte Gestalten, die nicht mehr wußten, was sie taten, nichts mehr hofften, nichts mehr fürchteten. Endlich, gegen drei Uhr, wurde der tosende Lärm schwächer. Die Adler der französischen

Armee, die zerfetzten Fahnen der Deutschen winkten von den zerschossenen Schanzen. Die Leute sanken erschöpft zu Boden, wo sie waren. Erst nach Stunden begannen sie sich wieder zu sammeln, zu ordnen, und sahen von den erstürmten Höhen todmüde den Russen nach, die in leidlicher Ordnung gegen Moskau hin abzogen, während die kaiserliche Garde mit klingendem Spiel über das Schlachtfeld hinzog. Das war die noch ungeschwächte Reserve der Großen Armee, die der Kaiser für künftige Schlachten schonte.

Dann breitete die Nacht ihren Schleier über die blutige Walstatt. Das Röcheln und Stöhnen der Sterbenden wurde seltener. Viele Tausende hatte der Tod schon erlöst. Die leichter Verwundeten versuchten sich nach Verbandsplätzen zu schleppen, die nirgends zu finden waren, nach Wasser zu rufen. Man mußte, man wollte leben. Und wirklich, das Leben erwachte wieder. Da und dort sammelten sich die zersprengten Leute um ihre Fahnen, da und dort erhoben sich Zelte in unordentlichen Reihen. Kleine Gruppen bildeten sich um Feuer, über denen bereits Kessel hingen. Einem Bach entlang entfaltete sich ein buntes Lagerleben, noch ehe die Nacht völlig hereingebrochen war. Aber es gehörten gute Nerven dazu, in dem grausigen Jammer des wimmernden Schlachtfeldes die Alltagsarbeit wieder aufzunehmen.

Berblingers Verwundung war nur ein häßlicher Lanzenstich im linken Oberarm, nichts Gefährliches, und Keßler verstand es, wie die meisten Schmiede, leichte Wunden zu verbinden. Auch fand er in dem zertrümmerten Furagewagen einen Korb voll Brot und einen zweiten, der mit Speck gefüllt war. Das war ein Fund! Am dritten Wachtfeuer hinter dem südlichen Vorsprung der Rajewski-Schanze ging es hoch her. Gelegentlich mußten freundschaftliche Angriffe auf die kostbare Beute und die Trümmer des Wagens abgeschlagen werden, was meist unter lautem Lachen glückte. Wenn nur die vierundsechzigtausend ›Blessierten‹ so ruhig gewesen wären wie die sechzehntausend, die schon still und steif zwischen zerschossenen Kanonen und toten Pferden umherlagen.

Keßler hatte alles besorgt, was für die Nacht geschehen konnte und legte sich neben seinen Leutnant, der sich unruhig hin und her wälzte. Beide waren zu müd und zu aufgeregt, um einzuschlafen. Sie sprachen halblaut miteinander und lauschten in langen Pausen auf die unheimlichen Geräusche, die der schon herbstliche Nachtwind über das Schlachtfeld trug.

»Ich wollte, der Kerl dort hinter den Kanonen hörte auf zu schreien. Was hilft's?« sagte Keßler ungeduldig. »Tut dein Arm noch weh, Berblinger?«

»Hört der auf, fängt ein andrer an«, versetzte der Leutnant. »Mir ist wohl genug, wenn ich mich nicht bewege. Wäre nur der Durst nicht.«

»Dort drüben sitzt François, einen ganzen Schnapskrug zwischen den Beinen. Der Lump findet immer das Beste. Soll ich ihn holen?«

»Laß sein. Ich wollt', ich wäre tot. Da liegen viele Tausende und haben Ruh.«

»Tot? Weshalb?« fragte Keßler.

»Seit ich ein achtjähriger Knirps war, zu Haus auf unsrer Alb«, murmelte Berblinger, als ob er mit sich selbst spräche, »und ein Franzose meinen Vater erschoß, hab' ich sie gehaßt wie nichts in der Welt. Seit mich mein Vater an der Hand nahm – ich konnte kaum gehen – und mir von unsern Bergen herab das Land zeigte: die Teck, den Neuffen, den Staufen und die grünen Hügel und Täler zu unsern Füßen, hab' ich nichts lieber gehabt als die Berge und Wälder der Heimat, und nun muß ich für diese Franzosen all den Jammer um uns her durchmachen und mit anstiften. Ist's nicht zum Herzbrechen?«

»Das kommt davon, wenn man den Menschen zuviel Blut nimmt«, brummte Keßler vor sich hin; dann sagte er lauter: »Herzbrechen? Nein, so weit sind wir noch lange nicht, und geärgert haben uns die Russen heute auch. Ich freue mich auf Moskau – weit kann es ja nicht mehr sein – und auf mein Schmiedefeuer in Esslingen und auf mein Lorle. ›Von allen Mädchen so flink und so blank‹ – Donnerwetter, wenn nur der Kerl hinter der Kanone still wäre. Wenn er ein Russe ist, könnt' ich ihm den Kragen vollends umdrehen. Es wäre eine Wohltat für ihn und uns. Den Morgen erlebt er ja doch nicht.«

»Du kannst dir wenigstens die Ohren zuhalten«, sagte Berblinger, selbst leise stöhnend. »Ich bringe den Arm nicht hoch. Und der Durst, der Durst!«

»Donnerwetter, der François muß uns seinen Krug leihen. Der Kerl ist ja schon halb besoffen. Ich geh' und hol' ihn.«

»Horch!« rief Berblinger, sich aufrichtend und Keßler am Mantel packend. Ein wunderliches Rauschen entstand in nicht zu großer Ferne und kam näher: viele Stimmen, lautes Rufen, Klirren von Waffen. Jetzt konnte man deutlich einzelne Worte verstehen: »*Vive l'Empereur! Vive l'Empereur!*«

Am nächsten Wachtfeuer war auch François aufgesprungen – eine schwarze hagere Gestalt, von der roten Glut grell beleuchtet –, schwang den großen Krug über dem Kopf und brüllte lauter als alle andern: »*À Moscou, à Moscou! Vive l'Empereur!*« Selbst Keßler sprang auf und schrie mit – das ist die Gewalt der Gewaltigen –, so gut es eine schwäbische Zunge fertigbrachte. Denn fünfzig Schritte von ihnen, in der tiefen Dämmerung kaum erkennbar, sah er den Schein eines weißen Pferdes, darauf eine kleine dunkle Gestalt, vornübergebeugt, wie die eines Schlafenden –: der Kaiser, der noch in später Stunde sein Tagewerk besichtigte.

Alle, die noch konnten, jubelten ihm zu. Nur Berblinger warf sich zurück, drückte sein Gesicht in die Haare des Tornisters, auf dem sein Kopf lag, und sah seine Heimat im

Abendsonnenlicht, den Neuffen, die Teck, den Staufen. *Vive l'Empereur?* Nein, das nicht!

Auch Keßler war gelaufen, um den Kaiser in der Nähe zu sehen. Als er zurückkam, fand er, daß Berblinger eingeschlafen war.

»Um so besser!« sagte er befriedigt, warf sich neben ihn auf den Boden, wickelte seinen Mantel um beide und schlief nach einer halben Minute mit den Toten um die Wette, der Russe hinter den nächsten Kanonen mochte stöhnen, soviel er wollte.

Etliche Wochen später standen der kleine Leutnant und sein langer Sergeant wieder beisammen und betrachteten mit verwirrten Blicken ein Bild, dessen sich die Weltgeschichte noch in tausend Jahren erinnern wird. Keßler war am Tag nach Borodino Sergeant geworden, und Berblinger hatte den linken Arm noch in der Schlinge. Das reglementwidrige Verhältnis der beiden hatte zu Anfang des Feldzugs höherenorts einigen Anstoß erregt. Neuerdings aber war auch höheren Orts soviel Reglementwidriges eingerissen, daß man es nicht mehr für der Mühe wert fand, dem Leutnant Berblinger einen Verweis zu erteilen, weil ihn der Sergeant Keßler duzte.

Es schien den Württembergern nach der letzten großen Schlacht, in der sie 600 von ihren 1400 Mann verloren hatten, etwas besserzugehen. Sie sollten nicht ganz zugrunde gehen, und Zersprengte, geheilte Verwundete und Kranke sammelten sich wieder um ihre zerschossenen Fahnen, so daß sie bis auf 2400 anschwollen. Nun aber, am dritten Tag des Brandes von Moskau, brach auch in ihrer Vorstadt da und dort Feuer aus, und nachdem man ein paar Brandstifter – Halbmenschen und wilde Tiere dem Aussehen nach – erschossen hatte, gaben sie auch hier wie drüben um den Kreml weiteren Widerstand gegen das Verhängnis auf. Das war kein Krieg mehr; hier waren die Gewalten der

Hölle an der Arbeit, meinten Tausende; oder Gottes, sagte Berblinger, als sie von ihrer Anhöhe herab das furchtbare Bild der brennenden Riesenstadt betrachteten, die sich unter einem blutroten Schleier aus Rauch und Dampf begrub, aus dem an hundert Stellen Feuerzungen zum Himmel schossen. Noch stand der Kreml mit seinen Palästen und Kirchen unberührt im Flammenmeer. Aus einem seiner Fenster, hieß es, sehe der Kaiser schweigend seine hochfliegenden Träume zugrunde gehen. ›Der hatte immerhin einen andern Flug gewagt als der kleine Berblinger‹, dachte Keßler, ›und war im Begriff, einen andern Fall zu tun‹; aber er sagte nichts. Sie sprachen nur in wenigen einsilbigen Worten, nach Schwabenart, obgleich sie klar genug empfanden, was um sie her vorging: ein Gottesgericht, vor dessen Größe ihr eignes Schicksal in Nichts versank.

»Ob wir das überstehen werden?« fragte Keßler mit einem schweren Seufzer. Sie hatten lange schweigend dem fernen, aber deutlich hörbaren Prasseln der Flammen, dem Sausen heißer, erstickender Luftwellen gelauscht, die von da und dort her den Knall eines Gewehrs, das dumpfe Wirbeln von Trommeln, das Schmettern einer Trompete herübertrugen.

»Ich glaube kaum«, versetzte Berblinger, »und danke Gott!«

»Dafür dankst du Gott!« rief der andre zornig. »Was soll das heißen? Ich will heim zu meinem Schmiedefeuer, zu meinem Weib!«

»Um uns her brennen Schmiedefeuer genug«, sagte Berblinger, den die Aufregung der letzten Tage zum Poeten machte. »Ohne Feuer brechen die Ketten nicht, die wir bis hierher geschleppt haben; und im gleichen Feuer schmiedet Gott die Klingen für die Befreiung derer, die es überleben.«

»Überleben! Darauf kommt's an!« versetzte der Schmied trocken, »und die Aussichten sind nicht erfreulich, wenn wir die Hände in den Schoß legen und Sprüche machen. Siehst du, dort kommt einer, der's versteht.«

Es war François, der bis jetzt unverwundet und sichtlich wohlgenährt durch den Feldzug gekommen war. Sein Regiment lag am andern Ende derselben Vorstadt im Quartier, so daß sich die alten Bekannten gelegentlich sahen. Er trug einen hochbepackten Tornister und führte ein Pferd am Zügel, das ihm hinkend und widerwillig folgte, aber ebenfalls mit Beutestücken aller Art schwer beladen war.

»Hallo, Schwaben!« rief er schon von weitem, laut lachend. »Wozu steht ihr da und gafft das Feuer an, anstatt zu retten, was zu retten ist? Dem Mutigen gehört die Welt. Ich komme aus der Hölle dort unten, aber nicht mit leeren Händen. Man muß verstehen, dem Teufel die goldenen Zähne zu ziehen, ehe er beißt. Es sieht schief aus, keine Frage; und sie sprechen davon, daß der Kaiser an den Rückzug denke. *Vive l'Empereur!* Mir soll's recht sein, ich habe die Talgfresser satt bis an den Hals. Aber ein paar Andenken an den verfluchten Feldzug will ich heimbringen – oder –«

Er verschwand in einer Rauchwolke, die sich aus der nächsten Querstraße heraufwälzte, wo einige Strohdächer, naß wie sie waren, zu brennen anfingen.

»Was denkst du, Berblinger?« sagte Keßler langsam, »wollen wir uns auch nach einem Andenken umsehen? Sie tun's alle.«

»Glaubst du, wir werden vergessen, wenn wir hundert Jahr alt würden, wie Gott heute mit den Franzosen ins Gericht geht?« fragte Berblinger. »Menschenwerk ist das nicht; so straft nur der Allmächtige.«

»Uns mit«, murrte Keßler, indem er sich gegen ihr Häuschen wandte, um seine Sachen herauszuholen. Große fliegende Feuerbüschel fielen schon auf die Strohdächer in nächster Nähe, und an Löschen war längst nicht mehr zu denken.

»Uns mit, wie wir's verdienen!« sagte Berblinger und folgte ihm.

Seit zwei Tagen lag die Beresina hinter ihnen. Achtundsechzig Württemberger seien noch über den Fluß gekommen, geschoben, getragen, über brechendes Gebälke, von Eisscholle zu Scholle springend, an dem Schweif halbertrunkener Pferde hängend, mit erstarrten Leichen ans Ufer treibend. Sie sprachen davon, als erzählten sie einen wirren Traum. Die meisten hatten kein Gedächtnis mehr für den entsetzlichen Tag. Viele kamen überhaupt nicht mehr an die Brücke, ergaben sich den nachdrängenden Kosaken und verschwanden in Schnee und Eis des grenzenlosen Reichs.

Jetzt breitete sich unter dem bleigrauen Himmel ein endloses Schneefeld vor ihnen aus, über das der eisige Nordwest spitze Flocken jagte, die ihnen wie Hagelkörner ins Gesicht schnitten. Am Horizont, in weiter, weiter Ferne, sah man ein schmales schwarzes Band, das immer weiter zurückzuweichen schien. Das war Wald. Den Weg konnten sie nicht verfehlen, obgleich der frischfallende Schnee jede Spur rasch verwischte. Hier lag ein Tschako, dort stak eine Muskete aufrecht im Schnee, hier erblickte man, von Wölfen oder Soldaten frisch ausgegraben, die Reste eines Pferdes, dort erhob sich ein mit dem Leichentuch der Natur bedecktes Häufchen, das noch gestern sechs lebende Menschen gewesen war; all das in einer leicht übersehbaren Strecke von hundert Schritten. Und so ging es fort, meilen- und meilen-, tage- und tagelang.

Die Württemberger gehörten auch jetzt wieder zur Nachhut der Großen Armee, die Ney kommandierte. Welche Nachhut! Von einem Kommando hatte man seit zwei Tagen nichts mehr gehört. Jeder sah, wie er selbst weiterkam, soweit er noch sehen konnte.

Am jenseitigen, westlichen Ufer der Beresina waren die

drei wieder zusammengetroffen. François hatte schon wenige Tage nach dem Auszug aus Moskau sein Packpferd und alle die hübschen Andenken an den glorreichen, aber – wie er zugab – scheinbar nicht glücklichen Feldzug verloren und besaß nichts mehr als die zerlumpten Kleider, in denen er stand, seinen halbleeren Tornister und seine Waffen, wie alle andern, die sich noch weiterschleppen konnten. Da er sein Regiment verloren hatte, schloß er sich den Württembergern an und zog abwechslungsweise jammernd und schimpfend neben den einsilbigen Schwaben her. Sein leichteres Blut und der Galgenhumor, den er sich im Lauf seines buntscheckigen Lebens erworben hatte, verkürzte ihnen manche Stunde, und selbst das ungeheuerliche Pathos seines Jammerns wurde ihnen in den schlimmsten Stunden ein Trost, den sie staunend gelten ließen. Nützlicher aber war die Findigkeit, mit der er in den ausgestohlensten Baracken, in den zehnmal durchsuchten Uniformstücken noch etwas zu entdecken wußte, das für Speise, Trank oder Kleidung verwertbar war. Wenn schließlich nichts, auch gar nichts zur Befriedigung der dringendsten Lebensbedürfnisse in Sicht kommen wollte, so wußte er von den Fischen zu Straßburg, den Spätzle zu Ulm, den Würsten in Frankfurt und den Mehlspeisen in Wien zu erzählen, daß man den Hunger fast vergaß, der in den schmerzhaft zusammenschrumpfenden Mägen wütete.

Doch gab es auch für ihn besonders trübe Tage. Wortlos waren sie heute stundenlang weitergehinkt. Am Morgen hatte François einen Kürassiermantel gefunden, konnte ihn aber bald nicht mehr schleppen, so daß er ihn um einen halben Laib gefrorenen Brotes an Keßler verkaufte, den dieser im letzten Biwak von einem sterbenden Offizier erhalten hatte. Die Hoffnung, noch vor Abend eine größere Ortschaft zu erreichen, die am fernen Waldsaum liegen sollte, schwand. Da und dort sanken ganze Trüpplein von Soldaten wie auf Verabredung zu Boden, um sich, dicht zusammengedrängt, für die Nacht einzurichten. Noch eine halbe Stunde lang konnten sich die drei weiterschleppen, dann mußten auch sie daran denken, sich irgendwo im Schnee einzugraben; der Waldsaum war nicht mehr erreichbar.

Da plötzlich schwenkte François nach links ab. Er hatte eine kleine Erhöhung bemerkt, die ihn anzog. Berblinger und Keßler, völlig abgestumpft vor Hunger und Kälte, fragten nicht und setzten ihren Weg fort. Dann hörten sie ihn rufen und sahen, daß er winkte.

»Er hat wieder etwas gefunden«, sagte Keßler müde; »es gibt keine Lumpen auf Gottes Erdboden, die nicht schließlich zu etwas gut sind. Wir dürfen froh sein, daß er uns den Teufelskerl geschickt hat.« Damit zogen sie François nach.

Er hatte in der Tat etwas gefunden: ein totes, vom Schnee schon völlig bedecktes Pferd, das fast noch warm zu sein schien. Dies war wohl eine Täuschung, aber auch eine Täuschung dieser Art war eine Wohltat. Rasch war neben dem Pferd ein Loch in den Schnee gegraben und ein Damm um das Loch aufgeworfen, der den schneidenden Wind abhielt. Dann gingen sie alle an die Arbeit, Stücke aus den fleischigen Teilen des Tieres zu säbeln. Niemand, außer einer Schar Krähen, die über ihren Köpfen kreiste und heftig zu protestieren schien, beachtete sie. Der lange, zerrissene Zug des Heeres bewegte sich in der Dämmerung noch immer langsam an ihnen vorüber. Er erschien von Horizont zu Horizont wie eine endlose, dünn punktierte Linie auf weißem Grund: Krüppel und Lahme, Sterbende und Halbtote; da und dort eine Standarte, eine Fahnenstange mit einem bunten Fetzen des alten Tuches, eine Gruppe Pferde mit hängenden Köpfen, jeden Augenblick bereit, in die Knie zu stürzen, hier und da ein schwerbeladener Schlitten; keine Kanone mehr!

Sie aßen nicht zum erstenmal rohes Pferdefleisch. Es war erträglich mit einem Stück gefrorenen Brotes, wenn es noch frisch und fast warm war und wenn man trockenes Pulver darauf streute. Es erinnerte François an gepfefferte Nieren, die man, wie er behauptete, im Luxemburgischen besonders gut zuzubereiten verstehe. Zum Schluß zog er eine kleine Flasche aus der Tasche, die ihm an der Beresina ein sterbender General geschenkt habe, und goß jedem ein paar Tropfen Branntwein auf die letzte Brotkruste, die sie besaßen; so weit reichte der Inhalt. Dann breitete er Keßlers Kürassiermantel auf dem Boden der Grube aus, legte sich mitten darauf und lud seine beiden Freunde ein, rechts und links von ihm Platz zu nehmen. Sie gehorchten. Die eignen, böse zerrissenen Mäntel dienten als Decken, und die Tornister – auch der Leutnant trug wieder einen solchen – waren keine schlechten Kopfkissen. Aber es war bitter kalt und der Wind fegte den Schnee über die Grube weg, daß der Nachthimmel ganz weiß aussah. So weit half der kleine Schneedamm; nicht weiter.

»Wenn uns mit Gottes Hilfe heute Nacht der Teufel holt, soll mich's freuen«, brummte François, schon halb im Schlaf. »Drei Seelen für einen guten warmen Ofen, der Handel läßt sich hören!«

»Du, Elsässer«, sagte Keßler nach einer Pause, mit den Zähnen klappernd, »gibt der Berblinger warm?«

»Wie ein Eiszapfen von dreißig Zentimeter Länge«, antwortete François. »Er ist zu nichts zu brauchen; das war schon in Ulm so.«

»So wär' es am besten, wir nähmen ihn in die Mitte«, meinte der Schmied in gleichgültigem Ton; »dann hat wenigstens einer etwas von dem Dreigespann, mit dem du zur Hölle fahren willst.« Damit erhob er sich und legte sich auf der andern Seite von Berblinger nieder. Dieser drückte seinem Freund unter dem Mantel stumm die Hand. Er war fast nicht mehr imstand, ein lautes Wort zu sprechen, aber er empfand die neue Anordnung ihrer Schlafstelle als eine große Wohltat.

»Berblinger«, sagte der Sergeant nach einiger Zeit, »schläfst du?«

»Nein. Was gibt's?«

»Betest du manchmal?«

»Das hab' ich schon als kleines Kind gelernt.«

»Ich auch; aber man vergißt's auf der Wanderschaft. Mein Lorle hat mir's wieder beigebracht, seit wir verheiratet sind, aber es geht noch schlecht. – Herr Gott, wären wir jetzt an meinem Schmiedefeuer in Esslingen; der Wind geht einem durch Mark und Bein. Bet etwas.«

»Das Vaterunser?«

»Ist mir alles gleich. Du kannst etwas von unsern Sünden sagen, wenn du willst. Wir müssen sie gehörig büßen, denk' ich. Aber das schickt sich, wenn wir von unserm Herrgott etwas wollen. Ich möchte heute nicht einschlafen, eh' du etwas gebetet hast; du hast's studiert.«

»Es braucht kein Studieren. Mir ist's auch zumut, als ob's nötig wäre. Herr Gott im Himmel! Wir sind allzumal faule Knechte gewesen.«

»Du«, unterbrach ihn Keßler, »das scheint mir kein guter Anfang zu sein. Es muß ihn gegen uns einnehmen.«

»Aber es ist wahr genug«, sagte Berblinger; »wir lägen sonst nicht hier im Schnee, um zu sterben … Wir sind allzumal faule Knechte gewesen und ermangeln des Ruhms, den wir vor dir haben sollten. Du bist unser Vater. Tu mit unserm Leib nach deinem Willen und sei unsrer Seele gnädig.«

»Aber ich möchte heim! Heim zu meinem Schmiedefeuer, zu meinem Lorle!« Der große Mann hub an, leise zu schluchzen, das erstemal seit seiner Lehrzeit. Auch seine eisernen Nerven gaben endlich nach.

»Wir sind auf dem Weg«, tröstete Berblinger. »Er wird uns heimbringen, Keßler – alle!«

»Meinst du? Bete noch etwas.«

»Und erlöse uns vom Übel, denn dein ist das Reich und die Kraft und die Herrlichkeit. Amen.«

»Das gefällt mir besser. Erlös uns vom Übel!« flüsterte der Schmied. »Das geht gegen den Napoleon, den gottverfluchten Halunken!«

»*Vive la liberté! Vive la gloire! Vive l'Empereur!*« murmelte François, schon im Schlaf. Dann schwiegen sie alle drei, und der Schnee fegte über sie weg, ein wallendes weißgraues Leinentuch, wie über tausend andre, die sich entlang der großen Heerstraße gebettet hatten.

Als Berblinger im Morgengrauen die Augen aufschlug, glaubte er den Kopf eines Wolfes über sich zu sehen, der die Zähne fletschte. Es war aber das Gesicht eines Kosaken, der sehen wollte, ob der Leutnant auch tot war. Er lag nämlich zwischen zwei Leichen und war gefangen.

Tausende erlebten ähnliches in jenen Tagen und fanden's nicht der Mühe wert, viel Wesens daraus zu machen. So braucht auch nicht erzählt zu werden, wie alles kam: Wie Berblinger vierzehn Tage lang von den Kosaken hin und her geschleppt wurde und ihnen schließlich mehr verlorenging als entwischte, wie er sich von Dorf zu Dorf, von Stadt zu Stadt durchschneiderte und mit seiner Nadel weiter kam als der Kaiser Napoleon mit sechshunderttausend Bajonetten und Säbeln, wie er sich dabei erholte und seinen Weg mit kunstgerecht geflickten Pelzröcken und Beinkleidern nach westeuropäischem Schnitt sozusagen pflasterte, so daß er nicht einmal als ganzer Bettler die schlesische Grenze überschritt und mit jubelndem Herzen wieder deutsche Laute hörte. Und was für Laute!

Es war nämlich mittlerweile Frühling geworden im deutschen Lande; noch ein unsicherer stürmischer Frühling, aber doch Sonnenschein da und dort und eine innere Wärme, wie man sie seit Jahrhunderten nicht mehr gekannt hatte; das Erwachen nicht allein der toten Natur, sondern eines lebendigen Volks, welches – wie man fürchtete – verlernt hatte zu glauben und zu hoffen, und nun wieder glaubte, hoffte und liebte. Trüpplein junger Leute zogen den Feldwegen und Heerstraßen entlang, ältere, gereifte Männer mit ihnen. Sie sangen Frühlingslieder mit ernsten Gesichtern und fröhliche Schlachtlieder; sie bissen die Zähne zusammen und trockneten verstohlene Tränen. Denn eine dunkle Zukunft lag vor ihnen, und das Scheiden tut weh, wenn man dem Tod entgegengeht. Alle Welt wußte nämlich von den vierhunderttausend, die unter russischem Schnee begraben lagen, was napoleonische Kriege waren. Trotzdem sangen sie, und ein innerer Jubel trieb sie vorwärts. Sie fühlten in allen Gliedern, daß ein Völkerfrühling angebrochen war. Endlich hatte auch ihr König gerufen. Das Volk stand auf.

Dem ersten dieser Trüpplein, dem Berblinger begegnete, schloß er sich an und hörte, von was sie sangen. Wie es ihn packte! Endlich, endlich! Es war ihm, als ob was kommen mußte, aus seinen frühesten Kindererinnerungen herauswüchse. Die Franzosen vertreiben, die in seiner Mutter Garten eingebrochen waren, die Franzosen erschlagen, die ihm den Vater erschossen hatten. Endlich, endlich!

Vergessen war, was er hinter sich hatte: die Hunderte von Meilen mühseligen Wanderns durch verschneite Wälder und Sümpfe, Hunger und Durst, die halb erfrorenen Zehen und der kaum geheilte Lanzenstich im Arm; auch die Leutnantsuniform, die längst an einem russischen Nagel hing. Er wurde wieder Gemeiner: freiwilliger preußischer Gemeiner im ersten Regiment, auf das sein Trüpplein stieß. Man machte nicht viele Umstände im Taumel jener Tage, und Berblinger war jetzt ein Mann, der seinen Wert hatte. Denn er konnte schießen und hatte mehr Pulver gerochen, als alle andern in seiner Kompagnie zusammen. Nach acht Tagen war er wieder Unteroffizier, und nie war ihm so zumut gewesen, als ob ihm Flügel wüchsen, als in jenen Frühlingstagen. Alles lebte in ihm auf; auch an sein altes Ulm dachte er wieder ohne Grauen. Wie ihn die

Gewißheit hob, daß auch für die ferne Heimat die Stunde der Befreiung kommen mußte! Ja, auch er glaubte wieder. Wenn er nur Flügel hätte – vier Flügel!

Vorläufig wollte er daran nicht denken. Es galt ernste blutige Arbeit, und der Völkerfrühling hatte noch manchen Wintersturm vor sich, der ihm Hagel und Regen ins Gesicht schleudern sollte; Kugelregen und bleiernen Hagel. Bei Lützen hörte er zum erstenmal wieder die Kanonen donnern und das Geknatter des Gewehrfeuers und konnte seinen jungen Kameraden zeigen, was sich ein Veteran von Smolensk und Borodino daraus macht. Dabei wäre er um ein Haar samt seinem ganzen Zug gefangengenommen worden. Es lief noch gnädig ab, und er erhielt für seine hervorragende Tapferkeit einen scharfen Verweis. Er machte sich so wenig daraus als alle andern aus der unangenehmen Tatsache, daß die erste Schlacht im neuen Krieg verloren wurde. Man wußte jetzt, daß die jungen Truppen standhalten würden, wenn es menschenmöglich war. Drei Wochen später, nach Bautzen, wurde er wieder Leutnant, obgleich er nach der Schlacht nur noch die Hälfte seines Zuges vorführen konnte. Sie waren in sinnloser Verwirrung ihrem kleinen Feldwebel nachgelaufen, mitten hinein in das Kartätschenfeuer einer sächsischen Batterie, und hatten vier Kanonen erobert. Man sprach vom Eisernen Kreuz. Hierfür aber war der Schwabe doch noch nicht preußisch genug und überdies hatte man die Kanonen zurücklassen müssen. Denn auch die zweite Schlacht gewannen – unbegreiflicherweise! – die Franzosen. War denn kein Gott im Himmel, fragten die zu Haus Gebliebenen.

Doch keiner von denen, die dabei waren, fragte so. Nun hatten sie auch gründlich gelernt, fürs Vaterland zu sterben. Außer seinen Flügeln, die ihm jetzt immer wieder durch den Kopf gingen, sonderlich auf den langen Rückzugsmärschen, welche der Schlacht folgten, hatte er kaum mehr einen andern Gedanken. Er wurde dabei heiterer, als er seit Jahren gewesen war, und bei Kameraden und Untergebenen beliebter als viele andre. Sein unverfälschtes Schwäbisch mochte damit zusammenhängen, und daß er dem einen oder andern anvertraut hatte, welche Vorteile er sich in naher Zukunft von einer geflügelten Freischar verspreche. Beides gab zu lachen, trotz der grimmigen Zeiten, und das Flugproblem gewann begeisterte Anhänger, je mehr man über die Bewegungen des Feindes im Zweifel war, je erschöpfter die Leute abends zu Boden sanken.

Einen geheimen, aber tiefen Schmerz wußte er sorgfältig zu verstecken. Es trieb ihm die Schamröte ins Gesicht, sooft jemand zufällig davon sprach, daß seine Landsleute, wie noch immer die Hälfte der Deutschen, auf der Seite des Feindes standen. Als sich gar die Runde vom Überfall der tapferen Lützower bei Lützen verbreitete, und die entstellten und verdrehten Nachrichten württembergische Truppen dafür verantwortlich machten, hätte er die unselige Tat am liebsten mit der ersten französischen Kugel selbst gebüßt. O Deutschland, Deutschland! Was konnte aber der arme schwäbische Spatz machen, der sich hilflos in den Krallen des französischen Adlers wand!

Dann kamen die bangen Wochen eines Waffenstillstandes, den das Volk nicht verstand. Worte des Hasses und der Verzweiflung, Lieder des Muts und der Hoffnung flogen von Mund zu Mund. Körner sang noch und Arndt rief: »Krieg schallt es von den Karpathen bis zur Ostsee, vom Niemen bis zur Elbe; Krieg ruft der Edelmann und der verarmte Bauer, der sein letztes Pferd unter Vorspannen tottreibt, Krieg der Bürger, den die Einquartierungen erschöpft haben, Krieg der arbeitslose Taglöhner, Krieg die Witwe, die ihren einzigen Sohn ins Feld schickt, Krieg die Braut, die unter Tränen des Stolzes und des Schmerzes den Bräutigam ziehen läßt!« Was lag in solchen Zeiten an einem verunglückten Schneiderlein?

Er hatte ein Herz wie alle andern und war bereit, zu sterben. Er hatte es ja unter dem Hohngelächter von Tausenden schon einmal bewiesen, und diesmal lachte niemand. Der Waffenstillstand war zu Ende; die Kriegsfurie brach wieder los, und das Volk jubelte. Die alte Kampfesfreudigkeit der Germanen feierte in diesen Tagen ihre Wiedergeburt.

Noch war die Gefahr furchtbar, noch immer Napoleon zweimal schneller als die vielköpfigen Gegner, die unter dem halbverräterischen Bernadotte sich nicht rühren wollten. Des Kaisers Nordarmee, zur Hälfte Deutsche, stand nur noch wenige Stunden von Berlin. Die Preußen schienen zu zaudern, doch rückten sie endlich unter Bülow dem Feind entgegen. Es mußte vor Berlin zu einem Entscheidungsschlag kommen. So viel war selbst dem kleinen Leutnant in dem schlesischen Regiment klar, in das er höchst ordnungswidrig geraten war.

Am Abend des 23. August, als das Regiment zwischen Lichtenwalde und Kleinbeeren sein Biwak bezogen hatte, forderte der Oberst Freiwillige für einen gefährlichen Streifzug. Man mußte wissen, wer in oder hinter dem Walde lag, der sich jenseits von Großbeeren ausdehnte. Zwölf Mann mit einem Leutnant sollten, sich östlich haltend, durch das Gehölz vordringen und nach Möglichkeit feststellen, was von dieser Seite her zu befürchten war. Berblinger war sofort bereit, und keiner seiner Leute wollte zurückbleiben. »Gut«, meinte der Oberst, »dann können sie alle gehen. Aber Vorsicht, Herr Leutnant! Es ist unnötig, den Feind zu alarmieren und sich vor der Zeit niederknallen zu lassen.«

Berblinger nickte. Er wollte vorsichtig sein.

Dann schliefen sie ein paar Stunden, die Waffen im Arm. Er träumte von Gretle, von einem Christtag in dem längst abgebrannten Hühnerstall zu Ulm, an den er seit Jahren nicht mehr gedacht hatte. Unter dem Weihnachtsbäumchen begrüßte er mit Erstaunen seinen alten Freund Gotthilf, dem es vortrefflich zu gehen schien. Über dem strahlenden Baum hing ein geflügeltes Engelein, lachte wunderlieblich und segelte, die Flügel langsam bewegend, im Kreis um den Gipfel. Er schämte sich fast, daß er es nicht lassen konnte, die ruhige Bewegung der Flügel scharf zu beobachten, während ihn Gotthilf ans Herz drückte. Über allem aber leuchtete ein großer weißer Stern, so groß, daß Berblinger endlich verwundert die Augen aufschlug. Nun erst bemerkte er, daß dies der Morgenstern war, der fast senkrecht über ihm am Himmel stand, während sich am östlichen Horizont die erste schwache Helle eines trüben Morgenrots zeigte. Er sprang auf, schüttelte sich und weckte seine Leute. Es war Zeit, nach einem hastigen Imbiß sich auf den Weg zu machen.

Lautlos marschierten sie, dreißig Mann stark, in aufgelöster Ordnung dem Walde zu, ohne gestört zu werden. Die ganze Natur lag noch in tiefem Schlummer. Nichts Verdächtiges zeigte sich, während sie am Waldsaum hinschlichen. Dann teilten sie sich in drei Züge, von denen der erste in das schwarzdunkle Föhrendickicht eindrang, die andern ihren Weg am Waldrand fortsetzten und je nach fünfhundert Schritten ebenfalls versuchen sollten, in südlicher Richtung durch das Gehölz zu dringen. Berblinger führte die erste dieser Abteilungen, denn es ließ sich voraussehen, daß sie in nächster Nähe des vermuteten Gegners die andre Seite des Waldes erreichen würden. Nach zwanzig Minuten des vorsichtigsten Vordringens sahen sie wieder freies Feld vor sich.

Es war jetzt hell genug, um auf beträchtliche Entfernung unterscheiden zu können, was sich darbot. Dort, rechts von ihnen, aber wohl zweihundert Meter vom Waldsaum lag in langen Reihen an ausgebrannten Wachtfeuern wohl ein halbes Armeekorps. Sachsen. Auf dem Bauch kriechend, gewann Berblinger mit zwei seiner Leute ein etwas höher gelegenes kleines Gehölz, von dem aus sich besser beurteilen ließ, wie viele und welche Truppen hier biwakiert hatten. Die Patrouille hatte jetzt ihre Aufgabe erfüllt.

Berblinger dachte an Rückkehr, die nicht so leicht war, da es jetzt heller Tag geworden war.

Da knallte ein Schuß und gleich drauf noch einer. Die weiter östlich vorgegangenen Abteilungen seiner Leute waren in Berührung mit Vorposten des Feindes gekommen, die sie nicht bemerkt hatten. Dort, in einer sanften Einsenkung unmittelbar am Wald, mußten weitere Truppenkörper liegen. Auch Berblinger hatte den Wald wieder erreicht. Im Schnellschritt, tief gebückt laufend, eilte er der Stelle zu, wo die Schüsse gefallen waren. Es hat auch manchmal seine Vorteile, klein zu sein; er kam in dem Dickicht schneller vorwärts als alle andern. Jetzt hörte er Waffenklirren, laute Rufe; da und dort raschelte es, als ob Großwild durchs Gebüsch bräche. Das waren seine Leute, die sich zu retten suchten, vielleicht schon gerettet waren. Er selbst sah sich plötzlich in einer kleinen Lichtung sechs, acht, zehn Franzosen gegenüber, die ihm den Weg vertraten. In demselben Augenblick stürzte sein einziger Begleiter und blieb regungslos liegen. Ein Kopfschuß. Er riß ihm das Gewehr aus der Hand und schoß. Der Franzose, der ihm zunächst war, fiel schreiend zur Erde; die andern, die nicht wissen konnten, wie wenige Leute ihnen gegenüberstanden, suchten Deckung, und Berblinger, der das Feld frei sah, lief nun auch. Da knallte es aus nächster Nähe, und fast gleichzeitig sprang ein riesiger Kerl aus dem Gebüsch, um ihn aufzuhalten. Dabei schoß ihm eine Kindererinnerung durch den Kopf, so lebhaft, so schrecklich, daß er alles andre vergaß. Das war der Marodeur, der vor achtzehn Jahren mit seinem Vater gerungen hatte – der war's –, bei Gott, der war's! Zweifellos eine Halluzination seiner aufgeregten Sinne; die Wirkung aber war die der Wirklichkeit. Er drehte wie der Blitz sein Gewehr um, und mit einem Kolbenschlag, den niemand dem kleinen Mann zugetraut hätte, schmetterte er seinen Gegner nieder, der dalag wie ein gefällter Stier. Jetzt aber, nach etlichen Schritten, knatterte es von allen Seiten. Ein stechender Schmerz schoß ihm durch die Brust – ein Blutstrom in den Mund – ein Taumeln – und aus war's! –

Fast vollzählig erreichten seine Leute das Regiment wieder; nur zwei Mann und der Leutnant fehlten, der kleine Schwabe. »Unvorsichtig wie gewöhnlich«, sagte der Oberst kopfschüttelnd. Keiner wußte, wo er geblieben war. Was sie sonst zu berichten hatten, erwies sich von großer Bedeutung. Als etliche Stunden später das Korps des Generals Reynier in strömendem Regen aus jenem Wald hervorbrach, wurde es von einem vernichtenden Geschützfeuer empfangen und dann im Sturm mit dem Bajonett angegriffen. Damit begann der erste Sieg des neuen Feldzugs, der die preußische Hauptstadt rettete und den Mut des aufatmenden Volkes für die kommenden furchtbaren Anstrengungen entflammte. Hei, wie am Abend des blutigen Tages die Hurras und Vivats von Regiment zu Regiment brausten, wie der Jubel in Berlin durch die Straßen wogte, wie durch ganz Deutschland die Runde flog, daß der dämonische Kaiser nicht mehr unverwundbar sei!

Mittlerweile lag ein kleiner Leutnant totwund und zum Glück meist besinnungslos unter einer Buche im Wald hinter Großbeeren, wo ihn am folgenden Tag Bauern fanden; denn die Leute, die das Schlachtfeld abzuräumen hatten, glaubten in dieser Entfernung nicht mehr suchen zu müssen. Sie schleppten ihn nach Blankenfeld und legten ihn vor dem ersten Häuschen des Dorfes nieder. Dort wohnte ein armes altes Mütterchen, das der Kanonendonner der Schlacht so verwirrt hatte, daß sie sich des halbtoten Quartiersmannes nicht erwehren konnte. So ging es ihm doch noch besser als tausend andern.

36
Excelsior

Nachdenklich ging der neue Stadtpfarrer Fischer – er hieß noch immer der Neue, obgleich er schon seit anderthalb Jahren als dritter Geistlicher am Münster amtete – durch das altertümliche Zundeltörchen und wandte sich der Stuttgarter Steige zu, seinem Lieblingsweg, wenn er ungestört ein Rätsel des Seelenlebens oder des Weltlaufs betrachten wollte. Die Straße führt in der Einsenkung zwischen dem Gais- und Michelsberg langsam auf die Höhe des Gebirgs, wo der einsame Wanderer, nach links abbiegend und umwendend, durch einen kleinen Wald die freie Kante des Michelsbergs erreicht und sodann, steil absteigend, durch das Frauentor in die Stadt zurückkehren kann. Es gibt um Ulm kein zweites Tälchen, das einen ähnlichen Eindruck der Ruhe und Abgeschiedenheit macht, und Fischer war in der Stimmung für beides. Er hatte sich am Morgen über einige seiner neuen Mitbürger geärgert und kam von einer Beerdigung, die ihn tiefer bewegt hatte, als recht und billig war. Denn Bekannte und gute Freunde zu begraben gehörte zu seinen Werktagspflichten, die man gleichmütig erledigen muß, wenn man lebensfroh und gesund bleiben will.

Auch war es keine feierliche, große ›Leiche‹ gewesen, obgleich mehr Leute dem alten Pestilenziarius das letzte Geleite gaben, als der Pfarrer erwartet hatte. Allein der halb kindisch gewordene kleine Magister war ein Inventarstück aus der Reichsstadtzeit, und die Ulmer hängen an alten Inventarstücken, wenn sie auch in ihrer derben Weise, um jedem Verdacht eines weicheren Gefühls vorzubeugen, ihre Witze darüber machen. Fischer hatte den Pestilenziarius in seiner letzten kurzen Krankheit häufig besucht – sein Häuschen lag so bequem unmittelbar neben dem südwestlichen Seitenportal des Münsters –, und ein freundschaftliches Verhältnis verband den jungen mit dem alten Mann, namentlich seitdem Krummacher entdeckt hatte, daß der neue Stadtpfarrer mit seinem verschollenen Zögling Berblinger in der Klosterschule zu Blaubeuren gewesen war. Er lebte förmlich auf, wenn er auf die Not zu sprechen kam, die ihm daraus erwachsen sei, den Jungen durchs Landexamen zu bringen, der schon damals allerhand verrückte Ideen im Kopf gehabt habe. Später sei er auf schlimme Abwege geraten, habe sich in der Stadt in übeln Ruf gebracht und müsse allem nach in Rußland zugrunde gegangen sein. Aber er habe ihm nie bös sein können, dem Brechtle, schon seiner Mutter wegen. Damit endete regelmäßig ihre Unterhaltung über den verschollenen Schneider, obgleich Krummacher den Pfarrer mit einem unruhigen, bittenden Blick ansah, als habe er noch ein schweres Geheimnis auf dem Herzen, das nicht über die zitternden Lippen wollte.

Ein andrer gemeinsamer Berührungspunkt führte zu froheren Gesprächen. Beide waren gute Deutsche. Die Schlacht von Leipzig, der Übergang Blüchers über den Rhein, der Feldzug in Frankreich und der bevorstehende Einzug in Paris hatten Krummacher und Fischer tief bewegt. Sie schlugen Schlachten auf der Bettdecke des Pestilenziarius und annektierten die wertvollsten Provinzen des Nachbarlandes. Beide träumten von der Wiederaufrichtung des Reichs durch ein in schwerer Prüfung gereiftes Volk, jeder in seiner Weise. Krummacher war überzeugt, daß die Reichsstädte wieder erstehen müßten und daß in der allgemeinen Wiedergeburt Deutschlands sein eignes ehrwürdiges Amt hergestellt werden könnte. Der Titel dürfte ja zu ändern sein, meinte er nachdenklich. Auch müsse er zugeben, daß eine unmittelbare Gefahr seitens der alten Pest, des schwarzen Todes, nicht mehr vorliege. Doch könne man ohne Gottes Beistand nie ganz sicher sein, und Pestbeulen andrer Art gebe es noch genug, gegen die der Beistand des Allmächtigen mit Nutzen erfleht werden könnte. Fischer konnte sich des Lächelns kaum erwehren, war aber nicht so fühllos, dem alten Mann seinen Gedanken und seine Hoffnung zu nehmen. Er ahnte nicht, daß das, was er von Deutschlands Wiedergeburt erhoffte, in fast ebenso weiter Ferne lag.

Einige Tage vor seinem Tod war der Magister ungewöhnlich aufgeregt und murmelte endlich halb schluchzend, daß er nur noch einen Wunsch auf der Erde habe, griff mit flammender Röte auf den eingefallenen Wangen nach Fischers Hand und gestand: er möchte in der Nähe der Frau Berblinger begraben sein. »Sie müssen nicht denken«, stammelte er kaum hörbar, »daß etwas dahinter stecke. Sie war ein Engel – und ist's. Deshalb. Ich möchte sie so bald als möglich um Verzeihung bitten, daß ich ihren Brechtle nicht besser behütet habe. Aber was konnte ich machen?« Dabei weinte er wie ein Kind, lachte freundlich unter seinen Tränen – ganz wie ein Kind – und sprach vom Wiedersehen in einem besseren Leben. Es brauchte ja so schlimm nicht zu werden, meinte er, denn er habe getan, was er konnte.

Ja, er war halb kindisch und doch in der Hauptsache klar und froh bereit für den schwersten Gang des Lebens. Die Seele bleibt ein ewiges Rätsel, ob sie kommt oder geht.

Darüber hatte Fischer den kleinen Ärger vom Vormittag fast vergessen, mußte aber jetzt wieder daran denken. Er ging ja eigentlich wegen dieser Geschichte und dem, was daran hing, spazieren.

Vor drei Tagen war auch in Ulm die Nachricht eingetroffen, daß der Kaiser Napoleon in Fontainebleau abgedankt habe und so viel als gefangen sei. So war endlich die Zeit der blutigen Opfer zu Ende, das große Ziel erreicht und der Friede sicher. Der Jubel war groß, und doch hatten etliche gegen den Vorschlag des Stadtpfarrers Einwendungen erhoben, mit allen Glocken zu läuten und ein Dankfest abzuhalten. Man sollte erst abwarten, ob sich die Nachricht bestätige, und nichts Voreiliges tun; es sei auch noch keine Weisung der zuständigen Behörden erfolgt und dergleichen. Trotz allen Blutvergießens, trotz aller Begeisterung lebten doch noch viele der alten, ängstlichen Gattung, die allerdings ihr Blut nicht vergossen hatten. Schließlich, nach einer entrüsteten Ansprache, ging sein Vorschlag doch einstimmig durch: man wollte die Stadt beflaggen, mit allen Glocken läuten, am morgigen Sonntag im Münster einen Dankgottesdienst und abends mit Fackelbeleuchtung eine Bürgerversammlung vor dem Schwörhaus abhalten, bei der es an patriotischen Reden nicht fehlen dürfe. Professor Schwätzler erbot sich sofort, ein Festlied nach beliebiger Melodie zu dichten. Dies wurde jedoch abgelehnt, da er schon zu viele Festgedichte auf Napoleon angefertigt habe, dagegen Fischer gebeten, das Nötige zu besorgen. Er hatte in der schwersten Zeit als Pfarrverweser zu Geislingen heimlich hochpatriotische Lieder gesungen, und man wußte, daß er noch immer dichtete. Nun konnte er es laut und öffentlich tun und tat es gern.

In dem Wäldchen auf dem Rücken des Michelsbergs legte er sich ins Gras und sah durch hundert aufspringende Blätterknospen eines Eichenbaums den Abendwölkchen zu, die licht und rosig über ihn hinsegelten. Der warme Maientag schien alles verjüngen zu wollen, und ihm selbst war zumut, als ob er um zehn Jahre jünger wäre. Als er sich wieder erhob, standen die vier Schlußstrophen seines Festlieds in wilden, wirren Zeilen in seinem Notizbuch. Er machte sich hier in der Waldeseinsamkeit nichts daraus, sich zu gestehen, daß sie ihm wohl gefielen. Die übrigen acht wollte er morgen früh schon fertig kriegen; unter zwölf konnte der Triumph des Vaterlands doch wohl kaum gefeiert werden. Die Verse aber lauteten:

Nun füllt die blinkenden Pokale
Mit unsres Rheines Rebenblut!
Wir weihn die erste volle Schale
Dem alten deutschen Kampfesmut,
Euch, die ihr, in der Faust die Wehre,
Der Macht getrotzt, der Hinterlist,
Euch danken wir's, daß Männerehre
Uns wieder teuer worden ist.

Und euch, die in den Streit gegangen
Voll heil'gen Feuers, stolz und frei,
Die ihr ohn' Zagen, ohne Bangen
Entgegengingt dem Stahl und Blei,
Die man mit wundgeschoßnen Gliedern
Auf unsern Siegesfeldern fand,
Euch dankt in tausend Jubelliedern
Das neugeborne Vaterland.

Doch dreimal, dreimal Heil den Toten,
Die weinend wir ins Grab gesenkt,
Die unsern teuern deutschen Boden
Mit ihrem jungen Blut getränkt.
Dem Blut entstieg die Friedenstaube,
Die über unsrer Heimat schwebt.
Euch danken wir's, daß wieder Glaube
Und Lieb' und Hoffnung in uns lebt.

Laßt, Brüder, eure Becher klingen,
Die Freude hat ein heilig Recht.
Laßt eure Jubellieder dringen
Bis in das kommende Geschlecht.
Laßt brausen alle Münsterglocken,
Der böse Sturm hat ausgetobt,
Kein dankbar Auge bleibe trocken,
Das heut den Gott der Schlachten lobt.

Nun war ihm wieder wohl. Er hatte sich Trauer und Ärger vom Herzen gesungen und trat wenige Minuten später aus dem Waldesdickicht auf die offene Bergeshöhe vor das oft bewunderte herrliche Bild, das sich, in goldenes Abendlicht getaucht, vor ihm aufbaute; die fernen Alpen, die noch im frischen Schnee glänzten, die altersgraue Stadt mit ihrem gewaltigen Münsterbau, selbst in seiner Unvollständigkeit ein echtes Gotteshaus neben der Menschen Häuschen, die er zehnfach überragte. Nun kam eine neue Zeit, ein neuer Geist und neuer Mut auch über dieses altertümliche Bild; nun war es nicht mehr unmöglich, daß sich der schwere stumpfe Turm mit seinem Notdach in die Lüfte erheben werde, wie es die alten, frommen Baumeister geträumt hatten, daß ein Wald reicher Fialen und prächtige Seitentürme den schweren Koloß schmücken würden, zur Ehre Gottes und des wiedererstandenen Vaterlands. Frühling in der weiten Natur, Frühling in tausend und abertausend deutschen Herzen! – Wie er so dachte, begannen die Glocken drunten im Münsterturm zu läuten und der Abendwind trug die mächtigen Klänge in brausenden Wellen über Berg und Wald, weit hinaus in alle Welt: den Dank von tausend und abertausend Herzen für das, was Gott ihnen mit diesem Völkerfrühling geschenkt hatte.

Denn in jenen Tagen glaubten sie wieder und liebten und hofften.

Während so der wackere Pfarrer und Poet das liebliche Frühlingsidyll einsog und sich seines Lebens und des Glücks seiner Mitmenschen freute, fiel sein Blick seitwärts auf eine kleine Gestalt, die unter einem mit Schlehenblüten bedeckten Strauch saß. Der Mann in einem zerlumpten, bettelhaften Anzug war anscheinend ein Landstreicher der verkommensten Gattung. Wahrscheinlich hatte ihn das Glockengeläute aus dem Schlaf geweckt; er schien in müder Gleichgültigkeit nicht recht zu wissen, was er daraus machen sollte. Fischer war im Begriff, sich abzuwenden, um sich den Eindruck des feierlichen Abends nicht zu verderben, als der Bettler so heftig zu husten begann, daß er sich noch einmal zu ihm wandte. Das war am Ende doch ein Stückchen menschlichen Elends, und der Pfarrer, wenn ihn die Poesie auch manchmal über irdischen Jammer weghob, hatte kein hartes Herz.

Der Lump trug eine schmutzige Soldatenmütze, einen fremdartigen Bauernkittel und Hosen, die wohl früher auch in irgendeinem Regiment gedient hatten, jedenfalls aber nicht württembergischen Ursprungs waren. Das schlimmste an ihm schienen seine Stiefel zu sein und, als er jetzt den vor ihm stehenden Herrn ansah, sein dünnes, geisterhaft bleiches Gesicht.

»Krank?« fragte der junge Pfarrer, den der Gegensatz zwischen dieser Figur und seiner eignen gehobenen Stimmung plötzlich scharf in die Seele schnitt.

»Ein alter Husten«, versetzte der kleine Mann trocken, riß dann aber plötzlich die Augen weit auf, während die letzte Spur von Farbe aus seinem Gesicht wich.

»Ihr seid erschöpft, Mann«, fuhr Fischer fort. »Ihr müßt sehen, daß Ihr in die Stadt kommt. Verhungern läßt man Euch da unten nicht.«

»Ich weiß nicht, ob's noch geht«, sagte der Bettler, wieder zusammensinkend.

»Es wird schon. Hier oben ist nichts zu holen. Ihr seid wohl Soldat gewesen? Nehmt Euch zusammen; ich will Euch hinunterhelfen.«

Wieder hob sich der Mann ein wenig, stützte sich auf den linken Ellbogen, hielt die rechte Hand vors Gesicht, um die untergehende Sonne abzuhalten, die ihn blendete, und sagte leis und langsam: »Fischer!«

Jetzt fiel dieser neben dem Vagabunden auf die Knie und schrie auf: »Berblinger!«

Das war ein Wiedersehen! – Und noch immer sandten die Münsterglocken, die das Dankesfest einläuteten, ihre vollen, feierlichen Klänge herauf, während Berblinger in den Pausen seines Hustens dem Jugendfreund erzählte, wie er Invalide und Bettler geworden sei und von Stuttgart komme, wo man nichts von ihm wissen wollte, weil er ja eigentlich als preußischer Soldat angesehen werden müsse. Er hätte seine Ansprüche in Berlin geltend machen sollen, sagte man ihm in nicht gerade höflicher Weise. Dort habe man ihm allerdings schon zwei Monate zuvor geraten, sich als Württemberger nach Stuttgart zu wenden. Mit einer Kugel im Leib sei es nicht leicht, zwischen Berlin und Stuttgart hin und her zu pendeln. Er freue sich wenigstens, das alte Münster zu sehen, und hübsch sei's, daß er gerade zum Dankfestläuten gekommen sei. Es habe ihm manchmal in den Ohren geklungen, seit dazumal – vor drei Jahren.

Er dachte an das Festgeläute, mit dem man den König Friedrich empfangen hatte und er voll Mut und Zuversicht seinem Schicksal entgegengegangen war. Fischer konnte es ihm nicht verargen, daß die Bitterkeit eines verlorenen Lebens im gebrochenen Ton seiner Stimme durchklang. –

Andern Tags nach der Festpredigt im Münster sagten die Leute kopfnickend: der neue Stadtpfarrer habe wirklich wieder einmal allen aus der Seele gesprochen. Man habe so recht mit Dank und Stolz empfunden, ein Deutscher zu sein. Reden könne er, der Neue, das müsse man ihm lassen, aber ein wunderlicher Kauz sei er doch. Gestern abend habe man ihn durchs Frauentor kommen sehen, mit einem veritabeln Vagabunden am Arm. Er habe den Kerl selbst in das städtische Spital gebracht. Na, man könne sich derartiges zur Not erklären, und es sei dann förmlich rührend. Aber es schicke sich nun einmal nicht für einen Münstergeistlichen im Amt, Arm in Arm mit einem sichtlich betrunkenen Landstreicher durch die Stadt zu ziehen. Das Lumpenpack sei ohnehin in diesen Kriegszeiten immer frecher geworden, und alles habe seine Grenzen.

Mehr der allgemeinen Beliebtheit Fischers als der Energie, mit der er die Sache betrieb, war es zuzuschreiben, daß Berblinger ohne lange Formalitäten in das städtische Hospital aufgenommen wurde und schon am Tag nach dem Dankfest ein eignes kleines Stübchen erhielt. Es lag im zweiten Stock des Hauses und bot einen freundlichen Ausblick nach der Donau und der Adlerbastei, auf der die jungen Äpfel- und Birnbäume, rot und weiß, in herrlichster Blüte standen. Der Pfarrer fragte seinen Freund etwas verlegen, ob es ihm nicht unangenehm sei, die Bastei vor dem Fenster zu haben; zur Not könne auch eine Kammer nach dem Hof hin geräumt werden, die allerdings weniger freundlich sei. Aber Berblinger lächelte müde: Er habe die Adlerbastei monatelang im Traum gesehen und sehe schon längst darüber hinweg. Es freue ihn sogar, wieder in ihrer Nähe zu sein. So blieb's dabei und war insofern gleichgültig, als der Invalide in den ersten Wochen das Bett nicht verlassen konnte.

Das Wunder sei, daß der Schneider überhaupt noch lebe, sagte der Medizinalrat Bühler nach der ersten gründlichen Untersuchung. Eine schwerverletzte Lunge, eine Kugel im Leib, die vorläufig nicht zu entfernen sei, weil man sie nicht finden könne, und die Strapazen, die der notdürftig geheilte Mann in der letzten Zeit durchgemacht haben müsse, hätten einen Stier umgebracht. Es sei mit diesen kleinen, zartgebauten Leuten eine kuriose Sache; manchmal seien sie zäher als Leder. An ein Auskommen sei übrigens nicht zu denken; damit könne sich die städtische Behörde samt der Armenpflege beruhigen.

Eigentümlich war Berblingers erste Begegnung mit Gretle, die trotz ihrer fünfundzwanzig Jahre und ihrer klösterlichen Kleidung noch immer wie ein jugendfrisches, fast kindliches, wenn auch etwas ernstes Mädchen aussah. Es war, als wäre zwischen beiden nichts vorgefallen und als hätten sie sich höchstens seit zwei Tagen nicht wiedergesehen.

»Grüß Gott, Brechtle«, sagte sie, als sie am Morgen nach dem Dankfest mit einer Schüssel heißer Milch bei ihm eintrat. »Wie hast du geschlafen?«

»Grüß di Gott, Gretle! Nicht so ruhig, wie manchmal im Hühnerstall«, antwortete er. »Das kann auch niemand erwarten. Du siehst frischer und gesünder aus als je.«

»Ich hab' meine Arbeit und alles, was ich dazu brauche. Halt dich ruhig. Es wird bei dir auch wieder anders kommen«, sagte sie, stellte die Milch auf das Tischchen neben seinem Bett und ging.

Das war alles. Er drehte sich gegen die Wand, sagte mit fast erstickter Stimme: »Nie wieder, nie wieder!« und schluchzte. Seine erschütterten Nerven konnten nichts mehr ertragen. Sie lehnte draußen in dem düsteren Gang den Kopf gegen den Türpfosten, flüsterte ebenfalls: »Nie wieder, nie wieder!« und weinte zum Erbarmen, obgleich ihre Nerven kerngesund waren.

Etliche Tage später fragte sie ihn, ob sie ihm manchmal etwas vorlesen dürfe, da es in der Ecke, in der sein Bett stand, zum Lesen zu dunkel war und er noch nicht aufstehen sollte. Natürlich war ihm dies willkommen. So las sie ihm, sooft es ihre Zeit erlaubte, meist aus der Bibel vor, bald dies, bald das. Es ist erstaunlich, wie unterhaltend, wie ergreifend, wie erschütternd das Buch ist, wenn man es eine Zeitlang auf die Seite gelegt oder vergessen hat, daß es seinerzeit zu Schulleseübungen dienen mußte. Diese halben Stündchen wurden die Lichtpunkte in seinem Alltagsleben, obgleich nun bald auch andre dazu kamen.

In der Stadt wurde es rasch genug bekannt, daß Berblinger zurückgekommen sei und mit einer Kugel im Leib im städtischen Spital liege. Im allgemeinen freute man sich nicht darüber. Doch flößte die Kugel den Leuten so weit Respekt ein, daß der Spott über den Schneider nicht mehr recht in Gang kommen wollte, mit dem man sich gegen den Spott über die Stadt verteidigt hatte, an dem es die Nürnberger und Stuttgarter nicht fehlen ließen. Am liebsten hätte man die alte Geschichte vergessen und begraben, um so mehr, als sie durch einen unangenehmen Zwischenfall wieder aufgefrischt worden war. Auf der letzten Messe hatte sich ein Wachsfigurenkabinett eingefunden, in dem neben den höchsten Potentaten alter und neuer Zeit der ›Schneider von Ulm‹ in Lebensgröße zu sehen war. Die Sache wäre ohne Aufsehen hingegangen, wenn der Besitzer der wandernden Walhalla nicht die Frechheit gehabt hätte, in einer Eingabe an den Magistrat um die noch vorhandenen Reste des Anzugs und der Flügel zu bitten, die Berblinger bei seinem mißglückten Versuch gebraucht hatte. Die Folge war eine sofortige Zusammenberufung der ehrbaren Schneiderzunft und eine Eingabe derselben an den Magistrat mit der dringenden Bitte, besagte Reste des Flügel sowie den Anzug unverweilt zu zerstören und den ganzen Wachsfigurenkram von der Messe entfernen zu lassen. Dies geschah unter der unerbetenen Beihilfe zahlreicher Schneidergesellen mit solcher Überstürzung, daß Friedrich der Große seinen rechten Arm samt Stock und der letzte deutsche Kaiser den Kopf verlor; eine diesbezügliche Klage des Wachsfigurenkabinettbesitzers gegen den Magistrat aber zum Glück erfolglos blieb.

Nun war das Spottgebilde, der wächserne Schneider von Ulm, zwar verschwunden, der lebendige aber wieder da, und mußte sogar auf städtische Kosten behaust, ernährt und verpflegt werden. Vielen erschien dies, als ob man vom Regen in die Dachtraufe gekommen wäre, doch alle stimmten darin überein, je weniger man von der Sache spreche, um so besser, so daß Berblinger in seinem Krankenstübchen ungestört der Genesung entgegengehen konnte. Auch sah es fast aus, als ob er trotz des Medizinalrats Bühler auf dem besten Weg dazu wäre.

Hierfür sorgten die wenigen Freunde, die ihm geblieben waren, nach Kräften; vor allem Fischer, der mit der Kunst des Poeten ohne Mühe eine Geisterbrücke zwischen Schneider und Stadtpfarrer zu bauen verstand, so daß die alten Schulgenossen wieder beisammen saßen, wie seinerzeit in den Wäldern um Blaubeuren, als ob sich nichts zwischen heute und damals geschoben hätte. War er nicht selbst eine Art von Schneider, der dafür zu sorgen hatte, daß die armen Seelen nicht ganz nackt und bloß im Jenseits ankämen und sich auch die Verwachsenen in möglichst weißen Hemdchen einigermaßen anständig präsentierten. Und war nicht Berblinger ein Poet, der Zukunftsbilder aus Bambus und Kaliko geschaffen und an der Moskwa und bei Großbeeren an einem Epos mitgearbeitet hatte, zu dem Fischer nachträglich die Reime mühsam zusammenklaubte. Manchmal dachte der Pfarrer darüber nach, wer von ihnen der wirklichere Poet war, ob mehr Poesie in Taten oder in Worten stecke. Er mußte sich aber doch schließlich für das Wort entscheiden; denn er hatte nicht umsonst eine humanistische Erziehung genossen und war nebenbei ein geborener Romantiker.

Dann und fast ebenso häufig besuchte den Kranken sein alter Mitgeselle Enderle, der jetzt als zünftiger Meister in der Herrenkellergasse ein blühendes Geschäft besaß. Franz Bockelhardt, manchmal noch Fränzle genannt, war einer seiner zwei Gesellen. Enderle sprach wenig, nie von den Flugversuchen, selten von den Kriegsabenteuern seines Freundes; aber er hoffte zuversichtlich, daß er gesund werden und sich dem ehrsamen Handwerk wieder zuwenden würde. Was menschenmöglich sei, ihm aufzuhelfen, sollte geschehen. Es wäre freilich rätlich, meinte er, vorläufig in Esslingen, Stuttgart oder Heilbronn einen Versuch zu machen; in Ulm habe er – Gott sei's geklagt – zu viele Feinde. Enderles Besuche wurden immer häufiger, und wenn es sich so traf, daß Jungfer Margret am Vorlesen war, so strahlte er vor Vergnügen.

Auch Fränzle, der ein gutmütiger, langer, eckiger Bursche geworden war, besuchte ihn, allerdings seltener und fast verstohlen. Ebenso verstohlen, aber wärmer als den andern, drückte ihm Berblinger die Hand. Denn Fränzle war der einzige, der noch felsenfest an ihn glaubte und, wenn er ganz sicher war, daß sie niemand hören konnte, gierig fragte, wann sein alter Meister anfangen werde, die nächsten Flügel zu bauen. So gerne er den Herrn Enderle habe – denn einen sorglicheren Meister gäbe es nicht –, so entschlossen sei er, davonzulaufen, um Berblinger zu helfen. Er glaube noch immer, es müsse endlich etwas daraus werden. Der Kranke sah wehmütig nach den Spatzen, die an seinem Fenster vorbeihuschten, und sagte: »Das glaube ich nicht, Fränzle, das weiß ich; aber wir müssen beide Geduld haben. Sobald ich wieder ganz gesund bin –« Den Satz beendete er nie.

Dann stellte sich Professor Zeller ein, an dem die Jahre spurlos vorübergingen: er war der einsilbige, trockene, treue Freund, der er stets gewesen war. Mit Besorgnis glaubte er zu bemerken, daß Berblingers Gedanken wieder um den alten Lieblingsgedanken flatterten, wie Nachtschmetterlinge um die Studierlampe, denn er dachte selbst an nichts andres, wenn er neben ihm saß. Deshalb brachte er bei seinem dritten Besuch ein Heft voll neuer Berechnungen mit, die wieder und wieder bewiesen, daß der von Berblinger eingeschlagene Weg niemals ans Ziel führen könne, wenn auch noch immer unaufgeklärt blieb, wie größere Vögel – was ja zugegeben werden müsse – das Fliegen fertig bringen. Berblinger lächelte, drückte auch diesem Freund die Hand und schloß die Augen.

Schließlich besuchte ihn noch der junge Doktor Baldinger einigemal und plauderte nach seiner Art fröhlich drauflos. Natürlich werde Berblinger wieder gesund werden. Die Kugel? Unsinn! Kugeln haben die meisten Menschen im Leib oder wenigstens kugelförmige Organe. Es komme nur darauf an, daß sie an einer ungefährlichen Stelle lägen, wie dies bei Berblinger der Fall sei. Im großen ganzen habe er in seinem Leben doch ein wahres Narrenglück gehabt. Deshalb könne er darauf rechnen, es auch im Fliegen noch zu etwas zu bringen, und wenn er wieder gesund sei und Geld dazu brauche, werde er, der Doktor Baldinger zu Ulm an der Donau, nicht der letzte sein, der ihm unter die Arme, respektive die Flügel greife. In dieser fast überlustigen Weise suchte er den Kranken zu trösten. Sie war eine Art Gewohnheit geworden. Man sagte, es sei Galgenhumor, denn seit einem Jahr war er mit seinem schönen Bäschen verheiratet, die ihn zwischen Ulm und Wien hin und her schleppte, daß ihm der Atem ausging.

Bei all dem erholte sich Berblinger langsam aber sichtlich. Der Medizinalrat beobachtete ihn mit gemischten Gefühlen. Es war ein hochinteressanter Fall. Das Verhalten des Invaliden mit der Kugel irgendwo im Brustkasten war unnatürlich und schlug der Wissenschaft ins Gesicht. Aber der Mensch hatte ja von jeher versucht, der Natur ins Gesicht zu fliegen! Sein jetziger Zustand mochte damit zusammenhängen.

Er saß seit einiger Zeit stundenlang in dem Gärtchen, das sich unter der Stadtmauer an der Donau hinzieht, wenige Schritte von der Stelle, die durch seinen Flugversuch berühmt geworden war. Dabei freute er sich der warmen Herbstsonne und sah zu, wie die Fische aus dem Wasser schnellten und die Vögel von Zweig zu Zweig hüpften. Am wohlsten wurde ihm, wenn dann Gretle mit ihrem Buch kam und ihm vorlas, obgleich er jetzt selbst lesen konnte. Aber es hatte etwas Beruhigendes, ihre weiche Altstimme zu hören, und nichts gab seinen Gedanken, die ruhelos wieder nach der alten Richtung strebten, so leicht und sanft eine andre Wendung als diese Stimme.

Eines Abends fühlte er sich weniger wohl, müde und unruhig zugleich, als ob ihn ein leichtes Fieber gepackt hätte. Er legte sich früher als gewöhnlich, und Gretle las an seinem Bett, wie sie es oft genug getan hatte. Was sie veranlaßt hatte, den Propheten Jesaja aufzuschlagen, wußte sie später selbst nicht zu erklären. Berblinger lag nach einem Hustenanfall, der heftiger gewesen war als seit langer Zeit, mit halbgeschlossenen Augen regungslos da. Sie las das Kapitel, in welchem der Prophet sein Gesicht von der Erscheinung Gottes beschreibt: »Des Jahres, da der König Usia starb, sah ich den Herrn sitzen auf einem hohen und erhabenen Stuhl, und sein Saum füllete den Tempel. Seraphim standen über ihm; ein jeglicher hatte sechs Flügel; mit zweien deckten sie ihr Antlitz, mit zweien deckten sie ihre Füße und mit zweien flogen sie. Und einer rief zum andern und sprach –«

Weiter kam sie nicht. Berblinger hatte sich aufgerichtet und bat sie, aufzuhören. Er müsse denken und brauche Ruhe.

Sie schloß besorgt das Buch; das hatte er noch nie verlangt. Er starrte sie wie geistesabwesend mit großen Augen an und sank wieder zurück. Sie stellte ein Glas Wasser auf sein Tischchen und ließ ihn allein.

Gegen zehn Uhr nachts ging zufällig ein Wärter an seiner Türe vorüber und hörte plötzlich einen lauten Aufschrei, keinen Schmerzensruf; es schien der reine Jubel: »Ich hab's, ich hab's!« Dann folgte ein dumpfes Geräusch wie von einem schweren Fall.

Erschrocken stieß der Mann die Tür auf. Berblinger lag neben seinem Bett auf dem Boden. Ein Blutstrom quoll aus seinem Mund; wild schlug er mit den Armen um sich; dann ließ die Spannung in seinen Muskeln und in seinem Gesicht plötzlich nach. Er lag still; ein unnatürliches Lächeln um die blutbefleckten Lippen, aber er war nicht mehr bei Besinnung.

Es war ein schwerer Rückfall. »Habe ich recht gehabt?« sagte der Medizinalrat nicht ohne Selbstgefälligkeit zu Gretle, die bleich und leise zitternd vor ihm stand, um seine Anweisungen entgegenzunehmen. »Er wird sich wieder erholen, aber lang kann es nicht mehr dauern. Sein Gehirn scheint mir in Mitleidenschaft gezogen zu sein; es wird eine Nervengeschichte. Sie müssen ihm nichts mehr aus dem Jesaja vorlesen; das hat ihn offenbar aufgeregt.«

Äußerlich sah man nicht viel von der Aufregung. Er lag still und sinnend da, wenn er wachte, folgte Gretle mit den Augen, solange sie sich im Zimmer beschäftigte, schien aber auch zufrieden zu sein, wenn man ihn allein ließ. Besuche waren ihm sichtlich gleichgültig, obgleich er geduldig anhörte, was sie zu sagen hatten. Enderle kam jetzt täglich, konnte sich aber nur mit Gretle unterhalten. Berblinger reichte ihm die Hand und schloß die Augen.

So vergingen fast vierzehn Tage ohne wesentliche Änderung; nur seine Kräfte nahmen sichtlich mehr und mehr ab. Dann kam ein Tag, an dem er sehr unruhig war. Gegen Abend saß Enderle schweigend an seinem Bett. Sie hatten kaum ein Wort gewechselt, obgleich sich Berblingers Lippen fort und fort bewegten. Zwischen diesen unhörbaren Selbstgesprächen kamen Pausen, in denen er die Stirn wie in tiefem Nachdenken zusammenzog und ungeduldig zu werden schien, wenn man einen Versuch machte, sein Traumleben zu stören.

Jetzt schlug er die Augen weit auf und sagte laut, aber müde, wie wenn er eben erwacht wäre:

»Nein. Ganz sicher bin ich auch so noch nicht, aber am Ziel, fast am Ziel!«

Er sah Gretle, die am unteren Ende seines Bettes stand, und lächelte:

»Du, weißt du noch, wie Gotthilf von uns Abschied nahm.«

»Ob ich's je vergessen könnte!« antwortete sie.

»Er meinte auch, er sei am Ziel«, fuhr Berblinger fort. »Weißt du noch – damals waren wir auch zu dreien, und hier ist Enderle. Ganz wie damals.«

Die beiden schwiegen, aber sie hatten ihn verstanden.

»Enderle ist ein besserer Junge als ich. Der fliegt niemandem davon.« Er griff noch immer lächelnd nach der

Hand seines Freundes, der aufgestanden war und fragend zu Gretle hinübersah.

Da trat Fischer ein; das kurze Gespräch war beendet. Es war nicht nötig, es weiterzuspinnen; es hatte zwei ruhige, friedliche Menschenschicksale bereits entschieden.

»Fischer!« rief der Kranke, lauter als er seit mehreren Tagen gesprochen hatte. »Du kommst gerade recht. Ich wollte nur, wir könnten noch einmal unter dem Fuchsfelsen zusammensitzen und auf das Leben im Tal heruntersehen. War das ein Jammer und eine Freude zugleich; aber die Hoffnung hat mich nicht betrogen. *Excelsior!* das war mein Wahlspruch damals und ist's noch heut. Und nun hab' ich's, nun hab' ich's!«

Er versuchte sich aufzurichten. Der Pfarrer drückte ihn sanft in die Kissen zurück.

»Ja, ja, du hast recht«, flüsterte der Kranke. »Es scheint, ich bin noch etwas schwach; aber das macht nichts. Die Hauptsache ist, wie ich immer sagte, daß das Schweben nicht anstrengt. Damit mußten wir anfangen. Du weißt nicht, wie glücklich es mich macht, daß ich endlich soweit bin. Es war keine Kleinigkeit!«

Der Stadtpfarrer merkte jetzt, daß sein Freund nicht mehr ganz bei Sinnen war. Er legte ihm die Hand auf die Stirne, die sich heiß und trocken anfühlte, und suchte ihn zu beruhigen.

»Ach was !« sagte Berblinger, sich sträubend. »Nur die Faulen ruhen, solange es Tag ist. Überdies bin ich am Ziel; nun mag die ganze Welt fliegen. Aber es ist keine Kleinigkeit, das kannst du mir glauben, sein Leben lang für die Zukunft zu arbeiten und für die Menschheit, die nichts von einem wissen will. Dagegen ist eine Franzosenkugel Kinderspiel. Doch war es ja von jeher so, schon bei deinen alten Propheten. Weißt du, daß Jesaja an mich gedacht hat?«

»Berblinger!« unterbrach ihn der Pfarrer sanft. »Denke lieber du an Jesaja und den, der ihn gesandt hat.«

»Du magst recht haben, Fischer; aber du vergißt, wie ich mich freue, daß ich endlich am Ziel bin. Ich wollte, ihr rücktet mein Bett so, daß ich zum Fenster hinaus auf die Adlerbastei sehen könnte, wo mein Triumph anfing. Wie sie mir zujubelten. Sie sind nicht so undankbar, als man gewöhnlich meint. Und damals war ich noch nicht so weit wie heut. *Excelsior! Excelsior!*«

Fischer und Enderle schoben die kleine Bettstelle mühelos an das Fenster, so daß der Kranke auf das freundliche Bild hinabsehen konnte, das in der Abendsonne aufleuchtete. Die Adlerbastei war fast verdeckt von dem Wald junger Obstbäume, die im reifenden Schmuck ihrer Früchte prangten. Von der Donau konnte man nur einen Streifen am jenseitigen Ufer sehen, den das Abendrot in einen goldfunkelnden Spiegel verwandelte. Während sie die Änderung vornahmen, öffnete sich die Tür abermals und Baldinger trat ein. Der Zeitpunkt für seinen Besuch war schlecht gewählt, aber der Zufall begeht solche Rücksichtslosigkeiten nicht selten. Er hielt drei Apfelsinen in der Hand, die er dem Kranken als Gruß von seiner Frau bringen wollte. Er hatte ihr von Berblinger gesprochen, zum erstenmal heute, ohne daß sie in Wut geriet. Nun schickte sie ihm die Apfelsinen als Zeichen, daß sie ihm verzeihe. Etwas erschrocken blieb der Doktor an der Türe stehen, als ihm Fischer abwinkte. Die Szene war nicht nach seinem Geschmack.

Lang und aufmerksam sah Berblinger zum Fenster hinaus. Sein Blick trübte sich. Andre Gedanken schienen ihm jetzt durch den Kopf zu gehen, und nach einer längeren Pause traten zwei große Tränen in seine Augen. »Ja, ja«, flüsterte er endlich, kaum hörbar. »Hier war es. Ich war allzu sicher und tat einen großen Fall. Jetzt aber bin ich meiner Sache gewiß. *Excelsior!* Ist's nicht heut, ist's morgen. Es muß ja kommen.«

»Denk an den Himmel, Berblinger«, sagte der Pfarrer sanft. »Ich glaube selbst, du bist am Ziel.«

»An den hab' ich gedacht mein Leben lang«, versetzte der Kranke, schwer atmend; »für mich, für alle Welt. Zuerst waren's die Wolken, dann die Vögel, dann – dann – ... Aber ich war zu schwach, Gott wird mir verzeihen. Es war nicht meine Schuld. Die Sonne geht unter. Bete mit mir, Fischer, eh' du gehst. Es wird Zeit.«

»Um was soll ich bitten, Berblinger?« fragte der Pfarrer. Es drängte ihn, seinen Freund auf andre Gedanken zu bringen, und doch mochte *er* nicht drängen.

»Bete, wie er es lehrte. Es gibt nichts Besseres für Tod und Leben«, sagte Berblinger mit kaum hörbarer Stimme. Fischer begann das Vaterunser zu beten. Der Kranke flüsterte mit, nach wenigen Sätzen so laut und deutlich, daß der Pfarrer schwieg und ihm mit liebevollen, schmerzlichen Blicken in das feine, bleiche Gesicht sah, auf dem die letzten Sonnenstrahlen ruhten. Er kam nicht ganz zu Ende.

»Denn dein ist das Reich und die Kraft – denn dein ist die Kraft –«

Hier stockte er. Ein Zittern ging durch den ganzen Körper, ein paar Blutstropfen traten auf seine Lippen. Der Atem stand still.

Gretle schluchzte jetzt laut; Enderle faßte ihre Hand. Er hätte sie so gerne getröstet, konnte aber nicht sprechen. Fischer drückte seinem Freund die Augenlider zu, dann ging er mit Baldinger langsam die Treppe hinunter. Auf der untersten Stufe saß Franz, der lange Junge, und heulte. Auch er hatte Berblinger noch besuchen wollen, man hatte ihm aber gesagt, was oben vorgehe. Da wolle er nicht stören, meinte er, und blieb auf der Treppe sitzen.

»Ein trauriges Ende«, sagte Baldinger zu Fischer, indem er seine Orangen in die Tasche steckte. »Er war ein guter Kerl und hatte große Ideen. Ein verlorenes Leben.«

»Ganz so traurig nicht, wie viele denken mögen«, versetzte der Pfarrer. »Große Ideen sterben nicht, und ein

Leben, das zweimal geopfert wird, ist kein verlorenes. Einmal hat er es für seinen Lieblingsgedanken darangesetzt, das zweite Mal für sein Vaterland. Was wollen Sie mehr?«

»Was hat er davon, möchte ich wissen«, rief der Doktor entrüstet. »Wirklich, Herr Stadtpfarrer, mir scheint, Sie sind ein gefühlloser Mensch. Mich dauert der arme Kerl in tiefster Seele. Gassenbuben singen einen Vers auf ihn – der Schwätzler soll ihn verbrochen haben –, in dem sein Wagnis mit dem Teufel in Verbindung gebracht wird.«

»Natürlich. So sind die Schwätzler und Konsorten«, entgegnete Fischer ruhig. »Wäre sein Plan geglückt, so hätten sie ihn zum Halbgott hinaufgedichtet. Mit dem Teufel hatte Berblinger weniger zu tun als Sie und ich; ich bin schon von Amts wegen dazu verpflichtet, und bei den Juristen ist's Liebhaberei. Sein Seelenheil wollen wir dem lieben Gott überlassen. Ich kenne ihn seit seinem fünften Jahr, und wahrhaftig – menschlich gesprochen – mir ist nicht bang. Er hatte seine Schwächen, und sein Ehrgeiz war stärker als er. Wo aber wären wir alle, wenn nicht etliche von uns ehrgeiziger wären, als gut für sie ist. Sein Unglück war, daß er zu früh geboren wurde, denn was er wollte, war gut und die Zeit wird *ja* dazu sagen, ist's nicht in hundert Jahren, so ist es später. Mittlerweile können Sie sich darauf verlassen, daß sie ihm dann ein Denkmal errichten werden, dem Vorkämpfer für eine der größten Errungenschaften des menschlichen Geschlechts, dem Schneider von Ulm. Einer unsrer berühmtesten Männer ist er schon!«

Sie gingen schweigend, fast mißmutig nebeneinander her. Bei der alten Sammlung in der Frauengasse, wo jetzt die Münstergeistlichkeit wohnte, trennten sie sich. Als Fischer dem Doktor die Hand reichte, leuchteten seine Augen plötzlich auf, und er sagte:

»Nein, Herr Justizrat – Sie sind ja gestern Justizrat

geworden, wie ich höre; gratuliere! – nein! Der Mann hat sich zweimal für große Ideen geopfert. Ist das nicht Glücks genug für *ein* Leben?«

ENDE

NACHWORT
von Nikolaus Gatter

›Wir sind nicht auf der Welt,
um nach rückwärts zu leben.‹

›Ich habe mir Mühe gegeben, keinen Roman zu schreiben‹,
empfahl Max Eyth eines seiner Werke, ›das heißt keine
Geschichte, die auf der Fiktion beruht, daß das einzig
Interessante im Leben darin liegt, ob und wie ein paar
Gänschen und einige Gänseriche sich zusammenfinden,
und daß das Leben mit der Hochzeit besagter Geschöpfe
und einem Gedankenstrich à la Prellwitz aufhört.‹

Diese Einschätzung, die uns zugleich verrät, was der
Autor von den Liebesschmonzetten seiner Epoche (und
den jugendfreien Erbauungsschriften der Gertrud Prellwitz) hielt, kann auch für den vorliegenden *Schneider von
Ulm* gelten. Die *Geschichte eines zweihundert Jahre zu früh
Geborenen* beruht auf einer reichlich dokumentierten Biographie, doch die beiden Ehen des authentischen Albrecht
Ludwig Berblinger wurden in dichterischer Freiheit kurzerhand annulliert. ›Weibergeschichten sind nicht meine
Sache‹, läßt Eyth den alten Lombard auf dem Turm über
seinen physikalischen Experimenten räsonnieren: ›Wir
haben Gescheiteres in der Welt zu tun, wenn wir wollen,
und ich hab' sie seit sechzig Jahren abgeschworen.‹

Doch sofern sie nicht – in Gestalt der engelsguten, schwä-
bisch-pragmatischen Gretle, der mondänen, verwöhnten
Lucinde oder der ›Wilden Liebe‹ Irma vom Wiener Prater
– den Helden schicksalhaft hemmen oder motivieren, sind
auch Brechtles ›Weibergeschichten‹ kaum der Rede wert.
Ganz aussparen konnte sie der Autor nicht, schon mit Rücksicht auf das Publikumsinteresse: ›Ich weiß, daß 80 v. H.
der deutschen Romane von diesem nichtswürdigen

853

Gedanken leben und daß 90 v. H. der Romanleser dies verlangen. Es ist aber grundfalsch und weiter nichts als eine Geisteskrankheit der letzten paar Jahrhunderte. Es gibt nichts Schwachköpfigeres, nichts Uninteressanteres, nichts Unbrauchbareres als Wesen im Zustand der Verliebtheit. Das weiß man im wirklichen Leben recht gut und läßt sie allein. Nach der Krankheit werden es vielleicht wieder ganz vernünftige Menschen, während derselben sind sie, auch in Büchern, nur genießbar für solche, die ähnlich veranlagt sind oder es werden möchten.‹

Bei Eyth selbst, der sich einen Lebensabend in weltferner Abgeschiedenheit erträumte und den Ulmer Michelsberg sein klösterliches ›Athos‹ nannte, gibt es in dieser Hinsicht nichts auszusparen. Doch ein frauenfeindlicher Hagestolz war er keineswegs. Sein Wiedersehen mit einer Kirchheimer Jugendliebe, der er einst aus mancherlei Rücksichten entsagen mußte, der Umgang mit seiner betagten Mutter und ihrer Pflegerin Barbara Heintzeler, die Dichterfreundschaft mit der klugen Lili Du Bois-Reymond (1864–1948), einer engagierten Pazifistin und Urenkelin Moses Mendelssohns – all dies zeugt nicht von misogynem Charakter. ›Wie kam es, daß Max Eyth nicht geheiratet hatte?‹ fragte sich Du Bois-Reymond 1931 und zog den Schluß, er habe ›*das* nicht sein, das nicht leisten, schaffen und geben können, als Ingenieur, als Bauer, als Dichter, als Sohn, als Freund, wenn er Frau und Kinder gehabt hätte‹.

Das Fehlen einer nachhaltigen Herzensbindung läßt sich auch bei Georg Weerth beobachten, einem älteren und zugleich jüngeren Schriftstellerkollegen, der als Wollhändler aus Detmold wie Max Eyth den halben Globus bereiste und seine Erlebnisse in zahlreichen Elternbriefen schilderte. Allerdings war Weerth – wie 1875 Eyths Bruder –, schon 34jährig auf Kuba dem Gelbfieber erlegen. Das war 1856, als Eyth in Heilbronn gerade seinen Vierzehnstundentag als Schlosserlehrling bei Hahn & Göbel aufnahm.

So wenig der Vormärzler Weerth und der Bismarckianer Eyth politisch harmoniert hätten – in Naturell und Talent, bürgerlicher Familienbindung, rastlosem Gewerbefleiß und literarischem Interesse waren sie einander überraschend ähnlich: zwei aufgeschlossene, weltoffene Zeitgenossen einer Moderne, die in Deutschland erst spät zur Geltung kam.

I

Die Germanistik zeigte bislang nur geringes Interesse für Max Eyth, der im literarischen Leben seiner Epoche ein Außenseiter blieb. Nicht nur, daß sein Werk stets im Schatten von Ingenieurberuf und Vereinspolitik stand – der modellhaft-autobiographische Charakter war offenkundig, einer kritischen Deutung bedurfte es nicht. Die geradezu penetrant erfolgreiche Karriere des Autors dürfte manchen Kollegen neidisch gestimmt haben. Dem technischen, merkantilen, organisatorisch begabten, fremdsprachen- und weltkundigen und überdies zeichnerisch-musikalisch-literarischen Multitalent Max Eyth schien nachgerade alles zu glücken. Das paßte schlecht zur morbiden Zerrissenheit, die von einer Künstlerseele im Fin de siècle erwartet wurde.

In die Wiege gelegt war ihm jedoch die Literatur und nicht die Technik. Sein Vater Eduard, Sproß einer schwäbischen Gelehrtenfamilie und bedeutender Altphilologe, übersetzte Sophokles, Hesiod, Platon und Homer; seine Plutarch-Kommentare hat noch Bert Brecht mit Gewinn gelesen. Der alte Eyth dichtete selbst in den klassischen Sprachen, hatte den nervenkranken Lenau in der Psychiatrie besucht und zählte zum Freundeskreis des Geistersehers Justinus Kerner. Auch die Mutter Julie, geborene

Capoll, zeigte dichterischen Neigungen; ihre religiösen Aphorismen wurden als *Bilder ohne Rahmen. Aus den Papieren einer Ungenannten* viel gelesen – 1878 bereits in siebter Auflage.

Als Max Eyth am 6. Mai 1836 zur Welt kam, lehrte sein Vater als Oberpräzeptor an der Lateinschule in Kirchheim unter Teck. Fünf Jahre später wurde er als Gymnasialprofessor ans Evangelisch-Theologische Seminar Schönthal im ehemaligen Zisterzienserkloster an der Jagst berufen. Von 1868 bis 1877 wirkte er in leitender Beamtenstellung als Ephorus an der – im *Schneider von Ulm* farbig geschilderten – Klosterschule Blaubeuren. Auch sein dortiger Nachfolger war mit den Eyths nahe verwandt.

Daß der Sohn eine ganz andere berufliche Richtung einschlagen durfte als seine Vorfahren, war sein Glück: ›Ich verdanke meinem Vater das Beste, was der Mensch dem Menschen geben kann: die Freiheit!‹ Bis 1848 wurde Max zu Hause unterrichtet, danach als Gasthörer einer Klasse in Schönthal. Die Ferien verbrachte er beim Großvater in Heilbronn, der ihm die Säge-, Schleif und Papiermühlen der Umgebung zeigte. Eindringlich schildert Eyths autobiographische Prosa die kindliche Faszination für das Industriewesen. Sie zeigt sich in der Kindheit des *Schneiders von Ulm* ebenso wie bei den Hammerwerken, die der Held mit den Söhnen seines Lehrherrn bastelt: Ähnliche hatte der Autor einst an den Wildbächen von Schönthal errichtet.

Ein Unterlehrer des Seminars machte den Jungen mit Anfangsgründen der Mathematik vertraut: ›Schon nach den ersten Lektionen war meine Freude über das, was sich mir hier auftat, grenzenlos. Freudig-schlaflose Nächte lang schob ich gerade Linien und Kreisbogen und später Ellipsen und Hyperbeln im Kopfe hin und her, um selbsterfundene Probleme zu lösen, und mit jedem Tage mehr versank für mich die klassische Welt in schönem, wesenlosen Scheine.‹ Kein Wunder, daß er 1852 ohne Examen, doch mit einer für angehende Ingenieure ungewöhnlich fundierten Kenntnis antiker Sprachen das Seminar verließ.

Nach einem Vorbereitungskurs auf der Heilbronner Realschule wurde Eyth am 1825 gegründeten Polytechnikum in Stuttgart immatrikuliert, der späteren Technischen Hochschule. Hier fiel ihm das Lernen leichter, und in vier Studienjahren erwarb er mehrere Auszeichnungen in den Fächern Mathematik und Maschinenzeichnen. Zugleich genoß er das freiere Studentenleben, wie er den Eltern am 16. Dezember 1852 schrieb: ›Ich tanze, turne wöchentlich meine zwei Stunden und befinde mich dabei wohl, ganz wohl!‹ In der Stauffia-Verbindung hielt er launige und gelehrte Vorträge, gestaltete Bierzeitungen mit Zeichnungen, Berichten und selbstgedichteten Versen.

Denn auch die Literatur ließ ihn nie mehr los: 1854 schrieb er die historische Erzählung *Mönch und Landsknecht*, die im Kloster Schönthal zur Zeit des Götz von Berlichingen angesiedelt ist, 1855 kamen weitere Novellen hinzu. Teile seines romantischen Rittergedichts *Volkmar* erschienen 1856 in Cottas prominentem *Morgenblatt für gebildete Leser*, die Buchveröffentlichung ließ nicht lange auf sich warten. Zahlreiche Gedichte aus den folgenden Jahren behandeln – im traditionellen, heute rührend komisch anmutenden Versmaß der schwäbischen Dichterschule – die aufkommende Industriekultur: ›Nebenbei ist mir auch klar geworden, was meine literarische Bestimmung ist‹, hatte er den Eltern am 7. Dezember 1855 mitgeteilt. ›Es gilt, einmal dem Fabrik- und Maschinenwesen eine poetische Stellung zu erkämpfen. Das will ich. Man hat genug mit Rittern und Nonnen, mit Commerzienräten und Köhlern zu tun gehabt. Die Leute sehen den poetischen Wald vor Bäumen nicht. Ich seh ihn und stecke gottlob mitten drin.‹

Schon einen Monat später begann das dreimonatige Praktikum, das im Rahmen der Ausbildung an den Werkstätten der Stuttgarter Fachschule absolviert werden mußte. Am 12. Januar 1856 stand Eyth ›zum erstenmal‹, wie er den Eltern schrieb, ›mit der Feile in der Hand am Schraubstock und feilte drei Stunden auf Mord und Brand an einem Würfel ... Und so wäre denn der erste Schritt getan und ich Maschinenbauer in spe.‹ 1857 verdingte er sich als Schlosserlehrling in der Heilbronner Werkstätte Hahn & Göbel, wo der Tag frühmorgens um fünf begann und erst gegen 19. 00 Uhr endete. Diese Arbeit nahm der Zwanzigjährige nicht weniger ernst als die Verse, die er seiner kargen Freizeit abzwingen mußte: ›Denn wie die Sprache ein Werkzeug des Geistes ist, so ist umgekehrt auch das Werkzeug eine Sprache des Geistes. Man muß nur die Keilschrift lesen können, in der es zu uns redet.‹

Nach einigen Monaten wechselte er zu Gotthilf Kuhn. In dessen Maschinen- und Kesselfabrik, Eisen- und Gelb-gießerei in Stuttgart-Berg fielen Eyths Zeichnungen dem ersten Konstrukteur auf. Der junge Mann wurde ins Kon-struktionsbüro geholt und zur Überwachung des Dampf-maschinenbaus auf Montage entsandt. 1860 kam er nach Paris, um im Auftrag seiner vielseitigen Firma die Lenoir-sche Gasmaschine auszukundschaften. Nach heimlich angefertigten Zeichnungen ließ sich dieser Vorläufer des Benzinmotors daheim zwar nachbauen, nicht aber in Gang bringen.

Im Jahr darauf begab sich Eyth, gewappnet mit einem großmütterlichen Darlehen und Stipendien der württem-bergischen Zentralstelle für Handel und Gewerbe, auf Wanderschaft: zunächst ins Rheinland, nach Westfalen und Belgien – doch das Land der Verheißung war für ange-hende Ingenieure das fortschrittlichere Großbritannien. In Antwerpen ging Eyth an Bord einer Kanalfähre und traf am 18. Mai 1861 in London ein. Dort suchte er monatelang vergebens nach Arbeit. Technisches Zeichnen spielte im englischen Maschinenbau nur eine untergeordnete Rolle; Pläne wurden mit Kreide auf dem Boden der Modelltisch-lerei skizziert und bei der Umsetzung ständig abgeändert.

Zeugnisse deutscher Schulen interessierten niemanden, desto größer war die berechtigte Angst vor Industriespionage.

Eyth besichtigte Fabriken, besuchte die Landwirtschafts-Ausstellung der Royal Agricultural Society of England und hielt sich mit Berichten für das *Polytechnische Journal* und die Zeitschrift *Zivilingenieur* über Wasser. Schließlich fand er einen Job als Maschinenarbeiter zum niedrigsten Lohn bei Kiston & Hewitson, dem Hersteller neuartiger, von John Fowler entwickelter Dampfpflüge. Ein Empfehlungsschreiben an Fowler verschaffte ihm schließlich die ersehnte Stellung bei den neugegründeten Steam-Plough-Werken in Leeds.

Seine Briefe an Eltern und Geschwister aus dieser Zeit wurden vom Vater 1871 zu einem Manuskript vereinigt, das unter dem Titel *Wanderbuch eines Ingenieurs* herauskam und bis 1884 einen Umfang von sechs Bänden erreichte. Volkstümlicher, humorvoller Stil, plastische Schilderungen aus der Arbeitswelt und das erwachende Interesse an weltpolitischen Vorgängen trugen zum buchhändlerischen Erfolg dieser Serie entscheidend bei.

Das Pflügen mit Dampf – im Feuermaschinen-Kapitel des vorliegenden Romans vom Engländer Potter prophezeit – gehört zu den Errungenschaften, die sich mittlerweile längst überlebt haben. Vor der Erfindung des Dieselmotors war es der erste und entscheidende Schritt bei der Industrialisierung der Landwirtschaft. Das Umbrechen der Erde auf maschinellem Wege erforderte zwei Triebwagen zu beiden Seiten des Feldrands, die mit horizontal gelagerten Seiltrommeln versehen und durch Dampfkraft in Betrieb gesetzt wurden. Der eigentliche Pflug war ein Endlosband mit mehreren Scharen nebeneinander, die bei einem Gang vier bis sechs tiefe Furchen hinterließen. In Deutschland wurden Dampfpflüge erst 1869 in den Zuckerrübenbezirken der Provinz Sachsen eingesetzt.

Aufgabe des Mechanikergehilfen Eyth war es zunächst,

den Dampfpflug unter erschwerenden Umweltbedingungen zu erproben. Dafür mußte er die Landwirtschaft erlernen, den Blick für Bodenverhältnisse und Witterung schärfen und als Heizer, Wasserträger und Lenker den Betrieb des Dampfpflugs studieren. 1862 konnte sich Fowler auch von Eyths propagandistischen Fähigkeiten überzeugen, als der deutsche Ingenieur seine Firma auf der Londoner Weltausstellung vertrat. Geplant war der Einsatz von Dampfpflügen in Australien und Indien, wo Anbaugebiete für Baumwolle erschlossen wurden. Seit Beginn des amerikanischen Bürgerkriegs 1859 waren die Weltmarktpreise für Rohbaumwolle sprunghaft gestiegen.

Doch auf dem Weg in die britischen Kolonien blieb Eyth – mit Billigung seines Arbeitgebers – in Ägypten hängen, das ebenfalls von der Baumwollnachfrage profitierte. Von 1863 bis 1866 beaufsichtigte er als Chefingenier die 27 Dampfpflüge bei Prinz Halim Pascha, einem bedeutenden ägyptischen Grundbesitzer, sowie 70 Bewässerungsmaschinen, die er durch technische Neuerungen wie die ›Elefantenrüsselpumpe‹ verbesserte. Von seiner Begegnung mit der jahrtausendealten Nilkultur legen seine Memoiren – wie Rawhia Abdel-Noor zeigen konnte – ein vergleichsweise vorurteilsfreies Zeugnis ab. Doch mit dem Ende des amerikanischen Bürgerkriegs 1865 stürzten auch die Baumwollpreise, der Khedive ließ die Güter seines Neffen einziehen, und Eyth verließ das Land.

Sein nächstes Ziel waren die Vereinigten Staaten, wo Eyth nicht nur für Dampfpflüge, sondern auch für die Einführung der Drahtseilschiffahrt auf dem Erie-Kanal warb. Doch die fortschreitende Verarmung der Plantagenbesitzer im Süden, Importzölle bis zu 50 % des Maschinenwerts und weitverbreitete Korruption vereitelten seine Bemühungen. So sehr sich die Fowlersche Dampftechnik für Monokulturen eignete, die Anschaffung eines Pflugs konnte je nach Ausstattung tausend bis fünfzehnhundert englische Pfund kosten.

Mit desto größerer Sympathie verfolgte Eyth vom Ausland her das Entstehen einer Zollunion in Deutschland und Bismarcks rigide Politik der Reichseinheit, die in den Kriegen von 1866 und 1870/71 gipfelte. Den ›Arbeiternöten‹ brachte der Autor, sofern sie im *Wanderbuch* überhaupt Erwähnung finden, wenig Verständnis entgegen. Ein düsteres Bild vermitteln Eyths Briefe von der amerikanischen Demokratie: ›Nichts bleibt original, nichts individuell, und die erste Eigentümlichkeit des fertigen Yankees ist der Mangel eines persönlichen Charakterzugs. Was er tut und denkt ist Zweck.‹ In späteren Auflagen des Abschnitts über *Geld und Erfahrung* wurden die negativen Urteile über Amerika allerdings erheblich abgemildert.

In der Folgezeit hielt sich der Ingenieur wieder in Europa auf, zunächst in England, wo er ein System von Straßenlokomotiven für Schwertransporte entwarf. An den Wasserstraßen Frankreichs, Belgiens und Deutschlands unternahm er Versuche zur Förderung der Kettenschiffahrt, kam abermals nach Ägypten, richtete Dampfpflüge für den Zuckerrohranbau in Trinidad ein, reiste nach Spanien, Italien, Böhmen, in die Ukraine, nach Algier und Panama. Auch auf den Weltausstellungen von Wien 1873 und Paris 1878 vertrat er seine Firma.

Der Inhaber war schon 1864 in Leeds verstorben; sein Sohn Robert Fowler wurde Nachfolger in der Geschäftsführung. Nach mehrfachem Personalwechsel im Management und Schwierigkeiten mit Fowlers Nachkommen gab Eyth 1882 seine Stellung im gütlichen Einvernehmen auf und kehrte nach Deutschland zurück. In Bonn, wo er sich wegen der Nähe zur Poppelsdorfer Landwirtschaftsakademie niederließ, reifte sein Plan zur Gründung eines Agrarvereins. Dieser sollte nach dem Vorbild der britischen Royal Agricultural Society die Modernisierung der Landwirtschaft voranbringen, Forschungsergebnisse publizieren, die Interessen des Bauernstands auch politisch vertreten und Wanderausstellungen durchführen.

Eine erste Gründungsversammlung fand im Februar 1884 mit 390 Mitgliedern statt; schon im September des folgenden Jahres fanden sich 2500 Teilnehmer ein. Neben adligen Gutsbesitzern – die Fürsten von Hohenzollern und Hohenlohe-Lauenburg, der Herzog von Koburg – ließen sich ein Ministerialdirektor, der Landwirtschaftsminister und schließlich selbst Reichskanzler Bismarck für den Verein gewinnen. Eyth übernahm die Geschäftsführung und übersiedelte nach Berlin. In der Folgezeit organisierte er zehn Jahresausstellungen, und als der Sechzigjährige seine Ämter niederlegte, war die Mitgliederzahl auf rund 12 000 angewachsen.

1896 verließ Eyth Berlin, um auf seinen Ulmer ›Athos‹ zu ziehen, wo er die letzten beiden Lebensjahrzehnte als freier Schriftsteller zubrachte. Inzwischen hatten ihm seine Schriften einen literarischen Namen verschafft, sein sonstiges Wirken zahlreiche Ehrungen eingetragen, darunter den Zähringer Löwenorden, den Titel Preußischer Geheimer Hofrat und – mit Verleihung des Ehrenkreuzes der Württembergischen Krone – die Erhebung in den persönlichen Adelsstand. 1905 erhielt er den Dr. ing. ehrenhalber von seiner ehemalige Fakultät, der Technischen Hochschule Stuttgart.

In Ulm begann Eyth erneut zu malen – rund 1000 seiner Aquarelle und Zeichnungen werden heute im dortigen Museum aufbewahrt – , hielt Vorträge, setzte sich für die Schiffbarmachung der oberen Donau ein, trat dem Münsterkomitee, dem Altertums- und Colonialverein bei. Eine Auswahl von Gedichten, Erzählungen und Prosaskizzen erschien 1899 und wurde Eyths bekanntestes Buch: *Hinter Pflug und Schraubstock. Skizzen aus dem Taschenbuch eines Ingenieurs.* 1902 folgen mit *Im Strom der Zeit* eine gekürzte dreibändige Ausgabe des *Wanderbuchs* sowie der Roman *Der Kampf um die Cheopspyramide*, 1904 die Vortragssammlung *Lebendige Kräfte*. Das Erscheinen seines letzten Romans Der *Schneider von Ulm* sollte Eyth nicht mehr erleben.

Hinzu kamen Festreden, Gelegenheitslyrik, populärwissenschaftliche Aufsätze, ausführliche Tagebücher und eine rege wissenschaftliche und literarische Korrespondenz. Diese gleichermaßen erfolg- wie entbehrungsreiche Existenz setzte eine für die Gründerzeit typische, eiserne und bisweilen zwanghaft anmutende Disziplin voraus. Aus den 90er Jahren sind entsprechende *Tagesregeln für Ulm* überliefert:

Aufstehen um 6 Uhr. Bibel – Tagebuch – Geldsachen.
Frühstück um 8 Uhr.
Auf dem Athos um 9 Uhr.
Dort bis 12 Uhr.
Museum. Mittagessen, zurück um 2 Uhr.
Dort bis 6 Uhr, rep. 7 Uhr.
In die Kneipe oder nach Neu-Ulm.
In letzterem Fall Geldsachen und Häusliches.
8. 00 Nachtessen.

… Im allgemeinen:
3 Stunden geistige Arbeit. Darunter verstehe ich alles technische, landwirtschaftliche, litterarische.
1 Stunde ernsthafter Lectüre eines oder mehrere Werke.
1 Stunde Zeitungen und Journale
2 Stunden Correspondenz, einschließlich Ordnen derselben und erforderliche Studien.
Alles übrige Ruhe und Vergnügungen. Darunter verstehe ich Malen, Musizieren, Geselligkeit, häusliche Aufgaben, Spaziergänge.
Dreimal in der Woche kneipen: Pfarrkranz, Museum, Weißes Roß.
4 Tage im Monat unter allen Umständen aus Ulm fort –

am besten die ersten vier Tage – , im Sommer Fußtouren und ländliche Anziehungspunkte, im Winter nach Städten: München oder Stuttgart, Nürnberg, Augsburg, Heilbronn, Heidelberg.

Jede Unterbrechung dieser Regeln muß mit heiterer Bereitwilligkeit begrüßt werden und die Folgen einer solchen dürfen nicht auf die nächsten Tage übertragen werden.

Täglich auf die Minute genau nahm Eyth den gleichen Weg durch die Straßen Ulms, um – bis zu ihrem Ableben 1904 – seine Mutter zu besuchen (der Vater war schon 1888 verstorben). Auch sein sonstiger Alltag war von methodischer Präzision bestimmt: Im Oktober 1905 berechnete er das Tempo der Fertigstellung seiner Manuskripte – 329 Seiten in 159 Tagen – und maß den Verbrauch seines Petroleumofens, ›in der Stunde 0, 1 Kilo = 2, 3 Pfennig in Geld‹. Eine Romreise im selben Jahr hatte ihn ›742, 25 Mark für 34 Tage‹ gekostet, ›also 22 Mark pro Tag, *alles* eingeschlossen‹. Sein Biograph Adolf Reitz, der die Tagebücher für den Druck erschlossen hat, meint: ›Max Eyth ›litt‹ geradezu an dieser Pünktlichkeit, an dieser Exaktheit. Er konstruierte seinen Lebensabend, indem er ihn fast zeichnerisch aufbaute.‹

In seinem Arbeitseifer übersah er freilich auch die Warnsignale einer tödlichen Krankheit. Statt den wegen vermeintlich rheumatischer Schmerzen verordneten Kuraufenthalt anzutreten, besorgte er noch die Korrekturen zum *Schneider von Ulm* – ›um zu verhindern, daß mir die braunhaarigen Leute des ersten Bandes im zweiten blond herumlaufen‹ –, schloß am 11. August 1906 ein 43 Folioseiten starkes Manuskript über *Uranfänge der Technik* ab und skizzierte einen neuen Roman mit dem Titel *Der Erfinder. Eine Tertiärgeschichte*. Sein letzter Tagebucheintrag vom 17.8. lautet: ›Komme vorläufig nicht vom Fleck. Alles noch

Chaos in nebelnder Dämmerung.‹ Nach seinem Tod am 25. August 1906 diagnostizierten die Ärzte eine akute Darmverschlingung.

Max Eyth hinterließ keine Erben. Sein Vermögen von achtzigtausend Reichsmark stiftete er für die Unterstützung Hinterbliebener von Verunglückten aus Industriekreisen, in erster Linie der Eisen- und Metallindustrie. Als literarisches Vermächtnis kann sein Roman *Der Schneider von Ulm* angesehen werden, der noch im Herbst seines Todesjahres erschien und als Volksbuch gefeiert wurde. Kein Geringerer als der spätere Bundespräsident Theodor Heuss attestierte dem Alterswerk eine ›breite und wohl dauernde Volkstümlichkeit‹.

Ein steinernes Denkmal wurde Eyth am 6. Mai 1908 von der Deutschen Landwirtschaftsgesellschaft in Berlin gesetzt. Es bestand, einer zeitgenössischen Schilderung zufolge, ›aus einem schlanken Postamente, das durch eine wohlgetroffene Porträtbüste des Gefeierten bekrönt ist; an den Seiten desselben befinden sich zwei allegorische Gestalten: eine lebensgroße weibliche Figur, die Landwirtschaft darstellend, legt, den Pflug zu ihren Füßen, ihre rechte Hand auf die Büste, blickt dankbar zu dem Gefeierten auf, für den sie in der linken Hand einen Lorbeerkranz bereit hält. Auf der anderen Seite des Postaments ist ein kleiner Putto damit beschäftigt, ein Zahnrad am Schraubstock zu feilen. Vorn liest man unter dem Namen Eyth seine von einem Lorbeergehänge umrankten Lebensjahre 1836 – 1906; unten speit ein Delphinkopf Wasserstrahlen in das halbkreisförmige Becken.‹

Welchem deutschen Dichter ist wohl ein vergleichbares Monument zuteil geworden?

II

Eyths sprichwörtlicher Pünktlichkeit entsprachen auch die Vorstudien zum *Schneider von Ulm,* dessen Entstehung in den Tagebüchern minutiös dokumentiert ist. Heute wird der Nachlaß in 23 Kästen des Deutschen Literaturarchivs Marbach am Neckar aufbewahrt. Das Romanmanuskript – in regelmäßiger, kaum korrigierter Handschrift – stellt die der Deutschen Verlagsanstalt zum Druck überlassene Endfassung dar; überliefert sind zudem einige Vorarbeiten, Exzerpte und gezeichnete Skizzen.

Die Pläne für den historischen Roman reichen bis Anfang 1902 zurück, als sich Eyth in die reichsstädtische Chronik vertiefte. Am 22. Januar hatte er den ›ersten Entwurf für den Schneider von Ulm aufgeschrieben. Muß noch gehörig ›vertieft‹ werden, um mir zu gefallen. Auch drängt sich die Frage ernstlich auf: Soll ich, oder soll ich nicht?‹

Über mehrere Wochen hinweg registriert das Tagebuch ›fortgesetzte Schneiderstudien‹, für die der Autor zunächst die Archive aufsuchte (1. März): ›Nachmittags auf der Stadtbibliothek verschiedene Notizen über den Schneider von Ulm gefunden, die mir meine Pläne unangenehm bedrohen. Es ist für meine Zwecke nicht gut, zu viele historische Details aufzustöbern.‹ Bei den Quellenstudien fand sich ›im allgemeinen erbärmliches Zeug, kaum des Copierens wert‹: auch deshalb wurde das Manuskript gegen Ende des Frühjahrs ›auf die Seite‹ gelegt, ›was ihm für ein paar Monate gar nichts schadet‹ (8. März).

Andere Aufgaben drängten sich vor: ein Aufsatz über Urmenschen für die Zeitschrift *Weltall und Menschheit,* Korrekturen an *Im Strom der Zeit,* die Durchsicht von Patenten im Auftrag seines Biographen Theodor Ebner, ein Vortrag über *Philosophie des Erfindens,* den der Autor im folgenden Jahr im Stuttgarter Verein für Handelsgeographie hielt. Die nervöse Überreizung, die ihn im Sommer 1902 ereilte – eine Krankheit, ›wie ich sie nur zweimal erlebt habe‹ (Brief an Poggendorf v. 8. 7. 1902) – mußte nach vergeblicher Selbstmedikation mit Chinin in der Kaltwasserheilanstalt Mammern bei Stein auskuriert werden.

Darüber geriet der historische Roman fast in Vergessenheit. Erst Mitte Januar 1905 konnte ›das Studium und Spintisieren für den Schneider‹ wieder ›losgehen‹. Die Einleitung mit ihrem Plädoyer für weitgehende ›poetische Lizenzen‹ kann nicht über das Bemühen um größtmögliche Authentizität hinwegtäuschen. Am 16. Januar 1905 hatte Eyth gar eine ›Besprechung mit Schneidermeister Glöcklen, der nach längerem Widerstreben sich bereit erklärt, mich als Lehrling anzunehmen. Er arbeitet mit zwei Gesellen und einem Fräulein, vielleicht seine Tochter.‹

Dabei erhob der Autor nach den Worten Lili Du Bois-Reymonds die ›strenge Forderung, er müsse ihn genau so behandeln wie jeden anderen Lehrjungen, dürfe ihn unter keinen Umständen Herr Hofrat nennen, oder gar ihm einen bequemeren Platz anweisen, nur allerdings müsse er bitten, ihn vom Bierholen, Kinderwarten und Geprügeltwerden zu befreien, sonst aber wolle er genau so behandelt werden wie seine neuen Kollegen … Eyth zeigte uns auch – entschieden nicht ganz ohne Eitelkeit – sein sauber genähtes Probetuch und machte uns ganz besonders auf die ungewöhnliche Vortrefflichkeit seiner Knopflöcher aufmerksam.‹

Am 17. Januar notierte Eyth: ›Erster Tag bei Schneidermeister Glöcklen. Förmlich etwas bange. Bleibe von 9 – 12. Lerne die zwei Arten des Sitzens und nähe überkantige oder überwendliche Art. Werde ziemlich steif. Handhaltung schlecht. Der Mittelfinger mit dem Fingerhut will nicht unten bleiben.‹ Jeder Lernschritt wurde im Tagebuch protokolliert: ›Hinterstich. Geht, wie mir scheint, recht ordentlich‹ (19. 1.); Fadenschlagen und Staffieren (20. 1.), Saumstich, Stoßen und Kreuzstiche, die eine ganze Woche beanspruchen, schließlich am 27. 1. ›Knopflochstich, Einfassen, Pikieren‹.

Am 28. Februar 1905 zahlte Eyth ein Lehrgeld von 20 Mark, verabschiedete sich mit Geschenken von der Meisterstochter und vom Gesellen Enderle, dem er im *Schneider von Ulm* ein Denkmal setzte. Inzwischen waren Gerüchte von seiner Schneiderei in die Zeitungen gelangt. Meister Glöcklen beteuerte brieflich seine Unschuld und wurde von Eyth mit der Bemerkung entlastet, ›niemand, auch der schlechteste Lehrling, sollte sich seines ehrlichen Handwerks schämen‹. Noch zur Feier seines 70. Geburtstags erreichten den ›doktorisierten Schneiderlehrling‹ scherzhaft gemeinte Bestellungen von Fräcken und Hosen.

In den folgenden Monaten deckte sich Eyth wieder mit Ulmer Chroniken, Schneiderliteratur und Fachzeitschriften ein und erörterte sein Manuskript mit Emma Heintzeler auf gemeinsamen Spaziergängen. Zahlreiche Begriffe der ›Kundensprache‹ könnte er dem 1905 erschienenen Handwerkerroman *Von einem der auszog* des Schlesiers Paul Barsch entnommen haben. Noch am 4. März 1905 war vom ›Versuch, meinen Plan des Schneiders von Ulm ohne die Episode von Blaubeuren zu machen‹, die Rede: ›Ich kann mich einer gewissen Mutlosigkeit nicht erwehren. Die Details ziehen mich zu wenig an.‹ Ausflüge nach Blaubeuren und Ochsenwang überzeugten ihn, bei seinem Konzept zu bleiben. Zugleich spürte der Autor, wie ›die bekannte Entmutigung fortwährend hinter mir schleicht‹ (3. 4.) und verzweifelte ›an der Fortsetzung, die mir verworren, langweilig und überladen erscheint‹ (26. 9.).

Schon im Stadium der ersten ›Schmierconcepte‹ im Frühjahr 1902 hatte er konstatiert: ›Es bleibt nichts übrig, als fest im Auge zu behalten, daß ich keine weltbewegenden Kunstwerke schaffen werde, sondern schreibe, um Leib und Seele meinem Alter und meiner Lage entsprechend zu beschäftigen.‹ Doch nicht nur das ›Gefühl des Unbehagens und der Unsicherheit‹ (7. 6. 1905) oder die Sorge, ›ob das ganze nicht ein trauriges Fiasko wird‹ (14. 6.) behinderten den Fortgang der Arbeit. Es war vielmehr der Zwang zur Perfektion (8. 6.), ›immer infolge des verwerflichen, ehrgeizigen Gefühls, ich müsse etwas außerordentliches schaffen, zu dem mir die Kraft fehlt. Kann ich mich nicht zufriedengeben, in aller Bescheidenheit auch das Kleine zu schaffen?‹ In einem Brief an den Freund Poggendorf vom 13. April 1905 gestand er sich ein: ›Auch im Reich der Poesie läuft nicht alles auf Schienen; das muß man wie anderwärts in den Kauf nehmen.‹

Allen Widrigkeiten zum Trotz konnte er am 6. Oktober notieren: ›*Fertig mit dem ersten Band des Schneiders von Ulm.*‹ Zwei Tage später schrieb er der Freundin Lili Du Bois-Reymond: ›Die Sache kostet mich diesmal mehr Zeit und Arbeit, weil, abgesehen von der Schneiderlehre, ziemlich viele Studien nötig waren. Wir haben alle so gründlich vergessen, wie es um 1790 bis 1810 in der Welt aussah. Die Geschichte bringt mir fast ein wirkliches Leben, Freud und Leid die Menge. Ob etwas dabei herauskommt, weiß nur der Himmel. Es fehlt ihr der bunte Hintergrund der Cheopspyramide, sie wird Ihnen und vielen andern deshalb weniger gefallen. Aber ich kann Ihnen und ihnen und mir selbst nicht helfen.‹

Als er sich am 28. Juni 1906 entschloß, mit Fräulein Heintzeler ›zur Feier des Abschlusses des Schneiders auf den Lichtenstein zu gehen‹, hatte er – bei verschlechterter Sehkraft, quälenden Hexenschüssen und kontinuierlicher Nachtarbeit – seinen Zeitplan eingehalten.

III

Hauptmotiv dieser selbstauferlegten Mühsal war die Entschlossenheit des Autors, die heikle Versöhnung von Technik und Literatur auch im historischen Roman zu vollzie-
hen: ausgerechnet jenem Medium, das der Leserschaft
mehrheitlich dazu diente, sich vor den gewaltigen Umbrü-
chen in eine ideale Vorzeit zu flüchten. ›Wir sind nicht auf
der Welt, um nach rückwärts zu leben‹ – nirgendwo wurde
diese Sentenz von Max Eyth besser beglaubigt als in seinem letzten Roman. Verglichen mit Hauffs *Lichtenstein*,
Webers *Dreizehnlinden* oder den germanophilen Romanen
Felix Dahns zeichnet Eyth ein skeptisches Bild der Vergangenheit. Das Scheitern des Helden am Unverständnis seiner Zeitgenossen ist auf eine bessere Zukunft orientiert;
wie vom sterbenden Götz in Goethes Drama könnte es
auch von ihm idealisierend heißen: ›Wehe dem Jahrhundert, das dich von sich stieß!‹ – ›Wehe der Nachkommen-
schaft, die dich verkennt!‹

Berblingers Umwelt, das Deutschland von 1800, wird
freilich nicht als Butzenscheibenidyll verklärt, sondern in
seiner ganzen, nur teilweise liebenswerten Rückständig-
keit vorgeführt. Vollkommen neu an dieser Perspektive ist
die Erkenntnis der Gleichzeitigkeit von Altem und
Neuem. Die klassische Antike repräsentierte das Bil-
dungsideal, während Schwarzmanns Töchter mühsam
Französischkenntnisse nachholen müssen; Napoleons
Militärherrschaft fegte die Macht des biederen städtischen
Patriziats beiseite; technologischer Fortschritt stand im
Widerspruch zum zünftig verfaßten Handwerk, das er
langfristig überflüssig werden ließ.

Die realistische Beschreibung erster Feuermaschinen,
Montgolfieren oder der Berblingerschen Flugapparatur
sind das, was Rudolf Max Heege ›klassische Maschinen-
schilderungen‹ nennt: ›Die technische Anschauung dringt

bei Eyth bis in einzelne Sprachbilder vor.‹ Hinzu kam das psychologische Interesse am Erfinderproblem. ›Ursache aller Erfindungen‹ sei, führte Eyth in seinem Vortrag von 1903 aus, ›nicht der Spieltrieb, nicht der Zufall, nicht Bedürfnis, nicht Not, nicht ein bewußter oder unbewußter Nachahmungstrieb des in der Natur Erschauten: Es ist der schöpferische Drang im Geist des Menschen, die Lust am Zeugen, die Freude am Erschaffen.‹

Was Eyth bewunderte und gelegentlich ironisch kommentierte, war der Idealismus der Erfinder, ihre Bereitschaft, zur Durchsetzung einer Innovation jedes erdenkliche finanzielle oder existentielle Wagnis auf sich zu nehmen. Seine Erzählung *Berufstragik* schilderte die Katastrophe vom 28. Dezember 1878 beim Einsturz der Brücke am Tay, die auch Fontane in einer Ballade inspirierte. ›In keinem Beruf‹, äußerte Eyth hierzu, ›ist die Unwahrheit, die Lüge so sicher bestraft zu werden, wie bei uns. Ein Arzt kann Tausende zu Tode kurieren und in Ehren begraben werden, ein Gelehrter mag die größten Irrtümer durch ein Menschenalter siegreich vertreten, ehe sie als solche erkannt werden, ein Jurist kann sich einen glänzenden Namen erwerben in der Verteidigung des Unrechts. Einen Ingenieur, der sich gegen die Wahrheiten der Festigkeitslehre versündigt, zermalmt sein eigener Frevel, ehe er halb begangen ist.‹

Hier sprach der Autor aus Erfahrung, auch was die Risiken betrifft. Er selbst erlitt im November 1880 beim Ausprobieren einer Dampfpflugmaschine einen lebensgefährlichen Sturz, wäre beinahe vom Schwungrad erfaßt und zerschmettert worden. Durch die Anfrage seines Biographen veranlaßt, hat Eyth am 19. Februar 1906 seine eigenen Neuerungen aufgelistet, die fast alle in England, einige sogar weltweit patentiert wurden:

1859 Daumensteuerung für Dampfmachinen (Deutschland)
1860 Rotierende Steuerung (Deutschland)
Selbsttätige Kontrollrübenwage (Deutschland)
1861 Selbsttätige Seilträger für Dampfpflüge (England)
1862 Wickelapparat für horizontale Seiltrommeln; Dampfkultur (England)
1863 Baumwollpflug (Ägypten)
1864 Pflugartiger Schollenbrecher (Ägypten)
Bewegliche Dampfpumpen für Sakien (Ägypten)
Diagonal-Aufstellung für Zentrifugalpumpen (Ägypten)
1866 Baumwollsaatgeräte (Ägypten)
Ägyptische Dreschmaschine mit Dampfbetrieb
1867 Drahtseilschiffe mit horizontalen Seiltrommeln (Belgien)
1869 Steuerbares Vordergestell für Kultivatoren (England)
Drahtseilschiffe mit Lokomobilbetrieb und andere Formen (USA)
1873 Zuckerrohrkultivator für bergiges Land (Westindien)
1874 Untergrunddampfpflug (Böhmen)
1875 Kondensationsapparat für Straßenlokomotiven (England)
1876 Drainagegrubenschneidemaschine für Dampfkultur (Italien)
Wendepflug für Fachpflüge; Dampfkultur (Ungarn)
1877 Umsteuerung ohne Kulissen; Straßenbahnlokomotiven (England)
1881 Dampfmaschinenregulator für Elektrizitätswerke (England)
1886 Straßenlokomotive mit 4 m hohen Rädern (England)
1887 Wellenlager mit dreiteiligen, konzentrisch verstellbaren Lagerschalen (England)

1890	Kühltische für Butterausstellungen (Deutschland)
1891	Kühlzelte für Weinkosthallen (Deutschland)
1892	Dynamometer für schwere Lastwagen (Deutschland)

›Zumeist handelte es sich um technische Details und spezielle Aufgaben‹, erläuterte der Autor diese Zusammenstellung: ›Einige der angeführten Erfindungen haben zu keiner weiteren Entwicklung geführt, oder durch den steten Wechsel der Bedürfnisse den Boden für ihr Gedeihen verloren.‹ Zu den wesentlichen Neuerungen rechnete er die automatische Wicklung horizontaler Seiltrommeln, ohne die sich der Fowlerschen Dampfpflug nie durchgesetzt hätte, sowie die Steuerung und das Vordergestell für drehbare Dampfkultivatoren.

Doch bei aller Sympathie für Berblinger und seinen Flugversuch huldigte Eyth keinem hemmungslosen Fortschrittsoptimismus. Viele seiner Gedichte lassen nicht nur Begeisterung für das Industrie- und Maschinenwesen, sondern auch Verstörung angesichts der tiefgreifenden Schäden für Umwelt und menschliches Zusammenleben erkennen. Im Roman wird die Dämonie einer Technik, die zuallererst kriegerischen Zwecken dient, durch die geheimnisvolle, den romantischen Geistererzählungen E. T. A. Hoffmanns entlehnte Gestalt des Türmers repräsentiert.

Nicht umsonst hob der Autor im Tagebuch vom 19. Juni 1905, als ›zuerst mit großer Schwierigkeit, dann aber flüssig das sechste Kapitel des Schneiders von Ulm‹ beendet war, eigens hervor, daß hier ›das bezeichnende Wort steht: ›Der sogenannte Fortschritt wird nachgerade ein unerträglicher Unfug.‹ Bei einer späteren Redaktion wurde die pointierte Sentenz zwar dem opportunistischen Ratsherrn Schwarzmann in den Mund gelegt (und zwar erst im 31. Kapitel), doch aus der Diskussion zwischen Lombard und dem Pestilenziarius geht die Dialektik von technologischer Gewalt und historischen Prozessen deutlich genug hervor. ›Daß die Menschheit in Wissen und Können gewaltige Fortschritte ... gemacht hat und noch machen wird, kann kein vernünftiger Mensch in Zweifel ziehen‹, äußerte der Autor im April 1906 zu Lili Du Bois-Reymond: ›Das brachte auch gewisse Änderungen in unsre sozialen und ethischen Verhältnisse. Ob dem aber ein Fortschritt in ethischem Sinn entspricht, ist zweifelhaft ...‹

Mit ähnlich gemischten Gefühlen betrachtete Eyth den seinerzeit maßgeblichen humanistischen Bildungskanon. Die Frage nach ›Nutzen und Nachteil der Historie für das Leben‹, von Nietzsche – den Eyth nicht schätzte – gestellt und negativ beantwortet, führte zu einer vorsichtigen Option für den sozialen Realismus. Die gelegentliche Drastik mancher Szenen aus Handwerksalltag und Krieg verdankt *Der Schneider von Ulm* dem Vorbild Emile Zolas. In dessen Romanwerk fand Eyth das ›unerbittliche Abstreifen der konventionellen Lüge‹, das ›rücksichtslose Erkennen der Hoffnungslosigkeit unserer Zeit, ohne Glauben geschildert, ohne Phrase, ohne Moralisieren‹. Auch für Ibsen und Rudyard Kipling konnte er sich begeistern. ›Zuckerwasser und Honig, Biskuitfigürchen nach Modellen der Dresdner Porzellanfabrik sind ja recht nette Sachen‹, schrieb er Lili Du Bois-Reymond am 30. Mai 1901, ›aber sie sind nicht der Stoff, aus dem allein ein vernünftiges Buch gemacht werden kann. Peinliches, Unangenehmes, Widerwärtiges muß gelegentlich in einem solchen auftauchen, wenn es nicht süßlich und unwahr werden soll.‹

Zwar las er auf Empfehlung der Freundin Hesses *Peter Camenzind* und freute sich mit ihr 1905 über die Verleihung des Friedensnobelpreises an Bertha von Suttner – doch an die literarische Moderne, die wenig später im technikbegeisterten Expressionismus mündete, fand Eyth keinen Anschluß mehr. Das ›jammervolle Fin-de-siècle-Gewinsel‹ schätzte er ebensowenig wie die ›Decadence in ihren letzten Krämpfen‹, die er in der Malerei Berliner Sezessionisten im Umkreis Max Liebermanns am 14. Juni 1906 besichtigte: ›Tolles Zeug‹ – frech, roh, lasterhaft.‹

Seine eigene Kritik am bürgerlichen Klassizismus artikulierte er in der Jugendgeschichte Berblingers in Gymnasium und Klosterschule – ›eine Schilderung, der man den verhaltenen Groll deutlich anmerkt‹, wie Du Bois-Reymond kommentierte. Ihrer vehementen Verteidigung der humanistischen Ideale entgegnete er in einem Brief vom 30. April 1906:

›Hat die höhere Schulbildung die Moral der Massen erhöht? Waren die alten Römer schlechter als die der hochkultivierten, dichtenden und philosophierenden Kaiserzeit? Hat die klassische Zeit der Griechen das Griechenvolk moralisch gehoben? Sind die Menschen am Euphrat, am Jordan, am Nil heute besser als zur Zeit des Cyrus, des Salomo, des Sesostris?

Die ganze Frage liegt in einer Nußschale, die noch niemand zu öffnen vermochte: Ist der auf sich ruhende Durchschnittsmensch im Grunde gut oder bös? Sie halten ihn für gut, das Christentum hält ihn für schlecht, ich für ein Mittelding, das in der Masse und äußerlich mehr nach der schlechten Seite hin hängt, im Individuum und innerlich manchmal nach der guten hängen möchte. Wer aber soll entscheiden?‹

Fünfzehn Jahre nach dem Tod des Autors griff Du Bois-Reymond die Kontroverse in ihrer Biographie noch einmal auf: ›Es ist eben einmal so, daß der Ingenieur, der am Feierabend im Herodot nachlesen kann, wie die Wasserwirtschaft Ägyptens vor 4000 Jahren betrieben wurde, in seiner Behandlung dieser Frage ... überlegen sein wird.‹ Sein Lebenswerk hielt sie für ein ›so vollkommenes Erzeugnis der geschmähten humanistischen Bildung, daß man zweifeln möchte, ob es so leicht auf anderem Wege herzustellen gewesen wäre – ?‹ Im nachhinein wäre Friedrich See-

baß zuzustimmen, der aus der Erfahrung zweier Welt-
kriege, angesichts ungebremster technologischer Wachs-
tumsideologie über Max Eyth urteilte: ›Wäre sein edles
Vorbild für die Gründer neuer Fabriken und für die
Erbauer neuer Maschinen maßgebend geblieben, so würden wohl die furchtbaren Folgen unseres technischen Zeit-
alters vermieden worden sein.‹

IV

›Tausend Jahre fiel alles von oben nach unten / Ausgenommen der Vogel‹, heißt es in Brechts Lehrstück vom
Ozeanflug: ›Selbst auf den ältesten Steinen / Fanden wir
keine Zeichnung / Von irgendeinem Menschen, der /
Durch die Luft geflogen ist.‹ Im Zeitalter des Paragliding,
der Segelfliegerei und der Billigfernflüge ist die Faszination des Neuen längst geschwunden. Der Widerhall des
Flugversuchs von 1811 in Karikaturen, Spottversen, Sati-
ren und Buffo-Opern erscheint im Rückblick kaum mehr
verständlich; immerhin ist der Verunglückte nur knapp
der Lynchjustiz enttäuschter Zeitgenossen entkommen.

Erklären läßt sich die Massenhysterie wohl nur damit,
daß die Zuschauer wußten, womit sie rechnen durften.
Seit den ersten Flügen der Brüder Joseph und Etienne
Montgolfier und Joseph Alexandre Charles von 1783 war
das Ballonfahren in Handumdrehen populär geworden.
Jean Pierre Blanchard reiste quer durch Europa und ließ
sich auf Jahrmärkten feiern; Montgolfièren erschienen auf
Kupferstichen, Gedenkmünzen, Sammeltassen, prägten
sogar die Hut- und Kleidermode.

Noch immer ungelöst aber war das Hauptproblem der
Lenkbarkeit von Luftschiffen, weshalb das Vorhaben eines
zielgerichteten Flugs aus eigener Kraft nicht ganz so abwe-

gig erschien. Die Forschung hat eine ganze Reihe von Vorläufern des historischen Berblinger ausgemacht, darunter den 1648 verstorbenen Kaspar Mohr, den ›fliegenden Mönch‹ von Schussenried; angeblich hatte er vom Kirchturm aus eine Strecke von zwei Stunden in die Sprengel seines Klosters zurückgelegt. Zu Augsburg war 1660 ein Schuster namens Salomon Idler bei einem Flugversuch von seinem Haus abgestürzt; ebensowenig glückte es um 1780 dem Müller Schweikhardt aus Wildberg, mit Flügeln aus Taft die Nagold zu überqueren.

Theoretische Überlegungen zum Flugproblem hatte der badische Landbaumeister Karl Friedrich Meerwein vorgelegt, der im August 1781 zu Emmendingen Versuche mit einer Maschine von 56 Pfund Gewicht unternahm. Er hielt den Erfolg für möglich, sofern die Flügel groß genug seien, um das Körpergewicht auszugleichen, und entwickelte ein Modell mit Balancierstange und angehängtem Segel. Berblinger konnte also auf eine Tradition zurückgreifen, zuletzt auf den im Roman geschilderten Versuch des Uhrmachers und späteren Werkmeisters bei der Wiener Nationalbank Jacob Degen (1756 – 1848). Kurz vor Berblingers Flug war am 5. Mai 1811 der Wachstuchfabrikant Karl Friedrich Claudius – ein Neffe des Dichters Matthias Claudius – mit einem angeblich lenkbaren Ballon an die Ostsee geflogen.

Die wahre Lebensgeschichte des Schneiders, deren ›Banalität‹ Max Eyth anfangs fürchtete, stellt sich vor diesem Hintergrund vielleicht noch spannender dar als die dichterische Fiktion. Es handelt sich keineswegs um die Biographie des geborenen Versagers. Albrecht Ludwig Berblingers Urgroßvater war Zunftmeister der Schuhmachergilde gewesen, Großvater und Vater verwalteten als Schuhmachermeister das reichsstädtische Waffenlager. Die Großmutter väterlicherseits war Tochter eines Stadtrats, der älteste Bruder des Schneiders stand als Pfarrer in reichsstädtischen Diensten. Berblingers Mutter Dorothea Fink entstammte nicht, wie im Roman, einer Schiffsmeisterfamilie, sondern war aus Temmenhausen zugezogen und lebte nach dem Tod ihres Gatten vom Geflügelhandel.

Berblinger, der am 24. Juni 1770 als siebtes Kind seiner Eltern in Ulm zur Welt kam, verlor den Vater im Alter von dreizehn Jahren und kam infolge eines Ratsbeschlusses ins städtische ›Fundelhaus‹. Er selbst begann im darauffolgenden Jahr eine Ausbildung im Schneiderhandwerk, von seinen jüngeren Brüdern wurde einer Nagelschmied, der andere Küfer. Schon mit 22 Jahren machte er den Meisterbrief und durfte mit zwei bis vier Gesellen arbeiten; aus seiner Ehe mit Anna Scheiffelin, der Tochter des Kornmesserobmanns, gingen sechs Kinder hervor, von denen nur drei den Vater überlebten. Im März 1794 erwarb er für 400 Gulden ›Unter den Fischern‹ ein Haus, das er 1796 wieder veräußerte, um eine Wohnung am Markt zu beziehen. Fünf Jahre später konnte er sich eine eigene Werkstatt im ›Wirtshaus zu den Reben‹ leisten – die spätere ›Berblinger-Drogerie‹ am Münsterplatz – und ein weit teureres Wohnhaus, das er jedoch abermals aufgab, um sich 1807 im Hohenschulgäßchen niederzulassen.

Neben der Herren- und Damengarderobe nähte er Kostümtrachten für Fastnacht und Fischerstechen und verfertigte, wie aus Anzeigen im *Ulmer Intelligenzblatt* hervorgeht, Pferdeschlitten, Kinderwagen sowie ein ›Klavier für Anfänger‹. Berblinger muß ein geschickter Tüftler gewesen sein. Im Verlauf der napoleonischen Kriege kam er als erster auf die Idee, künstliche Gliedmaßen mit Federn zu versehen; auf diese Weise konnten Beinprothesen beim Stehen oder Sitzen durch Drehung eines Schlüssels fixiert werden.

Seine Eingabe an den bayrischen König vom 1. März 1809 enthält so etwas wie eine kleine Autobiographie:

Der alleruntertänigst Unterzeichnete hatte von früher Jugend an eine besondere Neigung zur Mechanik, der frühe Tod seiner Eltern aber und die Unvermögenheit verursachten, daß er im Waisenhaus erzogen und dann nach seiner Entlassung aus demselben zu einer möglichst wohlfeilen Profession, nämlich dem Schneiderhandwerk zu erlernen, angehalten wurde, inzwischen konnte er doch nicht umhin, in geschäftsfreien Stunden seine Lieblingsneigung zu befriedigen.

In der Stadt Ulm, wo er seit mehreren Jahren etabliert ist, geschahen kurz nacheinander Amputationen an Füßen, durch Unglück verursacht; das grause Ansehen der Stelzen und Krücken, welches besonders bei schwangeren Personen Abscheu verursacht, brachte ihn auf den Gedanken, eine Maschine zu verfertigen, welche dem Unglücklichen wie mit einem natürlichen Fuß zu gehen gestatten ...

Euer Königliche Majestät außerordentliche Vorliebe neuer nützlicher Erfindungen läßt bei dem alleruntertänigst Unterzeichneten den Wunsch nicht unterdrücken, sich selbst persönlich vorzustellen ... mit der alleruntertänigsten Bitte, ...diese Erfindung zum Nutzen der Unglücklichen öffentlich im ganzen Königreiche bekannt machen [zu] dürfen, oder daß dieselbe durch das Regierungsblatt bekannt gemacht werden möchte.

Ein beigelegtes Zeugnis der Königlichen Polizeidirektion bescheinigte Berblinger, daß er zum Bau von Prothesen ›eine ganz besondere Geschicklichkeit besitze und erst neuerlich solche für hiesige Personen zur ganzen Zufriedenheit der Sachverständigen und des Publikums mit dem besten Erfolg gemacht habe‹. Das Innenministerium hatte gegen die Verfertigung von Prothesen nichts einzuwenden, sofern sie von medizinischer Seite gebilligt würde. Tatsächlich war der Hospitalwundarzt Johannes Palm, der später sogar eine Abhandlung *De pedibus artificalibus* (Über künstliche Füße) publizierte, schon 1808 beim König vorstellig geworden, weil der Schneidermeister den Stadtsoldaten Schlumperger mit einer Fußprothese nach eigener

Idee versehen habe, die bequem zu tragen sei, und hatte eine Kostenerstattung von 44 Gulden erhalten. Gewiß stellte der Nebenverdienst an den Prothesen einen erheblichen Beitrag zur Finanzierung der Flugapparatur dar.

Am 24. November 1811 – die ehemalige Reichsstadt war inzwischen württembergisch geworden – ließ Berblinger folgende Meldung in die *Schwäbische Kronik* einrücken:

Nach einer unsäglichen Mühe in der Zeit mehrerer Monate, mit Aufopferung einer sehr beträchtlichen GeldSumme und mit Anwendung eines rastlosen Studiums der Mechanik, hat der Unterzeichnete es dahin gebracht, eine FlugMaschine zu erfinden, mit der er in einigen Tagen hier in Ulm seinen ersten Versuch machen wird, an dessen Gelingen er, bestärkt durch die Stimme mehrerer Kunstverständigen, nicht im Geringsten zweifeln zu dürfen glaubt. Von heute an ist die Maschine bis an den Tag des Versuchs, der nebst der Stunde in diesen Blättern vorher genau angezeigt werden wird, hier im Saale des GastHofs zum goldnen Kreuz Jedem zur Ansicht und zur Prüfung ausgestellt.

Besagter Gasthof war möglicherweise auch der Ort einer praktischen Demonstration gewesen. Demnach hätte sich Berblinger, wie ein anonymes, ›Veit von Veitsberg‹ gezeichnetes Flugblattgedicht von 1833 behauptet, an einem Seil von der Decke herabgelassen und das Flügelschlagen erprobt: ›Und wirklich füllte sich die Halle, / Und sinnend, staunend harrten alle. / Der Held ist auf der Bühne droben, / Durch das Kronleuchterloch geschoben / Ist die Verbindung mit den Schwingen, / So muß die Hexerei gelingen. / Der droben hilft ihm tüchtig fort, / Seht, seht, er flügelt schon vom Ort.‹ Anderen Überlieferungen zufolge sollen Probeflüge bei den Gartenhäusern am Michelsberg oder am Haushof über dem Misthaufen stattgefunden haben.

Schon am am 27. Mai, nur drei Tage vor dem Auftritt an der Adlerbastei, wurde für den 4. Juni – ›wenn die Witterung günstig ist‹ - ein Flugversuch angekündigt. Aus dieser Anzeige geht allerdings nicht hervor, wo das Experiment stattfinden sollte. Offenbar wußte Berblinger zu diesem Zeitpunkt noch nicht, daß der Termin vorgezogen werden mußte. Für den 30. Mai stand nämlich der Besuch des Königs an. Der Flugpionier ließ sich zur Durchführung seines Vorhaben ohne Rücksicht auf die Witterungsverhältnisse und am ungeeigneten Ort überreden.

Der Historiker Otto Häcker hält es für mehr als wahrscheinlich, daß nicht städtische Ratsherrn, sondern Hofbeamte aus Stuttgart diesen Auftritt zum ›Bestandteil eines Festes von amtlichem Charakter‹ machten: Der König habe seinen neuen Ulmer Landeskindern aller Sparsamkeit zum Trotz zur Amtseinführung etwas bieten wollen. Zu den Organisatoren des Festkomitees zählten der königliche Landbaumeister Atzel und Herzog Heinrich von Württemberg; selbst ein Großvater des Grafen Zepplin, Landvogt Ferdinand Ludwig von Zeppelin soll mitgewirkt haben.

Dem Schneider, dessen Anzeigenkampagne einen gewissen Sinn für Publicity erkennen läßt, wird der Andrang an der Adlerbastei nicht unangenehm gewesen sein, von dem wir durch eine handschriftliche Chronik unterrichtet sind. Webermeister Christian Wachler stand als Augenzeuge des Flugversuchs auf dem rechten Donauufer und mußte – ebenso wie die Zuschauer am Gänstor – Eintritt bezahlen, um über die Brücke zu gelangen. Ein zeitgenössischer Spottvers gibt einen Eindruck von der gespannten Atmosphäre: ›Ein ungemeines Publikum / Versammelte sich rings herum / Auf württemberg'schen Boden hüben / Noch mehr sind auf dem bayr'schen drüben / … Wohl zehntausend Menschen zu sehen / wie's dem Menschenvogel wird ergehen.‹

Auf die schiefe Bahn des Sprunggerüsts gelangte der

Flieger nach Häckers Darstellung über eine Leiter oder wurde an Seilen hochgezogen. Die Abbildung der Flugapparatur, die der seit 1805 in Ulm ansässige Johann Hans von Straßburg verbreitete, ist die einzig überlieferte, jedoch deutlich von Zeichnungen Jakob Degens inspiriert. Von dessen Maschine unterschied sich diejenige Berblingers durch das Fehlen eines Tragballons für den Auftrieb. Ein sinnreicher Mechanismus ermöglichte dem Benutzer, die Flügel regenschirmartig zu öffnen; vielleicht waren auch die Füße mit ihnen verbunden, denn in Volksliedern wurde der Schneider mit einer Fledermaus verglichen. Die Flügel bestanden aus Taft und rot-weißer, nach anderen Angaben grün-weißer Seide. Eine Schärpe, die von Zuschauern als Narrentracht gedeutet wurde, diente wohl als Befestigungsgurt.

Beim ersten Versuch in Gegenwart des Königs kletterte Berblinger zwar hinauf, flog aber nicht und verließ das Gerüst nach einer Weile wieder. Seine Rechtfertigung wird durch Christian Wachlers Notiz bestätigt, daß am ersten Tag im entscheidenden Moment ein Flügel gebrochen sei. Der König ließ den Schneider vor erbosten Zuschauern in Sicherheit bringen, versprach einen erneuten Versuch für den folgenden Tag und stiftete unabhängig vom Gelingen eine stattliche Belohnung von 20 Louisdor.

Am folgenden Tag, dem 31. Mai 1811, wurde der Versuch wiederholt. Bei einem Umritt Berblingers wurde von Herolden verkündet, daß sich die Bevölkerung gegen 16 Uhr erneut einfinden sollte. Mit einer Dreiviertelstunde Verspätung und nach barschen Ermahnungen Herzog Heinrichs löste der Schneider schließlich sein Versprechen ein – und ›flog wie ein Mühlstein in die Donau‹. Wieder mußte er sich in Sicherheit bringen und Ulm offenbar für eine Weile verlassen. Die Überlieferung des Volksmunds hat festgehalten, wie die enttäuschte Menge reagierte: Es heißt, man habe ihn anschließend an den Galgen bringen wollen.

Sein Geldgeschenk hat Berblinger offenbar bekommen. Zur Begründung vermeldet der württembergische Hofbericht, ›daß jede Erfindung zu weiteren Fortschritten aufgemuntert werden müsse, wenn sie auch gleich im Entstehen den Erwartungen nicht entspreche‹. Die auswärtige Presse nutzte den Fall zu Angriffen auf den mit Napoleon verbündeten König. Eine förmliche Regierungserklärung betont, ›die Remuneration‹ sei dem Schneider ›ohne alle Bedingung zugestellt worden ... Daß er Tags darauf nach schon erfolgter Abreise des Königs seinen Versuch, aber ebenso unglücklich, wiederholte, geschah der an ihn gerichteten Vorstellung und Warnung unerachtet.‹

Eine Untersuchung in jüngster Zeit ergab, daß die Flügelvorrichtung funktioniert hätte, wären dem Pionier die Gesetze der Thermik bekannt gewesen: 1962 wurde sie als Freiflugmodell nachgebaut, wobei sich herausstellte, daß bei ruhigem, gelungenen Start auch langgestreckte Gleitflüge ausgeführt werden konnten, sofern die Fluglage nicht durch Luftturbulenzen beeinträchtigt würde.

Das Nachleben des Schneiders von Ulm hat Max Eyth im Hinblick auf seine idealisierende Tendenz im Roman nicht schildern wollen, zumal die Quellen hier spärlicher fließen. Berblinger lebte noch bis 1829 als Schneider und Tapezier in Ulm; schloß nach dem Tod seiner Frau (1820) mit 52 Jahren noch eine zweite Ehe mit der Schweizerin Anna Maria Spühler und hatte zwei Kinder mit ihr, die jedoch früh verstarben. Im *Ulmer Intelligenzblatt* empfahl er sich unbeirrt als Hersteller von medizinischen und hygienischen Apparaturen, Brustbandagen, Herren- und Damenkorsetts.

Dennoch deuten die gerichtliche Versteigerung seines Hauses und häufige Wohnungswechsel darauf hin, daß Berblinger hochverschuldet war. Auch bei der Auflösung der Bibliothek des Augustiner-Chorherrenstifts zu den Wengen mußte er helfen und beaufsichtigte den Abtransport, den die Stadtverwaltung aus Ersparnisgründen von

Schuldhäftlingen erledigen ließ. In einem Ratszeugnis vom September 1819 wird dem Schneider ›Hang zu Spiel und Trunk‹ nachgesagt. Am 28. Januar 1829 starb er im Alter von 58 Jahren im Spital an der Auszehrung.

Die Flügel, die Berblinger bei seinem Auftritt von 1811 benutzte, wurden im Wirtshaus ausgestellt und befanden sich nach seinem Tod noch im Besitz der Witwe. An seinem ehemaligen Wohnhaus brachte man in unserem Jahrhundert eine Inschrift an, die in deutscher Übersetzung lautet: ›Ikarus flog durch der Wolken Zug, den Vögeln zu gleichen, / Gruß dir, Schneider voll Mut! Dich auch der Strudel verschlang!‹

V

Was er selbst nicht und keiner seiner Zeitgenossen voraussehen konnte: Albrecht Ludwig Berblinger ist mit zunehmendem Abstand zu seinem Flugversuch ein Mythos geworden. Keine historisch faßbare Gestalt seines Standes ist so rasch in Volkslied und Anekdote eingegangen, kaum ein Flugpionier der neueren Zeit – noch dazu einer, dem die entscheidende Probe seiner Kunst mißglückt ist – hat eine solche Fülle bildnerischer, dichterischer und dramatischer Bearbeitungen hervorgerufen.

›Streng nach der Wissenschaft sollten auch die Vögel nicht fliegen können‹, läßt Max Eyth seinem Helden auf dem dramatischen Höhepunkt seines Lebensromans vom Mathematikprofessor Zeller ausrichten. Bertolt Brecht erinnerte 1938 – in einer Polemik gegen den Starrsinn vulgärmarxistischer Kunstrichter – ›an den Witzblattwitz, in dem ein Aviatiker auf eine Taube deutet und sagt: Tauben zum Beispiel fliegen falsch‹.

Zu diesem Zeitpunkt lag das Gedicht *Der Schneider von*

Ulm schon vier Jahre in Brechts Schublade, aus der es schließlich, nach Exil und Weltkrieg, als Kinderlied in die *Svendborger Gedichte* geriet. Auch hier wird der jahrzehntelangen Verhöhnung und Schadenfreude über den Fehlschlag widersprochen; allerdings nicht ausdrücklich wie bei Max Eyth, sondern implizit und nach der listigen sokratischen Methode, den Lesern die Schlußfolgerung selbst zu überlassen. Doch während der einstmals in über 100 000 Exemplaren verbreitete Roman in Vergessenheit geriet – zuletzt erschien 1964 eine Kurzfassung – , ist heutzutage vielen nur noch Brechts Version der Ereignisse geläufig:

Bischof, ich kann fliegen
Sagte der Schneider zum Bischof.
Paß auf, wie ich's mach!
Und er stieg mit so 'nen Dingen
Die aussahn wie Schwingen
Auf das große, große Kirchendach.

Der Bischof ging weiter.
Das sind lauter so Lügen
Der Mensch ist kein Vogel
Es wird nie ein Mensch fliegen
Sagte der Bischof vom Schneider.

Viele Beispiele aus Kindermund belegen, daß in Reimen, Rätseln, Scherzen und Spielen historische Erfahrung bildhaft bleibt und länger tradiert wird als im nüchternen Alltagsverstand der Erwachsenen. Otto Leube, Neffe des Kommerzienrats Eduard Leube, erinnerte sich noch als 90jähriger an den Singsang von 1876: ›Der Schneider von Ulm hat's Fliegen probiert / Da hat ihn der Teufel in die Donau neig'führt.‹ Sein Onkel berichtete ihm aus eigener Anschauung, wie Berblinger auf Probeflügen am Michelsberg von Gartenhaus zu Gartenhaus geflattert sei. Und

Otto Leube setzte 1961 hinzu: ›Der Oheim hat diesen Vers nicht gern gehört.‹

Auch Brecht kannte den ungeliebten Vers, zitierte ihn fast wörtlich in seinen *Kalendergeschichten*, in denen *sein* Kinderlied mit der Unterzeile ›Ulm 1592‹ zurückdatiert und damit in den Bereich der Legende verwiesen wird.

Der Schneider ist verschieden
Sagten die Leute dem Bischof.
Es war eine Hatz.
Seine Flügel sind zerspellet
Und er liegt zerschellet
Auf dem harten, harten Kirchenplatz.

Die Glocken sollen läuten
Es waren nichts als Lügen
Der Mensch ist kein Vogel
Es wird nie ein Mensch fliegen
Sagte der Bischof den Leuten.

Beim Nacherzählen historischer Stoffe liegt es nahe, Geschichten und Geschichte sinnstiftend auszudeuten, eine mehr oder minder versöhnliche Moral abzuleiten, gutzumachen, was sich nicht ändern läßt. Dieser Gefahr, die er wohl im idealisierenden Schlußkapitel des Eythschen Romans erkannte, ist Brecht nicht erlegen. Statt dessen kämmte er die Fakten gegen den Strich, inszenierte das Unglück des Schneiders als gesellschaftskritische Tragödie. Doch statt ihm – wie der Brecht-Forscher Jan Knopf meint – eine ›wahrhaft historische Dimension‹ zu geben und ›die Änderungen zu kaschieren, die er vorgenommen hatte‹, stellt die Einleitung des Gedichts seinen Schluß (und damit die Moral) unübersehbar in Frage: historischer Kindervers oder überzeitliche Legende? Tödliches Ende auf dem Kirchenplatz oder unfreiwilliges Bad in der

Donau? Der Widerspruch zwischen 1592 und 1811 bleibt offen, zumindest in der Einkleidung der *Kalendergeschichten.*

Der Lyriker setzt auch nicht einfach ›an die Stelle der Ulmer Mitbürger den Bischof als Widersacher‹: Jene reagieren im Gedicht mit der gleichen Häme auf die ›Hatz‹ wie die Zuschauer von 1811. Und nur allzu gern sind sie bereit, der bischöflichen Deutung im Sinne der Theodizee zu folgen, die schon unter Berblingers Zeitgenossen verbreitet war: ›Also hat Gott die Welt geliebt, / Daß er uns keine Flügel gibt‹, hieß es beispielsweise, oder: ›Zum Fliegen hat der Mensch kein Glied, / Das ist das Ende von dem Lied.‹ Vielleicht hat Brecht deshalb den beherzten Flugversuch mit einer Kritik an der religiösen Obrigkeit verbunden. Umgekehrt nahm er den Teufel aus dem Volkslied heraus, legte den schwäbischen Kindern die rationalere und vermutlich zutreffende Erklärung – ›da hat ihn der Wind in die Donau neig'führt‹ - in den Mund.

Im Jahr nach der Machtergreifung Hitlers warnte Brecht mit seinem Gedicht davor, aus einem tragischen, vorläufigen Scheitern verzweifelte Schlüsse zu ziehen. Als 1948 die *Kalendergeschichten* gedruckt wurden, hielt es der Autor erst recht für geboten, die authentische Geschichte als frühneuzeitliche Legende auszugeben. Unter der Naziherrschaft war nicht nur ein Eyth-Gedenkjahr, sondern auch das 125jährige Jubiläum des Flugversuchs gefeiert worden; Otto Häcker trat damals für die ›Ehre der Stadt Ulm‹ ein, Eugen Kurz hob notgedrungen den ›heroischen Entschluß‹ und die ›kämpferische Natur‹ des Schneiders hervor. Selbst ein Ulmer Lager des Reichsarbeitsdienstes war 1936 nach Albrecht Ludwig Berblinger benannt worden. Der Fall Lindbergh hatte Brecht gelehrt, seine Begeisterung für den technischen Fortschritt nicht vorschnell zu personalisieren. Nachdem der Pilot Sympathien für Hitler gezeigt hatte, wurde sein Name im ›Radiolehrstück für Knaben und Mädchen‹, das

Brecht der Überquerung des Atlantiks durch Charles Lindbergh gewidmet hatte, ersatzlos getilgt.

Für die politische Vereinnahmung durch die Nachgeborenen kann man den Schneider von Ulm nicht verantwortlich machen. Auch Max Eyth stellte ihn ›an die Spitze einer die Menschheit beglückenden Bewegung‹, deutete die Geschichte im Sinne seines liberalen, im Prinzip optimistischen Menschenbilds um. Doch als selbstkritischer Patriot ist auch Eyth über jeden Zweifel erhaben, selbst wenn er beiläufig von der ›Kampfesfreudigkeit der Germanen‹ schwärmt oder der abstoßenden Angst Lucindes um ihr Schoßhündchen die Todesangst des wenig sympathischen ›Handelsjuden von Pöchlarn‹ an die Seite stellt, der allein aus dem Strudel gerettet werden will. Moses Silberblick verschafft dem wandernden Gesellen seine erste Anstellung, der getaufte Kratzky lehrt ihn eine Verkaufsstrategie, die den ›Großbetrieb eines späteren Jahrhunderts‹ vorwegnimmt, und zu den Einsichten des Schneiders gehört, daß auch Jesus Christus ein Jude war.

Auf die neueren Bearbeitungen des Berblinger-Stoffs – darunter Hörspiele, Kinderbücher und ein Film von Edgar Reitz – kann hier nicht näher eingegangen werden. Erinnert sei jedoch an ein weiteres historisches Vorbild, das mit größter Wahrscheinlichkeit in die Romanfigur eingegangen ist. Albrecht Ludwig Berblinger hatte schon im 19. Jahrhundert eine Reihe von Nachfolgern gefunden, darunter den Italiener Ignazio Teodoro Capretti, der 1877 ein ähnliches ›Flugcostüm‹ in den *Polytechnischen Mitteilungen* vorstellte. Max Eyth könnte es ebenso gekannt haben, wie er die Versuche des Grafen Zeppelin seit 1873 verfolgte, die er ›stets mit humorgewürzter Skepsis‹ mit dem Ehepaar Du Bois-Reymond besprach. Erschüttert hat ihn allerdings das Scheitern beim vermeintlich ›letzten Ballonaufstieg‹ des Grafen am 17. Januar 1906. Drei Tage später heißt es in Eyths Tagebuch: ›Zeppelins Luftballon wird in Stücke gehauen ... und weitere Versuche endgültig aufgegeben.‹

Im Februar desselben Jahres hielt sich Eyth ein letztes Mal in Berlin auf und besuchte bei dieser Gelegenheit auch den Erfinder Ganswind in Mariendorf. Was er dort erfuhr, läßt sich mit der Erfindertragik Berblingers vergleichen (12.2.1906): ›Seine Flugmaschine besehen und die Geschichte seiner Nöte angehört. Der Mann arbeitet redlich, steht aber noch vor großen praktischen Problemen und Schwierigkeiten. Riesenflügel einer Luftschraube. Benzinmotor. Bambusstäbe und 1/25 Millimeter dicke Stahlbänder. Nur ein Besucher, der auch eine Flugmaschine im Kopf hat. Übliche Ablehnung des Kriegsministeriums. Drohender Ankauf durch Frankreich.‹ Daß sich das gasgefüllte lenkbare Luftschiff des Grafen Zeppelin schließlich doch noch durchsetzen würde, konnte der Autor nicht wissen.

Den wichtigsten Anstoß, die widersprüchliche Geschichte menschlicher Innovationsleistung mit dem Absturz eines einzelnen Fliegers zu verbinden, dürfte jedoch das Schicksal Otto Lilienthals gegeben haben. Dessen Buch *Der Vogelflug als Grundlage der Fliegerkunst* war 1889 erschienen. Es enthielt revolutionäre Erkenntnisse über den Auf- und Vortrieb, den Luftwiderstand bewegter Flächen und die Stabilität beim Gleitflug. Erst ihre Berücksichtigung machte das Fliegen mit einer Apparatur möglich, die schwerer ist als Luft.

Nachdem ihn Alard Du Bois-Reymond in diese Prinzipien eingeweiht hatte, bedankte sich Max Eyth am 16. Februar 1894 mit dem Hinweis, daß ihn Lilienthals Aviatik ›in hohem Grade interessierte‹. Scherzhaft setzte er hinzu: ›Sobald ich wegen zunehmender Altersschwäche mit dem nutzlosen Versuch aufhören muß, die deutsche Landwirtschaft fliegen zu lehren, habe ich im Sinn, mich den von Herrn Lilienthal gebotenen Freuden zu widmen. Sie deuten zwar an, daß hierzu nur junge Leute berufen seien. Dies scheint mir jedoch eine sehr kleinmütige Auffassung der Sache. Fliegen alte Adler nicht auch?‹

Doch zu einer Begegnung mit dem Ingenieurkollegen ist es nicht mehr gekommen. Auf dem Rhinower Hügel in Stölln bei Rathenow setzte Otto Lilienthal am 9. August 1896, bei gutem Wetter und leichtem Ostwind, gegen 14.00 Uhr zu seinem verhängnisvollen Flug an, dem zweiten an jenem Tag. Doch anders als Berblingers Sprung endete er mit einer Katastrophe: Eine Windbö erfaßte den zweistöckigen, lufterprobten Gleitflieger, der die Balance verlor und aus fünfzehn Metern Höhe abstürzte.

Von seinem Gehilfen erfuhr Alard Du Bois-Reymond bei der Beerdigung, wie Lilienthal gestorben ist. Die letzten Worte des Flugpioniers erinnern wohl nicht zufällig an das heroisch-unhistorisch ausgeschmückte Ende der Eythschen Romanfigur: ›Gegen Ende des Fluges kam ein Puff, der ihn nach Schätzung seines Gehilfen ungefähr 30 m hoch hob. So schwebte er eine Weile, dann begann sich die Vorderkante seiner Flüchten nach vorn zu neigen, bis er plötzlich kopfüber zu Boden schoß. Der Apparat war in tausend Trümmern. Er selbst war angeblich mit dem Kopf zuerst auf dem Boden aufgeschlagen und hatte sich einmal überschlagen, ehe er liegen blieb. Er war äußerlich ganz unverletzt und blieb zwei Stunden bewußtlos … Als er zu sich kam, erklärte er, er würde sich ein wenig ausruhen und dann weiter üben. Seine Arme und Beine waren aber gelähmt. Den Kopf konnte er frei bewegen und auch sprechen. Er sagte: ›Wenn ich nun gestorben wäre, hätte ich einen schönen Tod gehabt!‹ – Der Gehilfe ließ ihn in den Händen des Arztes und reiste nach Berlin zu seinem Bruder, der in der Nacht herauskam und ihn bewußtlos fand. In derselben Nacht starb er dann.‹

LITERATURHINWEISE:

Als Textgrundlage der vorliegenden Ausgabe diente die in der Deutschen Verlags-Anstalt Stuttgart erschienene Originalausgabe von 1906. Die Zeichensetzung wurde behutsam heutigen Gepflogenheiten angepaßt, offensichtliche Druckfehler wie ›Damenbekleidung‹ statt ›Damenbegleitung‹ korrigiert. In seltenen Fällen und unter Beibehaltung absichtsvoll antiquierter und mundartlicher Eigentümlichkeiten wurden Schreibweisen modernisiert.

Über Max Eyth und seinen Roman:

Georg Biedenkapp: *Max Eyth, ein deutscher Ingenieur und Dichter.* Eine biographische Skizze, mit Proben aus seinen Werken nebst Illustrationen, Stuttgart 1910.

Bücherschau. Der Schneider von Ulm / Hinter Pflug und Schraubstock. Stahl und Eisen 27, H. 5 v. 30. 1. 1907, S. 186.

Bücherschau. Die Frau 14 (1907), H. 4 (Januar), S. 250.

Carl Busse: *Neues vom Büchertisch.* Velhagen & Klasings Monatshefte 21/2 (1906-07), H. 10 (Juni), S. 487 f.

R. D.: *Literarische Berichte.* Deutsche Revue 35 (1910), April, S. 127

Julius v. Diefenbach: *Eyth, Max.* Biographisches Jahrbuch und Deutscher Nekrolog 13 (1908), Berlin 1910, S. 343–353.

Lili Du Bois-Reymond: *Max Eyth*. Ingenieur, Landwirt, Dichter, Berlin 1931.

Theodor Ebner: *Max Eyth*. Dichter und Ingenieur. Ein schwäbisches Lebensbild, Heidelberg 1906.

Max Eyth: *Gesammelte Schriften*. 6 Bde., Heidelberg / Stuttgart 1909-10; darin Bd. 6: Aus *Max Eyths Freundesbriefen*. Als Ergänzung seiner Briefbücher hg. v. Lili Du Bois-Reymond, S. 407 – 534.

Sonderheft Max Eyth. Württemberg. Monatsschrift im Dienste von Volk und Heimat 8 (1936), H. 89 (Mai), S. 201–248.

Literarische Gedenkstätte. Max Eyth als Schriftsteller. Stuttgarter Zeitung Nr. 201 v. 31. 8. 1992, S. 18.

Rudolf Max Heege: *Max von Eyth*. Ein Dichter und Philosoph in Wort und Tat, Berlin 1928 (= Arbeiten der Deutschen Landwirtschaftsgesellschaft 336).

Ders.: *Max Eyth und die Muttersprache*. Muttersprache. Zeitschrift zur Pflege und Erforschung der deutschen Sprache 1957, H. 1 (Januar), S. 14–22.

Theodor Heuss: *Deutsche Gestalten*. Studien zum 19. Jahrhundert, Stuttgart / Tübingen 1947, S. 238–246.

Rudolf Krauß: *Der Schneider von Ulm*. Der Türmer. Monatsschrift für Gemüt und Geist 9 (1907), H. 9 (Juni), S. 411 ff.

Hermann Anders Krüger: *Literarische Monatsberichte*. Deutsche Monatsschrift für das gesamte Leben der Gegenwart 12 (1907), H. 7 (April), S. 126ff.

Wolfgang Messerschmidt: *Eine unbekannte Lokomotivfabrik.* Hier arbeitete Max Eyth – Ingenieur und großer Erzähler, VDI-Nachrichten Nr. 28 v. 8. 7. 1964.

Wolfgang Metzger: *Max Eyth.* Der Dichter und Pionier der Technik, Stuttgart 1940.

Engelbert Pernerstorfer: *Techniker und Poeten.* Das literarische Echo. Halbmonatsschift für Literaturfreunde 10, H. 2 v. 15. 10. 1907.

Adolf Reitz: *Max Eyth.* Ein Ingenieur reist durch die Welt. Pioniertaten eines Landtechnikers, Heidelberg 1956.

Ders.: *Hinter Buch und Schreibtisch.* Vergessene Tagebücher von Max Eyth, Ulm 1961.

Rawhia Riad Abdel-Noor: *Ägypten in der deutschen Literatur des 19. Jahrhunderts,* München 1986

Friedrich Seebaß: *Max Eyth.* Neubau. Blätter für neues Leben aus Wort und Geist 5 (1950), H. 10, S. 406 – 412.

Heinrich Spiero: *Literarische Rundschau.* Grenzboten 66/2, Nr. 22 v. 30. 5. 1907, S. 456 – 462.

Karl Storck: *Zum Gedächtnis.* Max Eyth. Der Türmer. Monatsschrift für Gemüt und Geist 9 (1906), H. 2 (November), S. 275f.

Carl Weyhe: *Max Eyth.* Ein kurzgefaßtes Lebensbild mit Auszügen aus seinen Schriften. Nebst Neudruck: *Wort und Werkzeug* von Max von Eyth (Erschienen 1905), Berlin 1916.

Felix Zimmermann: *Die Widerspiegelung der Technik* in *der deutschen Dichtung von Goethe bis zur Gegenwart*, Dresden 1913.

Handschriftliche Manuskripte von Max Eyth, auch das des Romans *Der Schneider von Ulm*, seine Tagebücher 1866–1906 und seine Briefe an Lili DuBois-Reymond werden im Deutschen Literaturarchiv, Marbach am Neckar, rund tausend Zeichnungen und Aquarelle des Autors in Ulm aufbewahrt. Einige Lebenszeugnisse finden sich auch in der Max-Eyth-Gedenkstätte im Gebäude der ehemaligen Lateinschule Kirchheim unter Teck.

Über Albrecht Berblinger:

Albrecht-Berblinger-Feier in Ulm. Ulm und Oberschwaben. Zeitschrift für Geschichte und Kunst 36 (1962), S. 235–248.

Richard Fuchs: *Ludwig Albrecht Berblinger, der Schneider von Ulm*. Bibliothek der Unterhaltung und des Wissens (1921), Bd. 1, S. 96–116.

Otto Häcker: *Der Schneider von Ulm*. Der Fall Berblinger nach dem heutigen Stande der Forschung. Württemberg. Monatsschrift im Dienste von Volk und Heimat 8 (1936), H. 93f. (September–Oktober), S. 403–417; 459–469.

Max Huber: *Albrecht Ludwig Berblinger*. Neue Deutsche Biographie 2 (1955), S. 62.

Ernst Kapp: *Berblinger, ein Pionier des Gleitfluges*. Ehrenrettung des ›Schneiders von Ulm‹. Schwäbische Donauzeitung Nr. 118 v. 26. 5. 1951, S. 11.

Eugen Kurz: *Albrecht Ludwig Berblinger.* Der Schneider von Ulm. Ein geschichtliches Lebensbild mit flugtechnischen Betrachtungen von Otto Schwarz, Ulm 1939.

Der Schneider von Ulm. Fiktion und Wirklichkeit. Biographie, Flugtechnik, Bibliographie, Ausstellungskatalog, Weißenborn 1986 (= Veröffentlichungen der Stadtbibliothek Ulm 7).

Otto Schwarz: *Die Wahrheit über Albrecht Ludwig Berblinger,* den ›Schneider von Ulm‹, Bern 1952 (Sonderdruck aus der Schweizer Aero-Revue 1952, H. 4f.)

Eine umfassende Sammlung von Zeitungsausschnitten, Büchern und Illustrationen zu Albrecht Ludwig Berblinger liegt in der Stadtbibliothek Ulm.

Allgemeine Literatur:

Gertrud Bäumer: *Dichtung und Maschinenzeitalter.* Die Frau 14 (1907), H. 6 (März), S. 358 – 365.

Bertolt Brecht: *Gesammelte Gedichte.* 4 Bde., Frankfurt a. M. 1976.

Ders.: *Die Stücke in einem Band,* Frankfurt a. M. 1978.

Alfred Eckert: *Am Himmel ohne Motor,* Augsburg 1975.

Fliegen – ein Traum. Ausstellungskatalog der Städtischen Kunsthalle Recklinghausen, Recklinghausen 1977.

Kurt Grobecker: *Gleich Vögeln durch die Luft zu schweben.* Kuriose Erfindungen aus Urgroßvaters Zeiten, versammelt, mitgeteilt u. kommentiert. Hamburg 1980.

Otto Häcker: *Ulm.* Die Donau- und Münsterstadt im Lichte der Vergangenheit. Ein Gang durch die Geschichte der führenden Reichsstadt Schwabens, Stuttgart 1940.

Industrie und deutsche Literatur 1830–1914. Eine Anthologie. Hg. v. Keith Bullivant und Hugh Ridley, München 1976 (= dtv 6035).

Jan Knopf: *Gelegentlich: Poesie.* Ein Essay über die Lyrik Bertolt Brechts, Frankfurt am Main 1996.

Friedrich A. Köhler: *Eine Albreise im Jahre 1790 von Tübingen nach Ulm.* Ein Lesebuch zur historischen Landschaft der schwäbischen Alb. Überarb. u. erw. Neuausgabe, hg. u. kommentiert v. Eckart Frahm, Wolfgang Kaschuba, Carola Lipp, Bühl-Moos 1984.

Leichter als Luft. Zur Geschichte der Ballonfahrt. Hg. v. Landschaftsverband Westfalen-Lippe / Westfälisches Museum für Kunst und Kulturgeschichte Münster. Ausstellung und Katalog: Vernard Korzus / Burkhard Leismann / Gisela Noehles, Münster 1979.

Barbara Schäuffelen / Joachim Feist: *Ulm.* Porträt einer Stadtlandschaft, Stuttgart 1987.

Heinz Straub: *Fliegen mit Feuer und Gas.* Die Geschichte der Ballon- und Luftschiffahrt, Aarau / Stuttgart 1984.

Ernst Trost: *Die Donau.* Lebenslauf eines Stromes, Wien 1968.

Rudolf Wissell: *Des alten Handwerks Recht und Gewohnheit*. 6 Bde., 2., erw. u. bearb. Ausg. hg. v. Ernst Schraepler, Berlin 1971 (= Einzelveröffentlichungen der Historischen Kommission zu Berlin 7).

Wort- und Sacherklärungen

altertüml. = altertümlich; alttestam. = alttestamentarisch; bayr. = bayrisch; dt. = deutsch; eigtl. = eigentlich; engl. = englisch; frz. = französisch; griech. = altgriechisch; hebr. = hebräisch; ital. = italienisch; lat. = lateinisch; österr. = österreichisch; röm. = römisch; russ. = russisch; s. = siehe; schott. = schottisch; schwäb. = schwäbisch; pl. = Plural; ungar. = ungarisch; urspr. = ursprünglich; württ. = württembergisch.

Verweise auf Erläuterungen oder Schilderungen im Text erfolgen unter Angabe von Band- und Kapitelnummer.

ἄν und ἐάν: griech. etwa ›wenn‹, ›immer wenn‹; Moduspartikel in Konjunktiv- bzw. Bedingungssätzen.

à moi: frz., mir persönlich.

À Moscou!: frz. nach Moskau!; Schlachtruf der napoleonischen Truppen in Rußland.

Abels Opfer: nach Genesis 4, 3-7 schaute Gott gnädig auf Abels Opfer, nicht auf das seines Bruders Kain.

absonderlich: altertüml. ungemein, vorzüglich.

Abstich: Abstecken eines Kleidungsstücks bei der ersten Anprobe.

Acta eruditorium: lat. Abhandlungen der Gelehrten, erste dt. Literaturzeitschrift, gegründet 1682 in Leipzig.

ad hoc: lat. hierfür, zu diesem Zweck.

ad oculos demonstrieren: lat. vor Augen, d. h. einen sichtbaren Nachweis führen.

Adjes: von adieu, lebewohl.

Adlerbastei: Befestigung am Ulmer Donauufer; früher Spitalbastei oder Gänsbau nach dem nahe gelegenen Gänstor.

Aeneide: Epos des röm. Dichters Virgil von den Irrfahrten des Trojaners Aeneas.

Aeronaut, aeronautisch: Luftschiffer, die Luftschifferei betreffend.

ätherisch: von Äther = himmlisch, feinstofflich.

äquinoktial: Stürme, die im Frühjahr und Herbst zur Zeit der Tag- und Nachtgleiche stattfinden.

Affektation: Ziererei, gekünsteltes Wesen.

Akademie, französische: in Paris 1625 gegründetes Wissenschaftsinstitut, das auch Preisaufgaben stellte.

akkurat: sorgfältig, ordentlich.

Aktuar: eidlich verpflichteter Amtsschreiber.

Alchimist, alchimistisch: bis ins 17. Jhd. gebräuchliche Bezeichnung für Chemiker, die das Wesen der Materie erforschten und z. B. Steine in Gold zu verwandeln suchten. I: 16; II: 20

all' Ritt: soviel wie ›alle Tag' lang‹.

Allotria, pl. **Allotrii:** griech. Nebendinge; Unfug.

Alma Mater: lat. nährende Mutter; ehrende Bezeichnung für Universitäten.

Altan: auf Mauerwänden oder Säulen ruhender Vorbau.

Altdeutsche: patriotische Gruppe, deren Anhänger um 1810 auftraten und schwarze Tracht trugen.

Alten, Studium der: Schriftsteller der Antike.

Altgesellen: in der Handwerkersprache die ältesten Gesellen einer Zunft oder einer Werkstatt, die gewisse zünftige Aufgaben versehen, z. B. einen fremden Kollegen zum Meister zu schicken.

altpatrizisch: s. Patrizier.

Alumnus, pl. **Alumni:** eigtl. Pflegekind; Schüler einer Lehranstalt, die unentgeltlich Kost, Logis und Unterricht erhalten. I: 7, 8, 9, 10; II: 33

Amice, quo vadis?: lat. Freund, wohin gehst du?

amo, amas, amat: lat. ich liebe, du liebst, er liebt; amare ist Lehrbeispiel für die a-Konjugation.

Amor: lat. für Eros, mythol. Gott der Liebe.

Amtssigill: amtliches Siegel.

anhero: altertüml. bisher.

Antizünftler: Gegner des Zunftwesens.

Apollo: mythol. Gott des Gesangs und der Musik, als ›Phöbus‹ auch Licht- und Sonnengott.

Aqua vita, pl. aquae vitae; lat. Lebenswasser, Branntwein.

Arcanum: lat. Geheimnis, Geheimmittel.

Argumente: eigtl. Wahrheiten, aus denen andere gefolgert werden; Beweisführung.

›Arm in Arm mit dir, so fordr' ich mein Jahrhundert in die Schranken‹: aus Schillers *Don Karlos* (I, 9), wo das 16. Jhd. gemeint ist.

Ars chemica; – physica; – magica: lat. die Künste der Chemie, Physik und Magie. II: 30

Artikel, heimliche: geheime Punkte der Zunftsatzung.

Asperg: Staatsgefängnis auf der Bergfestung Hohenasperg, wo u. a. der Dichter Schubart zehn Jahre einsaß.

Aspern: Schlachtfeld östlich von Wien, wo Napoleon am 21. /22.5.1809 gegen die Österreicher seine erste Niederlage erlitt.

Attempto: ›Ich wag's‹, Wahlspruch des Grafen Eberhard im Bart, Herzog von Tübingen (1445–1496).

Atzung: bayr. / österr. f. Nahrung.

Auf, auf ihr Brüder und seid stark: Anfangszeile des *Kaplieds* von Christian Friedrich Daniel Schubart, dessen erste Strophe schließt: ›Wir sollen über Land und Meer / Ins heiße Afrika‹.

aufdingen, Aufgedinge: altertüml. in die Lehre nehmen. I: 14

Aufgeld: ein für das Aufgedinge zu entrichtendes Lehrgeld.

Aufklärung: Denkrichtung der Philosophie, die sich im ausgehenden 18. Jhd. gegen Aberglauben, Mystizismus und Autoritätsglauben wandte.

Augsburger Allgemeine: die kurzzeitig (1803) in Ulm

redigierte, seit 1810 in Augsburg angesiedelte *Allgemeine Zeitung* des Verlegers Johann Friedrich Cotta, eins der meistgelesensten überregionalen Blätter. II: 29

Auktorität: von lat. auctoritas, Autorität.

Ausgeding s. aufdingen.

ausgeschellt: von ausschellen, unter Schellengeklingel ausrufen.

Aushebung: Auswahl und Anwerbung waffenfähiger Männer für den Kriegsdienst. II: 19

Austerlitz: Schauplatz der Dreikaiserschlacht am 2.12.1805, als Napoleon über das russ.-österr. Heer unter Zar Alexander I. und Franz II. von Österreich siegte.

Autodidakt: griech. Selbstgelehrter; ein sich selbst ohne Unterricht bildender Mensch.

aviarisch: vogelgleich oder -gemäß, von lat. *aviarium*, Vogelhecke.

Bacchus: myth. Gott des Weins.

Bagage: frz. Gepäck, auch Gesindel.

Bajonett: nach ihrem ersten Herstellungsort Bayonne benannte, am Gewehr fest angebrachte Stichwaffe.

Bakel: von lat. *baculus,* Stock.

Balancier: von frz. *balance,* Gleichgewicht; Schwingbaum bei Dampfmaschinen zur Übertragung der Kolbenbewegung; bei Pumpenwerken im Bergbau mit einem Gegengewicht versehen. II: 22

Ballon: mit Heißluft, Wasserstoff- oder Leuchtgas gefüllter dünner Hohlkörper zum Aufstieg in die Atmosphäre. Erste praktische Flugversuche unternahmen 1783 die Brüder Joseph und Étienne Montgolfier sowie (mit Gasballons) Joseph Alexandre Charles. Im Wiener Prater führte der weltberühmte Jean Pierre Blanchard am 6.7.1791 seinen Ballon vor; 1820 stieg mehrmals Wilhelmine Reichard hier auf. II: 19, 23

Bambusstöcke: erstmals 1720 in England eingeführt, wurde Bambus im 19. Jhd. ein wichtiger Exportartikel Chinas.

Bann, kleiner: schließt nach kanonischem Recht von der Gemeinschaft der Sakramente aus.

Barfüßerkirche: Kapelle des Franziskanerklosters auf dem Ulmer Münsterplatz, die unter bayrischer Herrschaft 1808 in eine Mauthalle verwandelt wurde.

Batterie: frz. ›Schlagerei‹, Geschützstand, Reihe von Kanonen.

Batzen: urspr. Berner Silbermünze, so benannt nach dem Bären im Wappen (Batz), später im süddt. Gebiet kleinere Handelsmünze zu 1/15 oder 1/12 Gulden (4 oder 5 Kreuzer).

Bauhütte: im Mittelalter vorwiegend in Domstädten wirksame, privilegierte Berufsorganisation von Bauleuten und Steinmetzen, seit 1459 mit offiziellem Statut, das 1498 von Kaiser Maximilian bestätigt wurde. Die in Haupthütten (Großlogen) zusammengefaßten Bauhütten wurden nach der Reformation Zunftkorporationen. Aus ›freien‹, unzünftigen Arbeitern am Kirchenbau, die später eigene Verbindungen bildeten, gingen die Freimaurer hervor.

Baumstark: historisches Ulmer Wirtshaus, wo Berblinger vom Besitzer eines Wachsfigurenkabinetts 1823 seine Flügel ausstellen ließ.

Bautzen: hier kämpfte am 20. / 21.5.1813 die russ.-preußische Armee unter Wittgenstein gegen Napoleon, wobei die Sieger blieben.

Bayern: nach dem letzten Städtetag wurde Ulm am 30.8.1802 von bayrischen Truppen unter Freiherr Wilhelm v. Hertling in Besitz genommen; am 12.4.1803 besuchte der Kurfürst die Stadt, die bis 1810 bayrisch blieb.

beam: engl. Balkenwerk, s. Balancier.

Befiehl du deine Wege ...: Anfangsstrophe eines Kirchenlieds von Paul Gerhardt (1607–1676), deren Schluß lautet: ›Der Wolken, Luft und Winden / Giebt Wege, Lauf und Bahn / Der wird auch Wege finden / Da dein Fuß gehen kann.‹

Beinschnitzer: Bearbeiter von Elfenbein und Tierknochen.

Belagerung von Ulm: vom 15.–20.10.1805 wurde Ulm durch frz. Truppen belagert und nach der Kapitulation der Österreicher unter General Mack eingenommen; mit 16 Generälen, 40 Fahnen und 60 Kanonen zogen 23 000 Mann zum Kienlesbergfelsen und legten ihre Waffen vor Napoleon ab. II: 19.

Beneficium, Beneficii: lat. Wohltat; Vergünstigung, Zuwendung.

Beresina: Fluß in Litauen, den die napoleonische Armee bei ihrem Rückzug aus Rußland am 26.–29.11.1812 unter großen Verlusten und Zurücklassung von ca. 15 000 Gefangenen und Verwundeten überquerte. II: 35

Besen: in Süddeutschland markiert ein vor die Tür gestellter Besen einen Gasthof.

Bibliothek: die Ulmer Stadtbibliothek geht auf die Stiftung des Patriziers Hans Ulrich Krafft zurück (1517) und verdankt ihre Bestände zahlreichen Schenkungen, u. a. der Familien Schad, Neithart und Schermar. I: Einl.

biderb: altertüml. bieder.

biwakieren: von norddt.-frz. Beiwacht, im Freien übernachten.

Bläue: grobe Packleinwand.

blasphemisch: gotteslästerlich; von griech. *blapsis*, Schädigung und *phemein*, ich sage.

Blaubeuren: theologisches Seminar im ehemaligen, 1085 gegründeten Benediktinerkloster, das über den Grafen von Helfenstein 1447 an Württemberg kam; in der spätgotischen Klosterkirche Chorstühle und Schnitzwerke Syrlins und der Ulmer Schule. I: 8–12

Blauen machen: s. Montag, blauer

Blautopf: blaugrüner, nie zufrierender See von 23 Meter Tiefe und 40-42 Meter Breite bei Blaubeuren, dem die Blau entspringt. Die Sage von der dort lebenden Wasserfrau wurde u. a. von Uhland überliefert (*Schriften zur*

Geschichte der Dichtung und Sage, Bd. 8) und von Mörike in der *Historie von der schönen Lau* dichterisch gestaltet. II: 8, 11

Blauveilchenkranz: ein Damenkränzchen.

Bleich, Bleichwiese: Ort, wo frischgewaschene Wäsche zum Bleichen gelegt wurde.

Blessierte: frz. Verwundete.

Blitzableiter: erstmals von Benjamin Franklin 1749 zur Ableitung elektrischer Ladungen aufgestellt, seit 1769 auch in Deutschland verbreitet. I: 6.

Bock, Ziegenbock: schon bei den Ägyptern myth. Opfertier; die ungeklärte Beziehung zum Schneiderhandwerk ist seit dem späten Mittelalter nachweisbar.

Boreas: griech. Name eines Nord-Nord-Ostwindes, der über die Thrakische Ebene nach Hellas weht und reine Luft, aber auch Kälte bringt.

Borodino: auch Schlacht an der Moskwa genannt; am 7. / 8. 9. 1812 unterlagen hier die Russen unter Kutusow nach zehnstündigem Gefecht, unter großen beiderseitigen Verlusten, nur knapp den napoleonischen Truppen, die damit Moskau einnahmen. II: 35.

bresthaft: von altertüml. ›Breste‹, Gebrechen; krank, versehrt

Brüderlichkeit: Parole der Französischen Revolution, s. Freiheit

Bücher Mosis s. Moses.

Büchersybarite: einer, der in Büchern schwelgt; von unterital. Sybaris, dessen Einwohner als Schlemmer galten.

Calvinist: Anhänger der reformatorischen Lehre des Johannes Calvin (1509–1564).

Candidatus: lat. Kandidat, Anwärter, Prüfling, Bewerber.

Cannstadt: In der dortigen Schlacht besiegten am 21.7.1769 die von General Moreau geführten frz. Truppen die Österreicher unter Erzherzog Karl. I: 3.

Casabianca: ital. weißes Haus.

Catalogum: lat. Katalog, Verzeichnis; von griech. *katalegein*, aufzählen.

Cavallier: Ulmer Bastion.

Cerberusgattung: von griech. *Kerberos*, Höllenhund mit drei Köpfen und Drachenschwanz, der die Höhle jenseits des Styx bewachte.

Cerevis: von lat. *cerevisa*, Bier; unter Studenten wurde ›auf Cerevisa‹ geschworen.

Chasseurs: frz. Jäger, Schütze.

Cherub, pl. **Cherubim:** hebr.; in der Bibel (Genesis 3, 24) zuerst als Wächter des Paradieses erwähnte Engel höherer Ordnung; menschenähnliche, geflügelte Wesen mit vier Gesichtern (Ezechiel 1 und 10).

Chevaux-legers: frz. leichte Pferde, urspr. Leibwache Heinrichs IV. von Navarra; in der österr. u. bayr. Armee leichte Reiterei.

Chorstühle: Für den Klerus bestimmte, mit Betschemeln versehene hölzerne Sitzbänke in Stifts- oder Klosterkirchen; in der Renaissance oft mit künstlerischen Schnitzereien versehen.

Chrestomathie: Auswahl, Textsammlung von griech. *chrestos*, brauchbar und *mathein*, lernen.

Chronika: zeitgeschichtliche Aufzeichnungen, von griech. *chronos*, Zeit.

ciceronianisch: Cicero betreffend, von ihm stammend.

citissime: lat. sehr eilig, schleunig.

Classicis: klassische Studien, antike Schriftsteller.

Coiffuren: frz. Haarputz, Frisuren.

Collegium, Collegii: lat. Versammlung, amtliche oder schulische Körperschaft.

come along! engl. kommt mit!

comme il faut: frz. wie es sein muß, geziemend.

comme un Allemand: frz. wie ein Deutscher.

competitores: lat. Mitbewerber.

Consistorium s. Konsistorium.

Cornwall: Bergbauregion (Kupfer, Zinn und Blei) im Südwesten Englands, wo Jonathan Hornblower 1781 die erste zweizylindrige Dampfmaschine konstruierte.

Courage, couragiert: frz. Mut, mutig, beherzt.

Dädalus: myth. Erfinder, baute in Kreta das Labyrinth für Minos, der ihn später selbst dort einkerkerte; D. und sein Sohn Ikarus entkamen mittels künstlicher, aus Wachs und Federn gefertigter Flügel. I: 7.

Dämon, korsischer: verächtl. Umschreibung für Napoleon.

Dampfmaschine: Wärmekraftmaschine, bei der Hochdruck durch überhitzten Dampf entsteht. Dieser wird einem Zylinder zugeleitet, um einen Kolben zu bewegen; mittels Pleuelstangen und Kurbelwellen wird die lineare Bewegung in die Rotation eines Schwungrads übertragen. Dionys Papin setzte das schon von Leonardo konzipierte Prinzip experimentell um und erzeugte Hochdruck mit dem ›Papinschen Topf‹ (luftdicht verschließbares Gefäß mit Sicherheitsventil, heute als Dampfkochtopf gebräuchlich); seine Ergebnisse wurden in den *Acta Eruditorum* von 1688 publiziert. Unabhängig davon erfand Thomas Savery 1689 eine ähnliche Maschine zum Heben von Grubenwasser aus Bergwerken. Papin verbesserte seine Maschine durch Hinzufügung des Kolbens und entwickelte ein Dampfschiff mit Wasserrad, das jedoch nach einem Versuch auf der Weser bei Münden von Matrosen zerstört wurde. Die Konstruktion einer Kolben-Dampfmaschine, die tatsächlich Anwendung fand, gelang erst Newcomen; sein Modell wurde von James Watt durch Kondensator und Luftpumpe, Zylinder- und Wagenkessel sowie durch die Erfindung des Parallelogramms zum Ausgleich der Kolbenbewegung vervollkommnet. II: 22, 35.

Dank euch Gott um und um ...: handwerkersprachl. Dankformel.

De officiis: lat. *Über die Pflichten,* philosophische Schrift in drei Büchern, verfaßt um 44 v. Chr. von Cicero.

Dekan, Dekanat: urspr. röm. Aufseher eines Zelts mit zehn Fußsoldaten; Stiftsgeistlicher, katholisch: Vorsteher eines Kapitels, evangelisch: Superintendent, geistlicher Inspektor.

Dekorum: von lat. decorus, anständig: Schicklichkeit, Anstand.

Denkmal: eine Skulptur des historischen Albrecht Ludwig Berblinger wurde 1976 in der Ulmer Hirschstraße aufgestellt; an seinen in Eyths Roman verewigten Flugversuch erinnert eine Gedenktafel an der Adlerbastei.

Depeschenreiter: Bote mit amtlicher Eilbotschaft, von frz. *depêcher,* sich beeilen.

Deskription, descriptio: lat. Beschreibung.

Deutschritterorden: um 1128 in Jerusalem gegründeter Orden der Ritter vom Hospital St. Marien des Deutschen Hauses, der sich rasch ausdehnte, durch Eroberungen und Schenkungen über zahlreiche Besitzungen verfügte und erst 1809 von Napoleon aufgehoben wurde. In Ulm siedelte sich 1221 eine Komturei des Ordens an, damals noch außerhalb der Stadtmauer.

Devotion: Andacht, Hingabe von lat. *devovere,* weihen.

Diana: myth. Mond- und Jagdgöttin Artemis, dargestellt mit einer Hirschkuh und einem Gefolge von Nymphen. II: 34

Differential- und Integralrechnung: Lehre von den abgeleiteten Funktionen, ihrer Anwendung auf Geometrie, Mechanik und mathematische Physik und deren Umkehrung.

Diskurs: Gespräch, Unterhaltung.

Döte: schwäb. für Pate. I: 1

Dogmatik: Systematik und Darstellung der christlichen Glaubenssätze.

Dolmetsch: Übersetzer.

Don Karlos: urspr. *Dom Karlos. Infant von Spanien,* Drama von Friedrich Schiller; 1787 uraufgeführt.

Donauried: grasbewachsene Moorlandschaft am linken

Donauufer nördlich von Günzburg zwischen Ulm und Gundelfingen. I: 13

Dorment: lat. Schlafsaal eines Klosters, später Korridorgang längs der Zellen; in Blaubeuren mit gotischem Holzgewölbe und einem Fresko an der Nordwand. I: 8

Dragoner, Dragonerregiment: leichte Reiterei.

Drei Lilien, drei Lilien ...: altes Soldatenlied.

Dreißigjähriger Krieg: Sammelbezeichnung für mehrere Konfessionskriege 1618–1648, unter denen Ulm trotz Neutralität und weitgehender Anpassung an die jeweils siegreichen Parteien Pestepidemie, Besetzung und Plünderungen erlitt.

Drudenfuß: von ›Druden‹ = germ. Priesterinnen und den ihnen zugeschriebenen Gänse- oder Schwanenfüßen abgeleitetes myth. Zeichen (meist fünfzackiger Stern), das gegen Geister, Hexen- und Teufelszauber schützen soll.

dürfen: altertüml. für brauchen.

Dütsch: oberdt. für Elsässisch.

dufte: in der Sprache der Wandergesellen: erfreulich, fabelhaft.

Dukaten: Goldmünzen; in Süddeutschland im Wert von 24 Gulden.

dulce et decorum est pro patria mori: lat. Sinnspruch aus Horaz, *Oden* III, 2, 13: ›süß und ehrenvoll ist es, für das Vaterland zu sterben‹.

durftig: altertüml. bedürftig.

Edelsitz: Adelsschloß.

egalisiert: gleichmachen, ausgleichen von frz. égal, gleich.

Egeria: myth. Quellnymphe, Hebamme und Ratgeberin des Königs Numa.

Eheu fugaces, Postume, Postume, labuntur anni: lat. aus den *Oden* (2, 16, 27) des Horaz: ›Ach, wie flüchtig, Postumus, Postumus, vergehen die Jahre!‹

Ehret die Frauen: aus Schillers Gedicht *Würde der Frauen* (1795).

ehrsam: altertüml. f. ehrbar.

Ein- und Ausgeschenk: zur Unterstützung wandernder Handwerker trugen die Gesellen selbst bei, durch Geldgeschenke beim fehlerfreien Vorbringen der tradierten Gruß- und Antwortformeln sowie bei der ersten Zusammenkunft, wenn der Betreffende Arbeit gefunden hatte. I: 16

eineweg: oberdt. für einerlei.

einexerzieren: s. exerzieren

Elchingen: nach seinem Sieg über die Österreicher am 14.10.1805 erhielt Marschall Ney von Napoleon den Titel Herzog von Elchingen. II: 19

Eldorado: span. Goldland, sinnbildlich für paradiesische Zustände.

élégance finie, d'une: frz. von vollendeter Eleganz.

Elektrizität: die ältesten elektrischen Versuchsanordnungen mittels Schwefelkugeln gehen auf Otto v. Guericke zurück; bei späteren Experimenten wurden Kugeln aus Glas und Siegellack, Schießpulver, Amalgam etc. verwendet. I: 2

Elias: alttestam. Prophet (1 Könige 19, 4), der in der Wüste betete: ›Ich bin nicht besser als meine Väter‹.

Eljen: ungar. Hoch!, Bravo!

Ellenmaß: Meßstab für ehemaliges, variierendes Längenmaß; in Bayern 83, 30 cm, in Württemberg 61, 42 cm.

empfahen: altertüml. empfangen.

enfants de la patrie: frz. Kinder des Vaterlands, aus der Anfangszeile der *Marseillaise*.

Eritis sicut Deus, scientes bonum et malum: lat. ›Ihr werdet sein wie Gott und wissen, was gut und böse ist‹; mit diesen Worten empfahl die Schlange im Paradies nach Genesis 3, 5 Eva den Genuß der Frucht vom verbotenen Baum.

et caetera: lat. und die übrigen.

Evoe: griech. / lat. Ruf, mit dem Bacchus von seinem Gefolge begrüßt wurde.

Evviva: ital. Hoch!, Bravo!

Excelsior! lat. ›höher!‹, ›erhabener!‹

exekutieren: hinrichten.

exerzieren: (militärisch) ausbilden.

Exortium von lat. exorcere, austreiben.

Extempore, Extemporalien, Extemporalheft: Aufsätze, die aus dem Stegreif (lat. ex tempore) in ein besonderes Heft geschrieben wurden. I: 7, 9.

façon de parler: frz. Redeweise.

Famel s. Famulus

Famulus pl. **Famuli:** aufsichtführende Schüler, in Blaubeuren hierarchisch nach Ober-. Unterfamuli eingeteilt. I: 8–11

Fasson: von frz. façon, Art und Weise, Lebensart.

Faustrecht: mittelalterl. Befugnis des Adels zu Fehde und Blutrache.

Fechten, Fechtbruder: in der Handwerkersprache das Erbetteln von Lebensmitteln oder Geld an der Haustür. II: 21–23

Feldstücke: altertüml. Kanonen.

Femgericht: Rechtsinstitution des Mittelalters, geheime Schöffengerichte mit der Befugnis zu Todesurteilen sowie Acht- und Bannstrafen.

festina lente: lat., Eile mit Weile, nach Sueton Lieblingswort des Augustus.

Feuerjo: wie ›Feurio‹ Ruf bei Brandgefahr.

Feuermaschine: s. Dampfmaschine.

Feuermaschinist: Betreiber einer Dampfmaschine.

Feuerzeug: der Türmer könnte ein sog. Tachopyrion, ein Kompressions-Luftfeuerzeug benutzt haben.

Fiale: griech. spitzes Türmchen zur Bekrönung gotischer Strebepfeiler, dessen Spitze pyramidisch oder in Kreuzblumen, Krabben und Giebelchen ausläuft.

filius pl. **filii:** lat. Sohn.

Filz: handwerkersprachlich für Hut.

Findelhaus s. Fundelhaus.

Fischbein: Hornmasse, meist die aus England importierten Barten des Wals, die zu elastischen Stäben geschnitten werden.

Fischerstechen: Ulmer Zunftfest, bei dem Mannschaften von Fischern gegeneinander rudern und je einen ihrer Gegner mit Stangen vom Bugrand herunterzustoßen suchen. Der Brauch besteht seit 600 Jahren und wurde zum Vorbild ähnlicher Turniere in Leipzig und Halle. II: 26.

Fischkasten: von Jörg Syrlin 1482 gestalteter Marktbrunnen mit drei Rittergestalten, dessen Wasser durch Kästen mit lebenden Fischen geleitet wurde.

Flachboote s. Zillen.

Flebben: in der Sprache wandernder Gesellen die Arbeitspapiere.

Fleck: Flicken.

Fleischtöpfe Ägyptens: nach diesen sehnten sich die von Moses und Aaron in die Wüste geführten Israeliten (Exodus 16, 3; Numeri 11, 4–6).

Fluß, den das Volk Israel ...: gemeint ist die Überquerung des Jordan (Josua 3, 14–17).

Folioseiten: Buchseiten in ganzer oder halber Bogengröße, daher auch Foliant.

Fontainebleau: hier unterzeichnete Napoleon am 11. 4. 1814 seine Thronentsagung und nahm Abschied von seinen Garden.

Franziskanerkloster: auch Barfüßerkloster genannt, südlich des Ulmer Münsters, wurde 1229 gegründet und dient seit der Reformation 1531 als Gymnasium; die dazugehörige Kirche wurde 1874 abgerissen.

Frauengasse: nach der Frauenkirche benannte Ulmer Straße, wo vorwiegend der Klerus wohnte.

Frauentor: altes Ulmer Stadttor.

Freiburg: hier kam der Franziskanermönch Berthold Schwarz wegen chemischer Experimente ins Gefängnis. 1330 soll er das Schießpulver erfunden haben; anderen

Überlieferungen zufolge wurde es in Köln, Mainz oder Goslar entdeckt.

Freiheit, die ich meine ...: aus dem Gedicht *Freiheit* von Max v. Schenkendorf (1813).

Freiheit, Gleichheit, Brüderlichkeit: Kernbegriffe der Menschenrechtserklärung v. 26. 8. 1789, die als *liberté, egalité, fraternité* zur Parole der Französischen Revolution wurden. I: 16, 18

Freimaurer: im 18. Jahrhundert aufkommende, als Logen verfaßte Bruderschaften, die ihre Tradition aus den Dombauhütten des Mittelalters ableiten und in einem stark ritualisierten Gemeindeleben karitative, kulturelle und erzieherische Ziele verfolgen.

Freisprechung: Entbindung des Ausgelernten von seinem Lehrverhältnis; bei Gesellen: das Zusprechen des Meisterrechts; beides mußte von der Zunft schriftlich dokumentiert werden (Gesellen- oder Meisterbrief) und war mit Gebühren und Mahlzeiten verbunden; Meistersöhne konnten in der Wiege freigesprochen werden. II: 19.

Friedrichsdor: preußische Goldmünze zu 5 Reichstalern 16 Groschen oder zehn Gulden (das Geschenk des Königs an Berblinger wurde tatsächlich in Louisdor ausbezahlt, die 5 2/3 Reichstaler wert waren).

Friedrichshütte: Hüttenwerk zur Weiterverarbeitung der bei Tarnowitz/Schlesien seit 1526 geförderten Blei- und Eisenerze; hier baute der Maschineninspektor August Friedrich Holtzhausen nach dem Vorbild einer Dampfmaschine aus Soho vier gleichartige Maschinen. II: 22.

fürbringen: altertüml. vorbringen.

Fürwitz: altertüml. Vorwitz.

Fundelhaus: das in Ulm 1337 gegründete, wohl älteste dt. Heim für Waisen und Findelkinder. I: 14, 18.

Furagewagen: dient zum Transport militärischer Futtervorräte, von frz. *fourrage*, Futter.

Fuß: Längenmaß, vom menschlichen Fuß abgeleitet; 1

Meter entsprach 3, 426 bayrischen und 3, 419 württembergischen Fuß.

Gänsekiel: gespitzter Federkiel früher das meistverbreitete Schreibgerät.

Gänserupfen: Ulmer Ortsnamen wie Gänswiese, Gänshölzle etc. lassen auf weitverbreitete Geflügelzucht schließen; ›Gansreißen‹ oder ›Gansschlagen‹ waren auch anderswo, z. T. als Fastnachts- oder Erntedankbrauch üblich. II: 26.

Gänstor: der Turm dieses Ulmer Stadttors wurde von den Franzosen 1796 in Brand geschossen und erst 1823 restauriert.

Gaishirtlesbaum: Esche, wegen des Futterlaubs für Schafe und Ziegen.

Galgenberg: alte Ulmer Hinrichtungsstätte; die Flugversuche des historischen Berblinger fanden am Michelsberg statt. II: 27.

Gallenfieber: altertüml. Name einer fieberhaften Krankheit, die von zu reichlicher Gallenabsonderung und Lebereizung herrühren sollte.

Gallimathias: von frz. *galimatias* Kauderwelsch.

Galvanismus: das nach seinem Entdecker Luigi Galvani benannte, von Alexander Volta ergründete Phänomen elektromagnetischer Spannung zwischen verschiedenen Metallen (Grundprinzip der Batterie).

Gambrin, lat. **Gambrinus:** sagenhafter flämischer König, der als Erfinder des Biers gilt.

gelahrt: altertüml. gelehrt.

Generallandeskommissar: das Amt des Regierungspräsidenten in Ulm unter bayerischer Herrschaft hatte Graf Arco inne. II: 19, 26.

genung: altertüml. genug.

Gerundium pl. **Gerundii:** grammatische Form im Lateinischen.

Gesellschaft, mein: Anrede der Gesellen untereinander.

Getäfer, getäfert: altertüml. Täfelung, getäfelt.

Glöcklertor: altes Ulmer Stadttor.

gloire: frz. Ruhm.

Goldener Schnitt: seit der Antike bekannte Proportionslehre, harmonisches Teilungsverhältnis.

Gottesgelahrsamkeit: altertüml. f. Theologie.

Gratulor!: lat. ich gratuliere!

grellicht: altertüml. grell.

Grenadiere: Gardetruppen, von frz. *grenade*, Granate.

Groß-Beeren: erster Sieg der Freiheitskriege v. 23. 8. 1813, als Bülow gegen die Instruktionen seines Oberbefehlshabers, Kronprinz Bernadotte von Schweden, die napoleonischen Rheinbundtruppen unter Marschall Oudinot angriff. II: 35.

Gründling: karpfenähnlicher Flußfisch.

Grütze: Getreidemus aus Gerste, Buchweizen oder Hafer.

Gschpaß: schwäb. Spaß.

Guillotine: Fallbeil, in der Französischen Revolution als humanere Form der Hinrichtung eingeführt und dann exzessiv gegen politische Verdächtige eingesetzt.

Gulden: südd. Silbermünze à 60 Kreuzer oder 1/2 Taler; die in Wien umlaufenden Gulden waren von geringerem Wert. (›Ulmer Gulden‹ waren eine aus Silbergerät gepreßte Kriegssteuer).

Gunst, mit: handwerkersprachl. Grußformel.

Gurten: bogenförmige Einfassungen gegliederter Gewölbe.

Gymnasium academicum: bis 1809 lateinische Gelehrtenschule für maximal 70 Studenten im ehemaligen Ulmer Franziskanerkloster; in reichsstädischer Zeit wurden hier Pfarrer, Lehrer und Beamte des Stadtstaats ausgebildet.

Haarbeutel: Beutel aus schwarzem Taft, in den man den Zopf oder das Hinterhaar einer Perücke steckte.

Habakuk: alttestam. Prophet, der nach Daniel 14, 36–39 von einem Engel am Haupthaar ergriffen und durch Luft versetzt wurde.

Hades: in der griech. Mythologie Name des Totenreichs, der Unterwelt.

Hafnermeister: Töpfer.

Halsbräune: altertüml. Bezeichnung für Krupp.

Hammerwerk: Schmiede zur Metallbearbeitung; als Kind bastelte Eyth selbst Spielzeug-Hammerwerke, die er an Bächen aufstellte.

han: schwäb. habe, haben.

han i au grad sage wölle: schwäb. wollte ich auch gerade sagen.

Handwerkordnung s. Zunft.

Hatz: österr. Spaß.

Haubitze: schwere Kanone.

haun: s. han.

Hebdomadar: regelmäßig zu schreibende Schularbeit, von griech *hebdomadal,* wöchentlich. I: 8.

Heiducken: ungar. Soldaten, in deren Tracht gekleidete Bediente.

Helfensteiner: altes Grafengeschlecht der gleichnamigen Burg bei Geislingen; 1627 erloschen.

Heller: geringwertige Münze; nach Ulmer Prägung zu 0, 105 g Silber.

Herbeltor: Ulmer Stadttor.

Herkules: myth. Held der Antike, trug die Haut des unverwundbaren nemeischen Löwen, den er erlegte; am Scheideweg soll er sich nach Xenophon, von den Göttinnen der Wollust und der Tugend verlockt, für die Tugend entschieden haben.

Herostratos: soll den Tempel der Artemis angezündet haben, um berühmt zu werden.

Herrenkellergasse: nach dem Herrenkeller, einem berühmtem Ulmer Wirtshaus.

Hettstedt: Kupferhütte im Mansfelder Gebirgskreis.

Heureka: griech. ›ich hab's gefunden!‹, soll Archimedes gerufen haben, als er das Gesetz der Hydrostatik entdeckte.

Heuriger: österr. Wein der letzten Lese.

hinaufstrupfen: von strupfen, oberdt. streifen.

Hispanien: Spanien.

hochdelektabel: ergötzlich von lat. *delectare,* ergötzen.

Hohenlinden: durch den Waffenstillstand der Generäle Moreau und Kray vom 3.12.1800 wurde Ulm den Franzosen kampflos überlassen.

Hohenzollern: altes Bergschloß bei Hechingen (Gebirge).

Hohen-Neuffen: Felsenschloß; 1801 geschleift.

Holzbeige: altertüml. aufgeschichteter Holzhaufen.

Holztäferung s. Getäfer.

horribile dictu: lat. schrecklich, es auszusprechen.

Hugenotte: nach dem Genfer Bürger Hugues Name der frz. Protestanten, die 1685 durch Aufhebung des Edikts von Nantes aus Frankreich vertrieben wurden. I: 9.

Humaniora: altphilologische Lehrfächer.

Ich hab mein Sach auf nichts gestellt ...: Lied von Louis Spohr (1818) nach Goethes Gedicht *Vanitas! Vanitatum Vanitas!* (1806).

Ich weiß nicht anders: handwerkersprachl. Erwiderungsformel.

Ikarus: myth. Sohn des Dädalus, der beim Flug mit seinem Vater so hoch flog, daß der Sonnengott das Wachs an seinen künstlichen Flügeln schmolz und er ins Meer stürzte. I: 6, 7; II: 33, 35.

Illumination: Festbeleuchtung.

Impedimenta: Hindernisse.

in hoc signo vinces: lat. ›in diesem Zeichen wirst du siegen‹, Inschrift des Kreuzes, das Konstantin vor der Schlacht gegen Maxentius am Himmel erschien.

in perpetuum: lat. auf immer.

Induktion: Erregung elektrischen Stroms in einem geschlossenen Leiter.

ingenium, ingenii: lat. Geistesanlage, Verstand.

inkarzerieren: einkerkern.

inkommodieren: belästigen.

Inkulpat: Beschuldigter.

Interstitien: Pausen, von lat. *interstitium*, Zwischenraum.

item: altertüml. ebenso, ferner.

Jack in the box: engl. Springteufel; hier: Wattsches Parallelogramm. II: 22

Jacta est alea: lat. ›der Würfel ist gefallen‹, soll Cäsar gesagt haben, bevor er den Rubikon überschritt; Wahlspruch Ulrich von Huttens.

Jagdfrondienst: erst 1848 überall in Deutschland aufgehobene Pflicht von Bauern und Städtern zu Dienstleistungen bei der Fürstenjagd.

Jakobiner: radikale Mehrheitspartei der Französischen Revolution.

Jena: in der Schlacht vom 14.10.1806 unterlagen hier die Preußen unter Herzog von Braunschweig und Prinz Hohenlohe den Truppen Napoleons.

Jesaja: alttestam. Prophet, dessen Vision (Jesaja 6, 1–3) Gretle dem kranken Berblinger vorliest. II: 36.

Joseph: alttestam. Lieblingssohn Jakobs (Genesis 37, 12–36), der von seinen Brüdern in die Sklaverei verkauft wurde.

Judenhof: jüdisches Wohnviertel, seit 1394 Ghetto im Nordosten Ulms; unter Kaiser Maximilian I. wurden die Juden 1499 enteignet und ausgewiesen.

Kabinett, physikalisches: altertüml. Labor.

Kachlet: Stromschnelle in der Donau. II: 21.

Kain: Sohn Adams und Evas (Genesis 4, 1-25), von Gott verstoßener Mörder seines Bruders Abel u. Stammvater Tubalkains.

Kainszeichen: Zur Strafe für den Brudermord wurde Kain von Gott gezeichnet (Genesis 4, 15), damit jeder ihn töte, der ihn findet.

Kaliko: bedruckte, leinwandartig gewebte Baumwolle (Kattun); der Name – in Frankreich *indiennes* – geht auf Kalkutta zurück.

kalligraphisch: in Schönschrift.

Kameralamtskassen: darin wurden Einnahmen aus den Domänen aufbewahrt.

Kanonen: daß von den Österreichern 1794 die Auslieferung der Ulmer Kanonen verlangt wurde, ist historisch bezeugt; allerdings verhinderten in der Nacht vom 8. auf den 9. August ca. 30 Frauen und Männer – unter Rädelsführerschaft des historischen, damals 23jährigen Albrecht Ludwig Berblinger – am Frauentor den heimlichen Abtransport.

Kapitelhaus: beherbergt in Klöstern den Versammlungssaal.

kapitolinische Gänse: einer Legende nach wurde das röm. Kapitol durch lautes Geschnatter von Gänsen gerettet.

karieren: lat. entbehren, fasten; in Internaten eine Schulstrafe. I: 8

Karlsakademie: von Herzog Karl Eugen von Württemberg 1770 gegründete Militärakademie, 1780 zur Universität mit sechs Fakultäten erweitert, 1794 aufgelöst.

Kartätschenfeuer: von ital. *cartoccio*, Tüte; Hagelgeschoß (Bleikugeln in Beuteln oder Zylinderbüchsen) von großer Streuwirkung.

Karzer: von lat. *carcer*, Kerker; in Schulen und Universitäten Strafe für Disziplinvergehen.

Kasus: lat. Fall.

Katarakt: pumpenähnliche Vorrichtung zur Regulierung des Kolbenspiels bei Dampfmaschinen.

Klafter: ca. 1, 95 m, Längenmaß beider in gerader Linie ausgestreckten Arme.

Klausur: klösterliche Absonderung in der Zelle.

Kleiderordnung: ständische Bekleidungsvorschriften des Mittelalters.

Klingenstein: Schloß im Blautal bei Ulm.

Knaggen: bei Maschinen zahnartige Vorsprünge an Wellen zur Übertragung der Drehbewegung.

Kniebis: Gebirgsrücken des Schwarzwalds.

Knoten, gordischer: der antiken Sage nach unentwirrbarer Knoten von Gordios, den Alexander der Große mit einem Schwerthieb durchtrennte.

Kollekte: Altargebet, das vor Verlesung eines Bibelabschnitts gesungen wird.

Kollex: altertüml. Kollege.

Kommissarius: lat. Beauftragter.

Kondensation: Verdampfung.

Konkurs: von lat. *concursus*, Zusammenlauf, hier: Prüfung.

Konrektor: zweiter Schulleiter.

Konsistorium: oberste Behörde der protest. Kirchenverwaltung; Konsistorialskribent: Schreiber eines Konsistoriums.

Konskription: Erfassung von Wehrpflichtigen. I: 16, 17.

Konsul, erster: seit seinem Staatsstreich v. 9.11.1799 Titel Napoleons.

Kontinentalsperre: von Napoleon verhängte Handelssperre gegen England, verhinderte u. a. die Einfuhr von Tee, Kaffee und Zucker; auch wissenschaftliche Korrespondenzen wurden unterbrochen. II: 29, 31.

Kontinualsperre: verballhornt aus Kontinentalsperre.

Kontributionen: von der kriegführenden Partei den Besiegten auferlegte Geldsummen.

Konvent: Zusammenkunft der Mönche oder Nonnen eines Klosters.

Kopulieren: lat. verbinden; kirchlich trauen.

Korah: alttestam. Aufrührer (Num 16, 1–35), der sich mit 250 Anhängern gegen Moses und Aaron erhob.

Korpus delicti: lat. Gegenstand des Vergehens, Beweisstück.

Kosaken: urspr. russ. Kriegerkaste, später ethnischer Begriff.

Krabben: in der gotischen Architektur Blätter an schräg ansteigenden Bauteilen der Fialen und Strebebögen.

Kraft: neben Materie wichtigster Schlüsselbegriff der älteren Physik, soviel wie Energie; das Gesetz von der Erhaltung der Kraft (1842) geht auf den Heilbronner Arzt Robert Mayer zurück; Kraftmaschinen = Motoren. II: 20, 22

Krambambuli: urspr. ein Getränk aus heißem, gezuckertem Branntwein und Gewürzen.

Kratzfuß: dienernde Verbeugung.

Krauter: in der Gesellensprache für Meister. II: 23

Krauthäuptle: schwäb. Kohlkopf.

Kreuz, Eisernes: preußischer Orden der Freiheitskriege, 1813 durch König Friedrich Wilhelm III. gestiftet. II: 35

Kreuzer: vorherrschende süddt. Kleinmünze: 1 Kreuzer = 1/60 Gulden, 1/90 Reichstaler oder 4 Heller.

Krieg schallt es von den Karpathen ...: aus Ernst Moritz Arndt: *Das preußische Volk und Heer im Jahre 1813*, Leipzig 1813.

Kronentaler: in Süddeutschland weitverbreitete österr. Silbermünze.

Kunde: handwerkssprachl. Bezeichnung für wandernde Gesellen.

Kunst: im Bergbau die Wasserhebung durch Pumpen, die mit Wasserkraft (Radkunst), Pferde (Roßkunst) oder Gestänge bewegt werden. II: 22.

Kupferhammer: s. Hammerwerk.

Kupido: lat. *cupido*, das sinnliche Verlangen, Liebesgottheit.

Küraß: Brustpanzer der Kürassiere (Lanzenreiter).

Kurven des 3. Grads: geometrische Kurve, die durch Gleichung dritten Grads zwischen Veränderlichen dargestellt wird.

Kusch de dormir: verballhornt aus frz. coucher, hinlegen und dormir, schlafen.

Küß de Mulle, blas Gerste: Mulle schwäb. für Katze und liederliche Frau; das Sprichwort Mulle, blas Gerste soviel wie: ›weg da!‹, oder ›hast du nichts Besseres zu tun?‹

Lade: im Handwerk der Zunftschrein zur Aufbewahrung von Geldern und Dokumenten; bezeichnet auch den Zusammenschluß der Meister oder Gesellen. I: 14; II: 28.

Langobardi: ital. Langobarde, ›Langbärte‹; daher auch der Name Lombard.

Laokoon: trojanischer Held, der wegen seiner Warnung vor dem hölzernen Pferd mit seinen Söhnen von Athene durch zwei Schlangen erwürgt wurde.

Laura am Klavier: Gedicht in Friedrich Schillers *Anthologie auf das Jahr 1782.*

Lauseck oder **Luginsland:** ehemalige Ulmer Bastei über dem Saumarkt. I: 13; II: 26

Leda: myth. Mutter von Helena, Kastor und Pollux, die Zeus in Gestalt eines Schwans zeugte.

Lehrercollegio: lat. für Lehrkörper.

Lehrsatz, pythagoreischer: im rechtwinkligen Dreieck ist die Summe der Quadrate über den Katheten gleich dem Quadrat über der Hypothenuse.

Lektor: lat. Vorleser. I: 10

Lichtmeß: Marienfeiertag, 2. Februar.

Linkmichel: in der Gesellensprache betrügerischer Mensch. II: 23.

Lizenzen, poetische: dichterische Freiheit, von lat. *licentia poetica* (entlehnt aus Seneca). I: Einl.

Lützen, auch Schlacht von Großgörschen genannt, bei der am 2. 5. 1813 die russ.-preußische Armee unter Wittgenstein den napoleonischen Truppen unterlag. II: 35.

Luftdruckmaschine s. Dampfmaschine.

Luftpumpe: von Otto v. Guericke in Magdeburg 1650 erfundener Apparat aus zwei Halbkugeln zur Herstellung eines Vakuums; dient zum Nachweis physikalischer und chemischer Gesetze, besonders des Luftdrucks.

Luginsland: s. Lauseck.

lukullisch: verschwenderisch, üppig, nach Art des altröm. Feinschmeckers Lucullus.

Lundenburg: österr. Stadt in Mähren.

Lunéville, Frieden v.: wurde am 9.2.1801 nach dem

Waffenstillstand von Hohenlinden zwischen Napoleon und Kaiser Franz II. geschlossen, wobei das linke Rheinufer an Frankreich abgetreten, die dt. Fürsten aus säkularisierten Kirchengütern entschädigt wurden. Ulm wurde dem bayrischen Kurfürsten Max Joseph zugeschlagen. I: 13.

Lutheraner: Anhänger der Lehre Martin Luthers.

Madel: österr. Mädchen (›Madl‹).

Mären: altertüml. Märchen.

Magister: lat. Vorgesetzter, Vorsteher; Gelehrtentitel.

Magnaten: Bezeichnung der vornehmen ungar. Adelsgeschlechter.

Magnetismus: einst die Lehre vom Fluidum lebendiger Körper, von Wunderheilern als Vorform der Hypnose angewandt. Das physikalische Gesetz der magnetischen Anziehung und Abstoßung wurde 1785 entdeckt.

Magyaren: Ungarn.

Mainz: Wirkungsstätte Johannes Gutenbergs, der hier um 1440 die Buchdruckerkunst erfunden haben soll.

Mais oui!: frz. ›Aber ja!‹

maître tailleur: frz. Schneidermeister.

Malefiz-: von lat. *malefikant*, Übeltäter; Fluchwort, auch Ausdruck der Bewunderung.

Malvasier: griech. Likörwein aus Malvasia in Lakonien.

Mamselle: aus frz. *mademoiselle*, Fräulein.

Mansfeld: obersächsische Bergbauregion, Abbau von Kupferschiefer. II: 22, 31

Marodeure: frz. Plünderer. I: 3.

Maßwerk: Teilkreis- oder Kreisornament, als Relief, Dachkamm oder Fensterrose in der gotischen Architektur.

Materie: handwerkersprachl. Material. II: 25.

Maut: süddt. Wegezoll.

medio tutissimus ibis: lat. in der Mitte wirst du am sichersten gehen; Sinnspruch aus Ovids Metamorphosen.

Medizinalrat: Ehrentitel für Ärzte.

Meistersinger: schul- und zunftmäßige Lyriker der

frühen Neuzeit, meist aus dem Handwerkerstand; in Ulm gab es noch 1830 zwölf alte Singmeister, deren Sammlungen 1839 an den Liederkranz übergingen. II: 34

Melodei: altertüml. Melodie.

memorieren: lat. für auswendig lernen.

mensa: lat. Freitisch.

Menschenrechte: aus der menschlichen Natur abgeleitete Grundrechte wurden während der Französischen Revolution am 3.9.1791 formuliert und sind heutzutage elementare Verfassungsgrundsätze. I: 16, 18.

Mesner: von lat. *mansionarius,* Kirchendiener.

Messieurs: frz. ›Meine Herren!‹

Methusala: bibl. Sohn Henochs und Großvater Noahs (Genesis 5, 27) von legendärem Alter.

Miliz: in reichstädtischer Zeit verfügte Ulm über eine Bürgerarmee, die nach Zünften gegliedert und von diesen bewaffnet wurde. I: 4, 16.

Milldonnär: verballhornt aus *mille tonneres,* frz. ›tausend Donner!‹, Fluchwort.

Millenium: myth. tausendjähriges Reich, eine christlichen Utopie.

Mirakulum: lat. Wunder.

mirja: vielleicht von *mirjaklo* = ›Wunder‹ in der Zigeunersprache.

Mitten im Leben sind wir vom Tod umfangen: Anfangszeile eines lutherischen Kirchenlieds (1524).

Mon Dieu, mon Dieu, c'est le cousin!: frz. ›Mein Gott, es ist der Vetter!‹

Montag, Blauer: Ursprung und Namen sind unklar; im Handwerkswesen blieben die Gesellen an bestimmten Montagen der Arbeit ganz oder teilweise fern, was in bestimmten Gewerben arbeitstechnische Gründe haben mochte; gegen diesen Brauch wurden immer wieder erfolglos Edikte und Reichtagsbeschlüsse erlassen, u. a. von Friedrich dem Großen 1785.

Moses: nach biblischer Überlieferung (Exodus 2, 3) wurde M. in einem Binsenkörbchen am Nil ausgesetzt.

Moses, Bücher des: M. galt als Autor des sog. Pentateuch, der die ersten fünf biblischen Bücher umfaßt (Genesis, Exodus, Leviticus, Numeri und Deuteronomium).

Moskau: noch während Napoleon am 14./15.9.1812 die Stadt besetzte, brach ein von den Russen selbst gelegtes, fünftägiges Feuer aus, das sich durch starke Stürme rasch verbreitete; am 16.9. mußte Napoleon den Kreml verlassen. II: 35.

Moskwa, Schlacht: s. Borodino.

Museum: Studierstube der Zöglinge in Blaubeuren. I: 8, 10

Musiö, Musje verballhornt aus *monsieur*.

Muskete: rasch nachzuladendes Gewehr mit Luntenschloß.

Muß i denn ...: schwäb. Volkslied, überliefert von Heinrich Wagner, dritte Strophe: ›Übers Jahr, übers Jahr, wenn man Träubeles schneidt' ...‹

Mutterlauge: von der Kristallisation einer Salzlauge übrig bleibende Flüssigkeit mit nicht oder schwer kristallisierbaren Bestandteilen. II: 30

Mutung: vor der Aufnahme ausgebildeter Gesellen in ein Handwerk war neben der Wanderzeit eine mehrmonatige, manchmal mehrjährige Wartefrist üblich; verlangt wurde auch eine Gebühr (›Mutgroschen) und die Anfertigung eines Meisterstücks. Auf diese Weise konnte sich die Zunft von der Tüchtigkeit und Ehrlichkeit des Bewerbers überzeugen – oder auch unerwünschte Konkurrenten schikanieren und fernhalten. II: 25

Nankinghosen: Beinkleider aus baumwollenem, wie Leinwand gewebtem und festem Kattun von braungelber Farbe.

Nanzig: dt. Name für Nancy.

Narrenteidung: altertüml. von ›tagedinge‹, Narrengeschwätz, Posse.

Nation, große: Beiname Frankreichs (*la Grande Nation*).

Nationale: militärische Bescheinigung von Herkunft und Personalien.

Neffiu: verballhornt aus engl. *nephew,* Neffe.

nichts bewundern: nach lat. *nil admirari,* eine Sentenz des Pythagoras.

nichts überall: handwerkersprachl. Wendung.

Niemen: russ. Name der Memel.

Ninive: alttestam. Hauptstadt der Assyrer.

Nixe: myth. weiblicher Wassergeist.

noa: schwäb. nachher.

Noahsarche: bibl. Gefährt des Noah, Genesis 6, 14 -16.

Nürnberger Ei: Taschenuhr, die vermutlich um 1500 von Peter Henlein erfunden wurde.

Nürnberger Trichter: bildlich für Schnellunterricht; nach dem 1648 hier erschienenen Buch *Poetischer Trichter. die Teutsche Dicht- und Reimkunst ohne Behuf der lat. Sprache in sechs Stunden einzugießen* von Johann Philipp Harsdörffer.

nulla dies sine linea: lat. ›kein Tag ohne Federstrich‹, ein von Plinius d. Ä. überliefertes Sprichwort.

O tempora, o mores: lat. ›O Zeiten, o Sitten!‹ Stoßseufzer in Reden Ciceros.

Obere Stube: Gesellschaft der Patrizier Ulms in der Reichsstadtzeit.

Oberkonsistorialrat s. Konsistorium.

Obersteuerrevisor, geheimer: Finanzbeamter.

Öhmd: nach der ersten Heuernte unreif gemähtes Gras.

Ölberg: steinernes gotisches Gehäuse auf dem Ulmer Münsterplatz, unter bayerischer Herrschaft 1807 als verkehrshinderlich abgetragen.

ora et labora lat. bete und arbeite.

orationes: Reden.

Ordinarischiff: Seit 1792 verkehrte auf der Donau einmal wöchentlich ein Flachboot (Zille) von Ulm nach Wien, zuletzt 1897; neben dem regelmäßigen Personenverkehr wurden Waren und – vor allem während der Türkenkriege – Heeresbedarf transportiert. I: 1, 3

Ordinarius: Gelehrtentitel.

Padua: ital. Universitätsstadt.

Papisten: Anhänger des Papstes.

parbleu!: frz., potztausend!

Pariser Quadratfuß: altes Flächenmaß.

parlamentieren: unterhandeln.

parlieren: von frz. *parler*, sprechen.

Paroxysmus: wiederkehrender krampfartiger Anfall.

Partemist: Stipendiat einer Ulmer Stiftung. I: 5

participio futuri passivi: Mittelwort der Zukunfts- und Leideform, nur lat. möglich.

pastores: lat. Hirten.

Patent-Janitscharen-Vorrichtung: Klangverstärkung eines Klaviers nach Wiener Mechanik.

Patina: Edelrost, bei Altertümern: Belag.

Patrizier: auch ›Geschlechter‹ Ulms genannt; in der Reichsstadt bevorrechtigte Bürgerfamilien, aus mittelalterlichen Pfalzbeamten und niederem Adel hervorgegangen.

per dio: ital. ›bei Gott!‹

per se: lat. von selbst.

Periode: gegliederter, abgeschlossener Satz von griech. *periodos*, Kreislauf.

Peripherie: griech. Umfang eines Kreises. I: 9

perorieren: lat. eine feierliche Rede halten.

Perpetuum mobile: Maschine, die – einmal in Gang gesetzt – ohne Zuführung äußerer Kräfte und ohne Energieverlust ewig weiterläuft. I: 1, 2

Pestilenziarius: altertüml. geistliches Amt, das zum Besuch von Kranken in Pestzeiten verpflichtet. I: 4

Peterwardein: Festung an der Donau bei Mariaschnee.

petitionieren: ein Gesuch einreichen.

Pfarramtsverweser; Pfarrverweserei: Stellvertreter; stellvertretende Verwaltung einer Pfarrei.

Pferdekräfte: aus der Berechnung der Kraft von Dampfmaschinen entstand der heutige Begriff der Pferdestärke.

pflügen mit Dampf: um 1850 entwickelte Anwendung der Dampfkraft zur Bodenbearbeitung; Max Eyth war bei der britischen Firma John Fowler mit der Entwicklung und technischen Betreuung von Dampfpflügen betraut.

Philippika: heftige, feurige Reden, nach denen des Demosthenes gegen Philipp von Makedodien.

Phöbus: griech. ›Glänzender‹, Beiname des Apollon.

phrase griech. Ausdruck. stehende Redewendung.

Pianola: im Gegensatz zum Pianoforte kl. Tischklavier.

pikieren: Steifleinen auf den Unterkragen heften, von frz. *piquer,* stechen.

Pläsier: von frz. *plaisir,* Vergnügen.

Planetenuhr: astrologisches Instrument, das den jeweils die Stunde regierenden Planeten einschl. Sonne und Mond anzeigt.

Plebejer: von lat. *plebs,* altröm. land- und besitzlose Unterschicht.

plus ultra: lat. ›immer weiter hinaus‹, Motto Karls V.

Poesiealmanach: im 18. Jhd. beliebte Sammlung von Gedichten.

poetaster: lat. Dichterling, Verseschmied.

Poetica: Dichtungen.

Pomeranzen: österr. Orangen.

Porzellanfabrik: die königliche Porzellanmanufaktur in Charlottenburg bei Berlin, 1751 gegründet.

Posa, Marquis: Held in Schillers *Don Karlos;* wegen der Szene III, 10 sprichwörtlicher Verteidiger der Menschenrechte.

Post nubila, Phoebus!: lat. ›Wenn du dich verhüllt hast, Phoebus!‹

Postskriptum: lat. Nachschrift.

Potentat: lat. Machthaber.

Prälat: höheres Kirchenamt.

Präsul: Vortänzer. I: 8.

Präzeptor: Schul- oder Sprachlehrer.

Präzieren: regelmäßige Morgen- und Abendandacht feiern. I: 10

Prater: Vergnügungspark in Wien von lat. *pratum,* Wiese.

pressieren: von frz. *presser,* drängen.

principiis obsta: lat. ›Widerstehe den Anfängen‹, sprichwörtl. nach Ovid.

Prise: Portion Schnupftabak.

Privilegien: Sonderrechte, z. B. des Handwerks oder der Universität.

pro patria: lat. für das Vaterland.

probat: lat. erprobt, bewährt.

Profession: lat. Handwerk.

Prometheus: myth. Halbgott, der das Feuer aus dem Olymp stahl und den Menschen brachte, wofür er zur Strafe an einen Felsen geschmiedet wurde.

Promotion: Gesamtheit der Schülerschaft eines Zweijahreskurs in Blaubeuren. I: 8, 9; II: 33.

proponieren: lat. vorschlagen, beantragen.

Prosperität: lat. Gedeihen, Wohlstand.

Protektor: lat. Schirmherr, Beschützer.

Proviantamt: Einrichtung zur Versorgung des Heers, von ital. *provianda,* Mundvorrat.

Providenz: lat. Vorsehung.

Pumpengestäng: Kolbenvorrichtung zum Weiterleiten der Bewegung.

Pußten: von ungar. *puszta,* baumlose Heidelandschaften in Ungarn.

Quartierlasten: Kosten für Einquartierung der napoleonischen Armee von zweieinviertel Millionen Gulden sind historisch belegt. II: 25.

Qui vive? Anruf der frz. Posten, etwa ›Wer da?‹.

quod erat demonstrandum, lat. was zu beweisen war; Schlußformel der Beweisführungen bei Euklid.

Quousque tandem abutere patientia nostra? lat. ›wie lange noch willst du unsere Geduld mißbrauchen?‹ aus Ciceros erster Rede gegen Catilina.

rapportieren: Bericht erstatten.

Rechtsame: durch Herkommen begründete Ansprüche und Privilegien; von ›Gerechtsame‹.

Redoute: von lat. *reductus,* zurückgezogener Ort, im 17.–19. Jhd. Maskenball.

Refektorium: in Klöstern der gemeinschaftliche Speisesaal.

Regiment: militärische Verwaltungseinheit, meist aus drei Bataillonen bestehend und nach Herkunft oder berühmten Heerführern benannt.

reglementwidrig: gegen die Dienstvorschrift.

Reichsdeputation: reichsständischer Ausschuß; der Reichsdeputationshauptschluß vom 25.2.1803 besiegelte das Ende des Deutschen Reichs und damit auch der Ulmer Reichsfreiheit, d. h. seiner stadtstaatlichen Stellung.

Reichstag, letzter: s. Reichsdeputation.

Rejektion: Entlassung eines Schülers, von lat *rejectio.*

Rekreationen: lat. Erholungspausen.

Rektor Magnificus: Universitätsrektor.

Reliquienschrein: kostbares Behältnis zur Aufbewahrung von Reliquien, meist Gebeine von Heiligen.

Remedur: von lat. *remedium* Abhilfe, Abstellen eines Unrechts oder Mißbrauchs.

Remuneration: lat. Vergütung für geleistete Dienste.

restierend: lat. ausstehend, verbleibend.

retirieren: sich zurückziehen, von frz. *retirer.*

Reußenstein: württ. Burgruine seit Ende des 13. Jhds.

Reverenz: lat. Ehrerbietung.

Revers: lat. Verpflichtungserklärung.

Rezesse: schriftliche Auseinandersetzung.

Riegelwandhäuschen: Fachwerkbauten.

rite: lat. vorschriftsmäßig.

Rösselsprünge: Züge des Springers im Schachspiel.

Rosenkreuzer: von Johann Valentin Andreä (gest. 1654), einem Theologen, gegründeter mystischer Geheimorden. II: 20, 30

rote Fahne: als revolutionäres Symbol erst 1848 gebräuchlich; 1791 signalisierte die rote Fahne in Frankreich das Standrecht zur Auflösung unerwünschter Volksversammlungen. I, 3.

Rotte Korah: s. Korah

Royalisten: Anhänger des Königtums.

Sachsen: sächische Truppen kämpften, wie Bayern und Württemberger, auf der Seite Napoleons.

sacré bleu!: frz. Fluchwort.

sacré nom de Dieu: frz. Fluchwort.

Säntis: Gebirgszug der Appenzeller Alpen.

Sakramentshäuschen: Gehäuse für das Altarsakrament, Tabernakel.

Sakrilegium: lat. Kirchenraub; Entweihung.

Salpeter: Kaliumnitrat, von lat. *sal petrae*, Steinsalz.

salvieren: lat. retten, sichern.

Samuel: alttestam. Prophet und Richter, der nach seinem Tod dem Saul als Geist erschien (1 Samuel 28, 3–25).

Sanskulotten: von frz. *sansculottes*, spöttische Bezeichnung für die radikalen Revolutionäre, die keine Kniebundhosen *(culottes)*, sondern lange Hosen *(pantalons)* trugen.

Saul: alttestam. König, für den die Hexe von Endor den Geist des toten Samuel beschwor (1 Samuel 28, 3–25).

Schanzen: künstliche Verteidigungsanlagen.

Scharfeck: Ulmer Bastion.

Schellack: urspr. in dünnen Platten geschmolzener Gummilack, von engl. *shell*, Schale.

Schlesier: geringwertige Weinsorte aus Grünberg in Schlesien.

Schnapphahn: widerrechtlich plündernder Soldat.

Schnecken: in eigens angelegten Gärten gezüchtete Weinbergschnecken waren eine beliebte Fastenspeise und bis in die 50er Jahre unseres Jhds. wichtiger Exportartikel Ulms.

Schneiderfleck: eigentl. ›Schneiderlappen‹; platte, breite schwäb. Nudeln.

Scholar: griech. Schüler.

Scholarch: griech. Direktor einer Hochschule.

Scholastik: an den Hochschulen des Mittelalters die systematische philosophische Begründung der kirchlichen Theologie.

Schoppen: württ. Flüssigkeitsmaß; ca. 0, 45 Liter.

Schosef: verballhornt aus Josef.

Schultheiß, Schulze: Vorsteher eines Dorfs.

Schuster, bleib bei deinen Leisten: Sprichwort, das oft mit dem philosophierenden Schuster Jakob Böhme in Verbindung gebracht wird, in Wirklichkeit aber aus der Antike stammt (nach Plinius d. Ä, die Antwort des Malers Appelles zu einem Schuster, der an seinem Bild die Ausführung der Schuhe bemängelte).

Schwadron: taktische Einheit der Reiterei, von frz. *eskadron.*

Schwahl: Ostspitze der Donauinsel bei Ulm, wo der günstigste Beobachtungsposten für Berblingers Flugversuch lag.

Schwall: felsenreiche Stromschnelle in der Donau. II: 21.

Schwarzer Tod: bildlich für Pest.

Schweigen, das ewige: wohl Anspielung auf das ›Schweigen des Buddha‹ auf die Fragen seiner Jünger, ob ein Erleuchteter nach dem Tod weiterbesteht und ob die Welt ewig und unendlich sei.

Schwingbaum: s. Balancier.

Schwörhaus: zu den verfassungsrechtlichen Vereinbarungen der Patrizier und Zünfte von 1397 (Großer Schwörbrief) gehörte bis 1802, daß Bürgermeister, Rat und Bürgerschaft alljährlich am Schwörmontag einen Friedenseid ablegten; seit 1612 geschah dies im Erker des Schwörhauses am Weinhof.

secundus: lat. der zweite.

Seidel: Flüssigkeitsmaß; österr. 0,354, bayr. 0,535 Liter.

Seidenspitzer: eine Hunderasse.

seigen: verballhornt aus zeigen.

Seklusion: lat. Einsperrung, Haft.

Selbstbewegung: dt. für Automatik.

selfacting: engl. selbsttätig.

Semenowskoi s. Borodino.

Seraph: hebr.; alttestam. Engelsgestalten mit sechs Flügeln (Jesala 7, 2).

Sie treiben viele Künste …: aus dem *Abendlied* von Matthias Claudius (1779): ›Wir spinnen Luftgespinste / Und suchen viele Künste / Und kommen weiter von dem Ziel‹.

Siebenjähriger Krieg: zur Wiedergewinnung des von Friedrich dem Großen annektierten Schlesien führte Maria Theresia 1756–1763 im Bündnis mit Rußland, Frankreichs und den meisten dt. Territorien einen letztlich erfolglosen Kampf gegen Preußen, an dem nach Beschluß der schwäb. Kreisstände auch Ulm beteiligt war.

Sifran: spezielle Bügelhilfe von frz. *six francs*, sechs Francs. I: 18.

sintemal: altertüml. weil.

sistieren: lat. festnehmen, unterbinden.

Skribent: lat. Schreiber, spöttisch für Schriftsteller.

Smolensk: hier schlug Napoleon am 17. 8. 1812 die erste und zweite russ. Westarmee auf ihrem Rückzug.

Söflinger: Wein, der im Ulmer Gebiet bis ins 18. Jhd. angebaut wurde.

Souper, soupieren: Abendessen.

Spätzle, prägelte: gedämpfte schwäb. Nudelspezialität.

Spartaner: das antike Sparta war für seine schonungslosen Gesetze berüchtigt.

specialiter: lat. vor allem.

Speismeisterin: Köchin.

Spengler: süddt. Klempner.

Spezel: österr. Freund (Spezi).

Spielhahn: männl. Birkhuhn.

Spinett: kleines Klavicembalo.

spleißen: spaltend auseinanderreißen.

splendid: österr. glänzend.

Sporteln: Gebühren für Amtshandlungen.

Springer: gabelförmiger Brustknochen der Gans. I: 10.

Stabwerk: im gotischen Fenster senkrechte Pfosten, die das Maßwerk unterstützen.

Städte, sieben: im Altertum stritten sich angeblich sieben Städte darum, Geburtsort des Dichters Homer zu sein.

Stähle: handwerkersprachl. Bügeleisen. I: 14.

Statik: Lehre vom Verhältnis der Kräfte in Körpern von unterschiedlichem Aggregatzustand.

Staufen: Burgruine am Fuß des Schwarzwalds.

Stein der Weisen: der Traum vieler Alchimisten war es, eine Materie herzustellen, mit deren Hilfe sich unedle in edle Metalle verwandeln lassen. II: 30.

Stereometrie: griech. Körpermessung in der Geometrie.

Stockknopf: Knauf eines Spazierstocks.

Stör: Arbeit eines Handwerkers außerhalb seiner Werkstatt. II: 25

Strich, auf dem – haben: scharf ins Auge fassen, um im rechten Moment zuzugreifen.

Struden; Strumm: nördlicher Arm der Donau bei der gleichnamigen Ortschaft, der durch die Wörthinsel vom südlichen Heß- oder Hößgang getrennt ist; weiter abwärts befindet ein Wirbel, der sich vor dem inselartigen Haustein-Felsen bildet. II: 21

Studiosus: Student.

Stutzen: gemeint sind Offiziere der bayr. u. französ. Armee.

Sündenbekenntnis, durchlauchtigstes: im Februar 1778 ließ Karl Eugen von Württemberg einen Erlaß verlesen, der seinen schlechten Lebenswandel bekundet und den ›Beginn einer 2. Periode Unseres Lebens‹ verspricht.

934

Sylphe: griech. Luftgeist.

Synonyma: griech. sinnverwandte Wörter.

Syrlinsbrunnen: s. Fischkasten.

Tag, alle ander: jeden zweiten Tag.

Tapezier: Handwerker für Innendekorationen wie Tapezieren, Polstern u. ä.

Teck: Bergrücken der Schwäbischen Alb; Burgruine.

Tell: Schillers Drama gestaltet den legendären *Wilhelm Tell*, keine Tatsachen der schweizerischen Geschichte. I: Einl.

Tempora mutantur, nos et mutamur in illis: Die Zeiten ändern sich, und wir uns mit ihnen, angeblich ein Sinnspruch Kaiser Lothars I. (795–855).

Terzen und Quinten: Grundintervalle der Tonleiter.

Teufelssalben: Salben aus Bilsenkraut, Schierling und anderen narkotischen Pflanzen sollen Hexen zu ihren Luftreisen dienen.

Tirol, Aufruhr von: nachdem Österreich im Frieden von Preßburg (26. 12. 1805) Tirol abtreten mußte, erhoben sich 1809 die Tiroler unter Führung Andreas Hofers und vertrieben mehrmals die Bayern und Franzosen aus dem Land. II: 26.

Tokai: ungar. Wein.

Trivialschulen: lehrten das, was zum Trivium (untersten Unterrichtsstufe) gehörte.

Tschako: ungar. *czakot*, kegelförmige, militärische Kopfbedeckung.

Tschardasch: eigtl. *Csárdás*, ungar. Nationaltanz.

Tubalkain: alttestam. Stammvater der Erz- und Eisenschmiede, Nachkomme Kains (Genesis 4, 22); Tubalkains Zeiten sind die Jahrhunderte vor der Sintflut. II: 27, 30

tuschiert: von frz. *toucher*, berühren, studentensprachlich: eine Ehrenkränkung zufügen.

Übers Jahr, übers Jahr ...: s. Muß i denn ...

überwendlings nähen: eine Naht von zwei an den Kanten übernähend verbundenen Stücken fertigen. I: 14

Ulmer Doggen: von den Metzgern zum Ziehen der Fleischkarren vom Schlachthof eingeführte Hunde.

Ulmer Geld, Münze: Ulm gehörte mit der Grafschaft Württemberg und einer Reihe von Städten, darunter Konstanz und Ravensburg, seit Anfang des 15. Jahrhunderts zu einem Münzbund und prägte bis 1802 auch selbst.

Ulmer Häubchen: weibliche Kopfbedeckung aus Ulmer Leinen.

Ulmer Kopf: Pfeifen aus Maserholz mit Silberdeckel, Beschlägen und beinernen Mundstücken wurden seit 1733 in Ulm hergestellt.

Ulmer Maße und Gewichte: im Auftrag des Rats vereinheitlichte der Astronom Johannes Kepler 1627 das Ulmer Maßsystem, zusammengefaßt in einem Eichgefäß (Ulmer Kessel).

Ulmer Schachtel: urspr. verächtlich für Zille.

Ulmer Spatz: Vogelfigur aus Hohlziegeln, seit 1471 auf dem Münsterdach. I: 18.

Umbeigen: von beigen, stapeln.

Und wenn die Welt voll Teufel wär ...: Verszeile aus Luthers Kirchenlied *Ein feste Burg ist unser Gott* (1526/28).

unehrlich Gewerbe: im mittelalterlichen Ständewesen war bestimmten Berufen und Personen, die als unfrei, verächtlich oder verwerflich galten, die Ehre (und damit bestimmte Zivilrechte) versagt; darunter Scharfrichtern, Abdeckern, Totengräbern, Spielleuten, Marktschreiern, aber auch Leinewebern, Schäfern, Amts- und Gerichtsdienern, Turm- und Feldhütern, Nachtwächtern, ganzen Religionsgruppen wie Juden, Heiden, Türken, Zigeunern. Durch Geldzahlungen konnte Ehrlichkeit erworben, durch Ehrenstrafen aberkannt werden. I: 14; II: 25, 28.

Untere Stube: Zunfthaus der Kramer Ulms.

urbi et orbi: lat. Papstsegen; in Stadt und Erdkreis.

Usia: alttestam. König s. Jesaja.

Usurpator: Thronräuber, Emporkömmling.

ut mit dem Indikativ: ein lat. Grammatikfehler.

vagieren: altertüml. vagabundieren, ziellos umherwandern.

Vakanz: lat. freie Stelle.

Vakuum: luftleerer Raum.

Valet: lat. Lebewohl.

valvegear: Ventiltriebwerk.

verbrämt: mit Stickerei oder Pelz besetzt.

Vernunft, ein bildschönes Weibsbild: Robespierre hatte im Juni 1794 eine Vernunftreligion, den Kult des höchsten Wesens dekretiert, der auch in Nancy mit Umzügen in allegorischen Kostümen gefeiert wurde. I: 16

Versailles: Schloß des frz. Königs mit prächtigen Parkanlagen.

versio: lat. Fassung.

Verzieh einen Stich: handwerkssprachlich ›warte einen Moment!‹

verzwatzelt sein: von Sinnen, sich nicht zu fassen wissen.

Vesper: Nachmittagsandacht.

Vestalinnen: röm. jungfräuliche Priesterinnen der Vesta.

Vigil: von Vigilie, klösterliche Nachtwachen.

Vikar: Hilfsgeistlicher.

Viktoria!: Siegesruf.

Villany: ungar. Rotwein.

viribus unitis: lat. mit vereinten Kräften.

vis-à-vis: frz. gegenüber.

visieren: Paßkontrolle, von lat. *visum*, gesehen.

Visitation, visitieren: Inspektion, Kontrollen machen.

Vive l'Empereur!: frz. ›Es lebe der Kaiser!‹

Vive la liberté!: frz. ›Es lebe die Freiheit!‹

Völkerfrühling: politisches Schlagwort der liberalen Bewegung, das erst später aufkam (bei Ludwig Börne 1826).

Vöslauer: österr. Rotwein.

voilà la gloire!: frz. ›das ist der Ruhm!‹

voilà la liberté! frz. ›das ist die Freiheit!‹

Von allen Mädchen so blink und blank ...: Volkslied, seit 1797 überliefert.

Wagram: hier siegte Napoleon am 5./6.7.1809 über die Österreicher unter Erzherzog Karl; dem anschließenden Waffenstillstand folgte am 28.10. der Friede von Wien.

Walhalla: in der altnordischen Mythologie Halle der erschlagenen Helden.

Walze: handwerkersprachl. für Wanderschaft.

Wanderschaft: die ›Hochschule des Handwerks‹. Eine Wanderpflicht der Gesellen ist seit dem 14. Jhd. nachweisbar; die Dauer des Wanderns variiert nach Regionen und Berufen. Durch kurz- oder längerfristige Arbeitsverhältnisse in der Fremde sollte praktisches Wissen erworben, neue Fertigkeiten verbreitet und die Frist bis zur Eröffnung eines eigenen Betriebs überbrückt werden. Gesellenherbergen boten Unterkunft in Städten; auf dem Land mußte der Lebensunterhalt oft durch ›Fechten‹ (Betteln) erworben werden. I: 17; II: 19.

Was kein Verstand der Verständigen ...: aus Friedrich Schillers *Die Worte des Glaubens* (1797).

Wasserschrauben, archimedische: Tonnenmühle; Vorrichtung zum Heben des Wassers.

Wegzehring: altertüml. Wegzehrung.

Weih: Milan, bussardähnlicher Raubvogel.

weiland: altertüml. vor Zeiten.

Weinhof: Platz in Ulm, das früher wichtiger Weinhandelsplatz war.

Weisen: Melodien der Meistersinger, die ohne Instrumentalbegleitung vorgetragen und (z. B. bei Hans Sachs) unter poetisch-didaktischen Benennungen überliefert sind.

Weißfisch; Weißfischer: Karpfenart; besondere Ulmer Fischerzunft.

Wenn ich ein Vöglein wär' ...: Volkslied aus Herders Stimmen der Völker in Liedern (zuerst 1778/79).

widerstahn: altertüml. für widerstehen.

Wif lamperöhr: verballhornt aus frz. ›Vive l'Empereur!‹

wifeln: nähen, stopfen.

Windbüchse: Druckluftgewehr; wurde militärisch nur in österr. Jägerbataillon verwendet. II: 30

Wissen ist Macht: urspr. Sentenz von Francis Bacon (›knowledge is power‹); später von Wilhelm Liebknecht als Parole der Arbeiterbildung verwendet.

wohlbestallt: altertüml. in guter beruflicher Stellung.

Wu: verballhornt aus frz. Anrede vous.

Württemberg: Ulm wurde durch den Vertrag von Compiègne vom 24.4.1810 Württemberg zugeschlagen und verlor seine Provinzialregierung; Napoleon erweiterte die württ. Ostgrenze und entschädigte Bayern mit Gebieten am Inn und an der Salzach.

Zauberflöte: Oper von Wolfgang A. Mozart (1791).

Zeit und Ewigkeit: ehemaliger Schluß des Schulgebets. I: 3

Zensor: aufsichtführender Schüler. I: 8, 10

Zeughaus: Rüstkammer der Ulmer Stadtmiliz; der Vater des historischen Berblinger war als Zunftmeister der Schuhmacher auch ›Zeugamtsknecht‹ d. h. Verwalter.

Zeus myth. Göttervater.

Zibeben: span. Rosinen.

Ziegenhainer: kräftiger Wanderstab.

Ziehung: für die Reihenfolge der Rekrutierung wurden unter waffenfähigen jungen Männern Lose verteilt.

Zillen: der Schiffsverkehr von und nach Ulm wurde urspr. mit Holzflößen betrieben, später mit flachen Ruderbooten, auch Schwabenzillen genannt, mit denen vor allem der Schiffsverkehr nach Wien betrieben wurde; am Zielort wurden die Boote meist verkauft.

Zimmergeräte: altertüml. Möbel.

Zundelmühle: im 19. Jhd. produzierte und exportierte Ulm Zunderschwamm (brennbaren Stoff zum Feuermachen).

Zunft: obdt. Bezeichnung für Zusammenschlüsse von Handwerkern (anderswo Gilde, Innnung, Gaffel, Zeche etc. genannt), die seit Mitte des 12. Jhds. als gesellige, politische und wirtschaftliche Verbände wirken. Sie regulierten den Zuzug von Meistern, die Ausbildung von Lehrlingen, achteten auf die Einhaltung des Gewerberechts und ahndeten Verstöße; selbstgewählte Zunftmeister an ihrer Spitze verwalteten Zunftgelder; Zunftschreiber erfaßten alle Gewerbetreibenden einer Stadt im Zunftregister. Im 18. und 19. Jhd. wurde der Zunftzwang fast überall in Europa aufgehoben. I: 14, 16; II: 28, 32.

zierlich: altertüml. gefällig.

Zylinderkessel: s. Dampfmaschine.

Historische Namen

Archimedes: Mathematiker und Physiker (287–212 v. Chr.), lebte in Syrakus, entdeckte u. a. Flaschenzug, Wasserschraube und Hebelwirkung sowie geometrische Gesetze zu Kreis, Kugel und Kegel, Spirale und Polyeder. I: 1, 6.

Arco, Phillip v.: Herzog (1740–1805), entstammt einer alten Adelsfamilie und lebte in morganatischer Ehe mit der verwitweten Kurfürstin Marie Leopold von Bayern, starb als bayrischer Generalkommissar in Ulm. II: 19.

Aristoteles: griech. Philosoph (384–322 v. Chr.), Schüler Platos und Lehrer Alexanders des Großen, wichtigster systematischer Gelehrter der Antike, dessen Ethik, Natur- und Staatslehre und Poetik bis in die Neuzeit fortwirken. I: 6.

Arndt, Ernst Moritz: patriotischer Dichter und Publizist (1769–1860), schrieb nach der Niederlage Preußens heftige antifranzösische Pamphlete und Lieder, in denen er die Freiheitskriege propagierte. II: 35.

Augustinus, Aurelius: Kirchenlehrer (353–430 n. Chr.), lebte in Karthago, Rom und Mailand, schrieb eine christliche Staatslehre und Selbstbekenntnisse. I: 11.

Azalinus von Hirsau: Mönch (um 1085), oder Azelmus, Azolinus, legendärer Gründer von Blaubeuren. I: 8.

Bagration, Fürst Peter Iwanowitsch: russ. Feldherr (1765–1812), aus dem Geschlecht der Bagratiden, Anführer der zweiten Westarmee, der u. a. in den Schlachten von Austerlitz, Eylau und Borodino gegen Napoleon kämpfte. II: 35.

Baldinger: alte Ulmer Patrizierfamilie; ein Nachkomme erlitt beim Rußlandfeldzug den Hungertod.

Berblinger, Albrecht Ludwig: (1770–1829) s. Nachwort.

Bernadotte, Jean Baptiste Jules: König von Schweden (1764–1844); Sohn eines Advokaten in Südfrankreich und

Schwager Napoleons; in der Revolutionszeit kurzfristig Kriegsminister. Als Marschall kämpfte er 1805 gegen die Österreicher, kommandierte bei Wagram die Sachsen und wurde unter dem Namen Karl Johann 1810 vom schwedischen König als Kronprinz adoptiert. 1812 koalierte er heimlich mit Rußland und erklärte im folgenden Jahr Frankreich den Krieg. II: 35.

Berthier, Alexandre: frz. Chef des Generalstabes (1753–1815), nahm am Ägyptenfeldzug teil, wurde Kriegsminister unter Napoleon und erhielt den Titel Reichsmarschall, wurde Fürst von Neuchâtel und von Wagram (nach der dortigen Schlacht). II: 19.

Besserer: Ulmer Patrizierfamilie, die 1532 in den Reichsadel erhoben wurde und erst 1977 erlosch.

Blücher, Gebhard Lebrecht: preuß. Generalfeldmarschall (1742–1819), volkstümlicher Held der Freiheitskriege, trat 1813 in hohem Alter an die Spitze des preußischen Korps, entschied durch sein Eingreifen die Leipziger Völkerschlacht und den Sieg über Napoleon bei Waterloo. II: 36.

Boulton, Matthew: Ingenieur und Stahlfabrikant (1728–1809), der 1769 mit James Watt eine Dampfmaschinenfabrik in Handsworth bei Soho gründete. Später betrieb er eine dampfgetriebene Münze, Eisengießerei und Schmuckfabrikation. II: 22.

Bülow, Friedrich Wilhelm: General (1755–1816), Fürst von Dennewitz, schlug 1813 die Franzosen bei Groß-Beeren und Dennewitz und rettete dadurch Berlin; trug maßgeblich zu den Siegen bei Leipzig und Waterloo bei. II: 35.

Cagliostro Alexander v.: Graf und Glücksritter (1743–1795), eigtl. Giuseppe Balsamo, erwarb in einem Kloster pharmazeutische und physikalische Kenntnisse und betätigte sich als Zauberer, Geisterseher und Hypnotiseur in ganz Europa, starb – als Ketzer zum Tode verurteilt und zu lebenslänglicher Haft begnadigt – in röm. Gefangenschaft. II: 20, 30.

Cicero, Marcus Tullius: antiker Staatsmann und Philosoph (106 v. Chr.–43 n. Chr.), deckte die Verschwörung Catilinas auf, mußte als republikanisch gesinnter Gegner Antonius und Oktavians fliehen und wurde ermordet. I: 7, 12; II: 26.

Compans, Jean-Dominique: frz. General (1769–1845), kommandierte 1799 die Alpenarmee, erlangte den Herzogsrang und befehligte im Rußlandfeldzug das 1. Armeekorps, nahm Smolensk ein. II: 35.

Davoust, Nicolas de: frz. Marschall (1770–1823) eigtl. Davoût, schloß sich als Adliger der Revolution an, wurde 1804 Generaloberst der Gardegeneräle, schlug am 14. 10. 1806 den Herzog von Braunschweig bei Auerstädt, zwang die Österreicher zur Räumung Bayerns und entschied den Sieg bei Wagram. II: 35.

Degen, Jacob: Werkmeister bei der Wiener Nationalbank (1756–1848); kam mit zehn Jahren aus Basel nach Österreich, wo sein Vater in einer Seidenbandfabrik arbeitete, erlernte das Uhrmacherhandwerk. 1807 konstruierte er einen Flugapparat mit Ballon und künstlichen Flügeln, den er ohne Erfolg am 18.4.1808 auf der Reitschule, am 13. und 15.11.1808 im Prater, 1812 auch erfolglos in Paris vorführte. II: 24, 29.

Demosthenes: politischer Redner (384–322 v. Chr.), Schüler des Platon, bildete sich zum Rechtsanwalt aus und wurde durch seine Warnungen vor Philipp v. Makedonien berühmt. I: 3, 9.

Desaix de Voygoux, Louis Charles Antoine: frz. General (1768–1800), kämpfte unter Moreau am Rhein, begleitete Napoleon nach Ägypten, entschied die Schlacht bei Marengo (14. 6. 1800), wo er den Tod fand. II: 35.

Este: eine der ältesten Familien Italiens; erhielt vom Papst den Titel Herzog von Ferrara.

Eugen Friedrich v. Württemberg: Herzog (1732–1797); regierte nach seinem Amtsantritt am 20.5.1795 nur zwei Jahre. I: 3.

Euklid: Mathematiker (um 300 v. Chr.), Begründer der Geometrie. I: 6; II: 19.

Faulhaber: Ulmer Patrizierfamilie, aus der viele Nachkommen mit mathematisch-technischer Begabung hervorgingen, darunter drei Theologen, die am Gymnasium Mathematik unterrichteten.

Faustus, Johann: Schwarzkünstler (um 1480–nach 1539), vermutlich zu Knittlingen geboren, soll in Wittenberg, Ingolstadt und Krakau studiert haben, wird von mehreren Zeitgenossen als wandernder Wundarzt, Zauberer und Teufelsbeschwörer erwähnt; seine Taten wurden legendenhaft ausgestaltet und von Goethe dramatisiert. II: 24.

Ferdinand Karl Joseph von Österreich: Erzherzog (1781–1850), führte 1805 in Schwaben nominell das Oberkommando gegen Napoleon; schlug sich nach der Katastrophe von Ulm mit 2000 Reitern nach Böhmen durch. II: 19.

Franz II. von Österreich: Kaiser (1768–1835), regierte vom 5.7.1792 bis 6.8.1806 als letzter Kaiser das Heilige Römische Reich Deutscher Nation II: 36.

Friedrich der Große: König von Preußen (1740–1786). II: 36.

Friedrich v. Württemberg: König (1754–1803); mußte 1797 als Erbprinz den eindringenden Franzosen weichen, kehrte 1797 in das Herzogtum zurück, wo er am 23.12. die Regierung antrat; verband sich durch den Pariser Vertrag 1802 mit den Franzosen und erhielt 1803 die Kurfürsten-, 1806 die Königswürde. 1811 ernannte er Ulm zur ›guten Stadt‹; anläßlich seines Besuchs machte Albrecht Ludwig Berblinger seinen Flugversuch. Nachdem württembergische Truppen an allen napoleonischen Feldzügen teilgenommen hatten, sagte er sich 1813 vom Rheinbund los. I: 12; II: 19, 29.

Fugger: Augsburger Kaufmannsfamilie im 15./16. Jahrhundert, das ein führendes Bankunternehmen mit Handelszentren in aller Welt gründete. II: 30.

Geiserich: Vandalenkönig (428–477 n. Chr.), nutzte die Schwäche der letzten Römerkaiser, ließ sich von deren Heermeister Aetius als Verbündeter einsetzen, eroberte Karthago, später auch Rom, das einer vierzehntägigen Plünderung ausgesetzt war. I: 3.

Gravenreuth, Karl Ernst v.: Reichs- und Staatsrat (1771–1826), Gesandter Bayerns in Ulm, Salzburg und Wien. II: 25.

Hahn, Philipp Matthäus: Erfinder (1739–1790), studierte in Tübingen Theologie und wurde 1764 Pfarrer im württembergischen Ostmettingen, später in Echterdingen; beschäftigte sich mit Mechanik, wobei er die Zylindersonnenuhr, astronomische Pendeluhren, Rechenmaschinen und eine Flüssigkeitswaage entwickelte. I: 1, 9.

Hannibal: karthagischer Heerführer (349–183 v. Chr.) führte den zweiten punischen Krieg gegen Rom, überquerte Pyrenäen und Alpen und vernichtete ein röm. Heer bei Cannae, stand 211 v. Chr. vor Rom, kehrte aber nach Verlusten seines Bruders Hasdrubal nach Karthago zurück. I: 13.

Hayn, v.: Generallieutenant, gest. 1838 in Stuttgart. II: 29.

Heilbronner: alte Ulmer Patrizierfamilie.

Heinrich v. Württemberg: Herzog (1772–1838); residierte in Ulm und soll Berblinger zu seinem zweiten Flugversuch ermuntert haben. II: 32.

Homer: Name des griech. Dichters (um 950–900 v. Chr.), dem die *Ilias* und die *Odyssee* zugeschrieben werden. I: 7f., II: 21.

Horaz: eigtl. Quintus Horatius Flaccus (65–8 v. Chr.), Verfasser einer Dichtungslehre *De arte poetica;* führte mit seinen *Oden* die Kunstformen griech. Poesie ins Lateinische ein. I: 6, 15, 17.

Hornblower, Jonathan: Ingenieur (1753–1815), konstruierte 1781 in Cornwall die erste zweizylindrige Dampfmaschine, woraufhin ihn James Watt erfolgreich wegen Patentrechtsverletzung verklagte. I: 6.

Joseph Amadeus: Erzherzog, Palatin von Ungarn. II: 24.

Joubert, Barthélemy Catherine: frz. General (1769–1799); schlug in Italien 1796 wiederholt die Österreicher und übernahm kurzzeitig das Kommando in Mainz; fiel im Kampf gegen General Suworow in Italien. I: 3.

Käßbohrer: zwei Ulmer Zunftmeister dieses Namens wurden 1697 auf der Lade der Fischer und Schiffleute abgebildet.

Karl Eugen v. Württemberg: Herzog (1737–1793), am Hof Friedrichs des Großen erzogen, wurde 1744 mit 16 Jahren für mündig erklärt. Geriet, nachdem er mit seiner Gemahlin Friederike von Bayreuth zerfallen war, wegen seiner Spielleidenschaft und Prunksucht in große Schulden und verkaufte Untertanen zu Kriegsdiensten im Ausland. Gründete die Karlsakademie, ließ aber den Dichter Schubart auf dem Hohenasperg einkerkern und nötigte den jungen Schiller zur Flucht nach Mannheim. I: 2, 3; II: 23.

Kolumbus, Christoph: (1451–1506) Entdecker Amerikas I: 7.

Kray von Krajow, Paul: österr. General (1735–1804), übernahm anstelle des Erzherzogs Karl das Oberkommando der Rheinarmee, mußte jedoch der Übermacht der Franzosen weichen und wurde am 3. bzw. 5.5.1800 von Moreau bei Stockach und Meßkirch geschlagen. I: 7.

Labassée, Mathieu: eigtl. de la Bassée (1767–1830), frz. General und Baron kämpfte 1808 und 1809 mit Ney in Spanien. II: 20.

Leibniz, Gottfried Wilhelm: Philosoph und Universalgelehrter (1646–1716), studierte in Leipzig und Jena, erhielt eine Ratsstelle in Braunschweig, Gründer und erster Präsident der königlichen Akademie der Wissenschaften zu Berlin. I: 1; II: 30.

Leonardo da Vinci: Bildhauer, Architekt und Universalgelehrter (1452–1519), skizzierte u. a. Fluggeräte und nahm das Prinzip des Hubschraubers vorweg. I: 1.

Livius, Titus: antiker Geschichtschreiber (59 v. Chr.–17 n. Chr.), hinterließ ein umfassendes Werk zur Geschichte Roms. I: Einl., 7.

Mack, Karl v.: Freiherr von Leiberich (1752–1828), seit 1797 Feldmarschall, erhielt 1805 den Oberbefehl über das österr. Heer in Deutschland, das in Ulm eingeschlossen wurde. Im Armeebefehl vom 15.10. erbot er sich, als erster Pferdefleisch zu essen, sah sich jedoch angesichts der Beschießung am 17.10. zur Kapitulation genötigt. Mack wurde deshalb in Österreich zum Tode verurteilt, vom Kaiser aber zu Festungshaft begnadigt und 1808 amnestiert. II: 19.

Maria Theresia: Kaiserin (1717–1780), Tochter Kaiser Karls VI., wurde 1740 Alleinerbin der habsburgischen Länder, mußte ihre Ansprüche gegen Preußen, Sachsen und Bayern im österreischischen Erbfolgekrieg durchsetzen und wurde von Friedrich d. Gr. in den Siebenjährigen Krieg um Schlesien verwickelt; gewann durch die Teilung Polens Galizien und die Bukowina und betrieb wie ihr Sohn, Mitregent und Nachfolger Joseph II. eine Politik des aufgeklärten Absolutismus. I: 2, 9.

Massena, André: frz. Marschall (1758–1817), Herzog v. Rivoli und Fürst v. Eßling, siegte 1799 über Österreicher und Russen bei Zürich, führte in der Schlacht von Eylau 1807 den rechten Flügel, fiel nach Rückschlägen in Portugal bei Napoleon in Ungnade. II: 25.

Maximilian I. Joseph von Bayern: Kurfürst und König (1756–1825), regierte seit dem 16.2.1799 im Geist des aufgeklärten Absolutismus, nahm am 2. Koalitionskrieg gegen Frankreich teil; durch Annexion Österreichs Bundesgenosse Napoleons, erhielt er am 1.1.1806 die Königswürde. I: 16; II: 1, 29.

Metternich, Marie Eleonore v.: Fürstin (1775–1825), geb. Kaunitz, seit 1795 mit dem nachmaligen Staatskanzler Metternich verheiratet. II: 24.

Miller, Patrick: schott. Erfinder, fuhr 1787 mit einem Doppelboot auf dem Firth of Forth, dessen Schaufelräder von Menschenkraft in Bewegung gesetzt wurden. I: 6.

Molfenter: alte Ulmer Patrizierfamilie.

Montgolfier, Brüder: Joseph Michel (1740–1810) und Jacques Étienne (1745–1799), Pioniere des nach ihnen benannten Heißluftballons, mit dem sie 1783 aufstiegen; außerdem Erfinder des Fallschirms und des Velinpapiers. I: 7, 12; II: 24.

Moreau, Jean Victor: frz. General (1761–1813); Oberbefehlshaber der napoleonischen Rheinarmee. I: 3, 5.

Moser, Johann Jakob: politischer Publizist (1701–1785), Universitätsprofessor, Geheimrat und württembergischer Regierungsbeamter, kämpfte gegen die Tyrannei des Herzogs Karl Eugen, wurde dafür jahrelang auf dem Hohentwiel eingekerkert, erst 1764 auf Fürsprache des Preußenkönigs freigelassen. I: 3.

Mozart, Wolfgang Amadeus: Komponist (1756–1791), schuf in seinem letzten Lebensjahr die *Zauberflöte*. II: 32.

Napoleon I.: Bonaparte (1768–1821), korsischer Herkunft, siegte als General über den Papst und die Österreicher, zog 1798 nach Ägypten, stürzte am 9.11.1799 das Direktorium und wurde erster Konsul von Frankreich, wurde 1804 zum Kaiser proklamiert, schloß 1806 den Rheinbund und besetzte Preußen, scheiterte am Rußlandfeldzug und mußte 1814 abdanken; aus seinem Exil in Elba brach er 1815 noch einmal nach Paris auf und wurde bei Waterloo endgültig geschlagen. I: 17, 18; II: 19, 25, 26, 35, 36.

Nepos, Cornelius: altröm. Historiker (90–ca. 29/28 v. Chr.), mit Cicero und Catull befreundet, schrieb u. a. Chroniken und Annalen, Biographien von Cato und Atticus. I: 7.

Neubronner: alte Ulmer Familie, 1690 in den Patrizierstand erhoben, die auch den letzten reichsstädtischen Bürgermeister stellte.

Newcomen, Thomas: Eisenhändler (1663–1790), konstruierte gemeinsam mit John Cowley die erste praktisch anwendbare Kolben-Dampfmaschine, auch Feuerpumpe genannt. Das Patent wurde ihm 1705 erteilt. II: 22.

Newton, Isaak: Physiker und Mathematiker (1642–1727), 1669 Professor in Cambridge, 1701 Präsident der kgl. Gesellschaft der Wissenschaften zu London, erforschte u. a. die Schwerkraft, wurde Begründer der Mechanik und mathematischen Astronomie. II: 30.

Ney, Michel: frz. Marschall (1769–1815), diente 1800 unter Moreau; erfocht den Sieg gegen die Österreicher 1805 bei Elchingen, seitdem Herzog von Elchingen. In Rußland kommandierte er das dritte Armeekorps, kämpfte bei Smolensk und an der Moskwa, kämpfte 1813 bei Groß-Görschen und Leipzig und 1815 bei Waterloo. II: 19, 20, 23, 35.

Ovid: Publius Ovidius Naso, röm. Dichter (43 v. Chr.– 17 n. Chr.), berühmt für seine Liebeslieder und die *Metamorphosen*, in denen er die antike Sagenwelt poetisch gestaltete. I: 8, II: 21.

Palm, Johann Philipp: Buchhändler (1766–1806), wurde wegen Verbreitung des antinapoleonischen Pamphlets *Deutschland in seiner tiefsten Erniedrigung* von Philipp Christian Gottlieb Yelin durch ein Militärgericht zum Tode verurteilt und erschossen. II: 31.

Papin, Denis: latinisiert Papinus (1647–ca. 1712), frz. Physiker und Mathematiker, erfand die Dampfmaschine und betrieb das erste Dampfschiff, konnte aber seine Erfindungen nicht zur Anwendung bringen und starb verarmt in London. I: 6, 9; II: 22, 30.

Piolaine, Joseph-Marie: General (1760–1816), befehligte die Nordarmee am Rhein und in den Niederlanden, entschied 1792 die Schlacht von Biberach und war Befehlshaber von Ulm. I: 13.

Plutarch: griech. Schriftsteller (ca. 50 n. Chr.–ca. 120), Lehrer des Kaisers Hadrian, schilderte viele Biographien antiker Herrscher, darin auch prophetische Geistererscheinungen, z. B. vor Cäsars Ermordung. I: 11.

Potocky: poln. Grafengeschlecht in Galizien und der Ukraine.

Potter, Henry: erfand als junger Hilfsarbeiter die automatische Ventilregulierung der Dampfmaschine durch ein System von Bindfäden. II: 22.

Rajewski, Nikolai Nikolaiewiotsch: russ. General (1770–1812), Anführer des 7. Korps der zweiten Westarmee unter Fürst Bagration II: 35.

Reynier, Jean Louis Ebenezer: General (1771–1814). 1796-97 Generalstabschef Moreaus, befehligte die Sachsen bei Wagram, Groß-Beeren, Dennewitz und Leipzig. II: 35.

Richelieu, Armand Jean Duplessis: frz. Kardinal (1585–1642); à la Richelieu heißt hier: besonders aufwendig garniert. I: 10.

Richepanse, Antoine: frz. General (1770–1802), erfocht 3./4.6.1796 die Siege bei Siegburg und Altenkirchen, später kämpfte und entschied er die Schlacht von Hohenlinden. I: 7.

Robespierre, François Maximilien de: frz. Revolutionär (1758–1794), Anführer der Jakobiner und Präsident des Wohlfahrtausschusses, dekretierte den Kult des höchsten Wesens, starb auf der Guillotine. I: 3.

Rousseau, Jean Jacques: Schriftsteller (1712–1778), der seine Genfer Heimat verließ und in Frankreich mit aufklärungskritischen Schriften bekannt wurde; zusammen mit Voltaire gilt er als Wegbereiter der Französischen Revolution. I: 18.

Sautter: alte Ulmer Familie.

Schad von Mittelbiberach: Familie, die aus dem Ulmer Patriziat in die Reichsritterschaft aufstieg und am Münsterplatz wohnte.

Scheiffele: Ulmer Familie; einem Schiffsmeister dieses Namens gehörte des ›Schöne Haus‹.

Scheler, Georg v.: Generallieutenant (1770–1826), Gouverneur von Stuttgart. II: 35.

Schiller, Friedrich v. (1759–1805), besuchte die Karlsakademie des Herzogs Karl Eugen. Als ihm wegen seines zeitkritischen Dramas *Die Räuber* Schreibverbot und Arresthaft drohten, floh Schiller nach Mannheim und wurde Dramaturg am dortigen Theater, Herausgeber von Zeitschriften und Dozent für Geschichte in Jena; später verband ihn eine produktive Dichterfreundschaft mit Goethe in Weimar. I: Einl., 8, 12, 18; II: 29.

Schubart, Christian Friedrich Daniel: Dichter (1739–1791), zunächst Schullehrer und Organist, lebte 1775–1777 in Ulm, schrieb politische Lyrik und gab die Zeitschrift *Deutsche Chronik* heraus; Herzog Karl Eugen lockte ihn nach Blaubeuren und kerkerte ihn für zehn Jahre auf dem Hohenasperg ein; durch Verwendung des Preußenkönigs freigelassen und zum Direktor der Hofmusik in Stuttgart ernannt. I: 2, 3.

Schwarz, Berthold: Franziskanermönch, geb. Anfang des 14. Jhds., soll um 1330 in Freiburg i. Br. das Schießpulver erfunden haben. II: 26.

Schwarzenberg, Karl Philipp v.: österr. Fürst (1771–1820), deckte nach der Niederlage gegen Moreau bei Hohenlinden am 3. 12. 1800 den Rückzug Erzherzog Johanns hinter die Enns. II: 19, 24.

Schwarzmann: zwei Zunftmeister dieses Namens wurden 1697 auf der Lade der Fischer und Schiffleute abgebildet.

Selim III.: Großsultan des Osmanischen Reichs (1761–1808), schloß 1802 Frieden mit Österreich und Napoleon. II: 23.

Sokrates: griech. Philosoph (470–399 v. Chr.), entwickelte seine Philosophie in Gesprächen, die sein Schüler Platon aufzeichnete und systematisierte. I: 9.

Syrlin, Jörg d. Ä.: Holzschnitzer (1425–1491), schuf

1469–1474 das Chorgestühl des Ulmer Münsters und zahlreiche Altäre der Umgebung, darunter Hochaltar und Chor von Blaubeuren; entwarf auch einen Plan für den Fischkasten-Brunnen am Marktplatz, den sein Sohn Jörg Syrlin d. J. (1455 -1521) realisierte. I: 5, 6, 12.

Virgil: eigtl. Publius Vergilius Maro (70 v. Chr.–19 n. Chr.), röm. Dichter, schrieb Lobgedichte auf Kaiser Augustus, das Epos *Aeneis* und schilderte in den *Georgica* die ital. Landwirtschaft. I: 8 10.

Voltaire, Marie François Arouet de: frz. Schriftsteller (1694–1778), mit Friedrich dem Großen befreundet, nahm in Dramen, Geschichtswerken und aufgeklärten Traktaten sowie in seinem Kampf gegen Justizirrtümer und kirchliche Mißstände Grundgedanken der Menschenrechtserklärung vorweg. I: 18; II: 20.

Watt, James: schott. Ingenieur (1736–1819), wurde 1757 Universitätsmechanikus in Glasgow (wo er nicht dem Zunftzwang der Handwerksbetriebe unterworfen war), 1774 Feldmesser; erfand 1765 den vom Dampfzylinder getrennten Kondensator der Dampfmaschine, ferner eine Briefkopiermaschine und die Dampfheizung. I: 6; II: 22.

Wilhelm: König von Württemberg (1781–1864); nahm wegen Krankheit 1812 nicht am Rußlandfeldzug Napoleons teil, kämpfte seit der Leipziger Völkerschlacht gegen die Franzosen und folgte seinem Vater Friedrich I. nach dessen Ableben 1816 auf den Thron. II: 32, 35.

Xenophon: griech. Heerführer (um 445–354 / 53 v. Chr.), verfaßte historische und philosophische Schriften. I: 8.

Ypsilanti: Name eines griech. Fürstengeschlechts und mehrerer Hospodaren der Walachei.

Zeno: griech. Philosoph (um 490), genannt Eleatus, Schüler des Parmenides; wurde angeblich als Verschwörer gegen den Tyrannen Diomedon von Elea hingerichtet. I: 12.

Zichy, Karl v.: österr. Graf (1753–1826) 1802 Präsident der allgemeinen Hofkammer zu Wien (Finanzminister). II: 24.

In dieser Reihe erscheinen alle zwei Monate Meisterwerke
aus dem Genre des historischen Romans. Es handelt sich
durchweg um Autoren, die in ihrer Zeit großes Gewicht in der
literarischen Öffentlichkeit besaßen. Die Reihe umfaßt neben
Klassikern der deutschen Literatur auch repräsentative
Werke aus England, Frankreich, Spanien, Holland, Amerika,
und zwar in vollständigen und neu erstellten oder neu über-
arbeiteten Übersetzungen. Die Mehrzahl der Autoren gehört
dem 19. Jahrhundert an, als der Historismus über Jahrzehnte
hinweg das geistige Leben in Europa bestimmte. Die thema-
tische Vielfalt der ›Klassiker‹ erstreckt sich vom alten Ägypten bis zur Französischen Revolution, von der Sporenschlacht
in Flamen bis zur Seeschlacht von Trafalgar 1805, von der
Fronde bis zum amerikanischen Unabhängigkeitskampf. Ziel
dieser Reihe ist es, die einsei-tige und bequeme Werkauswahl
zu korrigieren, die der Buchmarkt seit Jahren bei den Klassikern vornimmt, indem er von bestimmten Schriftstellern
immer wieder die gleichen Romane neu veröffentlicht. Alle
Bände dieser Reihe sind mit erläuternden Anmerkungen zu
wichtigen Namen, Daten und Begriffen der Romane sowie
mit fachkundigen Essays zu Leben und Werk des Autors versehen.

Nr. 13 841/DM 14,90
CHARLES DICKENS
BARNABY RUDGE
764 Seiten

Unter dem Eindruck der sozialen Unruhen seiner Zeit schrieb
CHARLES DICKENS in den Jahren 1840/41 diesen großen historischen Roman über die sogenannten Gordon-Aufstände von
1780: eine antikatholische Erhebung, die die Stadt London
erschütterte und in der Erstürmung des berüchtigten New-
gate-Gefängnisses gipfelte.
    Während der erste Teil des Romans den Leser auf den ver-
schlungenen Pfaden von Liebesgeschichten und Intrigen in
die alte Zeit zurückführt, entfaltet der zweite Teil ein eindringliches Psychogramm von Rädelsführern und Schergen,
von Demagogen und leicht verführbaren Menschen.
    ›Barnaby Rudge‹ hat aber auch unheimliche Momente: Sie

knüpfen sich vor allem an die faszinierende Gestalt des sprechenden Raben, der später Edgar Allan Poe zu seinem großen Gedicht ›The Rave‹ inspirierte. Nicht zufällig spricht Stephen King in seinem Vorwort zur ›Green Mile‹ seine uneingeschränkte Bewunderung für den großen britischen Romancier aus und erinnert daran, daß sich Dickens' Leser einst sogar ins Hafenwasser stürzten, um an die neueste Fortsetzung eines seiner Meisterwerke zu gelangen. So viel Wagemut erfordert guter Geschmack heute nicht mehr: Wir können Charles Dickens im Trockenen lesen.

Nr. 13 744/DM 12,90
Victor Hugo
1793
ODER DIE VERSCHWÖRUNG IN DER PROVINZ VENDÉE
412 Seiten

Auf dem Höhepunkt der Französischen Revolution wird Marquis de Lantenac nach Jersey verbannt, gilt er doch als Königstreuer. Aber der Marquis entkommt seinen Wächtern und kehrt in die Provinz Vendée zurück. Für die Bauern dort ist er immer noch der große Fürst. Am Tage seiner Landung schart er achttausend Mann um sich, innerhalb von einer Woche sind dreihundert Gemeinden in Aufruhr.

In Paris ist man überzeugt: Nur der republikanische Offizier Gauvain, der schon in der Rheinarmee Großes geleistet hat, kann den Marquis stoppen. Aber der junge Offizier ist der Großneffe des Marquis von Lantenac. Er nimmt den Kampf dennoch auf. Allerdings stellt man ihm mit Cimourdain einen alten, erfahrenen Revolutionär zur Seite. Niemand in Paris ahnt, welche Konflikte damit heraufbeschworen werden.

Dieses Werk war Hugos letzter Roman und ist eine Art erzählerisches Testament: packend und ohne Scheu vor grellen Effekten erzählt, stringent im Handlungsaufbau, aber durchsetzt mit funkelnden Aphorismen und originellen geschichtsphilosophischen Reflexionen.

›Eine fesselnde Geschichtsstunde‹ (Freundin)

Nr. 13 743/DM 12,90
GEORG EBERS
EINE ÄGYPTISCHE KÖNIGSTOCHTER
538 Seiten
3. Auflage

Ägypten, im sechsten Jahrhundert vor unserer Zeit: Der Pharao Amasis verwaltet umsichtig das Reich am Nil. Um den Frieden mit den immer mächtiger werdenden Persern zu besiegeln, will Amasis seine hübsche Tochter Nitetis dem persischen Thronfolger zur Frau geben. Aber sein Sohn, der Wachs in den Händen der fremdenfeindlichen Priester ist, arbeitet diesem Plan mit aller Macht entgegen. Und er verfügt auch über die Mittel, seinen Vater zu erpressen: Weiß er doch, daß die hübsche Nitetis in Wahrheit gar nicht die Tochter des Amasis ist ...

Dieser Roman war eines der meistgelesenen Bücher des 19. Jahrhunderts und löste eine Ägyptenmode aus: 400.000 Exemplare wurden von der ›Ägyptischen Königstochter‹ zwischen 1864 und 1920 verkauft. GEORG EBERS war einer der größten Ägyptenkenner seiner Zeit, unternahm ertragreiche Forschungsreisen an den Nil und hielt sich in seinen Romanen sehr eng an die historische Überlieferung. Dennoch löste das Erscheinen dieses Buches unter Ebers' Professorenkollegen erhebliche Irritationen aus.

Nr. 13 943/DM 16,90
GEORG EBERS
UARDA, DIE ÄGYPTERIN
ca. 560 Seiten
(erscheint im Februar 1998:)

›Uarda‹ gilt neben der ›ägyptischen Königstochter‹ als der gelungenste Roman dieses Schriftstellers. Fünf Auflagen schon im Jahr der Erstveröffentlichung und wiederum 400.000 verkaufte Exemplare in den folgenden Jahrzehnten belegen die Bedeutung dieses großen historischen Romans aus der Zeit Ramses II.

Nr. 13 746/DM 14,90
JAMES F. COOPER
DER LOTSE
504 Seiten

Im westlichen Flügel eines Herrenhauses an der englischen Küste werden zwei junge Frauen in einer Art sanfter Gefangenschaft gehalten. Der Mann, der als Verwandter und Vormund über sie wacht, ist Oberst Howard, ein bedingungsloser Untertan der englischen Krone und ein Feind aller Unabhängigkeitsbestrebungen in den englischen Kolonien.

Oberst Howard schreckt nicht wenig auf, als ihm das Gerücht zu Ohren kommt, daß John Paul Jones, der Seeheld der aufbegehrenden Kolonien in Übersee, der Freibeuter und Pirat, an der Küste sein Unwesen treiben soll. Howard sieht jetzt nicht nur sein Land in Gefahr, er bangt auch um die Loyalität seiner beiden weiblichen Schutzbefohlenen, die dem berüchtigten Seehelden und seinen Freunden verbotene Gefühle entgegenbringen.

›Ein vielfach nachgeahmter Roman ... liegt jetzt als gut kommentiertes Taschenbuch vor.‹ (Rheinische Post)

Nr. 13 741/DM 12,90
HONORÉ DE BALZAC
DIE CHOUANS
ODER DIE KÖNIGSTREUEN
380 Seiten

Die Liebe in den Zeiten der Revolution – mit diesem Stoff erzielte HONORÉ DE BALZAC 1829 seinen Durchbruch als Schriftsteller. Da die ›Chouans‹ in der ›Comédie humaine‹ unter der Rubrik mit dem abschreckenden Titel ›Scènes de la vie militaire‹ zu stehen kam, wurde der Roman lange Zeit kaum beachtet.

Marie de Verneuil ist eine selbstbewußte und hübsche Frau – und eine entschiedene Anhängerin der Französischen Revolution. Als im Westen der Republik die Aufstände unter der weißen Fahne der Chouans die neue Ordnung gefährden, wird Marie de Verneuil von Paris in die Bretagne ausgesandt. Als Spionin soll sie vor allem auskundschaften, welchen Anteil der geheimnisvolle Marquis de Montauran an diesen

Aufständen hat. Der Auftrag scheint der Marie de Verneuil auf den Leib geschrieben zu sein – aber sie weiß bald nicht mehr, wo ihre Rolle aufhört und wo ihre Gefühle anfangen.

›Packend‹ (Freundin)

Nr. 13 745 / DM 12,90
HENDRIK CONSCIENCE
DER LÖWE VON FLANDERN
344 Seiten

Dieser spannende Roman über den Freiheitskampf der Flamen gegen die Franzosen im 13. Jahrhundert ist in Holland und Belgien der Klassiker schlechthin!
HENDRIK CONSCIENCE (1812-83) gelang mit dem ›Löwen von Flandern‹ ein besonderer Geniestreich, schrieb er den Roman doch in einer Sprache, die es im 19. Jahrhundert offiziell gar nicht gab: in Flämisch. Ob in Schulen, öffentlichen Versammlungen oder Zeitungen – im Flandern des 19. Jahrhunderts durfte nur das Französische gepflegt werden. HENDRIK CONSCIENCE mußte sich die flämische Sprache als Autodidakt aneignen, bevor er seine großen historischen Romane schreiben und seinen Landsleuten ihre Sprache zurückgeben konnte.

Nr. 13 742 / DM 12,90
WILLIAM M. THACKERAY
DIE GESCHICHTE DES HENRY ESMOND
474 Seiten

WILLIAM M. THACKERAYS Zeitgenossen rühmten ›Henry Esmond‹ als ›den besten historischen Roman‹, der je geschrieben worden sei. Auch heute fasziniert das 1832 entstandene Meisterwerk mit betörend schönen Frauen, Degen schwingenden Helden, mit gedämpftem Schlachtenlärm, Intrigen und geheimen Fluchtwegen.
Thackeray stellt einen frei erfundenen Helden in einen interessanten Abschnitt der englischen Geschichte und läßt ihn mit historischen Persönlichkeiten wie Königin Anna, Marlborough, Addison und Steele zusammentreffen. In Form dieser fiktiven Autobiographie erzählt Henry Esmond die

Geschichte seiner Familie, die Glück und Leben der verlorenen Sache der Stuarts opferte.

›In überaus farbigen, an Humor nicht armen Szenen durchläuft er einen Erkenntnis- und Desillusionierungsprozeß, in dessen Verlauf die Auffassung von der Geschichte als einem heroischen Geschehen als Mythos entlarvt wird.‹ (Wochenblatt, Altdorf).

Ein bedeutender Roman vom Autor des ›Jahrmarkts der Eitelkeiten‹.

Nr. 13 834/DM 14,90
WILHELM WALLOTH
DAS SCHATZHAUS DES KÖNIGS
284 Seiten

Memphis, Ägypten, zur Zeit des mächtigen Ramses II: Isaak lebt mit seinem Vater im ärmlichen Judenghetto. Auf dem Sterbebett enthüllt der Vater seinem Sohn, daß er in seiner Jugend beim Bau eines großen Schatzhauses mithelfen mußte. Als das geheime Gebäude vollendet war, ließ der damalige König Sethos alle Arbeiter töten, damit nichts verraten werden konnte. Nur Isaaks Vater entkam mit Glück. Jetzt will er seinem Sohn den Weg zu den verborgenen Schätzen weisen, aber er kommt nicht dazu, die Zeichnung zu vollenden. Isaak und eine Schwester aber werden durch die Aussicht auf Reichtum zu anderen Menschen, die vor keinem Abenteuer mehr zurückschrecken.

WILHELM WALLOTH (1852-1932) war einer der ganz wenigen deutschen Autoren, die Errungenschaften des Naturalismus für den historischen Roman fruchtbar machten. Er war auf dem Weg, einer der erfolgreichsten deutschen Schriftsteller des 19. Jahrhunderts zu werden – bis die Staatsanwaltschaft sein Werk entdeckte und WILHELM WALLOTH einen skandalösen Prozeß bereitete.

Nr. 13 851/DM 12,90

ALFRED DE VIGNY
CINQ-MARS
ODER DER REBELL DES KÖNIGS
474 Seiten

Henri d'Effiat alias Cinq-Mars geht aus Liebe zur Prinzessin
Maria de Gonzaque an den Hof Ludwigs XIII und will dort
Karriere machen. Er rückt schnell zum besonderen Günstling
des Königs auf und wird sein erster Stallmeister. Aber als
Sohn einer entmachteten Adelsfamilie verfolgt Henri noch ein
zweites Ziel: Er will mithelfen, Kardinal Richelieu zu stürzen,
jenen Mann, der im Hintergrund die Fäden der Politik zieht
und dessen Skrupellosigkeit zunehmend Widerstand hervor-
ruft.

›Cinq-Mars‹, der hier in neuer Übersetzung vorgelegt wird,
gilt als der erste große historische Roman der französischen
Literaturgeschichte: ›Der umfangreiche Stoff ist zu einer dramatischen Handlung gestaltet und psychologisch so sorgfältig ausgearbeitet, daß die einzelnen Kapitel spannende Akte
werden – ein großes Sprachkunstwerk‹ (Kindlers Lexikon der
Weltliteratur).

BASTEI LÜBBE TASCHENBÜCHER
erhalten Sie überall im Buchhandel